Christian und Ulrike Schacherreiter

DAS NEUE
LITERATUR
BUCH

65 Fenster zur Literatur

BAND 1

VER1TAS

Gemeinsam besser lernen

INHALT

Kompetenzbereiche AHS und BHS: LK (Lesekompetenz), SK (Schreibkompetenz), AK (Argumentationskompetenz), IK (Interpretationskompetenz), SFK (Sach- und Fachkompetenz), SB (Sprachbewusstsein), RK (Reflexionskompetenz)
Bildungsstandards D13 BHS: Die Zeichen A1, B3 etc. benennen die Deskriptoren der Bildungsstandards BHS, 13. Schulstufe.

INHALT

Band 2 Anhang: Hier finden Sie die Deskriptoren der Bildungsstandards D 13 BHS im vollen Wortlaut.

INHALT

LITERARISCHE BILDUNG DURCH TEXTKOMPETENZ!
Ein Leitfaden zur Arbeit mit dem neuen Literaturbuch

LIEBE LEHRERINNEN UND LEHRER, LIEBE SCHÜLERINNEN UND SCHÜLER!

Bevor Sie sich in die gemeinsame Arbeit am mehrjährigen Projekt „Literarische Bildung" stürzen, möchten wir Ihnen kurz unseren Zugang zu diesem anregenden, manchmal auch anstrengenden, aber sicherlich lohnenden Unterfangen erläutern.

WAS IST LITERATUR?

Im weiteren Sinn bezeichnet der Begriff Literatur alles Geschriebene, also fiktionale Texte und nichtfiktionale Texte. Wir verwenden hier den Begriff in der engeren Wortbedeutung für fiktionale Texte (Sprachkunstwerke), also Märchen und Romane, Hymnen und Balladen, Drehbücher und Dramen und so weiter ...

Die Produktion literarischer Werke reicht weit in die Menschheitsgeschichte zurück. Es dürfte sich, so wie die Hervorbringung von Kunst generell, um ein Grundbedürfnis des Menschen handeln, zumindest ab einer gewissen kulturellen Entwicklungsstufe. Lange Zeit erfolgte die Überlieferung von Sprachkunst nur mündlich, aber dann entwickelten die Menschen die Schrift, konnten auf diese Weise ihre Sprachkunstwerke auch aufschreiben und an die Nachwelt weitergeben. Die Folge: Texte, Texte, Texte ...

WIE WERDEN TEXTE ZUR „LITERATURGESCHICHTE"?

Die Literatur setzt sich aus einer Fülle von Einzeltexten zusammen. Die meisten davon geraten wieder in Vergessenheit, andere überleben die Autorin bzw. den Autor, und manche erlangen sogar den Rang „klassischer" Texte. Das heißt, dass sie über ihre Entstehungszeit hinaus wirksam bleiben und besonderen Qualitätsmaßstäben und Interessen entsprechen. In erster Linie sind es diese Texte, die die Literaturgeschichtsschreibung berücksichtigt.

WIE ERWIRBT MAN LITERARISCHE BILDUNG?

Man erwirbt literarische Bildung nicht dadurch, dass man eine Literaturgeschichte auswendiglernt, sondern dadurch, dass man möglichst viele, möglichst unterschiedliche Texte liest und zu verstehen versucht. Nicht ohne Grund sprechen wir von „Primärliteratur" und „Sekundärliteratur". *Primär* sind die sprachlichen Kunstwerke, *sekundär* sind Texte, die über diese Kunstwerke geschrieben werden, also Interpretationen, Buchbesprechungen und literaturgeschichtliche Werke. Es schadet jemandem, der literarische Bildung erwerben will, zwar nicht, wenn sie/er eine Literaturgeschichte als Informationsquelle heranzieht. Im Vordergrund steht aber das Lesen von Texten. Aus guten Gründen setzen auch die Lehrpläne und die neuen Richtlinien für eine „standardisierte, kompetenzorientierte Reifeprüfung" diesen Schwerpunkt. **Literarische Bildung ist in erster Linie Textkompetenz.** Dieser Anforderung wollen wir mit dem zweibändigen *neuen Literaturbuch* und seiner Struktur Rechnung tragen.

WIE ARBEITE ICH MIT DEM NEUEN LITERATURBUCH?
WELCHE KOMPETENZEN ERWERBE ICH DADURCH?

Band 1 des *neuen Literaturbuchs* ist der Primärliteratur gewidmet.

Er bietet Ihnen eine Auswahl von literarischen Texten, die für eine Epoche repräsentativ sind und darüber hinaus auch aus anderen Gründen von Interesse sein können. Die Texte werden in Modulen angeordnet, die voneinander unabhängig sind. Es müssen nicht alle Module

Gegenstand der Unterrichtsarbeit sein, auch die Reihenfolge der Bearbeitung ist flexibel. Im Mittelpunkt stehen in jedem Modul Texte, die auf der Grundlage von Arbeitsanregungen inhaltlich, sprachlich und formal zu erschließen sind. Durch diese Arbeit erwerben Sie die entscheidende Kompetenz für literarische Bildung: Sie sind imstande, Texte aus unterschiedlichen Epochen, ihre stilistische und formale Eigenart zu erkennen und die Gedankenwelt ihrer Verfasserinnen und Verfasser zu verstehen. Die Hintergrundinformationen beschränken wir in den Modulen auf ein Ausmaß, das uns für das Verständnis der Texte förderlich erscheint. Am Ende eines jeden Moduls finden Sie dann eine Auflistung elementarer Kompetenzen, die Sie erworben haben und als Ergebnis Ihres Lernprozesses nachweisen sollen.

Was tun Sie mit Band 2 des neuen Literaturbuchs?

Der deutliche schmälere Band 2 ist als ergänzendes Werk zu verstehen, es handelt sich um eine typische „Literaturgeschichte", in der wesentliche Kulturepochen im Überblick zusammengefasst sind. Natürlich spricht nichts dagegen, solch einen Überblick auch einmal im Zusammenhang zu lesen. Wir bevorzugen aber eine andere Methode. Wir geben Ihnen am Ende der Module (Band 1) Anregungen, aus der Literaturgeschichte gezielt Informationen zu entnehmen, die sich auf die Inhalte des Moduls beziehen: Band 2, Epochenteil . So erschließen Sie – ausgehend vom literarischen Text – den dazugehörigen Teil des literaturhistorischen Zusammenhangs (Kontext). Eine „Literaturgeschichte" verstehen wir in erster Linie als Nachschlagewerk zur weiterführenden Information. Ebenso finden Sie zu vielen Arbeitsanregungen Querverweise auf den methodischen Leitfaden in Band 2, „Kompetenz: literarische Texte interpretieren": Band 2, Kompetenzteil . Jede Epoche wird im Anschluss an die Module in Band 1 mit einem stichwortartigen Überblick abgeschlossen. Dieser vermittelt eine rasche Übersicht auf zentrale Begriffe, Autor/innen und Werke der Epoche.

Textkompetenz – eine Grundlage für die kompetenzorientierte Reifeprüfung

Der zweite, größere Abschnitt im Band 2 ist nicht der Literaturgeschichte gewidmet, sondern der methodischen Textinterpretation (Band 2, Kompetenzteil). Die Kompetenzen des Analysierens und Interpretierens, die Sie im Laufe der Jahre durch ständige Textarbeit erwerben werden, können Sie hier noch einmal in einer systematischen Zusammenfassung studieren. Als Vorbereitung auf die Reifeprüfung kann Ihnen dieser Überblick gute Dienste leisten.

Hörbuch und Ergänzungsmodule auf der CD-ROM bzw. im E-Book

Das neue Literaturbuch ist mit und ohne CD-ROM erhältlich. Die CD-ROM enthält Vertonungen literarischer Texte und Lieder auf die Module von Band 1 abgestimmt. (Diese Tonaufnahmen sind auch auf der *Audio-CD Das Literaturbuch*, ISBN 978-3-7058-6313-2 erhältlich.) Weiters finden Sie auf der CD-ROM Ergänzungsmodule zu den einzelnen Epochen. Track zeigt Ihnen an, dass die CD-ROM dazu eine Tonaufnahme bzw. ein Ergänzungsmodul bietet.

Das neue Literaturbuch und seine Bestandteile

Band 1: 65 Module zur deutschsprachigen Literatur
Band 2: Literaturgeschichtlicher Überblick (Epochenteil) / Kompetenz: literarische Texte interpretieren. Ein methodischer Leitfaden (Kompetenzteil)
CD-ROM: Audio-Tracks (Vertonungen literarischer Texte und Lieder) und Ergänzungsmodule

E-Book *Das neue Literaturbuch* steht auch als E-Book zur Verfügung. Es ermöglicht die digitale Nutzung der Buchinhalte sowie weiterer Funktionen.

Mit den besten Wünschen für Ihre Arbeit am Projekt „Literarische Bildung durch Textkompetenz"!

Ulrike Schacherreiter, Christian Schacherreiter

I. DAS MITTELALTER

„PATER NOSTER", „FATER UNSER", „GOT VATER"
Die Sprache(n) des deutschen Mittelalters

1

Modulvorschau

Das Deutsch des Mittelalters ist für uns schwer verständlich, denn die deutsche Sprache hat sich im Laufe der Jahrhunderte verändert. Wir unterscheiden zwischen *Althochdeutsch* (ca. 750–1050), *Mittelhochdeutsch* (ca. 1050–1350) und *Neuhochdeutsch* (nach 1350). Folgende Details der Sprachentwicklung im Mittelalter lernen Sie in diesem Modul kennen:

➡ Trennung der deutschen Dialekte in hochdeutsche und niederdeutsche durch die *althochdeutsche Lautverschiebung*
➡ Aussprache des Mittelhochdeutschen
➡ Teilbereiche, in denen sich Sprachen verändern: *phonologischer, morphologischer, syntaktischer, lexikalischer, semantischer* Bereich
➡ Bedeutung des Latein im deutschen Mittelalter

VOM GERMANISCHEN ZUM ALTHOCHDEUTSCHEN

FATER UNSER

1

1   Fater unsêr, thû in himilom
bist, giuuîhit sî namo thîn.
quæme rîchi thîn, uuerdhe
uuilleo thîn, sama sô in
5   himile
endi in erthu (...)

Dies ist der Beginn des christlichen Gebets *Vaterunser* in der althochdeutschen Sprache des 9. Jhs. Würden Sie diesen Gebetstext nicht aus eigener Erfahrung in der Gegenwartssprache kennen, würde Ihnen dieses Deutsch wahrscheinlich wie eine Fremdsprache erscheinen. Das Althochdeutsche entwickelte sich aus verschiedenen germanischen Stammessprachen, die einander ähnlich waren. Regionale Unterschiede blieben auch weiterhin erhalten, sodass wir von althochdeutschen Dialekten sprechen können. Zwischen dem 5. und dem 7. Jh. veränderte sich in den Dialekten, die zwischen dem Alpenraum und der norddeutschen Tiefebene beheimatet waren, das Lautsystem. Diese *althochdeutsche Lautverschiebung* bewirkte die Trennung in hochdeutsche und niederdeutsche Dialekte, die bis heute erhalten geblieben ist. Die Sprachgrenze verläuft ungefähr auf der Linie Aachen–Frankfurt an der Oder.
Unter der *althochdeutschen Lautverschiebung* versteht man vor allem die Verschiebung der Laute p → pf, t → tz, k → kch, und zwar unter folgenden Bedingungen:

Art des Lautwandels	Germanisch → Hochdeutsch	Nieder-deutsch	Englisch
p → pf (ff, f) im *Anlaut* vor einer Verdoppelung nach einem Konsonanten	*pund → Pfund* *appla → Apfel* *scarpa → scarpf* (= scharf)	*Pund* *Appel* *scharp*	*pound* *apple* *sharp*
t → tz, z im Anlaut vor einer Verdoppelung nach einem Konsonanten	*to → zu* *sattjan → setzen* *hairto → Herz*	*to* *setten* *Hart*	*to* *set* *heart*
k → kch (nur in Teilen des bairischen, alemannischen und ost-fränkischen Sprachraums)	*korna → kchorn*		

Durch diese Lautverschiebung verschwanden in deutschen Wörtern p und t im Anlaut. Dass trotzdem viele Wörter in unserem heutigen Sprachgebrauch mit p oder t beginnen, ist auf andere Veränderungen aus späterer Zeit zurückzuführen, unter anderem auf die Übernahme von Fremdwörtern in den deutschen Sprachgebrauch.

VOM ALTHOCHDEUTSCHEN ZUM MITTELHOCHDEUTSCHEN

Weniger fremd und unverständlich als das althochdeutsche *Vaterunser* (Text 1) erscheint Ihnen wahrscheinlich folgende Version des Gebets:

2 GOT VATER UNSER

1 Got vater unser, dâ dû bist
in dem himelrîche gewaltic
alles des dir ist,
geheiliget sô werde dîn nam,
5 zuo müeze uns komen daz
rîche dîn.
Dîn wille werde dem gelîch
hie ûf der erde als in den himeln, (...)

Diese Version des **REINMAR VON ZWETER** stammt aus der ersten Hälfte des 13. Jhs. Dieses Deutsch bezeichnet man als *Mittelhochdeutsch*. Die meisten literarischen Texte des Mittel-alters, die wir Ihnen in den folgenden Modulen vorstellen, stammen aus dem 12. und 13. Jh. und sind in mittelhochdeutscher Sprache geschrieben worden. Daher wollen wir Sie etwas genauer über einige Merkmale des *Mittelhochdeutschen* informieren.

Anregung zum Sprechen

Bereiten Sie Text 3 zum Vorlesen vor, indem Sie zunächst folgende Hinweise zur Aussprache beachten:

Aussprache des Mittelhochdeutschen

- *iu* ist grundsätzlich als langes *ü* zu sprechen (z. B. *fliugen*),
- *sc* als *sch* (z. B. *scoen*),
- *c* als *k* (z. B. *sanc*).
- Wenn ein *h* im Auslaut steht oder vor einem Konsonanten, ist es als *ch* zu sprechen.
- *ou* wird als *au* ausgesprochen.
- Das *v* wird meist als *f* ausgesprochen.
- Steht ein *z* an einer Stelle, in der im Neuhochdeutschen ein *ss* oder *ß* steht (z. B. *daz*), dann spricht man das *z* als *s* aus.
- Zirkumflex über einem Vokal (z. B. *û*) bedeutet, dass dieser gedehnt wird.

LIEBESGEDICHT EINES UNBEKANNTEN DICHTERS AUS DEM BAYRISCH-OBERÖSTERREICHISCHEN RAUM (12. JH.)   3

1 Ez stuont ein frouwe aleine
und warte uber heide
und warte ir liebe,
so gesach si valken fliegen.
5 „sô wol dir, valke, daz du bist!
du fliugest swar dir liep ist:
du erkiusest dir in dem walde
einen boum der dir gevalle.

alsô hân ouch ich getân:
10 ich erkôs mir selbe einen man,
den erwelton mîniu ougen.
daz nîdent scoene frouwen.
owê, wan lânt si mir mîn liep?
joch engerte ich ir dekeiner trûtes niht."

Anregungen zur Texterschließung

Versuchen Sie Text 3 in die deutsche Gegenwartssprache zu übersetzen. Dazu einige Hinweise:

Z. 2/3	*warten*: spähen, Ausschau halten	Z. 12	*nîden*: neiden
Z.6	*swar*: wo auch immer	Z. 13	*wan*: warum nicht; *lân*: lassen
Z. 7	*erkiusen*: auswählen	Z. 14	sinngemäße Übertragung:
Z.11	*erwelton*: erwählten		Ich begehre doch auch nicht den Liebsten einer anderen.

VOM MITTELHOCHDEUTSCHEN ZUM NEUHOCHDEUTSCHEN

DIPHTHONGIERUNG UND MONOPHTHONGIERUNG

Die Entwicklung vom Mittelhochdeutschen zum Neuhochdeutschen ist phonetisch (lautlich) unter anderem an der *Diphthongierung* bzw. an der *Monophthongierung* zu erkennen.
Unter der *Diphthongierung* versteht man die Entwicklung von lang gesprochenen Vokalen zu Zwielauten (Diphthonge): *mîn* wird beispielsweise zu *mein*, *tiuv*el zu *Teufel*, *hûs* zu *Haus*.

„Regel" für die Diphthongierung		
i → ei	*iu → eu*	*u → au*

Erste Zeugnisse der Diphthongierung findet man bereits in Kärntner Urkunden aus dem 12. Jh. Von hier ging dieser Lautwandel aus. Die Verbreitung der Diphthongierung erfolgte in unterschiedlichen Regionen zu unterschiedlichen Zeiten und reicht bis in das 16. Jh. In Dialekten des Niederdeutschen und im alemannischen Sprachraum hat diese Entwicklung nicht stattgefunden.

Unter der *Monophthongierung* versteht man die Entwicklung von Zwielauten zu lang gesprochenen Vokalen: *brüeder* wird zu *Brüder*, *guo*t zu *gut, dienst* (gesprochen als *ia*) zu *Dienst* (gesprochen als *langes i*).

„Regel" für die Monophthongierung		
üe → *ü*	*uo* → *u*	*ie* (sprich: *ia*) → *ie* (sprich: *i*)

In den Dialekten des oberdeutschen Sprachraums fand die Monophthongierung nicht statt. Sie können dies an den meisten österreichischen Dialekten heute noch beobachten.

DIE MITTELHOCHDEUTSCHE VERNEINUNG

Im Neuhochdeutschen gilt die doppelte Verneinung als Bejahung, was ja rein sprachlogisch betrachtet auch richtig ist (z. B. *Ich sehe keine Frauen nicht*). Im Mittelhochdeutschen hingegen war die doppelte Verneinung oft auch als besonders kräftige Verneinung durchaus üblich. In einem Gedicht von **WALTHER VON DER VOGELWEIDE** heißt es: *niemer niemen befinde daz* (das finde niemand niemals heraus).

Als sprachliches Mittel der Verneinung wurden auch Partikeln (*en, ne, n*) an den Wortanfang oder an das Wortende gesetzt, z. B. *nu enwelle got* (Gott wolle es nicht!), *ichn mac ir nicht enbern* (ich will sie nicht entbehren).

---

4 DIETMAR VON AIST: (ES DUNKET MICH ...)

1 Es dunket mich wol tûsent jâr daz ich an liebes arme lac.
sunder âne mîne schulde fremedet er mich manigen tac.
sît ich bluomen niht ensach noch hôrte kleiner vogele sanc,
sît was mir mîn fröude kurz und ouch der jâmer alzelanc.

Übertragung in die dt. Gegenwartssprache

1 Es scheint mir tausend Jahre her zu sein, dass ich im Arm meines Liebsten lag.
Ohne alle meine Schuld bleibt er schon so manchen Tag fern von mir.
Seither sah ich weder Blumen noch hörte ich den Gesang der Vögelchen,
Seit da war meine Freude kurz und mein Jammer allzu lang.

Erläuterung: Das lyrische Ich ist eine Frau.

Anregungen zur Texterschließung

1. Weisen Sie in Text 4 Beispiele für *Diphthongierung* und *Monophthongierung* nach.
2. Erklären Sie die Verneinung in Zeile 3.

In den alemannischen Dialekten (Schweiz, Vorarlberg, Schwaben) kam es – im Gegensatz zu den bajuwarischen Dialekten – nicht zur Diphthongierung. Sie können dies an einem aktuellen Liedtext erkennen:

WELCOME: SOAFASCHIFFLE (2002, AUSZUG)   5

1   As schwimmt a Soafaschiffli
im Badewannasee
As schauklat und as tanzat
Durch Insili us Schnee.
5   An klenna Seeman badat
Er plantschat sprützt und lacht
Dia Inseli us Soafaschumm
Dia heat er alli gmacht
Doch leidar isch jetz fertig
10 Dia Seefahrt isch varbi
A zarti Stimm dia set ganz still
Du söttscht scho im Bettli si.
Guat Nacht, guat Nacht
Min liaba klenne Schatz
15 Und mach jetz dine müeada Ögli zua
Guat Nacht, guat Nacht
Min liaba klenne Schatz
Din Käptn brucht jetz o a bitzle Ruah (…)

(Dieser Liedtext stammt von der Mundartband WELCOME *aus Vorarlberg – also aus dem alemannischen Sprachraum.)*

Anregungen zur Texterschließung

1. Tragen Sie den Text laut vor.
2. Übersetzen Sie ihn dann in die Standardsprache und in den Dialekt Ihrer Region (sofern Sie nicht aus dem alemannischen Sprachraum kommen).
3. An welchen Wörtern erkennen Sie, dass es in diesem Dialekt nicht zur *Diphthongierung* kam?

WEITERE HINWEISE ZUM SPRACHWANDEL

Unterschiede zwischen der mittelhochdeutschen und der neuhochdeutschen Sprache sind in allen Sprachbereichen zu finden:

• *Phonologischer Bereich*: Der Lautstand und die Aussprache von Wörtern ändern sich (siehe z. B. Diphthongierung und Monophthongierung).
• *Morphologischer Bereich*: Die Flexion, d. h. die grammatikalische Abwandlung von Wörtern, ändert sich.
• *Syntaktischer Bereich*: Der Satzbau war in der mittelhochdeutschen Sprache viel freier als in der normierten Standardsprache unserer Zeit.

- *Lexikalischer Bereich*: Der Bestand an gebräuchlichen Wörtern ändert sich. Im Mittelalter mussten Dinge bezeichnet werden, die es heute nicht mehr gibt, zum Beispiel die *massenie* (versammelte Ritterschaft). Umgekehrt gibt es natürlich kein mittelhochdeutsches Wort für den Fernsehapparat.
- *Semantischer Bereich*: Wortbedeutungen ändern sich, z. B. bedeutete *arebeit* nicht nur Arbeit in der heute üblichen Bedeutung, sondern vor allem Plage, Mühe, Anstrengung, und die *hohgezît* war ein höfisches Fest, nicht eine Hochzeit im heute üblichen Sinn des Wortes.

LATEIN ALS SPRACHE DES DEUTSCHEN MITTELALTERS

Wir müssen bedenken, dass die antike Tradition im europäischen Mittelalter weiterlebte und dass die Sprache der Gelehrten, die meist Kleriker waren, weiterhin das Lateinische war – allerdings nicht mehr das klassische Latein, sondern das sogenannte „Mittellatein". Daher sind im deutschsprachigen Raum auch viele Texte in lateinischer Sprache verfasst worden, durchaus nicht nur kirchliche, sondern auch literarische. Dafür ein Beispiel:
Eine der berühmtesten Liedersammlungen des Mittelalters ist die Sammlung *Carmina burana*. Die meisten dieser rund 300 Liedtexte sind nicht in mittelhochdeutscher, sondern in lateinischer Sprache geschrieben worden. Sie entstanden ungefähr zwischen dem 11. und dem 13. Jh. und wurden erst 1803 im bayrischen Kloster Benediktbeuren als Pergamenthandschrift aufgefunden. Berühmt ist die moderne Vertonung durch Carl Orff (1937). Als Verfasser dieser Carmina gelten hauptsächlich die Vaganten, herumziehende Studenten und stellungslose Kleriker. Aber sicher stammen viele Lieder auch von Klerikern und Magistri, die Ämter innehatten. Einige Dichter sind uns auch namentlich bekannt.
Der folgende Liedtext 6 aus den *Carmina burana*, der hier auch in deutscher Übersetzung präsentiert wird, zeigt, dass in ein und demselben Lied lateinische und deutsche Sprache auch nebeneinander verwendet wurden.

6 | CARMINA BURANA (AUSZUG)

Lateinischer Originaltext

1 Floret silva nobilis
floribus et foliis.
ubi est antiquus
meus amicus?
5 hinc equitavit!
eia! quis me amabit?
Refrain: Floret silva undique;
nah mime gesellen ist mir we!

Übersetzung ins Neuhochdeutsche

1 Es grünt der herrliche Wald
mit Blumen und Laub.
Wo ist mein
alter Freund?
5 Er ist fortgeritten.
Ach, wer wird mich lieben?
Refrain: Es grünt der Wald allenthalben:
ich sehne mich nach meinem Freund.

Band 2 | Ergänzung Kulturgeschichte

I. Das Mittelalter

Lesen Sie im Epochenteil Kapitel I.3 (Mediengeschichte) und entnehmen Sie daraus folgende Informationen:
1. Die drei Entwicklungsphasen der deutschen Sprache und deren Datierung
2. War das Deutsch des Mittelalters eine einheitliche Nationalsprache?
3. Wer konnte im Mittelalter lesen und schreiben?
4. Was sind Runen? Wurden mittelalterliche Texte in Runen geschrieben?

Kompetenzen: Das sollen Sie wissen/können

1. Sie können die *althochdeutsche Lautverschiebung* an drei Beispielen erklären.
2. Sie wissen, dass die *althochdeutsche Lautverschiebung* die Trennung in nieder- und hochdeutsche Dialekte bewirkt hat (was bis heute nachwirkt).
3. Sie können einen mittelhochdeutschen Text vorlesen.
4. Sie können *Diphthongierung* und *Monophthongierung* anhand von Beispielen erklären.
5. Sie können die Bedeutung der Begriffe *phonologisch*, *morphologisch*, *syntaktisch*, *lexikalisch* und *semantisch* anhand von Beispielen erklären.
6. Sie wissen, welchen Stellenwert Latein in der mittelalterlichen Gesellschaft hatte.

„DA LAG DER HELDEN BLÜTE TOT ..." Heldenlied und Heldenepos

2

Modulvorschau

Die Heldenlieder der Germanen gehören zu den ältesten literarischen Dokumenten unseres Sprachraums. Am Beispiel von zwei Werken lernen Sie diese literarische Form kennen: *Hildebrandslied* und *Nibelungenlied*.

➡ Sie erschließen die beiden Werke in ihren wesentlichen Abschnitten inhaltlich und formal und erkennen typische Gestaltungsmerkmale der Textsorte *Heldenlied*.

➡ Sie gewinnen Einblicke in die mittelalterliche Gesellschaft, in die Machtverhältnisse, Geschlechterbeziehungen und Wertvorstellungen.

➡ Sie erfahren Wesentliches über die *Rezeptionsgeschichte* des *Nibelungenlieds* und formulieren Ihre eigene Meinung zu diesem Werk.

DAS HILDEBRANDSLIED

Althochdeutscher Originaltext

1

1 Ik gihôrta   dat seggen
   dat sih urhêttun   aenôn muotin
   Hiltibrant enti Hadubrant   untar heriun tuêm.
   sunufatarungo   iro saro rihtun
5 darutun se iro gûdhamun,   gurtun sih iro suert ana (...)

So beginnt ein Erzähltext in Versen, den ein Mönch aus dem deutschen Kloster Fulda ungefähr um 840 n. Chr. auf die Vorder- und Rückseite einer theologischen Handschrift geschrieben hat. Da solche Erzählungen über germanische Krieger nicht in erster Linie aufgeschrieben und gelesen, sondern durch Sänger im Sprechgesang vorgetragen wurden, sprechen wir von *Heldenliedern*. Das althochdeutsche Original überfordert natürlich die heutige Leserin und den Leser.

Darum geben wir den gesamten erhaltenen Text in einer neuhochdeutschen Übertragung (Text 2) wieder. Die Langverszeilen werden durch das Zeichen / kenntlich gemacht.

Am Beginn der Erzählung kehrt der alte Krieger Hildebrand nach Hause zurück. Er ist aufgrund ungünstiger Machtverhältnisse vor vielen Jahren gemeinsam mit Dietrich von Bern geflohen und hat seine Frau und seinen kleinen Sohn zurückgelassen. Der Dietrich von Bern der Sage ist der geschichtliche Ostgotenkönig Theoderich. Bern ist eine Bezeichnung für das italienische Verona, hat also mit der gleichnamigen Schweizer Stadt nichts zu tun.

2   Übertragung ins Neuhochdeutsche

Ich hörte das sagen, / dass sich ausfordernd einzeln riefen / Hildebrand und Hadubrand zwischen den Heeren, / Sohn und Vater. Sie sahn nach dem Panzer, / schlossen ihr Streithemd, gürteten sich das Schwert um / über den Panzer, die Kühnen, da sie zum Kampfe ritten. / Anhub Hildebrand, er war höher an Jahren, / erfahrener und weiser. Zu fragen begann er /
5 mit wenig Worten, wer sein Vater wäre / von denen im Volke. (…) / „… oder aus welchem Geschlechte du bist. / Wenn du mir einen sagst, weiß ich die anderen. / Kind, im Königreiche kund ist mir all Menschenvolk.“ / Anhub Hadubrand, Hildebrands Sohn: / „Das sagten zu mir unsere Leute, / alte und erfahrene, die ehdem schon lebten, / dass Hildebrand heiße mein Vater. Ich heiße Hadubrand. / Vordem nach Osten gewandt, floh er vor Otakers Grimm /
10 hinweg mit Dietrich und seiner Degen Schar. / Er ließ im Lande leidvoll zurück / das Weib im Hause, in der Wiege das Kind / ohne Erbe. Er ritt gen Osten, / denn König Dietrich darbte so sehr / nach meinem Vater, der Mann ohne Freunde. / Er war dem Otaker unmäßig feind, / doch der teuerste Degen war er dem Dietrich. / Stets war er dem Volk an der Spitze, stets war ihm das Fechten so lieb. / Kund war er kühnen Männern. / Nicht glaube ich, dass er noch
15 lebt.“ / Anhub Hildebrand, Heribrands Sohn: / „Das weiß der Höchste oben im Himmel, / dass du noch nie dich mit näher Verwandtem / gemessen im Streite.“ / Da wand er vom Arme gewundene Ringe / aus Kaisergoldwerk, das ihm der König gegeben, / der Hunnen Herrscher: „Das geb ich aus Huld dir nun.“ / Anhub Hadubrand, Hildebrands Sohn: / „Mit dem Gere soll man Gaben empfangen, / Spitze an Spitze. / Du bist mir alter Hunn unmäßig schlau, / umspinnest mich mit deinen Worten, willst nach mir mit dem Speere werfen. / Bist nun so
20 alt schon, doch immer voll Trug. / Das sagten zu mir, die die See befahren, / das Weltmeer im Westen: dass Krieg ihn wegriss. / Tot ist Hildebrand, Heribrands Sohn. – / Wohl aber seh ich an deiner Rüstung, / dass du hast daheim einen guten Herrn, / dass du nicht aus dem Reiche vor Rache entwichest.“ / Anhub Hildebrand, Heribrands Sohn: / „Wehe nun, waltender Gott.
25 Weh muss geschehen. / Ich weilte der Sommer und Winter sechzig im Ausland, / seit man einst mich scharte zum Volk der Schützen, / aber an keiner Statt kam ich je zu sterben. / Nun soll mich das eigene Kind mit der Klinge treffen, / mit dem Schwert erschlagen oder ich ihm Verderben schaffen. / Doch kannst du nun leicht, wenn die Kraft dir langt, / des Hochbejahrten Harnisch gewinnen, / Raub dir erraffen, wenn du irgendein Recht dazu hast. / Der wär
30 doch der Feigste von den Völkern im Osten, / der dir weigerte nun den Kampf, da es so wohl dich gelüstet / gemeinsamer Gänge. Geprüft werden muss, / wer da noch heute seinen Harnisch muss räumen / oder unserer Brünnen beider soll Herr sein.“ / Sie ließen zum ersten Eschen fliegen, / scharf gestoßen, dass im Schilde sie steckten. / Sie sprengten zusammen, den Zierrat zerschlagend, / hieben hart auf die hellen Schilde, / bis ihnen das Lindenholz in den
35 Fugen sich löste, / zerwirkt von den Waffen … *(an dieser Stelle bricht die Aufzeichnung ab)*

Anregungen zur Texterschließung

1. Warum misstraut Hadubrand dem Unbekannten?
2. Hadubrand glaubt nicht, dass der Mann, dem er gegenübersteht, sein Vater ist. Wie reagiert Hildebrand darauf?
3. Neben dem Vers und dem Rhythmus ist der *Stabreim (Alliteration)* ein künstlerisches Gestaltungsmittel. Man versteht darunter den gleichen Anlaut in Wörtern, die knapp aufeinander folgen (z. B. „Das Lernen ohne Lust ist eine leere Last"). Welche Stabreime finden Sie in den ersten Zeilen des oben zitierten althochdeutschen Originals?

Anregung zum Schreiben

Der Schluss des Liedes ist in der *Fuldaer Handschrift* nicht überliefert worden. Schreiben Sie selbst einen Schluss.

Über den möglichen Ausgang der Geschichte gibt es widersprüchliche Meinungen. Die Forschung geht aber davon aus, dass Hildebrand seinen Sohn im Zweikampf tötet. Diese Annahme wird durch nordische Überlieferungen des Stoffs gestützt, in denen Hadubrand durch die Hand des Vaters stirbt.
Die Unsicherheit über die „originale", also ursprüngliche Version der Fabel ist dadurch erklärbar, dass das *Hildebrandslied* bereits zur Zeit der Völkerwanderung (7. Jh. n. Chr.) in Oberitalien entstanden und lange Zeit nur mündlich durch Sänger überliefert worden ist. Man kann sich vorstellen, zu welch grundlegenden Änderungen der ersten Version solch eine Überlieferungsform führen kann. Wie bei vielen *Mythen* (sagenhaften Stoffen) der Literatur wissen wir also auch beim *Hildebrandslied* nicht, wie die Urfassung ausgesehen hat.
Inhalte und Wertvorstellungen der Heldenlieder stehen im Zusammenhang mit den Lebensumständen der Völkerwanderungszeit. Das Verhalten von Hildebrand und Hadubrand ist nicht erst für heutige Leser/innen befremdlich. Bereits im 16. Jh. entstand eine Version des Liedes (*Jüngeres Hildebrandslied*), in dem die Begegnung von Vater und Sohn nicht tödlich, sondern versöhnlich endet.

DAS NIBELUNGENLIED

Mittelhochdeutscher Originaltext   3

Uns ist in alten mæren   wunders vil geseit
von heleden lobebæren,   von grôzer arebeit,
von fröuden, hôchgezîten,   von weinen und von klagen,
von küener recken strîten   muget ir nu wunder hœren sagen.

Das ist die erste Strophe aus dem *Nibelungenlied*, dem wahrscheinlich bekanntesten deutschen Heldenlied des Mittelalters. Das *Nibelungenlied* ist in gereimten *Versen* gedichtet worden. Jede Strophe besteht aus vier Langzeilen. Die Langzeile wird durch eine Zäsur in zwei Kurzzeilen geteilt. Die Kurzzeilen werden kreuzweise gereimt.

Anregungen zur Texterschließung

1. Bereiten Sie den Textausschnitt 3 zum Vorlesen vor. Informieren Sie sich dabei noch einmal über die Hinweise zur Aussprache des Mittelhochdeutschen in   Modul I.1 Modul I.1.

2. Übertragen Sie den Text in heutige deutsche Prosa. Beachten Sie dabei folgende Hinweise:
   - Z. 1 *mære*: Bericht, Erzählung
   - Z. 2 *lobebæren*: lobenswert; *arebeit*: Mühe, Anstrengung
   - Z. 3 *hôhgezît*: höfisches Fest
   - Z. 4 *recke*: Abenteurer, Krieger, Held; *mugen*: können, vermögen, aber auch im Sinne des Futurums „werden" verwendet

„Heldenlied" oder „Heldenepos"?

Wesentliche Handlungselemente des *Nibelungenlieds* gehen auf die Völkerwanderungszeit zurück. Es wurde jahrhundertelang mündlich überliefert. Erste Handschriften sind uns erst aus dem 12. Jh., also aus der höfisch-ritterlichen Zeit, erhalten. Daher ist die literaturgeschichtliche Zuordnung des Liedes schwierig. Man findet darin Motive, die eindeutig germanisch-heidnischen Ursprungs sind (zum Beispiel die Blutrache), aber auch Darstellungen einer höfisch-christlichen Lebenswelt, die es zur Zeit der Völkerwanderung sicher noch nicht gegeben hat. So beruht zwar das *Nibelungenlied* mit Sicherheit auf alten Heldenliedern, aber die uns überlieferte schriftliche Version rechtfertigt auch die Zuordnung des Liedes zur höfischen Epik des Hochmittelalters. Daher sprechen wir auch von einem *höfischen Heldenepos*.

Das *Nibelungenlied* war im Mittelalter offensichtlich verbreitet und beliebt. Allein aus dem 12. bis 14. Jh. kennen wir 24 verschiedene Handschriften, die teilweise voneinander abweichen. So ist etwa die Einleitungsstrophe nur in der Handschrift C (13. Jh.) zu finden. Welche Handschrift dem ursprünglichen Original am nächsten steht, ist kaum feststellbar. Wenn wir also jetzt den Inhalt des *Nibelungenlieds* in den wesentlichen Abschnitten wiedergeben, dann handelt es sich um ein Konstrukt, das vorwiegend der Handschrift B folgt.

Der Handlungsverlauf

Das *Nibelungenlied* besteht aus zwei großen inhaltlichen Abschnitten: *Siegfrieds Werben um Kriemhild* und *Siegfrieds Tod* könnte der erste, *Kriemhilds Rache und der Untergang der Burgunder* könnte der zweite Abschnitt überschrieben werden.

Der Königssohn Siegfried wirbt um Prinzessin Kriemhild

Zunächst führt uns der Erzähler nach Worms am Rhein, an den Hof der Burgunderkönige Gunther, Gernot und Giselher. Kriemhild, die Schwester der Könige, hat einen Traum, der sich später als schicksalhafte Vorausdeutung erweisen sollte.

4 Übertragung ins Neuhochdeutsche

1   In dieser Ehrenstellung   träumte Kriemhild,
    dass sie einen Falken aufzöge,   stark, schön und wild,
    den ihr zwei Adler zerrissen.   Dass sie das sehen musste!
    In dieser Welt konnte ihr   Leidvolleres nicht mehr geschehen.

5   Den Traum erzählte sie   ihrer Mutter Ute.
    Diese konnte es nicht deuten   besser der Guten:
    „Der Falke, den du aufziehst,   das ist ein edler Mann.
    Ihn möge Gott behüten;   sonst ist es bald um ihn geschehen."

Kriemhild weist im Gespräch mit ihrer Mutter noch jeden Gedanken an Liebe und Heirat zurück. Aber kurze Zeit später wirbt bereits der Königssohn Siegfried von Xanten um die schöne Burgunderprinzessin. Die Werbung erfolgt zunächst auf ziemlich harsche Weise. Siegfried fordert Gunther zum Kampf heraus.

Wer dieser Siegfried ist, wird von Hagen von Tronje, einem Gefolgsmann des Königs Gunther, berichtet: Mit seinem außergewöhnlichen Schwert Balmung errang Siegfried den Hort (Schatz) der Nibelungen (mächtige dämonische Nebelwesen). Dem Nibelungenzwerg Albarich, der den Schatz bewachte, konnte Siegfried auch die Tarnkappe entreißen. Nach der Tötung eines Drachens badete Siegfried in dessen Blut. Dadurch wurde er unverwundbar. Für die Burgunderkönige ist es also ratsam, diesen ungewöhnlichen Helden nicht zum Gegner, sondern zum Verbündeten zu haben. Tatsächlich kommt dieses Bündnis zustande. Siegfried unterstützt Gunther erfolgreich im Kampf gegen die Sachsen. Und dann kommt es zur ersten Begegnung zwischen Siegfried und Kriemhild.

Sie wird folgendermaßen erzählt:

Übertragung ins Neuhochdeutsche   5

akg-images/Julius Schnorr von Carolsfeld

1   Als sie den Hochgestimmten   vor sich stehen sah,
    entzündete sich seine Gesichtsfarbe.   Das schöne Mädchen sprach:
    „Seid willkommen, Herr Siegfried,   edler, guter Ritter."
    Da wurde ihm durch ihren Gruß   das Gemüt heftig erhoben.

5   Züchtig verneigte er sich;   sie ergriff ihn an der Hand.
    Wie überaus liebenswert   ging er neben der Frau!
    Mit verliebten Blicken   sahen sie einander an,
    der Herr und die Frau auch.   Das wurde recht heimlich gemacht.

    Ob ihr da zärtlich   die weiße Hand gedrückt wurde
10 aus herzenslieber Minne,   das ist mir unbekannt.
    Doch kann ich nicht glauben,   dass es unterlassen wurde.
    (...)

Gunther ist grundsätzlich bereit, der Heirat zwischen Kriemhild und Siegfried zuzustimmen, knüpft seine Zustimmung allerdings an eine Bedingung: Siegfried soll Gunther bei dessen Werbung um Brünhild von Isenstein, eine schöne, aber auch ungewöhnlich starke Königin, unterstützen. Brünhild will nämlich nur den Mann heiraten, der sie im Dreikampf besiegt. Gunther gelingt dies nur, weil ihm Siegfried, verborgen unter seiner Tarnkappe, Hilfe leistet. Brünhild ahnt wohl, dass dieser Kampf nicht mit rechten Dingen zugegangen ist. Sie verweigert sich Gunther in der Hochzeitsnacht auf drastische Weise: Sie hängt ihren Mann an einen Nagel! Auch dieses Problem muss nun Siegfried, den Brünhild fälschlich für Gunthers Vasallen hält, beseitigen. Siegfried kann Brünhild durch seine Tarnung erneut besiegen und ihr Ring und Gürtel, Symbole ihrer weiblichen Macht, entwenden. Damit steht der Heirat von Kriemhild und Siegfried nichts mehr im Wege. Sie heiraten und leben nun in Xanten. Brünhild erfährt vorläufig nichts von den Hintergründen ihrer Überwindung.

STREIT DER KÖNIGINNEN UND ERMORDUNG SIEGFRIEDS

Zehn Jahre sind mittlerweile vergangen. Die Unredlichkeiten der Vergangenheit sind aber dadurch nicht ungeschehen gemacht worden. Während eines Ritterspiels geraten Brünhild und Kriemhild in einen Streit um ihre soziale Rangstellung. Brünhild meint ja immer noch, dass

Siegfried nur ein Vasall Gunthers ist, also ein Unfreier. Kriemhild weist dies entrüstet zurück. Auf dem Höhepunkt des Streits demütigt Kriemhild ihre Kontrahentin vor dem Wormser Münster öffentlich. Sie hat von Siegfried erfahren, auf welche Weise Brünhild für Gunther gefügig gemacht worden ist. Nun kennt Kriemhild weder Schonung noch Vorsicht. Sie konfrontiert Brünhild mit der Wahrheit.

Brünhild ist zutiefst empört und verletzt. Hagen von Tronje wird zum Wortführer der Rache. Im Einverständnis mit Gunther wird die Ermordung Siegfrieds geplant. Durch eine List erfährt Hagen Siegfrieds einzige verwundbare Stelle. Aus dem Hinterhalt tötet er Siegfried und legt den Leichnam vor Kriemhilds Kemenatentür. Aufgrund dieser Vorfälle wird Hagen meist als Bösewicht des Geschehens betrachtet, vor allem auch deshalb, weil er seinen Gegner „unritterlich" aus dem Hinterhalt tötet. Das ist aber nur bedingt richtig. Hagen ist nicht nur als hinterhältiger Mörder, sondern auch als absolut treuer Vasall seines Königs und seiner Königin zu verstehen. Die schwere Beleidigung, die Brünhild erfahren hat, schreit entsprechend den Wertvorstellungen dieser vorchristlichen Lebenswelt nach blutiger Rache.

Auch Kriemhild kennt ab jetzt nur noch diesen einen Gedanken: Rache an denen, die Siegfrieds Tod verschuldet haben, in erster Linie natürlich an Hagen, aber auch an Gunther und Brünhild. Weil Hagen mittlerweile Siegfrieds Nibelungenhort in seinen Besitz bringen konnte, hat Kriemhild, die als Witwe wieder bei ihrer verhassten Familie in Worms leben muss, keine Machtmittel mehr in der Hand.

KRIEMHILDS ZWECKHEIRAT UND EIN BLUTIGES SCHLUSSGEMETZEL

Um ihre Rachegedanken verwirklichen zu können, nimmt Kriemhild die Werbung des Hunnenkönigs Etzel (Attila) an. Dreizehn Jahre sind mittlerweile seit Siegfrieds Tod vergangen, aber Kriemhilds Hass ist nicht schwächer geworden. Etzel und seine Frau laden die Burgunder an den Hunnenhof nach Ungarn ein. Während des Zugs durch das Donautal gibt es schon mystische Anzeichen für den bevorstehenden Untergang der Burgunder, zu dem es dann tatsächlich kommen wird. Kriemhild lässt später beim Fest alle burgundischen Ritter niedermetzeln. Am Ende stehen die Hauptkontrahenten einander gegenüber. Kriemhild fordert den gefangenen Hagen dazu auf, das Versteck von Siegfrieds Nibelungenhort zu verraten. Solange noch einer der Burgunderkönige lebe, erwidert Hagen, verrate er das Versteck nicht. Kriemhild zögert nicht lange:

---

6 Übertragung ins Neuhochdeutsche

1 „Ich bringe es zu Ende", so sprach die edle Frau.
Sie befahl, dass ihrem Bruder   das Leben genommen werde.
Man schlug ihm den Kopf ab,   an den Haaren trug sie diesen
vor den Helden von Tronje.   Da litt dieser genug.

5 Als er voll Unmut   seines Herrn Kopf sah,
zu Kriemhild   sprach der Recke:
„Du hast es nach deinem Willen   zu einem Ende gebracht,
und es ist auch so geworden,   wie ich es mir gedacht hatte.

Nun ist von Burgund   der edle König tot,
10 der junge Giselher   und auch Herr Gernot.
Den Schatz weiß jetzt niemand mehr,   nur Gott und ich:
Dir, Teufelin,   soll er für immer verborgen bleiben."

Daraufhin schlägt Kriemhild mit Siegfrieds Schwert Balmung ihrem Todfeind Hagen das Haupt ab. Für Hildebrand, den Waffenmeister des Dietrich von Bern, ist Kriemhilds Verhalten unerträglich. Er geht mit dem Schwert auf sie los und *„ze stücken was gehouwen do daz edele wip"*. König Etzel und Dietrich, der gerade an Etzels Hof weilt, beklagen den Tod so vieler Menschen. Der Erzähler hat also den Dingen die schlimmstmögliche Wendung gegeben, bevor er sich von den Zuhörer/innen mit der letzten Zeile verabschiedet: *„Hie hat daz mære ein ende: daz ist der Nibelunge not."*

Anregungen zur Texterschließung

1. Inwiefern erweist sich Kriemhilds Falkentraum als schicksalhafte Vorausdeutung?
2. Die Tragik des *Nibelungenlieds* entsteht aus einer Verkettung schuldhafter Handlungen. Klären Sie folgende Zusammenhänge:
   - Wie verhält sich Siegfried Brünhild gegenüber?
   - Warum geraten Kriemhild und Brünhild in Streit? Wie verhält sich Kriemhild dabei?
   - Wie reagiert Brünhild, als sie die Wahrheit über Siegfried erfährt?
   - Welche Rolle spielt Hagen im Gang der Ereignisse? Warum wird er zum Mörder?
   - Wie bereitet Kriemhild ihre Rache vor?
   - Gibt es letztlich einen Sieger?

DAS NIBELUNGENLIED – EIN DEUTSCHNATIONALES EPOS?

Das *Nibelungenlied* ist in vielen Handschriften überliefert, es dürfte im Mittelalter ein beliebtes, verbreitetes Werk gewesen sein. Am Beginn der Neuzeit verlor es seine Bedeutung, wurde fast vergessen und erst im 18. Jh. wiederentdeckt. Das große Interesse der deutschen Romantik am Mittelalter hatte an der verstärkten Wirkung des *Nibelungenlieds* einen beträchtlichen Anteil. Im 19. Jh. wurde der Deutschnationalismus zu einer politisch einflussreichen Kraft. Die deutschnationale Rezeption erklärte das *Nibelungenlied* zum großen germanischen Mythos, der gleichberechtigt neben die antiken Mythen des HOMER treten könne.

Die Nationalsozialist/innen setzten diese Rezeptionsweise fort, vereinnahmten das *Nibelungenlied* für ihre Ideologie und förderten dessen ausführliche Besprechung im Deutschunterricht. Es ist bezeichnend, dass Textpassagen, die für diese Vereinnahmung nicht geeignet waren, in den nationalsozialistischen Ausgaben meist nicht enthalten waren. Zitiert wurde das *Nibelungenlied* besonders dann, wenn zu Kampf und Krieg aufgerufen wurde. Ein berüchtigtes Beispiel ist Hermann Görings Appell an die deutsche Wehrmacht nach der vernichtenden Niederlage der deutschen Armee bei Stalingrad im Winter 1942/43. Göring hielt diese Rede am 30. Januar 1943 im Berliner Sportpalast vor Offizieren und anderen Wehrmachtsangehörigen.

HERMANN GÖRINGS APPELL AN DIE DEUTSCHE WEHRMACHT (1943)   7

1 (...) Aus all diesen gigantischen Kämpfen ragt nun gleich einem Monument der Kampf um Stalingrad heraus. Es wird der größte Heroenkampf unserer Geschichte bleiben. Was dort jetzt unsere Grenadiere, Pioniere, Artilleristen, Flakartilleristen und wer sonst in dieser Stadt ist, vom General bis zum letzten Mann, leisten, ist einmalig. Mit ungebrochenem Mut, und doch zum Teil ermattet und erschöpft, kämpfen sie gegen eine gewaltige Übermacht um jeden
5 Block, um jeden Stein, um jedes Loch, um jeden Graben. Wir kennen ein gewaltiges Heldenlied von einem Kampf ohnegleichen, es heißt ‚Der Kampf der Nibelungen'. Auch sie standen in

10 einer Halle voll Feuer und Brand, löschten den Durst mit dem eigenen Blut, aber sie kämpften bis zum letzten. Ein solcher Kampf tobt heute dort, und noch in tausend Jahren wird jeder Deutsche mit heiligem Schauer vor diesem Kampf in Ehrfurcht sprechen und sich erinnern, dass dort trotz allem Deutschlands Sieg entschieden worden ist.

Anregung zur Problemdiskussion

Soll ein Werk, das der Nationalsozialismus für sich vereinnahmte und in den Schulen förderte, unter demokratischen Verhältnissen aus den Schulbüchern gestrichen werden? Verfassen Sie zu diesem Thema eine Stellungnahme für eine Jugendzeitschrift (Maximallänge 200 Wörter).

Situativer Schreibauftrag zu **Modul I.2, S. 434ff.**

Band 2 | ## Ergänzung Literaturgeschichte

I. Das Mittelalter

Lesen Sie im Epochenteil Kapitel I.4 (Literatur in althochdeutscher und frühmittelhochdeutscher Zeit) und entnehmen Sie daraus folgende Informationen:

1. Nennen Sie literarische Dokumente aus germanisch-heidnischer Zeit.
2. Führen Sie einige Beispiele für geistliche (christliche) Literatur des Frühmittelalters an.
3. Eines der ersten Beispiele für weltliche Erzählliteratur des Mittelalters ist das *Rolandslied*. Was wissen Sie darüber?

Kompetenzen: Das sollen Sie wissen/können

1. Sie kennen die Entstehungszeit des *Hildebrandslieds* und können den Handlungsverlauf in wenigen Sätzen wiedergeben.
2. Sie können den Begriff *Alliteration* an einem Beispiel erklären.
3. Sie können die Begriffe *Heldenlied* und *Heldenepos* erklären.
4. Sie kennen die Entstehungszeit des *Nibelungenlieds* und wissen, wie es überliefert worden ist.
5. Sie kennen wesentliche Figuren aus dem *Nibelungenlied* (Siegfried, Kriemhild, Brünhild, Gunther, Hagen, Attila) und können ihre Rolle im Handlungszusammenhang erklären.
6. Sie können Ihre Meinung zur *Rezeption* des *Nibelungenlieds* formulieren.

KÖNIG ARTUS UND SEINE TAFELRUNDE
Wie ein europäischer Mythos entstand

3

Modulvorschau

Die Sagenwelt rund um König Artus war nicht nur im Mittelalter ein verbreiteter Stoff, auch heute werden immer wieder über Artus und die Ritter seiner Tafelrunde Bücher geschrieben und Filme gedreht. Das Modul veranschaulicht am Beispiel von König Artus, wie ein *Mythos* entsteht, wie er überliefert wird und weiterwirkt.

➡ Sie lernen zwischen historischen Fakten und literarischer *Fiktion* zu unterscheiden.
➡ Sie lernen zwei bedeutende Epiker des Hochmittelalters kennen:
den Franzosen CHRÉTIEN DE TROYES und den Deutschen HARTMANN VON AUE.
➡ Sie interpretieren Textauszüge aus Artusdichtungen.
➡ Sie machen sich die Bedeutung von Mythenbildungen bewusst und lernen, kritisch damit umzugehen.

WAS IST EIN „MYTHOS"?

Das altgriechische Wort *Mythos* bedeutete ursprünglich dasselbe wie *Logos*, also „Wort, Rede". Ab dem fünften vorchristlichen Jahrhundert wurde *Mythos* allerdings mit negativem Beigeschmack verwendet: „unwahre Geschichte". In Deutschland bedeutete das Wort im 16. Jh. „erfundene Geschichte", im 18. Jh. hauptsächlich „Göttersage". Heute wird das Wort Mythos vorwiegend in drei Bedeutungsvarianten verwendet:
• überlieferte Sage, poetische Erzählung aus der Früh- oder Vorzeit einer Kultur (z. B. die Sagen des klassischen Altertums, der Germanen etc.)
• falsche Vorstellung, Gerücht, „Ammenmärchen"
• besondere Person, Sache oder Begebenheit, die Sagen- oder Legendencharakter angenommen hat

ARTUS – AKTUALITÄT EINES ALTEN MYTHOS

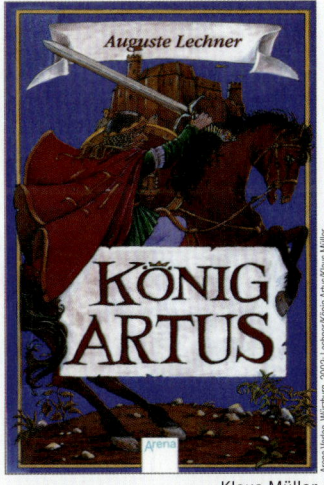

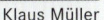
Klaus Müller

Den Abbildungen auf der Seite 21 können Sie die Aktualität des Artus-Mythos in unserer Zeit entnehmen. Links sehen Sie die Umschlagseite eines Jugendbuchs, das in zahlreichen Auflagen erschienen ist, rechts das Cover einer DVD. Der 1. Ritter im gleichnamigen amerikanischen Film ist Lancelot, ein Held aus der Tafelrunde des Königs Artus, dargestellt von Richard Gere. Artus wurde von Sean Connery gespielt. Ist Ihnen die Artus-Figur schon in Filmen oder Büchern begegnet? Haben Sie vielleicht auf einer England-Reise eine der zahlreichen Arthur-Gedenkstätten (Gräber, Höhlen, Höfe etc.) gesehen?

DER HISTORISCHE UND DER MYTHISCHE ARTUS (ARTHUR)

König Artus (engl. Arthur) ist nicht eine rein *fiktive* Figur, sondern ist historisch nachweisbar, denn er wird zunächst in Werken der Geschichtsschreibung erwähnt, erstmals in der *Historia Brittonum* (9. Jh.), die dem britisch-römischen Geschichtsschreiber Nennius zugeschrieben wird. Artus war dieser Quelle zufolge ein britischer Feldherr, vielleicht auch der Regent eines Kleinkönigtums, der zur Zeit, als Britannien noch römische Provinz war, die Einfälle der Sachsen und Angeln abwehrte. Näheres wissen wir über ihn aus zuverlässigen geschichtlichen Quellen nicht.

Besonders prägend für das Artus-Bild wurde neben den volkstümlichen Sagen, die mündlich verbreitet wurden, die *Geschichte der britischen Könige des Geoffrey of Monmouth*. Zu bedenken ist, dass die Historiografen (Geschichtsschreiber) dieser Zeit zwischen literarischer Fiktion und wissenschaftlicher Dokumentation nicht unterschieden. Folgt man zum Beispiel GEOFFREYS Darstellung, so müsste König Artus von einem großen trojanischen Helden abstammen.

Der Artus-Mythos kam schließlich von England auf den europäischen Kontinent. Eines der ersten Dokumente der kontinentalen *Rezeption* ist *Le roman de Brut* von einem französischen Verfasser namens WACE [waß]. In der französischen Sprache wurde aus dem englischen Arthur der uns geläufige Artus. In dieser Form wurde der Name des sagenhaften Königs später auch in die deutschsprachige Literatur übernommen. Dem Mythos zufolge starb König Artus in einer Schlacht gegen seinen verräterischen Neffen Mordret.

DER TOD DES KÖNIGS ARTUS (TEXTVERGLEICH)

1 DIE VERSION DES GEOFFREY OF MONMOUTH

Übertragung ins Neuhochdeutsche

1 (...) So entwickelte sich die unheilvollste Schlacht zwischen ihnen, in der fast alle Führer, die auf beiden Seiten anwesend waren, mit ihren Truppen fielen. Auf Modreds Seite starben die Sachsen Chelric, Elaf, Egbrict und Bruning, die Iren Gillapatric, Gillamor, Gillasel und Gillarv sowie die Schotten und Pikten mit fast allen Führern. Auf Arthurs Seite fielen König Odbrict

5 von Norwegen, König Aschill von Dänemark, Cador Limenich und Cassibellaun mit vielen Tausenden der Ihren sowohl von den Briten wie auch von den übrigen Völkern, die sie mit sich gebracht hatten. Aber auch Arthur selbst wurde tödlich verwundet und zur Insel Avalon fortgeschafft, um seine Wunden heilen zu lassen; er übergab die britische Krone Konstantin, seinem Neffen, dem Sohn des Herzogs Cador von Cornwall, im Jahr 542 n. Chr.

DIE VERSION VON WACE

2

Übertragung ins Neuhochdeutsche

1 Beim Flusse Camel in Cornwall fand die Schlacht statt. In großer Wut trafen die Heere aufeinander, und in großer Wut wurde gekämpft; in mächtigem Grimm wurde die Schlacht begonnen, gewaltig waren die Heere und gewaltig das Gemetzel; ich weiß nicht zu sagen, wer besser kämpfte, wer verlor und wer gewann, und auch nicht, wer fiel und standhielt, wer dreinschlug

5 und wer starb. Groß waren die Verluste auf beiden Seiten, die Ebene war mit Leichen bedeckt und troff vom Blut der Sterbenden. Dort kam die herrliche Jugend um, die Artus sich herangezogen und die er aus verschiedenen Ländern um sich gesammelt hatte, und auch die Ritter der Tafelrunde, die in der ganzen Welt berühmt waren; Mordret wurde im Kampf getötet und mit ihm die meisten seiner Leute, aber auch die Blüte der Artuskrieger, die stärksten und die

10 besten. Artus selbst wurde tödlich verwundet, wenn die Erzählung nicht lügt; nach Avalon ließ er sich tragen, um seine Wunden zu heilen. Dort ist er noch; die Briten warten auf ihn, wie sie sagen und meinen; von dort soll er wiederkommen, denn er kann noch weiterleben. Meister Wace, der dieses Buch verfasste, wollte über sein Ende nicht mehr berichten, als es der Zauberer Merlin tat; Merlin sagte von Artus – und er hatte recht –, dass er an dessen Tod zweifle.

15 Der Prophet verkündete die Wahrheit; zu jeder Zeit hat man seitdem gezweifelt und wird, denke ich, alle Tage zweifeln, ob er lebt oder tot ist. Er ließ sich nach Avalon bringen, wahrlich am Tage der Inkarnation im Jahre 542. Es war ein Jammer, dass er keine Kinder hatte. Cador, dem Sohn Konstantins und Grafen von Cornwall, der sein Vetter war, übergab der König sein Reich und beauftragte ihn, als König zu herrschen, bis er wiederkäme.

Anregungen zur Texterschließung

Vergleichen Sie die Darstellung des Todes von König Artus in den beiden Versionen.
Die Art und Weise, in der ein Held stirbt, trägt oft maßgeblich zur Mythenbildung bei. Erinnern Sie sich an Film- und Buchheld/innen oder an reale „Held/innen" der Popkultur, die auf „mythenbildende" Weise sterben bzw. gestorben sind?

BEISPIELE HÖFISCHER ARTUSEPIK (1): DAS EREC-EPOS DES CHRÉTIEN DE TROYES

Der einflussreichste französische Erzähler des 12. Jhs. war **CHRÉTIEN (CHRISTIAN) DE TROYES** [kretjā̃ dö troa̱], ein gebildeter und in den höfischen Sitten bewanderter Adeliger. Chrétien schrieb fünf große höfische Epen: *Yvain, Cligés, Lancelot, Perceval* und *Erec.* Man bezeichnet diese Art Literatur mit einem Sammelbegriff als *Artusepik,* obwohl Artus – im Unterschied zu den älteren Sagen und Geschichtsbüchern – in diesen Epen nicht mehr der handlungsbestimmende Held ist. Vielmehr sind es Ritter aus der Tafelrunde des Königs, zum Beispiel Erec, Iwain, Lancelot, Parzival, Gawein u. a. m. Artus ist lediglich die überragende Symbolfigur der gesellschaftlichen Ordnung, der ideale König, der alle Tugenden eines hochmittelalterlichen Ritters repräsentiert.
Beispielhaft sei hier der Erec-Stoff dargestellt, den Chrétien de Troyes als Erster in Form eines Epos gestaltet hat: Erec ist

ein Ritter der Tafelrunde. Eines Tages wird er in einen rufschädigenden Vorfall verwickelt. Der bucklige Zwerg eines fahrenden Ritters schlägt ein Fräulein aus dem Gefolge von Königin Ge- nièvre, Artus' Gattin. Erec stellt den Zwerg zur Rede und wird ebenfalls von diesem geschlagen, ohne dass der Ritter Yder, der für den ungehobelten Zwerg verantwortlich ist, einschreiten würde. Erec ist gerade waffenlos und kann sich nicht wehren. Dadurch verliert er vorüberge- hend seine ritterliche Ehre. Um eine Gelegenheit zur Revanche zu finden, folgt Erec dem Ritter Yder und dessen Zwerg. Die beiden sind unterwegs zu einer Burg, auf der jährlich ein ritueller Kampf stattfindet. Der beste Ritter erwirbt für eine von ihm erwählte schöne Frau einen wert- vollen Sperber (= Jagdfalke). Erec begegnet in dieser Situation einem wunderschönen Fräulein aus verarmtem Adel. Für sie will er nun mit dem Ritter Yder um den Sperber kämpfen:

3 Chrétien de Troyes: Erec (Auszug)

Prosaübertragung

1 Erec ritt vorwärts, in der Hand die nach oben gerichtete Lanze, und neben ihm die Jungfrau in anmutiger Haltung. Alle Leute an den Straßen schauten sie an, die Großen wie das einfache Volk. Sie alle wunderten sich über das, was sie sahen; einer sprach zum anderen, und man flüs- terte sich zu: „Wer ist das? Wer ist dieser Ritter? Er muss sehr kühn und stolz sein, da er die
5 liebreizende Jungfrau bei sich hat; der wird sich nicht umsonst bemühen, er mag mit vollem Recht behaupten, dass sie die Schönste sei." Einer sagte zum anderen: „Es ist wahr, diese muss den Sperber bekommen." Die einen lobten das Fräulein, und manche anderen fragten sich: „Bei Gott, wer kann dieser Ritter sein, der neben der schönen Jungfrau reitet?" – „Ich weiß es nicht." – „Ich auch nicht", sagte ein jeder, „aber der glänzende Helm steht ihm sehr gut, der Panzer und
10 der Schild, auch das Schwert von scharf geschliffenem Stahl; er bietet einen herrlichen Anblick auf diesem Pferd und scheint ohne Zweifel ein tapferer Krieger zu sein; alles an ihm ist sehr schön und wohl gebildet, Arme, Beine und Füße." Alle betrachteten die Vorbeireitenden auf- merksam, die jedoch zögerten nicht und hielten sich nicht auf, bis sie vor den Sperber gelangten. Dort nahmen sie auf der einen Seite Aufstellung und warteten auf den Ritter. Schaut, schon
15 sahen sie ihn kommen mit seinem Zwerg und dem Fräulein. Er hatte schon gehört, dass ein Ritter erschienen sei, der den Sperber haben wolle; freilich glaubte er nicht, dass es auf der Welt einen geben könnte, der kühn genug wäre, um den Kampf gegen ihn zu wagen; und er zweifelte nicht daran, dass er ihn besiegen und zu Boden werfen werde. Alle Leute dort kannten ihn, sie begrüßten ihn alle und gaben ihm das Geleit; eine große Volksmasse folgte ihnen, Ritter und
20 Bediente, auch die Damen liefen ihm nach und die Jungfrauen mit schnellen Schritten. Der Ritter zog ihnen allen voran, bei ihm das Fräulein und sein unverschämter Zwerg. Sehr hoch- mütig ritt er rasch auf den Sperber zu; aber um den Vogel herum war ein solches Gedränge von gemeinem Volk, dass man nicht einmal auf Pfeilschussweite heranzukommen vermochte. Der Graf eilte dorthin, ging auf die Leute zu und drohte ihnen, die Reitgerte in der Hand; da
25 wich das Volk zurück. Der Ritter ritt weiter vor und sprach ganz ruhig zu der Dame: „Mein Fräulein, dieser Vogel, der so oft gemausert hat und so schön ist, soll von Rechts wegen Euch gehören; denn Ihr seid sehr schön und liebenswert, und solange ich lebe, wird er Euer sein. Reitet vorwärts, liebste Freundin, den Sperber von der Stange zu nehmen!" Sie wollte schon die Hand nach dem Vogel ausstrecken, aber Erec eilte sich, Einspruch zu er-
30 heben – er achtete die Macht seines Gegners für nichts: „Fräulein", rief er, „weicht zurück! Er- freut Euch an einem anderen Vogel! Denn auf den hier habt Ihr kein Recht; diesen Sperber sollt Ihr nicht haben, wem immer das auch missfallen mag; auf ihn hat eine Bessere Anspruch als Ihr, die viel schöner und höfischer ist." Dem anderen Ritter war das gar nicht recht – Erec

aber schätzte ihn gering. „Schönste", ermunterte er seine Dame, „reitet vor, nehmt den Vogel
von der Stange! Es ist doch recht und billig, dass Ihr ihn haben sollt. Geht vorwärts, mein
Fräulein! Wenn niemand wagt, mir entgegenzutreten, setze ich meinen Stolz daran zu behaupten, dass keine andere sich mit Euch vergleichen kann, so wenig wie der Mond mit der Sonne,
weder an Schönheit noch an innerem Wert, an Adel und an allem, was Ruhm verdient." Der
andere konnte sich das nicht länger anhören, da sein Gegner in dieser Form und mit solcher
Bestimmtheit den Kampf forderte: „Wie denn", rief er, „Krieger, wer bist du, dass du mir den
Sperber streitig machst?" Erec antwortete ihm kühn: „Ein Ritter aus einem anderen Land. Ich
bin gekommen, den Sperber zu fordern, und es ist nur recht, dass dieses Fräulein ihn bekommt, wem das auch widerstreben mag." – „Pah!", fuhr der andere ihn an, „das soll nicht sein;
es war unbedacht von dir herzukommen. Wenn du den Sperber haben willst, so musst du ihn
sehr teuer bezahlen." – „Bezahlen? Und wie, Krieger?" – „Du musst mit mir kämpfen, wenn du
ihn mir nicht freiwillig überlässt." (...)
Der Kampfplatz war weit und geräumig; die Zuschauer hatten ihn frei gemacht und umstanden
ihn jetzt von allen Seiten. Die Kämpfer entfernten sich mehr als zwanzig Ruten voneinander
und spornten dann die Pferde, um aufeinander loszustürmen; mit den Eisenspitzen der Lanzen
griffen sie einander an und schlugen mit solcher Kraft aufeinander ein, dass sie die Schilde
durchbohrten und in Stücke hauten und die Lanzen daran splitternd zerbrachen. Dann gingen
auch ihre Sattelbögen in Stücke, und sie verloren die Steigbügel; beide sprangen auf den Boden,
die Pferde stürmten übers Feld davon. Die beiden Kämpfer standen rasch wieder auf den Füßen; sie vermissten ihre Lanzen nicht, stattdessen zogen sie die Schwerter aus der Scheide, erprobten grausam die Schneiden aneinander und versetzten sich gewaltige Schläge; die Helme
zerbrachen und hallten von den Hieben wider. Der Kampf mit den Schwertern war verbissen
und grausam, mächtige Streiche führten sie gegeneinander und schonten sich nicht; sie zerhau-
ten alles, was sie erreichen konnten, zerschlugen die Schilde und zerrissen die Panzerhemden;
vom roten Blut färbte sich das Eisen. Der Kampf dauerte lange; sie schlugen so sehr aufeinander
ein, dass ihre Kraft davon sehr nachließ und sie ermüdeten. Beide Jungfrauen weinten; jeder der
Kämpfer sah die Tränen seiner Freundin, wie sie die Arme hob und zu Gott flehte, dass er den
Sieg in diesem Kampf demjenigen verliehe, der sich um ihretwillen anstrengte.

mausern: das Federkleid wechseln

Erec gewinnt den Sperber und Enide wird seine Frau. Der beste Kämpfer und die schönste
Frau werden ein glückliches Paar. Zu glücklich, denn Erec vergisst aus lauter Begeisterung für
Enide auf seine ritterlichen Pflichten. Er „verliget" sich, wie das Phänomen in der mittelhochdeutschen Sprache genannt worden ist. Erneut verliert Erec seine ritterliche Ehre. In vielen
„aventiuren" (Abenteuern) muss er sich nun bewähren, um am Ende zu Enide zurückkehren
zu können und wieder ein akzeptiertes Mitglied der Tafelrunde des Königs Artus zu sein. Am
Schluss steht also, wie in den meisten höfischen Artusepen, ein Happy End.

Anregungen zur Texterschließung

1. Verfassen Sie eine Kurzcharakteristik der Erec-Figur.
2. Welche Rolle kommt den Frauen zu?
3. Versuchen Sie sich an Bücher oder Filme zu erinnern, in denen Ihnen ähnliche Rollenbilder
   (Mann als Kämpfer – Frau als Schönheit) begegnet sind.
4. Entsprechen solche Rollenbilder noch den Geschlechterrollen in der westlichen Gesellschaft der Gegenwart?

BEISPIELE HÖFISCHER ARTUSEPIK (2): DAS EREC-EPOS DES HARTMANN VON AUE

Der deutsche Erzähler und Lyriker **HARTMANN VON AUE** hat ein deutschsprachiges *Erec*-Epos geschrieben. Seine Schaffenszeit liegt ungefähr zwischen 1180 und 1200. Hartmann hat **CHRÉTIENS** Werke offensichtlich gut gekannt. Er verstand Französisch und sicher auch Latein. Er hat aber Chrétiens Epos nicht übersetzt, sondern frei „nachgedichtet". Die Handlungsstruktur folgt zwar im Wesentlichen der französischen Vorlage. Aber Hartmann hat einige Textstellen deutlich erweitert, andere gekürzt oder weggelassen. Dazu ein Beispiel:

Hartmann von Aue

4 CHRÉTIEN DE TROYES: EREC (SCHILDERUNG ENITES)

Prosaübertragung

1 Die Jungfrau war sehr liebenswert; die Natur hatte ja auch all ihre Kunst darauf verwendet, ihren Körper zu bilden. Sie selbst hatte sich mehr als fünfhundertmal darüber gewundert, wie sie ein einziges Mal etwas derart Vollkommenes zustande bringen konnte; nachher konnte sie sich plagen, wie sie wollte, es gelang ihr nicht, dieses Muster auf irgendeine Art nachzuahmen.
5 Die Natur selbst bezeugt, dass ein so schönes Geschöpf niemals sonst auf der ganzen Welt gesehen wurde. Ich sage euch fürwahr: So golden und leuchtend auch das Haar der blonden Isolde war, sie hätte doch gegen diese Jungfrau zurückstehen müssen. Darüber hinaus waren ihre Stirn und ihr ganzes Gesicht klarer und weißer als die Lilienblüte; über dieser Weiße leuchtete ihr Antlitz wunderbar in einer frischen roten Farbe, die die Natur ihr verliehen hatte.
10 Aus ihren Augen strahlte eine so starke Helligkeit, dass sie zwei Sterne schienen; niemals hatte Gott Nase, Mund und Augen besser zu formen gewusst. Was soll ich von ihrem Aussehen sagen? Das war wirklich so geartet, dass sie nur geschaffen war, um betrachtet zu werden, (...)

5 HARTMANN VON AUE: EREC (SCHILDERUNG ENITES)

Übertragung aus dem Mittelhochdeutschen

1 Das Mädchen war schön von Gestalt.
Ihr Kleid war grün,
ganz und gar zerrissen
und überall abgeschabt.
5 Ihr Hemd darunter war schmutzig
und an vielen Stellen zerrissen,
dort schimmerte ihr Körper
schwanenweiß hindurch.
Man sagt, dass niemals ein junges Mädchen
10 eine so vollkommene Gestalt gehabt habe.
Und wäre sie reich gewesen,
so hätte ihr nichts dazu gefehlt,
sie als wünschenswerte Partie erscheinen zu lassen.

Ihr Körper schimmerte durch die schäbige Kleidung

15 wie eine Lilie, wenn sie

weiß unter schwarzen Dornen blüht.

Mir scheint, Gott hatte alle seine Sorgfalt

an sie gewandt in Bezug auf Schönheit und Anmut.

Anregungen zur Texterschließung

1. Vergleichen Sie die beiden Textauszüge 4 und 5. Welche Ähnlichkeiten und Unterschiede in der Darstellung der weiblichen Figur fallen Ihnen auf?
2. Aus der Beschreibung Enites durch Hartmann und Chrétien können wir Rückschlüsse auf das höfische weibliche Schönheitsideal ziehen. Finden Sie Ähnlichkeiten mit heutigen Schönheitsidealen oder bestehen grundlegende Unterschiede?

Anregung zum Schreiben

Beschreiben Sie eine fiktive weibliche Person, die Ihrer Ansicht nach schön ist.
Beschreiben Sie eine fiktive männliche Person, die Ihrer Ansicht nach schön ist.

Situativer Schreibauftrag zu Modul I.3, S. 434ff.

Ergänzung Literaturgeschichte   Band 2

I. Das Mittelalter

Lesen Sie im Epochenteil Kapitel I.2 (Allgemeine geschichtliche Voraussetzungen) und entnehmen Sie diesem folgende Informationen:

1. In den Artusepen spiegelt sich die Gesellschaftsstruktur des Hochmittelalters. Erklären Sie die Begriffe *Lehenswesen*, *Ständeordnung* und *Ritter*.

Lesen Sie Kapitel I.5.1 (Die höfischen Epen des Hochmittelalters) und entnehmen Sie diesem folgende Informationen:

1. Welche zwei künstlerischen Traditionen prägten das Werk von Chrétien de Troyes?
2. Wer schrieb das erste deutschsprachige Epos (Versroman)? Inwiefern unterscheidet sich dieses Werk inhaltlich von der Artusepik?
3. Wer sind die drei bedeutendsten deutschen Erzähler des Hochmittelalters? Welche Werke verdanken wir ihnen?

Kompetenzen: Das sollen Sie wissen/können

1. Sie können den Begriff *Mythos* in seinen drei Bedeutungsvarianten erklären.
2. Sie können erklären, warum es schwer ist, zwischen der historischen und der mythischen Artus-Figur zu unterscheiden. Was wissen wir mit relativer Sicherheit über die historische Artus-Figur?
3. Sie können erklären, welche Rolle Artus in den hochmittelalterlichen Artusepen erhält, und einige Ritter der Tafelrunde nennen.
4. Sie können den Inhalt des *Erec-Epos* von CHRÉTIEN DE TROYES kurz zusammenfassen.
5. Sie können das ritterliche Männlichkeitsideal am Beispiel der Erec-Figur erklären.
6. Sie können das Phänomen Mythenbildung an zwei Beispielen aus der Kultur unserer Zeit (Film, Musik, Sport, Politik ...) erklären.

4 WIE DER TÖLPEL GRALSKÖNIG WURDE
Parzival und der Mythos vom heiligen Gral

Modulvorschau

Die Erzählung vom „heiligen Gral" ist – so wie König Artus – ein wirkungsmächtiger *Mythos* des Mittelalters. Unter anderem hat ihn **WOLFRAM VON ESCHENBACH** in seinem Epos *Parzival* überliefert.

➡ Sie lernen Wolframs *Parzival* in seinen wesentlichen Handlungsabschnitten kennen.
➡ Sie erschließen eine Textstelle, die Aufschluss über ritterliche Wertvorstellungen gibt.
➡ Sie erfahren Wesentliches über den Grals-Mythos.

DER GRALSMYTHOS IN DER EUROPÄISCHEN LITERATUR DES MITTELALTERS

Wolfram von Eschenbach

Neben den Erzählungen rund um König Artus ist die Erzählung vom „heiligen Gral" ein zweiter großer *Mythos* der höfisch-ritterlichen Literatur des europäischen Mittelalters. Verknüpft wurden diese beiden Mythen im Epos *Parzival* des Ritters und Autors **WOLFRAM VON ESCHENBACH** (ca. 1170–1220). Nicht alles an diesem Epos ist allein Wolframs poetische Erfindung. Er stützte sich teilweise auf ältere Quellen, vor allem auf ein altes keltisches Volksmärchen vom Dümmling, der trotz seiner Naivität in der Welt sein Glück macht, und auf die sagenhafte Erzählung vom Gral, die in unterschiedlichen Varianten vorliegt. Bereits vor Wolfram schrieb der Franzose **CHRÉTIEN DE TROYES** (siehe auch Modul I.3 ▶) ein Parzival-Epos (*Perceval le Gallois*, auch *Le conte du Graal*) und etwa gleichzeitig mit Chrétien verfasste dessen Landsmann **ROBERT DE BORON** die Gralsgeschichte *Le Roman de'l Estoire Dou Graal*. Was nun dieser merkwürdige Gral eigentlich ist, diese Frage wird am Ende dieses Moduls geklärt – soweit es überhaupt mit letzter Sicherheit zu klären ist.

WOLFRAM VON ESCHENBACHS „PARZIVAL": AUFBAU UND HANDLUNG

WOLFRAM VON ESCHENBACH führt die Handlung seines Epos in zwei Handlungssträngen, die voneinander unabhängig sind: die *Gawan-Handlung* und die *Parzival-Handlung*. Gawan ist ein typischer Artusritter, der verschiedene Abenteuer und Prüfungen zu bestehen hat. Dieser Handlungsstrang wird in der nun folgenden Darstellung vernachlässigt. Wir konzentrieren uns auf die **Parzival-Handlung**.

In den ersten beiden von insgesamt 16 Kapiteln erzählt Wolfram von Eschenbach die Lebensgeschichte der Eltern seines Helden. Der Vater Gahmuret ist ein abenteuerlustiger Ritter, der auf einer Orientfahrt die dunkelhäutige heidnische Königin Belacane befreit und so ihre Liebe gewinnt. Dieser Verbindung entstammt ein Sohn namens Feirefiz. Eine ähnliche Heldentat

Gahmurets in Waleis führt zur Verbindung mit Herzeloyde und zur Zeugung Parzivals. Parzival lernt allerdings seinen Vater nicht mehr kennen, weil Gahmuret noch vor der Geburt des Kindes im Kampf stirbt.

Um ihrem Sohn ein ähnliches Ritterschicksal zu ersparen, zieht sich Herzeloyde mit Parzival in die Wildnis zurück. Aber eines Tages begegnet der junge Mann Rittern und ist überwältigt von deren Glanz. Er will in die Welt hinausziehen. Herzeloyde zieht ihrem Sohn Narrenkleider an, in der Hoffnung, er würde verlacht werden und aufgrund dieser enttäuschenden Erfahrung zu ihr zurückkehren. Aber ihre Hoffnungen erfüllen sich nicht und sie stirbt aus Kummer.

Bei seiner ersten Begegnung mit anderen Menschen und deren gesellschaftlichen Gepflogenheiten setzt Parzival aus Unwissenheit durchwegs tölpelhafte Handlungen. So führt beispielsweise die sexuelle Belästigung der Herzogin Jeschute dazu, dass deren Gatte Orilus meint, seine Frau sei ihm untreu. Weiters tötet er auf völlig unritterliche Weise den Ritter Ither, indem er ihm einen Jagdspieß durch das Visier stößt. Obendrein bemächtigt er sich der glanzvollen roten Rüstung des Getöteten und wird ab nun „roter Ritter" genannt. Die erste Begegnung mit dem Artushof verläuft dadurch wenig erfolgreich. Zu einem entscheidenden Wendepunkt in Parzivals „Karriere" kommt es erst, als er auf der Burg des erfahrenen Ritters Gurnemanz erzogen wird.

Wolfram von Eschenbach: Parzival (Auszug) 1

Prosaübertragung

1   Nachdem man die Tafel aufgehoben hatte, begann die Erziehung des ungebärdigen Parzival. Der Burgherr sprach nämlich zu seinem Gast:„Ihr plappert wie ein unmündiges Kind. Warum lasst Ihr nicht endlich Eure Mutter aus dem Spiel und sprecht von andern Dingen? Haltet Euch an meine Lehren, und Ihr werdet gut dabei fahren. So will ich denn beginnen: Versäumt
5   es nie, Euer Verhalten zu überprüfen. Ein unbedachter Mensch taugt nichts. Er steht gleichsam in der Mauser, verliert alles Ansehen und fährt schließlich in die Hölle. Dem Äußeren nach habt Ihr die Gaben zum Herrscher. Doch so hoch Ihr emporsteigt, vergesst nie, Euch der Notleidenden zu erbarmen; bekämpft ihr Elend durch Freigebigkeit und Güte. Seid stets leutselig und nicht hochmütig. Der notleidende Edle ringt mit der Scham, was bitter genug für ihn
10   ist. Erweist Euch ihm stets hilfsbereit, denn wenn Ihr seine Not lindert, so ist Euch Gottes Gnade sicher. Ein solcher Mensch ist nämlich weit schlimmer dran als jene, die offen um milde Gaben betteln. Ihr müsst aber auch klug hauszuhalten wissen! Sinnlose Verschwendung ist kein Zeichen echten Herrschertums, ebensowenig allerdings das geizige Anhäufen von Schätzen. Findet stets das rechte Maß. Ich habe wohl bemerkt, dass Euch gute Lehren bitter nötig
15   sind. Streift Euer ungebührliches Betragen ab! Stellt keine überflüssigen Fragen, doch will Euch jemand mit seiner Rede ausforschen, so seid schnell bei der Hand mit einer wohlüberlegten Antwort. Ihr habt doch Eure fünf gesunden Sinne, also gebraucht sie und kommt endlich zu Verstande. Paart stets Kühnheit mit Erbarmen, dann habt Ihr meine Lehren recht begriffen. Will sich ein bezwungener Ritter ergeben, so verschont ihn, wenn er Euch nicht solch
20   bitteren Schmerz zugefügt hat, dass tiefes Herzeleid zurückblieb. Ihr werdet oft die Rüstung tragen. Legt Ihr sie ab, dann wascht Euch die Rostspuren von Gesicht und Händen, damit Ihr einen angenehmen Anblick bietet; denn Frauen achten darauf. Seid manneskühn und frohgemut zugleich, dann werdet Ihr Ruhm gewinnen. Und schließt die Frauen in Euer Herz, das veredelt den Jüngling. Ein rechter Mann verrät sie nie! Legt Ihr es darauf an, sie zu betrügen,
25   werdet Ihr viele hinters Licht führen können, doch Falschheit in der Liebe lässt Euer Ansehen rasch schwinden. Der tückisch schleichende Bösewicht verflucht die dürren Äste im Wald,

denn sie brechen und knacken und wecken den Wächter. Kampf entbrennt oft in Gehölz und Verhau. Genauso ist es in der Liebe! Sie hat ein feines Gefühl für Falschheit und Hinterlist, und seid Ihr erst einmal in Ungnade bei ihr gefallen, dann kommt Schande über Euch, und Ihr

30 quält Euch Euer Leben lang mit bitteren Selbstvorwürfen. Nehmt Euch diese Lehren zu Herzen! Noch eins sei Euch über das Wesen der Frau gesagt: Mann und Frau sind untrennbar eins wie Sonne und Tag. Aus einem Samenkorn erblühen sie und sind nicht voneinander zu trennen. Haltet Euch das stets vor Augen!"

Dankbar für die empfangenen Belehrungen verneigte sich der Gast vor dem Burgherrn. Er

35 erwähnte seine Mutter nicht mehr, doch bewahrte er sie treu im Herzen. Der Burgherr sprach nun Worte, die ihm Ehre machten: „Ihr müsst jetzt lernen, wie sich ein rechter Ritter zu benehmen hat. Wie kamt Ihr angeritten! Ich kenne viele Wände, wo der Schild besser hing als an Euerm Halse. Noch ist Zeit, aufs freie Feld hinauszureiten. Dort sollt Ihr die Kunst der Waffenführung lernen. Bringt ihm sein Pferd! Mir bringt das meine! Auch allen Rittern bringt die

40 Pferde! Die Junker sollen uns begleiten, und ein jeder soll eine starke, neue Turnierlanze haben!"

Anregungen zur Texterschließung

1. Parzivals Belehrung durch Gurnemanz beinhaltet wesentliche Punkte des Idealbilds vom Ritter. Listen Sie diese Punkte auf.
2. Ritterliche Erziehung ist ständische Erziehung, d. h. an eine bestimmte soziale Schicht gebunden. Die Erziehung von Bauernsöhnen beruhte im Mittelalter sicher auf anderen Grundsätzen. Welche ritterlichen Erziehungsinhalte sind Ihrer Ansicht ausschließlich an das mittelalterliche Leben des Adels gebunden, welche könnten auch heute noch Gültigkeit haben?

Anregung zum Schreiben

Die Erziehung eines jungen adeligen Mannes zum Ritter erfolgte immer durch einen erfahrenen älteren Ritter, also durch einen Mann derselben sozialen Schicht. Heute kann das System, in dem Kinder und Jugendliche erzogen werden, unterschiedlich aussehen. Wählen Sie eines der folgenden Themen für einen fiktiven Brief (ein Mail). Der Anlass dafür ist der 15. Geburtstag.

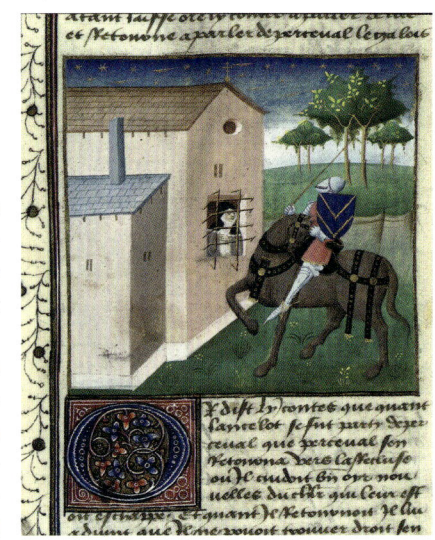

- Ein Vater berät seinen 15-jährigen Sohn.
- Eine Mutter berät ihre 15-jährige Tochter.
- Eine Mutter berät ihren 15-jährigen Sohn.
- Ein Vater berät seine 15-jährige Tochter.

Kehren wir zum Handlungsverlauf zurück. Parzival ist nun ein vollwertiger Ritter. Als solcher befreit er die schöne Königin Condwiramurs von ihren Belagerern und gewinnt sie zur Frau. Aus dieser Ehe werden zwei Söhne hervorgehen: Lohengrin und Kardeiz.

Parzival scheint nun dem Gipfel seiner „Karriere" nahe zu sein, als er eines Tages zur Gralsburg kommt, deren Bedeutung ihm noch unbekannt ist. Er begegnet dort dem kranken König Anfortas. Da Parzival von Gurnemanz gelernt hat, es zieme sich nicht für einen Ritter, immerzu Fragen zu stellen, fragt er Anfortas nicht nach dem Grund seines Leidens. Damit hat er, ohne es zu wissen, eine wesentliche christliche Tugend verletzt, das Mitleid.

Parzival kehrt vorläufig an den Artushof zurück und führt ein ehrenhaftes Leben als geachtetes Mitglied der Tafelrunde, bis die Gralsbotin Cundrie erscheint und Parzival wegen seines Fehlverhaltens auf der Gralsburg vor der versammelten Ritterschaft verflucht. Ehre und Ansehen sind zerstört. Parzival muss den Artushof verlassen. In seiner Verzweiflung hadert er mit Gott, kündigt ihm – wie einem untreuen Lehensherrn – den Dienst und zieht planlos durch das Land.

An einem Karfreitag ist Parzival bereit, sein Zerwürfnis mit Gott zu beenden. Er gibt seinem Pferd die Zügel frei und lässt es selbst seinen Weg suchen. Auf diese Weise gelangt Parzival zur Klause des frommen christlichen Einsiedlers Trevrizent. Gurnemanz war Parzivals Lehrmeister in weltlichen Dingen, Trevrizent wird nun zum Lehrmeister in den geistlichen Fragen. Durch ihn kommt Parzival zur Gewissensbildung, zum Bewusstsein schuldhaften Verhaltens (Tötung Ithers und verabsäumte Mitleidsfrage an Anfortas). Vor allem klärt Trevrizent den jungen Ritter über jenen Gral auf, der dem Helden schon einmal zum Verhängnis geworden ist.

In den letzten Handlungsabschnitten lernt Parzival seinen heidnischen Halbbruder Feirefiz kennen und wird, da er jetzt seelisch geläutert ist, durch die Gralsbotin Cundrie zum Gral berufen. Gemeinsam mit Feirefiz reitet Parzival zur Gralsburg, stellt die Mitleidsfrage, erlöst Anfortas damit von seinem Leid und wird selbst Gralskönig. Zuletzt begegnet er wieder seiner Frau Condwiramurs und seinen beiden Söhnen. Feirefiz lässt sich taufen und zieht mit seiner christlichen Frau Repanse de Schoye zurück in den Orient. Ihr Sohn Johannes verbreitet das Christentum in Indien.

In einer Art *Epilog* verweist Wolfram noch einmal auf die Kernbotschaft der Erzählung:

Mittelhochdeutscher Originaltext   2

1   swes leben sich sô verendet,
    daz got niht wirt gepfendet
    der sêle durch des lîbes schulde,
    und der doch der werlde hulde
5   behalten kann mit werdekeit,
    daz ist ein nütziu arbeit.

Prosaübertragung

1 Wer am Ende seines Lebens sagen kann, dass er seine Seele Gott bewahrt und sie nicht durch Sündenschuld verloren hat, und wer es außerdem versteht, sich durch würdiges Verhalten die Gunst der Menschen zu bewahren, der hat seine Mühen nicht vergebens aufgewandt.

DER MYTHOS VOM HEILIGEN GRAL

Wie ist nun jener „Gral" zu verstehen, der Parzivals Lebensziel ist? Der Einsiedler Trevrizent beschreibt den Gral und das Leben der Gralsritter:

Prosaübertragung   3

1 Den Gral kann allein erringen, wer im Himmel bekannt genug ist, zum Gral berufen zu werden. Das sei Euch zur Sache mit dem Gral gesagt. Ich weiß es wohl, ich habe es selbst erlebt. (...) Mir ist bekannt, dass in Munsalwäsche beim Gral viele wehrhafte Ritter leben, die häufig

auf Abenteuer ausreiten. Diese Tempelherren sehen im Kampf, ob er Niederlage oder Ruhm
bringt, eine Buße für ihre Sünden. Dort wohnt also eine tapfere Schar, und ich will Euch auch
erzählen, wovon sie leben: Sie erhalten Speise und Trank von einem makellos reinen Stein,
und wenn Ihr bisher noch nichts von ihm gehört habt, wird er Euch jetzt beschrieben. Er heißt
Lapsit exillis. (...) Erblickt ein todkranker Mensch diesen Stein, dann kann ihm in der folgenden Woche der Tod nichts anhaben. Er altert auch nicht, sondern sein Leib bleibt wie zu der
Zeit, da er den Stein erblickt. (...) Diesen Stein nennt man auch den Gral.
Am heutigen Tag senkt sich auf ihn eine Botschaft, auf der seine Wunderkraft beruht. Heute
haben wir Karfreitag, und an diesem Tag kann man sehen, wie eine Taube vom Himmel her-
abfliegt und eine kleine weiße Oblate zum Stein trägt. Nachdem sie die Oblate auf den Stein
gelegt hat, kehrt die blendend weiße Taube zum Himmel zurück. Wie gesagt: Jedes Jahr am
Karfreitag legt sie eine solche Oblate auf den Stein, die ihm die Wunderkraft verleiht, die
köstlichsten Getränke und Speisen dieser Erde in überströmender Fülle darzubieten, alles, was
die Erde hervorbringt, auch alles Wildbret unter dem Himmel, ob es fliegt, läuft oder
schwimmt. Die Wunderkraft des Grals sichert das Dasein seiner ritterlichen Bruderschaft.
Vernehmt nun, wie bekannt wird, wer zum Gral berufen ist. Am oberen Rand des Steins erscheint eine geheimnisvolle Inschrift. Sie kündet Namen und Geschlecht der Mädchen oder
Knaben, die für die heilbringende Fahrt zum Gral bestimmt sind. (...) Wer heute als erwach-
sener Mensch beim Grale lebt, ist als Kind zu ihm berufen worden. Jede Mutter kann sich
glückselig schätzen, wenn ihr Kind zum Dienst beim Gral berufen wird. Arme und Reiche
sind glücklich, wenn sie aufgefordert werden, ihr Kind in die Gralsgemeinschaft zu entsenden.
Aus vielen Ländern werden ihre Mitglieder geholt, und sie bleiben beim Gral ihr Leben lang
frei vom Makel der Sünde. Später erwartet sie reicher Lohn im Himmel. Geht ihr Leben auf
Erden zu Ende, dann finden sie im Himmel höchste Erfüllung.

Anregungen zur Texterschließung

1. Wie wird die äußere Gestalt des Grals beschrieben?
2. Was bewirkt der Gral? Welche Kräfte hat er?
3. Wie gelangt man zum Gral?
4. Die Gralsritter suchen – ähnlich wie die Artusritter – Kampf und Abenteuer. Die Artusritter
   tun dies für die eigene Ehre und oft auch für eine Frau. Was motiviert die Gralsritter zum
   Kampf?

Der Ursprung des Gralsmythos ist nicht mit Sicherheit zu klären. Vermutet werden orientalische Quellen, Geheimlehren der Antike, keltische Mythen und christliche Mysterien (Eucha-
ristie). In den dichterischen Werken des Mittelalters sind bereits mehrere Traditionen miteinander verknüpft worden.
Der Gral wird nicht in allen Überlieferungen und Dichtungen – so wie bei **Wolfram von
Eschenbach** – als Stein beschrieben. Bei **Chrétien de Troyes** handelt es sich um ein „cibori-
um" (Behälter für Hostien), bei **Robert de Boron** um den Kelch des letzten Abendmahls, in
dem Joseph von Arimathia das Blut Christi aufgefangen hat.
In allen Überlieferungen symbolisiert aber der Gral höchste Wunderkraft. Laut einer christlichen Legende wird der Gral an einem unbekannten Ort gemeinsam mit einer blutenden Lanze
aufbewahrt. Dieser Ort ist nur wenigen Auserwählten zugänglich. Die Gralsritter werden in
der Dichtung wie eine Ordensgemeinschaft geschildert. Diese Verbindung von mönchischer
und ritterlicher Lebensform erinnert an die Ritterorden der Kreuzzüge. Daher ist auch die
Vermutung entstanden, dass die Templer, ein mittelalterlicher Kreuzritterorden, den Gral ver-

waltet haben. Mit dem Tod des letzten Ordensgenerals soll der Gral an einem unbekannten Ort verschwunden sein.

In der Esoterik hat der Gralsmythos bis heute den Stellenwert einer wichtigen Geheimlehre. Der Gral gilt meist als Symbol für die Rückführung des Menschen in den verlorenen Zustand paradiesischer Vollkommenheit.

Anregungen zur Internet-Recherche

Geben Sie in eine Suchmaschine das Wort „Gral" ein und suchen Sie gezielt nach folgender Information: mindestens zwei Vereinigungen unserer Zeit, deren Leitbild und Vereinszweck an den Gralsmythos gebunden ist.

Kompetenzen: Das sollen Sie wissen/können

1. Sie können den Handlungsverlauf von WOLFRAM VON ESCHENBACHS *Parzival* zusammenfassen.
2. Sie kennen mindestens drei typische ritterliche Tugenden, die Gurnemanz an Parzival weitergibt.
3. Sie haben sich eine Meinung darüber gebildet, ob ritterliche Tugenden des Mittelalters in unserer Zeit noch aktuell sind.
4. Sie können die Gralsdarstellung bei Wolfram erklären, kennen auch eine andere Überlieferung und können erklären, inwiefern der Gralsmythos bis heute nachwirkt (Esoterik).

„LIEP ÂNE LEIT MAC NIHT GESÎN"
Trennungs- und Abschiedsschmerz als Motiv mittelalterlicher und neuerer Lyrik

5

Modulvorschau

Die ältesten deutschsprachigen Liebeslieder kommen aus dem bayrisch-österreichischen Raum (*donauländische Lyrik*, 12. Jh.). Die Motive dieser Liebeslyrik (Sehnsucht, Glücksgefühle, Abschied, Trennung) sind nicht zeittypisch, man findet sie auch in neuerer Lyrik, denn es geht um menschliche Grunderfahrungen.

➡ Sie erarbeiten anhand von Textbeispielen wesentliche Merkmale donauländischer Liebeslyrik.

➡ Sie vergleichen Gedichte des Mittelalters mit motivähnlichen neueren Gedichten.

➡ Sie interpretieren lyrische Texte und machen sich insbesondere die Begriffe *Motiv* und *lyrisches Ich* bewusst.

Donauländische Liebeslyrik

Die ältesten deutschsprachigen Liebesgedichte namentlich bekannter Autoren stammen aus dem 12. Jahrhundert. Sie entstanden im bayrisch-österreichischen Raum, daher bezeichnet man sie als *donauländische Liebeslyrik*. Diese Lieder wurden von Adeligen geschrieben und gesungen und von adeligem Publikum gehört. Lyriker, deren Lieder schriftlich überliefert worden sind, waren DIETMAR VON AIST, DER VON KÜRENBERG, MEINLOH VON SEVELINGEN und der BURGGRAF VON REGENSBURG.

Folgende *Motive* und Formen findet man in donauländischer Liebeslyrik häufig:

- **Die Frauenklage**: Die Frau spricht als *lyrisches Ich*. Sie wirbt um die Liebe des Mannes, ist also aktiv. In dieser Hinsicht unterscheidet sich die donauländische Lyrik von der *hohen Minne*. **Modul I.6**
- **Der Wechsel** (Gesprächslied): Mann und Frau sprechen in dieser Liedform abwechselnd. Sie führen einen Dialog. Der Wechsel findet sich meist im sogenannten
- **Tagelied**: Es handelt von Abschied und Trennung nach der Liebesnacht eines Ritters mit einer Frau. Wichtige Motive dabei sind Tagesanbruch, Weckvorgang und Abschiedsklage.
- **Der Natureingang**: Darunter versteht man die Naturschilderung am Beginn des Minneliedes mit feststehenden Naturelementen (*Topoi*), z. B. Vögel, Blumen, Wald, Heide. DIETMAR VON AIST verwendete als Erster solch einen Natureingang. Die nachfolgenden Minnesänger erweiterten den Bestand an Naturattributen. Den Jahreszeiten Frühling und Sommer entsprechen Lebensfreude und Liebesglück, dem Winter entsprechen Trauer, Leid, Sehnsucht. Die Naturschilderung ist also nicht naturalistisch, sondern dient als Stimmungsraum.
- **Das Falkenbild**: Der Falke ist ein Symbol für den edlen, ungebundenen Ritter. Der wilde Falke kann aber auch als Gleichnis für das stolze und freie Bekenntnis der Frau zum Mann ihres Herzens werden. Im *Nibelungenlied* **Modul I.2** träumt Kriemhild, dass zwei Adler ihren Falken zerreißen. Dieser Traum ist eine Vorwegnahme der Ermordung Siegfrieds durch Hagen von Tronje. Der Falke symbolisiert Siegfried, die Adler sind Hagen und König Gunther.

Der Falke als Symbol

Anregungen zur Texterschließung

1. Weisen Sie die soeben erläuterten Motive und Formen donauländischer Liebeslyrik in den Texten 1 und 2 nach.
2. Welche Rollen nehmen Mann und Frau ein? Welche Erwartungen und Gefühle drücken sie aus?
3. Versuchen Sie die Sprach*bilder*, insbesondere die *Symbole* zu deuten.

Der von Kürenberg: Ich zôch mir einen valken 1

Mittelhochdeutscher Originaltext

1 „Ich zôch mir einen valken   mêre danne ein jâr.
dô ich in gezamete   als ich in wolde hân
und ich im sîn gevidere   mit golde wol bewant,
er huop sich ûf vil hôhe   und floug in anderiu lant.

5 Sît sach ich den valken   schône fliegen.
er fuorte an sînem fuoze   sîdine riemen,
und was im sîn gevidere   alrôt guldîn.
got sende sie zesamene   die gerne geliep wellen sîn!"

Übertragung in die deutsche Gegenwartssprache

1 „Ich zog mir einen Falken heran, länger als ein Jahr.
Als ich ihn gezähmt hatte, genau so, wie ich ihn haben wollte,
und um sein Gefieder goldene Bänder gewunden hatte,
hob er sich empor und flog in ein anderes Land.

5 Seither sah ich den Falken herrlich herumfliegen:
Er trug seidene Riemen an seinem Fuß.
Und sein Gefieder war rundherum golden.
Gott sende sie zusammen, die gerne geliebt werden möchten!"

Anregung zur Texterschließung

Das folgende Lied (Text 2) ist auch im mittelhochdeutschen Original nicht schwer zu verstehen. Versuchen Sie es zu übersetzen. Übersetzungshilfe: Z. 1 *friedel*: Geliebter; Z. 6 *Wâfen:* ist hier als Hilferuf zu verstehen; Z. 7 *âne*: ohne; Z. 10 *eine*: alleine.

Dietmar von Aist: (Slâfest du, friedel ziere) 2

Mittelhochdeutscher Originaltext

1 „Slâfest du, friedel ziere?
man wecket uns leider schiere.
ein vogellîn sô wol getân,
daz ist der linden an das zwî gegân."

5 „Ich was vil sanfte entslâfen,
nu rüefest du kint ,Wâfen'.
liep âne leit mac niht gesîn.
swaz du gebiutest, daz leiste ich, friundîn mîn."

Diu frouwe begunde weinen:
10 „Du rîtest und lâst mich eine.
wenne wilt du wider her zuo mir?
ôwê, du füerest mîn fröude sament dir!"

Anregungen zur Texterschließung

1. Die folgenden drei Gedichte (Texte 3–5) entstanden nicht im Mittelalter. Dennoch werden Sie Textmerkmale erkennen, die den oben beschriebenen Merkmalen *donauländischer Lyrik* ähnlich sind. Untersuchen Sie die Texte unter diesem Gesichtspunkt.
2. 🎵 Track 1 ▶ Finnisches Volkslied (Vertonung von Text 3)
3. Im Gedicht *Der Spinnerin Nachtlied* des *romantischen* Lyrikers CLEMENS BRENTANO (Text 4) sind leicht variierte Wiederholungen ein wesentliches Gestaltungsmittel. Weisen Sie diese Wiederholungen nach und versuchen Sie zu erklären, was Brentano dazu veranlasst haben könnte, dieses sprachlich-formale Mittel einzusetzen. Welcher Zusammenhang besteht zwischen den Motiven „Mondschein – singende Nachtigall – Liebe"?
4. Beschreiben Sie die Stimmung, in der sich das *lyrische Ich* in *Der nächste Morgen* (Text 5) befindet. Vergleichen Sie die dargestellte Situation mit derjenigen in Text 2. MASCHA KALÉKO lebte von 1912 bis 1975. Das Gedicht entstand im Berlin der Zwischenkriegszeit und wird dem Stilbegriff *Neue Sachlichkeit* zugeordnet.
5. Beschreiben Sie den Satzbau und die Wortwahl (z. B. „Pomadentiegel", „Schrippen") in *Der nächste Morgen* (Text 5).

Anregung zu einer Kurzpräsentation

Sie kennen wahrscheinlich Liebeslieder aus heutiger Popmusik, in denen die Motive Abschied, Sehnsucht, Trennung bestimmend sind. Stellen Sie solch einen Text vor, indem Sie den Inhalt des Liedes zusammenfassen und einen knappen Ausschnitt von maximal einer Minute vorspielen.

3 FINNISCHES VOLKSLIED 🎵 Track 1 ▶

1   Über den Berg ist mein Liebster gezogen.
Weit übers Meer ist mein Falke geflogen.
Wenn er gedächte der heimlichen Nächte,
dann kehrte er zurück.

5   Hinter dem Berge im goldenen Schlosse
kämmt er des Königs edle Rosse.
Wenn er gedächte der heimlichen Nächte,
dann kehrte er zurück.

Herrlichste Jungfraun, was lacht ihr dem Schönen?
10 Nie wird sein Herz sich an eures gewöhnen!
Denn wenn er gedächte der heimlichen Nächte,
dann kehrte er zurück.

Lang schon erzählen die Leute das Märchen,
er hätte ein Liebchen, sie wären ein Pärchen.
15 Doch wenn er gedächte der heimlichen Nächte,
dann kehrte er zurück.

Ach, ich vergehe vor Kummer und Schmerzen,
möchte mit tausend Armen ihn herzen.
Doch er gedenkt nicht der einsamen Nächte
20 und kehrt auch nicht zurück.

CLEMENS BRENTANO: DER SPINNERIN NACHTLIED

4

1 Es sang vor langen Jahren
Wohl auch die Nachtigall,
Das war wohl süßer Schall,
Da wir zusammen waren.

5 Ich sing und kann nicht weinen,
Und spinne so allein
Den Faden klar und rein,
So lang der Mond wird scheinen.

Als wir zusammen waren
10 Da sang die Nachtigall
Nun mahnet mich ihr Schall
Dass du von mir gefahren.

So oft der Mond mag scheinen,
Denk ich wohl dein allein,
15 Mein Herz ist klar und rein,
Gott wolle uns vereinen.

Seit du von mir gefahren,
Singt stets die Nachtigall,
Ich denk bei ihrem Schall,
20 Wie wir zusammen waren.

Gott wolle uns vereinen,
Hier spinn ich so allein,
Der Mond scheint klar und rein,
Ich sing und möchte weinen.

MASCHA KALÉKO: DER NÄCHSTE MORGEN

5

1 Wir wachten auf. Die Sonne schien nur spärlich
Durch schmale Ritzen grauer Jalousien.
Du gähntest tief. Und ich gestehe ehrlich:
Es klang nicht schön. – Mir schien es jetzt erklärlich,
5 Daß Eheleute nicht in Liebe glühn.

Ich lag im Bett. Du blicktest in den Spiegel,
Vertieftest ins Rasieren dich diskret.
Du griffst nach Bürste und Pomadentiegel.
Ich sah dich schweigend an. Du trugst das Siegel
10 Des Ehemanns, wie er im Buche steht.

Wie plötzlich mich so viele Dinge störten!
– Das Zimmer, du, der halbverwelkte Strauß,
Die Gläser, die wir gestern abend leerten,
Die Reste des Kompotts, das wir verzehrten.
15 … Das alles sieht am Morgen anders aus.

Beim Frühstück schwiegst du. (Widmend dich den Schrippen.)
– Das ist hygienisch, aber nicht sehr schön.
Ich sah das Fruchtgelée auf deinen Lippen
Und sah dich Butterbrot in Kaffee stippen –
20 Und sowas kann ich auf den Tod nicht sehn!

Ich zog mich an. Du prüftest meine Beine.
Es roch nach längst getrunkenem Kaffee.
Ich ging zur Tür. Mein Dienst begann um neune.
Mir ahnte viel –. Doch sagt ich nur das Eine:
25 „Nun ist es aber höchste Zeit! Ich geh ...“ R

Schrippen: Semmeln; *stippen*: eintunken

Band 2 **Ergänzung Literaturgeschichte**

I. Das Mittelalter

Die Fragen zur Literaturgeschichte sind erst nach Bearbeitung von Modul I.6 zu beantworten.

Kompetenzen: Das sollen Sie wissen/können

1. Sie können wesentliche Merkmale *donauländischer Liebeslyrik* erklären (Frauenklage, Wechsel, Natureingang, Falkenbild) und Beispiele dafür anführen.
2. Sie können beim Interpretieren von Gedichten mit den Begriffen *lyrisches Ich* und *Motiv* richtig umgehen.
3. Sie können das Tagelied von DIETMAR VON AIST (Text 2) mit dem Gedicht vom MASCHA KALÉKO (Text 5) unter folgenden Gesichtspunkten vergleichen: Motiv und Grundsituation, lyrisches Ich, Beziehung von Frau und Mann zueinander.

6 WUNSCHVERZICHT UND WUNSCHERFÜLLUNG
Hoher und niederer Minnesang

Modulvorschau

In Modul I.5 lernen Sie Gedichte kennen, die menschliche Grunderfahrungen wie Liebe und Liebeskummer zum Thema machen. Die *hohe Minne* hingegen ist ein Phänomen, das an die höfische Gesellschaft des Hochmittelalters gebunden war und mit ihr wieder verschwand.

➡ Sie informieren sich über den Begriff *hohe Minne* und lernen herausragende Dichter der hohen Minne kennen (HEINRICH VON MORUNGEN, REINMAR VON HAGENAU).

➡ Sie lernen mit WALTHER VON DER VOGELWEIDE nicht nur einen Kritiker der hohen Minne kennen, sondern auch einen der wichtigsten deutschen Lyriker. An seinem Beispiel können Sie erkennen, dass das Leben eines mittelalterlichen Sängers beschwerlich sein konnte.

➡ Sie lernen die *Kanzonenstrophe* kennen, eine im Mittelalter verbreitete Liedform.

➡ Sie lernen, *hohe Minne* von *niederer Minne* zu unterscheiden.

Was ist „hohe Minne"?

In hochhöfischer Zeit (ca. 1170–1190) wurden vorwiegend Lieder geschrieben, die mit dem Begriff *hohe Minne* bezeichnet werden und die ein neues Verständnis von Liebe beinhalten, das nur im sozialgeschichtlichen Zusammenhang der höfischen Gesellschaft verständlich wird. Der *Minnesang* ist ein Teil des „Minnedienstes" und folgt „Spielregeln". Schon die seltsame Bezeichnung „Dienst" verweist auf die sozialen Beziehungen in der höfisch-feudalen Gesellschaft. Der Dienstmann oder Lehensmann erfüllte gegenüber seinem Herrn einen „Dienst". Mit solch einem Dienstverhältnis wird nun die Beziehung des Ritters zu einer *frouwe* (adelige, verheiratete Frau) verglichen.

Indem der Ritter eine *frouwe* schwärmerisch verehrt und in seiner Lyrik als schönes, tugendhaftes, reines Wesen idealisiert, „dient" er ihr. Als Gegenleistung für seinen „Dienst" hat er freilich nicht sonderlich viel zu erwarten, meist nur einen *gruoz* der wortreich Angebeteten, das ist z. B. ein freundliches Nicken mit dem Kopf. Die hohe Minne ist also von vornherein auf Verzicht, insbesondere auf sexuellen Triebverzicht angelegt.

Der niederbayrische Dichter **Herr Albrecht von Johannsdorf** schrieb ein Minnelied (*Ich vant âne houte*), das auf einem Dialog zwischen werbendem Ritter und *frouwe* beruht. Es zeigt die typische Grundsituation der hohen Minne. Der Mann spricht von seiner Sehnsucht und von seinem Kummer, nennt die Frau eine Königin und rühmt ihre Schönheit. Die Frau weist ihn aber zurück, denn sie will nicht, dass der Ritter ihre Tugend in Gefahr bringt. In der letzten Strophe des Liedes verläuft der Dialog (der Ritter spricht als Erster) folgendermaßen:

HERR ALBRECHT VON JOHANNSDORF: ICH VANT ÂNE HOUTE   1

Mittelhochdeutscher Originaltext

1 „Sol mich dan mîn singen
und mîn dienst gegen iu niht vervân?"
„iu sol wol gelingen:
âne lôn sô sult ir niht bestân."
5 „wie meinet ir daz, frouwe guot?"
„daz ir deste werder sît und dâ bî hôchgemuot."

Übertragung ins Neuhochdeutsche

1 „Soll mir also mein Gesang
und mein Dienst für Euch nichts bringen?"
„Es soll Euch schon gelingen.
Ohne Lohn sollt Ihr nicht bleiben."
5 „Wie meint Ihr das, edle Frau?"
„Dass Ihr dadurch umso vornehmer werdet und dabei freudig bleibt."

Anregungen zur Texterschließung

1. Welchen Gewinn soll der Sänger (von Text 1) aus seinem „Dienst" für die Frau erhalten?
2. Die Vorstellung, dass sexueller Wunschverzicht den Menschen charakterlich läutert, kommt vor allem aus der christlichen Religion des Mittelalters. Allerdings findet man das Askese-Ideal, das nicht nur die Sexualität, sondern auch andere materiell-körperliche Genüsse betrifft, auch in anderen Religionen und Weisheitslehren. Was halten Sie davon?
3. Erläutern Sie, aufgrund welcher inhaltlichen Merkmale der folgende Text 2 von **Heinrich von Morungen** als Lied der hohen Minne bezeichnet werden kann.

2 Heinrich von Morungen: (Vil süeziu senftiu tôterinne)

Übertragung ins Neuhochdeutsche

1 Vielsüße, sanfte Töterin,
   warum wollt Ihr meinen Leib töten,
   wo ich Euch doch so herzlich minne,
   fürwahr, Herrin, wie keine andere Frau?
5 Meint Ihr, wenn Ihr meinen Körper tötet,
   dass ich Euch dann nicht mehr anschaue?
   Nein, Eure Minne hat mich genötigt,
   dass Eure Seele meiner Seele Frau ist.
   Soll mir *hier* nicht Gutes geschehen
10 von Eurem herrlichen Leib,
   so muss meine Seele Euch gestehn,
   dass sie Eurer Seele *dort* dient
   als einem keuschen Weib.

picturedesk.com/Bildarchiv Hansmann/Interfoto

„Küsste er mich? – Wohl tausend Mal!"
Das Minneverständnis des Walther von der Vogelweide

Walther von der Vogelweide ist der berühmteste deutsche Lyriker des Mittelalters. Er gilt als Vollender und gleichzeitig als Überwinder des hochhöfischen Minnesangs. Walther lernte bei **Heinrich von Morungen** und **Reinmar von Hagenau** (Hofdichter am Babenbergerhof in Wien) die Kunst des hohen Minnesangs, ging aber dann seine eigenen künstlerischen Wege und entfernte sich mehr und mehr vom Schema der hohen Minne. Das brachte ihn in Gegnerschaft zu seinem Lehrer Reinmar von Hagenau, man könnte auch von einer Auseinandersetzung zweier Dichtergenerationen sprechen. Der Konflikt zwischen Reinmar und Walther wurde öffentlich ausgetragen, literarische Zeugnisse dieser *Reinmar-Fehde* sind uns überliefert.

In der Auseinandersetzung mit Reinmar führte Walther eine Alternative zum höfischen Minneideal ein: *Minne* als Ausdruck echter gegenseitiger Liebe zwischen Mann und Frau. Er knüpfte in dieser Zeit wieder an die frühhöfische Lyrik des **Kürnbergers** und **Dietmars von Aist** an (siehe auch Modul I.5) und begann von realen Empfindungen und Bedürfnissen zu schreiben. Seine Minnevorstellung beruht auf einer realen Paarbeziehung, die auch sexuelles Erleben einschließt.

In den sogenannten *Mädchenliedern* tritt an die Stelle der *frouwe* die *maget*, das unverheiratete Mädchen ohne bestimmten sozialen Rang. Walthers berühmtestes *Mädchenlied* beginnt mit der Verszeile *Under der linden …*

WALTHER VON DER VOGELWEIDE: (UNDER DER LINDEN) 🔊 Track 2

Mittelhochdeutscher Originaltext

1 „Under der linden
an der heide,
dâ unser zweier bette was,
dâ muget ir vinden
5 schône beide
gebrochen bluomen unde gras.
vor dem walde in einem tal,
tandaradei,
schône sanc diu nahtegal.

10 Ich kam gegangen
zuo der ouwe:
dô was mîn friedel komen ê.
dâ wart ich empfangen
hêre frouwe
15 daz ich bin saelic iemer mê.
kust er mich? wol tûsentstunt:
tandaradei,
seht wie rôt mir ist der munt.

Dô hete er gemachet
20 alsô rîche
von bluomen eine bettestat.
des wirt noch gelachet
inneclîche,
kumt iemen an daz selbe pfat.
25 bî den rôsen er wol mac
tandaradei,
merken wâ mirz houbet lac.

Daz er bî mir laege,
wesse ez iemen
30 (nu enwelle got!), so schamte ich mich.
wes er mit mir pflaege,
niemer niemen
bevinde daz wan er und ich
und ein kleinez vogellîn:
35 tandaradei,
daz mac wol getriuwe sîn."

Übertragung ins Neuhochdeutsche

1 „Unter der Linde
auf der Heide,
wo unser beider Bett war,
da werdet ihr finden
5 Blumen und Gras,
beides abgeknickt.
Vor dem Wald in einem Tal,
tandaradei,
schön sang die Nachtigall.

10 Ich kam
in die Au.
Da war mein Geliebter schon da.
Da wurde ich empfangen,
hohe Frau,
15 dass ich für immer selig bin.
Küsste er mich? Wohl Tausend Mal:
tandaradei,
seht, wie rot mein Mund ist.

Er hatte vorbereitet
20 reichlich
aus Blumen ein Bett.
Darüber wird noch gelacht werden
herzlich,
wenn jemand auf denselben Pfad kommt.
25 An den Rosen wird er wohl sehen
tandaradei,
wo mein Kopf gelegen ist.

Dass er bei mir lag,
wüsste es jemand
30 (Gott verhindere es!), so schämte ich mich.
Was er mit mir trieb,
niemals finde das
jemand heraus, außer er und ich
und ein kleines Vögelein,
35 tandaradei,
das wird wohl verschwiegen sein."

Anregungen zur Texterschließung

1. Das *lyrische Ich* in Text 3 ist ein Mädchen. Fassen Sie die Inhalte seiner „Erzählung" zusammen.
2. Geheimhaltung und Verschwiegenheit sind dem Mädchen sehr wichtig. Können Sie sich vorstellen, warum?
3. An welchen Textstellen können Sie nachweisen, dass Walthers Lied vom höfischen Ideal der *hohen Minne* abweicht?
4. Die Strophenform, die Walther verwendet, war in der hochhöfischen Lyrik verbreitet. Man nennt sie *Kanzonenstrophe*. Sie steht im Zusammenhang mit der musikalischen Struktur des Liedes. Der 2. Stollen (Z. 4–6) wiederholt die Melodie des 1. Stollens (Z. 1–3). Der *Abgesang* (Z. 7–9) bringt ein neues musikalisches Motiv. Weisen Sie die Bauweise auch in den anderen Strophen nach.
5. Weisen Sie sprachliche Merkmale des Mittelhochdeutschen in folgenden Verszeilen nach: *Monophthongierung* (Z. 6, 12), *Diphthongierung* (Z. 16, 20, 36), *Verneinung* (Z. 32). (Die Basisinformation zum Sprachwandel finden Sie in `Modul I.1`.)
6. `Track 2` Vertonung von *Under der linden* (Text 3)
7. `Ergänzungsmodul zu I.6` *Der Lindenbaum* von KONSTANTIN WECKER (Liedtext und Arbeitsaufträge)

DICHTERLEBEN IM MITTELALTER

WALTHER VON DER VOGELWEIDE ist nicht nur als Minnesänger von herausragender Bedeutung, er entwickelte auch die politische Sangspruchdichtung zu einer anspruchsvollen Form. Diese Dichtung entstand oft in unmittelbarem Zusammenhang mit aktuellen politischen Ereignissen. Daher können wir aus diesen Texten auch Rückschlüsse auf Walthers Leben ziehen. Er wurde um 1170 geboren, möglicherweise im heutigen Niederösterreich. Vermutlich stammte er aus der niederen Ministerialität, denn er hatte kein eigenes Lehen und war von adeligen Gönnern abhängig. In den Neunzigerjahren lebte Walther am Babenbergerhof in Wien. Ab 1198 war Walther am Hof des Staufers Philipp von Schwaben. Längere Aufenthalte auf der Wartburg (Thüringen) und am Hof von Meißen folgten. Erst 1220 erhielt Walther von Kaiser Friedrich II. ein eigenes Lehen. Er starb 1228. Wie sehr Walther unter der materiellen Abhängigkeit litt und wie befreiend für ihn das eigene Lehen war, ist folgendem Spruch zu entnehmen.

Walther von der Vogelweide

WALTHER VON DER VOGELWEIDE: ICH HÂN MÎN LÊHEN 4

Übertragung ins Neuhochdeutsche

1 Ich hab mein Lehen, hört es, ihr Leute alle, ich hab mein Lehen!
Nun fürchte ich nicht mehr den Februarfrost an den Zehen
und will in Zukunft die geizigen Herren nicht mehr anbetteln.
Der edelmütige König, der großzügige König, hat so für mich gesorgt,
5 dass ich im Sommer Kühlung und im Winter Wärme habe.
Gleich erscheine ich auch meinen Nachbarn um manches vornehmer.
Sie sehen mich nicht mehr wie vordem als Schreckgespenst an.
Leider bin ich zu lange arm gewesen.
Ich war so schmähsüchtig, dass mein Atem stank.
10 Das alles hat der König wieder rein gemacht und meinen Sang dazu.

Ergänzung Literaturgeschichte   Band 2

I. Das Mittelalter

Lesen Sie im Epochenteil Kapitel I.5.2 (Hohe und niedere Minne – höfische und nachhöfische Liebeslyrik) und entnehmen Sie daraus folgende Informationen:

1. Erklären Sie den Begriff *donauländische Lyrik* (Entstehungszeit, wesentliche Kennzeichen, einige Vertreter).
2. Erklären Sie die *hohe Minne* vor dem Hintergrund der im Mittelalter dominanten christlichen Moral.
3. Erklären Sie die Aufführungspraxis des mittelalterlichen Minnesangs.
4. Inwiefern unterscheidet sich die Lyrik Neidharts von Reuenthal von der hochhöfischen Lyrik?
5. Wer ist der bekannteste Sänger des Spätmittelalters?
6. In welchen Handschriften wurde uns die mittelalterliche Minnelyrik überliefert?

Kompetenzen: Das sollen Sie wissen/können

1. Sie können den Begriff *hohe Minne* erklären und dabei folgende mittelhochdeutsche Begriffe richtig verwenden: *dienst, gruoz, frouwe*.
2. Sie können die Bedeutung von WALTHER VON DER VOGELWEIDE für die mittelalterliche Liebeslyrik erklären und das Geschehen im Lied *Under der linden* kurz zusammenfassen.
3. Sie können die *Kanzonenstrophe* erklären.
4. Sie können erklären, worum es in Walthers Spruch *Ich hân mîn lêhen* geht, und den biografischen Zusammenhang dieses Textes erläutern.

Epochenüberblick

I. Mittelalter

Literaturgeschichtlicher Überblick (Band 2)

Begriffe/Datierung

→ Mittelalter: Zeitraum zwischen Ende der Antike und Beginn der Neuzeit (ca. 750–1450)

Allgemeine geschichtliche Voraussetzungen

→ Zusammenbruch des Weströmischen Reichs in der Zeit der germanischen Völkerwanderung (5. Jh.)

→ Aufstieg des germanischen Frankenreichs

→ Lehenswesen, Grundherrschaft und Ständeordnung bestimmen die Gesellschaft, Ritterstand

→ Großer gesellschaftlicher Einfluss der Kirche

Mediengeschichte

→ Sprachgeschichte: Althochdeutsch (ca. 8. Jh. bis 1100), Mittelhochdeutsch (1100–1400), Neuhochdeutsch (ca. ab dem 15. Jh.)

→ Schrift: Nur wenige Menschen können schreiben und lesen; bevorzugtes Schreibmaterial: Pergament

> **Modul I.1** „PATER NOSTER", „FATER UNSER", „GOT VATER"
> Die Sprache(n) des deutschen Mittelalters

Literatur in althochdeutscher und frühneuhochdeutscher Zeit (750–1170)

→ Dokumente aus germanisch-heidnischer Zeit: *Merseburger Zaubersprüche*; germanische Heldenlieder (*Hildebrandslied* u. a.)

→ Frühe christliche Literatur (*Heliand, Otfrieds Evangelienbuch*)

→ Anfänge weltlicher Erzählliteratur (*Rolandslied*)

> **Modul I.2** „DA LAG DER HELDEN BLÜTE TOT..."
> Heldenlied und Heldenepos

> **I.A** IST JESUS EIN MÄCHTIGER KÖNIG?
> Das Christusbild in einer mittelalterlichen Evangelienharmonie

Literatur in hochhöfischer Zeit (1): Das höfische Epos

→ Begriff *höfisches Epos*: erzählerische Großform in Versen; im Mittelpunkt stehen Helden, die ritterliche Ideale erfüllen sollen (meist Helden aus der Tafelrunde des Königs Artus)

→ CHRÉTIEN DE TROYES (1135 – ca. 1190): französischer Epiker, der dem deutschsprachigen Raum den Sagenkreis um König Artus vermittelte

→ Drei große deutschsprachige Vertreter des höfischen Epos:
HARTMANN VON AUE (ca. 1160–1210): höfische Epen (*Erec, Iwein*); Legenden (*Der arme Heinrich, Gregorius auf dem Stein*)
WOLFRAM VON ESCHENBACH (um 1170–1220): *Parzival*

→ GOTTFRIED VON STRASSBURG (Mitte 12. Jh. – Anfang 13. Jh.): *Tristan und Isolt*

> **Modul I.3** KÖNIG ARTUS UND SEINE TAFELRUNDE
> Wie ein europäischer Mythos entstand

> **Modul I.4** WIE DER TÖLPEL GRALSKÖNIG WURDE
> Parzival und der Mythos vom heiligen Gral

Literatur in hochhöfischer Zeit (2): Hohe und niedere Minne

→ Donauländische oder frühhöfische Lyrik:
beschreibt reale Liebesbeziehung, auch Frau tritt als Werbende auf; einfache, volksliedhafte Formen
Vertreter: u. a. DER KÜRNBERGER und DIETMAR VON AIST

→ Hohe Minne:
Nur der Mann wirbt um die „frouwe" (adelige, verheiratete Frau), es kommt nie zur realen Liebesbeziehung
(Entsagung von Mann und Frau)
Vertreter: REINMAR VON HAGENAU, FRIEDRICH VON HAUSEN
Form: Kanzonenstrophe

→ Niedere Minne:
Es kommt meist zur realen Liebesbeziehung (bisweilen wird auch Sexualität angesprochen)
Form: Kanzonenstrophe und andere Liedformen
Vertreter: WALTHER VON DER VOGELWEIDE (*Mädchenlieder*), NEIDHART VON REUENTHAL (Ritter werben
auch um Bauernmädchen), OSWALD VON WOLKENSTEIN

→ Überlieferung der Minnelyrik in Liederhandschriften: v. a. *Große Heidelberger Liederhandschrift*
aus dem 14. Jh.; es handelt sich ausschließlich um gesungene Lyrik

Modul I.5 „LIEP ÂNE LEIT MAC NIHT GESÎN"
Trennungs- und Abschiedsschmerz als Motiv mittelalterlicher und neuerer Lyrik

Modul I.6 WUNSCHVERZICHT UND WUNSCHERFÜLLUNG
Hoher und niederer Minnesang

ERGÄNZUNGSMODUL ZU I.6
Konstantin Wecker: Der Lindenbaum

I.C WENN SICH BAUERN ALS RITTER VERKLEIDEN ...
Sozialhistorischer Wandel im Spiegel der Literatur

Literatur im späten Mittelalter

→ Bürgerliche Literatur durch wachsende Bedeutung der Städte (v. a. Meistergesang im 14. und 15. Jh.
(Nachahmung ritterlicher Liedkunst durch Stadtbürger)

→ Geistliche Literatur: u. a. Schriften der Mystiker

I.B DAS UNSAGBARE AUSSPRECHEN?
Die mystischen Schriften Meister Eckeharts

Einen ausfürlichen literaturgeschichtlichen Überblick finden Sie in **Band 2** Epochenteil.

II. Renaissance – Humanismus – Reformation – Barock

1 Eine neue Zeit – Bedrohung oder Hoffnung?
Vom geozentrischen zum heliozentrischen Weltbild

Modulvorschau

Am Beginn der Neuzeit setzte sich das heliozentrische Weltbild gegen das geozentrische durch. Diese einschneidende Veränderung war nicht nur von wissenschaftlicher Bedeutung, sondern hatte auch machtpolitische Folgen. Der Schriftsteller **Bertolt Brecht** (1898–1956) machte den Zusammenhang von Wissenschaft und kirchlicher Macht in seinem Drama *Leben des Galilei* zum Thema.
- ➡ Sie machen sich die Bedeutung des neuen wissenschaftlichen Weltbilds bewusst.
- ➡ Sie lernen das Theaterstück *Leben des Galilei* kennen und interpretieren eine Szene.
- ➡ Sie beschäftigen sich kritisch mit dem Thema „wissenschaftlicher Fortschritt".

Der „Fall" Galilei

Eine einschneidende Veränderung am Beginn der Neuzeit war der naturwissenschaftlich erbrachte Nachweis, dass die Erde keine Scheibe ist und dass sie, so wie andere Planeten auch, um die Sonne kreist. Maßgeblich beteiligt an dieser Veränderung war unter anderem der italienische Physiker, Mathematiker und Philosoph **Galileo Galilei** (1564–1642). Er trat seit 1610 öffentlich für das neue, das heliozentrische Welterklärungssystem ein, das der Astronom **Nikolaus Kopernikus** bereits im 16. Jh. als Hypothese (Annahme ohne Beweis) formuliert hatte. Galilei behauptete, durch exakte Beobachtungen des Sternenhimmels sei das kopernikanische System zu beweisen. Die Kirche hielt aber am geozentrischen System fest. Die geozentrische Erklärung schien der hohen Geistlichkeit im Einklang mit bestimmten Sätzen der Bibel zu stehen. Wesentliche Teile der traditionellen Theologie wären daher durch Galileis Thesen fragwürdig geworden.

Galileo Galilei

1632 veröffentlichte Galilei den *Dialogo*, ein kritisches Gespräch über das ptolemäische und das kopernikanische Weltbild. Nun eskalierte der Konflikt zwischen ihm und der Kirche. Galilei wurde im Jahr 1633 der Prozess gemacht. Als ihm die Folter angedroht wurde, widerrief er seine Lehre. Galilei wurde zu unbefristeter Haft verurteilt. Er verbrachte diese bis zu seinem Tod in einem Landhaus bei Florenz.

Bertolt Brecht: Leben des Galilei

Der deutsche Autor **Bertolt Brecht** (1898–1956) schrieb gegen Ende der dreißiger Jahre des 20. Jhs. ein Theaterstück mit dem Titel *Leben des Galilei*. Darin machte er den Zusammenhang zwischen wissenschaftlicher Forschung und politischer Herrschaft der Kirche zum Thema. Das achte Bild des Stücks beinhaltet ein Gespräch zwischen Galilei und einer Figur, die von Brecht „Der kleine Mönch" genannt wird. Im Palast des florentinischen Gesandten in Rom hört Galilei den kleinen Mönch an, der ihm nach der Sitzung des Collegium Romanum den Inhalt des päpstlichen Dekrets zugeflüstert hat.

Bertolt Brecht: Leben des Galilei (Auszug)

1 Galilei: Reden Sie, reden Sie! Das Gewand, das Sie tragen, gibt Ihnen das Recht zu sagen, was immer Sie wollen.

Der kleine Mönch: Ich habe Mathematik studiert, Herr Galilei.

Galilei: Das könnte helfen, wenn es Sie veranlaßte einzugestehen, daß zwei mal zwei hin und
5 wieder vier ist!

Der kleine Mönch: Herr Galilei, seit drei Nächten kann ich keinen Schlaf mehr finden. Ich wußte nicht, wie ich das Dekret, das ich gelesen habe, und die Trabanten des Jupiter, die ich gesehen habe, in Einklang bringen sollte. Ich beschloß, heute früh die Messe zu lesen und zu Ihnen zu gehen.

10 Galilei: Um mir mitzuteilen, daß der Jupiter keine Trabanten hat?

Der kleine Mönch: Nein. Mir ist es gelungen, in die Weisheit des Dekrets einzudringen. Es hat mir die Gefahren aufgedeckt, die ein allzu hemmungsloses Forschen für die Menschheit in sich birgt, und ich habe beschlossen, der Astronomie zu entsagen. Jedoch ist mir noch daran gelegen, Ihnen die Beweggründe zu unterbreiten, die auch einen Astronomen dazu bringen
15 können, von einem weiteren Ausbau der gewissen Lehre abzusehen.

Galilei: Ich darf sagen, daß mir solche Beweggründe bekannt sind.

Der kleine Mönch: Ich verstehe Ihre Bitterkeit. Sie denken an die gewissen außerordentlichen Machtmittel der Kirche.

Galilei: Sagen Sie ruhig Folterinstrumente.

20 Der kleine Mönch: Aber ich möchte andere Gründe nennen. Erlauben Sie, daß ich von mir rede. Ich bin als Sohn von Bauern in der Campagna aufgewachsen. Es sind einfache Leute. Sie wissen alles über den Ölbaum, aber sonst recht wenig. Die Phasen der Venus beobachtend, kann ich nun meine Eltern vor mir sehen, wie sie mit meiner Schwester am Herd sitzen und ihre Käsespeise essen. Ich sehe die Balken über ihnen, die der Rauch von Jahrhunderten ge-
25 schwärzt hat, und ich sehe genau ihre alten abgearbeiteten Hände und den kleinen Löffel darin. Es geht ihnen nicht gut, aber selbst in ihrem Unglück liegt eine gewisse Ordnung verborgen. Da sind diese verschiedenen Kreisläufe, von dem des Bodenaufwischens über den der Jahreszeiten im Ölfeld zu dem der Steuerzahlung. Es ist regelmäßig, was auf sie herabstößt an Unfällen. Der Rücken meines Vaters wird zusammengedrückt nicht auf einmal, sondern mit
30 jedem Frühjahr im Ölfeld mehr, so wie auch die Geburten, die meine Mutter immer geschlechtsloser gemacht haben, in ganz bestimmten Abständen erfolgten. Sie schöpfen die Kraft, ihre Körbe schweißtriefend den steinigen Pfad hinaufzuschleppen, Kinder zu gebären, ja zu essen, aus dem Gefühl der Stetigkeit und Notwendigkeit, das der Anblick des Bodens, der jedes Jahr von neuem grünenden Bäume, der kleinen Kirche und das Anhören der sonn-
35 täglichen Bibeltexte ihnen verleihen können. Es ist ihnen versichert worden, dass das Auge der Gottheit auf ihnen liegt, forschend, ja beinahe angstvoll; dass das ganze Welttheater um sie aufgebaut ist, damit sie, die Agierenden, in ihren großen oder kleinen Rollen sich bewähren können. Was würden meine Leute sagen, wenn sie von mir erführen, dass sie sich auf einem kleinen Steinklumpen befinden, der sich unaufhörlich drehend im leeren Raum um ein ande-
40 res Gestirn bewegt, einer unter sehr vielen, ein ziemlich unbedeutender! Wozu ist jetzt noch solche Geduld, solches Einverständnis in ihr Elend nötig oder gut? Wozu ist die Heilige Schrift

noch gut, die alles erklärt und als notwendig begründet hat, den Schweiß, die Geduld, den Hunger, die Unterwerfung, und die jetzt voll von Irrtümern befunden wird? Nein, ich sehe ihre Blicke scheu werden, ich sehe sie die Löffel auf die Herdplatte senken, ich sehe, wie sie sich 45 verraten und betrogen fühlen. Es liegt also kein Auge auf uns, sagen sie. Wir müssen nach uns selber sehen, ungelehrt, alt und verbraucht, wie wir sind? Niemand hat uns eine Rolle zugedacht außer dieser irdischen, jämmerlichen auf einem winzigen Gestirn, das ganz unselbständig ist, um das sich nichts dreht? Kein Sinn liegt in unserm Elend, Hunger ist eben Nichtgegessenhaben, keine Kraftprobe; Anstrengung ist eben Sichbücken und Schleppen, kein 50 Verdienst. Verstehen Sie da, daß ich aus dem Dekret der Heiligen Kongregation ein edles mütterliches Mitleid, eine große Seelengüte herauslese?

GALILEI: Seelengüte! Wahrscheinlich meinen Sie nur, es ist nichts da, der Wein ist weggetrunken, ihre Lippen vertrocknen, mögen sie die Soutane küssen! Warum ist denn nichts da? Warum ist die Ordnung in diesem Land nur die Ordnung einer leeren Lade und die Notwendig-55 keit nur die, sich zu Tode zu arbeiten? Zwischen strotzenden Weinbergen, am Rand der Weizenfelder! Ihre Campagnabauern bezahlen die Kriege, die der Stellvertreter des milden Jesus in Spanien und Deutschland führt. Warum stellt er die Erde in den Mittelpunkt des Universums? Damit der Stuhl Petri im Mittelpunkt der Erde stehen kann! Um das letztere handelt es sich. Sie haben recht, es handelt sich nicht um die Planeten, sondern um die Cam-60 pagnabauern. (...)

DER KLEINE MÖNCH: Herr Galilei, ich bin Priester.

GALILEI: Sie sind auch Physiker. Und Sie sehen, die Venus hat Phasen. (...) Herr, mein Schönheitssinn wird verletzt, wenn die Venus in meinem Weltbild ohne Phasen ist! Wir können nicht Maschinerien für das Hochpumpen von Flußwasser erfinden, wenn wir die größte Ma-65 schinerie, die uns vor Augen liegt, die der Himmelskörper, nicht studieren sollen. Die Winkelsumme im Dreieck kann nicht nach den Bedürfnissen der Kurie abgeändert werden. Die Bahnen fliegender Körper kann ich nicht so berechnen, dass auch die Ritte der Hexen auf Besenstielen erklärt werden.

DER KLEINE MÖNCH: Und Sie meinen nicht, daß die Wahrheit, wenn es Wahrheit ist, sich 70 durchsetzt, auch ohne uns?

GALILEI: Nein, nein, nein. Es setzt sich nur so viel Wahrheit durch als wir durchsetzen; der Sieg der Vernunft kann nur der Sieg der Vernünftigen sein. Eure Campagnabauern schildert ihr ja schon wie das Moos auf ihren Hütten! (...) wenn sie nicht in Bewegung kommen und denken lernen, werden ihnen auch die schönsten Bewässerungsanlagen nichts nützen. Zum 75 Teufel, ich sehe die göttliche Geduld ihrer Leute, aber wo ist ihr göttlicher Zorn?

DER KLEINE MÖNCH: Sie sind müde!

GALILEI *wirft ihm einen Packen Manuskripte hin*: Bist du ein Physiker, mein Sohn? Hier stehen die Gründe, warum das Weltmeer sich in Ebbe und Flut bewegt. Aber du sollst es nicht lesen, hörst du? Ach, du liest schon? Du bist also ein Physiker? *Der kleine Mönch hat sich in die Papie-*80 *re vertieft.*

GALILEI: Ein Apfel vom Baum der Erkenntnis! Er stopft ihn schon hinein. Er ist ewig verdammt, aber er muß ihn hineinstopfen, ein unglücklicher Fresser! Ich denke manchmal: Ich ließe mich zehn Klafter unter der Erde in einen Kerker einsperren, zu dem kein Licht mehr dringt, wenn ich dafür erführe, was das ist: Licht. Und das Schlimmste: Was ich weiß, muss ich 85 weitersagen. Wie ein Liebender, wie ein Betrunkener, wie ein Verräter. Es ist ganz und gar ein Laster (...) **R**

Anregungen zur Texterschließung

1. Warum betrachtet der kleine Mönch Galileis Welterklärung als Gefahr? Welchen Zusammenhang sieht er zwischen dem Leben seiner armen Eltern und den neuen naturwissenschaftlichen Erkenntnissen?
2. Mit welchen Argumenten tritt Galilei den Warnungen des Mönchs entgegen?
3. Letztlich kann der kleine Mönch Galilei nicht von dessen Meinung abbringen. Der Erkenntnisdrang des Menschen, meint Galilei, kann nicht durch Verbote eingedämmt werden. Er ist ein menschlicher Grundtrieb (ein „Laster"). Die wissenschaftliche Forschung darf seiner Ansicht nach nicht durch politische Macht und Weltanschauungen (z. B. religiöse) eingeschränkt werden, denn die Erkenntnis der Wahrheit kann nicht schädlich sein. Wie denken Sie über diese Ansicht Galileis vor dem Hintergrund unserer Zeit? Ist wissenschaftliche Forschung uneingeschränkt nützlich?

Anregung zum Schreiben und Vortragen

Auch dem 21. Jh. sagt man nach, eine Zeit grundlegender Veränderungen zu sein. Welche Veränderungen fallen Ihnen ein? Schreiben Sie gemeinsam mit einer Partnerin oder einem Partner einen Dialog zwischen einem Befürworter heutiger Veränderungen und einem Gegner. Tragen Sie Ihren Dialog vor der Klasse vor. Mögliche Themen: Medien und neue Kommunikationstechnologie, Gentechnik, Wirtschaftswachstum und Klimawandel ...

Ergänzung Kulturgeschichte   Band 2

II. Renaissance – Humanismus – Reformation – Barock
Lesen Sie im Epochenteil Kapitel II.2 (Allgemeine geschichtliche Voraussetzungen) und erklären Sie folgende Veränderungen und Ereignisse am Beginn der Neuzeit:
1. Reformation und Gegenreformation
2. Frühkapitalismus und Kolonialreiche
3. Heliozentrisches Welt
4. Empirismus und Rationalismus als Grundlagen der Naturwissenschaft

Kompetenzen: Das sollen Sie wissen/können

1. Sie wissen, wer GALILEO GALILEI war, in welchem Jahrhundert er gelebt hat und worin seine Bedeutung für den Fortschritt der Naturwissenschaften besteht.
2. Sie können die wesentlichen Argumente und Gegenargumente aus dem Dialog Galileis mit dem kleinen Mönch aus BERTOLT BRECHTS *Leben des Galilei* mit eigenen Worten zusammenfassen.
3. Sie können an mindestens zwei Beispielen erklären, dass die Frage, ob wissenschaftlicher Fortschritt generell zu begrüßen sei, auch heute noch aktuell ist.

2 DANTE UND BOCCACCIO
Italienische Weltliteratur der Renaissance

Modulvorschau

Italien ist das Ursprungsland von *Renaissance* und *Humanismus*.
➡ Sie lernen zwei Hauptwerke der italienischen Renaissance kennen: *La divina commedia* von DANTE ALIGHIERI und das *Decamerone* von GIOVANNI BOCCACIO.
➡ Sie erfahren, inwiefern Boccaccios *Decamerone* zum Ausgangspunkt der europäischen *Novellendichtung* wurde.

In Italien lebte die antike Tradition trotz des Untergangs des Römischen Reiches weiter (vgl. Band 2 ▸ Epochenteil, II.4). Bereits im 13. Jh. betrachteten Künstler, Intellektuelle und auch einige Politiker die antike Kultur als Leitbild für die gesellschaftliche Erneuerung. Drei italienische Autoren der frühen *Renaissance* sind zu Klassikern der Weltliteratur geworden: DANTE ALIGHIERI (1265–1321), GIOVANNI BOCCACCIO (1313–1357) [dschowạni bokạtscho] und FRANCESCO PETRARCA (1304–1374).

DANTE ALIGHIERI: LA DIVINA COMMEDIA

Das umfangreiche Werk (ca. 15 000 Verse), das DANTE „poema sacro" (heiliges Gedicht) nannte, entstand in den Jahren 1307–1321 und ist in etwa 450 Handschriften überliefert. Seine Neuheit bestand vor allem darin, dass es nicht in lateinischer, sondern in italienischer Sprache geschrieben wurde. Die Vorstellungen und Denkweisen der *Commedia* sind zum überwiegenden Teil noch in der christlichen Theologie des Mittelalters verankert.

Der Haupthandlungsstrang der *Divina commedia* ist eine fiktive Jenseitsreise. Christlichen Glaubensvorstellungen folgend besteht diese Reise aus drei großen

Dante Alighieri

Abschnitten: Hölle (Inferno) – Fegefeuer (Purgatorio) – Paradies (Paradiso). Jeder Bereich besteht aus neun Kreisen, denen die verstorbenen Seelen nach dem Ausmaß ihrer Sünden oder ihrer Tugenden zugeordnet werden. Zum Führer durch das Inferno wird der römische Dichter Vergil, den Dante überaus schätzte. Im Mittelpunkt der Hölle sitzt Luzifer mit den abtrünnigen Engeln. Über dem Höllentor ist folgende Inschrift zu lesen:

1 DANTE ALIGHIERI: LA DIVINA COMMEDIA

Inferno III, 1–9

1 Per me si va nelle città dolente,
  per me si va nell' eterno dolore,
  per me si va tra la perduta gente (...)

Übertragung von Stefan George
Inschrift des Höllentors – Die Lauen

1   Durch mich geht man hinein zur stadt der trauer
Durch mich geht man in der verlornen zelle
Durch mich geht man zum leiden ewiger dauer.

Aus recht gab mir der schöpfer meine stelle
5   Die göttliche gewalt hat mich geweitet
Die erste liebe und die höchste helle.

Vor mir war kein geschaffnes ding bereitet
Nur ewige – wie auch ich ewig stehe.
Lasst jede hoffnung, die ihr mich durchschreitet.

Das Paradies liegt, dem mittelalterlichen Weltbild zufolge, über dem Firmament. An der Schwelle des Paradieses trifft der Ich-Erzähler Beatrice, Dantes verstorbene Jugendliebe. Sie begleitet den Dichter durch die neun Kreise des Paradieses und bringt ihn letztlich vor Gottes Thron, das Ziel allen Lebens und den Ort höchster Seligkeit.

Anregung zur Recherche und zur Diskussion

Haben die traditionellen christlichen Vorstellungen von Himmel, Hölle und Fegefeuer für das Leben heutiger Menschen noch Bedeutung? Erkundigen Sie sich bei kompetenten Auskunftspersonen, zum Beispiel bei Religionslehrerinnen und -lehrern, welchen Stellenwert Himmel und Hölle in der heutigen christlichen Theologie haben. Gibt es die Vorstellung von Himmel und Hölle auch in anderen Religionen? Legen Sie dazu Notizen an, die Sie dazu befähigen, am Gespräch teilzunehmen.

GIOVANNI BOCCACCIO: DECAMERONE

GIOVANNI BOCCACCIO gilt als Begründer der europäischen *Novellendichtung*. Das *Decamerone* ist eine Sammlung von hundert Geschichten, die in eine Rahmenhandlung eingebunden werden. Sieben junge Frauen und drei junge Männer sind aus Florenz geflohen, weil sich dort die Pest ausbreitet. Sie leben nun in einem idyllischen Gebäude auf dem Lande und führen dort ein mußevolles Dasein mit Spiel, Lektüre, Musik, Tanz und Spaziergängen. Unter anderem vertreiben sie sich die Zeit damit, dass sie einander Geschichten unterschiedlicher Art (Novellen) erzählen. Drei Themen dominieren in diesen Novellen: 1. Liebe und Erotik als positive Naturkräfte, denen der Mensch nicht entkommen kann (und auch nicht soll), 2. Kritik an religiöser Leichtgläubigkeit und Scheinmoral, 3. Lebensklugheit.
Der Titel *Decamerone* verweist auf das Bauprinzip des Buchs. An zehn Tagen (zehn = griech. *deka*) werden von zehn Menschen je zehn Geschichten erzählt. So entsteht ein „Novellenkranz". Der „Novellenkranz" blieb jahrhundertelang die übliche Bauform für diese epische Textsorte. Die Einzelnovelle setzte sich erst seit dem späten 18. Jahrhundert durch.
Die bekannteste Einzelnovelle aus dem *Decamerone* ist die Geschichte *Der Falke*:

GIOVANNI BOCCACCIO: DECAMERONE   2

Der Falke

1   In Florenz lebte einst ein junger Edelmann, Federigo di Messer Filippo Alberighi genannt, den man in ritterlichen Übungen und adeligen Sitten höher hielt als irgendeinen seiner Standesge-

nossen in Toskana. Wie es nun edlen Jünglingen zu widerfahren pflegt, so verliebte sich auch Federigo in eine adelige Dame namens Monna Giovanna (*Anm.: Monna = Madonna*), welche

5 zu jener Zeit für eine der holdseligsten und schönsten in Florenz gehalten ward. Um ihre Liebe zu gewinnen, scheute er in Turnieren und Kampfspielen keinerlei Aufwand, richtete Feste her und teilte Geschenke aus, ohne seines Vermögens irgend zu achten. Die Dame aber, die ebenso sittsam wie schön war, kümmerte sich so wenig um dies alles, das zu ihren Ehren geschah, wie um denjenigen, von dem es ausging.

10 Da Federigo jedoch über seine Kräfte hinaus große Summen vertat und nichts erwarb, verfiel er binnen kurzem in solche Armut, dass er von allen seinen Besitztümern nichts behielt als ein kleines Bauerngut, dessen Einkünfte ihm kümmerlichen

15 Unterhalt gewährten, und einen Falken, wie es kaum einen edleren auf der Welt geben mochte. Inzwischen war seine Liebe nur noch glühender geworden; da er jedoch

20 als Städter nicht mehr so leben zu können glaubte, wie es ihm wünschenswert erschien, zog er sich aufs Land zurück und

ertrug dort auf seinem Gütchen, ohne jemand um Hilfe anzugehen, unter Vogelstellen geduldig seine Armut.

25 Während nun Federigos Vermögensumstände sich so sehr verschlechtert hatten, geschah es, dass der Gemahl der Monna Giovanna schwer erkrankte. Als er gewahr wurde, dass es mit ihm zu Ende ging, machte er ein Testament, in welchem er sein schon ziemlich herangewachsenes Söhnlein zum Erben seiner großen Reichtümer ernannte und für den Fall, dass der Knabe ohne rechtmäßigen Erben versterben sollte, Monna Giovanna, die er auf das zärtlichste geliebt

30 hatte, zur Nachfolgerin bestimmte. Bald darauf starb er, und die hinterbliebene Witwe zog, wie es unter den hiesigen Frauen üblich ist, für den Sommer dieses Jahres aufs Land, nach einer ihrer Besitzungen, welche Federigos Gütchen ziemlich nahe gelegen war. So trug es sich denn zu, dass jener Knabe, der an Hunden und Vögeln seine Freude hatte, mit Federigo vertraut wurde. Als er dessen Falken öfter hatte fliegen sehen, fand er an ihm so überschwängli-

35 chen Gefallen, dass ihn zu besitzen sein höchster Wunsch ward. Doch traute er sich nicht, darum zu bitten, da er wohl sah, wie wert er dem Federigo war.

Um diese Zeit ereignete es sich, dass der Knabe erkrankte. Die Mutter, die nur dies eine Kind hatte und es von ganzer Seele liebte, betrübte sich unsäglich, und wie sie den ganzen Tag um den Kranken geschäftig war, fragte sie ihn unter dringenden Bitten, ob er denn nicht vielleicht

40 nach irgendetwas Verlangen hege. Wenn es nur irgend möglich sei, werde sie es ihm verschaffen. Schon mehrmals hatte der kranke Knabe dieses Anerbieten vernommen, als er endlich antwortete: „Mutter, könnt Ihr machen, dass ich Federigos Falken erhalte, so glaube ich in kurzem wieder gesund zu werden." Nachdem die Edeldame diese Worte vernommen hatte, blieb sie eine Zeit lang in sich gekehrt und erwog, was sie tun sollte. Sie wusste wohl, dass Fe-

45 derigo sie lange geliebt hatte, ohne von ihr jemals auch nur einen Blick erlangt zu haben. Daher sagte sie bei sich selber: „Wie darf ich zu Federigo um diesen Falken senden oder gar selbst deshalb zu ihm gehen, da, wie ich höre, dieser Falke der edelste ist, der je einem Jäger diente, und da er noch überdies seinem Herrn in solcher Weise den Lebensunterhalt gewährt? Und

50 wie könnte ich so rücksichtslos sein, einem Edelmann, dem sonst keine Freude mehr geblieben ist, diese seine einzige rauben zu wollen?"

Obgleich sie gewiss war, den Falken zu erhalten, sobald sie darum bäte, antwortete sie daher, von jenen Gedanken bestrickt, nichts auf das Verlangen ihres Söhnleins und schwieg. Endlich aber trug die Liebe zu dem Knaben dennoch den Sieg davon, und um ihn zufriedenzustellen, entschloss sie sich, was auch immer die Folge davon wäre, nicht zu Federigo zu senden, son-
55 dern selbst zu ihm zu gehen und den Falken zu holen. Deshalb sagte sie: „Mein Kind, gib dich zufrieden und sorge nur, dass du gesund wirst; denn ich verspreche dir, dass morgen früh mein erster Gang des Falken wegen sein wird, und ich bin gewiss, dass ich ihn dir bringen werde." Schon diese Antwort erfreute den Knaben so sehr, dass noch am selben Abend eine leichte Besserung an ihm zu beobachten war.

60 Am nächsten Morgen nahm Monna Giovanna eine andere Dame zum Geleit und lustwandelte mit dieser bis zu Federigos kleinem Häuschen. Zum Vogelstellen war es nicht die Zeit, und schon seit mehreren Tagen war er deshalb nicht ausgegangen. So geschah es, dass, als sie nach ihm fragte, er in seinem Garten verweilte und dort gewisse kleine Arbeiten besorgen ließ. Als er vernahm, dass sie an seiner Tür sei und nach ihm verlange, erstaunte er sehr und eilte ihr mit
65 ehrfurchtsvollem Gruße entgegen. Sie aber erhob sich, ihn mit freundlicher Anmut zu begrüßen, und sprach: „Guten Morgen, Federigo!" Dann fügte sie hinzu: „Ich bin gekommen, um dich für alles Ungemach zu entschädigen, das du seither um meinetwillen erduldet hast, weil du mich leidenschaftlicher liebtest, als dir dienlich gewesen wäre. Die Entschädigung aber besteht darin, dass ich mit dieser meiner Begleiterin heute vertraulich bei dir zu Mittag zu essen
70 gedenke." Hierauf antwortete Federigo in Demut: „Madonna, ich weiß von keinem Ungemach, das mir je durch Euch zuteil geworden wäre, wohl aber von so vielem Heile, dass ich, wenn je an mir irgendetwas Lob verdiente, dies nur Eurer Trefflichkeit und meiner Liebe zu Euch verdanke. Und wahrlich, dieser Euer Besuch, den Ihr mir aus freier Güte gewährt, ist mir, wenngleich Ihr zu einem dürftigen Wirt gekommen seid, unendlich viel lieber, als wenn mir die
75 Schätze zurückgegeben worden wären, die ich zu der Zeit besaß, wo ich einst den größten Aufwand machte." Nach diesen Worten führte er sie schüchtern in sein Haus und von diesem in den Garten.

Der arme Federigo weiß nicht, womit er seinen Besuch bewirten soll. Daher lässt er heimlich den Falken schlachten und als Speise vorsetzen. Als nun Monna Giovanna nach dem Essen ihre Bitte äußert, muss sie erfahren, dass sie selbst gerade den Falken verspeist hat, den sie ihrem kranken Sohn bringen wollte.

1 Als die Dame dies alles hörte und sah, tadelte sie ihn anfangs, dass er zur Bewirtung eines Weibes einen so edlen Falken getötet habe. Dann aber bewunderte sie im Stillen die Größe seiner Gesinnung, welche die bittere Armut nicht abzustumpfen vermocht hatte und ihm auch in diesem Augenblicke geblieben war. Da ihr jedoch alle Hoffnung, den Falken zu besitzen,
5 geraubt war und Befürchtungen wegen der Genesung des Knaben in ihr aufstiegen, schied sie voller Betrübnis und kehrte zu ihrem Sohne zurück. War es nun die Wirkung des Verdrusses, dass er den Falken nicht haben konnte, oder war die Krankheit von der Art, dass sie auch ohne das zu einem solchen Ende führen musste – genug, nur wenige Tage verstrichen, als er zum größten Leidwesen seiner Mutter aus dem Leben schied. Infolge dieses Verlustes blieb sie zwar
10 geraume Zeit in Tränen und Traurigkeit, da sie aber noch jung und in den Besitz eines glänzenden Vermögens gelangt war, drängten ihre Brüder sie vielfach, eine zweite Ehe einzugehen.

Obwohl sie sich nun dessen am liebsten enthalten hätte, so gedachte sie doch bei solchem Drängen der Trefflichkeit Federigos und seines letzten Beweises hochherziger Gesinnung, den er ihr gegeben, indem er einen solchen Falken, nur um sie zu ehren, getötet hatte. Darum sagte sie zu ihren Brüdern: „Am liebsten ließe ich, wolltet ihr es gestatten, meinen Witwenstuhl unverrückt. Ist es aber euer Begehren, dass ich zu einer zweiten Ehe schreite, so werde ich wahrlich keinem anderen mich vermählen, wenn ich Federigo degli Alberighi nicht erhalte." Auf diese Rede hin verhöhnten sie ihre Brüder und sprachen: „Törichte, was schwatzest du da! Wie kannst du ihn nehmen wollen, der nichts auf dieser Welt hat?" Sie aber antwortete: „Meine Brüder, wohl weiß ich, dass es sich so verhält, wie ihr sagt. Ich aber ziehe den Mann, der des Reichtums entbehrt, dem Reichtume vor, der des Mannes entbehrt."

Als die Brüder diese ihre Gesinnung vernahmen und sich überzeugten, dass Federigo trotz seiner Armut ein höchst ehrenwerter Mann war, gewährten sie ihm, Giovannas Wünschen entsprechend, diese samt allen ihren Reichtümern. Er aber beschloss, im Besitze einer so trefflichen und von ihm so überschwänglich geliebten Gattin, überdies noch in dem Besitz eines außerordentlichen Vermögens, nach langen Jahren freudig seine Tage.

Anregung zum Schreiben

Bilden Sie – je nach Klassengröße – Gruppen zu fünf bis sieben Personen. Ahmen Sie die Grundsituation des *Decamerone* nach. Sie befinden sich an einem abgelegenen Ort und vertreiben sich die Zeit durch das Erzählen von Geschichten. Jede Schülerin und jeder Schüler schreibt (am besten als Hausübung) zunächst eine kleine Geschichte. Lesen Sie einander Ihre Texte vor.

Band 2 | Ergänzung Kulturgeschichte

II. Renaissance – Humanismus – Reformation – Barock

Lesen Sie im Epochenteil Kapitel II.1 (Datierung) und Kapitel II.4 (Italien – Ursprungsland der Renaissance und des Humanismus) und entnehmen Sie daraus folgende Informationen:
1. Erklären Sie den Begriff *Renaissance*. (Kap. 1)
2. Warum blieb die römische Antike während des Mittelalters für die Italiener ein wichtiger Orientierungspunkt? (Kap. 4)
3. In welchen kulturellen Bereichen galt die Antike als vorbildhaft? (Kap. 4)
4. Durch welches geschichtliche Ereignis wurden in Italien auch viele griechische Handschriften bekannt? (Kap. 4)

Kompetenzen: Das sollen Sie wissen/können

1. Sie wissen über *La divina commedia* folgende Details: Autor, Jahrhundert der Entstehung, Grundstruktur der Handlung.
2. Sie wissen über das *Decamerone* folgende Details: Autor, Rahmenhandlung, Begriff *Novellenkranz*, Jahrhundert der Entstehung.
3. Sie können den Inhalt der Novelle *Der Falke* kurz zusammenfassen.
4. Sie kennen einige Fakten über die Vorstellung von Himmel und Hölle in heutigen Religionen und bilden sich eine eigene Meinung dazu.

Mensch und Natur neu sehen
Der Wandel des kulturellen Codes am Beispiel des Bildes

3

Modulvorschau

Bilder und Plastiken der *Renaissance* machen den kulturellen Wandel in der Gesellschaft des 15. und 16. Jhs. genauso deutlich erkennbar wie die Veränderungen der Literatursprache. Man spricht vom „Wandel eines kulturellen Codes" (= Zeichensystem). An folgenden Details können Sie dies erkennen:

➡ Der Mensch wird am Beginn der Neuzeit stärker als Individuum (Einzelwesen) wahrgenommen und als solches „realistisch" dargestellt. Der wirklichkeitsgetreu nachgeahmte nackte Körper ist kein Tabu mehr.

➡ Die sinnlich wahrnehmbare Natur (Wirklichkeit) wird im Bild und in der Plastik nachgeahmt. Man kann daher eher von Realismus in der Kunst sprechen, als dies im Mittelalter (Zentralperspektive und dreidimensionale Raumdarstellung) der Fall war.

➡ Neben den herkömmlichen christlichen Motiven erfreuen sich Motive aus der griechisch-römischen, also einer heidnischen Mythologie wachsender Beliebtheit.

Vom Mittelalter zur Renaissance: Darstellungsunterschiede in der Malerei

Die Verkündigung der Geburt Jesu an Maria

1

Evangelium nach Lukas 1,26–38

1 Im sechsten Monat wurde der Engel Gabriel von Gott in eine Stadt in Galiläa namens Nazaret zu einer Jungfrau gesandt. Sie war mit einem Mann namens Josef verlobt, der aus dem Haus David stammte. Der Name der Jungfrau war Maria. Der Engel trat bei ihr ein und sagte: Sei gegrüßt, du Begnadete, der Herr ist mit dir! Sie erschrak über die Anrede und überlegte, was
5 dieser Gruß zu bedeuten habe. Da sagte der Engel zu ihr: Fürchte dich nicht, Maria; denn du hast bei Gott Gnade gefunden. Du wirst ein Kind bekommen, einen Sohn wirst du gebären; dem sollst du den Namen Jesus geben. Er wird groß sein und Sohn des Höchsten genannt werden. Gott, der Herr, wird ihm den Thron seines Vaters David geben. Er wird über das Haus Jakob in Ewigkeit herrschen, und seine Herrschaft wird kein Ende haben. Maria sagte zu
10 dem Engel: Wie soll das geschehen, da ich keinen Mann erkenne? Der Engel antwortete ihr: Heiliger Geist wird über dich kommen, und die Kraft des Höchsten wird dich überschatten. Deshalb wird auch das Kind heilig und Sohn Gottes genannt werden. Auch Elisabet, deine Verwandte, hat noch in ihrem Alter einen Sohn empfangen; obwohl sie als unfruchtbar galt, ist sie jetzt schon im sechsten Monat. Denn für Gott ist nichts unmöglich. Da sagte Maria: Ich
15 bin die Magd des Herrn; mir geschehe, wie du es gesagt hast. Danach verließ sie der Engel.

Unbekannter Meister: Verkündigung (um 1150, aus einer schwäbischen Evangelienhandschrift)

Fra Angelico: Verkündigung (15. Jh.)

Anregung zur Bilderschließung

Die Verkündigung der Geburt Jesu an Maria durch den Erzengel Gabriel wurde auch in der bildenden Kunst oft als Motiv verwendet. Die beiden Abbildungen (*Schwäbische Evangelien-handschrift* aus dem 12. Jh. und **Fra Angelico,** 15. Jh.) zeigen einige Unterschiede zwischen mittelalterlicher Malerei und Renaissance-Malerei. Welche Unterschiede in der Darstellungsweise fallen Ihnen auf?

Vom Mittelalter zur Renaissance: Kennzeichen einer neuen Kunst

Anregungen zur Bilderschließung

Machen Sie sich anhand des folgenden Bildmaterials mit den Veränderungen des *kulturellen Codes* in der Renaissance vertraut:

• Künstler verwenden Motive aus der heidnischen Mythologie.
• Der nackte Körper ist kein Tabu.
• Neue Darstellungsweisen von Licht und Schatten entstehen.
• Eine realistische Wiedergabe von Mensch und Dingwelt wird üblich.

Sandro Botticelli: Geburt der Venus (um 1485)

Motive aus der antiken, also heidnischen Mythologie wurden von „christlichen" Künstlern verwendet. Venus war wohl ursprünglich eine eigenständige römische Gottheit, wurde aber dann als römische Variante der griechischen Aphrodite verstanden, das heißt als Göttin der Liebe und der Schönheit. Venus/Aphrodite ist dem *Mythos* zufolge aus dem Meeresschaum geboren worden. Auf BOTTICELLIS Bild wird Venus auf einer Muschel (Symbol der Fruchtbarkeit und der weiblichen Sexualität) von einer männlichen und einer weiblichen Windgottheit an Land geblasen. Die Blumengöttin Flora erwartet sie, um sie in einen roten Umhang zu hüllen.

MICHELANGELO BUONARROTI: DAVID (1501–1504)

Wie bereits dem Bild von Sandro Botticelli zu entnehmen war, ist die realistische Darstellung des schönen, nackten Körpers in der Renaissance kein Tabu. Daran sind Lebensfreude und Sinnlichkeitsbejahung zu erkennen. Nicht nur der weibliche, auch der männliche Körper ist Gegenstand der Kunst. Ein berühmtes Beispiel dafür ist die 5,5 Meter hohe David-Plastik von MICHELANGELO BUONARROTI (1475–1564). Der Einfluss der antiken Bildhauerei auf Michelangelo ist deutlich zu sehen. Der Künstler sah sich deswegen aber keineswegs im Widerspruch zum Christentum. Er betrachtete den Menschen als Schöpfungsmittelpunkt. Die Darstellung des schönen Körpers war daher auch eine Verneigung vor der göttlichen Schöpfung.

Leonardo da Vinci: Mona Lisa (um 1503)

Das wachsende Interesse am Einzelmenschen zeigt sich unter anderem in der Porträtmalerei der Renaissance. Das wahrscheinlich berühmteste Bild dieser Art ist *La Gioconda* von Leonardo da Vinci, das unter dem Namen *Mona Lisa* weltweit bekannt ist. Das zart angedeutete Lächeln verweist auf die seelische Stimmung der Person. Es ging also Leonardo nicht nur um die Wiedergabe der äußeren Wirklichkeit, sondern auch um die Darstellung der Stimmung, die sich in den Gesichtszügen ausdrückt. Ebenso wie Tizian ist auch Leonardo ein Meister im Umgang mit Licht und Schatten.

Leonardo da Vinci: Das Letzte Abendmahl (1495–1498)

Zu den Erneuerungen in der Kunst der Renaissance gehörte die perspektivische Darstellung. Leonardo da Vinci (1452–1519) nützte die Zentralperspektive unter anderem für sein Fresko *Das Letzte Abendmahl*, das in der Mailänder Kirche Santa Maria delle Grazie noch heute zu besichtigen ist. Die Zentralperspektive ermöglicht eine dreidimensionale Darstellungsweise des Raums, die unter anderem für besondere Wirkungen in Kirchen und Palästen genützt wurde.

Anregungen zum Schreiben

Wählen Sie eines der Bilder für eine Bildbeschreibung. Einige Kriterien künstlerischer Gestaltung, von denen manche allerdings nur auf gegenständliche, nicht auf abstrakte Malerei anwendbar sind, sollen Ihnen dabei helfen:

- Was sehen Sie auf dem Bild? (Menschen, Gegenstände, Landschaft etc.)
- Welche Räume werden gezeigt?
- Wie werden Menschen und/oder Gegenstände im Raum positioniert? Wie viel Platz nehmen sie ein? Wie stehen sie zueinander, wie zur Betrachterin bzw. zum Betrachter?
- Wie ist die Mimik und Gestik von Menschen oder anderen dargestellten Lebewesen beschreibbar und interpretierbar?
- Wie setzt der Künstler Farben, Licht und Schatten ein?
- Wie sind Konturen und Linien gestaltet?
- Handelt es sich um eine weitgehend abbildende Wirklichkeitsdarstellung oder wird eine wirklichkeitsunabhängige Kunstwelt gestaltet?
- Erkennen Sie *Symbole*, deren Bedeutung Ihnen bekannt ist?

Kompetenzen: Das sollen Sie wissen/können

1. Sie können an zwei Beispielen (*Schwäbische Evangelienhandschrift* und FRA ANGELICO) den Unterschied zwischen mittelalterlicher und frühneuzeitlicher Bilddarstellung erklären, insbesondere die *Zentralperspektive*.
2. Sie wissen, dass die Renaissance-Kunst Motive aus der antiken (heidnischen) Mythologie heranzieht, und können dafür ein Beispiel nennen (*Geburt der Venus*).
3. Sie können ein Bild Ihrer Wahl nach methodischen Vorgaben beschreiben.

ERASMUS VON ROTTERDAM
Ein europäischer „Erzhumanist"

4

Modulvorschau

ERASMUS VON ROTTERDAM wird als „Erzhumanist" bezeichnet, weil sein Denken für den *Humanismus* repräsentativ ist.

➡ Am Beispiel von Erasmus lernen Sie die wesentlichsten Merkmale humanistischen Denkens kennen.

➡ Sie erschließen einen Text von Erasmus und erfahren, welch großen Stellenwert die Bildung für den europäischen Humanismus hatte.

ERASMUS, der eigentlich Geert Geerts hieß, wurde im Jahr 1469 als (illegitimer) Sohn eines Priesters in Rotterdam geboren. Nach dem Besuch der „Schule der Brüder vom Gemeinsamen Leben" in Deventer – Schwerpunkt der Ausbildung war die Lektüre antiker Autoren – trat Erasmus in das Augustinerkloster Steyn bei Gouda ein und erhielt die Priesterweihe. Nun folgten mehrere Studienjahre in Paris, Reisen nach England, Italien, Deutschland und die Schweiz. 1517 wurde Erasmus vom Klosterleben offiziell entbunden. Ab 1519 korrespondierte er mit **Martin Luther** und versuchte zwischen Luther und dessen Gegnern zu vermitteln. Im großen kirchenpolitischen Streit der Zeit bezog Erasmus zwar in manchen Punkten eine kirchenkritische Position, aber die Glaubensspaltung lehnte er grundsätzlich ab. Er starb 1539 in Basel.

Erasmus von Rotterdam

Grundlegende Kennzeichen für das Denken des Erasmus

- **Die Kultur der griechisch-römischen Antike** ist die unverzichtbare Grundlage der Bildung. Sie steht nicht in unversöhnlichem Gegensatz zum Christentum. – Im Gegenteil! Aus der Beschäftigung mit der antiken Kultur wird eine Erneuerung des Christentums auf der Basis des Evangeliums möglich. Hohe Achtung genoss bei Erasmus insbesondere der römische Schriftsteller und Staatsmann **Cicero**.
- **Vernunft** ist ein Leitbegriff im Denken des Erasmus. Die göttliche Schöpfungsordnung ist vernünftig angelegt. Der Mensch hat Anteil an dieser göttlichen Vernunft und soll sich nach ihren Gesetzen verhalten. Wer dies tut, lebt tugendhaft.
- **Tugendhaftes Verhalten** ist das entscheidende Kriterium für das gelungene Leben. Alle Menschen, auch politische Machthaber (Fürsten), sind verpflichtet, tugendhaft zu handeln.
- Vom Fürsten verlangt Erasmus selbstlose Hingabe an seine Pflicht. Nicht die Macht, sondern **das Wohlergehen der Menschen ist der erste Zweck der Fürstenherrschaft**. Eine stabile Friedensordnung zu schaffen ist die wichtigste Aufgabe christlicher Politik. Erasmus steht mit dieser Sichtweise von politischer Herrschaft in direktem Gegensatz zum Werk *Il principe* von **Niccolò Macchiavelli**, das zur selben Zeit entstanden ist und das Selbstverständnis absolutistischer Herrschaft ausdrückte. Für Macchiavelli waren Machterhalt und Machterweiterung die entscheidenden Kriterien politischen Handelns.
- Gefahren sieht Erasmus in einer Wissenschaft, die Selbstzweck ist, die nicht auf Tugend, Humanität und Religion verpflichtet wird. **Den Glauben als höchste Instanz** hat Erasmus nie angezweifelt. Der Glaube steht nicht im Gegensatz zur Vernunft, sondern ist Teil dieser Vernunft.

Bildung hatte im Denken des Erasmus einen hohen Stellenwert. In den *Colloquia familiaria* („Vertrauliche Gespräche"), einer Sammlung von Dialogen zu unterschiedlichen Themen, spricht eine gebildete Frau mit einem Abt über Bildung:

1 ERASMUS VON ROTTERDAM: COLLOQUIA FAMILIARIA

Der Abt und die gebildete Frau

1 ANTRONIUS: Wie diese Wohnung aussieht!

MAGDALIA: Ist sie nicht geschmackvoll eingerichtet?

ANTRONIUS: Ja, geschmackvoll schon, aber das Mobiliar schickt sich weder für ein Mädchen noch für eine verheiratete Frau.

5 MAGDALIA: Wieso?

ANTRONIUS: Weil alles voll von Büchern ist.

MAGDALIA: Du bist schon so alt, bist Abt und gehst bei Hofe aus und ein, und hast noch nie Bücher in den Zimmern vornehmer Damen gesehen?

ANTRONIUS: Doch, aber sie waren französisch geschrieben. Hier hingegen sehe ich griechische und lateinische Bücher.

MAGDALIA: Vermitteln denn nur französisch geschriebene Bücher Bildung?

ANTRONIUS: Jedenfalls geziemen sich für vornehme Damen nur französische Bücher. Mit ihnen können sie sich köstlich die Zeit vertreiben.

MAGDALIA: Dürfen nur vornehme Damen Geist haben und ein angenehmes Leben führen?

ANTRONIUS: Du bringst Dinge zusammen, die nichts miteinander zu tun haben: Verstand haben und ein angenehmes Leben führen. Frau und Geist, das schließt sich aus. Ziel und Inhalt des Daseins vornehmer Frauen ist ein angenehmes Leben.

MAGDALIA: Sollen nicht alle gewissenhaft leben?

ANTRONIUS: Ich meine schon.

MAGDALIA: Wie kann man aber angenehm leben, wenn man nicht zugleich gewissenhaft lebt?

ANTRONIUS: Im Gegenteil: Wie kann man angenehm leben, wenn man gewissenhaft lebt?

MAGDALIA: Bei dir finden also die Zustimmung, die gewissenlos leben, wenn sie nur angenehm leben?

ANTRONIUS: Ich glaube, daß die gewissenhaft leben, die angenehm leben.

MAGDALIA: Doch woher kommt dieses „angenehme Leben"? Von äußerlichen Dingen oder aus dem Herzen?

ANTRONIUS: Von äußerlichen Dingen.

MAGDALIA: O bist du feinsinniger Abt doch ein grobschlächtiger Philosoph! Sag mir, was verstehst du unter dem „angenehmen Leben"?

ANTRONIUS: Schlafen, Gelage, die Freiheit zu tun, was man will, Geld und Ehren.

MAGDALIA: Wenn aber Gott zu alledem noch Wissen und Bildung hinzufügt, lebst du dann nicht angenehm?

ANTRONIUS: Was stellst du dir unter „Wissen und Bildung" vor?

MAGDALIA: Die Einsicht, daß ein Mensch nur durch innere Werte glücklich ist. Reichtum, Ehre und Abstammung machen einen weder glücklich noch besser.

ANTRONIUS: Diese Art von Bildung kann mir gestohlen bleiben.

MAGDALIA: Und wenn es für mich nun angenehmer wäre, einen guten Autor zu lesen, als für dich zu jagen, zu saufen oder Würfel zu spielen? Glaubst du dann nicht, daß ich angenehm lebe?

ANTRONIUS: Für mich wäre das kein Leben.

MAGDALIA: Danach frage ich nicht, was dir am angenehmsten ist, sondern was einem angenehm sein sollte.

ANTRONIUS: Ich möchte nicht, dass meine Mönche ständig über den Büchern sitzen.

MAGDALIA: Mein Mann aber findet gerade das besonders gut. Doch warum eigentlich lehnst du das Lesen bei deinen Mönchen ab?

ANTRONIUS: Weil ich die Erfahrung mache, daß sie dann weniger gehorchen: Rasch sind sie mit den Dekreten, den Dekretalen, aus Petrus und Paulus zur Hand.

MAGDALIA: Ja, befiehlst du ihnen denn Dinge, die Petrus und Paulus widersprechen?

ANTRONIUS: Was die lehren, weiß ich nicht, aber ich mag nun einmal einen Mönch nicht, der vorwitzige Antworten gibt. Ich hasse es auch, wenn einer meiner Untergebenen mehr weiß als ich.

MAGDALIA: Das ließe sich vermeiden, wenn du dir Mühe gäbest, so viel als möglich zu wissen.

ANTRONIUS: Dazu fehlt mir die Zeit.

MAGDALIA: Wieso?

ANTRONIUS: Weil ich sie eben nicht habe.

55 MAGDALIA: Du hast keine Zeit, dich zu bilden?

ANTRONIUS: Nein.

MAGDALIA: Was steht dem im Weg?

ANTRONIUS: Die langen Gebete, die Sorge um den Haushalt, dann die Jagd, die Pferde, der Hofdienst.

60 MAGDALIA: So ist dir das also wichtiger als die Bildung?

ANTRONIUS: Das ist nun einmal so bei uns Brauch.

MAGDALIA: Aber sag doch einmal: Wenn ein Gott dir die Macht verliehe, deine Mönche und auch dich selbst in ein Tier nach Wunsch zu verwandeln, würdest du dann jene in Schweine, dich selbst aber in ein Pferd verwandeln?

65 ANTRONIUS: Keinesfalls.

MAGDALIA: Und doch würdest du auf diese Weise verhindern, daß einer mehr wüßte als du.

ANTRONIUS: Es wäre mir ziemlich gleichgültig, welche Art Tiere meine Mönche wären, nur möchte ich selbst ein Mensch sein.

MAGDALIA: Hältst du den für einen Menschen, der weder Bildung hat noch Bildung erwerben

70 will?

ANTRONIUS: Mir bin ich gebildet genug.

MAGDALIA: Auch die Schweine sind sich gebildet genug.

ANTRONIUS: Mit deinen Spitzfindigkeiten kommst du mir wie eine Sophistin vor.

MAGDALIA: Als was du mir vorkommst, will ich lieber nicht sagen. Aber warum mißfällt dir

75 meine Wohnungseinrichtung mit den Büchern?

ANTRONIUS: Weil Spindel und Rocken die Geräte der Frau sind.

MAGDALIA: Ist es aber nicht Pflicht einer Mutter, den Haushalt zu führen und die Kinder zu erziehen?

ANTRONIUS: Ja, natürlich.

80 MAGDALIA: Meinst du denn, einer so wichtigen Aufgabe könne man ohne Kenntnisse genügen?

ANTRONIUS: Ich glaube nicht.

MAGDALIA: Nun, eben diese Kenntnisse vermitteln mir die Bücher. (...)

ANTRONIUS: Ich würde Bücher ja noch gelten lassen, nur keine lateinischen.

85 MAGDALIA: Warum?

ANTRONIUS: Weil diese Sprache sich für Frauen nicht ziemt. (...)

MAGDALIA: (...) Und für mich soll es unpassend sein, daß ich Latein lerne, um täglich mit so vielen Autoren Zwiesprache zu halten, so beredten, gebildeten, vernünftigen und treuen Ratgebern?

90 ANTRONIUS: Die Bücher rauben den Frauen viel von ihrer Hirnsubstanz, von der sie ohnehin zu wenig haben.

MAGDALIA: Wieviel ihr Männer davon habt, weiß ich nicht. Ich möchte jedenfalls das wenige, das ich habe, lieber für ordentliche Studien verwenden als für das sinnlose Herunterleiern von Gebeten, für nächtelange Gelage und das Leeren mächtiger Humpen.

95 ANTRONIUS: Der innige Umgang mit Büchern bringt die Leute um den Verstand.

MAGDALIA: Und dich bringt das Palaver mit deinen Saufbrüdern, Witzbolden und Hanswursten nicht um den Verstand?

ANTRONIUS: O nein, das vertreibt die Langeweile.

MAGDALIA: Wie wäre es dann möglich, daß so reizende Gesprächspartner mich um den Ver-
100 stand brächten?

ANTRONIUS: Man behauptet es.

MAGDALIA: Aber die Wirklichkeit spricht eine andere Sprache. Wieviel mehr Leute sieht man doch, die unmäßiges Saufen und übertriebene Festereien, durchzechte Nächte und zügellose Leidenschaften um den Verstand gebracht haben.

105 ANTRONIUS: Ich möchte auf alle Fälle keine gelehrte Frau. (...)

MAGDALIA: Es gibt in Spanien und in Italien nicht wenige Frauen, namentlich unter den vornehmen, die es mit jedem Mann aufnehmen könnten. Es gibt in England solche im Hause Morus, in Deutschland in den Familien Pirckheimer und Blarer. Wenn ihr nicht auf der Hut seid, wird es noch so weit kommen, daß wir in den Theologenschulen den Vorsitz führen und
110 in den Kirchen predigen. Wir werden eure Mitren an uns reißen.

ANTRONIUS: Das verhüte Gott!

MAGDALIA: Nein, an euch wird es liegen, es zu verhüten. Macht ihr weiter so wie bisher, so werden eher die Gänse auf die Kanzel steigen, als daß sie noch länger euch stumme Hirten ertragen. (...) [R]

Anregungen zur Texterschließung

1. Welche Vorstellungen hat der Abt vom „angenehmen Leben"? Inwiefern steht Bildung im Gegensatz zum „angenehmen Leben"?
2. Warum möchte der Abt, dass seine Mönche und die Frauen ungebildet bleiben?
3. Mit welchen Argumenten begründet die Frau den Sinn von Bildung?

Anregung zum Schreiben

Variante 1: Textsorte Dialog: Schreiben Sie ein zeitgemäßes Streitgespräch zum Thema „Bildung". Welche Aufgabe hat eine höhere Schule heute? Entwerfen Sie zwei Figuren, die gegensätzliche Auffassungen zu diesem Thema haben.

Variante 2: Textsorte *Kommentar* (oder *Problemerörterung*): Welche Bildungsaufgaben sollen höhere Schulen heute vor allem übernehmen?

Situativer Schreibauftrag zu   Modul II.4, S. 434ff.

Ergänzung Kulturgeschichte   Band 2

II. Renaissance – Humanismus – Reformation – Barock
Lesen Sie im Epochenteil Kapitel II.5 (Der Humanismus – eine europäische Kulturbewegung) und entnehmen Sie daraus folgende Informationen:
1. Nennen Sie einige Humanisten von europäischem Rang.
2. Erklären Sie, warum der Humanismus keine breite Volksbewegung war.
3. Erklären Sie, was man unter *Humanistentheater* und *Schuldrama* versteht.

Kompetenzen: Das sollen Sie wissen/können

1. Sie können wesentliche Merkmale *humanistischen* Denkens am Beispiel von ERASMUS VON ROTTERDAM erklären und wissen, wann Erasmus gelebt hat.
2. Sie können die Ansichten der gebildeten Frau zum Thema Bildung (Text 1) mit eigenen Worten wiedergeben.

5 | Der Tod und die junge Frau
Vom „Ackermann aus Böhmen" bis zu Tomi Ungerer

Modulvorschau

Der Ackermann aus Böhmen ist einer der bedeutendsten literarischen Texte der frühen Neuzeit. Das *Motiv*, das Johannes von Tepl behandelt, war nicht nur auf seine Zeit beschränkt: der Tod einer jungen Frau.

➡ Sie interpretieren Textausschnitte aus dem *Ackermann*.
➡ Sie lernen Bilddarstellungen des Motivs aus verschiedenen Zeiten kennen und vergleichen diese.

Johannes von Tepl: Der Ackermann aus Böhmen

Johannes von Tepl (ca. 1350 – ca. 1414) lebte als wohlhabender und angesehener Bürger in Böhmen. Tepl dürfte der Geburtsort des Autors sein. Seine Hauptwirkungsstätte war die oberhalb der Eger gelegene Stadt Saaz. Dort war Johannes als Notar, Stadtschreiber und Leiter der Lateinschule tätig. Er beherrschte die tschechische, deutsche und lateinische Sprache und verband eine gute akademische Bildung mit praktischen Fähigkeiten in der städtischen Verwaltung. Seine literarischen Arbeiten waren nicht die eines Berufsschriftstellers, sondern die eines ambitionierten Laien. Außer dem Werk *Der Ackermann aus Böhmen* sind kaum literarische Texte des Johannes von Tepl erhalten.

Dieser Prosatext zählt allerdings zu den bedeutendsten deutschsprachigen Werken der frühen Neuzeit. Es handelt sich um ein stilistisch hochwertiges Streitgespräch in 34 Kapiteln. Ein Mann hat seine geliebte junge Frau Margaretha an den Tod verloren. Nun klagt er in seiner Verzweiflung den Tod des Mordes an und verlangt dessen Tötung. Der Tod stellt sich dieser Herausforderung in einem ausführlichen Dialog. Er rechtfertigt seine „Tätigkeit" und weist alle Anschuldigungen zurück.

1 | Johannes von Tepl: Der Ackermann aus Böhmen (Auszüge)

Der Ackermann. Das 1. Kapitel
(Übertragung aus dem Frühneuhochdeutschen)

1 Grimmiger Zerstörer aller Länder, schädlicher Verfolger aller Welt, grausamer Mörder aller Leute, Ihr Tod, Euch sei geflucht! Gott, Euer Schöpfer, hasse Euch, Unheils Auswuchs sei mit Euch, Unglück hause verheerend bei Euch, gänzlich entehrt seid immer! Angst, Not und Jammer verlassen Euch nicht, wo Ihr umgeht; Leid, Trübsal und Kummer, die geleiten Euch al-
5 lenthalben; leidige Anklage, schandvolle Erwartung und peinigende Strafe, die bedrängen Euch heftig an jedem Ort! Himmel, Erde, Sonne, Mond, Gestirne, Meer, Gewoge, Berg, Gefilde, Täler, Auen, der Hölle Abgrund, auch alles, was Leben und Wesen hat, sei Euch feind, missgünstig und verfluche Euch in alle Ewigkeit! In Schlechtigkeit geht unter, in jämmerlicher Unbehaustheit schwindet hin, und in der unwiderruflichen strengsten Ächtung durch Gott,
10 alle Menschen und sämtliche Geschöpfe haltet aus für alle Zukunft! Schamloser Bösewicht, Euer böses Angedenken lebe und dauere ohne Ende! Angst und Schrecken trennen sich von Euch nicht, Ihr seid, wo Ihr seid! Von mir und der Allgemeinheit sei über Euch wahrhaft Zeter geschrien mit gewundenen Händen!

Der Tod. Das 6. Kapitel

`2a`

1 Wir wollen beweisen, dass wir recht urteilen, recht richten und recht handeln in der Welt, niemandes Adel schonen, großes Können nicht würdigen, keinerlei Schönheit beachten, Gabe, Liebe, Leid, Alter, Jugend und allerlei anderes nicht schätzen. Wir tun es wie die Sonne, die scheint über Gut und über Böse. Wir unterwerfen Gut und Böse unserer Gewalt.

Der Tod. Das 16. Kapitel

`2b`

1 Falscher Rechtsausübung bezichtigst du uns, unrecht tust du uns damit; darüber wollen wir dich aufklären. Du fragst, wer wir sind. Wir sind Gottes Hand, Herr Tod, ein gerechter, tätiger Schnitter; unsere Sense geht ihren Gang: weiße, schwarze, rote, braune, grüne, blaue, blasse, gelbe und allerlei Prachtblumen und Gräser mäht sie vor sich nieder, ungeachtet ihrer Pracht,
5 ihrer Kraft, ihrer Vorzüge. So hat auch das Veilchen nichts von seiner schönen Farbe, seinem vollen Duft. Schau, das ist Gerechtigkeit! Uns haben als gerecht eingestuft die Römer und die Poeten, denn sie kannten uns besser als du.

Der Tod. Das 8. Kapitel

`2c`

1 Streng deinen Kopf an, dummer Mensch, denk nach und grab mit des Geistes Grabstichel in die Vernunft, so findest du: Hätten wir seit des ersten, lehmgebatzten Mannes Zeit die Vermehrung und Ausbreitung der Menschen auf der Erde, der Tiere und des Kriechzeugs in der Wüste und im Unterholz, der schuppentragenden und schlüpfrigen Fische im Wasser nicht
5 ausgemerzt, vor kleinen Mücken könnte sich jetzt niemand retten, vor Wölfen wagte sich niemand hinaus. Auffressen würde ein Menschenkind das andere, ein Tier das andere, ein jeder belebte Körper den anderen, denn an Nahrung würde es ihnen gebrechen, die Erde würde ihnen zu eng. Dumm ist, wer da die Sterblichen beweint. Lass sein! Die Lebenden mit den Lebenden, die Toten mit den Toten, wie es bisher gewesen ist. Bedenke genauer, Dummkopf,
10 worüber du klagen musst!

Der Tod. Das 12. Kapitel

`2d`

1 Ich sage dir aber noch ein anderes: Je mehr Glück dir zuteil wird, desto mehr Unglück widerfährt dir. Hättest du früher auf Glück verzichtet, so wärest du jetzt vom Unglück befreit. Je größer das Glück, das du kennenlernst, desto größer das Unglück, Glück zu entbehren. Weib, Kind, Schatz und alles irdische Gut muss ein bisschen Freude am Anfang und mehr Leid am
5 Ende bringen. Alles irdische Glück muss zu Unglück werden. Unglück ist des Glückes Ende, der Freude Ende ist Trauer, nach Lust muss Unlust kommen, des Wollens Ende ist Widerwille. Auf ein solches Ziel bewegt sich alles Lebendige hin. Lerne deine Lektion besser, willst du von Schlauheit gackern!

Anregungen zur Texterschließung

Der Tod rechtfertigt sich durch Argumente und gibt dem Ackermann Ratschläge, wie er Leid und Unglück vermeiden kann. Erschließen Sie die Textauszüge 2a bis 2d unter folgenden Aspekten:

1. Der Ackermann wirft dem Tod vor, er verfahre ungerecht, rode „prächtige Blumen" aus, lasse aber „Unkraut" stehen. Warum hält sich der Tod selbst gerade deshalb für einen „gerechten" Schnitter?
2. Warum hält sich der Tod für eine nützliche, ja unentbehrliche Einrichtung?
3. Welche Auffassung von menschlichem Unglück und Glück vertritt der Tod?

3 Gottes Urteil. Das 33. Kapitel

1 Der Frühling, der Sommer, der Herbst und der Winter, die vier Beleber und Betreiber des Jahreslaufs, die entzweiten sich in großem Streit. Jeder von ihnen rühmte sich der guten Absicht seiner Tätigkeit und wollte der Beste sein. Der Frühling sagte, er belebe und lasse schwellen alle Früchte. Der Sommer sagte, er mache reif und rund alle Früchte. Der Herbst sagte, er
5 ernte und bringe ein in den Stadel, die Keller wie die Häuser alle Früchte. Der Winter sagte, er verzehre und verbrauche alle Früchte und vertreibe alle giftigen Würmer. Sie rühmten sich und stritten heftig. Sie hatten aber vergessen, dass sie sich einer übertragenen Herrschaft rühmten. Ebenso macht ihr beide es. Der Kläger beklagt seine Verlustsache, als ob er ein Erbrecht auf sie hätte; er bedenkt nicht, dass sie von Uns verliehen wurde. Der Tod rühmt sich gewaltiger
10 Herrschaft, die er doch nur von Uns zu Lehen erhalten hat. Jener beklagt, was ihm nicht gehört; dieser rühmt sich einer Herrschaft, die er nicht aus sich selber hat. Doch der Streit ist nicht ganz ohne Ursache, und ihr habt euch beide gut geschlagen: Jenen zwingt sein Leid zu klagen, diesen der Angriff des Klägers, die Weisheit auszusprechen. Darum gebühre dir, Kläger, die Ehre, dir, Tod, der Sieg! Jeder Mensch ist verpflichtet, dem Tod das Leben, den Leib
15 der Erde, die Seele Uns zu überantworten.

Anregung zur Texterschließung

Zu einer Einigung zwischen Witwer und Tod kommt es nicht. Letztlich muss Gott ein Machtwort sprechen. Welche Entscheidung fällt er?

„Tod und junge Frau" als Motiv der bildenden Kunst

Anregungen zur Bilderschließung

Vergleichen Sie die fünf Bilder unter folgenden Aspekten:
- Darstellung der Frau
- Darstellung des Todes
- Wie verhalten sich Frau und Tod zueinander?

Niklaus Manuel: Tod und Mädchen (1517)

Der Tod und das   Hans Baldung Grien
Mädchen (1517)

Das Mädchen und der Tod   Edvard Munch
(1894)

...s dicke Mädchen und der Tod   Tomi Ungerer
...0. Jh.)

La mort cocue   Ernst Fuchs
(20. Jh.)

Kompetenzen: Das sollen Sie wissen/können

1. Sie wissen, wann und wo **Johannes von Tepl** gelebt hat, und können in Kürze sein Werk *Der Ackermann aus Böhmen* erklären (Thema des Streits, Dialogform, Klärung des Streits durch Gott).
2. Sie können anhand von Bildern erklären, dass ein und dasselbe *Motiv* auf unterschiedliche Art dargestellt werden kann.

6 Ein Mann wird zur Legende
Die Entstehung des Faust-Stoffes

Modulvorschau

Das Werk *Faust* verbinden wir in erster Linie mit dem Schriftsteller **Johann Wolfgang von Goethe** (1749–1832). Goethe verwendete aber einen *Stoff*, der bereits im 16. Jh. entstanden ist.

➡ Sie lernen die Stoffgeschichte von *Faust* kennen, insbesondere das Volksbuch *Historia von D. Johann Fausten*.

➡ Sie erkennen, dass Goethes *Faust*, ein typisches Werk der Hochliteratur, auf einen popularkulturellen Stoff zurückgeht.

➡ Sie erkennen, dass historische Fakten und literarische Fiktion (Mythenbildung) nicht immer exakt zu trennen sind.

Der historische Faust

Der literarische Faust hat ein geschichtliches Vorbild, über das wir allerdings wenig wissen. Etwa um 1480 wurde in der württembergischen Kleinstadt Knittlingen ein Mann namens Georg (?) Faust geboren. Er soll in Krakau Magie studiert und erstaunliche Fähigkeiten erworben haben. Er selbst bezeichnete sich auf einer Besucherkarte als „Faustus junior, fons necromanticorum, astrologus, magus secundus, chiromanticus, aeromanticus, pyromanticus, in arte hydra secundus" (Quelle der Totenbeschwörer, Sterndeuter, heilverkündender Magier, Handleser, Luftdeuter, Feuerdeuter und heilkundiger Harnbeschauer). Über Fausts Wirken gibt es teilweise spektakuläre Informationen, die aber mehr der Sagenbildung als einer zuverlässigen Lebensbeschreibung angehören. Er rühmte sich, die Wunder Christi wiederholen zu können. Einem Franziskanermönch gegenüber erklärte Faust, er habe einen Pakt mit dem Teufel geschlossen. Mit Sicherheit wissen wir freilich nur, dass er eine Stelle als Schulmeister wegen Knabenverführung verlor, aus mehreren Städten vor allem wegen Schulden ausgewiesen wurde, gelegentlich als Wahrsager herangezogen wurde und zwischen 1536 und 1539 verstarb.

Der literarische Faust

Der geschichtliche Faust war ein außergewöhnlicher Mann, über den die Menschen offensichtlich gern redeten. Wirklichkeit und *Fiktion* mischten sich und so wurde Faust schon bald zu einer literarischen Figur, zu einem *Mythos*, der mit dem historischen Vorbild nur mehr teilweise etwas zu tun hatte. Faust-Sagen und -Legenden erzählte man sich in Deutschland schon um 1550, vor allem in Universitätskreisen. Die erste gedruckte Sammlung von Faust-Sagen erschien im Jahr 1587:

Das Faust-Volksbuch

Johann Spies: Historia von D. Johann Fausten   1

1 HISTORIA Von D. Johann Fausten / dem weitbeschreyten Zauberer vnnd Schwartzkünstler / wie er sich gegen dem Teuffel auff eine benandte zeit verschrieben./ Was er hierzwischen für seltzame Abenthewer gesehen /
5 selbs angerichtet vnd getrieben / biß er endtlich seinen wol verdienten Lohn empfangen. Mehrertheils auß seinen eygenen hinderlassenen Schrifften / allen hochtragenden / fürwitzigen und Gottlosen Menschen zum schrecklichen Beyspiel / abscheuwlichen Exempel / und
10 treuwhertziger Warnung zusammen gezogen / vnd in den Druck verfertiget. Jacobi IIII. Seyt Gott vnderthänig / widerstehet dem Teuffel / so fleuhet er von euch. CUM GRATIA ET PRIVILEGIO. Gedruckt zu Franckfurt am Mayn durch Johann Spies. MDLXXXVII.

Das alles steht auf dem Titelblatt eines Buches, das ein Mann namens Johann Spies herausgegeben hat. Es umfasst 69 Kapitel. In einer Vorrede behauptet der Verfasser, er habe das Manuskript von einem Freund erhalten. Doktor Johann Faust verspricht dem Teufel seine Seele, dafür dient ihm dieser 24 Jahre lang. Er erfüllt Faust alle Wünsche außer der Eheschließung. Er führt ihn zum Sternenhimmel, reist mit ihm durch Europa, Afrika und Asien, kommt auch zum Papst, beschwört Alexander den Großen und Helena. Mit Helena lebt Faust eine Weile zusammen, er hat mit ihr sogar einen Sohn, beide verschwinden aber wieder. Am vereinbarten Tag wird Faust vom Teufel geholt, seine Studenten finden am nächsten Tag nur mehr seine Augen und einige Zähne im Zimmer, der Leichnam liegt übel zugerichtet auf dem Mist. Die gesammelten Geschichten und Sagen ergänzt der Herausgeber durch halbwissenschaftliche Betrachtungen und theologische Belehrungen, die eindeutig protestantisch gefärbt sind.

Doktor Faustus wollte sich verheiraten   2

1 Doktor Faustus lebt also im epikurischen Leben Tag und Nacht, glaubet nit, dass ein Gott, Höll oder Teufel wäre, vermeinet, Leib und Seele stürbe miteinander, und stach ihn seine Aphrodisia Tag und Nacht, dass er sich fürnahme, sich ehelich zu verheiraten und zu weiben. Fragte darauf den Geist, welcher doch ein Feind des ehelichen Stands, so Gott geordnet und einge-
5 setzt hat, ist, ob er sich verheiraten möchte. Antwortet ihm der böse Geist, was er aus ihme

selbs machen wölle. Item ob er nicht an seine Zusage gedenke und ob er dieselbige nicht halten wölle, da er verheißen, Gott und allen Menschen feind zu sein; Zudem so könnte er in keinen Ehestand geraten, dieweil er nicht zweien Herrn, als Gott und ihme, dem Teufel, dienen könn
10 te. „Dann der Ehestand ist ein Werk des Höchsten, wir aber seind dem gar zuwider, denn was den Ehebruch und Unzucht betrifft, das kommt uns allen zu Gutem. Derohalben, Fauste, sehe dich fur, wirst du dich versprechen zu verehelichen, sollt du gewisslich von uns zu kleinen Stücken zerrissen werden. Lieber Fauste, bedenke selbsten, was Unruh, Widerwillen, Zorn und Uneinigkeit aus dem ehelichen Stand folget?" Doktor Faustus gedacht ihm hin und wieder nach, wie aller Gottlosen Herzen nichts Guts gründen können und der Teufel dieselbigen lei
15 tet und führet. Endlich im Nachdenken forderte er seinen Mönch, da ohnedas der Mönchen und Nonnen Art ist, sich nit zu verehelichen, sondern verbieten vielmehr dieselbige, also auch Doktor Fausti Mönch trieb ihn stetigs davon ab. Darauf sagt Doktor Faustus zu ihm: „Nun will ich mich verehlichen, es folge draus gleich, was es wölle." In solchem Fürhaben gehet ein Sturmwind seinem Haus zu, als wollte es alles zugrunde gehen. Es sprangen alle Türen aus den
20 Angeln, indem wird sein Haus voller Brunst, als ob es zu lauter Aschen verbrennen wollte. Doktor Faustus gab das Fersengeld die Stiegen hinab, da erhaschet ihn ein Mann, der wirft ihn wieder in die Stuben hinein, dass er weder Hände noch Füße regen kunnt. Um ihn ging allenthalben das Feuer auf, als ob er verbrennen wollte. Er schrie seinen Geist um Hülf an, er wollte nach allem seinen Wunsch, Rat und Tat leben. Da erschiene ihm der Teufel leibhaftig, doch so
25 grausam und erschrecklich, dass er ihn nicht ansehen kunnt. Ihm antwort der Teufel, sagend: „Nun sage an, was Sinns bist du noch?« Doktor Faustus antwortet ihm kürzlich, er habe sein Versprechen nicht geleistet, wie er sich gegen ihm verlobt, und habe solches so weit nicht ausgerechnet, bate um Gnad und Verzeihung. Der Satan sagt zu ihm mit kurzen Worten: „Wohlan, so beharre hinfort darauf. Ich sage dir's, beharre darauf", und verschwande.
30 Nach diesem kame der Geist Mephistophiles zu ihme und sagte zu ihme: „Wo du hinfüro in deiner Zusagung beharren wirst, siehe, so will ich deinen Wollust anders ersättigen, dass du in deinen Tagen nichts anders wünschen wirst, und ist dieses: So du nit kannst keusch leben, so will ich dir alle Tag und Nacht ein Weib zu Bett führen, welche du in dieser Stadt oder anderswo ansichtig und die du nach deinem Willen zur Unkeuschheit begehren wirst. In solcher
35 Gestalt und Form soll sie bei dir wohnen."
Dem Doktor Fausto ging solchs also wohl ein, dass sein Herz für Freuden zitterte (...).

Anregungen zur Texterschließung

Warum kommt es zwischen Faust und seinem Bündnispartner zum Streit? Wie stellt Mephistopheles seinen Paktpartner Faust zufrieden?

Band 2 | Ergänzung Literaturgeschichte

II. Renaissance – Humanismus – Reformation – Barock

Lesen Sie im Epochenteil Kapitel II.7 (Volksliteratur) und entnehmen Sie daraus folgende Informationen:

1. Welche technische Erfindung trug ab dem 15. Jh. zur Verbreitung von Literatur bei? (Siehe dazu auch Kapitel II.3.4 Der Buchdruck)
2. Was versteht man unter einem Volksbuch?
3. Erklären Sie den Begriff „Narrenliteratur" und sprechen Sie über Sebastian Brants *Narrenschiff*.

Kompetenzen: Das sollen Sie wissen/können

1. Sie wissen Wesentliches aus dem Leben des historischen Faust und können an diesem Beispiel erklären, wie historische Fakten und Mythenbildung ineinander übergehen.
2. Sie können den Inhalt der *Historia von D. Johann Fausten* zusammenfassen.

„VANITAS" UND „CARPE DIEM!" 7
Barockes Lebensgefühl in Bildern und Gedichten

Modulvorschau

Das Lebensgefühl der *Barockzeit* war von Gegensätzen (*Antithesen*) geprägt: prunkvolle Inszenierungen und glanzvolles höfisches Leben auf der einen Seite – Krieg, Pest und Todesbewusstsein auf der anderen Seite. Bilder und Texte sind Medien, aus denen man das Lebensgefühl erschließen kann.

➡ Sie lernen die Begriffe *Vanitas*, *Memento mori* und *Carpe diem!* kennen.
➡ Sie erfahren wesentliche Lebensdaten des Barockdichters ANDREAS GRYPHIUS.
➡ Sie erfahren Grundsätzliches über Lyrik der Barockzeit und interpretieren einige Gedichte nach inhaltlichen, stilistischen und formalen Kriterien.
➡ Sie erfahren, was man unter einem *rhetorischen Stil* versteht, und machen sich mit *Sprachbildern* und *Stilfiguren* vertraut.

JOHANN WOLFGANG VON GOETHE (18. JH.) 1a

Gebraucht der Zeit, sie geht so schnell von hinnen (Mephisto in *Faust I*)

STANISLAW JERZY LEC (20. JH.) 1b

Die Uhr schlägt. Alle.

ANDREAS GRYPHIUS (17. JH.) 1c

Mein sind die Jahre nicht / die mir die Zeit genommen/
Mein sind die Jahre nicht / die etwa möchten kommen
Der Augenblick ist mein / und nehm' ich den in acht
So ist der mein / der Jahr und Ewigkeit gemacht.

1d   ANDREAS GRYPHIUS (17. JH.)

1   Die Herrlikeit der Erden
Muß Rauch und Aschen werden /
Kein Fels / kein Aertz kan stehn.
Diß was uns kan ergetzen /
5   Was wir für ewig schätzen /
Wird als ein leichter Traum vergehn.

Johann Heinrich Schönfeld: Die Zeit (um 1645)

Giovanni Giuliani: Tod als Leuchterhalter (1713, Stift Heiligenkreuz, NÖ)

an de Valdes Leal: Allegorie des Todes (1672)

Bernardo Strozzi: Vanitas-Allegorie (um 1635)

Anregungen zur Text- und Bilderschließung

Formulieren Sie die Grundstimmung, die in den Bildern und Texten vermittelt wird. Ist sie für Sie nachvollziehbar? Begründen Sie Ihre spontanen Gedanken.

VANITAS! – MEMENTO MORI! – CARPE DIEM! – MOTIVE DER BAROCKDICHTUNG

Das lateinische Wort „vanitas" bedeutet „Eitelkeit" im Sinne von Vergeblichkeit und Nichtigkeit des Irdischen, leerer Schein. Die *Vanitas-Dichtung* des 17. Jahrhunderts vermittelte in bilderreicher Sprache das Gefühl, dass alles Leben dieser Welt hinfällig und vergänglich sei. Dieses Bewusstsein bestimmte auch das Werk von **ANDREAS GRYPHIUS**. Man kann dies nicht nur aus dem Zeitgeist verstehen, sondern auch aufgrund biografischer Fakten. Gryphius wurde 1616, also knapp vor Beginn des Dreißigjährigen Krieges, als Sohn eines schlesischen Pfarrers geboren. Die Jahre seiner Kindheit und Jugend waren vom Kriegselend geprägt. Mit 5 Jahren verlor er seinen Vater, mit 11 Jahren seine Mutter. Seine Schulzeit wurde durch den Krieg immer wieder unterbrochen. 1636–1638 war er Hauslehrer für die Söhne eines berühmten schlesischen Rechtsgelehrten. Nach dessen Tod machte er mit dessen Söhnen mitten im Krieg eine große Bildungsreise, die ihn u. a. nach Holland, Frankreich und Italien führte. 1647 kehrte Gryphius in seine Heimat zurück und heiratete. Von seinen sieben Kindern überlebte nur eines. Dem Bild einer leidenden und sündigen Menschheit setzte der überzeugte Protestant Gryphius seine religiöse Heilserwartung gegenüber, den Glauben an die Erlösung der Menschheit durch den Kreuzestod Christi. Er starb 1666.

Solche und ähnliche Lebenserfahrungen erklären wiederkehrende inhaltliche Elemente barocker Lyrik. Dem *Vanitas-Motiv* verwandt ist das sogenannte *Memento-mori-Motiv* („Denke daran, dass du sterben musst"). Die positive Kehrseite des Vergänglichkeitsbewusstseins äußert sich im *Carpe-diem-Appell* („Nütze den Tag! Genieße den Augenblick!"). Weltflucht und Diesseitsgenuss sind also nicht nur Gegensätze (*Antithesen*), sondern oft auch zwei Seiten ein und derselben Lebenserfahrung. Daher ist es auch nur scheinbar ein Widerspruch, dass Dichter der Barockzeit ihre traurigsten Gedanken von Hinfälligkeit, Krankheit, Leid, Tod und Vergänglichkeit oft in eine schöne, kunstvolle Sprache und Form gebracht haben.

FORM UND STIL BAROCKER LYRIK

Mit **ANDREAS GRYPHIUS** erreicht das deutsche *Sonett* einen künstlerischen Höhepunkt. Diese streng aufgebaute Gedichtform besteht aus vierzehn Verszeilen, die in der Regel in zwei vierzeilige Strophen (Quartette) und zwei dreizeilige Strophen (Terzette) gegliedert sind. Die übliche Versform des barocken Sonetts ist der *Alexandriner*, ein zwölf- bis dreizehnsilbiger *jambischer* Vers mit einer *Zäsur* (Einschnitt, Pause) nach der dritten *Hebung*. Der klaren äußeren Form des Sonetts entspricht der Aufbau der Gedanken, die meist argumentativ entwickelt werden und auf eine „Pointe" hinauslaufen (z. B. eine Frage, Botschaft, Aufforderung). Das Thema wird oft in Form von Gegensätzen dargestellt. Die *Antithese* war daher ein häufig gebrauchtes Stilmittel barocker Kunstsprache, aber nicht nur sie.

Barocke Verskunst ist *rhetorische* Kunst, das heißt, dass ihre sprachlichen Mittel aus dem anspruchsvollen Sprach- und Stilbewusstsein einer Redekunst entlehnt sind, die hauptsächlich in der Antike entwickelt worden ist. Zu dieser Redekunst gehört eine Fülle von stilistischen bzw. rhetorischen Mitteln, derer sich auch die Lyriker des 17. Jhs. gerne bedient haben. Einige davon, die in der poetischen Sprache der Barockzeit häufig zu finden sind, stellen wir Ihnen in diesem Arbeitszusammenhang vor. In Anlehnung an die traditionelle Rhetorik unterscheiden wir zwischen Sprachbildern und Stilfiguren.

SPRACHBILDER

Metapher: Im engeren Wortsinn bedeutet Metapher die Verwendung eines Wortes oder einer Wortgruppe in übertragener Bedeutung, z. B. „das Licht der Wahrheit", „das Staatsschiff lenken", „eine Nervensäge sein". Nicht selten wird aber der Begriff Metapher auch als Synonym für *Bild* gebraucht.

Personifikation: gilt als Sonderform der Metapher, Belebung bzw. Vermenschlichung eines Dings oder Abstraktums, z. B. „die Wälder rufen", „die Liebe lacht"

Vergleich: kommt mit oder ohne Vergleichspartikel „wie" vor, z. B. „Er saß da wie ein nasser Lappen", „Du bist für mich ein Lebenselixier"

Symbol: Symbole sind bildhafte Zeichen, die für einen komplexeren Sinnzusammenhang stehen. Meist müssen Symbole unter denen, die sie verwenden, vereinbart sein, damit man ihre Bedeutung erkennen kann, z. B. die Taube als Symbol des Friedens, das Kreuz als christliches Symbol.

Allegorie: Verbildlichung eines Abstraktums (Friede, Tod, Liebe, Neid etc.), also der Personifikation ähnlich, z. B. die antike Darstellung des Todes als schönem Jüngling oder die Darstellung der Welt als Frau, die vorne schön und jung, auf der Rückseite alt und hässlich ist.

STILFIGUREN

Antithese: Entgegenstellung von Gegensatzpaaren, z. B. „Tod und Leben"; „schwarz und weiß"; „heute so, morgen anders"

Akkumulation: Worthäufung, z. B. „Schmerz, Leid, Krankheit, Tod"

Klimax: Akkumulation mit steigernder Wirkung: „O Unglück, o Tränen, o Abgrund von Leid!"

Anapher: Zwei oder mehr Sätze beginnen mit dem gleichen Wort, z. B. „Ein Ball des falschen Glücks / ein Irrlicht dieser Zeit / Ein Schauplatz herber Angst (...)"

Hyperbel: Übertreibung, z. B. „Ich sterbe tausend Tode!" Das Gegenstück zur Hyperbel ist die

Litotes: Untertreibung, z. B. „Ich sehe dich nicht ungern." Die Untertreibung wird oft formuliert als ...

Euphemismus: beschönigende Umschreibung, z. B. „Sie kam in das Alter, in dem man die Seele der Damen zu lieben pflegt." (nach C. M. Wieland)

Rhetorische Frage: „uneigentliche Frage", weil die Antwort schon feststeht, z. B. „Kannst du nicht aufpassen?", „Soll ich vielleicht alles aufgeben?"

MEMENTO MORI! – BAROCKE GEDICHTE IM VERGLEICH

ANDREAS GRYPHIUS: MENSCHLICHES ELENDE   2

1   Was sind wir Menschen doch? ein Wohnhauß grimmer Schmertzen
    Ein Ball des falschen Glücks / ein Irrlicht diser Zeit.
    Ein Schauplatz herber Angst / besetzt mit scharffem Leid /
    Ein bald verschmeltzter Schnee und abgebrante Kertzen.

5   Diß Leben fleucht davon wie ein Geschwätz und Schertzen.
    Die vor uns abgelegt des schwachen Leibes Kleid
    Vnd in das Todten-Buch der grossen Sterblikeit
    Längst eingeschriben sind / sind uns aus Sinn und Hertzen.

    Gleich wie ein eitel Traum leicht aus der Acht hinfällt /
10   Vnd wie ein Strom verscheust / den keine Macht auffhält:
    So muß auch unser Nahm / Lob / Ehr und Ruhm verschwinden /

    Was itzund Athem holt / muß mit der Lufft entflihn /
    Was nach uns kommen wird / wird uns ins Grab nachzihn.
    Was sag ich? wir vergehn wie Rauch von starcken Winden.

3 CHRISTIAN HOFMANN VON HOFMANNSWALDAU: DIE WELT

1   Was ist die Welt und ihr berühmtes Gläntzen?
  Was ist die Welt und ihre gantze Pracht?
  Ein schnöder Schein in kurtzgefaßten Grentzen,
  ein schneller Blitz bey schwartzgewölckter Nacht.
5   Ein buntes Feld, da Kummer-Disteln grünen;
  Ein schön Spital, so voller Kranckheit steckt;
  ein Sclaven-Haus, da alle Menschen dienen,
  ein faules Grab, so Alabaster deckt.
  Das ist der Grund, darauf wir Menschen bauen
10   und was das Fleisch für einen Abgott hält.
  Komm, Seele, komm und lerne weiter schauen,
  als sich erstreckt der Circkel dieser Welt.
  Streich ab von dir derselben kurtzes Prangen,
  halt ihre Lust vor eine schwere Last!
15   So wirstu leicht in diesen Port gelangen,
  da Ewigkeit und Schönheit sich umbfaßt.

Anregungen zur Texterschließung

Band 2 ▸ Kompetenzteil, I. Lyrik

1. In vielen barocken Vanitas-Gedichten formulieren die Lyriker *rhetorische Fragen*. Welche Fragen werden in den Texten 2 und 3 gestellt? Welche Antworten geben die Autoren, welche Schlussfolgerungen ziehen sie? Welche Hoffnung eröffnet Hofmannswaldau in den letzten zwei Versen?
2. Welche *Sprachbilder* und *Symbole* der Vergänglichkeit verwenden die beiden Autoren in ihren Gedichten? Vergleichen Sie diese mit den Symbolen und Bildern am Beginn des Moduls. Können Sie Ähnlichkeiten feststellen?
3. Weisen Sie in Text 2 folgende Sprachbilder und Stilfiguren nach: *Vergleich*, *Anapher*, *Euphemismus* (2. Strophe), *Akkumulation* (4. Strophe), *Antithese* (4. Strophe).
4. Weisen Sie in Text 3 folgende Sprachbilder und Stilfiguren nach: *Vergleich*, *Anapher*, *Antithese*.
5. Gryphius verwendet die klassische *Sonettform*. Weisen Sie dies nach! Bestimmen Sie auch das *Metrum* und das *Reimschema* von Text 2 und Text 3.

CARPE DIEM! – BAROCKE GEDICHTE IM VERGLEICH

Neben **ANDREAS GRYPHIUS** gehört **MARTIN OPITZ** zu den bedeutendsten Dichtern der Barockzeit. Er war als Lyriker und als Dramatiker anerkannt und schrieb auch eine *Poetologie* (Lehrbuch der Dichtkunst).

MARTIN OPITZ: (ACH LIEBSTE LASS VNS EILEN)   4

1 Ach liebste laß vns eilen /
Wir haben Zeit /
Es schadet das verweilen
Vns beyderseit.
5 Der Edlen schönheit Gaben
Fliehn fuß für fuß:
Daß alles was wir haben
Verschwinden muß.
Der Wangen Ziehr verbleichet /
10 Das Haar wird greiß /

Der Augen Fewer weichet /
Die Brunst wird Eiß.
Das Mündlein von Corallen
Wird vngestalt /
15 Die Händ' als Schnee verfallen /
Vnd du wirst alt.
Drumb laß vns jetzt genießen
Der Jugend Frucht /
Eh' als wir folgen müssen
20 Der Jahre Flucht. (...)

GEORG GREFLINGER wurde als Bauernsohn um 1620 bei Regensburg geboren und starb 1677
in Hamburg. Er verlor früh seine Eltern und führte ein unstetes Studenten- und Soldatenleben.
Er schrieb viele sangbare Liedtexte, *Epigramme* und auch eine Chronik des Dreißigjährigen
Krieges.

GEORG GREFLINGER: AN SEINE GESELLSCHAFFT.   5

1 Lasset vns schertzen /
Blühende Hertzen /
Lasset vns lieben
Ohne Verschieben.
5 Lauten und Geigen
Sollen nicht schweigen /
Kommet zum Dantze /
Pflücket vom Crantze.

Drücket die Hände /
10 Retschet zum Ende /
Gebet euch Küsse /
Tretet die Füsse/
Machet euch frölich /
Machet euch ehlich.
15 Lasset die Narren
Länger verharren.

Ehlich zu werden
Dienet der Erden /
Ledige Leute
20 Mangeln der Freude.
Jeder muß sterben /
Machet euch Erben /
Euerem Gute /
Namen vnd Blute.

25 Lasset der Grauen
Murren vnd schauen /
Rathen und wissen
Wenig erspriessen /
Eben sie selber
30 Waren auch Kälber /
Blühende Hertzen /
Lasset vns schertzen.

Anregungen zur Texterschließung

Band 2 ▶ Kompetenzteil, I. Lyrik

1. Welche *Sprachbilder* und *Symbole* der Vergänglichkeit verwenden die beiden Autoren in ihren Gedichten?
2. In beiden Gedichten ist der Imperativ (Befehlsform) ein wichtiges sprachliches Mittel. Weisen Sie dies nach!
3. Text 4 hat den Charakter einer Rede. Was ist das Ziel bzw. das Anliegen der Rede? Welche Beweise (Beispiele) führt das *lyrische Ich* an, um seine Aufforderungen zu stützen? Was signalisiert dabei die *Interjektion* „Ach"?

4. Erklären Sie, wie Opitz die barocken Motive *Vanitas*, *Schönheitslob* und *Carpe diem* miteinander verknüpft (Text 4).
5. Georg Greflingers Gedicht (Text 5) ist ein Tanzlied mit volkstümlicher Formulierung des *Carpe-diem-Motivs*. Untersuchen Sie **Rhythmus**, **Metrum** und **Reimschema** des Gedichts.

Anregungen zur Problemdiskussion

Das Vergänglichkeitsbewusstsein des 17. Jhs. ist aus den geschichtlichen Umständen erklärbar (Pest, Krieg) und aus dem Entwicklungsstand der damaligen Medizin. Seither hat sich die Menschheit weiterentwickelt (v. a. in den Gebieten der Naturwissenschaft und der Technik, der Medizin, der Psychologie, der politischen Steuerung menschlichen Lebens u. a. m.).

Hat sich dadurch die Bedeutung der oben angesprochenen Themen geändert? Wie gehen wir heute mit der Zeit und dem Wissen um unsere Sterblichkeit um?

Listen Sie in Partner- oder Kleingruppenarbeit Probleme und aktuelle Themen auf, die mit dem Phänomen „Zeit" zu tun haben: mit dem Wissen, dass sie „vergeht", und der Angst vor der Vergänglichkeit.

• Wie begegnet der heutige Mensch der Erfahrung von Vergänglichkeit und Sterblichkeit?
• Welche Lösungen werden heute angeboten und genutzt?
• Welche Problemlösungen halten Sie für sinnvoll, welche für problematisch?

Band 2 **Ergänzung Literaturgeschichte**

II. Renaissance – Humanismus – Reformation – Barock

Lesen Sie im Epochenteil Kapitel II.8.1 (Gedanken- und Symbolwelt der Barockzeit) und II.8.2 (Rhetorik und Poetik) und entnehmen Sie daraus folgende Informationen:

1. Was wissen Sie über die Gedanken- und Symbolwelt der Barockzeit?
2. Was bedeutet der Begriff *Rhetorik*? Warum hatte die Rede in der Gesellschaft des 16. und 17. Jhs. einen hohen Stellenwert?
3. Was versteht man unter einer *Poetik*? Erklären Sie, welches Hauptanliegen Martin Opitz mit seiner Poetik verfolgte.

Lesen Sie Kapitel II.8.6 (Lyrik der Barockzeit) und entnehmen Sie folgende Informationen:
1. Welche Motive und Themen findet man in barocker Lyrik?
2. Nennen Sie Lyriker der Barockzeit, deren Werke von religiösen Motiven beeinflusst wurden.
3. Wie hieß die bedeutendste Lyrikerin der Barockzeit? Welche Art Lyrik schrieb sie?
4. Warum kann man Johann Christian Günthers Lyrik als Vorläufer der *Erlebnislyrik* des 18. Jahrhunderts bezeichnen?

Kompetenzen: Das sollen Sie wissen/können

1. Sie können die Begriffe *Vanitas*, *Memento mori* und *Carpe diem!* erklären.
2. Sie können die in diesem Modul angeführten Sprachbilder (*Metapher*, *Personifikation*, *Vergleich*, *Symbol*, *Allegorie*) und Stilfiguren (*Antithese*, *Akkumulation*, *Klimax*, *Anapher*, *Hyperbel*, *Litotes*, *Euphemismus*, *rhetorische Frage*) erklären und erkennen diese in einem Text.
3. Sie können die Begriffe *Sonett* und *Alexandriner* erklären.
4. Sie können ein Gedicht Ihrer Wahl (Texte 2–5) interpretieren (Motiv, wesentliche inhaltliche Aspekte, Stilfiguren und Sprachbilder, Strophenbau, Reimschema, Metrum).

SIMPLICISSIMUS UND OSKAR MATZERATH
Der Schelmenroman im 17. und im 20. Jh.

8

Modulvorschau

Einer der bedeutendsten Romane der Barockzeit ist der Schelmenroman *Der Abenteuerliche Simplicissimus Teutsch* von **Hans Jakob Christoffel von Grimmelshausen**. Die Romanart *Schelmenroman* wurde in späterer Zeit weitergeführt und existiert bis heute. Ein Beispiel für einen Schelmenroman des 20. Jhs. ist *Die Blechtrommel* von **Günter Grass**.
➡ Sie werden über den Roman *Simplicissimus* und dessen Autor informiert.
➡ Sie interpretieren einen Textausschnitt.
➡ Sie werden über den modernen Schelmenroman informiert.
➡ Sie vergleichen einen Ausschnitt aus *Die Blechtrommel* mit einem Ausschnitt aus dem *Simplicissimus*.

„DER ABENTEUERLICHE SIMPLICISSIMUS TEUTSCH"

Hans Jakob Christoffel von Grimmelshausen wurde 1621 als Sohn eines protestantischen Bäckers und Gastwirts geboren. Er besuchte die Lateinschule, geriet aber schon als Dreizehnjähriger in die Wirren und Gräuel des Dreißigjährigen Krieges. Nach einem wechselvollen Lebensjahrzehnt trat er in den Vierzigerjahren zum katholischen Glauben über und lebte als Pferde- und Weinhändler in Gaisbach in Renchtal. 1662 wurde er Burgvogt auf der Ullenburg, 1667 Schultheiß im Dienste des Straßburger Bischofs. Er starb 1676.

Grimmelshausens Hauptwerk ist der Roman *Der Abenteuerliche Simplicissimus Teutsch* (1669). Der Knabe Simplicius lebt mit seiner Familie abgeschieden von der Welt in Einfachheit und Einfalt. In diese kleinbäuerliche Welt des Spessart brechen eines Tages Landsknechte ein, die den Hof überfallen. Simplicius findet im Wald Zuflucht bei einem frommen Einsiedler. Als dieser Mann stirbt, verlässt Simplicius den Wald, begibt sich zurück in die Gesellschaft und durchläuft nun verschiedene Lebensstationen, die vor allem durch die Kriegssituation (Dreißigjähriger Krieg) geprägt sind. Er wird zunächst Page beim schwedischen Stadtkommandanten von Hanau. Aufgrund seiner mangelnden Welterfahrung ist er aber dafür ungeeignet. Soldaten machen ihn wider Willen zum Narren. In dieser Rolle entwickelt er sich zum listigen Schelm, der aus seiner nur scheinbar „närrischen" Perspektive die Verlogenheit und Eitelkeit der Gesellschaft entlarvt. Nach verschiedenen Erlebnissen erlangt er als Jäger von Soest Berühmtheit, erlebt in Paris galante Abenteuer und erfährt, dass er nicht bäuerlicher, sondern adeliger Herkunft ist. Aber das Schicksal ist eben wechselhaft, und so kommt Simplicius immer wieder in leid-

volle und lächerliche Lebenssituationen. Nach Reisen durch Russland und die Türkei entschließt er sich letztlich zu einem weltabgewandten Leben als frommer Einsiedler im Schwarzwald.

Grimmelshausen konfrontiert seine Leser/innen mit einer Fülle von Lebenswelt. Er verwendete als Material für seinen Roman unterschiedliche Quellen und Materialien. Manche Handlungselemente haben auch einen biografischen Hintergrund. Grimmelshausens epische Darstellungs- und Schreibweise ist abwechslungsreich und nicht auf ein Stilprinzip beschränkt. Neben der üblichen romanhaften Erzählform findet man zum Beispiel auch *Schwänke*, *Satiren* und *Allegorien*.

Grimmelshausen verwendete in seinem Roman die *Ich-Form* des Erzählens. Der *Protagonist* Simplicius erzählt das Geschehen aus seiner Perspektive. Die Naivität des Knaben wird durch diese Perspektivierung zur Quelle einer tragikomischen Darstellungsweise. Die Leserin bzw. der Leser muss lachen, obwohl das dargestellte Geschehen furchtbar ist. Man bezeichnet solch eine Darstellungsweise auch als *schwarzen Humor*. Aus der Perspektive des unwissenden Simplicius nimmt sich beispielsweise der Überfall von Landsknechten auf den Bauernhof folgendermaßen aus:

1 GRIMMELSHAUSEN: DER ABENTEUERLICHE SIMPLICISSIMUS TEUTSCH

1. Buch, 4. Kapitel

1 *Simplicii Residenz wird erobert, geplündert und zerstört, darin die Krieger jämmerlich hausen*
Wiewohl ich nicht bin gesinnet gewesen, den friedliebenden Leser mit diesen Reutern in meines Knans Haus und Hof zu führen, weil es schlimm genug darin hergehen wird: So erfordert jedoch die Folge meiner Histori, dass ich der lieben Posterität hinterlasse, was für Grausam-
5 keiten in diesem unserm Teutschen Krieg hin und wieder verübet worden, zumalen mit meinem eigenen Exempel zu bezeugen, dass alle solche Übel von der Güte des Allerhöchsten, zu unserm Nutz, oft notwendig haben verhängt werden müssen: Denn lieber Leser, wer hätte mir gesagt, dass ein Gott im Himmel wäre, wenn keine Krieger meines Knans Haus zernichtet und mich durch solche Fahung unter die Leut gezwungen hätten, von denen ich genugsamen Be-
10 richt empfangen? Kurz zuvor konnte ich nichts anders wissen noch mir einbilden, als dass mein Knan, Meuder, ich und das übrige Hausgesind allein auf Erden sei, weil mir sonst kein Mensch noch einzige andere menschliche Wohnung bekannt war, als diejenige, darin ich täglich aus- und einging: Aber bald hernach erfuhr ich die Herkunft der Menschen in diese Welt, und dass sie wieder daraus müssten; ich war nur mit der Gestalt ein Mensch, und mit dem Namen ein Christenkind, im Übrigen aber nur eine Bestia! Aber der Allerhöchste sah meine
15 Unschuld mit barmherzigen Augen an, und wollte mich beides zu seiner und meiner Erkenntnis bringen: Und wiewohl er tausenderlei Weg hierzu hatte, wollte er sich doch ohn Zweifel nur desjenigen bedienen, in welchem mein Knan und Meuder, andern zum Exempel, wegen ihrer liederlichen Auferziehung gestraft würden.
Das Erste, das diese Reuter taten, war, dass sie ihre Pferd einstellten, hernach hatte jeglicher
20 seine sonderbare Arbeit zu verrichten, deren jede lauter Untergang und Verderben anzeigte, denn obzwar etliche anfingen zu metzgen, zu sieden und zu braten, dass es sah, als sollte ein lustig Bankett gehalten werden, so waren hingegen andere, die durchstürmten das Haus unten und oben, ja das heimlich Gemach war nicht sicher, gleichsam ob wäre das gülden Fell von Kolchis darinnen verborgen; Andere machten von Tuch, Kleidung und allerlei Hausrat gro-
25 ße Päck zusammen, als ob sie irgends ein Krempelmarkt anrichten wollten, was sie aber nicht mitzunehmen gedachten, wurde zerschlagen, etliche durchstachen Heu und Stroh mit ihren

Degen, als ob sie nicht Schaf und Schwein genug zu stechen gehabt hätten, etliche schütteten
die Federn aus den Betten, und fülleten hingegen Speck, andere dürr Fleisch und sonst Gerät
30 hinein, als ob alsdann besser darauf zu schlafen gewesen wäre; Andere schlugen Ofen und
Fenster ein, gleichsam als hätten sie ein ewigen Sommer zu verkündigen, Kupfer und Zinnen-
geschirr schlugen sie zusammen, und packten die gebogenen und verderbten Stück ein, Bettla-
den, Tisch, Stühl und Bänk verbrannten sie, da doch viel Klafter dürr Holz im Hof lag, Hafen
und Schüsseln musste endlich alles entzwei, entweder weil sie lieber Gebraten aßen, oder weil
35 sie bedacht waren, nur ein einzige Mahlzeit allda zu halten; unser Magd ward im Stall dermaßen traktiert, dass sie nicht mehr daraus gehen konnte, welches zwar eine Schand ist zu melden! den Knecht legten sie gebunden auf die Erd, steckten ihm ein Sperrholz ins Maul, und
schütteten ihm einen Melkkübel voll garstig Mistlachenwasser in Leib, das nenneten sie ein
Schwedischen Trunk, wodurch sie ihn zwangen, eine Partei anderwärts zu führen, allda sie
40 Menschen und Vieh hinwegnahmen, und in unsern Hof brachten, unter welchen mein Knan,
mein Meuder und unser Ursele auch waren.
Da fing man erst an, die Stein von den Pistolen, und hingegen an deren Statt der Bauren Daumen aufzuschrauben, und die armen Schelmen so zu foltern, als wenn man hätt Hexen brennen wollen, maßen sie auch einen von den gefangenen Bauren bereits in Backofen steckten, und
45 mit Feuer hinter ihm her waren, ohnangesehen er noch nichts bekannt hatte; einem andern
machten sie ein Seil um den Kopf und reitelten es mit einem Bengel zusammen; dass ihm das
Blut zu Mund, Nas und Ohren heraus sprang. In Summa, es hatte jeder seine eigene Invention,
die Bauren zu peinigen, und also auch jeder Bauer seine sonderbare Marter: Allein mein Knan
war meinem damaligen Bedünken nach der Glückseligste, weil er mit lachendem Mund beken-
50 nete, was andere mit Schmerzen und jämmerlicher Weheklag sagen mussten, und solche Ehre
widerfuhr ihm ohne Zweifel darum, weil er der Hausvater war, denn sie setzten ihn zu einem
Feuer, banden ihn, dass er weder Händ noch Füß regen konnte, und rieben seine Fußsohlen
mit angefeuchtem Salz, welches ihm unser alte Geiß wieder ablecken, und dadurch also kitzeln
musste, dass er vor Lachen hätte zerbersten mögen; das kam so artlich, dass ich Gesellschaft
55 halber, oder weil ichs nicht besser verstund, von Herzen mitlachen musste: In solchem Gelächter bekannte er seine Schuldigkeit, und öffnet' den verborgenen Schatz, welcher von Gold,
Perlen und Kleinodien viel reicher war, als man hinter Bauren hätte suchen mögen. Von den
gefangenen Weibern, Mägden und Töchtern weiß ich sonderlich nichts zu sagen, weil mich die
Krieger nicht zusehen ließen, wie sie mit ihnen umgingen: Das weiß ich noch wohl, dass man
60 teils hin und wider in den Winkeln erbärmlich schreien hörte, schätze wohl, es sei meiner
Meuder und unserm Ursele nit besser gangen als den andern. Mitten in diesem Elend wendet
ich Braten, und half nachmittag die Pferd tränken, durch welches Mittel ich zu unserer Magd
in Stall kam, welche wunderwerklich zerstrobelt aussah, ich kennete sie nicht, sie aber sprach
zu mir mit kränklicher Stimm: „O Bub lauf weg, sonst werden dich die Reuter mitnehmen,
65 guck dass du davonkommst, du siehest wohl, wie es so übel": mehrers konnte sie nicht sagen.

Posterität: Nachwelt; Knan: Vater; Meuder: Mutter; Fahung: Gefangennahme; Fell von Kolchis: das goldene Vlies aus der Argonautensage; Invention: Erfindung; Pistolen: Feuersteine; reitelten: drehten; Bengel: Prügel

Anregungen zur Texterschließung

1. Wie verhalten sich die durchziehenden Soldaten auf dem Bauernhof? Fassen Sie das Geschehen zusammen.
2. Simplicissimus versteht die Vorgänge nicht. Weisen Sie die häufige Verwendung des *Vergleichs* in den Zeilen 20–45 nach und erklären Sie dessen inhaltliche Funktion.
3. Indem der Ich-*Erzähler* das Geschehen aus der Perspektive des naiven Kindes darstellt, entsteht *schwarzer Humor*. Weisen Sie dies nach.
4. Neben die Perspektive des Knaben stellt Grimmelshausen die Perspektive des erwachsenen Mannes, der seine Erinnerungen erzählt. Aus dieser Perspektive ordnet der Autor das schreckliche Geschehen in einen persönlichen Heilsplan ein. Erläutern Sie diesen Versuch, dem Grauen einen „Sinn" zu geben.

Was ist ein „Schelmenroman"?

Der *Abenteuerliche Simplicissimus* wird der Textsorte *Schelmenroman* zugeordnet. Ein wesentliches Merkmal dieser in der Barockzeit entstandenen Romanform ist, dass der Protagonist und Ich-Erzähler ein unerfahrener, einfacher Bursche aus dem Volk ist. Er wird in verschiedene Abenteuer verwickelt, ohne sie selbst zu suchen. Letztlich muss der Schelm meist erkennen, dass er Glück und Unglück ziemlich schutzlos ausgeliefert ist und dass sein Leben oft von Kräften gesteuert wird, auf die er keinen Einfluss hat.

Der Begriff Schelmenroman wird nicht nur für Romane des Barock verwendet, sondern auch für Romane, die in späteren Jahrhunderten entstanden sind. Als Schelmenromane des 20. Jhs. gelten zum Beispiel *Die Bekenntnisse des Hochstaplers Felix Krull* (1954) von Thomas Mann oder *Leben und Abenteuer der Trobadora Beatriz* (1974) von Irmtraud Morgner, sozusagen eine weibliche Variante, der Roman einer Schelmin. Auch *Die Blechtrommel* (1959), der erste große Erfolg des deutschen Nobelpreisträgers Günter Grass, wird meist als moderne Form des Schelmenromans bezeichnet, obwohl die Hauptfigur Oskar Matzerath nur mit Einschränkungen seinen barocken Vorgängern ähnlich ist.

David Bennent als Oskar Matzerath in der Verfilmung „Die Blechtrommel", 1979

Oskar mit der Blechtrommel

Oskar Matzerath ist eine Kunstfigur. Schon als Säugling ist er zu ungewöhnlichen Wahrnehmungen befähigt. Da er von der Lebenswelt der Erwachsenen, die ihn umgibt, befremdet und angewidert ist, stürzt er sich als Dreijähriger über die Kellertreppe seines Elternhauses und verurteilt sich dadurch selbst zu lebenslänglichem Zwergwuchs. Zum Symbol seiner distanzierten Außenseiterposition wird eine Blechtrommel, die er immer bei sich hat. Der historische Hintergrund des Geschehens ist das Leben in Danzig, vor allem zur Zeit des Nationalsozialismus und des Zweiten Weltkriegs. Ähnlich wie Grimmelshausens *Simplicissimus* bildet also auch bei Grass' *Die Blechtrommel* ein schreckliches Kriegsgeschehen den Handlungsraum für den *Protagonisten*. Und so wie Landsknechte des Dreißigjährigen Krieges in den Bauernhof von Simplicius' Zieheltern eindringen, so dringen russische Soldaten nach der Niederlage Hitler-Deutschlands in einen Berliner Keller ein, in dem sich Oskar gemeinsam mit der Familie (Alfred Matzerath, dessen zweite Frau Maria, Oskars Halbbruder Kurtchen) und einer Bekannten, der Witwe Greff, versteckt hält. Alfred Matzerath, der Vater, hat das Parteiabzeichen der NSDAP („Bonbon") noch nicht verschwinden lassen. Das wird ihm zum Verhängnis werden, und Oskar, der das Parteiabzeichen in seiner Hand hält, ist daran nicht unbeteiligt.

Günter Grass: Die Blechtrommel (Auszug)   2

1 Als sie die Falltür hoben, stach mich die Nadel des Abzeichens immer noch. Was blieb mir zu tun übrig, als mich vor Marias zitternde Knie zu hocken und Ameisen auf dem Betonfußboden zu beobachten, deren Heerstraße von den Winterkartoffeln diagonal durch den Keller zu einem Zuckersack führte. Ganz normale, leichtgemischte Russen, schätzte ich, da an die sechs
5 Mann auf der Kellertreppe drängten und über Maschinenpistolen Augen machten. Bei all dem Geschrei wirkte beruhigend, daß sich die Ameisen durch den Auftritt der russischen Armee nicht beeinflussen ließen. Die hatten nur Kartoffeln und Zucker im Sinn, während jene mit den Maschinenpistolen vorerst andere Eroberungen anstrebten. Daß die Erwachsenen die Hände hochhoben, fand ich normal. Das kannte man aus den Wochenschauen; auch war es
10 nach der Verteidigung der Polnischen Post ähnlich ergebungsvoll zugegangen. Warum aber das Kurtchen die Erwachsenen nachäffte, blieb mir unerklärlich. Der hätte sich ein Beispiel an mir (…) nehmen sollen. Da sich sogleich drei der viereckigen Uniformen für die Witwe Greff erwärmten, kam etwas Bewegung in die starre Gesellschaft. Die Greffsche, die solch zügigen Andrang nach so langer Witwenschaft und vorhergehender Fastenzeit kaum erwartet hatte,
15 schrie anfangs noch vor Überraschung, fand sich dann aber schnell in jene, ihr fast in Vergessenheit geratene Lage.
Schon bei Rasputin hatte ich gelesen, daß die Russen die Kinder lieben. In unserem Keller sollte ich es erleben. Maria zitterte ohne Grund und konnte gar nicht begreifen, warum die vier, die nichts mit der Greffschen gemein hatten, das Kurtchen auf ihrem Schoß sitzen ließen,
20 nicht selbst und abwechselnd dort Platz nahmen, vielmehr das Kurtchen streichelten, dadada zu ihm sagten und ihm, auch Maria die Wangen tätschelten.
Mich und meine Trommel nahm jemand vom Beton weg auf den Arm und hinderte mich somit, weiterhin und vergleichsweise die Ameisen zu beobachten und an ihrem Fleiß das Zeitgeschehen zu messen. Mein Blech hing mir vor dem Bauch, und der stämmige, großporige Kerl
25 wirbelte mit dicken Fingern, für einen Erwachsenen nicht einmal ungeschickt, einige Takte, zu denen man hätte tanzen können. Oskar hätte sich gerne revanchiert, hätte gerne einige Kunststückchen aufs Blech gelegt, konnte aber nicht, weil ihn noch immer das Matzerathsche Parteiabzeichen in die linke Handfläche stach.
Fast wurde es friedlich und familiär in unserem Keller. Die Greffsche lag immer stiller wer-
30 dend unter drei Kerlen abwechselnd, und als einer von denen genug hatte, wurde Oskar von meinem recht begabten Trommler an einen schwitzenden, in den Augen leicht geschlitzten, nehmen wir an, Kalmücken abgegeben. Während er mich links schon hielt, knöpfte er sich rechts die Hose zu und nahm keinen Anstoß daran, daß sein Vorgänger, mein Trommler, das Gegenteil tat. Dem Matzerath jedoch bot sich kaum Abwechslung. Immer noch stand er vor
35 dem Regal mit den Weißblechdosen voller Leipziger Allerlei, hielt die Hände hoch, zeigte alle Handlinien; doch niemand wollte ihm aus der Hand lesen. Hingegen erwies sich die Auffassungsgabe der Frauen als erstaunlich: Maria lernte die ersten Worte Russisch, zitterte nicht

mehr mit den Knien, lachte sogar und hätte auf ihrer Mundharmonika spielen können, wäre die Maultrommel greifbar gewesen.

40 Oskar jedoch, der sich nicht so schnell umstellen konnte, verlegte sich, Ersatz für seine Ameisen suchend, auf das Beobachten mehrerer platter, graubräunlicher Tiere, die sich auf dem Kragenrand meines Kalmücken ergingen. Gern hätte ich solch eine Laus gefangen und untersucht, weil auch in meiner Lektüre, weniger bei Goethe, um so häufiger bei Rasputin, von Läusen die Rede war. Weil ich aber mit einer einzigen Hand den Läusen schlecht beikommen

45 konnte, trachtete ich, das Parteiabzeichen loszuwerden. Und um meine Handlungsweise zu erklären, sagt Oskar: Da der Kalmücke schon mehrere Orden an der Brust hatte, hielt ich jenen mich stechenden und am Läusefangen hindernden Bonbon dem seitwärts von mir stehenden Matzerath mit immer noch geschlossener Hand hin.

Man kann jetzt sagen, das hätte ich nicht tun sollen. Man kann aber auch sagen: Matzerath

50 hätte nicht zuzugreifen brauchen.

Er griff zu. Ich war den Bonbon los. Matzerath erschrak nach und nach, als er das Zeichen seiner Partei zwischen den Fingern spürte. Mit nunmehr freien Händen wollte ich nicht Zeuge sein, was Matzerath mit dem Bonbon tat. Zu zerstreut, um den Läusen nachgehen zu können, wollte Oskar sich abermals auf die Ameisen konzentrieren, bekam aber doch eine rasche

55 Handbewegung Matzeraths mit, sagt jetzt, da ihm nicht einfällt, was er damals dachte: Es wäre vernünftiger gewesen, das bunte runde Ding ruhig in der geschlossenen Hand zu halten. Er aber wollte es los werden und fand trotz seiner oft erprobten Phantasie als Koch und Dekorateur des Kolonialwarenladenschaufensters kein anderes Versteck als seine Mundhöhle. Wie wichtig solch eine kurze Handbewegung sein kann! Von der Hand in den Mund, das

60 reichte aus, die beiden Iwans, die links und rechts friedlich neben Maria gesessen hatten, zu erschrecken und von dem Luftschutzbett aufzujagen. Mit Maschinenpistolen standen sie vor Matzeraths Bauch, und jedermann konnte sehen, daß Matzerath versuchte, etwas zu verschlucken.

Hätte er doch zuvor wenigstens mit drei Fingern die Nadel des Parteiabzeichens geschlossen.

65 Nun würgte er an dem sperrigen Bonbon, lief rot an, bekam dicke Augen, hustete, weinte, lachte und konnte bei all den gleichzeitigen Gemütsbewegungen die Hände nicht mehr oben behalten. Das jedoch duldeten die Iwans nicht. Sie schrien und wollten wieder seine Handteller sehen. Aber Matzerath hatte sich vollkommen auf seine Atmungsorgane eingestellt. Selbst husten konnte er nicht mehr richtig, geriet aber ins Tanzen und Armeschleudern, fegte einige

70 Weißblechdosen voller Leipziger Allerlei vom Regal und bewirkte, daß mein Kalmücke, der bisher ruhig und leichtgeschlitzt zugesehen hatte, mich behutsam absetzte, hinter sich langte, etwas in die Waagerechte brachte und aus der Hüfte heraus schoß, ein ganzes Magazin leer schoß, schoß, bevor Matzerath ersticken konnte.

Was man nicht alles tut, wenn das Schicksal seinen Auftritt hat! Während mein mutmaßlicher

75 Vater die Partei verschluckte und starb, zerdrückte ich, ohne es zu merken oder zu wollen, zwischen den Fingern eine Laus, die ich dem Kalmücken kurz zuvor abgefangen hatte. 🅁

Anregungen zur Texterschließung

1. Vergleichen Sie das Verhalten der Soldaten in den Texten 1 und 2. Kennen Sie andere Berichte über Kriegsereignisse, die den beiden Romanauszügen ähneln?
2. Vergleichen Sie weiters die Erzählperspektive des Simplicius mit derjenigen von Oskar (vgl. **Band 2** Kompetenzteil, III.3.2). Würden Sie auch Oskars Perspektive als „naiv" bezeichnen?
3. Finden Sie in diesem Text Beispiele für *schwarzen Humor*?

Ergänzung Literaturgeschichte   Band 2

II. Renaissance – Humanismus – Reformation – Barock

Der historische Hintergrund des *Simplicissimus* ist der Dreißigjährige Krieg, der traurige Höhepunkt der Glaubenskriege, die seit dem 16. Jh. geführt wurden. Lesen Sie im Epochenteil Kapitel II.2.2 (Reformation und Gegenreformation) und entnehmen Sie daraus folgende Informationen:

1. Welche Missstände führten die katholische Kirche in die Krise?
2. Wozu führte Martin Luthers Kritik an diesen Missständen?
3. Was versteht man unter dem Begriff *Gegenreformation*?
4. War der Dreißigjährige Krieg ein reiner Glaubenskrieg?

Lesen Sie Kapitel II.8.5 (Epik der Barockzeit) und beantworten Sie folgende Fragen:

1. Erklären Sie am Beispiel des Ritterromans *Amadis de Gaulla* die Form des barocken Amadis-Romans.
2. Erklären Sie den Begriff *Schäferdichtung*.

Kompetenzen: Das sollen Sie wissen/können

1. Sie wissen, wann Hans Jakob Christoffel von Grimmelshausen gelebt hat, und Sie wissen Wesentliches über seinen Roman *Der Abenteuerliche Simplicissimus Teutsch* (Hauptfigur, kurze Zusammenfassung der Handlung, Erzählform und Perspektive).
2. Sie kennen die wesentlichen Merkmale der Romanart *Schelmenroman* und kennen neuere Romane, die man dieser Textsorte zuordnet.
3. Sie können am Beispiel eines Textausschnitts erklären, was man unter *schwarzem Humor* versteht.

Epochenüberblick

II. Renaissance – Humanismus – Reformation – Barock

Literaturgeschichtlicher Überblick (Band 2)

Begriffe/Datierung

→ Renaissance: „Wiedergeburt" der antiken Kultur (ca. 1400–1600)

→ Humanismus: kulturelle Bewegung mit dem Ideal des universal gebildeten Menschen (ca. 1400–1600)

→ Barock: kulturelle Epoche (ca. 1600–1730)

Allgemeine geschichtliche Voraussetzungen

→ Regierungsform „höfischer Absolutismus": Fürstenhöfe als politische und kulturelle Zentren

→ Reformation/Gegenreformation (Glaubenskriege, u. a. Dreißigjähriger Krieg)

→ Frühkapitalismus (steigende Macht des Besitzbürgertums)

→ Entdeckungsfahrten und Kolonialismus

→ Fortschritt der Naturwissenschaften (u. a. heliozentrisches Weltbild)

Modul II.1 EINE NEUE ZEIT – BEDROHUNG ODER HOFFNUNG?
Vom geozentrischen zum heliozentrischen Weltbild

Mediengeschichte

→ Frühneuhochdeutsch (1450–1600)

→ Humanisten schreiben Latein

→ Erfindung des Buchdrucks (JOHANNES GUTENBERG)

→ MARTIN LUTHER übersetzt die Bibel ins Deutsche

→ Aufwertung des Deutschen zur Literatursprache in der Barockzeit v. a. durch *Sprachgesellschaften*

Renaissance und Humanismus als europäische Kulturbewegung

→ Ursprungsland Italien (DANTE ALIGHIERI: *La Divina commedia*; GIOVANNI BOCCACCIO: *Decamerone*; FRANCESCO PETRARCA: Lyrik)

→ Renaissance wirksam in Architektur, Malerei, Plastik, Literatur, Philosophie

→ Europäische Humanisten: ERASMUS VON ROTTERDAM, MICHEL DE MONTAIGNE, CONRAD CELTIS, ULRICH VON HUTTEN

Modul II.2 DANTE UND BOCCACCIO
Italienische Weltliteratur der Renaissance

Modul II.3 MENSCH UND NATUR NEU SEHEN
Der Wandel des kulturellen Codes am Beispiel des Bildes

Modul II.4 ERASMUS VON ROTTERDAM
Ein europäischer „Erzhumanist"

II.A MICHEL DE MONTAIGNE
Am Beginn der Essayistik

Literarische Werke in deutscher Sprache am Beginn der Neuzeit

→ Johannes von Tepl: *Der Ackermann aus Böhmen*

→ Volksbücher (*Historia von D. Johann Fausten* u. a.)

→ Schwankdichtung (*Eulenspiegel* u. a.)

→ Narrenliteratur (Sebastian Brant: *Das Narrenschiff* u. a.)

Modul II.5   Der Tod und die junge Frau
Vom „Ackermann aus Böhmen" bis zu Tomi Ungerer

Modul II.6   Ein Mann wird zur Legende
Die Entstehung des Faust-Stoffes

Europäisches Theater

→ England: William Shakespeare (Theater des elisabethanischen Zeitalters)

→ Spanien: Pedro Calderón de la Barca

→ Frankreich: Jean Baptiste Racine, Pierre Corneille (französischer Klassizismus)

→ Italien: Commedia dell'arte (Arlecchino-Figur)

Deutsche Literatur der Barockzeit (1): Drama und Theater

→ Höfisches Theater (Entstehung der Oper)

→ Konfessionelles Theater (katholisches und protestantisches Schuldrama)

→ Volkstheater (Hanswurst-Figur)

Deutsche Literatur der Barockzeit (2): Epik

→ Höfisch-historischer Roman (Amadis-Roman)

→ Schäferdichtung

→ Schelmenroman (Grimmelshausen: *Der Abenteuerliche Simplicissimus Teutsch*)

Modul II.8   Simplicissimus und Oskar Matzerath
Der Schelmenroman im 17. und im 20. Jahrhundert

Deutsche Literatur der Barockzeit (3): Lyrik

→ Bevorzugte Motive: Vanitas, Carpe diem, Memento mori

→ Sprache und Form: rhetorischer Stil, strenge Strophenformen (z. B. Sonett)

→ Lyriker: Andreas Gryphius, Paul Fleming, Christian Hofmann von Hofmannswaldau, Johann Christian Günther

Modul II.7   „Vanitas" und „Carpe diem!"
Barockes Lebensgefühl in Bildern und Gedichten

II.B   „Die Rosen seh ich gern ..."
Epigrammdichtung der Barockzeit

Einen ausfürlichen literaturgeschichtlichen Überblick finden Sie in Band 2 ▶ Epochenteil.

III. Aufklärung – Empfindsamkeit – Sturm und Drang

1 Was ist Aufklärung?
Annäherungen an vier Leitwörter der Epoche

Modulvorschau

Die *Aufklärung* ist die beherrschende geistig-kulturelle Strömung des 18. Jahrhunderts. Ihre Auswirkungen bestimmen die europäische und US-amerikanische Gesellschaft bis in die Gegenwart. Hier lernen Sie wesentliche Leitbegriffe der Aufklärung kennen:
➡ Leitbild ist der „mündige Mensch", das vernünftig handelnde Individuum.
➡ Vorurteilslosigkeit und Toleranz gegenüber Andersdenkenden sind zentrale Werte.
➡ Das vom *Humanismus* geprägte Menschenbild wird weitergeführt („Humanität").
➡ Menschenrechte – gelten sie wirklich für alle?

„MÜNDIGKEIT"

Die wahrscheinlich bekannteste Erläuterung der *Aufklärung* verfasste der deutsche Philosoph **IMMANUEL KANT** (1724–1804). (Siehe auch **Band 2** ▶ Epochenteil, III.3.3)

1 IMMANUEL KANT: BEANTWORTUNG DER FRAGE: WAS IST AUFKLÄRUNG?

Aufklärung ist der Ausgang des Menschen aus seiner selbst verschuldeten Unmündigkeit. Unmündigkeit ist das Unvermögen, sich seines Verstandes ohne Leitung eines anderen zu bedienen. *Selbst verschuldet* ist diese Unmündigkeit, wenn die Ursache derselben
5 nicht am Mangel des Verstandes, sondern der Entschließung und des Mutes liegt, sich seiner ohne Leitung eines andern zu bedienen. Sapere aude! Habe Mut, dich deines *eigenen* Verstandes zu bedienen! ist also der Wahlspruch der Aufklärung.
Faulheit und Feigheit sind die Ursachen, warum ein so großer Teil
10 der Menschen, nachdem sie die Natur längst von fremder Leitung freigesprochen (naturaliter majorennes; *Anm.: natürlich die Erwachsenen*), dennoch gerne zeitlebens unmündig bleiben; und warum es anderen so leicht wird, sich zu deren Vormündern aufzuwerfen. Es

Immanuel Kant

ist so bequem, unmündig zu sein. Habe ich ein Buch, das für mich Verstand hat, einen Seel-
15 sorger, der für mich Gewissen hat, einen Arzt, der für mich die Diät beurteilt usw., so brauche ich mich ja nicht selbst zu bemühen. Ich habe nicht nötig zu denken, wenn ich nur bezahlen kann; andere werden das verdrießliche Geschäft schon für mich übernehmen. Dass der bei weitem größte Teil der Menschen (darunter das ganze schöne Geschlecht) den Schritt zur Mündigkeit außer dem, dass er beschwerlich ist, auch für sehr gefährlich halte: Dafür sorgen
20 schon jene Vormünder, die die Oberaufsicht über sie gütigst auf sich genommen haben. (…) Es ist also für jeden einzelnen Menschen schwer, sich aus der ihm beinahe zur Natur gewordenen

Unmündigkeit herauszuarbeiten. Er hat sie sogar lieb gewonnen und ist vorderhand wirklich unfähig, sich seines eigenen Verstandes zu bedienen, weil man ihn niemals den Versuch davon machen ließ. (…)

25 Ein Mensch kann zwar für seine Person und auch alsdann nur auf einige Zeit in dem, was ihm zu wissen obliegt, die Aufklärung aufschieben; aber auf sie Verzicht zu tun, es sei für seine Person, mehr aber noch für die Nachkommenschaft, heißt die heiligen Rechte der Menschheit verletzen und mit Füßen treten. (…)

Wenn denn nun gefragt wird: Leben wir jetzt in einem *aufgeklärten Zeitalter?*, so ist die Ant-
30 wort: Nein, aber wohl in einem Zeitalter der *Aufklärung*. Dass die Menschen, wie die Sachen jetzt stehen, im Ganzen genommen, schon imstande wären oder darin auch nur gesetzt werden könnten, in Religionsdingen sich ihres eigenen Verstandes ohne Leitung eines andern sicher und gut zu bedienen, daran fehlt noch sehr viel. Allein, dass jetzt ihnen doch das Feld geöffnet wird, sich dahin frei zu bearbeiten, und die Hindernisse der allgemeinen Aufklärung oder des
35 Ausganges aus ihrer selbst verschuldeten Unmündigkeit allmählich weniger werden, davon haben wir doch deutliche Anzeigen.

Anregungen zur Texterschließung

1. Warum leben viele Menschen des 18. Jhs. laut Kant im Zustand der Unmündigkeit?
2. Ein „Vormund" übernimmt Entscheidungsaufgaben für einen Menschen, der noch minderjährig ist, oder für jemanden, der aufgrund seines geistigen Zustands entmündigt ist. Kant verwendet den Begriff offensichtlich in einer breiteren Bedeutung, denn in der vordemokratisch-autoritären Gesellschaft des 18. Jhs. waren viele Menschen „entmündigt". Wer waren wohl die Vormünder in dieser Gesellschaft?
3. Welche subjektiven Eigenschaften und welche objektiven Lebensverhältnisse braucht Ihrer Ansicht nach ein Mensch, um „mündig" werden zu können? Im heutigen Sprachgebrauch finden Sie häufig die Formulierungen „mündige Bürgerin/mündiger Bürger" und „mündige Konsumentin/mündiger Konsument". Welche Vorstellungen verbinden Sie mit diesen Begriffen?
4. Kant beurteilte die Möglichkeiten der Menschen, in einen Zustand der Mündigkeit zu kommen, grundsätzlich optimistisch. Welche Textstellen bestätigen diese Aussage?
5. Der österreichische Schriftsteller Thomas Bernhard erzählt in seinem Buch *Die Ursache* (1975) von seinen Erfahrungen mit Erziehung und Schule. Bernhard verwendet mehrmals die Begriffe „Aufklärung" bzw. „aufgeklärt" (Text 2). Wie beurteilt er die Chancen der Menschen auf ein „aufgeklärtes Zeitalter"? Vergleichen Sie die Ansichten Bernhards mit denen von Kant.

Thomas Bernhard: Die Ursache. Eine Andeutung (Auszug) 2

1 Wir werden erzeugt, aber nicht erzogen, mit der ganzen Stumpfsinnigkeit gehen unsere Erzeuger, nachdem sie uns erzeugt haben, gegen uns vor, mit der ganzen menschenzerstörenden Hilflosigkeit, und ruinieren schon in den ersten drei Lebensjahren alles in einem neuen Menschen, von welchem sie nichts wissen, nur, wenn überhaupt, daß sie ihn kopflos und verantwor-
5 tungslos gemacht, und sie wissen nicht, daß sie damit das größte Verbrechen begangen haben. In vollkommener *Unwissenheit* und *Gemeinheit* haben uns unsere Erzeuger und also unsere Eltern in die Welt gesetzt und werden, sind wir einmal da, mit uns nicht fertig, alle ihre Versuche, mit uns fertig zu werden, scheitern, sie geben früh auf, aber immer zu spät, immer erst in dem Augenblick, in welchem sie uns längst zerstört haben, denn in den ersten drei Lebensjah-

10 ren, den entscheidenden Lebensjahren, von welchen unsere Erzeuger als Eltern aber nichts wissen, nichts wissen wollen, nichts wissen können, weil Jahrhunderte lang immer alles getan worden ist für diese ihre entsetzliche Unwissenheit, haben uns unsere Erzeuger mit dieser Unwissenheit zerstört und vernichtet und immer für unser ganzes Leben zerstört und vernichtet, und die Wahrheit ist, daß wir es auf der Welt immer nur mit in den ersten Jahren von ihren

15 unwissenden und gemeinen und unaufgeklärten Erzeugern als Eltern zerstörten und vernichteten und für ihr ganzes Leben vernichteten Menschen zu tun haben. Der neue Mensch ist nur immer wie ein Tier aus der Mutter geworfen und wird auf immer wie ein Tier von dieser Mutter behandelt und zugrunde gerichtet, wir haben es nur mit von ihren Müttern geworfenen Tieren, nicht Menschen, zu tun, die schon in den ersten Monaten und erst in den ersten

20 Jahren von diesen ihren Müttern mit ihrer ganzen animalischen Unwissenheit zerstört und vernichtet werden, aber diese Mütter trifft keine Schuld, weil sie niemals aufgeklärt worden sind, die Interessen der Gesellschaft sind andere als die Aufklärung, und die Gesellschaft denkt gar nicht daran, aufzuklären, und die Regierungen sind immer und in jedem Falle und in jedem Lande und Staatsgebilde daran interessiert, daß ihre Gesellschaft nicht aufgeklärt

25 wird, denn klärten sie ihre Gesellschaft auf, wären sie schon in kurzer Zeit von dieser von ihnen aufgeklärten Gesellschaft vernichtet, Jahrhunderte ist die Gesellschaft nicht aufgeklärt worden, und es werden viele Jahrhunderte kommen, in welchen die Gesellschaft nicht aufgeklärt werden wird, weil die Aufklärung der Gesellschaft ihre Vernichtung bedeutete, und so haben wir es mit unaufgeklärten Erzeugern von lebenslänglich unaufgeklärten Kindern zu tun,

30 die immer unaufgeklärte Menschen bleiben werden und lebenslänglich zu vollkommener Unwissenheit verurteilt sind. R

Anregung zur Problemdiskussion

Hat das Ideal der Aufklärung vom „mündigen Menschen" in einer modernen, demokratischen Gesellschaft noch Aktualität? Teilen Sie die Meinung von Thomas Bernhard, oder meinen Sie, dass Aufklärung (Erziehung zur Mündigkeit) grundsätzlich möglich und wünschenswert ist? Was könnte die Schule dazu beitragen, dass junge Menschen mündige Bürgerinnen und Bürger im Sinne der Aufklärung werden?
Arbeitsphase 1: Diskutieren Sie diese Fragestellungen zunächst in Kleingruppen zu maximal fünf Personen. Bestimmen Sie einen Gruppensprecher oder eine Gruppensprecherin, der/die die wesentlichen Diskussionsergebnisse protokolliert.
Arbeitsphase 2: Die Gruppensprecherinnen und -sprecher bilden ein Podium und stellen in Kurzstatements die Gruppenergebnisse vor.
Arbeitsphase 3: Plenardiskussion unter der Leitung der Lehrkraft.

„TOLERANZ"

Der französische Schriftsteller **DENIS DIDEROT** (1713– 1784) [didero] wurde vor allem als Mitherausgeber der Französischen *Enzyklopädie* berühmt. Die Enzyklopädie war ein Nachschlagewerk, aus dem man den neuesten Stand der wissenschaftlichen Entwicklungen erfahren konnte. Die Beiträge zur Enzyklopädie waren aber teilweise auch meinungsbetonte Artikel (*Essays*). Die Enzyklopädie wurde zu einem zentralen Forum der französischen Aufklärung, für das unter anderem **VOLTAIRE** [woltär], **MONTESQUIEU** [mõteskjö] und **ROUSSEAU** [ruβo] Beiträge schrieben. Den Artikel zum Stichwort „Intoleranz" hat Diderot verfasst.

Denis Diderot: (Intoleranz)

1 Mit dem Wort *Intoleranz* bezeichnet man gemeinhin die wilde Leidenschaft, zu hassen und zu verfolgen, wer sich im Irrtum befindet. Aber um nicht zwei gänzlich verschiedene Sachen zu vermengen, muss man zwei Arten von *Intoleranz* unterscheiden: die kirchliche und die bürgerliche.

5 Die kirchliche *Intoleranz* besteht darin, jede andere Religion als die eigene für falsch zu halten und dies allen deutlich zu zeigen, ohne sich von irgendwelcher Angst oder menschlicher Rücksichtnahme davon abhalten zu lassen, selbst wenn man dabei sein Leben riskiert. In unserem Artikel geht es nicht um dieses Heldentum, das in allen Jahrhunderten der Kirchengeschichte so viele Märtyrer geschaffen hat.

10 Die bürgerliche *Intoleranz* besteht darin, jeden Umgang mit denen, die über Gott und Gottesdienst anders denken als wir, abzubrechen und sie mit allen Arten von Grausamkeit zu verfolgen.

Schon einige einzelne Sätze aus der Bibel, aus Kirchenvätern und Konzilsbeschlüssen würden für den Nachweis genügen, dass ein *Intoleranter* im letzteren Sinne ein schlechter Mensch, ein 15 schlechter Christ, ein gefährlicher Untertan, ein schlechter Politiker und schließlich ein schlechter Bürger ist. (…)

Es ist gottlos, die Religion den widerwärtigen Anschuldigungen von Tyrannei, Härte, Ungerechtigkeit und Gesellschaftsfeindlichkeit auszusetzen; selbst wenn das in der Absicht geschieht, alle die Unglücklichen, die sich von ihr entfernt haben, wieder zu ihr zurückzubringen.

20 Wie der Geist nur das annehmen kann, was ihm wahr erscheint, kann das Herz nur dem in Liebe anhangen, was ihm gut erscheint. Gewalt macht den Schwachen zum Heuchler, den Mutigen zum Märtyrer. Der Schwache und der Mutige jedoch werden die Ungerechtigkeit der Verfolgung spüren und sich darüber empören. Unterweisung, Überzeugung und Gebet sind die einzigen rechtmäßigen Mittel zur Ausbreitung der Religion.

25 Jedes Mittel, das Hass, Empörung oder Verachtung erzeugt, ist nicht von Gott.

Jedes Mittel, das die Leidenschaft weckt und sich nach den eigenen Interessen richtet, ist gottlos.

Jedes Mittel, das die natürlichen Bindungen löst und den Vater den Kindern, den Bruder dem Bruder und die Schwester der Schwester entfremdet, ist gottlos.

30 Jedes Mittel, das die Menschen zu Aufständen treibt, die Völker bewaffnet und die Erde mit Blut tränkt, ist gottlos.

Es ist gottlos, dem Gewissen, der allgemeinen Richtschnur allen Handelns, Gesetze auferlegen zu wollen. Es braucht Aufklärung, nicht Zwang. (…)

Anregungen zur Texterschließung

1. Erklären Sie Diderots begriffliche Unterscheidung zwischen „kirchlicher" und „bürgerlicher" Intoleranz. Welche Art von Intoleranz verurteilt Diderot aus welchen Gründen?
2. Welche Mittel zur Ausbreitung der Religion hält Diderot für rechtmäßig, welche nicht?
3. Ist bürgerliche Toleranz im Sinne von Diderot heute in Religionsfragen selbstverständlich geworden? Begründen Sie Ihre Meinung durch Hinweis auf konkrete Beispiele.

„Humanität"

Die Aufklärung führte ein Menschenbild weiter, das teilweise bereits von den *Humanisten* „vorgedacht" worden war (vgl. Modul II.4). Das humanistische Idealbild vom geistig und ethisch gebildeten Menschen findet man unter anderem bei **Johann Gottfried Herder**:

4 Johann Gottfried Herder: Wort und Begriff der Humanität

1 (…) Leider aber hat man in unserer Sprache dem Wort *Mensch* und noch mehr dem barmherzigen Wort *Menschlichkeit* so oft eine Nebenbedeutung von Niedrigkeit, Schwäche und falschem Mitleid angehängt, dass man jenes nur mit einem Blick der Verachtung, dies mit einem Achselzucken zu begleiten gewohnt ist. *„Der Mensch!"*, sagen wir jammernd oder verachtend

5 und glauben, einen guten Mann aufs Lindeste mit dem Ausdruck zu entschuldigen: „Es habe ihn die *Menschlichkeit* übereilet". Kein Vernünftiger billigt es, dass man den Charakter des Geschlechts, zu dem wir gehören, so barbarisch hinabgesetzt hat; man hat hiemit unweiser gehandelt, als wenn man den Namen seiner Stadt oder Landsmannschaft zum Ekelnamen machte. Wir also wollen uns hüten, dass wir zu Beförderung solcher *Menschlichkeit* keine Brie-

10 fe schreiben.

Der Name *Menschenrechte* kann ohne *Menschenpflichten* nicht genannt werden; beide beziehen sich aufeinander, und für beide suchen wir ein Wort.

So auch *Menschenwürde* und *Menschenliebe*. Das Menschengeschlecht, wie es jetzt ist und wahrscheinlich lange noch sein wird, hat seinem größten Teil nach keine Würde; man darf

15 es eher bemitleiden als verehren. Es soll aber zum *Charakter seines Geschlechts*, mithin auch zu dessen *Wert* und *Würde*, gebildet werden. Das schöne Wort *Menschenliebe* ist so trivial worden, dass man meistens die Menschen liebt, um keinen unter den Menschen wirksam zu lieben. Alle diese Worte enthalten Teilbegriffe unseres Zwecks, den wir gern mit *einem* Ausdruck bezeichnen möchten.

20 Also wollen wir bei dem Wort *Humanität* bleiben, an welches unter Alten und Neuern die besten Schriftsteller so würdige Begriffe geknüpft haben. *Humanität ist der Charakter unsres Geschlechts*; er ist uns aber nur in Anlagen angeboren und muss uns eigentlich angebildet werden. Wir bringen ihn nicht fertig auf die Welt mit; auf der Welt aber soll er das Ziel unsres Bestrebens, die *Summe* unsrer Übungen, unser *Wert* sein; (…) *Das Göttliche* in unserm Ge-

25 schlecht ist also *Bildung zur Humanität*; alle großen und guten Menschen, Gesetzgeber, Erfinder, Philosophen, Dichter, Künstler, jeder edle Mensch in seinem Stande, bei der Erziehung seiner Kinder, bei der Beobachtung seiner Pflichten, durch Beispiel, Werk, Institut und Lehre hat dazu mitgeholfen. Humanität ist der Schatz und die Ausbeute aller menschlichen Bemühungen, gleichsam die *Kunst unsres Geschlechtes*. Die Bildung zu ihr ist ein Werk, das unabläs-

30 sig fortgesetzt werden muss; oder wir sinken, höhere und niedere Stände, zur rohen Tierheit, zur *Brutalität* zurück.

Anregungen zur Texterschließung

1. Welche Verwendung des Wortes „menschlich" ist laut Johann Gottfried Herder schädlich und eines Menschen „unwürdig"?
2. Was versteht Herder unter Menschenwürde („Humanität") und wie kann sie erreicht werden?

Anregung zum Schreiben

Lassen sich viele Menschen in ihrem Alltagsleben von einem Ideal, wie es Herder vertritt, leiten? Was halten Sie selbst von Herders humanitärem Ideal? Könnte es für Ihr Leben bedeutsam werden? Schreiben Sie an Herder einen Brief, in dem Sie zu seinen Ausführungen Stellung nehmen.

Der „aufgeklärte Blick" auf andere Kulturen

Die Aufklärung war an die europäische Kultur gebunden. Die Frage, inwiefern auch für außereuropäische Kulturen und die dort lebenden Menschen das aufgeklärt-humanistische Menschenbild gilt, wurde durchaus nicht von allen Aufklärern gleich beantwortet. Zwei konträre Ansichten werden hier gegenübergestellt:

Voltaire (1694–1778) war einer der einflussreichsten französischen Aufklärer – nicht nur in Frankreich. Voltaire lebte auch drei Jahre am preußischen Hof und beriet König Friedrich II.

Voltaire: Abhandlung über die Toleranz anlässlich des Todes von Jean Calas (1763)   5

1 Es braucht keine besonders ausgesuchte Beredsamkeit, um zu beweisen, dass die Christen sich untereinander vertragen sollen. Ich gehe noch weiter und sage, dass wir alle Menschen als unsere Brüder betrachten sollen. Was, der Türke mein Freund? Der Chinese mein Freund? Der Jude? Der Siamese? Ja, ganz ohne Zweifel! Sind wir nicht alles Kinder desselben Vaters und
5 Geschöpfe desselben Gottes? (…)

Charles de Montesquieu (eig.: Charles-Louis de Secondat, Baron de la Brède et de Montesquieu, 1689–1755) war in erster Linie Jurist, einige Jahre lang Senatspräsident der Stadt Bordeaux. Aufgrund seiner regen Reisetätigkeit und seiner Mitgliedschaft bei verschiedenen Akademien kann er im wahrsten Sinne des Wortes als europäischer Aufklärer bezeichnet werden. Montesquieu führt in folgendem Textausschnitt aus, was er sagen würde, wenn er die Sklaverei zu verteidigen hätte. Er gibt uns damit einen Einblick in gängige Denkweisen seiner Zeit. Er selbst sprach sich zwar entschieden dagegen aus, in Frankreich die Sklaverei einzuführen, aber zur Sklaverei in den Kolonien hatte er keine eindeutig ablehnende Haltung.

Charles de Montesquieu: (Über die Sklaverei)   6

1 Wenn ich das Recht zu stützen hätte, das wir gehabt haben, die Neger zu Sklaven zu machen, würde ich Folgendes sagen: Nachdem die Völker Europas die Amerikas ausgelöscht hatten, mussten sie die Afrikas in die Sklaverei schicken, damit sie ihnen dazu dienten, so viele Gebiete urbar zu machen. Der Zucker wäre zu teuer, wenn man die Plantage, die ihn hervorbringt,
5 nicht von Sklaven bearbeiten ließe.
Die, um die es geht, sind schwarz vom Kopf bis zu den Füßen, sie haben eine so zerdrückte Nase, dass es fast unmöglich ist, sie zu beklagen.
Man kann sich nicht in die Vorstellung schicken, dass Gott, der ein sehr weises Wesen ist, eine Seele, gar eine gute Seele, in einen ganz schwarzen Körper gesteckt habe, (…)
10 Ein Beweis dafür, dass die Neger keinen gesunden Menschenverstand haben, ist der, dass sie mehr Lärm um ein Glascollier machen als um eines aus Gold. (…)

Wir können unmöglich unterstellen, dass diese Leute da Menschen seien; denn, wenn wir unterstellen, dass sie Menschen sind, würde man anfangen, zu glauben, dass wir selbst keine Christen sind.

15 Kleine Geister übertreiben zu sehr das Unrecht, das man den Afrikanern tut. (...)

Anregungen zur Texterschließung

1. Wie begründet Voltaire (Text 5), wie Montesquieu (Text 6) seine Meinung? Würden Sie Montesquieus Position als „rassistisch" bezeichnen?
2. Hat sich in der heutigen europäischen Gesellschaft eher die Meinung Voltaires oder eher die von Montesquieu durchgesetzt?

„KONSTITUTION" – ABER NICHT FÜR ALLE

Derselbe MONTESQUIEU, der den Schwarzafrikanern die Zuordnung zur Menschheit absprach, wurde gleichzeitig zu einem der wichtigsten staatspolitischen Vordenker demokratischer Gesellschaftsverhältnisse (vgl. Band 2 Epochenteil, III.3.2). In den absolutistischen Fürstentümern und Königreichen lag die politische Macht zur Gänze beim Landesfürsten. Montesquieu kritisierte diesen Zustand und entwarf ein Gegenmodell: Die Aufteilung der Macht auf die legislative (gesetzgebende), die exekutive (ausführende) und die judikative (richterliche) Gewalt. Der Ruf nach einer geschriebenen Verfassung („Konstitution"), an die alle, also auch der Fürst, gebunden sind, wurde *das* antiabsolutistische Gegenmodell und die Verfassungsgrundlage des modernen Rechtsstaates.

Die erste neuzeitliche Verfassung erlangte nicht in Europa, sondern in Amerika (Virginia) Gültigkeit. Nach dem erfolgreichen Unabhängigkeitskrieg der Kolonien gegen England verabschiedeten die „Vertreter des guten Volkes von Virginia, versammelt in vollem und freiem Konvent" die *Bill of Rights* (1776). Die erste europäische Verfassung wurde während der Französischen Revolution 1791 verabschiedet.

7 AUSZUG AUS DER „BILL OF RIGHTS"

1 *Artikel 1.* Alle Menschen sind von Natur aus gleichermaßen frei und unabhängig und besitzen gewisse angeborene Rechte, deren sie, wenn sie den Status einer Gesellschaft annehmen, durch keine Abmachung ihre Nachkommenschaft berauben oder entkleiden können, und zwar den Genuss des Lebens und der Freiheit und dazu die Möglichkeit, Eigentum zu erwerben und zu
5 besitzen und Glück und Sicherheit zu erstreben und zu erlangen.

Artikel 2. Alle Macht kommt dem Volke zu und wird folglich von ihm hergeleitet. Beamte sind seine Treuhänder und Diener und ihm jederzeit verantwortlich.

Artikel 3. Die Regierung ist oder sollte eingerichtet sein für das gemeinsame Beste, für den Schutz und die Sicherheit des Volkes, der Nation oder Allgemeinheit; von all den verschiede-
10 nen Arten und Formen der Regierungen ist die die beste, die fähig ist, den höchsten Grad von Glück und Sicherheit zu erzielen, und am wirksamsten gegen die Gefahr einer Misswirtschaft gesichert ist; und wenn irgendeine Regierung sich diesen Zwecken nicht gewachsen oder feindlich zeigt, so hat eine Mehrheit der Gemeinschaft ein unbezweifelbares, unveräußerliches und unverletzbares Recht, dieselbe zu reformieren, umzugestalten oder abzuschaffen, so wie es
15 für das allgemeine Wohl am nützlichsten zu erachten ist.

Artikel 5. Die gesetzgebenden und ausführenden Gewalten des Staates sollen von der richterlichen getrennt und klar geschieden sein; (…)

Artikel 6. Die Wahlen für die Vertretung des Volkes in der Volksversammlung sollen frei sein;
alle *Männer* (Hervorhebung vom Verf.), die ihr dauerndes Interesse an der Gemeinschaft und
20 ihre dauernde Anhänglichkeit an sie hinlänglich erhärtet haben, haben das Recht abzustimmen (…)
Artikel 12. Die Freiheit der Presse ist eines der großen Bollwerke der Freiheit und kann niemals, außer durch despotische Regierungen, eingeschränkt werden.
Artikel 16. Religion oder die Pflicht, die wir unserem Schöpfer schulden, und die Art, wie wir
25 ihr nachkommen, kann lediglich durch Vernunft oder Überzeugung geleitet werden, nicht
durch Zwang oder Gewalt, und deshalb haben alle Menschen gleichen Anspruch auf freie
Ausübung der Religion gemäß den Geboten des Gewissens; (…)

Anregungen zur Texterschließung

1. Führen Sie einige Grundsätze der *Bill of Rights* an, die Ihrer Ansicht nach auch für die meisten europäischen Verfassungen der Gegenwart gelten.
2. Aus Artikel 6 geht hervor, dass auch die Väter der Demokratie nur sich und ihre männlichen Geschlechtsgenossen als vollwertige Staatsbürger anerkannten. Die Frauen hatten weder das aktive noch das passive Wahlrecht. Die Frau galt auch den meisten männlichen Aufklärern nicht als geistig gleichwertiger Mensch (vgl. Texte 8 und 9).

JOACHIM HEINRICH CAMPE: VÄTERLICHER RAT FÜR MEINE TOCHTER (1789) 8

1 Das Erste und Nötigste, was ich dir, wenn du selbst es nicht schon längst bemerkt haben solltest, zu melden habe, ist: dass das Geschlecht, wozu du gehörst, nach unserer dermaligen Weltverfassung in einem Zustande der Abhängigkeit und der Unterdrückung lebt und, solange jene Weltverfassung die nämliche bleibt, *notwendig leben muss.* Das ist freilich keine angenehme,
5 aber eine höchst nötige Nachricht, die ich, wenn ich zu deinem großen Schaden dich nicht täuschen wollte, dir nicht verhehlen dürfte. (…)
Jede menschliche Gesellschaft, auch die kleinste, die aus Mann und Weib und Kindern besteht, ist ein Körper; und zu jedem Körper gehören Haupt und Glieder. Gott selbst hat gewollt und die ganze Verfassung der menschlichen Gesellschaft auf Erden, soweit wir sie kennen,
10 nen, ist danach zugeschnitten, dass nicht das Weib, sondern der Mann das Haupt sein sollte.

IMMANUEL KANT: DER VERSTAND DES SCHÖNEN GESCHLECHTS (1764) 9

1 Das schöne Geschlecht hat ebenso wohl Verstand als das männliche, nur es ist ein schöner
Verstand, der unsrige soll ein tiefer Verstand sein, welches ein Ausdruck ist, der einerlei mit
dem Erhabenen bedeutet. (…) Tiefes Nachsinnen und eine lange fortgesetzte Betrachtung
sind edel, aber schwer und schicken sich nicht wohl für eine Person, bei der die ungezwungenen Reize nichts anders als eine schöne Natur zeigen sollen. Mühsames Lernen oder peinliches Grübeln, wenn es gleich ein Frauenzimmer darin hoch bringen sollte, vertilgen die Vorzüge, die ihrem Geschlechte eigentümlich sind, und können dieselbe wohl um der Seltenheit
willen zum Gegenstande einer kalten Bewunderung machen, aber sie werden zugleich die Reize schwächen, wodurch sie ihre große Gewalt über das andere Geschlecht ausüben. (...)

Band 2

Ergänzung Kulturgeschichte

III. Aufklärung – Empfindsamkeit – Sturm und Drang

Lesen Sie im Epochenteil Kapitel III.1 (Datierung und Begriffsklärung), Kapitel III.2 (Allgemeine geschichtliche Voraussetzungen) und Kapitel III.3.2 (Neues staatspolitisches Denken) und beantworten Sie folgende Fragen:

1. Welche vier Merkmale der Aufklärung gelten als elementar?
2. „Die Aufklärung ist eine bürgerliche Bewegung." – Erklären und begründen Sie diese Aussage.
3. Nennen Sie die beiden großen politischen Ereignisse, die mit dem Gedankengut der Aufklärung im Zusammenhang stehen.
4. Erklären Sie am Beispiel der Regierung Joseph II. die Herrschaftsform *Aufgeklärter Absolutismus*.
5. Erklären Sie die Bedeutung von Charles de Montesquieu für eine demokratische Verfassung.
6. Welche Vorstellung von einer besseren Gesellschaft entwickelte Jean-Jacques Rousseau in *Du contrat social*?

Kompetenzen: Das sollen Sie wissen/können

1. Sie kennen IMMANUEL KANTS Definition der Aufklärung („Aufklärung ist der Ausgang des Menschen aus seiner selbst verschuldeten Unmündigkeit") und können sein Verständnis von Mündigkeit mit eigenen Worten erklären.
2. Sie können DENIS DIDEROTS begriffliche Unterscheidung zwischen „kirchlicher Intoleranz" und „bürgerlicher Intoleranz" erklären.
3. Sie wissen, welche „Mittel zur Ausbreitung der Religion" Diderot grundsätzlich ablehnt.
4. Sie wissen, welche Ansicht der Aufklärer VOLTAIRE über die Menschheitsfamilie („Brüder") hatte.
5. Sie können erklären, was die *Bill of Rights* ist und wissen, warum sie den Grundsatz der Geschlechtergleichheit noch nicht erfüllte.

Die bürgerliche Familie, die weibliche Tugend und ihre adeligen Verführer
Das bürgerliche Trauerspiel und die Gesellschaftsverhältnisse des 18. Jahrhunderts

2

Modulvorschau

Das Theater wurde im 18. Jh. jenes Medium, in dem das Bürgertum seine Lebensweise, seine Probleme und Werthaltungen zum Thema machte. So entstand das *bürgerliche Trauerspiel*. Sie lernen in diesem Modul zwei Klassiker des *bürgerlichen Trauerspiels* kennen: *Emilia Galotti* von Gotthold Ephraim Lessing und *Kabale und Liebe* von Friedrich Schiller.

➡ Sie lernen den Aufbau und Inhalt beider Werke kennen und verstehen die Hintergründe der Entstehung.
➡ Sie beschäftigen sich mit dem Verhalten und den Motiven der handelnden Personen.
➡ Sie lernen sprachliche Besonderheiten der Stücke kennen.
➡ Sie arbeiten Ähnlichkeiten und Unterschiede der beiden Stücke anhand verschiedener Aspekte aus.

Lieber tot als verführt! – Bürgerliche Moral in Lessings „Emilia Galotti"

Das erste deutschsprachige *bürgerliche Trauerspiel* mit dem Titel *Miss Sara Sampson* (Uraufführung 1755) schrieb Gotthold Ephraim Lessing. Während dieses zur Entstehungszeit sehr erfolgreiche Stück heute von den Bühnen verschwunden ist, ist ein zweites bürgerliches Trauerspiel aus Lessings Feder zum Klassiker geworden: *Emilia Galotti* (1772).

Die Handlung hat der Autor in einem italienischen Kleinfürstentum mit dem Namen Guastalla angesiedelt. Die Titelfigur Emilia ist die einzige Tochter des bürgerlichen Obersts Odoardo Galotti und seiner Frau Claudia. Emilia ist jung, schön und nach den bürgerlichen Moralvorstellungen des 18. Jhs. „tugendhaft". Obwohl sie eine Bürgerliche ist, hat Graf Appiani um sie geworben. Die Eheschließung zwischen dem adeligen Mann und dem bürgerlichen Mädchen, die nach den Wertnormen der ständischen Gesellschaft eine Missheirat (Mesalliance) darstellt, steht knapp bevor. Nach der Verheiratung will sich das junge Paar aus Guastalla zurückziehen, um auf dem Landgut des Grafen ein beschauliches, zurückgezogenes Leben zu führen. Diese Umstände sind für den Landesfürsten Prinz Gonzaga ein Ärgernis. Er begehrt nämlich die schöne Emilia leidenschaftlich und will nicht akzeptieren, dass sie als Gattin eines anderen aus seinem Umfeld verschwindet.

Wir wollen an diesem Punkt die Wiedergabe der Handlung unterbrechen, um einen Teilaspekt des Stücks näher zu beleuchten, der für alle bürgerlichen Trauerspiele des 18. Jhs. bestimmend ist: die bürgerliche Familienstruktur und die bürgerlichen Vorstellungen von weiblicher Tugend.

Anregungen zur Texterschließung

Lesen Sie die Szenenausschnitte (Texte 1 und 2) und achten Sie auf folgende Aspekte:
1. Wie reagiert Odoardo Galotti, als ihm seine Frau Claudia erzählt, dass sich der Prinz gegen Emilia „so gnädig" verhalten hat?

2. Beschreiben Sie die Stimmung, in der sich Emilia befindet, als sie von der Messe heimkommt. Welche Umstände haben sie in diese Stimmung versetzt?

3. Emilia schildert ihre Begegnung mit dem Prinzen. Was meinen Sie? Ist Emilia angewidert? Wütend? Empört? Oder fühlt sie sich geschmeichelt? Freut sie sich über die Annäherung des Prinzen? Die Gefühlslage wird meist im Ausdrucksgehalt der Stimme erkennbar. (Beachten Sie die Anregung zum Sprechen!)

4. Im Gespräch zwischen Emilia und ihrer Mutter Claudia wird an manchen Stellen der Vater erwähnt. Was erfahren Sie aus diesen Textstellen über ihn und sein Denken?

1 GOTTHOLD EPHRAIM LESSING: EMILIA GALOTTI

2. Aufzug, 4. Auftritt

Emilia Galotti, Wiener Burgtheater 2002

1 CLAUDIA: (…) hab ich dir schon gesagt, dass der Prinz unsere Tochter gesehen hat?

ODOARDO: Der Prinz? Und wo das?

CLAUDIA: In der letzten Vegghia, bei dem Kanzler
5 Grimaldi, die er mit seiner Gegenwart beehrte. Er bezeigte sich gegen sie so gnädig – –

ODOARDO: So gnädig?

CLAUDIA: Er unterhielt sich mit ihr so lange – –

ODOARDO: Unterhielt sich mit ihr?

10 CLAUDIA: Schien von ihrer Munterkeit und ihrem Witze so bezaubert – –

ODOARDO: So bezaubert? – –

CLAUDIA: Hat von ihrer Schönheit mit so vielen Loberhebungen gesprochen – –

15 ODOARDO: Lobeserhebungen? Und das alles erzählst du mir in einem Tone der Entzückung? O Claudia! Claudia! eitle, törichte Mutter!

CLAUDIA: Wieso?

ODOARDO: Nun gut, nun gut! Auch das ist so abge-
20 laufen. – Ha! Wenn ich mir einbilde – Das gerade wäre der Ort, wo ich am tödlichsten zu verwunden bin! – Ein Wollüstling, der bewundert, begehrt. – Claudia! Claudia! der bloße Gedanke setzt mich in Wut. – Du hättest mir das sogleich sollen gemeldet haben. – Doch ich möchte dir heute nicht gern etwas Unangenehmes sagen. Und ich würde, – (*indem sie ihn bei der Hand ergreift*) wenn ich länger bliebe. – Drum
25 lass mich! lass mich! – Gott befohlen, Claudia!

(…)

Anregung zum Sprechen und Hören

1. Lesen Sie in Text 2 den Textabschnitt Z. 23–38 laut vor. Versuchen Sie den Ausdrucksgehalt Ihrer Stimme zu verändern: verärgert – geschmeichelt – verwirrt. Welche Version ist für Sie am überzeugendsten?

2. Hören Sie nun die Vertonung der Szene. Track 3

2. Aufzug, 6. Auftritt 🎧 Track 3   **2**

1   EMILIA (*stürzet in einer ängstlichen Verwirrung herein*). Wohl mir! wohl mir! Nun bin ich in Sicherheit. Oder ist er mir gar gefolgt? (*Indem sie den Schleier zurückwirft und ihre Mutter erblicket*). Ist er, meine Mutter? ist er? – Nein, dem Himmel sei Dank!

CLAUDIA: Was ist dir, meine Tochter? was ist dir?

5   EMILIA: Nichts, nichts –

CLAUDIA: Und blickest so wild um dich? Und zitterst an jedem Gliede?

EMILIA: Was hab ich hören müssen? Und wo, wo hab ich es hören müssen?

CLAUDIA: Ich hab dich in der Kirche geglaubt –

EMILIA: Eben da! Was ist dem Laster Kirch und Altar? – Ach, meine Mutter! (*Sich ihr in die*
10   *Arme werfend.*)

CLAUDIA: Rede, meine Tochter! – Mach meiner Furcht ein Ende. – Was kann dir da, an heiliger Stätte, so Schlimmes begegnet sein?

EMILIA: Nie hätte meine Andacht inniger, brünstiger sein sollen als heute: nie ist sie weniger gewesen, was sie sein sollte.

15   CLAUDIA: Wir sind Menschen, Emilia. Die Gabe zu beten ist nicht immer in unserer Gewalt. Dem Himmel ist beten wollen auch beten.

EMILIA: Und sündigen wollen auch sündigen.

CLAUDIA: Das hat meine Emilia nicht wollen!

EMILIA: Nein, meine Mutter; so tief ließ mich die Gnade nicht sinken. – Aber dass fremdes
20   Laster uns, wider unsern Willen, zu Mitschuldigen machen kann!

CLAUDIA: Fasse dich! – Sammle deine Gedanken, so viel dir möglich. – Sag es mir mit eins, was dir geschehen.

EMILIA: Eben hatt ich mich – weiter von dem Altare, als ich sonst pflege – denn ich kam zu spät – auf meine Knie gelassen. Eben fing ich an, mein Herz zu erheben, als dicht hinter mir
25   etwas seinen Platz nahm. So dicht hinter mir! – Ich konnte weder vor noch zur Seite rücken – so gern ich auch wollte; aus Furcht, dass eines andern Andacht mich in meiner stören möchte. – Andacht! das war das Schlimmste, was ich besorgte. – Aber es währte nicht lange, so hört ich, ganz nah an meinem Ohre – nach einem tiefen Seufzer – nicht den Namen einer Heiligen – den Namen – zürnen Sie nicht, meine Mutter – den Namen Ihrer Tochter! – Meinen Na-
30   men! – O dass laute Donner mich verhindert hätten, mehr zu hören! – Es sprach von Schönheit, von Liebe. – Es klagte, dass dieser Tag, welcher mein Glück mache – wenn er es anders mache – sein Unglück auf immer entscheide. – Es beschwor mich – hören musst ich dies alles. Aber ich blickte nicht um; ich wollte tun, als ob ich es nicht hörte. – Was konnt ich sonst? – Meinen guten Engel bitten, mich mit Taubheit zu schlagen; und wann auch, wann auch auf
35   immer! – Das bat ich; das war das Einzige, was ich beten konnte. – Endlich ward es Zeit, mich wieder zu erheben. Das heilige Amt ging zu Ende. Ich zitterte, mich umzukehren. Ich zitterte, ihn zu erblicken, der sich den Frevel erlauben dürfen. Und da ich mich umwandte, da ich ihn erblickte –

CLAUDIA: Wen, meine Tochter?

40   EMILIA: Raten Sie, meine Mutter; raten Sie – Ich glaubte in die Erde zu sinken. – Ihn selbst.

CLAUDIA: Wen, ihn selbst?

EMILIA: Den Prinzen.

CLAUDIA: Den Prinzen! – O gesegnet sei die Ungeduld deines Vaters, der eben hier war und dich nicht erwarten wollte!

45   EMILIA: Mein Vater hier? – und wollte mich nicht erwarten?

CLAUDIA: Wenn du in deiner Verwirrung auch ihn das hättest hören lassen!

EMILIA: Nun, meine Mutter? – Was hätt er an mir Strafbares finden können?

CLAUDIA: Nichts, ebenso wenig als an mir. Und doch, doch – Ha, du kennest deinen Vater

50 nicht! In seinem Zorne hätt er den unschuldigen Gegenstand des Verbrechens mit dem Verbrecher verwechselt. In seiner Wut hätt ich ihm geschienen, das veranlasst zu haben, was ich weder verhindern noch vorhersehen können. – Aber weiter, meine Tochter, weiter! Als du den Prinzen erkanntest – Ich will hoffen, dass du deiner mächtig genug warest, ihm in einem Blicke alle die Verachtung zu bezeigen, die er verdienet.

EMILIA: Das war ich nicht, meine Mutter! Nach dem Blicke, mit dem ich ihn erkannte, hatt ich

55 nicht das Herz, einen zweiten auf ihn zu richten. Ich floh –

Prinz Gonzaga will nicht akzeptieren, dass Emilia als Frau eines anderen aus seinem Umfeld verschwindet. In dieser Situation bietet sich sein Kammerherr Marinelli – die eigentliche Schurkenfigur des Stücks – als „Helfer" an. Er arrangiert einen Scheinüberfall auf die Kutsche, in der Graf Appiani und Emilia reisen. Appiani wird dabei erschossen, Emilia „gerettet" und auf Dosalo, das Lustschloss des Prinzen, gebracht. Emilia befindet sich nach ihrer „Rettung" in der Macht des Prinzen Gonzaga. Es bleibt offen, wie weit der Prinz seine Machtposition nun ausnützen wird. Man kann durchaus den Eindruck gewinnen, dass Emilia mehr Angst vor der eigenen Verführbarkeit hat als vor einer immerhin auch denkbaren Vergewaltigung. Nach einer Weile erscheint Odoardo Galotti auf dem Schloss. Er ist entschlossen, Marinelli und den Prinzen zu töten. Aber es kommt anders:

3 | 5. Aufzug, 7. Auftritt

1 ODOARDO: Ich ward auch so wütend, dass ich schon nach diesem Dolche griff, (*ihn herausziehend*) um einem von beiden – beiden! – das Herz zu durchstoßen.

EMILIA: Um des Himmels willen nicht, mein Vater! – Dieses Leben ist alles, was die Lasterhaften haben. – Mir, mein Vater, mir geben Sie diesen Dolch.

5 ODOARDO: Kind, es ist keine Haarnadel.

EMILIA: So werde die Haarnadel zum Dolche! – Gleichviel.

ODOARDO: Was? Dahin wäre es gekommen? Nicht doch;
nicht doch! Besinne dich. – Auch du hast nur Ein Leben zu verlieren.

EMILIA: Und nur Eine Unschuld!

10 ODOARDO: Die über alle Gewalt erhaben ist. –

EMILIA: Aber nicht über alle Verführung. – Gewalt! Gewalt! wer kann der Gewalt nicht trotzen? Was Gewalt heißt, ist nichts: Verführung ist die wahre Gewalt! – Ich habe Blut, mein Vater; so jugendliches, so warmes Blut als eine. Auch meine Sinne, sind Sinne. Ich stehe für nichts. Ich bin für nichts gut. (…) Geben Sie mir, mein Vater, geben Sie mir diesen Dolch.

15 ODOARDO: Und wenn du ihn kenntest, diesen Dolch! –

EMILIA: Wenn ich ihn auch nicht kenne! – Ein unbekannter Freund, ist auch ein Freund. – Geben Sie mir ihn, mein Vater; geben Sie mir ihn.

ODOARDO: Wenn ich dir ihn nun gebe – da! (*Gibt ihr ihn.*)

EMILIA: Und da! (*Im Begriffe sich damit zu durchstoßen, reißt der Vater ihr ihn wieder aus der*

20 *Hand.*)

ODOARDO: Sieh, wie rasch! – Nein, das ist nicht für deine Hand.

EMILIA: Es ist wahr, mit einer Haarnadel soll ich – (*Sie fährt mit der Hand nach dem Haare, eine zu suchen, und bekommt die Rose zu fassen.*) Du noch hier? – Herunter mit dir! Du gehörest nicht in das Haar einer – wie mein Vater will, dass ich werden soll!

25 ODOARDO: Oh, meine Tochter! –

EMILIA: Oh, mein Vater, wenn ich Sie erriete! – Doch nein; das wollen Sie auch nicht. Warum zauderten Sie sonst? – (*In einem bittern Tone, während dass sie die Rose zerpflückt.*) Ehedem wohl gab es einen Vater, der, seine Tochter von der Schande zu retten, ihr zum ersten den besten Stahl in das Herz senkte – ihr zum zweiten das Leben gab. Aber alle solche Taten sind von

30 ehedem! Solcher Väter gibt es keinen mehr!

ODOARDO: Doch, meine Tochter, doch! (*Indem er sie durchsticht.*) Gott, was hab ich getan! (*Sie will sinken, und er fasst sie in seine Arme.*)

EMILIA: Eine Rose gebrochen, ehe der Sturm sie entblättert. – Lassen Sie mich sie küssen, diese väterliche Hand.

Anregung zur Problemdiskussion

Versuchen Sie aufgrund der Inhaltsangabe und der Textstellen folgende Frage zu klären: Wer hat Emilia Galottis Tod zu verantworten? – Klären Sie im Kleingruppengespräch folgende Detailfragen: Welche Figuren haben durch welche Verhaltensweisen zur Katastrophe ihren Beitrag geliefert? Wer hätte es durch sein/ihr Verhalten in der Hand gehabt, den Lauf der Ereignisse zu verändern?

Anregung zum Schreiben

Versuchen Sie die Geschichte der Emilia Galotti etwa ab dem 3. Akt anders zu erzählen. Schreiben Sie einen neuen Handlungsverlauf, der von folgender Situation ausgeht: Emilia entschließt sich, der Werbung des Prinzen nachzugeben. Was passiert in der Folge und zu welchem Ende führt diese Version?

LIEBER TOT ALS STANDESGEMÄSS VERHEIRATET! – DAS „RECHT DES HERZENS" IN FRIEDRICH SCHILLERS TRAUERSPIEL „KABALE UND LIEBE"

Kabale und Liebe gehört zu den Jugenddramen FRIEDRICH SCHILLERS und steht thematisch und stilistisch noch ganz im Einfluss des *Sturm und Drang*. Das Wort „Kabale" bedeutet Intrige.

Ferdinand von Walter, der männliche Held des Trauerspiels, ist ein junger Aristokrat, nicht nur ein Aristokrat der Herkunft, sondern auch ein Aristokrat der Seele, leidenschaftlich, ehrlich, absolut integer – und dennoch ein Mörder und Selbstmörder. Ferdinand befindet sich in einem schweren Konflikt mit seinem Vater. Präsident von Walter ist – wie sich im Laufe des Stücks herausstellt – unter äußerst fragwürdigen Umständen zu einem der führenden Männer des Fürstentums aufgestiegen. Er hat Karriere gemacht, und er möchte den gesellschaftlichen Status der Familie durch seinen Sohn Ferdinand aufrechterhalten wissen. Daher soll Ferdinand Lady Milford, die Mätresse des Herzogs, heiraten. Der Fürst möchte sie offensichtlich unter einigermaßen zumutbaren Bedingungen „abgeben". Ferdinand weist diesen Plan des Vaters nicht nur aus Gründen der Ehre entrüstet zurück, sondern vor allem deshalb, weil er eine andere Frau liebt: Luise Miller, ein Mädchen aus kleinbürgerlicher Familie. Ferdinand hat bei ihrem Vater, einem „Musikus", Privatstunden genommen und die Tochter kennen und lieben gelernt. Musikus Miller ist – im Gegensatz zu seiner Frau – von Anfang an gegen diese

Verbindung, weil sie seiner Ansicht nach nie ein glückliches Ende finden kann. Lesen Sie dazu Text 4 und beachten Sie besonders einige Aspekte:

Anregungen zur Texterschließung

1. Warum will Musikus Miller die Beziehung seiner Tochter zu Ferdinand von Walter unterbinden? Welche Befürchtungen hat er?
2. Frau Miller teilt die Meinung ihres Mannes nicht. Welche Argumente bringt sie für die Aufrechterhaltung der Beziehung Luise–Ferdinand vor? Mit welchen Gegenargumenten antwortet Miller seiner Frau? Wie spricht er mit ihr?
3. Die Sprache des Stücks ist für das heutige Theaterpublikum nicht immer leicht zu verstehen. Das liegt teilweise daran, dass sich Schiller einer realistischen Sprache bedient, d. h. den regionalen bürgerlichen *Soziolekt* des 18. Jhs. berücksichtigt. Es liegt aber auch daran, dass Schiller seine Miller-Figur überaus *bildhaft* sprechen lässt, so wie dies in der Literaturepoche des *Sturm und Drang* verbreitet war. Unterstreichen Sie Wendungen und Ausdrücke, die Ihnen unverständlich sind, und versuchen Sie deren Bedeutung aus dem inhaltlichen Zusammenhang zu erschließen. Beachten Sie weiters, dass Schiller besonders gern *Periphrasen* (Umschreibungen eines Sachverhalts) verwendet. Erschließen Sie insbesondere die Bedeutung der Zeilen 25–55 und weisen Sie bildhafte Ausdrucksweisen nach.
4. Hören Sie die Vertonung der Szene. 🎵 Track 4

4 FRIEDRICH SCHILLER: KABALE UND LIEBE 🎵 Track 4

1. Akt, 1. Szene

Kabale und Liebe, Deutsches Theater Berlin 2010

1 *Zimmer beim Musikus. Miller steht eben vom Sessel auf und stellt sein Violoncell auf die Seite. An einem Tisch sitzt Frau Millerin noch im Nachtgewand, und trinkt ihren Kaffee.*

5 MILLER (*schnell auf und ab gehend*): Einmal für allemal. Der Handel wird ernsthaft. Meine Tochter kommt mit dem Baron ins Geschrei. Mein Haus wird verrufen. Der Präsident bekommt Wind, und – kurz und gut, ich biete dem Junker aus.

10 FRAU: Du hast ihn nicht in dein Haus geschwatzt – hast ihm deine Tochter nicht nachgeworfen.

MILLER: Hab ihn nicht in mein Haus geschwatzt – hab ihm's Mädel nicht nachgeworfen; wer nimmt Notiz davon? – Ich war Herr im Haus. Ich hätt meine

15 Tochter mehr koram nehmen sollen. Ich hätt dem Major besser auftrumpfen sollen – oder hätt gleich alles Seiner Exzellenz dem Herrn Papa stecken sollen. Der junge Baron bringt's mit einem Wischer hinaus, das muss ich wissen, und alles Wetter kommt

20 über den Geiger.

FRAU (*schlürft eine Tasse aus*): Possen! Geschwätz! Was kann über dich kommen? Wer kann dir was anhaben? Du gehst deiner Profession nach, und raffst Scholaren zusammen, wo sie zu kriegen sind.

25 MILLER: Aber, sag mir doch, was wird bei dem ganzen Kommerz auch herauskommen? – Nehmen kann er das Mädel nicht – Vom Nehmen ist gar die Rede nicht, und zu einer dass Gott erbarm'? – Guten Morgen! – Gelt, wenn so ein Musje von sich da und dort, und dort und hier schon herumbeholfen hat, wenn er, der Henker weiß was als? gelöst hat, schmeckt's meinem guten Schlucker freilich, einmal auf süß Wasser zu graben. Gib du acht! gib du acht! und wenn

30 du aus jedem Astloch ein Auge strecktest und vor jedem Blutstropfen Schildwache ständest, er wird sie, dir auf der Nase, beschwatzen, dem Mädel eins hinsetzen, und führt sich ab, und das Mädel ist verschimpfiert auf ihr Leben lang, bleibt sitzen, oder hat's Handwerk verschmeckt, treibt's fort. (*Die Faust vor die Stirn.*) Jesus Christus!

FRAU: Gott behüt' uns in Gnaden!

35 MILLER: Es hat sich zu behüten. Worauf kann so ein Windfuß wohl sonst sein Absehen richten? – Das Mädel ist schön – schlank – führt seinen netten Fuß. Unterm Dach mag's aussehen, wie's will. Darüber kuckt man bei euch Weibsleuten weg, wenn's nur der liebe Gott parterre nicht hat fehlen lassen – Stöbert mein Springinsfeld erst noch dieses Kapitel aus – heh da! geht ihm ein Licht auf, wie meinem Rodney, wenn er die Witterung eines Franzosen kriegt,

40 und nun müssen alle Segel dran, und drauflos, und – ich verdenk's ihm gar nicht. Mensch ist Mensch. Das muss ich wissen. (…)

FRAU: Sieh doch nur erst die prächtigen Bücher an, die der Herr Major ins Haus geschafft haben. Deine Tochter betet auch immer draus.

MILLER (*pfeift*): Hui da! Betet! Du hast den Witz davon. Die rohe Kraftbrühen der Natur sind

45 Ihro Gnaden zartem Makronenmagen noch zu hart. – Er muss sie erst in der höllischen Pestilenzküche der Bellatristen künstlich aufkochen lassen. Ins Feuer mit dem Quark. Da saugt mir das Mädel – weiß Gott was als für? – überhimmlische Alfanzereien ein, das läuft dann wie spanische Mucken ins Blut und wirft mir die Handvoll Christentum noch gar auseinander, die der Vater mit knapper Not so so noch zusammenhielt. Ins Feuer sag ich. Das Mädel setzt sich

50 alles Teufelsgezeug in den Kopf; über all dem Herumschwänzen in der Schlaraffenwelt findet's zuletzt seine Heimat nicht mehr, vergisst, schämt sich, dass sein Vater Miller der Geiger ist, und verschlägt mir am End einen wackern ehrbaren Schwiegersohn, der sich so warm in meine Kundschaft hineingesetzt hätte – –Nein! Gott verdamm' mich. (*Er springt auf, hitzig.*) Gleich muss die Pastete auf den Herd, und dem Major – ja ja dem Major will ich weisen, wo Meister

55 Zimmermann das Loch gemacht hat. (*Er will fort.*)

FRAU: Sei artig, Miller. Wie manchen schönen Groschen haben uns nur die Präsenter – –

MILLER (*kommt zurück und bleibt vor ihr stehen*): Das Blutgeld meiner Tochter? – Schier dich zum Satan, infame Kupplerin! – Eh will ich mit meiner Geig auf den Bettel herumziehen, und das Konzert um was Warmes geben – eh will ich mein Violoncello zerschlagen, und Mist im

60 Sonanzboden führen, eh ich mir's schmecken lass von dem Geld, das mein einziges Kind mit Seel und Seligkeit abverdient. – Stell den vermaledeiten Kaffee ein, und das Tobakschnupfen, so brauchst du deiner Tochter Gesicht nicht zu Markt zu treiben. Ich hab mich satt gefressen, und immer ein gutes Hemd auf dem Leib gehabt, eh so ein vertrackter Tausendsasa in meine Stube geschmeckt hat.

65 FRAU: Nur nicht gleich mit der Tür ins Haus. Wie du doch den Augenblick in Feuer und Flammen stehst! Ich sprech ja nur, man müss den Herrn Major nicht disguschtüren, weil Sie des Präsidenten Sohn sind.

Miller: Da liegt der Has im Pfeffer. Darum, just eben darum, muss die Sach noch heut auseinander. Der Präsident muss es mir Dank wissen, wenn er ein rechtschaffener Vater ist. Du wirst mir meinen roten plüschenen Rock ausbürsten, und ich werde mich bei Seiner Exzellenz anmelden lassen. Ich werde sprechen zu Seiner Exzellenz: Dero Herr Sohn haben ein Aug auf meine Tochter; meine Tochter ist zu schlecht zu Dero Herrn Sohnes Frau, aber zu Dero Herrn Sohnes Hure ist meine Tochter zu kostbar, und damit basta! – Ich heiße *Miller*.

ausbieten: das Haus verbieten (Z. 9); *jemanden koram nehmen*: jemandem Vorhaltungen machen (Z. 15); *bringt's mit einem Wischer hinaus*: bringt es mit einem Verweis hinter sich (Z. 18/19); *Profession*: Gewerbe (Z. 23); *Scholaren*: Schüler (Z. 24); *Kommerz*: Handel (Z. 25); *nehmen*: hier im Sinne von: zur Frau nehmen (Z. 25/26); *Musje*: volkssprachliche Vereinfachung des französischen Worts „Monsieur" (Z. 27); *Windfuß*: leichtfertiger Mensch (Z. 35); *Springinsfeld*: leichtfertiger Mensch (Z. 38); *Rodney*: englischer Admiral, der die französische Flotte im englisch-französischen Kolonialkrieg besiegte (Z. 39); *Makronenmagen*: ein an Makronen (Kleingebäck) gewöhnter, d. h. verwöhnter Magen (Z. 45); *Pestilenzküche*: lat. pestilentia (ansteckende Krankheit, Pest) (Z. 45/46); *Bellatristen*: Romanautoren (Z. 46); *Alfanzerei*: Albernheit (Z. 47); *spanische Mucken*: aus der „spanischen Fliege" wird Kantharidin gewonnen, das auch als sexuelles Reizmittel eingesetzt wurde (Z. 48); *Präsenter*: Geschenke (Z. 56); *schier dich zum Satan*: ,scher' dich zum Satan (Z. 57/58); *Sonanzboden*: Resonanzkörper (seines Violoncellos) (Z. 60); *disguschtüren*: frz., disgustieren, vor den Kopf stoßen (Z. 66)

Ferdinand steht mit einer Unbedingtheit zu seiner Liebe, die das Gebäude rationaler Karriereplanung, das sein Vater errichtet hat, ernsthaft gefährdet. Mit den Mitteln der Intrige (Kabale) versucht Präsident von Walter seine Vorstellungen doch noch zu realisieren. Unter Mitwirkung des rachsüchtigen Sekretärs Wurm, der auch um Luise geworben hat, aber abgewiesen worden ist, erpresst der Präsident von Luise einen fingierten Liebesbrief an den dümmlichen Hofmarschall von Kalb. Dieser Brief wird Ferdinand in die Hände gespielt, aber dieser reagiert auf die angebliche Untreue seiner Geliebten nicht mit Ablehnung und Abwendung, wie es Präsident von Walter erhofft hat, sondern getreu dem Grundsatz „alles oder nichts". Wenn Luise nicht als tugendhaftes Mädchen die Seine werden kann, dann hat das Leben keinen Sinn mehr. Ferdinand vergiftet Luise und sich selbst. Erst angesichts des Todes des Sohnes erkennt Präsident von Walter, was er angerichtet hat. Er stellt sich den Gerichten.

Vergleich „Emilia Galotti" – „Kabale und Liebe"

Anregungen zur Texterschließung

Machen Sie sich nun aufgrund der Textauszüge und der inhaltlichen Darstellungen einige Ähnlichkeiten und Unterschiede zwischen den beiden Trauerspielen bewusst. Der Schwerpunkt der Untersuchung liegt in diesem Fall auf soziologischen Gesichtspunkten:

1. Beschreiben Sie das familiäre System Vater – Mutter – Tochter, in dem die tragischen Heldinnen leben. Welche Wertvorstellungen gelten in diesem System? Wer verfügt innerhalb der Familie über wie viel Macht? Wer verfügt über wie viel Freiheit?
2. Beschreiben Sie das Verhalten der männlichen Liebhaberfiguren Prinz Gonzaga und Ferdinand von Walter. Beachten Sie dabei auch deren gesellschaftliche Position.
3. „Geschichtlichkeit" oder „Aktualität"? Vergleichen Sie die Lebenssituation von Emilia und Luise mit der üblichen Lebenssituation junger Frauen in der heutigen europäischen Gesellschaft.
4. Neben Emilia und Luise gibt es noch zwei weitere Frauenfiguren in den Dramen *Emilia Galotti* und *Kabale und Liebe*, deren Lebenswege als „tragisch" bezeichnet werden können: Gräfin Orsina und Lady Milford. Lesen Sie dazu den folgenden Abschnitt.

Gräfin Orsina und Lady Milford – zwei weitere tragische Frauenfiguren

Gräfin Orsina ist die Mätresse (Geliebte) des Prinzen Gonzaga. Der Prinz hat im Laufe der Zeit das Interesse an dieser Frau verloren. In der 3. Szene des 4. Akts von *Emilia Galotti* kommt sie auf das Schloss Dosalo, wird aber von Marinelli, dem Kammerherrn, auf demütigende Art und Weise abgewiesen. Es ist auffällig, dass LESSING die Mätresse nicht vom Standpunkt bürgerlicher Moral aus zur negativen weiblichen Gegenfigur macht, sondern ihr ein hohes Maß an persönlicher Würde verleiht, die sich beispielsweise in folgender ironischen Äußerung zeigt: *„Ist es wohl noch Wunder, dass mich der Prinz verachtet? Wie kann ein Mann ein Ding lieben, das, ihm zum Trotze, auch denken will? Ein Frauenzimmer, das denkt, ist ebenso ekel als ein Mann, der sich schminket. Lachen soll es, nichts als lachen, um immerdar den gestrengen Herrn der Schöpfung bei guter Laune zu erhalten."* (4. Akt, 3. Szene)

Deutlicher noch als Lessing ergreift FRIEDRICH SCHILLER für seine Mätressen-Figur Partei. Ferdinand von Walter lässt Lady Milford, mit der er gegen seinen Willen verheiratet werden soll, seine ganze Verachtung spüren. Daraufhin schildert sie ihm die unglücklichen Umstände, die letztlich dazu geführt haben, dass sie zur Mätresse des Fürsten geworden ist. Eine der berühmtesten Szenen aus *Kabale und Liebe* ist die sogenannte *Kammerdiener-Szene* aus dem 2. Akt.
Das Ereignis, auf das der Kammerdiener in dieser Szene anspielt, hat einen realen historischen Hintergrund. Karl Eugen, der Herzog von Württemberg, wo Schiller lebte, führte ein aufwendiges Hofleben. Bei der Geldbeschaffung war der Herzog nicht wählerisch. Seit dem Siebenjährigen Krieg war es in Deutschland nicht ungewöhnlich, junge Männer als „freiwillige" Soldaten an ausländische Herrscher zu verleihen oder zu verkaufen. Im Jahr 1776 versuchte auch der Herzog von Württemberg 3000 Soldaten an England zu „liefern", damit sie im amerikanischen Unabhängigkeitskrieg gegen die aufständischen Kolonien eingesetzt werden könnten. Aus dem Handel wurde allerdings nichts, weil Württemberg mittlerweile schon so verarmt war, dass er die 3000 Mann nicht ausrüsten konnte.

Anregungen zur Texterschließung

1. Lesen Sie Text 5 und fassen Sie kurz zusammen, was der Kammerdiener Lady Milford berichtet.
2. Beschreiben Sie, wie sich Lady Milford in folgender Szene verhält. (Beachten Sie auch die Regieanweisungen.) Welches Persönlichkeitsbild entsteht durch ihre Verhaltensweisen?

FRIEDRICH SCHILLER: KABALE UND LIEBE · 5

2. Akt, 2. Szene (Auszug)

1 *Ein alter Kammerdiener des Fürsten, der ein Schmuckkästchen trägt. (…)*
KAMMERDIENER: Seine Durchlaucht der Herzog empfehlen sich Mylady zu Gnaden, und schicken Ihnen diese Brillanten zur Hochzeit. Sie kommen soeben erst aus Venedig.
LADY (*hat das Kästchen geöffnet und fährt erschrocken zurück*): Mensch! was bezahlt dein Herzog für diese Steine?
5 KAMMERDIENER (*mit finsterm Gesicht*): Sie kosten ihn keinen Heller.
LADY: Was? Bist du rasend? N i c h t s ? – und (*indem sie einen Schritt von ihm weg tritt*) du wirfst mir ja einen Blick zu, als wenn du mich durchbohren wolltest – N i c h t s kosten ihn diese unermesslich kostbaren Steine?

10 Kammerdiener: Gestern sind siebentausend Landskinder nach Amerika fort – Die zahlen alles.

Lady (*setzt den Schmuck plötzlich nieder und geht rasch durch den Saal, nach einer Pause zum Kammerdiener*): Mann, was ist dir? Ich glaube, du weinst?

Kammerdiener (*wischt sich die Augen, mit schrecklicher Stimm, alle Glieder zitternd*): Edelsteine

15 wie diese da – Ich hab auch ein paar Söhne drunter.

Lady (*wendet sich bebend weg, seine Hand fassend*): Doch keinen Gezwungenen?

Kammerdiener (*lacht fürchterlich*): O Gott – Nein – lauter Freiwillige. Es traten wohl so etliche vorlaute Bursch' vor die Front heraus und fragten den Obersten, wie teuer der Fürst das Joch Menschen verkaufe? – aber unser gnädigster Landesherr ließ alle Regimenter auf dem

20 Paradeplatz aufmarschieren und die Maulaffen niederschießen. Wir hörten die Büchsen knallen, sahen ihr Gehirn auf das Pflaster sprützen, und die ganze Armee schrie: Juchhe nach Amerika! –

Lady (*fällt mit Entsetzen in den Sofa*): Gott! Gott! – Und ich hörte nichts? Und ich merkte nichts?

25 Kammerdiener: Ja, gnädige Frau – warum musstet Ihr denn mit unserm Herrn gerad auf die Bärenhatz reiten, als man den Lärmen zum Aufbruch schlug? – Die Herrlichkeit hättet Ihr doch nicht versäumen sollen, wie uns die gellenden Trommeln verkündigten, es ist Zeit, und heulende Waisen dort einen lebendigen Vater verfolgten, und hier eine wütende Mutter lief, ihr saugendes Kind an Bajonetten zu spießen, und wie man Bräutigam und Braut mit Säbel-

30 hieben auseinander riss, und wir Graubärte verzweiflungsvoll dastanden, und den Burschen auch zuletzt die Krücken noch nachwarfen in die neue Welt – Oh, und mitunter das polternde Wirbelschlagen, damit der Allwissende uns nicht sollte beten hören –

Lady (*steht auf, heftig bewegt*): Weg mit diesen Steinen – sie blitzen Höllenflammen in mein Herz. (*Sanfter zum Kammerdiener.*) Mäßige dich, armer alter Mann. Sie werden wiederkom-

35 men. Sie werden ihr Vaterland wiedersehen.

Kammerdiener (*warm und voll*): Das weiß der Himmel! Das werden sie! – Noch am Stadttor drehten sie sich um und schrien: „Gott mit euch, Weib und Kinder! – Es leb' unser Landesvater – am Jüngsten Gericht sind wir wieder da!" –

Lady (*mit starkem Schritt auf und nieder gehend*): Abscheulich! Fürchterlich! – Mich beredete

40 man, ich habe sie alle getrocknet, die Tränen des Landes – Schrecklich, schrecklich gehen mir die Augen auf – Geh du – Sag deinem Herrn – Ich werd ihm persönlich danken. (*Kammerdiener will gehen, sie wirft ihm ihre Goldbörse in den Hut.*) Und das nimm, weil du mir Wahrheit sagtest –

Kammerdiener (*wirft sie verächtlich auf den Tisch zurück*): Legts zu dem Übrigen. (*Er geht ab*)

45 Lady (*sieht ihm erstaunt nach*): Sophie, spring ihm nach, frag ihn um seinen Namen. Er soll seine Söhne wiederhaben. (*Sophie ab. Lady nachdenkend auf und nieder. Pause. Zu Sophien, die wiederkommt.*) Ging nicht jüngst ein Gerüchte, dass das Feuer eine Stadt an der Grenze verwüstet, und bei vierhundert Familien an den Bettelstab gebracht habe? (*Sie klingelt.*)

Sophie: Wie kommen Sie auf das? Allerdings ist es so, und die mehresten dieser Unglückli-

50 chen dienen jetzt ihren Gläubigern als Sklaven, oder verderben in den Schachten der fürstlichen Silberbergwerke.

Bedienter (*kommt*): Was befehlen Mylady?

Lady (*gibt ihm den Schmuck*): Dass das ohne Verzug in die Landschaft gebracht werde! – Man soll es sogleich zu Geld machen, befehl ich, und den Gewinst davon unter die Vierhundert

55 verteilen, die der Brand ruiniert hat.

SOPHIE: Mylady, bedenken Sie, dass Sie die höchste Ungnade wagen.

LADY (*mit Größe*): Soll ich den Fluch seines Landes in meinen Haaren tragen? (*Sie winkt dem Bedienten, dieser geht.*) Oder willst du, dass ich unter dem schrecklichen Geschirr solcher Tränen zu Boden sinke? – Geh, Sophie – Es ist besser, falsche Juwelen im Haar, und das Bewusstsein dieser Tat im Herzen zu haben.

₆₀

Ergänzung Literaturgeschichte

Band 2

III. Aufklärung – Empfindsamkeit – Sturm und Drang

Lesen Sie im Epochenteil Kapitel III.4.3 (Das Theater als Medium bürgerlicher Emanzipation) und III.5 (Das Drama im 18. Jh.) und entnehmen Sie daraus folgende Informationen:

1. Erklären Sie den Begriff „Ständeklausel".
2. Erklären Sie, inwiefern George Lillo mit seinem Drama *George Barnwell or The Merchant of London* die Ständeklausel ignoriert.
3. Wer schrieb das erste deutschsprachige bürgerliche Trauerspiel und wie heißt es?
4. Welche Stücke des 19. Jahrhunderts setzen die Tradition des bürgerlichen Trauerspiels fort?
5. Welche Regeln stellte der Literaturprofessor Gottsched für die Abfassung eines Dramas auf?

Lesen Sie Kapitel III.9.5 (Das Drama des Sturm und Drang) und III.9.6 (Der junge Friedrich Schiller) und entnehmen Sie daraus folgende Informationen:

1. Inwiefern ignorierten die jungen deutschen Dramatiker Gottscheds Regeln für die Abfassung eines Dramas?
2. Welcher englische Dramatiker war das Vorbild der Sturm-und-Drang-Dichter?
3. Welches Stück des jungen Goethe wurde wegweisend für den Sturm und Drang?
4. Wie heißt Friedrich Schillers erstes Drama?

Kompetenzen: Das sollen Sie wissen/können

1. Sie können den Handlungsverlauf von GOTTHOLD EPHRAIM LESSINGS Stück *Emilia Galotti* kurz zusammenfassen.
2. Sie können die Titelfigur (Lebenssituation, Verhaltens- und Denkweisen) beschreiben.
3. Sie können erklären, wie sich Prinz Gonzaga und Odoardo Galotti gegenüber Emilia verhalten.
4. Sie können den Handlungsverlauf von FRIEDRICH SCHILLERS Stück *Kabale und Liebe* kurz zusammenfassen.
5. Sie können die weibliche Hauptfigur (Lebenssituation, Verhaltensweisen) beschreiben.
6. Sie können Musikus Miller (Verhaltensweisen, Sprechweise) beschreiben.
7. Sie können die Vater-Sohn-Beziehung Präsident von Walter – Ferdinand von Walter erklären.
8. Sie wissen, was eine Mätresse ist, und Sie können die Figur Lady Milford (Lebenssituation, Verhaltensweisen, Charakter) beschreiben.
9. Sie kennen den Begriff *bürgerliches Trauerspiel* und können ihn Dramen des 18. Jhs. zuordnen.

3 GIBT ES DIE „WAHRE" RELIGION?
Gotthold Ephraim Lessings Drama „Nathan der Weise"

Modulvorschau

Nathan der Weise gehört zu den berühmtesten Werken der europäischen Bühnendichtung. GOTTHOLD EPHRAIM LESSING behandelt darin ein Hauptthema der *Aufklärung*: religiöse Toleranz.

➡ Sie lernen die Entstehungsgeschichte von *Nathan der Weise* kennen.
➡ Sie interpretieren einen Kerntext des Stücks, die „Ringparabel".
➡ Sie erkennen die Aktualität des Toleranzthemas.

EIN DICHTER VERÄRGERT EINEN PASTOR

In den Siebzigerjahren des 18. Jhs. zog sich der Schriftsteller GOTTHOLD EPHRAIM LESSING die erbitterte Gegnerschaft des Hamburger Hauptpastors Johann Melchior Goeze zu. Lessing hatte Teile aus einer religionskritischen Schrift des bereits 1768 verstorbenen Gelehrten HERMANN SAMUEL REIMARUS veröffentlicht. Reimarus hatte in der *Apologie oder Schutzschrift für die vernünftigen Verehrer Gottes* vor allem kirchliche Dogmen (Lehr- und Glaubenssätze) kritisiert und die Vorstellung einer „natürlichen" Religiosität vertreten, die der Vernunft nicht widerspricht. In der Theologie des 18. Jhs. waren solche Ansichten durchaus nicht neu (vgl. **Band 2** ▶ Epochenteil, III.3.1). Was die orthodoxen (= streng gläubigen) Gemüter hauptsächlich erregte, war der Umstand, dass Lessing eine kirchenkritische Schrift nicht unter Gelehrten diskutierte, sondern in eine breitere Öffentlichkeit brachte. Vor allem der schon erwähnte Hauptpastor Goeze verurteilte nicht nur die Inhalte der Schrift Reimarus', sondern auch Lessings Vorgangsweise. Der Schriftsteller wehrte sich, und im Nu war der lebhafteste Streit im Gange. Zu Lessings Enttäuschung brachte der Landesfürst, Herzog Carl von Braunschweig, die öffentliche Auseinandersetzung durch Zensurbestimmungen zum Erliegen. Lessing durfte sich zu den heiklen Punkten nicht mehr publizistisch äußern, aber …

Gotthold Ephraim Lessing

DANN EBEN EIN DRAMA!

… er fand einen Ausweg. Worüber er in Zeitschriften schweigen musste, darüber wollte LESSING auf der Bühne „reden". Im Jahr 1779 erschien das Bühnenstück *Nathan der Weise*, das vordergründig in Jerusalem zur Zeit des 3. Kreuzzugs spielt (also knapp vor dem Jahr 1200), aber aktuelle Themen der Entstehungszeit beinhaltet. Denn das Hauptmotiv des Dramas ist die Frage nach der „wahren" Religion. Kann eine religiöse Gemeinschaft den Anspruch erheben, den einzig richtigen Glauben zu haben?
Die Antwort auf diese Frage gibt in Lessings Stück die Titelfigur. Nathan ist ein Geschäftsmann in Jerusalem. Während er auf Reisen war, wäre seine Tochter Recha Opfer eines Brandes geworden, wenn sie nicht von einem christlichen Tempelherrn gerettet worden wäre. Nathan dankt Rechas Retter und kann ihn, der anfangs antisemitische Vorurteile hat, zum Freund gewinnen. Obendrein verlieben sich Recha und der Tempelherr ineinander. Nathan wird unterdessen zu Sultan Saladin geladen. Der Sultan neigt zu einer kostspieligen Lebens-

weise und möchte von Nathan Geld leihen, aber nicht nur das. Der muslimische Saladin hat gehört, dass Nathan ein weiser Mann ist. Daher stellt er ihm eine besonders schwierige Frage: In Jerusalem treffen muslimische, jüdische und christliche Religion aufeinander. Welche ist die wahre, die richtige Religion? Nathan antwortet mit einer gleichnishaften Erzählung, einer sogenannten *Parabel*. Diese Textstelle ist unter der Bezeichnung *Ringparabel* zu einem berühmten Text der deutschen Literatur geworden.

DIE RINGPARABEL

Nathans Besuch bei Saladin und die Gleichniserzählung von den drei Ringen hat Lessing nicht selbst ersonnen. Vielmehr hat er eine Geschichte aus GIOVANNI BOCCACCIOS *Decamerone* aus dem 14. Jh. verwendet (vgl. Modul II.2). Bei Boccaccio heißt der weise Jude nicht Nathan, sondern Melchisedech. Er erzählt Sultan Saladin auf dessen Frage folgende Geschichte:

GIOVANNI BOCCACCIO: DECAMERONE (AUSZUG) 1

Erster Tag, dritte Geschichte (Die drei Ringe)

1 „Mein Gebieter, die Frage, die Ihr mir vorlegt, ist schön und tiefsinnig; soll ich aber meine Meinung darauf sagen, so muss ich Euch eine kleine Geschichte erzählen, die Ihr sogleich vernehmen sollt. Ich erinnere mich, oftmals gehört zu haben, dass vor Zeiten ein reicher und vornehmer Mann lebte, der vor allen andern auserlesenen Juwelen, die er in seinem Schatze
5 verwahrte, einen wunderschönen und kostbaren Ring werth hielt. Um diesen seinem Werthe und seiner Schönheit nach zu ehren und ihn auf immer in dem Besitze seiner Nachkommen zu erhalten, ordnete er an, dass derjenige unter seinen Söhnen, der den Ring, als vom Vater ihm übergeben, würde, vorzeigen können, für seinen Erben gelten und von allen den andern als der vornehmste geehrt werden solle. Der erste Empfänger des Ringes traf unter seinen Kin-
10 dern ähnliche Verfügung und verfuhr dabei wie sein Vorfahre. Kurz der Ring ging von Hand zu Hand auf viele Nachkommen über. Endlich aber kam er in den Besitz eines Mannes, der drei Söhne hatte, die sämtlich schön, tugendhaft und ihrem Vater unbedingt gehorsam, daher auch gleich zärtlich von ihm geliebt waren. Die Jünglinge kannten das Herkommen in Betreff des Ringes, und da ein jeder der Geehrteste unter den Seinigen zu werden wünschte, baten alle
15 drei einzeln den Vater, der schon alt war, auf das Inständigste um das Geschenk des Ringes. Der gute Mann liebte sie alle gleichmäßig und wusste selber keine Wahl unter ihnen zu treffen; so versprach er denn den Ring einem jeden und dachte auf ein Mittel, alle zu befriedigen. Zu dem Ende ließ er heimlich von einem geschickten Meister zwei andere Ringe verfertigen, die dem ersten so ähnlich waren, dass er selbst, der doch den Auftrag gegeben, den rechten kaum
20 zu erkennen wusste. Als er auf dem Todbette lag, gab er heimlich jedem der Söhne einen von den Ringen. Nach des Vaters Tode nahm ein jeder Erbschaft und Vorrang für sich in Anspruch, und da einer dem andern das Recht dazu bestritt, zeigte der eine wie die andern, um die Forderung zu begründen, den Ring, den er erhalten hatte, vor. Da sich nun ergab, dass die Ringe einander so ähnlich waren, dass niemand, welcher der echte sei, erkennen konnte, blieb
25 die Frage, welcher von ihnen des Vaters wahrer Erbe sei, unentschieden, und bleibt es noch heute.
So sage ich Euch denn, mein Gebieter, auch von den drei Gesetzen, die Gott der Vater den drei Völkern gegeben, und über die Ihr mich befraget. Jedes der Völker glaubt seine Erbschaft, sein wahres Gesetz und seine Gebote zu haben, damit es sie befolge. Wer es aber wirklich hat, dar-
30 über ist, wie über die Ringe, die Frage noch unentschieden."

Als Saladin erkannte, wie geschickt der Jude den Schlingen entgangen sei, die er ihm in den Weg gelegt hatte, entschloss er sich, ihm geradezu sein Bedürfniss zu gestehen. Dabei verschwieg er ihm nicht, was er zu thun gedacht habe, wenn jener ihm nicht mit so viel Geistesgegenwart geantwortet hätte. Der Jude diente Saladin mit allem, was dieser von ihm verlangte, und Saladin erstattete jenem nicht nur das Darlehn vollkommen, sondern überhäufte ihn noch mit Geschenken, gab ihm Ehre und Ansehen unter denen, die ihm am nächsten standen, und behandelte ihn immerdar als seinen Freund.

Gotthold Ephraim Lessing lässt seinen Nathan die Parabel von den drei Ringen auf ganz ähnliche Weise erzählen. Die theologische Interpretation der Parabel baut er allerdings aus, denn Sultan Saladin ist zunächst mit Nathans Antwort gar nicht zufrieden:

2 | GOTTHOLD EPHRAIM LESSING: NATHAN DER WEISE (AUSZUG)

SALADIN: Wie? das soll
Die Antwort sein auf meine Frage? …
NATHAN: Soll
Mich bloß entschuldigen, wenn ich die Ringe
Mir nicht getrau zu unterscheiden, die
Der Vater in der Absicht machen ließ,
Damit sie nicht zu unterscheiden wären.
SALADIN: Die Ringe! – Spiele nicht mit mir! – Ich dächte,
Dass die Religionen, die ich dir
Genannt, doch wohl zu unterscheiden wären.
Bis auf die Kleidung, bis auf Speis und Trank!
NATHAN: Und nur von Seiten ihrer Gründe nicht. –
Denn gründen alle sich nicht auf Geschichte?
Geschrieben oder überliefert! – Und
Geschichte muss doch wohl allein auf Treu
Und Glauben angenommen werden? – Nicht? –
Nun, wessen Treu und Glauben zieht man denn
Am wenigsten in Zweifel? Doch der Seinen?
Doch deren Blut wir sind? doch deren, die
Von Kindheit an uns Proben ihrer Liebe
Gegeben? die uns nie getäuscht, als wo
Getäuscht zu werden uns heilsamer war? –
Wie kann ich meinen Vätern weniger
Als du den deinen glauben? Oder umgekehrt. –
Kann ich von dir verlangen, dass du deine
Vorfahren Lügen strafst um meinen nicht
Zu widersprechen? Oder umgekehrt.
(...)
Zu bergen, zu ersetzen, ließ der Vater
Die drei für einen machen.
SALADIN: Herrlich! herrlich!
NATHAN: Und also, fuhr der Richter fort, wenn ihr
Nicht meinen Rat, statt meines Spruches, wollt,

Geht nur! – Mein Rat ist aber der: ihr nehmt
35 Die Sache völlig wie sie liegt. Hat von
Euch jeder seinen Ring von seinem Vater,
So glaube jeder sicher seinen Ring
Den echten. – Möglich, dass der Vater nun
Die Tyrannei des einen Rings nicht länger
40 In seinem Hause dulden wollen! – Und gewiss,
Dass er euch alle drei geliebt, und gleich
Geliebt, indem er zwei nicht drücken mögen,
Um einen zu begünstigen. – Wohlan!
Es eifre jeder seiner unbestochnen,
45 Von Vorurteilen freien Liebe nach!
Es strebe von euch jeder um die Wette,
Die Kraft des Steins in seinem Ring an Tag
Zu legen! komme dieser Kraft mit Sanftmut,
Mit herzlicher Verträglichkeit, mit Wohltun,
50 Mit innigster Ergebenheit in Gott
Zu Hülf'! Und wenn sich dann der Steine Kräfte
Bei euern Kindes-Kindeskindern äußern,
So lad ich über tausend tausend Jahre
Sie wiederum vor diesen Stuhl. Da wird
55 Ein weisrer Mann auf diesem Stuhle sitzen
Als ich und sprechen. Geht!" – So sagte der
Bescheidne Richter.
SALADIN: Gott! Gott!

Nathan der Weise, Wiener Burgtheater 2004

Anregungen zur Texterschließung

1. Saladin meint, der Vergleich mit den drei Ringen hinke, denn man könne die Religionen
   sehr wohl unterscheiden. Was erwidert Nathan auf diesen Einwand?
2. Was rät der Richter den drei Söhnen?
3. Ist religiöse Toleranz, wie sie Nathan fordert, heute weltweit zur Selbstverständlichkeit
   geworden?

Anregung zum Schreiben

Fassen Sie in einer kurzen schriftlichen Interpretation Ihre Antwort auf folgende Frage zusammen: Gibt es für Gotthold Ephraim Lessing eine erkennbare religiöse Wahrheit?

Der Schluss

Lessings Drama endet mit einer harmonischen *Utopie*. Es stellt sich heraus, dass Recha nur Nathans Ziehtochter ist. Sie ist die leibliche Tochter von Sultan Saladins verstorbenem Bruder, der mit einer Christin verheiratet war. Der Tempelherr wiederum ist Rechas Bruder. Dieses abschließende Familienidyll mag etwas gewaltsam wirken, aber Lessing will damit seine aufklärerische Vorstellung von der Menschheitsfamilie veranschaulichen. In erster Linie sind wir alle Menschen. Die Religionszugehörigkeit ist zweitrangig.

Moses Mendelssohn – das Vorbild für die Nathan-Figur

Lessings Vorbild für die Nathan-Figur war **Moses Mendelssohn** (1729–1786). Mendelssohn, hauptberuflich Fabrikinspektor in einer Seidenfabrik, war nicht nur eine wichtige Persönlichkeit der jüdischen Gemeinde von Berlin, sondern auch ein anerkannter Aufklärer. In welch intoleranter Atmosphäre jüdische Mitbürgerinnen und Mitbürger im Zeitalter der Toleranz oft noch leben mussten, zeigt zum Beispiel ein Brief Moses Mendelssohns an seinen Freund Lessing:

3   Moses Mendelssohn: (Brief)

1 Allhier in diesem sogenannten duldsamen Lande lebe ich so eingeengt, durch wahre Intoleranz so von allen Seiten beschränkt, dass ich meinen Kindern zu Liebe mich den ganzen Tag in einer Seidenfabrik einsperren muss. Ich ergehe mich zuweilen des Abends mit meiner Frau und meinen Kindern. ‚Papa!‘, fragt die Unschuld, ‚was ruft uns jener Bursche dort nach? warum

5 werfen sie mit Steinen hinter uns her? was haben wir ihnen getan?‘ – ‚Ja, lieber Papa!‘, spricht ein anderes, ‚sie verfolgen uns immer in den Straßen und schimpfen: Juden! Juden! Ist denn dieses so ein Schimpf bei den Leuten, ein Jude zu sein? und was hindert dieses andere Leute?‘ … Ach! ich schlage die Augen unter und seufze mit mir selber: Menschen! Menschen! wohin habt ihr es endlich kommen lassen?

Lessing setzte sich nicht nur für religiöse Toleranz ein, sondern trat auch gegen den Antisemitismus auf. Bereits in seinem Jugenddrama *Die Juden* hatte er einen jüdischen Mann zur positiven Hauptfigur gemacht. Dass während der Herrschaft der Nationalsozialisten *Nathan der Weise* nicht aufgeführt werden durfte, bedarf wohl keiner weiteren Erläuterung.

Band 2   Ergänzung Literaturgeschichte

III. Aufklärung – Empfindsamkeit – Sturm und Drang

Lesen Sie im Epochenteil Kapitel III.8 (Utopien) und entnehmen Sie daraus folgende Informationen:

1. Erklären Sie die Begriffe *Utopie, Raumutopie, Zeitutopie*.
2. Erklären Sie, inwiefern *Robinson Crusoe* als Raumutopie bezeichnet werden kann.
3. Inwiefern können wir *Nathan der Weise* der utopischen Literatur zuordnen?

Kompetenzen: Das sollen Sie wissen/können

1. Sie können die Entstehungsgeschichte von **Gotthold Ephraim Lessings** Stück *Nathan der Weise* erklären.
2. Sie können die Handlung des Stücks zusammenfassen.
3. Sie können die Bedeutung des Begriffs *Parabel* erklären, kennen den Inhalt der „Ringparabel" und können ihre Bedeutung erklären.
4. Sie wissen, wer die Vorbildfigur für Lessings Nathan war.

DAS LEBEN UND DAS SCHREIBEN (1)
Erlebnislyrik des jungen Goethe

4

Modulvorschau

Das literarische Schreiben war für **JOHANN WOLFGANG VON GOETHE** ein Mittel, die eigenen Lebenserfahrungen niederzuschreiben und zu deuten. Da die Themen vieler seiner Gedichte an das eigene Erleben gebunden waren, sprechen wir von *Erlebnislyrik*.
➡ Sie erfahren einige Fakten aus dem Leben des jungen Goethe und können an zwei Gedichten erkennen, inwiefern bei Goethe Leben und Schreiben aufeinander bezogen sind.
➡ Sie interpretieren Goethes Gedicht **Willkomm und Abschied**.
➡ Sie lernen Goethes *Autobiografie* **Dichtung und Wahrheit** kennen und erfahren, wie Goethe als alter Mann Liebeserlebnisse seiner Jugend erklärte und beurteilte.

JOHANN WOLFGANG VON GOETHE wurde am 28. August 1749 in Frankfurt am Main geboren. Er entstammte dem reichen Patriziat, also der großbürgerlichen Oberschicht. Goethes früher Bildungsweg wurde maßgeblich durch das Bildungsverständnis des Vaters Johann Casper Goethe beeinflusst. Durch Hauslehrer erhielt Goethe Unterricht in Kalligrafie, in Latein, Griechisch, Englisch, Italienisch und Hebräisch. Eine hohe Beamtenstelle in der Frankfurter Stadtregierung sollte das berufliche Ziel sein, das Mittel dazu ein Jusstudium in Leipzig, das Goethe 1765 begann.

GOETHE IN LEIPZIG: ANNETTENLIEDER

Leipzig war im 18. Jh. eine der modernsten europäischen Städte. Kam man aus Frankfurt, galt man dort gewiss als Provinzler. Goethe integrierte sich aber schnell in die neuen Verhältnisse. Sein geistiges Interesse galt freilich nicht in erster Linie der Rechtswissenschaft. Mir größerer Begeisterung nahm er Zeichenunterricht und hörte Vorlesungen über Literatur und Philosophie.

Johann Wolfgang von Goethe

Zur Tochter des Hauswirts Anna Katharina Schönkopf („Käthchen") fasste er eine heftige, wenn auch vorübergehende Zuneigung, die er zum Thema literarischer Werke machte. Sie bildet zum Beispiel die Grundlage für das kleine Theaterstück **Die Laune des Verliebten** (1767), in dem sich Goethe über seine eigene Eifersucht lustig machte, und für die **Annettenlieder**. Goethe findet zu dieser Zeit noch nicht zu einem individuellen poetischen Stil. Er verwendet meist die vorgefundene Literatursprache der *Anakreontik*.

JOHANN WOLFGANG VON GOETHE: ANNETTE AN IHREN GELIEBTEN

1

1　Ich sah wie Doris bei Damöten stand,
　Er nahm sie zärtlich bei der Hand;
　Lang sahen sie einander an,
　Und sahn sich um, ob nicht die Eltern wachen,
5　Und da sie niemand sahn,
　Geschwind – Genug sie machtens, wie wirs machen.

Goethe verwendet für Käthchen Schönkopf den Frauennamen Annette, der in der Lyrik des *Rokoko* gern verwendet wurde, ebenso wie die Namen Damot und Doris. Das Gedicht ist ein *Rollengedicht*. Annette „erzählt", wie Doris und Damot in einem unbeobachteten Augenblick Zärtlichkeiten austauschten, und sie vergleicht diesen Vorfall mit dem eigenen Verhalten. Die angedeutete Frivolität, die heitere Flirt-Situation sind für die anakreontische Lyrik typisch. Goethes Beziehung zu Käthchen Schönkopf dauerte nicht lange. Der alte Goethe schrieb in seiner *Autobiografie Dichtung und Wahrheit*, Käthchen habe ihn verlassen, vor allem wegen seiner krankhaften Eifersucht.

Goethe in Strassburg: Friederiken-Lieder

Im Juli 1768 erlitt Goethe einen lebensgefährlichen Blutsturz. Im September kehrte er ins Elternhaus nach Frankfurt zurück. Erst im Jahr 1770 nahm er sein Jusstudium wieder auf, diesmal nicht mehr in Leipzig, sondern in Straßburg. Dort schloss er zwar das ungeliebte Jusstudium ab, aber wichtiger als die Straßburger Rechtswissenschaft war für Goethe der enge Kontakt zur *Sturm-und-Drang*-Szene der Stadt, insbesondere die Begegnung mit Johann Gottfried Herder.

Beziehungen zu Frauen waren für Goethes Leben und Schreiben bis ins hohe Alter wichtig. Während seiner Straßburger Zeit verliebte er sich in Friederike Brion, eine Pastorentochter aus Sesenheim. In der ersten, leidenschaftlichen Phase entstand das berühmte Gedicht *Willkomm und Abschied* (entstanden 1771, überarbeitet ca. 1788). Es gilt als eines der ersten Beispiele für eine subjektive *Erlebnislyrik*.

2 WILLKOMM UND ABSCHIED (1789)

1 Es schlug mein Herz, geschwind zu Pferde!
Es war getan fast eh gedacht;
Der Abend wiegte schon die Erde,
Und an den Bergen hing die Nacht.
5 Schon stand im Nebelkleid die Eiche.
Ein aufgetürmter Riese, da,
Wo Finsternis aus dem Gesträuche
Mit hundert schwarzen Augen sah.

10 Der Mond von einem Wolkenhügel
Sah kläglich aus dem Duft hervor,
Die Winde schwangen leise Flügel,
Umsausten schauerlich mein Ohr.
Die Nacht schuf tausend Ungeheuer,
15 Doch frisch und fröhlich war mein Mut,
In meinen Adern welches Feuer!
In meinem Herzen welche Glut!

Dich sah ich, und die milde Freude
Floss von dem süßen Blick auf mich.
20 Ganz war mein Herz an deiner Seite
Und jeder Atemzug für dich.
Ein rosenfarbnes Frühlingswetter
Umgab das liebliche Gesicht,
Und Zärtlichkeit für mich – Ihr Götter,
25 Ich hofft es, ich verdient es nicht!

Doch ach, schon mit der Morgensonne
Verengt der Abschied mir das Herz:
In deinen Küssen, welche Wonne!
In deinem Auge, welcher Schmerz!
30 Ich ging, du standst und sahst zur Erden,
Und sahst mir nach mit nassem Blick:
Und doch, welch Glück, geliebt zu werden!
Und lieben, Götter, welch ein Glück!

Anregungen zur Texterschließung

Band 2 ▶ Kompetenzteil, I. Lyrik

1. Geben Sie mit eigenen Worten die Situation und die Stimmung wieder, in der sich das *lyrische Ich* befindet.
2. Beschreiben Sie die Sprache des Gedichts. Weisen Sie im Text folgende stilistische Phänomene nach:
   • häufige Verwendung bildhafter Ausdrucksweisen (*Metaphern, Personifikationen, Vergleiche*),
   • Beschleunigung des Rhythmus durch *elliptische* (grammatikalisch unvollständige) und kurze Hauptsätze,
   • stilistische Figuren: *Hyperbel* (Übertreibung), Ausruf.
3. Ein Teil der bildhaften Ausdrücke dient der Versprachlichung von Naturphänomenen. Welche Wirkung erzielt Goethe damit? Welche Verbindung besteht zwischen dem innerseelischen Zustand des lyrischen Ichs und der äußeren Natur?
4. Beschreiben Sie den Strophenbau, das *Metrum* und das *Reimschema* des Textes.
5. In seiner Autobiografie *Dichtung und Wahrheit* (1811–1813) kam Goethe noch einmal auf seine Beziehung zu Friederike Brion zu sprechen und auch auf das konkrete Erlebnis, das dem Gedicht *Willkomm und Abschied* zugrunde liegt (Text 3). Welche Ähnlichkeiten zum Inhalt des Gedichtes stellen Sie fest? Inwiefern gibt die lyrische Darstellung dem Vorfall einen etwas anderen Charakter als die Prosaerzählung?

JOHANN WOLFGANG VON GOETHE: DICHTUNG UND WAHRHEIT (AUSZUG)   3

1   So stark ich auch ritt, überfiel mich doch die Nacht. Der Weg war nicht zu verfehlen, und der Mond beleuchtete mein leidenschaftliches Unternehmen. Die Nacht war windig und schauerlich, ich sprengte zu, um nicht bis morgen früh auf ihren Anblick warten zu müssen.
Es war schon spät, als ich in Sesenheim mein Pferd einstellte. Der Wirt, auf meine Frage, ob
5   wohl in der Pfarre noch Licht sei, versicherte mich, die Frauenzimmer seien eben erst nach Hause gegangen; er glaube gehört zu haben, dass sie noch einen Fremden erwarteten. Das war mir nicht recht; denn ich hätte gewünscht, der Einzige zu sein. Ich eilte nach, um wenigstens, so spät noch, als der Erste zu erscheinen. Ich fand die beiden Schwestern vor der Türe sitzend; sie schienen nicht sehr verwundert, aber ich war es, als Friedrike Olivien ins Ohr sagte, so je-
10   doch, dass ich's hörte: „Hab ich's nicht gesagt? da ist er!" Sie führten mich ins Zimmer, und ich fand eine kleine Kollation aufgestellt. Die Mutter begrüßte mich als einen alten Bekannten; wie mich aber die Ältere bei Licht besah, brach sie in ein lautes Gelächter aus: denn sie konnte wenig an sich halten.
Nach diesem ersten etwas wunderlichen Empfang ward sogleich die Unterredung frei und
15   heiter, und was mir diesen Abend verborgen blieb, erfuhr ich den andern Morgen. Friedrike hatte vorausgesagt, dass ich kommen würde; (…)

Anregung zur Texterschließung

Goethes Liebe zu Friederike erwies sich nicht als dauerhaft. Ihr Verlauf folgte einem Schema, das man bei Goethes Frauenbeziehungen öfter nachweisen kann: leidenschaftlicher Beginn – Ernüchterung und Zweifel – rasche Flucht. Über Friederikes weiteres Schicksal wissen wir wenig. Sie blieb unverheiratet und lebte als „Tante" bei Geschwistern, so wie das bei unverheirateten Frauen damals üblich war. Wie beurteilte Goethe das Vorgefallene vier Jahrzehnte später? (Text 4)

4 Dichtung und Wahrheit (Auszug)

1 Die Antwort Friedrikens auf einen schriftlichen Abschied zerriss mir das Herz. Es war dieselbe Hand, derselbe Sinn, dasselbe Gefühl, die sich zu mir, die sich an mir herangebildet hatten. Ich fühlte nun erst den Verlust, den sie erlitt, und sah keine Möglichkeit, ihn zu ersetzen, ja nur ihn zu lindern. Sie war mir ganz gegenwärtig; stets empfand ich, dass sie mir fehlte, und, was 5 das Schlimmste war, ich konnte mir mein eignes Unglück nicht verzeihen. Gretchen (*eine Jugendliebe in Frankfurt, Anm.*) hatte man mir genommen, Annette mich verlassen, hier war ich zum ersten Mal schuldig; ich hatte das schönste Herz in seinem Tiefsten verwundet, und so war die Epoche einer düsteren Reue, bei dem Mangel einer gewohnten erquicklichen Liebe, höchst peinlich, ja unerträglich.

Die Umstände, unter denen Goethe seine Beziehung zu Friederike Brion beendet hatte, fanden wiederum in literarischen Werken ihren Niederschlag. In den Stücken *Clavigo*, *Götz von Berlichingen* und *Faust* verlassen Männer auf wenig anständige Art ihre Geliebten.

Band 2 | Ergänzung Literaturgeschichte

III. Aufklärung – Empfindsamkeit – Sturm und Drang

Lesen Sie im Epochenteil in Kapitel III.1 (Datierung und Begriffserklärung) den Absatz über den *Sturm und Drang* und fassen Sie Entstehung und Bedeutung des Begriffs kurz zusammen.

Lesen Sie Kapitel III.9.1 (Individuum – Subjekt – Seele – Genie) und erklären Sie, an welchen Beispielen aus der Kultur- und Geistesgeschichte des 17. und 18. Jhs. man erkennen kann, dass die Aufmerksamkeit auf den Einzelmenschen (Individuum) gerichtet war.

Lesen Sie Kapitel III.9.4 (Von der Anakreontik zur Erlebnislyrik) und entnehmen Sie daraus folgende Informationen:

1. Erklären Sie den Begriff *Anakreontik* und erklären Sie, inwiefern Goethes *Sesenheimer Lieder* einen Wendepunkt in der Geschichte der deutschen Lyrik markieren.
2. Warum kann man Friedrich Gottlieb Klopstock als Wegbereiter der Erlebnislyrik des Sturm und Drang bezeichnen?

Kompetenzen: Das sollen Sie wissen/können

➡ Sie wissen, wann und wo Johann Wolfgang von Goethe geboren wurde und aus welchem Elternhaus er stammte.
➡ Sie können das Gedicht *Willkomm und Abschied* interpretieren und den biografischen Entstehungszusammenhang erklären.
➡ Sie kennen den Titel von Goethes *Autobiografie*.

Das Leben und das Schreiben (2)
„Die Leiden des jungen Werthers"

5

Modulvorschau

Johann Wolfgang von Goethes Briefroman *Die Leiden des jungen Werthers* ist ein typischer Roman des *Sturm und Drang*. Sie lernen ihn unter folgenden Aspekten kennen:
➡ biografischer Entstehungszusammenhang
➡ Inhalt, Form und Sprache des Romans
➡ Wirkungsgeschichte

Nach Abschluss seines Studiums musste **Johann Wolfgang von Goethe** ein Rechtspraktikum absolvieren. Von Mai bis September 1772 war er Praktikant am Reichskammergericht in Wetzlar. Dort fand er privaten Anschluss an die Familie Buff und verliebte sich in Charlotte, die zweitälteste Tochter, die allerdings zu diesem Zeitpunkt bereits mit dem Legationssekretär Johann Christian Kestner verlobt war. Verschiedene Quellen weisen darauf hin, dass Lotte Goethe unmissverständlich erklärte, dass er nichts anderes als Freundschaft zu erwarten habe. So reiste der Enttäuschte nach Frankfurt, ohne sich von den Freunden zu verabschieden.

Diese biografischen Fakten gelten als wesentliche Voraussetzung für Goethes *Briefroman Die Leiden des jungen Werthers* (1774). Der Briefroman eignet sich besonders gut, um persönliche Gefühle und Erlebnisse auszudrücken. Im Zeitalter der *Empfindsamkeit* und des *Sturm und Drang* bedienten sich daher Autoren gerne dieser Romanform. Werther, der *Protagonist* und Briefschreiber in *Die Leiden des jungen Werthers*, ist ein ebenso begabter wie sensibler junger Mann. In Briefen an seinen Freund Wilhelm erzählt er von seinen Erlebnissen und vor allem von seinen Gefühlen. Werther lebt ganz aus der „Fülle des Herzens" und lässt sich nur äußerst ungern durch äußere Zwänge und gesellschaftliche Verpflichtungen einschränken. Sein Lebensgefühl ist dem Brief vom 10. Mai beispielhaft zu entnehmen:

Johann Wolfgang von Goethe:
Die Leiden des jungen Werthers (Auszug)

1

am 10. Mai

Eine wunderbare Heiterkeit hat meine ganze Seele eingenommen, gleich dem süßen Frühlingsmorgen, die ich mit ganzem Herzen genieße. Ich bin so allein und freue mich so meines Lebens, in dieser Gegend, die für solche Seelen geschaffen ist, wie die meine. Ich bin so glücklich, mein Bester, so ganz in dem Gefühl von ruhigem Dasein versunken, dass meine Kunst darunter leidet. Ich könnte jetzo nicht zeichnen, nicht einen Strich, und bin niemalen ein größerer Maler gewesen als in diesen Augenblicken. Wenn das liebe Tal um mich dampft, und die hohe Sonne an der Oberfläche der undurchdringlichen Finsternis meines Waldes ruht, und nur einzelne Strahlen sich in das innere Heiligtum stehlen, und ich dann im hohen Grase am fallenden Bache liege, und näher an der Erde tausend mannigfaltige Gräsgen mir merkwürdig werden. Wenn ich das Wimmeln der kleinen Welt zwischen Halmen, die unzähligen, unergründlichen Gestalten, all der Würmgen, der Mückgen, näher an meinem Herzen fühle, und fühle die Gegenwart des Allmächtigen, der uns all nach seinem Bilde schuf, das Wehen des Allliebenden, der uns in ewiger Wonne schwebend trägt und erhält. Mein Freund, wenn's denn um meine Augen dämmert, und die Welt um mich her und Himmel ganz in meiner Seele ruht,

wie die Gestalt einer Geliebten; dann sehn ich mich oft und denke: ach könntest du das wieder ausdrucken, könntest du dem Papier das einhauchen, was so voll, so warm in dir lebt, dass es würde der Spiegel deiner Seele, wie deine Seele ist der Spiegel des unendlichen Gottes. Mein Freund – Aber ich gehe darüber zu Grunde, ich erliege unter der Gewalt der Herrlichkeit
20 dieser Erscheinungen.

Anregungen zur Texterschließung

1. Versuchen Sie in sachlicher Sprache das „Lebensgefühl" zu benennen, das Goethe in emotionaler Erzählsprache wiedergibt, insbesondere die Bedeutung von Natur und Religion.
2. Was sagt Werther über sich als Künstler? Ist diese Überlegung für Sie nachvollziehbar?
3. Analysieren Sie den grammatikalischen Satzbau der Zeilen 7 – 14. Welche Wirkung entsteht durch diese Satzkonstruktion?

Werther verliebt sich leidenschaftlich in eine junge Frau namens Lotte, die allerdings mit dem lebenspraktisch-nüchternen Albert verlobt ist. Dennoch meint Werther deutliche Zeichen ihrer Liebe wahrzunehmen. Als sich aber Lotte letztlich für Albert entscheidet, bricht für Werther die Welt zusammen. Er entschließt sich zum Selbstmord und leiht sich von Albert unter einem Vorwand Pistolen aus. Werthers letzter Brief ist an Lotte gerichtet. Um Mitternacht setzt er sein Vorhaben in die Tat um. Hier findet die Form des Briefromans ihre natürliche Grenze. Die Umstände des Todes lässt Goethe von Wilhelm, Werthers Freund, erzählen.

2 DIE LEIDEN DES JUNGEN WERTHERS (SCHLUSS)

1   Ein Nachbar sah den Blick vom Pulver und hörte den Schuss fallen, da aber alles still blieb, achtete er nicht weiter drauf.

5   Morgens um sechse tritt der Bediente herein mit dem Lichte, er findet seinen Herrn an der Erde, die Pistole und Blut. Er ruft, er fasst ihn an, keine Antwort, er röchelt nur noch. Er läuft nach
10 den Ärzten, nach Alberten. Lotte hörte die Schelle ziehen, ein Zittern ergreift all ihre Glieder, sie weckt ihren Mann, sie stehen auf, der Bediente bringt heu-
lend und stotternd die Nachricht, Lotte sinkt ohnmächtig vor Alberten nieder.

15 Als der Medikus zu dem Unglücklichen kam, fand er ihn an der Erde ohne Rettung, der Puls schlug, die Glieder waren alle gelähmt, über dem rechten Auge hatte er sich durch den Kopf geschossen, das Gehirn war herausgetrieben. Man ließ ihm zum Überflusse eine Ader am Arme, das Blut lief, er holte noch immer Atem.

Aus dem Blut auf der Lehne des Sessels konnte man schließen, er habe sitzend vor dem
20 Schreibtische die Tat vollbracht. Dann ist er heruntergesunken, hat sich konvulsivisch um den Stuhl herum gewälzt, er lag gegen das Fenster entkräftet auf dem Rücken, war in völliger Kleidung gestiefelt, im blauen Frack mit gelber Weste.

Das Haus, die Nachbarschaft, die Stadt kam in Aufruhr – Albert trat herein. Werthern hatte man aufs Bett gelegt, die Stirne verbunden, sein Gesicht schon wie eines Toten, er rührte kein

25 Glied, die Lunge röchelte noch fürchterlich, bald schwach bald stärker, man erwartete sein Ende.

Von dem Weine hatte er nur ein Glas getrunken. Emilia Galotti lag auf dem Pulte aufgeschlagen.

Von Alberts Bestürzung, von Lottens Jammer lasst mich nichts sagen.

30 Der alte Amtmann kam auf die Nachricht hereingesprengt, er küsste den Sterbenden unter den heißesten Tränen. Seine ältsten Söhne kamen bald nach ihm zu Fuße, sie fielen neben dem Bette nieder im Ausdruck des unbändigsten Schmerzens, küssten ihm die Hände und den Mund, und der Älteste, den er immer am meisten geliebt, hing an seinen Lippen, bis er verschieden war und man den Knaben mit Gewalt wegriss. Um zwölfe mittags starb er. Die Gegenwart

35 des Amtmanns und seine Anstalten tischten einen Auflauf. Nachts gegen eilfe ließ er ihn an die Stätte begraben, die er sich erwählt hatte, der Alte folgte der Leiche und die Söhne. Albert vermochts nicht. Man fürchtete für Lottens Leben. Handwerker trugen ihn. Kein Geistlicher hat ihn begleitet.

Wenn am Beginn dieses Kapitels auf Goethes unerfüllte Liebe zu Charlotte Buff hingewiesen wurde, so bedeutet dies nicht, dass Goethe diese Erfahrung wie in einem Bericht „wahrheitsgetreu" wiedergegeben hat. Wir wissen zum Beispiel, dass die Lotte des Romans auch Züge der jungen Maximiliane La Roche trägt (zum Beispiel die oft erwähnten schönen schwarzen Augen). Goethe war in Maximiliane in den Jahren 1773/74 ähnlich enthusiastisch verliebt wie in Charlotte Buff ein Jahr früher. Leider war auch sie bereits an einen anderen vergeben, und der Kaufmann Peter Anton Brentano, der Maximiliane im Jänner 1774 heiratete, war nicht so tolerant wie der Legationssekretär Kestner. Er warf den stürmischen jungen Liebhaber Goethe ziemlich unsanft aus seinem Haus.

Eine weitere wichtige reale Quelle für *Die Leiden des jungen Werthers* war der Selbstmord des braunschweigischen Legationssekretärs Karl Wilhelm Jerusalem. Der Anlass war Jerusalems unglückliche Liebe zu einer verheirateten Frau.

AUFFORDERUNG ZUM SELBSTMORD? – ZUR WIRKUNGSGESCHICHTE VON „DIE LEIDEN DES JUNGEN WERTHERS"

GOETHES Roman war ein sensationeller Erfolg. Der junge Autor wurde innerhalb kürzester Zeit zu einem europäischen Star. Allerdings fehlte es auch nicht an kritischen Stimmen. Die Theologische Fakultät der Stadt Leipzig und der Leipziger „Bücherkommissar" beantragten beim Stadtrat erfolgreich ein Verkaufsverbot und argumentierten dabei folgendermaßen:

1 Diese Schrift ist eine Apologie und Empfehlung des Selbst Mordes (…). Da die Schrift also üble Impressiones machen kann, welche, zumal bei schwachen Leuten, Weibs-Personen, <Eindrücke machen kann, welche> bei Gelegenheit aufwachen, und ihnen verführerisch werden können; so hat die theol. Fakultät für nötig gefunden zu sorgen, dass diese Schrift unterdrückt

5 werde: dazumal itzo die Exempel des Selbstmordes frequenter werden.

4

1 Die Sache hat ihre Richtigkeit, dass dieses Buch eine Apologie des Selbstmords genannt werden könne, die in den Händen junger Leute, von ungeübten Sinnen, auch anderen dickblütigen Personen, um desto gefährlicher ist, da der V<erfasser> zu undeterminiert von dem Selbstmorde schreibt, und durch witzige und feine Wendungen seinen Leser ordentlich hineinreißt.

Der Schriftsteller **CHRISTOPH MARTIN WIELAND** schrieb eine Rezension für den *Teutschen Merkur*, in welcher er anmerkte:

5

1 Hier aber in einer langen Reihe von Briefen können wir den Charakter desselben (*des Selbstmörders, Anm.*) nach allen seinen kleinen Bestimmungen so durchschauen, dass wir ihn selbst an den Rand des Abgrundes begleiten. Und der Dichter hat ihn wie Pygmalions Bildsäule so beseelt, dass wir ihn vor Augen zu sehen glauben, und kein einziger Zug von ihm unkenntlich
5 bleibt. Einen einzelnen Selbstmörder rechtfertigen, und auch nicht rechtfertigen, sondern nur zum Gegenstande des Mitleids zu machen, in seinem Beispiele zu zeigen, dass ein allzu weiches Herz und eine feurige Phantasie oft sehr verderbliche Gaben sind, heißt keine Apologie des Selbstmords schreiben. Dennoch ist dieser gewöhnliche Fehlschluss auch bei diesem Buche gemacht worden, unerachtet der Verfasser ausdrücklich die Erzählung nur denen zum
10 Troste empfiehlt, die aus Geschick oder eigner Schuld keinen bessern finden können.

Anregungen zur Texterschließung

1. Vergleichen Sie die drei Stellungnahmen zu Goethes Roman (Texte 3–5). Sind die darin geäußerten Befürchtungen für Sie nachvollziehbar?
2. Goethe selbst schätzte den Selbstmord der Hauptfigur und die Bedeutung des Romans für sein eigenes Leben im Rückblick (*Dichtung und Wahrheit*) folgendermaßen ein:

6 JOHANN WOLFGANG VON GOETHE: DICHTUNG UND WAHRHEIT (AUSZUG)

1 Der Selbstmord ist ein Ereignis der menschlichen Natur, welches, mag auch darüber schon so viel gesprochen und gehandelt sein als da will, doch einen jeden Menschen zur Teilnahme fordert, in jeder Zeitepoche wieder einmal verhandelt werden muss. Montesquieu erteilt seinen Helden und großen Männern das Recht, sich nach Befinden den Tod zu geben, indem er
5 sagt, es müsse doch einem jeden freistehen, den fünften Akt seiner Tragödie da zu schließen, wo es ihm beliebe. Hier aber ist von solchen Personen nicht die Rede, die ein bedeutendes Leben tätig geführt, für irgend ein großes Reich oder für die Sache der Freiheit ihre Tage verwendet, und denen man wohl nicht verargen wird, wenn sie die Idee, die sie beseelt, sobald dieselbe von der Erde verschwindet, auch noch jenseits zu verfolgen denken. Wir haben es hier
10 mit solchen zu tun, denen eigentlich aus Mangel von Taten, in dem friedlichsten Zustande von der Welt, durch übertriebene Forderungen an sich selbst das Leben verleidet. Da ich selbst in dem Fall war und am besten weiß, was für Pein ich darin erlitten, was für Anstrengung es mir gekostet, ihr zu entgehn (…) ich hatte mich durch diese Komposition (*den Roman „Die Leiden des jungen Werthers", Anm.*) mehr als durch jede andere, aus einem stürmischen Elemente ge-
15 rettet, auf dem ich durch eigne und fremde Schuld, durch zufällige und gewählte Lebensweise, durch Vorsatz und Übereilung, durch Hartnäckigkeit und Nachgeben auf die gewaltsamste Art hin und wider getrieben worden. Ich fühlte mich, wie nach einer Generalbeichte, wieder froh und frei, und zu einem neuen Leben berechtigt.

Anregung zum Schreiben

Schreiben Sie eine Problemerörterung zu folgender Fragestellung: Muss die Gesellschaft Kinder und Jugendliche vor bestimmten Medienprodukten schützen? Denken Sie nicht nur an Romane oder Theaterstücke, sondern auch an andere Medien wie Filme oder Computerspiele. Überlegen Sie verschiedene Möglichkeiten der Verbotspraxis (z. B. Altersbegrenzungen für Kinofilme, Altersempfehlungen für DVDs, eingeschränkter Verkauf u. a.).

Ergänzung Kulturgeschichte

Band 2

Wenn Sie sich mit dem *Sturm und Drang* schon anhand von Modul III.6 beschäftigt haben, können Sie diese Aufgabenstellung streichen.

1. Lesen Sie im Epochenteil in Kapitel III.1 (Datierung und Begriffsklärung) den Absatz über den *Sturm und Drang* und fassen Sie Entstehung und Bedeutung des Begriffs kurz zusammen.
2. Lesen Sie das Kapitel III.9.1 (Individuum – Subjekt – Seele – Genie) und erklären Sie, an welchen Beispielen aus der Kultur- und Geistesgeschichte des 17. und 18. Jhs. man erkennen kann, dass die Aufmerksamkeit auf den Einzelmenschen (das Individuum) gerichtet war.

Kompetenzen: Das sollen Sie wissen/können

1. Sie können den Inhalt des Romans *Die Leiden des jungen Werthers* von JOHANN WOLFGANG VON GOETHE kurz zusammenfassen und den biografischen Entstehungszusammenhang erklären.
2. Sie können den Brief vom 10. Mai (Text 1) interpretieren.
3. Sie wissen, welchen Vorwurf man Goethes Roman in der zeitgenössischen Kritik gemacht hat, und Sie können erklären, inwiefern die Frage nach dem Verbot von Medienprodukten auch heute aktuell ist.

Literaturgeschichtlicher Überblick (Band 2)

Begriffe/Datierung

→ Aufklärung (18. Jh.): Vernunftprinzip, rationale Welterklärung, kritisches Denken, Fortschrittsdenken (Weiterentwicklung des Menschen und der Gesellschaft)

→ Empfindsamkeit (18. Jh.): in England entstandene kulturelle Bewegung, gefühlsbetont, vorbildhaft für Sturm und Drang

→ Sturm und Drang: literarische Jugendbewegung (1770–1785) in Deutschland, Weiterführung der Aufklärung, aber auch Gegenbewegung (antirationalistisch, gefühlsbetont)

Allgemeine geschichtliche Voraussetzungen

→ Gesellschaftliche Emanzipation des Bürgertums in der Ständegesellschaft, *Aufklärung* soziologisch dem Bürgertum zugeordnet

→ Gründung der USA (erste demokratische Republik der Neuzeit)

→ Aufgeklärter Absolutismus (Joseph II., Friedrich II.)

→ Französische Revolution (Ausbruch 1789)

Philosophisches Denken

→ Das mündige Individuum

→ Religionskritik (Toleranzprinzip)

→ Staatspolitisches Denken (Gewaltenteilung, Verfassung)

→ IMMANUEL KANT (Erkenntnistheorie, kategorischer Imperativ)

→ GOTTFRIED WILHELM LEIBNIZ (Monadenlehre)

Modul III.1 WAS IST AUFKLÄRUNG?
Annäherungen an vier Leitwörter der Epoche

Modul III.3 GIBT ES DIE „WAHRE" RELIGION?
G. E. Lessings Drama „Nathan der Weise"

Mediengeschichte

→ Mehr lesekundige Menschen (Einführung der Schulpflicht!), steigende Buchproduktion, Buch als Ware

→ Moralische Wochenschriften

→ Theater: Medium bürgerlicher Emanzipation

Drama und Theater im 18. Jh.

→ Bürgerliches Trauerspiel:
Entstehung in England, bürgerlicher Mensch als tragische Hauptfigur;
in Deutschland GOTTHOLD EPHRAIM LESSING (*Miss Sara Sampson*, *Emilia Galotti*),
FRIEDRICH SCHILLER (*Kabale und Liebe*)

→ Deutscher Dramenstreit:
Konflikt zwischen deutschen Vertretern des französischen Klassizismus (JOHANN CHRISTOPH GOTTSCHED) und Vertretern der englischen Theatertradition, v. a. Shakespeares (G. E. LESSING, Sturm-und-Drang-Dramatik), Streitthema: Ständeklausel und formale Bauweise

→ Deutschsprachige Komödie:
LESSING (*Minna von Barnhelm*), in Österreich lebt die Volkstheatertradition des Barock weiter

Modul III.2 DIE BÜRGERLICHE FAMILIE, DIE WEIBLICHE TUGEND UND IHRE ADELIGEN VERFÜHRER
Das bürgerliche Trauerspiel und die Gesellschaftsverhältnisse des 18. Jhs.

III.A WIE SCHREIBT MAN EIN GUTES DRAMA?
Die Gottsched-Lessing-Kontroverse

Der Roman im 18. Jh.

→ Englische Vorbilder: DANIEL DEFOE (*Robinson Crusoe*), LAURENCE STERNE (*Tristram Shandy*), HENRY FIELDING (*The History of Tom Jones*)

→ Bildungsroman/Entwicklungsroman: Thema ist die menschliche Reifung eines jungen Mannes; CHRISTOPH MARTIN WIELAND (*Geschichte des Agathon*), KARL PHILIPP MORITZ (*Anton Reiser*), JOHANN WOLFGANG VON GOETHE (*Wilhelm Meisters Lehrjahre*)

→ Satirisch-gesellschaftskritischer Roman: CH. M. WIELAND (*Geschichte der Abderiten*)

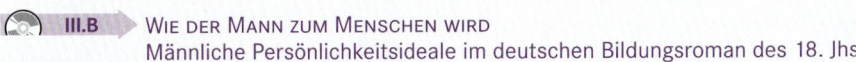 **III.B** WIE DER MANN ZUM MENSCHEN WIRD
Männliche Persönlichkeitsideale im deutschen Bildungsroman des 18. Jhs.

ERGÄNZUNGSMODUL ZU III.B.
Sophismus gegen Idealismus

Sozialutopische Literatur

→ Raumutopie: ferne Insel als Ort eines besseren Lebens

→ Zeitutopie: besseres Leben in der Zukunft (MERCIER: *Das Jahr 2440*)

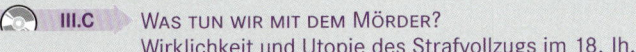 **III.C** WAS TUN WIR MIT DEM MÖRDER?
Wirklichkeit und Utopie des Strafvollzugs im 18. Jh.

Literatur des Sturm und Drang

→ Radikale Subjektivität

→ Zurück zur Natur! (ROUSSEAU)

→ Roman: *Die Leiden des jungen Werthers* (J. W. v. GOETHE)

→ Lyrik: Erlebnislyrik, Gefühlsausdruck (J. W. v. GOETHE)

→ Drama: J. W. v. GOETHE (*Götz von Berlichingen*), FRIEDRICH SCHILLER (*Die Räuber*, *Kabale und Liebe*), J. M. REINHOLD LENZ (*Die Soldaten*, *Der Hofmeister*)

Modul III.2 DIE BÜRGERLICHE FAMILIE, DIE WEIBLICHE TUGEND UND IHRE ADELIGEN VERFÜHRER
„Kabale und Liebe"

Modul III.4 DAS LEBEN UND DAS SCHREIBEN (1)
Erlebnislyrik des jungen Goethe

Modul III.5 DAS LEBEN UND DAS SCHREIBEN (2)
„Die Leiden des jungen Werthers"

ERGÄNZUNGSMODUL ZU III.5
Der Tod des Karl Wilhelm Jerusalem

Einen ausfürlichen literaturgeschichtlichen Überblick finden Sie in **Band 2** Epochenteil.

IV. DIE DEUTSCHE KUNSTEPOCHE: WEIMARER KLASSIK UND ROMANTIK

1 „AUF KLASSISCHEM BODEN"
Wie Goethe Italien erlebte

Modulvorschau

Italien und die Kunst der Antike waren spätestens seit der *Renaissance* wichtige Orientierungspunkte für die europäische Kultur. Einen neuen Höhepunkt erlebte die Begeisterung für die Antike im 18. Jahrhundert. **JOHANN WOLFGANG VON GOETHE** verbrachte fast zwei Jahre in Italien, studierte die Kunst und genoss das Leben. Die *Römischen Elegien* sind ein literarisches Dokument dieser Jahre.

EIN HOHER WEIMARER HOFBEAMTER STEIGT AUS

Seit dem Jahr 1775 lebte **JOHANN WOLFGANG VON GOETHE** am Fürstenhof von Weimar (vgl. Band 2 Epochenteil, IV.1). Er übernahm Regierungsaufgaben und nahm rege am höfischen Leben teil. Seine literarische Arbeit litt unter diesen Verpflichtungen. Dies und die schwierige Liebe zur verheirateten Hofdame Charlotte von Stein führten dazu, dass Goethe Herzog Karl August um Beurlaubung ersuchte. Im Jahr 1786 reiste Goethe nach Italien. Seinen Italienaufenthalt, der bis April 1788 dauern sollte, bezeichnete Goethe selbst als „Wiedergeburt". Befreit von den täglichen Pflichten als hoher Hofbeamter, beschäftigte er sich nun wieder viel mehr mit Fragen der Kunst.

Goethe in der Campagna

Insbesondere studierte er in Rom die Kultur der Antike und der italienischen Renaissance. Er zeichnete viel und betrieb mit besonderem Interesse Naturstudien.

Literarische Werke, die Goethe in Weimar begonnen hatte, arbeitete er in Italien nach seinen neuen Vorstellungen um und vollendete sie (u. a. die Dramen *Torquato Tasso* und *Iphigenie auf Tauris* in Versform). Damit setzte er erste entscheidende Impulse für jene kulturelle Epoche, die man später mit dem Begriff *Weimarer Klassik* bezeichnete.

Nicht zuletzt fand Goethe in Rom auch eine beglückende Liebesbeziehung zu einer Römerin, die unter dem Namen Faustina in die Goethe-Biografien eingegangen ist.

Kunst- und Lebensstudium: Römische Elegien

Neben dem umfangreichen Reisebericht *Italienische Reise* gehören die **Römischen Elegien** zu den zentralen literarischen Dokumenten von Goethes Italien-Aufenthalt. Diese Gedichte schrieb Goethe zwar erst nach seiner Rückkehr nach Weimar, sie beinhalten aber hauptsächlich das Italien-Erlebnis. Allerdings trägt Faustina, die italienische Geliebte, auch Züge von Christiane Vulpius. Diese junge Frau aus einfachen Verhältnissen lernte Goethe im Jahr 1789, also knapp nach seiner Rückkehr aus Italien, kennen. Sie wurde – zum Missfallen der Weimarer Hofgesellschaft – Goethes Geliebte. Erst im Jahr 1806 heiratete er Christiane.

Johann Wolfgang von Goethe: Römische Elegien — 1

Fünfte Elegie

1 Froh empfind' ich mich nun auf klassischem Boden begeistert,
Lauter und reizender spricht Vorwelt und Mitwelt zu mir.
Ich befolge den Rat, durchblättre die Werke der Alten
Mit geschäftiger Hand täglich mit neuem Genuss.
5 Aber die Nächte hindurch hält Amor mich anders beschäftigt,
Werd ich auch halb nur gelehrt, bin ich doch doppelt vergnügt.
Und belehr ich mich nicht? wenn ich des lieblichen Busens
Formen spähe, die Hand leite die Hüften hinab.
Dann versteh ich erst recht den Marmor, ich denk' und vergleiche,
10 Sehe mit fühlendem Aug', fühle mit sehender Hand.
Raubt die Liebste denn gleich mir einige Stunden des Tages;
Gibt sie Stunden der Nacht mir zur Entschädigung hin.
Wird doch nicht immer geküsst, es wird vernünftig gesprochen,
Überfällt sie der Schlaf, lieg ich und denke mir viel.
15 Oftmals hab' ich auch schon in ihren Armen gedichtet
Und des Hexameters Maß, leise, mit fingernder Hand,
Ihr auf den Rücken gezählt, sie atmet in lieblichem Schlummer
Und es durchglühet ihr Hauch mir bis ins tiefste die Brust.
Amor schüret indes die Lampe und denket der Zeiten,
20 Da er den nämlichen Dienst seinen Triumvirn getan.

Amor: römischer Gott der Liebe; *Hexameter*: antikes Versmaß, siehe unten; *Triumviren*: Gemeint sind hier die drei römischen Dichter Properz, Catull und Tibull

Anregungen zur Texterschließung

1. Wie verbringt das *lyrische Ich* seine Tage „auf klassischem Boden", wie die Nächte?
2. Welchen Zusammenhang zwischen Kunststudium („Formen des Marmors") und weiblichen Formen konstruiert Goethe?
3. Goethe hat das Gedicht in elegischen *Distichen* geschrieben. Diese antike zweizeilige Versform besteht aus einer sechshebigen Zeile (*Hexameter*) und einer fünfhebigen (*Pentameter*). Die deutsche Silbenbetonung macht aber den Pentameter zum Hexameter. Die Verstakte sind *daktylisch* oder *trochäisch*. Der 5. Takt ist immer ein Daktylus. Weisen Sie das Versmaß (*Metrum*) in den ersten vier Verszeilen nach.
   Band 2 ▶ Kompetenzteil, I.3
4. Informieren Sie sich im Glossar über den Begriff *Elegie*.

Anregung zum Schreiben

Italien und auch andere Länder des Mittelmeerraums üben auf Europäerinnen und Europäer nördlich der Alpen auch heute noch eine starke Anziehungskraft aus, die sich vor allem im Massentourismus unserer Tage zeigt. Haben Sie Erfahrungen mit den „Urlaubsländern" Italien oder Griechenland? Schreiben Sie Ihre Erfahrungen in einem Reisebericht nieder.

Kompetenzen: Das sollen Sie wissen/können

1. Sie können JOHANN WOLFGANG VON GOETHES fünfte *Römische Elegie* interpretieren.
2. Sie können den biografischen Entstehungszusammenhang der *Römischen Elegien* erklären.

2 „EDEL SEI DER MENSCH ..."
Das klassische Menschenbild

Modulvorschau

Das idealistische Menschenbild der *Weimarer Klassik* steht in der Tradition des *Humanismus*. Sie lernen es am Beispiel von drei Werken kennen: *Das Göttliche*, *Iphigenie auf Tauris*, *Die Bürgschaft*.

➡ Sie interpretieren das Gedicht *Das Göttliche* und machen sich JOHANN WOLFGANG VON GOETHES Menschenbild bewusst.

➡ Sie erschließen das Menschenbild in FRIEDRICH SCHILLERS Ballade *Die Bürgschaft* und vergleichen es mit dem in GOETHES Drama *Iphigenie auf Tauris* und in *Das Göttliche*.

DER MENSCH – WESEN ZWISCHEN DER NATUR UND DEM GÖTTLICHEN

Schon vor der *Weimarer Klassik*, im Zeitalter des *Humanismus* und in dem der *Aufklärung*, war ein „humanistisches" Menschenbild formuliert worden, das auf hohen ethischen Ansprüchen beruhte (vgl. Modul II.4 und III.1 ). In der Weimarer Klassik wurde diese humanistische Tradition von GOETHE und SCHILLER weitergeführt.

JOHANN WOLFGANG VON GOETHE: DAS GÖTTLICHE (1783)

1

1 Edel sei der Mensch,
Hülfreich und gut!
Denn das allein
Unterscheidet ihn
5 Von allen Wesen
Die wir kennen.

Heil den unbekannten
Höhern Wesen
Die wir ahnden!
10 Ihnen gleiche der Mensch;
Sein Beispiel lehr uns
Jene glauben.

Denn unfühlend
Ist die Natur;
15 Es leuchtet die Sonne
Über Bös' und Gute,
Und dem Verbrecher
Glänzen wie dem Besten
Der Mond und die Sterne.

20 Wind und Ströme
Donner und Hagel
Rauschen ihren Weg,
Und ergreifen
Vorübereilend
25 Einen um den anderen.

Auch so das Glück
Tappt unter die Menge,
Fasst bald des Knaben
Lockige Unschuld
30 Bald auch den kahlen
Schuldigen Scheitel.

Nach ewigen ehrnen
Großen Gesetzen
Müssen wir alle
35 unseres Daseins
Kreise vollenden.

Nur allein der Mensch
Vermag das Unmögliche,
Er unterscheidet
40 Wählet und richtet,
Er kann dem Augenblick
Dauer verleihen.

Er allein darf
Dem Guten lohnen,
45 Den Bösen strafen;
Heilen und retten
Alles Irrende, Schweifende
Nützlich verbinden.

Und wir verehren
50 Die Unsterblichen,
Als wären sie Menschen,
Täten im Großen
Was der Beste im Kleinen
Tut oder möchte.

55 Der edle Mensch
Sei hülfreich und gut!
Unermüdet schaff er
Das Nützliche, Rechte
Sei uns ein Vorbild
60 Jener geahndeten Wesen.

Anregungen zur Texterschließung

1. Durch welche Eigenschaften und Verhaltensweisen unterscheidet sich der Mensch von anderen Lebewesen? Welche Ansprüche ergeben sich daraus für den Menschen? Beachten Sie insbesondere die Textstellen, die Goethe als Aufforderungen (Verben im 1. Konjunktiv!) formuliert hat.
2. Der Titel des Gedichts lautet *Das Göttliche*. Goethe verwendet offensichtlich ganz bewusst nicht das Wort „Gott". Eher noch spricht er von „den Unsterblichen", also von Göttern im heidnischen Sinn des Wortes. Welche Gründe könnte er dafür haben?
3. Wodurch können laut Goethe die Menschen zum Glauben an „das Göttliche", an die „höheren Wesen" gelangen? Meinen Sie, dass diese Auffassung mit dem christlichen Glauben vereinbar ist?

Iphigenie – dramatischer Entwurf eines edlen, hilfreichen, guten Menschen

Ein Bild des edlen, sittlich guten Menschen hat **Johann Wolfgang von Goethe** auch in seinem Drama *Iphigenie auf Tauris* gestaltet. Er griff auf eine Tragödie des griechischen Dichters **Euripides** zurück, die um 416 v. Chr. entstanden war. Goethe arbeitete die erste Fassung seines Dramas aus dem Jahr 1779 (in Prosa) mehrmals um, bis er während seines zweijährigen Italien-Aufenthalts 1786 eine vierte Fassung im *Blankvers* vollendete. Die Griechin Iphigenie lebt auf der Skytheninsel Tauris. Ihrem Einfluss ist es zu verdanken, dass auf Tauris die barbarischen Menschenopfer abgeschafft worden sind. Diese humanitäre Errungenschaft

Iphigenie auf Tauris, Inszenierung 2010

droht verloren zu gehen, als Iphigenie die Werbung des Skythenkönigs Thoas ausschlägt. Opfer dieser Entwicklung könnten ausgerechnet Orest, Iphigenies Bruder, und dessen Freund Pylades sein. Pylades ersinnt einen Fluchtplan, der aber nur gelingen kann, wenn Iphigenie König Thoas belügt und hintergeht. Da solch ein Betrug ihren sittlichen Prinzipien widerspricht, verweigert Iphigenie ihre Mitwirkung an Pylades' Plan. Thoas wird durch Iphigenies ethisches Beispiel geläutert. Er lässt Iphigenie gemeinsam mit Orest und dessen Freund nach Griechenland ziehen.

Das optimistische Menschenbild der *Aufklärung* wirkt hier ganz offensichtlich nach. Die sittliche Besserung eines Mächtigen durch ein humanes Vorbild machte auch **Friedrich Schiller** zum Thema seiner *Ballade Die Bürgschaft* (1798).

2a Friedrich Schiller: Die Bürgschaft (Auszug)

1   Zu Dionys, dem Tyrannen, schlich
  Damon, den Dolch im Gewande;
  Ihn schlugen die Häscher in Bande.
  „Was wolltest du mit dem Dolche, sprich!"
5   Entgegnet ihm finster der Wüterich.
  „Die Stadt vom Tyrannen befreien!"
  „Das sollst du am Kreuze bereuen."

  „Ich bin", spricht jener, „zu sterben bereit
  Und bitte nicht um mein Leben,
10   Doch willst du Gnade mir geben,
  Ich flehe dich um drei Tage Zeit,
  Bis ich die Schwester dem Gatten gefreit,
  Ich lasse den Freund dir als Bürgen,
  Ihn magst du, entrinn ich, erwürgen."

15 Da lächelt der König mit arger List
Und spricht nach kurzem Bedenken:
„Drei Tage will ich dir schenken.
Doch wisse! Wenn sie verstrichen, die Frist,
Eh du zurück mir gegeben bist,
20 So muss er statt deiner erblassen,
Doch dir ist die Strafe erlassen."

Die zwanzigstrophige Ballade erzählt nun ein dramatisches Geschehen, das wir kurz zusammenfassen: Damons Freund ist ohne zu zögern bereit, die gefährliche Bürgschaft zu übernehmen. Damon sorgt dafür, dass seine Schwester heiraten kann. Seiner Rückkehr stellen sich allerdings große Hindernisse in den Weg. Zunächst muss Damon durch einen reißenden Strom schwimmen, er wird von einer Räuberbande bedroht und zuletzt droht er in der Hitze vor Durst zu sterben. Er überwindet alle Bedrohungen und Schwierigkeiten. Aber die Frist läuft mittlerweile ab. Damon muss hören, dass er wahrscheinlich zu spät kommt. Der Freund wird schon ans Kreuz geschlagen. Dennoch will der Held vor die Augen des Tyrannen treten.

2b

1 „Und ist es zu spät, und kann ich ihm nicht
Ein Retter willkommen erscheinen,
So soll mich der Tod ihm vereinen.
Des rühme der blutge Tyrann sich nicht,
5 Dass der Freund dem Freunde gebrochen die Pflicht,
Er schlachte der Opfer zweie
Und glaube an Liebe und Treue."

Und die Sonne geht unter, da steht er am Tor
Und sieht das Kreuz schon erhöhet,
10 Das die Menge gaffend umstehet,
An dem Seile schon zieht man den Freund empor,
Da zertrennt er gewaltig den dichten Chor:
„Mich, Henker!" ruft er, „erwürget!
Da bin ich, für den er gebürget!"

15 Und Erstaunen ergreifet das Volk umher,
In den Armen liegen sich beide
Und weinen für Schmerzen und Freude.
Da sieht man kein Auge tränenleer,
Und zum Könige bringt man die Wundermär,
20 Der fühlt ein menschliches Rühren,
Lässt schnell vor den Thron sie führen.

Und blicket sie lange verwundert an.
Drauf spricht er: „Es ist euch gelungen,
Ihr habt das Herz mir bezwungen,
25 Und die Treue, sie ist doch kein leerer Wahn,
So nehmet auch mich zum Genossen an,
Ich sei, gewährt mir die Bitte,
In eurem Bunde der Dritte."

Anregungen zur Texterschließung

1. Was erwartet sich wohl der Tyrann Dionysos, als er Damon eine Gnadenfrist von drei Tagen gewährt?
2. Was veranlasst den Tyrannen am Ende dazu, die beiden Männer um ihre Freundschaft zu bitten?
3. Finden Sie Ähnlichkeiten zwischen Handlungselementen des Dramas *Iphigenie auf Tauris* und der Ballade *Die Bürgschaft*?

Anregung zum Schreiben

Wahrscheinlich ist es für Sie nicht schwer, sich die Handlung der Ballade *Die Bürgschaft* als Film vorzustellen. Schreiben Sie die Schlusssequenz (die letzten drei Strophen) als Filmdrehbuch (methodische Anregungen Band 2 Kompetenzteil, II.4).

Band 2 Ergänzung Kulturgeschichte

IV. Die deutsche Kunstepoche: Weimarer Klassik und Romantik

1. Lesen Sie im Epochenteil Kapitel IV.1.1 („Kunstperiode" oder „Goethe-Zeit") und Kapitel IV.1.2 („Klassisch" – „Klassik" – „Klassizismus") und erklären Sie die Bedeutungsunterschiede zwischen den Begriffen *klassisch*, *Klassizismus*, *Weimarer Klassik* und *Wiener Klassik*.
2. Lesen Sie Kapitel IV.4 (Goethe und Schiller in Weimar) und das Kapitel IV.2 (Allgemeine geschichtliche Voraussetzungen) und entnehmen Sie daraus folgende Informationen:
   • Welche Funktion hatte Goethe am Hof von Weimar, und welche Auswirkungen hatte dies auf seine literarische Arbeit?
   • Schillers Lebensverhältnisse waren schlechter als die Goethes. Erklären Sie den Unterschied durch Details aus Schillers *Biografie*.
   • Wie waren die Umstände der Zusammenarbeit von Goethe und Schiller?
   • Die Französische Revolution war das wichtigste politische Zeitereignis. Welche Einstellung hatten deutsche Künstler/innen und Intellektuelle – insbesondere Goethe und Schiller – dazu?

Kompetenzen: Das sollen Sie wissen/können

1. Sie können JOHANN WOLFGANG VON GOETHES Menschenbild am Beispiel des Gedichts *Das Göttliche* erklären und darlegen, inwiefern die Hauptfigur in seinem Drama *Iphigenie auf Tauris* diesem Menschenbild ähnlich ist.
2. Sie können erklären, warum wir bei FRIEDRICH SCHILLERS Ballade *Die Bürgschaft* von einem „idealistischen" Menschenbild sprechen können.

Historische und poetische Wahrheit
Friedrich Schillers Tragödie „Maria Stuart"

3

Modulvorschau

Friedrich Schiller ist einer der bedeutendsten deutschen Dramatiker. Sein erstes Stück *Die Räuber* und sein bürgerliches Trauerspiel *Kabale und Liebe* (vgl. Modul III.2) sind noch typisch für den *Sturm und Drang*. Maria Stuart hingegen gehört zu Schillers klassischen Dramen. Sie lernen es unter folgenden Aspekten kennen:

➡ Sie erfahren Wesentliches über die historische Maria Stuart, Königin von Schottland.
➡ Sie erkennen anhand der Handlungsführung, dass Schiller die historischen Fakten zum Teil verändert hat.
➡ Sie interpretieren eine Schlüsselstelle des Stücks, die Begegnung der Königinnen im 3. Akt.
➡ Sie lernen Friedrich Schillers *Dramentheorie* kennen.

Die geschichtliche Maria Stuart – eine umstrittene Königin

Stationen eines folgenreichen politischen Konflikts

• Zwischen dem englischen Königshaus Tudor (protestantisch) und dem schottischen Königshaus Stuart (katholisch) kommt es im 16. Jh. zu Spannungen. Der englische König Heinrich VIII. stellt nach dem Tod Jakobs V. Ansprüche auf den schottischen Thron. Da Jakobs erbberechtigte Tochter Maria erst acht Jahre alt ist, ist der Zeitpunkt günstig. Den Stuarts gelingt es aber, Heinrichs Griff nach der schottischen Krone zu verhindern.

• Wenige Jahre später dreht die mittlerweile erwachsen gewordene Maria von Schottland den Spieß um: Sie stellt nach Heinrichs Tod Ansprüche auf den englischen Thron, weil sie Elisabeth, Heinrichs Tochter aus der Ehe mit Anna Boleyn, nicht als rechtmäßige Thronerbin anerkennt. Die Anerkennung verweigert sie, weil nach katholischer Sicht die Ehe zwischen Heinrich VIII. und Anna Boleyn illegitim ist. (Heinrich hat sich von seiner ersten Frau scheiden lassen, vom Katholizismus losgesagt und die anglikanische Staatskirche begründet.)

• In den Folgejahren gerät Maria Stuart im eigenen Land in große private und persönliche Schwierigkeiten. Nach dem Tod ihres französischen Gatten Franz heiratet sie Lord Darnley, schließt ihn aber wegen Trunksucht von den Regierungsgeschäften weitgehend aus. Darnley lässt Marias italienischen Sekretär erdolchen, für den Maria heftige Sympathien gehabt haben soll. Wenige Wochen später stirbt Darnley bei einem Sprengstoffanschlag – und Maria heiratet bald darauf Graf Bothwell, den Rädelsführer des Anschlags auf Darnley. Die protestantische Adelsopposition in Schottland setzt Maria Stuart so sehr unter Druck, dass diese rasch fliehen muss – ausgerechnet nach England zu jener Elisabeth, der sie den Thron streitig machen wollte.

• Marias Anwesenheit in England ist für Elisabeth ein kaum zu lösendes politisches Problem. Sie lässt ihre Rivalin einkerkern. Als in England Umsturzpläne zugunsten der schottischen Maria aufgedeckt werden, verabschiedet das englische Parlament das „Gesetz für die Sicherheit der Königin". Diesem Gesetz zufolge ist nicht nur strafbar, wer das Leben von Elisabeth gefährdet, sondern auch jede Person, zu deren Gunsten ein Anschlag auf das Leben der Königin vorgenommen wird. Dieses Gesetz ist maßgeschneidert für Maria Stuart. 1586 wird sie zum Tod verurteilt, 1587 wird das Urteil vollstreckt.

DIE POETISCHE MARIA STUART – EINE BERÜHRENDE BÜHNENFIGUR

FRIEDRICH SCHILLER kannte die Geschichte der Maria Stuart. Wer sich aber von ihm ein geschichtliches Dokumentarstück erwartet, der wird enttäuscht. Es war nicht Schillers Absicht, auf der Bühne geschichtliche Wirklichkeit möglichst exakt nachzustellen, um so den Theaterabend zur Geschichtsstunde umzufunktionieren. Schiller betrachtete die historischen Fakten nur als Material, das seinem poetischen Zweck zu dienen hatte. Doch dazu etwas später. Informieren Sie sich zunächst über den Handlungsverlauf des Stücks *Maria Stuart*:

DIE HANDLUNG

Friedrich Schiller lässt die Bühnenhandlung erst einsetzen, als Maria Stuart bereits zum Tod verurteilt ist. Schiller hat sein Stück in streng chronologisch-kausaler Folge gebaut: Maria Stuart ist also ein *Zieldrama*, dessen Bauform Sie aus der folgenden Darstellung erkennen können (vgl. `Band 2` Kompetenzteil, II.2.6).

BAUFORM DES ZIELDRAMAS „MARIA STUART"

1. Akt *(Exposition)*: Maria Stuart wird auf Schloss Fotheringhay gefangen gehalten und streng bewacht. Die scheinbar ausweglose Lage, in die Maria geraten ist, verändert sich plötzlich, als Amias Paulets Neffe Mortimer Maria besucht und sich als heimlicher Parteigänger zu erkennen gibt. Mortimer ist bereit, gemeinsam mit Graf Leicester einen Versuch zur Rettung Marias zu unternehmen.

2. Akt *(steigende Handlung)*: Lord Burleigh drängt die Königin, das Todesurteil endlich vollstrecken zu lassen. Einige Ratgeber warnen allerdings davor. Elisabeth spielt mit dem Gedanken, Maria durch einen Meuchelmörder töten zu lassen, um selbst offiziell keine Verantwortung übernehmen zu müssen. Mortimer geht zum Schein auf den Vorschlag der Königin ein. Heimlich nimmt er aber Kontakt mit Graf Leicester auf. Mit einer raffinierten rhetorischen Strategie gelingt es Leicester, Elisabeth zu einer Begegnung mit Maria zu überreden.

3. Akt *(steigende Handlung und Peripetie)*: Höhepunkt der Handlung und gleichzeitig der Wendepunkt ist die Begegnung der Königinnen. Diese Szene werden wir genauer analysieren. Die Hoffnung auf einen Gnadenakt Elisabeths besteht nach diesem konfliktreichen Zusammentreffen nicht mehr. Überdies misslingt auch ein Mordanschlag auf Elisabeth. Die Situation spitzt sich zu. Mortimer ist entschlossen, das Äußerste zu wagen, um Maria zu retten.

4. Akt *(fallende Handlung)*: Graf Leicester fürchtet, dass heimliche Parteigänger Maria Stuarts entlarvt werden. Um sich selbst von vornherein gegen Verdächtigungen zu schützen, lässt er Mortimer als Staatsverräter verhaften. Auch Maria hat er nun aufgegeben. Um seine Loyalität zum englischen Königshaus zu beweisen, drängt auch er auf die Hinrichtung. Elisabeth unterschreibt das Todesurteil.

5. Akt *(Katastrophe)*: Maria bereitet sich auf den Tod vor. Sie hat sich in das Unvermeidbare ergeben und will ohne Hass und Verzweiflung ihr Leben beenden. Leicester bleibt zurück – im Bewusstsein seiner charakterlichen Erbärmlichkeit. Als Elisabeth Marias Tod gemeldet wird, versucht sie, die Verantwortung dafür auf ihre Ratgeber abzuschieben. Als letzter Freund scheint ihr nur noch Graf Leicester geblieben zu sein. Als sie nach ihm rufen lässt, muss sie aber erfahren: „Der Lord lässt sich entschuldigen, er ist zu Schiff nach Frankreich."

Friedrich Schiller: Maria Stuart

3. Aufzug, 4. Auftritt Track 5

1 (...)

MARIA: Ich will mich auch noch diesem unterwerfen.
Fahr hin, ohnmächtger Stolz der edeln Seele!
Ich will vergessen, wer ich bin, und was
5 Ich litt, ich will vor ihr mich niederwerfen,
Die mich in diese Schmach herunterstieß.
(*Sie wendet sich gegen die Königin*)
Der Himmel hat für Euch entschieden, Schwester!
Gekrönt vom Sieg ist Euer glücklich Haupt,
10 Die Gottheit bet ich an, die Euch erhöhte!
(*Sie fällt vor ihr nieder*)
Doch seid auch Ihr nun edelmütig, Schwester!
Lasst mich nicht schmachvoll liegen, Eure Hand
Streckt aus, reicht mir die königliche Rechte,
15 Mich zu erheben von dem tiefen Fall.
ELISABETH (*zurücktretend*): Ihr seid an Eurem Platz, Lady Maria!
Und dankend preis ich meines Gottes Gnade,
Der nicht gewollt, dass ich zu Euren Füßen
So liegen sollte, wie Ihr jetzt zu meinen.
20 MARIA (*mit steigendem Affekt*):
Denkt an den Wechsel alles Menschlichen!
Es leben Götter, die den Hochmut rächen!
Verehret, fürchtet sie, die schrecklichen,
Die mich zu Euren Füßen niederstürzen – (...)
25 Die Felsenklippe, die der Strandende
Vergeblich ringend zu erfassen strebt.
Mein Alles hängt, mein Leben, mein Geschick,
An meiner Worte, meiner Tränen Kraft,
Löst *mir* das Herz, dass ich das Eure rühre!
30 Wenn Ihr mich anschaut mit dem Eisesblick,
Schließt sich das Herz mir schaudernd zu, der Strom
Der Tränen stockt, und kaltes Grausen fesselt
Die Flehensworte mir im Busen an.
ELISABETH (*kalt und streng*):
35 Was habt Ihr mir zu sagen, Lady Stuart!
Ihr habt mich sprechen wollen. Ich vergesse
Die Königin, die schwerbeleidigte,
Die fromme Pflicht der Schwester zu erfüllen,
Und meines Anblicks Trost gewähr ich Euch.
40 Dem Trieb der Großmut folg ich, setze mich
Gerechtem Tadel aus, dass ich so weit
Heruntersteige – denn Ihr wisst,
Dass Ihr mich habt ermorden lassen wollen.

Maria Stuart, Wiener Burgtheater 2001

Bernd Uhlig, Berlin

MARIA: Womit soll ich den Anfang machen, wie
45 Die Worte klüglich stellen, dass sie Euch
Das Herz ergreifen, aber nicht verletzen!
O Gott, gib meiner Rede Kraft, und nimm
Ihr jeden Stachel, der verwunden könnte!
Kann ich doch für mich selbst nicht sprechen, ohne Euch
50 Schwer zu verklagen, und das will ich nicht.
– Ihr habt an mir gehandelt, wie nicht recht ist,
Denn ich bin eine Königin wie Ihr,
Und Ihr habt als Gefangne mich gehalten, (…)
– Seht! Ich will alles eine Schickung nennen,
55 *Ihr* seid nicht schuldig, *ich* bin auch nicht schuldig,
Ein böser Geist stieg aus dem Abgrund auf,
Den Hass in unsern Herzen zu entzünden,
Der unsre zarte Jugend schon entzweit.
Er wuchs mit uns, und böse Menschen fachten
60 Der unglückselgen Flamme Atem zu. (…)
Ach, dass Ihr damals mir Gehör geschenkt,
Als ich so dringend Euer Auge suchte!
Es wäre nie so weit gekommen, nicht
An diesem traurgen Ort geschähe jetzt
65 Die unglückselig traurige Begegnung.
ELISABETH: Mein guter Stern bewahrte mich davor,
Die Natter an den Busen mir zu legen.
– Nicht die Geschicke, Euer schwarzes Herz
Klagt an, die wilde Ehrsucht Eures Hauses. (…)
70 MARIA: Jedwedem Anspruch auf dies Reich entsag ich.
Ach, meines Geistes Schwingen sind gelähmt,
Nicht Größe lockt mich mehr – Ihr habts erreicht,
Ich bin nur noch der Schatten der Maria.
Gebrochen ist in langer Kerkerschmach
75 Der edle Mut – Ihr habt das Äußerste an mir
Getan, habt mich zerstört in meiner Blüte!
– Jetzt macht ein Ende, Schwester. Sprecht es aus,
Das Wort, um dessentwillen Ihr gekommen,
Denn nimmer will ich glauben, dass Ihr kamt,
80 Um Euer Opfer grausam zu verhöhnen.
Sprecht dieses Wort aus. Sagt mir: „Ihr seid frei,
Maria! Meine Macht habt Ihr gefühlt,
Jetzt lernet meinen Edelmut verehren." (…)
ELISABETH: Bekennt Ihr endlich Euch für überwunden?
85 Ists aus mit Euren Ränken? Ist kein Mörder
Mehr unterweges? Will kein Abenteurer
Für Euch die traurge Ritterschaft mehr wagen?

– Ja, es ist aus, Lady Maria. Ihr verführt
Mir keinen mehr. Die Welt hat andre Sorgen.
90 Es lüstet keinen, Euer – vierter Mann
Zu werden, denn Ihr tötet Eure Freier
Wie Eure Männer!
Maria (*auffahrend*): Schwester! Schwester!
O Gott! Gott! Gib mir Mäßigung!
95 Elisabeth (*sieht sie lange mit einem Blick stolzer Verachtung an*).
Das also sind die Reizungen, Lord Leicester,
Die ungestraft kein Mann erblickt, daneben
Kein andres Weib sich wagen darf zu stellen!
Fürwahr! Der Ruhm war wohlfeil zu erlangen,
100 Es kostet nichts, die *allgemeine* Schönheit
Zu sein, als die *gemeine* sein für *alle*!
Maria: Das ist zu viel!
Elisabeth (*höhnisch lachend*) Jetzt zeigt Ihr Euer wahres
Gesicht, bis jetzt wars nur die Larve.
105 Maria (*vor Zorn glühend, doch mit einer edeln Würde*):
Ich habe menschlich, jugendlich gefehlt,
Die Macht verführte mich, ich hab es nicht
Verheimlicht und verborgen, falschen Schein
Hab ich verschmäht, mit königlichem Freimut.
110 Das Ärgste weiß die Welt von mir und ich
Kann sagen, ich bin besser als mein Ruf.
Weh Euch, wenn sie von Euren Taten einst
Den Ehrenmantel zieht, womit Ihr gleißend
Die wilde Glut verstohlner Lüste deckt.
115 Nicht Ehrbarkeit habt Ihr von Eurer Mutter
Geerbt, man weiß, um welcher Tugend willen
Anna von Boleyn das Schafott bestiegen.
Shrewsbury (*tritt zwischen beide Königinnen*):
O Gott des Himmels! Muss es dahin kommen!
120 Ist das die Mäßigung, die Unterwerfung,
Lady Maria?
Maria: Mäßigung! Ich habe
Ertragen, was ein Mensch ertragen kann.
Fahr hin, lammherzige Gelassenheit,
125 Zum Himmel fliehe, leidende Geduld,
Spreng endlich deine Bande, tritt hervor
Aus deiner Höhle, lang verhaltner Groll –
Und *du*, der dem gereizten Basilisk
Den Mordblick gab, leg auf die Zunge mir
130 Den giftgen Pfeil –
Shrewsbury: O sie ist außer sich!
Verzeih der Rasenden, der schwer Gereizten! (…)

MARIA: Der Thron von England ist durch einen Bastard
Entweiht, der Briten edelherzig Volk
135 Durch eine listge Gauklerin betrogen.
– Regierte Recht, so läget *Ihr* vor mir
Im Staube jetzt, denn *ich* bin Euer König.
(*Elisabeth geht schnell ab, die Lords folgen ihr in der höchsten Bestürzung*)

Anregungen zur Texterschließung

1. Maria will sich unterwerfen, den „Stolz der edeln Seele" aufgeben. Analysieren Sie detailliert, was Maria sagt, welcher Worte sie sich bedient. Ist ihr Sprechverhalten dazu geeignet, bei Elisabeth die gewünschte Wirkung zu erzielen? Begründen Sie Ihre Sichtweise!
2. Wie reagiert Elisabeth auf Maria? Wie begründet sie ihre ablehnende Haltung?
3. Das Gespräch scheint vorübergehend einen etwas günstigeren Verlauf für Maria zu nehmen. Erklären Sie, an welcher Stelle und aus welchen Gründen dann eine unaufhaltsame Wendung ins Negative erfolgt.
4. Durch welche Äußerung bewirkt Maria, dass Elisabeth – „für (= vor) Zorn sprachlos" – das Gespräch beendet? Um diese Äußerung in ihrer ganzen Tragweite zu verstehen, müssen Sie auf historische Kenntnisse zurückgreifen.
5. Die Regieanweisungen zum nonverbalen Verhalten der Kontrahentinnen sind ziemlich aussagekräftig. Es wird deutlich, wie sehr auch Mimik und Gestik ein Gespräch beeinflussen. Nennen Sie Beispiele.
6. Maria Stuart ist ein *Versdrama*. Weisen Sie in den ersten zehn Zeilen des Textauszugs den *Blankvers* nach.
7. Hören Sie die Vertonung der Szene. ⟨Track 5⟩

Anregung zum Schreiben

Schreiben Sie in Prosa einen Dialog, in dem sich Maria gemäß ihrer Wirkungsabsicht verhält, sodass die Szene letztlich mit Marias Begnadigung endet.

POETISCHE UND GESCHICHTLICHE WAHRHEIT

Wie bei allen anderen Geschichtsdramen FRIEDRICH SCHILLERS, so ist auch in *Maria Stuart* auf den ersten Blick zu erkennen, dass Schiller mit den geschichtlichen Tatsachen sehr frei umgeht, dass er die Fakten lediglich als Material verwendet. Er verfolgt also nicht die Absicht, historische Ereignisse möglichst authentisch nachzustellen. Sein Zugang zur Geschichte ist dem poetischen Zweck untergeordnet. Aufschlussreich ist folgender Auszug aus dem Aufsatz *Über die tragische Kunst* (1792):

2 | FRIEDRICH SCHILLER: ÜBER DIE TRAGISCHE KUNST

1 Die Tragödie ist (…) *poetische* Nachahmung einer mitleidswürdigen Handlung, und dadurch wird sie der *historischen* entgegengesetzt. Das Letztere würde sie sein, wenn sie einen historischen Zweck verfolgte, wenn sie darauf ausginge, von geschehenen Dingen und von der Art ihres Geschehens zu unterrichten. In diesem Falle müsste sie sich streng an historische Richtigkeit halten, weil sie einzig nur durch treue Darstellung des wirklich Geschehenen ihre Absicht erreichte. Aber die Tragödie hat einen poetischen Zweck, d.i. sie stellt eine Handlung dar, um zu rühren und durch Rührung zu ergötzen. Behandelt sie also einen gegebenen Stoff nach diesem ihrem Zwecke, so wird sie eben dadurch in der Nachahmung frei; sie erhält Macht, ja

Verbindlichkeit, die historische Wahrheit den Gesetzen der Dichtkunst unterzuordnen und
10 den gegebenen Stoff nach ihrem Bedürfnisse zu bearbeiten. (…)
Es verrät daher sehr beschränkte Begriffe von der tragischen Kunst, ja von der Dichtkunst
überhaupt, den Tragödiendichter vor das Tribunal der Geschichte zu ziehen und Unterricht
von demjenigen zu fordern, der sich schon vermöge seines Namens bloß zu Rührung und Er-
götzung verbindlich macht. (…) Unser Wohlgefallen an idealischen Charakteren verliert
15 nichts durch die Erinnerung, dass sie poetische Fiktionen sind, denn es ist die poetische, nicht
die historische Wahrheit, auf welche alle ästhetische Wirkung sich gründet. Die poetische
Wahrheit besteht aber nicht darin, dass etwas wirklich geschehen ist, sondern darin, dass es
geschehen konnte, also in der innern Möglichkeit der Sache. (…)

Anregungen zur Texterschließung
1. Welche Aufgaben hat laut Friedrich Schiller die Tragödie?
2. Welche Folgen hat diese Definition der Tragödie für den Umgang des Tragödiendichters mit
   der geschichtlichen Wirklichkeit?

SCHILLERS PHILOSOPHISCHES MENSCHENBILD

In seinem Aufsatz *Über das Erhabene* erläutert FRIEDRICH SCHILLER, worin seiner Ansicht
nach die Besonderheit des Menschen gegenüber anderen Naturwesen besteht. Beeinflusst
von der Ethik des Philosophen IMMANUEL KANT (vgl. Band 2 ▶ Epochenteil, III.3.3) ging Schiller
davon aus, dass der Mensch in seinen Entscheidungen frei sei (Freiheit des Willens). Natürlich
ist sich Schiller dessen bewusst, dass der Mensch nicht immer und überall nach seinem frei-
en Willen handeln kann. Oft genug werden wir durch körperliche Grenzen oder durch äußere
Gewalt in unserer Freiheit eingeschränkt. So entsteht ein deutlicher Unterschied zwischen
dem, was der Mensch tun *will*, und dem, was er *kann*. Schiller versucht dieses Problem zu
lösen, indem er behauptet, dass es für den Menschen zwei Möglichkeiten gibt, seinen freien
Willen durchzusetzen:

FRIEDRICH SCHILLER: ÜBER DAS ERHABENE (AUSZUG) 3

1 (…) Entweder *realistisch*, wenn der Mensch der Gewalt Gewalt entgegensetzt, wenn er als
Natur die Natur beherrschet; oder *idealistisch*, wenn er aus der Natur heraustritt und so (…)
den Begriff der Gewalt vernichtet. Was ihm zu dem Ersten verhilft, heißt physische Kultur.
Der Mensch bildet seinen Verstand und seine sinnlichen Kräfte aus, um die Naturkräfte nach
5 ihren eigenen Gesetzen entweder zu Werkzeugen seines Willens zu machen oder sich vor ihren Wirkungen, die er nicht lenken kann, in Sicherheit zu setzen. Aber die Kräfte der Natur
lassen sich nur bis auf einen gewissen Punkt beherrschen oder abwehren; über diesen Punkt
hinaus entziehen sie sich der Macht des Menschen und unterwerfen ihn der ihrigen.
Jetzt also wäre es um seine Freiheit getan, wenn er keiner andern als physischen Kultur fähig
10 wäre. Er soll aber ohne Ausnahme Mensch sein, also in keinem Fall etwas gegen seinen Willen
erleiden. Kann er also den physischen Kräften keine verhältnismäßige physische Kraft mehr
entgegensetzen, so bleibt ihm, um keine Gewalt zu erleiden, nichts anders übrig als: *ein Verhältnis*, welches ihm so nachteilig ist, *ganz und gar aufzuheben*, und eine Gewalt, die er der Tat
nach erleiden muss, *dem Begriff nach zu vernichten*. Eine Gewalt dem Begriffe nach vernichten,
15 heißt aber nichts anders, als sich derselben freiwillig unterwerfen. Die Kultur, die ihn dazu
geschickt macht, heißt die moralische.

Anregungen zur Texterschließung

1. Was versteht Friedrich Schiller unter realistischer, was unter idealistischer Naturbeherrschung?
2. Eine Gewalt, die wir erleiden müssen, weil wir keine physischen Machtmittel haben, um sie zu besiegen, können wir „dem Begriff nach" vernichten, indem wir ihr uns „freiwillig" unterwerfen. Ist diese Behauptung für Sie nachvollziehbar?

Schillers Auffassung von der inneren Freiheit des Menschen hatte auf die Gestaltung seiner Bühnenheldinnen und -helden entscheidenden Einfluss, auch auf die Gestaltung seiner Maria Stuart. Man sieht nun, dass nicht die reale, die historische Maria Stuart für Schiller interessant war, sondern die poetische Möglichkeit, die Schiller in dieser Person angelegt sah. Maria Stuart ist bei Schiller vor allem ein leidender Mensch, dem Gewalt angetan wird. Indem sie sich letztlich mit dem Unausweichlichen versöhnt, gewinnt sie „innere Freiheit". Schiller schrieb: „Das erste Gesetz der tragischen Kunst war Darstellung der leidenden Natur. Das zweite ist Darstellung des moralischen Widerstandes gegen das Leiden (…)." Auf die Tragödie *Maria Stuart* trifft dieses „Programm" geradezu idealtypisch zu.

Kompetenzen: Das sollen Sie wissen/können

1. Sie können die Handlung von **Friedrich Schillers** Zieldrama *Maria Stuart* zusammenfassen.
2. Sie können den Szenenausschnitt auf der Grundlage der Arbeitsanregungen interpretieren.
3. Sie wissen, dass Schiller in seinen Geschichtsdramen die Fakten teilweise verändert hat, und können anhand des Begriffs *poetische Wahrheit* erklären, wie Schiller diese Eingriffe begründet.

Auf der Suche nach dem schönsten Augenblick

Johann Wolfgang von Goethes Tragödie „Faust"

4

Modulvorschau

Faust ist nicht nur ein Theaterstück von **Johann Wolfgang von Goethe**, sondern einer der bekanntesten deutschen *Mythen*. Sie lernen ihn unter folgenden Aspekten kennen:

➡ Sie erfahren Wesentliches über die Ursprünge des Mythos' und die Stoffgeschichte vor Goethe.
➡ Sie machen sich die ungewöhnliche Entstehungsgeschichte von Goethes *Faust* bewusst.
➡ Sie erarbeiten sich einen Überblick über den Handlungsverlauf des ersten Teils der Faust-Tragödie und interpretieren drei Schlüsselszenen.
➡ Sie erhalten einen Überblick über den zweiten Teil der Faust-Tragödie und interpretieren eine Schlüsselszene aus dem letzten Akt.
➡ Sie setzen sich mit Interpretationsvarianten zum Schluss von *Faust II* auseinander.

Der „Faust"-Stoff vor Goethe

Faust, die vermutlich berühmteste literarische Figur **Johann Wolfgang von Goethes**, ist nicht seine Erfindung. Ausgangspunkt aller Faust-Dichtungen war ein Mann, der um 1480 in der württembergischen Kleinstadt Knittlingen geboren wurde, Georg (oder Jörg) Faust hieß, der sich als Magier bezeichnete und schon zu Lebzeiten als „bunter Hund" zu mancherlei Legenden- und Sagenbildungen anregte. 1587 erschien die *Historia von Doktor Johann Fausten*, die erste große Sammlung von Faust-Geschichten in der Form eines Volksbuchs (vgl. **Modul II.6**). Schon zu Beginn des 17. Jahrhunderts erschien ein weiteres Faust-Buch. Faust wurde also wegen des großen Publikumserfolgs weitererzählt, so wie heute erfolgreiche Fernsehserien weitergeschrieben und weitergedreht werden. Noch im späten 16. Jahrhundert bearbeitete der englische Dramatiker **Christopher Marlowe** den Faust-Stoff für die Bühne. Die *englischen Komödianten*, die im 17. Jh. auch auf dem Kontinent erfolgreich waren, brachten den dra-

Faustdarstellung von Rembrandt

matisierten Faust-Stoff zurück nach Deutschland. Verschiedene Fassungen für die Puppenbühne waren im 18. Jh. verbreitet. Man kann also getrost sagen, dass Faust zu dieser Zeit vor allem ein Stoff der Populärkultur war.

Dennoch interessierten sich im 18. Jh. deutsche Schriftsteller wieder für Faust, nun freilich unter neuen Bedingungen. **Gotthold Ephraim Lessings** Faust-Drama blieb ein Fragment. **Friedrich Maximilian Klinger**, ein *Stürmer und Dränger*, schrieb den Roman *Fausts Leben, Taten und Höllenfahrt* (1791), und in den frühen Siebzigerjahren des 18. Jhs. weckte der populäre Stoff die Aufmerksamkeit des jungen Goethe.

Faust I und Faust II – eine 60-jährige Entstehungsgeschichte

Zwischen 1772 und 1775 schrieb Goethe sein erstes Faust-Drama. Es wurde nicht veröffentlicht und erst 1887 in der Abschrift eines Weimarer Hoffräuleins wiederentdeckt. Diese frühe Version wird *Urfaust* genannt. Goethe verlor in den nächsten Jahren das Interesse an diesem Stoff, veröffentlichte allerdings 1790 erstmals in einer mehrbändigen Werkausgabe *Faust. Ein Fragment*. Nicht zuletzt auf Anregung des Freundes FRIEDRICH SCHILLER nahm Goethe in den Neunzigerjahren die Arbeit am *Faust* wieder auf und beendete den ersten Teil der Tragödie 1806. Aber bereits vor der Fertigstellung des ersten Teils hatte Goethe Notizen zu weiteren Szenen angelegt. Faust sollte ihn sein ganzes Leben lang begleiten. Ab 1816 arbeitete er, abgesehen von einigen Unterbrechungen, wieder regelmäßig an der Fortsetzung der Tragödie. Zu Beginn des Jahres 1832 vollendete er *Faust. Der Tragödie zweiter Teil*. Wenige Wochen später starb der Zweiundachtzigjährige.

Der Tragödie erster Teil

Am Anfang steht eine Wette. Gott empfängt Mephistopheles, den Teufel. Dieser ist nach eigener Aussage „der Geist, der stets verneint". Er stellt dem Lob der Schöpfung durch die Erzengel sogleich seine prinzipielle Kritik der Schöpfung gegenüber. „Herzlich schlecht" findet er alles auf der Erde, und er sieht nur, „wie sich die Menschen plagen". Die Rede kommt auf Doktor Faust. Mephisto wettet mit Gott, dass er diesen außergewöhnlichen, aber unzufriedenen Mann für sich gewinnen kann. Der Herr lässt Mephisto freie Hand, diesen Versuch zu unternehmen, denn er ist davon überzeugt, dass Mephisto sein Ziel nicht erreichen wird. Die Wette gilt!

Faust – Grenzgänger zwischen Wissenschaft und Magie

Seinen unzufriedenen Bühnenhelden zeigt uns Goethe zum ersten Mal im nächtlichen Studierzimmer:

1 | Johann Wolfgang von Goethe: Faust I

1. Akt

1 FAUST: Habe nun, ach! Philosophie,
Juristerei und Medizin,
Und leider auch Theologie!
Durchaus studiert, mit heißem Bemühn.
5 Da steh' ich nun, ich armer Tor!
Und bin so klug als wie zuvor;
Heiße Magister, heiße Doktor gar,
Und ziehe schon an die zehen Jahr,
Herauf, herab und quer und krumm,
10 Meine Schüler an der Nase herum –
Und sehe, dass wir nichts wissen können!
Das will mir schier das Herz verbrennen.
Zwar bin ich gescheiter als alle die Laffen,
Doktoren, Magister, Schreiber und Pfaffen;

15 Mich plagen keine Skrupel noch Zweifel,
Fürchte mich weder vor Hölle noch Teufel –
Dafür ist mir auch alle Freud' entrissen,
Bilde mir nicht ein, was Rechts zu wissen,
Bilde mir nicht ein, ich könnte was lehren,
20 Die Menschen zu bessern und zu bekehren.
Auch hab' ich weder Gut noch Geld,
Noch Ehr' und Herrlichkeit der Welt.
Es möchte kein Hund so länger leben!
Drum hab' ich mich der Magie ergeben,
25 Ob mir durch Geistes Kraft und Mund
Nicht manch Geheimnis würde kund;
Dass ich nicht mehr, mit sauerm Schweiß,
Zu sagen brauche, was ich nicht weiß;
Dass ich erkenne, was die Welt
30 Im Innersten zusammenhält,
Schau' alle Wirkenskraft und Samen,
Und tu' nicht mehr in Worten kramen.

Anregungen zur Texterschließung

1. Was erfahren Sie über Fausts bisheriges Leben?
2. Womit ist er unzufrieden? Was strebt er an?
3. Welche Konsequenzen zieht er aus seinen bisherigen Erfahrungen?

Faust holt das Buch des Nostradamus hervor, erblickt das magische Symbol des Erdgeistes, und tatsächlich gelingt ihm dessen Beschwörung. Aber die Erscheinung überfordert seine Kraft. „... wie nah fühl ich mich dir", sagt er zum Erdgeist. Der weist ihn aber höhnisch zurück: „Du gleichst dem Geist, den du begreifst / Nicht mir!" Der Erdgeist verschwindet, Faust bleibt desillusioniert in der Studierstube zurück. Da klopft es. Wagner, Fausts „Famulus" (= Assistent), besucht den Meister noch zu später Stunde, um von ihm in Rhetorik unterrichtet zu werden. Aber für Faust ist Rhetorik ein äußerliches, eitles Unterfangen.
Nicht nur über Sinn oder Unsinn der Redekunst, auch über das menschliche Wissen sind Faust und sein Assistent unterschiedlicher Meinung. Wagner ist mit dem Wissen, das er in Büchern findet, durchaus zufrieden. Fausts grundlegende Probleme mit den Grenzen menschlicher Erkenntnis sind für den Famulus nicht nachvollziehbar. Als Faust wieder allein ist, verdüstert sich sein Gemütszustand so sehr, dass er knapp vor dem Selbstmord steht. Der Tod erscheint ihm als Erlösung aus irdischer Begrenztheit. Entfesselt von materieller Bindung könnte doch sein Geist „Auf neuer Bahn den Äther (...) durchdringen, / Zu neuen Sphären reiner Tätigkeit." Und selbst wenn das Nichts droht, Faust ist entschlossen zu diesem größten Wagnis. Doch da hört er die religiösen Gesänge der Osternacht. Die Auferstehungshoffnung in den frommen Liedern erinnert ihn an den Glauben seiner Kindheit, den er mittlerweile verloren hat. Zutiefst berührt von der Erinnerung macht er seinen Entschluss zum Selbstmord rückgängig.

Der Pakt mit dem Teufel

Ein schöner Ostertag lockt Faust und seinen Famulus in die Natur, wo sich das Volk über den Frühlingsbeginn freut. Auch in dieser Szene zeigt Goethe die Unterschiede zwischen den beiden Männern. Wagner begleitet Faust nur, weil ihm der Spaziergang die Möglichkeit zu interessanten Gesprächen eröffnet. Faust hingegen ist zum echten Naturgefühl fähig. Angesichts der untergehenden Sonne äußert er seine Sehnsucht, sich in die Luft zu erheben und einem ewigen Sonnenuntergang nachzufliegen. Es wird Abend. Auf ihrem Heimweg werden Faust und Wagner von einem schwarzen Pudel begleitet, der sich merkwürdig gebärdet. Faust nimmt das Tier mit in sein Stu-

Faust (Tobias Moretti, rechts) und Mephistopheles (Gert Voss), Wiener Burgtheater

dierzimmer. Der unglückliche Gelehrte scheint nun doch zur Ruhe zu kommen. In der Abendstimmung schlägt er die Bibel auf und bekommt Lust, das Evangelium des Johannes aus dem griechischen Original ins Deutsche zu übersetzen. Während Faust das Evangelium übersetzt, knurrt der schwarze Pudel unwillig. Zurechtweisungen nützen nichts, und Fausts Verdacht, dass dieser Pudel von besonderer Art sei, erhärtet sich. Durch einen magischen Akt zwingt Faust den Pudel dazu, seinen wahren Kern zu zeigen. Mephistopheles erscheint und bietet Faust ein „Geschäft" an, den Teufelspakt.

2

1 MEPHISTOPHELES: (…) Verbinde dich; du sollst, in diesen Tagen,
Mit Freuden meine Künste sehn,
Ich gebe dir, was noch kein Mensch gesehn.
FAUST: Was willst du armer Teufel geben?
5 Ward eines Menschen Geist, in seinem hohen Streben,
Von deines Gleichen je gefasst?
Doch hast du Speise, die nicht sättigt, hast
Du rotes Gold, das ohne Rast,
Quecksilber gleich, dir in der Hand zerrinnt,
10 Ein Spiel, bei dem man nie gewinnt,
Ein Mädchen, das an meiner Brust
Mit Äugeln schon dem Nachbar sich verbindet,
Der Ehre schöne Götterlust,
Die, wie ein Meteor, verschwindet.
15 Zeig mir die Frucht, die fault, eh' man sie bricht,
Und Bäume, die sich täglich neu begrünen!
MEPHISTOPHELES: Ein solcher Auftrag schreckt mich nicht,
Mit solchen Schätzen kann ich dienen.
Doch, guter Freund, die Zeit kommt auch heran
20 Wo wir was Gut's in Ruhe schmausen mögen.

FAUST: Werd' ich beruhigt je mich auf ein Faulbett legen;
So sei es gleich um mich getan!
Kannst du mich schmeichelnd je belügen,
Dass ich mir selbst gefallen mag,
25 Kannst du mich mit Genuss betrügen;
Das sei für mich der letzte Tag!
Die Wette biet' ich!
MEPHISTOPHELES: Top!
FAUST: Und Schlag auf Schlag!
30 Werd' ich zum Augenblicke sagen:
Verweile doch! du bist so schön!
Dann magst du mich in Fesseln schlagen,
Dann will ich gern zu Grunde gehn!
Dann mag die Totenglocke schallen,
35 Dann bist du deines Dienstes frei,
Die Uhr mag stehn, der Zeiger fallen,
Es sei die Zeit für mich vorbei!

Anregungen zur Texterschließung

1. Was erwartet sich Faust von einem Pakt mit dem Teufel?
2. Beschreiben Sie genau die Abmachung zwischen Faust und Mephisto.

Anregungen zum Schreiben

1. Sind Fausts Wünsche an Mephisto für Sie nachvollziehbar? Welche Wünsche hätten Sie selbst in solch einem Fall? Formulieren Sie Ihre Wünsche in einer direkten Anrede an Mephisto. Versuchen Sie dabei den *Knittelvers* zu verwenden. Wenn Sie damit nicht zurechtkommen, dann schreiben Sie Ihren Text in Prosa.
2. Formulieren Sie den Pakt zwischen Faust und Mephisto als juristischen Vertrag: „Faust und Mephisto treffen folgende Vereinbarung …"

IST DER SCHÖNSTE AUGENBLICK EIN SINNLICHES ERLEBNIS?

Vor allem will Mephisto seinen „Geschäftspartner" zuerst einmal aus dessen enger Studierstube herausholen und „in lustige Gesellschaft bringen". Auerbachs Keller scheint ihm dafür geeignet zu sein, aber Faust findet am Zechen und Zotenreißen, an makabren Scherzen und Saufliedern wenig Gefallen. Mephisto ahnt, dass er Faust verjüngen muss, wenn er ihm den schönsten Augenblick durch sinnlichen Genuss verschaffen will. In der Hexenküche leistet eine professionelle Hexe mit einem Zaubertrank ganze Arbeit. Und nun, in deutlich verjüngtem Zustand, verändert sich Fausts Erlebnisfähigkeit ganz entscheidend. In einem Spiegel sieht er eine Frau, die er für wunderschön hält und die er augenblicklich begehrt.

FAUST UND MARGARETE

In diesem erotisch aufgeladenen Zustand begegnet Faust Margarete, einem sogenannten anständigen Mädchen aus einfachen Verhältnissen. Er ist von ihr bezaubert und verlangt von Mephisto, er müsse ihm die „Dirne schaffen", so schnell wie möglich. Tatsächlich gelingt es Mephisto, die Verbindung zwischen Faust und Margarete herzustellen. Er bedient sich zu diesem Zweck vor allem eines Schmuckkästchens, das Margarete gefügig machen soll, und er findet Zugang zu Frau Marthe, Margaretes Nachbarin. Der Garten der Frau Marthe wird zum heimlichen Treffpunkt. Faust und Margarete sind ein recht ungleiches Paar. Hier der Intellektuelle, dort das naive, kleinbürgerliche Mädchen. Im folgenden Gespräch, das sie in Marthes Garten führen, sind die Unterschiede gut zu erkennen.

3 Track 6

1   MARGARETE: Versprich mir, Heinrich!
FAUST: Was ich kann!
MARGARETE: Nun sag, wie hast du's mit der Religion?
Du bist ein herzlich guter Mann,
5   Allein ich glaub', du hält'st nicht viel davon.
FAUST: Lass das, mein Kind! du fühlst, ich bin dir gut;
Für meine Lieben ließ' ich Leib und Blut,
Will niemand sein Gefühl und seine Kirche rauben.
MARGARETE: Das ist nicht recht, man muss d'ran glauben!
10   FAUST: Muss man?
MARGARETE: Ach! wenn ich etwas auf dich könnte!
Du ehrst auch nicht die heil'gen Sakramente.
FAUST: Ich ehre sie.
MARGARETE: Doch ohne Verlangen.
15   Zur Messe, zur Beichte bist du lange nicht gegangen.
Glaubst du an Gott?
FAUST: Mein Liebchen, wer darf sagen,
Ich glaub' an Gott?
Magst Priester oder Weise fragen,
20   Und ihre Antwort scheint nur Spott
Über den Frager zu sein.
MARGARETE: So glaubst du nicht?
FAUST: Misshör' mich nicht, du holdes Angesicht!
Wer darf ihn nennen?
25   Und wer bekennen:
Ich glaub' ihn.
Wer empfinden?
Und sich unterwinden
Zu sagen: ich glaub' ihn nicht.
30   Der Allumfasser,
Der Allerhalter,
Fasst und erhält er nicht
Dich, mich, sich selbst?
Wölbt sich der Himmel nicht dadroben?
35   Liegt die Erde nicht hierunten fest?
Und steigen freundlich blickend
Ewige Sterne nicht herauf?
Schau' ich nicht Aug in Auge dir,
Und drängt nicht alles
40   Nach Haupt und Herzen dir,

Faust und Margarete

Und webt in ewigem Geheimnis
Unsichtbar sichtbar neben dir?
Erfüll davon dein Herz, so groß es ist,
Und wenn du ganz in dem Gefühle selig bist,
45 Nenn es dann wie du willst,
Nenn's Glück! Herz! Liebe! Gott!
Ich habe keine Namen
Dafür! Gefühl ist alles;
Name ist Schall und Rauch,
50 Umnebelnd Himmelsglut. (…)
MARGARETE: Wenn man's so hört, möcht's leidlich scheinen,
Steht aber doch immer schief darum:
Denn du hast kein Christentum.

Anregungen zur Texterschließung

1. Was will Margarete von Faust wissen? Was wirft sie ihm vor? Wie antwortet Faust auf Margaretes Frage?
2. Interpretieren Sie genau die Zeilen 24–50: Welche Gottesvorstellung hat Faust? Margarete behauptet, Faust habe kein „Christentum". Ist Ihrer Ansicht nach Fausts Gottesvorstellung mit dem christlichen Glauben zu vereinbaren? Befragen Sie dazu auch andere Menschen, von denen Sie wissen, dass sie Christen sind (zum Beispiel Religionslehrerinnen und -lehrer).
3. Hören Sie die Vertonung der Szene. Track 6

Im Anschluss an das Religionsgespräch kommt es zwischen Faust und Margarete zu einer folgenschweren Abmachung. Um endlich eine ungestörte Liebesnacht miteinander verbringen zu können, soll Margaretes Mutter mit einem Schlafmittel betäubt werden. Das Schlafmittel ist aber wirksamer als erwartet. Die Mutter erwacht nicht mehr. Eine weitere Folge dieser Liebesnacht ist, dass Margarete schwanger wird. Faust steht aber nicht zu seinem Kind und dessen Mutter. Margaretes Bruder Valentin, ein Soldat, dem seine gekränkte Ehre viel wichtiger ist als die Notlage seiner Schwester, kommt zurück, um Rache zu nehmen. Er duelliert sich mit Faust, aber dem von Mephisto geführten Degen ist er nicht gewachsen. Valentin stirbt im Duell.

FAUST IN DER WALPURGISNACHT

Um Faust aus der unerträglich gewordenen Situation herauszuziehen, nimmt ihn Mephisto mit zur Walpurgisnacht. Die Walpurgisnacht ist der Sage nach die Nacht vom 30. April auf den 1. Mai, in der sich die Hexen und Hexenmeister mit dem Teufel treffen, um eine wüste Orgie zu feiern. Goethe hatte für diese Szene tatsächlich eine schwarze Messe als Höhepunkt des Geschehens geplant, strich sie aber wieder. Mephistos Hoffnung, er könne Faust im orgiastischen Treiben der Walpurgisnacht seinen schönsten Augenblick ermöglichen, erfüllt sich nicht. Faust wird plötzlich von einer Vision bedrängt, die nicht so recht ins wilde Treiben passen will. Er sieht das Bild eines Mädchens, dem der Kopf vom Körper getrennt wird, und erkennt in dieser Erscheinung Margarete. Dem sinnlichen Rausch der Walpurgisnacht folgt die totale Ernüchterung. „Trüber Tag. Feld" – so überschreibt Goethe die nächste Szene, bezeichnenderweise die einzige Prosaszene des Versdramas. Fausts Gewissen regt sich. Er verlangt von Mephisto, mit ihm gemeinsam Margarete zu retten.

Ein offener Schluss

Margarete hat mittlerweile ihr Kind getötet, ist halb wahnsinnig geworden und wartet im Kerker auf ihr weiteres Schicksal. Faust gelingt es zwar, mit Mephistos Hilfe zu Margarete vorzudringen, aber sein Rettungsversuch kommt zu spät. Margarete will den Kerker nicht mehr verlassen, insbesondere nicht, als sie Mephisto erblickt. Sie ist bereit, das Urteil, das sie erwartet, anzunehmen. Der Morgen dämmert. Mephisto drängt zum Aufbruch. Faust ist verzweifelt, muss aber Margarete zurücklassen. „Sie ist gerichtet", sagt Mephisto. Eine Stimme von oben korrigiert ihn: „Ist gerettet". „Her zu mir!", schreit Mephisto und zieht Faust mit sich fort. Die Tragödie endet also mit einem offenen Schluss, denn der Ausgang des Paktes zwischen Mephisto und Faust ist nach wie vor ungeklärt. „Der schönste Augenblick" hat noch nicht stattgefunden – und Goethe setzte seine Bühnengeschichte daher aus gutem Grunde fort.

Der Tragödie zweiter Teil

1. Akt: In der „grossen Welt" des Kaiserhofs

Im ersten Teil der Tragödie versuchte Mephisto Faust vor allem durch sinnliche Genüsse das Erlebnis des schönsten Augenblicks zu ermöglichen. Das Ergebnis war nicht nur dürftig, sondern katastrophal. Mephisto greift nun zu anderen Mitteln. Er führt Faust im ersten Akt des zweiten Teils zunächst einmal an den kaiserlichen Hof, wo Ratlosigkeit und Verdrossenheit herrschen, denn die Staatskasse ist leer. Der junge Kaiser, für seine schwere, verantwortungsvolle Aufgabe noch zu unreif, ärgert sich vor allem darüber, dass er den Karneval nicht ungestört feiern kann. In dieser Notlage erweist sich Mephisto als fragwürdiger Helfer. Er erfindet für den jungen Kaiser das Papiergeld. So geht eine finanzielle Scheinblüte auf, die später noch fatale Folgen haben wird, denn die Papierscheine sind nicht wertgedeckt, führen also zur Inflation. Vorübergehend ist allerdings alles eitel Wonne, und der „Mummenschanz" (Faschingsumzug) kann endlich inszeniert werden.

Während des Festumzugs gerät der Bart des Kaisers in Flammen, Mephisto löscht ihn mit einem Zauberregen, und als der Kaiser den ersten Schock überwunden hat, möchte er noch mehr magische Kunststücke sehen. Er wünscht sich die Materialisierung des Paris und der Helena. Sie sind Gestalten aus der altgriechischen Sage. Paris soll Helena wegen ihrer Schönheit geraubt und dadurch den Trojanischen Krieg ausgelöst haben. Im Zusammenhang, in den Goethe die beiden Gestalten stellt, sind sie Urbilder des Schönen. Mephisto weiß um die Schwierigkeiten, die diese Aufgabe mit sich bringt. Die Urbilder des Schönen müssen aus dem sogenannten „Reich der Mütter" geholt werden. Dieses Reich ist ein rein idealer „Bezirk", in dem es keine Materie, also auch nicht Raum und Zeit gibt. Es handelt sich um eine im Grunde nicht vorstellbare Welt oder besser gesagt „Nicht-Welt". Mephisto kann nicht dorthin gelangen, denn er als Teufel ist an die Materie gebunden. Faust muss die magische Unternehmung wagen. Tatsächlich gelingt sie ihm. Paris und Helena erscheinen vor der höfischen Gesellschaft. In seiner Hingabe an die Schönheit berührt Faust Helena. Er löst damit eine Explosion aus, und die Erscheinung verschwindet. Für Faust ist aber das Ziel klar. Er muss Helena wiedersehen.

2. Akt: Die Zeitreise in die griechische Antike

Bevor die Zeitreise zurück ins alte Griechenland angetreten wird, bringt Mephisto seinen Schützling noch einmal zurück in dessen altes Studierzimmer, wo mittlerweile Wagner, der ehemalige Famulus, Fausts Stelle eingenommen hat. Wagner, der ja immer schon den natürlichen Phänomenen eher mit Abneigung begegnete, ist gerade dabei, einen Traum der Alchemisten wahr zu machen: die künstliche Erzeugung von Leben. Das Produkt aus Wagners aufwendigem Experiment heißt Homunkulus. Es handelt sich also um ein „Menschlein", das aufgrund seiner Unnatur nur in einem abgeschlossenen Behälter lebensfähig ist, das aber über hohe geistige Fähigkeiten verfügt, Zugang zur antiken Welt hat und Faust und Mephisto mitnimmt auf seine Zeitreise ins griechische Altertum.

Altgriechischen Boden betreten Faust, Mephisto und Homunkulus zur Zeit der „klassischen Walpurgisnacht", die mit der Walpurgisnacht des ersten Teils nichts zu tun hat. Die klassische Walpurgisnacht ist der Tummelplatz der antiken Mythologie. Es würde den Rahmen dieser Darstellung weit überschreiten, wollte man das komplexe Geschehen und das umfangreiche Figurenarsenal, das Goethe, ein hervorragender Kenner antiker Mythologie, in der klassischen Walpurgisnacht verwendet und gestaltet, auch nur einigermaßen sinnvoll erklären. Aus den Geschehnissen der klassischen Walpurgisnacht sei nur eines herausgegriffen: Homunkulus, dem

Faust, Helena, Euphorion, Wiener Burgtheater 2009

die Unnatur seines Daseins bewusst ist und der sich nach natürlicher Entstehung sehnt, kommt zum großen Meeresfest, das der Meergreis Nereus für seine Tochter, die schöne Wassernymphe Galatee, veranstaltet hat. Homunkulus sieht Galatee auf ihrem Muschelwagen, wird offensichtlich von großer Sehnsucht erfasst und bewegt sich auf die Schöne unter heftigem Dröhnen und Leuchten zu. Die Anstrengung überfordert ihn. Er explodiert, aber sein Ende wird als eigentlicher Anfang gedeutet. Aus dem Wasser wird der zerstörte Homunkulus in neuer, natürlicher Gestalt wieder geboren werden. Hinter dieser Episode steht Goethes Sympathie für den Neptunismus, eine Lehre, die im Wasser den Urstoff des Lebens sah.

3. Akt: Helena und Euphorion

Goethe führt uns nun zum königlichen Palast in Sparta. Der Trojanische Krieg ist beendet, König Menelaos hat seine von Paris geraubte Gattin Helena wieder heimgeholt. Ein Dankopfer soll vorbereitet werden, um die Götter günstig zu stimmen, aber kein Opfertier ist zu sehen. Die alte, hässliche Verwalterin bestärkt Helena und ihre Begleiterinnen in der Befürchtung, sie selbst seien als Schlachtopfer vorgesehen. Hinter der Gestalt der Verwalterin verbirgt sich Mephisto. Er schlägt Helena vor, sie vom spartanischen Königspalast wegzubringen. In der Nähe hätten zugewanderte Germanen eine Burg errichtet, und der Burgherr werde ihnen Schutz gewähren. Helena nimmt das Angebot an, und so kommt sie, die Frau aus dem Altertum, nun zu einer gotischen, christlich-abendländischen Burg. Der germanische Heerführer aus dem Norden, von dem der verkleidete Mephisto gesprochen hat, ist kein anderer als Faust.

Aus der Vereinigung zwischen Faust und Helena geht Euphorion hervor, ein lieblicher Genius. In arkadischer Landschaft scheint die Jungfamilie glücklich vereint, aber Euphorions Übermut zerstört das trügerische Idyll. Er wirft sich zu hoch in die Lüfte und stürzt wie der mythische Ikarus ab. Helena folgt Euphorion. Die arkadische Landschaft verschwindet, und Faust bleibt – ohne den schönsten Augenblick erlebt zu haben – einsam zurück.

Die Faust-Helena-Handlung ist, wie sehr viele Handlungselemente in *Faust II*, *symbolisch* zu verstehen. Faust auf seiner gotischen Burg repräsentiert die christlich-abendländische Kultur, Helena die heidnisch-antike. Ihre Vereinigung ist ein Bild für den kulturhistorisch nachvollziehbaren Versuch, den Geist der Antike im nachantiken Europa wieder lebendig werden zu lassen. Solche Versuche gab es immer wieder, angefangen von der *Renaissance* bis hin zur *Weimarer Klassik* des späten 18. Jhs., deren Kunstprogramm ganz maßgeblich von Goethe selbst geprägt wurde.

4. Akt und 5. Akt: Fausts Kolonisationswerk

Faust und Mephisto haben die antike Welt verlassen. Sie stehen auf einem Hochgebirge. Mephisto verweist Faust auf die „Reiche der Welt und ihre Herrlichkeiten" und fragt, ob ihn denn nach gar nichts gelüste. Diese Szene erinnert an jene Stelle im Evangelium des Matthäus, in der Jesus vom Teufel versucht wird: „Der Teufel zeigte ihm (Jesus) alle Reiche der Welt und ihre Pracht und sagte zu ihm: Das alles will ich dir geben, wenn du dich vor mir niederwirfst und mich anbetest." Jesus antwortet schlicht und einfach: „Weg mit dir, Satan!" Faust wünscht sich ein Stück Meeresstrand, das er kolonisieren will. Was Faust reizt, ist also nicht der Genuss des Vorhandenen, sondern die Tätigkeit, die schöpferische Gestaltung. Mephisto verschafft Faust das gewünschte Stück Land und Faust macht sich nun an ein umfassendes Kolonisationswerk.

Der fünfte und letzte Akt von *Faust II* zeigt uns den Titelhelden als unternehmerisch tätigen und politisch mächtigen „Fürsten" seines Landes, als Handelsherrn, Bauherrn und Gouverneur. Er hat aus dem Meeresstrand ein reiches, blühendes Land gemacht. Die rastlose Kolonisation schafft für viele Menschen Lebensgrundlagen, sie hat aber auch ihre Kehrseiten. Die Menschen werden zur Arbeit angetrieben. Widerstände Einzelner werden gebrochen. Unermüdlich arbeitet Faust an seinen Plänen und ignoriert, dass sich sein Ende bereits ankündigt. Er ist ja mittlerweile hundert Jahre alt geworden. Mit ungebrochenem Schaffenswillen möchte er noch einen Sumpf trockenlegen.

4 | Johann Wolfgang von Goethe: Faust II (Auszug)

1 Faust: Ein Sumpf zieht am Gebirge hin,
Verpestet alles schon Errungene;
Den faulen Pfuhl auch abzuziehn,
Das Letzte wär das Höchsterrungene.
5 Eröffne ich Räume vielen Millionen,
Nicht sicher zwar, doch tätig-frei zu wohnen.
Grün das Gefilde, fruchtbar! Mensch und Herde
Sogleich behaglich auf der neusten Erde,
Gleich angesiedelt an des Hügels Kraft,
10 Den aufgewälzt kühn-emsige Völkerschaft!
Im Innern hier ein paradiesisch Land:
Da rase draußen Flut bis auf zum Rand!

Und wie sie nascht, gewaltsam einzuschießen,
Gemeindrang eilt, die Lücke zu verschließen.
15 Ja! diesem Sinne bin ich ganz ergeben,
Das ist der Weisheit letzter Schluss:
Nur der verdient sich Freiheit wie das Leben,
Der täglich sie erobern muss!
Und so verbringt, umrungen von Gefahr,
20 Hier Kindheit, Mann und Greis sein tüchtig Jahr
Solch ein Gewimmel möcht ich sehn,
Auf freiem Grund mit freiem Volke stehn!
Zum Augenblicke dürft ich sagen:
„Verweile doch, du bist so schön!
25 Es kann die Spur von meinen Erdetagen
Nicht in Äonen untergehn." –
Im Vorgefühl von solchem hohen Glück
Genieß ich jetzt den höchsten Augenblick.

Der entscheidende Satz ist nun ausgesprochen. Der Pakt scheint erfüllt zu sein. Mephisto macht sich daran, den Lohn für seine Anstrengungen zu kassieren. Aber es kommt anders. In einer ausgesprochen ironisch angelegten Szene lässt Goethe Engel erscheinen. Sie machen Mephisto, seinen „Dickteufeln vom kurzen, graden Horne" und seinen „Dünnteufeln vom langen, krummen Horne" Fausts Seele streitig und betören die Teufel durch ihre Lieblichkeit. Selbst Mephisto lässt sich blenden: „Die Racker sind doch gar zu appetitlich!" Die Engel siegen, Mephisto ist der Betrogene. Fausts Seele wird in einer langen, personell aufwendigen Schlusspassage („Bergschluchten") in eine Art Himmel heimgeholt, wo er unter anderen Gretchen begegnet. Der mystische Schlusschor sagt:

5

1 Alles Vergängliche
Ist nur ein Gleichnis;
Das Unzulängliche,
Hier wird's Ereignis;

5 Das Unbeschreibliche,
Hier ist's getan;
Das Ewig-Weibliche
Zieht uns hinan.

WARUM WIRD FAUST ERLÖST?

Der überraschende Schluss ist Gegenstand vieler Interpretationen geworden, auf die hier im Detail nicht eingegangen werden kann. Goethe selbst hat zu seinem Sekretär Eckermann gesagt, der Schlüssel für das Verständnis des Schlusses liege im Satz: „Wer immer strebend sich bemüht, den können wir erlösen." Erlösung ist also keineswegs nur der Lohn für ein fehlerloses Dasein, denn es heißt ja im *Faust* auch: „Es irrt der Mensch, solang er strebt." Eine eher juristisch ausgerichtete Interpretation meint, der Pakt sei dem Wortlaut nach nicht erfüllt, denn das Erlebnis des schönsten Augenblicks sei ja für Faust nicht gegenwärtig, sondern nur ein Vorgefühl, und außerdem habe Mephisto Faust nicht „mit Genuss" betrügen können. Vor allem sollte bedacht werden, dass Goethe selbst nicht an einen „Himmel" im Sinne einer christlichen Volksfrömmigkeit geglaubt hat. Schon den Kampf zwischen Engeln und Teufeln um Fausts Seele hat Goethe komödiantisch gestaltet. Wenn Goethe auch nicht durch den Glauben an einen gnädigen Vatergott geleitet worden ist, so ist doch nicht zu übersehen, dass

Faust seine Rettung auch einer „Liebe von oben" verdankt. (So heißt es wörtlich in der Schlussszene.) Diese Liebe von oben ist aber bei Goethe ein weibliches Prinzip. In diesem Sinne ist der Schluss zu verstehen: „Das Ewig-Weibliche zieht uns hinan." Die Unsterblichkeit, die Faust erwartet, beruht in erster Linie auf dem unerschöpflichen Gestaltungswillen einer Natur, die alles Geschaffene in immer neue Gestalten transformiert. Zu Eckermann sagte Goethe: „Die Überzeugung unserer Fortdauer entspringt mir aus dem Begriff der Tätigkeit, denn wenn ich bis an mein Ende rastlos wirke, so ist die Natur verpflichtet, mir eine andere Form des Daseins anzuweisen, wenn die jetzige meinen Geist nicht ferner auszuhalten vermag." Tätigkeit ist also der Begriff, mit dem Goethe den Sinn menschlichen Daseins bezeichnet, und so wird auch verständlich, warum Faust bereits im ersten Teil der Tragödie das Wort „logos" mit „Tat" übersetzen wollte. Am Anfang war die Tat!

Anregungen zum Schreiben

1. Rückblick auf eine ereignisreiche Zeit (1). Mephistopheles blickt auf eine langjährige „Partnerschaft" mit Faust zurück, als er dessen Seele an die Engel verloren hat.
2. Rückblick auf eine ereignisreiche Zeit (2). Angesichts seines Todes blickt Faust auf sein Leben zurück.

Band 2 ## Ergänzung Literaturgeschichte

IV. Die deutsche Kunstepoche: Weimarer Klassik und Romantik

Lesen Sie im Epochenteil Kapitel IV.7 (Am Ende der deutschen Kunstepoche) und entnehmen Sie daraus folgende Informationen:

1. Wann und mit welchem Ereignis ging der Höhepunkt der deutschen Kunstepoche, insbesondere die *Weimarer Klassik*, zu Ende?
2. Konnte sich Goethe für die jüngere literarische Strömung der Romantik begeistern?
3. Wie hielt es der alte Goethe mit „Kunstprogrammen"?

Kompetenzen: Das sollen Sie wissen/können

Zu *Faust I*

1. Sie können die Entstehung und die Stoffgeschichte des *Faust-Mythos* erklären.
2. Sie können erklären, welche Probleme Johann Wolfgang von Goethes Faust quälen (Monolog 1. Akt).
3. Sie können erklären, welche Vereinbarung der Teufelspakt beinhaltet (schönster Augenblick!).
4. Sie können die wesentlichen Handlungsschritte der Gretchentragödie kurz zusammenfassen.
5. Sie können erklären, warum wir bei *Faust I* von einem offenen Schluss sprechen können.

Zu *Faust II*

1. Sie wissen, dass Faust im zweiten Teil der Tragödie durch folgende Erfahrungen den im Teufelspakt vereinbarten schönsten Augenblick erleben soll: Macht und gesellschaftlicher Glanz am Kaiserhof; Begegnung mit der mythischen Helena, die das Schöne, also auch das Kunstschöne symbolisiert; Faust als tätiger Kolonialherr.
2. Sie können erklären, unter welchen Umständen Faust den entscheidenden Satz „Verweile doch, du bist so schön ..." ausspricht.
3. Sie wissen, wie das Stück endet, und können zwei Interpretationsansätze ausführen, die das „Happy End" erklären.

WUNDARZT WERDEN ODER DIE WELT ROMANTISIEREN?
Ein klassischer und ein romantischer Bildungsroman im Vergleich

5

Modulvorschau

Mit diesem Modul setzen wir den Schritt von der *Weimarer Klassik* zur *Romantik*. Am Beispiel von zwei Romanen können Sie wesentliche Unterschiede zwischen den beiden Kunstrichtungen erkennen, die auch unterschiedliche Lebensauffassungen ausdrücken.

➡ Sie lernen GOETHES Bildungsroman *Wilhelm Meisters Lehrjahre* kennen.
➡ Sie erfahren, dass der Frühromantiker NOVALIS seinen Bildungsroman *Heinrich von Ofterdingen* als Gegenkonzept zu Goethes Roman anlegte.
➡ Sie interpretieren zwei Schlüsselstellen aus *Heinrich von Ofterdingen* (*Traum von der blauen Blume, Wenn nicht mehr Zahlen und Figuren*)
➡ Sie machen sich die Unterschiede zwischen den beiden *Bildungsromanen* klar und ziehen daraus Schlüsse für die Unterscheidung Weimarer Klassik – Romantik.

„WILHELM MEISTERS LEHRJAHRE"

Ungefähr ein Jahr nach seiner Ankunft im Herzogtum Weimar (1775) begann JOHANN WOLFGANG VON GOETHE die Anfänge eines Romans zu diktieren, der ursprünglich *Wilhelm Meisters theatralische Sendung* heißen und in erster Linie ein Theaterroman sein sollte. Aufgrund der vielen Verpflichtungen, die Goethe am Weimarer Hof auf sich nahm, musste er seine literarische Arbeit immer wieder unterbrechen. Erst in den Neunzigerjahren überarbeitete und vollendete Goethe das Manuskript. 1795/96 erschien der Roman unter dem Titel *Wilhelm Meisters Lehrjahre*. Zwischen 1807 und 1829 schrieb Goethe am zweiten Meister-Roman (*Wilhelm Meisters Wanderjahre*). Hier werden wir uns aber auf die Kurzbeschreibung der „Lehrjahre" beschränken.

Wilhelm Meister ist ein junger Mann aus bürgerlichem Haus, der nicht nur die Schauspielerin Mariane (sic!), sondern auch das Theater leidenschaftlich liebt. Die Liebe zur Schauspielerin bleibt eine vorübergehende, wenn auch folgenreiche Episode, die Leidenschaft für das Theater hält länger an. In einem Leben für die Bühne sieht Wilhelm eine Möglichkeit, seine Persönlichkeit auszubilden und die engen Grenzen eines bürgerlichen Alltags zu überschreiten. Wilhelm wird von seinem Vater auf eine Geschäftsreise geschickt. Unterwegs lernt er die Mitglieder einer Wanderbühne kennen, nimmt sich ihrer an und bringt es gemeinsam mit ihnen zu einer Hamlet-Aufführung, in der er selbst die Hauptrolle spielt. Mit der Schauspielerin Philine verbindet ihn eine kurzfristige erotische Beziehung.

Aufgrund der nur teilweise erfüllenden Erfahrung mit dem Theater und aufgrund neuer Begegnungen entscheidet sich aber Wilhelm dafür, seine Ziele zu ändern. Maßgeblichen Anteil daran hat die „Turmgesellschaft", eine freie Vereinigung außergewöhnlicher Männer und Frauen, deren Ideal ein tätiges Leben zum Nutzen der Menschen ist. Wilhelm Meister übernimmt die aufklärerischen Ideale der Turmgesellschaft. Er löst sich dadurch vom Subjektivismus seiner Jugend, heiratet Natalie, eine junge Frau aus dem Kreis der Turmgesellschaft, und sorgt gemeinsam mit ihr für Felix, seinen unehelichen Sohn aus der Verbindung mit der mittlerweile verstorbenen Schauspielerin Mariane. In den „Wanderjahren" wird uns Wilhelm als Wundarzt begegnen. Das Bildungsziel ist ein bürgerliches Leben, dessen Grundpfeiler Arbeit und soziale Verantwortung sind.

„Heinrich von Ofterdingen" – das romantische Gegenmodell zu „Wilhelm Meisters Lehrjahre"

Als *Wilhelm Meisters Lehrjahre* erschien, gehörte auch der 1772 geborene deutsche Schriftsteller Friedrich von Hardenberg (Novalis) zunächst zu dessen Bewunderern. Je mehr er sich aber mit Goethes *Bildungsroman* beschäftigte, umso kritischer äußerte er sich darüber. Der Roman erschien ihm als allzu realistisch, der Bildungsweg des Helden bloß als „Wallfahrt um das Adelsdiplom". Den Weg, den Wilhelm Meister geht – weg von der Bühnenkunst, hin zu praktischer Tüchtigkeit – bewertete Novalis als Verrat an der Poesie. Zwischen 1799 und 1801, dem Jahr seines frühen Todes, schrieb Novalis *seinen* Bildungsroman, der in mehrfacher Hinsicht ein weltanschauliches und ästhetisches Gegenprogramm zu Goethe bietet. Der Roman blieb unvollendet und wurde 1802 als Fragment veröffentlicht. Erhalten sind allerdings Notizen von Novalis, aus denen hervorgeht, wie er sich die Fortführung seines Werks vorgestellt hat. Mit dem Romantiker Ludwig Tieck führte Novalis Gespräche über den Roman. Ob Tiecks Bericht über die Fortführung des *Heinrich von Ofterdingen* als zuverlässige Quelle betrachtet werden kann, ist allerdings umstritten.

Novalis

Während Goethes „Lehrjahre" zur Entstehungszeit spielen, verlegt Novalis seine Romanhandlung in das Hochmittelalter. Der Protagonist ist der Sohn eines Handwerkers in Eisenach. Eines Tages hört Heinrich die Erzählungen eines Fremden über eine märchenhafte blaue Blume. Diese Erzählung beschäftigt Heinrichs Fantasie so sehr, dass ihm die blaue Blume im Traum erscheint:

1 Novalis: Heinrich von Ofterdingen

Der Traum von der blauen Blume

1 Der Jüngling verlor sich allmählich in süßen Fantasien und entschlummerte. Da träumte ihm erst von unabsehlichen Fernen und wilden, unbekannten Gegenden. Er wanderte über Meere mit unbegreiflicher Leichtigkeit; wunderliche Tiere sah er; er klebte mit mannigfaltigen Menschen, bald im Kriege, in wildem Getümmel, in stillen Hütten. Er geriet in Gefangenschaft

5 und die schmählichste Not. Alle Empfindungen stiegen bis zu einer nie gekannten Höhe in ihm. Er durchlebte ein unendlich buntes Leben; starb und kam wieder, liebte bis zur höchsten Leidenschaft, und war dann wieder auf ewig von seiner Geliebten getrennt. Endlich gegen Morgen, wie draußen die Dämmerung anbrach, wurde es stiller in seiner Seele, klarer und bleibender wurden die Bilder. Es kam ihm vor, als ginge er in einem dunkeln Walde allein. Nur

10 selten schimmerte der Tag durch das grüne Netz. Bald kam er vor eine Felsenschlucht, die bergan stieg. Er musste über bemooste Steine klettern, die ein ehemaliger Strom heruntergerissen hatte. Je höher er kam, desto lichter wurde der Wald. Endlich gelangte er zu einer kleinen Wiese, die am Hange des Berges lag. Hinter der Wiese erhob sich eine hohe Klippe, an deren Fuß er eine Öffnung erblickte, die der Anfang eines in den Felsen gehauenen Ganges zu

15 sein schien. Der Gang führte ihn gemächlich eine Zeitlang eben fort, bis zu einer großen Wei-

tung, aus der ihm schon von fern ein helles Licht entgegenglänzte. Wie er hineintrat, ward er einen mächtigen Strahl gewahr, der wie aus einem Springquell bis an die Decke des Gewölbes stieg und oben in unzählige Funken zerstäubte, die sich unten in einem großen Becken sammelten; der Strahl glänzte wie entzündetes Gold; nicht das mindeste Geräusch war zu hören,

20 eine heilige Stille umgab das herrliche Schauspiel. Er näherte sich dem Becken, das mit unendlichen Farben wogte und zitterte. Die Wände der Höhle waren mit dieser Flüssigkeit überzogen, die nicht heiß, sondern kühl war und an den Wänden nur ein mattes, bläuliches Licht von sich warf. Er tauchte seine Hand in das Becken und benetzte seine Lippen. Es war, als durchdränge ihn ein geistiger Hauch, und er fühlte sich innigst gestärkt und erfrischt. Ein unwider-

25 stehliches Verlangen ergriff ihn, sich zu baden, er entkleidete sich und stieg in das Becken. Es dünkte ihn, als umflösse ihn eine Wolke des Abendrots; eine himmlische Empfindung überströmte sein Inneres; mit inniger Wollust strebten unzählbare Gedanken, in ihm sich zu vermischen; neue, nie gesehene Bilder entstanden, die auch ineinanderflossen und zu sichtbaren Wesen um ihn wurden, und jede Welle des lieblichen Elements schmiegte sich wie ein zarter

30 Busen an ihn. Die Flut schien eine Auflösung reizender Mädchen, die an dem Jünglinge sich augenblicklich verkörperten.

Berauscht von Entzücken und doch jedes Eindrucks bewusst, schwamm er gemach dem leuchtenden Strome nach, der aus dem Becken in den Felsen hineinfloss. Eine Art von süßem Schlummer befiel ihn, in welchem er unbeschreibliche Begebenheiten träumte, und woraus ihn

35 eine andere Erleuchtung weckte. Er fand sich auf einem weichen Rasen am Rande einer Quelle, die in die Luft hinausquoll und sich darin zu verzehren schien. Dunkelblaue Felsen mit bunten Adern erhoben sich in einiger Entfernung; das Tageslicht, das ihn umgab, war heller und milder als das gewöhnliche, der Himmel war schwarzblau und völlig rein. Was ihn aber mit voller Macht anzog, war eine hohe lichtblaue Blume, die zunächst an der Quelle stand und

40 ihn mit ihren breiten, glänzenden Blättern berührte. Rund um sie her standen unzählige Blumen von allen Farben, und der köstlichste Geruch erfüllte die Luft. Er sah nichts als die blaue Blume und betrachtete sie lange mit unnennbarer Zärtlichkeit. Endlich wollte er sich ihr nähern, als sie auf ein-

45 mal sich zu bewegen und zu verändern anfing; die Blätter wurden glänzender und schmiegten sich an den wachsenden Stängel, die Blume neigte sich nach ihm zu, und die Blütenblätter zeigten einen blauen ausgebreiteten Kragen, in welchem ein zartes Gesicht

50 schwebte. Sein süßes Staunen wuchs mit der sonderbaren Verwandlung, als ihn plötzlich die Stimme seiner Mutter weckte und er sich in der elterlichen Stube fand, die schon die Morgensonne vergoldete. Er war zu entzückt, um unwillig über diese Störung zu

55 sein; vielmehr bot er seiner Mutter freundlich guten Morgen und erwiderte ihre herzliche Umarmung.

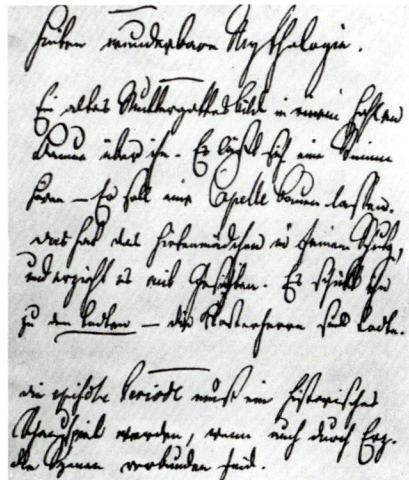

Manuskript von Novalis

Anregungen zur Texterschließung

1. Beschreiben Sie Heinrichs Traumwahrnehmung: Räume, Gegenstände, Farben, Geräusche und Gerüche (Text 1).
2. Welche Textabschnitte würden sie als „erotisch" bezeichnen?
3. Das Bad im Wasser ist in vielen Religionen ein Ritual mit Symbolcharakter. Informieren Sie sich über den Symbolcharakter der Taufe in der christlichen Religion (Text 2).
4. Farben werden häufig als *Symbol* verwendet. Welchen Symbolwert sprechen Sie der Farbe Blau zu?

2

1 Die Taufe bezeichnet (…) die lebensspendende Zuwendung Gottes zum Menschen. (…) *Das Wasser* bedeutet Leben, Lebensfreude, Reinheit, Frische und Fülle. Es ist zugleich ein Symbol des Todes, wenn man an ein Hochwasser, eine Überschwemmung, an einen Sturm auf dem Meer denkt. Das Wasser kann einem „bis zum Hals stehen", die Wogen können über einem
5 zusammenschlagen. So ist das Wasser selbst schon ein Symbol für Tod und Leben. In allen Religionen gilt das Wasser als Gnadenträger; es gibt heilige Quellen, heilige Flüsse, rituelle Waschungen, Segnung mit Wasser. So soll auch das Weihwasser immer wieder an die Taufe erinnern und damit an das neue Leben.

Der Traum von der blauen Blume wird für den Romanhelden zum entscheidenden Erweckungserlebnis (*Initiation*). Heinrich macht sich auf die Suche nach ihr. Er bricht zu einer „Bildungsreise" auf, die ihn zunächst in die ritterliche und orientalische Welt führt. Ein böhmischer Bergmann macht Heinrich mit den mythischen Geheimnissen der Natur vertraut, ein Einsiedler mit denen der Geschichte. Im Haus seines Großvaters lernt Heinrich den Sänger Klingsohr und dessen Tochter Mathilde kennen. Er erkennt, dass es das Gesicht Mathildes war, das er im Traum in der blauen Blume gesehen hat.
Über Heinrichs persönlichen Lebensweg hinaus sollte der Roman ein universales Bild der Welt geben, aber Novalis konnte seine weitreichenden Pläne nicht ausführen. Nicht nur der Romanheld Heinrich, sondern die Welt sollte am Ende des Romans eine grundlegende Poetisierung oder Romantisierung erfahren (siehe dazu auch Modul IV.7). Diese Utopie deutete Novalis in folgendem Gedicht an:

3 NOVALIS: (WENN NICHT MEHR ZAHLEN UND FIGUREN)

1 Wenn nicht mehr Zahlen und Figuren
   Sind Schlüssel aller Kreaturen,
   Wenn die, so singen oder küssen,
   Mehr als die Tiefgelehrten wissen,
5 Wenn sich die Welt ins freie Leben,
   Und in die Welt wird zurückbegeben,
   Wenn dann sich wieder Licht und Schatten
   Zu echter Klarheit werden gatten,
   Und man in Märchen und Gedichten
10 Erkennt die ew'gen Weltgeschichten,
   Dann fliegt vor einem geheimen Wort
   Das ganze verkehrte Wesen fort.

Anregungen zur Texterschließung

1. Machen Sie sich zunächst die *syntaktische* Struktur des Textes bewusst (Hauptsatz, Konditionalsätze).
2. Welche Bedingungen müssen erfüllt sein, damit das „verkehrte Wesen" fortfliegt?
3. Wie verstehen Sie Novalis' Sprach*bilder*, z. B. die scheinbar paradoxe Formulierung „Wenn sich die Welt (…) in die Welt wird zurückbegeben" oder „Wenn nicht mehr Zahlen und Figuren / Sind Schlüssel aller Kreaturen"?
4. Kennen Sie die Bedeutung des „einen geheimen Wortes" (Zauberwortes) vielleicht aus Märchen?

Situativer Schreibauftrag zu den Modulen IV.5 bis IV.10, S. 434ff.

Ergänzung Literaturgeschichte   Band 2

IV. Die deutsche Kunstepoche: Weimarer Klassik und Romantik

Wir empfehlen Ihnen, den weiteren kulturgeschichtlichen Hintergrund der romantischen Literatur erst im Anschluss an das nächste Modul zu erschließen. Beschränken Sie sich hier auf einen Teilaspekt. Die Handlung von Novalis' *Heinrich von Ofterdingen* spielt im Mittelalter. Lesen Sie im Epochenteil Kapitel IV.6.4 (Deutsches Mittelalter statt klassischer Antike) und entnehmen Sie daraus folgende Informationen:

1. Wie rezipierte die deutsche Romantik das Mittelalter?
2. Inwiefern zeigt sich die positive Rezeption des Mittelalters in Novalis' Essay *Die Christenheit oder Europa?*
3. Welches mittelalterliche Epos wurde wieder zur Zeit der Romantik entdeckt und welche politische Bedeutung erhielt es in der Folgezeit?

Kompetenzen: Das sollen Sie wissen/können

Machen Sie sich die Unterschiede zwischen JOHANN WOLFGANG VON GOETHES *klassischem* und NOVALIS' *romantischem Bildungsroman* durch folgenden Vergleich bewusst:

	Wilhelm Meisters Lehrjahre	*Heinrich von Ofterdingen*
Handlungszeit		
Herkunft der Hauptfigur		
Impuls für die „Bildungsreise" des Protagonisten		
Wesentliche „Stationen" (Erfahrungen) der Bildungsreise		
Frauenbeziehungen		
Bildungsziel (Romanschluss)		

6 „In einem gewissen Sinn ist alle Poesie romantisch"
Das Literaturprogramm der Frühromantik

Modulvorschau

Autoren der *Frühromantik* formulierten ihre Kunst- und Lebensauffassung auch in theoretischen Texten. Vier Grundtexte der Frühromantik lernen Sie in diesem Modul kennen:

➡ **Novalis** spricht sich für die „Romantisierung der Welt" aus.
➡ **Friedrich Schlegel** prägte den Begriff „progressive Universalpoesie".
➡ **August Wilhelm Schlegel** übte – wie andere Romantiker auch – Kritik am Nützlichkeitsdenken der *Aufklärung*.
➡ **Clemens Brentano** machte sich über den „Philister" lustig, die Gegenfigur zum Romantiker.

„Die Welt muss romantisiert werden."

Novalis (eig. **Friedrich von Hardenberg**) gehörte zu einer Gruppe junger Intellektueller und Künstler, die sich noch zur Zeit der *Weimarer Klassik* in Jena zusammenfand. Sie setzten sich, ähnlich wie die Dichter des *Sturm und Drang*, kritisch mit der *Aufklärung* auseinander und grenzten sich mit ihrem freien und oft auch exzentrischen Lebensstil vom „philisterhaften" Vernunftverständnis der Spätaufklärung ab. Die meisten Frühromantiker waren nicht nur Dichter, sondern auch Theoretiker der Literatur. Sie entwarfen eine *Poetik* der romantischen Dichtung. Viele Gedichte, Romane und andere Erzähltexte der *Romantik* sind leichter zu verstehen, wenn man sich mit dieser Poetik beschäftigt.

1 Novalis: (Die Welt muss romantisiert werden)

1 Die Welt muss romantisiert werden. So findet man den ur(sprünglichen) Sinn wieder. Romantisieren ist nichts als eine qualit(ative) Potenzierung. Das niedre Selbst wird mit einem bessern Selbst in dieser Operation identifiziert. So wie wir selbst eine solche qualit(ative) Potenzenreihe sind. Diese Operation ist noch ganz unbekannt. Indem ich dem Gemeinen einen
5 hohen Sinn, dem Gewöhnlichen ein geheimnisvolles Ansehn, dem Bekannten die Würde des Unbekannten, dem Endlichen einen unendlichen Schein gebe, so romantisiere ich es – Umgekehrt ist die Operation für das Höhere, Unbekannte, Mystische, Unendliche – dies wird durch diese Verknüpfung logarithmisiert – es bekommt einen geläufigen Ausdruck. (...)

Anregungen zur Texterschließung und zum Schreiben

1. „Die Welt muss romantisiert werden. So findet man den ursprünglichen Sinn wieder." Das behauptete der junge deutsche Dichter Novalis am Ende des 18. Jhs. Was könnte ein junger Dichter damals mit dieser Aussage gemeint haben? Überlegen Sie auch, was dieselbe Aussage für unsere heutige Welt bedeuten würde.

2. Möglicherweise bereitet Ihnen Novalis' Ausdrucksweise Schwierigkeiten. Versuchen Sie Folgendes: Novalis beschreibt den Vorgang der Romantisierung als „Operation", als „(qualitative) Potenzierung". Er spricht von der Veränderung bzw. qualitativen Verbesserung des Üblichen durch die Mittel der Kunst. Nehmen Sie ein banales Alltagsmotiv, zum Beispiel Ihr

Eintreffen in der Schule am Morgen. Romantisieren Sie nun diese Situation, indem Sie diese so erzählen, wie es Novalis für die „Potenzierung" (= Erhöhung, Steigerung) des Selbst für tauglich erachtet.

3. Was für mich „romantisch" ist. Erstellen Sie Ihre ganz persönliche Liste romantischer Situationen, Medienprodukte, Gegenstände, Stimmungen … Vergleichen Sie Ihre Vorstellung von „romantisch" mit der Ihrer Mitschülerinnen und Mitschüler.

Friedrich Schlegel: Über die romantische Poesie   2

Athenäum-Fragment Nr. 116

1   Die romantische Poesie ist eine progressive Universalpoesie. Ihre Bestimmung ist nicht bloß, alle getrennten Gattungen der Poesie wieder zu vereinigen und die Poesie mit der Philosophie und Rhetorik in Berührung zu setzen. Sie will und soll auch Poesie und Prosa, Genialität und Kritik, Kunstpoesie und Naturpoesie bald mischen, bald verschmelzen, die Poesie lebendig

5   und gesellig und das Leben und die Gesellschaft poetisch machen, den Witz poetisieren und die Formen der Kunst mit gediegenem Bildungsstoff jeder Art anfüllen und sättigen und durch die Schwingungen des Humors beseelen. Sie umfasst alles, was nur poetisch ist, vom größten, wieder mehrere Systeme in sich enthaltenden Systeme der Kunst, bis zu dem Seufzer, dem Kuss, den das dichtende Kind aushaucht in kunstlosem Gesang. Sie kann sich so in das Dar-

10   gestellte verlieren, dass man glauben möchte, poetische Individuen jeder Art zu charakterisieren sei ihr Eins und Alles; und doch gibt es noch keine Form, die so dazu gemacht wäre, den Geist des Autors vollständig auszudrücken: sodass manche Künstler, die auch nur einen Roman schreiben wollten, von ungefähr sich selbst dargestellt haben. Nur sie kann gleich dem Epos ein Spiegel der ganzen umgebenden Welt, ein Bild des Zeitalters werden. Und doch kann

15   auch sie am meisten zwischen dem Dargestellten und dem Darstellenden frei von allem realen und idealen Interesse auf den Flügeln der poetischen Reflexion in der Mitte schweben, diese Reflexion immer wieder potenzieren und wie in einer endlosen Reihe von Spiegeln vervielfachen. Sie ist der höchsten und der allseitigen Bildung fähig; nicht bloß von innen heraus, sondern auch von außen hinein (…) Die romantische Poesie ist unter den Künsten, was der Witz

20   der Philosophie und die Gesellschaft, Umgang, Freundschaft und Liebe im Leben ist. Andere Dichtarten sind fertig und können nun vollständig zergliedert werden. Die romantische Dichtart ist noch im Werden; ja, das ist ihr eigentliches Wesen, dass sie ewig nur werden, nie vollendet sein kann. (…) Sie allein ist unendlich, wie sie allein frei ist und das als ihr erstes Gesetz anerkennt, dass die Willkür des Dichters kein Gesetz über sich leide. Die romantische Dicht-

25   art ist die einzige, die mehr als Art und gleichsam Dichtkunst selbst ist: Denn in einem gewissen Sinn ist oder soll alle Poesie romantisch sein.

Anregungen zur Texterschließung

1. **Friedrich Schlegel** erhebt für die Dichtung den Anspruch auf „Universalität". Was alles kann Dichtung umfassen und beinhalten? Welche Grenzen überschreitet sie? Welche Gegensätze vereint sie in sich?

2. Das Wort „progressiv" bedeutet „fortschreitend". Romantische Poesie ist nie vollendet, sondern immer im Werden begriffen. Um diese befremdliche Sichtweise verständlich zu machen, schlagen wir Ihnen ein Schreibexperiment vor:

Anregung zum Schreiben

Bilden Sie Gruppen von mindestens fünf und höchstens acht Schülerinnen bzw. Schülern. Legen Sie eine Reihenfolge fest und schreiben Sie nun in der Gruppe „progressive Universalpoesie", d. h. eine romantische Erzählung. Die erste Schülerin / Der erste Schüler schreibt den Beginn der Geschichte, jede / jeder weitere setzt dann die Geschichte fort, indem sie / er auch etwa eine Seite schreibt. Schreiben Sie so lange an der Geschichte weiter, bis irgendjemand einen Schluss setzt. Mindestens zweimal sollen alle in der Gruppe „gedichtet" haben.

KRITIK DER PHILISTER-VERNUNFT

3 AUGUST WILHELM SCHLEGEL: VORLESUNGEN ÜBER SCHÖNE LITTERATUR[1] UND KUNST (AUSZUG)

Natürlich hat sich die Aufklärung auch in die Moral gemischt und darin großes Unheil angerichtet. Nach ihrer ökonomischen Richtung gab sie alle Tugenden, die sich nicht der Brauchbarkeit für irdische Angelegenheiten fügen wollten, für Überspannung und Schwärmerei aus. Ohne irgendeine Ausnahme für besondere Naturen gelten zu lassen, sollten alle gleichermaßen in das Joch gewisser bürgerlicher Pflichten gespannt werden, in das Gewerbs- und Amts- und dann in das Familienleben, und zwar nicht aus Patriotismus und Liebe, sondern um den Acker des Staates wie Zugvieh zu pflügen und die Bevölkerung zu befördern. Da die echte sittliche Schätzung durchaus auf die Reinheit der Motive geht und nicht auf den Erfolg, so fragten sie vielmehr immer: Was kommt dabei heraus? Die Ausübung der Tugenden sollte als nützlich auf alle Weise befördert werden, würde sie auch durch fremde Motive unterstützt, und so erfanden die Aufklärer die saubere Glückseligkeitslehre, nach welcher sie den Menschen einredeten, die Moral heische nichts von ihnen als ihren wahren Vorteil und durch Erfüllung der Pflichten werde auch ihr irdisches Wohl unfehlbar beraten: eine Erwägung, die, wenn sie ins Spiel kommt, derselben allen Wert nimmt. – Die Ehre, diese uns wenigstens in Überresten angestammte große Idee aus dem Mittelalter, an dessen glänzenden Hervorbringungen im Leben wie in der Poesie sie den entschiedensten Anteil hatte, indem sie die ritterliche Tapferkeit und Liebe bildete, ist von den Aufklärern besonders schnöde als eine abgeschmackte Chimäre behandelt worden, natürlich wegen der Unnützlichkeit und weil hier das mit dem eignen Vorteil auf keine Weise passen will. Die Ehre ist gleichsam eine romantisierte Sittlichkeit.

Anregungen zur Texterschließung

1. **AUGUST WILHELM SCHLEGEL** kritisiert den Moralbegriff der *Aufklärer*. Was wirft er den Aufklärern vor?
2. Das von Schlegel kritisierte Moralverständnis wird auch als „Utilitarismus" bezeichnet. Darunter versteht man die Auffassung, dass Nützlichkeit die Grundlage sittlicher Werte sein soll. Was halten Sie vom Utilitarismus?
3. Welches Beispiel einer Tugend führt Schlegel an, das von einer bürgerlichen, utilitaristischen Ethik „als eine abgeschmackte Chimäre" (= Trugbild) verachtet wird?

---

1 Originalschreibweise

Clemens Brentano: Der Philister vor, in und nach der Geschichte (Auszug)

4

1 Wenn der Philister morgens aus seinem traumlosen Schlafe, wie ein ertrunkener Leichnam, aus dem Wasser herauftaucht, so probiert er sachte mit seinen Gliedmaßen herum, ob sie auch noch alle zugegen, hierauf bleibt er ruhig liegen, und dem anpochenden Bringer des Wochenblatts ruft er zu, er solle es in der Küche abgeben, denn er liege jetzt im ersten Schweiß und
5 könne, ohne ein Wagehals zu sein, nicht aufstehn; sodann denkt er daran, der Welt nützlich zu sein, und weil er fest überzeugt ist, dass der nüchterne Speichel etwas sehr Heilkräftiges sei, so bestreicht er sich die Augen damit, oder der Frau Philisterin, oder seinen kleinen Philistern, oder seinem wachsamen Hund, oder niemand. Seine weiße baumwollne Schlafmütze, zu welchen diese Ungeheuer große Liebe tragen, sitzt unverrückt, denn ein Philister rührt sich nicht
10 im Schlaf. Wenn er aufgestanden, so wechselt er das Hemd, wenn er es tut, so, dass er das erste ganz auszieht, ehe er das andere anzieht, und ist imstand, seine Flanelljacke gelinde mit seinem linken wollnen Strumpfe zu reiben, damit sie keinen Rheumatismus bekomme, auf die Haut selbst kommt er sich nie; sodann geht es an ein gewaltiges Zungenschaben und Ohrenbohren, an ein Räuspern und Spucken, entsetzliches Gurgeln und irgendeine absonderliche
15 Art, sich zu waschen, nach einer fixen Idee, kalt oder warm sei gesund; sodann kaut er einige Wacholderbeeren, während er an das gelbe Fieber denkt; oder er hält seinen Kindern eine Abhandlung vom Gebet und sagt, wenn er sie zur Schule geschickt, zu seiner Frau: „Man muss den äußeren Schein beobachten, das erhält einem den Kredit, sie werden früh genug den Aberglauben einsehen." Sodann raucht er Tabak, wozu er die höchste Leidenschaft hat, oder wel-
20 ches er übertrieben affektiert hasst; im Ganzen ist der Rauchtabak den Philistern unendlich lieb, sie sagen sehr gern, er halte ihnen den Leib gelinde offen, und sie könnten bei dem Zug der Rauchwolken Betrachtungen über die Vergänglichkeit anstellen, so hängt die Pfeife eng mit ihrer Philosophie zusammen; auch besitzt er gewiss irgendein Tabaksgedicht oder hat selbst eines gemacht. Übrigens wenn gleich mancher Tabak raucht, ohne darum ein Philister
25 zu sein, so kann man es doch nur in einer Zeit gelernt haben, in der man ideenlos, verkehrt und ein Philister gewesen, und die lebendigsten, tüchtigsten, reinsten und seelenvollsten Menschen, die ich gekannt, waren nie auf den Tabak gekommen. Zweifelsohne zieht der Philister nun auch alle Uhren des Hauses auf und schreibt den Datum mit Kreide über die Türe; trinkt er Kaffee, so spricht er von den Engländern, nennt den Kaffee auch wohl die schwarze afrika-
30 nische Brühe; sehr kränkend würde es ihm sein, wenn die Frau ihm nicht ein halbdutzendmal sagte: „Trinke doch, er ist so schöne warm, trinke doch, eh' er kalt wird", wenn er ihm aber nicht warm gebracht wurde, wehe dann der armen Frau! Seine Kaffeekanne ist von Bunzlauer Steingut, und ist er ein langsamer Trinker, so hat sie ein ordentliches Kaffeemäntelchen um, wie ein andrer Philister auch, denen diese braunen Kannen überhaupt sehr ähnlich sehen.

Anregungen zur Texterschließung

1. Welche Verhaltensweisen sind laut **Clemens Brentano** für einen Philister (Spießbürger) typisch?
2. Brentanos Schreibweise ist satirisch. Informieren Sie sich aus dem Glossar über den Begriff *Satire* und weisen Sie satirische Abschnitte in Text 4 nach.

Anregung zum Schreiben

Der Begriff *Spießbürger* wird auch heute noch verwendet. Verbinden Sie mit diesem Begriff ein ähnliches Bild wie Brentano vor etwa 200 Jahren? Oder entsteht heute ein anderes Bild des Spießbürgers? Versuchen Sie einen satirischen Text über die heutige Spießbürgerin / den heutigen Spießbürger zu schreiben.

Band 2   ## Ergänzung Literaturgeschichte

IV. Die deutsche Kunstepoche: Weimarer Klassik und Romantik

Lesen Sie im Epochenteil Kapitel IV.1.3 (Romantik) und entnehmen Sie daraus folgende Informationen:

1. Begriffserklärung „romantisch"
2. Zeitliche Gliederung in Früh-, Hoch- und Spätromantik

Lesen Sie Kapitel IV.6 (insbesondere 6.1 Das befreite schöpferische Subjekt und der Roman) und entnehmen Sie daraus folgende Informationen:

1. Inwiefern setzte die Romantik jene Betonung des Individuums fort, die schon mit dem Humanismus der Neuzeit einsetzte und auch für die Aufklärung maßgeblich wurde? (von Kant zu Fichte)
2. Erklären Sie den Begriff „romantische Ironie". Warum erschien den Romantikerinnen und Romantikern die Romanform besonders gut geeignet, um die „romantische Ironie" im Kunstwerk zu verwirklichen?

Kompetenzen: Das sollen Sie wissen/können

1. Sie können mit eigenen Worten erklären, was NOVALIS unter „Romantisierung der Welt" versteht.
2. Sie können den Begriff *progressive Universalpoesie* erklären.
3. Sie können erklären, was AUGUST WILHELM SCHLEGEL unter „utilitaristischer Moral" versteht.
4. Sie wissen, dass der „Philister" (Spießbürger) ein Feindbild der jungen Romantiker war.

FRÜHLINGSFAHRT UND WINTERREISE
Das Wanderer-Motiv in romantischer Lyrik, Musik und Malerei

7

Modulvorschau

Der Wanderer ist ein typisches *Motiv* der deutschen *Romantik*. Wir begegnen ihm in musikalischen, literarischen und bildnerischen Werken.

➡ **CASPAR DAVID FRIEDRICH** ist ein berühmter Maler der deutschen Romantik. Sie lernen ein Bild kennen, auf dem er den Wanderer dargestellt hat.

➡ Sie interpretieren Gedichte von **JOSEPH VON EICHENDORFF** und **WILHELM MÜLLER**, deren Hauptmotiv das Wandern ist.

➡ Sie hören die Gedichte Wilhelm Müllers in der Vertonung durch **FRANZ SCHUBERT**.

🔘 Track 7/8 ▶

Caspar David Friedrich:
Der Wanderer über dem
Nebelmeer (um 1818)

Anregung zum Schreiben

Betrachten Sie das Bild *Der Wanderer über dem Nebelmeer* von **CASPAR DAVID FRIEDRICH** (1774–1840). Lassen Sie sich von diesem Bild zu einem Text anregen. Sobald Ihnen ein Wort oder ein Sprachbild einfällt, das auf die Stimmung des Bildes verweist, schreiben Sie es als Kernwort eines *Clusters* in die Blattmitte. Schreiben Sie nun nach der Clustering-Methode einen Text.

Der deutsche Schriftsteller JOSEPH VON EICHENDORFF stammte aus katholischem Adel. Er wurde 1788 in Oberschlesien geboren, hatte während seiner Studienzeit Kontakte zu führenden Romantikern und trat selbst mit Gedichten an die literarische Öffentlichkeit. Er war nach der Verarmung seiner Familie im preußischen Staatsdienst tätig. Eichendorff war auch als Erzähler erfolgreich – zu erwähnen sind etwa die Novellen *Aus dem Leben eines Taugenichts* und *Das Marmorbild* sowie der Roman *Ahnung und Gegenwart* –, aber der Schwerpunkt seiner literaturgeschichtlichen Bedeutung liegt in der Lyrik. Viele seiner Gedichte wurden von herausragenden Komponisten wie ROBERT SCHUMANN, FELIX MENDELSSOHN-BARTHOLDY und HUGO WOLF vertont. Eichendorff starb 1857.

1 JOSEPH VON EICHENDORFF: FRISCHE FAHRT

1 Laue Luft kommt blau geflossen,
Frühling, Frühling soll es sein!
Waldwärts Hörnerklang geschossen,
Mutger Augen lichter Schein,
5 Und das Wirren bunt und bunter
Wird ein magisch wilder Fluss,
In die schöne Welt hinunter
Lockt dich dieses Stromes Gruß.

Und ich mag mich nicht bewahren!
10 Weit von Euch treibt mich der Wind,
Auf dem Strome will ich fahren,
Von dem Glanze selig blind!
Tausend Stimmen lockend schlagen,
Hoch Aurora flammend weht,
15 Fahre zu! Ich mag nicht fragen,
Wo die Fahrt zu Ende geht!

2 WILHELM MÜLLER: GUTE NACHT ⟨Track 7⟩

(aus dem Zyklus „Die Winterreise")

1 Fremd bin ich eingezogen,
Fremd zieh ich wieder aus.
Der Mai war mir gewogen
Mit manchem Blumenstrauß.
5 Das Mädchen sprach von Liebe,
Die Mutter gar von Eh –
Nun ist die Welt so trübe,
Der Weg gehüllt in Schnee.

Ich kann zu meiner Reisen
10 Nicht wählen mit der Zeit:
Muss selbst den Weg mir weisen
In dieser Dunkelheit.
Es zieht ein Mondenschatten
Als mein Gefährte mit,
15 Und auf den weißen Matten
Such ich des Wildes Tritt.

Was soll ich länger weilen,
Bis man mich trieb' hinaus?
Lass irre Hunde heulen
20 Vor ihres Herren Haus!
Die Liebe liebt das Wandern,
Gott hat sie so gemacht –
Von einem zu dem andern –
Fein Liebchen, gute Nacht!

25 Will dich im Traum nicht stören,
Wär schad um deine Ruh,
Sollst meinen Tritt nicht hören –
Sacht, sacht die Türe zu!
Ich schreibe nur im Gehen
30 Ans Tor noch gute Nacht,
Damit du mögest sehen,
Ich hab an dich gedacht.

Anregungen zur Texterschließung

Vergleichen Sie die beiden Gedichte (Text 1 und 2) unter folgenden Aspekten:

Band 2 ▶ Kompetenzteil, I. Lyrik

1. Inwiefern beruhen beide Texte auf einem ähnlichen *Motiv*?

2. Unter welchen Umständen bricht das *lyrische Ich* zur Reise auf? In welcher Stimmung befindet es sich?
3. Natur und Jahreszeit sind in beiden Texten *Symbole* für die seelische Stimmung des lyrischen Ichs. Erklären Sie diesen Zusammenhang.
4. Wie verstehen Sie die Formulierung „Fremd bin ich eingezogen, / Fremd zieh ich wieder aus" in Wilhelm Müllers Gedicht (Text 2)?
5. Vordergründig scheint Eichendorffs Gedicht eine bevorstehende Schifffahrt zu beschreiben. Könnte diese „frische Fahrt" auch ein Symbol sein? Vereinzelt finden Sie Wörter, die auf mögliche Gefahren für das lyrische Ich hinweisen.
6. Bestimmen Sie in beiden Gedichten das *Metrum* und das *Reimschema*.

WILHELM MÜLLER (1794–1827) gehört zu den Lyrikern der deutschen Spätromantik. Vor allem beeinflussten ihn die Märchensammlung der BRÜDER GRIMM und die Volksliedersammlung *Des Knaben Wunderhorn* von ACHIM VON ARNIM und CLEMENS BRENTANO. Auf einer ausgedehnten Studienreise lernte Müller in den Jahren 1817/18 Italien kennen. Nach seiner Rückkehr nach Deutschland veröffentlichte er eigene Gedichte, unter anderem den Zyklus *Die schöne Müllerin*, den FRANZ SCHUBERT vertonte. Auch in diesem Zyklus findet man mehrmals das Wanderer-Motiv, z. B. im berühmt gewordenen Lied *Das Wandern ist des Müllers Lust*. Während im Zyklus *Die schöne Müllerin* eine positiv-heitere Stimmung überwiegt, dominiert in *Die Winterreise* (1824, ebenfalls von Schubert vertont) der dunkle, deprimierende Ton.

WILHELM MÜLLER: DER LEIERMANN Track 8   3

(aus dem Zyklus „Die Winterreise")

1 Drüben hinterm Dorfe
Steht ein Leiermann,
Und mit starren Fingern
Dreht er, was er kann.

5 Barfuß auf dem Eise
Schwankt er hin und her,
Und sein kleiner Teller
Bleibt ihm immer leer.

Keiner mag ihn hören,
10 Keiner sieht ihn an,
Und die Hunde brummen
Um den alten Mann.

Und er lässt es gehen,
Alles, wie es will,
15 Dreht, und seine Leier
Steht ihm nimmer still.

Wunderlicher Alter,
Soll ich mit dir gehn?
Willst zu meinen Liedern
20 Deine Leier drehn?

Anregung zum kreativen Arbeiten

Machen Sie die in Text 3 dargestellte Situation zum Thema eines eigenen Bildes.

Situativer Schreibauftrag zu den Modulen IV.5 bis IV.10, S. 434ff.

Kompetenzen: Das sollen Sie wissen/können

Sie können die Gedichte *Frische Fahrt* von JOSEPH VON EICHENDORFF und *Gute Nacht* von WILHELM MÜLLER nach inhaltlichen und formalen Kriterien interpretieren.

8 DIE SCHRECKLICH SCHÖNE WASSERFRAU
(Nicht nur) ein romantisches Motiv

Modulvorschau

Die Romantikerinnen und Romantiker liebten Märchen und Mythen. Am Beispiel der Wasserfrau lernen Sie einen alten Mythos kennen, der nicht nur die Romantiker/innen beschäftigte.
➡ Sie vergleichen die Darstellung der Wasserfrau in verschiedenen Bildern.
➡ Sie vergleichen vier motivähnliche Gedichte aus folgenden Epochen: *Sturm und Drang*, *Hochromantik*, *Spätromantik*, *Literatur nach 1945*.

VISUELLE DARSTELLUNGEN DER WASSERFRAU

Die Wasserfrau ist eine verbreitete Figur in *Märchen* und *Mythen*. Sie begegnet uns in unterschiedlichen Gestalten, zum Beispiel als Seeweibchen, Wasserbraut, Nymphe, Najade, Schwanenprinzessin, Meerhexe, Sirene, Nixe, Melusine, Undine und symbolisiert auf diese Weise unterschiedliche Erscheinungsformen des Weiblichen. Im christlichen Mittelalter ging man davon aus, dass es weibliche Wasser- und Waldgeister wirklich gibt. Sie galten als seelenlose Wesen aus heidnischer Zeit, deren Raum die Natur ist. Das rege Interesse der deutschen Romantik an dieser Vorstellungswelt beweist der Erfolg der Märchenerzählung *Undine* (1811) von FRIEDRICH DE LA MOTTE FOUQUÉ [motfuke].

Zu bedenken ist grundsätzlich, dass Darstellungen von Meerfrauen fast ausschließlich von Männern stammen. Das bedeutet, dass wir aus diesen Darstellungen mehr über die Sehnsüchte, Wünsche und Ängste von Männern im Hinblick auf Frauen erfahren als über die „Realität" Frau.

Melusine ist dem Mythos zufolge ein Mischwesen. Auf ihr lastet der Fluch, einmal wöchentlich einen Schlangen- oder Fischschwanz tragen zu müssen. Sie könnte erlöst werden, wenn ihr Gatte, der nichts von diesem Fluch weiß, respektieren würde, dass er an diesem Tag seine Frau nicht sehen kann.

Hylas ist in der griechischen Mythologie ein enger Freund des Herakles. Der Sage nach wird er von Nymphen (weiblichen Wasserwesen) geraubt.

Anregungen zur Bilderschließung

Beschreiben Sie die Darstellung der Wasserfrau in den drei Bildern auf der nächsten Seite aufgrund folgender Gesichtspunkte:
• äußere Merkmale (Körper, Gesicht, Haar, Alter)
• Mimik und Gestik
• Umgebung

Hylas und die Nymphen (1896)   John W. Waterhouse

Melusine im Bade (Illustration zur Erzählung des
Berner Ratsherrn Thüring von Ringoltingen 1587)

Mermaid (Seejungfrau, 1980)   William Wegman

Die Wasserfrau in romantischer und anderer Lyrik

1 Johann Wolfgang von Goethe: Der Fischer

1 Das Wasser rauscht, das Wasser schwoll,
Ein Fischer saß daran,
Sah nach dem Angel ruhevoll,
Kühl bis ans Herz hinan.
5 Und wie er sitzt und wie er lauscht,
Teilt sich die Flut empor,
Aus dem bewegten Wasser rauscht
Ein feuchtes Weib hervor.

Sie sang zu ihm, sie sprach zu ihm:
10 Was lockst du meine Brut
Mit Menschenwitz und Menschenlist
Hinauf in Todes Glut?
Ach wüsstest du wie's Fischlein ist
So wohlig auf dem Grund,
15 Du stiegst herunter, wie du bist,
Und würdest erst gesund.

Labt sich die liebe Sonne nicht
Der Mond sich nicht im Meer?
Kehrt wellenatmend ihr Gesicht
20 Nicht doppelt schöner her?
Lockt dich der tiefe Himmel nicht,
Das feucht verklärte Blau?
Lockt dich dein eigen Angesicht
Nicht her in ewgen Tau?

25 Das Wasser rauscht, das Wasser schwoll
Netzt ihm den nackten Fuß,
Sein Herz wuchs ihm so sehnsuchtsvoll
Wie bei der Liebsten Gruß
Sie sprach zu ihm sie sang zu ihm,
30 Da wars um ihn geschehn,
Halb zog sie ihn halb sank er hin
Und ward nicht mehr gesehn.

Anregungen zur Texterschließung (Text 1)

1. Wie verhält sich die Wasserfrau? Wie verhält sich der Fischer? In welche Art von Beziehung treten die beiden zueinander?
2. Bestimmen Sie *Metrum* und *Reimschema* des Gedichts. **Band 2** ▸ Kompetenzteil, I.3

2 Joseph von Eichendorff: Der stille Grund

1 Der Mondenschein verwirret
Die Täler weit und breit,
Die Bächlein, wie verirret,
Gehn durch die Einsamkeit.

5 Da drüben sah ich stehen
Den Wald auf steiler Höh,
Die finstern Tannen sehen
In einen tiefen See.

Ein Kahn wohl sah ich ragen,
10 Doch niemand, der es lenkt,
Das Ruder war zerschlagen,
Das Schifflein halb versenkt.

Eine Nixe auf dem Steine
Flocht dort ihr goldnes Haar,
15 Sie meint', sie wär alleine,
Und sang so wunderbar.

Sie sang und sang, in den Bäumen
Und Quellen rauscht' es sacht
Und flüsterte wie in Träumen
20 Die mondbeglänzte Nacht.

Ich aber stand erschrocken,
Denn über Wald und Kluft
Klangen die Morgenglocken
Schon ferne durch die Luft.

25 Und hätt ich nicht vernommen
Den Klang zu guter Stund:
Wär nimmer mehr gekommen
Aus diesem stillen Grund.

Anregungen zur Texterschließung

 Band 2 ▷ Kompetenzteil, I. Lyrik

1. Beschreiben Sie zunächst die Raumdarstellung in *Der stille Grund* (Text 2). Würden Sie von einer *idyllischen* romantischen Landschaft sprechen? Wie verstehen Sie das *Symbol* des halb gesunkenen Kahns?
2. Wie verhält sich die Wasserfrau? Wie verhält sich das *lyrische Ich* (mit großer Wahrscheinlichkeit männlich!)? Entsteht eine Beziehung zwischen den beiden?
3. Warum kann das lyrische Ich dem gefährlichen Zauber entkommen?
4. Bestimmen Sie *Reimschema* und *Metrum* von Text 2.
5. Vergleichen Sie die männlichen Figuren in Text 1 und Text 2 mit der in Text 3. Welche Ähnlichkeiten und Unterschiede stellen Sie in deren Verhalten fest?

HEINRICH HEINE: DIE NIXEN · 3

1 Am einsamen Strande plätschert die Flut,
Der Mond ist aufgegangen,
Auf weißer Düne der Ritter ruht,
Von bunten Träumen befangen.

5 Die schönen Nixen, im Schleiergewand,
Entsteigen der Meerestiefe.
Sie nahen sich leise dem jungen Fant,
Sie glaubten wahrhaftig, er schliefe.

Die eine betastet mit Neubegier
10 Die Federn auf seinem Barette.
Die andre nestelt am Bandelier
Und an der Waffenkette.

Die Dritte lacht und ihr Auge blitzt,
Sie zieht das Schwert aus der Scheide,
15 Und auf dem blanken Schwert gestützt
Beschaut sie den Ritter mit Freude.

Die Vierte tänzelt wohl hin und her
Und flüstert aus tiefem Gemüte:
„O dass ich doch dein Liebchen wär,
20 Du holde Menschenblüte!"

Die Fünfte küsst des Ritters Händ'
Mit Sehnsucht und Verlangen;
Die Sechste zögert und küsst am End
Die Lippen und die Wangen.

25 Der Ritter ist klug, es fällt ihm nicht ein,
Die Augen öffnen zu müssen;
Er lässt sich ruhig im Mondenschein
Von schönen Nixen küssen.

4   Peter Huchel: Undine

1 Mit dem Jahr wächst das Schilf
und die bräunlichen Kolben
brechen wollig auf.

Der Fischer, der morgens
5 durchs Wasser watet,
schiebt den teerigen Kahn
an meiner Schulter vorbei.

Eine Legende bin ich,
ein Wasser grau bewegt,
10 in dem die Reusen
und Blätter schwimmen.

In Wurzelkörben
unterwaschener Weiden
schwankt mit dem Laich
15 der Fische mein Schmuck,
vom Maul der Hechte bewacht.

Wenn die Libellen
im Sommer das Licht vergittern,
das unbewegliche Licht
20 von Rohr und Wasser,
lieg ich im Kerker des Sees.

Die Rohrdommel steht,
ein Weidenpfahl,
im sickernden Grün der Algen.
25 Und hinter Nebelwolken der Mond,
eine graue Hornissenwabe.

Anregungen zur Texterschließung

1. Wie verhält sich die Wasserfrau in Text 4? Wie verhält sich der Fischer? In welche Art von Beziehung treten die beiden zueinander?
2. Wie beschreibt Undine in Huchels Gedicht ihren Lebensraum?

Situativer Schreibauftrag zu den Modulen IV.5 bis IV.10, S. 434ff.

Band 2   ## Ergänzung Literaturgeschichte

IV. Die deutsche Kunstepoche: Weimarer Klassik und Romantik
Lesen Sie im Epochenteil Kapitel IV.6.2 (Mythen, Märchen und Wunder) und nennen Sie Werke, die das große Interesse der Romantik am Wunderbaren und Märchenhaften zeigen.

Kompetenzen: Das sollen Sie wissen/können

1. Sie können das Gedicht *Der Fischer* (Johann Wolfgang von Goethe) oder *Der stille Grund* (Joseph von Eichendorff) nach inhaltlichen, sprachlichen und formalen Kriterien analysieren.
2. Sie können erklären, inwiefern sich die *Motivdarstellung* bei Heinrich Heine von der bei Goethe und Eichendorff unterscheidet.
3. Sie können erklären, inwiefern sich Inhalt, Sprache und Form des Gedichts *Undine* (Peter Huchel) von *Der stille Grund* (Eichendorff) unterscheidet.

SCHWARZE ROMANTIK (1)
Der Albtraum vom Tod Gottes

9

Modulvorschau

JEAN PAUL ist ein origineller und produktiver Autor aus der Zeit der deutschen *Romantik*. In seinem Roman *Siebenkäs* findet man einen Text, der die Krise des religiösen Weltbildes spiegelt. Im 19. Jh. sollte sich diese Krise verschärfen – bis zur letzten Konsequenz des Atheismus.

➡ Sie erschließen Jean Pauls *Rede des toten Christus vom Weltgebäude herab, dass kein Gott sei*.

➡ Sie lernen einen berühmten philosophisch-literarischen Text des 19. Jhs. kennen, dessen Hauptmotiv der Atheismus ist.

TOD OHNE AUFERSTEHUNG?

Caspar David Friedrich: Abtei im Eichwald (Mönchsbegräbnis im Eichenhain, 1809)

akg-images/Caspar David Friedrich

Anregung zum Schreiben nach einem Bildimpuls

Lassen Sie sich zunächst vom Bild *Mönchsbegräbnis* von **CASPAR DAVID FRIEDRICH** zu einem eigenen poetischen Text inspirieren.

Anregungen zur Texterschließung

Lesen Sie jetzt Text 1. Es handelt sich um einen Auszug aus **JEAN PAULS** Roman *Siebenkäs* (vollständiger Titel: *Blumen-, Frucht- und Dornenstücke oder Ehestand, Tod und Hochzeit des Armenadvokaten F. St. Siebenkäs im Reichsmarktflecken Kuhschnappel*). Um die *Rede des toten Christus* zu verstehen, brauchen Sie keine Zusatzinformationen über den Roman. Achten Sie bei der Lektüre auf folgende Aspekte:

1. Wie beschreibt Jean Paul den *epischen Raum*, in dem sich das Geschehen ereignet?
Band 2 ▶ Kompetenzteil, III.6

2. Fassen Sie die Mitteilungen des toten Christus an die Menschen zusammen.
3. Was löst Christus durch seine Mitteilungen aus?
4. Wie reagiert der Ich-*Erzähler*, als er aus dem Traum erwacht?

1 | JEAN PAUL: REDE DES TOTEN CHRISTUS VOM WELTGEBÄUDE HERAB, DASS KEIN GOTT SEI

1 (…) Ich lag einmal an einem Sommerabende vor der Sonne auf einem Berge und entschlief. Da träumte mir, ich erwachte auf dem Gottesacker. Die abrollenden Räder der Turmuhr, die elf Uhr schlug, hatten mich erweckt. Ich suchte im ausgeleerten Nachthimmel die Sonne, weil ich glaubte, eine Sonnenfinsternis verhülle sie mit dem Mond. Alle Gräber waren aufgetan und
5 die eisernen Türen des Gebeinhauses gingen unter unsichtbaren Händen auf und zu. An den Mauern flogen Schatten, die niemand warf, und andere Schatten gingen aufrecht in der bloßen Luft. In den offenen Särgen schlief nichts mehr als die Kinder. Am Himmel hing in großen Falten bloß ein grauer schwüler Nebel, den ein Riesenschatte wie ein Netz immer näher, enger und heißer herein zog. Über mir hört' ich den fernen Fall der Lawinen, unter mir den ersten
10 Tritt eines unermesslichen Erdbebens. Die Kirche schwankte auf und nieder von zwei unaufhörlichen Misstönen, die in ihr miteinander kämpften und vergeblich zu einem Wohllaut zusammenfließen wollten. Zuweilen hüpfte an ihren Fenstern ein grauer Schimmer hinan und unter dem Schimmer lief das Blei und Eisen zerschmolzen nieder. Das Netz des Nebels und die schwankende Erde rückten mich in den Tempel, vor dessen Tore in zwei Gift-Hecken zwei
15 Basilisken funkelnd brüteten. Ich ging durch unbekannte Schatten, denen alte Jahrhunderte aufgedrückt waren. – Alle Schatten standen um den Altar und allen zitterte und schlug statt des Herzens die Brust. (…)
Jetzo sank eine hohe edle Gestalt mit einem unvergänglichen Schmerz aus der Höhe auf den Altar hernieder und alle Toten riefen: „Christus! ist kein Gott?"
20 Er antwortete: „Es ist keiner."
Der ganze Schatten jedes Toten erbebte, nicht bloß die Brust allein, und einer um den andern wurde durch das Zittern zertrennt.
Christus fuhr fort: „Ich ging durch die Welten, ich stieg in die Sonnen und flog mit den Milchstraßen durch die Wüsten des Himmels; aber es ist kein Gott. Ich stieg herab, soweit das Sein
25 seine Schatten wirft, und schauete in den Abgrund und rief: ‚Vater, wo bist du?', aber ich hörte nur den ewigen Sturm, den niemand regiert, und der schimmernde Regenbogen aus Wesen stand ohne eine Sonne, die ihn schuf, über dem Abgrunde und tropfte hinunter. Und als ich aufblickte zur unermesslichen Welt nach dem göttlichen Auge, starrte sie mich mit einer leeren bodenlosen Augenhöhle an; und die Ewigkeit lag auf dem Chaos und zernagte es und wieder-
30 käute sich. – Schreiet fort, Misstöne, zerschreiet die Schatten; denn Er ist nicht!"
Die entfärbten Schatten zerflatterten, wie weißer Dunst, den der Frost gestaltet, im warmen Hauche zerrinnt; und alles wurde leer. Da kamen, schrecklich für das Herz, die gestorbenen Kinder, die im Gottesacker erwacht waren, in den Tempel und warfen sich vor die hohe Gestalt am Altare und sagten: „Jesus! haben wir keinen Vater?" – Und er antwortete mit strömen-
35 den Tränen: „Wir sind alle Waisen, ich und ihr, wir sind ohne Vater."
Da kreischten die Misstöne heftiger – die zitternden Tempelmauern rückten auseinander – und der Tempel und die Kinder sanken unter – und die ganze Erde und die Sonne sanken nach – und das ganze Weltgebäude sank mit seiner Unermesslichkeit vor uns vorbei – und oben am Gipfel der unermesslichen Natur stand Christus und schaute in das mit tausend

40 Sonnen durchbrochne Weltgebäude herab, gleichsam in das in die ewige Nacht gewühlte Bergwerk, in dem die Sonnen wie Grubenlichter und die Milchstraßen wie Silberadern gehen. Und als Christus das reibende Gedränge der Welten, den Fackeltanz der himmlischen Irrlichter und die Korallenbänke schlagender Herzen sah und als er sah, wie eine Weltkugel um die andere ihre glimmenden Seelen auf das Totenmeer ausschüttete, wie eine Wasserkugel

45 schwimmende Lichter auf die Wellen streuet: so hob er groß wie der höchste Endliche die Augen empor gegen das Nichts und gegen die leere Unermesslichkeit und sagte: „Starres, stummes Nichts! Kalte, ewige Notwendigkeit! Wahnsinniger Zufall! (…)"
Und als ich niederfiel und ins leuchtende Weltgebäude blickte: sah ich die emporgehobenen Ringe der Riesenschlange der Ewigkeit, die sich um das Welten-All gelagert hatte – und die

50 Ringe fielen nieder und sie umfasste das All doppelt – dann wand sie sich tausendfach um die Natur – und quetschte die Welten aneinander – und drückte zermalmend den unendlichen Tempel zu einer Gottesacker-Kirche zusammen – und alles wurde eng, düster, bang – und ein unermesslich ausgedehnter Glockenhammer sollte die letzte Stunde der Zeit schlagen und das Weltgebäude zersplittern … als ich erwachte.

55 Meine Seele weinte vor Freude, dass sie wieder Gott anbeten konnte – und die Freude und das Weinen und der Glaube an ihn waren das Gebet. Und als ich aufstand, glimmte die Sonne tief hinter den vollen purpurnen Kornähren und warf friedlich den Widerschein ihres Abendrotes dem kleinen Monde zu, der ohne eine Aurora im Morgen aufstieg; und zwischen dem Himmel und der Erde streckte eine frohe vergängliche Welt ihre kurzen Flügel aus und lebte, wie ich,

60 vor dem unendlichen Vater; und von der ganzen Natur um mich flossen friedliche Töne aus, wie von fernen Abendglocken.

In einem „Vorbericht" zu diesem Romankapitel schrieb **Jean Paul** (1763–1825), [schã paul]: „(…) (ich) erschrak über den giftigen Dampf, der dem Herzen dessen, der zum ersten Mal in das atheistische Lehrgebäude tritt, erstickend entgegenzieht. (…) Niemand ist im All so sehr allein als ein Gottesleugner – er trauert mit einem verwaisten Herzen, das den größten Vater verloren, neben dem unermesslichen Leichnam der Natur, den kein Weltgeist regt und zusammenhält." (zu Jean Paul `Band 2` Epochenteil, IV.5.2)
Die grundsätzliche Kritik an der Kirche und an der Religion hatte zwar schon in der *Aufklärung* begonnen, aber die meisten Aufklärer schreckten noch vor dem entscheidenden Schritt zum Atheismus zurück. Im 19. Jh. war diese Entwicklung nicht mehr aufzuhalten. Denker wie **Ludwig Feuerbach** oder **Karl Marx** konstruierten eine *materialistisch-atheistische Philosophie* (vgl. `Band 2` Epochenteil, V.4.2). Ein berühmter Text zur Gottesfrage aus der zweiten Hälfte des 19. Jhs. stammt vom Philosophen **Friedrich Nietzsche** (vgl. `Band 2` Epochenteil, VI.4.2).

FRIEDRICH NIETZSCHE: DIE FRÖHLICHE WISSENSCHAFT (AUSZUG) 2

1 Der *tolle* Mensch. – Habt ihr nicht von jenem tollen Menschen gehört, der am hellen Vormittage eine Laterne anzündete, auf den Markt lief und unaufhörlich schrie: „Ich suche Gott! Ich suche Gott!" – Da dort gerade viele von denen zusammen standen, welche nicht an Gott glaubten, so erregte er ein großes Gelächter. Ist er denn verloren gegangen? sagte der eine. Hat

5 er sich verlaufen wie ein Kind? sagte der andere. Oder hält er sich versteckt? Fürchtet er sich vor uns? Ist er zu Schiff gegangen? ausgewandert? – so schrieen und lachten sie durcheinander. Der tolle Mensch sprang mitten unter sie und durchbohrte sie mit seinen Blicken. „Wohin ist Gott?" rief er, „ich will es euch sagen! *Wir haben ihn getötet*, – ihr und ich! Alle sind seine Mörder! Aber wie haben wir dieses gemacht? Wie vermochten wir das Meer auszutrinken? Wer

10 gab uns den Schwamm, um den ganzen Horizont wegzuwischen? Was taten wir, als wir diese Erde von ihrer Sonne losketteten? Wohin bewegt sie sich nun? Wohin bewegen wir uns? Fort von allen Sonnen? Stürzen wir nicht fortwährend? Und rückwärts, seitwärts, vorwärts, nach allen Seiten? Gibt es noch ein Oben und ein Unten? Irren wir nicht wie durch ein unendliches Nichts? Haucht uns nicht der leere Raum an? Ist es nicht kälter geworden? Kommt nicht im-

15 merfort die Nacht und mehr Nacht? Müssen nicht Laternen am Vormittage angezündet werden? Hören wir noch nichts von dem Lärm der Totengräber, welche Gott begraben? Riechen wir noch nichts von der göttlichen Verwesung? – auch Götter verwesen! Gott ist tot! Gott bleibt tot! Und wir haben ihn getötet! Wie trösten wir uns, die Mörder aller Mörder? Das Heiligste und Mächtigste, was die Welt bisher besaß, es ist unter unseren Messern verblutet,

20 – wer wischt dies Blut von uns ab? Mit welchem Wasser könnten wir uns reinigen? Welche Sühnfeiern, welche heiligen Spiele werden wir erfinden müssen? Ist nicht die Größe dieser Tat zu groß für uns? Müssen wir nicht selber zu Göttern werden, um nur ihrer würdig zu erscheinen? Es gab nie eine grössere Tat, – und wer nur immer nach uns geboren wird, gehört um dieser Tat willen in eine höhere Geschichte, als alle Geschichte bisher war!" – Hier schwieg der

25 tolle Mensch und sah wieder seine Zuhörer an: auch sie schwiegen und blickten befremdet auf ihn. Endlich warf er seine Laterne auf den Boden, dass sie in Stücke sprang und erlosch. „Ich komme zu früh", sagte er dann, „ich bin noch nicht an der Zeit. Dies ungeheure Ereignis ist noch unterwegs und wandert, – es ist noch nicht bis zu den Ohren der Menschen gedrungen. Blitz und Donner brauchen Zeit, das Licht der Gestirne braucht Zeit, Taten brauchen Zeit,

30 auch nachdem sie getan sind, um gesehen und gehört zu werden. Diese Tat ist ihnen immer noch ferner, als die fernsten Gestirne, – *und doch haben sie dieselbe getan!*" – Man erzählt noch, dass der tolle Mensch des selbigen Tages in verschiedene Kirchen eingedrungen sei und darin sein Requiem aeternam deo angestimmt habe. Hinausgeführt und zur Rede gesetzt, habe er immer nur dies entgegnet: „Was sind denn diese Kirchen noch, wenn sie nicht die Grüfte und

35 Grabmäler Gottes sind?"

Anregungen zur Texterschließung

1. Der tolle Mensch behauptet: „Wir alle, wir Menschen haben Gott getötet!" Mit diesem krassen *Bild* beschreibt er den Sieg des Atheismus über den Glauben. Erleben die Menschen auf dem Markt, „welche nicht an Gott glaubten", dieses Ereignis auch so?

2. Der tolle Mensch stellt an die Menschen eine ganze Reihe von Fragen: Wie vermochten wir das Meer auszutrinken … usw.? Meist sind diese Fragen bildhaft formuliert. Wie verstehen Sie diese Sprachbilder?

3. Offensichtlich ist das Verschwinden Gottes für den tollen Menschen etwas ganz Unerhörtes, Schwerwiegendes. Bei seinen Mitmenschen stößt er bestenfalls auf Befremden, im schlechtesten Fall auf Spott. „Ich komme zu früh", sagt er. Mittlerweile sind mehr als hundert Jahre vergangen. Verstehen wir heute das Entsetzen des tollen Menschen? Oder kommt er immer noch zu früh? Wird jemals eine Zeit kommen, die ihn versteht?

Band 2 | ## Ergänzung Kulturgeschichte

IV. Die deutsche Kunstepoche: Weimarer Klassik und Romantik

Erstellen Sie einen Längsschnitt zum Thema „Krisen des religiösen Weltbilds vom Beginn der Neuzeit bis in das 19. Jh.". Entnehmen Sie die dazu nötigen Informationen folgenden Kapiteln des Epochenteils: II.2.4 (Heliozentrisches Weltbild und Naturwissenschaften), III.3.1 (Religionskritik), V.4.2 (Dialektischer Materialismus), VI.4.2 (Friedrich Nietzsche).

Krisen des religiösen Weltbilds von Beginn der Neuzeit bis in das 19. Jh.

Thema	Erklärung	Jahrhundert
Vom geozentrischen zum heliozentrischen Weltbild		
Religionskritik im Aufklärungszeitalter		
Materialismus und Atheismus im 19. Jh. (Darwin, Feuerbach, Marx)		
Religionskritik am Beginn der Moderne (Nietzsche)		

Kompetenzen: Das sollen Sie wissen/können

1. Sie können JEAN PAULS *Rede des toten Christus* kurz zusammenfassen.
2. Sie können erklären, warum FRIEDRICH NIETZSCHES „toller Mensch" so verstört ist und wie seine Mitmenschen darauf reagieren.

SCHWARZE ROMANTIK (2)
„Der Sandmann"

10

Modulvorschau

Sie lernen **E. T. A. HOFFMANN** als einen Autor der deutschen *Romantik* kennen, der ein lebhaftes Interesse am Unheimlichen, Übernatürlichen und Unerklärbaren hatte („Gespenster-Hoffmann"), an der „Nachtseite" des Lebens.
➡ Sie lesen und erschließen Hoffmanns Erzählung *Der Sandmann*.

WER WAR E. T. A. HOFFMANN?

Das Bild *Spaziergang in Bamberg* von Michael Matthias Prechtl zeigt **E. T. A. HOFFMANN** in Begleitung seiner literarischen Figuren Olimpia (aus *Der Sandmann*), Hund Berganza und Kater Murr. Hoffmann lebte 1808–1812 in Bamberg. Ernst Theodor Wilhelm Hoffmann wurde 1776 in Königsberg (Preußen) geboren. Aus Verehrung für Wolfgang Amadeus Mozart nannte er sich später Ernst Theodor Amadeus. Hauptberuflich war Hoffmann Jurist. Wegen seiner liberalen Haltung kam er mehrmals in Konflikt mit dem autoritären preußischen System.

E. T. A. Hoffmann war eine künstlerische Universalbegabung. Er war nicht nur als Dichter, sondern auch als Komponist (u. a. der Oper *Undine*), Zeichner und Maler tätig. Als Musikkritiker war er einer der Ersten, die LUDWIG VAN BEETHOVENS überragende Bedeutung erkannten.

Hoffmann war mit seiner bürgerlichen Existenz als Jurist nie völlig zufrieden. Die dümmliche Genügsamkeit des Philisters war für ihn immer wieder ein Gegenstand der *Satire*. Das Leben musste doch intensivere Erlebnisse bereithalten als die Ernennung zum Kammergerichtsrat. Die Kunst und die Philosophie der Romantik kamen diesem Bedürfnis entgegen. Aufbauend auf die Frühromantik entwickelte Hoffmann einen eigenen Stil. Kennzeichnend ist das lebhafte Interesse am Außergewöhnlichen, Unerklärbaren und Übernatürlichen. Im Unterschied zu manchem Frühromantiker stellte aber Hoffmann diese romantisch-fantastische Gegenwelt nicht nur als positive Utopie dar, sondern auch als furchterregenden Abgrund. Wahnsinn, Doppelgängertum, Besessenheit und Dämonie sind in seinen Werken dominante *Motive*. Diese Neigung zum Abgründigen trug ihm auch den Namen „Gespenster-Hoffmann" ein. E. T. A. Hoffmann starb an einer schweren Rückenmarkserkrankung im Jahr 1822 in Berlin.

Spaziergang in Bamberg (1967/73)   M. M. Prechtl

DIE ERZÄHLUNG „DER SANDMANN" LESEN UND VERSTEHEN

Lesen Sie die Erzählung *Der Sandmann* und erschließen Sie das Werk auf der Grundlage der folgenden Fragestellungen. Seitenangaben beziehen sich auf die Taschenbuchausgabe des Reclam-Verlags.

Band 2 ▶ Kompetenzteil, III. Epik

DIE EXPOSITION

Rekonstruieren Sie die Kindheitserlebnisse, denen Nathanael eine zentrale Bedeutung für sein Leben gibt. Beachten Sie vor allem folgende Aspekte:

1. Welches Bild des Advokaten Coppelius (äußere Erscheinung, Verhaltensweisen) zeichnet E. T. A. Hoffmann?
2. Welche Verbindung sieht Nathanael zwischen Coppelius und dem Wetterglashändler Coppola?
3. Warum antwortet Clara auf den Brief, den Nathanael an Lothar geschickt hat? Welche Antworten gibt sie Nathanael?
4. Welche Reaktion löst Clara mit ihrem Brief bei Nathanael aus?
5. Welches Bild von Clara machen Sie sich aufgrund ihres Briefes?
6. Was erfahren Sie aus Nathanaels zweitem Brief an Lothar über Olimpia?

Hoffmanns Erzählverfahren und Erzählreflexion

Der Erzähler spricht Sie im Abschnitt S. 17–19 direkt an. (Man spricht in solch einem Fall vom *expliziten Leser bzw. von der expliziten Leserin*.) Er fragt Sie, ob Sie eine bestimmte Erfahrung schon gemacht haben. Verstehen Sie, was er meint? Welches Problem des Schreibens erklärt E. T. A. Hoffmann seinen Leserinnen und Lesern?

Der weitere Handlungsverlauf und der Schluss

1. Coppelius/Coppola ist der Anlass für Konflikte zwischen Clara und Nathanael. Erklären Sie, warum es zu diesen Konflikten kommt.
2. Welche Bedeutung hat die zweite Begegnung mit Coppola für Nathanael?
3. Erläutern Sie die Unterschiede in der Bewertung Olimpias durch Nathanael und durch andere Menschen. Welche Eigenschaften machen Olimpia für Nathanael begehrenswert? Warum zieht er die tote Puppe der lebendigen Clara vor?
4. Die Augen sind ein mehrmals wiederkehrendes *Leitmotiv* der Erzählung. Clara hat „helle holdlächelnde Kindesaugen", Olimpias Augen erscheinen sogar dem verliebten Nathanael „seltsam und tot". Siegmund hat einen „alles Schöne klar auffassenden Blick". Coppelius hingegen hat „stechende Augen". Nathanael quält die Angst, seiner Augen beraubt zu werden. Erläutern Sie die Wiederkehr des „Augen-Motivs" in der Streitszene Spalanzani – Coppola – Nathanael.
5. Nathanael scheint sich nach dem Verschwinden Coppolas, Spalanzanis und Olimpias zu erholen. Unter welchen Umständen kommen die Ängste wieder zum Ausbruch, und wozu führen sie?

Situativer Schreibauftrag zu den **Modulen IV.5 bis IV.10, S. 434ff.**

Ergänzung Literaturgeschichte   Band 2

IV. Die deutsche Kunstepoche: Weimarer Klassik und Romantik
Fassen Sie die wesentlichen Informationen aus dem Kapitel IV.6.6 (Nachtseiten und Abgründe) des Epochenteils zusammen.

Kompetenzen: Das sollen Sie wissen/können

1. Sie können erklären, dass der Gegensatz bürgerliche Normalität – Romantik, der in E. T. A. **Hoffmanns** Werken oft Thema ist, auch in der Biografie des Autors nachweisbar ist.
2. Sie können den Aufbau und das Erzählverfahren von *Der Sandmann* erklären (Briefe, Erzählerbericht).
3. Sie können erklären, welche Erinnerungen und Ängste die Begegnung mit Coppola in Nathanael auslöst.
4. Sie können die Frauenfiguren Clara und Olimpia beschreiben und ihre Bedeutung für Nathanael erklären.
5. Sie wissen, wie die Erzählung endet.

Literaturgeschichtlicher Überblick (Band 2)

Begriffe, Datierung

→ Deutsche Kunstepoche: Zeit, die „bei der Wiege Goethes anfing und bei seinem Sarge aufhören wird" (Heinrich Heine); umfasst Klassik und Romantik

→ Weimarer Klassik, von 1786 (Goethes Italienreise) bis 1805 (Schillers Tod): JOHANN WOLFGANG VON GOETHE und FRIEDRICH SCHILLER wirken in Weimar als herausragende Persönlichkeiten.

→ Romantik (1796–1830): Gegenströmung zum Rationalismus der Aufklärung, teils Fortsetzung der Weimarer Klassik (Goethe), teils Gegenströmung; umfasst Literatur, Malerei, Musik; Früh-, Hoch- und Spätromantik

Allgemeine geschichtliche Voraussetzungen

→ Französische Revolution (1789–1796)

→ Napoleonisches Zeitalter (Ende 1815)

Mediengeschichte

→ Tendenz zur Vereinheitlichung der deutschen Sprache geht weiter

→ Buchproduktion steigt, Autor/innen können meist nicht vom Schreiben leben

→ Zeitungen und Zeitschriften sind beliebt, aber anspruchsvolle Kunstzeitschriften erreichen nur kleine Minderheit: *Die Horen*, hrsg. von F. SCHILLER (1795–1797); *Athenäum*, hrsg. von den Brüdern SCHLEGEL (1798–1800); *Phöbus*, hrsg. von HEINRICH VON KLEIST (1800)

Weimarer Klassik (1786–1805)

→ Goethe ist seit 1775 am Herzogshof in Weimar (kulturelles Zentrum), übernimmt auch Hofämter; Abwendung vom Sturm und Drang; Gedichte (*Grenzen der Menschheit*, *Das Göttliche*, *Gesang der Geister über den Wassern* u. a.), andere Werke (*Egmont*, *Torquato Tasso*, *Wilhelm Meisters theatralische Sendung*) bleiben vorläufig unvollendet

→ Goethes Italienreise (1786–1788): Studium der antiken Kunst

→ Bündnis Goethe – Schiller: nach anfänglicher Distanz enge Zusammenarbeit in den 90er-Jahren; Gemeinsamkeiten: Abgrenzung von der Unterhaltungsliteratur, aber auch von der Frühromantik, Kritik an den negativen Auswirkungen der Französischen Revolution

→ Werke Goethes: *Iphigenie auf Tauris* (Drama), *Wilhelm Meisters Lehrjahre* (Roman), *Faust. Der Tragödie erster Teil* (Drama), Gedichte (u. a. *Römische Elegien*)

→ Schillers idealistische Geschichtsdramen: *Don Carlos*, *Wallenstein*-Trilogie, *Maria Stuart*, *Die Jungfrau von Orleans*, *Wilhelm Tell*

→ Schillers Abhandlungen: *Über naive und sentimentalische Dichtung*, *Über die ästhetische Erziehung des Menschen*, *Über Anmut und Würde*

→ Schillers Gedichte (u. a. Balladen): *Der Taucher*, *Die Bürgschaft*, *Die Kraniche des Ibykus*

Modul IV.1	„AUF KLASSISCHEM BODEN" Wie Goethe Italien erlebte
🔊	ERGÄNZUNGSMODUL ZU IV.1 Das Erscheinungsmedium des Gedichts: Schillers Zeitschrift „Die Horen"
Modul IV.2	„EDEL SEI DER MENSCH ..." Das klassische Menschenbild
Modul IV.4	AUF DER SUCHE NACH DEM SCHÖNSTEN AUGENBLICK Johann Wolfgang von Goethes Tragödie „Faust"
Modul IV.3	HISTORISCHE UND POETISCHE WAHRHEIT Friedrich Schillers Tragödie „Maria Stuart"

Zeitgenossen der Klassiker und Romantiker (keine eindeutige Zuordnung möglich)

→ FRIEDRICH HÖLDERLIN (1770–1843): vor allem Lyriker, *Hyperion* (Roman), *Der Tod des Empedokles* (Drama), Orientierung an Mythenwelt und lyrischen Formen der griechischen Antike

→ JEAN PAUL (1763–1825): Romane und Erzählungen, u. a. *Titan* (Bildungsroman), *Siebenkäs*

→ HEINRICH VON KLEIST (1777–1811): Dramatiker und Erzähler, *Der zerbrochene Krug* (Lustspiel), *Prinz Friedrich von Homburg* (Drama), *Michael Kohlhaas* (Novelle), *Die Marquise von O.* (Novelle), *Das Erdbeben in Chili* (Novelle)

> **IV.A**   ANTIKE GRÖSSE ALS MENSCHHEITSUTOPIE
> Friedrich Hölderlins „Hyperion"-Roman

> **Modul IV.9**   SCHWARZE ROMANTIK (1). Der Albtraum vom Tod Gottes

Romantik (1796–1830)

→ Freiheit für den schöpferischen Menschen

→ Vorliebe für das Irrationale und Wunderbare (Märchen, Mythen)

→ Vorliebe für das Irrationale führt auch zu Thematisierung von Wahnsinn und Magie

→ Naturgefühl

→ Interesse an Volkskunst: Märchensammlung der BRÜDER GRIMM; *Des Knaben Wunderhorn* von ACHIM VON ARNIM/CLEMENS BRENTANO

→ Interesse am Mittelalter (teilweise Idealisierung)

Autorinnen und Autoren:

→ Frühromantik: AUGUST WILHELM und FRIEDRICH SCHLEGEL, NOVALIS, CAROLINE SCHLEGEL, KAROLINE VON GÜNDERODE, WILHELM WACKENRODER, LUDWIG TIECK, BETTINA VON ARNIM

→ Hochromantik: JOSEPH VON EICHENDORFF, E. T. A. HOFFMANN, ACHIM VON ARNIM, CLEMENS BRENTANO

→ Spätromantik: JOSEPH VON EICHENDORFF, FRIEDRICH RÜCKERT, ADELBERT VON CHAMISSO, der junge HEINRICH HEINE

> **Modul IV.5**   WUNDARZT WERDEN ODER DIE WELT ROMANTISIEREN?
> Ein klassischer und ein romantischer Bildungsroman im Vergleich

> **Modul IV.6**   „IN EINEM GEWISSEN SINN IST ALLE POESIE ROMANTISCH"
> Das Literaturprogramm der Frühromantik

> **Modul IV.7**   FRÜHLINGSFAHRT UND WINTERREISE
> Das Wanderer-Motiv in romantischer Lyrik, Musik und Malerei

> **Modul IV.8**   DIE SCHRECKLICH SCHÖNE WASSERFRAU. (Nicht nur) ein romantisches Motiv

> **Modul IV.10**   SCHWARZE ROMANTIK (2). „Der Sandmann"

> **IV.B**   „KEIN SINN FÜR WEIBLICHE TUGENDEN". Dichterinnen der Romantik

Am Ende der Kunstepoche: Der alte Goethe

→ GOETHES Alterswerk ist keiner Stilrichtung zuzuordnen:
Die Wahlverwandtschaften (Roman), *West-östlicher Divan* (Gedicht-Zyklus), *Wilhelm Meisters Wanderjahre* (Roman), *Dichtung und Wahrheit* (Autobiografie), *Faust. Der Tragödie zweiter Teil* (Drama)

→ Goethes Tod 1832

> **Modul IV.4**   AUF DER SUCHE NACH DEM SCHÖNSTEN AUGENBLICK
> Johann Wolfgang von Goethes Tragödie „Faust"

Einen ausfürlichen literaturgeschichtlichen Überblick finden Sie in **Band 2** ▶ Epochenteil.

V. Junges Deutschland – Bieder-meier – Bürgerlicher Realismus

1 „Es ist aus mir nichts geworden, nichts als ein Dichter."
Zugänge zum Werk Heinrich Heines

Modulvorschau

Heinrich Heine (1797–1856) war ein deutscher Dichter am Übergang von der *Romantik* zur Literatur des *Jungen Deutschland*. Sie lernen ihn anhand folgender Aspekte kennen:
➡ Die Anfänge des jungen Heine im kulturellen Kontext der Spätromantik
➡ Im Vormärz entwickelt sich Heine zum Kritiker der politischen Verhältnisse und wird zu einem Repräsentanten der liberalrevolutionären Literatur (Junges Deutschland).

„Es ist aus mir nichts geworden, nichts als ein Dichter."
Heinrich Heine schrieb diese Worte 1854, zwei Jahre vor seinem Tod, in seinen autobiografischen Geständnissen. Sie spielen auf die Wertmaßstäbe seiner Verwandtschaft an, einer typischen Aufsteigerfamilie aus dem Kleinbürgertum, und auf die wirtschaftlichen Erfolge seiner Geschwister. Der im Jahr 1797 geborene Heinrich Heine stammte väterlicherseits aus einer jüdisch-deutschen Kaufmannsfamilie. Er studierte Jus und trat nach Abschluss seines Studiums zum protestantischen Glauben über, um bessere berufliche Aussichten zu haben. Seine eigentliche Neigung galt allerdings schon während der Studienzeit der Literatur, nicht der Rechtswissenschaft.

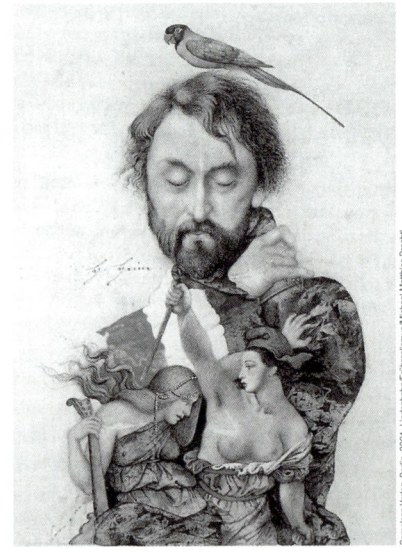

Heinrich Heine, Loreley und Liberté (1984)   M. M. Prechtl

Das Bild vom „widersprüchlichen" Heine (1): Romantiker oder Zyniker?

Heinrich Heine veröffentlichte im Jahr 1827 eine Gedichtsammlung mit dem Titel *Buch der Lieder*. Dieses frühe Werk steht noch unter dem Einfluss der *Romantik* (Text 1). Aber der romantische Stil wird schon bald gebrochen und ironisiert (Texte 2 und 3).

Heinrich Heine: (Ich weiss nicht, was soll es bedeuten)   1

1 Ich weiß nicht, was soll es bedeuten,
Dass ich so traurig bin;
Ein Märchen aus alten Zeiten,
Das kommt mir nicht aus dem Sinn.

5 Die Luft ist kühl und es dunkelt,
Und ruhig fließt der Rhein;
Der Gipfel des Berges funkelt
Im Abendsonnenschein.

Die schöne Jungfrau sitzet
10 Dort oben wunderbar,
Ihr goldnes Geschmeide blitzet,
Sie kämmt ihr goldenes Haar.

Sie kämmt es mit goldenem Kamme
Und singt ein Lied dabei;
15 Das hat eine wundersame,
Gewaltige Melodei.

Den Schiffer im kleinen Schiffe
Ergreift es mit wildem Weh;
Er schaut nicht die Felsenriffe,
20 Er schaut nur hinauf in die Höh.

Ich glaube, die Wellen verschlingen
Am Ende Schiffer und Kahn;
Und das hat mit ihrem Singen
Die Lorelei getan.

(Das Fräulein stand am Meere)   2

1 Das Fräulein stand am Meere
Und seufzte lang und bang,
Es rührte sie so sehre
Der Sonnenuntergang.

5 Mein Fräulein, sei'n Sie munter,
Das ist ein altes Stück;
Hier vorne geht sie unter
Und kehrt von hinten zurück.

(Mir träumte wieder der alte Traum)   3

1 Mir träumte wieder der alte Traum:
Es war eine Nacht im Maie,
Wir saßen unter dem Lindenbaum
Und schwuren uns ewige Treue.

5 Das war ein Schwören und Schwören aufs neu,
Ein Kichern, ein Kosen, ein Küssen;
Dass ich gedenk des Schwures sei,
Hast du in die Hand mich gebissen.

O Liebchen mit den Äuglein klar!
10 O Liebchen schön und bissig!
Das Schwören in der Ordnung war,
Das Beißen war überflüssig.

Anregungen zur Texterschließung

Band 2 Kompetenzteil, I. Lyrik

1. Text 1 beruht auf dem in der Romantik häufig gestalteten *Motiv* „Wasserfrau" (siehe auch Modul IV.8). Beschreiben Sie die darge- stellte Situation. Welche Eigenschaften hat die Wasserfrau? Was be- wirkt sie dadurch?

2. *Strophenform*, *Metrum* und *Reimschema* sind so einfach gehalten, als handle es sich um ein schlichtes *Volkslied*. Bestimmen Sie Reim und Metrum in Text 1. Tatsächlich war der Autor von *Ich weiß nicht, was soll es bedeuten* vielen Menschen unbekannt, obwohl sie das Lied singen konnten. Insbesondere während der Herrschaft des Na- tionalsozialismus wollten die Machthaber verheimlichen, dass der Autor eines so bekannten und beliebten deutschen Liedes ein Jude war. Daher sprach man offiziell von einem Volkslied.

Loreley, Ansichtskarte 1927

3. Heinrich Heine schrieb auch andere Gedichte zum Motiv Wasserfrau. Vergleichen Sie Text 1 mit Heines Gedicht *Die Nixen* Modul IV.8 . Welche Beobachtungen machen Sie?

4. Welche *Bilder* und *Motive* in den Texten 2 und 3 sind für Sie „romantisch", welche kennen Sie aus lyrischen Werken der Romantik?

5. An welchen Stellen und mit welchen sprachlichen Mitteln stört Heine die romantische Stimmung?

Das Bild vom „widersprüchlichen" Heine (2): Liebeslyrik oder politische Kritik?

Bereits in den Zwanzigerjahren des 19. Jhs. veröffentlichte **Heinrich Heine** Reiseliteratur, in der er nicht nur von der Landschaft berichtete, sondern auch kritische Einblicke in das gesellschaftliche, politische und kulturelle Leben gab. So schildert er beispielsweise nach einer Englandreise die Vornehmheit der Londoner City, ohne die soziale Kehrseite zu verschweigen:

4 Heinrich Heine: Englische Fragmente (1828)

1 Auf allen diesen Plätzen und Straßen wird das Auge des Fremden nirgends beleidigt von baufälligen Hütten des Elends. Überall starrt Reichtum und Vornehmheit, und hineingedrängt in abgelegene Gässchen und dunkle, feuchte Gänge wohnt die Armut mit ihren Lumpen und ihren Tränen.

5 Der Fremde, der die großen Straßen Londons durchwandert und nicht just in die eigentlichen Pöbelquartiere gerät, sieht daher nichts oder sehr wenig von dem vielen Elend, das in London vorhanden ist. Nur hie und da, am Eingange eines dunklen Gässchens, steht schweigend ein zerfetztes Weib, mit einem Säugling an der abgehärmten Brust, und bettelt mit den Augen. Vielleicht wenn diese Augen noch schön sind, schaut man einmal hinein – und erschrickt ob

10 der Welt von Jammer, die man darin geschaut hat. Die gewöhnlichen Bettler sind alte Leute, meistens Mohren, die an den Straßenecken stehen, und, was im kotigen London sehr nützlich ist, einen Pfad für Fußgänger kehren und dafür eine Kupfermünze verlangen. Die Armut in Gesellschaft des Lasters und des Verbrechens schleicht erst des Abends aus ihren Schlupfwinkeln. Sie scheut das Tageslicht umso ängstlicher, je grauenhafter ihr Elend kontrastiert mit

15 dem Übermute des Reichtums, der überall hervorprunkt; nur der Hunger treibt sie manchmal um Mittagszeit aus dem dunklen Gässchen, und da steht sie mit stummen, sprechenden Augen und starrt flehend empor zu dem reichen Kaufmann, der geschäftig-geldklimpernd vorübereilt, oder zu dem müßigen Lord, der, wie ein satter Gott, auf hohem Ross einherreitet und auf das Menschengewühl unter ihm dann und wann einen gleichgültig vornehmen Blick wirft,

20 als wären es winzige Ameisen, oder doch nur ein Haufen niedriger Geschöpfe, deren Lust und Schmerz mit seinen Gefühlen nichts gemein hat – denn über dem Menschengesindel, das am Erdboden festklebt, schwebt Englands Nobility wie Wesen höherer Art, die das kleine England nur als ihr Absteigequartier, Italien als ihren Sommergarten, Paris als ihren Gesellschaftssaal, ja die ganze Welt als ihr Eigentum betrachten.

Heinrich Heine war nicht nur ein anerkannter Dichter von Liebeslyrik, sondern auch ein kritischer *Essayist*. Politisch konservative Freunde seiner Liebeslyrik warfen dem Liberalrevolutionär Heine vor, die Poesie zu verraten. Und umgekehrt fanden sich Anhänger seiner politischen Texte, die im Hinblick auf seine Poesie behaupteten, Heine fange auf einem Schlachtfeld Schmetterlinge. Das Gedicht *Die schlesischen Weber*, entstanden als Reaktion auf den schlesischen Weber-Aufstand 1844, zeigt den politischen engagierten Heinrich Heine.

DIE SCHLESISCHEN WEBER

1 Im düstern Auge keine Träne,
Sie sitzen am Webstuhl und fletschen die
    Zähne:
Deutschland, wir weben dein Leichentuch,
5 Wir weben hinein den dreifachen Fluch –
    Wir weben, wir weben!

Ein Fluch dem Gotte, zu dem wir gebeten
In Winterskälte und Hungersnöten;
Wir haben vergebens gehofft und geharrt,
10 Er hat uns geäfft und gefoppt und genarrt –
    Wir weben, wir weben!

Ein Fluch dem König, dem König der
    Reichen,
Den unser Elend nicht konnte erweichen,
Der den letzten Groschen von uns erpresst
15 Und uns wie Hunde erschießen lässt –
    Wir weben, wir weben!

Ein Fluch dem falschen Vaterlande,
Wo nur gedeihen Schmach und Schande,
20 Wo jede Blume früh geknickt,
Wo Fäulnis und Moder den Wurm
    erquickt –
    Wir weben, wir weben!

Das Schiffchen fliegt, der Webstuhl kracht,
25 Wir weben emsig Tag und Nacht –
Altdeutschland, wir weben dein
    Leichentuch,
Wir weben hinein den dreifachen Fluch,
    Wir weben, wir weben!

Anregungen zur Texterschließung

1. Das *lyrische Ich* ist hier ein „Wir". Heine lässt – nach drei Zeilen Einleitung – die Weber selbst sprechen (*Rollengedicht*). Sie sprechen von einem „dreifachen Fluch". Wen trifft dieser Fluch? Welche Gründe für diese Verfluchung deuten die Weber an?
2. Erklären Sie den Zusammenhang zwischen Strophenbau und inhaltlicher Gliederung des Gedichts.
3. Welche Wirkung geht vom *Refrain* „Wir weben, wir weben!" aus? Inwiefern zeigt sich hier der Zusammenhang zwischen Arbeit und Revolte? (Interpretieren Sie die *Metapher* „Deutschland, wir weben dein Leichentuch"!)

HEINRICH HEINE – EIN DEUTSCHES DICHTERLEBEN

HEINRICH HEINES Heimat war Deutschland, dort lebten seine Familie und viele Freunde. Er fühlte sich diesem Land verbunden. (Siehe auch Ergänzungsmodul zu V.1) Er verbrachte aber viele Jahre – wie auch andere ungeliebte deutsche Künstler/innen – im Exil in Frankreich, dessen Geist und dessen liberalrevolutionäre Tradition er verehrte. In Bezug auf patriotische Gefühle vergleicht er die beiden Staaten folgendermaßen:

6

1 Der Patriotismus des Franzosen besteht darin, dass sein Herz erwärmt wird, durch diese Wärme sich ausdehnt, sich erweitert, dass es nicht mehr bloß die nächsten Angehörigen, sondern ganz Frankreich, das ganze Land der Zivilisation, mit seiner Liebe umfasst! Der Patriotismus des Deutschen hingegen besteht darin, dass sein Herz enger wird, dass es sich zusammenzieht
5 wie Leder in der Kälte, dass er das Fremdländische hasst, dass er nicht mehr Weltbürger, nicht mehr Europäer, sondern nur ein enger Deutscher sein will.

Wie für viele Intellektuelle seiner Zeit war auch für Heine die Begegnung mit der dialektischen Philosophie von **Hegel** und **Marx** von großer Bedeutung (vgl. Band 2 ▸ Epochenteil, V.4.1 und 4.2). Die Vorstellung von der Geschichte als einem kontinuierlichen Fortschritt faszinierte ihn. Mit zunehmendem Alter beurteilte er allerdings die Chancen auf den „Fortschritt", unter dem er Demokratie, Menschenrechte und soziale Gerechtigkeit verstand, pessimistischer. Heine war nicht nur wegen seiner politischen Ansichten angeeckt, sondern auch weil er Jude war. Frühzeitig hatte er Judenhass kennengelernt. Während seiner Studienzeit und der Zeit seiner Berufswahl erfuhr er immer wieder Zurücksetzung, Ausgrenzung und Demütigung. So waren z. B. in Preußen oder Hamburg keine Juden zur Anwaltschaft zugelassen. Nach langen inneren Kämpfen entschloss er sich schließlich zur Taufe.

In seinen letzten Lebensjahren war Heine ans Bett gefesselt, das er seine „Matratzengruft" nannte. Seit 1848 waren seine Beine, die linke Körperhälfte und die Augenlider gelähmt. Das linke Auge war blind. Dennoch schrieb er fast bis zum Ende seines Lebens.

7 Heinrich Heine: (In meine dunkle Zelle dringt)

1 In meine dunkle Zelle dringt
Kein Sonnenstrahl, kein Hoffnungsschimmer;
Ich weiß, nur mit der Kirchhofsgruft
Vertausch ich dies fatale Zimmer.

Heinrich Heine starb am 17. Februar 1856. Er wurde am Friedhof Montmartre beigesetzt. Wie er es sich gewünscht hatte, war kein Priester bei der Trauerfeier.

Band 2 Ergänzung Literaturgeschichte

V. Junges Deutschland – Biedermeier – Bürgerlicher Realismus

Lesen Sie im Epochenteil Kapitel V.1 (Begriffe und Datierung), Kapitel V.2 (Allgemeine geschichtliche Voraussetzungen) und Kapitel V.3 (Mediengeschichte) und entnehmen Sie daraus folgende Informationen:

1. Sie können die Bedeutung der Begriffe *Vormärz* und *Junges Deutschland* erklären.
2. Sie wissen Bescheid über die geschichtlichen Hintergründe, unter denen Autoren wie Heinrich Heine gelebt und geschrieben haben. Entnehmen Sie die Informationen den Kapiteln V.2.1 (Wiener Kongress und Restauration) und 2.2 (Der Vormärz und die Revolution 1848).
3. Sie können wesentliche mediengeschichtliche Veränderungen im Vormärz erklären. Entnehmen Sie die Informationen den Kapiteln V.3.2 (Verlagswesen und Buchmarkt), 3.3 (Zeitung und Zeitschrift), 3.4 (Zensur für Printmedien und Theater).

Kompetenzen: Das sollen Sie wissen/können

1. Sie können erklären, inwiefern **Heinrich Heine** in seinem *Lorelei*-Gedicht ein typisches Motiv der Romantik aufgreift und warum das beliebte Gedicht während des Nationalsozialismus als „Volkslied" (ohne Nennung des Autors) bezeichnet wurde.
2. Sie können am Beispiel der *Englischen Fragmente* erklären, warum wir Heines Reiseliteratur der politisch-kritischen Literatur zuordnen können.
3. Sie wissen, warum Heine Deutschland verließ, und kennen die Umstände seines Todes.

„Jeder Mensch ist ein Abgrund"
Georg Büchners Drama „Woyzeck" und Gerhart Hauptmanns Erzählung „Bahnwärter Thiel"

2

Modulvorschau

Das sozialkritische Drama *Woyzeck* von **Georg Büchner** gilt als Pionierwerk der *Moderne*; inhaltlich und formal (offene dramatische Bauform). *Bahnwärter Thiel* in **Gerhart Hauptmanns** gleichnamiger Erzählung ist ein *Antiheld* einer brüchig erscheinenden Welt.

➡ Sie lernen Georg Büchner als politisch engagierten Autor des Vormärz kennen und erschließen einen Ausschnitt aus der Schrift *Der hessische Landbote*.

➡ Sie lernen das Drama *Woyzeck* unter folgenden Aspekten kennen: Stoff, Handlungsführung, Szenenausschnitte, Bauform, Rezeption.

➡ Sie erarbeiten die Figur Thiel unter folgenden Aspekten: soziales und familiäres Umfeld, Schauplätze, Natur und Technik, die Schuldfrage.

Der Autor und sein politisches Programm

Georg Büchner (1813–1837) war 20 Jahre alt und Student der Medizin und Naturwissenschaften in Straßburg, als er seinen ersten Text veröffentlichte. Es war eine Flugschrift mit dem Titel *Der Hessische Landbote*. Flugschriften und Flugblätter sind publizistische Mittel bestimmter sozialer Gruppen, denen andere Mittel zur Verbreitung ihrer Ideen nicht zur Verfügung stehen. Für die revolutionären Bewegungen von 1789 und 1830 in Frankreich etwa, mit denen sich Georg Büchner inhaltlich intensiv auseinandersetzte, waren sie die wichtigsten Massenkommunikationsmittel. Für Büchner, der mit Gleichgesinnten eine geheime „Gesellschaft der Menschenrechte" gegründet hatte, bildete der *Hessische Landbote* die Grundlage für einen geplanten politischen Aufstand.

Georg Büchner: Der Hessische Landbote (1834, Auszug)

1

Erste Botschaft

1   Vorbericht

Dieses Blatt soll dem hessischen Lande die Wahrheit melden, aber wer die Wahrheit sagt, wird gehenkt; ja sogar der, welcher die Wahrheit liest, wird durch meineidige Richter vielleicht gestraft. Darum haben die, welchen dieses Blatt zukommt, Folgendes zu beobachten:

5   1. Sie müssen das Blatt sorgfältig außerhalb ihres Hauses vor der Polizei verwahren;

2. sie dürfen es nur an treue Freunde mitteilen;

3. denen, welchen sie nicht trauen, wie sich selbst, dürfen sie es nur heimlich hinlegen;

4. würde das Blatt dennoch bei einem gefunden, der es gelesen hat, so muss er gestehen, dass er es eben dem Kreisrath habe bringen wollen;

10   5. wer das Blatt nicht gelesen hat, wenn man es bei ihm findet, der ist natürlich ohne Schuld.

FRIEDE DEN HÜTTEN!
KRIEG DEN PALÄSTEN!

Im Jahr 1834 siehet es aus, als würde die Bibel Lügen gestraft. Es sieht aus, als hätte Gott die Bauern und Handwerker am fünften Tage, und die Fürsten und Vornehmen am sechsten ge-
15 macht, und als hätte der Herr zu diesen gesagt:
Herrschet über alles Getier, das auf Erden kriecht, und hätte die Bauern und Bürger zum Ge-würm gezählt. Das Leben der Vornehmen ist ein langer Sonntag: Sie wohnen in schönen Häu-sern, sie tragen zierliche Kleider, sie haben feiste Gesichter und reden eine eigene Sprache; das Volk aber liegt vor ihnen wie Dünger auf dem Acker. Der Bauer geht hinter dem Pflug (...), er nimmt das Korn und lässt ihm die Stoppeln. Das Leben der Bauern ist ein langer Werktag;
20 Fremde verzehren seine Äcker vor seinen Augen, sein Leib ist eine Schwiele, sein Schweiß ist das Salz auf dem Tische des Vornehmen. Im Großherzogtum Hessen sind 718373 Einwohner, die geben an den Staat jährlich an 6363364 Gulden (...).
Dies Geld ist der Blutzehnte, der vom Leib des Volkes genommen wird. An die 700000 Men-
25 schen schwitzen, stöhnen und hungern dafür. Im Namen des Staates wird es erpresst, die Presser berufen sich auf die Regierung und die Regierung sagt, das sei nötig, die Ordnung im Staat zu erhalten. Was ist denn nun das für ein
30 gewaltig Ding: der Staat? Wohnt eine Anzahl Menschen in einem Land und es sind Verord-nungen oder Gesetze vorhanden, nach denen jeder sich richten muss, so sagt man, sie bilden einen Staat. Der Staat also sind *alle*; die Ord-
35 ner im Staate sind die Gesetze, durch welche das Wohl *aller* gesichert wird und die aus dem Wohl *aller* hervorgehen sollen. – Seht nun, was man in dem Großherzogtum aus dem Staat ge-macht hat; seht, was es heißt: Die Ordnung im
40 Staate erhalten! 700 000 Menschen bezahlen dafür 6 Millionen, d. h. sie werden zu Acker-gäulen und Pflugstieren gemacht, damit sie in Ordnung leben. In Ordnung leben heißt hun-gern und geschunden werden. (...)

Der Hessische Landbote, Flugschrift

Anregungen zur Texterschließung

1. Welche Schlüsse über die politischen und sozialen Bedingungen dieser Zeit lassen sich aus dem „Vorbericht" ziehen?
2. Was wollte Büchner mit diesem Vorbericht möglicherweise bezwecken?
3. Welche Menschen waren die Adressatinnen und Adressaten des *Hessischen Landboten*?
4. Welchen Bevölkerungsschichten sagt er den Kampf an?
5. Lassen sich anhand des kurzen Auszugs aus dem mehrseitigen Text bereits Büchners sozi-ale und politische Vorstellungen erkennen?
6. Mit welchen sprachlichen Mitteln versucht Büchner, seine Kampfschrift wirkungsvoll zu machen? (Mittel der *Rhetorik*, *Vergleiche*, *Metaphern*)

Im März 1835 musste Georg Büchner aus politischen Gründen aus Darmstadt fliehen (Junges Deutschland – Die Politisierung der Literatur **Band 2** ▸ Epochenteil, V.5). Er ging vorerst nach Straßburg ins Exil. Hier verarbeitete er seine Erfahrungen durch schriftstellerische Tätigkeit. Er übersetzte die Dramen Victor Hugos, schrieb das Lustspiel *Leonce und Lena* und die Novelle *Lenz*, und er nahm die Arbeit am Drama *Woyzeck* in Angriff. Im September 1836 promovierte Büchner in Zürich und bekam dort eine Stelle als Privatdozent. 1837 starb er an Typhus. Sein berühmtestes Drama *Woyzeck* blieb ein Fragment, das als Reihe von Einzelszenen überliefert worden ist, die vom Dichter nicht eindeutig geordnet wurden.

„Woyzeck" – ein soziales Drama

Den Stoff zu Büchners Drama lieferte ein aufsehenerregender Kriminalfall: Im Jahr 1821 erstach der Gelegenheitsarbeiter und frühere Soldat Johann Christian Woyzeck seine Geliebte. Das Motiv war nach Auffassung des Gerichts Eifersucht. Medizinische Gutachten sollten den Geisteszustand Woyzecks und damit seine Zurechnungsfähigkeit beurteilen. Die Verteidigung brachte aufgrund ärztlicher Atteste vor, Woyzeck leide an Wahnvorstellungen, wäre nicht zurechnungsfähig. Mildernd kämen auch seine erbärmlichen Lebensumstände dazu: Armut, Arbeitslosigkeit, eine Geliebte mit mehreren Liebhabern, von der er sich gedemütigt fühlt. Der Arzt Dr. Clarus überzeugte dann das Gericht mit einem Gutachten, das dem Beschuldigten volle Zurechnungsfähigkeit bescheinigte. Er präsentierte vor Gericht den Fall als abschreckendes Lehrbeispiel für ein Leben, das von „Arbeitsscheu, Spiel, Trunksucht, ungesetzmäßiger Befriedigung der Geschlechtslust und schlechter Gesellschaft" beherrscht wird. Die Gnadengesuche wurden abgelehnt, das Todesurteil wurde unter großem öffentlichen Interesse am Marktplatz in Leipzig vollstreckt.

Georg Büchner hat zahlreiche Details der unterschiedlichen Gutachten für sein Drama übernommen. Ihn interessiert vor allem, welche inneren und äußeren Zustände einen Menschen zu so einer Tat treiben können. Er möchte wissen, „was in uns lügt, hurt, stiehlt und mordet". Daher versucht er in seinem Stück das soziale Umfeld um die Hauptfigur sehr klar zu zeigen. Die Figuren, die alle in Bezug zu Woyzeck gezeigt werden, kann man in zwei Kategorien Mensch teilen. Auf der einen Seite die Armen, Schwachen, Unterprivilegierten: Dazu gehören Woyzeck, seine Geliebte Marie, das gemeinsame Kind und der Kamerad Andres. Auf der anderen Seite die Wohlhabenden, Mächtigen und Privilegierten: Dazu gehören der Hauptmann, der Doktor, der Tambourmajor. Sie sind allesamt Gegenspieler Woyzecks.
Woyzeck ist eine Figur auf der untersten Stufe der sozialen Leiter. In der Garnisonsstadt, in der er von Büchner angesiedelt wird, erfährt er materielle Not und gesellschaftliche Demütigung. Woyzeck ist kein edler Held, sondern eine Randfigur der Gesellschaft. Mit ihm stellt Büchner einen Menschen ins Zentrum des Geschehens, der nicht nur Existenzangst hat, sondern auch unter Wahnvorstellungen und seelischen Demütigungen leidet. Der Doktor erniedrigt Woyzeck, indem er ihn zum Objekt medizinischer Experimente macht. Woyzeck stellt seinen Körper gegen Geld zur Verfügung, das er für Marie und das Kind braucht.
Der Tambourmajor benützt seinen stattlichen Körper und seine Uniform für seine Überlegenheitsgesten dem schwächlichen Woyzeck gegenüber. Er demütigt ihn, indem er seine Männlichkeit auch dazu einsetzt, Marie erfolgreich zu verführen.
Der Hauptmann lässt Woyzeck auf sadistische Weise dessen Abhängigkeit und seine eigene vermeintliche geistige und moralische Überlegenheit spüren.

2 Georg Büchner: Woyzeck (Auszug) Track 9

1 Hauptmann *auf einem Stuhl.* Woyzeck *rasiert ihn.*
Hauptmann: Langsam, Woyzeck, langsam; eins nach dem andern! Er macht mir ganz schwindlig. Was soll ich dann mit den zehn Minuten anfangen, die Er heut zu früh fertig wird? Woyzeck, bedenk' Er, Er hat noch seine schöne dreißig Jahr zu leben, dreißig Jahr! Macht dreihun-
5 dertsechzig Monate, und Tage, Stunden, Minuten! Was will Er denn mit der ungeheuren Zeit
all anfangen? Teil' Er sich ein, Woyzeck!
Woyzeck: Jawohl, Herr Hauptmann!
Hauptmann: Es wird mir ganz angst um die Welt, wenn ich an die Ewigkeit denke. Beschäftigung, Woyzeck, Beschäftigung! Ewig, das ist ewig, das ist ewig – das siehst du ein; nun ist es
10 aber wieder nicht ewig, und das ist ein Augenblick, ja, ein Augenblick, Woyzeck, es schaudert
mich, wenn ich denke, dass sich die Welt in einem Tag herumdreht! Was'n Zeitverschwendung! Wo soll das hinaus? Woyzeck, ich kann kein Mühlrad mehr sehn, oder ich werd melan-
cholisch.
Woyzeck: Jawohl, Herr Hauptmann.
15 Hauptmann: Woyzeck, Er sieht immer so verhetzt aus! Ein guter Mensch tut das nicht, ein
guter Mensch, der sein gutes Gewissen hat. – Red' Er doch was, Woyzeck! Was ist heut für
Wetter?
Woyzeck: Schlimm, Herr Hauptmann, schlimm; Wind!
Hauptmann: Ich spür's schon, 's ist so was Geschwindes draußen; so ein Wind macht mir den
20 Effekt wie eine Maus. (*Pfiffig*) Ich glaub, wir haben so was aus Süd-Nord?
Woyzeck: Jawohl, Herr Hauptmann.
Hauptmann: Ha, ha, ha! Süd-Nord! Ha, ha, ha! Oh, Er ist dumm, ganz abscheulich dumm!
(*Gerührt*) Woyzeck, Er ist ein guter Mensch – aber (*mit Würde*) Woyzeck, Er hat keine Moral!
Moral, das ist, wenn man moralisch ist, versteht Er. Es ist ein gutes Wort. Er hat ein Kind ohne
25 den Segen der Kirche, wie unser hochehrwürdiger Herr Garnisonsprediger sagt, ohne den
Segen der Kirche, es ist nicht von mir.
Woyzeck: Herr Hauptmann, der liebe Gott wird den armen Wurm nicht drum ansehen, ob
das Amen drüber gesagt ist, eh er gemacht wurde. Der Herr sprach: Lasset die Kleinen zu mir
kommen!
30 Hauptmann: Was sagt Er da? Was ist das für eine kuriose Antwort? Er macht mich ganz kon-
fus mit Seiner Antwort. Wenn ich sag: Er,
so mein ich Ihn, Ihn –
Woyzeck: Wir arme Leut – Sehn Sie, Herr
Hauptmann: Geld, Geld! Wer kein Geld
35 hat – Da setz' einmal eines seinesgleichen
auf die Moral in die Welt. Man hat auch sein
Fleisch und Blut. Unseins ist doch einmal
unselig in der und der andern Welt. Ich
glaub, wenn wir in Himmel kämen, so müss-
40 ten wir donnern helfen.
Hauptmann: Woyzeck, Er hat keine Tugend, Er ist kein tugendhafter Mensch.
Fleisch und Blut? Wenn ich am Fenster lieg,
wenn's geregnet hat, und den weißen

Woyzeck, Theater Bern 2009

45 Strümpfen so nachseh, wie sie über die Gassen springen – verdammt, Woyzeck, da kommt mir
die Liebe. Ich hab auch Fleisch und Blut. Aber, Woyzeck, die Tugend, die Tugend! Wie sollte
ich dann die Zeit herumbringen? Ich sag mir immer: Du bist ein tugendhafter Mensch, (gerührt) ein guter Mensch, ein guter Mensch.
WOYZECK: Ja, Herr Hauptmann, die Tugend, ich hab's noch nit so aus. Sehn Sie, wir gemeine
50 Leut, das hat keine Tugend, es kommt einem nur so die Natur; aber wenn ich ein Herr wär und
hätt ein' Hut und eine Uhr und eine Anglaise und könnt vornehm reden, ich wollt schon tugendhaft sein. Es muss was Schönes sein um die Tugend, Herr Hauptmann. Aber ich bin ein
armer Kerl.
HAUPTMANN: Gut, Woyzeck. Du bist ein guter Mensch, ein guter Mensch. Aber du denkst zu
55 viel, das zehrt; du siehst immer so verhetzt aus. – Der Diskurs hat mich ganz angegriffen. Geh
jetzt, und renn nicht so; langsam, hübsch langsam die Straße hinunter!

Anregungen zur Texterschließung

1. Woran merkt man in dieser Szene, dass Büchner zwei Angehörige unterschiedlicher Gesell-
   schaftsschichten auf die Bühne bringt? Inwiefern wird das Abhängigkeitsverhältnis sichtbar? Welchen Einfluss hat die jeweilige Schichtzugehörigkeit auf das Sprachverhalten der
   beiden Figuren?
   Band 2 ▶ Kompetenzteil, II.2.3
2. Der Hauptmann gehört im Gegensatz zu Woyzeck einer Gesellschaftsschicht mit Bildungs-
   zugang an. Wie versucht er Woyzeck gegenüber seinen Bildungsvorsprung zu demonstrie-
   ren? Ist er in dieser Hinsicht für Sie überzeugend?
3. Was sagen die beiden Figuren über Moral? Welche Argumente wirken auf Sie überzeugen-
   der, die des Hauptmanns oder die Woyzecks? Begründen Sie Ihre Ansicht.
4. Hören Sie die Vertonung der Szene. 💿 Track 9 ▶

Woyzeck erfährt in seinen Nöten keinerlei Unterstützung. Seinen Ängsten gegenüber sind
sowohl Marie als auch Andres hilflos und verunsichert. In seiner Bedürftigkeit ist er allerdings
stark auf Marie fixiert. Deren (materielle) Bedürfnisse und (sinnliche) Sehnsüchte kann er
nicht stillen. Das macht sie anfällig für die Verführungen des Tambourmajors, was sie später
zutiefst bereut.
Eine Schlüsselszene des dramatischen Fragments ist ein Märchen, das die Großmutter einer
Schar von Kindern erzählt. Es handelt sich dabei um eine Art Nach- bzw. Umdichtung der
beiden GRIMM-Märchen *Die Sterntaler* und *Die sieben Raben*.

GEORG BÜCHNER: WOYZECK (AUSZUG)   3

1 GROSSMUTTER: (...) Es war einmal ein arm Kind und hatt kein Vater und keine Mutter, war
alles tot und war niemand mehr auf der Welt. Alles tot, und es ist hingangen und hat gesucht
Tag und Nacht. Und weil auf der Erde niemand mehr war, wollt's in Himmel gehn, und der
Mond guckt es so freundlich an; und wie es endlich zum Mond kam, war's ein Stück faul Holz.
5 Und da ist es zur Sonn gangen, und wie es zur Sonn kam, war's ein verwelkt Sonneblum. Und
wie's zu den Sternen kam, waren's kleine goldne Mücken, die waren angesteckt, wie der Neun-
töter sie auf die Schlehen steckt. Und wie's wieder auf die Erde wollt, war die Erde ein umge-
stürzter Hafen. Und es war ganz allein, und da hat sich's hingesetzt und geweint, und da sitzt
es noch und is ganz allein.

4 Brüder Grimm: Die Sterntaler

1   Es war einmal ein kleines Mädchen, dem war Vater und Mutter gestorben, und es war so arm, dass es kein Kämmerchen mehr hatte, darin zu wohnen, und kein Bettchen mehr, darin zu schlafen, und endlich gar nichts mehr als die Kleider auf dem Leib und ein Stückchen Brot in der Hand, das ihm ein mitleidiges Herz geschenkt hatte! Es war aber gut und fromm. Und
5   weil es so von aller Welt verlassen war, ging es im Vertrauen auf den lieben Gott hinaus ins Feld. Da begegnete ihm ein armer Mann, der sprach: „Ach, gib mir etwas zu essen, ich bin so hungrig." Es reichte ihm das ganze Stückchen Brot und sagte: „Gott segne dir's", und ging weiter. Da kam ein Kind, das jammerte und sprach: „Es friert mich so an meinem Kopfe, schenk mir etwas, womit ich ihn bedecken kann." Da tat es seine Mütze ab und gab sie ihm. Und als
10   es noch eine Weile gegangen war, kam wieder ein Kind und hatte kein Leibchen an und fror; da gab es ihm seins; und noch weiter, da bat eins um ein Röcklein, das gab es auch von sich hin. Endlich gelangte es in einen Wald, und es war schon dunkel geworden, da kam noch eins und bat um ein Hemdlein, und das fromme Mädchen dachte: „Es ist dunkle Nacht, da sieht dich niemand, du kannst wohl dein Hemd weggeben", und zog das Hemd ab und gab es auch noch
15   hin. Und wie es so stand und gar nichts mehr hatte, fielen auf einmal die Sterne vom Himmel und waren lauter harte, blanke Taler; und ob es gleich sein Hemdlein weggegeben, so hatte es ein neues an, und das war vom allerfeinsten Linnen. Da sammelte es sich die Taler hinein und war reich für sein Lebtag.

Anregungen zur Texterschließung

1. Beschreiben Sie die Ausgangslage des Kindes in beiden Texten.
2. Wie wird soziales Elend im Sterntaler-Märchen beseitigt und wie wird sozialer Wohlstand erreicht?
3. Welche Märchenelemente übernimmt Büchner? Was ändert er? Wie verändert Büchner den Fortgang des Märchens? Welche Hoffnung für die Armen und Schwachen fällt bei Büchner ganz weg?
4. Büchner macht aus dem alten *Volksmärchen* eine gesellschaftskritische *Parabel*. Wofür steht das Kind in diesem Gleichnis?
5. Welchen Stellenwert und welche *symbolische* Bedeutung hat Büchners „Märchen" im Gesamtzusammenhang des Dramas *Woyzeck*?

Offener Schluss, offene Bauform

Als der Hauptmann Woyzeck gegenüber mit geradezu sadistischem Vergnügen die Untreue von Marie andeutet und so Woyzecks Verdacht gegen seine Geliebte bestätigt, verliert dieser seinen letzten Halt. Er sieht für sich keine andere Handlungsmöglichkeit als den Mord an Marie. Er ersticht sie am Ufer eines Teichs. Das weitere Schicksal des Mörders lässt Büchner offen (offener Schluss). Die Szene, in der Woyzeck versucht, das Messer weit in den Teich hinauszuwerfen, könnte allerdings einen Ertrinkungstod andeuten.

Der offene Schluss ist *ein* Kennzeichen der offenen Dramenform. Die Literaturwissenschaft unterscheidet grundsätzlich zwischen *offener* und *geschlossener Form*.
(Siehe dazu auch Band 2 ▶ Kompetenzteil, II.2.6.)

Offene Bauform	Geschlossene Bauform
• keine typische Exposition, Handlung setzt mitten im Geschehen ein	• Exposition, die dazu dient, die wesentlichen Figuren, Handlungsraum und Handlungszeit zu klären
• Einzelszenen werden episodisch gestaltet und nur lose miteinander verbunden; manchmal könnten Szenen sogar umgestellt werden	• streng kausaler Aufbau nach dem Ursache-Wirkung-Prinzip (eine Szene geht aus der anderen hervor), Szenen sind nicht umstellbar
• Gliederung in Einzelszenen (Bilder)	• Gliederung in Akte und Auftritte (Szenen)
• offener Schluss	• Schluss, der das Geschehen zu einem erkennbaren Ziel führt, z. B. Tod des Helden/der Heldin, Heirat (im Lustspiel), Auflösung eines Konflikts, Klärung einer wirren Situation
• Beispiele: Vorläufer im *Sturm und Drang* (z. B. Jakob Michael Reinhold Lenz: *Die Soldaten*), Georg Büchner: *Woyzeck*, Frank Wedekind: *Frühlings Erwachen*, Bertolt Brecht: *Dreigroschenoper*, Ödön von Horváth: *Geschichten aus dem Wiener Wald*	• Beispiele: antike Tragödien (z. B. Sophokles: *Antigone*), klassische Dramen von Friedrich Schiller (z. B. *Maria Stuart*), viele Komödien (z. B. Johann Nestroy: *Der Talisman*)
• vor allem Dramen der Moderne sowie Drehbücher für Filme	• vor allem Dramen der klassischen Tradition sowie Drehbücher für Filme

ZUR REZEPTION

Zu Lebzeiten des früh verstorbenen Georg Büchner wurde *Woyzeck* weder gedruckt noch gespielt. Das Fragment wurde lediglich in einigen schwer lesbaren Handschriften überliefert. Dem Schriftsteller und Publizisten Karl Emil Franzos verdanken wir, dass es wenigstens zu einer Drucklegung der erhaltenen Bruchstücke gekommen ist, dies allerdings erst im Jahre 1879, also zweiundvierzig Jahre nach Büchners Tod. So verdienstvoll Franzos' Bemühen war, muss man doch einwenden, dass es der Herausgeber mit der Werktreue nicht allzu genau hielt. Franzos bearbeitete den Text nach eigenen ästhetischen Vorstellungen, ließ einiges aus und dichtete auch Eigenes hinzu, wo ihm etwas zu fehlen schien oder wo er Büchners Handschrift nicht richtig entziffern konnte.

Nach dem Erscheinen des Erstdrucks dauerte es weitere 32 Jahre, bis das Stück uraufgeführt wurde (München 1913). Mittlerweile hatte es allerdings in der Kunstszene reüssiert und wurde von wichtigen Schriftsteller/innen der Jahrhundertwende als Pionierleistung modernen Theaters gewürdigt. FRANK WEDEKIND zum Beispiel, selbst Dramatiker und Kabarettist, sah Büchner als Vorläufer eigener Bestrebungen, RAINER MARIA RILKE und HUGO VON HOFMANNS-THAL lobten Woyzeck als „eines der höchsten Produkte, als ein Schauspiel ohnegleichen". Und der *Naturalist* GERHART HAUPTMANN sah in Georg Büchner einen „Verwandten".

BAHNWÄRTER THIEL – WOYZECKS LEIDENSGENOSSE

Auch in GERHART HAUPTMANNS Erzählung *Bahnwärter Thiel* (1888) geht es um einen einfachen, harmlosen Menschen, der durch ungünstige Umstände wahnsinnig und zum Mörder wird. Lesen Sie Hauptmanns „novellistische Studie" und erarbeiten Sie Ihr Textverständnis in Gruppenarbeit:

Anregungen zur Texterschließung

Band 2 ▶ Kompetenzteil, III. Epik

Gruppe 1: Das soziale Umfeld der Hauptfigur und dessen Auswirkung auf Thiels Persönlichkeitsentwicklung
1. Wie ist Thiels Stellung in der dörflichen Gemeinschaft?
2. Was erfahren wir über Thiels Beruf? (Arbeitsort, Qualität und Ablauf seiner Tätigkeit, seine Einstellung zum Dienst)
3. In welchen wirtschaftlichen Verhältnissen lebt Thiel?

Gruppe 2: Die familiäre Situation und ihre Auswirkung auf Thiels Persönlichkeitsentwicklung
1. Charakterisieren Sie die Frauenfigur Lene und Thiels Beziehung zu ihr.
2. Charakterisieren Sie die Frauenfigur Minna und Thiels Beziehung zu ihr.
3. Beschreiben Sie den kleinen Tobias und Thiels Beziehung zu ihm.

Gruppe 3: Der Zusammenhang zwischen den Schauplätzen der Handlung und Thiels Situation und Befindlichkeit
1. Beschreiben Sie die Bedeutung der jeweiligen Orte für Thiels Innenleben (Wohnort – Arbeitsort).
2. Untersuchen Sie die Sprache, in der Hauptmann die wesentlichen Orte des Geschehens beschreibt.
3. Fertigen Sie nach diesen Beschreibungen gemeinsam eine Skizze der Schauplätze auf einem Plakat an.

Gruppe 4: Thiels Weg in den Wahnsinn
1. Welche Ursachen für den Wahnsinn werden im Text ausdrücklich angeführt?
2. Welche Ursachen ergeben sich für Sie darüber hinaus aus dem Text? – Führen Sie die entsprechenden Stellen genau an.
3. Zeichnen Sie Thiels Lebensweg und markieren Sie dabei die entscheidenden Ereignisse und Bedingungen für seine Tat am Ende der Geschichte.

Gruppe 5: Die Darstellung von Natur und Technik in der Erzählung
1. Vergleichen Sie v. a. folgende zwei Textstellen inhaltlich und sprachlich: Thiel an der Schranke und Thiel beobachtet die Misshandlung seines Sohnes (in der Ausgabe des Reclam-TB-Verlags S. 12, letzter Absatz, bis Seite 19, Ende zweiter Absatz).
2. Wie werden die Bereiche Natur und Technik sprachlich zueinander in Beziehung gesetzt? Achten Sie dabei vor allem auf die *bildhaften* Vergleiche.
3. Wie wird der Zug dargestellt? Vergleichen Sie damit die Beschreibung Lenes bei der Arbeit.
4. Welche Zusammenhänge zwischen Thiels Innenleben und den Bereichen Natur und Technik ergeben sich durch Hauptmanns bildhafte Sprache? (Beachten Sie die Bilder „Netzmasche" und „Spinngewebe".)

Gruppe 6: Schuld und Verantwortung Thiels
1. Welche Vorwürfe werden in der Erzählung gegen Thiel erhoben?
2. Welche Entlastungsgründe enthält die Erzählung?
3. Ist es gerechtfertigt, Thiel als Opfer zu bezeichnen?
4. Ist Thiel ein (moralischer) Versager?
5. Ist Thiels Mord an Lene Rache?

Ergänzung Literaturgeschichte   Band 2

V. Junges Deutschland – Biedermeier – Bürgerlicher Realismus
Lesen Sie im Epochenteil das Kapitel V.5 (Junges Deutschland – die Politisierung der Literatur) und entnehmen Sie daraus folgende Informationen:
1. War das *Junge Deutschland* eine geschlossene Gruppe? Nennen Sie mindestens fünf Autoren, die dem *Jungen Deutschland* zugeordnet wurden, und erklären Sie, worin ihre Gemeinsamkeit bestand.
2. Welchem Zweck sollte die Literatur des *Jungen Deutschland* dienen?

Kompetenzen: Das sollen Sie wissen/können
1. Sie kennen die Lebensumstände von GEORG BÜCHNER.
2. Sie können folgende Aspekte zum Drama *Woyzeck* erklären: Stoff, Hauptfigur und Handlungsführung.
3. Sie können erklären, inwiefern Büchner in seinem „Märchen" die traditionelle Märchenform aufgreift, aber gleichzeitig zum Anti-Märchen umgestaltet.
4. Sie können *offene* und *geschlossene Bauform* unterscheiden.
5. Sie wissen Wesentliches über die Rezeptionsgeschichte von *Woyzeck*.
6. Sie können die Figur des Thiel aus der Erzählung *Bahnwärter Thiel* von GERHART HAUPTMANN als typischen *Anti-Helden* der modernen Erzählliteratur analysieren.

3 DIE LEHREN DES SANFTEN GESETZES
Was Adalbert Stifter mit Ferdinand Raimund, Franz Grillparzer – und Peter Handke verbindet

Modulvorschau

ADALBERT STIFTER ist ein Zeitgenosse von HEINRICH HEINE, seine Werke sind aber von ganz anderer Art als die Literatur des *Jungen Deutschland*. Sie werden teils dem *Biedermeier* zugeordnet, teils dem *Frührealismus*.

➡ In der Vorrede zur Sammlung *Bunte Steine* erklärte Stifter seine Schreibabsicht. Sie erschließen diesen Text.

➡ Durch einen Vergleich ADALBERT STIFTER – FERDINAND RAIMUND lernen Sie das Lebensideal der Einfachheit und Bescheidenheit kennen, das in der Biedermeierzeit verbreitet war.

➡ Sie lesen und vergleichen die Erzählungen *Kalkstein* (ADALBERT STIFTER) und *Der arme Spielmann* (FRANZ GRILLPARZER).

➡ Sie entnehmen den Texten von THOMAS BERNHARD und PETER HANDKE, dass Autoren der Gegenwart über Stifter gegensätzliche Meinungen haben.

ADALBERT STIFTERS „VORREDE" ZU „BUNTE STEINE"

ADALBERT STIFTER gehört zu den bedeutendsten Erzählerinnen und Erzählern des 19. Jhs. Ein Schlüsseltext zum Verständnis seiner Literatur ist die Vorrede zu *Bunte Steine*, einer im Jahr 1853 erschienenen Sammlung von sechs Erzählungen mit den Titeln *Granit*, *Kalkstein*, *Turmalin*, *Bergkristall*, *Katzensilber* und *Bergmilch*. In der Vorrede zu dieser Sammlung wehrte sich Stifter gegen ein spöttisches Gedicht des deutschen Schriftstellers FRIEDRICH HEBBEL (Text 1) und formulierte das „sanfte Gesetz".

Gemälde von Adalbert Stifter, 1845

1 FRIEDRICH HEBBEL: DIE ALTEN NATURDICHTER UND DIE NEUEN

1 Wisst ihr, warum euch die Käfer, die Butterblumen so glücken?
Weil ihr die Menschen nicht kennt, weil ihr die Sterne nicht seht!
Schautet ihr tief in die Herzen, wie könntet ihr schwärmen für Käfer?
Säht ihr das Sonnensystem, sagt doch, was wär euch ein Strauß?
5 Aber das musste so sein; damit ihr das Kleine vortrefflich
liefertet, hat die Natur klug euch das Große entrückt.

Adalbert Stifter: Vorrede zu „Bunte Steine" (Auszug)

1 Es ist einmal gegen mich bemerkt worden, dass ich nur das Kleine bilde, und dass meine Menschen stets gewöhnliche Menschen seien. Wenn das wahr ist, bin ich heute in der Lage, den Lesern ein noch Kleineres und Unbedeutenderes anzubieten, nämlich allerlei Spielereien für junge Herzen. Es soll sogar in denselben nicht einmal Tugend und Sitte gepredigt werden, wie
5 es gebräuchlich ist, sondern sie sollen nur durch das wirken, was sie sind. Wenn etwas Edles und Gutes in mir ist, so wird es von selber in meinen Schriften liegen, wenn aber dasselbe nicht in meinem Gemüte ist, so werde ich mich vergeblich bemühen, Hohes und Schönes darzustellen, es wird doch immer das Niedrige und Unedle durchscheinen. Großes oder Kleines zu bilden, hatte ich bei meinen Schriften überhaupt nie im Sinne, ich wurde von ganz anderen
10 Gesetzen geleitet. Die Kunst ist mir ein so Hohes und Erhabenes, sie ist mir, wie ich schon einmal an einem anderen Orte gesagt habe, nach der Religion das Höchste auf Erden, so dass ich meine Schriften nie für Dichtungen gehalten habe, noch mich je vermessen werde, sie für Dichtungen zu halten. Dichter gibt es sehr wenige auf der Welt, sie sind die hohen Priester, sie sind die Wohltäter des menschlichen Geschlechtes; falsche Propheten aber gibt es sehr viele.
15 Allein wenn auch nicht jede gesprochenen Worte Dichtung sein können, so könnten sie doch etwas anderes sein, dem nicht alle Berechtigung des Daseins abgeht. Gleichgestimmten Freunden eine vergnügte Stunde zu machen, ihnen allen, bekannten wie unbekannten, einen Gruß zu schicken, und ein Körnlein Gutes zu dem Baue des Ewigen beizutragen, das war die Absicht bei meinen Schriften und wird auch die Absicht bleiben. Ich wäre sehr glücklich, wenn ich mit
20 Gewissheit wüsste, dass ich nur diese Absicht erreicht hätte. Weil wir aber schon einmal von dem Großen und Kleinen reden, so will ich meine Ansichten darlegen, die wahrscheinlich von denen vieler anderer Menschen abweichen. Das Wehen der Luft, das Rieseln des Wassers, das Wachsen der Getreide, das Wogen des Meeres, das Grünen der Erde, das Glänzen des Himmels, das Schimmern der Gestirne halte ich für groß: das prächtig einherziehende Gewitter,
25 den Blitz, welcher Häuser spaltet, den Sturm, der die Brandung treibt, den Feuer speienden Berg, das Erdbeben, welches Länder verschüttet, halte ich nicht für größer als obige Erscheinungen, ja ich halte sie für kleiner, weil sie nur Wirkungen viel höherer Gesetze sind. Sie kommen auf einzelnen Stellen vor und sind die Ergebnisse einseitiger Ursachen. Die Kraft, welche die Milch im Töpfchen der armen Frau emporschwellen und übergehen macht, ist es auch, die
30 die Lava in dem Feuer speienden Berge emportreibt und auf den Flächen der Berge hinabgleiten lässt. Nur augenfälliger sind diese Erscheinungen und reißen den Blick des Unkundigen und Unaufmerksamen mehr an sich, während der Geisteszug des Forschers vorzüglich auf das Ganze und Allgemeine geht und nur in ihm allein Großartigkeit zu erkennen vermag, weil es allein das Welterhaltende ist. (…)
35 So wie es in der äußeren Natur ist, so ist es auch in der inneren, in der des menschlichen Geschlechtes. Ein ganzes Leben voll Gerechtigkeit, Einfachheit, Bezwingung seiner selbst, Verstandesmäßigkeit, Wirksamkeit in seinem Kreis, Bewunderung des Schönen, verbunden mit einem heiteren gelassenen Sterben, halte ich für groß: mächtige Bewegungen des Gemütes, furchtbar einherrollenden Zorn, die Begier nach Rache, den entzündeten Geist, der nach Tä-
40 tigkeit strebt, umreißt, ändert, zerstört und in der Erregung oft das eigene Leben hinwirft, halte ich nicht für größer, sondern für kleiner, da diese Dinge so gut nur Hervorbringungen einzelner und einseitiger Kräfte sind, wie Stürme, Feuer speiende Berge, Erdbeben. Wir wollen das sanfte Gesetz zu erblicken suchen, wodurch das menschliche Geschlecht geleitet wird. (…) Es ist (…) das Gesetz der Gerechtigkeit, das Gesetz der Sitte, das Gesetz, das will, dass

45 jeder geachtet, geehrt, ungefährdet neben dem anderen bestehe, dass er seine höhere menschliche Laufbahn gehen könne, sich Liebe und Bewunderung seiner Mitmenschen erwerbe, dass er als Kleinod gehütet werde, wie jeder Mensch ein Kleinod für alle andern Menschen ist. Dieses Gesetz liegt überall, wo Menschen neben Menschen wohnen, und es zeigt sich, wenn Menschen gegen Menschen wirken. Es liegt in der Liebe der Ehegatten zueinander, in der

50 Liebe der Eltern zu den Kindern, der Kinder zu den Eltern, in der Liebe der Geschwister, der Freunde zueinander, in der süßen Neigung beider Geschlechter, in der Arbeitsamkeit, wodurch wir erhalten werden, in der Tätigkeit, wodurch man für seinen Kreis, für die Ferne, für die Menschheit wirkt, und endlich in der Ordnung und Gestalt, womit ganze Gesellschaften und Staaten ihr Dasein umgeben und zum Abschlusse bringen. (…)

55 So ist dieses Gesetz, so wie das der Natur das welterhaltende ist, das menschenerhaltende.

Anregungen zur Texterschließung

1. Erläutern Sie die rhetorische Strategie, mit der sich Stifter gegen Hebbel zur Wehr setzt, ohne den Gegner ausdrücklich zu erwähnen. Was sagt Stifter über seine Schreibabsichten?
2. Welche Naturerscheinungen sind für Stifter „groß"?
3. Inwiefern überträgt er sein Verständnis vom Großen und Kleinen auf die Menschen? Welche Art von Lebensführung erscheint Stifter „groß", welche „klein"?
4. In welchen Erscheinungen äußert sich das „sanfte Gesetz"?
5. Was halten Sie selbst von Stifters Ansichten? Könnten seine Werte für das heutige Leben tragfähig sein?

Gerechtigkeit, Bescheidenheit, Einfachheit – Ferdinand Raimunds Valentin-Figur im Zaubermärchen „Der Verschwender"

Die Weltsicht, die Adalbert Stifter in seiner „Vorrede" zur Sammlung *Bunte Steine* formulierte, findet man auch in anderen Werken des österreichischen *Biedermeier*, zum Beispiel in den dramatischen *Zaubermärchen* Ferdinand Raimunds (vgl. Band 2 ▶ Epochenteil, V.6.1). Die Titelfigur seines Stücks *Der Verschwender* ist der reiche Edelmann Julius von Flottwell, der sein Schloss, seinen Reichtum und sein Lebensglück durch Haltlosigkeit und Verschwendung verliert. Als völlig verarmter Mann ist der fünfzigjährige Flottwell auf die Hilfe anderer angewiesen. Er findet sie bei seinem ehemaligen Diener Valentin, der als Tischler sich und seine kinderreiche Familie so recht und schlecht ernähren kann. Obwohl Valentin selbst arm ist, nimmt er den „gnädigen Herrn" freudig in seinem bescheidenen Haushalt auf. Für diese Güte wird Valentin belohnt. Durch das Eingreifen der Feenwelt – dieses Handlungselement ist typisch für das *Wiener Zaubermärchen* – kommt Julius von Flottwell noch einmal zu Wohlstand und nimmt nun Valentin und seine Familie in seinem Haus auf.

Der Tischler Valentin singt in *Der Verschwender* ein Lied, das als *Hobellied* zu großer Berühmtheit gelangt ist und in dem das Lebensgefühl des österreichischen Biedermeier seinen Ausdruck gefunden hat:

Ferdinand Raimund: Der Verschwender (Auszug) 3

1 Da streiten sich die Leut herum
Oft um den Wert des Glücks,
Der eine heißt den andern dumm,
Am End weiß keiner nix.
5 Da ist der allerärmste Mann
Dem andern viel zu reich.
Das Schicksal setzt den Hobel an
Und hobelt s' beide gleich.

Die Jugend will halt stets mit Gwalt
10 In allem glücklich sein,
Doch wird man nur ein bissel alt,
Da findt man sich schon drein.
Oft zankt mein Weib mit mir, o Graus!
Das bringt mich nicht in Wut.
15 Da klopf ich meinen Hobel aus
Und denk, du brummst mir gut.

Zeigt sich der Tod einst mit Verlaub
Und zupft mich: Brüderl, kumm!
Da stell ich mich im Anfang taub
20 Und schau mich gar nicht um.
Doch sagt er: Lieber Valentin!
Mach keine Umständ! Geh!
Da leg ich meinen Hobel hin
Und sag der Welt Adje.

Zwei Erzählungen im Vergleich: „Kalkstein" von Adalbert Stifter – „Der arme Spielmann" von Franz Grillparzer

Lesen Sie die Erzählungen *Kalkstein* von **Adalbert Stifter** und *Der arme Spielmann* von **Franz Grillparzer** und vergleichen Sie die beiden Texte unter folgenden Gesichtspunkten:

Anregungen zur Texterschließung

Band 2 ▶ Kompetenzteil, III. Epik

1. Beschreiben Sie die beiden *Erzählerfiguren*.
2. Erläutern Sie, unter welchen Umständen die Erzähler die Bekanntschaft der *Protagonisten* machen. Was fällt den Erzählerfiguren an den Protagonisten auf? Warum wecken sie deren Interesse?
3. Erläutern Sie die Lebensverhältnisse und den Lebensraum der beiden Protagonisten.
4. Vergleichen Sie die Kindheits- und Jugendgeschichte des Pfarrers im Kar mit der des Spielmanns (Herkunftsfamilie, Schule, Erfahrungen mit dem anderen Geschlecht, Berufslaufbahn).
5. Beide Protagonisten sterben. Erläutern Sie die Umstände ihres Todes.
6. Wird für Sie in der Figur des Pfarrers im Kar Adalbert Stifters „sanftes Gesetz" als Lebensgrundlage des Protagonisten konkret erkennbar? Begründen Sie Ihre Ansicht.
7. Aufbau und Komposition der beiden Erzählungen
8. *Erzählform*, *Erzählperspektive* und Darstellungsweisen (*Erzählbericht*, *Personenrede*)

Adalbert Stifters Erzählung *Kalkstein* erschien erstmals im Jahr 1848 unter dem Titel *Der arme Wohltäter*, in überarbeiteter Fassung 1853 als Teil der Sammlung *Bunte Steine*. Stifter schrieb sie nach der Lektüre von Grillparzers Erzählung *Der arme Spielmann* (erschienen 1847), von der er sehr beeindruckt war.

Adalbert Stifter und die österreichische Gegenwartsliteratur

Für Schriftstellerinnen und Schriftsteller der Gegenwart, insbesondere für österreichische, erweist sich Stifters Werk immer wieder als Herausforderung. Der deutsche Autor Arno Schmidt unterzog beispielsweise in seinem Rundfunk-*Essay Der sanfte Unmensch* Stifters Roman *Der Nachsommer* einer vernichtenden Kritik. Julian Schutting und Alois Brandstetter hingegen beziehen sich positiv auf Stifter. Zwei Texte österreichischer Autoren, in denen Stifter konträr beurteilt wird, stellen wir einander gegenüber, einen Auszug aus Thomas Bernhards Roman *Alte Meister* und einen Auszug aus Peter Handkes epischem Essay *Die Lehre der Sainte-Victoire* [sãt wiktoar]. Zu bedenken ist, dass in *Alte Meister* nicht Thomas Bernhard selbst als Person spricht, sondern dass er eine literarische Figur sprechen lässt, den Musikkritiker Reger. Die Ansichten des Autors müssen nicht mit denen des Protagonisten übereinstimmen.

4 Thomas Bernhard: Alte Meister (Auszug)

1 (…) Um noch einmal auf Stifter zurückzukommen, sagte er, es gibt heute eine große Anzahl von Schriftstellern, die sich auf Stifter berufen. Diese Schriftsteller berufen sich auf einen absoluten Schreibdilettanten, der zeit seines Schriftstellerlebens nichts anderes getan hat, als die Natur zu mißbrauchen. Ein absoluter Naturmißbrauch ist Stifter vorzuwerfen, sagte Reger

5 gestern. Ein Sehender hat er als Schriftsteller sein wollen und ein Blinder ist er als Schriftsteller in Wirklichkeit gewesen, sagte Reger. Alles an Stifter ist betulich, jungfernhaft tollpatschig, eine unerträgliche provinzielle Zeigefingerprosa hat Stifter geschrieben, sagte Reger, keine andere. Die Naturbeschreibung wird an Stifter gerühmt. Niemals ist die Natur so falsch konstruiert, wie sie Stifter beschreibt und ebensowenig ist sie so langweilig, wie er uns auf seinem

10 geduldigen Papier glauben macht, sagte Reger. Stifter ist nichts als ein literarischer Umstandsmeier, dessen kunstlose Feder selbst da die Natur und naturgemäß dadurch auch den Leser lähmt, wo sie in Wirklichkeit und in Wahrheit lebendig und ereignisreich ist. Stifter hat auf alles seinen Kleinbürgerschleier gelegt und es beinahe erstickt, das ist die Wahrheit. Er kann in Wahrheit keinen Baum beschreiben, keinen singenden Vogel, keinen reißenden Fluss, das ist

15 die Wahrheit. Er will uns etwas anschaulich machen und lähmt es nur, er will Glanz erzeugen und stumpft nur ab, das ist die Wahrheit. Stifter macht uns die Natur eintönig und die Menschen gemütsarm und geistlos, er weiß nichts und er erfindet nichts, und das, das er beschreibt, denn einzig und allein ein Beschreiber ist er, beschreibt er grenzenlos bieder. R

Anregungen zur Texterschließung

1. Fassen Sie in eigenen Worten zusammen, welche Vorwürfe der Musikkritiker Reger gegen Stifter erhebt.
2. Reger spricht davon, dass sich auch heute Schriftsteller auf Stifter berufen. Damit könnte – unter anderen – Peter Handke gemeint sein, denn dieser bezog sich ausdrücklich positiv auf Stifters „sanftes Gesetz". Erläutern Sie anhand von Text 5 Handkes Sichtweise.

Auffällig ist, dass Handke – ganz im Gegensatz zum Subjektivismus der *Moderne* – nach objektiven Grundlagen des künstlerischen Schaffens sucht, nach „Gesetzen", die nicht der Künstler/die Künstlerin willkürlich aufstellt, sondern die in den Dingen selbst liegen. Es verwundert daher nicht, dass Handke in *Die Lehre der Sainte-Victoire* zwei Schriftsteller als seine „Brüder" benennt, die ähnliche Überlegungen zum künstlerischen Schaffen anstellten:

Johann Wolfgang von Goethe und Adalbert Stifter. Stifters „sanftes Gesetz" aus der „Vorrede" wird von Handke folgendermaßen thematisiert:

Peter Handke: Die Lehre der Sainte-Victoire (Auszug) 5

1 Bisher handelte es sich hier vor allem um einen Maler und einen Schriftsteller; um Bild und Schrift. Jetzt aber wird es fällig, zu erzählen, wie der Maler Paul Cézanne mir als ein Menschheitslehrer – ich wage das Wort: als der Menschheitslehrer der Jetztzeit erschien.
Stifter gab das ewige Gesetz der Kunst bekanntlich so wieder: „Das Wehen der Luft das Rie-
5 seln des Wassers das Wachsen der Getreide das Wogen des Meeres das Grünen der Erde das Glänzen des Himmels das Schimmern der Gestirne halte ich für groß … Wir wollen das sanfte Gesetz zu erblicken suchen, wodurch das menschliche Geschlecht geleitet wird." Dabei ist es dann aber auffällig, daß Stifters Erzählungen fast regelmäßig zu Katastrophen ausarten; ja daß oft schon der bloße Stand der Dinge, ohne dramatische Überstürzung, eine Bedrohung
10 wird. „Ruhig und heimlich" fällt zunächst der Schnee, eine „schöne weiße Hülle", und wird dann den Kindern, die sich hinauf in die erst „schön", dann „schreckhaft blauen" Gletscher verirren, zur „weißen Finsternis"; und jener „glänzende Himmel" über dem Heidedorf bleibt wochenlang ein glänzender und macht die „weiche blaue Luft" schließlich zum „blanken Felsen". Für diese Wende der Dinge zum Unheimlichen sind Erklärungen in der Person des Ver-
15 fassers gesucht und gefunden worden. Doch ist das sanft über eine Wiese rieselnde Wasser wohl auch durch das zeitverordnete Erzählen mit den lebensgefährlichen Gruben ausgestattet worden – in die zudem niemand endgültig einsinkt, so daß der erste Satz aus *Kalkstein* gut auch alle anderen bunten Steine bezeichnet: „Ich erzähle hier eine Geschichte, die uns einmal ein Freund erzählt hat, in der nichts Ungewöhnliches vorkömmt, und die ich doch nicht habe
20 vergessen können." (Stifter, als Maler, hat auf seinen Gemälden nie eine Katastrophe geschildert; höchstens stellt eine Zeichnung einen Windbruch dar.) R

Im Jahr 1980 erschien Peter Handkes Buch *Die Lehre der Sainte-Victoire*, ein Text, der sich zwischen autobiografischer Erzählung, Kunst-Essay und Poetologie bewegt. Motivischer Ausgangspunkt des Buchs ist eine Schreibkrise. Das Autoren-Ich ist sich seiner Wirklichkeitswahrnehmung und seiner Sprachgestaltung nicht mehr sicher. Auf der Suche nach neuen Sicherheiten belehrt ihn die Bilderwelt Paul Cézannes [sesạn], insbesondere die Serie von Bildern des Bergmassivs „Montagne Sainte-Victoire" [mõtạnj sắt wiktoạr] in der Provence. Handke wandert auf den Berg und versucht dabei, die künstlerische Arbeitsweise von Cézanne zu verstehen und diese auf das Schreiben zu übertragen.
Etwas vereinfacht sei hier Peter Handkes „Lösung" des Problems dargestellt. Bei Cézanne lernt er, dass es für die Künstlerinnen und Künstler nicht nur den naiv abbildenden oder den abstrakten Umgang mit der Wirklichkeit gibt, sondern etwas Drittes, die Darstellung von Eigengesetzen der Dingwelt, die nicht vordergründig empirisch erfasst werden können. Diese verborgene Eigengesetzlichkeit im Kunstwerk erkennbar zu machen ist die Aufgabe der Kunst, sowohl der bildenden als auch der erzählerischen. Die entscheidende Frage, die sich der Künstler/die Künstlerin stellen muss, lautet: Was ist „das Gesetz meines Gegenstandes – seine selbstverständliche, verbindliche Form?" In Peter Handkes Werken der Achtzigerjahre des 20. Jhs. sind stilistische Parallelen zu Adalbert Stifter nicht zu überlesen (vgl. Modul VII.11).

Band 2

Ergänzung Literaturgeschichte

V. Junges Deutschland – Biedermeier – Bürgerlicher Realismus

Lesen Sie im Epochenteil Kapitel V.6 (Biedermeier; ausgenommen 6.2) und entnehmen Sie daraus folgende Informationen:

1. Woher kommt der Begriff *Biedermeier*?
2. Warum hatte es die Literatur in der Habsburgermonarchie schwer? Welche Kunstform konnte sich in Österreich besser entfalten?
3. Erklären Sie die typischen Merkmale von Ferdinand Raimunds *Zaubermärchen* („Besserungsstücke").
4. Beschreiben Sie Adalbert Stifters literarische Laufbahn.

Kompetenzen: Das sollen Sie wissen/können

1. Sie können ADALBERT STIFTERS Ausführungen über das Große und das Kleine zusammenfassen und das „sanfte Gesetz" erklären.
2. Sie können die Erzählungen *Kalkstein* (ADALBERT STIFTER) und *Der arme Spielmann* (FRANZ GRILLPARZER) unter folgenden Gesichtspunkten vergleichen: Ich-Erzähler, Hauptfigur, Aufbau (Rahmen- und Binnengeschichte), Ähnlichkeiten und Unterschiede in der Lebensgeschichte der Hauptfiguren.
3. Sie können die wesentlichen Kritikpunkte wiedergeben, die THOMAS BERNHARD seiner Reger-Figur in *Alte Meister* in den Mund legt.
4. Sie können erklären, warum PETER HANDKE Adalbert Stifter als „Bruder" bezeichnet. Beachten Sie vor allem die von Handke gestellte Künstlerfrage „Was ist das Gesetz meines Gegenstandes?".

„Weil eine Fremd' ich bin aus fernem Land ...“
Franz Grillparzers Medea-Drama und Christa Wolfs Medea-Roman

4

Modulvorschau

Franz Grillparzer ist der bedeutendste österreichische Dramatiker des 19. Jahrhunderts. Sie lernen den Autor anhand seiner Trilogie *Das goldene Vließ* kennen.
➡ Sie erfahren Wesentliches über den Stoff der Dramentrilogie.
➡ Sie interpretieren Schlüsselszenen aus dem dritten Teil der Trilogie (*Medea*).
➡ Sie vergleichen Grillparzers Umgang mit dem antiken Mythos mit dem einer Autorin des 20./21. Jahrhunderts (**Christa Wolf**: *Medea. Stimmen*).

Franz Grillparzer: „Das goldene Vliess“

Franz Grillparzer

Franz Grillparzer wurde mit dem romantischen Schicksalsdrama *Die Ahnfrau* (Uraufführung 1817) als Dramatiker bekannt (Biografie **Band 2** ▶ Epochenteil, V.6.2). Nach diesem Erstlingserfolg wandte er sich antiken und historischen Stoffen zu; unter anderem dramatisierte er die antiken Argonauten-Sagen. So entstand die *Trilogie Das goldene Vließ*, die sich aus drei Einzeldramen zusammensetzt: Der kurze erste Teil *Der Gastfreund* berichtet davon, dass ein junger Grieche namens Phryxus mit einem goldenen Widderfell (= Vlies, Grillparzer schreibt „Vließ“) in das „barbarische“ Kolchis kommt. Der Kolcherkönig Aietes tötet Phryxus, um in den Besitz des Vlieses zu kommen, und verletzt so das Gastrecht, das den Kolchern heilig ist. Aietes' Tochter Medea sieht voraus, dass dieser Frevel zur Tragödie führen wird.

Im zweiten Teil *Die Argonauten* fahren griechische Helden unter der Führung Jasons mit ihrem Schiff Argo nach Kolchis, um Phryxus zu rächen und das goldene Vlies zurückzuholen. Nur durch die geheimnisvollen Zauberkräfte der kolchischen Königstochter Medea ist es Jason möglich, seine Mission erfolgreich zu beenden. Medea hilft Jason, weil sie sich in den Griechen verliebt hat. Auch Jason ist von Medea fasziniert.

Franz Grillparzer: Die Argonauten (Auszug)

1

1 JASON: Wenn ich so vor dir steh und dich betrachte,
   Beschleicht mich ein fast wunderbar Gefühl.
   Als hätt des Lebens Grenz ich überschritten
   Und stünd auf einem unbekannten Stern,
5 Wo anders die Gesetze alles Seins und Handelns,
   Wo ohne Ursach, was geschieht, und ohne Folge,
   Da seiend, weil es ist.
   Dahergekommen durch ein wildes Meer,

Aus Ländern, so entfernt, so abgelegen,
10 Dass Wünsche kaum vorher die Reise wagten,
Auf Kampf und Streit gestellt, lang ich hier an
Und sehe dich und bin mit dir bekannt.
Wie eine Heimat fast dünkt mir dies fremde Land,
Und, abenteuerlich ich selbst, schau ich
15 Verwundrungslos, als könnt es so nur sein,
Die Abenteuer dieses Wunderbodens.
Und wieder, ist das Fremde mir bekannt,
So wird dafür mir, was bekannt, ein Fremdes.
Ich selber bin mir Gegenstand geworden,
20 Ein andrer denkt in mir, ein andrer handelt.
Oft sinn ich meinen eignen Worten nach,
Wie eines Dritten, was damit gemeint,
Und kommt's zur Tat, denk ich wohl bei mir selber,
Mich soll's doch wundern, was er tun wird und was nicht.
25 Ein Einz'ges ist mir licht, und das bist du,
Ja du, Medea, scheint's auch noch so fremd.
Ich ein Hellene, du Barbarenbluts,
Ich frei und offen, du voll Zaubertrug,
Ich Kolchis' Feind, du seines Königs Kind,
30 Und doch, Medea, ach und dennoch, dennoch!
Es ist ein schöner Glaub in meinem Land,
Die Götter hätten doppelt einst geschaffen
Ein jeglich Wesen und sodann geteilt;
Da suche jede Hälfte nun die andre
35 Durch Meer und Land, und wenn sie sich gefunden,
Vereinen sie die Seelen, mischen sie
Und sind nun eins! – Fühlst du ein halbes Herz,
Ist's schmerzlich dir gespalten in der Brust,
So komm (...)

Anregungen zur Texterschließung

1. Wie beschreibt Jason die Wirkung, die Medea auf ihn ausübt? Beachten Sie bei Ihrer Interpretation insbesondere die Textstellen, in denen die *Antithesen* Fremde – Heimat, bekannt – unbekannt vorkommen.
2. Wie schildert Jason den Gegensatz zwischen Hellas (Griechenland) und Kolchis? Wie sieht Jason seine eigene Heimat, wie die der Medea?
3. Die Faszination exotischer Schönheit ist ein dominantes *Motiv* in diesem Text. Begegnet Ihnen dieses Phänomen auch in eigenen Lebenszusammenhängen?

Medea folgt Jason aus Liebe, aber der Preis ist hoch. Medeas Bruder wird getötet (in der antiken Sage von Medea selbst!). Ihr zutiefst verbitterter und erzürnter Vater Aietes begeht Selbstmord.
Der dritte Teil von GRILLPARZERS Trilogie trägt den Titel *Medea*. Er spielt einige Jahre später. Mittlerweile sind Jason und Medea in das griechische Thessalien zurückgekehrt. Sie haben

miteinander zwei Knaben. Aber die Situation ist alles andere als harmonisch und idyllisch. Nach dem plötzlichen Tod von Jasons Onkel Pelias werden Jason und Medea des Mordes verdächtigt. Sie müssen fliehen und finden Aufnahme beim König von Korinth. Während Jason und seine Kinder freundlich aufgenommen werden, begegnen die Korinther Medea, der fremden Kolcherin, mit Geringschätzung, Furcht und Abneigung. Medea spürt, dass auch Jason von dieser Stimmung angesteckt ist, ja schlimmer noch, dass er Gefallen an der korinthischen Königstochter Kreusa findet. Sie versucht nun selbst die Sitten und Verhaltensweisen der für sie fremden Kultur anzunehmen, um für ihren Mann wieder anziehender zu werden. Aber diese Bemühungen scheitern. Vergeblich versucht Medea in Jason wieder die Gefühle zu wecken, die ihn einst auf Kolchis veranlassten, um sie zu werben:

Franz Grillparzer: Medea (Auszug) 🎧Track 10   **2**

1   MEDEA: Nur einen Schritt komm in die schöne Zeit,
    Da wir in unsrer Jugend frischem Grünen
    Uns fanden an des Phasis Blumenstrand.
    Wie war dein Herz so offen und so klar,
5   Das meine trüber und in sich verschlossner,
    Doch du drangst durch mit deinem milden Licht,
    Und hell erglänzte meiner Sinne Dunkel.
    Da ward ich dein, da wardst du mein. O Jason!
    So ist dir ganz dahin die schöne Zeit,
10   So hat die Sorge dir für Haus und Herd,
    Für Ruf und Ruhm dir ganz getötet
    Die schönen Blüten von dem Jugendbaum?
    O sieh, in Schmerz und Jammer, wie ich bin,
    Denk ich noch oft der schönen Frühlingszeit,
15   Und warme Lüfte wehn mir draus herüber.
    War dir Medea damals lieb und wert,
    Wie ward sie dir denn grässlich und abscheulich?
    Du kanntest mich und suchtest dennoch mich,
    Du nahmst mich, wie ich war, behalt mich, wie ich bin!
20   JASON: Der Dinge denkst du nicht, die seither sind geschehn!
    MEDEA: Entsetzlich sind sie, ja, ich geb es zu,
    Am Vater hab ich schlimm, am Bruder schlimm getan,
    Und ich verdamme selber mich darob,
    Man strafe mich, ich will ja gerne büßen,
25   Doch du sollst mich nicht strafen, Jason, du nicht!
    Denn was ich tat, zuliebe tat ich's dir.
    (…)
    JASON: Hast du mich je geliebt, war ich dir wert,
    So zeig es, da du mich mir selber gibst
30   Und mir ein Grab gönnst in der heim'schen Erde!
    MEDEA: Und auf der heim'schen Erd ein neues Ehebett?
    Nicht so?
    JASON: Was soll das?

MEDEA: Hab ich's nicht gehört,
35 Wie er verwandt dich hieß und Sohn und Eidam?
Kreusa locket dich, und darum bleibst du?
Nicht also? Hab ich dich?
JASON: Du hattest nie mich,
Und hast auch jetzt mich nicht.
40 MEDEA: (…) Du hast zu Liebe mich verlockt und fliehst mich?
JASON: Ich muss.
MEDEA: Du hast den Vater mir geraubt
Und raubst mir den Gemahl?
JASON: Gezwungen nur.
45 MEDEA: Mein Bruder fiel durch dich, du nahmst mir ihn
Und fliehst mich?
JASON: Wie er fiel, gleich unverschuldet.
MEDEA: Mein Vaterland verließ ich, dir zu folgen.
JASON: Dem eignen Willen folgtest du, nicht mir.
50 Hätt's dich gereut, gern ließ ich dich zurück!
MEDEA: Die Welt verflucht um deinetwillen mich,
Ich selber hasse mich um deinetwillen,
Und du verlässt mich?
JASON: Ich verlass dich nicht,
55 Ein höhrer Spruch treibt mich von dir hinweg.
Hast du dein Glück verloren, wo ist meins?
Nimm als Ersatz mein Elend für das deine!
MEDEA: Jason!
Sie fällt auf die Knie.
60 JASON: Was ist? Was willst du weiter?
MEDEA *aufstehend*: Nichts!
Es ist vorbei! – Verzeihet, meine Väter,
Verzeiht mir, Kolchis' stolze Götter,
Dass ich mich selbst erniedriget und euch.
65 Das letzte galt's. Nun habt ihr mich!
Jason wendet sich zu gehen.
MEDEA: Jason!
JASON: Glaub nicht, mich zu erweichen!
MEDEA: Glaub nicht, ich wollt es.
70 Gib mir meine Kinder!
JASON: Die Kinder? Nimmermehr!
MEDEA: Es sind die m e i n e n !

Medea, Wiener Burgtheater

Anregung zur Texterschließung und zum Schreiben

1. Jason und Medea haben völlig unterschiedliche Sichtweisen auf ihre Beziehung. Versuchen Sie diese Sichtweisen perspektivisch in *inneren Monologen* (Prosa) darzustellen:
   a) Jason über seine Beziehung zu Medea,
   b) Medea über ihre Beziehung zu Jason.
2. Hören Sie die Vertonung der Szene. Track 10

Am Ende des Textausschnitts 2 wird bereits angesprochen, dass beide Partner die Kinder für sich in Anspruch nehmen. Jason ist zu einem Zugeständnis bereit. Einer der beiden Knaben soll zu Medea kommen, sofern dies dessen Wille ist. Medea muss nun erleben, dass sich auch ihre Kinder von ihr ab- und der Königstochter Kreusa zugewandt haben. Zutiefst verletzt übt sie furchtbare Rache. Sie tötet Kreusa und ihre eigenen Kinder.

Anregung zum Schreiben

Ist das von Grillparzer dargestellte Problem in unserer Zeit aktualisierbar? Könnte man die Geschichte vom Mann, der aus einer fernen Kultur eine Frau nach Mitteleuropa holt und dann verlässt, auch mit heutigen Figuren und Schauplätzen erzählen? Skizzieren Sie einen *Plot* dieser Art für einen Fernsehfilm.

CHRISTA WOLF: „MEDEA. STIMMEN"

Christa Wolf

Antike *Mythen* sind in der europäischen Kulturgeschichte immer wieder Gegenstand unterschiedlichster Interpretationen geworden. Den „Ur-mythos", also eine Art Original, kennen wir in den wenigsten Fällen. So ist es auch beim Medea-Mythos. Schon die älteste erhaltene schriftli-che Quelle, die Tragödie *Medea* von EURIPIDES (gest. 406 v. Chr.), dürfte eine Bearbeitung älterer mündlicher Überlieferungen sein.
Die derzeit jüngste literarische Bearbeitung des Medea-Stoffes schrieb die aus der ehemaligen DDR stammende Autorin CHRISTA WOLF (DDR-Literatur **Band 2** Epochenteil, VII.5.3). In ihrem Roman *Medea. Stimmen* (1996) lässt sie die Geschichte dieser Frauenfigur aus sechs unter-schiedlichen Perspektiven erzählen: Jason, Medea, Agameda (ehemali-ge kolchische Schülerin Medeas, nun aber ihre Rivalin und Erzfeindin), Akamas (Erster Astronom des Königs Kreon, ein Gegner Medeas), Leu-kon (Zweiter Astronom, ein Freund Medeas) und Glauke (Tochter des Königs von Korinth, bei Grillparzer heißt sie Kreusa).
Obwohl Christa Wolf mehrere Perspektiven wählt, entsteht am Ende doch ein sehr klares und eindeutiges Bild der Vorgänge in Korinth. Medea ist den Mächtigen zu intelligent und aufgrund ihrer vielen Fähigkeiten (vor allem Heilkräfte) zu einflussreich. So weckt sie Misstrauen und Neid. Vor allem wird ihr aber zum Verhängnis, dass sie ein grausiges Geheimnis entdeckt: König Kreon hat aus machtpolitischen Gründen seine Tochter Iphinoe töten lassen. Die Ver-brechen der mythischen Medea – die Ermordung des Bruders, um dem Geliebten zu helfen, die Tötung der eigenen Kinder – üben in der Version von Christa Wolf andere Figuren aus ganz anderen Motiven aus. Man unterstellt sie Medea lediglich, um ihr zu schaden.
Der folgende Textauszug wird aus der Perspektive Jasons erzählt, den Christa Wolf „ent-heroi-siert". Er erscheint als etwas weinerlicher Schwächling, der seiner kolchischen Frau unterle-gen ist. Jason erzählt von seiner ersten Begegnung mit Medea nach der Landung auf Kolchis. Die Argonauten haben soeben einen Totenhain durchschritten, wo die Leichen nach kolchi-schem Brauch in Fellen an den Bäumen hängen.

3   Christa Wolf: Medea. Stimmen (Auszug)

Die Frau dann, die uns in dem weinumrankten Hof des Aietes entgegentrat, war das Gegenbild zu den schauerlichen Totenfrüchten, mag sein, das erhöhte den Eindruck, den sie auf uns machte. Wie sie da, in dem rotweißen Stufenrock, den sie alle tragen, dazu das anliegende schwarze Oberteil, heruntergebückt, mit zur Schale geformten Händen das Wasser aus dem
5 Rohr auffing und trank. Wie sie, sich aufrichtend, uns bemerkte, die Hände ausschüttelte und unbefangen auf uns zukam, mit raschen, kräftigen Schritten, schlank, aber von ausgeprägter Figur, und so alle Vorzüge ihrer Erscheinung zur Geltung brachte, daß Telamon, unbeherrscht wie er ist, durch die Zähne pfiff und mir zuflüsterte: Das wär doch was für dich. Es war ihm nicht entgangen, daß ich für die Reize braunhäutiger dunkelhaariger Mädchen empfänglich
10 bin. Aber dies hier, der arme Telamon war nicht imstande, es zu begreifen, war doch etwas anderes. Ein nie gekanntes Ziehen in allen meinen Gliedern, ein durch und durch zauberhaftes Gefühl, sie hat mich verzaubert, ist es mir durch die Sinne gegangen, und in der Tat, das hatte sie. Und das will sie weitertreiben, da hat Akamas Recht. Daß ich mich hüten muß, immer wieder auf ihre Kunststücke hereinzufallen, denn natürlich wird sie mir über den Tod ihres
15 armen Bruders eine ihrer Geschichten erzählen, die so überaus glaubhaft sind, solange sie einen mit ihrem Blick festhält, aber jetzt muß ich mich wappnen, daß ich nicht wieder auf sie hereinfalle.

Kurios war es schon, wie sie uns mit zum Friedenszeichen erhobenen Händen grüßte, ein Zeichen, das nur dem König oder seinem Abgesandten zukommt; wie sie freimütig ihren Na-
20 men nannte, Medea, Tochter des Königs Aietes und oberste Priesterin der Hekate; wie sie, als käme es ihr zu, unseren Namen und unser Anliegen zu wissen begehrte und ich, überrumpelt, dieser Frau offenbarte, was nur der König erfahren sollte. Und wie seltsam mein Herz sich gebärdete, als mein Name mir fremd wurde aus ihrem Mund. Viel später erst spielten wir mit der Magie unserer Namen, heute kommen all die alten Dinge wieder hoch, an die ich so lange
25 nicht mehr gedacht habe. Wir lagen auf der „Argo". Medea nannte mich beim Namen, als nehme sie mich zum erstenmal wahr, sie hielt mich in Armlänge auf Abstand und musterte mich auf eine Weise, die ich, weniger bezaubert, als ungehörig empfunden hätte, und sagte dann sehr ernst, beinahe feierlich, so als habe sie eben einen Entschluß gefaßt: Jason, ich esse dein Herz.

30 So war sie, dieses Gehabe. Ich habe das niemals jemandem erzählt, ungern macht man sich lächerlich. Aber in jener Nacht, unter diesem Sternenhimmel fand ich es, wie soll ich das nennen, ergreifend. Auch so ein Wort, Akamas würde die Mundwinkel herunterziehen. Als wenn nicht auch er ihr seinen Tribut entrichtet hätte. Auch er. Ich weiß nicht, wie weit das ging, auf solche Fragen, die mir schließlich zustehen, hat sie schon immer mit einem Hochziehen der
35 Augenbrauen geantwortet, aber ich bin ja nicht blind, ich habe Blicke aufgefangen, von ihm zu ihr, Bewunderung, könnte man es nennen, oder Überraschung, aber bei einem Mann wie Akamas, der sich um nichts in der Welt Überraschung anmerken läßt, will das etwas heißen. Mag sein, daß meine Sinne, durch Eifersucht geschärft, für dergleichen besonders empfänglich sind. Übrigens hat sich Akamas' Verhältnis zu Medea verändert, seit sie die Hungersnot abgewen-
40 det hat, die Korinth nach der großen Dürre zweier Jahre drohte. Nicht durch Zauber. Das behaupten die Korinther. Aber sie verbreitete ihre Kenntnis der eßbaren Wildpflanzen, die unerschöpflich zu sein scheint, und sie lehrte, nein, zwang die Korinther, Pferdefleisch zu essen. Und sie zwang auch ihre Kolcher dazu und uns, die paar restlichen Argonauten. Bei mir fing sie an. Sie bereitete mir mitten in der Hungerzeit eine herrliche Mahlzeit und ließ sie mich

45 essen, Auge in Auge mit ihr, sie bestätigte meine Ahnungen, sah ungerührt zu, wie es mich würgte, und brachte mich dann dazu, wie, weiß ich selbst nicht mehr, mich vor allem Volk als Pferdefleischesser zu bekennen. Die Strafe der Götter hatte mich nicht getroffen, das Volk schlachtete die Pferde, aß, überlebte und vergaß das der Medea nicht. Seitdem gilt sie als böse Frau, denn, sagt Akamas, die Leute wollen sich lieber für verhext halten, als sich selbst zu glau-

50 ben, daß sie Unkraut fraßen und die Eingeweide unberührbarer Tiere verschlangen, aus gewöhnlichem Hunger. Medea sagt, wer die Leute zwinge, an ihr Heiliges zu rühren, mache sie sich zum Feind. Das ertragen sie nicht. So verleumden sie mich, sagt sie. Aber neue Speicher haben sie immer noch nicht gebaut.

Zu hoch für mich, all diese schwierigen verborgenen Zusammenhänge. Jedenfalls: Akamas

55 wird Medea gegen die Beschuldigung, ihren Bruder getötet zu haben, nicht in Schutz nehmen. Seit dieser Hunger- und Pferdegeschichte sieht er sie als eine Bedrohung für sich an. Wenn einer, hat er die Mittel, den Verdacht zu schüren, ohne ihn direkt auszusprechen.

Und sie macht es einem auch nicht gerade leicht. Fast könnte man meinen, sie spiele mit der Gefahr. Wie sie schon geht. Herausfordernd, das ist das Wort. Die meisten Kolcherinnen ge-

60 hen so. Es gefällt mir ja. Aber man kann doch die Frauen der Korinther auch verstehen, wenn sie sich beschweren: Wieso sollten Fremde, Flüchtlinge, in ihrer eigenen Stadt selbstbewußter gehen dürfen als sie selbst. Es kam zu Reibereien, (…) [R]

Anregungen zur Texterschließung

1. Welches Bild von Medea erhalten Sie durch die Erzählung des Jason (das Äußere, die Verhaltensweisen, die Fähigkeiten)?
2. Wie erklärt Jason die Beziehung des Astronomen Akamas zu Medea?

Ergänzung Literaturgeschichte   Band 2

V. Junges Deutschland – Biedermeier – Bürgerlicher Realismus

Lesen Sie im Epochenteil Kapitel V.6.2 (Österreichische Klassik: Franz Grillparzers Dramen) und entnehmen Sie daraus folgende Informationen:
1. Mit welcher Art von Theaterstück hatte Grillparzer seinen ersten großen Erfolg?
2. Was wollte Grillparzer in seinem historischen Drama *König Ottokars Glück und Ende* zeigen?
3. An welchen Vorbildern orientierte sich Grillparzer?
4. Warum veröffentlichte Grillparzer in seinen letzten dreißig Lebensjahren kein Theaterstück mehr? Nennen Sie mindestens eines seiner drei späten Dramen.

Kompetenzen: Das sollen Sie wissen/können

1. Sie wissen, woher der Stoff zu *Das goldene Vließ* kommt, und können den dreiteiligen Aufbau von FRANZ GRILLPARZERS Werk erklären.
2. Sie können das Verhalten der Hauptfiguren Medea und Jason erläutern.
3. Sie können anhand der Medea-Darstellung erklären, inwiefern sich CHRISTA WOLFS *Medea* von Grillparzers Version unterscheidet.

5 | Titus Feuerfuchs' „Glück und Ende"
Johann N. Nestroys Lokalposse „Der Talisman"

Modulvorschau

Johann Nepomuk Nestroy ist – neben Ferdinand Raimund – der bedeutendste Vertreter des Wiener Volkstheaters. Eines seiner Stücke, die auch heute noch aufgeführt werden, ist die Lokalposse *Der Talisman*.
⇒ Sie lernen den Handlungsverlauf und das Kernmotiv (Vorurteile) kennen.
⇒ Sie erkennen, dass die Bauform des Stücks dem Schema des *Zieldramas* entspricht.
⇒ Sie lernen die Gestaltungsmittel *Monolog*, *Dialog*, *Couplet* und *Teichoskopie* (Mauerschau) kennen und beschäftigen sich mit typischen Merkmalen von Nestroys Bühnensprache.

Der Autor

Johann Nepomuk Nestroy (1801–1862), Sohn eines Wiener Advokaten und selbst ausgebildeter Jurist, begann seine Theaterkarriere als Opernsänger. 1822 debütierte er als Sarastro in W. A. Mozarts Oper *Die Zauberflöte*. Dann wandte er sich allerdings als Schauspieler dem Sprechtheater zu und begann selbst Stücke zu schreiben. Er stand meist bei Wiener Theatern unter Vertrag und hatte regelmäßig Stücke für diese Bühnen zu liefern. So entstanden etwa 80 Theaterstücke von recht unterschiedlichem Niveau. Manches diente einfach nur der Unterhaltung und war für den raschen Gebrauch geschrieben. Oft bediente sich Nestroy fremder Vorlagen (z. B. französischer Komödien), die er für die Wiener Verhältnisse bearbeitete. Einige seiner Bühnenwerke sind aber zu Klassikern des Wiener Volkstheaters geworden, so zum Beispiel *Der böse Geist Lumpazivagabundus* (1835), *Zu ebener Erde und erster*

Johann Nepomuk Nestroy

Stock (1838), *Das Mädl aus der Vorstadt* (1845), *Einen Jux will er sich machen* (1844), *Der Zerrissene* (1845), *Freiheit in Krähwinkel* (1849) und die *Lokalposse Der Talisman* (1843). Nestroy sparte nicht mit satirischen und kritischen Seitenhieben auf seine Zeit. Daher hatte er oft mit der strengen staatlichen *Zensur* der Metternich-Ära zu kämpfen (vgl. Band 2 ⇒ Epochenteil, V.3.4). Nestroy entzog sich ihr immer wieder durch sogenanntes „Extemporieren". Er sprach auf der Bühne Texte, die nicht im Manuskript standen, das er der Zensurbehörde vorgelegt hatte. (Wiener Wolkstheater Band 2 ⇒ Epochenteil, V.6.1)

Die Lokalposse „Der Talisman"

Wir stellen dieses Stück so vor, dass dessen Bauweise erkennbar wird. Nestroy folgte dem dramaturgisch bewährten Schema des *Zieldramas*.
Die Textausschnitte zeigen Nestroys sprachliche Virtuosität und seinen Wortwitz.

Die Exposition (1. Akt, 1.–9. Szene)

Nestroy beginnt mit Musik, wendet also ein im Wiener Volkstheater gebräuchliches Verfahren an. Wir befinden uns in einer ländlichen Szenerie: Der Chor der Bauernburschen und -mädchen ist auf dem Weg zum Tanzboden. Die rothaarige Ganslhüterin Salome Pockerl möchte

sich ihnen anschließen, wird aber von den anderen wegen ihrer roten Haare so lange gehän-
selt, bis sie allein zurückbleibt. In der 4. Szene stellt Nestroy Flora Baumscheer vor, die ver-
witwete Gärtnerin auf dem Schloss der Frau von Cypressenburg. Sie wird vom Gärtnergehil-
fen Plutzerkern begleitet, der seine Aversionen gegen Flora in geschliffenen Bösartigkeiten
auslebt. In der 5. Szene tritt der eigentliche „Held" auf, der rothaarige Titus Feuerfuchs. Aus
seinem Couplet und dem folgenden Monolog erfährt man, dass er wegen seiner roten Haare
immer Nachteile auf sich nehmen musste und deshalb „in die weite Welt" hinausgewandert
ist. Er entlarvt den Spott und die Vorurteile über seine Rothaarigkeit als Dummheit.

Johann N. Nestroy: Der Talisman (Auszug) 1

1 So kopflos urteilt die Welt über die Köpf', und wann man sich auch den Kopf aufsetzt, es nutzt
nix. Das Vorurteil is eine Mauer, von der sich noch alle Köpf', die gegen sie ang'rennt sind, mit
blutige Köpf' zurückgezogen haben. Ich hab meinen Wohnsitz mit der weiten Welt vertauscht,
und die weite Welt is viel näher, als man glaubt. Aus dem Dorngebüsch z'widrer Erfahrungen
5 einen Wanderstab geschnitzt, die Chiappa-via-Stiefeln angezogen und's Adje-Kappel in aller
Still' geschwungen, so is man mit einem Schritt mitten drin in der weiten Welt. – Glück und
Verstand gehen selten Hand in Hand – ich wollt', dass mir jetzt ein recht dummer Kerl begegnet', ich sähet das für eine gute Vorbedeutung an.

Auf der Suche nach Arbeit begegnet Titus zuerst Plutzerkern, und wieder wird er wegen seiner
Rothaarigkeit diskriminiert. Seinen Ärger über Plutzerkerns abwertende Äußerungen kommentiert Titus in einem weiteren Monolog:

2

1 Recht freundlich, recht liebreich kommt man mir entgegen! In mir organisiert sich aber auch
schon Misanthropisches – ja – ich hass dich, du inhumane Menschheit, ich will dich fliehen,
eine Einöde nehme mich auf, ganz eseliert will ich sein! – Halt, kühner Geist, solcher Entschluss ziemt dem Gesättigten, der Hungrige führt ihn nicht aus. Nein, Menschheit, du sollst
5 mich nicht verlieren. Appetit ist das zarte Band, welches mich mit dir verkettet, welches mich
alle Tag' drei-, viermal mahnt, dass ich mich der Gesellschaft nicht entreißen darf. – (*Nach
rechts sehend.*) Dort zeigt sich ein Individuum und treibt andere Individuen in ein Stallerl hinein, Ganseln sind's – Ganseln! – O Hüterin, warum treibst du diese Ganseln nicht als a brat'ner
vor dir her, ich hätt' mir eines als Zwangsdarlehen zugeeignet.

Anregungen zur Texterschließung

1. Weisen Sie folgende stilistische Mittel in den Texten nach: *Wortspiel* und Wortwiederholung, bildhafte Ausdrucksweisen (*Vergleiche* und *Metaphern*), Kontraste zwischen hohem
   Stil (Standardsprache, poetische *Bilder*, Fremdwörter) und niederem Stil (Dialekt, Umgangssprache).
2. Welchen Eindruck von Titus' Sprachfähigkeiten erhalten Sie aufgrund dieser beiden Mono-
   loge?
3. Wie begründet Titus, dass er sich nicht vor der verhassten Menschheit zurückzieht?

Wie schon am Ende von Text 2 erkennbar ist, begegnet der rothaarige Titus der ebenfalls
rothaarigen Ganslhüterin Salome Pockerl, die Gefallen an ihm findet und ihm Aussichten auf
eine Anstellung als Bäckergehilfe macht. Nestroy hat uns nun seine Hauptfigur vorgestellt, die
raumzeitliche Situation im Wesentlichen skizziert. Nun muss die Handlung in Gang kommen:

Das erregende Moment (9.–15. Szene)

Während Titus noch mit Salome redet, scheint ein Unglück zu passieren. Ein Pferd samt Kutsche geht durch und läuft auf das Wasser zu. Natürlich kann man mit den Mitteln der Bühne ein derartig aktionsreiches Geschehen nicht darstellen. Nestroy wendet eine bewährte Technik an, die *Mauerschau* oder *Teichoskopie*. Titus und Salome schildern für das Publikum, was „dort" zu sehen ist: Titus läuft zum Unglücksort und kann das Pferd gerade noch rechtzeitig zum Stehen bringen. Der gerettete Mann stellt sich als Monsieur Marquis vor und wird von Titus vorerst für einen Aristokraten gehalten. Monsieur Marquis schenkt Titus als Dank für seine mutige Tat eine schwarze Perücke. Im ersten Augenblick ist Titus erzürnt und verbietet sich alle „Witzboldungen und Zielscheibereien". Aber dann erkennt er, dass diese „täuschende Tour" seinem Leben eine entscheidende Wendung geben könnte. „Meine Karriere geht an, die Glücksspforte öffnet sich ...". Titus betritt den Schlossgarten. Zurück bleibt Salome: „Da geht er, und ich weiß nicht – ich hab eh kein Glück ghabt, und mir kommt vor, als wenn er noch was mitgenommen hätt' davon."

Die Stufen der steigenden Handlung

1. Stufe: Bei Flora Baumscheer (1. Akt, 16.–23. Szene)

Titus, der von Plutzerkern erfahren hat, dass auf dem Schloss ein Gärtnergehilfe gesucht wird, stellt sich bei Flora vor. Sie ist von der angenehmen Erscheinung des schwarzlockigen Jünglings und von seinem Charme so begeistert, dass sie Titus als Gehilfen aufnimmt. Damit er nicht länger seine alten, schäbigen Kleider tragen muss, überlässt sie ihm den Hochzeitsanzug ihres verstorbenen Gatten. Der Doppeldeutigkeit dieser „Verkleidung" sind sich Flora und Titus bewusst: „Das Hochzeitskleid des Verblichenen soll ich anziehen?", sagt Titus, „hören Sie, da kann ich nichts davor, wenn Gefühle erwachen, die – (*sieht sie bedeutungsvoll an*)!". In Flora Baumscheers Wohnung lernt Titus die Frau kennen, die ihm die nächste Stufe seines sozialen Aufstiegs ermöglichen wird: Constantia, die Kammerfrau der Frau von Cypressenburg. Ganz ähnlich wie Flora ist Constantia, die auch Witwe ist, von Titus' ansprechendem Äußeren sofort angetan. Sie will unbedingt, dass Titus das Obst auf das Schloss bringen soll, damit sie den neuen Gehilfen der gnädigen Frau vorstellen kann.

2. Stufe: In der Kammer der Kammerfrau (2. Akt, 1.–14. Szene)

Flora wartet darauf, dass Titus aus dem Schloss zurückkommt. Er erscheint aber nur an einem Schlossfenster mit einer umgebundenen Serviette und einem „Fasanbiegel" in der Hand und wirft Flora ein Kleiderbündel zu, den Hochzeitsanzug ihres verstorbenen Gatten. Titus trägt nämlich mittlerweile die Jägeruniform von Constantias verstorbenem Mann. Flora ist zutiefst betroffen: „Kammerfrau, ich kenne dich, das ist dein Werk!" Titus' Nahverhältnis zu Constantia (und damit eine wesentliche Voraussetzung seiner Karriere) gerät vorübergehend ins Wanken, als Salome auf dem Schloss erscheint. Sie ist auf der Suche nach Titus, weil sie ihn warnen will. Leute aus der Stadt sind gekommen und haben auf verdächtige Weise nach Titus gefragt. Als Salome Titus als schwarzhaarigen Jäger sieht, fällt sie in Ohnmacht. Der Schwindel scheint aufgedeckt zu werden, aber Salome steht solidarisch zu Titus.
Eine weitere Gefahr droht Titus, als plötzlich Monsieur Marquis bei der Kammerfrau auftaucht. Es stellt sich heraus, dass er Friseur ist und gleichzeitig der Verlobte der Kammerfrau. Aus Dankbarkeit ist Marquis bereit, seinen Lebensretter nicht zu verraten. Als er allerdings bemerken muss, dass sich zwischen Constantia und Titus ein Liebesverhältnis anbahnt, zieht

er dem schlafenden Konkurrenten die schwarze Perücke vom Kopf. Die *Peripetie* scheint sich anzukündigen ...

Retardation AUF DER 3. STUFE: TITUS BEI FRAU VON CYPRESSENBURG (2. AKT, 16.–26. SZENE)

Titus erwacht, bemerkt den Perückenraub und weiß sofort, wer der Dieb ist: „Da ist Eifersucht im Spiel! Othellischer Friseur! Pomadiges Ungeheuer! Das hast du getan!" Ausgerechnet jetzt kommt Frau von Cypressenburg, und Titus soll ihr vorgestellt werden. In seiner Ratlosigkeit läuft er ins verdunkelte Nebenzimmer, meint seine Perücke wiedergefunden zu haben und tritt nun vor die „gnädige Frau". In der Dunkelheit des Raums hat er allerdings eine blonde Perücke erwischt. Der „recht artige Blondin" gewinnt sofort die Sympathie der Frau von Cypressenburg.

JOHANN N. NESTROY: DER TALISMAN (AUSZUG) 🔊Track 11   **3**

1   TITUS (*für sich*): Ich stehe jetzt einer Schriftstellerin gegenüber, da tun's die Alletagsworte nicht, da heißt's jeder Red' ein Feiertagsg'wandel anziehn.

5   FRAU VON CYPRESSENBURG: Also jetzt zu Ihm, mein Freund!

TITUS (*sich tief verbeugend*): Das ist der Augenblick, den ich im gleichen Grade gewünscht und gefürchtet habe, dem
10   ich sozusagen mit zaghafter Kühnheit, mit mutvollem Zittern entgegen gesehen.

Der Talisman, Theater in der Josefstadt 2009

FRAU VON CYPRESSENBURG: Er hat keine Ursache, sich zu fürchten. Er hat
15   eine gute Tournüre, eine agreable Fasson, und wenn Er sich gut anlässt – wo hat Er denn früher gedient?

TITUS: Nirgends. Es ist die erste Blüte meiner Jägerschaft, die ich zu Ihren Füßen niederlege, und die Livree, die ich jetzt bewohne, umschließt eine zwar dienstergebene, aber bis jetzt noch ungediente Individualität.

20   FRAU VON CYPRESSENBURG: Ist Sein Vater auch Jäger?

TITUS: Nein, er betreibt ein stilles, abgeschiedenes Geschäft, bei dem die Ruhe das einzige Geschäft ist; er liegt von höherer Macht gefesselt, und doch ist er frei und unabhängig, denn er ist Verweser seiner selbst – er ist tot.

FRAU VON CYPRESSENBURG (*für sich*): Wie verschwenderisch er mit zwanzig erhabenen Wor-
25   ten das sagt, was man mit einer Silbe sagen kann! Der Mensch hat offenbare Anlagen zum Literaten. (*Laut.*) Wer war also Sein Vater?

TITUS: Er war schülerischer Meister; Bücher, Rechentafel und Patzenferl waren die Elemente seines Daseins.

FRAU VON CYPRESSENBURG: Und welche literarische Bildung hat er Ihm gegeben?

30   TITUS: Eine Art Mille-fleurs-Bildung. Ich besitze einen Anflug von Geographie, einen Schimmer von Geschichte, eine Ahnung von Philosophie, einen Schein von Jurisprudenz, einen Anstrich von Chirurgie und einen Vorgeschmack von Medizin.

Frau von Cypressenburg: Scharmant! Er hat sehr viel, aber nichts gründlich gelernt! Darin besteht die Genialität.

35 Titus (*für sich*): Das is's Erste, was ich hör'! Jetzt kann ich mir's erklären, warum's so viele Genies gibt.

Frau von Cypressenburg: Seine blonden Locken schon zeigen ein apollverwandtes Gemüt. War Sein Vater oder Seine Mutter blond?

Titus: Keins von alle zwei! Es is ein reiner Zufall, dass ich blond bin.

40 Frau von Cypressenburg: Je mehr ich Ihn betrachte, je länger ich Ihn sprechen höre, desto mehr überzeuge ich mich, dass Er nicht für die Livree passt. Er kann durchaus mein Domestik nicht sein.

Titus: Also verstoßen, zerschmettert, zermalmt?

Frau von Cypressenburg: Keineswegs. Ich bin Schriftstellerin und brauche einen Men-
45 schen, der mir nicht als gewöhnlicher Kopist, mehr als Konsulent, als Sekretär bei meinem intellektuellen Wirken zur Seite steht, und dazu ernenn ich Sie.

Titus (*freudig überrascht*): Mich? – Glauben Euer Gnaden, dass ich imstand' bin, einen intellektuellen Zuseitensteher abzugeben?

Frau von Cypressenburg: Zweifelsohne (…)

Anregungen zur Texterschließung

1. Beschreiben Sie die Redestrategie, die Titus gegenüber Frau von Cypressenburg anwendet. Wodurch beeindruckt er sie? Welches Bild erhalten Sie dadurch von Frau von Cypressenburg? Sie bezeichnet sich ja selbst als Intellektuelle und Schriftstellerin.
2. Hören Sie die Vertonung der Szene. 🎧Track 11▶

Titus kann sich auf dieser letzten und höchsten Stufe seiner Karriere nur mehr halten, wenn er dafür sorgt, dass Flora und Constantia aus dem Schloss verschwinden, denn sie würden seinen Schwindel entlarven. Titus spinnt mit Raffinesse ein Intrigennetz, das ihn rettet, allerdings nur für kurze Zeit.

Peripetie (2. Akt, 27. Szene)

Constantia und Flora nehmen ihre Kündigung nicht widerstandslos hin. Während einer Soiree auf dem Schloss kommt es zum Eklat. Die strittige Frage, ob Titus nun blond oder schwarz sei, klärt letztlich Monsieur Marquis: „Er ist nicht schwarz, er ist nicht blond! (…) Er ist rot!" Titus wirft zum Entsetzen der Anwesenden die blonde Perücke zu Boden und sagt (anspielend auf Franz Grillparzers Tragödie *König Ottokars Glück und Ende*): „Das ist Ottokars Glück und Ende!"

Die fallende Handlung (3. Akt)

„Das stolze Gebäude meiner Hoffnungen ist assekuranzlos ab'brennt, meine Glücksaktien sind um hundert Prozent g'fall'n, und somit beläuft sich mein Aktivstand auf die rundeste aller Summen, nämlich auf Null." Mit diesen Worten verlässt Titus das Schloss. Ein Diener eilt ihm nach, um ihm auch noch seine schwarze Sekretärslivree abzunehmen. Und so steht Titus wieder genauso armselig da wie am Beginn des Stücks. So könnte eine Tragödie enden, aber:

Zweite Peripetie und Komödienschluss (3. Akt, 4. bis letzte Szene)

Um einen Lustspielschluss zu ermöglichen, gibt Nestroy der Handlung noch einmal eine entscheidende Wendung. Er lässt den Bierversilberer Spund auftauchen. Spund ist ein Verwandter des Titus Feuerfuchs, ein blitzdummer Mensch, der durch Erbschaften und Lotteriegewinne zu einem ansehnlichen Vermögen gekommen ist. Er hat, wie so viele andere Dumme auch, gegen Titus' rote Haare eine tief verwurzelte Abneigung, will aber dem Verwandten finanzielle Hilfe zukommen lassen, damit dieser nicht auf kriminelle Abwege gerät und der Familie Schande macht. Aufgrund dieser veränderten finanziellen Umstände wird Titus nun auch wieder für Flora und Constantia interessant, die sich nach seiner Enttarnung angewidert von ihm abgewandt haben. Aber Titus weist ihre Anträge zurück. Er nimmt Salome Pockerl zur Frau, denn sie wird ihm seine roten Haare sicher nie zum Vorwurf machen.

Anregung zur Problemdiskussion

Der Verdacht, rothaarige Menschen seien charakterlich fragwürdig, gehört in unserer Kultur wohl der Vergangenheit an. Aber ist das Vorurteil aufgrund des äußeren Erscheinungsbildes völlig verschwunden? Aufgrund welcher äußeren Merkmale könnten Menschen in unserer Zeit benachteiligt werden? – Diskutieren Sie diese Frage zunächst in Kleingruppen.

Situativer Schreibauftrag zu   Modul V.5, S. 434ff.

Ergänzung Literaturgeschichte   Band 2

V. Junges Deutschland – Biedermeier – Bürgerlicher Realismus
Machen Sie sich die Entwicklung des Volkstheaters vom 17. bis zum 19. Jh. bewusst, indem Sie folgende Fragen beantworten:

1. Lesen Sie zunächst im Epochenteil Kapitel II.8.4.3 (Das Theater der wandernden Schauspielgruppen) und entnehmen Sie daraus folgende Informationen zur Geschichte des Volkstheaters:
   - Erklären Sie die Begriffe *Commedia dell'arte* und *Arlecchino*.
   - Welche Bedeutung hatten die englischen Komödianten für die Entwicklung des Volkstheaters?
   - Zum Wiener Volkstheater: Was wissen Sie über die Hanswurstfigur? Wer ist ihr Schöpfer?
2. Lesen Sie Kapitel V.6.1 (Wiener Volkstheater) und erklären Sie den grundlegenden Unterschied zwischen Ferdinand Raimunds und Johann N. Nestroys *Volksstücken*.

Kompetenzen: Das sollen Sie wissen/können

1. Sie können das Bauprinzip des *Zieldramas* (Exposition – erregendes Moment – Stufen der steigenden Handlung – Peripetie – Stufen der fallenden Handlung – Schluss) an der Handlung des *Talisman* von **Johann Nepomuk Nestroy** nachweisen.
2. Sie können die Begriffe *Couplet* und *Teichoskopie* erklären.
3. Sie können die sprachlichen Gestaltungsmittel im *Talisman* in den Textauszügen 1 und 2 erklären.

6 „BONJOUR, MONSIEUR COURBET!"
Realismusauffassungen des 19. Jahrhunderts

Modulvorschau

Ab den Vierzigerjahren des 19. Jhs. dominierte für Jahrzehnte der „Realismus" in Kunst und Literatur. In diesem Modul erfahren Sie, wie Schriftsteller und Maler den Begriff *Realismus* definierten und wie sie ihr Realismusverständnis in ihren Werken umsetzten.

➡️ Sie lernen den Bildungsroman *Der grüne Heinrich* von GOTTFRIED KELLER kennen, ein typisches Werk des *bürgerlichen Realismus*.

➡️ Sie beschäftigen sich mit einem Textauszug aus *Der grüne Heinrich*, in dem der Realismus in der Malerei zum Thema wird.

➡️ Sie lernen ein Bild von GUSTAVE COURBET kennen, das für den Realismus typisch ist, und lernen, den Begriff Realismus als Kriterium für künstlerische Darstellung zu relativieren.

➡️ Sie beschäftigen sich mit einem theoretischen Text über literarischen Realismus (THEODOR FONTANE).

REALISTISCHER BLICK STATT ROMANTISCHER FANTASIE?

GOTTFRIED KELLER

Der Schweizer Schriftsteller Gottfried Keller ist einer der bedeutendsten realistischen Erzähler des 19. Jhs. Er wurde 1819 in Zürich geboren. Der Vater, ein Drechslermeister, starb früh. Nur unter großen finanziellen Entbehrungen konnte die Mutter ihrem Sohn das Studium der Malerei ermöglichen. Der erhoffte Erfolg als Landschaftsmaler stellte sich aber nicht ein. Keller entdeckte nun erst sein schriftstellerisches Talent. Wie so viele andere Autorinnen und Autoren konnte aber auch er – trotz öffentlicher Anerkennung seines Werks – nicht vom Schreiben leben. Fünfzehn Jahre lang war er Beamter der Stadt Zürich. Politisch stand Keller dem Liberalismus nahe. Unter dem Einfluss des deutschen Philosophen und Religionskritikers LUDWIG FEUERBACH war er zum Atheisten geworden. Keller starb 1890 in Zürich.

Gottfried Keller

„DER GRÜNE HEINRICH"

In seinem *Bildungsroman Der grüne Heinrich* schildert Gottfried Keller großteils eigene Kindheits- und Jugenderfahrungen. Der Protagonist Heinrich Lee verliert früh den Vater, die Mutter finanziert das Studium der Malerei in München. Heinrich muss aber als Gescheiterter nach Hause zurückkehren. Nicht nur beruflich, auch in privaten Beziehungen überwiegen die Enttäuschungen. Drei Liebesbeziehungen führen zu keinem glücklichen Ende. Auch dies entspricht Kellers eigener Lebenserfahrung. Die erste Fassung des Romans (1854/55) endet mit dem frühen Tod des jungen Heinrich Lee. In der zweiten Fassung (1880) lässt Keller Heinrich am Leben. Er wird Beamter und findet doch noch zu einer Art Freundschaft mit seiner Jugendliebe Judith.

Mehrere Kapitel in Gottfried Kellers Roman sind dem Thema „Malerei" gewidmet. Insbesondere in seiner ersten Ausbildungsphase bei einem schlechten Lehrmeister namens Habersaat gerät Heinrich auf künstlerische Wege, die der Ich-Erzähler kritisch schildert:

GOTTFRIED KELLER: DER GRÜNE HEINRICH (AUSZUG)   1

1 Als der Frühling kam, welchen ich voll
Ungeduld erwartet hatte, begab ich
mich in den ersten warmen Tagen ins
Freie, ausgerüstet mit der erworbenen
5 Fertigkeit, um an die Stelle der papier-
nen Vorbilder die Natur selbst zu setzen. Das sämtliche Refektorium sah
voll Achtung und mit geheimem Neide
auf meine umständlichen Zurüstun-
10 gen; denn es war das erste Mal, dass
eines seiner Mitglieder die Sache so
großartig betrieb, und das Zeichnen
„nach der Natur" war bisher ein wunderbarer Mythos gewesen. Ich selbst

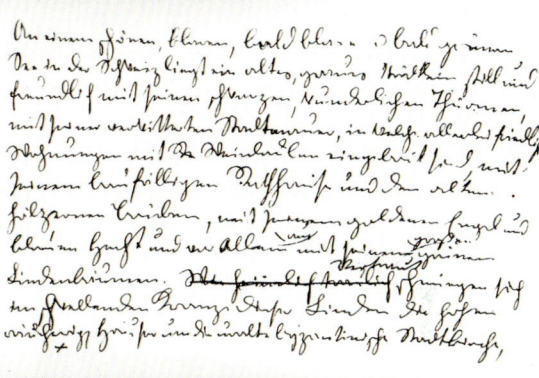

Der grüne Heinrich, Manuskript von Gottfried Keller, 1846

15 ging nicht mehr mit der unverschämten, aber gut meinenden Zutraulichkeit des letzten Som-
mers vor die runden, körperlichen und sonnebeleuchteten Gegenstände der Natur, sondern
mit einer weit gefährlicheren und selbstgefälligen Borniertheit. Denn was mir nicht klar war
oder zu schwierig erschien, das warf ich, mich selbst betrügend, durcheinander und verhüllte
es mit einer unseligen Pinselgewandtheit, da ich, anstatt bescheiden mit dem Stifte anzufan-
20 gen, sogleich mit den angewöhnten Tuschschalen, Wasserglas und Pinsel hinausging und bestrebt war, gleich ganze Blätter in allen vier Ecken bildartig anzufüllen. (…) Ich ergriff entweder ganze Aussichten mit See und Gebirgen oder ging im Walde den Bergbächen nach, wo ich
eine Menge kleiner und hübscher Wasserfälle fand, welche sich ansehnlich zwischen vier Stri-
che einrahmen ließen. Das lebendige, geistige und zarte Spiel des Wassers im Fallen, Schäu-
25 men und eiligen Weiterfließen, seine Durchsichtigkeit und tausendfältige Widerspiegelung
ergötzte mich, aber ich bannte es in die plumpen und renommistischen Formeln meiner lächerlichen Virtuosität, dass Leben und Glanz verloren gingen, indessen nicht meine Mittel, ja
nicht einmal die Materialen hinreichten, das bewegliche Wesen wiederzugeben. Leichter hätte
ich die mannigfaltigen und schönen Steine und Felstrümmer der Bäche, in reicher Unordnung
30 übereinandergeworfen, beherrschen können, wenn nicht mein künstlerisches Gewissen ver-
dunkelt gewesen wäre. Wohl regte sich dieses oft mahnend, wenn ich perspektivische Feinhei-
ten und Verkürzungen der Steine, trotzdem dass ich sie sah und fühlte, überging und verhu-
delte, statt den bedeutenden Linien nachzugehen, mit der Selbstentschuldigung, dass es auf
diese oder jene Fläche nicht ankomme und die zufällige Natur ja wohl auch so aussehen könn-
35 te, wie ich sie nachbildete; allein die ganze Weise meines Arbeitens ließ solche Gewissensbisse
nicht zur Geltung kommen, und der Meister, wenn ich ihm meine Machwerke vorzeigte, war
nicht darauf eingerichtet, der fehlenden Naturwahrheit nachzuspüren, die sich gerade in den
vernachlässigten Zügen hätte zeigen sollen, sondern er beurteilte die Sachen immer von seiner
Stubenkunst aus.
40 Abgesehen von seinem Grundsatze der Reinlichkeit und Durchsichtigkeit des Vortrages hegte
er, in Beziehung auf inneren Gehalt, nur noch eine einzige Tradition, (…) die er aber mir zu

überliefern für angemessen hielt, nämlich die des Sonderbaren und Krankhaften, was mit dem Poetischen oder Malerischen und Genialen verwechselt wurde. Er wies mich an, hohle, zerrissene Weidenstrünke, verwitterte Bäume und abenteuerliche Felsgespenster aufzusuchen mit

45 den bunten Farben der Fäulnis und des Zerfalles, und pries mir solche Dinge als interessante Gegenstände an. Dies sagte mir sehr zu, indem es meine Fantasie reizte, und ich begab mich eifrig auf die Jagd nach solchen Erscheinungen. Doch die Natur bot sie mir nur spärlich, sich einer volleren Gesundheit erfreuend, als mit meinen Wünschen verträglich war, und was ich an unglücklichem Gewächse vorfand, das wurde meinen überreizten Augen bald zu blöde und

50 harmlos, wie einem Trinker, der nach immer stärkerm Schnapse verlangt. Das blühende Leben in Berg und Wald fing daher an, mir gleichgültig zu werden im Einzelnen, und ich streifte vom Morgen bis zum Abend in der Wildnis umher. (…) Ich drang immer tiefer in bisher nicht gesehene Winkel und Gründe; fand ich eine recht abgelegene und geheimnisvolle Stelle, so ließ ich mich dort nieder und fertigte rasch eine Zeichnung eigener Erfindung an, um ein Produkt

55 nach Hause zu bringen. In derselben häufte ich die seltsamsten Gebilde zusammen, die meine Fantasie hervorzutreiben vermochte, indem ich die bisher wahrgenommenen Eigentümlichkeiten der Natur mit meiner erlangten Fertigkeit verschmolz und so Dinge hervorbrachte, die ich Herrn Habersaat als in der Natur bestehend vorlegte und aus denen er nicht klug werden konnte. Er gratulierte mir zu meinen Entdeckungen und fand seine Aussprüche über meinen

60 Eifer und mein Talent bestätigt, da ich hiermit beweise, dass ich unverkennbar ein scharfes und glückliches Auge für das Malerische hätte und Dinge auffände, an welchen Tausend andere vorübergingen. Diese gutmütige Täuschung erweckte mir eine üble Lust, dergleichen fortzusetzen und es förmlich darauf anzulegen, den guten Mann zu hintergehen. Ich erfand, irgendwo im Dunkel des Waldes sitzend, immer tollere und mutwilligere Fratzen von Felsen

65 und Bäumen und freute mich im voraus, dass sie mein Lehrer für wahr und in nächster Umgegend vorhanden erachten würde. (…) So erfand ich nun zu meinen wunderlichen Landschaftsstudien noch viel wunderlichere Menschen, zerlumpte Kerle, welche ich gesehen zu haben vorgab und welche das ganze Haus des Lehrers oft unmäßig zum Lachen brachten. Es war ein nichtsnutziges und verrücktes Geschlecht, welches in Verbindung mit der seltsamen Gegend

70 eine Welt bildete, die nur in meinem Gehirne vorhanden war und endlich doch meinem Vorgesetzten verdächtig und ärgerlich wurde. Doch bemerkte er nicht viel hierüber, sondern ließ mich meine Wege gehen (…)

Der Sommer war nun auf seine volle Höhe geschritten, als ich (…) meinem geheimen Verlangen nach der andern Heimat, dem entlegenen Dorflande, nachgab und mit meinen Siebensa-

75 chen hinauszog. Die Mutter blieb wieder zurück in entsagender Unbeweglichkeit und Selbstbeschränkung, ungeachtet aller freundlichen Aufforderungen, die Wohnung doch ganz zu schließen und wieder einmal an den Orten ihrer Jugend sich zu ergehen. Ich aber führte die umfangreichen Früchte meiner zwischenweiligen Tätigkeit mit mir, da ich mittelst derselben ein günstiges Aufsehen zu erregen gedachte.

80 Die zahlreichen, kräftig geschwärzten Blätter verursachten im Hause meines Oheims allerdings einige Verwunderung, und im Allgemeinen sah man (…) die Sache mit ziemlichem Respekt an; als jedoch der Oheim die Zeichnungen betrachtete, welche ich nach der Natur gefertigt haben wollte (denn ich glaubte wie ein verstockter Lügner beinahe selbst daran und wusste überdies, da ich die Dinge einmal unter freiem Himmel und immerhin unter dem Ein-

85 flusse der Natur zuwege gebracht, keine andere Bezeichnung dafür aufzufinden), da schüttelte er bedenklich den Kopf und wunderte sich, wo ich denn meine Augen gehabt hätte. In seinem

realistischen Sinne, als tüchtiger Land- und Forstmann, fand er trotz aller Unkunde in Kunst-
dingen den Fehler schnell und leicht heraus.

90 „Diese Bäume", sagte er, „sehen ja einer dem andern ähnlich und alle zusammen gar keinem wirklichen! Diese Felsen und Steine könnten keinen Augenblick so aufeinanderliegen, ohne zusammenzufallen! Hier ist ein Wasserfall, dessen Masse einen der größeren Fälle verkündet, die aber über kleinliche Bachsteine stürzt, als ob ein Regiment Soldaten über einen Span stol- perte; hiezu wäre eine tüchtige Felswand erforderlich, indessen nimmt es mich eigentlich Wunder, wo zum Teufel in der Nähe der Stadt ein solcher Fall zu finden ist! Dann möchte ich

95 auch wissen, was an solchen verfaulten Weidenstöcken Zeichnenswertes ist, da dünkte mich doch eine gesunde Eiche oder Buche erbaulicher" usf.

Die Frauensleute hingegen ärgerten sich über meine Vagabunden, Kesselflicker und Fratzen- gesichter und begriffen nicht, warum ich im Felde nicht lieber ein artiges vorübergehendes Landmädchen oder einen anständigen Ackersmann abgebildet habe, als mich fortwährend mit

100 solchen Unholden zu beschäftigen; die Söhne belachten meine ungeheuerlichen Berghöhlen, die unmöglichen und lächerlichen Brücken, die menschenähnlichen Steinköpfe und Baum- krüppel und gaben jeder solchen Tollheit einen lustigen Namen, dessen Lächerlichkeit auf mich zu fallen schien. Ich stand beschämt da als ein Mensch, der voll närrischer und eitler Dinge ist, und die mitgebrachte künstliche Krankhaftigkeit verkroch sich vor der einfachen

105 Gesundheit dieses Hauses und der ländlichen Luft.

Gleich am ersten Tage nach meiner Ankunft stellte mir der Oheim, um mich wieder auf eine reale Bahn zu leiten, die Aufgabe, seine Besitzung, Haus, Garten und Bäume, genau und be- dächtig zu zeichnen und ein getreues Bild davon zu entwerfen. Er machte mich aufmerksam auf alle Eigentümlichkeiten und auf das, was er besonders hervorgehoben wünschte, und wenn

110 seine Andeutungen auch eher dem Bedürfnisse eines rüstigen Besitzers als denjenigen eines Kunstverständigen entsprachen, so ward ich doch dadurch genötigt, die Gegenstände wieder einmal genau anzusehen und in allen ihren eigentümlichen Oberflächen zu verfolgen.

Anregungen zur Texterschließung

1. Im Rückblick stellt der Ich-*Erzähler* sein Malen als junger Kunstschüler selbstkritisch dar. Welche künstlerische Haltung kritisiert er?
2. Wie reagiert Habersaat auf Heinrichs Bilder?
3. Wie beurteilen die Menschen im Dorf, die keine Kunsterfahrung haben, Heinrichs Bilder? Zu welcher Einstellungsänderung veranlassen sie Heinrich?

„Le Réalisme, G. Courbet" – Realistische Malerei des 19. Jhs.

Der französische Maler **Gustave Courbet** (1819–1877) [güstav kurbe] veranstaltete im Jahr 1855 in einem Pariser Schuppen eine Ausstellung und schrieb an die Schuppentür „Le Réalis- me, G. Courbet". Damit gab er einer Kunstrichtung den Namen. Courbet grenzte sich weniger gegen die *Romantik* als gegen den *Klassizismus* der französischen Malakademie ab, die so- wohl in der Motivwahl („große" historische und mythische Themen) als auch in der Ausfüh- rung konservativen und formalistischen Vorstellungen folgte. Dem gegenüber machte Cour- bet den ganz gewöhnlichen Alltag in klaren realistischen Formen zum Thema.

Gustave Courbet: Die Begegnung oder Bonjour, Monsieur Courbet (1854)

Anregungen zur Bilderschließung

1. Welche Szene zeigt Courbets Bild *Die Begegnung*? Beschreiben Sie die Figuren und ihr Verhalten. Beschreiben Sie die Landschaft, in der sich die kleine Alltagsszene ereignet.
2. Woran können Sie die Liebe des Realisten zur wirklichkeitsgetreuen Wiedergabe des Details erkennen?
3. Entsprechen Ihrer Ansicht nach Farben und Formen der Wirklichkeit, wie wir sie sehen?
4. Beachten Sie Courbets Umgang mit dem Licht. Was können Sie dazu sagen?

Anregung zum Schreiben und Vortragen

Der Anspruch, das Bild habe die Natur (Wirklichkeit) möglichst genau abzubilden, wurde mit dem Beginn der Moderne des 20. Jhs. aufgegeben. Einer der bedeutendsten Maler des 20. Jhs. war **Pablo Picasso**. Was, meinen Sie, würden die Männer und Frauen des Schweizer Dörfchens, von denen uns Gottfried Keller in *Der grüne Heinrich* erzählt, zu Pablo Picassos Bild *Les Demoiselles d'Avignon* (1907) [le dömoaseḷ davinjõ] sagen? Für Heinrich Lee wird der „realistische" Blick der Landbevölkerung zur Hilfe. Könnte auch Pablo Picasso davon profitieren? Verfassen Sie in Kleingruppenarbeit ein Gespräch einiger Landbewohnerinnen und -bewohner des 19. Jhs. über Picassos Bild und tragen Sie dann das Gespräch in verteilten Rollen vor.

Pablo Picasso:
Les Demoiselles
d'Avignon (1907)

© Succession Picasso/VBK, Wien, 2011

Abbildung der Wirklichkeit – Die Erfindung der Fotografie

Im Jahr 1839 wurde in Paris die Erfindung der Fotografie durch **Louis Daguerre** [lui̯ daˈgeːr] bekannt gegeben. Die Öffentlichkeit war verblüfft von der detailreichen Genauigkeit der Bilder. Welche Auswirkungen könnte das neue und sehr rasch erfolgreiche Medium Foto für die Aufgaben der Malerei haben? Im *Deutschen Kunstblatt* setzte sich im Jahr 1856 ein Kunstexperte mit dieser Frage auseinander.

Eduard Kolloff: Der Detailrealismus der ersten Fotografien 　2

1　Sagen wir es nur gerade heraus, die Handwerker unter den Künstlern sind es, die das Lichtbild
　zu fürchten haben, die soi-disant (*Anm. selbst ernannten, sprich: soa disã*) Künstler ohne Ge-
　danken und Erfindung. „Geht uns", darf die Gegenwart sagen, „mit Euren seelenlosen Porträts,
　Euren stimmungslosen Veduten, Euren gedankenlosen, zehnmal wiedergekäuten Genrebil-
5　dern, an denen, wenn's hoch kommt, Atlasroben und Plüschteppiche das Beste sind: das alles
　macht der Fotograf besser als Ihr und billiger! (…) Wir hatten neulich das Vergnügen, ein
　wenig – ausgelacht zu werden, als wir zwischen Scherz und Ernst behaupteten, die Fotografie
　werde mit der Zeit in der Kunst das Ideale fördern. „Ich bitte Sie!", riefen die Herren und Da-
　men, „was kann realistischer sein als das Lichtbild?!" – „Gerade deshalb", war unsre Antwort.
10　„Es kann und wird uns zeigen, worin die Kunst nicht besteht. Die Künstler werden es müde

werden, mit ihm in Dingen zu konkurrieren, wo sie stets durch eine rein mechanische Operation zu überwinden sind. Sie werden sich seiner als Hülfsmittel bedienen, sie werden für das Wie unaufhörlich von ihm lernen, von der fixierten Natur gleichsam wie von der beweglichen (…), aber sie werden ihre Stärke in dem suchen, was nicht der Sonnenstrahl dem Menschen
15 zuvor-, wohl aber der menschliche Geist dem göttlichen nachtun kann – in freier Schöpfung. Und werden sie's nicht, setzen wir hinzu, so sollten sie's doch. (…)

Anregungen zur Texterschließung

1. Für welche Art von Malern und Malerinnen wird die Fotografie zur beängstigenden Konkurrenz?
2. Welche Konsequenz ergibt sich für die Malerei aus der (teilweisen) Überlegenheit der Fotografie?

Realismus als Literaturprogramm

Der deutsche Schriftsteller Theodor Fontane erläuterte in seinem 1853 erschienenen Aufsatz *Unsere lyrische und epische Poesie* seit 1848 seine Auffassung von realistischer Literatur, die er übrigens nicht nur als Erscheinung des 19. Jhs. sieht. In allen Epochen habe es „realistische" Literatur gegeben – im Gegensatz zu „unnatürlicher" und lebensfremder Literatur. Als positives Beispiel führt er z. B. Gotthold Ephraim Lessing an.

3 Theodor Fontane: Unsere lyrische und epische Poesie seit 1848

1 Was unsere Zeit nach allen Seiten hin charakterisiert, das ist ihr Realismus. Die Ärzte verwerfen alle Schlüsse und Kombinationen, sie wollen Erfahrungen; die Politiker (aller Parteien) richten ihr Auge auf das wirkliche Bedürfnis und verschließen ihre Vortrefflichkeitsschablonen ins Pult; (…) vor allem aber sind es die materiellen Fragen, nebst jenen tausend Versuchen
5 zur Lösung des sozialen Rätsels, welche so entschieden in den Vordergrund treten, dass kein Zweifel bleibt: die Welt ist des Spekulierens müde und verlangt nach jener „frischen grünen Weide", die so nah lag und doch so fern.
Dieser Realismus unserer Zeit findet in der Kunst nicht nur sein entschiedenstes Echo, sondern äußert sich vielleicht auf keinem Gebiet unseres Lebens so augenscheinlich wie gerade in
10 ihr. (…)
Vor allen Dingen verstehen wir nicht darunter (*Anm. unter dem Begriff Realismus*) das nackte Wiedergeben alltäglichen Lebens, am wenigsten seines Elends und seiner Schattenseiten. Traurig genug, dass es nötig ist, derlei sich von selbst verstehende Dinge noch erst versichern zu müssen. Aber es ist noch nicht allzu lange her, dass man (namentlich in der Malerei) Mise-
15 re mit Realismus verwechselte und bei der Darstellung eines sterbenden Proletariers, den hungernde Kinder umstehen, oder gar bei Produktionen jener sogenannten Tendenzbilder (schlesische Weber, das Jagdrecht u. dgl. m.) sich einbildete, der Kunst eine glänzende Richtung vorgezeichnet zu haben. Diese Richtung verhält sich zum echten Realismus wie das rohe Erz zum Metall: die Läuterung fehlt. Wohl ist das Motto des Realismus der Goethesche Zuruf:

20 Greif nur hinein ins volle Menschenleben,
Wo du es packst, da ist's interessant,

aber freilich, die Hand, die diesen Griff tut, muss eine künstlerische sein. Das Leben ist doch immer nur der Marmorsteinbruch, der den Stoff zu unendlichen Bildwerken in sich trägt; sie

25 schlummern darin, aber nur dem Auge des Geweihten sichtbar und nur durch seine Hand zu erwecken. Der Block an sich, nur herausgerissen aus einem größern Ganzen, ist noch kein Kunstwerk, (…).

Er (*Anm. der Realismus*) ist die Widerspiegelung alles wirklichen Lebens, aller wahren Kräfte und Interessen im Elemente der Kunst; er ist, wenn man uns diese scherzhafte Wendung verzeiht, eine ‚Interessenvertretung' auf seine Art.

30 Er umfängt das ganze reiche Leben, das Größte wie das Kleinste: den Kolumbus, der der Welt eine neue zum Geschenk machte, und das Wassertierchen, dessen Weltall der Tropfen ist; den höchsten Gedanken, die tiefste Empfindung zieht er in seinen Bereich, und die Grübeleien eines Goethe wie Lust und Leid eines Gretchen sind sein Stoff. Denn alles das ist wirklich. Der Realismus will nicht die bloße Sinnenwelt und nichts als diese; er will am allerwenigsten das
35 bloß Handgreifliche, aber er will das Wahre. Er schließt nichts aus als die Lüge, das Forcierte, das Nebelhafte, das Abgestorbene (…).

Anregungen zur Texterschließung

1. Realismus sieht Fontane nicht nur als Kunstprogramm, sondern als grundlegenden Zeitgeist, der sich auch in anderen Bereichen äußert. In welchen? Was versteht Fontane nicht unter „literarischem Realismus"?
2. Fassen Sie Fontanes Realismusauffassung kurz zusammen.

Anregung zur Problemdiskussion

Wie aktuell sind Fontanes Ansichten? Erleben Sie unsere Zeit auch als „realistische" Zeit? Welche Aufgaben könnte Literatur in unserer Zeit haben?

Ergänzung Literaturgeschichte   Band 2

V. Junges Deutschland – Biedermeier – Bürgerlicher Realismus

Lesen Sie im Epochenteil Kapitel V.7 (Bürgerlicher Realismus) und entnehmen Sie daraus folgende Informationen:

1. Welche Art Literatur bevorzugte das bürgerliche Lesepublikum nach 1848? Nennen Sie Beispiele.
2. Nennen Sie Vertreter des bürgerlichen Realismus aus Deutschland, der Schweiz und Österreich.
3. Fassen Sie kurz den Inhalt des Romans *Das Gemeindekind* (von MARIE VON EBNER-ESCHENBACH) zusammen.
4. Inwiefern ist das pessimistische Menschenbild von THEODOR STORM in seiner Novelle *Der Schimmelreiter* nachweisbar?

Kompetenzen: Das sollen Sie wissen/können

1. Sie können einige wesentliche Handlungselemente aus GOTTFRIED KELLERS Bildungsroman *Der grüne Heinrich* anführen und das Werk mit der Biografie des Autors verbinden.
2. Sie können erklären, welche Art von „fantastischer" Malerei Gottfried Keller kritisiert.
3. Sie können die realistische Darstellungsweise in der Malerei am Beispiel von GUSTAVE COURBETS Bild *Die Begegung oder Bonjour, Monsieur Courbet* erklären.

7 „Vor ihrer Heirat hatte sie geglaubt, sie liebe ihn"
Die Ehebrecherin im realistischen Gesellschaftsroman des 19. Jahrhunderts

Modulvorschau

Das Motiv der Ehebrecherin wurde im *Realismus* und *Naturalismus* häufig als literarisches Motiv behandelt. In diesem Modul lernen Sie zwei große Gesellschaftsromane des 19. Jhs. kennen, die Ehetragödien erzählen. 1857 erschien *Madame Bovary*, ein Roman des französischen Schriftstellers Gustave Flaubert, 1895 *Effi Briest*, geschrieben vom deutschen Schriftsteller Theodor Fontane. Beiden Werken liegen Vorfälle aus dem wirklichen Leben zugrunde.

Theodor Fontane: „Effi Briest"

Effi ist die Tochter eines brandenburgischen Landadeligen. Zu Beginn des Romans wird die Siebzehnjährige von ihren Eltern in eine Ehe mit dem um 20 Jahre älteren Baron von Innstetten gedrängt, den die junge Frau bislang nur flüchtig gekannt hat.

1 Theodor Fontane: Effi Briest (Auszüge)

1 Beide, Mutter und Tochter, waren fleißig bei der Arbeit, die der Herstellung eines aus Einzelquadraten zusammenzusetzenden Altarteppichs galt; ungezählte Wollsträhnen und Seidendocken lagen auf einem großen, runden Tisch bunt durcheinander, dazwischen, noch vom Lunch her, ein paar Dessertteller und eine mit großen, schönen Stachelbeeren gefüllte Majoli-
5 kaschale. Rasch und sicher ging die Wollnadel der Damen hin und her, aber während die Mutter kein Auge von der Arbeit ließ, legte die Tochter, die den Rufnamen Effi führte, von Zeit zu Zeit die Nadel nieder und erhob sich, um unter allerlei kunstgerechten Beugungen und Streckungen den ganzen Kursus der Heil- und Zimmergymnastik durchzumachen. Es war ersichtlich, dass sie sich diesen absichtlich ein wenig ins Komische gezogenen Übungen mit ganz
10 besonderer Liebe hingab, und wenn sie dann so dastand und langsam die Arme hebend, die Handflächen hoch über dem Kopf zusammenlegte, so sah auch wohl die Mama von ihrer Handarbeit auf, aber immer nur flüchtig und verstohlen, weil sie nicht zeigen wollte, wie entzückend sie ihr eigenes Kind finde, zu welcher Regung mütterlichen Stolzes sie voll berechtigt war. Effi trug ein blau- und weißgestreiftes, halb kittelartiges Leinwandkleid, dem erst ein fest
15 zusammengezogener, bronzefarbener Ledergürtel die Taille gab; der Hals war frei, und über Schulter und Nacken fiel ein breiter Matrosenkragen. In allem, was sie tat, paarte sich Übermut und Grazie, während ihre lachenden braunen Augen eine große, natürliche Klugheit und viel Lebenslust und Herzensgüte verrieten. Man nannte sie die „Kleine", was sie sich nur gefallen lassen musste, weil die schöne, schlanke Mama noch um eine Handbreit höher war.
20 Eben hatte sich Effi wieder erhoben, um abwechselnd nach links und rechts ihre turnerischen Drehungen zu machen, als die von ihrer Stickerei gerade wieder aufblickende Mama ihr zurief: „Effi, eigentlich hättest du doch wohl Kunstreiterin werden müssen. Immer am Trapez, immer Tochter der Luft. Ich glaube beinah, dass du so was möchtest."

„Vielleicht, Mama. Aber wenn es so wäre, wer wäre schuld? Von wem hab ich es? Doch nur von
25   dir. Oder meinst du von Papa? Da musst du nun selber lachen. Und dann, warum steckst du
mich in diesen Hänger, in diesen Jungenskittel? Mitunter denk ich, ich komme noch wieder in
kurze Kleider. Und wenn ich *die* erst wieder habe, dann knicks ich auch wieder wie ein Back-
fisch, und wenn dann die Rathenower herüberkommen, setze ich mich auf Oberst Goetzes
Schoß und reite hopp, hopp. Warum auch nicht? Dreiviertel ist er Onkel und nur ein Viertel
30   Courmacher. Du bist schuld. Warum kriege ich keine Staatskleider? Warum machst du keine
Dame aus mir?"
„Möchtest du's?"
„Nein." Und dabei lief sie auf die Mama zu und umarmte sie stürmisch und küsste sie.
„Nicht so wild, Effi, nicht so leidenschaftlich. Ich beunruhige mich immer, wenn ich dich so
35   sehe …" Und die Mama schien ernstlich willens, in Äußerung ihrer Sorgen und Ängste fortzu-
fahren. Aber sie kam nicht weit damit, weil in eben diesem Augenblicke drei junge Mädchen
aus der kleinen, in der Kirchhofsmauer angebrachten Eisentür in den Garten eintraten und
einen Kiesweg entlang auf das Rondell und die Sonnenuhr zuschritten.

Baron von Innstetten, ein Mann im Alter von Effis Mutter, wirbt um die junge Effi. Die Eltern
unterstützen seine Werbung, und Effi willigt ein. Mutter und Tochter sprechen über den bevorstehenden Schritt in die Ehe und über den Bräutigam:

2

1   (…) er ist nicht nur ein Mann der feinsten Formen, er ist auch gerecht und verständig und weiß
recht gut, was Jugend bedeutet. Er sagt sich das immer und stimmt sich auf das Jugendliche
hin, und wenn er in der Ehe so bleibt, so werdet ihr eine Musterehe führen."
„Ja, das glaube ich auch, Mama. Aber kannst du dir vorstellen, und ich schäme mich fast, es zu
5   sagen, ich bin nicht so sehr für das, was man eine Musterehe nennt."
„Das sieht dir ähnlich. Und nun sage mir, wofür bist du denn eigentlich?"
„Ich bin … nun, ich bin für gleich und gleich und natürlich auch für Zärtlichkeit und Liebe.
Und wenn es Zärtlichkeit und Liebe nicht sein können, weil Liebe, wie Papa sagt, doch nur ein
Papperlapapp ist (was ich aber nicht glaube), nun, dann bin ich für Reichtum und ein vorneh-
10   mes Haus, ein *ganz* vornehmes, wo Prinz Friedrich Karl zur Jagd kommt, auf Elchwild oder
Auerhahn, oder wo der alte Kaiser vorfährt, und für jede Dame, auch für die jungen, ein gnä-
diges Wort hat. Und wenn wir dann in Berlin sind, dann bin ich für Hofball und Galaoper,
immer dicht neben der großen Mittelloge."
„Sagst du das so bloß aus Übermut und Laune?"
15   „Nein, Mama, das ist mein völliger Ernst. Liebe kommt zuerst, aber gleich hinterher kommt
Glanz und Ehre, und dann kommt Zerstreuung – ja, Zerstreuung, immer was Neues, immer
was, dass ich lachen oder weinen muss. Was ich nicht aushalten kann, ist Langeweile."
„Wie bist du da nur mit uns fertig geworden?"
„Ach, Mama, wie du nur so was sagen kannst. Freilich, wenn im Winter die liebe Verwandt-
20   schaft vorgefahren kommt und sechs Stunden bleibt oder wohl auch noch länger, und Tante
Gundel und Tante Olga mich mustern und mich naseweis finden – und Tante Gundel hat es
mir auch mal gesagt – ja, da macht sich's mitunter nicht sehr hübsch, das muss ich zugeben.
Aber sonst bin ich hier immer glücklich gewesen, *so* glücklich …"
Und während sie das sagte, warf sie sich heftig weinend vor der Mama auf die Knie und küss-
25   te ihre beiden Hände!

„Steh auf, Effi. Das sind so Stimmungen, die über einen kommen, wenn man so jung ist wie du und vor der Hochzeit steht und vor dem Ungewissen. Aber nun lies mir den Brief vor, wenn er nicht was ganz Besonderes enthält oder vielleicht Geheimnisse."

„Geheimnisse", lachte Effi und sprang in plötzlich veränderter Stimmung wieder auf. „Geheim-
30 nisse! Ja, er nimmt immer einen Anlauf, aber das meiste könnt' ich auf dem Schulzenamt an-
schlagen lassen, da, wo immer die landrätlichen Verordnungen stehen. Nun, Geert ist ja auch
Landrat."

„Lies, lies." (…)

„Das ist ein sehr hübscher Brief", sagte Frau von Briest, „und dass er in allem das richtige Maß
35 hält, das ist ein Vorzug mehr."

„Ja, das rechte Maß, das hält er."

„Meine liebe Effi, lass mich eine Frage tun; wünschtest du, dass der Brief *nicht* das richtige Maß
hielte, wünschtest du, dass er zärtlicher wäre, vielleicht überschwänglich zärtlich?"

„Nein, nein, Mama. Wahr und wahrhaftig nicht, das wünschte ich nicht. Da ist es doch besser so."
40 „Da ist es doch besser so. Wie das nun wieder klingt. Du bist so sonderbar. Und dass du vorhin
weintest. Hast du was auf deinem Herzen? Noch ist es Zeit. Liebst du Geert nicht?"

„Warum soll ich ihn nicht lieben? Ich liebe Hulda, und ich liebe Bertha, und ich liebe Hertha.
Und ich liebe auch den alten Niemeyer. Und dass ich euch liebe, davon spreche ich gar nicht
erst. Ich liebe alle, die's gut mit mir meinen und gütig gegen mich sind und mich verwöhnen.
45 Und Geert wird mich auch wohl verwöhnen. Natürlich auf seine Art. Er will mir ja schon
Schmuck schenken in Venedig. Er hat keine Ahnung davon, dass ich mir nichts aus Schmuck
mache. Ich klettre liebe und ich schaukle mich lieber, und am liebsten immer in der Furcht,
dass es irgendwo reißen oder brechen und ich niederstürzen könnte. Den Kopf wird es ja nicht
gleich kosten."

50 „Und liebst du vielleicht auch deinen Vetter Briest?"

„Ja, sehr. Der erheitert mich immer."

„Und hättest du Vetter Briest heiraten mögen?"

„Heiraten? Um Gottes willen nicht. Er ist ja noch ein halber Junge. Geert ist ein Mann, ein
schöner Mann, ein Mann, mit dem ich Staat machen kann und aus dem was wird in der Welt.
55 Wo denkst du hin, Mama."

„Nun, das ist recht, Effi, das freut mich. Aber du hast noch was auf der Seele."

„Vielleicht."

„Nun, sprich."

„Sieh Mama, dass er älter ist als ich, das schadet nichts, das ist vielleicht recht gut: Er ist ja doch
60 nicht alt und ist gesund und frisch und so soldatisch und so schneidig. Und ich könnte beinah
sagen, ich wäre ganz und gar für ihn, wenn er nur … ja, wenn er nur ein bisschen anders wäre."

„Wie denn, Effi?"

„Ja, wie. Nun, du darfst mich nicht auslachen. Es ist etwas, was ich erst ganz vor kurzem auf-
gehorcht habe, drüben im Pastorhause. Wir sprachen da von Innstetten, und mit einem Male
65 zog der alte Niemeyer seine Stirn in Falten, aber in Respekts- und Bewunderungsfalten, und
sagte: ‚Ja, der Baron! Das ist ein Mann von Charakter, ein Mann von Prinzipien.'"

„Das ist er auch, Effi."

„Gewiss. Und ich glaube, Niemeyer sagte nachher sogar, er sei auch ein Mann von Grundsätzen. Und das ist, glaub ich, noch etwas mehr. Ach, und ich … ich habe keine. Sieh, Mama, da
70 liegt etwas, was mich quält und ängstigt. Er ist so lieb und gut gegen mich und so nachsichtig,
aber … ich fürchte mich vor ihm." (…)

Anregungen zur Texterschließung

1. Welches Bild von Effi Briest machen Sie sich nach der Lektüre der Texte 1 und 2?
2. Wie stellt sich Effi ihr Leben nach der Hochzeit vor? Was geht ihr durch den Kopf, wenn sie an die Verehelichung mit Innstetten denkt?

Anregung zum Schreiben

Nehmen Sie an, Effi kenne Sie. Sie möchte von Ihnen wissen, was Sie von einer Heirat mit Baron von Innstetten denken. Formulieren Sie Ihre Überlegungen in einem persönlichen Brief an Effi.

Die junge Frau folgt also dem gesetzten Baron in die Provinz, wo das Paar gesellschaftlich sehr angesehen ist. Innstetten beschäftigt sich vor allem mit seinem beruflichen Aufstieg, aber Effi beginnt sich im provinziellen Kessin bald zu langweilen. Nach und nach spürt sie, dass sie ihren Mann nicht wirklich liebt und ihr kommt zu Bewusstsein, …

THEODOR FONTANE: EFFI BRIEST 3

1 … was ihr in ihrer Ehe eigentlich fehlte: Huldigungen, Anregungen, kleine Aufmerksamkeiten. Innstetten war lieb und gut, aber ein Liebhaber war er nicht. Er hatte das Gefühl, Effi zu lieben, und das gute Gewissen, dass es so sei, ließ ihn von besonderen Anstrengungen absehen. Es war fast zur Regel geworden, dass er sich, wenn Friedrich die Lampe brachte, aus seiner
5 Frau Zimmer in sein eigenes zurückzog. „Ich habe da noch eine verzwickte Geschichte zu erledigen." Und damit ging er. Die Portiere blieb freilich zurückgeschlagen, so dass Effi das Blättern in dem Aktenstück oder das Kritzeln seiner Feder hören konnte, aber das war auch alles. Rollo kam dann wohl und legte sich vor sie hin auf den Kaminteppich, als ob er sagen wolle: „Muss nur mal wieder nach dir sehen; ein anderer tut's doch nicht." Und dann beugte sie sich
10 nieder und sagte leise: „Ja, Rollo, wir sind allein."
Um neun erschien dann Innstetten wieder zum Tee, meist die Zeitung in der Hand, sprach vom Fürsten, der wieder viel Ärger habe, zumal über diesen Eugen Richter, dessen Haltung und Sprache ganz unqualifizierbar seien, und ging dann die Ernennungen und Ordensverleihungen durch, von denen er die meisten beanstandete. Zuletzt sprach er von den Wahlen, und
15 dass es ein Glück sei, einem Kreise vorzustehen, in dem es noch Respekt gäbe (…). Um zehn war Innstetten dann abgespannt und erging sich in ein paar wohlgemeinten, aber etwas müden Zärtlichkeiten, die sich Effi gefallen ließ, ohne sie recht zu erwidern.

Anregungen zur Texterschließung
Warum ist Effi Briest in ihrer Ehe unzufrieden?

Anregung zum Rollenspiel
Versetzen Sie sich in die Rolle eines Freundes bzw. einer Freundin der Familie Innstetten. Welche Ratschläge würden Sie Geert geben, welche Effi?

Bald wird Effi schwanger. Die Geburt ihrer Tochter lenkt Effi zwar vorübergehend ab, ändert aber an ihrer inneren Vereinsamung nichts. In dieser Situation ist sie offen für eine außereheliche Liebesbeziehung. Effi findet eine solche in dem neuen Bezirkskommandanten Crampas, einem leichtsinnigen Frauenhelden, dem alle „Gesetzmäßigkeiten (…) langweilig sind", dessen Lebenshaltung konträr zu der des prinzipientreuen Barons ist. Das Verhältnis bleibt für Effi

ohne größerer Leidenschaft und Tiefe. So ist sie letztendlich sogar froh, nach Berlin zu über-
siedeln, als ihr Mann dorthin versetzt wird.

Sieben Jahre lebt die Familie ruhig und gesellschaftlich sehr angesehen in der Stadt. Da findet
Innstetten eines Tages während der Abwesenheit seiner Frau die Briefe, die Crampas in Kessin an Effi geschrieben hat, und erfährt so von dem kurzen Liebesverhältnis. Obwohl niemand
sonst davon weiß und obwohl Innstetten selbst nach dieser langen Zeit nicht mehr eifersüchtig ist, tötet er Crampas im Duell – aus Prinzipientreue und der Ehre wegen. Nach dem Duell
lässt sich Innstetten von Effi scheiden. Die Tochter Annie bleibt bei ihm. Jegliche Begegnung
mit ihrer Tochter wird Effi ab nun verboten. Aus einem Brief ihrer Mutter erfährt Effi, dass ihr
auch im Elternhaus die Zuflucht verwehrt wird.

4

1 Auf dem Tische vor ihr lag der Brief;
aber ihr fehlte der Mut, weiterzulesen.
Endlich sagte sie: „Wovor bange ich
mich noch? Was kann noch gesagt wer-
5 den, das ich mir nicht schon selber sagte? Der, um den all dies kam, ist tot,
eine Rückkehr in mein Haus gibt es
nicht, in ein paar Wochen wird die
Scheidung ausgesprochen sein, und das
10 Kind wird man dem Vater lassen. Natürlich. Ich bin schuldig, und eine
Schuldige kann ihr Kind nicht erziehen. Und wovon auch? Mich selbst
werde ich wohl durchbringen. Ich will

Effi Briest, Filmszene

15 sehen, was die Mama darüber schreibt, wie sie sich mein Leben denkt."

Und unter diesen Worten nahm sie den Brief wieder, um auch den Schluss zu lesen.

„… Und nun Deine Zukunft, meine liebe Effi. Du wirst Dich auf Dich selbst stellen müssen
und darfst dabei, soweit äußere Mittel mitsprechen, unserer Unterstützung sicher sein. Du
wirst am besten in Berlin leben (in einer großen Stadt vertut sich dergleichen am besten) und
20 wirst da zu den vielen gehören, die sich um freie Luft und lichte Sonne gebracht haben. Du
wirst einsam leben, und wenn Du das nicht willst, wahrscheinlich aus Deiner Sphäre herab-
steigen müssen. Die Welt, in der Du gelebt hast, wird Dir verschlossen sein. Und was das
Traurigste für uns und für Dich ist (auch für Dich, wie wir Dich zu kennen vermeinen) – auch
das elterliche Haus wird Dir verschlossen sein; wir können Dir keinen stillen Platz in Hohen-
25 Cremmen anbieten, keine Zuflucht in unserem Hause, denn es hieße das, dies Haus von aller
Welt abschließen, und das zu tun sind wir entschieden nicht geneigt. Nicht weil wir zu sehr an
der Welt hingen und ein Abschiednehmen von dem, was sich ‚Gesellschaft' nennt, uns als
etwas unbedingt Unerträgliches erschiene; nein, nicht deshalb, sondern einfach weil wir Farbe
bekennen und vor aller Welt, ich kann Dir das Wort nicht ersparen, unsere Verurteilung Dei-
30 nes Tuns, des Tuns unseres einzigen und von uns so sehr geliebten Kindes aussprechen wollen
…"

Effi konnte nicht weiterlesen; ihre Augen füllten sich mit Tränen, und nachdem sie vergeblich
dagegen angekämpft hatte, brach sie zuletzt in ein heftiges Schluchzen und Weinen aus, darin
sich ihr Herz erleichterte. (…)

Völlig zurückgezogen lebt Effi mit dem ehemaligen Kindermädchen ihrer Tochter in einer kleinen Wohnung. Nach drei Jahren gestattet ihr Innstetten durch Intervention einer freundlichen Ministersgattin, das Kind kurz zu sehen. Die Begegnung, die sich Effi so ersehnt hat, wird zur großen Enttäuschung. Das Kind verhält sich abweisend. Innstetten hat ihm gegenüber die Mutter offensichtlich abgewertet und es ihr entfremdet. Effi, die schon länger kränkelt, bricht nach dieser Begegnung endgültig zusammen. Durch Fürsprache von Effis Arzt holen die Eltern ihre todkranke Tochter heim, wo sie dann bald stirbt.

Anregungen zur Texterschließung

1. Welche Konsequenzen ziehen Innstetten und Effis Eltern aus dem Geschehenen?
2. Welche Gründe führen die Eltern in ihrem Brief für ihr Verhalten an?
3. Inwiefern werden in diesem Roman Liebe und Lieblosigkeit thematisiert?

Anregung zum Schreiben

Während Frauen in manchen Staaten wegen Ehebruchs gefoltert und getötet werden, gehen liberale Demokratien wesentlich toleranter mit dieser Art des Treuebruchs um. Finden Sie das richtig? Schreiben Sie zu dieser Fragestellung eine Problemerörterung.

GUSTAVE FLAUBERT: „MADAME BOVARY"

Madame Bovary [bowariˌ], die *Protagonistin* des gleichnamigen Romans von GUSTAVE FLAUBERT [güstav flob̜ea], leidet, ähnlich wie Effi Briest, an der Banalität ihres Ehealltags. Emma ist die wohlbehütete Tochter eines reichen Bauern. In einer abgeschiedenen Klosterschule wird sie mit anderen Mädchen erzogen. Um dem äußerlich ereignislosen Alltag zu entfliehen, ergehen sich die Mädchen in schwärmerischen Träumereien. Emma liest mit Leidenschaft heimlich romantische, rührselige Geschichten. Sie bedeuten für Emma eine Art Gegenwelt, aus der sie ihre Lebensträume und -wünsche bezieht. Auch ihr Selbstbild wird von diesen Romanvorlagen entscheidend geprägt. Sie lernt es daher nicht, eigenständige Gefühle und Bedürfnisse zu entwickeln, sondern denkt und fühlt wie die Frauengestalten ihrer Romane. Ausgestattet mit diesem problematischen Bewusstsein, geht Emma eine Ehe mit Charles Bovary ein, einem Landarzt aus der Provinz. Bald ist sie jedoch enttäuscht, dass er nicht der Frauen- und Romanheld ist, den sie sich jahrelang herbeigesehnt hat, und dass ihr Leben kein romantischer Roman ist.

Anregungen zur Texterschließung und zur Problemdiskussion

Lesen Sie die Textauszüge 5a–d. Erschließen und diskutieren Sie die Fragestellungen zunächst in Kleingruppen.
Flaubert stellt der Welt der romantischen Träume die Welt der Realität gegenüber.
1. Welche Bilder aus der Welt der Bücher prägen Emmas Erwartungen an ihre Ehe?
2. Inwiefern unterscheiden sich Traummann und Ehemann?
3. Warum muss Emma zwangsläufig enttäuscht werden?
4. Welche Klischees vom glücklichen Leben werden den Jugendlichen heute vermittelt? Welche Medien übernehmen diese Aufgabe? Welche Interessen stecken Ihrer Meinung nach dahinter?
5. Wie können Kinder und Jugendliche vor solchen Manipulationen geschützt werden?

5a GUSTAVE FLAUBERT: MADAME BOVARY (AUSZÜGE)

1 Vor ihrer Heirat hatte sie geglaubt, sie liebe ihn. Aber das Glück, das diese Liebe hätte mit sich bringen müssen, war nicht gekommen, und so dachte sie, sie habe sich gewiss getäuscht. Und Emma suchte zu erfahren, was man im Leben eigentlich unter *Seligkeit*, *Leidenschaft* und *Liebesrausch* verstand. Diese Worte waren ihr in den Büchern immer so wunderschön vorgekom-
5 men.

5b

1 Die Bücher handelten immer nur von Liebschaften, Liebhabern und Geliebten, verfolgten Damen, die in einsamen Pavillons in Ohnmacht sanken, von Postillonen, die bei jedem Pferdewechsel umgebracht wurden, von Pferden, die man auf jeder Seite zuschanden ritt, von finsteren Wäldern, Seelenkrämpfen, Schwüren, Schluchzen, Tränen und Küssen, Nachen im Mondschein, Nachtigallen in den Gebüschen, *Herren*, die tapfer wie Löwen, sanft wie Lämmer
5 und unvorstellbar tugendhaft waren, dazu stets schön gekleidet und tränenselig wie Urnen. Ein halbes Jahr lang machte sich Emma als Fünfzehnjährige mit dem Staub der alten Leihbibliotheken die Hände schmutzig.

5c

1 Alles, was Charles sagte, war platt wie ein Straßentrottoir, und Gemeinplätze und Binsenwahrheiten zogen darauf vorbei, in ihrem alltäglichsten Gewand, ohne zum Aufbegehren, zum Lachen oder zum
5 Nachdenken zu reizen. Solange er in Rouen lebte, erzählte er ihr, habe er nie den Drang verspürt, ein Pariser Gastspiel im Theater zu besuchen. Er konnte weder schwimmen noch fechten noch mit Pistolen umgehen, und als sie ihn eines Tages nach einem
10 Ausdruck aus der Reitkunst fragte, auf den sie in einem Roman gestoßen war, konnte er ihn nicht erklären.
Musste ein Mann aber nicht alles kennen, sich auf möglichst vielen Gebieten hervortun, seine Frau in
15 die treibenden Kräfte der Leidenschaft, in die verfeinerten Genüsse des Lebens, in alle Geheimnisse einweihen? Doch der da lehrte sie nichts, er wusste nichts und wünschte auch nichts. Er glaubte, sie sei glücklich; und sie verargte ihm diese behagliche Ruhe,
20 diese heitere Trägheit, sogar das Glück, das sie ihm schenkte.

Madame Bovary, Verfilmung von
Claude Chabrol mit Isabelle Huppert 1991

5d

1 Abends kam er spät heim, um zehn Uhr, zuweilen erst um Mitternacht. Dann verlangte er zu essen, und da das Mädchen schon zu Bett gegangen war, bediente ihn Emma. Er machte es sich bequem, zog den Gehrock aus und zählte sämtliche Leute auf, denen er begegnet war, nannte die Dörfer, in denen er zu tun gehabt, und die Rezepte, die er verschrieben hatte. Mit sich und

5 der Welt zufrieden, verspeiste er, was noch von den Rindfleischschnitten mit Zwiebeln da war, schabte seinen Käse säuberlich ab, verzehrte einen Apfel, trank die Weinkaraffe leer, ging dann zu Bett, legte sich auf den Rücken und schnarchte.

Da er bisher seit langem gewohnt war, eine Zipfelmütze zu tragen, rutschte ihm das seidene Kopftuch dauernd über die Ohren herunter, und so hingen ihm am Morgen seine Haare wirr
10 und unordentlich ins Gesicht und waren ganz weiß von den Daunenfedern des Kopfkissens, dessen Schnüre sich während der Nacht lösten. Er trug immer derbe Stiefel, die über dem Spann zwei dicke, schräg zu den Knöcheln verlaufende Falten aufwiesen, während sonst das Oberleder steif und gerade stand, als stäke ein hölzerner Spanner darin. Er pflegte zu sagen, *fürs Land sei das gut genug.*

Wie Effi Briest wird auch Emma durch die Geburt ihrer Tochter nur vorübergehend beschäftigt und abgelenkt. Die Beziehung zu ihrem Kind ist außerdem widersprüchlich, da es der Ehe mit dem ungeliebten Mann entspringt. Um ihre klischeehaften Mädchenträume doch noch zu verwirklichen, begeht Emma mit verschiedenen Männern Ehebruch. Sie lebt über Jahre ein Doppelleben, das sie in jeder Hinsicht kaputtmacht. Auch ihre Liebhaber sind alles andere als ideale Romanhelden. Immer rascher folgen flüchtige Befriedigung und Enttäuschung, immer deutlicher zeigt sich die Diskrepanz zwischen Traum und Wirklichkeit. Außerdem hat sich Emma zur Finanzierung des Doppellebens auf Kosten ihres Mannes heimlich verschuldet. Als der Wucherer Lheureux die Bezahlung der Luxusartikel, die Emma bei ihm in verschwenderischer Laune gekauft hat, gerichtlich einfordert, erkennt sie die Ausweglosigkeit ihrer Lage und vergiftet sich mit einem Fläschchen Arsen, das sie einem befreundeten Apotheker entwendet hat. Charles Bovary verliert also nicht nur seine noch immer geliebte Frau, von deren Untreue er bis zu ihrem Tod nichts gemerkt hat, sondern er ist auch finanziell ruiniert. Erst nach Emmas Tod stößt er auf ein Geheimfach, in dem seine Frau ihre Liebesbriefe aufbewahrt hat. Sein Kommentar zu dieser schmerzlichen Entdeckung: „Es ist die Schuld des Schicksals".

GUSTAVE FLAUBERT: MADAME BOVARY 6

1 Sie legte sich lang ausgestreckt auf das Bett.
Ein bitterer Geschmack in ihrem Mund weckte sie auf. Sie sah Charles undeutlich vor sich und schloss die Augen wieder.
Sie lauerte neugierig darauf, ob sie Schmerzen verspüre. Nein, noch gar nichts! Sie hörte das
5 Ticken der Stutzuhr, das Prasseln des Feuers und das Atmen Charles', der neben ihrem Bett stand.
Ach, so schlimm ist das Sterben nicht!, dachte sie. Ich werde einschlafen, und alles ist vorbei!
Sie trank einen Schluck Wasser und drehte sich zur Wand.
Der abscheuliche Tintengeschmack wollte nicht vergehen.
10 „Ich habe Durst! … Oh, ich bin so durstig!", seufzte sie.
„Was fehlt dir denn?", fragte Charles und reichte ihr ein Glas.
„Nichts! … Mach das Fenster auf! … Ich ersticke!"
Und ein Brechreiz befiel sie so plötzlich, dass sie kaum Zeit hatte, ihr Taschentuch unter dem Kopfkissen hervorzuholen.
15 „Nimm es fort!", sagte sie schnell. „Wirf es weg!"
Er drang mit Fragen in sie; aber sie gab ihm keine Antwort. Sie lag ganz still da, aus Furcht, bei der leisesten Bewegung müsse sie sich erbrechen. Langsam fühlte sie eisige Kälte von den Füßen bis zum Herzen aufsteigen.

„Ah, jetzt fängt es an!", flüsterte sie.

20 „Was sagst du?"

Sie rollte den Kopf behutsam und angstvoll hin und her und machte dabei fortwährend den Mund auf, als spürte sie etwas Schweres auf der Zunge. Um acht Uhr traten die Brechkrämpfe erneut auf.

Charles fiel auf, dass der Boden der Waschschüssel mit einer Art weißem Niederschlag be-

25 deckt war, der sich innen am Porzellan angesetzt hatte.

„Ungewöhnlich! Sonderbar!", sagte er mehrmals.

Aber sie erwiderte mit fester Stimme: „Nein, du irrst dich!"

Da fuhr er zart, fast liebkosend mit der Hand über ihren Magen. Sie stieß einen gellenden Schrei aus. Erschrocken wich er zurück.

30 Nun begann sie zu wimmern, zuerst nur schwach. Ein heftiger Schmerz schüttelte ihre Schultern, und sie wurde bleicher als das Leintuch, in das sich ihre verkrampften Finger eingruben. Ihr Puls, der bisher unregelmäßig geschlagen hatte, war jetzt kaum mehr wahrzunehmen. Schweißtropfen traten auf bläulich fahles Gesicht; es sah aus wie erstarrt in der Ausdünstung eines metallischen Hauchs. Ihre Zähne schlugen gegeneinander, die geweiteten Augen schau-

35 ten irr umher. Auf alle Fragen antwortete sie mit Kopfschütteln; zwei- oder dreimal lächelte sie sogar. Nach und nach wurde ihr Stöhnen stärker. Ein dumpfes Aufheulen entrang sich ihr. Doch sie behauptete, es gehe ihr besser, und sie werde gleich aufstehen. Aber da befielen sie wieder die grässlichen Krämpfe. Sie schrie: „Ah! es ist grauenhaft, mein Gott!"

Er warf sich vor ihrem Bett auf die Knie.

40 „Sag, was hast du gegessen? Gib doch Antwort, um Himmels willen!"

Er sah sie mit Augen an, aus denen eine so innige Liebe sprach, wie sie sie noch nie erlebt hatte.

„Nun ja … dort … dort! …", hauchte sie mit versagender Stimme.

Er war mit einem Sprung beim Schreibtisch, erbrach das Siegel und las laut: *„Man klage nie-*

45 *manden an …"* Er hielt inne, fuhr sich mit der Hand über die Augen und las nochmals.

„Wie? … Zu Hilfe! Hilfe!"

Er konnte immer nur das eine Wort wiederholen: „Vergiftet! Vergiftet!" (…)

Anregungen zur Texterschließung und zur Problemdiskussion

1. Wer oder was ist Ihrer Meinung nach Schuld an dieser Tragödie?
2. Hätte sie verhindert werden können?
3. Lesen Sie zunächst folgende Informationen zu Flauberts Erzählverfahren und erarbeiten Sie dann die darauffolgenden Anregungen zur Texterschließung:

FLAUBERTS ERZÄHLVERFAHREN –
VORWEGNAHME DES NATURALISMUS

Mit seinem Roman *Madame Bovary* nahm Gustave Flaubert bereits wesentliche Forderungen der späteren *Naturalisten* vorweg:

Band 2 ▶ Kompetenzteil, III.2 und III.3

- Der Erzähler kommentiert und bewertet das Schicksal der Figuren nicht, lässt das Geschehen für sich selbst sprechen und überlässt die Beurteilung dem Leser/der Leserin (**neutrale Erzählperspektive**).

- Den **Erzählerbericht** verfasst Flaubert aus neutraler Perspektive. Für die **Personenrede** verwendet er als Darstellungsweisen vor allem die *direkte Rede* und die *erlebte Rede*. Die **erlebte Rede** verbindet die *Er-/Sie-Form* des Erzählens mit der *personalen Perspektive* und bietet dem Autor die Möglichkeit, die Gedanken und Gefühle einer Romanfigur zu zeigen.
- Die **Wirklichkeitstreue** war eine der wesentlichsten Forderungen von Realismus und Naturalismus. Das bedeutete für die Arbeit der Schriftsteller/innen genaue **Milieustudien** und das Sammeln von möglichst überprüfbaren Einzelaussagen. So informierte sich Flaubert, bevor er den Todeskampf seiner Heldin niederschrieb, genau über die Symptome einer Arsenvergiftung. Für die Schilderung des provinziellen Umfelds der Familie Bovary bereiste er die Schauplätze des Romangeschehens, die Landschaften, einzelne Dörfer und Kleinstädte der Normandie. Auch die Regungen von Emmas Seelenleben versuchte er genau und teilnahmslos zu beschreiben, Emma war für ihn eine Frau der falschen Gefühle.
- Der Anspruch der Wirklichkeitstreue führte dazu, dass Flaubert die Menschen mit ihren Schwächen, in ihrer Durchschnittlichkeit, ja auch Hässlichkeit zeigte. So sind die Figuren eigentlich keine Romanheldinnen bzw. -helden im geläufigen Sinne (Identifikationsfiguren), sondern **Antiheldinnen** und **Antihelden**. Die bruchlose Identifikation der Leserinnen und Leser ist kaum mehr möglich.

Anregung zur Texterschließung

Können Sie Flauberts Erzählverfahren (*neutrale Erzählperspektive, erlebte Rede, direkte Rede, Wirklichkeitstreue*) in Text 6 nachweisen?

Anregung zum Schreiben

Schreiben Sie Text 6 um, indem Sie statt eines *neutralen Erzählers* einen *auktorialen Erzähler* einsetzen!

Anregungen zur Problemdiskussion

Beide Werke, sowohl *Effi Briest* als auch *Madame Bovary*, zeigen Frauenschicksale im 19. Jahrhundert.
1. Welche Probleme, unter denen diese Frauen des 19. Jhs. litten, hatten die Männer nicht?
2. Welche der dargestellten Probleme sind heute für Frauen leichter zu lösen oder stellen sich auf diese Weise nicht mehr?

Kompetenzen: Das sollen Sie wissen/können

1. Sie können die familiäre Herkunft von Effi Briest erklären und die Umstände, unter denen sie verheiratet wird.
2. Sie können erklären, was Effi in ihrer Ehe vermisst und was ihr die Affäre mit Crampas bedeutet.
3. Sie können erklären, wie Innstetten reagiert, als er von der Untreue seiner Frau erfährt.
4. Sie kennen das Ende des Romans *Effi Briest* von **Theodor Fontane**.
5. Sie können erklären, welche Bedeutung für Emma Bovary triviale Liebesgeschichten haben.
6. Sie können Charles Bovary charakterisieren.
7. Sie können erklären, wie Emma auf den ungeliebten Ehealltag reagiert und warum sie in große Schwierigkeiten gerät.
8. Sie können erklären, aufgrund welcher Textmerkmale **Gustave Flauberts** Roman *Madame Bovary* als Vorwegnahme des *naturalistischen Erzählverfahrens* bezeichnet werden kann.

Literaturgeschichtlicher Überblick (Band 2)

Begriffe, Datierung

→ Junges Deutschland (1830–1848): liberalrevolutionäre Bewegung junger Autorinnen und Autoren

→ Biedermeier (1815–1848): Rückzug ins Private als Reaktion auf den Absolutismus, Schwerpunkt in Österreich; umfasst Literatur, Malerei, bürgerlichen Lebensstil (z. B. Innenarchitektur)

→ Bürgerlicher oder poetischer Realismus (ca. 1840–1880): literarische Strömung, stellt bürgerliches Leben in realitätsnaher Form dar (auch in Frankreich und England)

Allgemeine geschichtliche Voraussetzungen

→ Wiener Kongress stellt vorrevolutionäre Machtverhältnisse wieder her (Restauration)

→ „Vormärz": absolutistische Ordnung zwischen 1815 und 1848 (vor der März-Revolution), auch „Ära Metternich"

→ Lösung der „deutschen Frage" (Gründung des Deutschen Kaiserreichs 1870/71), Fürst Bismarck

→ Politische Kräfte und Ideologien: Liberalismus, Nationalismus, Sozialismus

Mediengeschichte

→ JAKOB und WILHELM GRIMM: Deutsches Wörterbuch

→ Neues Vokabular durch Industrialisierung

→ Erfindung der Schreibmaschine

→ Erfindung der Telegrafie

→ Buchmarkt wächst kontinuierlich

→ Wachsende Nachfrage nach Zeitungen und Zeitschriften

→ Zensur

Philosophisches Denken

→ GEORG WILHELM FRIEDRICH HEGEL (dt. Idealismus)

→ KARL MARX, FRIEDRICH ENGELS (dialektischer und historischer Materialismus)

→ ARTHUR SCHOPENHAUER (Hegel-Kritik, Pessimismus)

→ SÖREN KIERKEGAARD (Existenzialismus)

Junges Deutschland

→ Liberalrevolutionär gesinnte Autorinnen und Autoren, politische Opposition, Literatur als Mittel im politischen Kampf, journalistisch aktiv

Autorinnen und Autoren:

→ GEORG HERWEGH, GEORG WEERTH, FERDINAND FREILIGRATH, GEORG BÜCHNER (*Woyzeck, Dantons Tod, Hessischer Landbote*)

→ Sonderstellung von HEINRICH HEINE: Anfänge in der Tradition der Spätromantik, auch später teilweise in Distanz zum Jungen Deutschland, Werke: *Buch der Lieder*; *Deutschland. Ein Wintermärchen*; Reiseliteratur; Gedichte

Modul V.1 „ES IST AUS MIR NICHTS GEWORDEN, NICHTS ALS EIN DICHTER."
Zugänge zum Werk Heinrich Heines

ERGÄNZUNGSMODUL ZU V.1
Heinrich Heine: Deutschland. Ein Wintermärchen

Modul V.2 „JEDER MENSCH IST EIN ABGRUND"
Georg Büchners Drama „Woyzeck"

Biedermeier

→ vor allem in Österreich, politisch resignativ (wenig Hoffnung auf Demokratisierung oder in kritischer Distanz zu revolutionären Veränderungen), traditionelle literarische Formen

Autorinnen und Autoren:

→ NIKOLAUS LENAU (Lyrik)

→ ADALBERT STIFTER (Erzählungen und Romane: *Hochwald*, *Brigitta*, *Bunte Steine*, *Der Nachsommer*)

→ FRANZ GRILLPARZER (vor allem Dramen: *König Ottokars Glück und Ende*, *Das goldene Vließ*, *Die Jüdin von Toledo*, *Ein Bruderzwist in Habsburg*)

→ Wiener Volkstheater: FERDINAND RAIMUND, JOHANN NEPOMUK NESTROY

→ Deutschland: EDUARD MÖRIKE (Lyriker und Erzähler), ANNETTE VON DROSTE-HÜLSHOFF (Lyrikerin und Erzählerin)

Modul V.3 DIE LEHREN DES SANFTEN GESETZES
Was Adalbert Stifter mit Raimund, Grillparzer – und Handke verbindet

Modul V.4 „WEIL EINE FREMD' ICH BIN AUS FERNEM LAND ..."
Franz Grillparzers Medea-Drama und Christa Wolfs Medea-Roman

Modul V.5 TITUS FEUERFUCHS' „GLÜCK UND ENDE"
Johann N. Nestroys Lokalposse „Der Talisman"

Bürgerlicher oder poetischer Realismus

→ Die Themen werden vor allem aus dem bürgerlichen, teilweise auch aus dem bäuerlichen Alltagsleben entnommen. Vorwiegend realistische Darstellungsweise, aber noch nicht mit der Konsequenz des späteren Naturalismus. Größte literarische Leistungen in der Epik (vor allem Novellen)

→ Schweiz: JEREMIAS GOTTHELF (Dorfgeschichten), CONRAD FERDINAND MEYER, GOTTFRIED KELLER (*Kleider machen Leute*, *Romeo und Julia auf dem Dorfe*, Bildungsroman *Der grüne Heinrich*)

→ Deutschland: THEODOR STORM (*Der Schimmelreiter*), THEODOR FONTANE (*Effi Briest*, *Der Stechlin*, Reiseliteratur), FRIEDRICH HEBBEL (v. a. Dramatiker: *Maria Magdalene*)

→ Österreich: MARIE VON EBNER-ESCHENBACH (*Krambambuli*, *Das Gemeindekind*), PETER ROSEGGER (*Dorfgeschichten*)

→ Frankreich: HONORÉ DE BALZAC, GUSTAVE FLAUBERT

→ England: CHARLES DICKENS

Modul V.6 „BONJOUR, MONSIEUR COURBET!"
Realismusauffassungen des 19. Jhs.

Modul V.7 „VOR IHRER HEIRAT HATTE SIE GEGLAUBT, SIE LIEBE IHN"
Die Ehebrecherin im realisischen Gesellschaftsroman des 19. Jhs.

V.A TEUFELSZEUG TECHNIK?
Was Peter Rossegger vom Einbruch der Eisenbahn in das ländliche Leben erzählt

Einen ausfürlichen literaturgeschichtlichen Überblick finden Sie in Band 2, Epochenteil.

VI. AUFBRUCH IN DIE MODERNE

1 „KUNST = NATUR – x"
Das Kunstverständnis des Naturalismus

Modulvorschau

Am Beginn der *Moderne* stand der *Naturalismus*. Sein künstlerisches Anliegen und seine Ausdrucksformen lernen Sie am Beispiel eines epischen und eines lyrischen Texts kennen.

➡ Anhand der Erzählung *Papa Hamlet* von ARNO HOLZ und JOHANNES SCHLAF lernen Sie den naturalistischen Schreibstil kennen.

➡ Am Beispiel von Arno Holz beschäftigen Sie sich mit der Lyrik des Naturalismus.

DER NATURALISTISCHE „SEKUNDENSTIL"

Am Beginn der literarischen *Moderne* steht der *Naturalismus*. Ein wichtiger, wenn auch zu Lebzeiten nur wenig beachteter Naturalist war ARNO HOLZ. Er wurde – wie viele junge Erzähler des späten 19. Jhs. – vom französischen Romancier ÉMILE ZOLA [emil solaː] beeinflusst und behauptete im Anschluss an dessen Realismus-Programm, es sei Aufgabe der Kunst, der „Natur" (mit den Sinnen wahrnehmbare Wirklichkeit) möglichst nahezukommen. Dieser Grundsatz war nicht ganz neu. Auch GEORG BÜCHNER und andere *Realisten* des 19. Jhs. waren von dieser Überlegung ausgegangen (vgl. **Band 2** ▶ Epochenteil, V.5).

NATURALISMUS ALS VERFAHRENSWEISE

Holz erkannte allerdings, dass der Weg zum konsequenten Realismus (Naturalismus) nicht nur eine Frage der Inhalte war, sondern vor allem eine Frage der literarischen „Technik", also des Schreibverfahrens. In diesem Sinne ist Arno Holz' Satz zu verstehen: „Die Kunst hat die Tendenz, wieder Natur zu sein. Sie wird sie nach Maßgabe ihrer jeweiligen Reproduktionsbedingungen und deren Handhabung." Wenn also im Kunstwerk „Natur" möglichst exakt nachgebildet werden soll, muss der Künstler/die Künstlerin seine/ihre Subjektivität zurücknehmen. Dass dies nicht zur Gänze möglich ist, wusste Holz, und so prägte er die Formel „Kunst = Natur – x". „x" ist der jeweilige Anteil an Subjektivität. In der Epik findet dieses Kunstprogramm seinen deutlichsten Ausdruck im sogenannten *Sekundenstil*.

NATURALISTISCHER SEKUNDENSTIL AM BEISPIEL „PAPA HAMLET"

Gemeinsam mit dem Schriftsteller JOHANNES SCHLAF (1862–1941) schrieb ARNO HOLZ unter dem Pseudonym BJARNE P. HOLMSEN die Erzählung *Papa Hamlet*. Die Stoff- und Motivwahl ist typisch für den Naturalismus. Ort der Handlung ist eine Dachstube in einem großstädtischen Elendsviertel. Dort lebt der heruntergekommene, alkoholabhängige Schauspieler Niels Thienwiebel mit seiner Frau Amalie und dem kleinen Sohn Fortinbras (benannt nach einer Figur aus Shakespeares *Hamlet*). Die völlig verarmte Familie steht knapp vor der Delogierung. Weder

Niels noch Amalie sind imstande, ihrem Leben eine Wendung zu geben. Eines Abends kommt Thienwiebel wieder betrunken nach Hause:

Johannes Schlaf (Mitte), Arno Holz (rechts), Peter Roehr

ARNO HOLZ/JOHANNES SCHLAF: PAPA HAMLET (AUSZUG)   1

1 Er war jetzt zu ihr unter die Decke gekrochen, die Unterhosen hatte er anbehalten.
   „Nicht mal Platz genug zum Schlafen hat man!"
   Er reckte und dehnte sich.
   „So'n Hundeleben! Nicht mal schlafen kann man!" Er hatte sich wieder auf die andre Seite
5 gewälzt.
   Die Decke von ihrer Schulter hatte er mit sich gedreht, sie lag jetzt fast bloß da …………..……
   ……
   ……
   Das Nachtlämpchen auf dem Tisch hatte jetzt zu zittern aufgehört.
10 Die beschlagene, blaue Karaffe davor war von unzähligen Lichtpünktchen wie übersät. Eine
   Seite aus dem Buch hatte sich schräg gegen das Glas aufgeblättert. Mitten auf dem vergilbten
   Papier hob sich deutlich die fette Schrift ab: „Ein Sommernachtstraum". Hinten auf der Wand,
   übers Sofa weg, warf die kleine, glitzernde Photografie ihren schwarzen, rechteckigen Schat-
   ten.
15 Der kleine Fortinbras röchelte, nebenan hatte es wieder zu schnarchen angefangen.
   „So'n Leben! So'n Leben!"
   Er hatte sich wieder zu ihr gedreht. Seine Stimme klang jetzt weich, weinerlich.
   „Du sagst ja gar nichts!"
   Sie schluchzte nur wieder.
20 „Ach Gott, ja! So'n … Ae!! …"
   Er hatte sich jetzt noch mehr auf die Kante zu gerückt.
   „Is ja noch Platz da! Was drückste dich denn so an die Wand! Hast du ja gar nicht nötig!"
   Sie schüttelte sich. Ein fader Schnapsgeruch hatte sich allmählich über das ganze Bett hin
   verbreitet.
25 „So ein Leben! Man hat's wirklich weit gebracht! … Nu sich noch von so 'ner alten Hexe raus-
   schmeißen lassen! Reizend!! Na, was macht man nu? Liegt man morgen auf der Straße! … Nu
   sag doch?"
   Sie hatte sich jetzt noch fester gegen die Wand gedrückt. Ihr Schluchzen hatte aufgehört, sie
   drehte ihm den Rücken zu.
30 „Ich weiß ja! Du bist ja am Ende auch nicht schuld dran! Nu sag doch!"

Er war jetzt wieder auf sie zugerückt.

„Nu sag doch! … Man kann doch nicht so – verhungern?!"

Er lag jetzt dicht hinter ihr.

35 „Ich kann ja auch nicht dafür! … Ich bin ja gar nicht so! Is auch wahr! Man wird ganz zum Vieh bei solchem Leben! … Du schläfst doch nicht schon?"

Sie hustete.

„Ach Gott, ja! Und nu bist du auch noch so krank! Und das Kind! Dies viele Nähen … Aber du schonst dich ja auch gar nicht … ich sag's ja!"

(…)

40 Er hatte jetzt ebenfalls zu weinen angefangen.

„Ach Gott! Ach Gott!!"

Sein Gesicht lag jetzt mitten auf ihrer Brust. Sie zuckte!

„Ach Gott! Ach Gott!!"

Der dunkle Rand des Glases oben quer über der Decke hatte wieder unruhig zu zittern begon-
45 nen, die Schatten, die das Geschirr warf, schwankten, dazwischen glitzerten die Wasserstrei-
fen ………………………………………………………………………………………………

„Ach, nich doch, Niels! Nich doch! Das Kind – ist ja schon wieder auf! Das – Kind schreit ja!
Das – Kind, Niels! … Geh doch mal hin! Um Gottes willen!!" Ihre Ellbogen hinten hatte sie
jetzt fest in die Kissen gestemmt, ihre Nachtjacke vorn stand weit auf.

50 Durch das dumpfe Gegurgel drüben war es jetzt wie ein dünnes, heisres Gebell gebrochen.
Aus den Lappen her wühlte es, der ganze Korb war in ein Knacken geraten.

„Sieh doch mal nach!!"

„Natürlich! Das hat auch grade noch gefehlt! Wenn das Balg doch der Deuwel holte! …"

Er war jetzt wieder in die Pantoffeln gefahren. „Nicht mal die Nacht mehr hat man Ruhe!
55 Nicht mal die Nacht mehr!!"

Das Geschirr auf dem Tisch hatte wieder zu klirren begonnen, die Schatten oben über die
Wand hin schaukelten. –

„Na? Du!! Was gibt's denn nu schon wieder? Na? … Wo ist er denn? … Ae, Schweinerei!"

Er hatte den Lutschpfropfen gefunden und wischte ihn sich nun an den Unterhosen ab.

60 „So 'ne Kälte! Na? Wird's nu bald? Na? Nimm's doch, Kamel! Nimm's doch! Na?!"

Der kleine Fortinbras jappte!

Sein Köpfchen hatte sich ihm hinten ins Genick gekrampft, er bohrte es jetzt verzweifelt nach
allen Seiten.

„Na? Willst du nu, oder nich?! – – Bestie!!"

65 „Aber – Niels! Um Gottes willen! Er hat ja wieder den – Anfall!"

„Ach was! Anfall! – – Da! Friß!!"

„Herrgott, Niels …"

„Friß!!!"

„Niels!"

70 „Na? Bist du – nu still? Na? – Bist du – nu still? Na?! Na?!"

„Ach Gott! Ach Gott, Niels, was, was – machst du denn bloß?! Er, er – schreit ja gar nicht
mehr! Er … Niels!!"

Sie war unwillkürlich zurückgeprallt. Seine ganze Gestalt war vornüber geduckt, seine kna-
ckenden Finger hatten sich krumm in den Korbrand gekrallt. Er stierte sie an, sein Gesicht war
75 aschfahl.

„Die … L-ampe! Die … L-ampe! Die … L-ampe!"

„Niels!!!"

Sie war rücklings vor ihm gegen die Wand getaumelt.

„Still! Still!! K-lopft da nicht wer?"

80 Ihre beiden Hände hinten hatten sich platt über die Tapete gespreizt, ihre Knie schlotterten.

„K-lopft da nicht wer?"

Er hatte sich jetzt noch tiefer geduckt. Sein Schatten über ihm pendelte, seine Augen sahen jetzt plötzlich weiß aus.

Eine Diele knackte, das Öl knisterte, draußen auf die Dachrinne tropfte das Tauwetter.

85 Tipp..
.... Tipp..
....
.... Tipp..
.... Tipp

90 Acht Tage später balancierte der kleine, buckelige Bäckerjunge Tille Topperholt seinen Semmelkorb pfeifend durch das dunkle, dicht verschneite Severingäßchen nach dem Hafen runter. Die Witterung hatte wieder umgeschlagen, seine kleine Stupsnase sah zum Erbarmen blau aus.

„Heil dir, Svea! Mutter für uns alle!"

95 Es hatte gerade fünf geschlagen. Vor dem neuen, großen Schnapsladen an der Ecke der Petrikirche stolperte er. Jesus! Seine Semmeln waren ihm in den Rinnstein geflogen, er war mitten in den Schnee geschlagen. Aber er nahm sich nicht einmal die Zeit, sie wieder aufzulesen. Er kam erst wieder zur Besinnung, als er sich bereits drüben am Jakobiplatz mit beiden Händen an die große, dicht beeiste Glocke gehängt hatte, die denn auch sofort oben die ganze Polizei-

00 wache alarmierte. Jesus! Jesus!!

Als der dicke Sieversen dann endlich angestapft kam, konstatierte er, daß der Mann erfroren war. „Erfroren durch Suff!" Seinen zerbeulten Zylinder hatte ihm der kleine, buckelige Tille vorhin grade gegen die Laterne gequetscht. Aus seinen zerlumpten, apfelgrünen Frackschößen sah noch die Flasche.

05 Wohlan, eine pathetische Rede!

Es war der große Thienwiebel.

Und seine Seele? Seine Seele, die ein unsterblich Ding war?

Lirum, Larum! Das Leben ist brutal, Amalie! Verlaß dich drauf! Aber – es war ja alles egal! So oder so! R

KENNZEICHEN DES NATURALISTISCHEN SEKUNDENSTILS

• fotografisch exakte Beschreibungen
• viele Dialoge und direkte Reden
• möglichst exakte Übertragung der gesprochenen Sprache in die geschriebene (Dialektausdrücke; Ausrufe; Geräusche; Pausen werden kenntlich gemacht; häufiger Gebrauch der Interpunktion, um individuellen Tonfall zu kennzeichnen)
• Deckung von *erzählter Zeit* und *Erzählzeit*
• keine *auktoriale* Erzählerfigur, eher *personale* und *neutrale Erzählperspektive*

Band 2 ▶ Kompetenzteil, III. Epik

Anregungen zur Texterschließung

Können Sie diese Kennzeichen im Textauszug nachweisen?

„MODERN SEI DER POET!"

2 | ARNO HOLZ: PROGRAMM

1
Kein rückwärts schauender Prophet,
geblendet durch unfaßliche Idole,
modern sei der Poet,
modern vom Scheitel bis zur Sohle!

ARNO HOLZ wollte auch in der Lyrik neue Wege gehen, um literarisch auf der Höhe der Zeit zu sein. Formal bleibt er im Vierzeiler *Programm* allerdings noch der Tradition verpflichtet. Er verwendet den Reim, die Strophenform und einen regelmäßigen *Jambus*. Dies gilt generell für Holz' frühe Lyrik. Während der Arbeit an seinem Lyrikzyklus *Phantasus* entwickelte Holz eine neue Form, das „Mittelachsengedicht".

3 | ARNO HOLZ: (IM THIERGARTEN)

1
Im Thiergarten, auf einer Bank, sitz ich und rauche;
und freue mich über die schöne Vormittagssonne.

Vor mir, glitzernd, der Kanal:
den Himmel spiegelnd, beide Ufer leise schaukelnd.

5
Ueber die Brücke, langsam Schritt, reitet ein Leutnant.

Unter ihm,
zwischen den dunklen, schwimmenden Kastanienkronen,
pfropfenzieherartig ins Wasser gedreht,
– den Kragen siegellackrot –
10
sein Spiegelbild.

Ein Kukuk
ruft.

Anregungen zur Texterschließung

1. Wo befindet sich das *lyrische Ich* und was beobachtet es?
2. Naturalistische Dichtung will sinnlich wahrnehmbare Wirklichkeit darstellen. Trifft dieser künstlerische Grundsatz auf diesen Text zu?
3. Das Adjektiv dient dazu, sinnliche Wahrnehmungen zu bezeichnen. Weisen Sie alle Adjektive in diesem Gedicht nach.
4. Weisen Sie den elliptischen Satz (fehlendes Prädikat) als *syntaktische* Struktur nach.

Die Sammlung *Phantasus* erschien in der ersten Fassung 1889/99 und umfasst 100 Mittelachsengedichte. Holz setzte das *Phantasus*-Projekt fort, es schwoll auf 1600 Seiten an. Der Autor verwendete zwar typische *Motive* des Naturalismus (Großstadt, Industrialisierung, Kritik am Bürgertum), beschränkte sich aber nicht immer auf die Wiedergabe der äußeren Wirklichkeit. Das lyrische Ich ist ein mittelloser Dichter in Berlin, der ganz für die Kunst lebt und vor seinem Hungertod noch fieberhaft an seinem Werk arbeitet. So werden wir auch mit der subjektiven Erlebniswelt dieses tragischen Helden konfrontiert.

Ergänzung Literaturgeschichte   Band 2

VI. Aufbruch in die Moderne

Lesen Sie im Epochenteil Kapitel VI.5 (Der Naturalismus) und entnehmen Sie daraus folgende Informationen:

1. Inwiefern ist GERHART HAUPTMANNS Drama *Vor Sonnenaufgang* typisch für den Naturalismus?
2. Was versteht man unter einem „deterministischen Menschenbild"? Wie zeigt es sich in Gerhart Hauptmanns naturalistischen Werken?
3. „Der Naturalismus hielt am Mimesis-Prinzip fest." Erklären Sie diese Aussage.
4. Nennen Sie Vertreter des europäischen Naturalismus aus Skandinavien, Frankreich und Russland.

Kompetenzen: Das sollen Sie wissen/können

1. Sie kennen die wesentlichen Kennzeichen des naturalistischen *Sekundenstils* und können diese am Text nachweisen.
2. Sie können ARNO HOLZ' Formel „Kunst = Natur – x" erklären.

DIE KUNST DES GESTALTETEN AUGENBLICKS
Impressionismus in Malerei, Literatur und Musik   2

Modulvorschau

Der *Impressionismus* gilt als Gegenströmung zum *Naturalismus*.

➡ Am Beispiel eines Bilds und eines Gedichts lernen Sie impressionistische Ausdrucksweisen kennen.

➡ Weiters erfahren Sie, inwiefern der *Empiriokritizismus* des Philosophen und Physikers ERNST MACH den Impressionismus beeinflusste.

IMPRESSIONISMUS IN DER MALEREI

Der Begriff „Impressionismus" kommt ursprünglich aus der Malerei. CLAUDE MONET [klod mone] war ein herausragender impressionistischer Maler. Kennzeichnend für seine Bilder ist die Auflösung der Gegenstände in einer Atmosphäre, die durch das Licht bestimmt wird. Die Konturen verschwimmen.

Anregungen zur Bilderschließung

1. Welche „Gegenstände" werden im Bild *Impression – Sonnenaufgang* von Claude Monet dargestellt?
2. Wie hält es Monet mit den Konturen der Gegenstände?
3. Welche Farben setzt der Künstler ein? Bilden sie die realen Farben der dargestellten Gegenstände ab?
4. Welche Bedeutung hat die vom Künstler gewählte Tageszeit für die Darstellungsweise?

Claude Monet: Impression – Sonnenaufgang (1914)

IMPRESSIONISMUS IN DER LITERATUR

FELIX DÖRMANN (1870–1928) war in Wien um die Wende vom 19. zum 20. Jahrhundert eine Art Modeautor. Seine Lyrik reicht zwar nicht ganz an die Qualität erstrangiger impressionistischer Lyrik heran, aber die Merkmale impressionistischen Schreibens sind hier besonders deutlich erkennbar.

FELIX DÖRMANN: IM PALMENHAUS

1

1   Es war im Palmenhaus; die feuchte Luft,
Von Blumendünsten schwer, umspielte laulich
In weichen Wellen unser beider Haupt.
In eine tiefgebauchte, kühle Gartenbank
5   Zurückgelehnt, so saßen wir, ganz still.
Verklungen längst war Wort und Gegenwort,
Wir waren beide müd, und reglos starrten
Wir durch der Wände spiegelklare Scheiben
Tief in des Himmels safrangelben Glanz.
10   Von Zeit zu Zeit, wenn abendkühl ein Windhauch
Um unsere heißen Schläfen strich, erklang
Gedämpft und mild durch weitgespreizte Fenster
Das Schluchzen der Fontainen aus dem Garten,
Und leise rauschten dann die Fächerpalmen,
15   Und Asiens wunderliche Riesenblumen,
Von dunkelgrünem, sattem Laub umspielt,
Sie nickten langsam, wie Pagodenhäupter,
Und schwergewürzte Glutarome rannen
In die europamüden Schwärmerseelen …
20   Das Haupt ans Haupt gelehnt und Hand in Hand,
Mit heimwehkranker Seele träumten wir
Von einer fernen Südseeinsel Strand,
Wo reicher die Natur und farbenheißer,
Wo lilasilbern Meereswogen leuchten
25   In winddurchkoster, schwüler Tropennacht,
Wo still und träumerisch und sinnlich-mild,
Das Leben weiterfließt, wo keine Schranken
Des Herzens träumerisch-bizarre Wünsche
Stumpfsinnig-kühl verneinen und zerstören.
30   —
Wo bist du, meine ferne Südseeinsel?

Anregungen zur Texterschließung

1. Sinnliche Wahrnehmungen in einem bestimmten Augenblick, das ist die Grundlage impressionistischer Kunst. Das Adjektiv ist die Wortart, mit der sinnliche Wahrnehmungen am besten bezeichnet werden können. Unterstreichen Sie im Text alle Adjektiva, die Seh-, Hör-, Fühl-, Riech- oder Schmeckbares bezeichnen.
2. Welche Adjektiva sind Neologismen (Wortneuprägungen), die Sie in einem Lexikon nicht finden?
3. Müdigkeit ist der Zustand der beiden Menschen, von denen in diesem Text die Rede ist. Dörmann spricht auch von einer Müdigkeit im metaphorischen Sinn, nämlich von Europamüdigkeit. Was ist damit gemeint und welche Bedeutung hat in diesem Zusammenhang die Südseeinsel?

4. Kitsch entsteht zum Beispiel dadurch, dass ein modisches Stilmittel zu häufig eingesetzt wird. Kitsch ist also oft ganz einfach ein „Zuviel". Wie urteilen Sie aufgrund dieses Kriteriums über dieses Gedicht?

EMPFINDUNGEN KONSTRUIEREN DAS ICH – ERNST MACHS ERKENNTNISTHEORIE UND DER IMPRESSIONISMUS

Die Erkenntnistheorie des Philosophen und Physikers ERNST MACH (*Empiriokritizismus*) leistete einen wesentlichen Beitrag zur impressionistischen Ästhetik. Im Zentrum seiner Auffassung stand die Ansicht, das Ich sei nur ein Bündel von sinnlichen Empfindungen und Stimmungen, die durch diese Empfindungen ausgelöst werden: „Nicht das Ich ist das Primäre, sondern die Elemente (Empfindungen). Die Elemente bilden das Ich." An anderer Stelle schreibt Mach: „Das Ich ist unrettbar."

2 ERNST MACH: ANTIMETAPHYSISCHE VORBEMERKUNGEN

1   Farben, Töne, Wärmen, Drücke, Räume, Zeiten usw. sind in mannigfaltiger Weise miteinander verknüpft, und an dieselben sind Stimmungen, Gefühle und Willen gebunden. Aus diesem Gewebe tritt das relativ Festere und Beständigere hervor, es prägt sich dem Gedächtnisse ein, und drückt sich in der Sprache aus. Als relativ beständiger zeigen sich zunächst räumlich und
5   zeitlich verknüpfte *Komplexe* von Farben, Tönen, Drücken usw., die deshalb besondere Namen erhalten, und als *Körper* bezeichnet werden. Absolut beständig sind solche Komplexe keineswegs.
     Mein Tisch ist bald heller, bald dunkler beleuchtet, kann wärmer und kälter sein. Er kann einen Tintenfleck erhalten. Ein Fuß kann brechen. Er kann repariert, poliert, Teil für Teil ersetzt
10   werden. Er bleibt für mich doch der Tisch, an dem ich täglich schreibe.
     Mein Freund kann einen anderen Rock anziehen. Sein Gesicht kann ernst und heiter werden. Seine Gesichtsfarbe kann durch Beleuchtung oder Affekte sich ändern. Seine Gestalt kann durch Bewegung oder dauernd alteriert werden. Die Summe des Beständigen bleibt aber den allmählichen Veränderungen gegenüber doch immer so groß, dass diese zurücktreten. Es ist
15   derselbe Freund, mit dem ich täglich meinen Spaziergang mache. (…)
     Die größere Geläufigkeit, das Übergewicht des Beständigen gegenüber dem Veränderlichen drängt zu der teils instinktiven, teils willkürlichen und bewussten Ökonomie des Vorstellens und der Bezeichnung, welche sich in dem gewöhnlichen Denken und Sprechen äußert. Was auf *einmal* vorgestellt wird, erhält *eine* Bezeichnung, *einen* Namen.
20   Als relativ beständig zeigt sich ferner der an einen besonderen Körper (den Leib) gebundene Komplex von Erinnerungen, Stimmungen, Gefühlen, welcher als Ich bezeichnet wird. Ich kann mit diesem oder jenem Ding beschäftigt, ruhig und heiter oder aufgebracht und verstimmt sein. Doch bleibt (pathologische Fälle abgerechnet) genug Beständiges übrig, um das Ich als dasselbe anzuerkennen. Allerdings ist auch das Ich nur von *relativer* Beständigkeit. Die
25   scheinbare Beständigkeit des Ich besteht vorzüglich nur in der *Kontinuität*, in der langsamen Änderung. Die vielen Gedanken und Pläne von gestern, welche heute fortgesetzt werden, an welche die Umgebung im Wachen fortwährend erinnert (daher das Ich im Traume sehr verschwommen, verdoppelt sein, oder ganz fehlen kann), die kleinen Gewohnheiten, die sich unbewusst und unwillkürlich längere Zeit erhalten, machen den Grundstock des Ich aus. Größe-
30   re Verschiedenheiten im Ich verschiedener Menschen, als im Laufe der Jahre in *einem* Menschen

eintreten, kann es kaum geben. Wenn ich mich heute meiner frühen Jugend erinnere, so müsste ich den Knaben (einzelne wenige Punkte abgerechnet) für einen andern halten, wenn nicht die Kette der Erinnerungen vorläge. (…)

Das Ich ist so wenig absolut beständig als die Körper. Was wir am Tode so sehr fürchten, die
35 Vernichtung der Beständigkeit, das tritt im Leben schon in reichlichem Maße ein. (…)

Anregungen zur Texterschließung

1. Wie kommen laut Mach Körper zustande? Was sagt er über die Beständigkeit und Veränderbarkeit der Körper?
2. Was sagt Mach über die Beständigkeit des Ichs?

Anregung zum Schreiben

Begeben Sie sich in eine Situation, die reich ist an sinnlichen Wahrnehmungen, und versuchen Sie dann ein Gedicht zu schreiben, das die Wahrnehmungen ihres „Ichs" zum Thema macht.

IMPRESSIONISMUS IN DER MUSIK

Auch in der Musikgeschichte gibt es den Begriff *Impressionismus*. Als Vertreter gilt unter anderen CLAUDE DEBUSSY (1862–1918) [klod debüßi]. Das Musikstück *Prélude à l'après-midi d'un faune* [prelüd dapremidi dãfon] (dt. *Nachmittag eines Fauns*) beruht auf einem umfangreichen Gedicht von STEPHANE MALLARMÉ. Debussy versucht die durch die Sprache vermittelte Stimmung durch Klänge umzusetzen.

Ergänzung Literaturgeschichte   Band 2

VI. Aufbruch in die Moderne

Lesen Sie im Epochenteil Kapitel VI.6 (Gegenpositionen zum Naturalismus) und entnehmen Sie daraus folgende Informationen:

1. Welche Strömungen gelten als „antinaturalistisch"?
2. Erklären Sie den Begriff *Impressionismus* und nennen Sie zwei Autoren, die ihm zugeordnet werden.
3. Erklären Sie den Begriff *Wiener Moderne*.

Kompetenzen: Das sollen Sie wissen/können

1. Sie können wesentliche Merkmale impressionistischer Malerei am Beispiel von CLAUDE MONETS *Impression* erklären (Stichworte: Atmosphäre, Licht, Umgang mit Konturen und Farben).
2. Sie können erklären, inwiefern die sinnliche Wahrnehmung das Gedicht von FELIX DÖRMANN prägt.
3. Sie können den Begriff *Neologismus* erklären.
4. Sie können erklären, nach welchem Wertungskriterium man Felix Dörmann den Vorwurf des Kitschs machen könnte.
5. Sie können erklären, was ERNST MACH über das „Ich" sagt.

3 DIE WORTE ZERFALLEN WIE MODRIGE PILZE
Sprachskepsis und Sprachkritik

Modulvorschau

Die *Moderne* ist unter anderem dadurch gekennzeichnet, dass sie vieles in Zweifel zieht. Auch die Sprache wurde in dieser Zeit Gegenstand der Kritik. Schriftsteller waren daran maßgeblich beteiligt. An zwei Beispielen können Sie dies erkennen:

➡ Sie lesen ein Gedicht von RAINER MARIA RILKE.
➡ Sie lernen den *Brief des Lord Chandos* von HUGO VON HOFMANNSTHAL, einen Schlüsseltext der Moderne, kennen.

DIE FURCHT VOR DER SPRACHE

1 RAINER MARIA RILKE: (OHNE TITEL)

1 Ich fürchte mich so vor der Menschen Wort.
Sie sprechen alles so deutlich aus:
Und dieses heißt Hund und jenes heißt Haus,
und hier ist Beginn und das Ende ist dort.

5 Mich bangt auch ihr Sinn, ihr Spiel mit dem Spott,
sie wissen alles, was wird und war;
kein Berg ist ihnen mehr wunderbar;
ihr Garten und Gut grenzt grade an Gott.

Ich will immer warnen und wehren: Bleibt fern.
10 Die Dinge singen hör ich so gern.
Ihr rührt sie an: sie sind starr und stumm.
Ihr bringt mir alle die Dinge um.

Rainer Maria Rilke

Anregungen zur Texterschließung

1. Warum fürchtet sich das *lyrische Ich* vor den Worten der Menschen?
2. Was geht durch den Gebrauch der Worte verloren?
3. Können Sie selbst diese „Furcht" nachvollziehen?

Das Leben und das Werk RAINER MARIA RILKES (1875–1926) sind typisch für die Verstörung und Vereinsamung des Künstlers in der Gesellschaft der *Moderne*. In seinem lyrischen Frühwerk, das der *Neuromantik* und dem *Jugendstil* zugeordnet wird, machte Rilke vor allem religiöse Erfahrungen (*Das Stundenbuch*) und poetische Lebensgefühle zum Thema. Nach der Begegnung mit dem französischen Bildhauer AUGUSTE RODIN [ogüst rodã] entwickelte Rilke eine andere lyrische Form. In diesen „Dinggedichten" wollte Rilke nicht mehr subjektive Gefühle, sondern ganz bewusst einen Gegenstand zum lyrischen *Motiv* machen (z. B. *Der Panther*, Band 2 ▶ Kompetenzteil, I.3.3). Zum lyrischen Spätwerk gehört die Sammlung *Sonette an Orpheus*, in der Rilke die Existenz des Dichters in Anlehnung an die mythische Orpheus-Figur bestimmte. Auch für die Erzählprosa der Moderne leistete Rilke Bedeutendes (*Die Aufzeichnungen des Malte Laurids Brigge*).

Auguste Rodin: Der Denker

DIE SPRACHKRISE DES LORD CHANDOS

HUGO VON HOFMANNSTHAL, einer der wichtigsten Autoren der *Wiener Moderne*, schrieb im Jahr 1905 einen Prosatext, der als frühes Dokument der modernen Sprachskepsis gilt. Hofmannsthal verlegt den Entstehungszeitpunkt des Briefes in das Jahr 1603. Den *fiktiven* Briefschreiber nennt er Philipp Lord Chandos. Der ebenso fiktive Adressat ist der Naturwissenschaftler Francis Bacon, der sich bei Lord Chandos erkundigt hat, warum dieser nach seinen ersten Erfolgen keine literarischen Werke mehr veröffentlicht. Lord Chandos antwortet, indem er seine Sprachkrise beschreibt:

HUGO VON HOFMANNSTHAL: EIN BRIEF (AUSZUG)   2

1   Mein Fall ist, in Kürze, dieser: Es ist mir völlig die Fähigkeit abhanden gekommen, über irgendetwas zusammenhängend zu denken oder zu sprechen.
Zuerst wurde es mir allmählich unmöglich, ein höheres oder allgemeineres Thema zu besprechen und dabei jene Worte in den Mund zu nehmen, deren sich doch alle Menschen ohne
5   Bedenken geläufig zu bedienen pflegen. Ich empfand ein unerklärliches Unbehagen, die Worte „Geist", „Seele" oder „Körper" nur auszusprechen. Ich fand es innerlich unmöglich, über die Angelegenheiten des Hofes, die Vorkommnisse im Parlament, oder was Sie sonst wollen, ein Urteil herauszubringen. Und dies nicht etwa aus Rücksichten irgendwelcher Art, denn Sie kennen meinen bis zur Leichtfertigkeit gehenden Freimut: Sondern die abstrakten Worte, de-
10   ren sich doch die Zunge naturgemäß bedienen muss, um irgendwelches Urteil an den Tag zu geben, zerfielen mir im Munde wie modrige Pilze. Es begegnete mir, dass ich meiner vierjährigen Tochter Katharina Pompilia eine kindische Lüge, deren sie sich schuldig gemacht hatte, verweisen und sie auf die Notwendigkeit, immer wahr zu sein, hinführen wollte und dabei die mir im Munde zuströmenden Begriffe plötzlich eine solche schillernde Färbung annahmen
15   und so ineinander überflossen, dass ich den Satz, so gut es ging, zu Ende haspelnd, so wie

wenn mir unwohl geworden wäre und auch tatsächlich bleich im Gesicht und mit einem heftigen Druck auf der Stirn, das Kind allein ließ, die Tür hinter mir zuschlug und mich erst zu Pferde, auf der einsamen Hutweide einen guten Galopp nehmend, wieder einigermaßen herstellte.

20 Allmählich aber breitete sich diese Anfechtung aus wie ein um sich fressender Rost. Es wurden mir auch im familiären und hausbackenen Gespräch alle die Urteile, die leichthin und mit schlafwandelnder Sicherheit abgegeben zu werden pflegen, so bedenklich, dass ich aufhören musste, an solchen Gesprächen irgend teilzunehmen. Mit einem unerklärlichen Zorn, den ich nur mit Mühe notdürftig verbarg, erfüllte es mich, dergleichen zu hören, wie: Diese Sache ist
25 für den oder jenen gut oder schlecht ausgegangen; Sheriff N. ist ein böser, Prediger T. ein guter Mensch; Pächter M. ist zu bedauern, seine Söhne sind Verschwender; ein anderer ist zu beneiden, weil seine Töchter haushälterisch sind; eine Familie kommt in die Höhe, eine andere ist im Hinabsinken. Dies alles erschien mir so unbeweisbar, so lügenhaft, so löcherig wie nur möglich. Mein Geist zwang mich, alle Dinge, die in einem solchen Gespräch vorkamen, in ei-
30 ner unheimlichen Nähe zu sehen: So wie ich einmal in einem Vergrößerungsglas ein Stück von der Haut meines kleinen Fingers gesehen hatte, das einem Blachfeld mit Furchen und Höhlen glich, so ging es mir nun mit den Menschen und ihren Handlungen. Es gelang mir nicht mehr, sie mit dem vereinfachenden Blick der Gewohnheit zu erfassen. Es zerfiel mir alles in Teile, die Teile wieder in Teile, und nichts mehr ließ sich mit einem Begriff umspannen. Die einzelnen
35 Worte schwammen um mich; sie gerannen zu Augen, die mich anstarrten und in die ich wieder hineinstarren muss: Wirbel sind sie, in die hinabzusehen mich schwindelt, die sich unaufhaltsam drehen und durch die hindurch man ins Leere kommt.

(…) Seither führe ich ein Dasein, das Sie, fürchte ich, kaum begreifen können, so geistlos, so gedankenlos fließt es dahin; ein Dasein, das sich freilich von dem meiner Nachbarn, meiner
40 Verwandten und der meisten Land besitzenden Edelleute dieses Königreiches kaum unterscheidet und das nicht ganz ohne freudige und belebende Augenblicke ist. Es wird mir nicht leicht, Ihnen anzudeuten, worin diese guten Augenblicke bestehen; die Worte lassen mich wiederum im Stich. Denn es ist ja etwas völlig Unbenanntes und auch wohl kaum Benennbares, das in solchen Augenblicken, irgendeine Erscheinung meiner alltäglichen Umgebung mit einer
45 überschwellenden Flut höheren Lebens wie ein Gefäß erfüllend, mir sich ankündet. Ich kann nicht erwarten, dass Sie mich ohne Beispiel verstehen, und ich muss Sie um Nachsicht für die Albernheit meiner Beispiele bitten. Eine Gießkanne, eine auf dem Felde verlassene Egge, ein Hund in der Sonne, ein ärmlicher Kirchhof, ein Krüppel, ein kleines Bauernhaus, alles dies kann das Gefäß meiner Offenbarung werden. Jeder dieser Gegenstände und die tausend ande-
50 ren ähnlichen, über die sonst ein Auge mit selbstverständlicher Gleichgültigkeit hinweggleitet, kann für mich plötzlich in irgendeinem Moment, den herbeizuführen auf keine Weise in meiner Gewalt steht, ein erhabenes und rührendes Gepräge annehmen, das auszudrücken mir alle Worte zu arm erscheinen. Ja, es kann auch die bestimmte Vorstellung eines abwesenden Gegenstandes sein, dem die unbegreifliche Auserwählung zuteil wird, mit jener sanft und jäh
55 steigenden Flut göttlichen Gefühles bis an den Rand gefüllt zu werden. So hatte ich unlängst den Auftrag gegeben, den Ratten in den Milchkellern eines meiner Meierhöfe ausgiebig Gift zu streuen. Ich ritt gegen Abend aus und dachte, wie Sie vermuten können, nicht weiter an die Sache. Da, wie ich im tiefen, aufgeworfenen Ackerboden Schritt reite, nichts Schlimmeres in meiner Nähe als eine aufgescheuchte Wachtelbrut und in der Ferne über den welligen Feldern
60 die große sinkende Sonne, tut sich mir im Innern plötzlich dieser Keller auf, erfüllt mit dem Todeskampf dieses Volks von Ratten. Alles war in mir: die mit dem süßlich scharfen Geruch

des Giftes angefüllte kühldumpfe Kellerluft und das Gellen der Todesschreie, die sich an modrigen Mauern brachen; diese ineinandergeknäulten Krämpfe der Ohnmacht, durcheinander hinjagenden Verzweiflungen; das wahnwitzige Suchen der Ausgänge; der kalte Blick der Wut,

65 wenn zwei einander an der verstopften Ritze begegnen. (…) Da war eine Mutter, die ihre sterbenden Jungen um sich zucken hatte und nicht auf die Verendenden, nicht auf die unerbittlichen steinernen Mauern, sondern in die leere Luft, oder durch die Luft ins Unendliche hin Blicke schickte und diese Blicke mit einem Knirschen begleitete! (…) Vergeben Sie mir diese Schilderung, denken Sie aber nicht, dass es Mitleid war, was mich erfüllte. Das dürfen Sie ja

70 nicht denken, sonst hätte ich mein Beispiel sehr ungeschickt gewählt. Es war viel mehr und viel weniger als Mitleid: ein ungeheures Anteilnehmen, ein Hinüberfließen in jene Geschöpfe oder ein Fühlen, dass ein Fluidum des Lebens und Todes, des Traumes und Wachens für einen Augenblick in sie hinüber geflossen ist (…).

Anregungen zur Texterschließung

1. Welche Fähigkeit hat Lord Chandos verloren? Welches übliche Sprechverhalten ist ihm abhanden gekommen?
2. Durch seine Sprachkrise hat sich bei Lord Chandos eine andere, eine ungewöhnliche Form der Wahrnehmung eingestellt. Um welche Art von Wahrnehmung handelt es sich? An welchen Beispielen führt er sie aus?
3. Sehen Sie einen Widerspruch darin, dass Lord Chandos von seiner Sprachkrise berichtet, aber sehr gut in Worten mitteilen kann, wie es um ihn steht?
4. Die Sprache mit ihren Grenzen und ihren Möglichkeiten wurde auch in der Philosophie des 20. Jhs. zu einem zentralen Thema. Die Anfänge der *modernen Sprachphilosophie* sind eng mit dem Namen **LUDWIG WITTGENSTEIN** verknüpft. Informieren Sie sich in Band 2 ▶ Epochenteil VI.4.4 über diesen Philosophen.

Ergänzung Kulturgeschichte

Band 2

VI. Aufbruch in die Moderne

Lesen Sie im Epochenteil den Abschnitt VI.4.4 (Sprachphilosophie: Ludwig Wittgenstein) und entnehmen Sie daraus folgende Informationen:

1. Was wollte **WITTGENSTEIN** mit seinem *Tractatus logico-philosophicus* leisten und welche grundsätzliche Erkenntnis gewann er dabei?
2. Welches Sprachverständnis bezeichnet der späte Wittgenstein mit dem Begriff *Sprachspiel*? Wie heißt das Spätwerk, in dem er diese Theorie entwarf?

Kompetenzen: Das sollen Sie wissen/können

1. Sie können an zwei Beispielen im Prosatext *Ein Brief* von **HUGO VON HOFFMANNSTHAL** erläutern, in welchen Situationen Lord Chandos nicht mehr imstande ist, Sprache sinnvoll einzusetzen.
2. Sie können das „Ratten-Erlebnis" von Lord Chandos mit eigenen Worten nacherzählen.

4

LIEBEN UND LEBEN ALS GESELLSCHAFTSSPIEL?
Arthur Schnitzlers Schauspiel „Liebelei"

Modulvorschau

Sie lernen **ARTHUR SCHNITZLERS** Drama *Liebelei* unter folgendem Gesichtspunkt kennen: Mann-Frau-Beziehungen in der Wiener Gesellschaft der Jahrhundertwende.

Der Wiener Schriftsteller **ARTHUR SCHNITZLER** (1862–1931) bemühte sich in seinen Theaterstücken um psychologisch überzeugende Bilder des Einzelmenschen und dessen Rolle in der Gesellschaft. Was **SIGMUND FREUD** in der wissenschaftlichen Psychoanalyse leistete, leistete Schnitzler mit künstlerischen Mitteln.

Das Schauspiel *Liebelei* wurde 1895 uraufgeführt. Fritz und Theodor, die männlichen Hauptfiguren, sind zwei Studenten aus dem wohlhabenden Wiener Bürgertum. Fritz hat ein Verhältnis mit einer verheirateten Frau. Das Vergnügen an dieser heimlichen Beziehung ist nicht ungetrübt, denn Fritz und seine Geliebte leben mit der ständigen Angst, entdeckt zu werden. Theodor will seinen Freund dazu überreden, dieses belastende Verhältnis aufzugeben. Um ihn abzulenken, hat er ihn mit zwei jungen Frauen bekannt gemacht, mit seiner eigenen Liebschaft, dem „Fräulein Mizi", und deren Freundin Christine.

Arthur Schnitzler

Styria Verlag, Graz, 1993; Varha/Die Heißburger

1   ARTHUR SCHNITZLER: LIEBELEI (AUSZÜGE)

1   THEODOR: Ich bitt' dich Fritz – tu mir den Gefallen, sei vernünftig. Gib diese ganze verdammte Geschichte auf – schon meinetwegen. Ich hab' ja auch Nerven. … Ich weiß

5   ja, du bist nicht der Mensch, dich aus einem Abenteuer ins Freie zu retten, drum hab' ich dir's ja so bequem gemacht und dir Gelegenheit gegeben, dich in ein anderes h i n e i n -zuretten …

10   FRITZ: Du?…

THEODOR: Nun, hab' ich dich nicht vor ein paar Wochen zu meinem Rendezvous mit Fräulein Mizi mitgenommen? Und hab' ich nicht Fräulein Mizi gebeten, ihre schönste

15   Freundin mitzubringen? Und kannst du es leugnen, dass dir die Kleine sehr gut gefällt? …

Michael Heltau und Klaus Maria Brandauer in „Liebelei", Wiener Burgtheater 1972

Burgtheater, Wien/Hausmann

FRITZ: Gewiss ist die lieb! … So lieb! Und du hast ja gar keine Ahnung, wie ich mich nach so einer Zärtlichkeit ohne Pathos gesehnt habe, nach so was Süßem, Stillem, das mich umschmeichelt, an dem ich mich von den ewigen Aufregungen und Martern erholen kann.

20   THEODOR: Das ist es, ganz richtig! Erholen! Das ist der tiefere Sinn. Zum Erholen sind sie da. Drum bin ich auch immer gegen die sogenannten interessanten Weiber. Die Weiber haben

nicht interessant zu sein, sondern angenehm. Du musst dein Glück suchen, wo ich es bisher
gesucht und gefunden habe, dort, wo es keine großen Szenen, keine Gefahren, keine tragischen
Verwicklungen gibt, wo der Beginn keine besonderen Schwierigkeiten und das Ende keine
25 Qualen hat, wo man lächelnd den ersten Kuss empfängt und mit s e h r sanfter Rührung schei-
det.

FRITZ: Ja, das ist es.

THEODOR: Die Weiber sind ja so glücklich in ihrer gesunden Menschlichkeit – was zwingt uns
denn, sie um jeden Preis zu Dämonen oder zu Engeln zu machen?

30 FRITZ: Sie ist wirklich ein Schatz. So anhänglich, so lieb. Manchmal scheint mir fast, zu lieb für
mich.

THEODOR: Du bist unverbesserlich; scheint es. Wenn du die Absicht hast, auch die Sache wieder ernst zu nehmen –

FRITZ: Aber ich d e n k e nicht daran. Wir sind ja einig; Erholung.

35 THEODOR: Ich würde auch meine Hände von dir abziehen. Ich hab' deine Liebestragödien satt.
Du langweilst mich damit. Und wenn du Lust hast, mir mit dem berühmten Gewissen zu
kommen, so will ich dir mein einfaches Prinzip für solche Fälle verraten: Besser i c h als ein
anderer. Denn der andere ist unausbleiblich wie das Schicksal.

Anregungen zur Texterschließung

1. Welche Ansichten äußert Theodor über Frauen?
2. Welche Art von Beziehung will er zu Frauen haben?
3. Wie urteilen Sie über Theodors Ansichten?

Theodor hat Mizi und Christine für einen „erholsamen" Abend in Fritz' Wohnung eingeladen.
Der Dialog Fritz – Christine gibt Aufschlüsse über die Asymmetrie der Beziehung:

Track 12 2

1 FRITZ: Wie geht's dir denn, mein Schatz?

CHRISTINE: Jetzt geht's mir gut. –

FRITZ: Na, und sonst?

CHRISTINE: Ich hab' mich so nach dir gesehnt.

5 FRITZ: Wir haben uns ja gestern erst gesehen.

CHRISTINE: Gesehn. … von Weitem. (…) du, Fritz, … wer waren denn die Leute in der Loge?

FRITZ: Bekannte – das ist doch ganz gleichgültig, wie sie heißen.

CHRISTINE: Wer war denn die Dame im schwarzen Samtkleid?

FRITZ: Kind, ich hab' gar kein Gedächtnis für Toiletten.

10 CHRISTINE *schmeichelnd:* Na!

FRITZ: Das heißt … ich hab' dafür auch schon ein Gedächtnis – in gewissen Fällen. Zum Beispiel an die dunkelgraue Bluse erinner' ich mich sehr gut, die du angehabt hast, wie wir uns das
erste Mal gesehen haben. Und die weiß-schwarze Taille, gestern … im Theater –

CHRISTINE: Die hab' ich ja heut auch an!

15 FRITZ: Richtig … von Weitem sieht die nämlich ganz anders aus – im Ernst! Oh, und das Me-
daillon, das kenn' ich auch!

CHRISTINE *lächelnd:* Wann hab' ich's umgehabt?

FRITZ: Vor – na, damals, wie wir in dem Garten bei der Linie spazieren gegangen sind, wo die
vielen Kinder gespielt haben … nicht wahr …?

20 CHRISTINE: Ja … Du denkst doch manchmal an mich.

FRITZ: Ziemlich häufig, mein Kind …

CHRISTINE: Nicht so oft, wie ich an dich. Ich denke immer an dich … den ganzen Tag … und froh kann ich doch nur sein, wenn ich dich seh'!

FRITZ: Sehn wir uns denn nicht oft genug ? –

25 CHRISTINE: Oft …

FRITZ: Freilich. Im Sommer werden wir uns weniger sehn … Denk dir, wenn ich zum Beispiel einmal auf ein paar Wochen verreiste, was möchtest du da sagen?

CHRISTINE: *ängstlich* Wie? Du willst verreisen?

FRITZ: Nein … Immerhin wär' es aber möglich, dass ich einmal die Laune hätte, acht Tage ganz

30 allein zu sein …

CHRISTINE: Ja, warum denn?

FRITZ: Ich spreche ja nur von der Möglichkeit. Ich kenne mich, ich hab' solche Launen. Und du könntest ja auch einmal Lust haben, mich ein paar Tage nicht zu sehn … das werd' ich immer verstehn.

35 CHRISTINE: Die Laune werd' ich nie haben, Fritz.

FRITZ: Das kann man nie wissen.

CHRISTINE: Ich weiß es … Ich hab' dich lieb.

FRITZ: Ich hab' dich ja auch sehr lieb.

CHRISTINE: Du bist aber mein Alles, Fritz, für dich könnt' ich … – *Sie unterbricht sich* Nein, ich

40 kann mir nicht denken, dass je eine Stunde käm', wo ich dich nicht sehen wollte. Solang ich leb', Fritz – –

FRITZ *unterbricht:* Kind, ich bitt' dich … so was sag lieber nicht … die großen Worte, die hab' ich nicht gern. Von der Ewigkeit reden wir nicht …

CHRISTINE *traurig lächelnd:* Hab keine Angst, Fritz … ich weiß ja, dass es nicht für immer ist …

45 FRITZ: Du verstehst mich falsch, Kind. Es ist ja möglich, *lachend* dass wir einmal überhaupt nicht ohne einander leben können, aber wissen können wir's ja nicht, nicht wahr? Wir sind ja nur Menschen.

Anregungen zur Texterschließung

1. Anhand welcher Textstellen können Sie erkennen, dass Fritz' Liebe zu Christine anderer Art ist als ihre Liebe zu ihm?
2. Wenn Fritz Christine anspricht, wirkt seine Wortwahl bisweilen herablassend und verniedlichend. Weisen Sie solche Textstellen nach.
3. Hören Sie die Vertonung der Szene. Track 12

Der Abend endet nicht so „erholsam", wie Theodor sich das vorgestellt hat. Der Ehemann von Fritz' Geliebter erscheint plötzlich. Er weiß vom Verhältnis seiner Frau mit Fritz und fordert diesen – wie das damals unter „Ehrenmännern" üblich war – zum Duell. Mizi und Christine, die ins Nebenzimmer geschickt wurden, haben von der veränderten Situation nichts mitbekommen. Am nächsten Tag wartet Christine zunächst vergeblich auf Fritz, der – was Christine nicht weiß – mit den Vorbereitungen für das Duell beschäftigt ist. In Text 1 konnten Sie beobachten, wie zwei junge Männer über Frauen reden. Nun reden zwei junge Frauen über Männer:

1 MIZI: Weißt, woher die Kopfweh kommen? Von dem süßen Wein gestern. Ich wunder' mich so, dass ich gar nichts davon gespürt hab' … Aber lustig ist's gewesen, was …?

CHRISTINE *nickt.*

MIZI: Sind sehr fesche Leut', beide – kann man gar nichts sagen, was? – Und schön eingerichtet
5 ist der Fritz, wirklich prachtvoll! Beim Dori… *Unterbricht sich* Ah nichts. … – Geh, hast noch immer so starke Kopfschmerzen? Warum red'st denn nichts? … Was hast denn? …

CHRISTINE: Denk dir – er ist nicht gekommen.

MIZI: Er hat dich aufsitzen lassen? Das geschieht dir recht!

CHRISTINE: Ja, was heißt denn das? Was hab' ich denn getan? –

10 MIZI: Verwöhnen tust du ihn, zu gut bist du zu ihm. Da muss ja ein Mann arrogant werden.

CHRISTINE: Aber du weißt ja nicht, was du sprichst.

MIZI: Ich weiß ganz gut, was ich red'. – Schon die ganze Zeit ärger' ich mich über dich. Er kommt zu spät zu den Rendezvous, er begleit' dich nicht nach Haus, er setzt sich zu fremden Leuten in die Log' hinein, er lasst dich einfach aufsitzen – das lasst du dir alles ruhig gefallen
15 und schaust ihn noch dazu *Sie parodierend* mit so verliebten Augen an. –

CHRISTINE: Geh, sprich nicht so, stell dich doch nicht schlechter als du bist. Du hast ja den Theodor auch gern.

MIZI: Gern – freilich hab' ich ihn gern. Aber das erlebt der Dori nicht, und das erlebt überhaupt kein Mann mehr, dass ich mich um ihn kränken tät' – das sind sie alle zusamm' nicht wert, die
20 Männer.

CHRISTINE: Nie hab' ich dich so reden gehört, nie! –

MIZI: Ja, Tinerl – früher haben wir doch überhaupt nicht so miteinander gered't. – Ich hab' mich ja gar nicht getraut. Was glaubst denn, was ich für einen Respekt vor dir gehabt hab'! … Aber siehst, das hab' ich mir immer gedacht: Wenn's einmal über dich kommt, wird's dich or-
25 dentlich haben. Das erste Mal beutelt's einen schon zusammen! – Aber dafür kannst du auch froh sein, dass du bei deiner ersten Liebe gleich eine so gute Freundin zum Beistand hast.

CHRISTINE: Mizi!

MIZI: Glaubst mir's nicht, dass ich dir eine gute Freundin bin? Wenn ich nicht da bin und dir sag': Kind, er ist ein Mann wie die andern und alle zusammen sind's nicht eine böse Stund'
30 wert, so setzt du dir weiß Gott was für Sachen in den Kopf. Ich sag's aber immer: Den Män-nern soll man überhaupt kein Wort glauben.

CHRISTINE: Was red'st du denn – d i e Männer – was gehn mich denn d i e Männer an! – Ich frag' ja nicht nach den anderen. – In meinem ganzen Leben werd' ich nach keinem andern fragen!

35 MIZI: … Ja, was glaubst du denn eigentlich … hat er dir denn …? Freilich – es ist schon alles vorgekommen; aber da hättest du die Geschichte anders anfangen müssen …

CHRISTINE: Schweig endlich!

MIZI: Na, was willst denn von mir? Ich kann ja nichts dafür – das muss man sich früher über-legen. Da muss man halt warten, bis einer kommt, dem man die ernsten Absichten gleich am
40 Gesicht ankennt …

CHRISTINE: Mizi, ich kann solche Worte heute nicht vertragen, sie tun mir weh. –

MIZI *gutmütig*: Na, geh –

CHRISTINE: Lass mich lieber … sei nicht bös … lass mich lieber allein!

Anregungen zur Texterschließung

1. Welche Ansichten über Männer äußert Mizi? Welche Erfahrungen könnten sie zu diesen Ansichten veranlasst haben?
2. Beschreiben Sie die Unterschiede zwischen Mizi und Christine.

Fritz kommt zwar an diesem Abend noch zu Christine, aber er sagt nichts vom Duell. Als Christine nach zwei Tagen erfahren muss, dass Fritz getötet worden ist, ist sie zutiefst verstört und verzweifelt. Sie kann nicht verstehen, dass der Mann, den sie so geliebt hat, für eine andere in den Tod gegangen ist und dass sie als Letzte von dieser Tragödie erfährt. Das Stück endet mit einem offenen Schluss. Christine läuft aus der Wohnung. Ihr Vater sagt: „Sie kommt nicht wieder."

Anregung zum Schreiben

Schnitzlers Stück wurde 1895 in Wien uraufgeführt. Die handelnden Figuren stehen für Menschen in Wien im späten 19. Jh., die Männer kommen aus der großbürgerlichen Oberschicht, die Frauen aus dem Kleinbürgertum. Die Beziehungen zwischen Männern und Frauen sind ebenso dem geschichtlichen Wandel unterworfen wie vieles andere auch. Finden Sie, dass heute noch ähnliche Beziehungsmuster zu finden sind? Schreiben Sie in Partnerarbeit heutige Dialoge:
• Zwei junge Frauen sprechen über Männer.
• Zwei junge Männer sprechen über Frauen.

Situativer Schreibauftrag zu Modul VI.4, S. 434ff.

Band 2 | Ergänzung Kulturgeschichte

VI. Aufbruch in die Moderne

Die psychologische Genauigkeit, mit der Arthur Schnitzler seine Charaktere zeichnete, findet eine Entsprechung in der Entwicklung der Psychoanalyse durch Sigmund Freud. Lesen Sie im Epochenteil Kapitel VI.4.5 (Sigmund Freud, der Begründer der Psychoanalyse) und entnehmen Sie daraus folgende Informationen:
1. Erklären Sie Freuds Theorie des Unbewussten.
2. Erklären Sie Freuds Modell „Trieb-Es / Ich / Über-Ich".

Kompetenzen: Das sollen Sie wissen/können

1. Sie können den Handlungsverlauf von ARTHUR SCHNITZLERS Drama *Liebelei* kurz zusammenfassen.
2. Sie können die Beziehung Fritz–Christine erklären.
3. Sie können die Beziehung Mizi–Theodor erklären.

ZWISCHEN WELTZERSTÖRUNG UND MENSCHHEITSPATHOS
Expressionistische Lyrik und Malerei

5

Modulvorschau

Sie lernen den *Expressionismus* als maßgebliche Strömung der *Moderne* kennen:
➡ Sie interpretieren ein expressionistisches Bild und ein expressionistisches Gedicht, die motivähnlich sind.
➡ Sie lernen zentrale *Motive* des Expressionismus kennen und interpretieren Gedichte von Autorinnen und Autoren, die alle dem Expressionismus zugeordnet werden, sich aber in ihren Schreibweisen voneinander unterscheiden.

RADIKALER BRUCH MIT DER TRADITION

Schon der *Naturalismus* und seine Gegenströmungen *Impressionismus* und *Symbolismus* zeigten, dass die gesellschaftlichen Veränderungen in der zweiten Hälfte des 19. Jhs. auch das Kunstverständnis grundlegend veränderten. Die entscheidende Revolution in der Kunstgeschichte setzt man allerdings erst mit dem *Expressionismus* an. Mit dem Begriff Expressionismus bezeichnet man nicht nur eine literarische Richtung zwischen ca. 1905 und 1920: Der Begriff wurde von der Malerei auf die Literatur übertragen.

DAS MOTIV LIEBESKUMMER IN EXPRESSIONISTISCHER KUNST UND LITERATUR

Anregungen zur Bilderschließung

Analysieren und beschreiben Sie das Bild *Der Liebeskranke* von GEORGE GROSZ unter folgenden Gesichtspunkten:

1. Welche erkennbaren Gegenstände zeigt das Bild?
2. Inwiefern weicht die Darstellung dieser Gegenstände von der Wirklichkeit ab?
3. Inwiefern stehen die Gegenstände in Bezug zum Thema des Bildes?
4. Wie geht Grosz mit dem Raum um?
5. Was können Sie zur Verwendung der Farbe sagen?

George Grosz: Der Liebeskranke (1914)

George Grosz

1 Else Lasker-Schüler: Dem Abtrünnigen (1902)

1 Hinter Bäumen berg ich mich
bis meine Augen ausgeregnet haben,

und halte sie tief verschlossen,
daß niemand dein Bild schaut.

5 Ich schlang meine Arme um dich
wie Gerank.

Bin doch mit dir verwachsen,
warum reißt du mich von dir?

Ich schenkte dir die Blüte
10 meines Leibes,

alle meine Schmetterlinge
scheuchte ich in deinen Garten.

Immer ging ich durch Granaten,
sah durch dein Blut

15 die Welt überall brennen
vor Liebe.

Nun aber schlage ich mit meiner Stirn
meine Tempelwände düster.

O du falscher Gaukler,
20 du spanntest ein loses Seil.

Wie kalt mir alle Grüße sind;
mein Herz liegt bloß,

mein rot Fahrzeug
pocht grausig.

25 Bin immer auf See
und lande nicht mehr. R

Anregung zum Malen

Lassen Sie sich durch **Else Lasker-Schülers** Gedicht (Text 1) zum Malen eines expressionistischen Bildes anregen. Setzen Sie Sprach*bilder* aus dem Text in visuelle Bilder um. Bedenken Sie immer, dass sich expressionistische Künstlerinnen und Künstler weder an wirklichkeitsgetreue Farb- noch Formgebung gebunden fühlten.

Anregungen zur Texterschließung

Band 2 ▶ Kompetenzteil, I. Lyrik

1. Beschreiben Sie die Situation und die Stimmung, in der sich das *lyrische Ich* befindet.
2. Erläutern Sie den bildhaften Stil des Textes, indem Sie *Metaphern* und *Vergleiche* nachweisen.
3. Was können Sie zur formalen Gestaltung des Gedichts (*Reim*, *Metrum*, Verszeilen) sagen?

Die Lyrikerin **Else Lasker-Schüler** (1869–1945) stammte aus einer wohlhabenden jüdischen Familie. Aber in gutbürgerliche Lebensverhältnisse konnte und wollte sich die Autorin nie einfügen. Ihre erste Ehe mit einem Arzt wurde nach neun Jahren geschieden, ebenso ihre zweite Ehe mit **Herwart Walden**, dem Herausgeber der expressionistischen Zeitschrift *Der Sturm*. Else Lasker-Schüler lebte – meist ohne festen Wohnsitz – in Berlin, wo sie zur jungen Szene der Expressionisten gehörte. Ihre Gedichte erschienen in den wichtigsten Publikationen der *Avantgarde*. Nach der nationalsozialistischen Machtergreifung 1933 wurde die Veröffentlichung ihrer Werke verboten, Else Lasker-Schüler emigrierte zunächst in die Schweiz, 1937 nach Jerusalem, wo sie 1945 völlig verarmt starb.

Weltende oder Welterlösung?

Jakob van Hoddis: Weltende

2

1 Dem Bürger fliegt vom spitzen Kopf der Hut,
in allen Lüften hallt es wie Geschrei.
Dachdecker stürzen ab und gehn entzwei
und an den Küsten – liest man – steigt die Flut.

5 Der Sturm ist da, die wilden Meere hupfen
an Land, um dicke Dämme zu zerdrücken.
Die meisten Menschen haben einen Schnupfen.
Die Eisenbahnen fallen von den Brücken.

Franz Werfel: Revolutions Aufruf

3

1 Komm, Sintflut der Seele, Schmerz, endloser Strahl!
Zertrümmre die Pfähle, den Damm und das Tal!
Brich aus Eisenkehle! Dröhne du Stimme von Stahl!

Blödes Verschweinen! Behaglicher Sinn,
5 Geh mir mit deinem toten Ich bin!
Ach, nur das Weinen reißt uns zum Reinen hin.

Laß nur die Mächte treten den Nacken dir,
Stemmt auch das Schlechte zahllose Zacken dir,
Sieh das Gerechte feurig fährt aus den Schlacken dir.

10 Wachsend erkenne das Vermaledeit!
Brüllend verbrenne im Wasser und Feuer-Leid!
Renne renne renne gegen die alte, die elende Zeit!! R

Anregungen zur Texterschließung

1. In den Texten 2 und 3 dominieren *Bilder* der Bedrohung und Zerstörung. Weisen Sie solche Bilder nach.
2. Weisen Sie in **Jakob van Hoddis** Text *Weltende* *ironisierende* und *karikierende* Verszeilen nach.
3. **Franz Werfels** Stil wirkt *pathetisch*. Wie kommt solch ein Stil zustande? Weisen Sie folgende Merkmale nach (Imperativ, Ausruf, *emphatische* Wortwiederholung, *Metapher*, ungewöhnlicher Satzbau).
4. „Revolution" kennen wir in erster Linie als politischen Begriff. Steht in Werfels Gedicht tatsächlich die politische Aktion im Vordergrund?
5. Erschließen Sie die klanglichen formalen Merkmale der beiden Gedichte (*Reim*, *Rhythmus* und *Metrum*, formale Gliederung).

GROSSSTADTLEBEN: HÄSSLICHES UND GROTESKES

Die meisten Expressionist/innen lebten in Großstädten. Die Erfahrung der Großstadt, der sie mit widersprüchlichen Gefühlen gegenüberstanden, zeigt sich in ihren Werken: Einerseits ist die Großstadt der Ort der Freiheit, an dem vieles möglich wird, was in der beschaulichen Enge des Dorfs und der Kleinstadt undenkbar ist. Andererseits verbinden Expressionist/innen das Großstadtleben immer wieder mit Untergang, Vereinsamung, Hässlichkeit, Entfremdung und Verzweiflung.

4 GOTTFRIED BENN: NACHTCAFÉ

1   824: Der Frauen Liebe und Leben.
Das Cello trinkt rasch mal. Die Flöte
rülpst tief drei Takte lang: Das schöne Abendbrot.
Die Trommel liest den Kriminalroman zu Ende.

5   Grüne Zähne, Pickel im Gesicht
winkt einer Lidrandentzündung.

Fett im Haar
spricht zu offenem Mund mit Rachenmandel
Glaube Liebe Hoffnung um den Hals.

10   Junger Kropf ist Sattelnase gut.
Er bezahlt für sie drei Biere.

Bartflechte kauft Nelken,
Doppelkinn zu erweichen.

B-moll: die 35. Sonate.
15   Zwei Augen brüllen auf:
Spritzt nicht das Blut von Chopin in den Saal,
damit das Pack drauf rumlatscht!
Schluß! He, Gigi! –

Die Tür fließt hin: Ein Weib.
20   Wüste ausgedörrt. Kanaanitisch braun.
Keusch. Höhlenreich. Ein Duft kommt mit. Kaum Duft.
Es ist nur eine süße Vorwölbung der Luft
gegen mein Gehirn.

Eine Fettleibigkeit trippelt hinterher. ▣

Anregungen zur Texterschließung

1. Wo befindet sich das *lyrische Ich*? Welche Wahrnehmungen macht es? (*Der Frauen Liebe und Leben* ist ein Liederzyklus von ROBERT SCHUMANN).
2. Die *Synekdoche* dominiert in diesem Text. Weisen Sie dieses bildhafte Mittel nach.
3. GOTTFRIED BENN war Facharzt für Haut- und Geschlechtskrankheiten. Zeigt sich dies in der Perspektive des lyrischen Ichs?
4. Beschreiben Sie den Satzbau des Gedichts.
5. Vergleichen Sie Text 4 *Nachtcafé* mit dem Bild *Großstadt* von OTTO DIX.

Großstadt (1928)   Otto Dix

GEORG HEYM: DER GOTT DER STADT

5

1   Auf einem Häuserblocke sitzt er breit.
    Die Winde lagern schwarz um seine Stirn.
    Er schaut voll Wut, wo fern in Einsamkeit
    Die letzten Häuser in das Land verirrn.

5   Vom Abend glänzt der rote Bauch dem Baal,
    Die großen Städte knien um ihn her.
    Der Kirchenglocken ungeheure Zahl
    Wogt auf zu ihm aus schwarzer Türme Meer.

    Wie Korybanten-Tanz dröhnt die Musik
10   Der Millionen durch die Straßen laut.
    Der Schlote Rauch, die Wolken der Fabrik
    Ziehn auf zu ihm, wie Duft von Weihrauch blaut.

Das Wetter schwelt in seinen Augenbrauen.
Der dunkle Abend wird in Nacht betäubt.
15 Die Stürme flattern, die wie Geier schauen
Von seinem Haupthaar, das im Zorne sträubt.

Er streckt ins Dunkel seine Fleischerfaust.
Er schüttelt sie. Ein Meer von Feuer jagt
Durch eine Straße. Und der Glutqualm braust
20 Und frisst sie auf, bis spät der Morgen tagt.

Baal: biblische Bezeichnung für heidnische Gottheiten; *Korybanten:* Priester der phrygischen Muttergöttin Kybele

Anregungen zur Texterschließung

1. GEORG HEYM spricht über die Stadt wie über eine heidnische Gottheit (Dämon). Welches Aussehen und welche Eigenschaften gibt er dem Gott der Stadt? Welche Handlungen setzt diese Gottheit? Welches Gesamtbild entsteht dadurch?
2. Welchen Textstellen können Sie entnehmen, dass die Menschen dem Gott der Stadt huldigen?
3. Georg Heyms Sprache ist sehr bildhaft. Weisen Sie folgende Sprachbilder nach: *Metaphern*, *Vergleiche*, *Personifikationen*.
4. Zur Syntax: Die *syntaktische* Gestaltungsform, in der Einzelelemente unverbunden aneinandergereiht werden, bezeichnet man als *Reihungsstil*. Wir finden ihn häufig in expressionistischer Lyrik. Weisen Sie nach, dass die *Parataxe* (Hauptsatzreihe) den Satzbau bestimmt.
5. Weisen Sie *Enjambements* (Zeilensprünge) nach.
6. Weisen Sie in den Strophen 1 und 4 Formulierungen nach, in denen sich Heym nicht an die grammatikalische Norm hält.
7. Bestimmen Sie *Strophenform*, *Reimschema* und *Metrum*.
Band 2 ▸ Kompetenzteil I.3 und I.4

DUNKLE METAPHORIK

6 GEORG TRAKL: MENSCHHEIT

1 Menschheit vor Feuerschlünden aufgestellt,
Ein Trommelwirbel, dunkler Krieger Stirnen,
Schritte durch Blutnebel; schwarzes Eisen schellt,
Verzweiflung, Nacht in traurigen Gehirnen:
5 Hier Evas Schatten, Jagd und rotes Geld.
Gewölk, das Licht durchbricht, das Abendmahl.
Es wohnt in Brot und Wein ein sanftes Schweigen
Und jene sind versammelt, zwölf an Zahl.
Nachts schrein im Schlaf sie unter Ölbaumzweigen;
10 Sankt Thomas taucht die Hand ins Wundenmal.

Anregungen zur Texterschließung

Versuchen Sie sich diesem Gedicht von GEORG TRAKL auf folgende Weise zu nähern:

1. Das Verständnis wird dadurch erschwert, dass Trakl mehr oder weniger unverbundene Einzelbilder aneinanderreiht (*Reihungsstil*). Ordnen Sie zunächst einmal die *Bilder* in solche, die Ihnen positiv und solche, die Ihnen negativ erscheinen.
2. Überlegen Sie, welche Farben im Gedicht vorkommen, sei es, dass Farbadjektiva verwendet werden, sei es, dass Nomina implizit Farben enthalten (z. B. Blut, Nacht). Farben werden als *Symbole* eingesetzt. Teilweise ist die symbolische Bedeutung einer Farbe eine kulturelle Konvention (z. B. Schwarz als Farbe der Trauer), teilweise sprechen Künstlerinnen bzw. Künstler den Farben auch individuelle Bedeutungen zu. Rot ist bei Trakl die Farbe für Gewalt, Aggression.
3. Trakl verweist auf Bibelstellen und religiöse Symbole. Womit verbinden Sie „Evas Schatten" (Altes Testament, Buch Genesis)? Sind Ihnen die Stellen aus dem Neuen Testament bekannt, die in den Zeilen 6–10 angesprochen werden? Wenn nicht, dann lesen Sie diese Abschnitte aus Jesu Leidensgeschichte (Texte 7–9).
4. Welche Bedeutung haben Brot und Wein in der christlichen Liturgie?
5. Versuchen Sie nun die Botschaft des Textes zusammenzufassen. Gehen Sie folgendermaßen vor: Mit welchen Bildern wird der negative Zustand der Menschheit angedeutet? Welche Bilder bieten Erlösung an? Endet das Gedicht mit der sicheren Hoffnung auf Erlösung?

Das letzte Abendmahl, das Jesus vor seiner Kreuzigung mit seinen Jüngern hält, wird zur symbolischen Handlung. In Brot und Wein ist Jesus anwesend. Dieses Mysterium ist bis heute ein Kernstück der christlichen Liturgie:

Aus dem Evangelium nach Lukas (22,17–23) 7

(…) Dann nahm er einen Becher, sprach das Dankgebet und sagte: Nehmt ihn und reicht ihn unter euch weiter! Denn ich sage euch: Von nun an werde ich nicht mehr von der Frucht des Weinstocks trinken, bis das Reich Gottes kommt. Dann nahm er Brot, sprach das Dankgebet, brach das Brot und reichte es ihnen mit den Worten: Das ist mein Leib, der für euch hingegeben wird. Tut dies zu meinem Gedächtnis! Ebenso nahm er nach dem Mahl den Kelch und sagte: Dieser Kelch ist der Neue Bund in meinem Blut, das für euch vergossen wird. Doch seht, der Mann, der mich verrät, sitzt mit mir am Tisch. Der Menschensohn muss zwar den Weg gehen, der ihm bestimmt ist; aber weh dem Menschen, durch den er verraten wird. Da fragte einer den anderen, wer von ihnen das wohl tun werde.

Jesus weiß, dass er sterben wird. Auf dem Ölberg im Garten Getsemani verbringt er die Nacht betend. Seine Jünger begleiten ihn:

Aus dem Evangelium nach Lukas (22,39–46) 8

Dann verließ Jesus die Stadt und ging, wie er es gewohnt war, zum Ölberg; seine Jünger folgten ihm. Als er dort war, sagte er zu ihnen: Betet darum, dass ihr nicht in Versuchung geratet! Dann entfernte er sich ungefähr einen Steinwurf weit, kniete nieder und betete: Vater, wenn du es willst, nimm diesen Kelch von mir! Aber nicht mein, sondern dein Wille geschehe! Da erschien ihm ein Engel vom Himmel und gab ihm Kraft. Und er betete in seiner Angst noch inständiger, und sein Schweiß war wie Blut, das auf die Erde tropfte. Nach dem Gebet stand er auf, ging zu den Jüngern und fand sie schlafend; denn sie waren vor Kummer erschöpft. Er sagte zu ihnen: Wie könnt ihr schlafen? Steht auf und betet, damit ihr nicht in Versuchung geratet.

Nach der Überlieferung durch den EVANGELISTEN JOHANNES ist Jesus nach seiner Auferstehung den Jüngern erschienen. Thomas war nicht Zeuge der Erscheinung. Er glaubte nicht daran:

9 AUS DEM EVANGELIUM NACH JOHANNES (20,24–29)

Thomas, (…) einer der Zwölf, war nicht bei ihnen, als Jesus kam. Die anderen Jünger sagten zu ihm: Wir haben den Herrn gesehen. Er entgegnete ihnen: Wenn ich an seinen Händen nicht die Nagelwunden sehe und wenn ich meine Finger nicht in die Nagelwunden und meine Hand nicht in seine Seite lege, glaube ich nicht. Acht Tage darauf waren seine Jünger wieder in dem Raum, und Thomas war bei ihnen. Da kam Jesus bei verschlossenen Türen, trat in ihre Mitte und sprach: Friede sei mit euch! Darauf sagte er zu Thomas: Leg deinen Finger hierher und sieh meine Hände; nimm deine Hand und lege sie in meine Seite und sei nicht ungläubig, sondern gläubig! Thomas antwortete ihm: Mein Herr und mein Gott! Jesus sprach zu ihm: Weil du mich gesehen hast, glaubst du. Selig sind, die nicht sehen und doch glauben!

BIOGRAFIE UND LITERATUR

Das Bild einer gefährdeten und schuldhaften Existenz, das GEORG TRAKL in seinem Gedicht *Menschheit* (Text 6) konstruiert hat, kann zum Teil auf persönliche Erfahrungen und seelische Leiden des Autors zurückgeführt werden. Trakl wurde 1887 in Salzburg geboren, besuchte das humanistische Gymnasium, war seit 1905 Apothekerlehrling. Bereits zu dieser Zeit nahm er Drogen. Eine ständige seelische Belastung für Trakl war die inzestuöse Beziehung zu seiner Schwester Margarethe. Bis zum Kriegsbeginn 1914 ging Trakl wechselnden Beschäftigungen nach und wechselte auch mehrmals den Wohnsitz (Salzburg, Innsbruck, Wien). 1914 wurde er als Sanitäter zum Militärdienst eingezogen. Nach der Schlacht bei Grodek in Galizien unternahm er einen Selbstmordversuch und wurde in das Garnisonsspital Krakau eingeliefert. Dort starb er an einer Überdosis Kokain.

Band 2 Ergänzung Literaturgeschichte

VI. Aufbruch in die Moderne
Lesen Sie im Epochenteil Kapitel VI.7.1 und 7.2 und entnehmen Sie daraus folgende Informationen:

1. Fassen Sie die wesentlichen Merkmale expressionistischer Malerei zusammen und nennen Sie mindestens drei expressionistische Malerinnen bzw. Maler.
2. *Frühlings Erwachen* und *Der Sohn* sind expressionistische Dramen. Welche Themen behandeln die Autoren?
3. Politik und Expressionismus: Erklären Sie, inwiefern die Expressionisten ERNST TOLLER und JOHANNES R. BECHER ihre Kunst als politisches Handeln verstanden.

Kompetenzen: Das sollen Sie wissen/können

1. Sie können das Gedicht *Dem Abtrünnigen* von ELSE LASKER-SCHÜLER interpretieren.
2. Sie können am Beispiel des Bildes *Der Liebeskranke* von GEORGE GROSZ Kennzeichen der expressionistischen Malerei erklären.
3. Sie können Gedichte von zwei weiteren expressionistischen Autorinnen bzw. Autoren Ihrer Wahl interpretieren. (Orientieren Sie sich an den Anregungen zur Texterschließung.)

DAS BEDROHTE ICH
Epik der Moderne

6

Modulvorschau

Der Wandel des Erzählens in der *Moderne* lässt sich an inhaltlichen und formalen Merkmalen zeigen: Oft sind die Hauptfiguren in der Epik dieser Zeit *Antihelden* („bedrohtes Ich"). Das traditionelle *auktoriale Erzählen* verschwindet zwar nicht, tritt aber gegenüber neuen Varianten des *personalen Erzählens* etwas zurück (*erlebte Rede, innerer Monolog, Bewusstseins-stromtechnik*). Als neues Verfahren wird die *Montage* entwickelt. Am Beispiel von zwei „Klassikern der Moderne" lernen Sie diese Veränderungen kennen:

➡ FRANZ KAFKA schuf in seinen Romanen und Erzählungen *surreale* Welten. Seine Hauptfiguren sind typische Antihelden.

➡ Ein Antiheld ist auch die Hauptfigur aus *Berlin Alexanderplatz* von ALFRED DÖBLIN. Am Beispiel des Textauszugs kann man erkennen, wie ein Autor der Moderne das Innenleben seiner Figuren erzählerisch wiedergibt.

WENN ALBTRÄUME WIRKLICHKEIT WERDEN: FRANZ KAFKA

FRANZ KAFKA wurde 1883 in Prag geboren. Er stammte aus einer jüdischen Kaufmannsfamilie, besuchte das deutsche Gymnasium in Prag und studierte Jus. Seinen Lebensunterhalt sicherte er sich als Angestellter der „Arbeiter-Unfall-Versicherungs-Anstalt". 1917 erkrankte er schwer an Lungentuberkulose, 1924 starb er in einem Sanatorium in der Nähe von Wien. Kafkas schwieriges Verhältnis zu Menschen zeigt sich unter anderem daran, dass er dreimal verlobt war, aber nie den Schritt zur Verheiratung machte. Die Furcht, dass ihn eine feste Bindung in seiner literarischen Arbeit zu sehr einschränken würde, mag wohl ein Grund für dieses Zögern gewesen sein. Kafka gehört neben ROBERT MUSIL, HERMANN BROCH, ALFRED DÖBLIN und dem Iren JAMES JOYCE zu den Wegbereitern modernen Erzählens im 20. Jh. (vgl. **Band 2** ➤ Epochenteil, VI.8).

Franz Kafka

FRANZ KAFKA: VOR DEM GESETZ

1

1 Vor dem Gesetz steht ein Türhüter. Zu diesem Türhüter kommt ein Mann vom Lande und bittet um Eintritt in das Gesetz. Aber der Türhüter sagt, dass er ihm jetzt den Eintritt nicht gewähren könne. Der Mann überlegt und fragt dann, ob er also später werde eintreten dürfen. „Es ist möglich", sagt der Türhüter, „jetzt aber nicht." Da das Tor zum Gesetz offen steht wie

5 immer und der Türhüter beiseite tritt, bückt sich der Mann, um durch das Tor in das Innere zu sehn. Als der Türhüter das merkt, lacht er und sagt: „Wenn es dich so lockt, versuche es doch, trotz meines Verbotes hineinzugehn. Merke aber: Ich bin mächtig. Und ich bin nur der unterste Türhüter. Von Saal zu Saal stehn aber Türhüter, einer mächtiger als der andere. Schon den Anblick des dritten kann nicht einmal ich mehr ertragen." Solche Schwierigkeiten hat der

10 Mann vom Lande nicht erwartet; das Gesetz soll doch jedem und immer zugänglich sein, denkt er, aber als er jetzt den Türhüter in seinem Pelzmantel genauer ansieht, seine große Spitznase, den langen, dünnen, schwarzen tatarischen Bart, entschließt er sich, doch lieber zu

15 warten, bis er die Erlaubnis zum Eintritt bekommt. Der Türhüter gibt ihm einen Schemel und lässt ihn seitwärts von der Tür sich niedersetzen. Dort sitzt er Tage und Jahre. Er macht viele Versuche, eingelassen zu werden, und ermüdet den Türhüter durch seine Bitten. Der Türhüter stellt öfters kleine Verhöre mit ihm an, fragt ihn über seine Heimat aus und nach vielem andern, es sind aber teilnahmslose Fragen, wie sie große Herren stellen, und zum Schlusse sagt er ihm immer wieder, dass er ihn noch nicht einlassen könne. Der Mann, der sich für seine Reise mit vielem ausgerüstet hat, verwendet alles, und sei es noch so wertvoll, um den Türhüter

20 zu bestechen. Dieser nimmt zwar alles an, aber sagt dabei: „Ich nehme es nur an, damit du nicht glaubst, etwas versäumt zu haben." Während der vielen Jahre beobachtet der Mann den Türhüter fast ununterbrochen. Er vergisst die andern Türhüter, und dieser erste scheint ihm das einzige Hindernis für den Eintritt in das Gesetz. Er verflucht den unglücklichen Zufall, in den ersten Jahren rücksichtslos und laut, später, als er alt wird, brummt er nur noch vor sich

25 hin. Er wird kindisch, und, da er in dem jahrelangen Studium des Türhüters auch die Flöhe in seinem Pelzkragen erkannt hat, bittet er auch die Flöhe, ihm zu helfen und den Türhüter umzustimmen. Schließlich wird sein Augenlicht schwach, und er weiß nicht, ob es um ihn wirklich dunkler wird, oder ob ihn nur seine Augen täuschen. Wohl aber erkennt er jetzt im Dunkel einen Glanz, der unverlöschlich aus der Türe des Gesetzes bricht. Nun lebt er nicht mehr

30 lange. Vor seinem Tode sammeln sich in seinem Kopfe alle Erfahrungen der ganzen Zeit zu einer Frage, die er bisher an den Türhüter noch nicht gestellt hat. Er winkt ihm zu, da er seinen erstarrenden Körper nicht mehr aufrichten kann. Der Türhüter muss sich tief zu ihm hinunterneigen, denn der Größenunterschied hat sich sehr zu Ungunsten des Mannes verändert. „Was willst du denn jetzt noch wissen?", fragt der Türhüter, „du bist unersättlich." „Alle streben

35 doch nach dem Gesetz", sagt der Mann, „wieso kommt es, dass in den vielen Jahren niemand außer mir Einlass verlangt hat?" Der Türhüter erkennt, dass der Mann schon an seinem Ende ist, und, um sein vergehendes Gehör noch zu erreichen, brüllt er ihn an: „Hier konnte niemand sonst Einlass erhalten, denn dieser Eingang war nur für dich bestimmt. Ich gehe jetzt und schließe ihn."

Anregungen zur Texterschließung

1. Die meisten Leserinnen und Leser finden diesen Text rätselhaft und verwirrend. Erzeugt er bei Ihnen dieselbe Wirkung? Wenn ja, warum wohl?
2. Wie verhält sich der Türhüter? Wie verhält sich der Mann vom Lande? Hätte er andere Handlungsmöglichkeiten?
3. Informieren Sie sich im Glossar, was man unter einer *Parabel* versteht. Warum wird *Vor dem Gesetz* der Textsorte *lehrhafte Parabel* nicht gerecht?

Anregung zum Schreiben

Schreiben Sie eine eigene Version der Parabel, in der sich der Mann vom Lande anders verhält als bei Kafka.

WEITERFÜHRENDE INFORMATIONEN ZUM TEXTVERSTÄNDNIS

Die Parabel *Vor dem Gesetz* war ursprünglich Bestandteil des Romans *Der Prozess* (entstanden 1914 / 15, erschienen 1925). Kafka veröffentlichte den Text im Jahr 1919 unter dem Titel *Vor dem Gesetz* als eigenständige Publikation. In *Vor dem Gesetz* scheint Kafka das Schicksal der Romanfigur Josef K. als gleichnishaftes Modell vorzuführen. Zwischen dem Scheitern des Mannes vom Lande und dem Scheitern des Josef K. gibt es deutliche Parallelen: Josef K. wird eines Morgens verhaftet. Er weiß nicht warum, denn er ist sich keiner Schuld bewusst. K. gelingt es nicht, die Ursachen seiner Verhaftung herauszufinden. Gericht und Gesetz bleiben auch für die Romanfigur rätselhaft und unzugänglich. Am Schluss wird Josef K. hingerichtet. Als Entstehungsanlass für *Der Prozess* gilt ein Vorfall im Jahr 1914. Franz Kafka löste die Verlobung mit seiner Freundin Felice Bauer. Dem Tagebuch des Dichters ist zu entnehmen, dass dieser Schritt bei Kafka schwere Schuldgefühle auslöste. Schuld ist das zentrale Motiv des Romans *Der Prozess*. In der Literarisierung löste sich Franz Kafka allerdings vom konkreten autobiografischen Hintergrund.

Sowohl der Roman *Der Prozess* als auch die Parabel *Vor dem Gesetz* haben zahlreiche Deutungen erfahren, die auch zueinander in Widerspruch treten. Daraus ist zu entnehmen, dass sich Kafkas Texte jeder Eindeutigkeit entziehen. Besondere Beachtung hat allerdings eine Interpretation gefunden, die auf Ähnlichkeiten der Parabel mit der Vorstellungswelt der Kabbala hingewiesen hat. Die Kabbala ist eine jüdische *Mystik*, die davon ausgeht, dass jedem einzelnen Juden die Thora ein besonderes, nur für ihn bestimmtes Gesicht zuwende. Dieses besondere Gesicht zeigt den individuellen Heilsweg des Menschen. Da es nach kabbalistischer Vorstellung 600 000 wandernde jüdische Seelen gibt, gibt es 600 000 verschiedene Gesichter der Thora. Jeder gläubige Jude muss eben seine Auslegung des heiligen Textes finden. Der Mann vom Lande in Kafkas Parabel hat sich vom Türhüter davon abschrecken lassen, seinen individuellen Weg zum Gesetz zu gehen. So scheint der befremdliche Schlusssatz der Parabel erklärbar zu sein: „Hier konnte niemand sonst Einlass erhalten, denn dieser Eingang war nur für dich bestimmt."

„AUTORITÄT" IN PARABELN FRANZ KAFKAS

Der Türhüter in der Parabel *Vor dem Gesetz* ist eine Autoritätsfigur, die Furcht einflößt. Solche Figuren sind in Kafkas Werk keine Seltenheit. Psychologische Interpretationen versuchten nachzuweisen, dass die schwierige Beziehung von Franz Kafka zu seinem Vater die biografische Grundlage für die Gestaltung dieser Autoritätsfiguren bildet. Sehr direkt, also ohne Fiktionalisierung, hat Kafka sein Vater-Problem in einem ausführlichen *Brief an den Vater* erläutert. Dieser Brief hat allerdings seinen Adressaten nie erreicht. In Kafkas Erzählung *Das Urteil* verurteilt ein alternder Vater seinen Sohn aus undurchsichtigen Motiven zum Tode, worauf sich der Sohn von einer Brücke in den Fluss stürzt. In der Parabel *Die kaiserliche Botschaft* sendet der alte, sterbende Kaiser einem Untertanen, der vor ihm „in die fernste Ferne" geflüchtet ist, angeblich (!) eine Botschaft. Aber der Bote kann unmöglich die große Distanz zwischen dem kaiserlichen Palast und dem Aufenthaltsort des Untertanen überwinden. So sitzt der geflüchtete Untertan am Fenster und ersehnt die Botschaft des Kaisers, die möglicherweise gar nie abgeschickt worden ist. Ein Autoritätsproblem anderer Art zeigt Kafka in der Parabel *Auf der Galerie*.

FRANZ KAFKA: AUF DER GALERIE

2

1 Wenn irgendeine hinfällige, lungensüchtige Kunstreiterin in der Manege auf schwankendem Pferd vor einem unermüdlichen Publikum vom peitschenschwingenden erbarmungslosen Chef monatelang ohne Unterbrechung im Kreise rundum getrieben würde, auf dem Pferde schwirrend, Küsse werfend, in der Taille sich wiegend, und wenn dieses Spiel unter dem nicht
5 aussetzenden Brausen des Orchesters und der Ventilatoren in die immerfort weiter sich öffnende graue Zukunft sich fortsetzte, begleitet vom vergehenden und neu anschwellenden Beifallsklatschen der Hände, die eigentlich Dampfhämmer sind – vielleicht eilte dann ein junger

Galeriebesucher die lange Treppe durch alle Ränge hinab, stürzte in die Manege, rief das: Halt! durch die Fanfaren des immer sich anpassenden Orchesters.

10 Da es aber nicht so ist; eine schöne Dame, weiß und rot, hereinfliegt, zwischen den Vorhängen, welche die stolzen Livrierten vor ihr öffnen; der Direktor, hingebungsvoll ihre Augen suchend, in Tierhaltung ihr entgegenatmet; vorsorglich sie auf den Apfelschimmel hebt, als wäre sie seine über alles geliebte Enkelin, die sich auf gefährliche Fahrt begibt; sich nicht entschließen kann, das Peitschenzeichen zu geben; schließlich in Selbstüberwindung es knallend gibt; ne-

15 ben dem Pferde mit offenem Munde einherläuft; die Sprünge der Reiterin scharfen Blickes verfolgt; ihre Kunstfertigkeit kaum begreifen kann; mit englischen Ausrufen zu warnen versucht; die reifenhaltenden Reitknechte wütend zu peinlichster Achtsamkeit ermahnt; vor dem großen Salto mortale das Orchester mit aufgehobenen Händen beschwört, es möge schweigen; schließlich die Kleine vom zitternden Pferde hebt, auf beide Backen küsst und keine Huldi-

20 gung des Publikums für genügend erachtet; während sie selbst, von ihm gestützt, hoch auf den Fußspitzen, vom Staub umweht, mit ausgebreiteten Armen, zurückgelehntem Köpfchen ihr Glück mit dem ganzen Zirkus teilen will – da dies so ist, legt der Galeriebesucher das Gesicht auf die Brüstung und, im Schlussmarsch wie in einem schweren Traum versinkend, weint er, ohne es zu wissen.

Anregungen zur Texterschließung

1. Kafka gliedert den Text *Auf der Galerie* in zwei Absätze. Welchen Vorgang beschreibt er im ersten, welchen im zweiten Absatz? Wie verhalten sich der Zirkusdirektor, die Kunstreiterin, der Galeriebesucher?
2. Sein und Schein, Wirklichkeit und Täuschung – das ist ein zentrales *Motiv*. Was ist Ihrer Ansicht nach Wirklichkeit? Was ist Täuschung? Beachten Sie auch die Modi des Verbs und ihre Bedeutung für die Schilderung des Realen und des Irrealen.
3. Wie verstehen Sie den Schluss der Geschichte?

Die Bedrohung des Ichs als zentrales Bild im Werk
und in den Zeichnungen des Dichters Franz Kafka

DAS INNENLEBEN DES FRANZ BIBERKOPF

Mit dem *Sekundenstil*, den ARNO HOLZ und JOHANNES SCHLAF entwickelt hatten (vgl. Modul VI.1), konnte man zwar das äußere Geschehen gut erfassen, aber die inneren Vorgänge einer epischen Figur, die Gedanken und Gefühle, waren auf diese Weise nicht darstellbar. Diesem künstlerischen Anliegen, die Innenperspektive erzählbar zu machen, dienen die *erlebte Rede*, der *innere Monolog* und der *Bewusstseinsstrom*. Als erster Text, der einen inneren Monolog aufweist, gilt der Roman *Geschnittener Lorbeer* (*Les lauriers sont coupés*, 1888) von ÉDOUARD DUJARDIN [eduar düschardä]. Im Jahr 1900 folgte die in Form eines inneren Monologs geschriebene Novelle *Leutnant Gustl* von ARTHUR SCHNITZLER. Perfektioniert wurde das Verfahren vom irischen Schriftsteller JAMES JOYCE im Roman *Ulysses*.
Auch der deutsche Romancier ALFRED DÖBLIN machte in seinem Großstadtroman *Berlin Alexanderplatz* ausgiebig von der Innenperspektive Gebrauch. Der *Protagonist* seines Romans ist der ehemalige Transportarbeiter Franz Biberkopf, der gerade aus dem Gefängnis Berlin/Tegel entlassen worden ist und beschließt, ein anständiger Mensch zu werden.
Als er in Freiheit ist, besucht er zunächst ein Kino und im Anschluss daran eine Prostituierte. Diese Vorgänge erzählt Döblin auf folgende Weise:

ALFRED DÖBLIN: BERLIN ALEXANDERPLATZ (AUSZUG) 3

1 Franz schob rin. Es war grade Pause. Der lange Raum war knüppeldick voll, 90 Prozent Männer in Mützen, die nehmen sie nicht ab. Drei Lampen an der Decke sind rot verhängt. Vorn ein gelbes Klavier mit Paketen drauf. Das Orchestrion macht ununterbrochen Krach. Dann wird es finster und der Film läuft. Einem Gänsemädchen soll Bildung beigebracht werden, warum,
5 wird einem so mitten drin nicht klar. Sie wischte sich die Nase mit der Hand, sie kratzte sich auf der Treppe den Hintern, alles im Kino lachte. Ganz wunderbar ergriff es Franz, als das Kichern um ihn losging. Lauter Menschen, freie Leute, amüsierten sich, hat ihnen keiner was zu sagen, wunderbar schön, und ich stehe mitten mang! Dann lief es weiter. Der feine Baron hatte eine Geliebte, die sich auf eine Hängematte legte und dabei ihre Beine senkrecht nach
10 oben streckte. Die hatte Hosen an. Das ist eine Sache. Was sich die Leute bloß aus dem dreckigen Gänseliesel machten und daß die die Teller ausleckte. Wieder flimmerte die mit den schlanken Beinen auf. Der Baron hatte sie allein gelassen, jetzt kippte sie aus der Hängematte und flog ins Gras, lag lang da. Franz stierte auf die Wand, es gab schon ein anderes Bild, er sah sie noch immer herauskippen und lang daliegen. Er kaute an seiner Zunge, Donnerkiel, was
15 war das. Als dann einer, der aber der Liebhaber der Gänsemagd war, diese feine Frau umarmte, lief es ihm heiß über die Brusthaut, als wenn er sie selbst umarmte. Das ging auf ihn über und machte ihn schwach.
Ein Weibsstück. [Es gibt noch mehr als Ärger und die Angst. Was soll der ganze Quatsch? Luft, Mensch, ein Weib!] (...)
20 Franz war schon draußen auf der Straße im Regen. Wat machen wir? Ick bin frei. Ick muss ein Weib haben. Ein Weib muss ick haben. Schöne Lust, fein is das Leben draußen. Nur mal fest stehn und laufen können. Es federte in seinen Beinen, er hatte keinen Boden unter sich. Dann war an der Ecke Kaiser-Wilhelm-Straße hinter den Marktwagen schon eine, neben die er sich gleich stellte, egal was für eine. Donnerkiel, wo kriegen wir mit einmal die Eisbeene her. Er zog
25 mit ihr los, zerbiß sich die Unterlippe, so schauerte ihn, wenn du weit wohnst, komm ich nicht mit. Es war nur quer über den Bülowplatz, an den Zäunen vorbei, durch einen Hausflur, auf den Hof, sechs Stufen herunter. Sie drehte sich zurück, lachte: „Mensch, sei nich so jieprig, fällst mir ja aufn Kopp." Wie sie nur die Türe hinter sich geschlossen hatte, packte er sie an.

„Mensch, laß mich doch erst den Schirm hinlegen." Er preßte, drückte, kniff an ihr, rieb seine
Hände über ihren Mantel, er hatte noch den Hut auf, den Schirm ließ sie ärgerlich fallen: „Laß
mir doch los, Mensch", er ächzte, lächelte falsch und schwindlig: „Was is denn los?" „Du reißt
mir die Kledage kaputt. Wirst du se etwa berappen. Na also. Uns schenkt auch keiner was." Als
er sie nicht losließ: „Ich krieg doch keine Luft, Dussel. Bist wohl übergeschnappt."

Sie war dick und langsam, klein, er mußte ihr erst die drei Mark geben, die legte sie sorgfältig
in die Kommode, den Schlüssel steckte sie in ihre Tasche. Er mit den Augen immer hinter ihr
her: „Weil ich nämlich ein paar Jährchen abgerissen habe, Dicke. Draußen, Tegel, kannst dir ja
denken." „Wo?" „Tegel. Kannst dir ja denken."

Das schwammige Weib lachte aus vollem Hals. Sie knöpfte sich oben die Bluse auf. Es waren
zwei Königskinder, die hatten einander so lieb. Wenn der Hund mit der Wurst übern Rinnstein springt. Sie griff ihn, drückte ihn an sich. Putt, putt, putt, mein Hühnchen, putt, putt,
putt, mein Hahn.

Bald darauf hatte er Schweißtropfen im Gesicht, er stöhnte. „Na, wat stöhnst du." „Was läuft da
für ein Kerl nebenan?" „Is kein Kerl, is meine Wirtin." „Was macht denn die?" „Was soll die
denn machen. Die hat da ihre Küche." „Na ja. Die soll doch aufhören zu laufen. Was hat die
jetzt zu laufen. Ich kann es nicht vertragen." „Jotte doch, ich geh schon hin, ich sags ihr schon."
Ist das ein schweißiger Kerl, man is ordentlich froh, wenn man ihn los is, der olle Penner, den
setz ich bald raus. Sie klopfte an die Nebentür: „Frau Priese, ein paar Minuten sind Sie man
ruhig, ich hab hier mit einem Herrn zu reden, Wichtiges." So, nun haben wir es geschafft, lieb
Vaterland, kannst ruhig sein, komm an mein Herz, aber du fliegst bald raus.

Sie dachte, den Kopf auf dem Kissen: die gelben Halbschuhe können noch gut besohlt werden, Kittys neuer Bräutigam macht das für zwei Mark, wenn sie nichts dagegen hat, ich
schnappe ihn ihr nicht weg, er kann sie mir auch braun färben zu der braunen Bluse, ist schon
n oller Lappen, grade gut als Kaffeewärmer, da müssen die Bänder von aufgebügelt werden, ich
werde Frau Priese gleich sagen, die wird ja noch Feuer haben, was kocht die eigentlich heute.
Sie schnüffelte. Grüne Heringe.

Durch seinen Kopf rollten Verse, im Kreis, nicht zu verstehen: Kochste Suppe, Fräulein Stein,
krieg ich n Löffel, Fräulein Stein. Kochste Nudeln, Fräulein Stein, gib mir Nudeln, Fräulein
Stein. Fall ich runter, fall ich rauf. Laut stöhnte er: „Du magst mich wohl nicht?" „Warum denn
nich, komm her, immer fürn Sechser Liebe." Er fiel ab ins Bett, grunzte, stöhnte. Sie rieb sich
den Hals: „Ich lach mir schief. Bleib man ruhig liegen. Mir störste nich." Sie lachte, hob ihre
fetten Arme, steckte die Füße mit
Strümpfen aus dem Bett: „Ick kann
nicht dafür."

Raus auf die Straße! Luft! Regnet noch
immer. Was ist nur los? Ich muss mir
ne andre nehmen. Erst mal ausschlafen.
Franz, wat ist denn mit dir los?

Die sexuelle Potenz kommt zustande
durch das Zusammenwirken 1. des in-
nersekretorischen Systems, 2. des Ner-
vensystems und 3. des Geschlechtsap-
parates. Die an der Potenz beteiligten
Drüsen sind: Hirnanhang, Schilddrüse,
Nebenniere, Vorsteherdrüse, Samen-

Berlin Alexanderplatz, Verfilmung von Rainer Werner Fassbinder

75 blase und Nebenhoden. In diesem System überwiegt die Keimdrüse. Durch den von ihr berei-
teten Stoff wird der gesamte Sexualapparat von der Hirnrinde bis zum Genitale geladen. Der
erotische Eindruck bringt die erotische Spannung der Hirnrinde zur Auslösung, der Strom
wandert als erotische Erregung von der Hirnrinde zum Schaltzentrum im Zwischenhirn.
Dann rollt die Erregung zum Rückenmark hinab. Nicht ungehemmt, denn ehe sie das Gehirn
80 verläßt, muß sie die Bremsfedern der Hemmungen passieren, jene vorwiegend seelischen
Hemmungen, die als Moralbedenken, Mangel an Selbstvertrauen, Angst vor Blamage, Anste-
ckungs- und Schwängerungsfurcht und dergleichen mehr eine große Rolle spielen.
Und abends die Elsasser Straße heruntergeschliddert. Nicht gefackelt, Jungeken, keine Müdigkeit vorschützen. „Was kost das Vergnügen, Fräulein?" Die Schwarze ist gut, hat Hüften,
85 knuspriger Brezel. (...) **R**

Anregungen zur Texterschließung

1. Klären Sie die *Erzählperspektiven*. Aus wessen Perspektive werden welche Abschnitte erzählt? **Band 2** ▶ Kompetenzteil, III.3.2
2. Welche Sprachebene verwendet der Autor zum überwiegenden Teil?
3. Welcher Abschnitt unterscheidet sich sprachlich deutlich vom übrigen Erzähltext? Welche Sprachebene „montiert" Döblin hier in den Text (*Montage*)?

Ergänzung Literaturgeschichte   Band 2

VI. Aufbruch in die Moderne

Lesen Sie im Epochenteil Kapitel VI.8 (Erzählliteratur der Moderne) und entnehmen Sie daraus folgende Informationen:

1. Erläutern Sie an mindestens drei Beispielen aus der Epik der Moderne den Begriff *Antiheld* (brüchiger Protagonist).
2. Die Aufmerksamkeit der Erzählliteratur wendet sich innerseelischen Vorgängen zu. Welche Konsequenzen hat dies für das Erzählverfahren?

Kompetenzen: Das sollen Sie wissen/können

1. Sie können das Geschehen der Parabel *Vor dem Gesetz* von FRANZ KAFKA kurz zusammenfassen und erklären, warum wir diesen Text nicht der Textsorte „lehrhafte Parabel" zuordnen können.
2. Sie wissen, dass *Vor dem Gesetz* ursprünglich Bestandteil von Kafkas Roman *Der Prozess* war, und können die Ähnlichkeiten zwischen der Situation der Romanfigur Josef K. und der Situation des Mannes vom Land erklären.
3. Sie können Beispiele für Autoritätsfiguren in Kafkas Werk nennen und den biografischen Zusammenhang des Autoritätsmotivs erklären.
4. Sie können anhand des Textauszugs aus *Berlin Alexanderplatz* ALEXANDER DÖBLINS Umgang mit der *Erzählperspektive* erklären.
5. Sie können anhand des Textausschnitts 3 (Z. 64–85) erklären, was man unter *Montagetechnik* versteht.

7 Für und wider die Schlacht
Autoren und der Erste Weltkrieg

Modulvorschau

Der Erste Weltkrieg fand auch in der Literatur Widerhall. Es gab Autorinnen und Autoren, die den Kriegsausbruch begrüßten. Andere kritisierten den Krieg als Ausdruck von Barbarei. Drei Beispiele veranschaulichen dieses Phänomen:

➡ Sie lesen einen „offenen Brief" Hermann Bahrs an Hugo von Hofmannsthal, den er über Tageszeitungen verbreiten ließ.

➡ Sie beschäftigen sich mit einer *Satire* auf diesen offenen Brief aus Karl Kraus' Drama *Die letzten Tage der Menschheit*.

➡ Sie lernen den Antikriegs-Roman *Im Westen nichts Neues* von Erich Maria Remarque kennen.

Kriegsbeginn – ein „heiliger Augenblick"?

Hermann Bahr gehörte zu den prominenten Autorinnen und Autoren der *Wiener Moderne*. Insbesondere als *Essayist*, Verfasser von Gesellschaftskomödien (z. B. *Das Konzert*), Förderer der jungen Szene und „Kaffeehausliterat" war er zur Berühmtheit geworden. Sein Kreis traf sich regelmäßig im Wiener Café Griensteidl, wo geplaudert, diskutiert und teilweise auch gedichtet wurde. Bahrs Kunst- und Weltanschauung war wechselhaft und widersprüchlich wie die Zeit selbst. Ursprünglich hatte er sich für den *Naturalismus* begeistert, dann für den *Impressionismus*. Politisch stand er kurzfristig den Deutschnationalen nahe, später dem katholisch-konservativen Lager. Als 1914 der Erste Weltkrieg begann, gehörte Bahr zu denen, die sich propagandistisch für den Krieg einsetzten. Ein Dokument für Bahrs Kriegsbegeisterung ist der offene Brief an Hugo von Hofmannsthal, den er über Tageszeitungen verbreiten ließ.

1 Hermann Bahr: Gruss an Hofmannsthal

1 Ich weiß nur, dass Sie in Waffen sind, lieber Hugo, doch niemand kann mir sagen, wo. So will ich Ihnen durch die Zeitung schreiben. Vielleicht weht's der liebe Wind an Ihr Wachtfeuer und grüßt Sie schön von mir.

Mir fällt ein, dass wir uns eigentlich niemals näher waren, als da Sie Ihr Jahr bei den Drago-

5 nern machten. Erinnern Sie sich noch? Sie holten mich gern abends ab und wir gingen zusammen und ich weiß noch, wie seltsam es mir oft war, wenn wir im Gespräch immer höher in die Höhe stiegen, über alle Höhen uns verstiegen, und dann mein Blick, zurückkehrend, wieder auf Ihre Uniform fiel; sie passte nicht recht zu den gar nicht uniformen Gedanken. Im Oktober werden's zwanzig Jahre! Seitdem ist man „berühmt" geworden, es hat uns an nichts gefehlt,

10 aber wer wagt zu sagen, dass diese zwanzig Jahre gut für uns waren? Wie sind sie jetzt plötzlich so blass geworden in diesem heiligen Augenblick! Es war eine Zeit der Trennung, der Entfernung, der Vereinsamung; jeder ging vom anderen weg, jeder stand für sich, nur für sich allein, da froren wir. Jetzt hat es uns wieder zusammengeblasen, alle stehen füreinander, da haben wir warm. Jeder Deutsche, daheim oder im Feld, trägt jetzt die Uniform. Das ist das ungeheure

15 Glück dieses Augenblicks. Mög es uns Gott erhalten!

Und nun ist auf einmal auch alles weg, was uns zur Seite trieb. Nun sind wir alle wieder auf der einen großen deutschen Straße. Es ist der alte Weg, den schon das Nibelungenlied ging,

und Minnesang und Meistergesang, unsere Mystik und unser deutsches Barock, Klopstock
und Herder, Goethe und Schiller, Kant und Fichte, Bach, Beethoven und Wagner. Dann aber
hatten wir uns vergangen, auf manchem Pfad ins Verzwickte. Jetzt hat uns das große Schicksal
wieder auf den rechten Weg gebracht. Das wollen wir uns aber verdienen.
Glückauf, lieber Leutnant. Ich weiß, Sie sind froh. Sie fühlen das Glück, dabei zu sein. Es gibt
kein größeres. Und das wollen wir uns jetzt merken für alle Zeit: Es gilt, dabei zu sein. Und
wollen dafür sorgen, dass wir hinfort immer etwas haben sollen, wobei man sein kann. Dann
wären wir am Ziel des deutschen Wegs, und Minnesang und Meistersang, Herr Walther von
der Vogelweide und Hans Sachs, Eckhart und Tauler, Mystik und Barock, Klopstock und
Herder, Goethe und Schiller, Kant und Fichte, Beethoven und Wagner wären dann erfüllt.
Und das hat unserem armen Geschlecht der große Gott beschert!
Nun müsst ihr aber doch bald in Warschau sein! Da gehen Sie nur gleich auf unser Konsulat
und fragen nach, ob der österreichisch-ungarische Generalkonsul noch dort ist: Leopold Andrian. Das ist nun auch gerade zwanzig Jahre her, dass Andrian den „Garten der Erkenntnis"
schrieb, diese stärkste Verheißung. Er wird sie schon noch halten, mir ist nicht bang: ein Buch
mit zwanzig, eins mit vierzig, eins mit sechzig Jahren, weiter nichts, in jedem aber volle zwanzig Jahre drin, dann wird er der Dichter der drei Bücher sein, das ist auch ganz genug. Und
wenn ihr so vergnügt beisammen seid, und während draußen die Trommeln schlagen, der Poldi durchs Zimmer stapft und mit seiner heißen dunklen Stimme Baudelaire deklamiert, vergesst mich nicht, ich denk an euch!
Es geht euch ja so gut, und es muss einem ja da doch auch schrecklich viel einfallen, nicht?
Auf Wiedersehen!

Bayreuth, 16. August 1914.
Hermann Bahr.

Anregungen zur Texterschließung

1. Wie stellt Bahr seine Beziehung zu Hugo von Hofmannsthal dar? Können Sie in dieser Darstellung den Ton der „Angeberei" nachweisen?
2. Bahr spricht im Hinblick auf den Kriegsausbruch vom „ungeheuren Glück dieses Augenblicks". Warum ist der Krieg für Bahr ein Glück? Welchen Sinn spricht er dem Krieg zu?
3. Bahr spricht auch von einem „heiligen Augenblick" und hofft, Gott möge dieses Glück erhalten. Ist für Sie die Überlegung, der Krieg sei gottgewollt, nachvollziehbar?
4. Der Briefschreiber skizziert einen „deutschen Weg", der sich vom mittelalterlichen Minnesang bis zum Krieg erkennen lässt. Ist diese Konstruktion eines „deutschen Wegs", der
   sich nun erfüllen müsse, tatsächlich nachweisbar?

„DIE LETZTEN TAGE DER MENSCHHEIT"

HERMANN BAHR wusste nicht, dass HOFMANNSTHAL nicht irgendwo an der Front an einem
Wachtfeuer saß, sondern seinen Dienst ziemlich ungefährdet im Kriegsfürsorgeamt in Wien
leistete. Wer dies sehr wohl wusste, war der Schriftsteller KARL KRAUS (1874–1936), der Herausgeber und meist alleinige Autor der kritischen Zeitschrift *Die Fackel*. Kraus schrieb in der
Fackel einen kritisch-ironischen Artikel darüber, dass Hermann Bahrs Brief an Hofmannsthal
gewiss nicht vom Wind an ein galizisches Wachtfeuer geweht, sondern ganz normal vom Brief-
träger im Kriegsfürsorgeamt abgegeben werden wird.

Karl Kraus war von Anfang an einer der scharfsichtigsten und wortge-
waltigsten Kriegsgegner. Das Geschehen in den Kriegsjahren dokumen-
tierte er in einem Monumentaldrama von 220 Szenen. *Die letzten Tage
der Menschheit* heißt dieser gigantische Bilderbogen, den der Autor
selbst für unaufführbar hielt und der tatsächlich erst im Jahre 1964 die
erste Bühnenaufführung erlebte. Kraus führt das Publikum in seinem
Stück auf Berliner und Wiener Straßen und Plätze, an die Front, in Ka-
sernen und Kanzleien, in Kirchen und Hinterhöfe, in Vergnügungslokale
und Lazarette und zeigt kritisch und anklagend die Dummheit kriegsbe-
geisterter Zivilisten, die Siegesgewissheit kurzsichtiger Militärs, die
Skrupellosigkeit der Journalisten, das unverantwortliche Verhalten der
politischen Verantwortungsträger. Eine Szene lässt Kraus im Kriegsfürsorgeamt spielen. Hugo von Hofmannsthal liest in der Zeitung Hermann
Bahrs Brief.

Karl Kraus

2 KARL KRAUS: DIE LETZTEN TAGE DER MENSCHHEIT

1. Akt, 19. Szene Track 13

1   HUGO V. HOFMANNSTHAL (*blickt in eine Zeitung*): Ah, ein offener Brief an mich? – Das is lieb
vom Bahr, dass er in dieser grauslichen Zeit nicht auf mich vergessen hat! (*Er liest vor.*) „Gruß
an Hofmannsthal. Ich weiß nur, dass Sie in Waffen sind, lieber Hugo, doch niemand kann mir
sagen, wo. So will ich Ihnen durch die Zeitung schreiben. Vielleicht weht's der liebe Wind an
5   Ihr Wachtfeuer und grüßt Sie schön von mir –" (*Er bricht die Vorlesung ab.*)
EIN ZYNIKER: No – lies nur weiter! Schön schreibt er der Bahr!
HOFMANNSTHAL (*zerknüllt die Zeitung*): Der Bahr is doch grauslich –
DER ZYNIKER: Was hast denn? (*Nimmt die Zeitung und liest bruchstückweise vor*) „Jeder Deutsche, daheim oder im Feld, trägt jetzt die Uniform. Das ist das ungeheure Glück dieses Augen-
10   blicks. Mög es uns Gott erhalten! – – Es ist der alte Weg, den schon das Nibelungenlied ging,
und Minnesang und Meistersang, unsere Mystik und unser deutsches Barock, Klopstock und
Herder, Goethe und Schiller, Kant und Fichte, Bach, Beethoven, Wagner. – – Glückauf, lieber
Leutnant –"
HOFMANNSTHAL: Hör auf!
15   DER ZYNIKER (*liest*): „Ich weiß, Sie sind froh. Sie fühlen das Glück, dabei zu sein. Es gibt kein
größeres."
HOFMANNSTHAL: Du, wenn du jetzt nicht aufhörst –
DER ZYNIKER (*liest*): „Und das wollen wir uns jetzt merken für alle Zeit: Es gilt, dabei zu sein.
Und wollen dafür sorgen, dass wir hinfort immer etwas haben sollen, wobei man sein kann.
20   Dann wären wir am Ziel des deutschen Wegs, und Minnesang und Meistersang, Herr Walter
von der Vogelweide und Hans Sachs, Eckhart und Tauler, Mystik und Barock, Klopstock und
Herder, Goethe und Schiller, Kant und Fichte, Beethoven und Wagner wären dann erfüllt. –"
Wie hängen denn die mit dir zusammen? Ah, er meint vielleicht, dass sie enthoben sind. „Und
das hat unserem armen Geschlecht der große Gott beschert!" Gott sei Dank! – (*liest*) „Nun
25   müsst ihr aber doch bald in Warschau sein!"
HOFMANNSTHAL: Aufhören!!
DER ZYNIKER: „Da gehen Sie nur gleich auf unser Konsulat und fragen nach, ob der österreichisch-ungarische Generalkonsul noch dort ist: Leopold Andrian." (*Er bekommt einen Lachkrampf.*)

30 HOFMANNSTHAL: Was lachst denn?

DER ZYNIKER: Der is wahrscheinlich nach Kriegsausbruch in Warschau geblieben, um den einziehenden Truppen das Passvisum auszustellen – das is ja im Krieg unerlässlich – sonst können s' nicht nach Russland! (liest) „Und wenn ihr so vergnügt beisammen seid, und wäh-
35 rend draußen die Trommeln schlagen, der Poldi durchs Zimmer stapft und mit seiner heißen dunklen Stimme Baudelaire deklamiert, vergesst mich nicht, ich denk an euch! Es geht euch ja so gut –"

HOFMANNSTHAL: Hör auf!

DER ZYNIKER: „– und es muss einem ja da doch auch schrecklich viel einfallen, nicht? –" Was dem alles einfallt!

40 HOFMANNSTHAL: Lass mich in Ruh!

DER ZYNIKER: Du kommst doch sowieso bald nach Warschau? Auf Propaganda, mein' ich oder so. Wirst wieder deinen Hindenburg-Vortrag halten?

HOFMANNSTHAL: Ich sag dir, lass mich in Ruh –

DER ZYNIKER: Du, eine Kälten hats heut wieder – ich muss doch läuten, dass er das Wachtfeu-
45 er nachlegen kommt.

HOFMANNSTHAL: Also das is eine Gemeinheit – du – pflanz wen andern, lass mich arbeiten! (Der Poldi tritt ein.)

DER POLDI (heiße, dunkle Stimme): Gu'n Tog, du Hugerl weißt nix vom Bohr?
(Hofmannsthal hält sich die Ohren zu.)

50 DER ZYNIKER: Habe die Ehre, Herr Baron, Sie kommen wie gerufen.

DER POLDI: Du Hugerl is wohr dass der Bohr in dem Johr noch nicht do wor oder is er gor eingrückt?

DER ZYNIKER: Was, der auch?

HOFMANNSTHAL: Du der Mensch is zu grauslich – komm, gehn wir da hinein –

55 DER POLDI: Du Hugerl, der Baudelaire is ganz gscheidt, ich trog dir ein poor Sochen vor.

HOFMANNSTHAL: Und ich zeig dir meinen Prinz Eugen!

DER POLDI: Wunderbor!

Anregungen zur Texterschließung

1. Wie reagiert Hofmannsthal auf Bahrs „Gruß"?
2. Welche Stellen aus Bahrs Brief greift der Zyniker heraus? Wie kommentiert er sie?
3. Wie reagiert Hofmannsthal auf den Zyniker?
4. Inwiefern ergibt sich durch diese satirische Szene ein ganz anderes Bild der Situation, als es von Bahr skizziert wurde?
5. Hören Sie die Vertonung der Szene. 🔊 Track 13

„IM WESTEN NICHTS NEUES"

Der erfolgreichste Antikriegsroman der Zwischenkriegszeit ist *Im Westen nichts Neues* (1929) von ERICH MARIA REMARQUE (1898–1970) [remark]. Remarque wurde im Jahr 1916 gemeinsam mit seinen Mitschülern von der Schulbank weg an die Front eingezogen. Die ernüchternde und authentische Darstellung des Krieges machte sein Buch innerhalb kurzer Zeit zum Bestseller. Es war zum Zeitpunkt des Erscheinens Gegenstand heftiger Auseinandersetzungen. Die einen lobten es als großartiges Anti-Kriegsbuch, die anderen unterstellten Remarque Beleidigung der Frontsoldaten. Erstmals wurden im Ersten Weltkrieg chemische Waffen eingesetzt. Remarque schildert solch einen Giftgasangriff. Die Soldaten suchen Schutz auf einem Friedhof:

Erich Maria Remarque

3 ERICH MARIA REMARQUE: IM WESTEN NICHTS NEUES (AUSZUG)

1 Wir kommen in die Laufgräben und dann in die Wiesen. Das Wäldchen taucht auf; wir kennen hier jeden Schritt Boden. Da ist der Jägerfriedhof schon mit den Hügeln und den schwarzen Kreuzen.

In diesem Augenblick pfeift es hinter uns, schwillt, kracht, donnert. Wir haben uns gebückt –
5 hundert Meter vor uns schießt eine Feuerwolke empor.

In der nächsten Minute hebt sich ein Stück Wald unter einem zweiten Einschlag langsam über die Gipfel, drei, vier Bäume segeln mit und brechen dabei in Stücke. Schon zischen wie Kesselventile die folgenden Granaten heran – scharfes Feuer –

„Deckung!" brüllt jemand – „Deckung!" –
10 Die Wiesen sind flach, der Wald ist zu weit und gefährlich; – es gibt keine andere Deckung als den Friedhof und die Gräberhügel. Wir stolpern im Dunkel hinein, wie hingespuckt klebt jeder gleich hinter einem Hügel.

Keinen Moment zu früh. Das Dunkel wird wahnsinnig. Es wogt und tobt. Schwärzere Dunkelheiten als die Nacht rasen mit Riesenbuckeln auf uns los, über uns hinweg. Das Feuer der
15 Explosionen überflackert den Friedhof. Nirgendwo ist ein Ausweg. Ich wage im Aufblitzen der Granaten einen Blick auf die Wiesen. Sie sind ein aufgewühltes Meer, die Stichflammen der Geschosse springen wie Fontänen heraus. Es ist ausgeschlossen, dass jemand darüber hinwegkommt.

Der Wald verschwindet, er wird zerstampft, zerfetzt, zerrissen. Wir müssen hier auf dem
20 Friedhof bleiben.

Vor uns birst die Erde. Es regnet Schollen. Ich spüre einen Ruck. Mein Ärmel ist aufgerissen durch einen Splitter. Ich balle die Faust. Keine Schmerzen. Doch das beruhigt mich nicht, Verletzungen schmerzen stets erst später. Ich fahre über den Arm. Er ist angekratzt, aber heil. Da knallt es gegen meinen Schädel, daß mir das Bewußtsein verschwimmt. Ich habe den blitz-
25 artigen Gedanken: Nicht ohnmächtig werden!, versinke in schwarzem Brei und komme sofort wieder hoch. Ein Splitter ist gegen meinen Helm gehauen, er kam so weit her, daß er nicht durchschlug. Ich wische mir den Dreck aus den Augen. Vor mir ist ein Loch aufgerissen, ich erkenne es undeutlich. Granaten treffen nicht leicht in denselben Trichter, deshalb will ich hinein. Mit einem Satze schnelle ich mich lang vor, flach wie ein Fisch über den Boden, da
30 pfeift es wieder, rasch krieche ich zusammen, greife nach der Deckung, fühle links etwas, presse

mich daneben, es gibt nach, ich stöhne, die Erde zerreißt, der Luftdruck donnert in meinen Ohren, ich krieche unter das Nachgebende, decke es über mich, es ist Holz, Tuch, Deckung, Deckung, armselige Deckung vor herabschlagenden Splittern.

Ich öffne die Augen, meine Finger halten einen Ärmel umklammert, einen Arm. Ein Verwun-
35 deter? Ich schreie ihm zu, keine Antwort – ein Toter. Meine Hand faßt weiter, in Holzsplitter, da weiß ich wieder, daß wir auf dem Friedhof liegen.

Aber das Feuer ist stärker als alles andere. Es vernichtet die Besinnung, ich krieche nur noch tiefer unter den Sarg, er soll mich schützen, und wenn der Tod selber in ihm liegt.

Vor mir klafft der Trichter. Ich fasse ihn mit den Augen wie mit Fäusten, ich muß mit einem
40 Satz hinein. Da erhalte ich einen Schlag ins Gesicht, eine Hand klammert sich um meine Schulter – ist der Tote wieder erwacht? – Die Hand schüttelt mich, ich wende den Kopf, in sekundenkurzem Licht starre ich in das Gesicht Katczinskys, er hat den Mund weit offen und brüllt, ich höre nichts, er rüttelt mich, nähert sich; in einem Moment des Abschwellens erreicht mich seine Stimme: „Gas – Gaaas – Gaaas! – Weitersagen!"

45 Ich reiße die Gaskapsel heran. Etwas entfernt von mir liegt jemand. Ich denke an nichts mehr als an dies: Der dort muß es wissen: „Gaaas – Gaaas –!"

Ich rufe, schiebe mich heran, schlage mit der Kapsel nach ihm, er merkt nichts – noch einmal, noch einmal – er duckt sich nur – es ist ein Rekrut – ich sehe verzweifelt nach Kat, er hat die Maske vor – ich reiße meine auch heraus, der Helm fliegt beiseite, sie streift sich über mein
50 Gesicht, ich erreiche den Mann, am nächsten liegt mir seine Kapsel, ich fasse die Maske, schie-
be sie über seinen Kopf, er greift zu – ich lasse los – und liege plötzlich mit einem Ruck im Trichter.

Der dumpfe Knall der Gasgranaten mischt sich in das Krachen der Explosivgeschosse. Eine Glocke dröhnt zwischen die Explosionen, Gongs, Metallklappern künden überallhin – Gas –
55 Gas – Gaas –

Hinter mir plumpst es, einmal, zweimal. Ich wische die Augenscheiben meiner Maske vom Atemdunst sauber. Es sind Kat, Kropp und noch jemand. Wir liegen zu viert in schwerer, lau-
ernder Anspannung und atmen so schwach wie möglich.

Die ersten Minuten mit der Maske entscheiden über Leben und Tod: ist sie dicht? Ich kenne
60 die furchtbaren Bilder aus dem Lazarett: Gaskranke, die in tagelangem Würgen die verbrannten Lungen stückweise auskotzen. (…)

Die Einschläge haben aufgehört. Ich drehe mich zum Trichter und winke den andern. Sie klettern herauf und rei-
65 ßen sich die Masken herunter. Wir um-
fassen den Verwundeten, einer nimmt seinen geschienten Arm. So stolpern wir hastig davon.

Der Friedhof ist ein Trümmerfeld.
70 Särge und Leichen liegen verstreut. Sie sind noch einmal getötet worden; aber jeder von ihnen, der zerfetzt wurde, hat einen von uns gerettet.

Der Zaun ist verwüstet, die Schienen
75 der Feldbahn drüben sind aufgerissen,

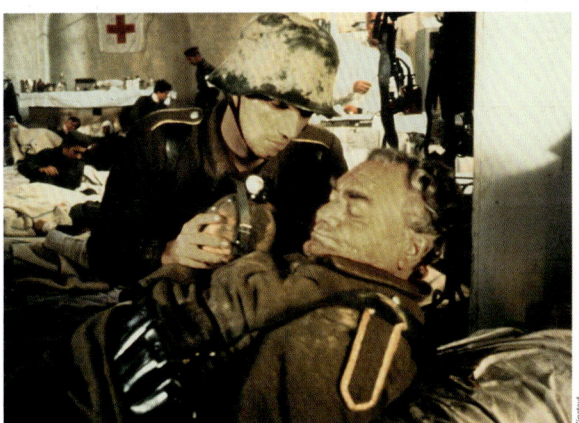

Im Westen nichts Neues, Filmszene

sie starren hochgebogen in die Luft. Vor uns liegt jemand. Wir halten an, nur Kropp geht mit dem Verwundeten weiter.

Der am Boden ist ein Rekrut. Seine Hüfte ist blutverschmiert; er ist so erschöpft, daß ich nach meiner Feldflasche greife, in der ich Rum mit Tee habe. Kat hält meine Hand zurück und
80 beugt sich über ihn: „Wo hat's dich erwischt, Kamerad?"

Er bewegt die Augen; er ist zu schwach zum Antworten.

Wir schneiden vorsichtig die Hose auf. Er stöhnt. „Ruhig, ruhig, es wird ja besser –"

Wenn er einen Bauchschuß hat, darf er nichts trinken. Er hat nichts erbrochen, das ist günstig. Wir legen die Hüfte bloß. Sie ist ein einziger Fleischbrei mit Knochensplittern. Das Gelenk ist
85 getroffen. Dieser Junge wird nie mehr gehen können. Ⓡ

Anregungen zur Texterschließung

1. Fassen Sie die erzählten Ereignisse kurz zusammen. Welche Wirkung löst bei Ihnen die Schilderung aus?
2. Welche sprachlichen Mittel setzt Remarque ein, um das Geschehen anschaulich zu erzählen? Beachten Sie den Satzbau, die grammatikalische Zeit, die *bildhaften* Ausdrucksweisen.

Situativer Schreibauftrag zu  Modul VI.7, S. 434ff.

Band 2 | Ergänzung Politische Geschichte

VI. Aufbruch in die Moderne

Lesen Sie im Epochenteil Kapitel VI.2 (Allgemeine geschichtliche Voraussetzungen, 2.1 und 2.2) und entnehmen Sie daraus folgende Informationen:

1. Was erfahren Sie über imperialistische Politik und Kolonialismus in England, Frankreich und Deutschland?
2. Welche Rolle spielte Österreich beim Ausbruch des Ersten Weltkriegs?
3. Welche grundlegende Veränderung führte schon im Ersten Weltkrieg zu enormen Opfern?
4. Welche politischen Folgen hatte der Erste Weltkrieg für Russland, Deutschland und Österreich?

Kompetenzen: Das sollen Sie wissen/können

➡ Sie können die Bedeutung von HERMANN BAHR für die *Wiener Moderne* erklären.

➡ Sie können erklären, welchen Sinn Bahr dem Krieg zuspricht.

➡ Sie wissen Wesentliches über KARL KRAUS' Drama *Die letzten Tage der Menschheit* und können erklären, inwiefern Kraus in der 19. Szene des 1. Akts auf Bahrs offenen Brief Bezug nimmt.

➡ Sie wissen Wesentliches über den Roman *Im Westen nichts Neues* (Autor, Erscheinungsjahr, Inhalt).

DADA HEISST JAJA
– oder etwas anderes!

8

Modulvorschau

Unter den „Ismen" der *Moderne* (Naturalismus, Impressionismus, Symbolismus, Expressionismus) verursachte der *Dadaismus* den radikalsten Traditionsbruch. Sie können dieses Phänomen anhand folgender Beispiele erkennen:

➡ Am Übergang vom Expressionismus zum Dadaismus bricht **AUGUST STRAMM** grammatikalische Normen.

➡ Das „Cabaret Voltaire" in Zürich war das Zentrum des frühen Dadaismus, Mitbegründer **HUGO BALL** wurde für seine *Lautgedichte* berühmt.

➡ *An Anna Blume* von **KURT SCHWITTERS** gehört zu den berühmtesten Gedichten des Dadaismus.

➡ Der Nationalsozialismus verfolgte Dada als „entartete Kunst", die Wiederaufnahme der Tradition erfolgte in den Fünfzigerjahren des 20. Jhs. durch die *sprachexperimentelle Literatur*.

VOM EXPRESSIONISMUS ZUM DADAISMUS: AUGUST STRAMM

Manche Vertreterinnen und Vertreter des *Expressionismus* entwickelten eine ungewöhnliche literarische Sprache, die auf Sprachnormen keine Rücksicht nahm. *Neologismen* (Wortneubildungen), schwer verständliche Sprachbilder und bewusste Verstöße gegen die Grammatik gehörten zu ihren Verfahrensweisen. Einer dieser Autorinnen und Autoren war **AUGUST STRAMM** (1874–1914). Er war hauptberuflich ein hochrangiger Postbeamter (Promotion über die „Briefpostgebühren des Weltpostvereins"). Mit seinen literarischen Versuchen fand er im Expressionisten-Kreis um **HERWARTH WALDEN** Anerkennung. Stramm fiel schon im ersten Kriegsjahr an der Front. Einige seiner Gedichte thematisieren den Krieg.

AUGUST STRAMM: PATROUILLE

1

1 Die Steine feinden
   Fenster grinst Verrat
   Äste würgen
   Berge Sträucher blättern raschlig
5 Gellen
   Tod.

Anregungen zur Texterschließung

1. Erklären Sie die in diesem Gedicht dargestellte Kriegssituation.
2. Analysieren Sie die Sprache, indem Sie folgende Merkmale nachweisen:
   • Neubildung eines Verbs (abgeleitet vom Nomen)
   • *Personifikationen*
   • Das intransitive Verb „grinsen" wird zum transitiven Verb.
   • Aneinanderreihung von Wörtern ohne *syntaktische* Verknüpfung

Band 2 ➤ Kompetenzteil, I.4

„ROT LIEBE ICH ANNA BLUME"

Noch radikaler als August Stramm ging KURT SCHWITTERS (1887–1948) mit der Sprache um. In seiner Lyrik ging er völlig neue Wege. Berühmt wurde sein Liebesgedicht *An Anna Blume*. Der Untertitel *Merzgedicht* bezieht sich auf die dadaistische Zeitschrift *Merz*, die Schwitters von 1923 bis 1927 herausgab.

Konstruktion für edle Frauen (1919)   Kurt Schwitters

2   KURT SCHWITTERS: AN ANNA BLUME. MERZGEDICHT I

1 O du, Geliebte meiner siebenundzwanzig Sinne, ich
liebe dir! – Du deiner dich dir, ich dir, du mir.
– Wir?
Das gehört (beiläufig) nicht hierher.
5 Wer bist du, ungezähltes Frauenzimmer? Du bist
– bist du? – Die Leute sagen, du wärest – laß
sie sagen, sie wissen nicht, wie der Kirchturm steht.
Du trägst den Hut auf deinen Füßen und wanderst
auf die Hände, auf den Händen wanderst du.
10 Hallo, deine roten Kleider, in weiße Falten zersägt.
Rot liebe ich Anna Blume, rot liebe ich dir! – Du
deiner dich dir, ich dir, du mir. – Wir?
Das gehört (beiläufig) in die kalte Glut.
Rote Blume, rote Anna Blume, wie sagen die Leute?

15 Preisfrage: 1. Anna Blume hat ein Vogel.
                  2. Anna Blume ist rot.
                  3. Welche Farbe hat der Vogel?
    Blau ist die Farbe deines gelben Haares.
    Rot ist das Girren deines grünen Vogels.
20 Du schlichtes Mädchen im Alltagskleid, du liebes
    grünes Tier, ich liebe dir! – Du deiner dich dir, ich
    dir, du mir, – Wir?
    Das gehört (beiläufig) in die Glutenkiste.
    Anna Blume! Anna, a-n-n-a, ich träufle deinen
25 Namen. Dein Name tropft wie weiches Rindertalg.
    Weißt du es, Anna, weißt du es schon?
    Man kann dich auch von hinten lesen, und du, du
    Herrlichste von allen, du bist von hinten wie von
    vorne: „a-n-n-a.“
30 Rindertalg träufelt streicheln über meinen Rücken.
    Anna Blume, du tropfes Tier, ich liebe dir! ®

Anregungen zur Texterschließung

1. Welche Textelemente entsprechen nicht den üblichen Erwartungen an ein Liebesgedicht?
2. Was erfahren Sie über die Geliebte? Welches Bild von Anna Blume machen Sie sich?
3. Kurt Schwitters lebte in Berlin. Im Berliner Dialekt weicht die Fallbildung (Dativ, Akkusativ) bisweilen von der Standardsprache ab. Wie hat Schwitters dieses Sprachphänomen im Text verarbeitet?
4. Wie geht Schwitters mit Farben um? Erklären Sie die Textstellen.
5. Schwitters verwendet *Sprachbilder* und *Stilfiguren*. Weisen Sie einige im Text nach: *Hyperbel* (V. 1), *Metapher* (V. 8), *Paradoxon* (V. 18), *Synästhesie* (V. 19), *Vergleich* (V. 25).

`Band 2` ▶ Kompetenzteil, I.4

HUGO BALL UND DAS CABARET VOLTAIRE

Das „Cabaret Voltaire" in Zürich war in den letzten Jahren des Ersten Weltkriegs ein Treffpunkt für Künstlerinnen, Künstler und Intellektuelle. Der Gründer des Cabaret Voltaire war **HUGO BALL**, den der Schriftsteller **WALTER MEHRING** so beschreibt: „(...) eine stille, bleiche, hohe Erscheinung. In einem Berliner Tingeltangel hatte er sich in eine Schleswiger Chansonette, Emmy Hennings, verliebt, sie zu seiner Frau und Jüngerin erhoben und für sie das Züricher Cabaret Voltaire eingerichtet." Dort trat auch **HUGO BALL** auf und trug seine *Lautgedichte* vor, „(...) in einem flügelartigen Mantel aus Pappe und mit blau und weiß gestreiftem Schamanenhut." Er verfiel dabei in die „uralten Kadenzen priesterlicher Lamentationen" und wurde letztlich „schweißgebadet als ein magischer Bischof" vom Podium getragen.

Hugo Ball

3 HUGO BALL: KARAWANE

KARAWANE

jolifanto bambla ô falli bambla
grossiga m'pfa·habla horem
égiga goramen
higo bloiko russula huju
hollaka hollala
anlogo bung
blago bung
blago bung
bosso fataka
ü üü ü
schampa wulla wussa ólobo
hej tatta gôrem
eschige zunbada
wulubu ssubudu uluw ssubudu
tumba ba- umf
kusagauma
ba - umf

Anregung zum Sprechen

Tragen Sie das Gedicht *Karawane* vor! Es handelt sich um ein *Lautgedicht*. Welche inhaltlichen Assoziationen weckt es bei Ihnen?

4 HUGO BALL/RICHARD HUELSENBECK: EIN LITERARISCHES MANIFEST

1 Es soll der Presse und dem Publikum durch unser Auftreten gezeigt werden, daß es Persönlichkeiten gibt, die die Sache der „jüngsten" Literatur auch im Kriege weiterführen. Diese jüngste Literatur hat eine ganz bewußte Tendenz. Diese Tendenz: Expressionismus, Buntheit, Abenteuerlichkeit, Futurismus, Aktivität, Dummheit (gegen die Intellektualität, gegen die Be-
5 buquins, gegen die gänzlich Arroganten). Wir wollen: Aufreizen, umwerfen, bluffen, triezen, zu Tode kitzeln, wirr, ohne Zusammenhang, Draufgänger und Negationisten sein. Unsere Sache ist die Sache der Intensität, der Nüstern, der Askese, des methodischen Fanatismus, der Flaggen und Konspirationen. Wir werden immer „gegen" sein. Wir werden die geistige Führerschaft an uns nehmen. Wir werden zu Felde ziehen gegen die Gehirnwesen, Geistlinge, Sys-
10 temlinge. Gegen die Aktionierer und lyrischen Tenöre. Gegen die „Programmatiker" und Sektenbildner. Wir ergreifen die Partei der Bilderstürmer und jeglicher Radikalisten. Wir propagieren den Stoffwechsel, den Saltomortale, den Vampyrismus und alle Art Mimik. Wir sind nicht naiv genug, an den Fortschritt zu glauben. Wir haben es nur mit dem „Heute" zu tun. Wir wollen sein: Mystiker des Details, Bohrlinge und Hellseher, Antikonzeptionisten
15 und Literaturstänker. Wir wollen den Appetit verderben an aller Schönheit, Kultur, Poesie, an allem Geist, Geschmack, Sozialismus, Altruismus und Synonymismus. Wir gehen los gegen alle „ismen", Parteien und „Anschauungen". Negationisten wollen wir sein. Ⓡ

Anregung zur Texterschließung

Was will „Dada"? Fassen Sie die wesentlichen programmatischen Erklärungen in einem kurzen Sachtext zusammen. Formulieren Sie auch Ihre subjektive Stellungnahme zu diesem Kunstprogramm.

Anregung zur „Aktion"

„Cabaret Voltaire" heute: Erarbeiten Sie in der Gruppe eine dadaistische Aktion! Verwenden Sie dafür Sprach-, Bild- und Tonmaterial unserer Zeit. Informieren Sie sich in **Band 2** Epochenteil, VI.7.3 über weitere Verfahrensweisen des Dadaismus!

FORTWIRKEN DES DADAISMUS

Die nationalsozialistische Kulturpolitik verfolgte den Dadaismus als „entartete Kunst". Erst in den Fünfzigerjahren des 20. Jhs. griffen Künstlerinnen und Künstler auf diese Kunstrichtung der *Moderne* zurück und entwickelten sie weiter. Die *Lautgedichte* des österreichischen Schriftstellers ERNST JANDL (1925–2000) stehen zum Beispiel in der Tradition von *Dada*.

ERNST JANDL: [FALAMALEIKUM, 1958]   5

1 falamaleikum
falamaleitum
falnamaleutum
fallnamalsooovielleutum
5 wennabereinmalderkrieglanggenugausist
sindallewiederda.
oderfehlteiner?

Ergänzung Literaturgeschichte   Band 2

VI. Aufbruch in die Moderne

Lesen Sie im Epochenteil Kapitel VI.7.3 (Dadaismus) und entnehmen Sie daraus folgende Informationen:

1. Gibt es ein dadaistisches Programm?
2. Was ist die Merz-Initiative von Kurt Schwitters?
3. Was sind typische Merkmale der Dada-Sprachkunst?

Kompetenzen: Das sollen Sie wissen/können

1. Sie können das Gedicht *Patrouille* von AUGUST STRAMM interpretieren.
2. Sie kennen die Bedeutung des Cabaret Voltaire und können das *Lautgedicht Karawane* von HUGO BALL vortragen.
3. Sie wissen, wie der Nationalsozialismus mit *Dada* umging und wann die Dada-Tradition wieder aufgenommen wurde.
4. Sie können *falamaleikum* von ERNST JANDL vortragen.

9 DIE ERNÜCHTERTE GENERATION
Lyrik der „Neuen Sachlichkeit"

Modulvorschau

1914 herrschte bei vielen Kriegsbegeisterung und Hurra-Patriotismus, das Kriegsende und dessen Folgen wirkten ernüchternd. BERTOLT BRECHT und ERICH KÄSTNER repräsentieren eine neue literarische Richtung der Zwischenkriegszeit, die man als *Neue Sachlichkeit* bezeichnet. Kästner wurde 1899 geboren, Brecht 1898. Sie haben als junge Männer den Zusammenbruch des alten Europa erlebt und die gesellschaftspolitischen Probleme Deutschlands in der Nach- und Zwischenkriegszeit zum Thema ihrer Lyrik gemacht.

1 BERTOLT BRECHT: VOM ARMEN B.B. (1922)

1

1
Ich, Bertolt Brecht, bin aus den schwarzen Wäldern.
Meine Mutter trug mich in die Städte hinein
Als ich in ihrem Leibe lag. Und die Kälte der Wälder
5 Wird in mir bis zu meinem Absterben sein.

Bertolt Brecht

2

In der Asphaltstadt bin ich daheim. Von allem Anfang
Versehen mit jedem Sterbsakrament:
Mit Zeitungen. Und Tabak. Und Branntwein.
10 Misstrauisch und faul und zufrieden am End.

3

Ich bin zu den Leuten freundlich. Ich setze
Einen steifen Hut auf nach ihrem Brauch.
Ich sage: Es sind ganz besonders riechende Tiere
15 Und ich sage: Es macht nichts, ich bin es auch.

4

In meine leeren Schaukelstühle vormittags
Setze ich mir mitunter ein paar Frauen
Und ich betrachte sie sorglos und sage ihnen:
20 In mir habt ihr einen, auf den könnt ihr nicht bauen.

5

Gegen Abend versammle ich um mich Männer
Wir reden uns da mit „Gentlemen" an.
Sie haben ihre Füße auf meinen Tischen
25 Und sagen: Es wird besser mit uns. Und ich frage nicht: Wann?

6

Gegen Morgen in der grauen Frühe pissen die Tannen
Und ihr Ungeziefer, die Vögel, fängt an zu schrein.
Um die Stunde trink ich mein Glas in der Stadt aus und schmeiße
30 Den Tabakstummel weg und schlafe beunruhigt ein.

7

Wir sind gesessen, ein leichtes Geschlechte
In Häusern, die für unzerstörbare galten
(So haben wir gebaut die langen Gehäuse des Eilands Manhattan
35 Und die dünnen Antennen, die das Atlantische Meer unterhalten).

8

Von diesen Städten wird bleiben: der durch sie hindurchging, der Wind!
Fröhlich machet das Haus den Esser: er leert es.
Wir wissen, dass wir Vorläufige sind
40 Und nach uns wird kommen: nichts Nennenswertes.

9

Bei den Erdbeben, die kommen werden, werde ich hoffentlich
Meine Virginia nicht ausgehen lassen durch Bitterkeit
Ich, Bertolt Brecht, in die Asphaltstädte verschlagen
45 Aus den schwarzen Wäldern in meiner Mutter in früher Zeit.

Anregungen zur Texterschließung

1. Der Lebensraum des *lyrischen Ichs* ist die „Asphaltstadt". Erschließen Sie aus dem Text, welche Dinge diesen Lebensraum bestimmen.
2. Wie beschreibt Brecht sein Verhältnis zu den anderen Menschen, insbesondere das zu Frauen?
3. Welche Beziehung hat das lyrische Ich zur Natur?
4. Was sagt Brecht über die Zukunftschancen seiner Generation?
5. Umgangssprachliches Vokabular (z. B. „Tabakstummel") steht neben poetischen *Bildern* (z. B. „schwarze Wälder"). Auch die sprachlich-kulturelle Begegnung mit Amerika wird erkennbar. Suchen Sie Beispiele für diese Sprachebenen.

Erich Kästner: Jahrgang 1899 (1928)   2

1 Wir haben die Frauen zu Bett gebracht,
als die Männer in Frankreich standen.
Wir hatten uns das viel schöner gedacht.
Wir waren nur Konfirmanden.

5 Dann holte man uns zum Militär,
bloß so als Kanonenfutter.
In der Schule wurden die Bänke leer,
zu Hause weinte die Mutter.

10 Dann gab es ein bisschen Revolution
und schneite Kartoffelflocken;
dann kamen die Frauen, wie früher schon,
und dann kamen die Gonokokken.

Inzwischen verlor der Alte sein Geld,
da wurden wir Nachtstudenten.
15 Bei Tag waren wir bureau-angestellt
und rechneten mit Prozenten.

Dann hätte sie fast ein Kind gehabt,
ob von dir, ob von mir – was weiß ich!
Das hat ihr ein Freund von uns ausgeschabt.
20 Und nächstens werden wir Dreißig.

Wir haben sogar ein Examen gemacht
und das meiste schon wieder vergessen.
Jetzt sind wir allein bei Tag und bei Nacht
und haben nichts Rechtes zu fressen!

25 Wir haben der Welt in die Schnauze geguckt,
anstatt mit Puppen zu spielen.
Wir haben der Welt auf die Weste gespuckt,
soweit wir vor Ypern nicht fielen.

Man hat unsern Körper und hat unsern Geist
30 ein wenig zu wenig gekräftigt.
Man hat uns zu lange, zu früh und zumeist
in der Weltgeschichte beschäftigt!

Die Alten behaupten, es würde nun Zeit
für uns zum Säen und Ernten.
35 Noch einen Moment. Bald sind wir bereit.
Noch einen Moment. Bald ist es so weit!
Dann zeigen wir euch, was wir lernten!

Erich Kästner

Anregungen zur Texterschließung

1. Unter welchen Bedingungen ist der Jahrgang 1899 herangewachsen? Welche historischen Ereignisse beeinträchtigten das Leben?
2. Welches Verhältnis haben laut Kästner die Männer des Jahrgangs 1899 zu Frauen?
3. Wie verstehen Sie die letzte Strophe des Gedichts?
4. Beschreiben Sie die Form des Texts (*Reim, Metrum*, Strophenbau).
5. Textvergleich: Sehen Sie Ähnlichkeiten zwischen Brechts und Kästners Gedicht in inhaltlicher, sprachlicher und formaler Hinsicht?

Band 2 ▶ Kompetenzteil, I. Lyrik

Anregung zum Schreiben

Versuchen Sie einen Text (Prosa oder Lyrik) zu schreiben, in dem Sie die Lebenserfahrung und Lebenseinstellung Ihres eigenen Jahrgangs zum Thema machen.

Brecht und Kästner über Lyrik

Kästner und Brecht haben ihre Ansichten über Lyrik auch in Aufsätzen erläutert. Bertolt Brecht war im Jahr 1927 Juror eines Wettbewerbs für junge Lyrikerinnen und Lyriker. Mehr als 400 Teilnehmerinnen und Teilnehmer schickten ihre Gedichte. Brecht gab den Preis – keinem! Seine Entscheidung begründete er folgendermaßen:

Bertolt Brecht: Kurzer Bericht über 400 (vierhundert) junge Lyriker

3

1 Ich muß zugeben, daß ich, als ich einwilligte, einen Haufen jüngster Lyrik auseinanderzuklauben, ziemlich leichtfertig handelte. Ich habe mich eigentlich, wenn ich von meiner eigenen Produktion absehe (was ohne weiteres geschehen kann), niemals besonders für Lyrik interessiert. Mein Bedarf war, genau so wie der anderer Leute, durch die Volksschullesebücher, das heißt
5 durch Werke wie „Wer will unter die Soldaten" bis zu „Preisend mit viel schönen Reden" und eventuell noch die „Rosse von Gravelotte", leicht zu decken. Ich kann also lediglich für mich geltend machen, daß mir einfach jeder Mensch, der bereit ist, seinem Verstand im allgemeinen Gehör zu schenken, ohne im besonderen darin ganz konsequent zu sein, fähig scheint, etwas zu beurteilen, was Menschen gemacht haben. Und gerade Lyrik muß zweifellos etwas sein, was
10 man ohne weiteres auf den Gebrauchswert untersuchen können muß.
Nun weiß ich, daß ein ganzer Haufen sehr gerühmter Lyrik keine Rücksicht darauf nimmt, ob man ihn brauchen kann. Die letzte Epoche des Im- und Expressionismus (also die „Druck-Kunst", deren Tage gezählt sind) stellte Gedichte her, deren Inhalt aus hübschen Bildern und aromatischen Wörtern bestand. Es gibt darunter gewisse Glückstreffer, Dinge, die man weder
15 singen noch jemand zur Stärkung überreichen kann und die doch etwas sind. Aber von einigen solcher Ausnahmen abgesehen, werden solche „rein" lyrischen Produkte überschätzt. Sie entfernen sich einfach zu weit von der ursprünglichen Geste der Mitteilung eines Gedankens oder einer auch für Fremde vorteilhaften Empfindung. Alle großen Gedichte haben den Wert von Dokumenten. In ihnen ist die Sprechweise des Verfassers enthalten, eines wichtigen Men-
20 schen. Ich muß hier zugestehen, daß ich von der Lyrik Rilkes (eines sonst wirklich guten Mannes), Stefan Georges und Werfels wenig halte, weil ich dadurch am besten und radikalsten den Leser über meine Unfähigkeit informieren kann, Erzeugnisse dieser oder verwandter Art irgendwie zu beurteilen. (...) [R]

Brecht plädiert dann dafür, den Preis einem Songtext zu geben, den er in einer Zeitung für Radsport gelesen hat und der in eher laienhafter lyrischer Sprache die Leistungen von Reggie MacNamara würdigt, der ein Sechs-Tage-Rennen gewonnen hat.

Erich Kästner: Ringelnatz und Gedichte überhaupt

4

1 Nehmen Sie an, man würde Sie fragen, ob Sie das Lesen oder Anhören von Gedichten für notwendig hielten. Die Antwort ist Ihnen von vornherein klar. Sie brauchen vielerlei, von dem Mittagessen bis zum großen Einmaleins und von der Urlaubsreise bis zum Wasserklosett. Aber Lyrik – Lyrik brauchen Sie normalerweise nicht.
5 An dieser lyrischen Bedürfnislosigkeit ist nicht etwa nur das Publikum schuld. Schuld daran sind vor allem die Lyriker selber! Ihre Gedichte sind, wenn man von wenigen Autoren absieht, in keiner Weise verwendbar; der Fall ist nicht selten, daß sie nicht einmal verständlich sind.

Ich möchte nicht mißverstanden werden. Möglicherweise sind solche Gedichte sehr wertvoll. Aber ihre Valuta wird heute nicht notiert. Sie stellen Werte dar, trotz deren Besitz man an
10 Leib und Seele verhungern kann. Vielleicht haben diese Verse ewige Bedeutung. Aber, nicht wahr, so lange können wir nicht warten? Es ist Lyrik im luftleeren Raum. Sie ist weder in privater noch in kollektiver Hinsicht verwendbar.

Die Notlage der Leute, die heute Verse machen, ist grenzenlos. Nicht nur die äußere Situation! Hungerleiden war von jeher ein schönes Vorrecht der Lyriker. Nein, auch die innere Lage ist
15 verzweifelt. Menschen, die sich schon der etwas komischen Beschäftigung unterziehen, daß sie Verse schreiben, wollen mindestens geschätzt und gelesen sein.

Neulich fand in Berlin eine Tagung des *Kartells lyrischer Autoren Deutschlands* statt. An der Sitzung nahmen sehr berühmte Autoren teil, einige von ihnen sind Mitglieder der Dichterakademie. Einer der Prominenten bekannte, daß er an seiner Lyrik im Jahre durchschnittlich 20
20 Mark Honorar verdiene. Aber auch ihn verbitterte sicher nicht so sehr die finanzielle Ertragslosigkeit seiner künstlerischen Bemühung wie ihre kulturelle Sinnlosigkeit.

Die Lyrik von heute ist nicht zu gebrauchen, auch im subtilsten Sinne des Wortes nicht. Es gibt vielleicht ein halbes Dutzend *Gebrauchslyriker*. Die Bezeichnung ist leider nicht albern.

Und diese Gebrauchslyriker werden gelesen. Sie werden auch verstanden und überall vorgetra-
25 gen, sogar geliebt und auswendig gelernt. Das ist sehr schön. Und die anderen, die „reinen", echten, absoluten Lyriker, wie sie sich nennen lassen, tun unrecht, wenn sie bei dem Worte Gebrauchslyrik den Mund verziehen.

Es ist wirklich keine Schande, Verse zu schreiben, die den Zeitgenossen begreiflich erscheinen! Die „reinen" Dichter dichten Konservenlyrik, nur zum Aufheben, für die Ewigkeit und für
30 noch spätere Doktorarbeiten. Die Gebrauchslyriker schreiben aber für heute, zum Sofortessen; wahrscheinlich halten sich ihre Produkte nicht sehr lange und verderben rasch.

Auf diese Gefahr hin! Ihre Anteilnahme und ihre Arbeit gehört – ohne daß wir sie überschätzen wollen – unserer Zeit und deren Bewohnern: In die Literaturgeschichte vom Jahre 2400 einzugehen ist halb so wichtig! (…)

In der Folge würdigt Kästner JOACHIM RINGELNATZ als herausragenden Lyriker seiner Zeit.

Anregung zur Texterschließung

1. Welchen Vorwurf erhebt Brecht (Text 3) gegen die Lyrik der „Druck-Kunst" (Impressionismus, Expressionismus)?
2. Welchem Kriterium wird laut Kästner die meiste Lyrik nicht gerecht (Text 4)? Wie sieht er die materielle Situation des Lyrikers?
3. Erklären Sie die Ähnlichkeit zwischen Brechts und Kästners Sichtweise.

Band 2 | Ergänzung Literaturgeschichte

VI. Aufbruch in die Moderne

Lesen Sie im Epochenteil Kapitel VI.9 (Neue Sachlichkeit) und entnehmen Sie daraus folgende Informationen:

1. Von welcher vorangegangenen Stilrichtung hebt sich die *Neue Sachlichkeit* ab?
2. Welche inhaltlichen, sprachlichen und formalen Kennzeichen hat die Literatur der *Neuen Sachlichkeit*?

Kompetenzen: Das sollen Sie wissen/können

1. Sie können Bertolt Brechts Gedicht *Vom armen B.B.* interpretieren.
2. Sie können Erich Kästners Gedicht *Jahrgang 1899* interpretieren.
3. Sie können Ähnlichkeiten im Lyrik-Verständnis von Brecht und von Kästner erklären.

„Du wirst meiner Liebe nicht entgehen ..."
Ödön von Horváth und das kritische Volksstück des 20. Jhs.

10

Modulvorschau

Das Volkstheater hat eine Tradition, die bis in die Barockzeit zurückreicht. In der Zwischenkriegszeit schrieben Ödön von Horváth und Marieluise Fleisser „neue" *Volksstücke*, die bewusst einen Traditionsbruch darstellen sollen.

➡ Sie lernen solch ein Volksstück am Beispiel von *Geschichten aus dem Wienerwald* kennen.
➡ Sie erfahren, dass Horváths Auffassung des Volkstheaters nach dem Zweiten Weltkrieg wieder aufgenommen wurde, und lernen das kritische Volksstück *Oberösterreich* von Franz Xaver Kroetz als Beispiel kennen.

Das kritische Volksstück der Zwischenkriegszeit: „Geschichten aus dem Wiener Wald" von Ödön von Horváth

Marianne ist die Tochter eines Spielwarenhändlers („Zauberkönig"). Ihre Mutter ist gestorben. Das Geschäft des Vaters geht in der Wirtschaftskrise der Zwischenkriegszeit eher schlecht. Der Zauberkönig ist daher froh, dass Oskar, der Fleischhauer aus der Nachbarschaft, Marianne zur Frau nehmen möchte. Marianne fügt sich mehr oder weniger gleichgültig in diese Situation. Am Verlobungstag wird ihr allerdings bewusst, dass sie sich nun für ihr Leben an einen Mann binden soll, den sie gar nicht liebt, und sie verweigert sich plötzlich dem väterlichen Plan. Einen maßgeblichen Beitrag zu diesem Sinneswandel liefert Alfred, ein arbeitsloser Wiener Vorstadt-Casanova, der seinen Lebensunterhalt zum einen Teil durch Pferdewetten bestreitet, zum anderen durch eine Beziehung mit der wesentlich älteren Trafikantin Valerie. Der Verlobungstag wird an der Donau gefeiert. Auch Valerie und Alfred sind dabei. Alfred findet Gefallen an der hübschen Braut und nähert sich ihr, als sie vom Schwimmen zurückkommt.

1 ÖDÖN VON HORVÁTH: GESCHICHTEN AUS DEM WIENER WALD 🔊 Track 14

4. Bild

1 MARIANNE: Die Donau ist weich wie Samt –

ALFRED: Wie Samt.

MARIANNE: Heut möcht ich weit weg – heut könnt man im Freien übernachten.

5 ALFRED: Leicht.

MARIANNE: Ach, wir armen Kulturmenschen! Was haben wir von unserer Natur!

ALFRED: Was haben wir aus unserer Natur gemacht? Eine Zwangsjacke. Keiner darf, wie er will.

10 MARIANNE: Und keiner will, wie er darf.

Stille.

ALFRED: Und keiner darf, wie er kann.

MARIANNE: Und keiner kann, wie er soll –

Alfred umarmt sie mit großer Gebärde, und sie wehrt sich mit

15 *keiner Faser – ein langer Kuss.*

Haucht. Ich habs gewusst, ich habs gewusst –

ALFRED: Ich auch.

MARIANNE: Liebst du mich, wie du solltest –?

ALFRED: Das hab ich im Gefühl. Komm, setzen wir uns.

20 *Sie setzen sich.*

Stille.

MARIANNE: Ich bin nur froh, dass du nicht dumm bist – ich bin nämlich von lauter dummen Menschen umgeben. Auch Papa ist kein Kirchenlicht – und manchmal glaub ich sogar, er will sich durch mich an meinem armen Mutterl selig rächen.

25 ALFRED: Du denkst zu viel.

MARIANNE: Jetzt gehts mir gut. Jetzt möcht ich singen. Immer, wenn ich traurig bin, möcht ich singen – *Sie summt und verstummt wieder.* Warum sagst du kein Wort?

Stille.

ALFRED: Liebst du mich?

30 MARIANNE: Sehr.

ALFRED: So wie du solltest? Ich meine, ob du mich vernünftig liebst?

MARIANNE: Vernünftig?

ALFRED: Ich meine, ob du keine Unüberlegtheiten machen wirst – denn dafür könnt ich keine Verantwortung übernehmen.

35 MARIANNE: Oh, Mann, grübl doch nicht – grübl nicht, schau die Sterne – die werden noch droben hängen, wenn wir drunten liegen –

ALFRED: Ich lass mich verbrennen.

MARIANNE: Ich auch – du, oh, du – du –

Stille.

40 Du – wie der Blitz hast du in mich eingeschlagen und hast mich gespalten – jetzt weiß ich es aber ganz genau.

ALFRED: Was?

MARIANNE: Dass ich ihn nicht heiraten werde –

Geschichten aus dem Wiener Wald,
Akademietheater 2010

ALFRED: Mariann!

45 MARIANNE: Was hast du denn?

Stille.

ALFRED: Ich hab kein Geld.

MARIANNE: Oh, warum sprichst du jetzt davon?!

ALFRED: Weil das meine primitivste Pflicht ist! Noch nie in meinem Leben hab ich eine Verlo-
50 bung zerstört, und zwar prinzipiell! Lieben ja, aber dadurch zwei Menschen auseinanderbrin-
gen – nein! Dazu fehlt mir das moralische Recht! Prinzipiell!

Stille.

MARIANNE: Ich hab mich nicht getäuscht, du bist ein feiner Mensch. Jetzt fühl ich mich doppelt zu dir gehörig – ich pass nicht zu Oskar und basta!

55 *Es ist inzwischen finster geworden, und nun steigen in der Nähe Raketen.*

ALFRED: Raketen. Deine Verlobungsraketen.

MARIANNE: Unsere Verlobungsraketen.

ALFRED: Und bengalisches Licht.

MARIANNE: Blau, grün, gelb, rot –

60 ALFRED: Sie werden dich suchen.

MARIANNE: Sie sollen uns finden – bleib mir, du, dich hat mir der Himmel gesandt, mein
Schutzengel –

*Jetzt gibt es bengalisches Licht – blau, grün, gelb, rot – und beleuchtet Alfred und Marianne; und
den Zauberkönig, der knapp vor ihnen steht mit der Hand auf dem Herzen.*

65 *Marianne schreit unterdrückt auf.*

Stille.

ALFRED: *geht auf den Zauberkönig zu:* Herr Zauberkönig –

ZAUBERKÖNIG: *unterbricht ihn:* Schweigen Sie! Mir brauchen Sie nichts zu erklären, ich hab ja
alles gehört – na, das ist ja ein gediegener Skandal! Am Verlobungstag – ! Nacket herumlie-
70 gen! Küss die Hand! Mariann! Zieh dich an! Dass nur der Oskar nicht kommt – Jesus Maria
und ein Stückerl Josef!

ALFRED: Ich trag natürlich sämtliche Konsequenzen, wenn es sein muss.

ZAUBERKÖNIG: Sie haben da gar nichts zu tragen! Sie haben sich aus dem Staube zu machen,
Sie Herr! Diese Verlobung darf nicht platzen, auch aus moralischen Gründen nicht! Dass mir
75 keine Seele was erfährt, Sie Halunk – Ehrenwort!

ALFRED: Ehrenwort!

MARIANNE: Nein!!

ZAUBERKÖNIG: *unterdrückt:* Brüll nicht! Bist danebst? Zieh dich an, aber marsch-marsch! Bad-
hur!

80 OSKAR: *erscheint und überblickt die Situation:* Marianne! Marianne!

ZAUBERKÖNIG: Krach in die Melon!

Stille.

ALFRED: Das Fräulein Braut haben bis jetzt geschwommen.

MARIANNE: Lüg nicht! So lüg doch nicht! Nein, ich bin nicht geschwommen, ich mag nicht
85 mehr schwimmen! Ich lass mich von euch nicht mehr tyrannisieren. Jetzt bricht der Sklave
seine Fessel – da! *Sie wirft Oskar den Verlobungsring ins Gesicht.* Ich lass mir mein Leben nicht
verhunzen, das ist mein Leben! Gott hat mir im letzten Moment diesen Mann da zugeführt.
– Nein, ich heirat dich nicht, ich heirat dich nicht, ich heirat dich nicht!! Meinetwegen soll
unsere Puppenklinik verrecken, eher heut als morgen!

90 ZAUBERKÖNIG: Das einzige Kind! Das werd ich mir merken! *Stille. Während zuvor Marianne geschrien hat, sind auch die übrigen Ausflügler erschienen und horchen interessiert und schadenfroh zu.*

OSKAR *tritt zu Marianne:* Mariann, ich wünsch dir nie, dass du das durchmachen sollst, was jetzt in mir vorgeht – und ich werde dich auch noch weiter lieben, du entgehst mir nicht – und
95 ich danke dir für alles. *Ab.*

Stille.

ZAUBERKÖNIG *zu Alfred:* Was sind Sie denn überhaupt?

ALFRED: Ich?

VALERIE: Nichts. Nichts ist er.

100 ZAUBERKÖNIG: Ein Nichts. Das auch noch. Ich habe keine Tochter mehr! *Ab mit den Ausflüglern – Alfred und Marianne bleiben allein zurück; jetzt scheint der Mond.*

ALFRED: Ich bitte dich um Verzeihung.

Marianne reicht ihm die Hand.

Dass ich dich nämlich nicht hab haben wollen – dafür trägt aber nur mein Verantwortungsge-
105 fühl die Verantwortung. Ich bin deiner Liebe nicht wert, ich kann dir keine Existenz bieten, ich bin überhaupt kein Mensch –

MARIANNE: Mich kann nichts erschüttern. Lass mich aus dir einen Menschen machen – du machst mich so groß und weit –

ALFRED: Und du erhöhst mich. Ich werd ganz klein vor dir in seelischer Hinsicht.

110 MARIANNE: Und ich geh direkt aus mir heraus und schau mir nach – jetzt, siehst du, jetzt bin ich schon ganz weit fort von mir – ganz dort hinten, ich kann mich kaum mehr sehen. – Von dir möcht ich ein Kind haben –

Anregungen zur Texterschließung

Band 2 ▶ Kompetenzteil, II.2.2 und 2.3

1. Welche Bedeutung spricht Marianne der Begegnung mit Alfred zu?
2. Wie reagiert Alfred zunächst auf Mariannes Liebeserklärung?
3. Wie reagiert der Zauberkönig, als er sehen muss, dass sich seine Tochter Alfred zugewandt hat?
4. Wie verhält sich Oskar in dieser Situation?
5. Wie endet die Szene?
6. Ödön von Horváth lässt seine Figuren stellenweise in einer Sprache reden, die er als „Bildungsjargon" bezeichnet hat. Es handelt sich um angelesene Sätze, um zufällig Gehörtes, unkritisch Aufgeschnapptes, um banale Kalenderweisheiten, um Zitate aus Illustrierten, sentimentale Phrasen aus Heftchenromanen, kitschige Refrains aus Operetten u .a. m. Durch diese Sprachfloskeln wird laut Horváth das Bewusstsein der Menschen in problematischer Weise vernebelt. Finden Sie in dieser Szene Beispiele für den „Bildungsjargon"?
7. Hören Sie die Vertonung der Szene. ▶Track 14▶

DER WEITERE HANDLUNGSVERLAUF

Die beglückenden Aussichten, die sich Marianne von ihrer Beziehung mit Alfred versprochen hat, erfüllen sich nicht. Alfred bekommt keine Arbeit, durch die er seine junge Familie ernähren könnte. Das gemeinsame Kind empfindet er folglich nur als Belastung. Er überredet Marianne, den kleinen Leopold zu seiner Mutter und zu seiner Großmutter in die Wachau zu bringen. Dann trennt er sich von Marianne. Die junge Frau steht vor dem finanziellen Abgrund. Ihr

Vater hat sie verstoßen, ihr Mann hat sie verlassen. Sie hat keine berufliche Ausbildung. Durch Auftritte als Nackttänzerin in einem Varieté kann sie sich einigermaßen über Wasser halten. Als sie einem reichem Amerikaner Geld entwenden will, wird sie entdeckt und angezeigt.

Als Marianne am Tiefpunkt ihres Lebens angelangt ist, bemüht sich die Trafikantin Valerie um eine Versöhnung Mariannes mit ihrem Vater und mit Oskar. Tatsächlich bringt Valerie die Versöhnung zu Wege. Und Alfred, der sie ja verlassen hat, kehrt zu ihr zurück. So fahren nun alle in die Wachau, um den kleinen Leopold, den Sohn von Marianne und Alfred zu holen. Aber der kleine Leopold ist tot. – Die Großmutter hat dieses „Kind der Sünde und der Schande" erkranken und sterben lassen. Nun ist Marianne am Ende ihrer Kräfte und fügt sich in die Ehe mit Oskar. „Ich hab dir mal gesagt, Mariann, du wirst meiner Liebe nicht entgehn", sagt er.

HORVÁTHS NEUES VOLKSSTÜCK

HORVÁTH wollte das herkömmliche *Volksstück* bewusst zerstören, sowohl inhaltlich als auch formal und sprachlich. Das herkömmliche Volksstück ist für Horváth ein seichter, schönfärberischer Unterhaltungsartikel; es besteht vor allem aus derb-schwankhaften Elementen, aus klischeehafter Personenzeichnung und stereotypen Handlungsabläufen, die allemal zu einem Happy End mit Hochzeit führen. Dass die Guten siegen und die Schlechten verlieren, versteht sich von selbst. Diesen trivialen Mustern setzen das soziale Drama und das kritische Volksstück einen Sozialrealismus entgegen, der nichts beschönigen will und gelegentlich auch provoziert. Das dörfliche Leben wird nicht idyllisiert, gesellschaftlich bedingtes Leid wird nicht verdrängt und das Gute siegt nur selten. Bruchstellen der Gesellschaft und der Menschen werden zu bevorzugten Themen.

Die von Autor/innen wie Horváth und MARIELUISE FLEISSER in der Zwischenkriegszeit entwickelte Form des Volksstücks passte nicht in die völkische Kunstauffassung des Nationalsozialismus. Die Nazis wollten edles arisches Bauerntum auf die Bühne stellen, wehrwillig, gebärfreudig und „gesund", nicht Durchschnittsmenschen mit ihren alltäglichen Unzulänglichkeiten. So wurde die Tradition des „kritischen Volksstücks" erst im Laufe der Sechzigerjahre wiederentdeckt. Die aus Bayern stammenden Dramatiker MARTIN SPERR und FRANZ XAVER KROETZ gehörten zu den Ersten, die sie wieder aufnahmen.

DAS KRITISCHE VOLKSSTÜCK NACH 1945: „OBERÖSTERREICH" VON FRANZ XAVER KROETZ

Oberösterreich ist ein Zwei-Personen-Stück. Anni ist Verkäuferin, Heinz ist LKW-Fahrer. Als Anni schwanger ist, kommt es zu schweren Konflikten, denn Heinz fürchtet, dass sie sich ein Kind nicht leisten können. Er versucht Anni zu einer Abtreibung zu überreden, aber sie weigert sich. Letztlich sagen die beiden doch ja zur Elternschaft. Die Beeinflussung der Menschen durch die Angebote der Konsumgesellschaft ist ein bestimmendes Thema im Stück *Oberösterreich*:

Franz Xaver Kroetz

2 | FRANZ XAVER KROETZ: OBERÖSTERREICH

2. Szene (Auszug)

1 *In der kleinen Küche am Abend. Anni macht das Abendessen. Heinz schaut einen Prospekt der Gartenfirma Versand GmbH an. Anni schaut Heinz über die Schulter in den Prospekt.*

ANNI: Wenn mir jetz einen Gartn hättn, tät man sich einen Schwimming-Pool kaufn.

HEINZ: Weil es ein Sonderangebot is.

5 ANNI: Aber schön. – Das ladet richtig ein zu einem Bad.

HEINZ: Genau. (*Liest*) Dieses Schwimmbecken mit einem Durchmesser von vier Meter fünfzig liefern wir Ihnen einschließlich Filteranlage und Steigeleiter zu dem sensationellen Preis von DeMark neunhundertfünfzig. Im Karton verpackt. – Einfachste Selbstmontage nach Anleitung. Die Filteranlage entspricht den deutschen Sicherheitsbestimmungen.

10 ANNI: Schwimmbeckenheizungen gibt es auch.

HEINZ: Genau. (*Liest.*) Lieferbar auf Anfrage.

ANNI: Wenn mir uns ein Schwimmbeckn kaufn tätn, weil mir einen Gartn habn, tät man auch eine Heizung brauchn.

HEINZ: Die wird aber ned billig sein, die Heizung.

15 ANNI: Nein.

HEINZ: Sonst tät nämlich ned dastehn: auf Anfrage. Sonst tät ein Bild und ein Preis drin sein.

ANNI: Aber wenn es ein kalter Sommer sein tät, tät man angewiesn sein auf eine Heizung.

HEINZ: Dann schon. Es gibt sogar einen Springbrunnen. Schau!

(*Er blättert um*)

20 ANNI: Ein Schwimming-Pool wär mir aber lieber.

HEINZ: Nur als Beweis, was es alles gibt. (*Liest.*) Heißner-Springbrunnen, die Zierde jedes Gartens. Ente aufrecht, einundvierzig Zentimeter, siebenunddreißig Mark. Ente gebückt, zweiundvierzig mal vierunddreißig Zentimeter, auch siebenunddreißig Mark. Seehund, dreiundvierzig mal vierunddreißig Zentimeter, dreiundneunzig Mark.

25 ANNI: Einen Seehund tät man vielleicht wolln, aber eine Ente nicht.

HEINZ: Nein. (*Lacht*) Keine Ente.

ANNI: Jetzt tust den Prospekt weg, daß ich anrichtn kann.

HEINZ: Genau. Lieber gut gegessn als schlecht geträumt.

ANNI: Ein Schwimming-Pool is kein Traum, wo es so viele gibt, die ein habn.

30 HEINZ: Einen Gartn braucht man dazu, das is es.

ANNI: Ein Traum tät sein, wenn man sich eine eigene Insel im Meer ausdenkt.

HEINZ: Eine Lagune.

ANNI: Genau. (*Nimmt ihm den Prospekt weg*) Jetzt wird gessn, sonst is kalt und schmeckt nimmer. (*Sie richtet an: Lauch, Rindfleisch und Bratkartoffeln.*)

35 HEINZ: Bore.

ANNI: Schmeckt wie Spargl, wo er viel billiger is.

HEINZ: (*probiert*) Schmeckt!

ANNI: Und ned teuer.

HEINZ: Weil mir uns keinen Spargel leistn können!

40 ANNI: Wenn der Bore genauso schmeckt und billiger is.

HEINZ: Weil du kochn kannst.

ANNI: Eine gute Köchin spart der Familie Geld und beschert ihr höchste Genüsse.

HEINZ: So ein Schmarrn.

ANNI: Wenn es so heißt.

45 HEINZ: Schmarrn.

ANNI: (lacht)

HEINZ: (lächelt. Sie essen.)

HEINZ: Aber Eignlob stinkt.

ANNI: Wenn man was hat, braucht man sich deswegn nicht zum schämen.

50 HEINZ: Der Johanser hat seinen neuen Manta.

ANNI: Warum?

HEINZ: Da hat er sich extra zwei Stundn freignommen, daß er ihn eignhändig abholn kann.

ANNI: Hast ihn schon gsehn?

HEINZ: Wenn er gleich damit in die Firma is.

55 ANNI: Welche Farb?

HEINZ: Zitronengelb heißt das, obwohl ich es ihm ned glaubt hab.

ANNI: Schön?

HEINZ: Is ein Auto der Manta. Wo er den Sechzehnhunderter hat mit achtundachtzig PeeS. Da tätn mir nimmer mitkommen, wenn es ein Wettrennen gebn tät. (Lacht)

60 ANNI: Weil unser Kadett kein schönes Auto is!

HEINZ: Aber ein Massnauto und kein Vergleich. Da tät man schon einen Capri brauchn, daß man mitkommt. Der Zweitausender, der macht es.

ANNI: Wo ein Auto ein Gebrauchsgegenstand is und sonst nix.

HEINZ: Ned ganz.

65 ANNI: Und was ich im Haushalt spar, weil ich Fähigkeitn hab, das gibst du für das Auto wieder aus.

HEINZ: Wo das Auto uns mitnander gehört. Jeder die Hälfte.

ANNI: Sag eh nix, aber vorbaun will ich.

HEINZ: Wenn der Kadett nicht so ein Massnauto wär, wär er richtig.

70 ANNI: Das is doch gleich, wo er uns ghört. (…) [R]

Anregungen zur Texterschließung

1. Mit welchen Versprechungen und Verlockungen arbeitet die Versandhaus-Werbung?
2. Welche Floskeln aus der Werbung hat Anni in ihren Sprachschatz übernommen?
3. Beachten Sie, wodurch ein Gegenstand für Anni und Heinz zu einem „Traum" oder zumindest anstrebenswert wird! Führen Sie dieses Phänomen am Beispiel des Autos und am Beispiel des „Schwimmingpool" aus.
4. Können Sie Bedürfnisunterschiede zwischen Mann und Frau feststellen?

Anregung zur Problemdiskussion

Diskutieren Sie das Thema „Konsum", indem Sie sich mit folgenden Aussagen beschäftigen:
• Wenn viel konsumiert wird, muss viel produziert werden. Konsum ermöglicht also mehr Arbeitsplätze.
• Konsumieren können macht viele Menschen glücklicher.
• Aus ungebremster Lust am Konsum verschulden sich viele Menschen und ruinieren teilweise sogar ihre Existenz.
• Schon Kinder werden als Konsument/innen geworben. Das ist schlecht. Oder doch nicht?
• Konsumverweigerung macht frei.
• Nicht konsumieren zu können macht unglücklich.

- Werbung manipuliert uns.
- Jeder weiß, wie Werbung funktioniert. Sie kann uns daher gar nicht manipulieren.
- Werbung ist notwendig, damit uns Firmen über ihre Produkte informieren können.
- Werbung ist nützlich, weil wir uns dadurch Fernsehgebühren sparen.

Band 2 | **Ergänzung Literaturgeschichte**

VI. Aufbruch in die Moderne

Lesen Sie im Epochenteil Kapitel VI.10 (Das Drama der Zwischenkriegszeit) und entnehmen Sie daraus folgende Informationen:

1. Brechts *Dreigroschenoper* als Beispiel für das Drama der *Neuen Sachlichkeit*
2. Nennen Sie Stücke von Ödön von Horváth und Marieluise Fleißer, die für das *kritische Volkstheater* typisch sind.

Kompetenzen: Das sollen Sie wissen/können

1. Sie können den Handlungsverlauf von Ödön von Horváths kritischem Volksstück *Geschichten aus dem Wienerwald* zusammenfassen.
2. Sie können das 4. Bild daraus interpretieren (Text 1).
3. Sie können erklären, worin das „Neue" an Horváths Volksstücken besteht, und insbesondere den Begriff *Bildungsjargon* erklären.
4. Sie wissen, dass die Tradition des kritischen Volksstücks nach 1945 wieder aufgenommen wurde, und können *Oberösterreich* von Franz Xaver Kroetz als Beispiel kurz erläutern.

EIN STIRNSCHEITELUNTERSCHWANG ALS FÜHRER
Literatur für und gegen Adolf Hitler

11

Modulvorschau

Obwohl der Nationalsozialismus die Freiheit der Kunst beseitigte und viele Künstlerinnen und Künstler verfolgte und vertrieb, gab es unter ihnen auch Anhängerinnen und Anhänger dieser politischen Bewegung. Sie stellten ihre Arbeit in den Dienst der NS-Ideologie, zum Beispiel dienten sie dem Führer-Kult. Andere wiederum setzten ihre Kunst als Kritik am Nationalsozialismus ein.

KONSTRUKTION DES FASCHISTISCHEN FÜHRER-BILDES

WILL VESPER: DEM FÜHRER (1933)

1

1 So gelte denn wieder
Urväter Sitte:
Es steigt der Führer
Aus Volkes Mitte.

5 Sie kannten vor Zeiten
Nicht Krone noch Thron.
Es führte die Männer
Ihr tüchtigster Sohn,

Die Freien der Freie!
10 Nur eigene Tat
Gab ihm die Weihe,
Und Gottes Gnad'!

So schuf ihm sein Wirken
Würde und Stand,
15 Der vor dem Heer herzog
Ward Herzog genannt.

Herzog des Reiches,
Wie wir es meinen,
Bist du schon lange
20 Im Herzen der Deinen.

Der Führer (1934)   Hubert Lanzinger

akg-images/Hubert Lanzinger

BALDUR VON SCHIRACH: DAS GRÖSSTE (1934)

2

1 Das ist an ihm das Größte: daß er nicht
nur unser Führer ist und vieler Held,
sondern er selber: grade, fest und schlicht,

daß in ihm ruhn die Wurzeln unsrer Welt,
5 und seine Seele an die Sterne strich
und er doch Mensch blieb, so wie du und ich … **R**

Anregung zur Text- und Bilderschließung

Weisen Sie im vorliegenden Bild- und Textmaterial Methoden der Helden-Konstruktion nach: Welche Eigenschaften werden Adolf Hitler zugesprochen? Wie wird er als Kunstfigur inszeniert? Welche Wirkung könnte dadurch erzielt werden?

DEKONSTRUKTION DES FASCHISTISCHEN FÜHRERBILDES

Die Mythisierung Adolf Hitlers war schon in den Dreißigerjahren Gegenstand der *satirischen* „Dekonstruktion". Ein Beispiel dafür ist das Gedicht *Der Kaffeetantenmessias* von ERICH WEINERT (1890–1953). Der Autor gehörte seit 1929 der KPD (Kommunistische Partei Deutschlands) an und musste 1933 das Land verlassen.

3 ERICH WEINERT: DER KAFFEETANTENMESSIAS (ZÜRICH, 1933)

1 In Leipzig auf dem Augustusplatz,
Da stehn die Vereine Spalier
Und bestaunen ihren Bismarckersatz
Und winken mit buntem Papier.

5 Der Platz ist feierlich abgesperrt;
Kein Pferdeappel darf rauf.
Die Reichswehrkapelle macht Kaffeekonzert:
Es marschiert der Volkskanzler auf!

Den Kriegern geht es durch Mark und Bein.
10 Ein lauwarmer Lenzhauch zieht
Dem eingetragenen Frauenverein
Durchs Streußelkuchengemüt.

(...)

„Unser Fiehrer! Bei mir steht er uff'n Drimoh.
15 Da schaut er recht strenge drein.
So freindlich so genn ich'n gar nich so.
Das scheint aber'n Volksmann zu sein!"

„Nee, das is wärglich ä Gawalier!
Da wird een ganz vaterländsch." –
20 „Der spielt geen Schgad un der drinkt geen Bier.
Das is ä idjaler Mensch!" –

Ein Blutmensch mit etwas Gemüt dabei!
Der richtige völkische Kitt!
Er kennt die Seele der Kleinbürgerei;
25 Er ist ja vom selben Schnitt.

Anregung zum Schreiben

Lassen Sie sich von Erich Weinerts Darstellung der Hitler-Anhänger zu einem satirischen Prosa-Text mit dem Titel „Hitlers Fan-Club" anregen.

Eines der berühmtesten antifaschistischen Gedichte hat der österreichische Autor **Ernst Jandl** (1925–2000) geschrieben. *wien: heldenplatz* erschien erstmals 1962. Jandl erlebte als Dreizehnjähriger den Einmarsch der deutschen Truppen in Österreich und Hitlers umjubelten Auftritt auf dem Wiener Heldenplatz mit.

Ernst Jandl: wien: heldenplatz

4

1 der glanze heldenplatz zirka
versaggerte in maschenhaftem männchenmeere
drunter auch frauen die ans maskelknie
zu heften heftig sich versuchten, hoffensdick.
5 und brüllzten wesentlich.

verwogener stirnscheitelunterschwang
nach nöten nördlich, kechelte
mit zu-nummernder aufs bluten feilzer stimme
hinsensend sämmertliche eigenwäscher.

10 pirsch!
döppelte der gottelbock von Sa-Atz zu Sa-Atz
mit hünig sprenkem stimmstummel.
balzerig würmelte es im männechensee
und den weibern ward so pfingstig ums heil
15 zumahn: wenn ein knie-ender sie hirschelte.

Jubelnde Bevölkerung anlässlich Hitlers Rede am Heldenplatz 1938

Anregungen zur Texterschließung

Band 2 ▸ Kompetenzteil, I. Lyrik

1. Suchen Sie nach Wörtern, die *semantisch* mit dem Nationalsozialismus in Verbindung stehen.
2. Überlegen Sie, welche Assoziationen die *Neologismen* (z. B. *maschenhaft, maskelknie, hoffensdick, stimmstummel*) bei Ihnen auslösen.
3. Jandl erzählte, er erinnere sich daran, dass eine begeistert kreischende hochschwangere Frau neben ihm auf dem Heldenplatz stand. Inwiefern ist diese Erinnerung in den Text eingegangen?
4. Die Massenstimmung beim Einmarsch der deutschen Truppen äußert sich auf drei semantischen Feldern: 1. Sexualität, 2. Gewalt, Aggression (z. B. Jagdbilder), 3. Religion. Weisen Sie diese drei semantischen Felder im Text nach.
5. Jandl verwendet gern die *Alliteration* (Stabreim), die aus der germanischen Heldendichtung kommt (vgl. Modul I.2). Weisen Sie Alliterationen im Text nach.
6. An welcher Textstelle wird auf den Propagandaminister Joseph Goebbels verwiesen, an welcher auf Hitlers Frisur?

Ergänzung Literaturgeschichte

Band 2

VI. Aufbruch in die Moderne

Lesen Sie im Epochenteil Kapitel VI.11 (Nationalsozialismus und Literaturbetrieb) und Kapitel VI.12 (Die deutsche Literatur im Exil) und entnehmen Sie daraus folgende Informationen:
1. Welche Folgen hatte Hitlers Machtantritt für die Kunst?
2. Welche Kunst bevorzugten die Nationalsozialistinnen und Nationalsozialisten?

3. Was versteht man unter „innerer Emigration"?
4. Kann man von einer einheitlichen Exilliteratur sprechen?
5. Warum bringt das Exil Schriftstellerinnen und Schriftsteller in eine besonders schwierige Situation?
6. Welche medialen Formen wählte Thomas Mann für seine antifaschistischen Botschaften?
7. Sprechen Sie über zwei Romane deutschsprachiger Autorinnen bzw. Autoren, die das Exil zum Thema machen.
8. Was sagt Ihnen der Romantitel *Mephisto*?

Kompetenzen: Das sollen Sie wissen/können

1. Sie können am Beispiel der Texte von WILL VESPER und BALDUR VON SCHIRACH die Konstruktion des Führer-Mythos nachweisen.
2. Sie können *wien:heldenplatz* von ERNST JANDL interpretieren.

Literaturgeschichtlicher Überblick (Band 2)

Begriff / Datierung

„modern" von lat. „modernus" (neu, gegenwärtig, in Abgrenzung zum bisher Üblichen), als kulturhistorischer Begriff für die Zeit zwischen 1890 und 1945 verwendet („klassische Moderne")

Allgemeine geschichtliche Voraussetzungen

→ Imperialismus, Erster Weltkrieg

→ Ende der Kaiserreiche Deutschland, Österreich-Ungarn, Russland

→ Kommunismus in Russland

→ Demokratische Republiken in Deutschland und Österreich

→ Zwischenkriegszeit mit schweren wirtschaftlichen und politischen Krisen

→ Nationalsozialismus und Zweiter Weltkrieg

→ „Modern Times" (zahlreiche Veränderungen im Alltagsleben durch neue Technologien, Medien, Urbanisierung)

Modul VI.7 ▶ FÜR UND WIDER DIE SCHLACHT. Autoren und der Erste Weltkrieg

 VI.B ▶ NEUE GESELLSCHAFT, NEUE MORAL, NEUE LYRIK (Kultureller Wandel)

Mediengeschichte Literaturbetrieb

→ Neue Leserschichten werden für Zeitungen und Zeitschriften gewonnen (Verbesserung des Schulwesens).

→ Wachstum des Buchmarkts

→ Neue Medien (Film, Hörfunk, Schallplatte), Populärkultur gewinnt an Bedeutung

Philosophisches Denken

→ Evolutionslehre, Krise des christlich-humanistischen Menschenbilds (CHARLES DARWIN)

→ Lebensphilosophie, Vitalismus (FRIEDRICH NIETZSCHE, HENRI BERGSON)

→ Positivismus (AUGUSTE COMTE)

→ Sprachphilosophie (LUDWIG WITTGENSTEIN)

→ Entstehung der Psychoanalyse (SIGMUND FREUD)

→ Phänomenologie (EDMUND HUSSERL, MARTIN HEIDEGGER)

→ Existenzphilosophie (KARL JASPERS)

Naturalismus

→ In Deutschland in den Achtziger- und Neunzigerjahren des 19. Jhs.

→ In anderen europäischen Ländern setzte der Naturalismus früher ein als in Deutschland: Frankreich (GUSTAVE FLAUBERT, ÉMILE ZOLA), Russland (LEO TOLSTOI, FJODOR M. DOSTOJEWSKI), Skandinavien (HENRIK IBSEN, AUGUST STRINDBERG).

→ Kunstauffassung des N.: radikaler Realismus, auch Hässliches und Schlechtes soll dargestellt werden

Autoren und Werke:

→ ARNO HOLZ: *Papa Hamlet, Familie Selicke, Phantasus*

→ GERHART HAUPTMANN: *Vor Sonnenaufgang, Die Weber, Bahnwärter Thiel* u. a.

Modul VI.1 ▶ KUNST = NATUR – x. Das Kunstverständnis des Naturalismus

Modul V.2 ▶ „JEDER MENSCH IST EIN ABGRUND" (Gerhart Hauptmanns: „Bahnwärter Thiel")

Gegenströmungen zum Naturalismus

→ Impressionismus: Begriff kommt aus der französischen Malerei, Wiedergabe von Augenblicksstimmungen und Momenteindrücken
Autoren: der junge HUGO VON HOFMANNSTHAL, RAINER MARIA RILKE, ARTHUR SCHNITZLER

→ Symbolismus: Frankreich (BAUDELAIRE, MALLARMÉ u. a.), Deutschland: STEFAN GEORGE; Abwendung von Realismus und Gesellschaft zu einer symbolischen Kunstwelt, daher oft in Verbindung mit

→ Ästhetizismus: Absolutsetzung des Schönen, unabhängig von Moral

→ Wiener Moderne: Sammelbegriff für Autor/innen der antinaturalistischen Moderne, für die Wien kulturelles Zentrum war
Autoren: HUGO VON HOFMANNSTHAL, STEFAN ZWEIG, ARTHUR SCHNITZLER, PETER ALTENBERG, RAINER MARIA RILKE, HERMANN BAHR, KARL KRAUS u. a.

Begriff umfasst auch andere kulturelle Bereiche: Malerei (GUSTAV KLIMT u. a.), Architektur („Jugendstil"), Musik (GUSTAV MAHLER, ARNOLD SCHÖNBERG u. a.)

Modul VI.2 ▷ DIE KUNST DES GESTALTETEN AUGENBLICKS (Impressionismus)

VI.A ▷ DICHTER UND PROPHET. Kunstverständnis und Künstlerbild des Ästhetizismus

Modul VI.3 ▷ DIE WORTE ZERFALLEN WIE MODRIGE PILZE. Sprachskepsis und Sprachkritik

Modul VI.4 ▷ LIEBEN UND LEBEN ALS GESELLSCHAFTSSPIEL? Arthur Schnitzlers Schauspiel „Liebelei"

Modul VI.7 ▷ FÜR UND WIDER DIE SCHLACHT (Hermann Bahr/Karl Kraus)

Expressionismus und Dadaismus

→ Begriff „Expressionismus" von der bildenden Kunst übernommen (Entstehung in Frankreich); in Deutschland EMILE NOLDE, ERNST LUDWIG KIRCHNER, Gruppe „Der blaue Reiter" in München u. a.

→ Expressionistische Kunstauffassung: Abkehr vom Mimesis-Prinzip (Nachahmung der Wirklichkeit), Künstler/in bringt eigene Schöpfung hervor (Ausdruckskunst)

→ Expressionistisches Drama: GEORG KAISER, ERNST TOLLER

→ Expressionistische Lyrik: FRANZ WERFEL, GEORG HEYM, GOTTFRIED BENN, GEORG TRAKL, ELSE LASKER-SCHÜLER, AUGUST STRAMM u. a.

→ Dadaismus: Ausgangspunkt war das „Cabaret Voltaire" in Zürich (um 1916 avantgardistischer Künstlertreff)

→ Dadaistische Kunstauffassung: bewusste Zerstörung von Sinnzusammenhängen, Verweigerung des Rationalen

→ Dada-Autoren: HUGO BALL, KURT SCHWITTERS

Modul VI.5 ▷ ZWISCHEN WELTZERSTÖRUNG UND MENSCHHEITSPATHOS (Expressionismus)

Modul VI.8 ▷ DADA HEISST JAJA – oder etwas anderes!

Erzählliteratur der Moderne

Allgemeine Tendenzen:

→ Die meisten Protagonist/innen sind Antihelden; auktoriales Erzählen wird in seiner überragenden Bedeutung zurückgedrängt, häufig wird personale Erzählperspektive eingesetzt (innerer Monolog, Bewusstseinsstromtechnik)

→ Reduzierte äußere Handlung, mehr Darstellung des Innenlebens der Figuren (Gedanken und Gefühle), Entwicklung der Montagetechnik

→ Erzählerreflexion (Essayismus)

→ Autoren und Werke der Moderne (siehe Seite 297)

Autoren und Werke der Moderne:

- → Franz Kafka: *Der Prozess, Das Schloss, Die Verwandlung* (surreale Darstellungsweise)
- → Thomas Mann: *Der Tod in Venedig, Buddenbrooks, Der Zauberberg*
- → Heinrich Mann: *Der Untertan, Professor Unrat* (Gesellschaftskritik, satirisch)
- → Joseph Roth: *Radetzkymarsch, Hiob* (sein Spätwerk ist erzähltechnisch eher traditionell)
- → Arthur Schnitzler: *Leutnant Gustl, Fräulein Else* (innerer Monolog)
- → Hermann Hesse: *Der Steppenwolf, Unterm Rad* (erzähltechnisch eher traditionell)
- → Hermann Broch: *Schlafwandler-Trilogie, Der Tod des Vergil*
- → Robert Musil: *Der Mann ohne Eigenschaften, Verwirrungen des Zöglings Törleß* (Essayismus)
- → Alfred Döblin: *Berlin Alexanderplatz* (Großstadtroman, Innenperspektive, Montagetechnik)

| Modul VI.6 | Das bedrohte Ich. Epik der Moderne |

| VI.C | Ein schwieriger Roman der Zwischenkriegszeit („Der Mann ohne Eigenschaften") |

Neue Sachlichkeit

- → Stilistische Richtung der Zwischenkriegszeit (Malerei und Literatur), nachexpressionistische Kunst, nüchterne Auseinandersetzung mit der Wirklichkeit, Verwendung der Alltagssprache als Literatursprache, „Gebrauchslyrik", Großstadtroman, kritisches Volksstück und episches Drama (Bertolt Brecht)

Autor/innen und Werke:

- → Lyrik: Bertolt Brecht, Mascha Kaléko, Erich Kästner, Kurt Tucholsky
- → Drama: Bertolt Brecht, Ödön von Horváth (Begründer des kritischen Volksstücks), Marieluise Fleisser
- → Roman: Erich Maria Remarque, Erich Kästner, Marieluise Fleisser

| Modul VI.7 | Für und wider die Schlacht (Erich Maria Remarque) |

| Modul VI.9 | Die ernüchterte Generation. Lyrik der „Neuen Sachlichkeit" |

| Modul VI.10 | „Du wirst meiner Liebe nicht entgehen ..." (Horváth und das kritische Volksstück) |

| Modul VII.3 | Geschichtsoptimismus –Geschichtspessimismus. Bertolt Brecht als Dramatiker |

| VI.B | Neue Gesellschaft. Neue Moral. Neue Lyrik (Kultureller Wandel) |

Nationalsozialismus und Literatur

- → Kunst und Kultur werden der politischen Kontrolle unterworfen
- → Förderung typischer NS-Kunst (Blut-und-Boden-Dichtung)
- → Schreibverbot für nonkonformistische und jüdische Autor/innen
- → Rückzug verfolgter Autor/innen in innere Emigration oder Weg ins Exil

| Modul VI.11 | Ein Stirnscheitelunterschwang als Führer. Literatur für und gegen Adolf Hitler |

Literatur im Exil

- → Problem der Muttersprache für exilierte Autor/innen groß
- → Politische Ansichten und künstlerische Ausdrucksweisen der vom Nationalsozialismus verfolgten Exil-Autor/innen uneinheitlich
- → Über 400 Exilzeitschriften (kurzlebig)
- → Thematisierung des Exils in den Romanen *Transit* (Anna Seghers) und *Exil* (Lion Feuchtwanger)

Einen ausfürlichen literaturgeschichtlichen Überblick finden Sie in Band 2 Epochenteil.

1 „Trümmerliteratur"
Worte finden für das Entsetzen

Modulvorschau

Nach dem Ende des Zweiten Weltkriegs und dem Zusammenbruch der nationalsozialistischen Herrschaft (1945) wollte die jüngere deutsche Autorengeneration ihre Erfahrung von Krieg und Diktatur in einer kargen, der Wahrhaftigkeit verpflichteten Sprache ausdrücken. Man spricht von *Trümmerliteratur*.

➡ Sie lernen **Wolfgang Borchert** als Repräsentanten der Trümmerliteratur kennen.
➡ Sie interpretieren *Die Küchenuhr*, eine typische Kurzgeschichte der *Moderne*.
➡ Sie interpretieren *Inventur*, ein für die Trümmerliteratur typisches Gedicht.

1 Bertolt Brecht: Kriegsfibel (Auszug)

1 Das sind die Städte, wo wir unser Heil!
Den Weltzerstörern einst entgegenröhrten.
Und unsre Städte sind auch nur ein Teil
Von all den Städten, welche wir zerstörten.

Kremayr & Scheriau, Wien, 1985; Pontsch/Österreich II

Kriegszerstörungen in Graz

Anregung zum Schreiben

Bertolt Brecht arbeitete während seiner Jahre im Exil unter anderem an der *Kriegsfibel*. Der Vierzeiler interpretiert ein Foto, das ihm als Impuls zugrunde liegt.
Schreiben Sie zum folgenden Bild einen eigenen Vierzeiler. Das Foto zeigt eine nationalsozialistische Propagandaveranstaltung im Berliner Sportpalast (Juni 1943). Im Winter 1942/43 hatte die deutsche Wehrmacht durch schwere militärische Niederlagen in Russland ihre überlegene Position eingebüßt. Der „Wehrwille" des Volks war angeschlagen. Propagandaveranstaltungen dieser Art sollten die Menschen wieder „moralisch aufrüsten".

Kundgebung im Berliner
Sportpalast, 1943

Bertelsmann Club, Gütersloh, 1992: Geschichte des 20. Jahrhunderts – Band 5

WOLFGANG BORCHERT: DIE KÜCHENUHR

2

1   Sie sahen ihn schon von Weitem auf sich zukommen, denn er fiel auf. Er hatte ein ganz altes
Gesicht, aber wie er ging, daran sah man, dass er erst zwanzig war. Er setzte sich mit seinem
alten Gesicht zu ihnen auf die Bank. Und dann zeigte er ihnen, was er in der Hand trug.
Das war unsere Küchenuhr, sagte er und sah sie alle der Reihe nach an, die auf der Bank in der
5   Sonne saßen. Ja, ich habe sie noch gefunden. Sie ist übrig geblieben.
Er hielt eine runde tellerweiße Küchenuhr vor sich hin und tupfte mit dem Finger die blau
gemalten Zahlen ab.
Sie hat weiter keinen Wert, meinte er entschuldigend, das weiß ich auch. Und sie ist auch nicht
so besonders schön. Sie ist nur wie ein Teller, so mit weißem Lack. Aber die blauen Zahlen
10   sehen doch ganz hübsch aus, finde ich. Die Zeiger sind natürlich nur aus Blech. Und nun gehen sie auch nicht mehr. Nein. Innerlich ist sie kaputt, das steht fest. Aber sie sieht noch aus
wie immer. Auch wenn sie jetzt nicht mehr geht.
Er machte mit der Fingerspitze einen vorsichtigen Kreis auf dem Rand der Telleruhr entlang.
Und er sagte leise: Und sie ist übrig geblieben.
15   Die auf der Bank in der Sonne saßen, sahen ihn nicht an. Einer sah auf seine Schuhe, und die
Frau sah in ihren Kinderwagen. Dann sagte jemand:
Sie haben wohl alles verloren?
Ja, ja, sagte er freudig, denken Sie, aber auch alles! Nur sie hier, sie ist übrig. Und er hob die
Uhr wieder hoch, als ob die anderen sie noch nicht kannten.
20   Aber sie geht doch nicht mehr, sagte die Frau.
Nein, nein, das nicht. Kaputt ist sie, das weiß ich wohl. Aber sonst ist sie doch noch ganz wie
immer: weiß und blau. Und wieder zeigte er ihnen seine Uhr. Und was das Schönste ist, fuhr
er aufgeregt fort, das habe ich Ihnen ja noch überhaupt nicht erzählt. Das Schönste kommt
nämlich noch: Denken Sie mal, sie ist um halb drei stehen geblieben. Ausgerechnet um halb
25   drei, denken Sie mal.
Dann wurde Ihr Haus sicher um halb drei getroffen, sagte der Mann und schob wichtig die
Unterlippe vor. Das habe ich schon oft gehört. Wenn die Bombe runtergeht, bleiben die Uhren
stehen. Das kommt von dem Druck.

30 Er sah seine Uhr an und schüttelte überlegen den Kopf. Nein, lieber Herr, nein, da irren Sie sich. Das hat mit den Bomben nichts zu tun. Sie müssen nicht immer von den Bomben reden. Nein. Um halb drei war ganz etwas anderes, das wissen Sie nur nicht. Das ist nämlich der Witz, dass sie gerade um halb drei stehen geblieben ist. Und nicht um viertel nach vier oder um sieben. Um halb drei kam ich nämlich immer nach Hause. Nachts, meine ich. Fast immer um halb drei. Das ist ja gerade der Witz.

35 Er sah die anderen an, aber die hatten ihre Augen von ihm weggenommen. Er fand sie nicht. Da nickte er seiner Uhr zu: Dann hatte ich natürlich Hunger, nicht wahr? Und ich ging immer gleich in die Küche. Da war es dann fast immer halb drei. Und dann, dann kam nämlich meine Mutter. Ich konnte noch so leise die Tür aufmachen, sie hat mich immer gehört. Und wenn ich in der dunklen Küche etwas zu essen suchte, ging plötzlich das Licht an. Dann stand sie da in

40 ihrer Wolljacke und mit einem roten Schal um. Und barfuß. Immer barfuß. Und dabei war unsere Küche gekachelt. Und sie machte ihre Augen ganz klein, weil ihr das Licht so hell war. Denn sie hatte ja schon geschlafen. Es war ja Nacht.

So spät wieder, sagte sie dann. Mehr sagte sie nie. Nur: So spät wieder. Und dann machte sie mir das Abendbrot warm und sah zu, wie ich aß. Dabei scheuerte sie immer die Füße aneinan-

45 der, weil die Kacheln so kalt waren. Schuhe zog sie nachts nie an. Und sie saß so lange bei mir, bis ich satt war. Und dann hörte ich sie noch die Teller wegsetzen, wenn ich in meinem Zimmer schon das Licht ausgemacht hatte. Jede Nacht war es so. Und meistens immer um halb drei. Das war ganz selbstverständlich, fand ich, dass sie mir nachts um halb drei in der Küche das Essen machte. Ich fand das ganz selbstverständlich. Sie tat das ja immer. Und sie hat nie

50 mehr gesagt als: So spät wieder. Aber das sagte sie jedes Mal. Und ich dachte, das könnte nie aufhören. Es war mir so selbstverständlich. Das alles. Es war doch immer so gewesen.

Einen Atemzug lang war es ganz still auf der Bank. Dann sagte er leise: Und jetzt? Er sah die anderen an. Aber er fand sie nicht. Da sagte er der Uhr leise ins weißblaue runde Gesicht: Jetzt, jetzt weiß ich, dass es das Paradies war. Das richtige Paradies.

55 Auf der Bank war es ganz still. Dann fragte die Frau: Und Ihre Familie?

Er lächelte sie verlegen an: Ach, Sie meinen meine Eltern? Ja, die sind auch mit weg. Alles ist weg. Alles, stellen Sie sich vor. Alles weg.

Er lächelte verlegen von einem zum anderen. Aber sie sahen ihn nicht an.

Da hob er wieder die Uhr hoch, und er lachte. Er lachte: Nur sie hier. Sie ist übrig. Und das

60 Schönste ist ja, dass sie ausgerechnet um halb drei stehen geblieben ist. Ausgerechnet um halb drei. Dann sagte er nichts mehr. Aber er hatte ein ganz altes Gesicht. Und der Mann, der neben ihm saß, sah auf seine Schuhe. Aber er sah seine Schuhe nicht. Er dachte immerzu an das Wort Paradies.

Anregungen zur Texterschließung

Band 2 ▶ Kompetenzteil, III. Epik

1. Beschreiben Sie die Hauptfigur der Geschichte. Was erfahren Sie über den Mann und seine Lebenssituation?
2. Wie verhalten sich die anderen Figuren?
3. Die Küchenuhr, ein Gebrauchsgegenstand, bekommt in diesem Text eine besondere Bedeutung. Sie wird zum *Symbol*. Was symbolisiert sie?
4. Dieser Text gilt als *Kurzgeschichte*. Schlagen Sie im Glossar nach, wie die Kurzgeschichte als Textsorte definiert wird, und überprüfen Sie, welchen Merkmalen dieser Textsorte *Die Küchenuhr* entspricht.

Was ist „Trümmerliteratur"?

WOLFGANG BORCHERT repräsentiert wie kein anderer Autor die junge Nachkriegsliteratur. Der 1920 geborene deutsche Autor wurde 1941 zum Kriegsdienst eingezogen und kam an die Ostfront. Wegen „Wehrzersetzung" wurde er zu Gefängnis verurteilt. Schwer krank kam er nach Kriegsende in seine Geburtsstadt Hamburg zurück, wo er zwei literarisch überaus produktive Jahre verbrachte. Unter anderem entstand das Heimkehrerdrama *Draußen vor der Tür*. Am 20. November 1947 starb Wolfgang Borchert.

Der Begriff *Trümmerliteratur* bezeichnet Werke der Autorengeneration, die um 1920 geboren wurde. Die meisten wurden als junge Männer zum Kriegsdienst verpflichtet und kehrten nach dem Zusammenbruch des Dritten Reichs völlig ernüchtert in ein besiegtes, weitgehend zerstörtes und besetztes Deutschland zurück. Diese Erfahrung prägte ihre Literatur. Die Schönheit einer poetischen Sprache erschien ihnen als Lüge, denn mit „schönen Worten" hatte die nationalsozialistische Propaganda die Menschen manipuliert.

Autoren wie WOLFGANG BORCHERT, HEINRICH BÖLL (1917–1985), WOLFDIETRICH SCHNURRE (1920–1989) und der etwas ältere GÜNTHER EICH (1907–1972) wollten nach dem Ende des Dritten Reichs bewusst einen literarischen Neubeginn setzen. Schlagworte wie „Nullpunkt" und „Kahlschlag" bezeichnen ihr Programm. „Wir schrieben also vom Krieg, von der Heimkehr und dem, was wir im Krieg gesehen hatten und bei der Heimkehr vorfanden: von Trümmern", schrieb HEINRICH BÖLL in seinem Aufsatz *Bekenntnis zur Trümmerliteratur* (1952). Die Sprache, in der diese Themen behandelt wurden, sollte bewusst einfach, klar und unmissverständlich sein. WOLFGANG BORCHERT formulierte das ästhetische Programm in *Das ist unser Manifest* folgendermaßen: „Wir brauchen keine Dichter mit guter Grammatik. Zu guter Grammatik fehlt uns Geduld. Wir brauchen die mit dem heißen heiser geschluchzten Gefühl. Die zu Baum Baum und zu Weib Weib sagen und ja sagen und nein sagen: laut und deutlich und dreifach und ohne Konjunktiv."

Ein Gedicht, das dem programmatischen Anliegen der Trümmerliteratur sehr nahekommt, hat GÜNTHER EICH geschrieben:

GÜNTHER EICH: INVENTUR   3

1 Dies ist meine Mütze,
dies ist mein Mantel,
hier mein Rasierzeug
im Beutel aus Leinen.

5 Konservenbüchse:
Mein Teller, mein Becher,
ich hab in das Weißblech
den Namen geritzt.

Geritzt hier mit diesem
10 kostbaren Nagel,
den vor begehrlichen
Augen ich berge.

Im Brotbeutel sind
ein Paar wollene Socken
15 und einiges, was ich
niemand verrate,

so dient es als Kissen
nachts meinem Kopf.
Die Pappe hier liegt
20 zwischen mir und der Erde.

Die Bleistiftmine
lieb ich am meisten:
Tags schreibt sie mir Verse,
die nachts ich erdacht.

25 Dies ist mein Notizbuch,
dies meine Zeltbahn,
dies ist mein Handtuch,
dies ist mein Zwirn.

Anregungen zur Texterschließung

1. Auf welche Gegenstände beschränkt sich der Besitz des *lyrischen Ichs*?
2. Was erscheint dem lyrischen Ich besonders wichtig und kostbar?
3. In welcher Lebenslage könnte sich das lyrische Ich befinden?
4. Beschreiben Sie die Sprache des Textes (Wortwahl und Satzbau)!

Band 2

Ergänzung Literaturgeschichte

VII. Im Zeitalter von Demokratie, Massenkommunikation und Popularkultur

Lesen Sie im Epochenteil Kapitel VII.1.1 (Das Ende des Dritten Reichs und der „Kalte Krieg") und entnehmen Sie daraus folgende Informationen:

1. Welche Folgen hatten zwölf Jahre Drittes Reich für Europa?
2. Was versteht man unter dem „Kalten Krieg"?

Lesen Sie Kapitel VII.4.1 („Trümmerliteratur") und VII.4.2 („Gruppe 47") und entnehmen Sie daraus folgende Informationen:

1. Welche Erfahrungen machte die jüngere deutsche Autorengeneration unter dem Nationalsozialismus?
2. Warum forderten diese Autorinnen und Autoren „Kahlschlag" und „Neubeginn"?
3. Erklären Sie die Gründung der GRUPPE 47 und nennen Sie einige Teilnehmerinnen und Teilnehmer. Was war das Verbindende für die Autorinnen und Autoren der GRUPPE 47, und wie lange existierte sie?

Kompetenzen: Das sollen Sie wissen/können

1. Sie können WOLFGANG BORCHERTS Kurzgeschichte *Die Küchenuhr* interpretieren (Figuren, Handlungsverlauf, Sprache, Textsorte *Kurzgeschichte*).
2. Sie wissen Wesentliches über Leben und Werk von Wolfgang Borchert.
3. Sie können den Begriff *Trümmerliteratur* erklären und Vertreter nennen.

Nationalsozialismus und Weltkrieg im deutschen Drama
„Des Teufels General" und „Die Ermittlung"

2

Modulvorschau

Der Nationalsozialismus und der Zweite Weltkrieg waren die großen humanitären Katastrophen des 20. Jahrhunderts. Schriftstellerinnen und Schriftsteller versuchten mit den Mitteln der Literatur Erfahrungen auszudrücken und Einsichten zu ermöglichen.

Sie lernen zwei faschismuskritische Bühnenstücke kennen, die auf verschiedenen thematischen Zugängen beruhen und auch erhebliche formale Unterschiede aufweisen:

➡ *Des Teufels General* von Carl Zuckmayer ist ein konventionell gebautes *Zieldrama*. Am Beispiel des Luftwaffengenerals Harras fragt Zuckmayer nach der Rolle der Wehrmacht im Dritten Reich.

➡ Peter Weiss' *Die Ermittlung* ist ein *Dokumentarstück* über den Prozess gegen die Wachmannschaften des Konzentrationslagers Auschwitz-Birkenau.

Carl Zuckmayer: „Des Teufels General"

Der 1896 geborene Carl Zuckmayer war in der Zwischenkriegszeit ein erfolgreicher Schriftsteller. 1933 wurde seine schriftstellerische Laufbahn abrupt unterbrochen. Er hatte sich wiederholt öffentlich gegen den Nationalsozialismus ausgesprochen, war mütterlicherseits jüdischer Abstammung und hatte in seiner Komödie *Der Hauptmann von Köpenick* (1931) den deutschen Militarismus lächerlich gemacht. Zuckmayers Stücke erhielten nach Hitlers Machtantritt sofort Aufführungsverbot. Der Autor ging zunächst ins österreichische Exil. Bis 1938 lebte er in Henndorf bei Salzburg. Nach dem „Anschluss" Österreichs an Hitler-Deutschland floh Zuckmayer in die USA. Als er 1946 als Zivilbeauftragter der amerikanischen Regierung für deutsche Kulturfragen zurückkehrte, brachte er das Stück *Des Teufels General* mit.

Carl Zuckmayer

Der Inhalt

Der Luftwaffengeneral in *Des Teufels General* heißt Harras. Zuckmayer stellt ihn im ersten Akt als typisch deutschen „Kerl" vor, als trinkfesten Haudegen und Frauenliebling. Er hat seine Gäste in ein Berliner Restaurant eingeladen, um einige von der Front heimgekehrte Fliegeroffiziere zu ehren. Die feuchtfröhliche Stimmung wird aber gestört. Mysteriöse Sabotageakte werden erwähnt, die der Luftwaffe in letzter Zeit Probleme bereiten, und die militärische Lage der deutschen Truppen in der Sowjetunion wird skeptisch beurteilt. Harras ist zwar als versierter Flieger für die Nazis nützlich, aber ihr Vertrauen zu ihm ist begrenzt, denn er macht kein Geheimnis daraus, dass er im Grunde kein Parteigänger der NSDAP ist und nur aus Freude am Fliegen seine Arbeit macht. Die Gestapo beginnt sich für Harras zu interessieren und der NS-Kulturleiter Schmidt-Lausitz überbringt ihm eines Tages ein Ultimatum. Innerhalb von zehn Tagen muss Harras die Sabotageakte in der Flugzeugproduktion aufklären. Harras überlegt, ob er sich nicht durch Flucht absetzen soll, da kommt die Nachricht, dass Oberst Eilers, der Führer der Kampfstaffel, mit einer defekten Maschine abgestürzt ist. Der Verlust des geschätzten Kameraden bewegt Harras dazu, die Untersuchungen der Sabotageakte zu intensivieren. Oderbruch, der Chefingenieur des Materialamtes, soll ihm hilfreich zur Seite stehen. Aber die zehn Tage gehen vorbei und Harras ist keinen Schritt weitergekommen. Gemeinsam mit Oderbruch erstellt er einen Untersuchungsbericht, in dem er die Ergebnislosigkeit der Untersuchungen eingesteht. Harras ist nun auf alles gefasst. Da kommt plötzlich Licht ins Dunkel. Oderbruch gesteht Harras, dass er selbst Drahtzieher der Sabotageakte ist. Er ist Mitglied einer Widerstandsgruppe. Harras kann die ethischen Motive, die Oderbruch zum Widerstand gegen Hitler bewegen, akzeptieren, ohne selbst die Meinung des Chefingenieurs über die Notwendigkeit der Sabotage zu teilen. Oderbruchs Appell an Harras, sich ins Ausland abzusetzen und von dort den Widerstand gegen Hitler zu unterstützen, weist Harras zurück. Wer auf Erden des Teufels General gewesen ist, der müsse ihm auch in der Hölle Quartier machen, sagt er. Harras besteigt eine der defekten Maschinen und stürzt ab.

1 CARL ZUCKMAYER: DES TEUFELS GENERAL 🔊Track 15

3. Akt (Auszug)

(Oderbruch hat General Harras soeben gestanden, dass er selbst für die Sabotage verantwortlich ist:)

1   HARRAS: Sie – Oderbruch?

ODERBRUCH *fast tonlos*: Wir.

HARRAS *atmet tief auf – wischt sich den Schweiß vom Gesicht. Nach einer Pause – ruhig*: Wer seid ihr? Wer sind die andern?

5   ODERBRUCH: Wir haben keine Namen.

HARRAS: Wollen Sie mir auch jetzt nicht vertrauen? Wer seid ihr?

ODERBRUCH: Ich habe es gesagt. Wir kämpfen – unbekannt – ungenannt. Wir wissen voneinander – und kennen uns kaum. Wir haben keine Namen. Nur – ein Ziel! Und einen Feind.

HARRAS: War Eilers der Feind? Ich dachte – er war Ihr Freund.

10 ODERBRUCH: Ich hatte keinen besseren. Außer Ihnen, General Harras.

HARRAS: Und warum trefft ihr uns – aus dem Dunkel, aus dem Hinterhalt? Warum trefft ihr uns – anstatt des Feindes?

ODERBRUCH: Der Feind – ist unfaßbar. Er steht überall – mitten in unsrem Volk – mitten in unseren Reihen. Wir selbst haben uns ihm ausgeliefert, damals, als der alte Marschall starb.

15 Jetzt bleibt uns nur noch eins: wir müssen die Waffe zerbrechen, mit der er siegen kann – auch wenn es uns selber trifft. Denn wenn er siegt, Harras – wenn Hitler diesen Krieg gewinnt – dann ist Deutschland verloren. Dann ist die Welt verloren.

HARRAS: Haben Sie bedacht, was Niederlage heißt? Fremdherrschaft? Neue Gewalt? Und

20 neue Unterjochung?

ODERBRUCH: Das dauert nicht. Es wachsen Kinder heran, neue Geschlechter, die werden frei sein. Was aber uns unterjocht, jetzt, hier und heute – was uns alle zu Knechten macht,

25 und schlimmer: zu Gehilfen, zu Mithelfern des Verbrechens, das täglich unter unseren Augen geschieht, auch wenn wir sie schließen, das, Harras – d a s wird dauern, über unser Leben und unser Grab hinaus – es sei denn, wir tilgen

30 die Schuld, mit unsrer eigenen Hand.

Des Teufels General, Verfilmung von Helmut Käutner, 1955

HARRAS: Die Schuld tilgen – durch neue Schuld? *Plötzlich fast schreiend* Durch Blutschuld? Mord? Brudermord? *Wieder gefaßt* Glaubt ihr, daß Kain die Welt besser machte, als er den Abel erschlug? *Wendet sich ab.*

ODERBRUCH *schwer mit sich ringend, stockend:* Hören Sie mich an, Harras. Ich habe den Mord
35 nicht gewollt. Ich hätte es nie für möglich gehalten, daß flugkranke Maschinen zum Einsatz kommen, ohne überprüft zu werden –

HARRAS: Von wem? Da kennen Sie die Brüder schlecht. Denen kommt es doch nur auf die Meldung an, daß die Quote erfüllt ist. Sie mußten das wissen, Oderbruch.

ODERBRUCH: Wir wollten die Kampfkraft schwächen, der sinnlosen Schlächterei ein Ziel set-
40 zen, weil es keinen anderen Weg gibt, um Deutschland zu befreien. Wir wollten die Waffe entschärfen – nicht den Mann töten, der sie führt. In der Nacht, in der ich von Eilers' Tod er- fuhr, wollte ich Schluß machen, mit mir selbst. Ich lebe nur noch, weil ich nicht aufgeben darf zu kämpfen. Für Deutschland, Harras.

HARRAS: Sie denken zu kurz. Eine alte Freundin hat mir gesagt: Eher schneide ich meine
45 Wolljacken in Fetzen und verbrenne sie, als daß ich ein Stück für Hitlers Winterhilfe gebe. Weißt du nicht, habe ich sie gefragt, daß das Mord bedeutet – solang ein Soldat in Rußland erfrieren kann?

ODERBRUCH: Dann müssen wir auch diese Schuld auf uns nehmen. Reinigung – das ist unser Gesetz, und unser Urteil. Es ist mit Blut geschrieben.
50 HARRAS: Mit Freundesblut.

ODERBRUCH: Auch mit dem eignen.

HARRAS *nach einer Pause:* Sagen Sie mir alles, Oderbruch! Helfen Sie mir – es zu verstehn! Wie kamen Sie dazu? Sie waren unpolitisch. Sie liebten Technik. Sie machten Musik. Was hat Sie gepackt? (...)
55 ODERBRUCH: Nichts – was ich erzählen kann. Kein persönlicher Grund. Keine – menschliche Erklärung. Mir starb kein Bruder im KZ. Ich liebte keine Jüdin. Kein Freund wurde mir aus dem Land gejagt. Ich kannte keinen, der am 30. Juni fiel. Doch eines Tages – habe ich mich geschämt, daß ich ein Deutscher bin. Seitdem – kann ich nicht mehr ruhen, bis – *leise* – bis es zu Ende ist.
60 HARRAS: Und die andern?

ODERBRUCH: Manche kamen aus Scham. Andre aus Wut, aus Haß. Einige weil sie ihre Hei- mat, viele, weil sie ihre Arbeit liebten und ihr Werk oder die Idee der Freiheit und die Freiheit ihrer Brüder. Aber alle – auch die unversöhnlich hassen – sind gekommen, weil sie etwas mehr lieben als sich selbst. Und es ist keiner mit uns, der nicht von selber kam. (...)
65 HARRAS: Was ist es, das ihr mehr liebt als euch selbst? Woran ihr glaubt, worauf ihr hofft – so sehr, daß ihr dem Nero trotzt und seinen Gladiatoren? Ist es des Himmels Gnade? Ist es das Recht auf Erden?

ODERBRUCH: Beides in einem. Es ist das Ewige Recht.

HARRAS: Was ist das Ewige Recht?
70 ODERBRUCH: Recht ist das unerbittlich waltende Gesetz – dem Geist, Natur und Leben unter- worfen sind. Wenn es erfüllt wird – heißt es Freiheit.

HARRAS: Ich danke Ihnen. Ich weiß jetzt genug. Aber ich will Ihnen – etwas hinterlassen, Oderbruch. Kleines Testament, sozusagen. Was Sie wollen, ist recht. Was Sie tun, ist falsch. Glaubt ihr, man kann einen schlechten Baum fällen, indem man die Krone schlägt? Ihr müßt
75 die Wurzel treffen! Die Wurzel, Oderbruch! Und die heißt nicht Friedrich Eilers. Sie heißt: Adolf Hitler. **R**

Anregungen zur Texterschließung

1. Was motiviert Oderbruch dazu, im Widerstandskampf das Leben von Freunden aufs Spiel zu setzen, aber auch sein eigenes?
2. „Was Sie wollen, ist recht. Was Sie tun, ist falsch." Mit welchen Argumenten kritisiert Harras die Tätigkeit der Widerstandskämpferinnen und -kämpfer? „... weil es keinen anderen Weg gibt, um Deutschland zu befreien." – Mit welchen Argumenten verteidigt Oderbruch den Widerstandskampf?
3. Hören Sie die Vertonung der Szene. ⏺ Track 15

ENTSTEHUNGSUMSTÄNDE UND WIRKUNG

Ernst Udet

Den Anlass zur Entstehung dieses Dramas gab der Tod des deutschen Luftwaffengenerals Ernst Udet im Jahre 1941. Udet war bereits im Ersten Weltkrieg Jagdflieger, in der Zwischenkriegszeit wurde er als Kunstflieger berühmt. Die Nationalsozialisten konnten den ursprünglich unpolitischen, aber populären Flieger aus Propagandagründen gut gebrauchen – und Udet arrangierte sich bedenkenlos mit dem Regime. Göring ernannte ihn 1936 zum Leiter des Technischen Amtes im Luftfahrtministerium. 1938 wurde er zum Generalleutnant ernannt. Bald wurde aber klar, dass Udet von seiner Aufgabe überfordert war. Hitler machte ihn für die Misserfolge der Luftwaffe verantwortlich. Udet, der ein ziemlich exzessives Privatleben führte, wurde alkohol- und drogenabhängig. Seine Ablöse stand bevor. Da beging er Selbstmord, indem er sich mit einem Revolver erschoss. Der offiziellen Darstellung zufolge verunglückte Udet beim Erproben einer neuen Waffe. Er wurde in einem Staatsbegräbnis beigesetzt.

CARL ZUCKMAYER hatte Ernst Udet persönlich gekannt. Er schilderte die Beziehung etwas klischeehaft als typische Männerfreundschaft: „Wir mochten uns nach den ersten Worten und soffen unsere erste Flasche Cognac zusammen aus." Das 1946 in Zürich uraufgeführte Stück löste heftige Reaktionen aus, positive wie negative, und Carl Zuckmayer stellte sich zahlreichen öffentlichen Diskussionen. Zum kontroversiellen Punkt in der Diskussion wurde immer wieder die Rolle der deutschen Wehrmacht in Zuckmayers Darstellung. Seine Kritiker/innen warfen dem Autor vor, er schaffe mit dem Fliegergeneral Harras eine positive Identifikationsfigur für das Publikum. Die Mitschuld der Wehrmacht an den Verbrechen des Nazi-Regimes werde dadurch verharmlost und relativiert. Dieser Kritikpunkt wurde verschärft, als *Des Teufels General* mit dem attraktiven Schauspieler Curd Jürgens in der Titelrolle verfilmt wurde. Die kraftvolle Männerfigur der Verfilmung steht tatsächlich in deutlichem Kontrast zu Ernst Udet.

PETER WEISS: „DIE ERMITTLUNG"

DER AUTOR

PETER WEISS wurde 1916 in der Nähe von Berlin als Sohn eines jüdischen Textilfabrikanten geboren. 1934 emigrierte er mit seinen Eltern nach Prag, wo er die Kunstakademie besuchte. Als 1938 / 1939 Hitlers Truppen die Tschechoslowakei besetzten, floh die Familie zunächst in die Schweiz, dann nach Schweden. 1945 wurde Peter Weiss schwedischer Staatsbürger und lebte bis zu seinem Tod 1982 in Stockholm. Anfangs versuchte sich Peter Weiss als Maler und

Grafiker, in den Fünfzigerjahren wandte er sich dem experimentellen und dokumentarischen Film zu. Die Politisierung der Literatur in den Sechzigerjahren ist Peter Weiss' literarischer Arbeit deutlich abzulesen. Repräsentativ für diese Phase ist unter anderem das Stück *Die Ermittlung*. In den Siebzigerjahren schrieb Weiss den umfangreichen dreiteiligen Roman *Die Ästhetik des Widerstands*. Peter Weiss zeichnete in diesem letzten Werk ein vielschichtiges Bild der politischen Linken und des Widerstands gegen den Faschismus.

DIE ENTSTEHUNGSUMSTÄNDE

Vom Dezember 1963 bis zum August 1965 fand in Frankfurt der Prozess gegen die Wachmannschaft des Konzentrationslagers Auschwitz-Birkenau statt. Peter Weiss nahm selbst an den Prozessen als Zuhörer teil und legte Gedächtnisprotokolle an, er sammelte Presseberichte, insbesondere die der *Frankfurter Allgemeinen Zeitung*, und las dokumentarisches Material, unter anderem die autobiografischen Aufzeichnungen des Lagerkommandanten Rudolf Höß, der 1947 in Auschwitz hingerichtet worden war.

WAS IST EIN DOKUMENTARSTÜCK?

Ursprünglich wollte Peter Weiss aus den zahlreichen Materialien ein literarisches Werk machen, das dem Bauprinzip von DANTES *Divina commedia* folgt (vgl. Modul II.2). Aber während der Arbeit kam er zu der Ansicht, dass es unmöglich ist, dieser Fülle an Grauen, Leid und Schrecken eine ästhetisch-literarische Form zu geben. So entschloss sich Peter Weiss für eine karge, nüchterne, dokumentarische Darstellungsweise, die vor allem auf der Auswahl und Anordnung von authentischem Prozessmaterial beruht.

Weiss stellte also den realen Prozess aus, was freilich nicht ohne jeden gestaltenden Eingriff möglich war. Er reduzierte die Zahl der Angeklagten von 22 auf 18, die der Zeug/innen reduzierte er sogar erheblich (von etwa 400 auf 9), indem er sie teilweise entindividualisierte, also zu typischen Figuren machte. Auf eine fiktive „Handlung" verzichtete er. Weiss strukturierte die Vorgänge, indem er sie in elf Gesänge einteilte, und gab seinem Stück die Bezeichnung „Oratorium". Die Abfolge der Einzelszenen folgt freilich nicht dem realen Prozessverlauf, sondern einem dramatischen Baukonzept. Dem Realitätsgehalt tut dies allerdings keinen Abbruch.

DER INHALT

Die Gerichtsverhandlung thematisiert zunächst die Ankunft der Häftlinge auf dem Bahnhof und die Selektion und sofortige Erschießung kranker und arbeitsunfähiger Menschen. Dann folgt die Unterbringung der Häftlinge in den Lagerblocks, die Ausbeutung ihrer Arbeitskraft durch Wirtschaftsbetriebe der näheren Umgebung. Darüber hinaus werden die Häftlinge, deren persönliche Würde gebrochen werden soll, fortwährend gedemütigt und auf der sogenannten „Schaukel", einem Folterinstrument, verhört. An einzelnen Häftlingen werden entsetzliche medizinische Experimente vorgenommen. Wer schwer erkrankt oder wegen Unterernährung arbeitsunfähig wird, wird an der „Schwarzen Wand" hingerichtet, und für viele führt der letzte Weg in die berüchtigte Gaskammer.

Peter Weiss zeigt typische Verhaltensweisen der Angeklagten, die im Verlauf des Prozesses immer wieder deutlich geworden sind. Fast alle verweigern es, sich mit ihrer Schuld oder Mitschuld selbstkritisch auseinanderzusetzen. Anstatt die auch für ihre persönliche Reifung unentbehrliche Trauerarbeit zu leisten, bemühen sie sich um Rechtfertigungsstrategien. Sie verweisen auf ihre begrenzten Zuständigkeitsbereiche, indem sie behaupten, doch *nur* für dies oder jenes zuständig gewesen zu sein, *nur* für den Bahntransport, *nur* für die Aufsicht. Sie entschuldigen sich mit Befehlsnotstand oder greifen zur fragwürdigen Sprachformel *Ich habe nur meine Pflicht getan*. Sie beschönigen, bagatellisieren, verharmlosen oder leugnen ganz einfach das Vorgefallene.

Gegenstand der Kritik sind auch die zynischen ökonomischen Nutznießer des Konzentrationslagers. Die Wirtschaftsbetriebe, die sich an der Arbeitskraft der Häftlinge bereichert haben, können sich nicht damit rechtfertigen, Auschwitz nicht herbeigeführt zu haben. Sie haben sich zum Zweck der Profitmaximierung dieses inhumanen Systems bedient und dadurch ihren Teil der Schuld auf sich geladen. PETER WEISS weicht der Frage nach dem ambivalenten Verhalten mancher Häftlinge nicht aus. Zur Überlebensstrategie der Opfer von Auschwitz gehörte es manchmal auch, das eigene Leben durch Kollaboration mit dem Unterdrücker zu retten.

Am Beispiel des Angeklagten Stark zeigt Weiss zunächst, wie ein an sich harmloser neunzehnjähriger Gymnasiast zum Täter werden kann.

Die Ermittlung, Freie Volksbühne Berlin 1965

2 PETER WEISS: DIE ERMITTLUNG (AUSZUG)

1	ZEUGE 8	Wir kannten genau Starks Verhalten
		wenn er von einer Tötung kam
		Da mußte alles sauber und ordentlich
		in der Stube sein
5		und mit Handtüchern hatten wir die Fliegen
		zu verjagen
		Wehe
		wenn er jetzt eine Fliege entdeckte
		dann war er außer sich vor Zorn
10		Noch ehe er seine Feldmütze abnahm
		wusch er sich die Hände in einer Schüssel
		die der Kalfaktor schon auf den Hocker
		gleich neben der Eingangstür gestellt hatte
		Wenn er sich die Hände gewaschen hatte
15		zeigte er auf das schmutzige Wasser
		und der Kalfaktor mußte laufen
		und frisches Wasser holen
		Dann gab er uns seine Jacke zum Säubern
		und wusch sich nochmals Gesicht und Hände
20	ZEUGE 7	Mein ganzes Leben lang sehe ich Stark
		immer Stark
		Ich höre wie er ruft

		Los rein ihr Schweinehunde
		und da mußten wir hinein in die Kammer
25	RICHTER	In welche Kammer
	ZEUGE 7	In die Leichenkammer des alten Krematoriums
		Da lagen mehrere 100 Männer
		Frauen und Kinder
		wie Pakete
30		Auch Kriegsgefangene waren darunter
		Los
		Leichen ausziehn
		rief Stark
		Ich war 18 Jahre alt
35		und hatte noch keine Toten gesehn
		Ich blieb stehen
		da schlug Stark auf mich ein
	RICHTER	Hatten die Toten Wunden
	ZEUGE 7	Ja
40	RICHTER	Waren es Schußwunden
	ZEUGE 7	Nein
		Die Menschen waren vergast worden
		Sie lagen steif übereinander
		Manchmal zerrissen die Kleider
45		Da wurden wir wieder geschlagen
	RICHTER	Mußten die Menschen sich nicht
		vorher ausziehen
	ZEUGE 7	Das war später
		in den neuen Krematorien
50		da gab es Auskleideräume
	RICHTER	War Stark dort auch dabei
	ZEUGE 7	Immer wieder war Stark dabei
		Ich höre ihn rufen
		Los
55		Klamotten einsammeln
		Einmal hatte sich ein kleiner Mann
		unter einem Kleiderhaufen versteckt
		Stark entdeckte ihn
		Komm her rief er
60		und stellte ihn an die Wand
		Er schoß ihm erst in das eine Bein
		und dann in das andere
		zum Schluß
		mußte er sich auf eine Bank setzen
65		und Stark schoß ihn tot
		Er schoß am liebsten erst in die Beine
		Ich hörte wie eine Frau schrie

	Herr Kommandant
	ich habe doch nichts getan
70	Da rief er
	Los an die Wand Sarah
	Die Frau flehte um ihr Leben
	da begann er zu schießen
RICHTER	Herr Zeuge
75	Wann sahen Sie den Angeklagten Stark
	zum ersten Mal bei diesen Tötungen
ZEUGE 7	Im Herbst 1941
RICHTER	Waren dies die ersten Tötungen
	durch Gas
80 ZEUGE 7	Ja
RICHTER	Wie sah das alte Krematorium aus
ZEUGE 7	Es war ein Betonbau
	mit einem dicken viereckigen Schornstein
	Die Wände waren durch schräge Erdanschüttungen
85	verdeckt
	Der Leichenraum war etwa 20 Meter lang
	und 5 Meter breit
	Er war durch eine kleine Vorkammer zu erreichen
	Vom Leichenraum führte eine Tür
90	zum ersten Verbrennungsofen
	und eine weitere Tür
	zur Halle mit den beiden anderen Öfen
RICHTER	Angeklagter Stark
	Wie groß waren die Gruppen der Menschen
95	die Sie zur Tötung abzuführen hatten
ANGEKLAGTER 12	Im Durchschnitt 150 bis 200 Stück
RICHTER	Waren Frauen und Kinder darunter
ANGEKLAGTER 12	Ja
RICHTER	Fanden Sie es richtig
100	daß Frauen und Kinder
	zu diesen Transporten gehörten
ANGEKLAGTER 12	Ja
	Damals bestand eben
	die Sippenhaftung
105 RICHTER	Sie stellten die Schuld
	dieser Frauen und Kinder
	nicht in Frage
ANGEKLAGTER 12	Es war uns gesagt worden
	daß sie beteiligt waren
110	an Brunnenvergiftungen
	Brückensprengungen
	und anderen Sabotagen

	RICHTER	Sahen Sie auch Kriegsgefangene
		zwischen diesen Menschen
115	ANGEKLAGTER 12	Ja
		Diese Gefangenen hatten laut Befehl
		jeden Anspruch auf ehrenhafte Behandlung
		verloren
	ANKLÄGER	Angeklagter Stark
120		Im Herbst 1941 wurden große Mengen sowjetischer
		Kriegsgefangener
		in das Lager eingeliefert
		Unseren Protokollen nach waren Sie zuständig
		für die Bearbeitung dieser Kontingente
125	ANGEKLAGTER 12	Ich hatte mit diesen Transporten
		nur Auftragsmäßiges zu tun
	ANKLÄGER	Was bedeutet Auftragsmäßiges
	ANGEKLAGTER 12	Ich hatte sie lediglich abzuführen
		und ihre Karteikarten mit dem Vermerk
130		des Erschießungsbefehls
		entgegenzunehmen
		Des weiteren hatte ich ihre Erkennungsmarken
		abzubrechen
		und die Nummern in der Kartei zu verwahren
135	ANKLÄGER	Welcher Grund
		war für die Erschießung der Kriegsgefangenen
		angegeben worden
	ANGEKLAGTER 12	Es handelte sich um die Vernichtung
		einer Weltanschauung
140		Mit ihrer fanatischen politischen Einstellung
		gefährdeten die Gefangenen
		die Sicherheit des Lagers
	ANKLÄGER	Wo wurden die Erschießungen ausgeführt
	ANGEKLAGTER 12	Im Hof von Block 11
145	ANKLÄGER	Nahmen Sie an den Erschießungen teil
	ANGEKLAGTER 12	In einem Falle
		ja
	ANKLÄGER	Wie ging das vor sich
	ANGEKLAGTER 12	Die Leute waren verlesen worden
150		und die Formalitäten waren erledigt
		Sie wurden nacheinander in den Hof geführt
		Es war schon ziemlich am Ende
		Da sagte Grabner
		Hier macht der Stark weiter
155		Vorher hatten die anderen Blockführer
		abwechselnd geschossen

ANKLÄGER	Wie viele haben Sie erschossen
ANGEKLAGTER 12	Das weiß ich nicht mehr
ANKLÄGER	Waren es mehr als einer
160 ANGEKLAGTER 12	Ja
ANKLÄGER	Mehr als 2
ANGEKLAGTER 12	4 bis 5 werden es schon gewesen sein
ANKLÄGER	Sträubten Sie sich nicht
	an der Erschießung teilzunehmen
165 ANGEKLAGTER 12	Es war ja Befehl
	Ich hatte hier als Soldat zu handeln
ANKLÄGER	Hatten Sie noch mit anderen Erschießungen
	zu tun
ANGEKLAGTER 12	Nein
170	Ich kam dann auf Urlaub
	um mein Schulstudium zu beendeny [R]

Anregungen zur Texterschließung

1. Welche Verbrechen werden dem Angeklagten vorgeworfen?
2. Wie reagiert der Angeklagte auf die Vorwürfe? Wie verteidigt und rechtfertigt er sich?
3. „Es war ja Befehl", sagt der ehemalige Unterscharführer Stark. Scheint Ihnen jede Verhaltensweise, die auf einem Befehl beruht, gerechtfertigt?

Band 2

Ergänzung Literaturgeschichte

VII. Im Zeitalter von Demokratie, Massenkommunikation und Popularkultur

Lesen Sie im Epochenteil Kapitel VII.9 (Die Politisierung der Literatur in den späten Sechziger- und frühen Siebzigerjahren) und entnehmen Sie daraus folgende Informationen, die den literaturhistorischen Hintergrund zu *Die Ermittlung* beleuchten:

1. Welche Forderung an Literatur wurde in den Sechziger- und frühen Siebzigerjahren erhoben?
2. Das *Dokumentarstück* wollte kritisches politisches Bewusstsein fördern. Nennen Sie Beispiele für diese dramatische Form.
3. Wer ist der bekannteste Vertreter der *literarischen Reportage*? Wie arbeitete er?

Kompetenzen: Das sollen Sie wissen/können

1. Sie können den Handlungsverlauf von CARL ZUCKMAYERS Stück *Des Teufels General* kurz zusammenfassen.
2. Sie können die Meinungsverschiedenheiten über den Widerstand zwischen Harras und Oderbruch erklären.
3. Sie können Unterschiede zwischen der Bühnenfigur Harras und der realen Vorbildfigur Ernst Udet erklären.
4. Zuckmayers Stück war umstritten. Welcher Einwand wurde dagegen erhoben?
5. Sie können die Entstehungsumstände des Stücks *Die Ermittlung* von PETER WEISS erklären.
6. Sie können erklären, warum *Die Ermittlung* als *Dokumentarstück* bezeichnet werden kann.
7. Sie kennen wesentliche „Handlungselemente" des Stücks *Die Ermittlung*.

GESCHICHTSOPTIMISMUS – GESCHICHTSPESSIMISMUS
Dramen von Bertolt Brecht und Friedrich Dürrenmatt im Vergleich

3

Modulvorschau

Dieses Modul ist zwei einflussreichen Dramatikern des 20. Jahrhunderts gewidmet, BERTOLT BRECHT und FRIEDRICH DÜRRENMATT.

➡ Sie beschäftigen sich mit BRECHTS Stück *Der gute Mensch von Sezuan* und lernen am Beispiel dieses Stücks wesentliche Grundlagen von Brechts Theorie eines *nichtaristotelischen* oder *epischen Theaters* kennen.

➡ Sie beschäftigen sich mit DÜRRENMATTS Komödie *Die Physiker* und erschließen anhand von theoretischen Texten des Autors die Theorie der *Groteske*.

AUFFORDERUNG ZUM HAPPY END – BERTOLT BRECHTS PARABELSTÜCK „DER GUTE MENSCH VON SEZUAN"

Die Arbeit an seinem Stück *Der gute Mensch von Sezuan* beschäftigte BERTOLT BRECHT über einen Zeitraum von 12 Jahren. Die ersten Aufzeichnungen stammen noch aus dem Jahr 1930. Brecht nahm sie mit ins Exil (vgl. **Band 2** Epochenteil, VI.12). Während der intensivsten Arbeitsphase (zwischen 1938 und 1942) beklagte sich Brecht darüber, dass er ein Stück, das er nicht in Probenarbeiten ausprobieren könne, ohnehin nicht als abgeschlossen betrachten könne. Dennoch, 1943 wurde *Der gute Mensch von Sezuan* in Zürich uraufgeführt.

DER INHALT

Drei Götter kommen vom Himmel auf die Erde. Seit zweitausend Jahren hören sie Klagen darüber, dass es unter irdischen Bedingungen unmöglich sei, gleichzeitig gut zu sein und zu überleben. Die Götter suchen daher den wirklich guten Menschen, den es ihrer Ideologie nach geben muss. Aber schon die Suche nach dem ersten Nachtquartier wird zur Ernüchterung, denn niemand scheint gut genug zu sein, drei Fremden ein Nachtlager anzubieten. Lediglich die Prostituierte Shen Te ist bereit, auf ihren letzten Kunden zu verzichten, damit sie den Fremden helfen kann. Die erleichterten Götter revanchieren sich und schenken bei ihrem Abschied Shen Te Geld für den Kauf eines Tabakladens.

Der gute Mensch von Sezuan, Volkstheater Wien 2000

Shen Te ist nun materiell abgesichert, sie hat sich aber (leider?) ihre Güte bewahrt und wird folglich schnell zur Anlaufstelle für Gescheiterte, die ihre Großzügigkeit so weit wie möglich ausnützen. Eine verarmte Großfamilie quartiert sich einfach im Tabakladen ein. Ihre von den

Göttern so hoch gepriesene Güte droht Shen Te zu ruinieren. Sie, die angesichts der vielen Notleidenden nicht nein sagen kann, erfindet einen Vetter namens Shui Ta, der sozusagen ihr asoziales Alter Ego darstellt. Shen Te schlüpft selbst in die Rolle des geschäftstüchtigen und erbarmungslosen Shui Ta und sorgt in dieser Verkleidung dafür, dass der Tabakladen vor dem Ruin bewahrt wird. Als die Geschäfte wieder geordnet und die schmarotzenden Verwandten und Freunde von der Polizei verhaftet worden sind, hat Shui Ta seine Aufgabe erfüllt und die gute Shen Te kann „zurückkehren".

Mit ihrer Rückkehr kommen aber auch die Probleme zurück. Shen Te verliebt sich in den Flieger Yang Sun, der wegen seiner Arbeitslosigkeit dem Selbstmord nahe ist. Er braucht eine hohe Geldsumme, um einen Mann zu bestechen, der ihm eine Anstellung als Flieger vermitteln kann. Shen Te verkauft für Yang Sun nicht nur ihren Laden, sondern sie nimmt auch noch einen Kredit auf. Yang Sun – das war vorherzusehen – nützt Shen Tes Liebe nur aus. Er nimmt ihr Geld, lässt sie aber, als sie von ihm schwanger ist, allein. Will Shen Te nicht untergehen, muss sie den fiktiven Vetter Shui Ta zurückholen. Das „böse" Alter Ego taucht wieder auf, gründet im Barackenviertel eine Tabakfabrik, lässt die Armen für Hungerlöhne arbeiten und sichert so die materielle Existenz der angeblich verreisten Cousine. Die gütige Shen Te, die Hoffnung der Armen, bleibt ab diesem Zeitpunkt verschollen. Shui Ta, den die Menschen hassen, wird verdächtigt, den guten Menschen von Sezuan beseitigt zu haben. Er wird angeklagt und vor Gericht gestellt. Seine Richter sind jene drei Götter, von denen Shen Te einst den Tabakladen erhalten hat. Vor ihnen lüftet Shui Ta/Shen Te seine/ihre eigentliche Identität und legt ihnen das schier unlösbare Problem seiner/ihrer gespaltenen Existenz vor.

1   Bertolt Brecht: Der gute Mensch von Sezuan (Auszug)

1   Shen Te: Ja, ich bin es. Shui Ta und Shen Te, ich bin beides.
Euer einstiger Befehl
Gut zu sein und doch zu leben
Zerriß mich wie ein Blitz in zwei Hälften. Ich
5   Weiß nicht, wie es kam: gut sein zu andern
Und zu mir konnte ich nicht zugleich.
Andern und mir zu helfen, war mir zu schwer.
Ach, eure Welt ist schwierig! Zu viel Not, zu viel Verzweiflung!
Die Hand, die dem Elenden gereicht wird
10   Reißt er einem gleich aus! Wer den Verlorenen hilft
Ist selbst verloren! Denn wer könnte
Lang sich weigern, böse zu sein, wenn da stirbt, wer kein Fleisch ißt? (...)
Etwas muß falsch sein an eurer Welt. (...)
Für eure großen Pläne, ihr Götter
15   War ich armer Mensch zu klein. R

Aber die Götter wollen von Shen Tes Problem nichts wissen. Sie entschwinden auf einer rosigen Wolke. Das eigentliche Problem des Stücks, wie es möglich ist, gut zu sein und trotzdem zu überleben, wird nicht gelöst. Aber der Autor lässt noch einen Epilog folgen, in dem sich ein Schauspieler an das Publikum wendet:

Epilog

2

1   Verehrtes Publikum, jetzt kein Verdruß:
    Wir wissen wohl, das ist kein rechter Schluß.
    (...)
    Wir stehen selbst enttäuscht und sehn betroffen
5   Den Vorhang zu und alle Fragen offen.
    (...)
    Was könnt die Lösung sein?
    Wir konnten keine finden, nicht einmal für Geld.
    Soll es ein andrer Mensch sein? Oder eine andre Welt?
10 Vielleicht nur andere Götter? Oder keine?
    Wir sind zerschmettert und nicht nur zum Scheine!
    Der einzige Ausweg wär aus diesem Ungemach:
    Sie selber dächten auf der Stelle nach
    Auf welche Weis' dem guten Menschen man
15 Zu einem guten Ende helfen kann.
    Verehrtes Publikum, los, such dir selbst den Schluß!
    Es muß ein guter da sein, muß, muß, muß! R

Dieser Schluss ist typisch für den Marxisten Bertolt Brecht. Er will sich nicht resignativ mit dem unvollkommenen sozialen Zustand der Welt abfinden. Die Gesellschaft ist verbesserbar. Es muss für den Einzelnen möglich sein, trotz Güte zu überleben. An dieser Aufgabe zu arbeiten, das ist der Auftrag, den der „Stückeschreiber" Brecht seinem Publikum mitgibt, bevor es das Theater verlässt.

Anregungen zur Gruppenarbeit

Diskutieren Sie in Kleingruppen folgende Fragen:
1. Aufgrund welcher konkreten Umstände muss sich die gute Shen Te in den bösen Vetter Shui Ta verwandeln?
2. Ist diese Verwandlung in den Vetter Ihrer Ansicht nach vermeidbar? Wodurch könnte die Verwandlung der Guten in den Bösen vermieden werden? Beschäftigen Sie sich mit Brechts Fragestellung im Epilog: „Soll es ein andrer Mensch sein? Oder eine andre Welt? / Vielleicht nur andere Götter? Oder keine?"

Anregung zum Rollenspiel

Präsentieren Sie Ihre „Lösung" in einem Rollenspiel, an dem folgende Figuren aus dem Stück beteiligt sind: Shen Te – Yang Sun – eine Gottheit – ein Mitglied der armen Familie.

BRECHTS THEORIE EINES „EPISCHEN" ODER „NICHTARISTOTELISCHEN" THEATERS FÜR EIN WISSENSCHAFTLICHES ZEITALTER

KRITIK STATT EMOTIONALISIERUNG

„Glotzt nicht so romantisch!" Diese Aufforderung an das Publikum hatte bereits der junge BRECHT im Theater anbringen lassen, als sein Stück *Trommeln in der Nacht* 1922 uraufgeführt worden war. In der zweiten Hälfte der Zwanzigerjahre beschäftigte sich Brecht mit dem Marxismus und knüpfte ab dieser Zeit seine schriftstellerische Arbeit eng an seine politische

Überzeugung. Die Grundhaltung „Glotzt nicht so romantisch!" behielt er bei. Brecht will ein Publikum, das die auf der Bühne gezeigten Vorgänge kritisch betrachtet. Die Zuschauer/innen sollen sich nicht in Bühnenheld/innen einfühlen, sondern den Vorgängen auf der Bühne mit dem Interesse von Menschen folgen, die gesellschaftliche Veränderungen herbeiführen und die dafür notwendigen Erkenntnisse gewinnen wollen. Brecht spricht von einem Theater „für das wissenschaftliche Zeitalter" oder von einem „nichtaristotelischen" Theater (vgl. **Band 2** Epochenteil, VI.10.1), weil sein Konzept im Gegensatz steht zum Konzept der *Katharsis* aus der Poetik des ARISTOTELES. Aristoteles erwartet sich von der Tragödie eine emotionale Erschütterung des Publikums, die eine befreiende psychische Wirkung auslösen soll.

DIE WIRKLICHKEIT VERFREMDEN, UM SIE ERKENNBAR ZU MACHEN

Dieser Absicht des Dramatikers Brecht entsprechen die von ihm eingesetzten dramatischen Mittel. Ein zentraler Begriff ist der **Verfremdungseffekt**. Brecht hat sich zwar selbst als einen realistisch schreibenden Autor bezeichnet – er versteht aber seinen Realismus nicht so wie die Naturalisten, also nicht als möglichst präzise Nachahmung der sinnlich erfahrbaren Wirklichkeit (vgl. **Band 2** Epochenteil, VI.5.3). Seine Stücke sollen Modelle der Gesellschaft sein, die Veränderungsmöglichkeiten erkennbar machen. Um diesen Zweck zu erreichen, meint Brecht, müsse die Kunst die Wirklichkeit aus einer ungewohnten Perspektive zeigen, sie eben gegenüber der üblichen, nor-

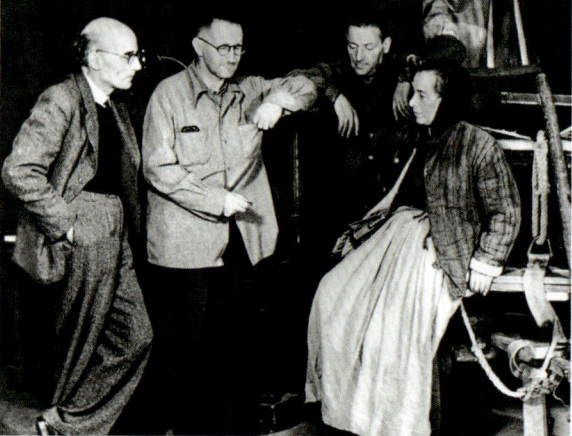

Bert Brecht bei der Generalprobe zu „Mutter Courage"

malen Blickweise *verfremden*. Was sich in dieser theoretischen Form vielleicht etwas abstrakt anhört, führt in der praktischen Theaterarbeit zu folgenden **dramaturgischen Methoden**:

- Brecht gestaltet seine **Bühnenfiguren** weniger als individuelle Charaktere, sondern eher **typologisch als Träger bestimmter gesellschaftlicher Rollen**. Er arbeitet also nicht wie ein Psychologe, sondern eher wie ein Soziologe.
- Die Spielhandlung, also das eigentlich dramatische Geschehen, unterbricht Brecht immer wieder durch kommentierende oder erzählende Passagen und durch Songs. Er lässt Figuren aus ihrer Bühnenrolle heraustreten und zeigt sie ganz einfach als Schauspieler/innen. So zerstört er die Illusion, Galilei oder die Mutter Courage stünden wirklich vor uns, und so verhindert er die Einfühlung in den Bühnenhelden/die Bühnenheldin. Aufgrund dieser **Unterbrechungen der dramatischen Handlung durch erzählerische Elemente** bezeichnet man Brechts Bühnenstücke auch als *episches Theater*.
- Nicht selten verwendet Brecht **mehrere Sprachebenen nebeneinander**. Er lässt seine Figuren teilweise realistisch sprechen, aber die kommentierenden Passagen sind in stilisierter Sprache, z. B. in freirhythmischen Versen, geschrieben, oder sie werden gesungen.
- Auch in der Bühnenrealisierung verlangte Brecht, der selbst oft Regie führte, einen antinaturalistischen Stil. Das Bühnenbild, die Verwendung von Kostümen und Masken, sogar die Spielweise der Schauspieler/innen soll **auf kritische Distanzierung, nicht auf Einfühlung des Publikums abzielen**. Die Schauspieler/innen, sagte Brecht, sollten gestisch spielen, d. h. sie sollten ihre Rolle „zeigen", anstatt mit ihr identisch zu werden.

DIE GROTESKE ALS ANTWORT AUF EINE CHAOTISCHE WELT – FRIEDRICH DÜRRENMATT: „DIE PHYSIKER"

Im August 1945 wurden die ersten Atombomben auf Hiroshima und Nagasaki abgeworfen. Die verheerenden Auswirkungen waren ein Schock für die Menschheit. Vor dem Hintergrund dieser Katastrophe schrieb der Schweizer Autor **FRIEDRICH DÜRRENMATT** das Stück *Die Physiker* (1961). Die Bühnenhandlung spielt innerhalb weniger Stunden im Salon einer privaten Nervenheilanstalt, die von der Psychiaterin Dr. Mathilde von Zahnd geleitet wird. Der Autor selbst bezeichnet das Sanatorium in seinen einleitenden Anmerkungen als das, was es seiner Meinung nach ist: ein „Irrenhaus". Dramaturgisch gesehen hält Dürrenmatt die von **ARISTOTELES** geforderten drei Einheiten von Ort, Zeit und Handlung ein. Titelgebend für diese „Komödie" in zwei Akten sind drei Physiker, die in einem eigenen Trakt der Nobelklinik betreut werden.

DIE EXPOSITION

FRIEDRICH DÜRRENMATT: DIE PHYSIKER `3`

1   INSPEKTOR. Man darf doch rauchen?
OBERSCHWESTER. Es ist nicht üblich.
INSPEKTOR. Pardon. *Er steckt die Zigarre zurück.*
OBERSCHWESTER. Eine Tasse Tee?
5   INSPEKTOR. Lieber Schnaps.
OBERSCHWESTER. Sie befinden sich in einer Heilanstalt.
INSPEKTOR. Dann nichts. Blocher, du kannst photographieren.
BLOCHER. Jawohl, Herr Inspektor.
Man photographiert. Blitzlichter.
10   INSPEKTOR. Wie hieß die Schwester?
OBERSCHWESTER. Irene Straub.
INSPEKTOR. Alter?
OBERSCHWESTER. Zweiundzwanzig. Aus Kohlwang.
INSPEKTOR. Angehörige?
15   OBERSCHWESTER. Ein Bruder in der Ostschweiz.
INSPEKTOR. Benachrichtigt?
OBERSCHWESTER. Telephonisch.
INSPEKTOR. Der Mörder?
OBERSCHWESTER. Bitte, Herr Inspektor – der arme Mensch ist doch krank.
20   INSPEKTOR. Also gut: Der Täter?
OBERSCHWESTER. Ernst Heinrich Ernesti. Wir nennen ihn Einstein.
INSPEKTOR. Warum?
OBERSCHWESTER. Weil er sich für Einstein hält.
INSPEKTOR. Ach so. *Er wendet sich zum stenographierenden Polizisten.*
25   Haben Sie die Aussagen der Oberschwester, Guhl?
GUHL. Jawohl, Herr Inspektor.
INSPEKTOR. Erdrosselt, Doktor?
GERICHTSMEDIZINER. Eindeutig. Mit der Schnur der Stehlampe. Diese Irren entwickeln oft gigantische Kräfte. Es hat etwas Großartiges.

30 INSPEKTOR. So. Finden Sie. Dann finde ich es unverantwortlich, diese Irren von Schwestern pflegen zu lassen. Das ist nun schon der zweite Mord.

OBERSCHWESTER. Bitte, Herr Inspektor.

INSPEKTOR. – der zweite Unglücksfall innert drei Monaten in der Anstalt „Les Cerisiers". *Er zieht ein Notizbuch hervor.* Am zwölften August erdrosselte ein Herbert Georg Beutler, der sich
35 für den großen Physiker Newton hält, die Krankenschwester Dorothea Moser. *Er steckt das Notizbuch wieder ein.* Auch in diesem Salon. Mit Pflegern wäre das nie vorgekommen.

OBERSCHWESTER. Glauben Sie? Schwester Dorothea Moser war Mitglied des Damenringvereins und Schwester Irene Straub Landesmeisterin des nationalen Judoverbandes.

INSPEKTOR. Und Sie?

40 OBERSCHWESTER. Ich stemme.

INSPEKTOR. Kann ich nun den Mörder –

OBERSCHWESTER. Bitte, Herr Inspektor.

INSPEKTOR. – den Täter sehen?

OBERSCHWESTER. Er geigt.

45 INSPEKTOR. Was heißt: Er geigt?

OBERSCHWESTER. Sie hören es ja.

INSPEKTOR. Dann soll er bitte aufhören. *Da die Oberschwester nicht reagiert.* Ich habe ihn zu vernehmen.

OBERSCHWESTER. Geht nicht.

50 INSPEKTOR. Warum geht es nicht?

OBERSCHWESTER. Das können wir ärztlich nicht zulassen. Herr Ernesti muß jetzt geigen.

INSPEKTOR. Der Kerl erdrosselte schließlich eine Krankenschwester!

OBERSCHWESTER. Herr Inspektor. Es handelt sich nicht um einen Kerl, sondern um einen kranken Menschen, der sich beruhigen muß. Und weil er sich für Einstein hält, beruhigt er sich
55 nur, wenn er geigt.

INSPEKTOR. Bin ich eigentlich verrückt?

OBERSCHWESTER. Nein.

INSPEKTOR. Man kommt ganz durcheinander. *Er wischt sich den Schweiß ab.* Heiß hier.

OBERSCHWESTER. Durchaus nicht.

60 INSPEKTOR. Oberschwester Marta. Holen Sie bitte die Chefärztin.

OBERSCHWESTER. Geht auch nicht. Fräulein Doktor begleitet Einstein auf dem Klavier. Einstein beruhigt sich nur, wenn Fräulein Doktor ihn begleitet.

INSPEKTOR. Und vor drei Monaten mußte Fräulein Doktor mit Newton Schach spielen, damit sich der beruhigen konnte. Darauf gehe ich nicht mehr ein, Oberschwester Marta. Ich muß die
65 Chefärztin einfach sprechen. R

Anregungen zur Texterschließung

1. Beschreiben Sie die Ausgangssituation der Dramenhandlung.
2. Welche wichtigen Figuren werden vorgeführt bzw. angekündigt?
   Band 2 ▶ Kompetenzteil, II.2.3
3. Wie würden Sie die Atmosphäre am Handlungsort beschreiben?
4. Welche Elemente der Szene würden Sie als komisch bzw. *grotesk* bezeichnen?

Die Hauptfigur Möbius

Der dritte Physiker ist Johann Wilhelm Möbius, der behauptet, der biblische König Salomon diktiere ihm seine Erkenntnisse. Auch er tötet eine Krankenschwester. Die Ursache für die drei Morde erfährt man erst im zweiten Akt: Keiner der drei Patienten ist wirklich krank. Die Krankenschwestern mussten sterben, weil sie Verdacht geschöpft hatten. Möbius hat die Weltformel entdeckt, bei deren Anwendung das Gravitationsgesetz auf dem Planeten Erde außer Kraft gesetzt werden könnte. Um die Menschheit vor dem Missbrauch seiner Entdeckung zu schützen, macht er sich selbst unglaubwürdig. Aus Verantwortungsgefühl zieht er den vorgetäuschten Wahnsinn als Alternative zu einer glänzenden Karriere vor und nimmt die Trennung von Frau und Kindern in Kauf.

Aber auch die beiden anderen Patienten stellen sich nur verrückt. In Wahrheit sind es die zu Geheimagenten ausgebildeten Physiker Kilton und Eisler. Sie gehören rivalisierenden politischen Machtblöcken (USA und UdSSR) an und haben den Auftrag, Möbius' Weltformel mit allen Mitteln zu erbeuten, um damit ihrem Land die Weltherrschaft zu ermöglichen. Jeder der beiden will Möbius dazu überreden, mit ihm zu fliehen.

4

1　MÖBIUS. Wir sind drei Physiker. Die Entscheidung, die wir zu fällen haben, ist eine Entscheidung unter Physikern. Wir müssen wissenschaftlich vorgehen. Wir dürfen uns nicht von Meinungen bestimmen lassen, sondern von logischen Schlüssen. Wir müssen versuchen, das Vernünftige zu finden. Wir dürfen uns keinen Denkfehler leisten, weil ein Fehlschluß zur

5　Katastrophe führen müßte. Der Ausgangspunkt ist klar. Wir haben alle drei das gleiche Ziel im Auge, doch unsere Taktik ist verschieden. Das Ziel ist der Fortgang der Physik. Sie wollen ihr die Freiheit bewahren, Kilton, und streiten ihr die Verantwortung ab. Sie dagegen, Eisler, verpflichten die Physik im Namen der Verantwortung der Machtpolitik eines bestimmten Landes. Wie sieht nun aber die Wirklichkeit aus? Darüber verlange ich Auskunft, soll ich mich

10　entscheiden.

NEWTON. Einige der berühmtesten Physiker erwarten Sie. Besoldung und Unterkunft ideal, die Gegend mörderisch, aber die Klimaanlagen ausgezeichnet.

MÖBIUS. Sind diese Physiker frei?

NEWTON. Mein lieber Möbius. Diese Physiker erklären sich bereit, wissenschaftliche Probleme

15　zu lösen, die für die Landesverteidigung entscheidend sind. Sie müssen daher verstehen –

MÖBIUS. Also nicht frei. *Er wendet sich Einstein zu.* Joseph Eisler. Sie treiben Machtpolitik. Dazu gehört jedoch Macht. Besitzen Sie die?

EINSTEIN. Sie mißverstehen mich, Möbius. Meine Machtpolitik besteht gerade darin, daß ich zugunsten einer Partei auf meine Macht verzichtet habe.

20　MÖBIUS. Können Sie die Partei im Sinne Ihrer Verantwortung lenken, oder laufen Sie Gefahr, von der Partei gelenkt zu werden?

EINSTEIN. Möbius! Das ist doch lächerlich. Ich kann natürlich nur hoffen, die Partei befolge meine Ratschläge, mehr nicht. Ohne Hoffnung gibt es nun einmal keine politische Haltung.

MÖBIUS. Sind wenigstens Ihre Physiker frei?

25　EINSTEIN. Da auch sie für die Landesverteidigung …

MÖBIUS. Merkwürdig. Jeder preist mir eine andere Theorie an, doch die Realität, die man mir bietet, ist dieselbe: ein Gefängnis. Da ziehe ich mein Irrenhaus vor. Es gibt mir wenigstens die Sicherheit, von Politikern nicht ausgenützt zu werden.

EINSTEIN. Gewisse Risiken muß man schließlich eingehen.

30 MÖBIUS. Es gibt Risiken, die man nie eingehen darf: Der Untergang der Menschheit ist ein solches. Was die Welt mit den Waffen anrichtet, die sie schon besitzt, wissen wir, was sie mit

35 jenen anrichten würde, die ich ermögliche, können wir uns denken. Dieser Einsicht habe ich mein Handeln untergeordnet. Ich war arm. Ich besaß eine Frau und drei Kinder. Auf der Univer-

40 sität winkte Ruhm, in der Industrie Geld. Beide Wege waren zu gefährlich. Ich hätte meine Arbeiten veröffentlichen müssen, der Umsturz unserer Wissenschaft und das Zusammenbre-

45 chen des wirtschaftlichen Gefüges wären die Folgen gewesen. Die Verantwortung zwang mir einen anderen Weg

Die Physiker, Deutsches Theater Berlin 2005

auf. Ich ließ meine akademische Karriere fahren, die Industrie fallen und überließ meine Familie ihrem Schicksal. Ich wählte die Narrenkappe. Ich gab vor, der König Salomo erscheine mir,

50 und schon sperrte man mich in ein Irrenhaus.

NEWTON. Das war doch keine Lösung!

MÖBIUS. Die Vernunft forderte diesen Schritt. Wir sind in unserer Wissenschaft an die Grenzen des Erkennbaren gestoßen. Wir wissen einige genau erfaßbare Gesetze, einige Grundbeziehungen zwischen unbegreiflichen Erscheinungen, das ist alles, der gewaltige Rest bleibt

55 Geheimnis, dem Verstande unzugänglich. Wir haben das Ende unseres Weges erreicht. Aber die Menschheit ist noch nicht so weit. Wir haben uns vorgekämpft, nun folgt uns niemand nach, wir sind ins Leere gestoßen. Unsere Wissenschaft ist schrecklich geworden, unsere Forschung gefährlich, unsere Erkenntnis tödlich. Es gibt für uns Physiker nur noch die Kapitulation vor der Wirklichkeit. Sie ist uns nicht gewachsen. Sie geht an uns zugrunde. Wir müssen

60 unser Wissen zurücknehmen, und ich habe es zurückgenommen. Es gibt keine andere Lösung, auch für euch nicht. R

Anregungen zur Texterschließung

1. Welche entscheidenden Fragen stellt Möbius an Newton – Kilton bzw. an Einstein – Eisler? Welche Antworten erhält er? Welche Konsequenz zieht er daraus?
2. Mit welchen Argumenten begründet Möbius seine Weigerung, die Weltformel einer politischen Macht zur Verfügung zu stellen?

DER PESSIMISTISCHE SCHLUSS

Unter dem Einfluss von Möbius' Argumenten ringen sich schließlich auch Kilton und Eisler dazu durch, im Irrenhaus zu bleiben, um die Welt zu retten. Ein Happy End scheint sich anzubahnen. Dürrenmatt entscheidet sich aber für die „schlimmst-mögliche Wendung"! Diese Wendung vollzieht die bucklige Chefärztin Mathilde von Zahnd. Die bisher kompetent und fürsorglich erscheinende Psychiaterin entpuppt sich als die eigentliche Irre, der – wie sie behauptet – auch der König Salomo erscheint. Sie hat die Manuskripte von Möbius kopiert und will mit diesen Erkenntnissen die Weltherrschaft erringen. Damit gerät nicht nur die Ordnung des Irrenhauses, nämlich die Durchschaubarkeit von „normal" und „verrückt" durcheinander, sondern auch die Ordnung der Welt: Die Weltformel befindet sich in der Hand einer Verrückten ...

Dürrenmatt über das Theater

Friedrich Dürrenmatt beschäftigte sich auch in theoretischen Texten mit der Frage, wie unsere unüberschaubar gewordene Welt auf der Bühne dargestellt werden kann.

Friedrich Dürrenmatt: 21 Punkte zu den Physikern

1 **1** Ich gehe nicht von einer These, sondern von einer Geschichte aus.
2 Geht man von einer Geschichte aus, muß sie zu Ende gedacht werden.
3 Eine Geschichte ist dann zu Ende gedacht, wenn sie ihre schlimmstmögliche Wendung genommen hat.
5 **4** Die schlimmstmögliche Wendung ist nicht voraussehbar. Sie tritt durch Zufall ein.
5 Die Kunst des Dramatikers besteht darin, in einer Handlung den Zufall möglichst wirksam einzusetzen.
(…)
8 Je planmäßiger die Menschen vorgehen, desto wirksamer vermag sie der Zufall zu treffen.
10 **9** Planmäßig vorgehende Menschen wollen ein bestimmtes Ziel erreichen. Der Zufall trifft sie dann am schlimmsten, wenn sie durch ihn das Gegenteil ihres Ziels erreichen: Das, was sie befürchteten, was sie zu vermeiden suchten (z. B. Oedipus).
10 Eine solche Geschichte ist zwar grotesk, aber nicht absurd (sinnwidrig).
11 Sie ist paradox.
15 (…)
14 Ein Drama über die Physiker muß paradox sein.
15 Es kann nicht den Inhalt der Physik zum Ziele haben, sondern nur ihre Auswirkung.
16 Der Inhalt der Physik geht die Physiker an, die Auswirkung alle Menschen.
17 Was alle angeht, können nur alle lösen.
20 **18** Jeder Versuch eines Einzelnen, für sich zu lösen, was alle angeht, muß scheitern.
19 Im Paradoxen erscheint die Wirklichkeit.
(…) R

Worterklärungen im Glossar: *die Groteske, die Absurdität, das Paradoxon*

Anregungen zur Texterschließung

1. Welche Punkte setzt Dürrenmatt in seinem Theaterstück um?
2. Welche Punkte treffen auch auf die Wirklichkeit zu?
3. Diskutieren Sie in Partnerarbeit die Punkte 16–18. Finden Sie dazu Argumente bzw. Gegenargumente. Verwenden Sie auch das Fakten- und Datenmaterial. Sie können sich aber auch Zusatzinformationen z. B. aus dem Physikunterricht oder dem Internet besorgen.
4. Lässt sich die Problematik auch auf andere Wissenschaften anwenden?

6 Friedrich Dürrenmatt: Theaterprobleme

Läßt sich die heutige Welt etwa, um konkret zu fragen, mit der Dramatik Schillers gestalten, wie einige Schriftsteller behaupten, da ja Schiller das Publikum immer noch packe? Gewiß, in der Kunst ist alles möglich, wenn sie stimmt, die Frage ist nur, ob eine Kunst, die einmal stimmte, auch heute noch möglich ist. Die Kunst ist nie wiederholbar, wäre sie es, wäre es tö-
5 richt, nun nicht einfach mit den Regeln Schillers zu schreiben.
Schiller schrieb so, wie er schrieb, weil die Welt, in der er lebte, sich noch in der Welt, die er schrieb, die er sich als Historiker erschuf, spiegeln konnte. Gerade noch. War doch Napoleon vielleicht der letzte Held im alten Sinne. Die heutige Welt, wie sie uns erscheint, läßt sich dagegen schwerlich in der Form des geschichtlichen Dramas Schillers bewältigen, allein aus dem
10 Grunde, weil wir keine tragischen Helden, sondern nur Tragödien vorfinden, die von Weltmetzgern inszeniert und von Hackmaschinen ausgeführt werden. Aus Hitler und Stalin lassen sich keine Wallensteine mehr machen. Ihre Macht ist so riesenhaft, daß sie selber nur noch zufällige, äußere Ausdrucksformen dieser Macht sind, beliebig zu ersetzen (…). Die Macht Wallensteins ist eine noch sichtbare Macht, die heutige Macht ist nur zum kleinsten Teil sicht-
15 bar, wie bei einem Eisberg ist der größte Teil im Gesichtslosen, Abstrakten versunken. Das Drama Schillers setzt eine sichtbare Welt voraus, die echte Staatsaktion, wie ja auch die griechische Tragödie. Sichtbar in der Kunst ist das Überschaubare. Der heutige Staat ist jedoch unüberschaubar, anonym, bürokratisch geworden (…). Die echten Repräsentanten fehlen und die tragischen Helden sind ohne Namen. Mit einem kleinen Schieber, mit einem Kanzlisten,
20 mit einem Polizisten läßt sich die heutige Welt besser wiedergeben als mit einem Bundesrat, als mit einem Bundeskanzler. Die Kunst dringt nur noch bis zu den Opfern vor, dringt sie überhaupt zu Menschen, die Mächtigen erreicht sie nicht mehr. Kreons Sekretäre erledigen den Fall Antigone. Der Staat hat seine Gestalt verloren, und wie die Physik die Welt nur noch in mathematischen Formeln wiederzugeben vermag, so ist er nur noch statistisch darzustellen.
25 Sichtbar, Gestalt wird die heutige Macht nur etwa da, wo sie explodiert, in der Atombombe, in diesem wundervollen Pilz, der da aufsteigt und sich ausbreitet, makellos wie die Sinne, bei dem Massenmord und Schönheit eins werden. Die Atombombe kann man nicht mehr darstellen, seit man sie herstellen kann. Vor ihr versagt jede Kunst als eine Schöpfung des Menschen, weil sie selbst eine Schöpfung des Menschen ist. Zwei Spiegel, die sich ineinander spiegeln,
30 bleiben leer.
Doch die Aufgabe der Kunst, soweit sie überhaupt eine Aufgabe haben kann, und somit die Aufgabe der heutigen Dramatik ist, Gestalt, Konkretes zu schaffen. Dies vermag vor allem die Komödie. Die Tragödie, als die gestrengste Kunstgattung, setzt eine gestaltete Welt voraus. Die Komödie – sofern sie nicht Gesellschaftskomödie ist wie bei Moliere –, eine ungestaltete,
35 im Werden, im Umsturz begriffene, eine Welt, die am Zusammenpacken ist wie die unsrige. (…)
Die Tragödie setzt Schuld, Not, Maß, Übersicht, Verantwortung voraus. In der Wurstelei unseres Jahrhunderts, in diesem Kehraus der weißen Rasse, gibt es keine Schuldigen und auch keine Verantwortlichen mehr. Alle können nichts dafür und haben es nicht gewollt. Es geht
40 wirklich ohne jeden. Alles wird mitgerissen und bleibt in irgendeinem Rechen hängen. Wir sind zu kollektiv schuldig, zu kollektiv gebettet in die Sünden unserer Väter und Vorväter. Wir sind nur noch Kindeskinder. Das ist unser Pech, nicht unsere Schuld: Schuld gibt es nur noch als persönliche Leistung, als religiöse Tat. Uns kommt nur noch die Komödie bei. Unsere Welt hat ebenso zur Groteske geführt wie zur Atombombe, wie ja die apokalyptischen Bilder des

45 Hieronymus Bosch auch grotesk sind. Doch das Groteske ist nur ein sinnlicher Ausdruck, ein sinnliches Paradox, die Gestalt nämlich einer Ungestalt, das Gesicht einer gesichtslosen Welt, und genauso wie unser Denken ohne den Begriff des Paradoxen nicht mehr auszukommen scheint, so auch die Kunst, unsere Welt, die nur noch ist, weil die Atombombe existiert: aus Furcht vor ihr.

50 Doch ist das Tragische immer noch möglich, auch wenn die reine Tragödie nicht mehr möglich ist. Wir können das Tragische aus der Komödie heraus erzielen, hervorbringen als einen schrecklichen Moment (...). Nun liegt der Schluß nahe, die Komödie sei der Ausdruck der Verzweiflung, doch ist dieser Schluß nicht zwingend. Gewiß, wer das Sinnlose, das Hoffnungslose dieser Welt sieht, kann verzweifeln, doch ist diese Verzweiflung nicht eine Folge

55 dieser Welt, sondern eine Antwort, die man auf diese Welt gibt, und eine andere Antwort wäre das Nichtverzweifeln, der Entschluß etwa, die Welt zu bestehen, in der wir oft leben wie Gulliver unter den Riesen. Auch der nimmt Distanz, auch der tritt einen Schritt zurück, der seinen Gegner einschätzen will, der sich bereit macht, mit ihm zu kämpfen oder ihm zu entgehen. Es ist immer noch möglich, den mutigen Menschen zu zeigen.

60 Dies ist denn auch eines meiner Hauptanliegen. (...) R

Anregungen zur Texterschließung

1. Aufgrund welcher Veränderungen und Umstände ist die Welt nicht mehr mit den Mitteln der klassischen *Tragödie* (Friedrich Schiller) darstellbar?
2. Welche dramatische Form wird der Welt nach dem Zweiten Weltkrieg besser gerecht als die Tragödie? Wie begründet Dürrenmatt seine Entscheidung?
3. Wenn auch der tragische Held im Sinne Schillers nicht mehr darstellbar ist, so kann man doch den „mutigen Menschen" zeigen. Überprüfen Sie, inwiefern der Physiker Möbius dem Typ des mutigen Menschen entsprechen könnte.

Anregung zum Schreiben einer Problemarbeit

Sollen Regierungen und Parlamente die Freiheit der Wissenschaft einschränken und sie einer stärkeren Kontrolle unterziehen?

Kompetenzen: Das sollen Sie wissen/können

1. Sie können den Inhalt von **Bertolt Brechts** Stück *Der gute Mensch von Sezuan* kurz zusammenfassen und den offenen Schluss erklären.
2. Sie können erklären, inwiefern Brecht sein *episches Theate*r als Gegenkonzept zur aristotelischen Theorie der *Katharsis* verstand.
3. Sie können erklären, was Brecht unter einem *Verfremdungseffekt* versteht, und die Auswirkungen der Verfremdung auf die Gestaltung der Bühnenfiguren, auf Bühnenbild, Kostüme und dramatische Sprache erläutern.
4. Sie können den Inhalt von **Friedrich Dürrenmatts** Stück *Die Physiker* kurz zusammenfassen und Beispiele für *groteske* Gestaltungsmittel anführen.
5. Sie können folgende Elemente aus Dürrenmatts Theatertheorie erklären: Warum kann man keine Tragödie mehr schreiben, wie sie Friedrich Schiller geschrieben hat? Welche dramatische Form ist der Unübersichtlichkeit der modernen Gesellschaft angemessen? Was versteht Dürrenmatt unter einem „mutigen Menschen", und inwiefern kann man den Physiker Möbius als „mutigen Menschen" bezeichnen?

4

DER MENSCH IST FREI – ABER SINNLOS
Absurdes Drama und Existenzialismus

Modulvorschau

Das *absurde Theater* war eine der wichtigsten künstlerischen Neuerungen nach 1945. Zum bahnbrechenden und gleichzeitig erfolgreichsten Stück dieser Richtung wurde *Warten auf Godot* von SAMUEL BECKETT.

➡ Sie bekommen einen Einblick in den Handlungsverlauf des Stücks und interpretieren die Schlussszene.

➡ Sie erkennen Verbindungen zwischen dem *absurden Theater* und dem *Existentialismus*, einer wichtigen philosophischen Strömung des 20. Jahrhunderts.

SAMUEL BECKETT: „WARTEN AUF GODOT"

Die Zuschauer/innen sehen eine leere Landstraße. Am Straßenrand steht ein kahler Baum. Der Mann auf der Bühne versucht einen Schuh auszuziehen. Ein zweiter Mann kommt dazu. Die Kleidung der beiden weist sie als soziale Randexistenzen aus, möglicherweise als Landstreicher. Estragon und Wladimir – so heißen die beiden – sind hierhergekommen, weil sie sich mit einem gewissen Herrn Godot [godo], von dem sie allerdings kaum etwas wissen, verabredet haben. Ihre Unsicherheit über den Ausgang ihres Vorhabens veranlasst die beiden Wartenden sogar dazu, einen Selbstmord in Erwägung zu ziehen. Sie könnten sich zum Beispiel erhängen, aber auch dieser Selbstmord ist eine unsichere Sache. Den leichten Estragon würde der Baumast wahrscheinlich aushalten, aber unter der Last des schweren Wladimir könnte er brechen. Also warten sie doch lieber auf Godot. Zwei weitere Figuren betreten die Bühne. Sie heißen Pozzo und Lucky. Pozzo ist ein Herrenmensch, ein brutaler Ausbeuter und Sklaventreiber. Er führt seinen Sklaven Lucky an einer Leine, demütigt und misshandelt ihn. Auf Pozzos Veranlassung muss Lucky vortanzen und vordenken. Das „Vordenken" besteht in einem endlos scheinenden Monolog, in dem Lucky Bildungs- und Wissensfragmente zusammenhanglos aneinanderreiht. Dann ziehen sie weiter, denn Pozzo will seinen Sklaven verkaufen. Nun tritt ein Junge auf. Er ist ein Bote Godots und meldet, dass Herr Godot heute nicht mehr kommen wird, sondern erst morgen. „Gehen wir", sagen die Landstreicher – aber sie bleiben. Der Vorhang fällt. Ende des ersten Akts.

Am Beginn des 2. Akts ist eine kleine Veränderung zu beobachten. Der Baum am Straßenrand ist nun ein wenig belaubt. Wladimir tritt auf und versucht sich mit wenig Erfolg als Sänger. Das Lied „Ein Hund kam in die Küche und stahl dem Koch ein Ei", das er anstimmt, will ihm nicht so recht gelingen. Estragon betritt nun auch die Bühne. Um sich die Zeit bis zu Godots Eintreffen zu vertreiben, ersinnen die beiden Spiele, das Streit-Spiel, das Vertragens-Spiel, das Höflichkeits-Spiel, das Mutter-Kind-Spiel u. a. m. Unter anderem imitieren sie Pozzo und Lucky. Der Herrenmensch und sein Sklave kommen auch selbst noch einmal auf die Bühne. Sie haben sich ziemlich verändert. Pozzo ist blind geworden und Lucky stumm. Pozzo fällt immer wieder hin und fleht um Hilfe. Nach langwierigen Bemühungen gelingt es Estragon und Wladimir endlich, Pozzo aufzurichten. Gemeinsam mit Lucky stolpert er davon.

Letztlich erscheint wieder ein Junge – derselbe, der am Vorabend schon da war?

Anregung zum Schreiben

Entwickeln Sie eigene Ideen, wie das Stück enden könnte, bevor Sie Becketts Schluss lesen!

SAMUEL BECKETT: WARTEN AUF GODOT Track 16   1

Der Schluss des Stücks

1   JUNGE Mein Herr ... *Wladimir wendet sich ihm zu.* Herr Albert ...
WLADIMIR Noch mal von vorne. *Pause. Zu dem Jungen.* Du erkennst mich nicht wieder?
JUNGE Nein.
WLADIMIR Du bist gestern nicht gekommen?
5   JUNGE Nein.
WLADIMIR Du kommst zum erstenmal?
JUNGE Ja.
Schweigen.
WLADIMIR Du bringst eine Nachricht
10 von Herrn Godot?
JUNGE Ja.
WLADIMIR Er kommt nicht heute
Abend.
JUNGE Nein.
15 WLADIMIR Aber er wird morgen kom-
men.
JUNGE Ja.
WLADIMIR Bestimmt.
JUNGE Ja.
20 *Schweigen.*

Warten auf Godot, Theatre Royal Haymarket 2009

WLADIMIR Bist du jemandem begegnet?
JUNGE Nein.
WLADIMIR Zwei anderen. ... *Er zögert* ... Menschen.
JUNGE Ich habe niemanden gesehen.
25 *Schweigen.*
WLADIMIR Was macht Herr Godot? *Schweigen.* Verstehst du mich?
JUNGE Ja.
WLADIMIR Na, und? *Schweigen.*
JUNGE Er macht nichts. *Schweigen.*
30 (...)
WLADIMIR Trägt er einen Bart, Herr Godot?
JUNGE Ja.
WLADIMIR Blond oder ... *er zögert* ... schwarz ... oder rot?
JUNGE *zögernd:* Ich glaube, daß er weiß ist.
35 *Schweigen.*
WLADIMIR Barmherzigkeit! *Schweigen.*
JUNGE Was soll ich Herrn Godot sagen?
WLADIMIR Du sagst ihm ... *Er unterbricht sich* ... Du sagst ihm, daß du mich gesehen hast und
daß ... *Er überlegt* ... daß du mich gesehen hast. *Pause. Wladimir geht vor, der Junge geht zurück.*
40 *Wladimir bleibt stehen, der Junge bleibt auch stehen.* Sag mal, du bist doch sicher, mich gesehen
zu haben, du wirst mir morgen nicht sagen, daß du mich nie gesehen hast? *Schweigen. Wladimir*

springt plötzlich vor, der Junge rennt blitzschnell weg. Stille. Die Sonne geht unter, der Mond geht auf. Wladimir bleibt stehen, ohne sich zu bewegen. Estragon wird wach, zieht die Schuhe aus, steht auf, hält die Schuhe in der Hand, stellt sie an die Rampe, geht auf Wladimir zu und schaut ihn an.

45 ESTRAGON Was hast du?

WLADIMIR Ich habe nichts.

ESTRAGON Ich gehe.

WLADIMIR Ich auch.

Schweigen.

50 ESTRAGON Schlief ich schon lange?

WLADIMIR Ich weiß nicht.

Schweigen.

ESTRAGON Wohin gehen wir?

WLADIMIR Nicht weit.

55 ESTRAGON Doch, doch, laß uns weit weggehen von hier!

WLADIMIR Wir können nicht.

ESTRAGON Warum nicht?

WLADIMIR Wir müssen morgen wiederkommen.

ESTRAGON Um was zu machen?

60 WLADIMIR Um auf Godot zu warten.

ESTRAGON Ach ja. *Pause.* Ist er nicht gekommen?

WLADIMIR Nein.

ESTRAGON Und jetzt ist es zu spät.

WLADIMIR Ja, es ist Nacht.

65 ESTRAGON Und wenn wir ihn fallenließen? *Pause.* Wenn wir ihn fallenließen?

WLADIMIR Würde er uns bestrafen. *Schweigen. Er betrachtet den Baum.* Nur der Baum lebt.

ESTRAGON *schaut den Baum an*: Was ist das für einer?

WLADIMIR Das ist der Baum.

ESTRAGON Nein, welche Art?

70 WLADIMIR Ich weiß nicht. Eine Trauerweide.

ESTRAGON Wir wollen mal sehen. *Er zieht Wladimir nach (...)*

WLADIMIR Morgen hängen wir uns auf. *Pause.* Es sei denn, dass Godot käme.

ESTRAGON Und wenn er kommt?

WLADIMIR Sind wir gerettet.

75 *Wladimir nimmt seinen Hut (...) ab, schaut hinein, steckt die Hand hinein, schüttelt ihn aus und setzt ihn wieder auf.*

ESTRAGON Also, wir gehen?

WLADIMIR Zieh deine Hose rauf.

ESTRAGON Wie bitte?

80 WLADIMIR Zieh deine Hose rauf.

ESTRAGON Meine Hose ausziehen?

WLADIMIR Zieh deine Hose h e r a u f.

ESTRAGON Ach ja. *Er zieht seine Hose herauf. Schweigen.*

WLADIMIR Also? Wir gehen?

85 ESTRAGON Gehen wir!

Sie gehen nicht von der Stelle.

Anregungen zur Texterschließung

Band 2 ▶ Kompetenzteil, II.2

1. Sowohl das *Zieldrama* als auch das *Enthüllungsdrama* führen am Ende zu einer Konfliktlösung oder klären ein Problem, auch wenn diese Problemlösung manchmal durch einen offenen Schluss lediglich angedeutet wird. Formulieren Sie das zentrale Problem von *Warten auf Godot* in wenigen Sätzen und beschreiben Sie, mit welcher „Lösung" Beckett sein Stück enden lässt. Können Sie *Warten auf Godot* aufgrund des Handlungsverlaufs und des Schlusses dem Typus des Zieldramas oder des Enthüllungsdramas zuordnen?
2. Wladimir und Estragon warten immer wieder auf Godot. Welche anderen Handlungsmöglichkeiten sprechen die beiden Figuren selbst an?
3. Erhalten Sie zuverlässige Hinweise auf einen realen Raum und auf eine reale Zeit, in der das Stück spielt?
4. Wer oder was ist Ihrer Ansicht nach „Godot"?
5. Hören Sie die Vertonung der Szene. 🎧 Track 16 ▶

DER KLASSIKER DES ABSURDEN DRAMAS

Warten auf Godot ist das bekannteste Stück des irischen Schriftstellers und Nobelpreisträgers SAMUEL BECKETT (1906–1989) und wahrscheinlich das repräsentative Beispiel *absurder* Dramatik schlechthin. Beckett wuchs in Dublin auf, kam in den späten Zwanzigerjahren nach Paris, wo er Zugang zur *avantgardistischen* Kunstszene fand. In den Dreißigerjahren übersiedelte Beckett endgültig nach Paris und beteiligte sich während des Krieges am französischen Widerstand gegen die deutsche Besatzung. Zwischen 1938 und 1952 erschienen Becketts Romane *Murphy, Molloy* und *Malone stirbt*. In diesen Prosawerken wandte sich Beckett von der üblichen Romantradition ab, das heißt vor allem, dass er auf kausale Handlungszusammenhänge, auf Eindeutigkeit der Sprache und auf psychologischen Realismus verzichtete. Die befremdliche, „absurde" Welt, die Beckett in seiner Prosa gestaltete, findet man auch in seinen Bühnenwerken.

Das merkwürdige Stück berührt anscheinend die Menschen auf eine schwer erklärbare Art. Schon die Uraufführung wurde zu einem sensationellen Erfolg. Im kleinen Pariser *Theâtre de Babylone*, das mittlerweile längst nicht mehr existiert, wurde *Warten auf Godot* 400-mal aufgeführt. In zwanzig Sprachen wurde es übersetzt, und in den ersten fünf Jahren nach der Uraufführung sahen es mehr als eine Million Zuschauer/innen.

Die Ratlosigkeit, die Becketts rätselhaftes Stück vorerst einmal auslöst, hat natürlich zu vielen Deutungs- und Erklärungsversuchen geführt. Geläufige und im Wesentlichen anerkannte Deutungen sehen in der Bühnenexistenz von Wladimir und Estragon ein gleichnishaftes Modell des modernen Lebens. Die beiden Landstreicher leben vor allem in der Hoffnung auf zukünftige Entwicklungen, in der Hoffnung auf die Begegnung mit Godot. Die Gegenwart hat keinen Eigenwert und wird mit Unsinnigkeiten gefüllt. Wäre nun klar, was Estragon und Wladimir von der Begegnung mit Godot zu erwarten haben, so könnte die Wartezeit tatsächlich als unerhebliche Übergangsfrist akzeptiert werden. Die verstörende Wirkung des Stücks beruht aber vor allem darauf, dass nicht einmal Wladimir und Estragon wissen, wer Godot ist und was sie von ihm zu erwarten haben. Vielleicht ist das Warten als solches eine Torheit. Vielleicht endet es sogar mit einer Katastrophe? Wir wissen es nicht.

Philosophie und Literatur: Der Existenzialismus und das Absurde

Schon **Friedrich Dürrenmatt** hatte davon gesprochen, dass die Welt unüberblickbar und das Leben nicht planbar sei. Tatsächlich findet man auch in Dürrenmatts Dramen deutliche Ansätze des *Absurden* und *Grotesken* (vgl. Modul VII.3). In der Philosophie des 20. Jhs. gibt es eine ähnliche Sichtweise, die der Existenzialisten (vgl. Band 2 Epochenteil, VII.3). Unter anderem wird der Existenzialismus von den beiden Franzosen **Jean-Paul Sartre** und **Albert Camus** [albär kamü] repräsentiert. Sartre meinte, der moderne Mensch sei auf eine negative Art frei. Ohne den Glauben an Gott oder an ein allmächtiges Schicksal sei der Mensch auf seine eigenen Entscheidungen angewiesen, deren Sinnhaftigkeit aber immer fraglich sei.

In seinem Essay *Der Mythos von Sisyphos* (1942) veranschaulichte Albert Camus das Existenzproblem des modernen Menschen am Beispiel der antiken Sisyphos-Figur. Der Sisyphos der altgriechischen Sage wurde wegen einer schweren Verfehlung gegen die Götter dazu verurteilt, in der Unterwelt einen Felsblock auf einen Berg zu wälzen. Bevor er am Gipfel des Berges ankommt, rollt der Stein jedes Mal wieder zu Tal. So beginnt die Mühsal immer wieder von vorne – bis in alle Ewigkeit.

2 Albert Camus: Der Mythos von Sisyphos

1 Kurz und gut: *Sisyphos* ist der Held des Absurden. Dank seiner Leidenschaften und dank seiner Qual. Seine Verachtung der Götter, sein Haß gegen den Tod und seine Liebe zum Leben haben ihm die unsagbare Marter aufgewogen, bei der sein ganzes Sein sich abmüht und nichts zustande bringt. Damit werden die Leidenschaften dieser Erde bezahlt. Über *Sisyphos* in der
5 Unterwelt wird uns nichts weiter berichtet. Mythen sind dazu da, von der Phantasie belebt zu werden. So sehen wir nur, wie ein angespannter Körper sich anstrengt, den gewaltigen Stein fortzubewegen, ihn hinaufzuwälzen und mit ihm wieder und wieder einen Abhang zu erklimmen; wir sehen das verzerrte Gesicht, die Wange, die sich an den Stein schmiegt, sehen, wie seine Schulter sich gegen den erdbedeckten Koloß legt, wie ein Fuß ihn stemmt und der Arm
10 die Bewegung aufnimmt, wir erleben die ganz menschliche Selbstsicherheit zweier erdbeschmutzter Hände. Schließlich ist nach dieser langen Anstrengung (gemessen an einem Raum, der keinen Himmel, und an einer Zeit, die keine Tiefe kennt) das Ziel erreicht. Und nun sieht *Sisyphos*, wie der Stein im Nu in jene Tiefe rollt, aus der er ihn wieder auf den Gipfel wälzen muß. Er geht in die Ebene hinunter.
15 Auf diesem Rückweg, während dieser Pause, interessiert mich *Sisyphos*. Ein Gesicht, das sich so nahe am Stein abmüht, ist selber bereits Stein! Ich sehe, wie dieser Mann schwerfälligen, aber gleichmäßigen Schrittes zu der Qual hinuntergeht, deren Ende er nicht kennt. Diese Stunde, die gleichsam ein Aufatmen ist und ebenso zuverlässig wiederkehrt wie sein Unheil, ist die Stunde des Bewußtseins. In diesen Augenblicken, in denen er den Gipfel verläßt und all-
20 mählich in die Höhlen der Götter entschwindet, ist er seinem Schicksal überlegen. Er ist stärker als sein Fels.
Dieser Mythos ist tragisch, weil sein Held bewußt ist. Worin bestünde tatsächlich seine Strafe, wenn ihm bei jedem Schritt die Hoffnung auf Erfolg neue Kraft gäbe? Heutzutage arbeitet der Werktätige sein Leben lang unter gleichen Bedingungen, und sein Schicksal ist genauso ab-
25 surd. Tragisch ist es aber nur in den wenigen Augenblicken, in denen der Arbeiter bewußt wird. *Sisyphos*, der ohnmächtige und rebellische Prolet der Götter, kennt das ganze Ausmaß seiner unseligen Lage: über sie denkt er während des Abstiegs nach. Das Wissen, das seine

30 eigentliche Qual bewirken sollte, vollendet gleichzeitig seinen Sieg. Es gibt kein Schicksal, das durch Verachtung nicht überwunden werden kann. (...)

Darin besteht die ganze verschwiegene Freude des *Sisyphos*. Sein Schicksal gehört ihm. Sein Fels ist seine Sache. (...) Der absurde Mensch sagt Ja, und seine Mühsal hat kein Ende mehr. Wenn es ein persönliches Geschick gibt, dann gibt es kein übergeordnetes Schicksal oder zumindest nur eines, das er unheilvoll und verächtlich findet. Darüber hinaus weiß er sich als Herr seiner Zeit. Gerade in diesem Augenblick, in dem der Mensch sich wieder seinem Leben

35 zuwendet (ein *Sisyphos*, der zu seinem Stein zurückkehrt), bei dieser leichten Drehung betrachtet er die Reihe unzusammenhängender Taten, die sein Schicksal werden, seine ureigene Schöpfung, die in seiner Erinnerung geeint ist und durch den Tod alsbald besiegelt wird. Überzeugt von dem rein menschlichen Ursprung alles Menschlichen, ist er also immer unterwegs – ein Blinder, der sehen möchte und weiß, daß die Nacht kein Ende hat. Der Stein rollt

40 wieder.

Ich verlasse *Sisyphos* am Fuße des Berges! Seine Last findet man immer wieder. Nur lehrt *Sisyphos* uns die größere Treue, die die Götter leugnet und die Steine wälzt. (...) Der Kampf gegen Gipfel vermag ein Menschenherz auszufüllen. Wir müssen uns *Sisyphos* als einen glücklichen Menschen vorstellen. **R**

Anregungen zur Texterschließung

1. Sisyphos ist für Camus besonders in dem Augenblick interessant, in dem diesem die Aussichtslosigkeit seiner Lage bewusst wird. Wie geht Sisyphos in Camus' Deutung mit diesem Bewusstsein der eigenen Lage um?
2. Camus nennt einen Menschen, der sich wie Sisyphos seinem absurden Leben stellt, „heroisch". Sehen Sie Parallelen zu Dürrenmatts „mutigem" Komödienhelden? **Modul VII.3**
3. „Wir müssen uns Sisyphos als einen glücklichen Menschen vorstellen." – Ist Camus' Schlusssatz für Sie verständlich? Teilen Sie die Ansicht des Philosophen?

Ergänzung Literatur- und Kulturgeschichte | Band 2

VII. Im Zeitalter von Demokratie, Massenkommunikation und Popularkultur

Lesen Sie im Epochenteil Kapitel VII.3.1 (Existenzphilosophie) und entnehmen Sie daraus folgende Informationen:
1. Erklären Sie die Grundgedanken von MARTIN HEIDEGGERS *Existenzialismus*.
2. Was sagten ALBERT CAMUS und JEAN PAUL SARTRE über die Freiheit des Menschen?

Entnehmen Sie Kapitel VII.7 (Faszination des Absurden) folgende Informationen:
1. Erklären Sie den gesellschaftspolitischen Zusammenhang, in dem das *absurde Theater* entstanden ist.
2. Erklären Sie an Beispielen, wie der österreichische Autor THOMAS BERNHARD wesentliche Elemente des absurden Theaters weitergeführt hat.

Kompetenzen: Das sollen Sie wissen/können

1. Sie können den Handlungsverlauf von SAMUEL BECKETTS Stück *Warten auf Godot* zusammenfassen und eine anerkannte Interpretation erläutern.
2. Sie können den Mythos des Sisyphos in der Darstellung von ALBERT CAMUS erklären.

5 SPRECH- UND DENKWEISEN DER LYRIKERINNEN UND LYRIKER
Deutschsprachige Gedichte zwischen 1950 und 1970

Modulvorschau

Die deutschsprachige Lyrik entwickelte sich in der Zeit zwischen dem Kriegsende und den frühen Siebzigerjahren des 20. Jahrhunderts in unterschiedliche Richtungen. Sie lernen in diesem Modul Beispiele für folgende Richtungen kennen:

➡ Nihilistische und hermetische Lyrik
➡ Sprachexperimentelle Lyrik
➡ Politisch engagierte Lyrik

LYRIK UND NIHILISMUS: ZUM BEISPIEL GOTTFRIED BENN

Einer der einflussreichsten deutschen Lyriker des 20. Jhs. war GOTTFRIED BENN (1886–1956). Der ausgebildete Mediziner, der in Berlin eine Arztpraxis betreute, hatte schon zur Zeit des *Expressionismus* mit ungewöhnlichen Gedichten Aufmerksamkeit erregt. Als die Nationalsozialisten im Jahr 1933 die Macht übernahmen, bekundete Benn kurzfristig Sympathien für den Faschismus. Er musste aber bald zur Kenntnis nehmen, dass sich seine Hoffnung auf eine grundlegende Erneuerung der Gesellschaft unter Hitler nicht erfüllte. Später gehörte Benn sogar zu den verbotenen Autor/innen, seine Gedichte galten als „entartet". Der Autor zog sich enttäuscht in die innere Emigration zurück. Um 1950 gelangte Benn wieder zu großem Einfluss. Er hatte mittlerweile ein Lyrikverständnis entwickelt, das der europäischen *Moderne* sehr nahekam. Benn vertrat in philosophischer Hinsicht eine nihilistische Positi-

Gottfried Benn

on. Das heißt, dass er die Existenz Gottes grundsätzlich anzweifelte, aber auch in der Geschichte der Menschheit keinen Sinn erkennen konnte, denn er sah das Handeln der Menschen lediglich von wirtschaftlichem Gewinnstreben, aber nicht von Menschheitsidealen geleitet. Weder religiöses noch politisches Engagement erscheinen ihm daher anstrebenswert. Als sinnstiftende Rückzugsmöglichkeit bleibt nur die Arbeit am Kunstwerk.

1 GOTTFRIED BENN: NUR ZWEI DINGE

1 Durch so viel Formen geschritten,
durch Ich und Wir und Du,
doch alles blieb erlitten
durch die ewige Frage: wozu?

5 Das ist eine Kinderfrage.
Dir wurde erst spät bewußt,
es gibt nur eines: ertrage
– ob Sinn, ob Sucht, ob Sage –
dein fernbestimmtes: Du mußt.

10 Ob Rosen, ob Schnee, ob Meere,
was alles erblühte, verblich,
es gibt nur zwei Dinge: die Leere
und das gezeichnete Ich. Ⓡ

Anregungen zur Texterschließung

Band 2 ▶ Kompetenzteil, I.2 und I.3

1. Im Wandel des Lebens bleibt nur eine „ewige Frage". Welche Frage meint Benn? Kann sie seiner Meinung nach beantwortet werden?
2. Wozu fordert sich das *lyrische Ich* in der zweiten Strophe auf?
3. Entstehen und Vergehen bestimmen das Leben. Welche „zwei Dinge" bleiben dem Menschen als einzige Sicherheit?
4. Bestimmen Sie *Metrum* und *Reimschema*.

Distanzierung von der Konsumgesellschaft: Zum Beispiel Ingeborg Bachmann

Die österreichische Schriftstellerin **Ingeborg Bachmann** (1926–1973) erregte bereits in den Fünfzigerjahren mit ihrer frühen Lyrik (*Die gestundete Zeit*, 1953, *Anrufung des Großen Bären*, 1956) die Aufmerksamkeit der Literaturkritik. Ihre Gedichte sind teilweise schwer verständlich. Zu ihrem vielseitigen Werk gehören neben dem Roman *Malina* (1971) und Erzählungen (u. a. *Undine geht*, Modul VII.6 ▶) Hörspiele, *essayistische* und journalistische Texte.

Ingeborg Bachmann: Reklame 2

1 Wohin aber gehen wir
   ohne sorge sei ohne sorge
   wenn es dunkel und wenn es kalt wird
   sei ohne sorge
5 aber
   mit musik
   was sollen wir tun
   heiter und mit musik
   und denken
10 *heiter*
   angesichts eines Endes
   mit musik

   und wohin tragen wir
   am besten
15 unsre Fragen und den Schauer aller Jahre
   in die Traumwäscherei ohne sorge sei ohne sorge
   was aber geschieht
   am besten
   wenn Totenstille
20 eintritt

Anregungen zur Texterschließung

1. In welchen Zeilen verweist Bachmann auf die Versprechungen der „Reklame"?
2. Durch welchen Gegen-Satz problematisiert die Autorin diese Versprechungen?
3. Versuchen Sie die Zweigliedrigkeit des Textes durch Vorlesen zu veranschaulichen.

Anregung zur Problemdiskussion

Wie sehen Sie selbst den Stellenwert von Werbung in unserer heutigen Gesellschaft? Halten Sie Kritik an der Werbung für wichtig? Oder ist Werbung unentbehrlich für eine funktionierende Wirtschaft?

Hermetische Gedichte: Zum Beispiel Paul Celan

Paul Celan [zelạn] wurde 1920 als Sohn deutschsprachiger jüdischer Eltern in Czernowitz (Ostrumänien) geboren. „Celan" ist ein Anagramm seines Familiennamens „Ancel". 1942 wurden seine Eltern in ein NS-Vernichtungslager deportiert, er selbst wurde in ein Arbeitslager verschleppt. Nach 1945 gelangte Paul Celan über Bukarest und Wien nach Paris. 1970 schied er freiwillig aus dem Leben.

Auch in Paul Celans Lyrik kann man – ähnlich wie bei Gottfried Benn – die grundlegenden Verunsicherungen des 20. Jhs. nachweisen: Glaubenszweifel, Skepsis gegen politische Heilslehren, ein pessimistisches Menschen- und Geschichtsbild. Aber die Sprache der Gedichte von Celan unterscheidet sich doch deutlich von der lyrischen Sprache Gottfried Benns. Celan konstruiert neue Wörter, vor allem durch Zusammensetzungen (z. B. *Niemandsrose*, *Staubfaden*, *Fadensonne*, *Lichtton*, *Purpurrose*). Da diese Wörter keine lexikalisch gesicherte Bedeutung

Paul Celan

haben, sondern individuelle Empfindungen oder Vorstellungen des Lyrikers bezeichnen, die oft rätselhaft bleiben, nennt man sie *Chiffren*. Weil durch diesen Sprachgebrauch eine „chiffrierte Sprache" entsteht, die schwer zugänglich ist, verwendet man für solche Texte den Begriff *hermetische Lyrik*.

Todesfuge ist Paul Celans berühmtestes Gedicht. Es beinhaltet nur wenige Chiffren und ist leichter verständlich als viele andere seiner Gedichte.

Band 2 ▶ Kompetenzteil, I.4

3   Paul Celan: Todesfuge

1 Schwarze Milch der Frühe wir trinken sie abends
wir trinken sie mittags und morgens wir trinken sie nachts
wir trinken und trinken
wir schaufeln ein Grab in den Lüften da liegt man nicht eng
5 Ein Mann wohnt im Haus der spielt mit den Schlangen der schreibt
der schreibt wenn es dunkelt nach Deutschland dein goldenes Haar Margarete
er schreibt es und tritt vor das Haus und es blitzen die Sterne und er pfeift seine Rüden herbei
er pfeift seine Juden hervor lässt schaufeln ein Grab in der Erde
er befiehlt uns spielt auf nun zum Tanz

10 Schwarze Milch der Frühe wir trinken dich nachts
wir trinken dich morgens und mittags wir trinken dich abends
wir trinken und trinken
Ein Mann wohnt im Haus der spielt mit den Schlangen der schreibt
der schreibt wenn es dunkelt nach Deutschland dein goldenes Haar Margarete
15 Dein aschenes Haar Sulamith wir schaufeln ein Grab in den Lüften da liegt man nicht eng

Er ruft stecht tiefer ins Erdreich ihr einen ihr anderen singet und spielt
er greift nach dem Eisen im Gurt er schwingts seine Augen sind blau
stecht tiefer die Spaten ihr einen ihr andern spielt weiter zum Tanz auf

20 Schwarze Milch der Frühe wir trinken dich nachts
wir trinken dich mittags und morgens wir trinken dich abends
wir trinken und trinken
ein Mann wohnt im Haus dein goldenes Haar Margarete
dein aschenes Haar Sulamith er spielt mit den Schlangen

Er ruft spielt süßer den Tod der Tod ist ein Meister aus Deutschland
25 er ruft streicht dunkler die Geigen dann steigt ihr als Rauch in die Luft
dann habt ihr ein Grab in den Wolken da liegt man nicht eng

Schwarze Milch der Frühe wir trinken dich nachts
wir trinken dich mittags der Tod ist ein Meister aus Deutschland
wir trinken dich abends und morgens wir trinken und trinken
30 der Tod ist ein Meister aus Deutschland sein Auge ist blau
er trifft dich mit bleierner Kugel er trifft dich genau
ein Mann wohnt im Haus dein goldenes Haar Margarete
er hetzt seine Rüden auf uns er schenkt uns ein Grab in der Luft
er spielt mit den Schlangen und träumet der Tod ist ein Meister aus Deutschland

35 dein goldenes Haar Margarete
dein aschenes Haar Sulamith

Spontane Textbegegnung

1. Wie wirkt dieses Gedicht auf Sie? Notieren Sie Ihre ersten Eindrücke und spontanen Gedanken.
2. Welche Textstellen berühren Sie oder fallen Ihnen besonders auf?
3. Welche Verständnisschwierigkeiten und Fragen stellen sich ein?
4. Wie verstehen Sie Celans zentrales *Bild* „Schwarze Milch der Frühe"? Notieren Sie Ihre Assoziationen zu dieser widersprüchlichen *Chiffre*.
5. Welche *Motive* aus Celans Gedicht hat Anselm Kiefer für seine Bilder übernommen?
   Band 2 ▸ Kompetenzteil, I.1

...garethe (1981)   Anselm Kiefer   Dein goldenes Haar Margarethe (1981)   Anselm Kiefer

Methodische Anregungen zur Texterschließung

1. Der Titel *Todesfuge* deutet an, dass sich der Autor an die musikalische Form der Fuge anlehnt. In einer Fuge wird ein Thema vorgetragen, das von zwei oder mehr Stimmen mehrmals aufgegriffen und variiert wird. Bei einer Doppelfuge werden zwei Themen vorgetragen: Haupt- und Nebenthema. Versuchen Sie, die beiden Themen in der *Todesfuge* zu erkennen und nachzuweisen, dass diese mehrmals aufgegriffen und variiert werden.
2. Worauf spielt Celan mit dem *Bild* „wir schaufeln ein Grab in den Lüften" an? Dieses Bild wird in der „Durchführung" viermal variiert. Interpretieren Sie die Veränderungen in den entsprechenden Verszeilen.
3. Der Name Sulamith lässt sich auf das „Hohelied Salomos" im Alten Testament zurückführen. Das Hohelied besingt in einer Folge von Gedichten die Liebe zwischen Mann und Frau. Für welche Frauen steht dieser Name in Celans Gedicht?
4. Der Name Margarete wurde berühmt durch die Gretchen-Figur im berühmtesten deutschen Drama, Goethes *Faust*. Celans Margarete hat außerdem noch goldenes Haar. In welchen Zusammenhang bringt sie Celan?
5. „Ein Mann" ist die Zentralfigur im sogenannten Nebenthema der *Todesfuge*. Wie wird er beschrieben? Was erfahren wir alles über ihn? Welche Bedeutung haben in diesem Zusammenhang die „blauen Augen" und das Bild der „Schlangen"?

Anregung zu einem kritischen Kommentar

Der deutsche Philosoph Theodor Adorno hat zu Paul Celans *Todesfuge* kritisch angemerkt, es sei barbarisch, nach Auschwitz und über Auschwitz Gedichte zu schreiben. Die nationalsozialistische Massenvernichtung dürfe nicht zum „Kunstgenuss" werden. Welche Meinung haben Sie? Beschönigt Celans formale und sprachliche Ästhetik das Grauen der Vernichtungslager? Formulieren Sie Ihre Ansicht in einem kommentierenden Text.

Lyrik und Politik: Zum Beispiel Erich Fried

4   Erich Fried: Beim Wiederlesen eines Gedichtes von Paul Celan

1
                    „es sind
          noch Lieder zu singen jenseits
                der Menschen"

Lesend   Lieder
5 von deinem Tod her   gewiß
die trächtigen Zeilen   auch jenseits
wieder verknüpft   20   unseres Sterbens
in deine deutlichen Knoten   Lieder der Zukunft
trinkend die bitteren Bilder   jenseits der Unzeit in die wir
10 anstoßend   alle verstrickt sind
schmerzhaft wie damals   Ein Singen jenseits
an den furchtbaren Irrtum   25   des für uns Denkbaren
in deinem Gedicht das sie lobten   Weit
den weithin ausladenden
15 einladenden   Doch nicht ein einziges Lied
ins Nichts   jenseits der Menschen.   [R]

Das Gedicht **Paul Celans**, das **Erich Fried** nach dessen Freitod „wiedergelesen" hat, ist das kurze Gedicht *Fadensonnen*:

Paul Celan: Fadensonnen 5

1 über der grauschwarzen Ödnis
   Ein baum–
   hoher Gedanke
   greift sich den Lichtton: es sind
5 noch Lieder zu singen jenseits
   der Menschen.

Anregungen zur Texterschließung

1. Paul Celans Gedicht besteht nur aus drei Sätzen, der erste ist grammatikalisch unvollständig. Im ersten Satz verwendet Celan eine *Antithese*: helle, leuchtende „Fadensonnen" auf der einen Seite (oben!), „grauschwarze Ödnis" auf der anderen Seite (unten). Dieser Dualismus bleibt für den ganzen Text prägend. Welche Textteile ordnen Sie der hellen, welche der düsteren, öden Seite zu?
2. „Lieder singen" ist ein *Bild* für lyrisches Dichten, da ja ursprünglich Lyrik immer gesungene Worte waren. Celan positioniert in *Fadensonnen* die „Lieder (…) jenseits der Menschen". Erich Fried nimmt diese Positionsbestimmung des „Liedes", also der Lyrik, in seinem Gedicht zum Anlass für Kritik. Erschließen Sie nun Frieds Kritik an Paul Celans Position.
3. In der ersten Strophe spricht Fried von Celans „bitteren Bildern", die „ins Nichts" einladen. Wie verstehen Sie dieses *Bild*?
4. Im 2. und 3. Abschnitt von Frieds Gedicht finden Sie vier Mal das Wort „jenseits", das auch Celan verwendet hat. In welcher Art von „Jenseits" will Fried Gedichte ansiedeln, in welcher nicht?

Erich Fried (1921–1988) stammte wie Paul Celan aus einer jüdischen Familie. Der Vater starb an den Folgen eines „Verhörs" durch die Gestapo. Fried konnte als Siebzehnjähriger nach England fliehen. Zwischen 1952 und 1968 war er Mitarbeiter der *BBC*, dann freier Autor. Fried gilt als typisch politisch engagierter Autor. Er vertrat einen humanistischen Sozialismus. Diese weltanschauliche Haltung zeigt sich auch immer wieder in seiner Lyrik. Man kann also sagen, dass Erich Fried jenes Lyrikverständnis fortführte, das Bertolt Brecht in der ersten Hälfte des 20. Jahrhunderts maßgeblich geprägt hatte.

Erich Fried

6 ERICH FRIED: DIE MASSNAHMEN

1 Die Faulen werden geschlachtet
Die Welt wird fleißig

Die Hässlichen werden geschlachtet
Die Welt wird schön

5 Die Narren werden geschlachtet
die Welt wird weise

Die Kranken werden geschlachtet
die Welt wird gesund

10 Die Traurigen werden geschlachtet
die Welt wird lustig

Die Alten werden geschlachtet
die Welt wird jung

Die Feinde werden geschlachtet
die Welt wird freundlich

15 Die Bösen werden geschlachtet
die Welt wird gut

Anregungen zur Texterschließung

1. Welchen Preis hat laut Erich Fried das Vorhaben, die Welt gut, schön, lustig etc. zu machen?
2. Beschreiben Sie die formale Gestaltung des Textes (Zeilen- und Strophenanordnung).

SPRACHEXPERIMENT UND LYRIK: ZUM BEISPIEL ERNST JANDL UND DIE „WIENER GRUPPE"

In den Fünfzigerjahren publizierten einige Autor/innen ungewöhnliche Gedichte. Diese Texte hatten mit traditionellen Vorstellungen von einem Gedicht nicht mehr sonderlich viel zu tun.

7 GERHARD RÜHM: SONETT

1 erste strophe erste zeile
erste strophe zweite zeile
erste strophe dritte zeile
erste strophe vierte zeile

5 zweite strophe erste zeile
zweite strophe zweite zeile
zweite strophe dritte zeile
zweite strophe vierte zeile

dritte strophe erste zeile
10 dritte strophe zweite zeile
dritte strophe dritte zeile

vierte strophe erste zeile
vierte strophe zweite zeile
vierte strophe dritte zeile

8 ERNST JANDL: SONETT I

1 abnett
benett
ernett
annett

5 danett
esnett
genett
janett

innett
10 obnett
dunett

imnett
wonett
zunett

Anregungen zur Texterschließung

1. Versuchen Sie diese Gedichte (Texte 7 und 8) zu interpretieren. Warum ist dies mit dem üblichen methodischen Instrumentarium zur Interpretation von Lyrik kaum möglich?
2. Informieren Sie sich in Band 2 ▶ Kompetenzteil, I.3.2.b über das *Sonett*. Handelt es sich bei den beiden Texten um Sonette?
3. Informieren Sie sich in Band 2 ▶ Epochenteil, VII.8 über *sprachexperimentelle Literatur*. Können Sie diese Informationen mit den Texten von RÜHM und JANDL in Verbindung bringen?

DIE „WIENER GRUPPE"

GERHARD RÜHM bildete gemeinsam mit FRIEDRICH ACHLEITNER, H. C. ARTMANN, OSWALD WIENER und KONRAD BAYER die WIENER GRUPPE. Sie entstand im Zusammenhang mit der *avantgardistischen* Wiener *Subkultur* in den Fünfzigerjahren. Die fünf Autoren erprobten ungewöhnliche poetische Produktionsweisen. Teilweise knüpften sie an die moderne Kunst der Zwischenkriegszeit an (*Dadaismus*, *Konstruktivismus*, *Surrealismus*), die von den Nationalsozialisten als „entartet" verboten worden war. Insbesondere Artmann und Bayer verstanden das Poetische nicht nur als Stil, sondern als anarchisches Lebensgefühl, ohne sich einem Publikum oder weltanschaulichen Programm verpflichtet zu fühlen. Ihre künstlerische Arbeit beschränkte sich nicht auf das Schreiben von Texten. Die Wiener Gruppe trat mit Gemeinschaftsproduktionen an die Öffentlichkeit, zum

H. C. Artmann und die Wiener Gruppe bei einer Lesung, 1954

Beispiel als *literarisches Cabaret*, d. h. in einer eher aktionistischen als dramatischen Form, die auf den Dadaismus der Zwischenkriegszeit zurückgeht und mit Kabarett im heute geläufigen Sinn nichts zu tun hat. Wenn man von einer Gruppe spricht, so soll nicht übersehen werden, dass die Zusammenarbeit nur wenige Jahre dauerte und jeder der fünf Autoren einen eigenständigen Weg beschritten hat. GERHARD RÜHM war stark von der *seriellen Musik* beeinflusst und experimentierte unter anderem mit der Übertragung ihrer Strukturen auf die Sprache. KONRAD BAYER schrieb Kurzdramen, Chansons, kurze epische Texte u. a. m., wobei es ihm immer wieder darum ging, übliche Normen zu zerstören, Erwartungshaltungen nicht zu erfüllen und gebräuchliche Muster aufzubrechen. Das literarische Werk H. C. ARTMANNS ist so facettenreich, dass hier nur eines seiner Verdienste um die österreichische Literatur gewürdigt werden kann: Artmann hat den Dialekt literaturfähig gemacht. Fernab aller konventionellen Heimatdichtung veröffentlichte Artmann 1958 seine mittlerweile legendäre Gedichtsammlung *med ana schwoazzn dintn*. Diese Dialektgedichte beziehen ihre Qualität aus Artmanns Liebe zum Fantastischen, aus seinem schwarzen Humor, dem Hang zum Grotesken und Makabren, das ja in der Wiener Literatur eine gewisse Tradition hat, und vor allem aus Artmanns musikalischem Gespür für die klanglichen Möglichkeiten des Dialekts. Auch FRIEDRICH ACHLEITNER schrieb Dialektgedichte. Während aber Artmann die poetischen Qualitäten des Dialekts nutzte, reduzierte Achleitner in seinen Gedichten den Dialekt auf das Floskelhafte und Dümmliche, das den Bewusstseinszustand seiner Verwender/innen spiegelt.

9 H.C. ARTMANN: BLAUBOAD I

1 i bin a ringlgschbüübsizza
und hob scho sim weiwa daschlong
und eanare gebeina
untan schlofzimabon fagrom..

5 heit lod i ma r ei di ochte
zu einen libesdraum –
daun schdöl i owa s oaschestrion ei
und bek s me n hakal zaum!

so fafoa r e med ole maln
10 wäu ma d easchte en gschdis hod gem –
das s mii amoe darwischn wean
doss wiad kar mendsch darlem!

i bin a ringlgschbüübsizza
(und schlof en da nocht nua bein liacht
15 wäu i mi waun s so finzta is
fua de dodn weiwa fiacht..)

Anregungen zur Texterschließung

1. Informieren Sie sich im Glossar über die Begriffe *Rollengedicht* und *schwarzer Humor*. Weisen Sie beides am Text 9 nach.
2. Fassen Sie kurz zusammen, was das *lyrische Ich* über sich selbst erzählt.
3. Beschreiben Sie Strophenbau, *Metrum* und *Reimschema* des Gedichts.
   Band 2 ▶ Kompetenzteil, I.3

10 FRIEDRICH ACHLEITNER: (OHNE TITEL)

1 ge fiarö
ge
ge fiarö
ge

5 dua schä biddn

ge
ge fiarö
ge
ge fiarö

10 dua schä biddn

ge schä fiarö
ge schä fiarö
ge schä fiarö

oda is da a wadschn liawa

Anregung zum Sprechen

Bereiten Sie die Texte 9 und 10 zum Vortragen vor.

Anregung zum Schreiben

Versuchen Sie das Verfahren von Friedrich Achleitner (Text 10) nachzuahmen. Versuchen Sie sich an eine alltägliche Sprachsituation zu erinnern, die Sie in Gedichtform bringen.

Kompetenzen: Das sollen Sie wissen/können

1. GOTTFRIED BENN gehört zu den einflussreichsten Lyrikern des 20. Jahrhunderts. Sie können Wesentliches über seinen Werdegang als Lyriker sagen und sein Gedicht *Nur zwei Dinge* interpretieren.
2. Sie wissen Wesentliches über Leben und Werk des Lyrikers PAUL CELAN und können sein Gedicht *Todesfuge* interpretieren. Sie wissen, was man unter einer *Chiffre* versteht, und können ein Beispiel anführen.
3. Sie können erklären, welche grundsätzliche Kritik der Lyriker ERICH FRIED an CELANS Gedicht *Fadensonnen* äußerte und welche politische Richtung er vertrat.
4. Sie wissen Wesentliches über die WIENER GRUPPE und können die experimentelle Bearbeitung der *Sonettform* durch GERHARD RÜHM und ERNST JANDL erklären.

DIE FRAU, DER MANN, DIE VERNUNFT UND DAS GEFÜHL
Erzählprosa von Ingeborg Bachmann und Max Frisch

6

Modulvorschau

In diesem Modul lernen Sie anhand von Texten eine bedeutende Autorin und einen bedeutenden Autor der Nachkriegsliteratur kennen: die Österreicherin INGEBORG BACHMANN und den Schweizer MAX FRISCH. Die Auszüge aus den Werken *Homo faber* (Frisch) und *Undine geht* (Bachmann) thematisieren weibliche und männliche Zugänge zur Welt.

SCHICKSAL – ZUFALL – LOGIK: DAS UNWAHRSCHEINLICHE LEBEN DES WALTER FABER

Im Roman *Homo faber* (1957) des Schweizer Erzählers und Dramatikers MAX FRISCH erzählt der Ich-Erzähler Walter Faber in tagebuchartigen Aufzeichnungen ungewöhnliche Ereignisse aus seinem Leben. Der Roman beginnt mit einem Flug von New York nach Mexico. Wegen eines Motorschadens muss die Maschine in der mexikanischen Wüste notlanden. Faber macht in diesen Tagen die Bekanntschaft eines deutschen Fluggastes, mit dem er in der Wüste Schach spielt. Es stellt sich heraus, dass dieser Mann der Bruder von Joachim ist, eines Jugendfreundes von Walter Faber.

1 MAX FRISCH: HOMO FABER (AUSZUG)

Homo faber, Verfilmung von Volker Schlöndorff, 1991

Ich glaube nicht an Fügung und Schicksal, als Techniker bin ich gewohnt mit den Formeln der Wahrscheinlichkeit zu rechnen. Wieso Fügung? Ich gebe zu: Ohne die Notlandung in Tamaulipas (26. III.) wäre alles anders gekommen; ich hätte diesen jungen Hencke nicht kennengelernt, ich hätte vielleicht nie wieder von Hanna gehört, ich wüßte heute noch nicht, daß ich Vater bin. Es ist nicht auszudenken, wie anders alles gekommen wäre ohne diese Notlandung in Tamaulipas. Vielleicht würde Sabeth noch leben. Ich bestreite nicht: Es war mehr als ein Zufall, daß alles so gekommen ist, es war eine ganze Kette von Zufällen. Aber wieso Fügung? Ich brauche, um das Unwahrscheinliche als Erfahrungstatsache gelten zu lassen, keinerlei Mystik; Mathematik genügt mir.

Mathematisch gesprochen:

Das Wahrscheinliche (daß bei 6 000 000 000 Würfen mit einem regelmäßigen Sechserwürfel annähernd 1 000 000 000 Einser vorkommen) und das Unwahrscheinliche (daß bei 6 Würfen mit demselben Würfel einmal 6 Einser vorkommen) unterscheiden sich nicht dem Wesen nach, sondern nur der Häufigkeit nach, wobei das Häufigere von vornherein als glaubwürdiger erscheint. Es ist aber, wenn einmal das Unwahrscheinliche eintritt, nichts Höheres dabei, keinerlei Wunder oder Derartiges, wie es der Laie so gerne haben möchte. Indem wir vom Wahrscheinlichen sprechen, ist ja das Unwahrscheinliche immer schon inbegriffen und zwar als Grenzfall des Möglichen, und wenn es einmal eintritt, das Unwahrscheinliche, so besteht für unsereinen keinerlei Grund zur Verwunderung, zur Erschütterung, zur Mystifikation. (...)

Das erste, was ich in der Wüste von Tamaulipas tat: ich stellte mich dem Düsseldorfer vor, denn er interessierte sich für meine Kamera, ich erläuterte ihm meine Optik.

Andere lasen.

Zum Glück, wie sich bald herausstellte, spielte er auch Schach, und da ich stets mit meinem Steck-Schach reise, waren wir gerettet; (...) Ich schätze das Schach, weil man Stunden lang nichts zu reden braucht. Man braucht nicht einmal zu hören, wenn der andere redet. Man blickt auf das Brett, und es ist keineswegs unhöflich, wenn man kein Bedürfnis nach persönlicher Bekanntschaft zeigt, sondern mit ganzem Ernst bei der Sache ist –

„Sie sind am Zug!" sagte er –

Die Entdeckung, daß er Joachim, meinen Freund, der seit mindestens zwanzig Jahren einfach verstummt war, nicht nur kennt, sondern daß er geradezu sein Bruder ist, ergab sich durch Zufall ... Als der Mond aufging (was ich ebenfalls gefilmt habe) zwischen schwarzen Agaven am Horizont, hätte man noch immer Schach spielen können, so hell war es, aber plötzlich zu kalt; wir waren hinausgestapft, um eine Zigarette zu rauchen, hinaus in den Sand, wo ich gestand, daß ich mir aus Landschaften nichts mache, geschweige denn aus einer Wüste.

„Das ist nicht Ihr Ernst!" sagte er.

Er fand es ein Erlebnis. (...)

45 Ich habe mich schon oft gefragt, was die Leute eigentlich meinen, wenn sie von Erlebnis reden. Ich bin Techniker und gewohnt, die Dinge zu sehen, wie sie sind. Ich sehe alles, wovon sie reden, sehr genau; ich bin ja nicht blind. Ich sehe den Mond über der Wüste von Tamaulipas – klarer als je, mag sein, aber eine errechenbare Masse, die um unseren Planeten kreist, eine Sache der Gravitation, interessant, aber wieso ein Erlebnis? Ich sehe die gezackten Felsen, schwarz

50 vor dem Schein des Mondes; sie sehen aus, mag sein, wie die gezackten Rücken von urweltlichen Tieren, aber ich weiß: Es sind Felsen, Gestein, wahrscheinlich vulkanisch, das müsste man nachsehen und feststellen. Wozu soll ich mich fürchten? Es gibt keine urweltlichen Tiere mehr. Wozu sollte ich sie mir einbilden? Ich sehe auch keine versteinerten Engel, es tut mir leid; auch keine Dämonen, ich sehe, was ich sehe: die üblichen Formen der Erosion, dazu mei-

55 nen langen Schatten auf dem Sand, aber keine Gespenster. Wozu weibisch werden? Ich sehe auch keine Sintflut, sondern Sand, vom Mond beschienen, vom Wind gewellt wie Wasser, was mich nicht überrascht; ich finde es nicht fantastisch, sondern erklärlich. Ich weiß nicht, wie verdammte Seelen aussehen; vielleicht wie schwarze Agaven in der nächtlichen Wüste. Was ich sehe, das sind Agaven, eine Pflanze, die ein einziges Mal blüht und dann abstirbt. Ferner

60 weiß ich, dass ich nicht (wenn es im Augenblick auch so aussieht) der erste oder letzte Mensch auf der Erde bin; und ich kann mich von der bloßen Vorstellung, der letzte Mensch zu sein, nicht erschüttern lassen, denn es ist nicht so. Wozu hysterisch sein? Gebirge sind Gebirge, auch wenn sie in gewisser Beleuchtung, mag sein, wie irgendetwas anderes aussehen, es ist aber die Sierra Madre Oriental, und wir stehen nicht in einem Totenreich, sondern in der Wüste

65 von Tamaulipas, Mexico, ungefähr sechzig Meilen von der nächsten Straße entfernt, was peinlich ist, aber wieso ein Erlebnis? R

Anregungen zur Texterschließung

1. Erschließen Sie aus dieser Selbstdarstellung Walter Fabers Persönlichkeitsbild. Beachten Sie insbesondere, welche Ansichten die Hauptfigur zu folgenden Phänomenen äußert: Fügung, Schicksal, Mystik, Erlebnis.
2. Walter Faber sagt einmal, er sehe keinen Grund, angesichts der nächtlichen Wüste „weibisch" zu werden. Ist Fabers Sichtweise für Sie typisch „männlich"?

DER HANDLUNGSVERLAUF

Das Leben des Walter Faber besteht aus einer Verkettung von ungewöhnlichen, ja unwahrscheinlichen Ereignissen. Fabers Vorstellung, das Leben sei aufgrund von Wahrscheinlichkeitsrechnungen und logischen Schlüssen weitgehend planbar, wird durch seine eigene Biografie widerlegt. Der Roman spielt im Jahr 1956, seine Vorgeschichte reicht bis in die frühen Dreißigerjahre zurück. Faber liebte damals eine Halbjüdin namens Hanna, die von ihm schwanger war. Weil Hannah von Fabers menschlicher Kälte verunsichert war, beschlossen sie gemeinsam, das Kind nicht zu bekommen. Im Jahr 1936 trennten sie sich und hatten keinerlei Kontakt mehr zueinander. Zwanzig Jahre später erfährt Faber, dass Hanna als Archivarin in Athen lebt, dass sie mit Fabers Jugendfreund Joachim verheiratet war und eine Tochter hat. Auf einer Schiffsreise lernt Faber eine zwanzigjährige Studentin namens Sabeth kennen, die ihn an Hanna erinnert. Er verliebt sich in die junge Frau, es kommt zu einer gemeinsamen Liebesnacht, Faber will die junge Frau heiraten. Aufgrund unglücklicher Umstände verunglückt aber Sabeth tödlich. Walter Faber erfährt, dass es sich um seine eigene Tochter handelt, die Hanna vor zwanzig Jahren ohne sein Wissen zur Welt gebracht hat.

Die Wasserfrau, die Menschenfrauen und die Männer mit Namen Hans

Ingeborg Bachmann ist eine der wichtigsten österreichischen Schriftstellerinnen des 20. Jhs. (siehe auch Modul VII.5 ▶). Ihre *monologische* Erzählung *Undine geht* erschien 1961.

2 Ingeborg Bachmann: Undine geht (Auszug)

Ingeborg Bachmann

1 Ihr Menschen! Ihr Ungeheuer!
Ihr Ungeheuer mit Namen Hans! Mit diesem Namen, den ich nie vergessen kann.
Immer wenn ich durch die Lichtung kam und die Zweige sich öff-
5 neten, wenn die Ruten mir das Wasser von den Armen schlugen, die Blätter mir die Tropfen von den Haaren leckten, traf ich auf ei-nen, der Hans hieß.
Ja, diese Logik habe ich gelernt, daß einer Hans heißen muß, daß ihr alle so heißt, einer wie der andere, aber doch nur einer. Immer einer
10 nur ist es, der diesen Namen trägt, den ich nicht vergessen kann, und wenn ich euch auch, alle vergesse, ganz und gar vergesse, wie ich euch ganz geliebt habe. Und wenn eure Küsse und euer Samen von den vielen großen Wassern – Regen, Flüssen, Meeren – längst abgewaschen und fortgeschwemmt sind, dann ist doch der Name noch da, der sich fortpflanzt
15 unter Wasser, weil ich nicht aufhören kann, ihn zu rufen, Hans, Hans …
Ihr Monstren mit den festen und unruhigen Händen, mit den kurzen blassen Nägeln, den zerschürften Nägeln mit schwarzen Rändern, den weißen Manschetten um die Handgelenke, den ausgefransten Pullovern, den uniformen grauen Anzügen, den groben Lederjacken und den losen Sommerhemden! Aber laßt mich genau sein, ihr Ungeheuer, und euch jetzt einmal
20 verächtlich machen, denn ich werde nicht wiederkommen, euren Winken nicht mehr folgen, keiner Einladung zu einem Glas Wein, zu einer Reise, zu einem Theaterbesuch. Ich werde nie wiederkommen, nie wieder Ja sagen und Du und Ja. All diese Worte wird es nicht mehr geben, und ich sage euch vielleicht, warum. Denn ihr kennt doch die Fragen, und sie beginnen alle mit „Warum?". Es gibt keine Fragen in meinem Leben. Ich liebe das Wasser, seine dichte
25 Durchsichtigkeit, das Grün im Wasser und die sprachlosen Geschöpfe (und so sprachlos bin auch ich bald!), mein Haar unter ihnen, in ihm, dem gerechten Wasser, dem gleichgültigen Spiegel, der es mir verbietet, euch anders zu sehen. Die nasse Grenze zwischen mir und mir …
Ich habe keine Kinder von euch, weil ich keine Fragen gekannt habe, keine Forderung, keine Vorsicht, Absicht, keine Zukunft und nicht wußte, wie man Platz nimmt in einem anderen Leben. Ich habe keinen Unterhalt gebraucht, keine Beteuerung und Versicherung, nur Luft,
30
Nachtluft, Küstenluft, Grenzluft, um immer wieder Atem holen zu können für neue Worte, neue Küsse, für ein unaufhörliches Geständnis: Ja. Ja. Wenn das Geständnis abgelegt war, war ich verurteilt zu lieben; wenn ich eines Tages freikam aus der Liebe, mußte ich zurück ins Was-ser gehen, in dieses Element, in dem niemand sich ein Nest baut, sich ein Dach aufzieht über Balken, sich bedeckt mit einer Plane. Nirgendwo sein, nirgendwo bleiben. Tauchen, ruhen,
35
sich ohne Aufwand von Kraft bewegen – und eines Tages sich besinnen, wieder auftauchen, durch eine Lichtung gehen, *ihn* sehen und „Hans" sagen. Mit dem Anfang beginnen.
„Guten Abend."
„Guten Abend."

40 „Wie weit ist es zu dir?"

„Weit ist es, weit."

„Und weit ist es zu mir."

Einen Fehler immer wiederholen, den einen machen, mit dem man ausgezeichnet ist. Und was hilft's dann, mit allen Wassern gewaschen zu sein, mit den Wassern der Donau und des Rheins, 45 mit denen des Tiber und des Nils, den hellen Wassern der Eismeere, den tintigen Wassern der Hochsee und der zaubrischen Tümpel? Die heftigen Menschenfrauen schärfen ihre Zungen und blitzen mit den Augen, die sanften Menschenfrauen lassen still ein paar Tränen laufen, die tun auch ihr Werk. Aber die Männer schweigen dazu. Fahren ihren Frauen, ihren Kindern treulich übers Haar, schlagen die Zeitung auf, sehen die Rechnungen durch oder drehen das 50 Radio laut auf und hören doch darüber den Muschelton, die Windfanfare, und dann noch einmal, später, wenn es dunkel ist in den Häusern, erheben sie sich heimlich, öffnen die Tür, lauschen den Gang hinunter, in den Garten, die Alleen hinunter, und nun hören sie es ganz deutlich: den Schmerzton, den Ruf von weither, die geisterhafte Musik. Komm! Komm! Nur einmal komm!

55 Ihr Ungeheuer mit euren Frauen!

Hast du nicht gesagt: Es ist die Hölle, und warum ich bei ihr bleibe, das wird keiner verstehen. Hast du nicht gesagt: Meine Frau, ja sie ist ein wunderbarer Mensch, ja, sie braucht mich, wüßte nicht, wie ohne mich leben –? Hast du's nicht gesagt! Und hast du nicht gelacht und im Übermut gesagt: Niemals schwer nehmen, nie dergleichen schwer nehmen. Hast du nicht ge- 60 sagt: So soll es immer sein, und das andere soll nicht sein, ist ohne Gültigkeit! Ihr Ungeheuer mit euren Redensarten, die ihr die Redensarten der Frauen sucht, damit euch nichts fehlt, damit die Welt rund ist. Die ihr die Frauen zu euren Geliebten und Frauen macht, Eintagsfrauen, Wochenendfrauen, Lebenslangfrauen, und euch zu ihren Männern machen laßt. (Das ist vielleicht ein Erwachen wert!) Ihr mit eurer Eifersucht auf eure Frauen, mit eurer hochmü 65 tigen Nachsicht und eurer Tyrannei, eurem Schutzsuchen bei euren Frauen, ihr mit eurem Wirtschaftsgeld und euren gemeinsamen Gutenachtgesprächen, diesen Stärkungen, dem Rechtbehalten gegen draußen, ihr mit euren hilflos gekonnten, hilflos zerstreuten Umarmungen. Das hat mich zum Staunen gebracht, daß ihr euren Frauen Geld gebt zum Einkaufen und für die Kleider und für die Sommerreise, da ladet ihr sie ein (ladet sie ein, zahlt, es versteht 70 sich). Ihr kauft und laßt euch kaufen. Über euch muß ich lachen und staunen, Hans, Hans, über euch kleine Studenten und brave Arbeiter, die ihr euch Frauen nehmt zum Mitarbeiten, da arbeitet ihr beide, jeder wird klüger an einer anderen Fakultät, jeder kommt voran in einer anderen Fabrik, da strengt ihr euch an, legt das Geld zusammen und spannt euch vor die Zukunft. Ja, dazu nehmt ihr euch die Frauen auch, damit ihr die Zukunft erhärtet, damit sie 75 Kinder kriegen, da werdet ihr mild, wenn sie furchtsam und glücklich herumgehen mit den Kindern in ihrem Leib. Oder ihr verbietet euren Frauen, Kinder zu haben, wollt ungestört sein und hastet ins Alter mit eurer gesparten Jugend. O das wäre ein großes Erwachen wert! Ihr Betrüger und ihr Betrogenen. Versucht das nicht mit mir. Mit mir nicht! (...)

Aber so kann ich nicht gehen. Drum laßt mich euch noch einmal Gutes nachsagen, damit nicht 80 so geschieden wird. Damit nichts geschieden wird.

Gut war trotzdem euer Reden, euer Umherirren, euer Eifer und euer Verzicht auf die ganze Wahrheit, damit die halbe gesagt wird, damit Licht auf die eine Hälfte der Welt fällt, die ihr grade noch wahrnehmen könnt in eurem Eifer. So mutig wart ihr und mutig gegen die anderen – und feig natürlich auch und oft mutig, damit ihr nicht feige erscheint. Wenn ihr das Unheil 85 von dem Streit kommen saht, strittet ihr dennoch weiter und beharrtet auf eurem Wort, obwohl euch kein Gewinn davon wurde. Gegen ein Eigentum und für ein Eigentum habt ihr gestritten, für die Gewaltlosigkeit und für die Waffen, für das Neue und für das Alte, für die Flüsse und für die Flußregulierung, für den Schwur und gegen das Schwören. Und wißt doch, dass ihr gegen euer Schweigen eifert und eifert trotzdem weiter. Das ist vielleicht zu loben.

90 In euren schwerfälligen Körpern ist eure Zartheit zu loben. Etwas so besonders Zartes erscheint, wenn ihr einen Gefallen erweist, etwas Mildes tut. Viel zarter als alles Zarte von euren Frauen ist eure Zartheit, wenn ihr euer Wort gebt oder jemand anhört und versteht. Eure schweren Körper sitzen da, aber ihr seid ganz schwerelos, und eine Traurigkeit, ein Lächeln von euch können so sein, daß selbst der bodenlose Verdacht eurer Freunde einen Augenblick

95 lang ohne Nahrung ist.

Zu loben sind eure Hände, wenn ihr zerbrechliche Dinge in die Hand nehmt, sie schont und zu erhalten wißt, und wenn ihr die Lasten tragt und das Schwere aus einem Weg räumt. Und gut ist es, wenn ihr die Körper der Menschen und der Tiere behandelt und ganz vorsichtig einen Schmerz aus der Welt schafft. So Begrenztes kommt von euren Händen, aber manches

100 Gute, das für euch einstehen wird.

Zu bewundern ist auch, wenn ihr euch über Motoren und Maschinen beugt, sie macht und versteht und erklärt, bis vor lauter Erklärungen wieder ein Geheimnis daraus geworden ist. Hast du nicht gesagt, es sei dieses Prinzip und jene Kraft? War das nicht gut und schön gesagt? Nie wird jemand wieder so sprechen können von den Strömen und Kräften, den Magneten

105 und Mechaniken und von den Kernen aller Dinge.

Nie wird jemand wieder so sprechen von den Elementen, vom Universum und allen Gestirnen. Nie hat jemand so von der Erde gesprochen, von ihrer Gestalt, ihren Zeitaltern. In deinen Reden war alles so deutlich: die Kristalle, die Vulkane und Aschen, das Eis und die Innenglut. So hat niemand von den Menschen gesprochen, von den Bedingungen, unter denen sie leben,

110 von ihren Hörigkeiten, Gütern, Ideen, von den Menschen auf dieser Erde, auf einer früheren und einer künftigen Erde. Es war recht, so zu sprechen und so viel zu bedenken.

Nie war so viel Zauber über den Gegenständen, wie wenn du geredet hast, und nie waren Worte so überlegen. Auch aufbegehren konnte die Sprache durch dich, irre werden oder mächtig werden. Alles hast du mit den Worten und Sätzen gemacht, hast dich verständigt mit ihnen

115 oder hast sie gewandelt, hast etwas neu benannt; und die Gegenstände, die weder die geraden noch die ungeraden Worte verstehen, bewegten sich beinahe davon.

Ach, so gut spielen konnte niemand, ihr Ungeheuer! Alle Spiele habt ihr erfunden, Zahlenspiele und Wortspiele, Traumspiele und Liebesspiele.

Nie hat jemand so von sich selber gesprochen. Beinahe wahr. Beinahe mörderisch wahr. Übers

120 Wasser gebeugt, beinah aufgegeben. Die Welt ist schon finster, und ich kann die Muschelkette nicht anlegen. Keine Lichtung wird sein. Du anders als die anderen. Ich bin unter Wasser. Bin unter Wasser.

Und nun geht einer oben und haßt Wasser und haßt Grün und versteht nicht, wird nie verstehen. Wie ich nie verstanden habe.

125 Beinahe verstummt,
beinahe noch
den Ruf
hörend.

Komm. Nur einmal.
130 Komm. R

Anregungen zur Texterschließung

Band 2 ▶ Kompetenzteil, III. Epik

1. Die Ich-*Erzählerin* nennt sich Undine, begibt sich also in die Rolle einer Wasserfrau. Sie sieht einen wesentlichen Unterschied zwischen sich und den „Menschenfrauen". Wie beschreibt sie die Menschenfrauen? In welcher Beziehung steht sie zu ihnen?
2. Undine spricht die Männer direkt an: „Ihr Männer mit Namen Hans ...". Hans ist ein beliebiger Name, der auch anders lauten könnte. Was findet sie unverständlich an den Männern? Welche Verhaltensweisen kritisiert sie?
3. Gegen Ende der *monologischen* Erzählung sagt Undine den Männern auch, was an ihnen zu loben ist. Welche Verhaltensweisen sind das?
4. Undine hat beschlossen, nie mehr den Kontakt mit den „Männern namens Hans" zu suchen. Haben Sie am Schluss des Textes immer noch diesen Eindruck?
5. Die Wasserfrau ist eine alte *mythologische* Figur. Beachten Sie dazu auch Modul IV.8 ▶.

Kompetenzen: Das sollen Sie wissen/können

1. Sie können die Handlung des Romans *Homo faber* von Max Frisch kurz zusammenfassen und am Beispiel des Textauszugs die Hauptfigur Walter Faber charakterisieren.
2. Sie können erklären, wie Frisch durch den Handlungsverlauf klarmacht, dass die statistische Wahrscheinlichkeit keine Sicherheit vor dem scheinbar Unmöglichen bietet.
3. Sie können die Figurenkonstellation Undine – Hans – Menschenfrau in Ingeborg Bachmanns Erzählung *Undine geht* erläutern.
4. Sie können erklären, inwiefern sich Undine von den „Menschenfrauen" unterscheidet, welche Eigenschaften der „Männer mit Namen Hans" Undine kritisiert, welche anderen Eigenschaften sie aber schätzt.

7 ÖKO-KATASTROPHE ODER WEIBLICHE UTOPIE?
Marlen Haushofers Roman „Die Wand" als Unterrichtsprojekt

Modulvorschau

➡ Sie lesen *Die Wand*, einen wichtigen Roman der österreichischen Nachkriegsliteratur.
➡ Sie erarbeiten Teilaspekte des Romans im arbeitsteiligen Verfahren (Gruppenarbeit).
➡ Sie präsentieren Ihre Arbeitsergebnisse Ihren Mitschülerinnen und Mitschülern.

DIE AUTORIN MARLEN HAUSHOFER

MARLEN HAUSHOFER starb 1970 an Knochenkrebs. Ähnlich wie bei INGEBORG BACHMANN, zu deren Prosatexten sich inhaltliche Parallelen finden, erscheint Haushofers früher Tod wie eine Konsequenz aus ihrem Leben und ihrem Schreiben. Sie war mit einem Arzt verheiratet und lebte mit ihrer Familie in der oberösterreichischen Stadt Steyr. Die Spannung zwischen ihrem bürgerlichen Leben und der damit verbundenen Frauenrolle und ihrer Rolle als Schriftstellerin erlebte Marlen Haushofer als sehr belastend. Kränkung, Enttäuschung, Resignation und Rückzug bis zur Isolation kehren fast *leitmotivartig* in ihrem Werk wieder. Nach ihrem frühen Tod wurde Haushofers Literatur einige Zeit kaum mehr beachtet, auch nicht vom Feminismus der Siebzigerjahre, obwohl Haushofer das Mann-Frau-Thema kritisch darstellte. Das schwierige Verhältnis zum anderen Geschlecht formulierte sie beispielsweise als *Paradoxon*: „Der Feind steckt in ihnen, die wir lieben müssen." Im Jahr 1983 leitete die Wiederauflage des 1963 erstmals erschienenen Romans *Die Wand* eine entscheidende Wende in der Haushofer-Rezeption ein.

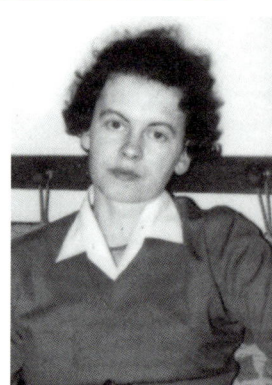

Marlen Haushofer

Anregungen zur Texterschließung und zur Gruppenarbeit

Band 2 ▷ Kompetenzteil, III. Epik

Voraussetzung für die gemeinsame Arbeit ist die eigenständige Lektüre des Buches. Nützen Sie für die Präsentation der Arbeitsergebnisse unterschiedliche Präsentationsformen, z. B.
• mündliche Erklärungen
• Handout
• Plakat
• Vorlesen und Vortragen
• szenisches Spiel (z. B. Spielen eines neuen Romanschlusses)
• andere vorhandene Medien (Overheadprojektor, Tafel, CD-Player, Camcorder etc.)

Gruppe 1: Die Wand. Ein *autobiografischer* Roman?

1. Beschäftigen Sie sich mit der Biografie Marlen Haushofers. Suchen Sie Informationen in der Schulbibliothek, im Internet oder in anderen Quellen, die Ihnen zur Verfügung stehen.
2. Versuchen Sie zwischen dem Leben und Denken der Autorin und dem der Ich-*Erzählerin* im Roman Bezüge herzustellen.

3. Machen Sie aber auch deutlich, dass der Roman ein *fiktionaler* Text ist, der viele Elemente enthält, die nicht direkt mit dem Leben der Autorin in Zusammenhang stehen.

Gruppe 2: Die Wand. Ein feministischer Entwicklungsroman?

1. Informieren Sie sich über die Ziele der Frauenbewegung und die feministische Theorie.
   Modul 🔘 VII.A
2. Würden Sie den Roman *Die Wand* als „feministisch" bezeichnen? Begründen Sie Ihre Überlegungen anhand entsprechender Textstellen.
3. Welche Kritik an der Männerwelt übt die Ich-*Erzählerin*?
4. Welches gesellschaftliche oder individuelle Gegenkonzept zur Männerwelt bietet die Autorin in der Welt ihres Romans an?
5. Macht die Ich-Erzählerin einen emanzipatorischen Entwicklungsprozess durch?
6. Deuten Sie aus feministischer Sichtweise den Schluss des Romans und beziehen Sie dazu Stellung.
7. Erfinden und formulieren Sie gemeinsam einen anderen Romanschluss.

Gruppe 3: Die Wand. Ein Katastrophenroman oder ein utopischer Roman?

1. Untersuchen Sie den Roman hinsichtlich seiner zivilisationskritischen und kulturpessimistischen Botschaften.
2. Erscheinen Ihnen diese Botschaften heute noch aktuell?
3. Enthält das Buch auch eine *Utopie*?
4. Bringen Sie diese in einem neuen Romanschluss deutlich zum Ausdruck.

Gruppe 4: Die Wand. Ein Roman der Gegensätze

1. Welche Bedeutung haben folgende Gegensatzpaare im Roman und in den Gedanken der Ich-*Erzählerin*? Liebe – Hass, Leben – Tod, Gewaltlosigkeit – Krieg
2. Welche „Botschaften" vermittelt die Autorin in diesem Zusammenhang?
3. Greifen Sie eine dieser Botschaften, die Sie für besonders interessant halten, heraus und formulieren Sie auf der Grundlage dieser Botschaft einen anderen Romanschluss.

Gruppe 5: Die Wand. Fluch oder Chance?

1. Wodurch ist nach den Überlegungen der Ich-*Erzählerin* die Wand entstanden?
2. Wie reagiert die Frau auf das plötzliche Vorhandensein der Wand?
3. Wozu zwingt die Wand die Ich-Erzählerin, was ermöglicht sie ihr?
4. Das *Bild* der Wand ist ambivalent. Wofür steht sie Ihrer Meinung nach in diesem Roman? Wählen Sie unter folgenden Deutungsmöglichkeiten aus, vielleicht finden Sie aber auch ganz andere. Die Wand als *Metapher* für Isolation oder für Schutz (Haut), als Gefängnis, als Wunderwaffe der modernen Militärtechnologie, als Symbol für Erstarrung und Einsamkeit oder als schützende Insel der Geborgenheit und *Idylle*? – Begründen Sie Ihre Meinung anhand konkreter Textstellen.
5. Welche Lebenszustände trennt die Wand?
6. Eine Wand kann normalerweise beseitigt werden (durchstoßen, aufgebrochen, untergraben etc.). Erfinden Sie einen neuen Romanschluss, in dem die *Protagonistin* erfolgreich gegen die Wand rebelliert. Was passiert dann?

Gruppe 6: Die Wand. Eine weibliche *Robinsonade*?

1. Kritiker/innen haben *Die Wand* mit Daniel Defoes Roman *Robinson Crusoe* verglichen. Informieren Sie sich genau über den Inhalt von Defoes Roman. Eine Gruppenteilnehmerin oder ein Gruppenteilnehmer sollte diesen genau kennen!
2. Welche Unterschiede, welche Parallelen gibt es zwischen diesen beiden Romanen?
3. *Robinson Crusoe* endet mit einem versöhnlichen Schluss. Schreiben Sie einen neuen Romanschluss zu *Die Wand*, indem Sie ein Happy End erfinden.

Gruppe 7: Die Wand. Ein Öko-Roman?

1. Was bedeutet die Natur für die *Protagonistin*?
2. Gibt es für sie nur die ländliche *Idylle*? Welche Ereignisse und Erscheinungen erlebt sie negativ?
3. Welche Funktion haben die Tiere im Roman?
4. Welche Hindernisse, welche Hilfen erfährt die Protagonistin durch die sie umgebende Natur?
5. Wie sieht die Ich-*Erzählerin* Zusammenhänge in der Natur und wie wird die Rolle des Menschen darin gesehen?
6. Mit dem *Bild* einer „weißen Krähe", die schon auf die Frau wartet, endet der Bericht. Wie deuten Sie dieses Bild?

Kompetenzen: Das sollen Sie wissen/können

Sie können die Arbeitsergebnisse Ihrer Gruppe zielgruppenorientiert präsentieren.

Das symbolische Jahr 1968
Kultureller Wandel und Literatur

8

Modulvorschau

Das Jahr 1968 symbolisiert den kulturellen Wandel, der in den Sechziger- und Siebzigerjahren das Leben in den westlichen Demokratien Europas veränderte. „1968" steht symbolisch für eine breite Jugendbewegung. Folgende Aspekte sind Thema dieses Moduls:

⮕ Wie äußert sich eine Jugendbewegung? (Abgrenzung von der Elterngeneration: andere Kleidung, andere Musik, andere Lebensformen)

⮕ *Magic Afternoon* von **Wolfgang Bauer**, ein typisches Theaterstück dieser Zeit

⮕ Politischer Widerstand: Vietnam-Krieg und Amerika-Kritik der *Achtundsechziger*

⮕ Kapitalismuskritik im Medium Literatur (Literatur der Arbeitswelt)

„Antiautoritär" und „antibürgerlich"

Mit dem Jahr 1968 verbindet man die Vorstellung einer nonkonformistischen, gesellschaftskritischen Jugendbewegung. In den Sechzigerjahren kam es in vielen Ländern, vor allem in den USA, in Frankreich, Italien und Deutschland zu einer großen und folgenreichen Protestbewegung, die hauptsächlich von den Studierenden ausging. Diese Bewegung artikulierte sich nur teilweise im Medium Literatur. Einflussreicher als die literarische Sprache waren Musik, Kleidung und Frisuren als Zeichen des Protests.

So wie die meisten europäischen und amerikanischen Jugendbewegungen der letzten Jahrhunderte beruhte auch die *Achtundsechziger-Bewegung* auf einem Konflikt mit der Elterngeneration. Es ist kein Zufall, dass wesentliche Haltungen und Ideen der Achtundsechziger auf einer Gegenposition zur vorgefundenen Situation beruhten und folglich mit „Anti-Begriffen" bezeichnet werden können: „antiautoritär", „antibürgerlich", „antirassistisch", „antifaschistisch", „antikapitalistisch", „antimilitaristisch".

„Bürgerlich" sein bedeutete für die Achtundsechziger, ein spießiges, langweiliges und konventionelles Leben zu führen. In ihrer Kleidung, ihrer Haartracht und in ihren musikalischen Vorlieben grenzten sich die Achtundsechziger sehr bewusst von der Elterngeneration ab. Man forderte die Befreiung von konservativen Verhaltensnormen, von einer Schule, die als „autoritär", und von einer Sexualmoral, die als „repressiv" empfunden wurde.

Anregung zum Schreiben

Dem Bildmaterial der nächsten Seite können Sie entnehmen, dass sich im Laufe der Sechzigerjahre die Alltagskultur erheblich verändert hat. Diese Veränderung äußerte sich in einem Generationenkonflikt. Schreiben Sie eine Szene, in der Eltern (Jahrgang ca. 1930) mit ihrem Sohn und ihrer Tochter (geboren in den frühen Fünfzigerjahren) über den neuen Lebensstil in ein Streitgespräch geraten. Erkundigen Sie sich vorher bei Ihren Eltern und Großeltern, wie sie diese Zeit erlebt haben.

Familienausflug 1969

Die Rolling Stones, Konzert 1970

Striptease-Reklame (60er-Jahre)

Musical „Hair", Wiener Stadthalle 1969

Wolfgang Bauer: „Magic Afternoon"

Ein typisches Theaterstück der späten Sechzigerjahre ist *Magic Afternoon* von Wolfgang Bauer. Der österreichische Autor zeigt darin einen Sonntagnachmittag aus dem Leben von vier jungen Menschen (Birgit, Charly, Monika, Joe) in der steirischen Landeshauptstadt Graz. Zunächst ist es ein Sonntagnachmittag wie jeder andere auch, aber diesmal wird er katastrophal enden. Das gesamte Stück spielt in Charlys Wohnung, in einem Raum, den Bauer so beschreibt: „Ein absichtlich ungeordnetes Zimmer. Ein großes Bett steht schief in der Mitte. Am Boden ein Plattenspieler. Ein kleiner Tisch. Gartenstühle, Hocker, Kasten. Zahlreiche Schallplatten auf Stühlen und Tischen, am Boden. Gin-Flaschen, Wein-Flaschen, Bier-Flaschen, überall herumstehend. Ein großes Fenster. Draußen ein herrlicher Sommernachmittag.

Vogelgezwitscher. Im Zimmer ist die Luft zum Schneiden vom Rauch. Man kann kaum herumgehen, ohne etwas umzustoßen. Die Unordnung ist nicht genial, nicht angenehm, sie ist nervös."

„Wenn ich net so faul wär, tät ich jetzt spazierengehn", sagt Charly. Birgit probiert verschiedene Frisuren aus. Sie überlegen, was sie am Abend tun könnten. Die Perspektiven sind dürftig, denn sie haben kein Geld. Lesen, schreiben, Kino, spazieren gehen, Sex – zu nichts haben die beiden Lust. Sie gehen herum, beginnen zu tanzen – bis es langsam, vorerst scheinbar im Spaß, zu Gehässigkeiten kommt. Charly zeigt Birgit die Zunge, sie boxt ihm in den Bauch, „äußerlich freundlich, aber der Hass ist schon vorhanden". Immer wieder kommt es an diesem „magic afternoon" zu Gewalttätigkeiten, auch als Joe mit seiner Freundin Monika zu Besuch kommt. Das halb sexuelle, halb gewalttätige „Spiel" zwischen Monika und Joe endet damit, dass Monika mit einem Nasenbeinbruch ins Krankenhaus gebracht werden muss. Als Joe zurückkommt, bringt er Haschisch mit. Charly und Joe rauchen und bald stellt sich die Wirkung ein. Sie versuchen, einen Globus ins WC zu werfen („i schmeiß jetzt die Wölt ins Clo und loss as obi"), vergnügen sich mit einem Micky-Maus-Heft und sinnlosen Sprachspielen. Birgit missfällt das alles. Sie droht den beiden sogar damit, die Polizei anzurufen, und greift zum Telefon. Ein aggressives Spiel entsteht:

Wolfgang Bauer: Magic Afternoon (Auszug) 1

1 JOE: Bist teppat, des is heit klass! I fliag nur so durch die Gegend …
CHARLY: I also *(engl.)* … *(sie imitieren Flugzeuge, mit unbeschreiblichem Lärm) (Dann tritt Stille ein)*
JOE: *(nimmt eine Vase, spielt herum mit ihr, hält sie sich vorn hin, sozusagen als Penis)*
5 Charly, schau her!
CHARLY: *(sieht, lacht furchtbar. Birgit legt den Hörer auf, wählt eine neue Nummer)* Woumm!
JOE: *(hält ein Buch unten hin)* Da, schau! *(Charly sieht es, beide lachen wieder)*
CHARLY: *(erwischt eine Streichholzschachtel und hält sie unten hin)* Da! *(Beide lachen)*
JOE: *(nimmt Birgits Tasche, hält sie hin, Gelächter)* Da, schau!
10 BIRGIT: *(legt den Hörer auf, reißt Joe die Tasche aus der Hand, versucht ihn zu schlagen, er zeigt ihr die Zunge)* Wenn ma so ein Versager is wie du, dann tät i net so angebm! *(Er zeigt ihr noch einmal die Zunge)*
CHARLY: *(hält sich vorn einen riesigen Polster hin)* Da, Gitti, schau her! Da! is des was?
BIRGIT: *(schreit)* Jetzt verschwindets da endlich!
15 CHARLY: *(lacht)* Wir?! Aber Schatzipatzi … patzimatzi …
JOE: Tatzilatzi …Trampschi! *(hält sich den Radioapparat vorne hin)*
Schau, Charly! *(Charly wirft sich vor Lachen zu Boden, Birgit tritt ihm den Stöckel in den Rücken)*
CHARLY: Auauauauauau! Au, du Sau! Bist teppat, des is eine Schwein!
20 BIRGIT: Hast wehweh?
JOE: *(hält sich einen Stuhl vorne hin, geht auf Birgit zu, schupft sie mit dem Stuhl)*
BIRGIT: Hörst auf!
JOE: *(schupft stärker)* Platz!
BIRGIT: Hör auf, sag i da! *(Sie schupft ihn zurück)*
25 CHARLY: *(legt eine Platte auf, ziemlich laut. Er nimmt wieder den Polster und tut ihn vor sich hin. Charly und Joe beginnen mit der Platte mitzusingen, sie umkreisen Birgit mit ihren Symbolen. Joe zieht sein Hemd aus, nimmt Symbol wieder auf. Charly tut desgleichen)*

Charly: (*zu Birgit*) Zieh da auch was aus …

Joe: Ziag di aus … ziag ma uns überhaupt alle aus. (*Sie tanzen herum*)

30 Charly: Ziagst da nix aus?

Joe: I fliag … i fliag teppat!

Charly: Ziagst da nix aus?

Birgit: Fang du an mitn ausziehn …

Charly: (*stößt sie mit dem Polster, fällt selber hin*) Wumm!

35 Joe: (*versucht Birgits Reißverschluss zu öffnen; es gelingt teilweise, er lacht hysterisch*) Das Geräusch vom Reißverschluss war wie mei VW! Unhamlich! Unhamlich! Unhamlich.

Charly: (*versucht es auch, er reißt ihr das Kleid ein wenig herunter, lacht*) Des schaut irrsinnig komisch aus!

Birgit: (*will auf Charly losgehen, er rennt davon, kichert wie ein kleines Mädchen*) Bist feig?

40 (*Joe stößt sie mit einem Stuhl von hinten, sie geht auf ihn los, auch er läuft kichernd davon. Inzwischen stößt Charly sie von hinten mit der Sektflasche*) Du!

(*Sie wirft ihm etwas an den Kopf, Joe versucht wieder ihr Kleid zu öffnen, fällt kichernd aufs Bett, sie will ihm eine schmieren, da stößt Charly sie aufs Bett. Alle drei springen wieder auf. Sie stürzt*

45 *sich auf Joe, fällt aber zu Boden, und Joe springt auf sie drauf*)

Charly: Jetzt bist eintalt!

Joe: (*hält ihr die Hände auf dem Rücken zusammen*) Polizei! Polizei! Polizei!

Charly: Einszweidrei! (*Birgit erhebt sich*) So, jetzt ziehst dich aus! (*Sie nimmt schnell ihre Tasche und will aus dem Zimmer rennen. Charly stellt sich schnell vor die Tür*) Schatzischatzi bleib

50 da!

Birgit: Schleich di! (*Will ihn verdrängen*)

(*Joe versucht wieder ihr Kleid zu öffnen, Charly stößt sie weg. Wut und Tränen sind in ihren Augen*)

Charly und Joe imitieren nun einen Stierkampf und treiben Birgit in die Rolle des Stiers. Da greift Birgit zum Küchenmesser und ersticht Joe. Charly ist vollkommen irritiert, Birgit hingegen ist „ganz ruhig". Sie geht weg, als hätte sie sich nun endlich von diesem Raum und von diesen Menschen befreit. Charly hört noch, wie Birgit mit Joes Wagen wegfährt, dann rollt er Joe in den Teppich und kriecht in den Kasten.

Anregungen zur Texterschließung

1. „Sexuelle Befreiung" war ein Schlagwort der Achtundsechziger. Erläutern Sie, wie die Figuren in diesem Stück mit Sexualität umgehen. Machen Sie insbesondere den Zusammenhang von Sexualtrieb und Aggression deutlich.
2. Wolfgang Bauers Stück verweist auf die Gesellschaft in den Sechzigerjahren des 20. Jhs. Sie durchleben heute Ihre Jugend viele Jahrzehnte später. Wirkt Bauers Darstellung auf Sie sehr fremd oder vielleicht sogar schockierend? Oder erkennen Sie die Wirklichkeit von heute zumindest in Teilen des Stücks wieder?

Anregung zur Problemdiskussion

Den Achtundsechzigern wurde und wird von Kritiker/innen vorgeworfen, die Enttabuisierung von Sexualität habe letztlich zu einer Gesellschaft geführt, in der Werte wie Treue oder Scham zerstört worden seien. Sexualität sei zur Ware geworden, und zwar auf einem „Erotik-Markt", der auch vor Kinderpornografie und Kindesmissbrauch nicht mehr zurückschreckt. Diskutieren Sie diesen Vorwurf zunächst in Kleingruppen von etwa vier Personen. Die Gruppensprecher/innen führen dann das Gespräch in Form einer Podiumsdiskussion.

Die Inbesitznahme des öffentlichen Raums

Küssendes Paar,
Paris 1961

Demonstration gegen
den Vietnam-Krieg in
Westberlin, 1971

Anregung zur Problemdiskussion

Setzen Sie sich mit den Bildern in diesem Abschnitt auseinander und notieren Sie Ihre Ansichten unter folgenden Aspekten:
1. Soll es keine Trennung zwischen „privat" und „öffentlich" geben, oder gibt es Dinge, die im öffentlichen Raum nichts zu suchen haben?
2. Gehört politische Willenskundgebung in die dafür vorgesehenen Gremien (Parlament, Landes- und Gemeinderäte etc.) oder sind öffentliche Räume der richtige Ort für Politik?

„Antirassismus" und „Antimilitarismus"

Der Blick der europäischen Jugend wandte sich in den Sechzigerjahren immer wieder nach Amerika. Zu einem wichtigen Anreger für die europäische Jugendbewegung wurden die Hippies und die Bewegung gegen den Vietnam-Krieg. Die amerikanische Hippie-Bewegung politisierte sich unter den besonderen gesellschaftlichen Bedingungen der amerikanischen Gesellschaft. In den USA litt die schwarze Bevölkerung unter der Rassendiskriminierung. Die Bürgerrechtsbewegung „Black Power" kämpfte für die Emanzipation der Schwarzen. Als ihr prominenter Führer Martin Luther King ermordet wurde, verschärfte sich der gesellschaftliche Konflikt. Zu einer weiteren Zerreißprobe für die amerikanische Gesellschaft wurde der Vietnam-Krieg. Weder die verantwortlichen Politiker noch die Militärs konnten den Eindruck eines „gerechten Krieges" der USA gegen Vietnam auf Dauer aufrechterhalten. Zahlreiche junge Amerikaner zerrissen ihre Einberufungsbefehle und verweigerten den Kriegsdienst. Massendemonstrationen, die nicht selten blutig verliefen, forderten die Beendigung des Kriegs. Viele amerikanische Künstler/innen (**Joan Baez**, **Bob Dylan**, **Jimi Hendrix** u. a. m.) solidarisierten sich mit der Bewegung gegen den Vietnam-Krieg. Diese Künstler/innen wurden weltweit zu Ikonen der jungen Pop-Kultur.

Deutsche Amerika-Bilder

Das Interesse für die USA und die ambivalente Haltung deutscher Achtundsechziger zu den USA ist folgendem Gedicht ablesbar:

2 | Jürgen Theobaldy: Bilder aus Amerika

1 Weil mich, kaum geboren
in den letzten Wochen des Weltkriegs,
beinah ein Soldat mitgenommen hätte,
hinüber nach Amerika, träumte ich
5 oft davon, in Amerika aufzuwachen
mit Jeans und Tennisschuhen,
den Baseballschläger unter dem Arm.
Ich träumte vom frischen Rasen
vor der High School, von rosa Zahnpasta
10 und Ananas aus der Dose. Amerikanisch
hätte ich sicher sehr breit gesprochen,
und später wäre ich, so träumte mir,
im Cadillac vors Bürohochhaus gefahren.
Aber später war ich immer noch
15 hier in Mannheim und fuhr jeden Morgen
auf einem Fahrrad ohne Gangschaltung
in den Hafen zur Exportabteilung.
Und noch später sah ich junge
Amerikaner, so alt wie ich,
20 abgeführt werden, weil sie ihre
Einberufungsbefehle verbrannt hatten.
Ich sah die qualmenden Häuser
in den Gettos der Schwarzen, und ich sah

25 die Nationalgarde im Kampfanzug
gegen barfüßige Studenten, sah die
Schlagstöcke der Polizisten, die lang
wie Baseballschläger waren.
Jetzt träume ich kaum noch
von Amerika, nicht einmal Schlechtes.
30 Aber ich frage mich oft, wie das Land
sein mag, von dem sich die Bilder
so verändert haben, so schnell
und so gründlich.

Anregungen zur Texterschließung

1. Wo und in welcher Lebenssituation lebt das *lyrische Ich*?
2. Welche Vorstellungen von Amerika hatte das lyrische Ich in seiner Kindheit?
3. Welches Amerika-Bild erhält das lyrische Ich später?
4. Gibt der Autor einen eindeutigen Hinweis darauf, welches Amerika-Bild das „richtige" ist?

ANTIKAPITALISMUS: LITERATUR DER ARBEITSWELT

Nicht zuletzt im Zusammenhang mit dem Protest gegen den Vietnam-Krieg politisierte sich auch die europäische Jugendbewegung. Im Mai 1968 gingen die französischen Student/innen gemeinsam mit unzufriedenen Arbeiter/innen und anderen Regierungsgegner/innen auf die Straße. Die Massendemonstrationen hatten den Sturz der bürgerlichen Regierung von Charles de Gaulle zur Folge. Die Kritik an der „bürgerlichen" Gesellschaft äußerte sich nicht mehr durch antiautoritäre Spontanaktionen, sie wurde immer häufiger als politische, das heißt als marxistische Kapitalismuskritik hörbar. Die politische Studentenbewegung stand politisch eindeutig links. Ihr Spektrum umfasste allerdings unterschiedliche sozialistische, kommunistische und anarchistische Positionen. Eine der radikalsten Gruppen war die deutsche RAF (Rote Armee Fraktion). Sie scheute auch vor tödlichen Attentaten nicht zurück. Ihre wichtigsten Anführer Ulrike Meinhof, Andreas Baader und Gudrun Ensslin wurden gefangen genommen und begingen in der Haft Selbstmord.

Die sozialistische und kommunistische Linke lehnte den kriminellen Terror der RAF ab. Die neue klassenlose Gesellschaft könne nur mit den Massen, nicht gegen sie erkämpft werden. Nach der Gesellschaftstheorie des Marxismus ist das Proletariat (die Lohnarbeiter/innen) das wesentlichste Subjekt der revolutionären Veränderung. Die besitzlosen Massen sollten die Kapitalisten enteignen und die Produktionsmittel (Fabriken, Grund und Boden) zum Gemeineigentum machen, um so die klassenlose Gesellschaft zu ermöglichen. Aus diesem theoretischen Revolutionsverständnis ist zu erklären, dass sich die linken Student/innen um eine Annäherung an die Arbeiterschaft bemühten. Die Literatur der Arbeitswelt sollte Mittel im politischen Kampf sein. Das Medium Literatur sollte den Arbeiter/innen bessere Einsichten in ihre soziale Lage ermöglichen.

Diesem politischen Programm verdankt die „Literatur der Arbeitswelt" ihren Aufschwung. Die Texte, die auf diese Weise entstanden, sind oft weniger als literarische Werke, sondern eher aus soziologischen Gründen interessant. Eine Ausnahme bilden die Romane des österreichischen Schriftstellers **Gernot Wolfgruber**. Wolfgruber war ursprünglich Hilfsarbeiter, bevor er über den zweiten Bildungsweg den gesellschaftlichen Aufstieg schaffte. Er kennt also die Sorgen und Probleme von Arbeiter/innen aus eigener Erfahrung, verfügt aber auch über die

sprachlichen und künstlerischen Mittel, um einen guten Roman zu schreiben. In seinem Werk
Auf freiem Fuß erzählt Wolfgruber in *Ich-Form* die Geschichte eines Lehrlings.

3 GERNOT WOLFGRUBER: AUF FREIEM FUSS (AUSZUG)

1   Ich mache zusammen mit Walter Musterstreifen von neuen Farben. Dazu müssen wir von einem großen Stoffballen schmale Streifen abschneiden. Wir machen das so, daß schließlich ein
paar Meter unbrauchbarer Stoffverschnitt entstehen. Als es der Scholz entdeckt, ist er so außer sich darüber, daß er, als er uns abkanzeln will, nur stammeln kann. Schließlich nimmt er
5   den Stoffballen unter den Arm und stürmt in das Büro des Herrn Werner. So eine Sauerei,
keucht er, so eine Sauerei. Wir hören zu arbeiten auf und warten. Jetzt kriegen wir einen An-
schiß, der was sich gewaschen hat, sagt Walter, dessen Sommersprossen deutlicher als sonst zu
sehen sind. Aber geh, sage ich, wegen der paar Meter, der Scholz spielt sich ja nur auf. Na wirst
sehen, sagt er. Dann wissen wir nicht mehr, was wir noch reden sollen. Gleich darauf holt uns
10 der Scholz. Er sagt kein Wort, sondern deutet nur mit dem Zeigefinger. Von der Tür zum
Schreibtisch des Herrn Werner sind es mindestens zehn Meter, aber so weit kommen wir
garnicht. Ja wie blöd seids denn ihr eigentlich, brüllt er uns an, das ist ja schon keine Blödheit
mehr, eine Frechheit ist das, stößt er mit einem Finger auf seinen Schreibtisch, wo der Scholz
den von uns verschnittenen Stoff ausgebreitet hat. Er will eine Rechtfertigung von uns hören,
15 aber wir stehen mit gesenktem Kopf da und sagen nichts. Das zieh ich euch ab, schreit der
Herr Werner, ihr dreckiges Pack ihr, ihr dreckiges Pack. Der Scholz steht augenrollend daneben und nickt mit dem Kopf. Ich schaue an mir hinunter: Meine Schürze und meine Schuhe
sind wirklich von oben bis unten mit Farbkrusten und Verdickungsschlieren bedeckt: dreckig.
Und jetzt arbeitets was, schreit der Herr Werner, aber ordentlich, und wir schleichen grüßend
20 hinaus.
Am Nachmittag erzähle ich den Vorfall meiner Mutter. Dreckiges Pack, sage ich, hat er uns
genannt, stell dir das vor. Meine Mutter schüttelt ungläubig den Kopf. Geh, sagt sie, der Herr
Werner? Ja, sage ich, und weißt du, was ich ihm für eine Antwort gegeben hab? Warst vielleict
gar frech, fragt sie. Ich habe ihn angeschrien, sage ich, wir sind von Ihrem Dreck dreckig, Herr
25 Werner. Und, fragt meine Mutter, was hat er dann getan? Da hat er nichts mehr gesagt, erklä-
re ich. (Bei späteren Erzählungen habe ich immer diesen Schluß verwendet. Ich habe es überhaupt nur erzählt, um diesen Schluß verwenden zu können.)
Ich war Mitglied der Gewerkschaftsjugend. Einmal in der Woche war „Heimstunde". Da sind
wir dann am Abend zusammengesessen, haben Musik gehört oder Pfänderspiele gespielt, bei
30 denen das Pfand durch Küsse oder Ohrfeigen ausgelöst wurde. Meistens waren zuwenig Mädchen da. Um zehn ist der Hausmeister gekommen, hat uns hinausgeschmissen und das Tor
abgesperrt. Wenn ein halbwegs *richtiges* Mädchen da war, habe ich es nach Hause begleitet und
mit Reden soweit zu bringen versucht, daß es sich vor der Haustür küssen ließ. Weil das meistens Lückenbüßer waren, bin ich dann immer einige Male der Heimstunde ferngeblieben, um
35 eventuelle Hoffnungen, die sich das Mädchen gemacht haben könnte, zu zerstören. Von den
Mädchen unseres Ortes, von denen ich gewünscht hätte, sie seien meine Freundinnen (das
waren immer welche aus *besseren Familien*, mit denen ich mir nicht anders ins Gespräch zu
kommen vorstellen konnte, als daß ich sie beim Baden vor dem Ertrinken gerettet haben würde), ist keines in die Heimstunde gegangen. Ich habe nie gewußt, warum die Gewerkschaftsju-
40 gend gerade so heißt. R

Anregungen zur Texterschließung

1. Wie gehen die Vorgesetzten mit den Fehlern der Lehrlinge um?
2. Welche veränderte Version des Vorfalls erzählt der Junge der Mutter und später auch anderen? Warum könnte er das machen?
3. Welche Erfahrung aus der Heimstunde der Gewerkschaftsjugend erzählt der Ich-*Erzähler*?
4. Erzählstil: Weisen Sie umgangssprachliche Stilelemente nach. Dominiert Satzreihe oder Satzgefüge die *Syntax*?

Situativer Schreibauftrag zu | Modul VII.8, S. 434ff.

Ergänzung Literatur- und Kulturgeschichte   Band 2

VII. Im Zeitalter von Demokratie, Massenkommunikation und Popularkultur

Lesen Sie im Epochenteil Kapitel VII.1.3 (1968 und die Modernisierung in den Siebzigerjahren) und Kapitel VII.9 (Die Politisierung der Literatur in den Sechziger- und Siebzigerjahren) und entnehmen Sie daraus folgende Informationen:

1. Welche politischen Ereignisse und Veränderungen verbindet man mit dem Jahr 1968 bzw. mit den Folgejahren?
2. Führen Sie Werke der *Dokumentar-* und *Reportage-Literatur* an, die politische Kritik üben.
3. Welche Art von *Volksstück* wurde im Zuge der Politisierung wiederentdeckt, welche Entwicklung nahm diese Richtung in Österreich? (Nennen Sie Beispiele.)
4. Was versteht man unter *Anti-Heimatliteratur*? Erläutern Sie mindestens drei Beispiele für diese literarische Richtung.

Kompetenzen: Das sollen Sie wissen/können

1. Sie können einige Bereiche anführen, in denen sich die *Achtundsechziger* als Gegenbewegung („anti-") deklarierten.
2. Sie können den Inhalt des Stücks *Magic Afternoon* von WOLFGANG BAUER kurz zusammenfassen. Sie haben sich eine Meinung gebildet, ob Bauer die unangepasste Jugend idealisiert.
3. Sie können das Gedicht *Bilder aus Amerika* von JÜRGEN THEOBALDY interpretieren und den historischen Zusammenhang der in diesem Text angesprochenen Amerika-Bilder erklären.
4. Sie können das Phänomen „Literatur der Arbeitswelt" (Entstehung, Absichten) erklären und den Text *Auf freiem Fuß* von GERNOT WOLFGRUBER als Beispiel erläutern.

9 Geschichten und Gedichte vom „Ich"
Autobiografisches Schreiben in den Siebziger- und Achtzigerjahren

Modulvorschau

In den Sechzigerjahren des 20. Jhs. dominierte der Anspruch, Literatur habe „politisch" zu sein. Da sich aber die Hoffnungen der *Achtundsechziger* auf einen grundlegenden gesellschaftspolitischen Wandel nicht erfüllten, wandte sich im Laufe der Siebzigerjahre der Blick wieder dem Privaten und dem Einzelmenschen zu. Literatur wurde nun für viele Autorinnen und Autoren zu einem Medium, das dazu dienen sollte, das eigene Leben und die eigene Persönlichkeit besser zu verstehen.

➡ *Mars* von **Fritz Zorn** ist ein typisches Buch dieser literarischen Richtung.

➡ *Alltagslyrik* und *Neue Subjektivität* sind Bezeichnungen für die autobiografische Lyrik dieser Zeit. Sie lernen sie an zwei Beispielen kennen.

Fritz Zorn: „Mars"

Als typisches Werk dieser Zeit gilt das Buch *Mars* von **Fritz Zorn**. Der Autorenname ist ein *Pseudonym*. Der Verfasser war ein etwa dreißigjähriger Schweizer, der an Krebs erkrankt war. Indem er sein Leben erzählte und interpretierte, wollte er den Ursachen für diese Erkrankung auf die Spur kommen. Die Hoffnung, der Schreibprozess könne nicht nur Klarheit schaffen, sondern vielleicht auch „heilsam" wirken, erfüllte sich leider nicht. Fritz Zorn starb kurze Zeit nach Fertigstellung des Buches an seiner Krebserkrankung.

1 Fritz Zorn: Mars (Auszug)

Kindler Verlag, München, 1977 Zorn/Mars

1 Ich bin jung und reich und gebildet; und ich bin unglücklich, neurotisch und allein. Ich stamme aus einer der allerbesten Familien des rechten Zürichseeufers, das man auch die Goldküste nennt. Ich bin bürgerlich erzogen worden und mein ganzes Leben lang brav gewe-
5 sen. Meine Familie ist ziemlich degeneriert, und ich bin vermutlich auch ziemlich erblich belastet und milieugeschädigt. Natürlich habe ich auch Krebs, wie es aus dem vorher Gesagten eigentlich selbstverständlich hervorgeht. Mit dem Krebs hat es nun aber eine doppelte Bewandtnis: einerseits ist er eine körperliche Krankheit, an der ich
10 mit einiger Wahrscheinlichkeit in nächster Zeit sterben werde, die ich vielleicht aber auch überwinden und überleben kann; anderseits ist er eine seelische Krankheit, von der ich nur sagen kann, es sei ein Glück, daß sie endlich ausgebrochen sei. Ich meine damit, daß es bei allem, was ich von zuhause auf meinen unerfreulichen Lebensweg mitbekommen habe, das bei weitem Gescheiteste
15 gewesen ist, was ich je in meinem Leben getan habe, daß ich Krebs bekommen habe. Ich möchte damit nicht behaupten, daß der Krebs eine Krankheit sei, die einem viel Freude macht. Nachdem sich mein Leben aber nie durch sehr viel Freude ausgezeichnet hat, komme ich nach prüfendem Vergleich zum Schluß, daß es mir, seit ich krank bin, viel besser geht als früher, bevor ich krank wurde. Das soll nun noch nicht heißen, daß ich meine Lage als besonders

20 glückhaft bezeichnen wollte. Ich meine damit nur, daß zwischen einem sehr unerfreulichen
Zustand und einem bloß unerfreulichen Zustand der letztere dem ersteren doch vorzuziehen
ist.
Ich habe mich nun dazu entschlossen, in diesem Bericht meine Erinnerungen aufzuzeichnen.
Das heißt, es wird sich hier weniger um Memoiren im allgemeinen Sinn handeln, als vielmehr
25 um die Geschichte einer Neurose oder wenigstens einiger ihrer Aspekte. (...)

Die Hamletfrage, die mein Elternhaus bedrohte, lautete: Harmonie oder Nichtsein. Es mußte
alles harmonisch sein; etwas Problematisches durfte es nicht geben – denn dann ging die Welt
unter. Alles mußte unproblematisch sein; oder falls es das nicht war, mußte es unproblematisch gemacht werden. Es durfte in allem immer nur eine Meinung geben, denn eine Mei-
30 nungsverschiedenheit wäre das Ende von allem gewesen. Heute leuchtet mir auch ein, warum
eine Meinungsverschiedenheit bei uns zuhause einem kleinen Weltuntergang gleichgekom-
men wäre: wir konnten nicht streiten. Ich meine damit, daß wir nicht wußten, wie man das tat,
streiten; genau so, wie jemand nicht wissen kann, wie man Trompete bläst oder Mayonnaise
zubereitet. Wir beherrschten die Technik des Streitens nicht, und darum unterließen wir es, so
35 wie ein Nichttrompeter keine Trompetenkonzerte gibt. Daher waren wir darauf angewiesen,
nie in die Situation zu kommen, streiten zu müssen. Die Folgen davon waren katastrophal:
Alle waren immer derselben Meinung. Sollte es aber einmal den Anschein haben, als sei dem
nicht so, so mußte es sich für uns notwendigerweise um ein Mißverständnis handeln. Es hatte
dann nur irrtümlicherweise so geschienen, als liege eine Meinungsverschiedenheit vor; die
40 Meinungen waren nur scheinbar geteilt gewesen, und nach Behebung des Mißverständnisses
wurde offenbar, daß alle Meinungen in Tat und Wahrheit identisch waren. (...)

(...) Ich gewöhnte mich daran, kein eigenes Urteil zu fällen, sondern immer nur den Urteilen
der anderen beizustimmen. Ich gewöhnte mich daran, nicht selbst die Dinge zu schätzen, sondern immer nur die richtigen Dinge zu schätzen: was die anderen als richtig ansahen, gefiel mir
45 auch, und was die anderen nicht als richtig betrachteten, dem zollte auch ich keinen Beifall. Ich
las „gute Bücher", und sie gefielen mir, weil ich wußte, daß sie „gut" waren; ich hörte „gute Musik", und sie gefiel mir aus demselben Grund. Was aber „gut" war, bestimmten die anderen und
nie ich selbst. Ich verlor jede Fähigkeit zu spontanen Gefühlen und Vorlieben. Ich hatte erfahren, daß klassische Musik „gut", dass Schlager und Jazz aber „schlecht" waren. Darum hörte ich
50 klassische Musik, wie das meine Eltern taten, und fand es „gut", und ich verabscheute Jazz, von
dem ich wußte, daß er „schlecht" war, obwohl ich noch gar nie Jazz gehört hatte und überhaupt
keine Ahnung davon hatte, was Jazz eigentlich war. Ich hatte nur gehört, daß er „schlecht" war,
und das genügte mir. (...)

Wenn man das bis jetzt Geschriebene überblickt, so könnte leicht der Eindruck entstehen, als
55 gehe es mir ausschließlich darum, böswillig die Schwächen meiner armen Eltern aufzuzählen,
um sie dann als die Bösen hinzustellen, die mich verdorben hätten und denen demzufolge jetzt
mein ganzes Unglück zuzuschreiben sei. Ich glaube aber vielmehr, daß dieser Bericht darüber
hinausgeht, bloß meinen Eltern die Schuld für das anzukreiden, was ich selbst hätte besser
wissen und tun müssen. Ich kann meine Eltern heute weniger als die „Schuldigen" denn als
60 Mit-Opfer derselben verfehlten Situation ansehen. Sie waren nicht die Erfinder dieser schlechten Lebensweise; sie waren vielmehr – wie ich selbst – die von diesem kritiklos akzeptierten
schlechten Leben Betrogenen. Man könnte nun an diesem Punkt meiner Erinnerungen den
großen Moment erwarten, in dem ich aus dieser Scheinwelt meines Elternhauses erwacht und
mir gesagt hätte: Halt! Das kann doch nicht so weitergehen.

65 Dieser Moment kam aber nicht. Und daß dieser Moment nicht kam und eigentlich auch gar nicht kommen konnte, das eben war das Verhängnis. Das Schlimme waren nicht die einzelnen kleineren oder größeren Schwächen meiner Eltern; denn daß niemand vollkommen ist, daß auch keine Erziehung zu vollkommenen Ergebnissen kommen kann, daß wohl alle Eltern ihren Kindern im Verlauf der Erziehung auch einmal etwas antun werden, worunter die Kinder

70 später leiden müssen, und daß die Kinder selbst ja auch keine vollkommenen Geschöpfe sind, gehört nur mit zur selbstverständlichen Erkenntnis, daß die Welt eben nicht vollkommen ist. (…) Das Schlimme war der Umstand, daß die Welt, in der ich aufwuchs, keine unvollkommene Welt sein *durfte*, und daß ihre Harmonie und Vollkommenheit obligatorisch waren. **R**

Anregungen zur Texterschließung

1. Was erfahren Sie über die familiäre Herkunft des Autors?
2. Fritz Zorn interpretiert Krebs als „seelische Krankheit". Durch welche Verletzungen der Seele wird sie ausgelöst?
3. „Harmonie", insbesondere familiäre Harmonie, ist bei Zorn ein negativ besetzter Begriff. Warum? Wie denken Sie selbst darüber? Denken Sie unter anderem über das Schlagwort „Streitkultur" nach. Welche Vorstellungen verbinden Sie mit diesem Begriff?
4. Können Sie sich erklären, warum der Autor das Pseudonym „Zorn" gewählt hat?
5. Lesen Sie aus dem Text eine Schuldzuweisung an die Eltern heraus?

Fritz Zorn war kein professioneller Autor, sondern ein kranker Mensch, der in Erzählform von seiner Krankheit berichtete. Im Laufe der Siebzigerjahre häuften sich Buchveröffentlichungen dieser Art. Laienschreiber/innen erzählten von ihrem Leben, von Krisen, Krankheiten, Enttäuschungen – und von deren Bewältigung. Schreiben scheint also in diesen Fällen Teil eines psychotherapeutischen Prozesses zu sein. Nicht der Ehrgeiz, ein künstlerisch wichtiges Werk zu schaffen, steht im Vordergrund, sondern die Hoffnung auf die „Heilkraft des Schreibens". Im Vorwort zu *Mars* beschäftigte sich der Herausgeber des Buchs, der Schweizer Autor Adolf Muschg, mit der Frage, ob solche Bücher überhaupt noch „Literatur" im Sinne von Sprachkunst sind. Er stellt folgende Überlegungen an:

2   ADOLF MUSCHG: VORWORT ZU „MARS" (AUSZUG)

1 Dies ist das Lebenswerk eines Sterbenden. Dennoch: die Frage, ob es auch Literatur sei, soll darum nicht mit einer moralischen Erpressung beantwortet werden. Es ist eine *ästhetische* Frage, und als solche besonders ernst zu nehmen bei einem Dokument, dessen Problem die veruntreute Sinnlichkeit, die verlorene Wahrnehmung ist. Das Urteil über den literarischen Wert

5 muß sich neben einem Todesurteil zeigen dürfen, ohne erniedrigende Rücksichten zu nehmen – und sehr leicht wird es dann gerade dem teilnehmenden Leser nicht fallen.
Gewiß doch, *Mars* ist Literatur, insofern hier ein gebildeter, die Sprache sehr wohl handhabender Mensch schreibt – ein Mensch auch –, der die Pointe nicht verschmäht, wo sie sich bietet, und sie gelegentlich forciert bis zur reinen Sentenz: „Ich war gescheit, aber ich konnte nichts."

10 – „Ich finde, jedermann, der sein ganzes Leben lang lieb und brav gewesen ist, verdient nichts anderes, als daß er Krebs bekommt." – „Geben ist viel, viel weniger selig denn Nehmen." – „Meine Lebensgeschichte bedrückt mich zu Tode, aber sie leuchtet mir ein." Das ist schlagend geistvoll und läßt die lateinische Erziehung des gelernten Romanisten erkennen, den Willen zur Klarheit unter Feuer. Wer sich das letzte Elend nur herausgeschrien denken kann, wird

15 hier *auch* Rhetorik finden – selbst Deklamation. (…)

Dennoch läßt *Mars*, als Literatur betrachtet, durchaus zu wünschen übrig. Es ist nicht nur ein Buch ohne Anekdote; es ist ein Buch, das an entscheidenden Stellen auf den „erlebten" Beleg, auf die tragende Einzelheit verzichtet. Ein Beispiel: wir erfahren wohl, daß sich Z.s Eltern einmal (ein einziges Mal) gestritten haben; wir erfahren nicht – obwohl es von höchstem sach-
20 lichem, also auch literarischem Interesse wäre – worüber. Ein anderes Beispiel: wir vernehmen, daß der Kranke Lehrer war, Spanisch- und Portugiesischlehrer – in der Tat unterrichtete er bis kurz vor seinem Tod –; wir vernehmen nirgends, nicht mit einem Wort, was ihn die Schule gekostet hat, was ihm die Schüler in dieser kritischen Zeit bedeutet haben mögen. Für solche Realbewegungen fehlt das soziale Auge, fehlt die Ruhe, fehlt – man muß es deutlich sagen –
25 gerade die *sinnliche* Bereitschaft der Sprache. Wo sie nicht blendet, wirkt sie blaß: sie muß ihre Farben von immer demselben Feuer borgen, das sie verzehrt. Sie hat eine eigentümliche Kälte nötig, um darin zu bestehen. Ⓡ

Anregungen zur Texterschließung

1. Sollen wir das Buch eines todkranken Menschen mit ästhetischen Kriterien der Literatur-kritik beurteilen? Wie beantwortet Muschg diese Frage?
2. Inwiefern wird *Mars* literarischen Ansprüchen gerecht?
3. Welchen ästhetischen Mangel führt Muschg an?

SELBSTERFAHRUNG DURCH KREATIVES SCHREIBEN?

In den Siebziger- und Achtzigerjahren erfreute sich kreatives Schreiben als Medium der „Selbsterfahrung" – vor allem auch in Gruppen und Schreibwerkstätten – einer ungewöhnlich großen Beliebtheit. Ein einflussreiches Buch war *Kreatives Schreiben. Texte als Wege zu sich selbst und zu anderen* von JÜRGEN VOM SCHEIDT. Aus den 45 Ratschlägen Jürgen vom Scheidts:

JÜRGEN VOM SCHEIDT: KREATIVES SCHREIBEN (AUSZUG) 3

1 2. Lernen Sie wieder Spaß am Schreiben zu haben (...).
4. Den Spaß am Schreiben fördert es ungemein, wenn man alle Vorbilder über Bord wirft. Es gilt den eigenen „Inneren Schreiber" zu entdecken und zu entwickeln.
8. Lernen Sie, Spaß am Überarbeiten der Rohtexte zu haben, nicht erst an der Endfassung. (...)
5 Bedenken Sie: Der Weg vom Rohtext zur Endfassung führt über drei bis acht Zwischenstadi-en (...) Je eher Sie diese genießen lernen, um so besser. Wie man das lernt? Rücken Sie Ihrem Perfektionismus zu Leibe.
11. Schreiben Sie grundsätzlich nur für sich – zunächst jedenfalls. Dann erst entscheiden Sie, was Sie zensieren, was Sie für sich behalten möchten.
10 13. Lernen Sie zu meditieren. (...) Das ist einfacher als Sie glauben. Sie müssen dazu nur, in ruhiger Umgebung, die Augen schließen und beobachten, was in Ihnen geschieht. Stellen Sie sich vor, Sie sitzen als Zuschauer in einem Theater; der Vorhang geht auf, Sie schauen auf die zunächst leere Bühne, die sich allmählich belebt. Es ist Ihre innere Welt, die sich Ihnen da zeigt (...).
15 16. Schreiben Sie immer wieder mal wie ein Kind (...) – so kommen Sie in Kontakt mit Ihrem inneren „schöpferischen Kind".
18. Blockiert etwas den Fluss Ihrer Einfälle beim Schreiben, so beschreiben Sie zunächst diese Störung (...).

20 35. Schreiben Sie immer wieder einmal einen Ihrer Träume auf. Träume sind die Quelle schlechthin für originelle Einfälle, interessante Bilder, Symbole und Metaphern und für spannende Szenen!

Anregungen zur Diskussion

1. Was halten Sie von Jürgen vom Scheidts Tipps?
2. Vom Scheidt schlägt vor, täglich kreativ zu schreiben. Können Sie sich vorstellen, dass Sie selbst daran Freude finden könnten?

Anregung zum kreativen Schreiben

Eine besonders erfolgreiche und verbreitete Methode des kreativen Schreibens ist die *Clustering-Technik* aus Gabriele Ricos Buch *Garantiert schreiben lernen*.

ALLTAGSLYRIK UND NEUE SUBJEKTIVITÄT

Die Tendenz zur Privatheit, zur Subjektivität und zum autobiografischen Schreiben zeigte sich auch in der *Motiv*- und Themenwahl der Lyrik der Siebziger- und Achtzigerjahre.

4 | KARIN KIWUS: FRAGILE

1 Wenn ich jetzt sage
ich liebe dich
übergebe ich nur
vorsichtig das Geschenk
5 zu einem Fest das wir beide
noch nie gefeiert haben

Und wenn du gleich
wieder allein
deinen Geburtstag
10 vor Augen hast
und dieses Päckchen
ungeduldig an dich reißt
dann nimmst du schon
die scheppernden Scherben darin
15 gar nicht mehr wahr.

Anregungen zur Texterschließung

1. Das Gedicht wird von einem sprachlichen *Bild*, von einem *Vergleich* dominiert. Womit vergleicht das (vermutlich weibliche) *lyrische Ich* die Liebe, die sie dem „Du" schenkt?
2. Wovor warnt sie das „Du"? Welchen Sinn ergibt in diesem Zusammenhang der Titel *Fragile* (ital. „zerbrechlich")?

Guntram Vesper: Frohburg, von Manhattan aus

5

1   Im Hotel Edison hinter dem Broadway
    in Höhe Times Square
    mit den dreitausend Riegeln an den dreitausend
    dunkelrosa gestrichenen Zimmertüren
5   mit der hohen halbdunklen Bahnhofshalle als Foyer
    voller kräftiger Wachleute am Tag und nachts
    mit den beiden Eingängen zur 46. und 47. Straße
    vorn stehen ab Nachmittag schlanke
    hochmütige Nutten
10 hinten liegt schon am Morgen
    im Theatereingang ein Mann
    der für die Frauen die bei Howard Johnson
    an den Fenstertischen frühstücken
    seine Hose aufknöpft
15 in dieser anderen
    in einer ganz ganz anderen Welt
    liegen wir lange nach Mitternacht auf dem Bett
    in einem kleinen Zimmer im 16. Stock
    geblendet durch die Lichtreklame von Sony
20 gefesselt vom Geheimnis des Riesenschildes
    am Haus gegenüber King Kong
    for Christmas
    umtost von Polizeisirenen aus dem
    Fernseher und von der 8. Avenue wir halten
25 einander bei der Hand rauchen
    gucken immer an die Decke und
    sie erzählt mir
    von den endlosen trostlosen Straßen in Brooklyn
    vom Getto im Norden Spritzen Messern
30 großen Vermögen und ich
    ich erzähle von einer anderen
    ganz anderen Welt nämlich
    von Frohburg der armen Kleinstadt in Sachsen
    von der Töpfervorstadt die
35 bei Eisgang immer unter Wasser stand
    der verfallenden Webergasse
    dem teils grasbewachsenen teils
    braungelb gepflasterten Kirchplatz mit
    den herrlichen weitkronigen Bäumen
40 von den kleinen sicheren Verhältnissen in denen ich
    wie selbstverständlich groß geworden bin
    ein Raubmord und eine Brandstiftung waren
    in dreihundert Jahren die größten Katastrophen die man
    dort miterlebte wirklich mitansah

45   jeder hatte einen Namen einer kannte
den anderen zählte auf ihn rechnete mit ihm das
war meine Kindheit
die Menschen in dieser Gegend sind freundlich und
redselig die Hügel
50   sind sanft und
die Bäche klar
und die Burgen verfallen und die Dörfer
waren wohlhabend und doch
habe ich als Kind viel geweint viel mehr
55   als in dieser anderen
ganz anderen Welt wie merkwürdig

Anregungen zur Texterschließung und zum Schreiben

1. Welche Einzelheiten nimmt das *lyrische Ich* in Manhattan wahr? Welches Bild von Manhattan erhalten Sie als Leserin bzw. Leser durch diese Darstellung?
2. Das (vermutlich männliche) lyrische Ich berichtet der geliebten Frau, mit der er ein Hotelbett teilt, von Frohburg. Was erfahren Sie über diesen Ort? Arbeiten Sie insbesondere die Kontraste zu Manhattan heraus.
3. Die letzten drei Zeilen wirken irritierend, unerwartet. Warum weinte das lyrische Ich als Kind? Der Autor lässt die Antwort offen. Schreiben Sie den Text in Vespers „erzählerischem" Sprachstil weiter. „*Ich weinte, weil ...*"

Band 2   Ergänzung Literaturgeschichte

VII. Im Zeitalter von Demokratie, Massenkommunikation und Popularkultur

Lesen Sie im Epochenteil Kapitel VII.10 (Neue Subjektivität – „Erfahrungsliteratur" – „Verständigungstexte") und entnehmen Sie daraus folgende Informationen:

1. Erklären Sie den Begriff *Alltagslyrik*. Von welchen anderen lyrischen Richtungen kann man die Alltagslyrik abgrenzen? Nennen Sie mindestens zwei Vertreterinnen bzw. Vertreter dieser Richtung.
2. Nennen Sie Beispiele für die Thematisierung von Kindheit und Jugend in autobiografischen Werken der Siebziger- und Achtzigerjahre.

Kompetenzen: Das sollen Sie wissen/können

1. Sie können die Entstehungsumstände des Buchs *Mars* von FRITZ ZORN erklären.
2. Sie können erklären, wie Fritz Zorn seine Krebserkrankung erklärt.
3. Fritz Zorn war kein professioneller Autor. Sie wissen, wie ADOLF MUSCHG, der Herausgeber von *Mars*, die Frage beantwortet, ob man das Werk eines todkranken Menschen nach Kriterien der Literaturkritik beurteilen soll. Welche Kritikpunkte an *Mars* äußert Muschg?
4. Sie können das Gedicht von KARIN KIWUS oder das von GUNTRAM VESPER interpretieren.

Eine Komödie, die eigentlich eine Tragödie ist
Eine Annäherung an Thomas Bernhard

10

Modulvorschau

Thomas Bernhard ist ein österreichischer Schriftsteller von Weltrang. Er war hauptsächlich Erzähler und Dramatiker. Am Beispiel von zwei Werken lernen Sie Thomas Bernhard kennen:
➡ Sie lesen die autobiografische Erzählung *Ein Kind* und erschließen sie auf der Grundlage von Arbeitsfragen.
➡ Sie beschäftigen sich mit Thomas Bernhards Theaterstück *Der Theatermacher* anhand der Darstellung und eines Textauszugs.

„Die Kraft der aktiven Zerstörung." – Mit diesem Sprachbild beschrieb der Literaturkritiker Hans-Horst Henschen das literarische Werk des österreichischen Schriftstellers **Thomas Bernhard** (1931–1989). Tatsächlich dominierten Krankheits-, Verfalls- und Untergangsbilder schon Bernhards frühe Gedichtbände (*In hora mortis* und *Unter dem Eisen des Mondes*, 1957). Dasselbe gilt für die Romane und Erzählungen der Sechzigerjahre (u. a. *Frost*, 1963; *Verstörung*, 1967; *Das Kalkwerk*, 1970) und für die Dramen *Ein Fest für Boris* (1970) und *Die Jagdgesellschaft* (1974). Im Laufe der Siebzigerjahre verstärkte sich Bernhards Neigung, nicht nur die menschliche Existenz als solche, sondern ganz konkrete gesellschaftspolitische Phänomene, Institutionen und auch Personen des öffentlichen Lebens mit den Mitteln der Literatur heftig zu attackieren. Insbesondere die österreichische Gesellschaft, den Zustand der Politik und die Mentalität der Menschen machte Bernhard mit Vorliebe zum Gegenstand der polemischen und satirischen Kritik. Die Folge waren oft Skandale und manchmal auch Gerichtsprozesse gegen Bernhard. Vergessen wurde dabei freilich oft, dass Bernhard seine Schelt- und Schimpfreden, seine vernichtenden Rundumschläge gegen alles und jedes immer einer literarischen Figur in den Mund legt. Oft entscheidet sich Bernhard für eine endlos monologisierende, schimpfende männliche Hauptfigur. Wir können also nicht davon ausgehen, dass jede Kritik völlig ernst gemeint ist und in jedem Punkt den Ansichten des Autors entspricht. Je älter Thomas Bernhard wurde, umso mehr arbeitete er mit den Mitteln der *Groteske* und der *satirischen* Übertreibung. So haftet seinen schärfsten *Polemiken*, ja selbst seinen Thematisierungen von Verzweiflung, Tod und Untergang oft auch etwas Komisches an. Mittlerweile ist die öffentliche Aufregung über einzelne Werke von Thomas Bernhard längst abgeflaut. Sein Bühnenstück *Heldenplatz* löste bei der Uraufführung 1987 noch einen handfesten Theaterskandal aus. Die Ursache waren heftige österreichkritische Aussagen der Bühnenfigur Professor Robert. Im Jahr 2010 wurde *Heldenplatz* erneut aufgeführt – ohne jede Skandalisierung.

Thomas Bernhard mit seinem Großvater, 1937

Amt der OÖ Landesregierung, Linz; Freundliches/Stawianck/Die Rampe/Peter

„Ein Kind" –
und vier andere autobiografische Erzählungen

Zwischen 1975 und 1982 erschienen fünf *autobiografische* Erzählungen Thomas Bernhards (*Ein Kind, Die Ursache, Der Keller, Der Atem, Die Kälte*). Sie geben einen aufschlussreichen Einblick in Bernhards Kindheit und Jugend. Er wuchs als uneheliches Kind bei den Großeltern auf, hatte große Schwierigkeiten in der Schule, erkrankte während seiner Lehrzeit in einer Gemischtwarenhandlung schwer, war aufgrund einer Lungentuberkulose zu einem langen Sanatoriumsaufenthalt gezwungen, studierte am Salzburger Mozarteum Musik und Schauspiel, schloss aber das Studium nicht ab.

Anregungen zum Lesen und zur Texterschließung

Band 2 ▶ Kompetenzteil, III. Epik

Lesen Sie die gesamte Erzählung *Ein Kind* von Thomas Bernhard und erschließen Sie den Text unter folgenden Gesichtspunkten:

1. Lesen Sie die ersten 38 Seiten des Textes (Fahrrad-Episode) und erläutern Sie, welches Großvater-Bild in diesem Textabschnitt entsteht.
2. Erläutern Sie die Figurenkonstellation Großvater – Kind – Mutter als Grundlage eines problematischen Familiensystems.
3. Erläutern Sie die Herkunft des Großvaters und seine Laufbahn als Schriftsteller.
4. Erläutern Sie die Schullaufbahn des Kindes und die Einstellung des Großvaters zur Schule.
5. In welchen Zusammenhängen wird Selbstmord zum Thema?

Zirkusdirektoren, Theatermacher –
und andere unglückliche Despoten

In der Erzählung *Ein Kind* – und nicht nur dort – ist der Großvater eine der wenigen positiven Figuren. Thomas Bernhards Großvater war der Salzburger Schriftsteller Johannes Freumbichler (1881–1949). Im Unterschied zu Bernhard war Freumbichler freilich ein ziemlich erfolgloser Autor. Nicht zuletzt diese beruflichen Enttäuschungen führten wohl dazu, dass Freumbichler ein ausgesprochen pessimistisches Welt- und Menschenbild entwickelte und eine für andere Familienmitglieder unangenehme Herrschaftsrolle ausübte. Diese Kehrseite des Großvaterbildes kommt in Bernhards autobiografischen Erzählungen kaum zum Tragen, aber einige andere Figuren dürften doch deutliche Züge Johannes Freumbichlers tragen, so zum Beispiel der Schriftsteller Meister im Bühnenstück *Über allen Gipfeln ist Ruh*, der Zirkusdirektor Caribaldi in *Die Macht der Gewohnheit* und der Schauspieler Bruscon in *Der Theatermacher*. Sie alle sind menschlich schwierige Künstler.

Die männliche Hauptfigur in *Die Macht der Gewohnheit* verpflichtet seit 22 Jahren seine Enkelin, den Jongleur, den Spaßmacher und den Dompteur täglich dazu, mit ihm das *Forellenquintett* von Franz Schubert zu proben, um eines Tages eine vollkommene Interpretation zustande zu bringen. Die tägliche Probe ist zum sinnlosen Ritual geworden, unter dem die Teilnehmer/innen nur mehr leiden. Von einer gültigen Aufführung ist die Gruppe so weit weg wie eh und je. Aber Caribaldi hält stur an seinem irrealen Ziel fest. Mit der Phrase „Morgen Augsburg" oder „Morgen in Augsburg" verweist Caribaldi mehrmals auf die Fortsetzung seines aussichtslosen Unterfangens und auf die Prolongierung einer unerfüllbaren Hoffnung auf vollkommene Kunst. Die Figur ist in ihrem aussichtslosen Unterfangen einerseits tragisch und bemitleidenswert, andererseits aber auch lächerlich und nicht zuletzt ein schwer erträglicher Despot, der Menschen, die von ihm abhängig sind, egozentrisch auf seine Ziele verpflichtet.

Das Stück **Der Theatermacher** spielt im heruntergekommenen Veranstaltungssaal eines oberösterreichischen Dorfwirtshauses. Am Nachmittag trifft der „Staatsschauspieler" und Dramatiker Bruscon in Utzbach ein, um die räumlichen Voraussetzungen für die Abendvorstellung
seiner Komödie „Das Rad der Geschichte" zu prüfen. Bruscons Theatertruppe ist auf Tournee.
Die angeführten Spielorte (Mattighofen, Frankenmarkt, Gaspoltshofen, Utzbach u. ä.) lassen
erkennen, dass der künstlerische Rang der Truppe von bescheidener Qualität sein dürfte. Das
geradezu herrschaftliche Auftreten des „Staatsschauspielers" steht in krassem Gegensatz zu
seiner künstlerischen Bedeutung und den Rahmenbedingungen, unter denen er seine Komödie, „die in Wahrheit eine Tragödie ist", zur Aufführung bringt.
Bald schon wird der Zuschauerin/dem Zuschauer klar, dass Bruscons Theatertruppe ein Fa-
milienunternehmen ist. Bruscon, seine Frau und seine mittlerweile erwachsenen Kinder Ferruccio und Sarah spielen sämtliche Rollen des offensichtlich aufwendigen Stücks, in dem vor
allem männliche „Großherrscher" der Geschichte die tragenden Hauptfiguren sind: Nero,
Caesar, Hitler, Stalin, Churchill, Napoleon u. a. m. Die Familienmitglieder sind für Bruscon in
künstlerischer Hinsicht eine Enttäuschung.

THOMAS BERNHARD: DER THEATERMACHER (AUSZUG) Track 17

1. *Sarah und Ferruccio mit rechter Gipshand kommen mit der großen Maskenkiste herein*
   BRUSCON
   Da kommt die Maskenkiste hin
   dahin
5. *sie tragen die Maskenkiste dahin, wo Bruscon sie hingestellt haben will*
   BRUSCON
   Dahin habe ich gesagt
   zeigt es mit dem Stock
   Dahin
10. Doch nicht dahin
   die Maskenkiste wird aufgehoben und wieder hingestellt
   BRUSCON
   Dahin
   dahin die Kiste
15. die Maskenkiste dahin
   dahin
   dahin wo ich gesagt habe
   Wirt kommt auf das Podium und hilft die Maskenkiste tragen
   BRUSCON
20. Ich sagte doch
   dahin
   sie stellen die Kiste ab
   (...)
   Ferruccio will den Kistendeckel aufsperren, aber es gelingt ihm nicht mit seiner Gipshand
25. BRUSCON
   Ach Herr Wirt
   sperren Sie doch die Kiste auf
   mein Sohn ist ein Krüppel
   er ist unfähig

30 die Kiste aufzusperren

Jetzt ist der Dummkopf

auch noch ein Krüppel

Wirt sperrt die Maskenkiste auf

BRUSCON *zu Sarah*

35 Siehst du denn nicht

daß ich schweißgebadet bin

siehst du es denn nicht mein Kind

Sarah wischt dem Vater mit einem großen Tuch den Schweiß von der Stirn

Wirt öffnet die Maskenkiste ganz

40 BRUSCON

Warum habt ihr mich denn so lange

hier sitzen lassen

Alleinsitzen lassen hier

in diesem fürchterlichen Saal

45 in dem ich mir eine Todeskrankheit hole

alleingelassen von allen

sitze ich hier

auf diesem harten Sessel

nur in Gesellschaft des Wirts

50 *zum Wirt*

Sehen Sie

das haben Sie von den Kindern

die Sie erzeugt

und jahrzehntelang aufgepäppelt haben

55 daß Sie alleingelassen werden

zu Ferruccio

Dieser lächerliche Armbruch

das ist ja kein Grund

für totale Unfähigkeit

60 *zum Wirt*

In mir selbst

ist wenigstens noch italienisches Blut

Leidenschaft für die Kunst

schaut in die offene Maskenkiste hinein

65 ein Genialisches mein Herr

aber in diesen Kindern

ist nichts Italienisches mehr

(...)

zu Sarah

70 Zieh sie mir aus

streckt die Beine aus

Du sollst mir die Schuhe ausziehen

Alles tut mir weh

alles

75 ein einziger Schmerzensmensch bin ich

Sarah zieht ihm die Schuhe aus, er streckt die Beine so weit wie möglich, bewegt die Zehen
BRUSCON
Mach es wie in Gaspoltshofen
80 *schaut tief in die Maskenkiste hinein*
Wie in Gaspoltshofen mein Kind
von oben nach unten
von unten nach oben
wie in Gaspoltshofen mein Kind
85 *Sarah massiert ihren Vater an den Fußsohlen*
So ist es gut
Ferruccio nimmt plötzlich die Caesarmaske aus der Kiste und hält sie dem Wirt vors Gesicht
BRUSCON *aufgebracht*
90 Was machst du denn da
Die Maske sofort in die Kiste zurück
sofort in die Kiste zurück
schlägt Sarah die Füße ins Gesicht
Sofort zurück die Maske in die Kiste
95 Was fällt dir ein
das ist ja ungeheuerlich
solchen Leuten die Caesarmaske vorzuhalten
einem Nichtswürdigen
einem Wirt
100 einem Kunstfeind
einem Theaterhasser
(...)
lässt sich auf den Sessel fallen
Sarah mein Kind
105 du mußt zu mir halten
gerade dann
wenn es die Hölle ist
komm her
zieht sie an sich, küßt sie auf die Stirn
110 Du bist dumm geblieben
aber ich liebe dich
wie kein zweites
plötzlich neugierig
Und Mutter
115 hat sie ihre Passage memoriert
Sarah nickt
BRUSCON
Deine Mutter ist ein Antitalent
aber gerade deshalb
120 habe ich sie genommen
(...)

Der Theatermacher, Otto Schenk als Bruscon, 2006

Memoriert sagst du
die Mutter hat ihre Passage memoriert
und du hast sie abgehört
125 *Sarah nickt*
Bruscon
Wahrscheinlich
war es wieder nicht gut
Sie ist nie gut gewesen
130 sie hat nie begriffen
(...)
zu Ferruccio
Unser Bürgerlicher
Im Grunde bist du nicht für das Theater
135 Ich verstehe die Welt nicht
sage ich mir sehr oft
das ist unser Sohn
der das Poetische nicht begreift
der keine Ahnung hat
140 von Phantasie
keine Ahnung von Geist
keine Ahnung vom Schöpferischen R

Anregungen zur Texterschließung

Band 2 ▸ Kompetenzteil, II. Dramatik

1. Wie verhält sich Bruscon seiner Tochter Sarah gegenüber? (Beachten Sie auch die Regiean-weisungen). Was sagt er zu ihr, was über sie?
2. Wie verhält sich Bruscon seinem Sohn Ferruccio gegenüber?
3. Was sagt Bruscon über seine abwesende Gattin?
4. Wie verhält er sich dem Wirt gegenüber?
5. Wie interpretieren Sie den Umstand, dass außer Bruscon keiner der Anwesenden etwas sagt?
6. Welche Textabschnitte würden Sie als „komisch" bezeichnen? Was ist das Tragische an der dargestellten Situation?
7. Hören Sie die Vertonung der Szene. Track 17 ▸

Das Persönlichkeitsbild, das dem Textauszug zu entnehmen ist, bleibt während des ganzen Stücks konstant. Ähnlich wie bei Caribaldi in *Die Macht der Gewohnheit* zeigen sich lächerli-che, tragische und despotische Züge. Die Aufführung endet mit einem Fiasko. Während lang-sam doch an die hundert Zuschauer/innen in den Gasthaussaal kommen, bricht ein Gewitter aus. Der Blitz schlägt im Pfarrhof ein, und der Großbrand interessiert das Publikum natürlich mehr als Bruscons Komödie „Das Rad der Geschichte".

Kompetenzen: Das sollen Sie wissen/können

1. Sie wissen Wesentliches über den Werdegang von THOMAS BERNHARD.
2. Sie können wesentliche Aspekte seiner Erzählung *Ein Kind* erläutern (Figurenkonstellation Großvater – Ich-Erzähler – Mutter).
3. Sie können die Großvater-Figur charakterisieren.
4. Sie können den Inhalt des Stücks *Der Theatermacher* kurz zusammenfassen und das Verhalten der Hauptfigur am Beispiel des Textauszugs näher beschreiben.

MYTHISCHES SCHREIBEN IN POESIEFERNER ZEIT
Wege zum Verständnis von Peter Handkes neueren Texten

11

Modulvorschau

Neben THOMAS BERNHARD, ERNST JANDL und ELFRIEDE JELINEK zählt PETER HANDKE zu den international renommiertesten Autorinnen und Autoren der österreichischen Literatur nach 1945. Er begann als experimenteller Autor, kehrte dann zum Erzählen zurück, entwickelte aber einen hochpoetischen Stil, mit dem manche Leserinnen und Leser Schwierigkeiten haben. Dieses Modul soll Ihnen einen Verständnisweg ermöglichen.

PETER HANDKE wurde 1942 in Kärnten geboren. Seine ersten literarischen Erfolge fallen in die zweite Hälfte der Sechzigerjahre. Die frühen Werke gehören zur sprachexperimentellen Literatur. Im Sprechstück *Publikumsbeschimpfung* (1966 uraufgeführt) zerstörte Handke alle üblichen Muster einer Theateraufführung. Sein Roman *Die Hornissen* (1966) enttäuscht alle Erwartungen, die Durchschnittsleser/innen

Peter Handke

an einen Roman stellen (keine linear aufgebaute Handlung, keine psychologische Figurenzeichnung).

Das 1971 erschienene Buch *Der kurze Brief zum langen Abschied* markiert allerdings einen Wendepunkt. Handke griff bewusst auf traditionelle Erzählverfahren des *Entwicklungsromans* zurück und adaptierte sie für die Gegenwart. Auch *Wunschloses Unglück* (1972) zeigt Handkes Wiederannäherung an das Erzählen, das er in seiner experimentellen Phase abgelehnt hatte. In *Wunschloses Unglück* versucht Handke mit den Mitteln des Erzählens das Leben und Sterben seiner Mutter – sie beging Selbstmord – besser zu verstehen.

Seit den frühen Achtzigerjahren bemüht sich Peter Handke um eine zeitgemäße Form des „mythischen" Schreibens, um einen neuen literarischen *Mythos*. Darunter versteht Handke einen poetischen Stil, der sich einer poesielosen, banalen, glaubenslosen Welt der rationalen

Vernunft, des Wertrelativismus, der Oberflächlichkeit und Beliebigkeit widersetzt. Beispiele für diese Literatur sind unter anderem die Romane *Die Wiederholung* (1986) und *Mein Jahr in der Niemandsbucht* (1994) oder die Theaterstücke *Über die Dörfer* (1981) und *Zurüstungen für die Unsterblichkeit* (1997). Die Literaturkritik reagierte auf Handkes jüngere Werke *Die morawische Nacht* (2008), *Der große Fall* (2011) mit recht geteilten Meinungen, die von völliger Ablehnung bis zu enthusiastischem Lob reichen. Auch die Leser/innen sind oft ratlos. Heftig umstritten war auch Peter Handkes politisches Engagement während des Kriegs in Ex-Jugoslawien. In seinem Essay *Eine winterliche Reise zu den Flüssen Donau, Save, Morawa und Drina oder Gerechtigkeit für Serbien* (1996) kritisierte er europäische Medien, die seiner Ansicht nach ausschließlich Serbien für den Kriegsausbruch und für Kriegsverbrechen verantwortlich machten. Weitere Publikationen Handkes zu diesem Thema folgten, seine Parteinahme für Serbien wurde phasenweise zum kulturpolitischen Skandal.

Nachmittag eines Schriftstellers

Wir versuchen über die Erzählung *Nachmittag eines Schriftstellers* (1987) einen Zugang zu Peter Handkes „mythischer Schreibweise" zu eröffnen. Der Titel sagt schon alles über den „Inhalt" der Geschichte. Es geht um den Nachmittag eines Schriftstellers. Er hat seine Arbeit beendet, macht nun einen Spaziergang durch die Stadt, in der er lebt (Salzburg), besucht ein Gasthaus und kehrt abends wieder nach Hause zurück. Weniger Ereignisse sind also kaum vorstellbar. Es geht auch nicht vorrangig darum, was erzählt wird, sondern darum, wie der Autor seine Außenwelt wahrnimmt und wie er diesen Wahrnehmungen in der literarischen Sprache Bedeutung und Sinn gibt.

1 | Peter Handke: Nachmittag eines Schriftstellers (Auszüge)

1 Es begegnete ihm, bergab in dem Parkwald, lange Zeit niemand. Allein mit der Natur, nach den Stunden im Zimmer, wurde der Schriftsteller gleichsam unter den Achseln ergriffen von einem erlösenden Gefühl der Kindlichkeit. Er ließ endlich ab, den Sätzen des Vormittags nachzugrübeln, und übersah die grellbunte Vogelansichtstafel ebenso wie die lehrhaften Schil-
5 der „Buche" und „Ahorn" an den entsprechenden Stämmen; hatte nur noch Augen für das Glatte, Helle des einen Baums und das Dunkle, Rissige des anderen. An ein Dutzend Spatzen gewendet, die vollkommen reglos, aufgeplustert gegen die Kälte, in einem noch belaubten, welken Eichbusch hockten, konnte er die Legende von dem Heiligen glauben, der diesen Wesen einmal gepredigt hatte; und wirklich ruckten die Tiere jetzt, ohne sich von der Stelle zu rüh-
10 ren, mit den Köpfen, so als warteten sie wieder auf das erste Wort. Er sagte irgend etwas, und die Handvoll im Gebüsch lauschte.
Der Weg war gelb von den abgefallenen Lärchennadeln. Die Schicht, obwohl an manchen Krümmungen schuhhoch, lag so locker, daß sie unter den Schritten zur Seite stob. Auf dem Asphalt hatte sich derart eine Bahn aus Schlieren gebildet, die etwas von Mäandern hatten.
15 Während der letzten Stunden im Haus, je lautloser um ihn herum alles geworden war, hatte dem Schriftsteller die Zwangsvorstellung zugesetzt, es gäbe draußen in der Zwischenzeit keine Welt mehr und er in seinem Zimmer sei der letzte Überlebende; und um so mehr erleichterte es ihn nun, einen wirklichen, gesunden Menschen zu erblicken, einen Straßenkehrer, der, schon umgekleidet und bereit für den Feierabend, gebückt aus seiner Werkzeughütte trat und
20 sich dann umständlich mit einem riesigen Schneuztuch die sehr dicke Brille putzte. Bei dem gegenseitigen Gruß merkte der Schriftsteller dann, daß das gerade, an diesem Tag, sein erster Wortwechsel war; bisher hatte er entweder stumm der Sprecherstimme der Frühnachrichten

zugehört, oder mit der Katze geredet, oder am Schreibtisch laut eine Wortfolge nachgesprochen, so daß er sich jetzt zu dem ersten, ortsüblichen Mensch-zu-Mensch-Ton geradezu räuspern mußte. Mochte der andere in seiner Kurzsichtigkeit ihn auch gar nicht recht wahrnehmen: Wie beruhigend, nach dem eingebildeten Weltuntergang diesen zwei lebendigen, unternehmungslustigen Augen zu begegnen. Es war ihm, als würde er allein von deren Farben verstanden, so wie auch er dann die Gesichter der mit der Stadtnähe immer dichter folgenden Passanten verstand, als spiegele sich darin sein eigenes wider.

2a

Und nun schien, mit Hilfe einiger Zeilen, durch die ihm selbst sich ein Sachverhalt geklärt und belebt hatte, wieder solch ein Tag gutgegangen, und der Schriftsteller stand von seinem Tisch auf in dem Gefühl, es könne ruhig Abend werden. (...)
Er hob beide Arme und verbeugte sich vor dem Blatt, das in der Maschine steckte.

2b

Den letzten Teil des Hügels ging es hinab über eine Treppe, gesäumt von jahrhundertealten Stadthäusern. Terrassengärten sprangen im oberen Abschnitt hier und da gegen das Stiegengeländer vor wie eine Folge von Zugbrücken. (...)
Es war auch, als sei es hier in der Nähe der Behausungen von Absatz zu Absatz wärmer geworden: in der Höhe, am nackten Fels, die säulendicken Eiszapfen, und darunter, in den Gärten, neben den üblichen Buchsbüschen und Fichtenhecken schon einzelne Palmstümpfe und, wenn auch mit Plastikplanen geschützt, die kugeligen, grünleuchtenden Lorbeerbäume. So, sich unbemerkt glaubend von der Umwelt, hielt der Schriftsteller gleichsam seinen Einzug in die Stadt.

Beachten Sie die Wortwahl „Einzug in die Stadt". Vergleichen Sie dazu das *Evangelium nach Matthäus 21,1–11*: „Der Einzug in Jerusalem": Jesus geht vom Ölberg aus hinunter in die Stadt Jerusalem.
Der Schluss des Buchs: Der Schriftsteller ist nach seiner Stadtwanderung nach Hause zurückgekehrt. Es ist bereits Nacht:

2c

Endlich nur noch das Liegen. Die Ruhe, es gab sie. Der Schriftsteller dachte an den nächsten Tag und nahm sich vor, am Morgen vor der Arbeit so lange im Garten auf und ab zu gehen, bis die Spuren im Schnee so dicht wären, als sei da eine ganze Karawane gezogen, und bis er den Flug eines Vogels miterlebt hätte. Und er tat auch noch eins seiner Gelöbnisse: Falls er mit der Arbeit nicht scheiterte – nicht wieder die Sprache verlöre –, sollte die Kapelle des Altersheims unten am Hügelfuß für ihr Mittagläuten eine Glocke bekommen, die, statt zu bimmeln, einen Klang hätte ...

3

Was war seine, des Schriftstellers, Sache? Gab es in seinem Jahrhundert überhaupt noch solch eine Sache? Was für ein Mann ließ sich zum Beispiel benennen, dessen Taten oder Leiden danach schrien, nicht bloß berichtet, archiviert oder Stoff der Geschichtsbücher, sondern darüber hinaus überliefert zu werden in der Form eines Epos oder auch nur eines kleinen Lieds?

5 Und welchem Gott war noch ein Preisgesang anzustimmen? (Und in wem war noch die Kraft, sich über einen abwesenden Gott zur Klage aufzuschwingen?) Und wo war der langjährige Herrscher, dessen Regierungszeit nicht nur mit Kanonenschüssen gefeiert sein wollte? Und wo sein Nachfolger, der sein Amt antrat nicht nur begleitet von Blitzlichtern? Und wo waren die olympischen Sieger, deren Heimkehr noch etwas anderes verdiente als Bravorufen, Wim-
10 pelschwingen und einen Tusch? Und welche Völkermörder dieses Jahrhunderts, statt mit jeder Ausrede neu aus ihrer Grube zu steigen, konnten noch für immer in ihre Hölle geschickt wer-den durch eine einzige Terzine? Und wie dagegen, angesichts des nicht mehr bloß eingebilde-ten, sondern von heute auf morgen schon möglichen Weltuntergangs, einfach die lieben Dinge des Planeten walten lassen, in Gestalt einer Strophe oder eines Absatzes auf einen Baum, eine
15 Gegend, eine Jahreszeit? Jenen Blickwinkel der Ewigkeit – wo gab es ihn noch? Und wer durf-te bei alledem sich darauf berufen, er sei ein Künstler und behaupte in sich einen Weltinnen-raum? Auf diese Front der Fragen kam dann die folgende Antwort: Schon indem ich, vor wie-vielen Jahren nun?, mich absonderte und beiseiteging, um zu schreiben, habe ich meine Niederlage als Gesellschaftsmensch einbekannt; habe ich mich ausgeschlossen von den andern
20 auf Lebenszeit. Mag ich auch bis zum Ende hier unterm Volk sitzen, begrüßt, umarmt, einge-weiht in seine Geheimnisse – ich werde doch nie dazugehören.

4

1 Er richtete sich auf, blieb aber sitzen, allein mit dem Glas Wein, von dem er in Abständen ei-nen Schluck nahm. So, mit den trübgewordenen Sinnen, unfähig etwas aufzunehmen oder zu bedenken, wollte er nicht von dem Ort weggehen. Von den Leuten, die mehr und mehr wur-den, zeigten sich ihm nur die Beine und Rümpfe; kein einziges Gesicht. Zum Glück wurde er
5 nicht beachtet. Auch die Kellnerin hatte seinen Namen wohl einmal gewußt, aber ihn längst wieder vergessen. Für einen Augenblick blitzte dann der Fluß draußen auf, eigentlich nichts als eine kleine Stelle im Wasser, und jetzt flog ein Spatzenschwarm einen kahlen Uferbaum an, die vielen gespreizten Flügel verbunden zu einer gleich wieder aus dem Himmel verschwundenen Wolke. Reglos saßen darauf die winzigen Vögel in dem Geäst, ebenso wie die Krähen oben in
10 der Krone des nächsten Baums und sogar die sonst doch so unruhigen Möwen auf den Brü-ckengeländern. Es war, als falle auf sie alle, obwohl keine Flocke sichtbar wurde, schon der Schnee. Und gerade hier, an diesem lebenden Bild mit dem kaum merklichen Flügelregen, dem spaltweisen Schnabelöffnen, dem punkthaften Äugeln, tat sich nun in dem Betrachter die Sommerlandschaft auf, wo sich die Geschichte abspielte, an der er gerade schrieb. Aus den
15 Holunderbüschen regnete es von den weißen, hemdknopfkleinen Blüten, und in den Nußbäu-men rundeten sich die Fruchtschalen. Die Fontäne des Springbrunnens traf sich mit der Hau-fenwolke darüber. Aus einem ländlichen Weizenfeld, neben dem die Schafe weideten, knack-ten in der Hitze die Ähren, und in allen Stadtrinnsteinen wehte die Pappelwolle an, knöcheltief, dabei so locker, daß der Blick hinunter bis auf den Asphaltgrund ging, während durch die
20 Garten-Gräser ein Brummen ging, welches, sowie die zugehörige Hummel in einer Blüte ver-schwand, zu einem Sirren wurde. Der Schwimmer im Fluß tauchte, erstmals in diesem Jahr, mit dem Kopf unter das Wasser und hatte, wieder an der Luft und der Sonne, an den Nüstern die Empfindung von Gesundheit und vorläufigem Aufschub. – Umgekehrt hatte der Schrift-steller einmal, als er im Sommer so an einer Winter-Geschichte phantasierte, sich unwillkür-
25 lich ins tiefe Gras nach einem Schneeball gebückt, um ihn im Spiel nach der Katze zu werfen.

R

Anregungen zur Texterschließung

1. Auf seiner Wanderung begegnet der Schriftsteller Spatzen und einem Straßenkehrer. Beschreiben Sie, welche besondere Bedeutung Handke diesen Begegnungen gibt. (Text 1)
2. Schon in Text 1 können Sie erkennen, wie Handke den Schriftsteller mit dem heiligen Franz von Assisi in Verbindung bringt. Die religiöse *Zeichen*ebene ist in Peter Handkes Buch mehrmals ein Mittel der *Mythisierung*, d. h. der poetischen Überhöhung. Weisen Sie dies in den Textauszügen 2a–c nach.
3. Welche Aufgaben hat laut Handke ein Schriftsteller für die Gesellschaft? Warum zweifelt der Schriftsteller daran, in der Gegenwart solch eine Aufgabe übernehmen zu können? (Text 3)
4. Der Schriftsteller besucht eine Gaststätte und trinkt Wein. Erläutern Sie anhand von Text 4, wie Handke Poesie und Welt ineinander aufgehen lässt.

Anregung zum Schreiben

Können Sie sich mit Handkes Mythisierung oder Poetisierung des Alltags anfreunden? Vielleicht wollen Sie selber ihr Leben schreibend „mythisieren", unter dem Titel „Nachmittag eines jungen Menschen".

Ergänzung Literaturgeschichte

Band 2

VII. Im Zeitalter von Demokratie, Massenkommunikation und Popularkultur

Lesen Sie im Epochenteil die Kapitel VII.12 (Die Wiederkehr des Erzählens) und VII.13 (Das neue Interesse an den alten Mythen) und entnehmen Sie daraus folgende Informationen:

1. Wie hielt es die *experimentelle Avantgarde* der Fünfziger- und Sechzigerjahre mit dem traditionellen Erzählen?
2. Welche deutschen Romane der Achtzigerjahre wurden zu großen Erfolgen beim Lesepublikum? Welche Textmerkmale haben diese Romane?
3. Im Rahmen der Wiederkehr des Erzählens interessierte man sich auch wieder mehr für die *Mythen*. Nennen Sie Beispiele für literarische Werke der Achtziger- und Neunzigerjahre, die auf alte Mythen zurückgreifen.
4. Für BOTHO STRAUSS und PETER HANDKE ist der Rückgriff auf das mythische Erzählen auch Teil ihrer Gesellschaftskritik. Erklären Sie diesen Zusammenhang.

Kompetenzen: Das sollen Sie wissen/können

1. Sie wissen Wesentliches über den Werdegang von PETER HANDKE.
2. Sie können an Textbeispielen sein Verfahren der „Mythisierung" erklären.

Literaturgeschichtlicher Überblick (Band 2)

Allgemeine geschichtliche Voraussetzungen

→ Ab 1945, 50er-Jahre: Ende des Zweiten Weltkriegs und des Dritten Reichs in Deutschland, Kalter Krieg USA – Sowjetunion, Besatzungszeit, Trennung Deutschlands (BRD – DDR), Wiederaufbau, Sozialpartnerschaft prägt politisches System in Österreich, kulturkonservative Zeit

→ 60er- und 70er-Jahre: politische Protestbewegungen in Ost und West (1968), gesellschaftspolitische Reformen der 70er-Jahre, Jugendkultur

→ Ab 1989: Ende des Ostblocks, neoliberalistische Modernisierung, Migration, Veränderung der Kommunikation und der Medienlandschaft (Digitalisierung)

Mediengeschichte und Literaturbetrieb

→ Rascher Sprachwandel durch ständige gesellschaftliche Veränderungen

→ Bedeutung regionaler Dialekte geht zurück, dafür von Massenmedien geprägte Umgangssprache

→ Erweiterung der Fachsprachen

→ Zunahme der Anglizismen

→ Bei digitalen Kommunikationsformen werden sprachliche Regelwerke häufig vernachlässigt.

→ Große Bedeutung technischer Medien (Hörfunk, Film, Fernsehen, Internet)

→ Mediennutzung nimmt zu, aber starke Unterschiede im globalen Vergleich

→ Dominanz der Popularkultur in den Massenmedien (Kommerzialisierung)

Philosophisches Denken

→ Existenzialismus (50er-/60er-Jahre)

→ Frankfurter Schule, Neomarxismus (60er-/70er-Jahre)

→ Strukturalismus (70er-/80er-Jahre)

→ Postmoderne (Kritik an Rationalismus, Eurozentrismus und Fortschrittsdenken der Moderne, auch am Kunstverständnis der Avantgarde)

→ Dekonstruktion (Jacques Derrida, Jacques Lacan)

Modul VII.4 DER MENSCH IST FREI, ABER SINNLOS. Absurdes Drama und Existenzialismus

Literatur von der Nachkriegszeit bis in die frühen Sechzigerjahre

→ Nach Kriegsende „Trümmerliteratur" (Kriegserfahrungen der jüngeren Autorengeneration), WOLFGANG BORCHERT

→ 1947 Gründung der GRUPPE 47 (wichtigstes Kommunikationsforum der deutschsprachigen Literatur bis 1968)

→ Erzählprosa der 50er-Jahre oft in Opposition zum Konservatismus der Wiederaufbauzeit (HEINRICH BÖLL, GÜNTER GRASS)

→ Hermetische Lyrik (GOTTFRIED BENN, PAUL CELAN, INGEBORG BACHMANN)

→ Hörspiel

Modul VII.1 „TRÜMMERLITERATUR". Worte finden für das Entsetzen

Modul VII.2 NATIONALSOZIALISMUS UND WELTKRIEG IM DEUTSCHEN DRAMA „Des Teufels General" und „Die Ermittlung"

Modul II.8 SIMPLICISSIMUS UND OSKAR MATZERATH (Günter Grass)

Modul VII.5 SPRECH- UND DENKWEISEN DER LYRIKER/INNEN (Gedichte zwischen 1950 und 1970)

Modul VII.6 DIE FRAU, DER MANN, DIE VERNUNFT UND DAS GEFÜHL (Ingeborg Bachmann)

Modul VII.7 ÖKO-KATASTROPHE ODER WEIBLICHE UTOPIE? Marlen Haushofers Roman „Die Wand"

Literatur in der DDR

→ Kulturpolitik des Staatssozialismus (Förderung, aber Zensur), Erwartungen vieler linker Autor/innen (DDR als sozialeres, besseres Deutschland) nicht erfüllt (BERTOLT BRECHT, CHRISTA WOLF, WOLF BIERMANN)

→ „Republikflucht" vieler Künstler/innen und Intellektueller

→ Literatur auch als Medium der Kritik an SED und Regierung eingesetzt (meist mit Folgen für Autor/in, z. B. Ausbürgerung von WOLF BIERMANN 1976)

Autorinnen und Autoren:

→ SARAH KIRSCH, GÜNTER KUNERT, REINER KUNZE (vorwiegend Lyrik)

→ HERMANN KANT, CHRISTA WOLF, STEFAN HEYM, ULRICH PLENZDORF (vorwiegend Prosa)

→ HEINER MÜLLER (Drama)

→ CHRISTOPH HEIN (Drama, Epik)

| Modul VII.3 | GESCHICHTSOPTIMISMUS – GESCHICHTSPESSIMISMUS (Bertolt Brecht) |

| Modul V.4 | „WEIL EINE FREMD' ICH BIN AUS FERNEM LAND" (Christa Wolf) |

| VII.B | VON DER HOFFNUNG ZUM UNTERGANG Aufbau und Abbruch der DDR im Spiegel der Literatur |

Neue Akzente durch Schweizer Autor/innen

→ Das Schweizer Theater konnte sich während der NS-Zeit weiterentwickeln. Bedeutendste Dramatiker der 50er-Jahre wurden die Schweizer FRIEDRICH DÜRRENMATT und MAX FRISCH.

→ Dürrenmatt und Frisch formal von Brecht beeinflusst, weltanschaulich in Distanz zu Brecht

→ Stücke: *Biedermann und die Brandstifter*, *Andorra* (FRISCH); *Die Physiker*, *Der Besuch der alten Dame* (DÜRRENMATT)

→ FRISCH auch als Romanautor von Bedeutung (u. a. *Homo faber*); DÜRRENMATT erfolgreich mit anspruchsvollen Kriminalromanen (*Der Richter und sein Henker*)

| Modul VII.3 | GESCHICHTSOPTIMISMUS – GESCHICHTSPESSIMISMUS (Friedrich Dürrenmatt) |

| Modul VII.6 | DIE FRAU, DER MANN, DIE VERNUNFT UND DAS GEFÜHL (Max Frisch) |

Avantgarde (1): Das absurde Theater

→ Dramatische Form, die übliche Sinnzusammenhänge und Vernunftkriterien außer Kraft setzt

→ Als Reaktion auf die schweren politischen Krisen und Verunsicherungen zu verstehen

Autoren und Werke: SAMUEL BECKETT (*Warten auf Godot*), EUGÈNE IONESCU (*Die Nashörner*), FERNANDO ARRABAL (*Picknick im Felde*), THOMAS BERNHARD (*Ein Fest für Boris*, *Die Macht der Gewohnheit*)

| Modul VII.4 | DER MENSCH IST FREI – ABER SINNLOS Absurdes Drama und Existenzialismus |

| Modul VII.10 | EINE KOMÖDIE, DIE EIGENTLICH EINE TRAGÖDIE IST Eine Annäherung an Thomas Bernhard |

Avantgarde (2): Sprachexperimentelle Literatur

→ Wiederaufnahme und Weiterentwicklung des Surrealismus und Dadaismus, bewusste Zerstörung üblicher Formen, Bedeutungen und Sinnzusammenhänge

→ Konkrete Poesie: Sprache wird als Material behandelt (EUGEN GOMRINGER, HELMUT HEISSENBÜTTEL).

→ Experimentelle Prosa: ARNO SCHMIDT

→ In Österreich: WIENER GRUPPE, ERNST JANDL, der junge PETER HANDKE (*Publikumsbeschimpfung*, *Die Hornissen*)

Modul VII.5	SPRECH- UND DENKWEISEN DER LYRIKER/INNEN Deutschsprachige Gedichte zwischen 1950 und 1970
Modul VI.11	EIN STIRNSCHEITELUNTERSCHWANG ALS FÜHRER (Ernst Jandl)

Gesellschaftskritische Literatur in den Sechziger- und Siebzigerjahren

→ Forderung, Literatur müsse sich als gesellschaftspolitische Kraft einbringen (1968)

→ Dokumentarstück (PETER WEISS, ROLF HOCHHUTH, HEINAR KIPPHARDT)

→ Reportage (GÜNTER WALLRAFF)

→ Literatur der Arbeitswelt

→ Kritisches Volksstück: Wiederaufnahme der von ÖDÖN VON HORVÁTH begründeten Volksstückform (FRANZ XAVER KROETZ, PETER TURRINI, WOLFGANG BAUER), wirksam auch im Medium Fernsehen (PETER TURRINI: *Alpensaga*)

→ Antiheimatliteratur: v. a. in Österreich (kritische Reaktion auf die „positive" Heimatliteratur, auch Heimatfilme), Landleben und Provinz kritisch bewertet; unterschiedliche stilistische und formale Richtungen
Autor/innen und Werke: ELFRIEDE JELINEK (*Die Liebhaberinnen*), GERNOT WOLFGRUBER (*Herrenjahre*), FRANZ INNERHOFER (*Schöne Tage*), THOMAS BERNHARD (*Frost*), PETER HANDKE (*Wunschloses Unglück*)

→ Thematisierung des kleinbürgerlichen Lebens (MARTIN WALSER)

Modul VII.8	DAS SYMBOLISCHE JAHR 1968 Kultureller Wandel und Literatur
Modul VI.10	DU WIRST MEINER LIEBE NICHT ENTGEHEN (Franz Xaver Kroetz)

Neue Subjektivität – „Erfahrungsliteratur" der Siebzigerjahre

→ Als sich die politischen Hoffnungen der Achtundsechziger-Generation auf grundsätzliche Gesellschaftsveränderung nicht erfüllen, wieder mehr Thematisierung des Privaten, Autobiografischen (z. B. Kindheit, Liebesbeziehungen)

→ „Alltagslyrik": verständliche Sprache, Motive sind Alltagserfahrungen (KARIN KIWUS, JÜRGEN THEOBALDY, URSULA KRECHEL, GUNTRAM VESPER, WOLF WONDRATSCHEK)

→ Thematisierung von Kindheit und Jugend in der Erzählprosa (z. B. „Väter-Literatur")

→ Literatur wird als Lebenshilfe betrachtet, Laienschreiber: z. B. *Mars* von FRITZ ZORN (Thema: Krebserkrankung)

Modul VII.9	GESCHICHTEN UND GEDICHTE VOM „ICH" Autobiografisches Schreiben in den Siebziger- und Achtzigerjahren

Feminismus und Literatur

→ Rolle der Frau in der Gesellschaft ändert sich

→ Feministische Theorie: Kritik des Sexismus, Unterscheidung *sex* (biologisches Geschlecht) und *gender* (kulturelles Geschlecht)

→ „Frauenliteratur" entsteht: VERENA STEFAN (*Häutungen*), ANNA MITGUTSCH (*Die Züchtigung*), ELFRIEDE JELINEK (*Die Liebhaberinnen*; *Was geschah, nachdem Nora ihren Mann verlassen hatte*), BRIGITTE SCHWAIGER (*Wie kommt das Salz ins Meer?*), KARIN STRUCK (*Klassenliebe*); stilistisch und formal unterschiedliche Richtungen

→ Begriff „Frauenliteratur" heute eher negativ besetzt (Laienschreiberinnen mit Frauenthemen bzw. Unterhaltungsliteratur mit pseudoemanzipatorischem Anspruch, z. B. HERA LIND)

→ Weiterhin Thematisierung weiblicher Alltagserfahrung in anspruchsvoller literarischer Form: MARLENE STREERUWITZ (*Verführungen*; *Jessica, 30*)

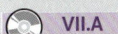 **VII.A** VON FRAUEN ÜBER FRAUEN FÜR FRAUEN
Feminismus und Literatur

Achtziger- und Neunzigerjahre

→ Postmoderne: Kritik an der Avantgarde, die traditionelle Formen, z. B. epische, abgelehnt hatte (RAOUL SCHROTT: *Tristan da Cunha*)

→ Wiederkehr des Erzählens: Romane von UMBERTO ECO (*Der Name der Rose*), ROBERT SCHNEIDER (*Schlafes Bruder*), PATRICK SÜSKIND, STEN NADOLNY, MICHAEL KÖHLMEIER u. a. (traditionelles, auktoriales Erzählen)

→ Interesse an alten Mythen, mythisches Erzählen: BOTHO STRAUSS, CHRISTOPH RANSMAYR, PETER HANDKE, MICHAEL KÖHLMEIER

→ Popliteratur (bewusste Entscheidung für triviale, popkulturelle Formen), blieb ein vorübergehendes Phänomen (MARTIN AMANSHAUSER: *Nil*)

Modul VII.11 MYTHISCHES SCHREIBEN IN POESIEFERNER ZEIT
Wege zum Verständnis von Peter Handkes neueren Texten

VII.C „WER LIEBT, SCHLÄFT NICHT"
Robert Schneiders Roman „Schlafes Bruder"

Einen ausfürlichen literaturgeschichtlichen Überblick finden Sie in **Band 2** Epochenteil.

VIII. ZEITGENÖSSISCHE LITERATUR

1 BEGEHBARE MENSCHEN
Literatur über das Alltagsleben am Beginn des 21. Jahrhunderts

Modulvorschau

Literatur ist ein Medium, mit dem man die Lebensgewohnheiten, Gefühlszustände, Denkweisen und Werthaltungen einer Zeit auf recht unterschiedliche Weise darstellen kann. In den Texten dieses Moduls sind folgende Lebensbereiche thematisiert: Konsumverhalten im Industriezeitalter, Lifestyle, Auswirkungen des Internets auf das Privatleben, Berufsleben.

IN DER WOHNUNG DER KREILS

1 FRANZOBEL: IKEA

Franzobel

1 Hej. Da ist ja Frau Kreil. Frau Kreil ist Schwedin, keine Schwedenbombe von Inzersdorfer, aber sie hat eine schöne neue Einrichtung von Ikea, dem Möbelhaus aus Schweden. Schweden liegt in Norwegen, nein, in Leningrad. In Schweden wohnen nur Blondinen und
5 Tischler, und dann gibt es noch die Lachsfischer und Fleischbällchendreher fürs Ikea-Mittagsmenü. Doch das ist Frau Kreil egal, sie wohnt nicht in Schweden, sondern in ihrer Wohnlandschaft. Frau Kreil sitzt in ihrem Sofa Strömstad und trinkt Schwedentropfen im Tee aus der Teetasse Flenn. Die Teetasse Flenn steht mit-
10 samt dem Tee und den Schwedentropfen auf dem Couchtisch Glasholm. Auch der Bilderrahmen Resling und die Duftkerzen Flutschi und Hui stehen auf dem Couchtisch Glasholm. Außerdem steht dort noch die Gelse Gisela, aber die ist nicht von Ikea. Im Bilderrahmen Resling ist ein Photo von Herrn Kreil. Frau Kreil wartet, daß Herr Kreil nach Hause
15 kommt. Die Gelse Gisela wartet auch auf Herrn Kreil, weil er das süßere Blut hat, zumindest dann, wenn er ein Stück Himbeertorte vom Ikea-Mittagsmenü gegessen hat. Aber ein Blick auf die Küchenuhr Synk zeigt, daß, bis Herr Kreil nach Hause kommt, Frau Kreil noch Zeit hat, den Teppich Vedbaek auszuklopfen. Auch die Vorhänge Marlis und Birte gehörten gewaschen. Aber dazu hat Frau Kreil nun wirklich keine Lust. Wirklich nicht. Frau Kreil stöhnt
20 bedeutungsschwer und bedeckt ihre Füße mit der Reisedecke Mysk, schiebt das Polster Blomma unter ihren Rücken und schaltet den Deckenfluter Ditte an. Frau Kreil ist sehr glücklich. Computertisch Jan und Hocker Jens passen, denkt sie, wirklich gut zur Wandvitrine Treldy, zum Eßtisch Iggelsund und den vier Stühlen namens Vilma, Vilma, Vilma und Vilma. Ohne die Teetasse Flenn samt Tee und Schwedentropfen aus der Hand nehmen zu müssen, kann
25 sich Frau Kreil mit einer leichten Bewegung im Spiegel Guldross betrachten. Ja, tatsächlich,

Frau Kreil ist eine schöne Schwedin. Schöne schwedische Zähne, die sie täglich mit dem Zahnputzbecher Häftig und der Bürste Möllemann putzt. Schöne blonde schwedische Dauerwellen dank der Lockenwickler Trine und dem Föhn Grunka. Aber der größte Stolz von Frau Kreil ist ihr neues Bett namens Björkvalla. Der Lattenrost Fjelberg, die Federkernmatratzen Visdalen, ein Traum. Erst recht der Bettbezug Hadeland. Dazu der Kleiderschrank Lillehammer, die Kommode Bruns und die Nachtkästchen Klinka und Odille sowie die schwedischen Gardinen Gullegulla und Hillekille. Und wenn Herr Kreil, der das alles selbst montiert hat, endlich nach Hause kommt, wird er zuerst einen Schwedenbitter trinken und dann sie, seine Frau, Frau Kreil, in seine Arme nehmen, so daß sie die Teetasse Flenn samt Tee und Schwedentropfen auf den Couchtisch Glasholm fallen lassen wird, dieser einen Sprung bekommt, das Polster Blomma auf den Teppich Vedbaek fällt, die Vorhänge Marlis und Birte wehen, und Herr Kreil wird Frau Kreil vorbei an der Wandvitrine Treldy, vorbei am Eßtisch Iggelsund und den vier Stühlen Vilma, Vilma, Vilma und Vilma in Richtung Schlafzimmer bugsieren. Und die Gelse Gisela wird ihnen folgen. Herr Kreil wird Frau Kreil auf das Bett Björkvalla stoßen, so daß sich die Federkernmatratze Visdalen und der Lattenrost Fjelberg ganz schön durchbiegen werden. Und schon fünf Minuten später wird die Gelse Gisela beim Versuch, von den Ikea-Menschen mitzunaschen, erschlagen worden sein, wird Herr Kreil Frau Kreil seine Liebe versichert haben und werden sie beide in die Küche Pajala gehen, um sich aus dem Flaschenregal Debatt einen Rotwein zu genehmigen und auf ihr Wohl trinken. Sie werden sich küssen und Ikea flüstern. Ich dich auch. Ⓡ

Anregungen zur Texterschließung

1. Welche Alltagssituation erzählt FRANZOBEL? Warum wirkt seine satirische Darstellungsweise komisch? „Frau Kreil ist Schwedin" schreibt Franzobel. Damit benennt er aber nicht die Nationalität der literarischen Figur. Inwiefern ist sie „Schwedin"?
2. Wir nehmen an, dass Ihnen das Möbelhaus IKEA bekannt ist. Formulieren Sie Ihre eigenen Erfahrungen.
3. Franzobels Text ist eine *Satire*. Worüber macht er sich lustig? Teilen Sie seine Kritik?
4. Entnehmen Sie dem Wikipedia-Eintrag zu IKEA folgende Informationen:
   • Seit wann gibt es IKEA? Welche Art von Wirtschaftsunternehmen war es ursprünglich?
   • Mit welchem Geschäftskonzept schaffte IKEA den internationalen Durchbruch?
   • Trotz des Erfolgs von IKEA gab es auch Problemphasen. Was erfahren Sie darüber?
   • In wie vielen Ländern gibt es heute laut letztem Wikipedia-Eintrag IKEA-Möbelhäuser? Wie viele Mitarbeiterinnen und Mitarbeiter beschäftigt der Konzern weltweit?
   • Wer gehört zur bevorzugten Zielgruppe des Konzerns?
   • Aus welchen Sprachfeldern werden die IKEA-Produktbezeichnungen entnommen?

Situativer Schreibauftrag zu **IKEA von Franzobel, S. 434ff.**

EINE DREISSIGJÄHRIGE NAMENS JESSICA

Jessica Somner ist die weibliche Hauptfigur im Roman *Jessica, 30* von MARLENE STREERUWITZ. Den in drei Großkapitel gegliederten Roman hat die Autorin aus der Perspektive der Hauptfigur im *inneren Monolog* geschrieben. Im ersten Kapitel begleiten die Leser/innen Jessica beim Joggen und erfahren etwas über die Lebensverhältnisse und die Vorstellungswelt einer dreißigjährigen Österreicherin, die als freie Journalistin bei einem „zeitgeistigen" Frauenmagazin arbeitet. Ihre Chefin heißt Claudia, ihre Kolleginnen und ehemaligen Mitbewohnerinnen einer Frauenwohngemeinschaft heißen Tanja und Mia.

2   MARLENE STREERUWITZ: JESSICA, 30

Marlene Streeruwitz

1 (...) ich könnte auch umdrehen, ich werde sowieso langsamer und dann sind es fast 40 Minuten, aber so richtig heiß ist mir noch nicht und dann ist das Gesicht noch nicht so super entwässert und ich schaue bei der Claudia total aufgeschwemmt aus und sie fragt wie
5 der, was mit mir los ist und schaut so, als wäre ich auf der schiefen Bahn und nicht mehr vertrauenswürdig, ich glaube, es ist ihr sehr wichtig, dass die ganze Redaktion so aussieht, wie sie, sie möchte eine richtige Tussenriege und alle sollen so sein, wie die ideale Leserin, 30, attraktiv, unabhängig und gut verdienend, aber dann müsste
10 sie auch etwas zahlen, aber sie findet ja immer genug Mäuschen, die schon vom Mitmachen zufrieden sind, und für das Magazin, da soll keine Redakteurin gescheiter sein als die Leserinnen, und der kleinste gemeinsame Nenner ist da ohnehin nur die Vuitton-Tasche und wie die anderen das machen, das würde ich sehr gerne wissen, zahlt denen auch allen der Papa noch etwas zur
15 Miete, die Fixen werden auch nicht so viel bekommen, aber die Tanja und die Mia sagen ja nichts darüber, wenn wir noch zusammenwohnten, dann wäre das kein Problem (...)

(...) es wäre schon besser noch ein Stück weiter, wenigstens bis zu Maria im Grün, und zurück zum Lusthaus, dann wären es wenigstens 40 Minuten, und nachher geht es dir richtig gut, und du darfst richtig essen, eine richtig große Nudelportion, mit Weißbrot, oder besser doch nicht
20 und ein Salat wäre besser, bis zur Kirche laufen und einen Salat essen, das wäre das Beste, dann würde der Hosenbund nicht einschneiden und ich würde mich sicherer fühlen, die Claudia, die hat ja da keine Probleme, die hat da nie Probleme, die sieht immer so aus, als wäre sie wieder dünner geworden, sie ist so aktiv dünn, und man muss es ihr immer sagen, vielleicht muss man in so einen Kreislauf kommen, dass einem das immer gesagt wird und dann hat man so
25 viel Belohnung, dass es sich auszahlt, dafür zu leben und dann noch eine blonde Tönung, ich könnte mir gut eine blonde Tönung machen lassen, ich habe keine roten Pigmente, aber ich lebe zu wenig außen, ich muss mehr von außen leben, nicht immer dieses Innen so wichtig nehmen, wie sich das innen anfühlt, na dann ist es halt hungrig, innen, das muss doch zu überspielen sein, ich muss mir einfach denken, dass mich einer sieht, dass mich immer einer beob
30 achtet und dann kann das nicht passieren, eine ganze Packung Spaghetti mit Butter und Parmesan, oder das Maple Walnut (...)

(...) warum bin ich nicht früher aufgestanden, und wo ist die champagnerfarbene Garnitur, die ist doch gewaschen, die habe ich doch gewaschen, und da haben wir sie, und o.k. das schaut nicht grauslich aus, es ist ja nur auf den Oberschenkeln hinten, schwimmen wäre noch gut, das
35 wäre am besten, aber das schaffe ich nicht, mehr als in den Prater laufen gehen, das werde ich nie schaffen, warum die Mama sich über Tangas so aufregt, herzig ist das, die Mama, glaubt den Mythos von den Hämorrhoiden, und ist das nicht eine Befreiung, keine Slipränder mehr, unter den Hosen, und vor zwei Jahren hat man sie noch kaum gekriegt, hier, da habe ich aus New York mitbringen müssen, aber irgendwie bin ich zu blass, unscheinbar, es geht doch nicht
40 ohne Wimperntusche, sonst bin ich ja gar nicht zu sehen, und ich sollte doch ins Sonnenstudio, und wenn du dich noch lange anstarrst, dann ist es endgültig zu spät, meine Liebe, für

narzisstische Spielereien ist keine Zeit, schön cool bleiben, und eine ruhige Hand für die Wimperntusche, Wimperntusche ist so schlimm wie rasieren, und es ist ja gleich, irgendwie, man starrt in den Spiegel, man muss ewig sich selber zusehen, und aufpassen, dass nichts schief geht, und dieser Widerwille wird nur dazu führen, dass du dir wieder in die Augen fährst und dann mit einem rot verquollenen Auge dasitzt und zugeben musst, dass du das Einmaleins der Frauen nicht beherrschst, ich kann ja mit der Claudia diskutieren, ob dadurch die weibliche Identität in Frage zu stellen ist, wenn ich meinen Körper nicht auf weiblich herrichten kann, bin ich dann überhaupt eine Frau, es ist ja eine Verweigerung, du bist ja sonst nicht so ungeschickt, aber beim Wimperntuschen, jedes Mal ein Unfall, aber jetzt bitte nicht, und vielleicht sollte man darüber etwas machen, über solche Unfälle, über Unfälle beim Schminken und was man dann tun kann, wenn man im MAK auf dem Clo in den Spiegel ums Eck schauen muss und dann immer mit dem lipliner ausrutscht und wieder alles abwischen muss und rot aufgerieben um den Mund zum Tisch zurückkommt, weil man beim zweiten Mal erst recht über den Rand hinauszittert, und wieder mit so einem rauen grünen Papierhandtuch den Mund abwischen muss, da gibt es doch sicher Tricks, diese Visagistinnen, die haben da doch sicher Tricks, in solchen Fällen, und das wäre doch wirklich guter Rat, praxisnaher guter Rat wäre das, und wenn man so etwas ordentlich recherchiert, aber das verstehen die nicht, denen passiert das nicht, die sind nicht solche tank girls, und wahrscheinlich hast du dir jetzt die Wimpern getuscht, damit du so lange in der Unterwäsche vor dem Spiegel stehen kannst, und na und, so lange ich noch nicht Nacktfotos bei irgendeinem Fotografen mache, ist der Narzissmus noch nicht übertrieben, und die Fotos sind ja richtig spießig, aber verstehen kann ich das schon, dass man sich erinnern will, was für eine Figur man gehabt hat, das möchte man doch nicht vergessen, und wahrscheinlich ist das ein Ansporn, sich die Figur zu erhalten (...)

Anregungen zur Texterschließung

Beschreiben Sie das Frauenbild, dem Jessica entsprechen soll. Was muss sie tun, um diesem Bild zu entsprechen? Inwiefern muss sie ihre Bedürfnisse kontrollieren?

Anregung zur Problemdiskussion

Jeder junge Mensch wird im Laufe seiner Entwicklung mit den herrschenden Männer- und Frauenbildern konfrontiert. Welche geschlechtsspezifischen Leitbilder nehmen Sie selbst wahr (Äußeres, Verhaltensweisen, Werthaltungen)? Über welche Medien werden diese Leitbilder vermittelt? Mit welchen können Sie sich identifizieren, mit welchen nicht?

DER WEITERE HANDLUNGSVERLAUF

Jessica hat ein Verhältnis mit einem älteren, verheirateten Politiker und muss eines Tages bemerken, dass dieser Mann in üble Dinge verstrickt ist. Für Jessica drängt sich damit eine wichtige Entscheidung auf: Mitspielen im Spiel um Geld und äußere Erfolge – oder doch der eigenen Empörung folgen und Widerstand leisten? Das Ende des Romans soll hier nicht vorweggenommen werden.

DAS ENDE DER PRIVATSPHÄRE?

Das Internet ermöglicht völlig neue Formen der weltweiten Kommunikation. Eine davon erläutert der österreichische Essayist und Literaturkritiker KARL-MARKUS GAUSS in seinem *Essay Die begehbare Frau*.

3 KARL-MARKUS GAUSS: DIE BEGEHBARE FRAU

Karl-Markus Gauß

1 Jenny war neunzehn und besuchte ein College in Pennsylvania, als ihr die Idee kam, die erste begehbare Frau der Welt zu werden. In ihrem Zimmer installierte sie eine Kamera, die alle paar Minuten ein Bild von ihr machte, das sie sogleich über einen universitären

5 Verteiler ins Internet schickte. Nach wenigen Wochen brach der Server des Instituts zusammen, denn Tausende Menschen, die in namenloser Ferne vor ihren Computerschirmen saßen, wollten Jenny ganz nah sein und dabei beobachten, wie sie Zeitung liest und sich schneuzt, Marmelade aufs Brot streicht und zusammenkehrt,

10 mit ihren Besuchern tratscht und sich in ihrem Bett wälzt.

Seither sind ein paar Jahre vergangen, und an Jennys überwiegend der Verrichtung alltäglicher Handgriffe und Tätigkeiten gewidmetem Privatleben, das sie auf eine Weise führt, daß man niemals wieder unschuldig vom Privaten eines Menschen wird sprechen können, nehmen mittlerweile

15 täglich eine Million Besucher leidenschaftlichen Anteil. Die Wohnung, in der Jennifer Ringley jetzt in Washington lebt, ist geräumiger und für die unausgesetzte Dokumentation des Nichtigen, das sich in ihr ereignet, besser geeignet als das Studentenzimmer am Dickinson College in Carlisle. Zwei Kameras, eine im Wohnzimmer, die andere im Schlafzimmer, schießen alle zwei Minuten ein Bild von ihr, das sogleich ins Internet und um die Welt geht und so eine

20 stetig wachsende, weit verstreute Gemeinde erregt und beschwichtigt: Ja, Jenny lebt, denn noch ist sie zu besichtigen.

Eine Million heimlicher Besucher, die zum verschwiegenen Blick durch das Schlüsselloch eingeladen sind, erfahren das Nichtige jeden Tages als intime Sensation, und Jennys Verehrer sind dem unkeuschen Blick in die heile Welt so verfallen, daß sich unterdessen etliche Afterunter-

25 nehmungen darum kümmern, mit ihr zu machen, wofür sie selbst keine Zeit mehr hat. Ein gewisser Josh etwa, der sie noch nie von Angesicht zu Angesicht gesehen hat, aber keinen anderen Menschen besser kennt als diesen vom Bildschirm her, wählt täglich jene Bilder von ihr aus, die er, wiewohl sie sich natürlich allesamt gleichen, aus wer weiß welchen Gründen für die besten hält; als Zeugnis einer innig erlebten Frömmigkeit errichtet er aus seinen Lieblingsbildern täg-

30 lich einen neuen Jenny-Altar auf seiner Website und dient ihr als fanatischer On-line-Priester. Allein mit den fünfzehn Dollar, die Jenny dafür verlangt, daß einer ein ganzes Jahr lang, zu jeder Tages- und Nachtzeit, in ihre Wohnung blicken darf, verdient sie mittlerweile Millionen, aber auf den monetären Aspekt kommt es ihr, die ihre Existenz zu einer öffentlichen macht und alles löscht, was man bisher Persönlichkeit genannt hat, so sehr gar nicht an. Allerdings ist

35 wie die Gier nach Geld auch der Drang nach Entblößung niemals zu befriedigen, und wie der Geizige, indem er Geld anhäuft, nicht eines Tages bei der Freigebigkeit ankommt, so erreicht selbst der fleißigste Exhibitionist, indem er die Kleider immer wieder ablegt, nie die glückliche Einsicht, daß er sich jetzt schon ausreichend oft nackt gezeigt hat. Jenny jedenfalls wäre glücklich, wenn dereinst gelänge, was heute technisch noch nicht möglich ist, daß ihr Leben nämlich

fortlaufend und vollständig und nicht bloß alle zwei Minuten aufs Foto gebracht würde. Sobald das Internet dazu die Voraussetzungen bietet, wird sie die Fotoapparate mit Filmkameras
ersetzen und sich rund um die Uhr in Millionen Zimmer übertragen lassen. Denn in der Zeit,
die sich zwischen dem Klicken der Kameras endlos dehnt, ist sie tot, es ist ungelebte Zeit für
sie, die ihre eigene Vervielfältigung braucht, um an das Leben zu glauben. Daß sie zwischen
zwei Aufnahmen 119 Sekunden für sich hat, erleichtert ihr nicht die Arbeit, sondern erschwert
ihr das Leben, das von der Kamera erfaßt, im Computer gespeichert und in die Welt verschickt
sein will.

Nur indem sie sich öffentlich begehbar macht, kommt sie zur Ruhe. Wie sich Kinder fürchten,
wenn sie allein im dunklen Zimmer liegen, glaubt Jenny, daß ihr nichts passieren kann, solange sie
im Bild bleibt. Wenn es gelänge, eine unausgesetzt arbeitende Kamera zu finden, die selbsttätig einen unendlichen Film erstellte, der ohne Verzögerung in alle Welt übertragen wird, wenn es diesen
Gott gäbe, dessen Größe die Unendlichkeit der Daten wäre, die Schnelligkeit, mit der sie übertragen werden, und die Präsenz, die sie auf den Bildschirmen der Erde finden, dann hätte der Tod
keine Chance, denn der Tod ist, wenn der Computer ausgeschaltet, die Kamera abgeräumt, das
Licht ausgedreht wird. **R**

Anregungen zur Texterschließung und zur Problemdiskussion

1. Die Trennung zwischen Privatleben und Öffentlichkeit wird hier aufgehoben. Welche Bedeutung hat für Jenny – laut Gauß – die Veröffentlichung des Privaten?
2. Menschen sind bereit, für den Zugang zu Jennys Bildern Geld zu bezahlen. Was veranlasst
sie dazu? Warum ist so etwas für Menschen interessant?
3. Wie halten Sie es mit der Verbreitung privater Informationen im Netz? Welche negativen
Auswirkungen sind Ihnen bekannt?

Situativer Schreibauftrag zu *Die begehbare Frau*, **S. 434ff.**

MODERNE ARBEITSWELT

Die aus Österreich stammende und in Berlin lebende
Autorin **KATHRIN RÖGGLA** (geb. 1971) macht in ihrem
Roman *wir schlafen nicht* (2004) die gegenwärtige
Arbeitswelt und das Selbstverständnis der Men-
schen zum Thema. Der Roman beruht auf zahlrei-
chen Interviews, die Röggla vor allem während einer
Wirtschaftsmesse geführt hat. Sie lässt – in der
Form der *indirekten Rede* – die Menschen selbst zu
Wort kommen.

Kathrin Röggla

KATHRIN RÖGGLA: WIR SCHLAFEN NICHT   4a

(...) ein wenig geistesgestört seien die arbeitszeiten schon, das sei ihm klar, wenn einem die
arbeit nicht über alles gehe, dann könne man das auch nicht machen. das verstünde sich von
selbst. man mache ja locker 14 stunden, wenn nicht gar 16 oder mehr. und das sei natürlich ein
riesenunterschied. gerade diese zwei stunden mehr, die einem von der freien zeit noch abge-
knappst würden, die könnten sie einem irgendwann nicht mehr bezahlen. diese letzte stunde

freizeit, die sie einem wegnähmen, die sei einfach die teuerste. müsse er zugeben: die wenigsten könnten so was auf dauer durchhalten.

also seine leistung überrasche ihn nicht, genausowenig wie seine leistungsfähigkeit. die habe er immer schon einkalkuliert, die wundere ihn nicht. daß er mehrere tage durcharbeiten könne,

10 auch das wundere ihn nicht wirklich, das sei nicht interessant. seine leistungsfähigkeit sei für ihn nicht interessant, die sei ja auch immer schon vorher da, sozusagen, bevor er eintreffe in einer situation. spitzenleistungen seien für ihn das übliche, aber er erwarte auch von seinem gegenüber die absolute performance, er könne mit mitarbeitern nichts anfangen, die das nicht brächten.

15 die devise „schlafen kann ich, wenn ich tot bin", würde er jetzt nicht so direkt adaptieren, das habe man ja eher früher gesagt, „so mitte der neunziger war das die devise schlechthin", zumindest in seiner generation. so mitte der neunziger habe man das auch noch sagen können. sicher, das hätte heute auch noch was brauchbares, aber damals habe man es eben praktiziert. und wenn er länger darüber nachdenke, müsse er schon sagen, das sei ja was erstaunliches, so

20 seine generation. das müsse man sich mal vorstellen, was da in kürzester zeit an wissen akkumuliert worden sei und an erfahrung. ja, was mittzwanziger sich da schon reingezogen hätten an erfahrungswerten. die seien jetzt natürlich angeschlagen, aber wenn die sich erst einmal wieder erholt hätten, dann könnten die auf ganz anderem niveau loslegen.

nee, schlafen sei nicht schick, „das kommt nicht so gut". wer schlafe, sei auch schlecht beraten,

25 so als berater (lacht), man würde eben viel arbeiten, und man würde ja auch viel nachts arbeiten, „also wenn man um 18 uhr geht, kommt üblicherweise der spruch: ob man sich einen halben tag freigenommen habe?" das sei ein völlig normaler spruch. ja, er würde fast sagen, es herrsche da so eine art wettbewerb vor, so unter dem motto: wer hält am längsten durch?

er habe sich zeitweise runterdimensioniert auf drei stunden schlaf. das könne er eine ganze

30 weile durchhalten, und wenn es sein müsse, sage er mal, könne er auch einige zeit praktisch ohne schlaf existieren. (...)

4b

1 *der senior associate:* er schwöre ja auf fernbeziehung. das wäre noch lebbar neben der beruflichen belastung. aber so ein normales familienleben ginge nicht. das könne er sich nicht vorstellen. gut, da sei er auch noch ein wenig zu jung dazu, aber wenn er einmal eine familie gründen werde, würde er die ab und zu schon mal sehen wollen. und wie solle das machbar sein, wenn

5 man andauernd unterwegs sei. das sage sich ja so einfach: „friday in, monday out." dabei stimme es ja gar nicht, und wenn es doch mal klappe, müsse am wochenende nachgearbeitet werden. also wenn er jetzt ehrlich sein solle, er bekomme seine wohnung kaum noch zu gesicht, also ihn würde es nicht wundern, wenn er sie eines tages nicht mehr fände. also das mit dem familienleben ginge bei ihm nicht.

4c

1 *der partner:* ach, eine vernünftige beziehung halte das schon aus, und er habe nun mal eine vernünftige beziehung. ja, er müsse schon sagen, seine frau halte ihm da den rücken frei. auch seine kinder würde er durchaus sehen –

ja, er habe zwei kinder. sicher, es sei mehr so eine wochenendbeziehung, die er zu ihnen unter-
halte, aber er rufe durchaus unter der woche immer mal wieder an und erkundige sich. ja, er
müsse schon sagen, er habe guten kontakt zu seinen kindern. ja, das würde er schon sagen. er
wisse eigentlich immer, was mit denen so los sei.

– das ist ihm schon wichtig, ja.
– sie telefonieren eben oft, klar.
– seine familie geht ihm über alles.
– ach, hat er das schon gesagt?

4d

der it-supporter: also am wochenende sei erst mal akkulöschen angesagt, das brauche man ganz
einfach. also freitag abend sei er nicht mehr zu halten, da treffe er sich mit seinen freunden,
„und dann geht's ab in die kneipe". und jetzt, wo er wieder solo sei, meist auch samstags, aber
da stehe oftmals kulturprogramm auf dem plan. mal ins kino oder auf ein konzert. und am
sonntag müsse er sich dann meist wieder regenerieren, damit er montag morgen wieder fit auf
der matte stehen könne. also da heiße es, schön früh zu bett gehen, kein alkohol, kein extrem-
sport, nicht einmal zum fußballspielen gehe er mehr am sonntag abend, weil ihn das zu sehr
anstrenge.

4e

die praktikantin: was solle man schon sagen – letztendlich würde sie gerne weniger privatleben
haben und mehr ein ordentliches berufsleben, obwohl, so was soll man nicht sagen, aber sie
wäre gerne mal richtig in einem projekt oder in einem job drin. sie lebe ja auf abruf. sie wisse
jetzt, wenn sie nach london gehen müsse, was sicherlich nicht passieren werde, dann müsse sie
hier auch alles liegen- und stehenlassen. das seien nun mal die zwänge, denen man unterworfen
sei, das seien nun mal die spielregeln. wenn sie nach london gehen müsse oder nach new york,
was sicherlich auch nicht passieren werde, müsse sie auch ihren freund zurücklassen. sie habe
sich ja überallhin beworben, aber sie glaube eigentlich nicht, daß sie überallhin kommen werde,
also was solle sie sagen? sie sei ja nur eine praktikantin auf jobsuche, mehr oder weniger, aber
eigentlich, wenn sie länger darüber nachdenke, würde sie schon sagen, daß sie ihren freund
auch praktisch nie sehe, weil sie andauernd unterwegs sei. eben auf jobsuche. so ein bewer-
bungs- und akquiseverhalten koste eben auch so seine zeit. letztendlich bliebe ihr wahrscheinlich auch nicht viel mehr privatleben als irgendeinem manager.

4f

die key account managerin: sie habe kein privatleben. nicht, daß sie davon wüßte. nein, aber
wenn, solle man sie mal darüber informieren, denn hin und wieder hätte sie schon gerne eines.
hin und wieder wäre sie schon gerne dabei, wenn sich so was wie ein streifen privatleben am
horizont zeige. sie sei ja nun keine von denen, die sagten: die firma sei ihr privatleben, wie man
das heute so schnell sage, ohne sich großartig was zu denken, aber etwas wahres sei schon dran,
müsse sie zugeben. man hänge eben mit der zeit immer mehr da rum. sie denke schon, daß sie
oft länger auf arbeit bleibe als unbedingt notwendig, aber wenn man mal einen gewissen punkt
überschritten habe, dann bleibe man oft, mache weiter, weil es einfach anstrengender wäre, sich
sozusagen in eine andere stimmung hineinzubewegen, sich sozusagen auf andere sozialkontak-
te einzulassen, die sich in einer völlig anderen welt abspielten. man gerate ja auf so projekten

immer in eine ganz eigene gesprächslogik und gesprächsmuster hinein, also beispielsweise würde man nur noch insiderwitze reißen. ja, es seien dann insiderwitze und insidergespräche, das bekomme durchaus was sektenhaftes, wenn man so wolle. aber von libidinösen durststrecken würde sie jetzt nicht gleich reden wollen, aber letztendlich müsse man das strenggenommen doch, denn wie solle man das auch anders bezeichnen. Ⓡ

15

Anregungen zur Texterschließung

1. Was erfahren Sie aus den Texten 4e und 4f über die Arbeitsbedingungen der Menschen, die hier zitiert werden?
2. Welche Auswirkungen haben die Arbeitsbedingungen auf das Privatleben der Menschen?
3. Beschreiben Sie die Sprechweise der „Figuren" (Wortwahl, Floskeln etc.).
4. Kathrin Röggla entscheidet sich für die *indirekte Rede* als Gestaltungsmittel und verwendet daher konsequent den Konjunktiv. Weisen Sie den Konjunktivgebrauch nach folgenden Regeln anhand einiger Beispiele aus Text 4e nach:
   - Grundsätzlich wird in der indirekten Rede der Konjunktiv I verwendet.
   - Wenn der Konjunktiv I nicht vom Indikativ zu unterscheiden ist, wird er durch den Konjunktiv II ersetzt.
   - Der Konjunktiv kann auch durch „würde + Infinitiv" ausgedrückt werden.

Anregung zum Schreiben

Das künstlerische Verfahren von Kathrin Röggla beruht auf Materialsammlung und künstlerischer „Bearbeitung". Sie können Ähnliches selbst versuchen. Ersuchen Sie Menschen, aus ihrer Arbeitswelt zu erzählen, dokumentieren Sie die Interviews auf Aufnahmebändern und gestalten Sie daraus einen literarischen Text, dem nicht nur die Inhalte, sondern auch markante Sprechweisen der befragten Menschen zu entnehmen sind.

Band 2	Ergänzung Literaturgeschichte

VIII. Zeitgenössische Literatur

Lesen Sie im Epochenteil Kapitel VIII.2 (Das etwas andere Erzählen) und entnehmen Sie daraus folgende Informationen:

1. Merkmale von FRANZOBELS Erzählverfahren
2. Erläutern Sie den Roman *Kollateralschaden* von OLGA FLOR.

Kompetenzen: Das sollen Sie wissen/können

1. Sie können erklären, welche Alltagssituation FRANZOBEL in *IKEA* darstellt und wodurch die Situation komisch wird.
2. Sie können erklären, welchem Frauenbild in MARLENE STREERUWITZ' Roman *Jessica, 30* die gleichnamige Protagonistin gerecht werden will.
3. Sie können am Beispiel des Textauszugs aus *Jessica, 30* erklären, was man unter einem *inneren Monolog* versteht.
4. Sie können erklären, welche Möglichkeiten man heute hat, private Informationen im Netz zu veröffentlichen, und welche negativen Folgen das haben kann.
5. Sie können KATHRIN RÖGGLAS Schreibverfahren in *wir schlafen nicht* erläutern und zusammenfassen, welche Auskünfte der Textauszug über die Arbeitssituation der zitierten Personen gibt.

WAS WIR FÜR WIRKLICHKEIT HALTEN
Unser Leben mit Medienbildern

2

Modulvorschau

Noch nie in der Geschichte der Menschheit haben technische Medien eine so dominante Rolle in der Gesellschaft gespielt wie heute. Der kritische Umgang mit medialer Information ist dadurch sehr wichtig geworden. Auch Schriftstellerinnen und Schriftsteller setzen sich kritisch mit der Mediengesellschaft auseinander.

➡ PETER HANDKE stellt in einem umstrittenen Essay die Berichterstattung über die Jugoslawienkriege in Frage.

➡ NORBERT GSTREIN macht die journalistische und literarische „Verwertung" des Kriegsgeschehens zum Thema eines Romans.

➡ THOMAS GLAVINIC setzt sich in seiner Kriminalnovelle *Der Kameramörder* mit der Sensationsberichterstattung des Fernsehens auseinander.

MEDIENBILDER VOM KRIEG – WIEDERGABE DER WIRKLICHKEIT?

Der Begriff „Jugoslawienkrieg" bezeichnet eine Reihe von Konflikten und Kriegshandlungen, die in den Neunzigerjahren des 20. Jhs. auf dem Staatsgebiet des ehemaligen Jugoslawien stattfanden und letztlich zu dessen Auflösung führten. Die aus dem Krieg hervorgegangenen Nachfolgestaaten sind Slowenien, Kroatien, Bosnien-Herzegowina, Serbien, Mazedonien und Kosovo. Der Krieg wurde teilweise mit großer Grausamkeit geführt, die Medien berichteten regelmäßig und ausführlich darüber.

Große und einflussreiche europäische Medien sahen in Serbien, seinem Präsidenten Milosevic und dessen Verbündeten die Hauptverantwortlichen für den Krieg in Jugoslawien. Gegen diese – seiner Ansicht nach einseitige – Darstellung erhob der österreichische Schriftsteller PETER HANDKE seine Stimme. In seiner heftig diskutierten *essayistischen* Reisebeschreibung *Eine winterliche Reise zu den Flüssen Donau, Save, Morawa und Drina oder Gerechtigkeit für Serbien* formulierte er grundsätzliche Zweifel an der Zuverlässigkeit der journalistischen Berichterstattung.

PETER HANDKE: GERECHTIGKEIT FÜR SERBIEN

1

1 Später, als dann vom Frühjahr 1992 an die ersten Bilder, bald schon Bildserien, oder Serienbilder, aus dem bosnischen Krieg gezeigt wurden, gab es einen Teil meiner selbst (immer wieder auch für „mein Ganzes" stehend), welcher die bewaffneten bosnischen Serben, ob Armee oder Einzeltöteriche, insbesondere die auf den Hügeln und Bergen um Sarajewo, als „Feinde des
5 Menschengeschlechts" empfand (...).
Und trotzdem (...) wollte ein anderer Teil in mir (der freilich nie für mein Ganzes stand) diesem Krieg und diesen Kriegsberichterstattungen nicht trauen. Wollte nicht? Nein, konnte nicht. Allzu schnell nämlich waren für die so genannte Weltöffentlichkeit auch in diesem Krieg die Rollen des Angreifers und des Angegriffenen, der reinen Opfer und der nackten
10 Bösewichte, festgelegt und fixgeschrieben worden. (...)
Und ging es im Verlauf dann der Begebenheiten nicht vielen fernen Zuschauern eine ganze Zeitlang so, daß, falls zwischendurch einmal ausnahmsweise eins der Kriegsopferbilder die

Legende „Serbe" hatte, wir das für einen Irrtum, einen Druckfehler, jedenfalls für die zu ver-
15 nachlässigende Ausnahme ansahen? Denn wenn es in der Tat solche unschuldigen serbischen
Opfer gab, dann konnten sie, entsprechend ihrem so spärlichen weltöffentlichen Vorkommen,
doch nur im Verhältnis eins zu eintausend – ein serbischer Toter zu tausend muslimischen –
stehen. Welche Kriegsseite war, was die Getöteten und die Gemarterten betraf, fürs Berichten
und Photographieren die Butterseite? Und wieso wurden diese Seiten dann erstmals ein biß-
chen gewechselt im Sommer 1995, mit der Vertreibung der Serben aus der Krajina – obwohl
20 es auch da nicht die Gesichter von Ermordeten, sondern „nur" von Heimatlosen zu sehen gab,
und dazusuggeriert wurde, „dieselben" hätten ja zuvor ein anderes Volk vertrieben? (...)
Aber war es nicht schon vor den Bildern von den Flüchtlingstrecks aus der Krajina diesem und
jenem fernen Zuseher auffällig, wie die bis dahin fast verschwindenden serbischen Leidtragenden in der Regel grundanders in Bild, Ton und Schrift kamen als die Hekatomben der ande-
25 ren? Ja, auf den Photos usw. von den paar ausnahmsweise nachrichtenwürdigen ersteren erschienen mir diese in der Tat als „verschwindend", so im alleraugenfälligsten Gegensatz zu
ihren Kummer- und Trauergenossen aus den beiden übrigen Kriegsvölkern: Diese, so war es
jedenfalls nicht selten zu sehen, „posierten" zwar nicht, doch waren sie, durch den Blick- oder
Berichtsblickwinkel, deutlich in eine Pose gerückt: Wohl wirklich leidend, wurden sie gezeigt
30 in einer Leidenspose. Und im Lauf der Kriegsberichtsjahre, dabei wohl weiterhin wirklich leidend, und wohl mehr und mehr, nahmen sie für die Linsen und Hörknöpfe der internationalen Belichter und Berichter, von diesen inzwischen angeleitet, gelenkt, eingewinkt („He, Partner!"), sichtlich wie gefügig die fremdgewünschten Martermienen und -haltungen ein.
Wer sagt mir, daß ich mich irre oder gar böswillig bin, wenn ich so zu der Aufnahme des laut-
35 hals weinenden Gesichts einer Frau, Close Up hinter den Gittern eines Gefangenenlagers, das
gehorsame Befolgen der Anweisung des Photographen der Internationalen Presseagentur außerhalb des Lagerzaunes förmlich *mitsehe*, und selbst an der Art, wie die Frau sich an den
Draht klammert, etwas von dem Bilderkaufmann ihr Vorgezeigtes? Mag sein, ja, ich irre mich,
der Parasit ist in *meinem* Auge (das Kind, auf dem einen Photo groß, schreiend, im Arm der
40 einen Frau, seiner Mutter?, und auf dem Folgephoto weit weg in einer Gruppe, wie seelenruhig
im Arm einer anderen Frau, seiner richtigen Mutter?): – doch weshalb habe ich solche gar
sorgfältig kadrierten, ausgeklügelten und eben wie gestellten Aufnahmen noch keinmal – jedenfalls nicht hier, im „Westen" – von einem serbischen Kriegsopfer zu Gesicht bekommen?
Weshalb wurden solche Serben kaum je in Großaufnahmen gezeigt, und kaum je einzeln, son-
45 dern fast immer nur als Grüppchen, und fast immer nur im Mittel- oder fern im Hintergrund,
eben verschwindend, und auch kaum je, anders als ihre kroatischen oder muselmanischen Mit-
leidenden, mit dem Blick voll und leidensvoll in die Kamera, vielmehr seit- oder bodenwärts,
wie Schuldbewusste? Wie ein fremder Stamm? – Oder wie zu stolz zum Posieren? – Oder wie
zu traurig dafür? R

Anregungen zur Texterschließung

1. Welches Bild von „den Serben" erhält Peter Handke anfangs durch die mediale Berichterstattung?
2. Inwiefern fühlt sich Handke plötzlich verunsichert?
3. Welchen Verdacht hegt der Autor, wenn er Bilder von Kriegsopfern sieht?
4. Peter Handkes Essay löste eine heftige Diskussion (mit vielen Gegenstimmen) aus. Wie
   stehen Sie selbst zu Handkes Medienkritik? Wie zuverlässig sind Medienbilder?

KRIEG – EIN STOFF, AUS DEM ROMANE SIND

Der Krieg im ehemaligen Jugoslawien bildet auch den Handlungshintergrund zu **NORBERT GSTREINS** Roman *Das Handwerk des Tötens* (2003). Der Journalist Christian Allmayer hat jahrelang über den Krieg und über den Zerfall des ehemaligen Jugoslawien berichtet. Aber Auslandsjournalisten leben in Krisengebieten gefährlich. Allmayer wird im Kosovo erschossen. Dass solch ein Tod brauchbares „Material" liefern kann, erkennt ein anderer Journalist namens Paul, der mit Allmayer in jungen Jahren befreundet war. Paul recherchiert und ist davon überzeugt, dass Allmayers Tod nicht nur genug Stoff für eine Reportage, sondern für einen ganzen Roman liefert. Er wittert seine persönliche Lebenschance: endlich aussteigen aus dem mühseligen Geschäft des Tagesjournalismus und einen erfolgreichen Roman veröffentlichen! So wird für Paul plötzlich alles zum zweckgebundenen Objekt. Das Leid der anderen ist der Stoff, aus dem seine Karriereträume sind. Sogar Pauls kroatische Freundin Helena ist davon betroffen.

Norbert Gstrein

Der Ich-*Erzähler*, der auch Gefallen an Helena findet, hat sie zu sich eingeladen. Als sie gemeinsam die Wohnung betreten, läutet das Telefon. Paul ruft an:

NORBERT GSTREIN: DAS HANDWERK DES TÖTENS   2

1   Es war beileibe nicht das erste Mal, daß er über ihre Rolle in seinem Roman sprach, aber entweder lag es an ihrer Anwesenheit, warum ich auf einmal so sehr abgestoßen davon war, oder an der Dreistigkeit seiner Phantasien und daran, daß er sich nicht mehr bemühte, auch nur irgendeinen Unterschied zwischen ihr und der Figur zu machen, für die sie offensichtlich die
5   Vorlage war.

„Ich könnte sie auf meiner Fahrt zur Unglücksstelle mitnehmen", sagte er ganz direkt, nachdem er eine Weile unschlüssig herumgeredet hatte. „Für mich wäre es schon interessant, wenn ihr dort etwas zustoßen würde."

Allein das hätte mich warnen müssen, aber ich war nicht geistesgegenwärtig genug, ihn zu
10   stoppen, machte nur einen halbherzigen Versuch, und während Helena flüsternd fragte, ob er es war, und ich nur nickte, setzte er schon nach.

„Wir könnten in einen Hinterhalt geraten."

Das war so absurd, daß ich nichts erwiderte und an ihr vorbeischaute, während er sich im Detail ausmalte, wie es wäre, seine Stimme ohne Regung, monoton und heiser.
15   „Wenn ich mir vorstelle, daß sie in die Hände eines Bandenführers fällt, ist das doch ziemlich ergiebig", begann er von neuem, ohne davon im geringsten bekümmert zu sein. „Es müßte ihr nicht unbedingt das Schlimmste passieren, aber ich würde mir schon etwas für sie ausdenken."

Bei allem, was ich mit ihm erlebt hatte, so kannte ich ihn nicht, doch als ich ihn bat, sich zurückzuhalten, ging er darüber hinweg, sprach einfach weiter, als ob nichts wäre, sagte, sie könn-
20   te auch auf eine Mine treten und vielleicht sogar schwanger sein, und ich suchte ihren Blick. Es war, als wüßte er, daß sie bei mir war, so sehr verbiß er sich in sie, spekulierte, ob er sie überleben ließe oder nicht, und ich brachte wieder keine Silbe heraus und schaute nur zu, wie sie immer ratloser wurde und schließlich ein Anflug von Entsetzen in ihren Augen aufblinkte. Sie stand mit aufgestützten Ellbogen vor dem Fenster, sah mich an, als könnte sie an meiner
25   Mimik ablesen, was er daherschwadronierte, und machte sich gleichzeitig über ihn lustig,

grimassierte, wie wenn sie ihn imitieren wollte, und ich lächelte ihr zu, als ich ihm schließlich ins Wort fiel und er sich zu rechtfertigen versuchte.

„Das wollen die Leute doch lesen."

Ich mochte es nicht, daß er immer noch dachte, in mir selbstverständlich einen Verbündeten
30 zu haben, und widersprach ihm.

„Das glaubst du doch selbst nicht."

Ich war lauter geworden.

„Warum erzählst du mir das alles überhaupt?"

Er antwortete nicht, und ich ließ ein paar Augenblicke verstreichen, in denen ich glaubte, im
35 Hintergrund Türenschlagen zu hören, und ihn schon fragen wollte, wer bei ihm war, nur um das Gespräch weiterzuführen, mir es dann aber anders überlegte und ihn einfach vor den Kopf stieß.

„Wenn dir nichts Besseres einfällt, ruf mich nicht mehr an", sagte ich, und ich brauchte mich gar nicht zu bemühen, leise zu sein, so sehr brach meine Stimme dabei ein. „Ich will mit deinen
40 Hirnwichsereien nichts zu tun haben."

Bevor er etwas erwidern konnte, hatte Helena ihre Hand auf das Telephon gelegt und die Verbindung unterbrochen. (...) R

Anregungen zur Texterschließung

1. Welche Handlungselemente hält Paul für publikumswirksam („Das wollen die Leute doch lesen")? Stimmen Sie seiner Sichtweise zu?
2. Wie reagiert der Erzähler auf Pauls Ausführungen? Glauben Sie, dass seine Reaktion etwas mit Helenas Anwesenheit zu tun hat?
3. Braucht nicht jeder Romanautor, auch jeder Drehbuchautor und Dramatiker reale Menschen und reale Vorfälle, die er dann im künstlerischen Werk „bearbeitet"? Ist das nicht seine künstlerische Freiheit? Oder gibt es Ihrer Ansicht nach ethische Grenzen?

Der Ich-Erzähler lässt schon auf den ersten Seiten des Buches die Leser/innen wissen, dass er Paul weder sonderlich schätzt noch mag. Trotzdem verweigert er sich nicht der Nähe dieses Mannes – und am Ende wird er, der ja auch Journalist und bislang verhinderter Romancier ist, davon vielleicht profitieren. Denn auf den letzten Romanseiten bricht Pauls Zukunftsgebäude kläglich zusammen. In einem Zagreber Hotelzimmer wird er tot aufgefunden – eine Überdosis Schlaftabletten und kein erklärender Abschiedsbrief. Von den Plänen zum Roman ist nichts übrig geblieben, keine Notizen, keine Materialien, kein ausgearbeitetes Kapitel. Übrig geblieben ist ein ungenützter Romanstoff, der nun (so wie Helena) dem Ich-Erzähler bleibt, denn „ich dachte, ich muss es an seiner Stelle versuchen, bin es ihm schuldig, endlich richtig anzufangen, ihm und seinem Ende".

LIVE DABEI, WENN GEMORDET WIRD

Der österreichische Schriftsteller THOMAS GLAVINIC (geb. 1972) machte in seiner Kriminalnovelle *Der Kameramörder* (2001) die Rolle von Medien zum Inhalt der Handlung. Vier Freunde – zwei Paare – verbringen die Osterfeiertage auf dem Land. Das *Idyll* wird aber durch die Fernseh- und Rundfunkberichterstattung gestört. In der Nähe des Ortes, an dem sie sich befinden, ereignet sich ein ungeheures Verbrechen. Ein Mann hat drei Buben in seine Gewalt gebracht und zwei von ihnen gezwungen, sich umzubringen. Den Vorgang hat der Täter mit einer Videokamera gefilmt. (Der Ich-Erzähler ist einer der vier Freundinnen/Freunde.)

THOMAS GLAVINIC: DER KAMERAMÖRDER 3

1 Nach dem Essen spielten wir Rommé. In einer durch Eva Stuben-
rauchs Harndrang bedingten Pause holte meine Lebensgefährtin
zwei Päckchen Kelly's-Chips. Heinrich schaltete den Fernseher und
Teletext ein. Die erste Nachricht behandelte einen ausländischen

5 Staatsbesuch. Die zweite berichtete von einem Mord an zwei Kindern, der in der Weststeiermark verübt worden war. Man schrieb
von einem grauenhaften Verbrechen. Groß angelegte Fahndung. Es
wird gegen einen etwa 30-jährigen, mittelgroßen Mann ermittelt,
der 2 7 u. 8 Jahre alte Kinder gezwungen hat, sich durch einen

10 Sprung von einem hohen Baum zu töten, und diese Taten mit einer
Videokamera aufgenommen hat. Ein dritter Bub, der 9jährige Bruder der beiden ums Leben gekommenen Kinder, hat entfliehen können. Es gibt fieberhafte Ermittlungen. Heinrich forderte die wieder
eingetretenen Frauen auf, die Nachricht zu lesen. Eva schlug die Hände vors Gesicht. Meine

15 Lebensgefährtin: So etwas Gräßliches habe sie noch nie gehört. Heinrich machte uns darauf
aufmerksam, daß der im Bericht genannte Ort ganz in der Nähe liege. Er behauptete, von der
betroffenen Familie, deren Oberhaupt Kommandant der freiwilligen Feuerwehr sei, schon gehört, evtl. in einer Gemeindezeitung das Foto des Vaters gesehen zu haben. Es wurde allgemein Überraschung darüber laut, daß jemand einen anderen Menschen zwingen könne, sich

20 zu töten, und wie so etwas vor sich gehen könne. So dauerte es eine Weile, bis wir uns wieder
unseren Karten zuwenden konnten. Dabei gewann ich ein wenig Geld, meine Lebensgefährtin
verlor etwas, Eva gewann viel, und Heinrich verlor viel. Wir aßen Chips und tranken Rotwein.
Diesen holte Heinrich in Abständen aus dem Keller. Da der Keller nur von außerhalb des
Hauses zu erreichen ist und es am Abend heftig zu regnen begonnen hatte, kehrte er jedesmal

25 naß zurück. Dies gab zu Heiterkeit Anlaß. Nachdem wir einige Stunden gespielt hatten, räum-
te Eva um ca. 1.30 Uhr früh die Spielkarten zurück in die Schachtel. Bevor wir einer nach dem
anderen ins Badezimmer gingen, um uns die Zähne zu putzen und das Gesicht zu waschen,
schaltete Heinrich noch einmal Teletext ein, um etwaige neue Nachrichten über den Kinder-
mord zu lesen. Es gab jedoch nichts Neues. (...)

30 Er wischte sich den Mund mit einer geblümten Serviette ab und lief ins Haus, um im Teletext
Nachrichten zu lesen. (...) Heinrich rief uns zu, eine Schlagzeile laute Videokamera gefunden
– Kind sagt aus. Erregt wiederholte er, die Polizei habe die Videokamera des Täters, mit der
dieser seine Handlungen aufgenommen hat, auf einem Autobahnraststättenparkplatz aufge-
funden. An uns richtete er die Frage, ob diese Aufnahmen wohl evtl. der Öffentlichkeit im
Fernsehen zugänglich gemacht würden. Er glaube, das ja. Dieser Auffassung widersprach mei-

35 ne Lebensgefährtin. Solche Szenen würden aus Gründen der Moral nicht ausgestrahlt. Darauf
verlieh Heinrich unter Gelächter seiner Überzeugung Ausdruck, daß meine Lebensgefährtin
die Realität der Geschäftswelt im allgemeinen und die der im Quotenkampf befindlichen
Fernsehsender im besonderen nicht in vollem Umfang zu erfassen scheine. Da habe er auch

40 wieder recht, antwortete meine Lebensgefährtin. Heinrich zog sich vom Fenster zurück. Nicht
lange, und er lehnte sich wieder aufs Fensterbrett. Es gab Neuigkeiten. Nach der Aussage des
dritten, geflohenen Kindes hat die Polizei die kaum faßbaren Vorgänge rekonstruiert. Ein bereits beschriebener Mann hat die 3 Geschwister am Karfreitagmorgen beim Spielen auf einer
Waldlichtung, etwa einen Kilometer vom Haus der Eltern entfernt, angesprochen. Sachlich

Thomas Glavinic

Neumayr Franz, Seekirchen/Salzburg

45 und gar nicht unfreundlich setzt der Mann den Kindern auseinander, er hat ihre Eltern in seine Gewalt gebracht. Es liegt an den Jungen, ob die Eltern mit dem Leben davonkommen oder ob er sich durch das Verhalten der Geschwister gezwungen sehen wird, den Eltern einen gewaltsamen und äußerst schmerzhaften Tod zu bescheren. Die Entführten müssen alles tun, was er von ihnen verlangt. Und damit sie nicht doch auf die Idee kommen, ihm wegzulaufen,

50 wird er einen von ihnen – den später entflohenen 9jährigen, der die Aussagen machte – an sich festbinden und, falls die beiden anderen weglaufen, mit dem Tod bestrafen. Ausdrücklich erwähnt wurde, daß der Strick, mit dem der Mann das Kind an seinem Gürtel festgebunden hat, 80 cm lang und ein Schweinestrick ist. Nachdem dies geschehen ist, beginnt der Mann die Kinder zu filmen und vor der Kamera auszufragen. Wie sie heißen. Wie alt sie sind. In welche

55 Schule sie gehen, welchen Beruf ihre Eltern ausüben und mehr. Einige Stunden lang streift der Unhold mit seinen Opfern durch Wald und Wiesen, fragt und filmt die weinenden Kinder. Er befiehlt dem 7jährigen, auf den höchsten Baum der Umgebung zu klettern. Dabei darf ihm der geschicktere 8jährige helfen. Durch die Unterstützung des großen Bruders schafft es der Kleine, die Höhe von 10–12 m zu erreichen. Der Größere muß wieder hinabklettern. Nun befiehlt

60 der Mann, immer die Kamera am Auge, dem Kleinen hinunterzuspringen. (...) An dieser Stelle warf meine Lebensgefährtin ein, der Täter würde bald gefaßt. Gewiß habe er sich durch seine Stimme verraten. Nun sei sie überzeugt, das Video werde ausgestrahlt. Schon um den Täter von Zuschauern anhand seiner Stimme identifizieren zu lassen. Heinrich antwortete, so sicher sei dies nicht. Der Täter habe seine Stimme völlig verstellt und hoch und krächzend

65 gesprochen. Übrigens seien Fernsehteams aus der ganzen Welt unterwegs in die Weststeiermark, wegen der Unfaßbarkeit der Tat. Frauenkirchen, die Opfergemeinde, sei lt. Teletext im Belagerungszustand. Eine Schlagzeile laute: Das Verbrechen geht um die Welt. Eine Hundertschaft von Journalisten sei vor Ort, die Mutter der Kinder in die psychiatrische Anstalt Am Feldhof eingewiesen, das überlebende Kind in künstlichen Tiefschlaf versetzt. Im Haus ertön-

70 te ein Schrei. Eva kam herausgestürmt. Weinend jammerte sie, wobei sich ihre Stimme überschlug, sie wolle nichts mehr von dieser entsetzlichen Sache hören. Heinrich solle endlich still sein. Sie halte es nicht mehr aus. Sie zitterte am ganzen Körper, ballte die Fäuste und schluchzte. Meine Lebensgefährtin umarmte sie. Heinrich blieb am Fenster stehen. Er biß an fingernagelnaher Haut und schwieg. Es dauerte ca. 8–10 Minuten, bis Eva wieder zu ihren Gastgeber-

75 pflichten zurückkehren konnte (Abwaschen etc.). Meine Lebensgefährtin sagte zu Heinrich, es sei wirklich besser, wenn er sich mit Einzelheiten dieser grauenhaften Begebenheit etwas zurückhalte. Auch ihr gehe dies mehr an die Nieren als alles, was sie seit langem aus der Zeitung oder dem Fernsehen erfahren habe. Diese Bemerkung löste eine Diskussion aus, ob man von in unmittelbarer oder relativer Nähe geschehenen Unglücksfällen weitaus stärker betroffen sei

80 als von Dingen, die weit entfernt in der Welt geschehen. Heinrich erwähnte weinende Jugoslawen und stellte diese ausgemergelten Äthiopierkindern gegenüber. Außerdem brachte er als Beispiel ein Erdbeben oder einen Vulkanausbruch (er erinnerte sich nicht genau) zur Sprache, das oder der 50 000 Menschen das Leben gekostet hatte (die Zahl könnte höher oder geringer sein, wieder ließ ihn hierbei sein Gedächtnis im Stich). Diese Katastrophe war in einem sehr

85 weit entfernten Land in Asien oder Südamerika passiert. Bei uns hatte sie kaum Nachrichten nach sich gezogen. Auch er selbst habe bei weitem nicht solches Grauen verspürt wie jetzt. Das stimmt, sagte meine Lebensgefährtin. Sie gehe ebenfalls über die Erdbebennachricht mehr oder minder schulterzuckend hinweg, der Mord an den Kindern hingegen rühre an das Tiefste ihrer Seele. Wohl, weil es so nahe geschehen sei. Heinrich ergänzte, es sind Kinder, Sonja.

90 Das komme hinzu. Ich erinnerte daran, daß wir Tränen nur wahrnehmen, wenn wir sie sehen,

und daß wir die Gesichter kennen müssen, um ihr Leid fühlen zu können. Dazu passe auch Heinrichs Theorie. Jugoslawische Gesichter seien uns vertrauter als die von schwarzen Wüstenbewohnern. R

Anregungen zur Texterschließung

1. Weisen Sie in Text 3 das Spannungsverhältnis zwischen Alltag und Medien*bericht* nach.
2. Dem Teletext ist genau zu entnehmen, wie das Verbrechen vor sich gegangen ist. Nehmen die dafür verantwortlichen Journalist/innen nur ihre Informationspflicht wahr oder wird dadurch spekulativ die Einschaltquote erhöht?
3. Fassen Sie zusammen, welche Reaktionen die ausführliche Meldung über das Verbrechen bei den unbeteiligten vier Personen auslöst. Zu welchen Überlegungen werden diese Personen angeregt?
4. Überlegen Sie, wie Sie selbst mit Nachrichten umgehen, die das Leid anderer zum Inhalt haben.

Kompetenzen: Das sollen Sie wissen/können

1. Sie können wesentliche kritische Einwände PETER HANDKES gegen die Berichterstattung über die Jugoslawienkriege wiedergeben.
2. Sie können erklären, welches Problem des Schreibens über Kriegsgräuel NORBERT GSTREIN in seinem Roman *Das Handwerk des Tötens* behandelt.
3. Sie können erklären, welche Rolle Videokamera und Fernsehen in THOMAS GLAVINIC' Novelle *Der Kameramörder* spielen.

VERGESSEN – ERINNERN – BEWÄLTIGEN
3
Das Thema Nationalsozialismus in der österreichischen Gegenwartsliteratur

Modulvorschau

Im Unterschied zur deutschen Literatur war in der österreichischen die kritische Aufarbeitung der NS-Vergangenheit lange Zeit nur ein Randphänomen. Das änderte sich, als Kurt Waldheim 1988 Bundespräsident wurde und der damalige Obmann der FPÖ Jörg Haider mit Äußerungen an die Öffentlichkeit trat, die als Teilrechtfertigung des Dritten Reichs verstanden werden konnten. In den Neunzigerjahren des 20. Jhs. und im ersten Jahrzehnt des 21. Jhs. erschienen mehrere literarische Werke, in denen der Nationalsozialismus zum Thema gemacht wurde. Exemplarisch erarbeiten Sie in diesem Modul ein Gedicht und den Roman *Gebürtig* von ROBERT SCHINDEL, dessen Familie zum Opfer von NS-Verbrechen wurde.

„WECHSELBALG RASSISCH MINDERWERTIGER ELTERN"

1 ROBERT SCHINDEL: ERINNERUNGEN AN PROMETHEUS

1 Jedenfalls ward ich geworfen inmitten der Ostmark
Im Städtchen Bad Hall, ein großes Jodbad heute
Als Wechselbalg rassisch minderwertiger Eltern
Welche sich als Fremdarbeiter aus Elsaß ausgaben

5 Hitler zum Trotz
In ihrer eigenen Heimat zur Rettung
Ihrer eigenen Haut

Welche mütterlicherseits einunddreißig und
Welche väterlicherseits, ein Jahr vor der Liquidierung
10 Dreiunddreißig Jahre alt war.

Ich höre, daß vor ihrer Verhaftung ein nahezu
Gutes Verhältnis zwischen Eltern und Kind
Bestand.

Robert Schindel

Um meinen ersten Geburtstag Anfang April fünfundvierzig
15 Trieb sich meine Mutter zwischen Berlin und Hamburg
In Viehwaggons herum, weshalb weiß der Teufel

In diesen Viehwaggons, höre ich, war Mutter nicht allein
Obzwar die Temperaturen des frühen Aprils niedrig waren
Konnten die Leute einander wärmen. Sie standen eng beieinander

20 Manche der Leute sollen abgestorben sein, andere waren
Hemmungslos vor Hunger. Sie krallten sich in das Fleisch
Das herumstand.

Das Fleisch bestand auch aus der Mutter meiner, drei
Wochen auf Transport, weshalb weiß Gott. Fünfhundertvier
25 Stehende Stunden zwischen Berlin und Hamburg. Mutter
Bestand noch immerhin aus fast intaktem Knochengerüst
Einem Schimmer Fleisch und überwachen Sinnen.

Um meinen ersten Geburtstag Lenz fünfundvierzig
War mein Vater schon angereist gekommen aus Auschwitz
30 In Dachaus Peripherie. Dort
Vergrub man ihn. Der Vater meiner, höre ich
Liebte Musik und Turnen und konnte auch
Vorzüglich analytisch denken seinerzeit
Auch er bestand aus jenem Knochenpanzer und seiner Haut
35 Aber um meinen ersten Geburtstag im Lenze fünfundvierzig
Er schon sinnelos.

So lernte ich einen Mythos und wußte nichts.
Märchen sind ins Wundersame gezogene
Extrakte des Lebens mit gutem Ausgang, ich lebte.

40 Nicht unmöglich ist, daß der Wechselbalg damals
Und Schreiber dieser Zeilen einunddieselbe
Person sind, nicht unmöglich mit dem gleichen ICH
Wohl möglich, sondern aber nicht wahrscheinlich.

Vielmehr der Säugling damals – der ja auch
45 Nicht ganz denselben Namen trug wie ich, der ich
Genannt werd Schindel – lieh dem Schindel
Seine Angst und seine rohen Träume
Von galoppierenden Klavieren und dem dustern
Sang der Insektennachtigall. Lieh dem Schindel
50 Er die aufgesetzte Mimik, klebte
Sein altes Wesen mit der großen Augenstille auf mich.

Was da entsteht
Das weiß der Teufel nicht, und Gott scheint ratlos
Vor dieser Mitvergangenheit. R

Wechselbalg: missgebildetes oder unterschobenes Kind. Nach germanischem Volksglauben stehlen
Zwerge oder Geister neugeborene Menschenkinder und tauschen sie gegen ihre eigenen hässlichen
Kinder aus.

Anregungen zur Texterschließung

1. *Erinnerungen an Prometheus* ist ein *autobiografisches* Gedicht. Was erfahren Sie daraus
   über den Autor, seine Mutter und seinen Vater? (Ziehen Sie als zusätzliche Informationsquelle auch Text 2 heran.)
2. Die Sprache wirkt an manchen Stellen hart, bitter, sogar zynisch. Robert Schindel macht
   hier die menschenverachtende Perspektive des Nationalsozialismus erkennbar. Führen Sie
   solche Textstellen an.

3. Schindels Sprache ist nicht immer eindeutig. Formulieren Sie Ihr Verständnis der Schlusspassage (Z. 40–54; Zusatzinformation: Robert Schindel überlebte den Nationalsozialismus wahrscheinlich nur, weil er von Pflegeeltern unter falschem Namen betreut wurde, bis seine Mutter zurückkam).

2 ROBERT SCHINDEL: DER „FRIEDEN" WIRD FÜNFZIG (AUSZUG)

1 Eine zweiunddreißigjährige Frau steht mit ihren zweiunddreißig Kilogramm Körpergewicht zusammen mit etlichen Leuten seit Tagen in einem Waggon, der mit anderen Waggons anscheinend ziellos durchs nördliche Deutschland fährt. Der Waggon ist nicht eben komfortabel, aber immerhin kommt die Frühlingssonne durch die kleinen Fenster und durch die Rit

5 zen. Das Innere des Waggons ist kahl, einige Kübel sind vorhanden, ansonsten stehende, kauernde, liegende Leute. Von Zeit zu Zeit werden die Türen geöffnet, die Kübel ausgeleert, Verstorbene herausgenommen, Suppe und Brot – wenn vorhanden – hineingeschoben.

Die Frau steht heute in der Nähe der Tür, als diese wieder einmal geöffnet wird. Einige ältere Herren in anderer Uniform als bisher – graugrün – werfen Stroh in den Waggon hinein. Stroh

10 und nochmals Stroh. Die Frau schaut stumm fragend einen der älteren Herren an. Er bemerkt den Blick und sagt zu ihr: „Ihr habt es gut." „Wir haben es gut?" „Sowieso. Heute ist Kriegsschluss. Ihr habt es gut." „Wo sind wir?"

„Dänische Grenze." „Ist heute Sonntag?" „Achter Mai oder neunter. Ihr habt es gut. Aber was wird aus uns?"

15 Der Herr von der Feldpolizei schaut bekümmert. „Es wird schon werden", sagt meine Mutter, die nie um einen Trost verlegen ist.

So fährt sie mit den andern weiter nach Schweden und wird behutsam aufgefüttert. Manche, die zu gierig zu essen beginnen, müssen noch sterben. Sie ist von Auschwitz, zuletzt von Ravensbrück angereist gekommen, über Berlin und Hamburg, gelegentlich von einem Bahnhof

20 zu Fuß zum andern, von den verhärmten Einwohnern beglotzt, häufig auch Rümpfnasen wegen des Gestankes, Ausspucke, weil Häftlinge. Nun ist diese Reise zu Ende. Nun kann sie ihre Toten zählen und zuversichtlich in den Frieden starren, der zu Anfang eine schüchtern lächelnde Maiengestalt ist.

Das Tote-Zählen lässt sie schnell bleiben, das wird später der in Wien überlebt habende Sohn

25 besorgen. Die Hinrichtung ihres Freundes – meines Vaters – in Dachau deprimiert sie zwar schrecklich, doch nun gilt es, ein freies, demokratisches Österreich zu errichten. Die junge Frau ist nicht nur ein Untermensch gewesen, sie ist zusätzlich eine Kommunistin geblieben; daher trachtet sie, so schnell wie möglich ins zerbombte Wien heimzukehren, ihren Sohn etwelchen Pflegeeltern mit Dank wegzunehmen und aufzubauen: neue Häuser, neue Gesell

30 schaft, neue Menschen. Im August trifft sie in Wien ein, findet mich, denn sie erkennt mich am Muttermal an meinem rechten Unterarm, und dann geht's los.

Den Frieden füttern, den Frieden warm halten, dem Frieden die Angst nehmen, den Frieden laufen lehren, sprechen, lachen. Die Toten in Riga, in Auschwitz-Birkenau, in den Wolken, im Erdreich, sinken immer mehr ab, verschwinden in der langen Nacht, ihre Namen verschim

35 meln.

etwelchen: veraltet für: einige; hier: irgendwelchen

ROBERT SCHINDEL: „GEBÜRTIG"

Die Figuren in *Gebürtig* (1992) sind vor allem Intellektuelle und Künstler/innen. Das Geschehen spielt in der ersten Hälfte der Achtzigerjahre des 20. Jhs. vorwiegend in Wien. ROBERT SCHINDEL erzählt über „jene Befangenheiten und Verstrickungen in Scham und Lüge, die sich als ‚gläserne Wand' immer wieder aufs Neue zwischen die unsere Jahrhundertkatastrophe überlebenden Juden und die nachgewachsenen deutsch-österreichischen Nichtjuden schiebt." (Klappentext/*Gebürtig*)

ROBERT SCHINDEL: GEBÜRTIG

3

1   Was soll der fünfunddreißigjährige Stiglitz, blond und aus Oberösterreich, mit der jüdisch-wienerischen Singer aus Ottakring reden, frag ich mich, und sicher fragt sich das Stiglitz auch. Dabei kennen die beiden einander. Sie haben gemeinsame Freunde, Danny Demant und mich zum Beispiel, sie sehen sich bei Festen jetzt wie früher bei Demos und immer in den Beiseln.

5   Sie wissen solala voneinander (…).

Weil Mascha von den Floskeln zu den Pausen zwischen den Floskeln übergeht, bemerkt Erich, daß sie alsdann weggehen will. Ihm steigt die Magensäure hoch, er schaut in die Augen der Schwarzen und sagt:

Mauthausen ist eine schöne Gegend.

10   Mascha nickt und hört auf mit dem Nicken. Jetzt muß mir die Luft wegbleiben, denkt sie sich, denn bei solchen Bemerkungen ist sie immer schon starr geworden. Sie hat nie erfahren können, ob sie so was aufregt, denn sie hat sich ganz einfach aufgeregt.

Hörst du, sagt sie, das ist eine geschmacklose Bemerkung. Aber geh,

15   sagt er, ich bin dort aufgewachsen. Ich weiß es. Die Gegend dort ist sehr schön. Als Kind hab ich dauernd im Konzentrationslager gespielt. Ein Superspielplatz. Glaubst, daß ich mir als

20   Zehnjähriger was dabei gedacht habe? Erst mit Zwanzig hab ich erfahren, daß mein Onkel als Häftling dort war.

Gut, regt sich Mascha auf, gut. Kinder sind Kinder. Doch jetzt bist du dreimal

25   so alt. Wie kannst du bloß so blauäugig unbefangen daherreden?

Gebürtig, Verfilmung 2002

Wegen Rassenschande übrigens, redet Erich weiter. Na, weil ich unbefangen bin. Stiglitz stellt das Glas hinter sich. Jetzt sieht er, daß von Weggehen keine Rede mehr ist. Gebannt steht die hochnäsige Soziologin auf seinem

30   Kinderspielplatz. Der Fleischhauer, der der SS das Fleisch geliefert hat, ist zwar jetzt in Pension, aber dem Stiglitz sehr vertraut. Mit dem Sohn des Murners ist er aufgewachsen, und der Murner war SS im Lager. Na und? Mascha funkelt ihn an:

Du glaubst, du kannst nichts dafür.

Was soll denn ich dafür können?

35   Weil du so unbefangen darüber sprichst. Du redest so blauäugig daher.

Während der kleine Erich auf der Todesstiege von Mauthausen herumhüpft, vergeht die Zeit so, als würde Mascha noch einmal vom Steinbruch geworfen werden. In der kalten Riesenstadt Wien will sie ihm noch den dreckigen Himmel verdunkeln. Er sieht genau, wie sie ihn durch ihre Empörung verspottet; unbefangen zieht sie einen toten Verwandten nach dem andern aus
40 ihrem Schoß, ohne auch nur ein Wort zu sagen, so daß dem kleinen Erich die Glaskugeln aus der Hand fallen, aber statt die Stufen des Steinbruchs runterzuspringen, lustig, verschwinden sie in den aufgerissenen Mäulern jener zerschmetterten Kadaver.

Mascha sieht nichts dergleichen. Schon wieder ist sie zugleich außer sich und zugleich tief in sich gesunken, als ob ihre Sandkiste mit Asche gefüllt sei. Bevor sie die Hände zur Abwehr
45 erheben kann, springt der kleine Erich dem großen mit Karacho in den Bauch, und Stiglitz zieht seine Lippen zu einem Strich:

Arschloch, sagt er, verschwind! Ich red nie mehr ein Wort mit dir! Du willst mich als Faschisten hinstellen? Schleich dich! R

Anregungen zur Texterschließung

1. Stiglitz stammt aus Mauthausen in Oberösterreich, wo ein NS-Konzentrationslager stand. Er versucht, damit „unbefangen" umzugehen. Gelingt dieser Versuch?
2. Robert Schindels Erzählsprache ist manchmal sehr bilderreich. Weisen Sie die Sprach*bilder* in den Zeilen 36–42 nach.

Der Kulturjournalist Konrad Sachs, Sohn des NS-Generalgouverneurs von Polen Ernst Sachs, ist „unschuldig zu seiner Schuld gekommen, die er nicht mehr zu ertragen weiß" (Klappentext), aber abzutragen versucht.

4

1 Konrad Sachs fuhr aus dem Schlaf hoch. Mit zitternden Händen tappte er am Nachtkästchen herum, fand die Brille und setzte sie sich auf. Seine Frau Else sagte mit schläfriger Stimme: „Schon wieder schlecht geträumt, nicht wahr?"
„Hab ich geschrien?" Konrad drehte sich zu ihr hin, fuhr sich dabei durchs schüttere Haar,
5 bemerkte dabei den Schweiß an der Stirn.
„Das geht schon so den ganzen Herbst", flüsterte Else. (...)
Seit seiner Jugend hatte er die Angstträume nicht mehr gehabt, bis zu jenem zweiten September dieses Jahres. Er wußte es genau, es war am Tag nach seinem vierundvierzigsten Geburtstag gewesen, als ein Außenstehender ihn wiederum mit seinem furchtbaren Geheimnis kon
10 frontiert hatte. (...)
Eggenberger, der Mitwisser. Eggenberger war dabei, als der junge Sachs in den Bibliotheken die Dossiers seines Vaters studierte, der einst der große Mann im Generalgouvernement war und unweit des großen südpolnischen Vernichtungslagers seine Residenz hatte. Vorher schon war er ein hoher Nazijurist gewesen, nachher wurde er in Nürnberg verurteilt und hingerich
15 tet. Natürlich wußte Sachs schon die ganze Zeit, wer sein Vater war. Er hatte sogar noch dunkle Erinnerungen an jenes große Lager, das er an der Hand des Vaters nicht selten besucht hatte, vor allem bestimmte Gerüche erinnerten ihn daran.
Sowohl die Mutter als auch die ältere Schwester hielten das Andenken des Vaters hoch und sprachen von Schandurteilen der Siegermächte über jene, die das alles so nicht gewollt, aber
20 doch treu zum Vaterland gestanden waren. (...)

Konrad begann in München zu studieren. Dort lernte er den Eggenberger kennen. Herrmann kam zu ihm:

„Sachs. Bist du der Sohn von Ernst Sachs?" Konrad nickte.

„Da schau her! Der Prinz von Polen. Ich bin der Eggenberger."

25 „Welcher Eggenberger?"

„Mein Vater und dein Vater waren so." Und Herrmann legte seine Zeigefinger nebeneinander. (...)

So erfuhr Konrad, daß der alte Eggenberger sich vor kurzem doch nach Südamerika abgesetzt hatte (...).

30 Konrad konnte nicht ohne Übelkeit erfassen, was sein Vater urkundlich offenbar getan hatte, während Herrmann eben diese Taten aus der Zeit erklärte und als unumgänglich hinstellte. Der Respekt vor Ernst Sachs wuchs ihm ins Unermeßliche. Zugleich aber, und das verblüffte Konrad, stellte er die Echtheit des Bildmaterials in Abrede. Die Leichenberge, die jetzt überall veröffentlicht wurden, tat er als Fälschung der Siegermächte ab, vor allem das gänzlich verju-
35 dete Amerika sei groß im Fabrizieren und Verbreiten solcher Lügen. (...)

Konrad ging noch vor Ende des Studiums von München weg. Er hatte heimlich noch vieles über seinen Vater nachgelesen. (...)

Sachs beschloß, keinen Vater zu haben, nie einen Vater gehabt zu haben. Er zog nach Hamburg und begann als Kulturredakteur beim liberalen Hamburger Echo zu arbeiten. Seine Her-
40 kunft hielt er geheim. Gott sei Dank war ja Sachs ein recht häufiger Name, dennoch erwog er sogar, diesen zu ändern. R

Nach einem psychischen Zusammenbruch und anschließendem sozialen Rückzug versucht Konrad Sachs seine Vergangenheit endgültig zu bewältigen. Er schreibt in einem Brief an seinen jüdischen Bekannten Daniel Demant:

5

1 Wissen Sie, ich fühle mich keineswegs geheilt oder was man unter diesem Wort versteht, sondern bloß in einer guten Ausgangssituation. Nach wie vor fällt es mir beispielsweise schwer, das Wort Jude auszusprechen. Nach wie vor plagt mich die Angst, doch noch innerlich in die Fußstapfen meines Vaters zu treten, entschuldigen Sie diese dumme Formulierung. (...)
5 Nun eine letzte Bitte: Ich möchte eine Reise in meine Kindheit machen und habe mich zu einer Psychoanalyse entschlossen. Es muß aber, Sie werden das vielleicht für einen philosemitischen Quatsch halten, ein jüdischer Analytiker sein. Der Grund ist sehr einfach: Ein nichtjüdischer Analytiker in Deutschland hat doch in aller Regel ein belastetes Verhältnis zu jener Vergangenheit (...). R

Anregung zur Texterschließung (Text 4 und 5)

Wie geht Konrad Sachs, wie geht Herrmann Eggenburger mit der Tatsache um, Sohn eines NS-Täters zu sein?

U. a. geht es in Robert Schindels Roman auch um den österreichischen Kommunisten Karl Ressel, der das KZ Ebensee überlebte und nach Jahrzehnten den ehemaligen Oberscharführer Egger, den berüchtigten „Schädelknacker", erkennt. Vor Aufregung erleidet er einen Herzanfall und stirbt. Seine Tochter Susanne nimmt den Tod ihres Vaters als Auftrag, diesen Mann zu überführen, und sucht Zeitzeugen. Im Zuge ihrer Recherchen stößt sie auf Herrmann Gebirtig, einen jüdischen Schriftsteller, der nach New York emigriert ist. Sie fährt zu ihm, der seit der Nazizeit nie mehr österreichischen Boden betreten hat, der nicht einmal etwas in Deutsch schreibt, nach Amerika und bittet ihn, als Zeuge im Nazi-Prozess gegen Egger auszusagen.

6

1   Ich bin Gebirtig und will Komödien schreiben und mit polnischen Jüdinnen schlafen und dann sterben.

  Jetzt werde ich bald sechzig und kriege einen Bauch. Ich glaub, ich werd dieser Frau in Wien einen gröberen Brief schreiben, damit sie Ruhe gibt. Für so eine ist Schweigen offenbar keine

5 Antwort. Es ist ja traurig, daß ihr Vater bei der Entlarvung vom Egger gestorben ist. Hätt er sich halt nicht drum kümmern brauchen. Wäre er weggegangen. Was hat er denn davon? Wer ist schon der Schädelknacker Egger? Ein höflicher Gendarm aus Leoben, der vorher zu wenig vom Leben gehabt hatte. Ich hab mich eigentlich auch vor ihm gefürchtet mit meinen achtzehn Jahren damals. Er konnte zwei ausgemergelte Häftlinge je am Genick packen und mit den

10 Köpfen derart gegeneinanderschlagen, daß manchmal die Hirnschale geplatzt ist. Einmal hab ich es selber gesehen. Das Geräusch war so ein Schmatzen, das kriege ich nicht mehr aus den Ohren heraus. Warum soll ich mir jetzt dieses Würschtel im Gerichtssaal betrachten? Bin ich mir's nicht schuldig, wenn ich ihm schon gegenüberstehe, ihm dann auch in den Bauch zu treten. Oder soll ich den gütigen Juden machen, dem es um Gerechtigkeit geht, ja, Herr Rich-

15 ter, der Herr Egger ist der Oberscharführer Egger, ich kann sogar seine Stimme nachmachen, ich bin ja musikalisch. Begrüße Sie, Herr Oberscharführer, wie geht's Ihnen denn heute, schlimme Zeiten, oje. Kommen Ihnen beim Geschlechtsverkehr bisweilen die toten Juden, die toten Russen und Polen hoch? Schlafen Sie so gut wie ich, Herr Egger? Drückt Sie das Alter? Haben Sie auch schon einen Bauch? Ach, wie waren wir damals schlank, wir beide. Und das

20 Gehen im Dezember in Fünferreihen hinein in den Stollen. Aber links und rechts die Einfamilienhäuser, bunte Fensterläden davor, vorweihnachtliche Bürgerstuben, drinnen weiße Tischtücher in der guten Stube, und rechtschaffene Leute um den Tisch, warm und behaglich das Ganze, und ich mit den andern in der dünnen Kluft und geschoren, jeden Tag zweimal vorbei an den Fensterläden mit dem ständigen Hunger, ich als Siebzehnjähriger, und Sie Herr

25 Egger, um die Dreißig, gertenschlank, laut, blondes Haar, etwas derbes Gesicht und ausdruckslose graue Augen. Ich hab Sie gesehen, auch wenn ich Ihnen doch niemals in die Augen blicken durfte, sondern immer Mütze herunter und Blick gesenkt. Nichts hat sich in den Augen verändert, als Sie dem Weiskopf Sigmund den Schädel knackten, Sie taten es nicht gerne, Sie taten es bloß. Keine acht Meter war ich entfernt. Jetzt gehen Sie lebenslänglich ins Gefängnis,

30 Herr Egger, mit Ihren siebzig Jahren und weißschädelig, und der Engel des Herrn möge Sie heimsuchen jede Nacht. Wo ist die Schallplatte meines Cousins?

  Soll mir Mordechai wieder was vorsingen. Es hört ja sonst jetzt niemand. Warum kommen mir denn die Tränen? Was haben wir denn davon, wenn der Engel des Herrn einen Anton Egger heimsucht? Geht's dir dann besser, Mama? Strecken sich die Gebirtigs dann gemütlich

35 in ihrem Aschenstern zur ewigen Ruhe? Würde das einen Deutschen oder Österreicher oder Ukrainer davon abhalten, Schädel zu knacken, wenn's Gelegenheit gibt? Was lassen sie mich nicht in Ruhe.

  Ich will, daß die Schweine lachen, wenn sie aus meinen Stücken kommen. Ich möchte selber lachen. Welcher Jude ist sich witzig vorgekommen, als er den Satz erfunden hat: der Weg der Erlösung

40 heißt Erinnerung. Was soll denn da erlöst werden bei welcher Erinnerung? Die Fensterläden, die bunten, schönen Fensterläden? Ich erinnere sie, jawoll.

Nun sitze ich selber drinnen, am East River, und er ist draußen, ich herinnen. Zuckerman ist fort, Joana oder wie die heißt ist fort, ist sogar nach Warschau gefahren, die *Meschuggene*. Nein, liebe Frau, ich komme Ihnen nicht. Lassen wir die Toten weinen, wir können ihren Jammer nicht lindern, können wir nicht. Lachen Sie, liebe Frau, so wie ich lache, sehen Sie her, ich lache.
„*Wejn nischt, wejn nischt, kleiner Josem*
Oi wi schlecht, wen's felt a trer
Wen dos hartz is ful mit lejdn
Un die ojgen senen ler."
Ja, ja, Mordechai, sing nur, warum nicht, werd ich halt nicht weinen, hast ja recht. Schlafen werd ich versuchen zu gehen, und morgen werd ich Ihnen einen groben Brief schreiben, auch wenn Ihr Vater gestorben ist, denn so wie er jetzt seine Ruhe hat, so möcht ich Ruhe haben, auch wenn ich noch lebe, zufällig lebe, hier am East River. Auf amerikanisch werde ich Ihnen schreiben, gleich morgen. Ich bin Amerikaner, was gehen mich die Österreicher an? R

Anregung zur Texterschließung

An welche Details erinnert sich Herrmann Gebirtig? Ist er bereit, bei der Überführung des Schädelknackers mitzuwirken?

Ergänzung Literaturgeschichte
Band 2

VIII. Zeitgenössische Literatur

Lesen Sie im Epochenteil das Kapitel VIII.4.2 (Österreichischer Themenschwerpunkt: NS-Vergangenheit und politische Gegenwart) und entnehmen Sie daraus folgende Informationen:

1. Welche zeitgeschichtlichen Umstände führten dazu, dass seit den Neunzigerjahren des 20. Jhs. das Thema Nationalsozialismus in der österreichischen Literatur häufig behandelt wurde?
2. Nennen Sie mindestens drei Beispiele für die Thematisierung. (Siehe auch Modul VIII.A)
3. Erläutern Sie, wie NORBERT GSTREIN in seinem Roman *Die englischen Jahre* das Thema NS behandelt.
4. Neben der Thematisierung des Nationalsozialismus beschäftigen sich österreichische Autorinnen und Autoren auch mit der aktuellen politischen Lage Österreichs. Erläutern Sie den Roman *Das Vaterspiel* von JOSEF HASLINGER. (Siehe auch Modul VIII.D)

Kompetenzen: Das sollen Sie wissen/können

1. Sie können erklären, welche Erfahrungen aus der eigenen Familiengeschichte ROBERT SCHINDEL in *Erinnerungen an Prometheus* thematisiert.
2. Sie können die zentralen Motive des Romans *Gebürtig* (ROBERT SCHINDEL) benennen.
3. Sie können erklären, wie Konrad Sachs und Herrmann Eggenberger mit der NS-Vergangenheit ihrer Väter umgehen.
4. Sie können erklären, wie Herrmann Gebirtig auf die Frage reagiert, ob er in einem Nazi-Prozess als Zeuge aussagen würde.

4 DIE RADIKALE DRAMATIK DES WERNER SCHWAB
„Die Präsidentinnen"

Modulvorschau

Der Schriftsteller WERNER SCHWAB wurde 1958 in Graz geboren. Sein Studium an der Akademie der bildenden Künste in Wien schloss er nicht ab. Neben verschiedenen Gelegenheitsarbeiten begann er literarische Texte zu schreiben und wurde ab 1990 innerhalb kurzer Zeit zu einem der meistgespielten deutschsprachigen Dramatiker. Seine exzentrischen Stücke fanden ihre Entsprechung in Schwabs Lebensweise. Er starb in der Neujahrsnacht 1993/94 an Alkoholvergiftung. Dieses Modul gibt Ihnen eine Einführung in *Die Präsidentinnen*, Schwabs erfolgreichstes Stück.

„DIE PRÄSIDENTINNEN" – EIN WEIHNACHTSABEND VOR DEM FERNSEHAPPARAT

Wir befinden uns in sogenannten bescheidenen, aber geordneten Verhältnissen. Die Bühne zeigt eine kleine, saubere Wohnküche. Der Raum ist laut Regieanweisung angeräumt mit Erinnerungsfotos, religiösem Kitsch, gerahmten Kalenderbildchen und Souvenirs. In der Wohnküche sitzen drei Schwestern, Erna, Mariedl und Grete. Bei ihrem Anblick wird dem Zuschauer/der Zuschauerin sofort klar, dass der Stücktitel *Die Präsidentinnen* nur ironisch gemeint sein kann. Erna wird von WERNER SCHWAB so beschrieben: „Mindestpensionistin. Kleiderschürze, orthopädische Schuhe, auf dem Kopf hat sie eine große groteske Pelzhaube". Grete ist ebenfalls Pensionistin, sie ist „ziemlich fett", hat eine hohe blonde „Turmfrisur", sie trägt billigen Schmuck und ist stark geschminkt. Mariedl ist am ärmlichsten von allen drei Frauen gekleidet: Sie trägt viel zu große Bergschuhe, und sie wirkt (am Anfang) „etwas idiotisch".

In der ersten Szene des dreiteiligen Stücks gibt Schwab einen Einblick in die Gespräche der drei Frauen. Die Themen sind einerseits alltägliche Banalitäten, zum Beispiel die Geschichte, wie Erna zu ihrer Pelzhaube gekommen ist, aber auch grundlegende existenzielle Probleme. Ernas Problem ist vor allem ihr Sohn Herrmann. Von ihm erfährt man, dass er Vertreter ist und dass sich Erna nichts sehnlicher von ihm wünscht als ein Enkelkind. Aber Herrmann verweigert der Mutter diesen Wunsch auf geradezu bösartige Weise. Überhaupt habe sich Herrmann von den Mitmenschen abgewandt, sagt Erna. Immer, wenn er einen Menschen sehe, müsse er vor Übelkeit gleich einen Weinbrand trinken, und da Herrmann als Vertreter viel unter Menschen kommt, kommt er fast jeden Tag betrunken nach Hause.

Die Präsidentinnen, Deutsches Theater 1995

Als sich Erna darüber empört, dass Grete einen ordinären Ausdruck wie Scheiße verwendet, sagt Mariedl, sie habe keine Angst vor den „unteren Wörtern" – und auch nicht vor dem, was sie bezeichnen. Sie sei nämlich dafür bekannt und beliebt, berichtet sie, dass sie ohne Gummihandschuhe verstopfte Toiletten ausräume. Nach und nach erfährt man auch einiges über das misslungene Leben von Grete. Gretes geschiedener Mann Kurt hat offensichtlich Hannelore, die gemeinsame Tochter, sexuell missbraucht. Die Tochter ist nun seit Jahren in Australien. Kurt hat sich scheiden lassen und ein Mädchen aus dem Fernen Osten geheiratet. Grete ist einsam geworden, ihre Sehnsüchte nach Liebe und Sexualität beschwichtigt sie durch Essen und Trinken. Auch Erna kennt die Sehnsucht nach Liebe, und die hat bei ihr Namen und Anschrift. Es handelt sich um den aus Polen stammenden Fleischhauer Karl Wottila, einen religiösen Mann.

Schwabs *karikaturistische* Perspektive auf die Lebenssituation seiner drei Figuren ist die des „bösen Blicks". Aber trotz der *satirischen* Personenzeichnung wird immer wieder die Tragik im Leben von Grete und Erna erkennbar, die Diskrepanz zwischen ihren Sehnsüchten und der Realität, die zu ihrem Leben geworden ist. Mariedl bleibt in der ersten Szene eine noch nicht konturierte, fast puppenhaft wirkende Kunstfigur ohne persönliche Lebens- und Leidensgeschichte. Ihr großer Auftritt kommt erst in der zweiten Szene.

DER TRAUM VOM ZELTFEST

Unter Alkoholeinfluss entwickeln die drei Frauen in der zweiten Szene ihre privaten Utopien, ihre Traumwelten. Zum Ort dieser Projektionen machen sie ein imaginäres Zeltfest. Gretes Wunschbild könnte aus einem trivialen Herz-Schmerz-Roman entnommen sein. Sie stellt sich vor, sie werde von einem besonders feschen Musikanten namens Freddy umworben. Der fesche Musikant entpuppt sich obendrein auch noch als Gutsbesitzer, der Grete samt ihrem Hündchen Lydia zu sich aufs Gut holen will, damit sie ihm dort als Gattin und Gutsherrin beistehe. Im Zentrum von Ernas Sehnsüchten steht der Fleischhauermeister Karl Wottila. Der polnische Fleischhauer tanzt mit ihr und versorgt sie mit Selchfleischbroten und Milchkaffee. Mariedl wird in ihrer Wunschwelt zur „Heldin" des Zeltfestes, und zwar dadurch, dass sie alle verstopften Aborte ohne Gummihandschuhe ausräumt.

MARIEDL DEKONSTRUIERT DIE TRAUMWELT – UND WIRD HART BESTRAFT

Als Ernas und Gretes erträumte Kitschwelten von Liebe und sozialer Sicherheit vollkommen konstruiert sind, erfolgt die *Peripetie*. Mariedl macht aus den schönen, heilen Visionen plötzlich eine düstere Prophetie: Grete und Erna werden von ihrer familiären Vergangenheit eingeholt.

WERNER SCHWAB: DIE PRÄSIDENTINNEN

1

MARIEDL *(ist irritiert, kratzt sich überall)*: (...) Aber immer wieder spielt das Leben seine eigenen Gesetze und zaubert eine Lebensgefährlichkeit an die Lebensoberfläche. Vor dem Fest hat nämlich ein Taxi gehalten, und aus dem Taxi steigen zwei Menschen aus, ein Mann und eine Frau. Die haben das Taxi gar nicht einmal bezahlt und der Taxler rennt hinten nach und
5 schreit: zaaahlen. Der Mann sagt aber nur, daß das die alten Weiber da drinnen abstottern, und dann gehen sie zu dritt in das Fest hinein. Vor dem Fest ist ein Hund angebunden, ein Dackel, Lydia heißt er, der hat von der Frau gleich so einen fürchterlichen Tritt gekriegt, daß er liegen geblieben ist.

GRETE: Aaaaaah, wer war denn diese Sau, die sowas tut, die Hur.

10 *(Erna hört interessiert zu und deutet Grete, den Mund zu halten. Grete schluchzt leise weiter.)*

ERNA: Erzähl weiter, Mariedl.

MARIEDL *(lehnt sich zurück und schließt die Augen.)*: Die Grete sieht die Hannelore schon von weitem. *(Grete schluchzt heftiger.)* Die Grete wird schneeweiß und stottert nur: wo liegt denn das eigentlich, das Australien? Die Hannelore geht gleich direkt auf die Grete zu und gibt ihr ohne ein

15 Wort gleich einmal ein paar saftige Watschn, daß der Grete das Gebiß herausfallt und der Pepi schief sitzt. Dann sagt sie zur Grete, daß der lästige Mensch hinter ihr ein Taxler ist und bezahlt werden will, und daß die Grete zahlen muß, weil ab jetzt alle offenen Rechnungen die Grete begleichen muss mit ihrem Lebensresterl. Die Grete kann nur heulen und der Schleim rinnt ihr aus der Goschn. *(Grete heult laut auf und will sich auf Mariedl stürzen. Erna ist schneller und hält Grete fest.)*

20 ERNA: Laß die Mariedl weiter in die Wirklichkeit hineinschauen, vielleicht sieht sie mein Lebensglück mit dem Wottila. Man muß die Wahrheit aushalten können, Grete, mit festen Füßen muß man der Wahrheit in die Augen schaun, auch wenn die Füß geschwollen sind ... Red weiter, Mariedl.

(Grete ist auf ihrem Sessel zusammengesackt und zittert. Mariedl schließt wieder die Augen und

25 *spricht.)*

MARIEDL: (...) weil ihm das alles so unangenehm ist, dem Freddy, holt er sein Geld heraus. Der Taxler lacht auch schon die ganze Zeit so blöd daher und sagt was von einem Leichenschänder zum Freddy, wie er die Grete so abgeräumt dasitzen sieht. Der Freddy legt zwei Hunderter auf den Tisch und sagt, daß er da aber schön angeschissen worden ist mit dem alten Aas da. Da

30 lacht die Hannelore laut auf und haut der Grete gleich noch ein paar hinein, daß ihr gleich die ganzen falschen Haare abfahren. (...)

ERNA: Das Leben treibt gar manche abgrundtiefe Blüte in diesem Tale der Tränen.

MARIEDL: Derweilen werden die Menschen wieder unruhig, weil es nichts mehr anzuschauen gibt. Die Grete hat sich ganz begraben unter einer alten Zeitung und rührt sich nicht mehr.

35 Die Hannelore telephoniert inzwischen mit dem Irrenhaus.

Aber auf der anderen Seite des Festes laufen auch eine ganze Menge Menschen zusammen, da poltert nämlich der Herrmann zwischen den Tischen herum. Groß ist er und aufgeschwemmt und total besoffen. *(Grete hat sich wieder gerade hingesetzt. Ihre Schminke ist zerronnen, sie ist ganz derangiert.)*

40 Aus dem Weg, schreit er, ich muß zu meiner Mamma und zu ihrem Fleischhauer, ich muß eine Überprüfung machen, ob er die alte Sau schon aufgearbeitet hat. Die Erna sitzt da wie von einem Blitz eingeäschert, und der Wottila schaut drein, als hätte er schon wieder eine Erscheinung gehabt. Der Herrmann setzt sich krachend nieder und schreit: Wirtschaft ... ein Faß Bier, ich muß mir die letzten Hostien hinunterspülen.

45 *(Erna steht auf und setzt sich unter Drohgebärden in Bewegung. Grete faßt sich Erna und drängt sie in ihren Sessel zurück. Dort hält Grete Erna fest, bis Erna ihren Kopf in der Kleiderschürze vergräbt.)*

GRETE: Auch du wirst unter der Wahrheit bleiben, Erna. Das Leben verbraucht eben, was es will. Einmal macht es dir einen dicken Stuhl und einmal einen dünnen. Und wenn das Leben

50 einen Stuhl macht, dann ist das die Vorsehung, da kann man gar nichts machen. Also Erna, schön tapfer warten ... bis es aus ist. Red weiter, Mariedl.

MARIEDL: Der Wottila faßt sich als erster und sagt zum Herrmann: Wie können Sie sich herausnehmen, so über diese Frau zu sprechen, die Ihnen das Leben geschenkt hat? Da steht der Herrmann auf, wischt sich die Schuhe ab am Anzug vom Wottila und gießt ihm auch noch den

65 Milchkaffee über die Glatze. Der Wottila zieht ganz schnell sein Sacktuch aus der Hosenta-
sche und kämpft ruhig mit dem Milchkaffee auf seinem Anzug. Dann sagt er: Der Herr ver-
zeihe Ihnen, Herrmann, was sie ihm in jeder Sekunde antun. Jeder Tropfen Blut aus Christi
Wunden spült sie ein Stückerl tiefer hinunter in die Hölle. Und der Herrmann sagt: Was sagst
du dazu, Mamma, wie der Herr Tierkörperverwerter mit deinem Sohn spricht? Aber die Erna
60 japst nur wie eine halb erwürgte Gans. Wahrscheinlich kriegt sie keine Luft mehr, weil die so
dick geworden ist von den vielen Zuschauern. Die Erna hat aber gerade noch die Kraft, daß sie
dem Herrmann ins Gesicht spucken kann. Aber der Herrmann kriegt nur einen Lachkrampf.
(...) Dann steht er aber ganz ruhig auf, streicht sich die Haare glatt, packt die Erna und den
Wottila beim Genick und haut die Köpfe solange zusammen, bis das Blut spritzt und die See-
65 len auswandern.
(sie atmet tief ein und streckt sich.)
Und wie steht die Mariedl da? (...)
die Mariedl schwebt über den Menschen, und die Menschen werden still, weil sie sehen können, wie die Haut von der Mariedl abblättert, weil der Goldstaub so stark nachdrückt. Sie
70 schwebt zur Erna und zum Wottila hinüber, die jetzt zusammen eingegraben werden, und
streut ihnen ein bisserl Goldstaub auf die ruinierten Schädeldecken. Und dann schwebt die
schöne Mariedl auch noch zum armen Herrmann, den sie nicht mehr aus dem Gefängnis lassen werden, und vermacht auch ihm einen goldenen Staub. Die Grete soll auch nicht zu kurz
kommen, weil die geht jetzt ja ins Irrenhaus, das hat die Hannelore schon geregelt. Und bevor
75 die Lore heimfährt nach Australien, bekommt auch sie noch einen goldenen Hauch von der
Mariedl. *(Inzwischen sind Erna und Grete aufgestanden und begutachten die Küchenmesser in
Ernas Kredenz. Erna geht kurz hinaus und holt einen Eimer und einen Fetzen.)*
MARIEDL: Die Mariedl kennt jetzt keine Fußschmerzen mehr, das tut ihr gut, das Schweben,
da werden ihre Füße auch kleiner und das Leben größer und größer. Sogar der Herr Pfarrer ist
80 nur mehr so groß wie eine Schmeißfliege, so weit weg ist er. Hoch und höher schwebt sie, die
Mariedl. Da unten ist Lourdes, so groß wie eine Zündholzschachtel. Und da fliegt ja die Jungfrau Maria, die schon wieder jemandem erscheinen muss ... nicht größer als eine Wanze. Gütig
schaut sie drein, das arme Hascherl. *(Entschlossen und sehr sachlich treten Erna und Grete an
Mariedl heran. Sorgfältig schneiden sie ihr den ganzen Hals durch. Erna ist gleich mit Eimer und
85 Fetzen zur Stelle, um eine größere Schweinerei zu verhindern.)* R

Anregungen zur Texterschließung

Band 2 ▶ Kompetenzteil, II. Dramatik

1. Welche Ereignisse mutet Mariedl ihren Schwestern Erna und Grete zu? Wie reagieren die
   beiden darauf?
2. Welche Rolle hat sich Mariedl selbst in ihrer apokalyptischen Vision zugeordnet?
3. Für Werner Schwabs Dramensprache gibt es eine eigene Bezeichnung: das „Schwabische".
   Das „Schwabische" entsteht durch eine Verbindung der Umgangssprache mit ungewöhnlichen *Bildern*, wobei Schwab derbes Vokabular nicht scheut. Bisweilen setzt Schwab bewusst *Katachresen* (Bildbrüche) ein, z. B. „mit festen Füßen muss man der Wahrheit in die
   Augen schauen". Suchen Sie im Text einige Sprachbilder, die Ihnen ungewöhnlich erscheinen und typisch „schwabisch" sind.
4. Beim Publikum lösten Schwabs Stücke nicht nur Begeisterung, sondern auch Abscheu und
   Ärger aus. Was halten Sie von dieser radikalen Dramatik des Tabubruchs, der grellen *Groteske* und der Schockwirkungen?

Kompetenzen: Das sollen Sie wissen/können

1. Sie können die Figurenkonstellation des Stücks *Die Präsidentinnen* von WERNER SCHWAB erklären und den Handlungsverlauf kurz zusammenfassen.
2. Sie können erklären, wie Mariedl die Träume ihrer Schwestern dekonstruiert.

5 „ICH SCHLAGE MIT DER AXT DREIN"
Die Dramatikerin Elfriede Jelinek

Modulvorschau

Im Jahr 2004 erhielt ELFRIEDE JELINEK den Nobelpreis für Literatur. Diese große internationale Auszeichnung würdigt das umfangreiche epische und dramatische Werk der österreichischen Schriftstellerin. In Modul VII.A begegnen Sie der Erzählerin Elfriede Jelinek, in diesem Modul der Dramatikerin.

➡ Zunächst lernen Sie Jelineks erstes Drama kennen: *Was geschah, nachdem Nora ihren Mann verlassen hatte oder Stützen der Gesellschaft* (1979), ein Stück, das sich auf das naturalistische Drama *Nora oder Ein Puppenheim* von HENRIK IBSEN bezieht.
➡ Dann lernen Sie Elfriede Jelineks *Sportstück* aus dem Jahr 1998 kennen. Das Stück ist typisch für eine zeitgenössische Richtung der Dramatik, die übliche Erwartungen des Publikums an Handlung und Figurengestaltung nicht erfüllt.

NORA – ZWISCHEN PUPPENHEIM UND GELDGESCHÄFTEN

ELFRIEDE JELINEKS erstes Theaterstück trägt den Titel *Was geschah, nachdem Nora ihren Mann verlassen hatte oder Stützen der Gesellschaft*. Der Titel nimmt Bezug auf das *naturalistische* Drama *Nora oder Ein Puppenheim* von HENRIK IBSEN (Uraufführung 1879). Elfriede Jelinek verwendet nicht nur die Hauptfiguren aus Ibsens Drama, sondern versucht, Ibsens Bühnengeschichte weiterzuerzählen. Daher ist es zunächst hilfreich, Ibsens *Nora* kennenzulernen. Die Hauptfiguren sind der Advokat Torvald Helmer und seine Frau Nora. Bereits am Beginn veranschaulicht Ibsen die Art der Mann-

Henrik Ibsen: Nora oder Ein Puppenheim, Inszenierung

Frau-Beziehung in der Ehe der Helmers. Nora kommt mit den Weihnachtseinkäufen nach Hause. Sie „nimmt eine Tüte Makronen aus der Tasche und isst einige. Dann tritt sie vorsichtig an die Tür ihres Mannes und lauscht".

HENRIK IBSEN: NORA ODER EIN PUPPENHEIM 1

1 HELMER *(in seinem Zimmer).* Ist das die Lerche, die da draußen zwitschert?

NORA *(damit beschäftigt, einige der Päckchen zu öffnen).* Ja, das ist sie.

HELMER. Ist es das Eichhörnchen, das da rumort?

NORA. Ja!

5 HELMER. Wann nach Hause gekommen?

NORA. Grad eben. *(Steckt die Makronentüte in die Tasche und wischt sich den Mund ab.)* Komm, Torvald, und sieh, was ich gekauft habe.

HELMER. Stör mich nicht! *(Etwas später öffnet er die Tür und schaut, die Feder in der Hand, herein.)* Gekauft, sagst du? Alles das? Ist mein lockrer Zeisig wieder ausgewesen und hat Geld

10 verschwendet?

NORA. Ja, aber Torvald, dies Jahr dürfen wir uns doch wirklich ein wenig amüsieren. Es ist doch das erste Weihnachtsfest, an dem wir nicht zu sparen brauchen.

HELMER. Ja, weißt du, verschwenden dürfen wir nichts.

NORA. Doch, Torvald, ein wenig können wir jetzt schon verschwenden. Nicht wahr? Nur ein

15 ganz klein wenig. Du bekommst doch nun ein großes Gehalt und wirst viel, viel Geld verdienen.

HELMER. Ja, von Neujahr an. Aber es dauert noch ein ganzes Vierteljahr, bis das Gehalt fällig ist.

NORA. Ach was, so lange können wir ja borgen.

HELMER. Nora! *(Tritt zu ihr und nimmt sie scherzend am Ohr.)* Geht dein Leichtsinn wieder mit dir durch? Nimm an, ich borgte heute tausend Kronen, du brächtest sie in der Weihnachtswo-

20 che durch und ich bekäm' am Silvesterabend einen Dachziegel auf den Kopf und läge da –

NORA *(legt ihm die Hand auf den Mund).* Ach pfui! Wie kannst du so abscheulich reden!

HELMER. Ja, nimm mal an, so etwas geschähe – was dann?

NORA. Wenn etwas so Schlimmes einträfe, wäre es mir ganz gleichgültig, ob ich Schulden hätte oder nicht (...)

25 HELMER. Nora, du weißt, wie ich in dieser Beziehung denke. Keine Schulden! Niemals Geld leihen! Es kommt etwas Unfreies und damit Unschönes in ein Heim, das auf Borgen und Schuldenmachen aufgebaut ist. (...) Nun, nun, meine Lerche muß nicht gleich die Flügel hängenlassen. Was, schmollt mein Eichhörnchen? *(Nimmt seinen Geldbeutel.)* Nora, was glaubst du, was ich hier habe?

30 NORA *(wendet sich schnell um).* Geld!

HELMER. Da! *(Gibt ihr einige Scheine.)* Herrgott, ich weiß wohl, daß in der Weihnachtszeit im Hause allerhand gebraucht wird.

NORA *(zählt).* Zehn – zwanzig – dreißig – vierzig. O danke, danke, Torvald; damit ist mir lange geholfen. (...)

35 HELMER. Mein Zeisig ist ein allerliebstes Geschöpf, aber er braucht eine Menge Geld. Es ist kaum zu glauben, wie teuer einen Mann solch Vögelchen kommt. (...) Du siehst heute so – so – wie soll ich sagen? – so verdächtig aus –

NORA. Wirklich?

Helmer. Ja, wirklich. Sieh mir fest in die Augen.

40 NORA *(sieht ihn an).* Nun?

HELMER *(droht mit dem Finger).* Das Leckermäulchen hat doch wohl heute nicht in der Stadt genascht?

NORA. Nein, wie kommst du denn auf den Gedanken? (...)
Wie könnte mir's einfallen, etwas gegen deinen Willen zu tun!

Anregungen zur Texterschließung

Band 2 ▶ Kompetenzteil, II.2.2 und 2.3

1. Wie sprechen Torvald und Nora miteinander? Beachten Sie die Wortwahl und achten Sie auch auf Ibsens Regieanweisungen zum nonverbalen Verhalten der Figuren.
2. Wie regeln Torvald und Nora die Geldausgaben der Familie?
3. Inwiefern zeigt bereits der Beginn des ersten Akts patriarchalische Eheverhältnisse?

DER WEITERE HANDLUNGSVERLAUF

Im weiteren Verlauf stellt sich heraus, dass Nora vor Jahren eine Unterschrift gefälscht hat, um zu einem Kredit zu kommen. Mit diesem Geld, von dem Torvald nichts wissen durfte, finanzierte sie den Genesungsaufenthalt ihres schwer erkrankten Gatten in Italien. Nun wird sie vom Advokaten Krogstad erpresst. Nora soll ihren Mann davon abhalten, Krogstad zu kündigen. Dies gelingt aber nicht, und Torvald Helmer erfährt von der gefälschten Unterschrift. Er findet Noras Verhalten unverzeihlich, will aber aus Karrieregründen nach außen hin den Schein einer glücklichen Ehe aufrechterhalten. Als Krogstad überraschend seine Ansprüche zurückzieht, meint Torvald, alles sei wieder so wie früher. Aber für Nora ist nichts mehr wie früher. Sie ist nicht nur vom Verhalten Torvalds in ihren Gefühlen verletzt, sie spürt auch, dass sie selbst als Frau erst selbstständig werden muss. Am Ende verlässt Nora ihre Familie.

ELFRIEDE JELINEK ZEIGT, WIE ES WEITERGEHEN KÖNNTE

HENRIK IBSEN beendet sein Drama mit einem offenen Schluss, denn man erfährt nichts von Noras weiterem Lebensweg. An diesem Punkt der Ereignisse setzt nun ELFRIEDE JELINEKS Stück *Was geschah, nachdem Nora ihren Mann verlassen hatte oder Stützen der Gesellschaft* ein. Jelinek verlegt die Handlung allerdings in die Entstehungszeit des Stücks, also in die Siebzigerjahre des 20. Jhs.

Nora muss, da sie nun mittellos ist, eine Arbeit in einer Fabrik annehmen. Ihre Vorstellungen von weiblicher Emanzipation stoßen aber bei den Arbeiterinnen auf wenig Verständnis. Auch sie selbst hat aufgrund ihres bürgerlichen Herkommens Probleme, sich in die proletarische Welt der Fabrik zu integrieren. Die Werbung eines Vorarbeiters weist sie zurück. Es dauert auch nicht lange und Nora kehrt in die bürgerliche Welt zurück. Sie ist eine schöne, erotische Frau – und das macht sie auch für Männer mit Geld und Macht anziehend. So wird sie zur Geliebten des skrupellosen Wirtschaftstreibenden Weygang. Weygang steht knapp vor einem gewinnträchtigen, aber riskanten Geschäft, in dem Bankdirektor Helmer, Noras geschiedener Mann, eine entscheidende Rolle spielt. Weygang will nun Nora für seine Zwecke einsetzen.

2 | ELFRIEDE JELINEK: WAS GESCHAH, NACHDEM NORA IHREN MANN VERLASSEN HATTE ODER STÜTZEN DER GESELLSCHAFT

1 NORA: Geliebter, wie sich das Gefühl der Liebe doch ständig in mir verstärkt! Das Erschrecken vor der Größe dieses Gefühls macht mich äußerst weiblich.

WEYGANG: Du mußt nicht erschrecken, mein Kleines! Wenn du schon erschrickst, dann erschrecke lieber vor dem Alter, das dir bevorsteht.

5 NORA: Mein Liebster macht solche Späße ... Manchmal trifft es einen Mann und eine Frau gemeinsam, manchmal nur einen davon. Wenn es eine Frau alleine trifft, ist das schlecht, weil Frauen so was viel schwerer verwinden.

WEYGANG: Das ist eine Fröhlichkeit bei dir, die ganz von innen herauskommt. Bei Frauen ist das Innen meist sehr tief, während Männer manchmal seicht, hohl und flach sein können. Das Leben schleift die Männer mehr ab, weil sie heftiger lieben als die Frauen.

NORA: Das kleine Mädchen blickt hechelnd zur Tür und fragt, welches schöne Spiel wir heute spielen.

WEYGANG: Bei einer Frau sind innen und außen gleich wichtig.

NORA: Auffordernd blicke ich zur Eingangstür und frage: Gehen wir heute nicht aus? In einer Minute bin ich angezogen.

WEYGANG: Nein, heute nicht. Heute muß ich mit meinem kleinen Mädchen einmal ernsthaft reden.

NORA: Ooooch, leicht beleidigt stampfe ich mit dem Fuß auf und drehe mich einmal um meine Längsachse, dich jedoch schelmisch von unten her anblickend, um zu zeigen, daß ich es nicht so ernst meine, wie es aussieht.

WEYGANG: Nun, nun, meine Lerche muß nicht gleich die Flügel hängenlassen.

NORA: Ich schlage mit meiner kleinen Faust auf den Tisch, blicke aber zwischen meinen wilden Haarlocken mit einer Mischung aus leichter Ängstlichkeit und banger Frage und süßer Gewißheit, geliebt zu werden, zu dir empor.

WEYGANG: Nach all den vielen, vielen Monaten kommt der Ernst des Lebens.

NORA: Ja, weil unsre Liebe jetzt tiefer und reifer geworden ist. (...)

WEYGANG: Könnte meine Heidelerche Verantwortung tragen? Mir ein echter Partner sein? Der Partnertyp ist eine Art Frau, die langsam modern zu werden beginnt.

NORA: Ich bin aber mehr eine altmodische Frau, die ganz hinter den Mann zurücktritt, daß man nur mehr ihn sieht.

WEYGANG: Dann verschweige ich es lieber ...

NORA: Nein, sag es, sag es!

WEYGANG: Lieber nicht! ... Vielleicht muß ich mir doch einen Partnertyp anschaffen ...

NORA: Sag es! Sag es! (...)

WEYGANG: Es geht um ein sehr großes Geschäft, Nora. Daher bin ich auch so ungewöhnlich ernst und vielsagend.

NORA: Solch ein vielsagender Ernst wirkt wie ein Hammer. Man fühlt sich so geborgen unter ihm.

WEYGANG: Helmer, dein früherer Mann, ist nämlich hineinverwickelt.

NORA *lacht ungläubig*: Nein!

WEYGANG: Kapital kann auch Eigengesetzlichkeiten entwickeln und wuchern.

NORA *jäh und ernst*: Mich verbinden nicht unbedingt freundschaftliche Gefühle mit Helmer, wie du weißt.

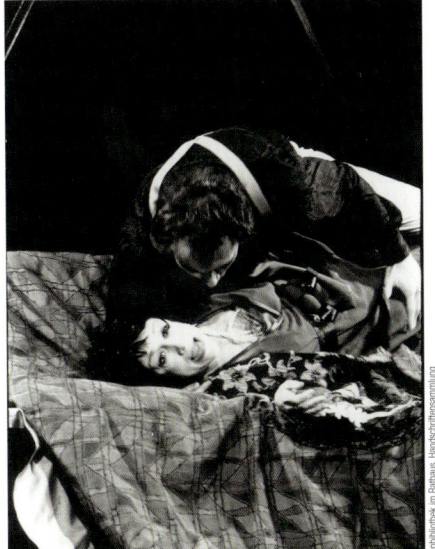

Elfriede Jelinek: Was geschah, nachdem Nora ihren Mann verlassen hatte oder Stützen der Gesellschaft, Volkstheater Wien 1998

WEYGANG: Obwohl auch du über dich hinauswuchern kannst, indem du diese kleinlichen Gefühle überwindest?

55 NORA: Was?

WEYGANG: Es geht um eine Spekulation von gigantischen Ausmaßen.

NORA: Geht wieder dein Leichtsinn mit dir durch! Wenn wir Frauen euch nicht bremsen würden ... mit unsren kleinen Händen ...

WEYGANG: Ich muß ihn dahin kriegen, daß er macht, was ich will. Er muß aber glauben, daß ich

60 mache, was er will.

NORA: Dafür bin ich eine schwache Frau, daß ich mir nichts gefügig machen kann, daß ich dir aber gefügig bin.

WEYGANG: Die körperlichen Spezialeigenschaften, die mich einst für dich einnahmen, können auch andere für dich einnehmen ...

65 NORA: Oh, pfui, Bär!

WEYGANG: Schließlich habe ich einiges in dich investiert. Mit Investition beschreibt man eine Masse von Gütern, die allesamt nur etwas gemein haben: sie werden nicht mittelbar verbraucht.

NORA: Du hast mich aber verbraucht, Bär! Und wie schön war das! Ich tue alles für dich, alles

70 bis auf das Eine.

WEYGANG: Großzügige Menschen wie wir kennen das Eine nicht als Schranke, sondern als Schrankenlosigkeit.

NORA: Ich beuge mich weit zurück wie in Abwehr. *(Tut es.)*

WEYGANG: Kindfrauen wie du geben sich oftmals anderen Personen hin, ohne dabei ihr Image

75 als Kindfrau zu beschädigen. Sie machen sich andere Menschen sogar hörig, die sich anschließend oft erschießen.

NORA: Pfui! Wie kannst du so abscheulich reden!

WEYGANG: Mir bleibt keine Wahl. Sonst stocken Kauf und Verkauf, Handel und Wandel.

NORA: Auch in einer Kindfrau kann etwas zerbrechen. (...)

80 WEYGANG: Mir tut es selbst am meisten weh. (...)

NORA: Das kannst du nicht von mir verlangen.

WEYGANG: Wenn dich nun dein kleines Bärchen recht artig und herzlich um etwas bäte ...

NORA: Dann?

WEYGANG: Dein Bär würde umherspringen und allerlei lustige Streiche machen, wenn du lie-

85 benswürdig und fügsam wärst. *Ab hier schweigt Nora, Weygang redet mit verstellter Stimme ihren Part mit*: Würdest du's dann tun?

Erst muß ich natürlich wissen, um was es sich handelt.

Bei der Spekulation handelt sich's um eine Eisenbahnlinie wie in dem Stück „Stützen der Gesellschaft", auch von Ibsen. Eisenbahn! Wieso Eisenbahn? Schließlich gehören uns die in Frage

90 stehenden Grundstücke noch nicht. Warum denn nicht? Weil wir sie erst kaufen müssen! Eigentlich soll man nicht mehr kaufen wollen, wenn man das Wichtigste schon hat: die Liebe. Die Welt wird dann doch nur umso rascher versinken, und nur unsre Liebe wird zurückbleiben. Die Welt kann aber erst dann versinken, wenn sie zuvor durch den Akt des Ankaufs geschaffen wurde. Aber mir tun die Menschen so leid, die jetzt dort arbeiten, egal, wo das ist.

95 Immer denkst du an andere, wo du doch nur an mich denken sollst. Meist denke ich ohnehin nur an uns.

Wir gründen andernorts, egal, wo das ist, eine neue Siedlung, die wir die Nora-Helmer-Blocks nennen ... helle freundliche Wohnungen ... die ersten Einbauküchen in der Geschichte des sozialen Wohnungsbaus ... vielleicht sogar ... kaum wage ich es auszusprechen, weil doch eine gewisse Überwindung dazugehört ... die Nora-Weygang-Blocks!!! Die Nora-Weygang-Blocks! Habe ich recht gehört Liebster? Eigentlich hörte ich nur die beiden Worte Nora und Weygang. Ich antworte: Ja, vielleicht!

Oh, Liebster!

Ich antworte noch bestimmter: Ja, wer weiß?! Ist es also wirklich nicht gemein, was ich da tun will? Nein.

Und willst du unsren Bund wirklich durch die Ehe krönen?

Möglicherweise ja. Oh, Liebster, endlich gehöre ich dir richtig und ganz.

So verhält es sich mit dem Eigentum, meine kleine Lerche. *Er umarmt Nora, die jedoch bleibt erstarrt stehen. Er sieht sie lange lächelnd an, dann geht er hinaus.* **R**

Anregungen zur Texterschließung

1. Vergleichen Sie das Kommunikationsverhalten der *Figuren* aus Jelineks *Drama* mit dem der Figuren aus Ibsens Drama. Jelineks Nora nimmt auch die Weibchenrolle ein. Begründen Sie diese Behauptung durch Hinweise auf Textstellen!
2. Wozu möchte Weygang seine Geliebte missbrauchen? Wie reagiert sie auf dieses Ansinnen?
3. In den Zeilen 84–108 spricht nur mehr Weygang, indem er auch Noras Dialogteil übernimmt. Unterstreichen Sie die Sätze, die Nora zugeordnet werden. Was stellt Weygang seiner Geliebten in Aussicht, wenn sie seine Wünsche erfüllt?
4. Inwiefern prägen die wirtschaftlichen Machtverhältnisse die Mann-Frau-Beziehung?

Nora lässt sich tatsächlich auf Weygangs unsaubere Geschäfte ein und tritt ihrem Ex-Gatten Torvald Helmer als maskierte Domina gegenüber. Aber der Ausgang des Unterfangens entspricht nicht Noras Erwartungen. Weygang braucht Nora nicht mehr, weder als Mittel im Wirtschaftskampf noch als Geliebte. Letztlich kehrt sie zu Helmer zurück, mit dem sie gemeinsam ein Textilgeschäft betreibt. In der letzten Szene sitzen Nora und Torvald gemeinsam im Wohnzimmer und hören Wirtschaftsnachrichten.

Bis zum Jahr 2016 wurden mehr als 30 Theatertexte von Elfriede Jelinek uraufgeführt, u. a.:

- *Clara S.* (Uraufführung 1982), ein Stück über die Komponistin Clara Schumann und ihren Mann Robert
- *Burgtheater* (UA 1985), eine Posse zur Rolle der Schauspielerfamilie Wessely-Hörbiger im Dritten Reich
- *Raststätte oder Sie machens alle* (1994), eine Farce über vermeintliche sexuelle Abenteuer
- *Ein Sportstück* (1998)
- *Bambiland* (2003), ein Stück über den Irakkrieg und seine Darstellung in den Medien
- *Die Kontrakte des Kaufmanns. Eine Wirtschaftskomödie* (2009), eine Farce über Bankenspekulationen und Finanzskandale
- *Das Werk/Im Bus/Ein Sturz* (2010)
- *Winterreise* (2011)
- *FaustIn and out. Sekundärdrama. Zu Goethes Urfaust* (2012)
- *Schatten (Eurydike sagt)* (2013)
- *Die Schutzbefohlenen* (Uraufführung am Thalia Theater Hamburg 2014, Inszenierung: Nicolas Stemann)
- *Wut* (2016)

DRAMEN OHNE FIGUREN UND HANDLUNG?

Bereits in ihrem 1990 erschienenen Bühnentext *Wolken.Heim* hatte Elfriede Jelinek die dramatische Form, die auf einer Handlung, auf individuellen Figuren und konkreten Zeiträumen beruht, verlassen. *Wolken.Heim* ist eine Sprachmontage aus literarischen und philosophischen Texten von HÖLDERLIN, HEGEL, FICHTE und HEIDEGGER und politischen Texten der extremen Linken. Wie diese Text*montage* auf der Bühne realisiert wird, bleibt mehr oder weniger der Regisseurin bzw. dem Regisseur überlassen. Die Autorin liefert nur die „Textflächen". Sie selbst sagt über ihre dramatische Arbeit Folgendes:

3 ELFRIEDE JELINEK: (WENN ICH THEATERSTÜCKE SCHREIBE)

1 Wenn ich Theaterstücke schreibe, dann bemühe ich mich nicht, psychologisch agierende Personen auf die Bühne zu stellen. Das soll, meine ich, dem Film vorbehalten bleiben. Ich vergrößere (oder reduziere) meine Figuren ins Übermenschliche, ich mache also Popanze aus ihnen, sie müssen ja auf einer Art Podest bestehen. Die Absurdität der theatralischen Situation –
5 man betrachtet etwas auf einer Bühne! – verlangt eben diese Übersteigerung der Personen. Ich bemühe mich darum, Typen, Bedeutungsträger auf die Bühne zu stellen, etwa im Sinne des Brechtschen Lehrstücks. Eine literarische Technik, die ich verwende, ist die der Montage. Ich erziele in einem Stück verschiedene Sprachebenen, indem ich meinen Figuren Aussagen in den Mund lege, die es schon gibt. Ich bemühe mich nicht um abgerundete Menschen mit Fehlern
10 und Schwächen, sondern um Polemik, starke Kontraste, harte Farben, Schwarz-Weiß-Malerei; eine Art Holzschnitttechnik. Ich schlage sozusagen mit der Axt drein, damit kein Gras mehr wächst, wo meine Figuren hingetreten sind.

Anregungen zur Texterschließung

Was sagt Elfriede Jelinek über psychologische Figurengestaltung? Welche Figurengestaltung bevorzugt sie? **Band 2** ▶ Kompetenzteil, II.2.3

EIN SPORTSTÜCK

Der Verzicht auf eine Bühnengeschichte und psychologisch gestaltete Figuren prägt auch die ästhetische Gestalt von *Ein Sportstück.* Es handelt sich um einen monumentalen Bühnentext, dessen ungekürzte Aufführung über sechs Stunden in Anspruch nimmt. In der einleitenden Regieanweisung schreibt Jelinek:

4 ELFRIEDE JELINEK: EIN SPORTSTÜCK

1 Die Autorin gibt nicht viele Anweisungen, das hat sie inzwischen gelernt. Machen Sie was Sie wollen. Das einzige, was unbedingt sein muß, ist: griechische Chöre, einzelne, Massen, wer immer auftreten soll, außer an den wenigen Stellen, wo etwas anderes angegeben ist, muß Sportbekleidung tragen (...).
5 Was die Bühne selbst betrifft, vielleicht ginge es so: Man könnte die quer in zwei Sphären teilen und zwar so: Ein düsterer Teil eines Sportstadions ragt vor uns auf, ein Fanggitter, das zwei Fangemeinden voneinander trennen muß, damit sie sich nicht sofort gegenseitig an die Gurgel gehen. (...) Die beiden Mengen sind die Feindmengen, von ihren Übergriffen handelt im Grunde das ganze Stück, vielleicht aber auch von was ganz andrem.

„(...) vielleicht auch von was ganz andrem." Tatsächlich ist es nicht leicht zu sagen, wovon *Ein Sportstück* nun wirklich „handelt". Der Text beruht vor allem auf dem *Motiv* Kämpfen und Siegen, das in den unterschiedlichsten Varianten wiederholt wird. Die Welt des Sports repräsentiert zwar in erster Linie das Motiv Kampf und Sieg, aber dadurch, dass Elfriede Jelinek auch andere gesellschaftliche Bereiche berührt, die mit dem Sport in Verbindung stehen, eröffnet sie weitere Themenfelder.

Den Profisport stellt Jelinek vor allem als medial inszenierten Kampf dar. Die Gewaltbereitschaft der Fangemeinden am Rande des Spielfelds wird deutlich, die Vergötzung des Erfolgs und des jungen, schönen, leistungsstarken Körpers angesprochen. („Die Frau muss schön sein, denn auch sie findet ja, ähnlich dem Sportler, ausschließlich in ihrem Körper statt.") Die Rolle der Medien, die Übertragung sportlicher Rituale auf die Politik, der Erfolgszwang in der Geschäftswelt, der Kampf der Geschlechter, die Rollen von Opfer und Täter und auch die schwachen und meist vergeblichen Versuche Betroffener, sich gegen die Prinzipien von Kampf und Erfolg zu wehren, das alles kommt zur Sprache.

Die Figuren sind meist *Typen* oder *mythische* Konstrukte. Die Autorin selbst bringt sich unter dem Namen „Elfi Elektra" im Stück ein, bedient sich bei ihrer Selbststilisierung also der griechischen Sagenfigur Elektra, die ihren Bruder Orest zum Muttermord anstiftete, um den von der Mutter ermordeten Vater zu rächen. Hektor und Achill, die Helden des trojanischen Krieges, lässt Jelinek als „ältere, etwas korpulente Tennisspieler" auftreten, die sich mittlerweile Funktionärsposten gesichert haben. Dass erfolgreiche Sportler massenpsychologisch ähnliche Identifikationsangebote darstellen wie sagenhafte Kriegshelden in früheren Zeiten, steht wohl hinter dieser mythisierenden Figurengestaltung. Meist haben Jelineks Figuren gar keine Namen, daher auch keine Individualität. Die Autorin benennt sie mit „Mann", „Täter", „Opfer", „Ein Sportler", „Die Frau", „Eine junge Frau".

Elfriede Jelinek veranschaulicht die enge Verknüpfung von Sport-Kampf-Krieg-Geschäft-Medien auch in ihren sprachlichen *Bildern*. „Unsere Körper sind und bleiben Panzer, die nach dem Duschen Frauen bedrängen", heißt es einmal. Elemente aus der Werbesprache werden in die Beschreibung des sportlichen Körpers integriert, so etwa, wenn von besonders „schmeichelweichen" Muskelfasern die Rede ist. Und auch so mancher populistische Politiker richtet seine Medienstrategie auf ein Sportlerimage aus.

ELFRIEDE JELINEK: EIN SPORTSTÜCK 5

1 Soviel ich auch strample und schwitze, ich hatte mich in der Muttererde längst festgefahren, als ich zur Odyssee in die Fremde aufbrechen wollte. Ich bin im Grunde nie weggekommen von meinen erbärmlichen Vorstellungen von Heimat.
Keine Frau hat jahrelang inmitten von Verehrern auf mich gewartet, so mußte ich mir meine
5 Freundin als Proviant eben überallhin mitnehmen. Es wird von uns erst geheiratet, wenn meine Freundin Weltmeisterin geworden ist. Ja, auch sie: jahrelanges härtestes Training! Es hat nichts genützt. Ich fand bei ihr keinen Anreiz, unbändig wild zu werden.
Wo ich stand, war ich, ein männliches Sterntalermädchen, vom Glockenklang des Heimwehs überschüttet. Warum muß ein Mann fortgehen? Nur mein einziger, mein Arnie, hat das je ge-
10 schafft: Geliebt zu werden und doch fortzuziehen. Immerhin, auch ich hänge, wie er, an meinen lieben Eltern, dem Stückel Grund und Boden, dem kleinen Haus im Gebirg. Ich ziehe an ihm, dem Terminator, der so viele Termine haben darf. Wo der überall auftreten muß! Oh, könnte ich das doch auch müssen! Doch ich muß immer nur hier unten liegenbleiben. Sein Körper ist

15 seine Uniform, sein Zeichen. Sein eigenes Zeichen, und das bedeutet: Nichts. Ein Nichts, das dem Gemachten gegenübersteht.

Na, mir gings ans Eingemachte, kann ich Ih-
20 nen sagen. Ich mußte mit dem ganzen Kör-
per zahlen. Schämte ich mich nicht, damit an die Öffentlichkeit zu treten? Und so ist es mir passiert, daß ich jetzt tot bin. Nur weil ich ein paar Monate mit dem Essen nicht aufgepaßt habe. Auch ich durfte für mich
25 einnehmen, doch anders als man denkt. In aller Heimlichkeit habe ich mir meine Männlichkeit angezogen. Aufgepaßt, daß

Ein Sportstück, Bremer Concordia-Theater 1998

keiner herschaut! Jeder hat sein Verlangen verhalten können. Nur ich habe mit mir nicht gespart. Meine Leber, meine Nieren wurden langsam lose, flatterten in mir wie Gardinen. Ja, was
30 habe ich jetzt davon? Jetzt muß ich stilliegen, vom Leichenhemd meines selbstgezeugten Mannstums umkleidet, was jeder Arzt mir gern schriftlich bestätigen wird. Wir basteln uns einen Mann aus fünf Substanzen, stand auf dem Lehrplan für den Übermenschen. Da lernt man also und lernt, aber man kommt nicht weiter. Meiner Mutter liefere ich den letzten Lie-besakt, den ich ihr schulde, da sie mit mir ja nie zufrieden ist: einen Akt der Hingabe zwischen
35 Mutterlosen, Selbstgeschaffenen, Selbstgeschafften. Ja, das sind wir, wir erkennen einander, wenn wir dauernd zur Mama zurückrennen aus der Fremde. Meine Mama wird erst zufrieden sein, wenn ich ein anderer geworden sein werde, eigentlich: keiner. Niemand mehr. Hier bitte, das hat sie erreicht, jetzt bekommt sie mich ausbezahlt, aber als einen anderen als den sie ge-macht hat! Dort, mein Geldbörsel, meine Schlüssel, meine Scheckkarte, meine Sturmjacke, in
40 deren Ärmel nichts mehr einfährt. Ich bin längst zutage gefördert. Ja, ich bin gefördert worden, doch unterm Strich steht nichts auf dem Richtblock drauf. Es kann ja auch nichts Dauerhaftes von der Frau kommen, es muß alles erst noch ganz anders werden, bevor sie einen schließlich an Kindes Statt annimmt. Und dazu ein zünftiges steirisches Blitzlichtgewitter! Sakra sakra! In meinem Körper ist Leistung gut aufgehoben, und zwar dermaßen gründlich, daß mein Kör-
45 per außerhalb seiner Leistung gar nicht existieren darf. Abgesperrt und den Schlüssel wegge-worfen! So war das zu meinen Lebzeiten. Und so bin ich jetzt von mir weggekommen, nur um zu bleiben, eingeschlafen. Bitte, ich möchte werden wie Arnie, aber wie geht das? Denn der lebt ja noch! Ich lebe leider nicht mehr, doch ich gönne es ihm, daß er da stehenbleiben oder über die Leinwand rasen darf. So wie der heute wieder auf euren Bildschirmen herumgeht! Super!
50 Ohne Fallschirm aus einem Flugzeug! Als wäre er dort in der Luft zuhause! Ich war immer nur zuhause zuhause. Er tut auf der Leinwand vertraut mit mir, mein Held, aber er lügt! Er macht das mit Millionen anderen doch genauso! Er tut, als könnte ich ihm so einfach nachkommen. Aber ich habe hier noch zu tun. Muß besser werden als er! Muß! Muß! Bitte, ich kenne Arnie, als wäre er einer von mir, als wäre er ich. Ich forsche, wenn ich ihn sehe,
55 auf meinem schönen Poster, das ich mir von ihm in meinem Grab aufgehängt habe, in seinen Zügen forsche ich, wann ich auf ihn abfahren darf. Und schon fahre ich! In rasendem Tempo bergab. Mein eigener Krankenstationsvorstand. Seinen extragroßen Kranz habe ich mir extra aufgehoben, er sickert, Erde, langsam in mich hinein, daß ich bis in meine arme Seele hinein erbebe. So war das ursprünglich nicht geplant! Leider sehe ich Arnie so gar nicht ähnlich, das

ist jetzt aber egal. Wer schaut schon auf das Gesicht? Und hier unter der Erde sieht mich ja doch keiner mehr. Ich arbeite hart, und doch verweise ich mich immer zu früh in meine Schranken, bevor ich diese noch durchbrechen kann. Der Arnie, der hüllt sich in seinen Körper, als ob der Körper schon er selber wäre, und er schreibt auch noch was drauf! Er schreibt mir jeden Tag, wie viele Sätze, Sekunden, Minuten er mir vorausgeeilt ist. Ich kenne seine Briefe schon auswendig, noch bevor er sie geschrieben hat. Aber er ist nicht Jesus, dem ich ja auch jeden Tag in unsrer Wohnküche begegnet bin. So hatte ich Vergleichsmöglichkeiten. Mein Gott, der andre ist ja mein Gott, der Arnie! [R]

Anregungen zur Texterschließung

1. Was sagt die Figur über ihren gegenwärtigen Zustand und ihre Krankengeschichte?
2. Was erfahren Sie über die Herkunft von Andi?
3. Welche Bedeutung hat „Arnie" für Andi?
4. „Arnie" steht für Arnold Schwarzenegger. Was wissen Sie über diesen Mann? Welche Meinung haben Sie über ihn? (Informieren Sie sich gegebenenfalls im Internet.)
5. Der Andi-Monolog hat einen tragischen realen Hintergrund. Lesen Sie dazu Text 6.

6

Am 14. März 1996 starb der österreichische Top-Bodybuilder Andreas Münzer mit nur 31 Jahren an den Folgen massivsten Dopings. Offizielle Diagnose: multifunktionales Organversagen. Über das gesamte Jahr nimmt Münzer das Kälbermastmittel Clenbuterol ein. In der Aufbauphase vor Wettkämpfen spritzt Münzer jeden Tag zwei Ampullen Testosteron-Depot, männliche Sexualhormone. Die erste Nadel setzt er sich zur besseren Wirksamkeit bereits 30 Minuten vor dem Frühstück. Dazu schluckt er die Steroide Halotestin und Anabol in Dosierungen, mit denen ein muskelschwacher Patient zehn Jahre behandelt werden könnte. Damit kombiniert er nach einem eigens ausgeklügelten und komplizierten Stundenplan die anabolen Steroide Masteron und Parabolan. Zusätzlich spritzt sich Münzer das Wachstumshormon STH. Normalerweise behandeln Ärzte zwergwüchsige Kinder mit STH. Der Stoffwechsel und damit das Muskelwachstum werden so rapide beschleunigt. Um die Wirkung des STH zu verstärken, setzt sich Münzer zusätzlich ein Insulindepot. Künstliche Schilddrüsenhormone sollen darüber hinaus den Stoffwechsel auf Trab bringen, um die Nahrung besser umsetzen zu können. Morgens sollen fünf Aspirin das Blut verdünnen und die Stimmungslage verbessern. Die Aufputschmittel Ephedrin, AN1 und Captagan, kurz vor dem Training, erhöhen die Trainingsenergie und machen Anstrengungsschmerzen besser erträglich. Eine Woche vor dem Wettkampf beginnt Münzer mit der Einnahme des toxischen Alactone. Diese Tabletten entziehen dem Körper Wasser. Mit jeder Tablette wird sein Körper aber auch unempfindlicher gegen die chemische Stimulation. Durch immer höhere Dosen bekommt er Beschaffungsprobleme. Münzer wurde wenige Tage nach seinem letzten Auftritt bei einem Profiwettkampf in Los Angeles ins Krankenhaus eingeliefert, weil er über starke Magenschmerzen klagte. Bei Münzer wird eine Blutung im Bauchraum diagnostiziert. Er wird gegen 19 Uhr operiert, die Blutung kann gestillt werden, doch wacht er aus einem Schockzustand nicht mehr auf. In der Nacht zum Donnerstag stirbt er. Die künstlichen Sexualhormone hatten zahlreiche tischtennisgroße Geschwülste in der Leber hervorgerufen, sogenannte Adenome. Hinzu kam eine akute Vergiftung, vermutlich Folge eines Aufputschmittels. Als die Tumore das Gewebe ganz zerstört hatten, kapitulierten weitere innere Organe.

Kompetenzen: Das sollen Sie wissen/können

1. Sie können das Mann-Frau-Verhalten im Szenenausschnitt aus HENRIK IBSENS *Nora oder Ein Puppenheim* erklären.

2. Sie können die wesentlichen Handlungselemente von Ibsens Drama *Nora oder Ein Puppenheim* zusammenfassen. Sie können erklären, inwiefern ELFRIEDE JELINEK Ibsens Handlung aufgreift und weiterführt.

3. Sie können erklären, wie es Elfriede Jelinek in ihren späteren Stücken mit der psychologischen Figurengestaltung hält.

4. Sie können das zentrale Motiv und einige Themenfelder von Jelineks *Ein Sportstück* erklären und die Art der Figurengestaltung erklären.

HEIMATVERLUST – HEIMATSUCHE
Emigrationserfahrung im Roman „Zwischenstationen" von Vladimir Vertlib

6

Modulvorschau

VLADIMIR VERTLIB erzählt in seinem Roman *Zwischenstationen* die Geschichte einer russisch-jüdischen Familie auf der Suche nach Freiheit und Heimat. Es ist eine Migrationsgeschichte mit mehreren Stationen, ihre Schauplätze sind Israel, Wien, Holland, Italien, die USA und wieder Wien. Die geschilderte Familienchronik wirkt sehr authentisch, weil sie über weite Strecken der Lebensgeschichte des 1966 in Leningrad geborenen Autors gleicht.

STATIONEN EINER MODERNEN „ODYSSEE"

Als Kind verlässt der Ich-Erzähler mit seinen Eltern Russland, weil sie hoffen, in Israel eine neue Heimat mit besseren Lebensbedingungen zu finden. Doch die Erwartungen der Eltern erfüllen sich nicht. Sie fühlen sich lieblos behandelt von der Einwanderungsbehörde, dem Wohnungs- und Arbeitsamt. So verlässt die Familie auf Wunsch des Vaters das Land. Das Kind erfährt erst im Flugzeug, dass die Reise nach Österreich eine endgültige, ein Abschied für immer ist. Es trauert um seinen Freund Viktor, den Sohn einer russisch-ukrainischen Emigrantenfamilie, um seine Kinderbücher, den Plattenspieler und alle Spielsachen. Diese Erfahrung sollte das Kind in den folgenden Jahren der Wanderschaft immer wieder schmerzlich erleben.

Vladimir Vertlib

Folgende Textausschnitte geben eine Übersicht über die Odyssee, die die Familie ungefähr zehn Jahre lang durchmacht.

VLADIMIR VERTLIB: ZWISCHENSTATIONEN

1a

1 Ein Emigrant, den meine Eltern vor dem Eingang zum sowjetischen Konsulat kennengelernt hatten, brachte uns in einen Teil von Wien, der Brigittenau hieß, ins „russische Schloß", ein altes Mietshaus, in dem fast ausschließlich russische Juden wohnten. Sie waren, wie meine Eltern, nach Israel ausgewandert, hatten das Land enttäuscht wieder verlassen und warteten in

5 Wien, der „Drehscheibe der Ostemigration", auf die Rückkehrerlaubnis in die Sowjetunion, ihre ursprüngliche Heimat. Wochenlang. Monatelang. Ihr Geld verdienten sie in Österreich meist als Hilfsarbeiter, Putzfrauen, Babysitter … Die Stimmung war bei allen ziemlich gedrückt. Eine Nervosität lag in der Luft, die fast schon an Verzweiflung grenzte. Die Hoffnung, in die „Heimat" zurückkehren zu dürfen, war sehr gering. Das Land aller Werktätigen wollte

10 seine verlorenen Töchter und Söhne nur in den seltensten Fällen wiederhaben. (…)
Bald hatten wir ein eigenes kleines Zimmer. Jeden Tag spielte ich mit den anderen Emigrantenkindern in den Gängen, auf der Stiege und im Hof, verließ das Haus kaum und glaubte beinahe, die eigentümliche Außenwelt dieses fremden Landes existiere gar nicht, sei nur ein Gerücht oder ein Märchen. Ich dachte manchmal, ich sei in Israel, dann wieder, ich sei in Ruß-

15 land, bis ich verstand, daß beides stimmte. Das Haus war ein Teil Israels und Rußlands, der

sich in einer fremden Welt namens Wien befand. Keine Frage: die Welt war wie eine Anzahl von Schachteln aufgebaut, die ineinanderpaßten.

Das sechsjährige Kind lebt sich langsam in Wien ein. Das Leben für die Familie erweist sich aber auch hier als schwierig. Der Vater, ein Akademiker, bekommt zwar nach einer langen Zeit des Wartens und weil sich kein Österreicher bewirbt, vorübergehend eine Stelle im Magazin der Universitätsbibliothek. Die Mutter, die in der Sowjetunion Physik und Mathematik studiert hatte, arbeitet als Putzfrau bei einer Versicherungsgesellschaft. Solange man für das Kind keine Aufsicht hat, begleitet es die Mutter bei der Arbeit von Stock zu Stock, von Toilette zu Toilette und muss erleben, wie diese entwürdigend behandelt wird:

1b

1 „Du jetzt putzen Klos im Erdgeschoß! Dann ordentlich staubsaugen Vorraum. Ordentlich ist ordentlich! Ja? Auch Ecken! Ja? Nicht vergessen Staubwischen großer Tisch."
Mutter nickt, zieht ihren Arbeitskittel über, bindet sich ein Kopftuch um, legt die Brille ins Etui. Ich aber wundere mich, warum die Frau so sonderbar spricht, und frage: „Warum reden
5 Sie denn so falsch?" Mutter wirft mir einen strengen Blick zu und schüttelt den Kopf. Die Chefputzfrau jedoch antwortet in perfektem Wienerisch: „Sei ruhig, du bleder G'schropp. Mit dir red't eh kaana." Und zu meiner Mutter gewandt: „Kind darf hier nicht bleiben. Kind muß weg!"

In Wien bleibt die Familie drei Jahre, dann wiederholt sich für das Kind wieder das Emigrantenschicksal: Die Eltern verlieren ihre Arbeitsplätze, keine Verlängerung der Arbeitsbewilligung, Kofferpacken, Abreise ohne Spielsachen, ohne Abschied von den Schulfreunden; die guten Noten der dritten Volksschulklasse, vor allem in Deutsch, werden nicht mehr gewürdigt. Ziel und neue Hoffnung ist das liberale Holland. Doch nach ein paar Monaten wird den Eltern klar, dass es aussichtslos ist, in den Niederlanden eine Arbeitsbewilligung zu bekommen. Nachdem sich auch eine zugesagte Aufenthalts- und Arbeitsgenehmigung in Norwegen zerschlagen hat, bricht die Familie wieder nach Israel auf. Doch auch bei diesem zweiten Israelaufenthalt will sich kein Heimatgefühl einstellen. Auch hier erleben sich die nicht orthodoxen russischen Juden als Fremde unter anderen Einwanderungsgruppen, das Kind macht wieder die Erfahrung von Ausgrenzung und auch Feindseligkeit.

1c

1 Meine Beziehung zu den Mitschülern war von Anfang an gespannt. Vorerst war mir eine seltsame Aversion der Schüler aufgefallen, die allem galt, was an christliche Religion oder Symbole erinnerte. Ein Kettchen, das ich um den Hals trug, war der erste Stein des Anstoßes. Es ist ein Wunder, daß niemand an diesem Kettchen gezogen, es abgerissen und triumphierend in
5 die Höhe gehalten hat. Dabei war es ein harmloser Anhänger – mein Sternzeichen –, den mir Mutter zum Geburtstag geschenkt hatte, im Irrglauben, ich würde mich darüber freuen. Versilbertes Blech, billige Dutzendware. Mir bedeutete er wenig.
Warum ich mich aus einer Trotzreaktion heraus weigerte, diese kleine Nichtigkeit meinen neugierigen Mitschülern zu zeigen, konnte ich mir selbst nicht ganz erklären. Jedenfalls sprach
10 es sich sehr bald herum, ich trüge ein Kreuz um den Hals, das „goischste" Zeichen überhaupt. Schließlich hätten ja alle gewußt, daß ich eigentlich ein „Goi", ein Nichtjude wäre. Was könne man von einem kauzigen Individuum auch erwarten, das nicht einmal beschnitten ist?

Ich mied das Betonhäuschen im Hof, das Klo, und lief stattdessen in die nahen Büsche hinter dem Schulgebäude, denn schon in der ersten Schulwoche hatten mir der fette Juda und zwei
15 andere während der großen Pause in diesem Häuschen aufgelauert. Während ich festgehalten wurde, zeigte mir Juda das stumpfe Küchenmesser, mit dem er das kleine Problem ein für alle-mal aus der Welt zu schaffen beabsichtigte.

Die nächste Station ist Ostia in Italien. Tausende russische Emigrantenfamilien warten hier auf ein amerikanisches Einwanderungsvisum:

1d

1 Die meisten Emigranten, die sogenannten „Direktfahrer", blieben nur wenige Wochen. Jüdi-sche Hilfsorganisationen zahlten ihnen das Quartier, bis das amerikanische Visum eintraf. Länger als die Direktfahrer blieben jene, die, wie meine Eltern, schon in Israel gelebt und als israelische Staatsbürger nur wenig Chancen auf die positive Erledigung ihres Einwanderungs-
5 antrages hatten, oder Personen, die als ehemalige Mitglieder der Kommunistischen Partei oder wegen sonstiger „dunkler Flecken" in ihrer Biografie nicht in die USA einreisen durften. Besonders letztere waren als staatenlose Ausländer in einer prekären Lage: In die UdSSR konnten sie nicht zurück. Nach Israel wollten sie nicht. Von den italienischen Behörden wur-den sie nur geduldet. Ohne Chancen auf eine Arbeitsbewilligung, ohne eine offizielle Aufent-
10 haltsgenehmigung, ohne Krankenversicherung und meist fast ohne Geld harrten sie monate-lang in Ostia aus.

Statt auf der Schulbank verbringt das Kind seine Zeit in den nächsten Monaten in den Warte-sälen von Ämtern, Organisationen und Konsulaten, kommt dann unter die Obhut einer älteren russischen Emigrantin. Die Beziehung zu ihr endet mit einem Eklat und einer Enttäuschung. Auch das erhoffte Einreisevisum in die USA stellt sich nicht ein. Die Eltern denken wieder an Auswanderung, streiten sich aber über das Ziel. Die Mutter schlägt erst Israel, dann Öster-reich vor. Der Vater wehrt sich gegen beides. Er fordert diesmal seinen Sohn jedoch auf, mitzuentscheiden, was die nächsten Schritte betrifft, was das Kind jedoch überfordert:

1e

1 „Ich möchte in einem Land leben, wo mein Sohn kein Fremder ist, wo er eine Zukunft hat. In Österreich bleibt er immer der Jud. Und in Israel muß er den ganzen Saustall, der in diesem Land herrscht, auch noch mit der Waffe in der Hand verteidigen. (...)
„Du sollst bestimmen, mein Sohn", sagte er. „Sollen wir wieder nach Israel zurückkehren oder
5 nach Österreich fahren oder weiter hier ausharren? Was sollen wir tun? Schließlich geht es ja um deine Zukunft."
Ich suchte den Blick meiner Mutter. Doch ihr Gesicht wirkte ernst und konzentriert.
„Ich weiß es nicht", murmelte ich. „Ich möchte lieber etwas lesen, und hungrig bin ich auch."
„Du hast gerade zwei Stück Kuchen gegessen", sagte sie streng, „und die Bücher kommen so-
10 wieso weg."
„Wo möchtest du denn in der nächsten Zeit leben?" drängte Vater. „In Israel, in Österreich, hier in Italien, oder sollen wir es doch noch mit Lateinamerika versuchen?"
„Nein, nein!" Ich war selbst überrascht, wie leise und ängstlich meine Stimme klang. „Nicht Lateinamerika!"
15 „Gut, dann fällt diese Alternative weg. Willst du hier in Italien bleiben?"

Ich dachte an das gestohlene Geld und schüttelte den Kopf.

„Also Israel oder Österreich?"

Ich begann zu weinen. Nach Israel wollte ich nicht zurück, und an Österreich hatte ich auch keine guten Erinnerungen, mußte an die trostlosen Wohnungen und die vielen Menschen den-

20 ken, die mich als „Tschusch" und Ausländerbub beschimpft hatten. Ich schluchzte laut. „Ich will nirgendwo hin", konnte ich gerade noch herausbringen.

„Demnach möchtest du in Ostia bleiben", stellte Vater fest.

Wieder schüttelte ich den Kopf.

„Das ist nicht logisch", folgerte Mutter. „Wenn du nirgendwohin möchtest, dann willst du dablei-

25 ben. Du bist doch schon groß, kannst schon Sinnzusammenhänge erkennen." **R**

Schlussendlich übernehmen die Eltern die Entscheidung und die Familie reist wieder nach Österreich ein. Der Junge besucht das Gymnasium, findet Freunde und Feinde, die Mutter vorübergehend Arbeit. Der Vater träumt jedoch noch immer von Amerika, dem Land „in dem jeder eingeschmolzen und gleichberechtigter Teil des Ganzen werde".

1980 reist die Familie – der Sohn ist inzwischen vierzehn – mit einem Touristenvisum nach New York. Doch auch Amerika ist nur eine Zwischenstation. Der erhoffte Einwanderungsantrag wird abgelehnt und die Familie kehrt nach mehr als einem Jahr wieder nach Wien zurück.

Anregungen zur Texterschließung

Welche Erfahrungen machen die Emigranten auf den einzelnen Stationen ihrer Suche nach einer neuen Heimat?

Anregungen zur Problemdiskussion

1. Aus welchen Gründen verlassen Menschen heute ihre Heimat? Welche Migrationsbewegungen der letzten 25 Jahre sind Ihnen bekannt? Schlagen Sie in einer aktuellen historischen Karte (auch im Internet) nach.
2. Was bedeutet für Sie „Heimat"? Unter welchen Umständen würden Sie – auch für immer – Ihre Heimat verlassen?

Band 2 ## Ergänzung Literaturgeschichte

VIII. Zeitgenössische Literatur

Lesen Sie im Epochenteil Kapitel VIII.5 (Migration und Literatur) und entnehmen Sie daraus folgende Information:

Nennen Sie Autorinnen, Autoren und Werke aus der österreichischen Gegenwartsliteratur, die Migrationserfahrung zum Thema machen.

Kompetenzen: Das sollen Sie wissen/können

Sie können die Stationen der Emigration in VLADIMIR VERTLIBS Roman *Zwischenstationen* zusammenfassen und die Schwierigkeiten erläutern, mit denen die Familie an einzelnen Stationen konfrontiert wird.

VON DER LAST, EINE VILLA ZU ERBEN
Arno Geigers historischer Familienroman „Es geht uns gut"

7

Modulvorschau

In diesem Modul lernen Sie einen der erfolgreichsten deutschsprachigen Romane aus dem ersten Jahrzehnt des 21. Jahrhunderts kennen. ARNO GEIGER gehört – neben DANIEL KEHLMANN, THOMAS GLAVINIC, JULI ZEH u. a. – zur jüngeren Autorengeneration, die im ersten Jahrzehnt des 21. Jhs. mit realistischer Romanschreibung sehr erfolgreich war. Mit seinem Familienroman *Es geht uns gut* gelang dem österreichischen Autor der Durchbruch (Deutscher Buchpreis 2005).

Die Art der Annäherung an dieses umfangreiche Werk erfolgt nach einer Methode, die Sie auch auf die Interpretation anderer epischer Texte anwenden können: Bauform (Aufbau), Erzählform, Erzählperspektive, Darstellungsweisen, Zeit- und Raumgestaltung, Figurenkonstellation, Detailinterpretation von Handlungselementen. (Eine ausführliche und systematische Darstellung dieses Interpretationsverfahrens finden Sie in Band 2 ▶ Kompetenzteil, III. Epik.)

Arno Geiger

BAUFORM – ERZÄHLFORM – ERZÄHLPERSPEKTIVE

Es geht uns gut ist in 21 Kapitel gegliedert. Diese Kapitel beinhalten jeweils einen Tag im Leben einer Wiener Familie, sie wurden vom Autor mit dem jeweiligen Datum betitelt. Grundsätzlich verwendet ARNO GEIGER die *Er-/Sie-Form* des Erzählens und bedient sich der *auktorialen Erzählperspektive*. Stellenweise erzählt er aber auch aus der Perspektive einer beteiligten Figur (Wechsel zur *personalen Erzählperspektive*).
13 Romankapitel sind Philipp Erlach gewidmet. Sie handeln alle im Jahr 2001, in dem er die Villa seiner Großeltern erbt. Am Montag dem 16. April 2001 sitzt Philipp auf der Vortreppe der Villa in Wien-Hietzing. Dieses Datum ist auch zugleich die Überschrift des ersten Kapitels. Diese Philipp-Episoden werden unterbrochen durch Rückblenden in die Zeit zwischen 1938 bis 1989. Arno Geiger stellt drei Generationen der Wiener Familie Erlach vor und verknüpft die Familiengeschichte mit der politischen Geschichte Österreichs.

ZEITGESTALTUNG

Dem Zeitraster können Sie entnehmen, dass Arno Geiger seinen Roman grundsätzlich chronologisch erzählt (vom 16.4.2001 bis zum 20.6.2001). Die *erzählte Zeit* umfasst ca. drei Monate. Er unterbricht aber das Erzählkontinuum durch Rückblenden.

	4. 6. 8. 1938											
		7. 8. 4. 1945										
			9. 12. 5. 1955									
				12. 29. 9. 1962								
					14. 31. 12. 1970							
						17. 30. 6. 1978						
	2. 25. 5. 1982											
										20. 9. 10. 1989		
1. 16. 4. 2001	3. 18. 4. 2001	5. 29. 4. 2001	6. 1. 5. 2001	8. 2. 5. 2001	10. 3. 5. 2001	11. 7. 5. 2001	13. 22. 5. 2001	15. 31. 5. 2001	16. 1. 6. 2001	18. 8. 6. 2001	19. 14. 6. 2001	21. 20. 6. 2001

Anregung zur Texterschließung

Welche Ereignisse aus der Geschichte Österreichs können Sie den Jahren der Rückblenden 1938, 1945, 1955, 1970 und 1989 zuordnen?

DIE FIGURENKONSTELLATION (FAMILIENSYSTEM)

Anregung zur Texterschließung

Ergänzen Sie diese Grafik im Laufe der Arbeit an diesem Modul.

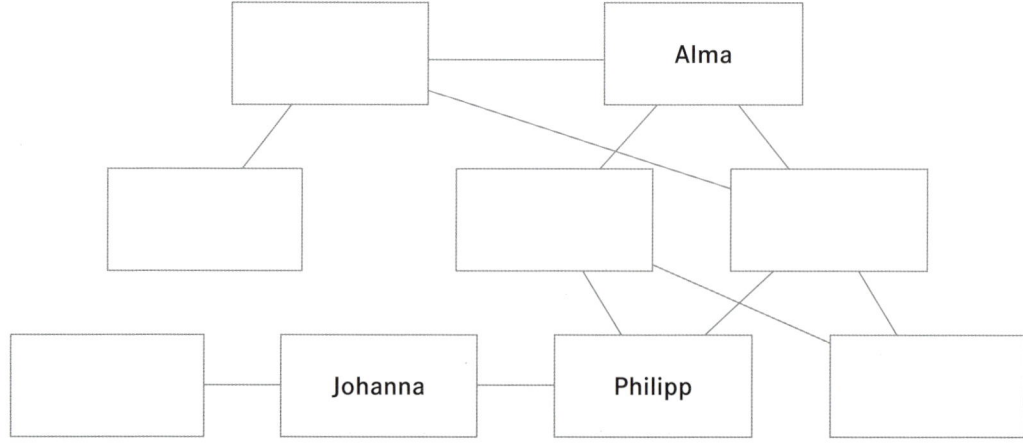

DIE EXPOSITION

Im ersten Kapitel werden bereits – vor allem aus der Sicht Philipps – alle Familienmitglieder vorgestellt. (Johanna ist Philipps Geliebte.)

Arbeitsanregung

Lesen Sie die folgenden Textausschnitte und erarbeiten Sie im Anschluss daran die Arbeitsaufträge.

ARNO GEIGER: ES GEHT UNS GUT

1

Montag, 16. April 2001 (aus dem ersten Kapitel)

1 Johanna kommt vom Fernsehzentrum, (…).
Ich habe Frühstück mitgebracht, sagt sie: Aber zuerst bekomme ich eine Führung durchs Haus. Na los, beweg dich.
Er weiß, das ist nicht nur eine Ermahnung für den Moment, sondern auch eine Aufforderung
5 in allgemeiner Sache.
Philipp sitzt auf der Vortreppe der Villa, die er von seiner im Winter verstorbenen Großmutter geerbt hat. Er mustert Johanna aus schmal gemachten Augen, ehe er in seine Schuhe schlüpft. Mit Daumen und Zeigefinger schnippt er beiläufig (demonstrativ?) seine halb heruntergerauchte Zigarette in den noch leeren Container und sagt:
10 – Bis morgen ist er voll.
Dann stemmt er sich hoch und tritt durch die offenstehende Tür in den Flur, vom Flur ins Stiegenhaus, das (…) mit einer viel zu breiten Treppe ausgestattet ist. Johanna streicht mehrmals mit der flachen Hand über die alte, aus einer porösen Legierung gegossene Kanonenkugel, die sich auf dem Treppengeländer am unteren Ende des Handlaufs buckelt.
15 – Woher kommt die? will Johanna wissen.
Da bin ich überfragt, sagt Philipp.
– Das gibt's doch nicht, daß die Großeltern eine Kanonenkugel am Treppengeländer haben, und kein Schwein weiß woher.
– Wenn allgemein nicht viel geredet wird –.
20 Johanna mustert ihn:
– Du mit deinem verfluchten Desinteresse.
Philipp wendet sich ab und geht nach links zu einer der hohen Flügeltüren, die er öffnet.
Er tritt ins Wohnzimmer. Johanna hinter ihm rümpft in der Stickluft des halbdunklen Raumes die Nase. (…) Johanna geht auf die Pendeluhr zu, die über dem Schreibtisch hängt. Die
25 Zeiger stehen auf zwanzig vor sieben. Sie lauscht vergeblich auf ein Ticken und fragt dann, ob die Uhr noch funktioniert.
– Die Antwort wird dich nicht überraschen. Keine Ahnung.
Er kann auch den Platz für den Schlüssel zum Aufziehen nicht nennen, obwohl anzunehmen ist, daß ihm der Aufbewahrungsort einfallen würde, wenn er lange genug darüber nachdächte.
30 Er und seine Schwester Sissi, der aus dem Erbe zwei Lebensversicherungen und ein Anteil an einer niederösterreichischen Zuckerfabrik zugefallen sind, haben in den siebziger Jahren zwei Monate hier verbracht, im Sommer nach dem Tod der Mutter, als es sich nicht anders machen ließ. Damals war das Ministerium des Großvaters längst in anderen Händen und der Großvater tagelang mit Wichtigtuereien unterwegs, ein Graukopf, der jeden Samstagabend seine Uh-
35 ren aufzog und dieses Ritual als Kunststück vorführte, dem die Enkel beiwohnen durften. (…)

Philipp betrachtet zwei Fotos, die links und rechts der Pendeluhr arrangiert sind, (…).

– Wer ist das? fragt sie zwischendurch.

– Das rechts ist Onkel Otto.

Zum linken Foto sagt Philipp nichts, Johanna muß auch so Bescheid wissen. Aber er nimmt das Foto von der Wand, damit er es aus der Nähe betrachten kann. Es zeigt seine Mutter 1947, elfjährig, abseits der Dreharbeiten zum Film *Der Hofrat Geiger*, wie sie der Donau beim Fließen zusieht. (…)

– Wollte deine Mutter auch später noch Schauspielerin werden? fragt Johanna.

– Ich war zu jung, als sie starb, daß ich mich mit ihr darüber unterhalten hätte.

Und er weiß auch nicht, wen er statt seiner Mutter fragen soll, denn sein Vater schaut in großäugig an, und er selbst besitzt nicht die Entschiedenheit, weiter zu bohren, vermutlich, weil er gar nicht bohren will. Zu unangenehm ist es ihm, daß er von seiner Mutter das allermeiste nicht weiß. Jedes Nachdenken Stümperei, beklemmend, wenn er sich den Aufwand an Phantasie ausmalt, der nötig wäre, sich auszudenken, wie die Dinge gewesen sein *könnten*. (…)

– Und weiter?

– Dazu habe ich längst alles gesagt. Die Ehe meiner Eltern war nicht das, was man glücklich nennt. (…)

– Ich finde es ausgesprochen sinnlos, hier etwas nachholen zu wollen. Da denke ich lieber über das Wetter nach.

Philipp küßt Johanna ohne auf Widerstand oder Erwiderung zu stoßen.

Über das Wetter vom Tag, das Johanna in ihren Haaren mitbringt, über das Wetter der kommenden Tage, das aus den Ausdrucken, den Tabellen und Computersimulationen in ihrer Tasche zu erschließen sein müßte.

– Über das Wetter statt über die Liebe statt über das Vergessen statt über den Tod.

– Sonst fällt dir nichts ein? fragt Johanna, die Meteorologin, halb lachend, wobei sie ungnädiggnädig den Kopf schüttelt. Und weil das etwas ist, was Philipp an ihr kennt, fühlt er sich ihr einen Moment lang näher. (…)

– Aber was rede ich, fügt Johanna hinzu, familiäre Unambitioniertheit ist bei dir ja nichts Neues.

Andererseits hat Philipp schon öfters versucht, ihr beizubringen, daß sie die Sache nicht ganz von der richtigen Seite betrachtet. Schließlich ist es nicht seine Schuld, daß man vergessen hat, ihn in puncto Familie rechtzeitig auf den Geschmack zu bringen.

– Ich beschäftige mich mit meiner Familie in genau dem Maß, wie ich finde, daß es für mich bekömmlich ist.

– Schaut aus wie Nulldiät.

– Wonach immer es ausschaut.

(…)

Wenig später verabschiedet sich Johanna. Sie küßt Philipp, (…), und verkündet, daß es so mit ihnen nicht weitergehen könne.

– Typisch, fügt sie hinzu, nachdem Philipp aufgesehen hat, als wolle er zu einer Antwort ansetzen, dann aber nichts herausbrachte: Keine Antwort, somit auch kein Interesse, nicht anders als für deine Verwandtschaft.

– Dann haben wir das auch besprochen.

Er sieht nicht ein, worüber Johanna sich beklagen will. Immerhin ist sie es, die es nicht schafft, sich von Franz zu trennen. Sie ist es auch, die einen gewissen Stolz an den Tag legt, wenn sie behauptet, in einer der bestgeführten zerrütteten Ehen Wiens zu leben. Er braucht keine Geliebte, die nur jedes zweite Mal mit ihm schläft. Und das wiederum hält Philipp Johanna vor. (…)

Also setzt er sich zurück auf die Vortreppe, über den Schenkeln die großmütterliche Post, die nach wie vor einlangt, obwohl die Adressatin schon seit Wochen tot ist, und wechselt in Gedanken das Thema.

Er malt sich ein fiktives Klassenfoto aus, mit vierzig Kindern in den Bänken, lauter Sechs- und Siebenjährige, die weder von den Jahren, in denen sie geboren, noch von den Orten, an denen sie aufgewachsen sind, zusammenpassen. (…) Das Mädchen mit den Zöpfen, die Kleine, die wie die andern Kinder ihre weißen Hände vor sich auf dem Pult liegen hat? Sie hat sich nie getraut aufzuzeigen, wenn sie aufs Klo mußte. Sie heißt Alma. Als junge Frau hat sie einen Verwaltungsjuristen in der Elektrizitätswirtschaft und späteren Minister geheiratet. Aus der Ehe sind zwei Kinder hervorgegangen. Das eine, der Bub, ist 1945 im Alter von vierzehn Jahren in der Schlacht um Wien umgekommen, das jüngere, ein Mädchen, (…) ist eine reizende Mitschülerin. (…) Sie hat sich sehr jung für einen sechs Jahre älteren Burschen entschieden und sich dessentwegen mit ihren Eltern überworfen. Der Bursch? Den hatten wir schon. (…) Ein netter Kerl, wenn auch nicht ganz der richtige zum Heiraten. Als junger Mann hat er Spiele erfunden und mit diesen Spielen bankrott gemacht, obwohl eines dieser Spiele ganz erfolgreich war: *Wer kennt Österreich?*

Und der da, in der ersten Bank der Fensterreihe: Das bin ich. Ich bin auch einer von ihnen. Aber was soll ich über mich sagen? Was soll ich über mich sagen, nachdem ich über all die andern nachgedacht habe und dabei nicht glücklicher geworden bin. R

Anregungen zur Texterschließung

1. Fügen Sie die Namen der Familienmitglieder und die ersten Informationen zu deren Lebensdaten in die entsprechenden Felder des Familienstammbaums ein.
2. Können Sie aus Philipps Verhalten Rückschlüsse auf die Gesprächs- und Beziehungskultur seiner Familie ziehen?
3. Welches Bild gewinnen Sie von Philipps Beziehung mit Johanna?
4. Der Roman beginnt mit einem ersten Rundgang Philipps durch das geerbte Haus. Dabei stößt er auch die klemmende Tür des Dachbodens auf. Sofort schlägt ihm eine Wolke Staub und der Gestank von zentimeterdickem Taubenmist, Taubenkadavern und verrotteten Dachbalken entgegen. Er lässt daraufhin die Tür sofort wieder zufallen und verriegelt sie fest. Diese Episode kann man auch als *Symbol* verstehen. Versuchen Sie es zu deuten.

Philipp will das alte Haus entrümpeln. Er und Johanna organisieren zwei Schwarzarbeiter, die nach und nach alle Dinge in die Müllcontainer werfen oder zu ihrem eigenen Nutzen weiterverkaufen. Die beiden Arbeiter sind neben Johanna für Philipp die einzigen Bezugspersonen in diesen drei Monaten des Jahres 2001. Sie ziehen für die Zeit der Entrümpelung in die ehemaligen Kinderzimmer. Mit ihnen zusammen isst und grillt Philipp und von einem der beiden wird er am Ende sogar zur Hochzeit eingeladen. Die Entrümpelung löst in Philipp Schuld und Erleichterung zugleich aus. Er hat sich bereits als Schriftsteller versucht und macht sich während der Aufräumungsarbeiten Notizen zu seiner Familienvergangenheit.

FIGUREN 1: ZUR CHARAKTERISIERUNG DER HAUPTFIGUR

Anregung zur Texterschließung

Versuchen Sie anhand der oben zitierten *Exposition* und anhand der folgenden Zitate ein Persönlichkeitsbild der Hauptfigur Philipp zu skizzieren.

2a Mittwoch, 18. April 2001

1 Den ganzen Vormittag bringt Philipp nichts zustande. Mit den Ellbogen auf den Knien sitzt er auf der Vortreppe, (…).
Nachmittags lungert er eine Weile mit einem belegten Brot in der Diele herum. Er kann sich aber nicht dazu durchringen, nochmals in den Dachboden hinaufzusteigen, um dort die Tau-
5 ben zu vertreiben. Die Tauben: die ihn demoralisieren und ihm jede Lust an der Arbeit neh-men. (…)
Es müßte schön sein, wenn das Haus leer wäre und nicht nur leer, sondern ausgeputzt, ausge-waschen, ausgekratzt, alle Fenster offen. Durchzug würde herrschen. Und in alle Zimmer wür-de er Schreibtische stellen, in jedes Zimmer einen Schreibtisch, für jede Person auf dem Klas-
10 senfoto einen Schreibtisch. (…)

2b DIENSTAG, 22. MAI 2001

1 (…) Doch die Stunden schwinden dahin, eine nach der andern, ohne daß Philipp sich zu etwas Entscheidendem aufraffen kann. Er ist nach wie vor nicht wirklich bereit, sich in die Gefahr zu begeben, daß er mehr erfährt, als er wissen will (…).

2c FREITAG, 1. JUNI 2001

1 Am Morgen ist Philipp müde und zerschlagen (…). Er bringt sich die längste Zeit nicht aus dem Bett, so steif fühlt er sich, so elend. (…) Dann sitzt er ungewaschen, unrasiert, mit ausge-branntem Kopf, irgendwie weggetreten, obwohl er Kaffee für zwei trinkt, augenreibend und gähnend auf der Vortreppe und fühlt sich vom heißen Wetter geohrfeigt. Das notiert er in sein
5 aktuelles Heft (…).
Philipp redet sich zu.
Und bleibt auf der Vortreppe sitzen.
Er überlegt, was Steinwald und Atamov gerade machen, wo sie sich herumtreiben. Und wo Johanna bleibt. Er würde Johanna gerne anrufen, aber er traut sich nicht (…).

2d Freitag, 8. Juni 2001

1 Philipp sitzt auf der Vortreppe, streichelt eine aus der Nachbarschaft zugelaufene Katze, mit der er sich angefreundet hat (…). Ⓡ

FIGUREN 2: PHILIPPS GROSSELTERN ALMA UND RICHARD

1929 lernen sich der Verwaltungsjurist Richard Sterk und die um sieben Jahre jüngere Stu-dentin Alma Arthofer kennen. Er stammt aus einer reichen Hietzinger Familie. Sie ist eine modern denkende, unabhängige junge Frau, bricht aber ihr Studium wegen einer Schwanger-schaft ab und verzichtet für immer auf einen eigenen Beruf. Das zweite und das vorletzte Kapitel sind zum überwiegenden Teil aus Almas Perspektive (*personale Erzählperspektive*) geschrieben. Arno Geiger setzt hier die Darstellungsweisen der *erlebten Rede* (Text 3) ein.

Dienstag, 25. Mai 1982 (aus dem zweiten Kapitel)

1 Im Halbschlaf registriert sie das Aussickern der Finsternis und gleichzeitige Zunehmen des Lichts, das in das große Zimmer voller dunkler Möbel schlüpft. Es wäre praktisch, über eine Automatik zu verfügen, mittels deren sich, vom Bett aus, ein Fenster öffnen ließe: Raus mit der schalen Luft, dem Gemisch aus Atem, Roßhaarmatratze und gründlich verbrannter Milch. Ihr
5 Mann hat vor drei Tagen, als sie mit dem Kulturkreis in Kalkwang war, einen halben Liter Milch acht Stunden lang gekocht. Die Milch war bei Almas Heimkehr in schwarzen Klastern an Topf und Herd sedimentiert, und abgesehen von der Mühe und der Zeit, die es kostete, den Herd mit Stahlwolle und Scheuermittel sauber zu bekommen (der Topf wanderte geradeaus in den Müll), vermutet Alma, daß der Geruch so rasch aus dem frisch gestrichenen Haus nicht
10 hinausgehen wird. Sie selbst wird den Geruch heute vielleicht nicht mehr wahrnehmen, kann sein. Aus Gewohnheit. Aber jeder, der ins Haus tritt, hat dieses Alte-Leute-Aroma in der Nase. Befürchtet sie. Gut, mag sein, sie sieht das zu pessimistisch, mag sein, sie ist überempfindlich, weil ihr diese Dinge zu Bewußtsein bringen, daß es irgendwann nicht mehr weitergehen wird. Der Nagelzwicker im Kühlschrank, das schmutzige Unterleibchen, das Richard
15 ausziehen sollte, unter dem übergestreiften frischen. Die Pizza mitsamt der Plastikhülle im Backrohr. Eigentlich harmlos. Und trotzdem: beängstigend, grauenvoll kommt ihr das vor, weil anzunehmen ist, daß es schlimmer werden wird. (…)
Anfang vergangener Woche, als Alma mit der Zubereitung eines Milchrahmstrudels beschäftigt war (…), kam er zu ihr in die Küche und beklagte sich, daß seine dritten Zähne gebrochen
20 seien.
– Zeig her, sagte sie.
Richard nahm die obere Hälfte bereitwillig heraus und reichte sie ihr.
Wegen eines eitrigen Backenzahns waren 1955 die Feiern zur Unterzeichnung des Staatsvertrags für Richard ins Wasser gefallen. Er fehlt auf sämtlichen offiziellen Fotos und in allen
25 Filmen. Im großen Knirschen über diese optische Absenz, mit der ihm sein Anteil an dem *historischen Erfolg* genommen wurde, (…) kam Richard zu dem Entschluß, daß eine Prothese ihn vor weiterer Unbill dieser Art bewahren werde. (…)
Das ist überhaupt so eine fixe Idee von ihm. Alles, was sie sagt, ist am Ende lächerlich oder banal oder überdreht. Davon verstehst du nichts, hört sie dann meistens. Und dazu dieses
30 siebengescheite Minister-Getue. Immer das gleiche. Wie oft schon. Sie reagiert gar nicht mehr darauf, denn jede Widerrede wird mit dem unweigerlichen Standardargument quittiert, daß sie (Alma) an Verfolgungswahn leide. Was soll's. Es lohnt sich nicht. In so eine Rolle wächst man mit der Zeit hinein. Sie begnügt sich damit, es sich selbst zu erklären, daß Richards Haltung eine Spezialität der Männer ist, die noch vor dem ersten Krieg geboren sind, nicht nur
35 von denen, aber von denen ganz besonders. Es hat mit dem zu tun, was diese Männer als Buben in den sogenannten guten Häusern und in der Schule gelernt haben: Daß Frauen haushalten sollen, ab und zu im Bett funktionieren (aber nicht zu oft und wenn, dann im Schweinsgalopp) und daß zum Kinderkriegen und -großziehen Intelligenz nicht erforderlich ist, weil das nötige Hirnschmalz durch die sporadische Anwesenheit des Haushaltsvorstandes eingebracht
40 wird. Oder durch reine Gedankenübertragung, da der Mann mit den Kindern ja ohnehin nicht redet. Was aber Entscheidungen, Finanzen und technische Dinge anbelangt, haben Frauen das Maul zu halten, ja. Klappe. Daß Alma das viel zu oft getan und damit mehr als nur einen Fehler begangen hat, merkte sie erst, als es zu spät war. R

Anregungen zur Texterschließung

1. Warum ist dieser Lebensabschnitt (1982) für das Ehepaar schwierig? Wie alt sind die beiden zu diesem Zeitpunkt?
2. Beschreiben Sie die Mann-Frau-Beziehung, die für diese Generation typisch zu sein scheint („Männer [...], die noch vor dem ersten Krieg geboren sind").
3. Skizzieren Sie aufgrund dieser Textstelle Persönlichkeitsprofile zu Alma und Richard. Tragen Sie Ihre Beobachtungen in der Grafik „Figurenkonstellation – Familiensystem" (S. 424) ein.

Am Beginn des vorletzten Kapitels wird Alma bei derselben Tätigkeit gezeigt wie am Ende des zweiten, bei ihrer Arbeit als Hobbyimkerin. Drei Jahre sind seither vergangen. Und in dieser Zeit hat sie gelernt, das große Haus alleine zu bewohnen. In dieser Zeit hat sich Richards Demenz verschlimmert. Als Gesprächspartner ist er ihr verlorengegangen. Auf Anraten des Hausarztes bringt ihn Alma im Sommer 1986 in ein Pflegeheim. Richard ist aber für sie gegenwärtig, manchmal hat sie auch ein schlechtes Gewissen ihm gegenüber. An die neue Lebenssituation gewöhnt sie sich nicht so recht. Alma hat niemanden mehr, der mit ihr Erinnerungen und Gedanken über die gemeinsame Familiengeschichte austauschen kann.

Als Alma am 9. Oktober 1989 an seinem Krankenbett im Heim sitzt, führt sie daher nur ein einseitiges Gespräch mit ihm. Obwohl sie nicht weiß, wie viel und ob er versteht, beginnt sie zu erzählen. In einem langen *Monolog* berichtet sie dem ehemaligen Politiker einerseits über die großen politischen Umwälzungen und Geschehnisse dieser Tage im Osten, die die Welt in Atem halten. Und sie lässt andererseits ihren Erinnerungsstrom vor ihm fließen.
Almas Monolog wird so zu einer Rede über und gegen das Vergessen.

4 Mittwoch, 9. Oktober 1989

1 Also beginnt sie zu erzählen, von den Umstürzen bei den Nachbarn im Osten, von Ungarn, wo die Diktatur des Proletariats dieser Tage zu Ende gegangen ist, von der Entwicklung in der DDR, wo der 40. Jahrestag des Arbeiter- und Bauernstaates mit Massenverhaftungen gefeiert wurde. Michail Gorbatschow war in Berlin und hat zu weiteren Reformen gemahnt. Das hat
5 Eindruck gemacht. Sie erzählt von den Wahlen in Vorarlberg, wo die ÖVP ihre absolute Mehrheit gehalten hat. (...)
Du, es war eine schöne Zeit, die zwanziger und dreißiger Jahre, ich glaube, das war bei mir, was man die Blüte des Lebens nennt. Ich war glücklich, ich meine, insofern glücklich, als ich damals nicht ahnte, daß das Leben ein großes Hindernislaufen sein wird, das auf Dauer müde macht.
10 Für dich waren die fünfziger Jahre die Blüte des Lebens, wir haben einmal darüber geredet, du hast sie ein spätes Geschenk genannt, (...) du warst dabei, wie die alten Männer losgelegt und an ihrem besseren Österreich herumgebastelt haben. (...)
Mir tut auch leid, daß ich dich damals nicht nach Schweden begleiten durfte, als sie dieses Kraftwerk einweihten, erinnerst du dich, damals warst du Minister, war das nicht eben noch,
15 und jetzt sind schon wieder bald zwanzig Jahre die Sozialisten am Ruder, so ein Jahr ist gar nichts mehr, Richard, wir hätten auch später mehr wegfahren sollen, aber jetzt ist das vorbei, ich will selber nicht mehr, (...). Weil's mir grad einfällt, Gretel Puwein ist zur Zeit in Florenz, (...). Nach Italien hätte ich auch noch einmal gewollt, erinnerst du dich, wie wir mit den Fahrrädern in Italien waren, 1929, noch vor der Hochzeit, streng dich an, Richard, dein oberkatho-
20 lischer Vater hätte dich ums Haar erschlagen, weil es noch vor der Heirat war, wenigstens daran könntest du dich erinnern, mir kommt es vor, als wenn es gestern gewesen wäre, (...) wenn

du dich anstrengst, erinnerst du dich, es ist nicht schwer, du hattest vor Jahren eine Tochter, sie hieß Ingrid, und deine Tochter hat wieder eine Tochter, Sissi, das ist deine Enkelin, streng dich an, du hast Enkel, Sissi und Philipp, deine aufgeweckte Nachkommenschaft, Sissi und Philipp,
25 Sissi hat sich vor etlichen Jahren blicken lassen und Fragen über ihre Mutter gestellt auf der Suche nach ihren Wurzeln, damit sie sich in New York wohler fühlt, von sich selbst hat sie nicht viel preisgegeben, und die obligate Geburtstagskarte von ihr habe ich in diesem Jahr auch nicht erhalten (…). Richard, sie ist bereits siebenundzwanzig, Moment, achtundzwanzig, (…) sie ist Journalistin, Soziologin, wenn mich mein Gedächtnis nicht täuscht, sie hat eine Tochter
30 (…). Philipp, (…) ich habe ihn unlängst im Fernsehen gesehen, ich bin mir fast sicher, daß er es war, er hat Ähnlichkeit mit dir, er ähnelt dir, du hast die dominanteren Gene als ich, der Mund, die Augenpartie, die Kopfform, das kommt aus deiner Linie, auch das politische Engagement, stell dir vor, er hat gegen Spekulanten und für mehr Wohnraum demonstriert, ganz vorne, mit aufgestellten orangen Haaren, (…), weißt du noch, daß er zwei- oder dreimal
35 klammheimlich zu uns nach Hietzing kam, um für sein Zeugnis Geld einzuheimsen, (…), das war noch vor Ingrids Tod, und jetzt mit den roten Haaren, wie eine Leuchtboje, und so dürr wie damals, da hat sich nicht viel verändert, und wie er sich freuen konnte so über das ganze Gesicht, ich kann mir nicht helfen, das war später wie weggewischt, die wenigen Male, als er sich noch bei uns blicken ließ, ein Jammer, ich glaube, es hat den beiden nicht gutgetan, unse-
40 ren Enkeln, daß ihre Mutter so früh gestorben ist, ich meine Ingrid, deine Tochter, du hattest eine Tochter, denk nach, dann fällt es dir ein, deine Tochter hieß Ingrid (…). ®

Anregungen zur Texterschließung

1. Alma ist an diesem Tag eine Frau von ungefähr 80 Jahren. Um welche Themen kreisen ihre Gedanken?
2. Mit welchen Adjektiven würden Sie diese alte Dame beschreiben?
   Kreuzen Sie unter den folgenden Adjektiven und Zuschreibungen diejenigen an, die für Sie zutreffen, und fügen Sie weitere hinzu. Begründen Sie jeweils Ihre Auswahl.
   ☐ traurig, ☐ versöhnt mit der Vergangenheit, ☐ unversöhnt mit der Vergangenheit, ☐ unzufrieden, ☐ zufrieden, ☐ liebevoll, ☐ lebenstüchtig, ☐ tolerant, ☐ verbittert

3. Fügen Sie weitere wichtige Daten und Ereignisse der Familie in die Grafik „Zeitgestaltung" (S. 424) ein.

LEBENSGESCHICHTEN – FAMILIENGESCHICHTE – POLITISCHE GESCHICHTE

Die Geschichte der Wiener Familie Sterk / Erlach wird wie jede Familiengeschichte geprägt von gesellschaftspolitischen Prozessen, und sie besteht, wie in jeder Familie, aus vielen Einzelgeschichten. Arno Geiger erzählt in seinem Roman neben Almas und Philipps Geschichten u. a. folgende:

• Die Geschichte von Ingrid, der rebellierenden Tochter, die in die Ehe mit dem verkrachten Studenten Peter flüchtet, deren glücklose Entwicklung absehbar ist. Ingrid ist Ärztin und Mutter von zwei kleinen Kindern, als sie durch einen schrecklichen Unfall ums Leben kommt.

- Die Geschichte von Richard, dem dominanten Familienoberhaupt, ohne spontane Gefühle für Frau und Kinder, der politische Karriere macht, 1938 von einem SS-Mann unter Druck gesetzt wird und nach dem Krieg eine wichtige politische Rolle spielt. Schließlich stirbt er geistig umnachtet in einem Pflegeheim.
- Die Geschichte von Peter, dem Arbeiterkind, Philipps Vater, der später als beruflicher „Versager" von der Familie abgelehnt wird. Er gehörte 1945 zu den Jungen, die in Wien gegen die Soldaten der anrückenden Roten Armee kämpfen mussten. Peter war wie viele andere seiner Generation ein manipulierter und fanatisierter Hitlerjunge. Was Peter zu Kriegsende erlebt, schildert das Kapitel vom Sonntag, 8. April 1945, die grausame Kriegsrealität einer um ihre Jugend betrogenen Generation, der bis zum Schluss das Märchen vom „Endsieg der edlen deutschen Rasse" eingetrichtert wird.

Band 2   ## Ergänzung Literaturgeschichte

VIII. Zeitgenössische Literatur

Lesen Sie im Epochenteil Kapitel VIII.1 (Erfolgreiche Erzählliteratur am Beginn des 21. Jahrhunderts) und entnehmen Sie daraus folgende Informationen:

1. Mit welchem Roman war DANIEL KEHLMANN besonders erfolgreich? Was beinhaltet dieser Roman?
2. Auch eine deutsche Autorin bekam – so wie der Österreicher ARNO GEIGER – für einen historischen Familienroman den *Deutschen Buchpreis*. Erläutern Sie diesen Roman.
3. Erläutern Sie einen Roman von THOMAS GLAVINIC.
4. Erläutern Sie den Roman *Corpus Delicti* von JULI ZEH.
5. Was wissen Sie über die Ermittlerfigur und die Erzählsprache der WOLF-HAAS-Krimis?

Kompetenzen: Das sollen Sie wissen/können

1. Sie wissen, nach welchen methodischen Kriterien man einen epischen Text analysieren und interpretieren kann, und können mit folgenden Begriffen in der Anwendung umgehen: Figurenkonstellation, Erzählform, Erzählperspektive, Darstellungsweisen (Erzählbericht, Formen der Personenrede: direkte Rede, indirekte Rede, erlebte Rede, innerer Monolog), Zeitgestaltung und Raumgestaltung, Bauform.
2. Sie können die Figurenkonstellation in ARNO GEIGERS Roman *Es geht uns gut* erklären.
3. Sie können die Handhabung von Erzählform und Erzählperspektiven in diesem Roman erklären.
4. Sie können den Aufbau der Handlung und die Zeitgestaltung erklären.

ANHANG

Situative Schreibaufträge, auch ausgehend von literarischen Texten, werden in der standardisierten, kompetenzorientierten Reifeprüfung einen wichtigen Stellenwert haben. Daher sollte man sie von Zeit zu Zeit üben.

Zu Modul I.2

Das *Nibelungenlied* entstand in einer von Krieg und Kampf geprägten Zeit. Der Nationalsozialismus und andere deutschnationale Bewegungen bedienten sich des *Nibelungenlieds*, um ihre eigene Vorstellung vom Kampf für das Vaterland zu bekräftigen. In Ihrer Schule ist eine Kontroverse darüber entstanden, ob solch ein Werk heute, in einer demokratischen Republik, überhaupt noch Gegenstand des Deutschunterrichts sein soll. Sie sind eingeladen worden, für ein internes Internetforum eine **Stellungnahme** zu dieser Kontroverse zu verfassen. (*maximal 200 Wörter*)

Zu Modul I.3

„Mythen der Vergangenheit – Mythen der Gegenwart". Diesem Schwerpunktthema widmet sich ein Jugendmagazin. Sie sind eingeladen worden, zwei Beiträge zu verfassen, **Personenbeschreibungen** unter dem besonderen Blickwinkel der „Mythisierung" einer Figur:
1. Der mythische König Artus (*300 Wörter*)
2. Im zweiten Beitrag sollen Sie eine Persönlichkeit des öffentlichen Lebens beschreiben, die mythische Züge erhalten hat (z. B. Sänger/in, Politiker/in, Sportler/in, Schauspieler/in ...), *ca. 250 Wörter*.

Zu Modul II.4

Für „Bildung" sprechen sich heute alle aus. Was man darunter versteht, darüber gehen die Meinungen oft auseinander. Sie sind gebeten worden, bei einer schulinternen Diskussion zum Thema „Aufgaben der Schule in unserer Zeit" eine **Rede** zu halten: „Was ich mir von einer guten Schule erwarte." Ihr Publikum sind Schüler/innen, Lehrer/innen und Eltern. Ihre Rede soll ungefähr *zehn Minuten* dauern.

Zu den Modulen IV.5 bis IV.10

Ein Verlag möchte eine Anthologie (Textsammlung) mit Texten der literarischen Tradition vom Mittelalter bis zum Ende des 20. Jahrhunderts erstellen. Die Zielgruppe sind Jugendliche. Für die einzelnen Epochen sind daher Jugendbeiräte eingerichtet worden, die bei der Textauswahl behilflich sein sollen. Sie gehören zum Beirat „Romantik" und sollen aus den angeführten Modulen drei Texte aussuchen, die in die Anthologie aufgenommen werden. Dazu sollen Sie auch eine **Einleitung** schreiben, die vor allem zwei Fragen klären soll: Was gefällt Ihnen an den ausgewählten Texten? Was ist heute für Sie „romantisch"? (*300 Wörter*)

Zu Modul V.5

Sie sind Redakteurin bzw. Redakteur einer Jugendzeitschrift, die als Schwerpunktthema der nächsten Ausgabe „Vorurteile" gewählt hat. Dazu sollen Sie zwei Beiträge verfassen:
1. Einen **Kommentar** mit dem Titel „Rotes Haar – heimtückischer Charakter?". Sie gehen bei diesem Kommentar von JOHANN NEPOMUK NESTROYS Stück *Der Talisman* aus, erklären die Art des Vorurteils, unter der Titus Feuerfuchs zu leiden hat, und seinen Versuch, das Problem zu lösen. Im zweiten Abschnitt erläutern Sie, dass zwar das Vorurteil gegen rote Haare heute nicht mehr existiert, dass es aber in unserer Gesellschaft genug andere Vorurteile gibt, unter denen Menschen leiden. (*400 Wörter*)

2. Einen **sachlichen Kurzartikel** mit dem Thema „Gibt es positive Vorurteile?" (*200 Wörter*)
Dafür können Sie folgenden Auszug aus einem Wikipedia-Eintrag als Informationsquelle
heranziehen:

Vorurteile werden heute meist per se als negativ empfunden: Wenn in Debatten über Vorurteile gestritten wird, geht es fast ausschließlich um negative Vorurteile. Wie entscheidend Vorurteile für unser tägliches Überleben sind, gerät darüber in Vergessenheit. Der moderne Alltag
ist ohne Vorurteile nicht zu bewältigen. (…) Jedes Individuum hat den Wunsch die Welt zu
beurteilen, sein Ge- oder Missfallen an den Geschehnissen auszudrücken – dies ist ohne Vorurteile ein unmögliches Unterfangen. Oft sind kollektive Vorurteile das Ergebnis historisch
gewachsener Interpretationsmuster, eine „normale" Vereinfachung, um die Vielfalt der sozialen
Wirklichkeit irgendwie zu bündeln.

Positive Vorurteile spielen eine entscheidende Rolle im Wirtschaftsleben, denn positive Vorurteile über z. B. eine Marke oder ein Produkt sind entscheidend für jedes Unternehmen, das
langfristig und wirtschaftlich erfolgreich am Markt existiert bzw. existieren will: Ein VW Golf
ist besonders zuverlässig, ein Fahrzeug von Alfa Romeo ist sportlich, bei ALDI kann billig
eingekauft werden oder die Deutsche Lufthansa ist eine pünktliche und sichere Fluggesell-
schaft. Der Aufbau und die Führung von Marken erfordern den behutsamen und sensiblen
Umgang mit existierenden Vorurteilen, damit das Vertrauen in ein solches Marken-Vorurteil
in der Kundschaft nicht erschüttert wird. Oft wurden solche „positiven Vorurteile" über viele
Jahrzehnte aufgebaut, d. h. das Unternehmen hat kontinuierlich eine Produktleistung erbracht
und auf diese Weise es geschafft, sich einen guten Ruf bzw. ein positives Vorurteil aufzubauen.
Die sozialen Mechanismen, die zu negativen Vorurteilen führen, funktionieren auch auf dem
umgekehrten Wege – mit, wirtschaftlich gesehen, äußerst positiven Folgen. Markensoziolo-
gisch betrachtet ist eine Marke in erster Linie ein von vielen Menschen geteiltes positives Vorurteil über eine Produktleistung. Diese Leistung ist mit einem Namen verkoppelt. (…)

Vorurteile sind nicht notwendigerweise abwertend. Zu den aufwertenden Vorurteilen können
die Sicht des Verliebten auf die Geliebte, der Blick auf die eigene Nation oder das Vertrauen
eines kleinen Kindes in die unbegrenzten Fähigkeiten und Kräfte der Eltern gezählt werden.
Auch Mythen, die sich um bestimmte Gegenstände, Sachverhalte oder Personen ranken, können als positive (manchmal auch negative) Vorurteile betrachtet werden, welche die Basis für
Verehrung oder für Fanrituale bilden.

Zu Modul 🌐 V.A

Sie sind Moderatorin bzw. Moderator einer Diskussionsrunde mit dem Thema „Technischer
Fortschritt zwischen Furcht und Faszination". Für Ihre **einleitenden Worte** greifen Sie auf
PETER ROSEGGERS Geschichte *Als ich das erste Mal auf dem Dampfwagen saß* zurück. Sie
erklären, inwiefern in dieser Darstellung Furcht und Faszination miteinander im Widerstreit
liegen. Anschließend daran weisen Sie auf mindestens zwei aktuelle Themen des technischen
Fortschritts hin, die auf ähnliche Weise Furcht und Skepsis auf der einen, Zuspruch und Faszination auf der anderen Seite wecken. (*300–400 Wörter*)

Zu Modul VI.4

Sie gestalten für eine Amateurbühne, die ARTHUR SCHNITZLERS Stück *Liebelei* aufführt, zwei Beiträge zum Programmheft:
1. Sie **fassen den Inhalt** des Stücks kurz **zusammen**. (*160–200 Wörter*)
2. Sie verfassen einen **interpretierenden Text** zum Thema „Fritz und Christine – ein ungleiches Paar" und gehen dabei auch auf den Szenenausschnitt ein. (*ca. 200 Wörter*)

Zu Modul VI.7

Die Verfilmung von ERICH MARIA REMARQUES Roman *Im Westen nichts Neues* aus dem Jahr 1930 wird im Fernsehen wieder einmal gezeigt. Sie sind Redakteurin bzw. Redakteur einer TV-Programmzeitschrift und damit beauftragt, eine **Sendeankündigung** zu schreiben. Ihr Artikel muss folgende Informationen enthalten: Entstehungszeit von Buch und Film, kurze Inhaltsangabe, Autor, Regisseur, Hauptdarsteller. Informieren Sie sich über die Verfilmung durch eine Internet-Recherche. (*maximal 300 Wörter*)

Zu Modul VII.8

Sie sind Redakteurin bzw. Redakteur eines Jugendmagazins, das das Thema „Generationen" zum Schwerpunkt des nächsten Heftes erklärt hat. Sie haben dafür zwei Beiträge übernommen:
1. „Die Achtundsechziger. Was eine alt gewordene Jugendbewegung einmal wollte." Ihr **Artikel** soll ungefähr *400 Wörter* umfassen. Als Informationsquelle verwenden Sie hauptsächlich das Modul VII.8 und die Informationen im literaturgeschichtlichen Überblick Band 2 Epochenteil, VII.1.3.
2. Was ist typisch für meine Generation? Um Material für diesen **Artikel** zu erhalten, müssen Sie mit mindestens 10 Jugendlichen (Burschen und Mädchen) Kurzinterviews führen. Fragen Sie nach Kleidung, Musik, Werten, politischen Überzeugungen, Zukunftsvorstellungen u.s.w. Die Antworten verwerten Sie für Ihren Artikel. Sie sollen aber auch Ihre eigene Meinung einfließen lassen. (*ca. 400 Wörter*)

Zu Modul VIII.1 (im Anschluss an „IKEA" von Franzobel)

In der Nähe Ihres Wohnorts ist die Errichtung eines neuen IKEA-Einrichtungshauses geplant. Die Gemeindezeitung berichtet darüber. Ihre Aufgabe besteht darin, in einem „Kasten" (eingerahmter Text auf einer Zeitungsseite) auf Basis einer Internetrecherche Sachinformationen zu IKEA zusammenzustellen. Der **Bericht** in einer Länge von maximal *300 Wörtern* sollte auf alle Fälle folgende Informationen beinhalten: Wesentliches aus der Firmengeschichte, Firmenkonzept, Warenangebot, Größe des Konzerns und Verbreitung, Zielpublikum.

Zu Modul VIII.1 (im Anschluss an „Die begehbare Frau" von Karl-Markus Gauß)

Soziale Netzwerke sind heute für viele Menschen, auch schon für Kinder, besonders attraktiv. Das meist genutzte Netzwerk ist derzeit Facebook. Gerade jüngere Menschen genießen den Reiz dieses Mediums, kennen aber die Gefahren und Problemstellen nicht. Sie sind Mitglied einer Schülerorganisation, die schon die Zehn- bis Zwölfjährigen über die Möglichkeiten und Schattenseiten der Facebook-Nutzung aufklären möchte. Sie schreiben daher einen **offenen Informationsbrief** für diese Zielgruppe, der an Schulen der Sekundarstufe I zur Verteilung kommen soll.

A

Abenteuerroman, der: Sammelbezeichnung für Romane, in denen der *Protagonist/die Protagonistin* in spannende, abenteuerliche Handlungen verwickelt wird. Im weitesten Sinne kann man den Begriff A. auch auf Ritterepen des Mittelalters, den *Schelmenroman* der Barockzeit und auf die sogenannten *Robinsonaden* anwenden. Als Klassiker der populären Abenteuerliteratur gelten die Bücher von Karl May. Insbesondere ein Teil der *Unterhaltungs-* und *Trivialliteratur* besteht heute aus Abenteuerromanen.

Abgesang, der: Schlussteil der *Kanzonenstrophe*

Absurdität, die: von lat. absurdus = misstönend, Widersinn, der Vernunft entgegen laufend, Denken in unlösbaren Widersprüchen; als künstlerisches Gestaltungsmittel besonders im absurden Theater zu finden, Modul VII.4 und VII.7

akatalektisch: Begriff aus der Metrik, Vers mit vollständigem letzten Takt, Gegensatz *katalektisch*

Akkumulation, die: Reihung bzw. Häufung von Wörtern, um einen abstrakten Oberbegriff zu konkretisieren, z. B. „… durch Krieg, Schwert, Flamm und Spieß zerstört" (A. Gryphius)

Akrostichon, das: Die Anfangsbuchstaben von Verszeilen ergeben ein Wort, das mit dem Gedichtinhalt in Verbindung steht; besonders in der *Barock*lyrik gern verwendet

Alexandriner, der: sechshebiger *jambischer* Vers mit einer *Zäsur* nach dem dritten Takt, z. B. „Was itzund prächtig blüht, soll bald zertreten werden" (A. Gryphius)

Allegorie, die: Verbildlichung von etwas Abstraktem, oft in Form einer *Personifikation*, z. B. Darstellung der Gerechtigkeit, der Liebe, des Neides als Person

Alliteration, die: Stabreim, gleicher *Anlaut* von betonten Silben in aufeinanderfolgenden Wörtern, meist in rhythmisierten Texten, kommt aus der altgermanischen Dichtung, z. B. „Das Lernen ohne Lust / ist eine läre Last" (Harsdörffer)

Amadis-Roman, der: höfischer Ritterroman, Band 2 ▶ Epochenteil, II.8.5

Amplifikation, die: Erweiterung einer Aussage durch Auflistung unterschiedlicher Gesichtspunkte, z. B. „Er versucht dem Bild der anderen gerecht zu werden, das Äußerste zu wagen, keine Furcht zu zeigen, im Falle der Niederlage ruhig zu bleiben."

Anachronismus, der: Verstoß gegen die Zeitordnung und Zeitgemäßheit; in Bühneninszenierungen oft als künstlerisches Mittel eingesetzt, z. B. Julius Cäsar fährt in einem Mercedes auf die Bühne.

Anagramm, das: sinnvolle Umstellung der Buchstabenfolge eines Wortes zu einem anderen Wort, z. B. „er mag raten" – „arm geraten" (Ph. v. Zesen)

Anakreontik, die: nach dem griechischen Dichter Anakreon benannte Lyrik des *Rokoko*, Band 2 ▶ Epochenteil, III.9.4

Analogie, die: Ähnlichkeit zwischen zwei verschiedenen, voneinander unabhängigen Dingen, stilistisch oft als *Vergleich* formuliert

analytisches Drama, das: Bauform des Dramas, Band 2 ▶ Kompetenzteil, II.2.6

A

Anapäst, der: dreisilbiger Verstakt, zwei unbetonte Silben, eine betonte Silbe; kommt in deutschsprachiger Literatur kaum vor

Anapher, die: mehrere Sätze hintereinander beginnen mit demselben Wort

Anekdote, die: kurze, heitere Erzählung, meist um eine bekannte Persönlichkeit oder um ein historisches Ereignis; die A. veranschaulicht meist etwas für die Person oder das Ereignis Charakteristisches in pointierter Form

Anlaut, der: erster Laut einer Silbe oder eines Wortes

Antagonist, der: Gegenspieler des *Protagonisten* (Haupthelden) im Drama oder im Roman

Anthologie, die: Auswahl von Texten unterschiedlicher Autor/innen in einem Buch

Antiheld, der: im Gegensatz zum erfolgreichen, positiven Helden eine scheiternde oder problematische Figur in dramatischen und epischen Werken

Antiklimax, die: abstufende Reihenfolge, Gegenstück zur *Klimax*, z. B. „Doktoren, Magister, Schreiber und Pfaffen" (Goethe: *Faust I*)

Antithese, die: Entgegenstellung, z. B. „Lang ist die Kunst, und kurz ist unser Leben" (Goethe: *Faust I*)

Aphorismus, der: Gedankensplitter; pointierte, geistreiche Äußerung in Prosa

Aposiopese, die: Stilfigur, Verschweigen des Wesentlichen durch abgebrochene Andeutungen, z. B. „Ich will jetzt nicht davon reden, dass ... nein, das will ich nicht!"

Arlecchino, der: [arlekino] Harlekin, lustige Person in der italienischen *Commedia dell'arte*

Assonanz, die: Gleichklang von Selbstlauten, vor allem in altfranzösischer und altspanischer Dichtung, z. B. „Schwarze Damen, schwarze Herren / wandeln durch Bolognas Straßen" (C. Brentano)

Ästhetik, die: Lehre oder Theorie vom „Kunstschönen", also von den Aufgaben und Mitteln der Kunst

Ästhetizismus, der: Absolutsetzung des Schönen, unabhängig von Maßstäben der Vernunft oder der Moral, **Modul** 🔍 **VI.A**

Asyndeton, das: syntaktische Unverbundenheit bei Häufungen, z. B. „Sie ist schön, klug, reich, beliebt"; Gegensatz *Polysyndeton*

Aufgesang, der: der erste, längere Teil der *Kanzonenstrophe*

Aufklärung, die: Epochenbegriff aus der Literaturgeschichte, ca. 18. Jh.; als wesentliche Merkmale gelten das kritische Denken und die rationale Erklärung der Welt, **Band 2** Epochenteil, III.1.–3.

auktoriales Erzählen, das: Erzählsituation, in der ein „allwissender" Erzähler das Geschehen überschaut, kommentiert etc., **Band 2** Kompetenzteil, III.3.2

Autobiografie, die: beschreibende Darstellung des eigenen Lebens

Autograf, der: mit eigener Hand geschriebenes Schriftstück

Avantgarde, die: [avãgard] frz. Vorhut, aus dem militärischen Bereich auf die Kunst übertragen; Vorkämpfer für neue, ungewohnte Ausdrucksformen

B

Ballade, die: im romanischen Kulturraum ursprünglich ein Tanzlied, seit dem 18. Jh. im dt. Kulturraum eine Gedichtform mit erzählerischem Charakter, meist düster-pessimistischen Inhalts (z. B. Schiller: *Der Taucher*, Goethe: *Der Erlkönig*)

Bänkelsang, der: von umherziehenden Volkssängern vorgetragenes Lied, meist mit aktionsreichem, schauerlichem oder kriminalistischem Inhalt, ähnlich der *Moritat*, für die anspruchsvolle Literatur entdeckt vor allem durch Frank Wedekind und Bertolt Brecht

Barde, der: keltischer Hofdichter und -sänger des Mittelalters, Verfasser von Götter- und *Heldenliedern*

Barock, der oder *das:* kulturelle Epoche zwischen 1600 und 1730, Band 2 Epochenteil, II.1, II.2 und II.8

Bekenntnisdichtung, die: Dichtung, in der persönliche Erlebnisse und Stimmungen des Schreibers bzw. der Schreiberin öffentlich gemacht werden; vgl. *Autobiografie*

Bericht, der: Gebrauchstext, der einen Sachverhalt möglichst neutral und objektiv wiedergeben soll, v. a. in Zeitungen

Belletristik, die: „schöne" oder „schöngeistige" Literatur, heute als Sammelbezeichnung für jede Art von *fiktionaler* Literatur verwendet

Bestseller, der: Buch, das sich durch hohe Verkaufszahlen als marktfreundlich erweist

Bewusstseinsstromtechnik, die: dem *inneren Monolog* ähnliche Erzählweise, die Gefühle und Gedanken einer literarischen Figur unmittelbar wiedergibt. Satzbau und Textgrammatik werden häufig aufgelöst zugunsten freier Assoziation.

Bibliografie, die: gedrucktes Bücherverzeichnis

Biedermeier, das: Bezeichnung für eine Kulturepoche zwischen 1815 und 1848, Band 2 Epochenteil, V.1 und V.6

Bild, das: Überbegriff für verschiedene Varianten des bildhaften Sprechens: *Metapher*, *Vergleich*, *Pars pro toto*, *Synästhesie*, *Chiffre*, *Symbol*, *Metonymie*, *Synekdoche*, *Katachrese*; Band 2 Kompetenzteil, I.4.1

Bildergeschichte, die: in Bildfolgen erzählte Geschichte mit meist sehr knappem Text (z. B. Wilhelm Busch: *Max und Moritz*)

Bildungsroman, der: Romanart, die im 18. Jh. aus dem Geist der europäischen *Aufklärung* hervorgegangen ist. Der Held bildet sich im Laufe der Romanhandlung zu einer positiven Persönlichkeit aus. Ein verwandter Begriff ist *Entwicklungsroman*. Modul III.B und Band 2 Epochenteil, III.6

Binnenerzählung, die: Rahmenerzählung

Binnenreim, der: Reim im Inneren einer Verszeile, Band 2 Kompetenzteil, I.3.3

Biografie, die: Lebensbeschreibung

Blankvers, der: ungereimter fünfhebiger *Jambus*, vor allem in der klassischen deutschen Dramendichtung verwendet (Lessing, Schiller, Grillparzer), `Band 2` Kompetenzteil, I.3.1.b

Blut-und-Boden-Dichtung, die: Sammelbegriff für nationalsozialistische, meist rassistische Heimatdichtung, einseitige Verherrlichung des arischen Bauerntums

Botenbericht, der: Hilfsmittel im Drama. Vorgänge, die nicht gezeigt werden können oder bereits stattgefunden haben, werden von einem Boten berichtet.

Boulevardstück, das: Form des Lustspiels; ein kurzweiliges, geistvoll-witziges Unterhaltungsstück

Briefroman, der: ein in Form von *fiktiven* Briefen geschriebener Roman, meist in der Erlebnis- und *Bekenntnisdichtung* als Form verwendet, vor allem im 18. Jh., am bedeutendsten wurde ***Die Leiden des jungen Werthers*** von Goethe `Modul III.5`

bürgerliches Trauerspiel, das: Dramenform des 18. Jhs. (*Aufklärung*), die tragische Hauptfigur ist ein Mensch bürgerlicher Herkunft, `Modul III.2` und `Band 2` Epochenteil, III.5.1

C

Chanson, das: [schãsõ] im frz. Mittelalter Bezeichnung für jede Art von gesungenem Lied, im 20. Jh. Bezeichnung für Lieder, die auf Kleinkunstbühnen und an Orten der Unterhaltungskultur gesungen wurden. Teilweise haben die Texte durchaus literarische Qualität.

Chanson de geste, die: [schãsõ dö schest] frz. Bezeichnung für die mittelalterlichen *Heldenlieder*

Chiasmus, der: *syntaktische* Überkreuzstellung, z. B. „Der Einsatz war groß, klein der Gewinn."

Chiffre, die: Geheimzeichen, also ein *symbolisches* Zeichen, dessen Sinn nur für Eingeweihte verständlich ist, besonders in *hermetischer Lyrik* des 20. Jhs. häufig verwendet, z. B. bei Paul Celan: *Fadensonnen* `Modul VII.5`

Chronik, die: Aufzeichnung historischer Ereignisse in zeitlicher Reihenfolge. Man unterscheidet je nach Inhalt Familienchronik, Kaiserchronik, Städtechronik u. a. m.

Code, der: eine Sprache oder ein anderes Zeichensystem, über das Sender und Empfänger im Kommunikationsprozess verfügen müssen, damit sie einander verstehen. Ein Text oder ein Bild ist eine vom Sender „kodierte" Information, die vom Empfänger *dekodiert* werden muss.

Commedia dell'arte, die: italienische Volkskomödie zwischen dem 16. und 18. Jh. mit der Zentralfigur des *Harlekin*, `Band 2` Epochenteil, II.8.4.3

Copyright, das: Verlagsrecht, das den Erstverleger eines Werkes vor unerlaubten Nachdrucken schützt

Couplet, das: [kuplε] witziges, oft auch kritisches Lied mit wiederkehrendem *Refrain* (*Kehrreim*), von J. N. Nestroy als Einlage in seinen *Lokalpossen* gerne verwendet `Modul V.5`

D

Dadaismus, der: Kunstrichtung zwischen 1916 und 1933, die übliche Sinnzusammenhänge und Gewohnheiten bewusst zerstören und Erwartungshaltungen nicht erfüllen will, `Modul VI.8` und `Band 2` Epochenteil, VI.7

Daktylus, der: dreisilbiger Verstakt; eine betonte, zwei unbetonte Silben

Dekodierung, die: Entschlüsseln einer Botschaft, die uns jemand (Sender) gibt

Detektivroman, der: Variante des *Kriminalromans*, im Mittelpunkt steht die Aufklärung eines komplizierten Kriminalfalls durch einen besonders intelligenten Detektiv, z. B. Sherlock Holmes (Sir Arthur Conan Doyle), Miss Marple, Hercule Poirot (Agatha Christie)

Dialektdichtung, die: Dichtung, die in einer regionalen Mundart abgefasst ist

Dialog, der: Wechselrede, wesentliches Gestaltungsmittel des Dramas; als selbstständige Form in der Philosophie verwendet, z. B. bei Platon und Erasmus von Rotterdam `Modul II.4`

Dichter, der / Dichterin, die: Verfasser/in von Sprachkunstwerken, heute nur mehr selten verwendet, eher ersetzt durch die Begriffe Autor/in, Schriftsteller/in

Dichterkrönung, die: im italienischen *Humanismus* übliche Ehrung eines Dichters durch feierliche Bekränzung, im deutschsprachigen Raum von den Kaisern Friedrich III. und Maximilian I. gepflegt

didaktische Dichtung: Dichtung mit lehrhafter Absicht, zum Beispiel *Fabel*, lehrhafte *Parabel* und *Gleichnis*

Dinggedicht, das: Gedicht, das der objektiven Eigenart eines Gegenstands oder Lebewesens gerecht werden will, vor allem bei Rainer Maria Rilke (**Flamingos**, **Römische Fontäne** u. a. m.)

Dingsymbol, das: bedeutungsvoller Gegenstand, der das *Leitmotiv* symbolisiert, vor allem in der *Novelle* eingesetzt, vorbildhaft wirkte Boccaccios „Falke" `Modul II.2`

Dionysien, die: im antiken Griechenland kultische Feste zu Ehren des Gottes Dionysos. Der Kult gilt als Ursprung des europäischen Dramas.

direkte Rede, die: wörtliche, d. h. den Wortlaut unverändert wiedergebende Rede

Diskurs, der: 1. erörternder Vortrag; 2. die von einem Sprecher/einer Sprecherin aufgrund seiner/ihrer Sprachkompetenz geäußerten Sprechakte; 3. Gesprächszusammenhang zu einem abgegrenzten Thema innerhalb einer bestimmten Epoche, z. B. der Subjekt-Individuum-Diskurs im deutschen *Sturm und Drang*

Distichon, das: Doppelvers, meist aus einem *Hexameter* und einem *Pentameter* bestehend, `Modul IV.1`

dokumentarische Literatur, die: Literatur, die den Anspruch erhebt, Realität weitgehend unverändert wiederzugeben, die also den Anteil der Fiktionalität gering hält, vor allem *Reportage* und Dokumentartheater, `Modul VII.2` und `Band 2` Epochenteil, VII.9.1

Drama, das: griech. „Handlung", Sammelbegriff für alle theatralischen Formen. Die Dramatik ist neben *Lyrik* und *Epik* eine Grundform der Dichtung.

Dramaturgie, die: 1. Teilgebiet der Dichtungslehre (*Poetik*), die sich mit dem Theater beschäftigt; 2. Abteilung des Theaterbetriebs, die sich mit der Auswahl von geeigneten Stücken beschäftigt und die Regie bei der Inszenierung unterstützt

Dramolett, das: Klein- oder Kurzdrama

Drehbuch, das: Textbuch zu einem Film, enthält neben dem Dialog auch Vorschläge an die Regie für Geräusche, Musik, Einstellungen etc., Band 2 ▸ Kompetenzteil, II.4

D
E

E

Einakter, der: Drama in einem Akt

Einheiten, die drei: dramaturgisches Verfahren, das auf die *Poetik* des altgriechischen Philosophen Aristoteles zurückgeht. Aristoteles forderte für das Drama, dass die Einheit von Ort (kein Szenenwechsel), Zeit (weitgehende Übereinstimmung von Spielzeit und gespielter Zeit, gespielte Zeit maximal 24 Stunden) und Handlung (logisch-kausaler Aufbau) eingehalten wird, Band 2 ▸ Epochenteil, III.5.2

Elegie, die: 1. in der Antike ein Gedicht in *Distichen* (in dieser Bedeutung auch von Goethe gebraucht: *Römische Elegien*); 2. später Klagegedicht als Ausdruck von Trauer, Verlust, Sehnsucht

elisabethanisches Theater, das: Theater in England im Zeitalter der Königin Elisabeth I. (1558–1603), auch „Theater der Shakespeare-Zeit" genannt, weil William Shakespeare der überragende Dramatiker dieser Zeit war, Band 2 ▸ Epochenteil, II.5.2

Ellipse, die: grammatikalisch unvollständiger Satzbau durch Worteinsparung, Weglassen des Unwichtigen oder Selbstverständlichen

Emblem, das: dreiteilige Kunstform, bestehend aus Bild, Text (Motto) und Unterschrift (*Epigramm*), in Europa vom 16. bis zum 18. Jh. verbreitet

Emigrantenliteratur, die: Werke von Autor/innen, die aus politischen Gründen ihre Heimat verlassen mussten, insbesondere für die deutschen Autor/innen verwendet, die während des Nationalsozialismus den Machtbereich Hitlers verlassen mussten, Band 2 ▸ Epochenteil, VI.12

Empfindsamkeit, die: literarische Strömung des 18. Jhs., die das Gefühl in den Vordergrund stellt

Emphase, die: verdeutlichende Hervorhebung durch nachdrückliches, gefühlsbetontes Sprechen, z. B. „Menschen! – Menschen! falsche, heuchlerische Krokodilbrut" (Schiller: *Die Räuber*)

Endreim, der: Reim am Schluss der Verszeilen, in deutschsprachiger Lyrik verbreitet

englische Komödianten, die: wandernde Theatergruppen, die in England im 16. Jh. entstanden waren, aber auch den Kontinent bereisten, Band 2 ▸ Epochenteil, II.8.4.3

Enjambement, das: [ãschambmã] Zeilensprung, Überspringen von Satz und Sinn über die Verszeilen, z. B. „Wer, wenn ich schriee, hörte mich / denn aus der Engel / Ordnungen" (Rainer Maria Rilke)

Enkodierung, die: Verschlüsselung einer Nachricht durch einen Sender in einem bestimmten *Code*

Enthüllungsdrama, das: analytisches Drama

Entwicklungsroman, der: aus dem Geist der *Aufklärung* entstandener Romantyp, der die äußere und innere Entwicklung *des Protagonisten/der Protagonistin* zum zentralen Thema hat (z. B. Goethe: **Wilhelm Meisters Lehrjahre** `Modul IV.5`)

Enzyklopädie, die: Bezeichnung für ein Werk, das den Wissensstoff seiner Zeit in systematischer Gliederung, zum Beispiel nach Stichwörtern geordnet, wiedergibt. Wegweisend wurde die von Denis Diderot herausgegebene *Französische Enzyklopädie*. Die E. wurde im Laufe des 20. Jhs. vom Lexikon (z. B. **Brockhaus**) abgelöst.

E

Epigonendichtung, die: eine Literatur, die große, meist *klassische* oder *romantische* Literatur nachahmt

Epigramm, das: griech. „Aufschrift", in der Antike knappe, präzise Schrift auf Gebäuden oder Kunstwerken, später „Sinnspruch" in *Versen* oder *Prosa*

Epik, die: von griech. *epein* = erzählen, erzählende Dichtung, neben *Lyrik* und *Dramatik* eine der drei Grundformen von Dichtung, `Band 2` Kompetenzteil, III. Epik

Epilog, der: Nachwort oder Schlussrede, im *Drama* letzte Worte einer zum Schluss auftretenden Figur an das Publikum

episches Theater, das: auch: episches Drama; von Bertolt Brecht ausgearbeitete dramatische Form, die in das theatralische Geschehen erzählerische Elemente einbaut, um beim Publikum Distanz zum Bühnengeschehen zu erzeugen, `Modul VII.3`

Episode, die: mehr oder weniger geschlossene Einheit in erzählerischen oder dramatischen Werken; episodisches Erzählen als Alternative zum *stringenten Erzählen*, episodischer Dramenbau im Gegensatz zum stringenten Bau, bei dem eine Szene aus der anderen nach dem Ursache-Wirkung-Prinzip hervorgeht

Epitaph, das: Grabinschrift in dichterischer Form

Epos, das: erzählerische Großform in Versen, Vorform des Romans (z. B. die *Heldenepen* **Ilias** und **Odyssee** des Homer, das *Nibelungenlied* und Artusepen, `Module I.2, I.3 und I.4`)

Erbauungsliteratur, die: Schriften zur Erweckung religiöser Gefühle

Eristik, die: Kunst des Streitgesprächs

erlebte Rede, die: Wiedergabe von Gefühlen und Gedanken einer literarischen Figur, aber nicht in der *Ich-Form*, sondern in der *Er-/Sie-Form*

erregendes Moment, das: entscheidendes Ereignis im Ablauf eines Dramas, das nach der *Exposition* die Handlung in Bewegung bringt

Er-/Sie-Form, die: erzählende Darstellungsform, in der meist ein Erzähler Beobachter, nicht unmittelbar Beteiligter ist, `Band 2` Kompetenzteil, III.3

Erzähler, der: erzählender Vermittler des Geschehens an die Leser/innen. Die Erzählerfigur im epischen Werk muss nicht mit dem Autor/der Autorin identisch sein. `Band 2` Kompetenzteil, III.3 und III.4

Erzählerbericht, der: epische Darstellungsweise, Wiedergabe des Geschehens (fast immer) in der *Er-/Sie-Form* und vorwiegend in *auktorialer* oder *neutraler Erzählperspektive*

Erzählform, die: erzählende Wiedergabe des Geschehens in der *Ich-Form* oder in der *Er-/Sie-Form*, selten in der Du-Form, `Band 2` Kompetenzteil, III.3

Erzählperspektive, die: Perspektive des Erzählers, *auktorial*, *personal*, *neutral*; `Band 2` Kompetenzteil, III.3.2

erzählte Zeit, die: Zeitraum, in dem die Handlung eines erzählerischen Werkes spielt, `Band 2` Kompetenzteil, III.5

Erzählung, die: Sammelbezeichnung für unterschiedliche epische Formen

Erzählzeit, die: Zeit, die man zum Erzählen einer Geschichte benötigt, `Band 2` Kompetenzteil, III.5

Essay, der oder **das:** geistvolle, sprachlich anspruchsvolle Abhandlung zu einem bestimmten Thema, als Begründer gilt Montaigne `Modul` II.A

Euphemismus, der: verhüllende, halb beschönigende Umschreibung eines Sachverhalts, z. B. „Sie ist in Ruhe entschlafen"; Phänomen der politischen Sprache, z.B. „Nullwachstum"

Evangelienharmonie, die: aus den vier *Evangelien* zusammengestellte Beschreibung des Lebens Jesu, vor allem im frühen Mittelalter

Exegese, die: Auslegung, deutende Erklärung eines literarischen Textes

Exilliteratur, die: *Emigrantenliteratur*, `Band 2` Epochenteil, VI.12

Exkurs, der: „Ausflug", Abschweifung vom eigentlichen Thema in epischen und wissenschaftlichen Werken

Exposé, das: skizzenhafter Entwurf zu einem künstlerischen oder wissenschaftlichen Werk

Exposition, die: einleitende Darstellung der Ausgangssituation in erzählerischen und dramatischen Werken

Expressionismus, der: Sammelbezeichnung für eine künstlerische Strömung zwischen ca. 1910 und 1925, `Modul VI.5` und `Band 2` Epochenteil, VI.7

F

Fabel, die: 1. Handlungsgerüst einer epischen oder dramatischen Dichtung (*Plot*); 2. eine heitere Tierdichtung, in der am Beispiel von Tieren menschliche Eigenschaften kritisch oder moralisierend dargestellt werden

Fallhöhe, die: Begriff aus der Theorie der *Tragödie*. Damit das tragische Schicksal einer Person als besonders erschütternd erscheint, muss sie vorher entsprechend hoch gestiegen sein. Ihr Fall ist dann umso tiefer.

Familienzeitschrift, die: illustrierte, biedere Unterhaltungszeitschrift des 19. Jhs., deren Zielgruppe die ganze Familie ist. Die größte F. Deutschlands im 19. Jh. war *Die Gartenlaube*.

Fastnachtsspiel, das: volkstümlich-derbes, heiteres *Drama*, das zur Fastnachtszeit gespielt wurde, besonders im 14. und 15. Jh. verbreitet

Feature, das: Sendeform des Hörfunks, in der Informationen mit verschiedenen radiofonen Mitteln (Geräusch, Musik, Wort) aufbereitet werden

Feminismus, der: gesellschaftliche Tendenz vor allem des 20. Jhs. und der Gegenwart, die Selbstbestimmung und gesellschaftliche Gleichstellung der Frauen fordert, Modul VII.A

Fernsehspiel, das: aus Elementen des Schauspiels und des Films entwickelte Form der Fernsehunterhaltung

Feuilleton, das: [föjtõ] Beilagenteil einer Zeitung, der vor allem der Kultur (im weiteren Sinn des Wortes), der Kunst und der Wissenschaft gewidmet ist

Figur, die: literarische Figurengestaltung: typisierte F., psychologisch gezeichnetes Individuum, offene (mehrdeutige) F., geschlossene F.; Band 2 Kompetenzteil, II.2.3 und III.2

Fiktion, die: „Als-ob-Wirklichkeit"; die im literarischen Werk gestaltete Welt wird als „fiktionale" oder „fiktive" Welt bezeichnet

Fin de siècle, das: [fãdsjekl] frz. „Ende des Jahrhunderts", als Epochenbezeichnung für die Zeit um 1900 verwendet

Flexion, die: Beugung eines Wortes in seinen grammatischen Formen

Flugschrift, die: auch: Flugblatt; kurze, meist auf einem Blatt konzentrierte Druckschrift mit werbendem oder propagandistischem Inhalt

Frauenliteratur, die: im Zusammenhang mit dem *Feminismus* entstandene Literatur von Autorinnen, in der spezielle Fragen des Frauseins für ein vorwiegend weibliches Lesepublikum thematisiert werden, Modul VII.A

Futurismus, der: von Filippo Tommaso Marinetti um 1910 begründete *avantgardistische* Bewegung der *Moderne*, bejaht bewusst Modernisierungen wie Technik, Tempo, Masse und Großstadt; auch kriegs- und faschismusfreundlich, antifeministisch

G

galante Dichtung, die: literarische Modeströmung zwischen etwa 1680 und 1720, vor allem *Lyrik* mit heiter-frivolen Inhalten, zur geselligen Unterhaltung des höfischen Publikums

Gattung, die: seit Aristoteles werden drei Grundgattungen der Dichtung unterschieden: *Lyrik*, *Epik* und *Dramatik*

Gebet, das: andächtige Anrufung höherer Mächte, Bitte an ein göttliches Wesen

gebundene Rede, die: Formprinzip der *Lyrik*, in dem die Sprache u. a. durch *Metrum*, *Rhythmus* und *Reim* gestaltet wird, Gegensatz *Prosa*

Gebrauchsliteratur, die: Literatur, die im Hinblick auf einen bestimmten Zweck geschrieben wird, z. B. Sachprosa, *Gelegenheitsdichtung*

Gedankenlyrik, die: Wiedergabe eines Gedankenganges in Gedichtform, Gedichte mit philosophischem bzw. didaktischem Inhalt, im Gegensatz zur *Stimmungslyrik*

Gelegenheitsdichtung, die: Dichtung zu bestimmten Gelegenheiten, z. B. Hochzeit, Geburt, Königskrönung u. a. m.

Genre, das: [schãr] Gattungsform der Literatur, z. B. *Ballade*, *Novellendichtung*, Trauerspiel u. a. m.

Germanistik, die: Wissenschaft von der deutschen Sprache und Literatur

F
G

Gesamtkunstwerk, das: den Begriff prägte Richard Wagner für sein Musiktheater; Verschmelzung aller Künste (Dichtung, Musik, Malerei etc.) zu einem Ganzen

geschlossenes Drama, das: geht auf die antike *Tragödie* zurück, logisch-kausales Bauprinzip, **Band 2** Kompetenzteil, II.2.6

Gesellschaftsroman, der: gibt das Zeitbild einer Gesellschaft wieder, daher auch *Zeitroman* genannt, oft sozialrealistische Darstellungsweise und gesellschaftskritische Absicht

Gespenstergeschichte, die: erzählerische Darstellung von übersinnlichen, furcherregenden Erscheinungen (Geister, Gespenster, Dämonen, Vampire)

Ghostwriter, der: Schriftsteller bzw. Schriftstellerin, der/die unter dem Namen eines Auftraggebers bzw. einer Auftraggeberin Werke schreibt

Gleichnis, das: erweiterter *Vergleich*, eine literarische Form, die eine Situation oder ein Problem in einer erdachten Modellsituation erkennbar macht, meist mit einer Lehre versehen, z. B. biblische Gleichnisse, *Parabel*

Glossar, das: Wörterverzeichnis mit Erklärungen

Glosse, die: meinungsbetonte journalistische Textsorte, Kurzkommentar in *ironischer* oder *polemischer* Schreibweise

Göttinger Hain, der: 1772 gegründeter Freundschaftsbund junger deutscher Dichter an der Universität Göttingen, Mitglieder waren u. a. Johann Heinrich Voß, Ludwig Hölty, Matthias Claudius

Gradation, die: Stufenfolge, als *Klimax* (Steigerung), z. B. „O Unglück! O Tränen! O Abgrund von Leid!" oder als *Antiklimax* (Abstufung nach unten)

Grobianismus, der: literarische Schilderung derber, die Anstandsregeln verletzender Verhaltensweisen, vor allem im 16. Jh. gepflegt

Groteske, die: literarische Darstellung der Welt auf eine bizarre, naturwidrige, die Un- und Missgestalt hervorkehrende Weise, z. B. in Werken des *schwarzen Humors* oder in Friedrich Dürrenmatts Komödien

Gruppe 47, die: im Jahr 1947 gegründete deutsche Autoren- und Publizistengruppe, die über zwanzig Jahre hin das literarische Leben Deutschlands maßgeblich beeinflusste, die Leitung hatte Hans Werner Richter, **Band 2** Epochenteil, VII.4.2

Guckkastenbühne, die: in der *Renaissance* entwickelte und bis heute verwendete Bühnenform: nur eine offene Seite Richtung Publikum, die durch einen Vorhang verschlossen werden kann

H

Haiku, das: strenge japanische Gedichtform aus 17 Silben, die auf drei Zeilen (5–7–5) aufgeteilt werden

Hanswurst, der: komische Figur der Volkskomödie, bereits im 16. Jh. als „Hans Worst" nachweisbar, vom österreichischen Komödianten Josef Anton Stranitzky um 1700 zur Charakterfigur des Altwiener Volkstheaters entwickelt, dem italienischen *Harlekin* verwandt. In „Hanswurstiaden" ist die Figur zentral für das Bühnengeschehen.

Harlekin, der: komische Figur in der italienischen *Commedia dell'arte*, dem *Hanswurst* verwandt

Haupt- und Staatsaktion, die: abwertende Bezeichnung Johann Christoph Gottscheds für die Repertoire-Stücke von Wanderbühnen; die Haupt- und Staatsaktion ist der ernste, historisch-politische Teil der Aufführung, dem dann ein komödiantischer Teil (z. B. Hanswurstiade) folgt

Hebung, die: betonte Silbe im Vers, Gegensatz *Senkung*

Heimatliteratur, die: literarisches *Genre*, das den ländlichen Lebensraum zum Thema hat, vor allem Heimatroman und Dorfgeschichte

Heldenepos, das: Epos

Heldenlied, das: episch-*balladen*artige Liedform in Langzeilen mit Stoffen der germanischen *Heldensage*, zwischen 3. und 7. Jh. n. Chr., Modul I.2

Heldensage, die: Erzählung über männliche Kriegerfiguren, meist aus der Frühzeit eines Volkes, Modul I.2

Hermeneutik, die: Interpretationsverfahren, Auslegung und Deutung von Schriften oder mündlichen Äußerungen

hermetische Poesie, die: Richtung der modernen Lyrik des 20. Jhs., die ihre Aussage in schwer zugänglichen *Bildern* (*Chiffren*) verschlüsselt, Modul VII.5

heroisch-galanter Roman, der: deutsche Form des höfischen Romans im 17. Jh., verbindet die Erzählung über die heldenhafte Bewährung der Hauptfigur mit mehr oder weniger frivol-erotischen Handlungselementen

Hexameter, der: antikes *Versmaß* aus sechs Takten, meist *Daktylen*, auch *Trochäen*, aber der 5. Takt ist immer ein Daktylus, vor allem in der altgriechischen *Epik* (Homer: **Odyssee**, **Ilias**) verwendet, Band 2 Kompetenzteil, I.3.1d

Historiografie, die: Geschichtsschreibung

historischer Roman, der: gründet seine Handlung auf historische Persönlichkeiten und Ereignisse

historisches Drama, das: gründet seine Handlung auf historische Persönlichkeiten oder Ereignisse

höfische Dichtung, die: 1. höfisch-ritterliche Literatur des Hochmittelalters (12./13. Jh.), vor allem höfisches *Epos* und Minnelyrik; 2. an den Adelshöfen der *Barock*zeit rezipierte Literatur, z. B. *heroisch-galanter Roman*, *Schäferdichtung*

Hörspiel, das: durch das Medium Rundfunk in den Zwanzigerjahren des 20. Jhs. entstandene dramatische Form, deren Gestaltungselemente Wort, Geräusch und Musik sind, Höhepunkt in den Fünfziger- und Sechzigerjahren des 20. Jhs.

Hoftheater, das: an einen Fürstenhof gebundenes Theater, die Schauspieler/innen sind Hofbeamte

Humanismus, der: von Italien ausgehende europäische Bildungsbewegung des 15. und 16. Jhs., Band 2 Epochenteil, II.5

H

Hymne, die: lyrische Form, ursprünglich Weihe- und Preisgesang zu Ehren eines Gottes, seit dem *Humanismus* ein feierlich-pathetisches Gedicht, verwandt mit der *Ode*

Hyperbel, die: Übertreibung, z. B. „Hier durch die Schanz und Stadt fließt allzeit frisches Blut." (Andreas Gryphius)

Hypotaxe, die: Satzgefüge, Gliedsatzkonstruktion; Gegensatz *Parataxe*

Hysteron proteron, das: *rhetorische Figur*, bewusst gesetzte falsche Folge, z. B. „Ihr Mann ist tot und lässt Sie grüßen." (Goethe: *Faust I*)

I

Ich-Form, die: erzählende Darstellungsform, in der ein Ich von sich selbst erzählt, im Unterschied zur *Er-/Sie-Form* des Erzählens, **Band 2** Kompetenzteil, III.3

Idealismus, der: 1. im allgemeinen Sprachgebrauch das Engagement für Wertvorstellungen, ohne Rücksicht auf eigene Vorteile; 2. philosophische Richtung, für die nicht die Materie, sondern die Idee, das Geistige primär ist. Für die deutsche Literaturgeschichte ist insbesondere der deutsche Idealismus des 18. und frühen 19. Jhs. einflussreich geworden (Kant, Fichte, Hegel).

Ideendrama, das: *Drama*, in dem Handlung und Figuren der Veranschaulichung einer Idee dienen, so zum Beispiel der Idee religiöser Toleranz in Lessings **Nathan der Weise** **Modul III.3**

Idylle, die: auch: das Idyll, literarische oder bildhafte Darstellung eines völlig harmonischen, schönen (meist naturnahen) Lebensraums

Impressionismus, der: Kunst-, Musik- und Literaturrichtung im späten 19. Jh., Wiedergabe von Augenblicksempfindungen, **Modul VI.2** und **Band 2** Epochenteil, VI.6.1

Impressum, das: Druckvermerk, Angabe von Erscheinungsort, Erscheinungsjahr, Verlag, Drucker, Herausgeber etc. in Büchern, Zeitungen und Zeitschriften

indirekte Rede, die: indirekte Wiedergabe eines Redeinhalts durch Übertragung des Gesagten in die dritte Person und in den Konjunktiv, z. B. „Sie sagte, sie habe heute schon genug gearbeitet."

innere Emigration, die: Bezeichnung für Autor/innen, die Deutschland nach Hitlers Machtantritt zwar nicht verlassen haben, aber ihre Distanz zum Nationalsozialismus dadurch zum Ausdruck brachten, dass sie nichts mehr veröffentlichten bzw. mit den ihnen verbliebenen literarischen Möglichkeiten bewusst Widerstand leisteten

innerer Monolog, der: unmittelbare Wiedergabe von Gedanken und Gefühlen einer literarischen Figur in der *Ich-Form*, sehr ähnlich der *Bewusstseinsstromtechnik*, **Band 2** Kompetenzteil, III.3.3

Inszenierung, die: ein dramatisches Werk in Szene setzen, **Band 2** Kompetenzteil, II.3

Interpretation, die: erklärende Auslegung und Darstellung eines literarischen oder eines anderen künstlerischen Werkes

Inversion, die: Umstellung der üblichen Wortfolge, um etwas hervorzuheben, z. B. „Gefährlich ist er nicht."

Invokation, die: Anrufung einer Gottheit, auch eines Heiligen, einer Muse etc.

H
I

Ironie, die: „verstellte" Redeweise, der Sprecher bzw. die Sprecherin distanziert sich unausgesprochen vom Gesagten oder meint sogar das Gegenteil; Ironie ist ein Mittel des Spotts und der Kritik, vgl. *Sarkasmus*

J

Jambus, der: *Versmaß*, der Takt besteht aus einer unbetonten und einer betonten Silbe

Jargon, der: Sprache einer bestimmten sozialen Gruppe, z. B. Jugendjargon

Jesuitendrama, das: an den Jesuitengymnasien entstandene dramatische Form, die insbesondere im Zusammenhang mit der Gegenreformation der Glaubensverbreitung und Bekehrung diente, **Band 2** Epochenteil, II.8.4.2

Jugendstil, der: Stilrichtung vor allem der bildenden Kunst zwischen 1895 und 1905 mit dem Zentrum in Wien (z. B. Gustav Klimt), teilweise auch zur kulturhistorischen Einordnung literarischer Werke verwendet

Junges Deutschland: literarische Bewegung zwischen ca. 1830 und 1848, keine feste Gruppe, sondern einzelne Autoren, die ihre Literatur in den Dienst ihrer liberalrevolutionären politischen Absichten stellten, **Band 2** Epochenteil, V.5

Jung-Wien, das: auch „Wiener Moderne", Literatenkreis um Hermann Bahr, der um 1900 vor allem für die neuen Strömungen *Impressionismus* und *Symbolismus* eintrat

K

Kabarett, das: auch „Cabaret", Kleinkunstbühne, auf der teils unterhaltende, teils gesellschaftskritische Kleinformen wie Sketch, Lied und Conference präsentiert werden, Ende des 19. Jhs. in Frankreich entstanden

Kadenz, die: Begriff aus der Metrik, bezeichnet das Versende, das entweder mit einer betonten Silbe (stumpf) oder einer unbetonten (klingend) enden kann

Kalendergeschichte, die: volkstümliche, unterhaltende oder belehrende epische Kleinform, die ursprünglich auf der Rückseite von Kalendern abgedruckt worden ist

Kanzone, die: 1. allgemeine Bedeutung: mehrstrophiges Gedicht; 2. spezielle Bedeutung: Strophenform des höfischen *Minnesangs*, die Strophe besteht aus einem *Aufgesang* (zwei gleich gebaute Stollen/Strophenteile mit identischer Melodie) und einem *Abgesang*, der eine neue Melodie bringt; **Modul I.6**

Karikatur, die: Spott- oder Zerrbild, übertreibende bildliche oder literarische Darstellung von typischen Merkmalen, um eine komische oder auch kritische Wirkung zu erzielen

Katachrese, die: „Bildbruch", unpassende Verbindung von weit auseinanderliegenden Sprachbildern, z. B. „Der Zahn der Zeit hat schon viele Tränen getrocknet."

katalektisch: Begriff aus der Metrik, am Versende fehlt eine Senkung, dadurch entsteht der Eindruck von Unvollständigkeit, Gegensatz *akatalektisch*

Katharsis, die: wichtiger Begriff in der *Poetik* des Aristoteles, das Ziel der *Tragödie* ist für Aristoteles die „Katharsis" (seelische Einfühlung und Reinigung) des Publikums. Man kann sich darunter eine emotionale Erregung vorstellen, die psychisch gesund ist.

I

J

K

Kehrreim, der: Refrain, wiederkehrende, identische Zeilen am Ende mehrerer Liedstrophen

Klanggedicht, das: Gedicht, das auf der Klangwirkung der Laute beruht, auch „Lautgedicht", vor allem in der *dadaistischen* und sprachexperimentellen Lyrik des 20. Jhs., **Modul VI.8** ▶

Klangmalerei, die: Nachahmung von Klangwirkungen durch sprachliche Mittel, vor allem durch den Lautstand von Wörtern, zum Beispiel: zischen, rauschen, wallen, knistern

Klappentext, der: teils informierender, teils werbender Text auf dem Schutzumschlag von Büchern

Klassik, die: als „klassisch" bezeichnet man Kulturepochen, die als vorbildhaft, überzeitlich gültig bewertet werden, zum Beispiel klassische Antike, *Weimarer Klassik*, *Wiener Klassik* (Musikgeschichte); **Band 2** ▶ Epochenteil, IV.1 bis IV.4

Klassizismus, der: Kunstströmungen, die sich stark an der griechischen und römischen Antike orientieren und deren Kunstverständnis nachahmen. Daher wird der Begriff „klassizistisch" manchmal auch abwertend verwendet, im Gegensatz zu „klassisch".

Klimax, die: rhetorisches Mittel, Steigerung durch Wortreihung, z. B. „O Unglück! O Tränen! O Abgrund von Leid!" (aus einer Kreuzzugspredigt)

Knittelvers, der: vierhebige, paarweise gereimte Verse mit freier *Senkung*, im 16. und 17. Jh. vor allem in volkstümlicher Dichtung verwendet; deshalb und aufgrund seiner Unregelmäßigkeit als künstlerisch weniger wertvoll betrachtet. Goethe verwendete aber den Knittelvers im *Faust.* **Band 2** ▶ Kompetenzteil, I.3.1a

Komödie, die: dramatische Form mit heiterem Inhalt und (grundsätzlich) positiver Lösung des Konflikts, im Gegensatz zur *Tragödie*

konkrete Poesie: Richtung der sprachexperimentellen Literatur des 20. Jhs., die Sprache als „Material" verwendet, mit dem der Autor bzw. die Autorin ähnlich experimentierend arbeitet wie der Maler bzw. die Malerin mit Farbe und Form. Die Sprache verweist hier nicht auf eine außersprachliche Wirklichkeit. **Band 2** ▶ Epochenteil, VII.8

Konstruktivismus, der: Richtung der bildenden Kunst, die sich an mathematisch-technischen Gestaltungsprinzipien orientiert

Kontext, der: Begriff, der für die *Interpretation* wesentlich ist; 1. innerhalb eines Textes bezeichnet der Begriff K. den Zusammenhang, in dem ein Wort oder ein Satz steht; 2. das Umfeld, in dem ein Text steht, „gesellschaftlicher Kontext"

Kontrafaktur, die: geistliche Umdichtung eines weltlichen Liedes oder umgekehrt. Die Melodie wird beibehalten, dazu ein anderer Text geschrieben.

Konversationsstück, das: dramatische Form, vor allem im 19. Jh. verwendet. Die dramatische Handlung spielt im gehobenen gesellschaftlichen *Milieu* und besteht hauptsächlich aus der Wiedergabe einer mehr oder weniger geistvollen Unterhaltung, wie sie in diesem Milieu üblich ist. Durch die Verbindung mit der Charakterkomödie erreicht diese Form in Hofmannsthals Komödie *Der Schwierige* ihren künstlerischen Höhepunkt.

Kreuzreim, der: Reimform mit der Reimfolge a–b–a–b

Kriminalroman, der: erzählerische Form, welche ein Verbrechen und dessen Aufklärung in den Mittelpunkt der Handlung stellt, ursprünglich *trivialliterarische* Form. Daneben entstanden und entstehen auch literarisch anspruchsvolle Kriminalromane.

Kulturportfolio, das: Sammelmappe, die Arbeitsergebnisse und Materialien kultureller Art dokumentiert, `Band 2` Ein Kulturportfolio erstellen, S. 184

Kunstmärchen, das: Märchen

Kurzgeschichte, die: von amerikanisch „short story", im deutschsprachigen Raum seit etwa 1920 geläufig; kurzepische Form, in der ein Wirklichkeitsausschnitt knapp, offen und skizzenhaft dargestellt wird; spielt meist im alltäglichen Milieu, beinhaltet aber ein Ereignis, das besonders aufschlussreich oder für eine der beteiligten Personen bestimmend wird

L

Langzeile, die: in der germanischen *Stabreimdichtung* verwendete Versform. Die Verszeile besteht aus zwei Kurzzeilen, die durch eine *Zäsur* getrennt sind, z. B. im *Nibelungenlied* `Modul I.2`

L'art pour l'art, das: [larpurlạr] frz., der Begriff besagt, dass die Kunst nur um der Kunst willen da ist und keinem anderen Ziel, z. B. Politik oder Moral, dienen soll

Laudatio, die: Lobrede auf eine Person

Lautgedicht, das: Klanggedicht

Legende, die: erbauliche Erzählung über das Leben und Wirken eines Heiligen

lehrhafte Dichtung, die: Vermittlung von Wissensstoff oder sittlichen Lehren in poetischer Form, lehrhafte Formen sind z. B. *Gleichnis*, *Parabel*, *Fabel*, *Lehrstück*

Lehrstück, das: von Bertolt Brecht entwickelte theatralische Form, die auf der Grundlage der marxistischen Weltanschauung Einsichten fördern und Verhaltensweisen verändern soll

Leitmotiv, das: bestimmendes, mehrmals wiederkehrendes *Motiv* eines musikalischen oder literarischen Kunstwerks

Libretto, das: Textbuch für eine Oper oder Operette, ein Musical oder Singspiel

Litotes, die: Untertreibung, z. B. „Er ist nicht gerade fleißig zu nennen."

Locus amoenus, der: lat. „angenehmer Ort", Form der Raumdarstellung in der Literatur, ein Schauplatz, meist in der Natur, wird zum schönen und beglückenden Lustort stilisiert

Lokalposse, die: komödiantisches Theaterstück, in dem Eigentümlichkeiten einer Örtlichkeit, z. B. Wiener Vorstadt, bestimmend sind; etwa die Lokalpossen von Johann Nepomuk Nestroy

Lyrik, die: eine der drei Grundgattungen von Literatur, Sammelbezeichnung für Gedichte aller Art

lyrisches Ich: die im Gedicht sprechende Person. Das „Ich" des Gedichts kann, aber muss nicht der Autor oder die Autorin selbst sein. `Band 2` Kompetenzteil, I.2

M

Märe (mhd. maere), das: im Mittelalter geläufiger Begriff für Erzählung

K
L
M

Manierismus, der: 1. als Epochenbegriff bezeichnet Manierismus eine künstlerische Strömung des 16. und frühen 17. Jhs., die von den künstlerischen Prinzipien der *Renaissance* abweicht; 2. jeder zum Selbstzweck gewordene, rein ornamentale und vor allem auf die virtuose Form bedachte Stil

Manifest, das: öffentliche Erklärung mit programmatischem Charakter, vor allem im politischen Leben verwendet (z. B. Marx/Engels: *Manifest der Kommunistischen Partei*)

Märchen, das: kurzepische Form; das Geschehen spielt in einer wirklichkeitsfernen, geschlossenen, wunderbaren Welt. Man unterscheidet zwischen Volksmärchen (Autor/Autorin unbekannt, lange Zeit nur mündliche Überlieferung) und Kunstmärchen (Autor/Autorin bekannt, von Anfang an schriftlich überliefert).

Mauerschau, die: Verfahren in der Dramatik; ein auf der Bühne nicht zeigbares Geschehen wird von einer Bühnenfigur, die dieses Geschehen scheinbar beobachtet, geschildert

Meistersang, der: bürgerliche Liedkunst zwischen 14. und 16. Jh., von den Handwerkszünften getragen. Meist wurde nach strengen Regeln gedichtet und gesungen, als Vorbild diente der ritterliche *Minnesang*.

Melodrama, das: musikalisch-dramatische Mischform. Die Musik wird zur Untermalung des Sprechtextes eingesetzt.

Memoiren, die: Lebenserinnerungen, verwandt mit der *Autobiografie*

Metapher, die: von griech. metaphérein = übertragen, im engeren Sinn die Verwendung eines Wortes in übertragener Bedeutung, z. B. „das Licht der Wahrheit", „der Tempel der Freundschaft". Heute wird der Begriff Metapher oft mit erweiterter Bedeutung verwendet, als *Synonym* für Sprachbild oder *Symbol*. Sonderformen der Metapher sind *Personifikation* und *Synästhesie*.

M

Metonymie, die: ein gebräuchliches Wort wird durch ein anderes ersetzt, das mit dem gebräuchlichen im Zusammenhang steht, z. B. „Brüssel reagiert darauf positiv" statt „Die Europäische Union reagiert positiv", siehe auch *Synekdoche* und *Pars pro toto*

Metrum, das: Versmaß, es wird durch lange und kurz gesprochene oder durch betonte und unbetonte Silben bestimmt, `Band 2` Kompetenzteil, I.3.1

Milieu, das: äußere Lebensumstände, die eine literarische Figur maßgeblich beeinflussen, z. B. in *naturalistischer* Literatur

Mimesis, die: altgriech. „Nachahmung", nachahmende Darstellung der Wirklichkeit auf der Bühne bzw. in literarischen Werken

Minnesang, der: Liebeslieder der hochhöfisch-ritterlichen Zeit (12. und 13. Jh.), `Modul I.6` und `Band 2` Epochenteil, I.5.2

Moderne, die: Begriff zur Bezeichnung einer Zeit, die von grundlegenden Neuerungen geprägt ist. Die gegenwärtige Kulturgeschichte bezeichnet mit „Moderne" v. a. die umfassenden Veränderungen Ende 19. Jh. und Beginn 20. Jh. `Band 2` Epochenteil, VI.1

Monolog, der: Selbstgespräch einer literarischen Figur, vor allem im *Drama* im Unterschied zum *Dialog*

Montage, die: der Begriff kommt aus der Filmtechnik; in der Literatur versteht man darunter das Zusammenfügen von unterschiedlichem, nicht zusammengehörigem Sprachmaterial, z. B. Gebetstext und Autowerbung, verwendet u. a. von Alfred Döblin in *Berlin Alexanderplatz* Modul VI.1

Moritat, die: *balladen*artiger Gesang, in dem meist von Verbrechen, Untaten und außergewöhnlichen Vorkommnissen berichtet wird, vor allem von Straßensängern früherer Jahrhunderte gepflegt. In die Literatur wurde die volkstümliche Form u. a. von Frank Wedekind und Bertolt Brecht übernommen.

Motiv, das: grundlegende, typische Situation oder typisches Phänomen, das einem literarischen Werk zu entnehmen ist. Das Motiv wird durch Abstraktion erkennbar, z. B. das Motiv der ungleichen Brüder, das Abschiedsmotiv, der Vater-Sohn-Konflikt u. a. m.

Mystik, die: eine Form von Frömmigkeit, in der der Mensch durch Meditation mit Gott eins wird, Modul I.B

Mythos, der: heute vorwiegend in drei Bedeutungsvarianten verwendet: 1. überlieferte *Sage*, poetische Erzählung aus der Früh- oder Vorzeit einer Kultur (z. B. die Sagen des klassischen Altertums, der Germanen etc.); 2. falsche Vorstellung, Gerücht, „Ammenmärchen"; 3. besondere Person, Sache oder Begebenheit, die Sagen- oder Legendencharakter angenommen hat

N

Nachlass, der: Werke und Dokumente eines verstorbenen Autors bzw. einer Autorin, die zu seinen/ihren Lebzeiten nicht mehr veröffentlicht wurden

narrativ: erzählerisch

Narrenliteratur, die: Sammelbezeichnung für eine kritisch-*satirische* Literatur, in deren Mittelpunkt die Figur des Narren steht, Höhepunkt der Narrenliteratur im 15. und 16. Jh. Darin wird die Welt als eine von Narren bewohnte gezeigt.

Naturalismus, der: Kunstrichtung des späten 19. Jhs., Modul VI.1 und Band 2 Epochenteil, VI.5

Neologismus, der: neue Wortbildung

Neue Sachlichkeit, die: der bildenden Kunst entlehnte Bezeichnung für eine literarische Strömung der Zwischenkriegszeit des 20. Jhs., Modul VI.9 und Band 2 Epochenteil, VI.9

Neuromantik, die: Sammelbezeichnung für literarische Gegenströmungen zum *Naturalismus* 1890–1920, knüpft an die Strömung der *Romantik* an; Gegenstand ist Wunderbares, Nicht-Alltägliches oder Geheimnisvolles; *Mystik* und *Mythos* werden neu belebt. Werke der Neuromantik werden unter *Symbolismus*, *Impressionismus* und *Fin de siècle* zugeordnet.

neutrales Erzählen, das: Erzählsituation ohne greifbare Erzählerfigur, Band 2 Kompetenzteil, III.3

Nouveau roman, der: [nuvoromã] in den Fünfzigerjahren in Frankreich entstandene Romanform, die auf psychologische und soziologische Figurenzeichnung und auf kausal aufgebaute Handlung weitgehend verzichtet. Die Erzählung beschränkt sich auf die Wiedergabe äußerer Wirklichkeit.

M
N

Novelle, die: epische Form zwischen Kurzgeschichte und Roman. Ursprünglich waren Novellen kurze Erzählungen, die zu einem „Novellenkranz" – meist mit einer Rahmenhandlung – verbunden wurden (z. B. *Decamerone* von Giovanni Boccaccio Modul II.2). Längere Einzelnovellen entstanden erst gegen Ende des 18. Jhs.; diese Novellen erzählen meist eine ungewöhnliche Begebenheit, ein Handlungsstrang wird kausal durchgezogen; das zentrale Ereignis, auf das die Handlung orientiert wird, kann durch ein *Dingsymbol* repräsentiert werden.

O

Ode, die: lyrische Dichtung in Strophenform, die von Feierlichkeit und Erhabenheit, eventuell auch von Pathos und Gefühlstiefe getragen wird, meist reimlos

offenes Drama, das: Einzelszenen sind lose aneinandergereiht, Zeitsprünge, *anachronistische* Spielhandlung, Band 2 Kompetenzteil, II.2.6

Onomatopoesie, die: poetisches Schreiben, das bewusst die Klangwirkungen der Sprache einsetzt

Originalausgabe, die: Ausgabe eines Werkes in der vom Verfasser gewollten Form, meist die Erstausgabe eines Werkes

Orthografie, die: Rechtschreibung

Oxymoron, das: Widersprüchlichkeit, z. B: „schwarze Milch der Frühe" (Paul Celan), „Das Leben ist der Tod, der Tod ist das Leben".

P

Paarreim, der: paarweise gereimte Verszeilen nach dem Schema a–a–b–b

Pamphlet, das: Schmäh- und Streitschrift, meist in aggressivem, kämpferischem Ton

Pantragismus, der: die Vorstellung, dass es ein tragisches Weltgesetz gibt, dem jede einzelne menschliche Existenz unausweichlich unterworfen ist. Insbesondere Friedrich Hebbels Tragödien werden von dieser Vorstellung bestimmt.

Parabel, die: 1. didaktische Parabel: eine dem *Gleichnis* ähnliche lehrhafte Erzählung, ein vom Schriftsteller bzw. von der Schriftstellerin erfundener Modellfall, zu dem es in der Wirklichkeit eine Parallele gibt und aus dem man eine erhellende Wahrheit erkennen kann (z. B. „Ringparabel" in Lessings Drama *Nathan der Weise* Modul III.4); 2. verrätselte Parabel: gleichnishafte Erzählung, deren Lehre oder Einsicht rätselhaft bleibt (z. B. im Werk Franz Kafkas)

Paradigma, das: Denkmuster, das für eine Weltsicht grundlegend ist

Paradoxon, das: scheinbar widersinnige Aussage, die aber bei genauerer Überlegung einen Sinn ergeben kann, z. B. „Wahrhaft reich ist nur der Besitzlose."

Parallelismus, der: Stilmittel bzw. *rhetorisches* Mittel; gleich gebaute Satzteile, die aufeinanderfolgen

Paraphrase, die: verdeutlichende, weiter ausführende Umschreibung

Parataxe, die: Aneinanderreihung von Hauptsätzen, Gegensatz *Hypotaxe*

Parodie, die: übertreibende Nachahmung einer Person oder Sache in *satirisch*-kritischer Absicht

Pars pro toto, das: Form der *Synekdoche* bzw. der *Metonymie*, ein Teil steht für das Ganze, z. B. „Wir haben zumindest ein Dach über dem Kopf" statt „Wir leben in einem Haus."

Pathos, das: leidenschaftlich-feierliche Ausdrucksweise

PEN-Club, der: internationale Schriftstellervereinigung

Pentameter, der: [penta...] antikes Versmaß. In der griechischen Sprache ergeben sich pro Verszeile fünf (= penta) Längen, in der deutschen Sprache entstehen allerdings auch im Pentametervers ähnlich wie im Hexameter sechs *Hebungen*. *Hexameter* und *Pentameter* ergeben gemeinsam ein *Distichon* (z. B. Goethe: **Römische Elegien**, Modul IV.1).

Peripetie, die: Wendepunkt, plötzliche Wendung des Handlungsverlaufs in dramatischen und epischen Werken

Periphrase, die: rhetorische Figur bzw. Stilmittel; Umschreibung von Begriffen, Gegenständen, Personen durch deren Merkmale und Eigenheiten, z. B. statt Italien „das Land, wo die Zitronen blühn" (Goethe)

Persiflage, die: ironische Verspottung durch *parodierende* Nachahmung

personales Erzählen, das: Erzählsituation, in der das Geschehen aus der Perspektive einer daran beteiligten Person erzählt wird, Band 2 Kompetenzteil, III.3

Personenrede, die: epische Darstellungsweise, eine am Geschehen beteiligte Figur kommt zu wort, Band 2 Kompetenzteil, III.3.3

Personifikation, die: eine Sonderform der *Metapher*, Belebung bzw. Vermenschlichung eines Dings oder eines Abstraktums, z. B. „die Wälder schweigen" oder „Kunst und Wissenschaft gehen Hand in Hand"

Petrarkismus, der: nach dem italienischen Dichter Petrarca benannte Form der Liebesdichtung

Philologie, die: Wissenschaft von der Sprache, umfasst Sprach- und Literaturwissenschaft

Pickelhering, der: komische Figur in den Stücken der *englischen Komödianten*

Pietismus, der: im 17. Jh. entstandene Frömmigkeitsauffassung innerhalb des deutschen Protestantismus, Religion ist hauptsächlich ein innerseelisches Erlebnis

pikaresker Roman, der: auch: Pikaro-Roman, *Schelmenroman*

Plagiat, das: Diebstahl geistigen Eigentums durch ganze oder teilweise Wiedergabe von Werken anderer, ohne deren Verfasserschaft zu erwähnen

Pleonasmus, der: Verdoppelung des Wortsinns durch Aneinanderfügen sinngleicher Wörter, z. B. schwarzer Rabe, weißer Schimmel

Plot, der: Handlungsgerüst eines epischen oder dramatischen Werkes, bedeutungsähnlich mit dem Begriff *Fabel*

Poetik, die: Lehre oder Theorie der Dichtkunst

Polemik, die: feindselige, aggressive Kritik

P

Polysyndeton, das: *syntaktische* Vielverbundenheit bei Worthäufungen, z. B. „Und es wallet und siedet und brauset und zischt" (Schiller: **Der Taucher**)

Popliteratur, die: literarische Werke, in denen Gestaltungselemente der unterhaltenden Popularkultur verwendet werden, in den Sechzigerjahren Ausdrucksform der gesellschaftskritischen Jugendbewegung, seit den späten Achtzigerjahren des 20. Jhs. Teil der sogenannten Spaßkultur, bewusst nicht gesellschaftskritisch, `Band 2` ▶ Epochenteil, VII.14

Pornografie, die: triviale, künstlerisch belanglose Darstellung von Nacktheit und sexuellen Handlungen

Posse, die: volkstümliche Komödienform mit meist primitiv-derber Komik, Übertreibungen sprengen die Grenzen des Wahrscheinlichen

Postmoderne, die: vieldeutiger Begriff, mit dem das Ende der *Moderne* (seit der *Aufklärung*) und ihrer wesentlichen *Paradigmen* (Subjekt, wissenschaftliche Wahrheit, Fortschritt) gekennzeichnet wird. Als typisch für die Postmoderne gelten: Verzicht auf den aufklärerischen Subjekt- und Wahrheitsbegriff, „Spielcharakter" des Lebens, Pluralismus und Toleranz, keine Sinnsuche, „anything goes", Lustprinzip. `Band 2` ▶ Epochenteil, VII.3.5

pragmatisch: das sprachliche Handeln betreffend. Unter der pragmatischen Dimension der Sprache versteht man ihre Anwendung in Handlungszusammenhängen.

Primärliteratur, die: dichterische Texte, Gegensatz *Sekundärliteratur*

Prolog, der: Vorrede, Einleitungsworte einer literarischen Figur, bisweilen im *Drama* verwendet

Prosa, die: ungebundene Sprache, dichterische *Prosa* oder Sachprosa, im Gegensatz zu Texten, die in *Versen* geschrieben werden

Protagonist, der / Protagonistin, die: Hauptfigur einer dramatischen oder epischen Dichtung

Psalm, der: *hymnischer* Text aus dem **Alten Testament**, meist ein Klage- oder Danklied, das Gott zum Adressaten hat

Pseudonym, das: Deckname eines Autors bzw. einer Autorin, der/die anonym bleiben möchte

psychologischer Roman, der: Romanart, in deren Mittelpunkt das Seelenleben der Figuren steht (z. B. Karl Philipp Moritz: **Anton Reiser** `Modul` III.B ▶)

R

Rahmenerzählung, die: eigenständiger Teil einer Erzählung, der die *Binnenerzählung* umgibt. Zum Beispiel kann eine in der Rahmenerzählung auftretende Figur eine Geschichte erzählen, welche dann die Binnenhandlung bildet.

Raum, der: Schauplatz, Handlungsraum. Der literarische Raum kann einfach nur Wirklichkeit nachahmen, aber auch Funktionen annehmen: Stimmungsraum, Kontrastraum, Symbolraum. `Band 2` ▶ Kompetenzteil, II.2.4 bzw. III.6

Realismus, der: 1. literarische Schreibweise oder auch bildnerische Darstellungsweise, welche die Wirklichkeit nachahmt; 2. Bezeichnung für eine Stilepoche des 19. Jhs., *bürgerlicher* oder *poetischer Realismus*, `Modul V.6` ▶ und `Band 2` ▶ Epochenteil, V.7

Refrain, der: Kehrreim

Regie, die: Spielleitung bei einer Theaterinszenierung oder beim Drehen eines Films

Reim, der: Gleichklang, meist am Ende von Verszeilen (= *Endreim*); eine andere Form ist der *Stabreim*. Es gibt einige feste Muster (= Schemata) des Endreims (*Paarreim, Kreuzreim, umschließender Reim, Schweifreim*). `Band 2` Kompetenzteil, I.3.3

Reimschema, das: Pl. Reimschemata; *Alliteration* (Stabreim), *Endreim, Kreuzreim, Paarreim, umschließender Reim, Schweifreim*; `Band 2` Kompetenzteil, I.3.3

Reiseliteratur, die: Sammelbegriff für literarische Werke, in denen die auf einer Reise gewonnenen Eindrücke und Beobachtungen zentrales Thema sind

Renaissance, die: Begriff zur Bezeichnung einer Kulturepoche zwischen ca. 1350 und 1600, in der man sich um die Erneuerung (frz. Renaissance = Wiedergeburt der antiken Kultur) bemüht, `Band 2` Epochenteil, II.

Reportage, die: ausführlicher, durch persönliche Eindrücke bereicherter *Bericht* für Presse, Rundfunk oder Fernsehen über ein aktuelles Ereignis oder eine gegenwärtige Situation

Reprint, der: unveränderter Nachdruck älterer Werke

Retardation, die: den Handlungsverlauf verzögerndes, aufschiebendes Handlungselement in dramatischen oder epischen Werken

Rezension, die: Besprechung eines Kunstwerks in Zeitungen und Zeitschriften

Rezeption, die: Aufnahme bzw. Wirkung von Werken beim Publikum

Rhetorik, die: Kunst der Beredsamkeit

rhetorische Frage, die: Scheinfrage, auf die keine Antwort erwartet wird, weil diese ohnehin klar ist, z.B. „Ist das dein Ernst?"

rhetorische Figur, die: auch: Stilfigur, auffälliges sprachliches Muster, das bewusst eingesetzt wird, um eine besondere Wirkung zu erzielen, z. B. *Anapher, Klimax, Antithese, Ellipse* u. a. m.; `Band 2` Kompetenzteil, I.4.2

Rhythmus, der: Bewegung des Sprachflusses, im Deutschen meist durch betonte und unbetonte Silben (vgl. *Metrum*), Pausen und Sprechtempo geprägt, `Band 2` Kompetenzteil, I.3.1

Robinsonade, die: benannt nach Daniel Defoes Roman **Robinson Crusoe**, Zentralmotiv ist der Aufenthalt der Hauptfigur auf einer einsamen Insel oder in einer entlegenen Gegend

Rokoko, das: Stil- und Epochenbegriff aus der Kunst- und Literaturgeschichte; heiter-verspielter, ornamentaler Spätstil zwischen *Barock* und *Aufklärung*

Rollengedicht, das: das *lyrische Ich* des Gedichts ist eine vom Autor bzw. von der Autorin unabhängige Figur, zum Beispiel ein Wanderer, ein Kind, eine Greisin

Rollenprosa, die: die *Erzählperspektive* in einem epischen Text wird auf das Bewusstsein einer erzählenden Figur beschränkt, steht im Grenzbereich zum dramatischen *Monolog*

R

Roman, der: großepische Erzählform, seit dem 13. Jh. gebräuchliche Bezeichnung für jede Art von Erzählung in *Prosa* oder in *Versen*, später nur mehr zur Bezeichnung einer größeren Prosaerzählung verwendet. Die frühesten romanhaften Erzählungen findet man in der indischen und persischen Literatur (2. und 1. Jh. v. Chr.). Eine Fülle unterschiedlicher romanhafter Erzählweisen führte zur begrifflichen Unterscheidung zwischen *Abenteuerroman*, Reiseroman, *Zeitroman*, *Entwicklungsroman*, *Bildungsroman* u. a. m.

Romantik, die: kulturelle Epoche zwischen ca. 1790 und 1830, `Band 2` Epochenteil, IV.1.3 und IV.6

romantische Ironie, die: Fähigkeit des Künstlers bzw. der Künstlerin, sich über alles und jedes, auch über das eigene Kunstwerk spielerisch zu erheben, es nach Belieben ständig zu verändern oder sogar zu zerstören

Rückblende, die: Umstellung des zeitlichen Verlaufs durch Zurückgreifen auf ein früheres Vorkommnis, Verfahren in dramatischen und epischen Texten sowie im Film

Rune, die: germanisches Schriftzeichen aus dem 3. bis 11. Jh.

S

Sage, die: auf mündlicher Überlieferung beruhende Erzählung eines angeblich wirklichen Vorfalls. Das Geschehen wirkt aber geheimnisvoll, gespenstisch und übernatürlich, z. B. *Heldensagen*, Teufelsbundsagen u. a. m.

Sarkasmus, der: scharfer, beißender Hohn und Spott

Satire, die: spöttische Kritik an Phänomenen oder Personen durch Karikatur, Übertreibung und Witz. Die Satire ist eine eigenständige Textsorte, sie kann aber als Stilmittel in allen Textsorten (Roman, Drama, Gedicht etc.) vorkommen.

Schäferdichtung, die: Dichtung der *Barock-* und *Rokoko*zeit, die das Thema Liebe in einer künstlichen Welt von idealisierten Schäferinnen und Schäfern abhandelt

Schelmenroman, der: auch *pikaresker Roman* oder *Pikaro-Roman*; Romanform des 16. und 17. Jhs., benannt nach der Hauptfigur, im 16. Jh. in Spanien entstanden, in Deutschland in der *Barock*zeit gepflegt. Im Gegensatz zum idealisierenden *heroisch-galanten Roman* ist der Schelmenroman realistisch, spielt auch in niederem sozialem *Milieu*. Moderne Formen des Schelmenromans im 20. Jh. sind etwa Günter Grass: *Die Blechtrommel* `Modul II.8`, Thomas Mann: *Die Bekenntnisse des Hochstaplers Felix Krull*.

Schlüsselroman, der: Roman, in dem eine bekannte Person oder ein reales Geschehen in verschlüsselter Form dargestellt wird. Der Rückschluss auf die Wirklichkeit ist für die Leser/innen mit Hintergrundwissen meist möglich, z. B. Klaus Mann: *Mephisto*.

Scholastik, die: christliche theologische Richtung des Mittelalters, die versucht, religiöse Vorstellungen und Glaubensinhalte vernunftgemäß zu erklären, im Gegensatz zur *Mystik*

Schuldrama, das: im *Humanismus* entstandene dramatische Form; meist in lateinischer Sprache geschriebene Dramen für den Schulgebrauch, durch welche die Gymnasiasten Latein und gewandtes öffentliches Auftreten lernen sollten. Das protestantische und das jesuitische Schuldrama dienten auch der religiösen Belehrung. `Band 2` Epochenteil, II.5.1 und 8.4.2

Schwank, der: 1. kurze, pointierte Erzählung eines derb-komischen, erheiternden Vorfalls; 2. volkstümliche, unterhaltend-komödiantische Dramenform ohne besonderen Kunstanspruch

R
S

schwarzer Humor, der: zynisch wirkender Humor, der das Entsetzliche und Grauenhafte auf komische Weise darstellt

Schweifreim, der: Reimform nach dem Schema a–a–b–c–c–b

Science-Fiction, die: Literatur, die von mehr oder weniger wissenschaftlichen Spekulationen über die Zukunft geprägt wird

Sekundärliteratur, die: Aufsätze und Bücher, die über die sogenannte *Primärliteratur* geschrieben werden

Sekundenstil, der: im *Naturalismus* entwickelte Schreibweise; der reale Handlungsverlauf wird möglichst genau – Sekunde für Sekunde – im Kunstwerk wiedergegeben, `Modul VI.1`

semantisch: die Bedeutung von sprachlichen Zeichen betreffend; die semantische Ebene der Sprache ist die Bedeutungsebene

Semiotik, die: Wissenschaft von den Zeichen und Zeichensystemen, sowohl sprachlichen als auch nichtsprachlichen

Senkung, die: unbetonte Silbe im Vers

Shakespearebühne, die: Bühnenform des *elisabethanischen Theaters*, `Band 2` Kompetenzteil, II.3.4

Short Story, die: Kurzgeschichte

Simultanbühne, die: Bühnenform, die es ermöglicht, mehrere Schauplätze gleichzeitig nebeneinander zu zeigen, `Band 2` Kompetenzteil, II.3.4

Simultantechnik, die: versucht die Vielschichtigkeit der Wirklichkeit in der Sprache zu zeigen, hauptsächlich durch *Montage* unterschiedlicher Sprachebenen in der Erzählliteratur eingesetztes Verfahren, `Modul VI.1`

Sonett, das: Gedichtform, bestehend aus zwei Vierzeilern (Quartetten) und zwei Dreizeilern (Terzetten), `Band 2` Kompetenzteil, I.3.2.b

sozialistischer Realismus, der: ein Kunst- und Literaturverständnis, das im 20. Jh. auf der Grundlage der marxistisch-leninistischen Weltanschauung entwickelt wurde, `Band 2` Epochenteil, VII.5

Soziolekt, der: Sprachverhalten einer sozialen Gruppe, z. B. Arbeiter/innen, Jugend, Priester etc.

Spielmann, der: fahrender Sänger im Mittelalter, meist umfasste das Repertoire der Spielleute artistische, musikalische und erzählerische Darbietungen

Sprachgesellschaften, die: gelehrte Vereinigungen zur Pflege der deutschen Sprache, vor allem im 17. Jh. wirksam, `Band 2` Epochenteil, II.3.3 und 8.3

Sprachvarietäten, die (Plural): voneinander abweichende Sprechweisen, z. B. Dialekt, Standardsprache

Spruchdichtung, die: Sammelbegriff zur Bezeichnung von Liedern und Gedichten (vor allem des Mittelalters), die lehrhafte und/oder politisch-kritische Inhalte aufweisen

Stabreim, der: Alliteration

S

Ständeklausel, die: auf die *Poetik* des Aristoteles zurückgehende und vor allem in der *Renaissance* und in der *Barock*zeit wirksame „Vorschrift", zur Hauptfigur der *Tragödie* nur eine hohe, zur Hauptfigur der *Komödie* nur eine niedere Standesperson zu machen

Stanze, die: achtzeilige Strophenform nach dem *Reimschema* a–b–a–b–a–b–c–c

Stegreifspiel, das: improvisierendes Spiel auf der Bühne, das ohne dramatischen Text erfolgt oder den Text nur als Grundlage der freien schauspielerischen Gestaltung betrachtet

Stichomythie, die: Form des Dialogs im *Versdrama*, zwei Sprecher/innen wechseln einander zeilenweise ab

Stilfigur, die: Synonym für *rhetorische Figur*

Stoff, der: die konkrete Materialgrundlage für ein künstlerisches Werk, z. B. historischer, *biografischer*, *mythischer* Stoff; etwa der Faust-Stoff, ▸ Modul II.6 und IV.4

stringentes Erzählen, das: Erzählweise, in der auf sehr einleuchtende, überzeugende (= stringente) Weise die Ereignisse aufeinanderfolgen; Bau der Handlungsabfolge nach dem Ursache-Wirkung-Prinzip

Strophe, die: *Vers*gruppe; Strophenformen: *Kanzone*, *Sonett*, Volksliedstrophe, *Terzine*, *Distichon*, ▸ Band 2 Kompetenzteil, I.3.2

Sturm und Drang, der: gefühlsbetonte, subjektivistische literarische Richtung in der zweiten Hälfte des 18. Jhs., ▸ Band 2 Epochenteil, III.1 und III.9

Subkultur, die: alternative kulturelle Strömung, die sich vom herrschenden Kulturbetrieb abgrenzt und meist auch zu diesem in Opposition tritt

Surrealismus, der: der Malerei entlehnter Begriff. Im surrealistischen Bild werden Einzelelemente miteinander in Verbindung gebracht, die – jedes für sich – realistisch dargestellt sind, aber miteinander in eine ungewöhnliche Verbindung gebracht werden, zum Beispiel ein Apfelbaum auf einem Fahrrad. Der Surrealismus zeigt traumähnliche Szenen und *Bilder*, z. B. werden die Werke Franz Kafkas ▸ Modul VI.6 dem literarischen Surrealismus zugeordnet.

Symbol, das: ein Sprach- oder Bildzeichen, das auf etwas anderes verweist. Es gibt konventionelle Symbole, die für alle in eine Kommunikationsgemeinschaft einbezogenen Menschen verstehbar sind, z. B. Farbsymbole wie Schwarz für Trauer oder rote Rosen für Liebe. Individuelle Symbole, die Autor/innen der *Moderne* konstruiert haben, sind schwer verständlich. Das Symbol nimmt die Merkmale der *Chiffre* an.

Symbolismus, der: literarische Strömung der Wende vom 19. zum 20. Jh., ▸ Modul 🔊 VI.A und ▸ Band 2 Epochenteil, VI.6.2

Synästhesie, die: eine Form des *metaphorischen* Ausdrucks. Zwei oder mehr Sinnesebenen werden in einem Ausdruck vermischt, z. B. „wie es süß zum Herzen spricht" (Geschmacks- und Gehörsinn), „golden wehn die Töne nieder" (Seh- und Hörsinn).

Synekdoche, die: auch: *Pars pro toto*, eine *metonymische* Ausdrucksform, ein Teil ersetzt das Ganze, z. B. „Die Gruppe besteht aus zehn Köpfen" statt „aus zehn Personen"

Synonym, das: ein bedeutungsgleiches oder zumindest sinnverwandtes Wort, z. B. „Kopf" und „Haupt" sind Synonyme

S

syntaktisch: den Satzbau betreffend; die syntaktische Ebene der Sprache ist die Verknüpfung von Zeichen zu Sätzen und Sinnzusammenhängen

T

Tableau, das: [tablo] frz., „Tafel" oder „Gemälde", effektvolle literarische Personen- und Situationskonstruktion, vor allem am Beginn und am Ende von Dramen oder Erzählwerken

Tagebuch, das: private, täglich verfasste Aufzeichnungen, in denen der Schreiber bzw. die Schreiberin Erfahrungen und Erlebnisse aus subjektiver Sicht schildert. Als literarische Form wird das Tagebuch meist schon im Hinblick auf die Veröffentlichung geschrieben, dadurch verliert es den privaten Charakter.

Tagelied, das: Textsorte der mittelalterlichen *Lyrik*. Das zentrale *Motiv* ist der Tagesanbruch, der – nach gemeinsamer Nacht – zum Abschied der Liebenden im Morgengrauen führt.
▸ Modul I.5

Tanzlied, das: erzählende Liedform des Spätmittelalters, auch „Tanzleich" genannt

Tatsachenroman, der: Roman, der auf Faktenmaterial und realen Umständen beruht und dokumentarische Absichten verfolgt

Tautologie, die: Wiederholung einer Aussage durch sinngleiche oder sinnverwandte Wörter, z. B. „voll und ganz", „immer und ewig"

Teichoskopie, die: *Mauerschau*

Tendenzdichtung, die: Literatur als Mittel zu einem politischen Zweck, bewusste Parteinahme eines Autors oder einer Autorin für eine politische Richtung

Terminus technicus, der: Fachwort, Fachbegriff

Terzine, die: dreizeilige italienische Strophenform; Zeilengruppen werden durch übergreifende Reime verbunden nach dem *Reimschema* a–b–a / b–c–b / c–d–c

Tetralogie, die: aus vier Einzelteilen bestehendes literarisches Werk, z. B. Romantetralogie oder Dramentetralogie

Textsorten, die: auch: Textarten; Begriff zur Klassifizierung literarischer Texte, z. B. epische Textsorten oder dokumentarische Textsorten

Topos, der: Pl. Topoi; vorgeprägtes *Bild*, gängiges *Motiv*, in negativer Bedeutung auch Klischee

Tragikomödie, die: heiter-ernste Mischform des Dramas, z. B. bei Friedrich Dürrenmatt und Thomas Bernhard, ▸ Modul VII.3 und VII.10

Tragödie, die: dramatische Form mit ernstem Inhalt, ▸ Band 2 ▸ Kompetenzteil, II.1

Traktat, der: Abhandlung über ein wissenschaftliches, philosophisches oder ethisches Thema

Travestie, die: eine der *Parodie* verwandte Form der *Satire*. Der satirisch-komische Effekt entsteht dadurch, dass ein Inhalt in einer ihm nicht gemäßen Form dargestellt wird, z. B. die olympischen Götter unterhalten sich in einem provinziellen Dialekt.

Treatment, das: Entwurf zu einem künstlerischen Werk

Trilogie, die: aus drei Einzelteilen bestehendes literarisches Werk, z. B. Dramentrilogie

S
T

Trivialliteratur, die: Unterhaltungsliteratur von besonders niedrigem künstlerischem Niveau, z. B. Heftchenromane

Trobador, der: auch: Troubadour; Dichter, Komponist und Sänger in einer Person; die Kunst der Trobadors entstand im 12. Jh. in Südfrankreich und beeinflusste den europäischen *Minnesang*

Trochäus, der: Verstakt, bestehend aus einer betonten und einer unbetonten Silbe, `Band 2` ▶ Kompetenzteil, I.3.1

Troubadour, der: *Trobador*

Trümmerliteratur, die: junge literarische Richtung in Deutschland nach dem Kriegsende 1945, thematisiert das Kriegselend in realistischer, nüchterner Sprache, `Modul VII.1` ▶ und `Band 2` ▶ Epochenteil, VII.4.1

Typus, der: Grundform, allgemeines Muster; literarische Gestalt mit wenig individuellen Zügen, z. B. der Bösewicht im Western

U

Übertreibung, die: *Hyperbel*

umschließender Reim, der: *Reimschema* a–b–b–a

unreiner Reim, der: auch: Halbreim; beruht nicht auf gleich, sondern auf nur ähnlich klingenden Reimwörtern, z. B. reimen – säumen

Unterhaltungsliteratur, die: auf Zerstreuung und angenehme Wirkung bedachte Literatur, die in erster Linie die Affekte der Leser/innen hervorrufen will

Uraufführung, die: die erste Bühneninszenierung eines neuen Theaterstücks bzw. einer Oper, eines Musicals etc.

Urheberrecht, das: Rechtsbestimmungen, die künstlerische und wissenschaftliche Werke vor Raubdruck und anderen Formen des geistigen Diebstahls schützen, vgl. *Copyright*

Utopie, die: griech. „kein Ort", eine nur vorgestellte ideale Welt der Zukunft, `Band 2` ▶ Epochenteil, III.8

V

Vaganten, die (Plural): fahrende Studenten des Mittelalters, meist Kleriker ohne Arbeit, ihr Außenseiterdasein und ihr ungebundenes Leben finden Eingang in ihre Dichtung, Vagantenlyrik (z. B. **Carmina burana**)

Vaudeville, das: [vodvij] komödiantisches Singspiel, der *Posse* verwandt

Verfremdungseffekt, der: künstlerisches Mittel in den Dramen Bertolt Brechts `Modul VII.3` ▶

Vergleich, der: Herstellen einer *Analogie*, „Er kämpfte wie ein Löwe", auch ohne Vergleichspartikel „wie" formulierbar: „Du bist ein Löwe."

Verismus, der: radikal wirklichkeitsgetreues künstlerisches Darstellungsprinzip, ähnlich dem *Naturalismus*

Vers, der: eine Zeile der *gebundenen Rede*

T
U
V

Versdrama, das: Bühnenwerk in *Versen*

Verserzählung, die: kürzere *epische* Form in *Versen*

Versmaß, das: Metrum

visuelle Dichtung, die: Die Schrift wird so angeordnet, dass ein grafisches Bild entsteht; schon in der *Barock*zeit, z. B. Gedichte über die Vergänglichkeit in Form einer Sanduhr; im 20. Jh. vor allem in der *konkreten Poesie* eingesetzt

Volksbuch, das: ab der Erfindung des Buchdrucks eine beliebte Publikationsform des späten Mittelalters und der frühen Neuzeit; unbekannte Verfasser sammelten *Sagen,* kurze *Novellen, Legenden* etc. in *Volksbüchern,* z. B. Faust-Volksbuch `Modul II.6`

Volkslied, das: einfaches, populäres Lied, dessen Verfasser oder Verfasserin unbekannt ist

Volksmärchen, das: Märchen, dessen Verfasser oder Verfasserin unbekannt ist, im Gegensatz zum *Kunstmärchen*

Volksstück, das: volkstümliches Theaterstück, meist schwankhaft und derb, für die anspruchsvolle Dramenliteratur als *kritisches Volksstück* adaptiert, besonders durch Ödön von Horváth, `Modul V.5 und VI.10` sowie `Band 2` Epochenteil, VII.9.3

W

Waise, die: reimlose Zeile innerhalb einer von Reimen geprägten Strophe, vor allem in der mittelalterlichen Lyrik eingesetzt

Wanderbühne, die: umherziehende Schauspieltruppe ohne festes Haus, besonders bis zum 18. Jh. verbreitet

Wechsel, der: Form der mittelalterlichen Liebeslyrik, in der *Frauenstrophe* (Frau als *lyrisches Ich*) und *Männerstrophe* (Mann als lyrisches Ich) einander abwechseln

Weimarer Klassik, die: literarische Richtung zwischen ca. 1786 und 1805, maßgeblich von Goethe und Schiller geprägt, `Band 2` Epochenteil, IV.1

Wiener Moderne, die: Sammelbegriff für mehrere anti*naturalistische* Literatur- und Kunstrichtungen, deren Zentrum Wien um 1900 war, `Band 2` Epochenteil, VI.6.3

Wiener Gruppe, die: freie *avantgardistische* Autorengruppe im Wien der Fünfzigerjahre des 20. Jhs., bestehend aus Oswald Wiener, Friedrich Achleitner, Konrad Bayer, H.C. Artmann und Gerhard Rühm, `Modul VII.5`

Wortspiel, das: sprachliches Spiel mit Klang und Doppeldeutigkeit von Wörtern, z. B. „Eifersucht ist eine Leidenschaft, die mit Eifer sucht, was Leiden schafft." (Schleiermacher)

Z

Zäsur, die: Einschnitt, Begriff aus der Verslehre, z. B. weist der *Alexandrinervers* nach dem dritten Takt eine Zäsur auf

Zaubermärchen, das: Form des *Wiener Volkstheaters,* in dem Feen, Geister und Zauberer eine wesentliche Rolle spielen, besonders in Ferdinand Raimunds ***Der Bauer als Millionär, Der Verschwender,*** `Band 2` Epochenteil, V.6.1

V

W

Z

Zeichen: etwas über die Sinne Wahrnehmbares, dem Bedeutung zugesprochen wird. Ein Zeichensystem neben anderen ist die Sprache.

Zeilensprung, der: Enjambement

Zeit, die: dramatischer Text: „Spielzeit" ist die Dauer der Aufführung, „gespielte Zeit" ist die im Stück dargestellte Zeit, `Band 2` Kompetenzteil, II.2.5; Erzähltext: „Erzählzeit" ist die Zeit, die wir brauchen, um eine Geschichte zu erzählen, die „erzählte Zeit" umfasst das erzählte Geschehen, `Band 2` Kompetenzteil, III.5

Zeitroman, der: im 19. Jh. entwickelte Romanart, die einen Einblick in die zeitgenössische Gesellschaft gibt (z. B. Theodor Fontane: *Der Stechlin*, Heinrich Mann: *Der Untertan*)

Zensur, die: staatliche oder kirchliche Kontrolle von Literatur, Kunst, anderen Medien und Wissenschaft

Zeugma, das: syntaktische Verbindung von Wörtern, die nicht zusammengehören, in einem Satzglied, z. B. „Er saß ganze Nächte und Sessel durch." (Jean Paul)

Zieldrama, das: Dramenform, deren Handlung *stringent* auf ein Ziel zustrebt, `Modul V.5` und `Band 2` Kompetenzteil, II.2.6

Zyklus, der: Sammlung von Gedichten, Liedern, Erzählungen u. a. m.

Z

Z

7.1.   Franz Mittendorfer/Martina Mittendorfer: Minne und Mäzene. Neue Materialien zur Literatur des Mittelalters. (Maxi-MUMMM). Veritas 1999, S. 56

8.2.   Ebd., S. 57

9.3.   Max Wehrli (Hg.): Deutsche Lyrik des Mittelalters. Manesse 2001, S. 34

10.4. Friedrich Neumann: Deutscher Minnesang. Reclam 1954, S. 28

11.5. Norbert Kilga: Soafaschiffle

12.6. Günther Bernt: Carmina Burana. Lateinisch/Deutsch. Reclam 1992, S. 196f.

13.1. Otto F. Best/Hans-Jürgen Schmitt (Hg.): Die deutsche Literatur in Text und Darstellung. Mittelalter 1. Reclam 1976, S. 96

14.2. Ebd., S. 96ff.

15.3. Helmut Brackert (Hg. und Übersetzer): Das Nibelungenlied. 1. Teil. Mittelhochdeutscher Text und Übertragung. Fischer 1970, S. 6

16.4. Christian Schacherreiter (Originalübertragung) nach: Ebd., S. 8

17.5. Christian Schacherreiter (Originalübertragung) nach: Ebd., S. 68

18.6. Christian Schacherreiter (Originalübertragung) nach: Helmut Brackert (Hg. und Übersetzer): Das Nibelungenlied. 2. Teil. Mittelhochdeutscher Text und Übertragung. Fischer 1971, S. 262

22.1. Karl Langosch: König Artus und seine Tafelrunde. Europäische Dichtung des Mittelalters. Reclam 1995, S. 68

23.2. Ebd., S. 160f.

24.3. Ebd., S. 175ff.

26.4. Ebd., S. 169ff.

26.5. Thomas Cramer: Hartmann von Aue. Erec. Fischer Taschenbuch Verlag 1999, S. 21

29.1. Wolfram von Eschenbach: Parzival. Band 1. Reclam 1981, S. 291ff.

31.2. Ebd., Band 2, S. 672

31.3. Ebd., S. 673

35.1. Christian Schacherreiter (Originalübertragung) nach: Friedrich Neumann: Deutscher Minnesang. Reclam 1954, S. 24

35.2. Friedrich Neumann: Deutscher Minnesang. Reclam 1954, S. 30

36.3. Bettina Wegner: Heimweh nach Heimat (Langspielplatte CBS 26451)

37.4. Dietrich Bode (Hg.): Deutsche Gedichte. Eine Anthologie. Reclam 1994, S. 155

37.5. Mascha Kaléko: Das lyrische Stenogrammheft. Rowohlt 2001, S. 27

39.1. Christian Schacherreiter (Originalübertragung) nach: Max Wehrli (Hg.): Deutsche Lyrik des Mittelalters. Manesse 2001, S. 136

40.2. Christian Schacherreiter (Originalübertragung)

41.3. Christian Schacherreiter (Originalübertragung) nach: Friedrich Neumann: Deutscher Minnesang. Reclam 1954, S. 74f.

43.4. Paul Stapf (Hg. und Übersetzer): Walther von der Vogelweide. Sprüche - Lieder - Der Leich. Emil Vollmer Verlag o. J., S. 9

47.1. Bertolt Brecht: Gesammelte Werke. Band 3. Suhrkamp 1967, S. 1293ff.

50.1. Wilhelm Sanz: Aus dem Reich der Dichtung 2. öbv 1970, S. 180; Übertragung von Stefan George: Werke. Ausgabe in 4 Bänden. Band 3. dtv 1983, S. 19

51.2. Giovanni Boccaccio: Das Dekameron. Übertragung von Karl Witte. Winkler Verlag 1952. Zitiert nach: Josef Donnenberg u. a.: Lesezeichen 1. öbv & hpt 1999, S. 156

55.1. Die Bibel in der Einheitsübersetzung der Heiligen Schrift. Vollständige Schulausgabe. Verlag Österreichisches Katholisches Bibelwerk 1980

60.1. Kurt Steinmann: Erasmus von Rotterdam. Vertrauliche Gespräche. Diogenes 2000, S. 140ff.

64.1. Johannes von Tepl: Der Ackermann. Reclam 2000, S. 7

65.2a: Ebd., S. 15

65.2b: Ebd., S. 33

65.2c: Ebd., S. 17f.

65.2d: Ebd., S. 25

66.3: Ebd., S. 75

69.1: Klaus Völker: Faust - Ein deutscher Mann. Klaus Wagenbach 1986, S. 28

69.2: Ebd., S. 32f.

71.1c: Otto F. Best/Hans-Jürgen Schmitt (Hg.): Die deutsche Literatur in Text und Darstellung. Barock. Reclam 1975, S. 138

72.1d: Ebd., S. 120

75.2: Ebd., S. 69

76.3: Erich Benedikt: Der Literaturfreund 2. Dichtung vom Mittelalter bis zum Barock. Epochen, Motive, Vergleiche. Ueberreuter 1968, S. 132

77.4: Dietrich Bode (Hg.): Deutsche Gedichte. Eine Anthologie. Reclam 1994, S. 42ff.

77.5: Otto F. Best/Hans-Jürgen Schmitt (Hg.): Die deutsche Literatur in Text und Darstellung. Barock. Reclam 1975, S. 91f.

80.1: Hans Jakob Christoffel von Grimmelshausen: Der abenteuerliche Simplicissimus. Vollständige Ausgabe. Lizenzausgabe Deutscher Bücherbund o. J., S. 15ff.

83.2: Günter Grass: Die Blechtrommel. Lizenzausgabe Deutscher Bücherbund o. J., S. 398ff.

88.1: Josef Donnenberg u. a.: Lesezeichen 2. öbv & hpt 1998, S. 177ff.

89.2: Thomas Bernhard: Die Ursache. Eine Andeutung. dtv 1997, S. 81f.

91.3: Claudia Herdtle/Thomas Leeb: Arbeitstexte für den Unterricht. Toleranz. Reclam 1987, S. 56f.

92.4: Josef Donnenberg u. a.: Lesezeichen 2. öbv & hpt 1993, S. 179f.

93.5: Claudia Herdtle/Thomas Leeb: Arbeitstexte für den Unterricht. Toleranz. Reclam 1987, S. 52

93.6: Ernst Walter Zeeden: Europa im Zeitalter des Absolutismus und der Aufklärung. Heft 6. Ernst Klett 1981, S. 197

94.7: Claudia Herdtle/Thomas Leeb: Arbeitstexte für den Unterricht. Toleranz. Reclam 1987, S. 84ff.

95.8: Reinhard Lindenhahn: Arbeitsheft zur Literaturgeschichte. Aufklärung. Cornelsen 1995, S. 52

95.9: Ebd., S. 53

98.1: Gotthold Ephraim Lessing: Werke in fünf Bänden. Band 1. Herausgegeben von den nationalen Forschungs- und Gedenkstätten der klassischen deutschen Literatur in Weimar. Aufbau-Verlag 1978, S. 249

99.2: Ebd., S. 250ff.

100.3: Ebd., S. 304f.

102.4: Friedrich Schiller: Sämtliche Werke. Band 1. Gedichte Dramen I. Lizenzausgabe Wissenschaftliche Buchgesellschaft 1987, S. 757ff.

105: Gotthold Ephraim Lessing: Werke in fünf Bänden. Band 1. Herausgegeben von den nationalen Forschungs- und Gedenkstätten der klassischen deutschen Literatur in Weimar. Aufbau-Verlag 1978, S. 282

105.5: Friedrich Schiller: Sämtliche Werke. Band 1. Gedichte Dramen I. Lizenzausgabe Wissenschaftliche Buchgesellschaft 1987, S. 780ff.

109.1: Giovanni Boccaccio: Das Dekameron. Übertragung von Karl Witte. Winkler Verlag 1952

110.2: Gotthold Ephraim Lessing: Werke in fünf Bänden. Band 1. Herausgegeben von den nationalen Forschungs- und Gedenkstätten der klassischen deutschen Literatur in Weimar. Aufbau-Verlag 1978, S. 82ff.

112.3: Peter Söllinger u. a.: Erlebte Literatur. Einführung in das Verstehen und Interpretieren literarischer Phänomene. htp 1998, S. 243

113.1: Gerhard Sauder (Hg.): Johann Wolfgang von Goethe. Sämtliche Werke nach Epochen seines Schaffens. Münchner Ausgabe. Band 1.1. Lizenzausgabe Bertelsmann/Kremayr & Scheriau o. J., S. 119

114.2: Johann Wolfgang von Goethe: Werke. Band 1. Kremayr & Scheriau o. J., S. 18

115.3: Peter Schünemann (Hg.): Unwandelbar G. Ein Lesebuch zu Goethes Leben. C. H. Beck 1998, S. 51f.

116.4: Ebd., S. 55f.

117.1: Gerhard Sauder (Hg.): Johann Wolfgang von Goethe. Sämtliche Werke nach Epochen seines Schaffens. Münchner Ausgabe. Band 1.2. Lizenzausgabe Bertelsmann/Kremayr & Scheriau o. J., S. 198f.

118.2: Ebd., S. 298f.

119.3: Ebd., S. 786

120.4: Ebd., S. 786

120.5: Ebd., S. 788

120.6: Peter Schünemann (Hg.): Unwandelbar G. Ein Lesebuch zu Goethes Leben. C. H. Beck 1998, S. 82

125.1: Gerhard Sauder (Hg.): Johann Wolfgang von Goethe. Sämtliche Werke nach Epochen seines Schaffens. Münchner Ausgabe. Band 3.2. Lizenzausgabe Bertelsmann/Kremayr & Scheriau o. J., S. 47

127.1: Hartmut Reinhardt (Hg.): Johann Wolfgang von Goethe. Sämtliche Werke nach Epochen seines Schaffens. Münchner Ausgabe. Band 2.1. Lizenzausgabe Bertelsmann/Kremayr & Scheriau o. J., S. 90f.

128.2a: Friedrich Schiller: Sämtliche Werke. Band 1. Gedichte Dramen I. Lizenzausgabe Wissenschaftliche Buchgesellschaft 1987, S. 352ff.

129.2b: Ebd.

133.1: Friedrich Schiller: Sämtliche Werke. Band 2. Dramen II. Lizenzausgabe Wissenschaftliche Buchgesellschaft 1987, S. 622ff.

136.2: Christian Grawe: Erläuterungen und Dokumente. Friedrich Schiller, Maria Stuart. Reclam 1992, S. 109f.

137.3: Ebd., S. 105

140.1: Victor Lange (Hg.): Johann Wolfgang von Goethe. Sämtliche Werke nach Epochen seines Schaffens. Münchner Ausgabe. Band 6.1. Lizenzausgabe Bertelsmann/Kremayr & Scheriau o. J., S. 545

142.2: Ebd., S. 580f.

144.3: Ebd., S. 634ff.

148.4: Gisela Henckmann/Dorothea Hölscher-Lohmeyer (Hg.): Johann Wolfgang von Goethe. Sämtliche Werke nach Epochen seines Schaffens. Münchner Ausgabe. Band 18.1. Lizenzausgabe Bertelsmann/Kremayr & Scheriau o. J., S. 334f.

149.5: Ebd., S. 351

152.1: Walther Killy: Novalis. Heinrich von Ofterdingen. Fischer Bücherei 1963, S. 9ff.

154.2: Wilhelm Zauner/Johannes Singer: Zeichen der Hoffnung. Sakramente und Sakramentalien. Herder 1982, S. 55

154.3: Walther Killy: Novalis. Heinrich von Ofterdingen. Fischer Bücherei 1963, S. 136

156.1: Hans-Jürgen Schmitt: Die deutsche Literatur in Text und Darstellung. Romantik I. Reclam 1974, S. 57

157.2: Reinhard Schreyer/Ursula Schreyer: Romantik. Cornelsen 1997, S. 13f.

158.3: Ebd., S. 14f.

159.4: Clemens Brentano: Werke. Band 2. Hanser 1963. Zitiert nach: Norbert Griesmayer u. a. (Hg.): Impulse 3. Ein Lesebuch für die Oberstufe. öbv 1988, S. 252ff.

162.1: Joseph von Eichendorff: Gedichte. Reclam 1997, S. 13

162.2: Wilhelm Müller: Die Winterreise. Diogenes 1984, S. 7f.

163.3: Ebd., S. 39

166.1: Hartmut Reinhardt (Hg.): Johann Wolfgang von Goethe. Sämtliche Werke nach Epochen seines Schaffens. Münchner Ausgabe. Band 2.1. Lizenzausgabe Bertelsmann/Kremayr & Scheriau o. J., S. 42f.

166.2: Joseph von Eichendorff: Gedichte. Reclam 1997, S. 83f.

167.3: Hanns Martin Elster (Hg.): Heinrich Heine. Gedichte. Lizenzausgabe Bertelsmann/ Kremayr & Scheriau 1997, S. 254f.

168.4: Franz Rainer Max: Undinenzauber. Reclam 1991, S. 308

170.1: Jean Paul: Siebenkäs. Insel 1987, S. 276f.

171.2: Peter Sloterdijk: Nietzsche. Eugen Diederichs 1997, S. 400f.

179.1: Hanns Martin Elster (Hg.): Heinrich Heine. Gedichte. Lizenzausgabe Bertelsmann/ Kremayr & Scheriau 1997, S. 99f.

179.2: Ebd., S. 209

179.3: Ebd., S. 91

180.4: Heinrich Heine: Werke. Band 3. Herausgegeben von den nationalen Forschungs- und Gedenkstätten der klassischen deutschen Literatur in Weimar. Aufbau-Verlag 1981, S. 84f.

181.5: Elisabeth K. Paefgen/Peter Geist (Hg.): Echtermeyer Deutsche Gedichte. Cornelsen 2010, S. 397

182.7: Hanns Martin Elster (Hg.): Heinrich Heine. Gedichte. Lizenzausgabe Bertelsmann/ Kremayr & Scheriau 1997, S. 489

183.1: Georg Büchner: Lenz. Der Hessische Landbote. Reclam 1974, S. 45ff.

186.2: Georg Büchner: Woyzeck. Leonce und Lena. Reclam 2001, S. 5f.

187.3: Ebd., S. 28f.

188.4: Die Märchen der Brüder Grimm. Verlag Neues Leben 1990, S. 612f.

192.1: Adalbert Stifter: Bunte Steine und Erzählungen. Artemis & Winkler 1996, S. 741

193.2: Ebd., S. 7f.

195.3: Ferdinand Raimund: Der Verschwender. Reclam 1992, S. 76f.

196.4: Thomas Bernhard: Alte Meister. Suhrkamp 1988, S. 79f.

197.5: Peter Handke: Die Lehre der Sainte-Victoire. Suhrkamp 1984, S. 58ff.

199.1: Franz Grillparzer: Werke in drei Bänden. Band 2. Herausgegeben von den nationalen Forschungs- und Gedenkstätten der klassischen deutschen Literatur in Weimar. Aufbau-Verlag 1980, S. 173f.

201.2: Ebd., S. 263ff.

204.3: Christa Wolf: Medea Stimmen. Luchterhand 1996, S. 46ff.

207.1: Johann N. Nestroy: Der Talisman. Reclam 1993, S. 9

207.2: Ebd., S. 10f.

209.3: Ebd., S. 48ff.

213.1: Gottfried Keller: Der grüne Heinrich. Erste Fassung. dtv 1993, S. 263ff.

217.2: Eduard Kolloff: Der Detailrealismus der ersten Fotografien. Auszug aus: Der Daguerr(e)otyp. In: Kunstblatt 33 (1839), S. 305f.

218.3: Hans-Peter Gärditz (Hg.): Deutsch. Materialien zum Unterricht in der gymnasialen Oberstufe. Realismuskonzeptionen im 19. Jh. Stark Verlag 1984, S. 14ff.

220.1: Theodor Fontane: Effi Briest. Reclam 1978, S. 4f.

221.2: Ebd., S. 31ff.

223.3: Ebd., S. 113f.

224.4: Ebd., S. 289f.

226.5a: Gustave Flaubert: Madame Bovary. dtv 1983, S. 48

226.5b: Ebd., S. 51

226.5c: Ebd., S. 56f.

226.5d: Ebd., S. 58

227.6: Ebd., S. 405ff.

233.1: Arno Holz/Johannes Schlaf: Papa Hamlet. Ein Tod. Reclam 2001, S. 59ff.

236.2: Wilhelm Emrich/Anita Holz (Hg.): Arno Holz. Werke. Band 5. Das Buch der Zeit. Dafnis. Kunsthistorische Schriften. Luchterhand 1962, S. 122

236.3: Gerald Schulz (Hg.): Arno Holz. Phantasus. Reclam 1986

239.1: Gotthart Wunberg (Hg.): Die Wiener Moderne. Literatur, Kunst und Musik zwischen 1890 und 1910. Reclam 1981, S. 360f.

240.2: Ebd., S. 137f.

242.2: Rainer Maria Rilke: Die Gedichte. Insel 1993, S. 188f.

243.2: Hugo von Hofmannsthal: Das erzählerische Werk. Lizenzausgabe Deutscher Bücherbund o. J., S. 106ff.

246.1: Arthur Schnitzler: Reigen. Liebelei. Fischer 1960, S. 108f.

247.2: Ebd., S. 114ff.

249.3: Ebd., S. 141f.

252.1: Lyrik des expressionistischen Jahrzehnts. Von den Wegbereitern bis zum Dada. Einleitung von Gottfried Benn. dtv 1974, S. 25f.

253.2: Ebd., S. 62

253.3: Peter Rühmkorf (Hg.): Expressionistische Gedichte. Klaus Wagenbach 1977, S. 49f.

254.4: Lyrik des expressionistischen Jahrzehnts. Von den Wegbereitern bis zum Dada. Einleitung von Gottfried Benn. dtv 1974, S. 81f.

255.5: Elisabeth K. Paefgen/Peter Geist (Hg.): Echtermeyer Deutsche Gedichte. Cornelsen 2010, S. 540f.

256.6: Ebd., S. 555

257.7: Die Bibel in der Einheitsübersetzung der Heiligen Schrift. Vollständige Schulausgabe. Verlag Österreichisches Katholisches Bibelwerk 1980

257.8: Ebd.

258.9: Ebd.

259.1: Max Brod (Hg.): Franz Kafka. Gesammelte Werke. Band 4. Erzählungen. Fischer 1976, S. 120f.

261.2: Ebd., S. 117f.

263.3: Alfred Döblin: Berlin Alexanderplatz. dtv 1976, S. 24ff.

266.1: Karl Kraus: In dieser großen Zeit. Band 2. Ausgewählte Werke 1914-1925. Lizenzausgabe Bertelsmann/Kremayr & Scheriau o. J., S. 55f.

268.2: Karl Kraus: Die letzten Tage der Menschheit. 1. Teil. dtv 1975, S. 105f.

270.3: Erich Maria Remarque: Im Westen nichts Neues. Kiepenheuer & Witsch 1992, S. 63ff.

273.1: Dietrich Bode (Hg.): Deutsche Gedichte. Eine Anthologie. Reclam 1994, S. 276

274.2: Lyrik des expressionistischen Jahrzehnts. Von den Wegbereitern bis zum Dada. Einleitung von Gottfried Benn. dtv 1974, S. 192

276.3: Hermann Korte u. a.: Literatur. Ein Lese- und Arbeitsbuch (Deutsch Sekundarstufe II). Volk und Wissen 1998, S. 221

276.4: Hanne Bergius: Das Lachen Dadas. Anabas 1989, S. 57. Zitiert nach: Klaus Schuhmann: Lyrik des 20. Jahrhunderts. Materialien zu einer Poetik. Rowohlt 1995, S. 75

277.5: Klaus Siblewski (Hg.): Ernst Jandl. Laut und Luise. verstreute gedichte 2. Luchterhand 1997, S. 53

278.1: Bertolt Brecht: Gesammelte Werke. Band 8. Gedichte I. Suhrkamp 1975, S. 261ff.

279.2: Erich Kästner: Gesammelte Schriften für Erwachsene. Band 1. Gedichte. Droemer Knaur 1969, S. 53f.

281.3: Bertolt Brecht: Über Lyrik. Suhrkamp 1981, S. 7f.

281.4: Klaus Schuhmann: Lyrik des 20. Jahrhunderts. Materialien zu einer Poetik. Rowohlt 1995, S. 147f.

284.1: Traugott Krischke/Dieter Hildebrandt (Hg.): Ödön von Horvath. Geschichten aus dem Wiener Wald und andere Dramen. Suhrkamp 1970, S. 36ff.

288.2: Franz Xaver Kroetz: Maria Magdalena. Der Soldat. Oberösterreich. Wunschkonzert. Stücke 1. Rotbuch Verlag 1996, S. 100ff.

291.1: Dieter Steinbach (Hg.): Der deutsche Faschismus in seiner Lyrik. Mit Materialien. Ernst Klett 1992, S. 34

291.2: Ebd., S. 36

292.3: Ruth Greuner (Hg.): Zeitzünder im Eintopf. Antifaschistische Satire 1933-1945. Buchverlag Der Morgen 1977, S. 42f.

293.4: Harald Hartung (Hg.): Jahrhundertgedächtnis. Deutsche Lyrik im 20. Jahrhundert. Reclam 1998, S. 229

298.1: Bertolt Brecht: Die Gedichte in einem Band. Suhrkamp 1981, S. 1047

299.2: Wolfgang Borchert: Draußen vor der Tür und ausgewählte Erzählungen. Rowohlt 1956, S. 103ff.

301.3: Günther Eich: Gesammelte Werke. Band 1. Die Gedichte. Die Maulwürfe. Suhrkamp 1973

304.1: Carl Zuckmayer: Des Teufels General. Fischer 1996, S. 149ff.

308.2: Peter Weiss: Die Ermittlung. Oratorium in 11 Gesängen. Rowohlt 1969, S. 102ff.

314.1: Bertolt Brecht: Gesammelte Werke in 20 Bänden. Band 4. Stücke 4. Suhrkamp 1967, S. 1603f.

315.2: Ebd., S. 1607

317.3: Friedrich Dürrenmatt: Die Physiker. Eine Komödie in zwei Akten. Verlag der Arche 1962, S. 12ff.

319.4: Ebd., S. 62ff.

321.5: Ebd., S. 77ff.

322: Friedrich Dürrenmatt: Theater. Essays, Gedichte und Reden. Verlag der Arche 1980, S. 59ff.

325.1: Samuel Beckett: Warten auf Godot. En attendant Godot. Waiting for Godot. Suhrkamp 1971, S. 225ff.

328.2: Joachim Fest/Wolf Jobst Siedler (Hg.): Albert Camus. Der Mythos von Sisyphos. Ein Versuch über das Absurde. Lizenzausgabe Bertelsmann/Kremayr & Scheriau o. J., S. 152ff.

330.1: Gottfried Benn: Gedichte. Auswahl und Nachwort von Christoph Perels. Reclam 1988, S. 129

331.2: Ingeborg Bachmann: Sämtliche Gedichte. Piper 2000, S. 124

332.3: Paul Celan: Die Gedichte. Suhrkamp 2003

334.4: Walter Weiß / Sigrid Schmid (Hg.): Zwischenbilanz. Eine Anthologie österreichischer Gegenwartsliteratur. Residenz 1976, S. 80

335.5: Ebd., S. 128

336.6: Harald Hartung (Hg.): Jahrhundertgedächtnis. Deutsche Lyrik im 20. Jahrhundert. Reclam 1998, S. 220

336.7: Antianthologie. Gedichte in deutscher Sprache nach der Zahl ihrer Wörter. Geordnet von Franz Mon / Helmut Heißenbüttel. Hanser 1973, 12f.

336.8: Klaus Siblewski (Hg.): Ernst Jandl. Gesammelte Werke. Band 2. Gedichte 2. Luchterhand 1985, S. 40

338.9: Jochen Jung (Hg.): Achtundachtzig ausgewählte Gedichte H. C. Artmann. Lizenzausgabe Residenz 1996, S. 24

338.10: Antianthologie. Gedichte in deutscher Sprache nach der Zahl ihrer Wörter. Geordnet von Franz Mon / Helmut Heißenbüttel. Hanser 1973, S. 9

340.1: Max Frisch: Homo faber. Ein Bericht. Suhrkamp 1977, S. 22ff.

342.2: Walter Weiß / Sigrid Schmid (Hg.): Zwischenbilanz. Eine Anthologie österreichischer Gegenwartsliteratur. Residenz 1976, S. 195ff.

351.1: Gerhard Melzer (Hg.): Werke in sieben Bänden. Zweiter Band. Schauspiele 1967-1973. Droschl 1986, S. 36ff.

354.2: Alltagslyrik und Neue Subjektivität mit Materialien. Auswahl der Texte und der Materialien von Hans-Heino Ewers. Ernst Klett 1982, S. 12

356.3: Gernot Wolfgruber: Auf freiem Fuß. dtv 1988, S. 22f.

358.1: Fritz Zorn: Mars. Mit einem Vorwort von Adolf Muschg. Fischer 1994, S. 27ff.

360.2: Ebd., S. 10f.

361.3: Jürgen vom Scheidt: Kreatives Schreiben. Texte als Weg zu sich selbst und zu anderen. Fischer 1989, S. 201ff.

362.4: Jan Hans / Uwe Herms / Ralf Thenior (Hg.): Lyrik-Katalog Bundesrepublik. Gedichte, Biographien, Statements. Goldmann 1978, S. 176f.

363.5: Ebd., S. 333f.

367.1: Thomas Bernhard: Stücke 4. Der Theatermacher; Ritter, Dene, Voss; Einfach kompliziert; Elisabeth II. Suhrkamp 1988, S. 50ff.

372.1: Peter Handke: Nachmittag eines Schriftstellers. Residenz 1987, S. 19ff.

373.2a: Ebd., S. 6f.

373.2b: Ebd., S. 23ff.

373.2c: Ebd., S. 91

373.3: Ebd., S. 71ff.

374.4: Ebd., S. 38ff.

380.1: Franzobel: Ikea. In: Gustav Ernst / Karin Fleischanderl (Hg.): Zum Glück gibt's Österreich. Junge österreichische Literatur. Klaus Wagenbach 2003, S. 10f.

382.2: Marlene Streeruwitz: Jessica, 30. Fischer Taschenbuch 2004, S. 14, 27f. und 77f.

384.3: Karl-Markus Gauß: Die begehbare Frau. In: Der Mann, der ins Gefrierfach wollte. Paul Zsolnay 1999, S. 45ff.

385.4a: Kathrin Röggla: wir schlafen nicht. Fischer 2004, S. 34f.

386.4b: Ebd., S. 70f.

386.4c: Ebd., S. 71

387.4d: Ebd., S. 71f.

387.4e: Ebd., S. 72

387.4f: Ebd., S. 72f.

389.1: Peter Handke: Eine winterliche Reise zu den Flüssen Donau, Save, Morawa und Drina oder Gerechtigkeit für Serbien. Suhrkamp 1996, S. 36ff.

391.2: Norbert Gstrein: Das Handwerk des Tötens. Suhrkamp 2003, S. 374ff.

393.3: Thomas Glavinic: Der Kameramörder. Verlag Volk & Welt 2003, 4. Auflage, S. 8f. und 14ff.

396.1: Robert Schindel: Erinnerungen an Prometheus. In: Im Herzen die Krätze. Gedichte. edition suhrkamp. Suhrkamp 1993, 6. Auflage, S. 11ff.

398.2: Robert Schindel: Robert Schindel: Der "Frieden" wird fünfzig. In: Gott schütz uns vor den guten Menschen. edition suhrkamp. Suhrkamp 1995

399.3: Robert Schindel: Gebürtig. Suhrkamp 1992, S. 9ff.

400.4: Ebd., S. 50ff.

401.5: Ebd., S. 335f.

402.6: Ebd., S. 146ff.

405.1: Werner Schwab: Die Präsidentinnen. In: Fäkaliendramen. Droschl 1995, 3. Auflage, S. 51ff.

409.1: Henrik Ibsen (Übersetzer: Richard Linder / Aldo Keel): Nora oder Ein Puppenheim. Reclam 2008, S. 6ff.

410.2: Elfriede Jelinek: Was geschah, nachdem Nora ihren Mann verlassen hatte oder Stützen der Gesellschaft. In: Ute Nyssen (Hg.): Theaterstücke. Rowohlt 1992, S. 37ff.

414.3: Elfriede Jelinek: Wenn ich Theaterstücke schreibe

414.4: Elfriede Jelinek: Ein Sportstück. Rowohlt 1998, S. 7f.

415.5: Ebd., S. 91ff.

419.1a: Vladimir Vertlib: Zwischenstationen. Deuticke
Verlagsgesellschaft 1999, S. 30f.

420.1b: Ebd., S. 68

420.1c: Ebd., S. 140f.

421.1d: Ebd., S. 135

421.1e: Ebd., S. 154f.

425.1: Arno Geiger: Es geht uns gut. Hanser 2009,
20. Auflage, S. 7ff.

428.2a: Ebd., S. 13ff.

428.2b: Ebd., S. 230

428.2c: Ebd., S. 281f.

428.2d: Ebd., S. 325

429.3: Ebd., S. 17, 23 und 25f.

430.4: Ebd., S. 346ff. und 353f.

Christian und Ulrike Schacherreiter

DAS NEUE
LITERATUR
BUCH

Literaturgeschichtlicher Überblick

Kompetenz: literarische Texte interpretieren

BAND 2

VER1TAS

Gemeinsam besser lernen

Sachbegriffe in Farbe verweisen auf das Glossar im Anhang von Band 1.

II.3 : Hinweis auf andere Kapitel in Band 2

Band 1 Modul bzw. **Modul** bzw. **Track** : Hinweis auf Literaturmodule in Band 1 bzw. auf Module oder Hörbeispiele auf CD-ROM (wahlweise in Kombination mit den Bänden bestellbar) bzw. im E-Book

LITERARISCHE BILDUNG DURCH TEXTKOMPETENZ!
Ein Leitfaden zur Arbeit mit dem neuen Literaturbuch

WIE ERWIRBT MAN LITERARISCHE BILDUNG?

Man erwirbt literarische Bildung nicht dadurch, dass man eine Literaturgeschichte auswendiglernt, sondern dadurch, dass man möglichst viele, möglichst unterschiedliche Texte liest und zu verstehen versucht. Nicht ohne Grund sprechen wir von „Primärliteratur" und „Sekundärliteratur". *Primär* sind die sprachlichen Kunstwerke, *sekundär* sind Texte, die über diese Kunstwerke geschrieben werden, also Interpretationen, Buchbesprechungen und literaturgeschichtliche Werke. Es schadet jemandem, der literarische Bildung erwerben will, zwar nicht, wenn sie/er eine Literaturgeschichte als Informationsquelle heranzieht. Im Vordergrund steht aber das Lesen von Texten. Aus guten Gründen setzen auch die Lehrpläne und die neuen Richtlinien für eine „standardisierte, kompetenzorientierte Reifeprüfung" diesen Schwerpunkt. **Literarische Bildung ist in erster Linie Textkompetenz.** Dieser Anforderung wollen wir mit dem zweibändigen *neuen Literaturbuch* und seiner Struktur Rechnung tragen.

WIE ARBEITE ICH MIT BAND 2 DES NEUEN LITERATURBUCHS?

Band 2 ist als ergänzendes Werk zu verstehen, das in Epochenteil und Kompetenzteil gegliedert ist.

EPOCHENTEIL (EPOCHENÜBERBLICK)

Es handelt sich um eine typische „Literaturgeschichte", in der wesentliche Kulturepochen im Überblick zusammengefasst sind. Natürlich spricht nichts dagegen, solch einen Überblick auch einmal im Zusammenhang zu lesen. Wir bevorzugen aber eine andere Methode. Wir geben Ihnen am Ende der Module (Band 1) Anregungen, aus der Literaturgeschichte gezielt Informationen zu entnehmen, die sich auf die Inhalte des Moduls beziehen: Band 2, Epochenteil . So erschließen Sie – ausgehend vom literarischen Text – den dazugehörigen Teil des literaturhistorischen Zusammenhangs (Kontext). Eine „Literaturgeschichte" verstehen wir in erster Linie als Nachschlagewerk zur weiterführenden Information.

KOMPETENZ: LITERARISCHE TEXTE INTERPRETIEREN (KOMPETENZTEIL)
TEXTKOMPETENZ – EINE GRUNDLAGE FÜR DIE KOMPETENZORIENTIERTE REIFEPRÜFUNG

Der zweite Abschnitt im Band 2 ist nicht der Literaturgeschichte gewidmet, sondern der methodischen Textinterpretation (Band 2, Kompetenzteil). Die Kompetenzen des Analysierens und Interpretierens, die Sie im Laufe der Jahre durch ständige Textarbeit erwerben werden, können Sie hier noch einmal in einer systematischen Zusammenfassung studieren. Als Vorbereitung auf die standardisierte, kompetenzorientierte Reifeprüfung kann Ihnen dieser Überblick gute Dienste leisten.

Ebenso finden Sie in Band 1 zu vielen Arbeitsanregungen Querverweise auf den Kompetenzteil, der Ihnen ein fundiertes „Handwerkszeug" für die Textinterpretation liefert.

EPOCHENÜBERBLICK

I. DAS MITTELALTER
EIN LITERATURGESCHICHTLICHER ÜBERBLICK 750–1450

1. BEGRIFF UND DATIERUNG

Die literarische Epoche des Mittelalters reicht von der Mitte des 8. Jhs. bis zur Mitte des 15. Jhs. Der Begriff Mittelalter, der seit dem 18. Jh. gebräuchlich ist, bezeichnet also die Jahrhunderte, die zwischen der Antike und der Neuzeit liegen. Der Beginn des Mittelalters wird kulturgeschichtlich durch die ersten erhaltenen Schriftstücke in deutscher Sprache gekennzeichnet, das Ende durch einschneidende gesellschaftliche und kulturelle Veränderungen: Ende des Rittertums und des Lehenswesens, schwere Krise der römisch-katholischen Kirche, Reformation, naturwissenschaftliches Weltbild, Entdeckungsfahrten, Frühkapitalismus und Aufstieg des Bürgertums.

2. ALLGEMEINE GESCHICHTLICHE VORAUSSETZUNGEN

Der Zusammenbruch des Römischen Reiches beendete die politische Einheit des Mittelmeerraumes und kennzeichnet die Wende vom Altertum zur nachantiken Zeit (Mittelalter und Neuzeit). Eine wesentliche Ursache für die Auflösung des Römischen Reiches war die sogenannte Völkerwanderung. Man versteht darunter jene Wanderbewegungen germanischer Stämme, die durch den Einfall der Hunnen, eines asiatischen Reitervolks, 375 n. Chr. ausgelöst wurden. Die Zeit der Völkerwanderung bedeutete für die Menschen oft Krieg, Raub, Verwüstung, Tod. Einige germanische Stämme wie die Sachsen, Bayern, Franken, Vandalen oder Burgunder ließen sich auf ehemals römischem Boden nieder und gründeten Reiche von unterschiedlicher Dauer.

Das Reich der Franken wurde in dieser Zeit zum stärksten und einflussreichsten Machtbereich auf ehemals römischem Staatsgebiet. Mit dem Übertritt der Franken zum römisch-katholischen Christentum und der Kaiserkrönung Karls des Großen (800 n. Chr.) entstand die Vorstellung einer einheitlichen Christenheit unter der gemeinsamen Führung durch Kaiser und Papst, die das ganze Mittelalter beherrschte. Diese enge Verklammerung von Staat und Kirche führte immer wieder zu schweren Spannungen und auch kriegerischen Konflikten zwischen beiden Instanzen, vor allem dann, wenn sich eine zu sehr in die Bereiche der anderen einmischte.

2.1 LEHENSWESEN – GRUNDHERRSCHAFT – STÄNDEORDNUNG

Die machtpolitische Grundlage des Mittelalters war das **Lehenswesen**. Darunter versteht man das Verhältnis zwischen einem Lehensherrn und einem Lehensmann (Vasall). Ein Vasall ist ein Mann, der sich in ein Abhängigkeitsverhältnis zu einem mächtigeren Herrn begibt. Für Schutz und Schirm, die ihm der Herr gewährt, verpflichtet er sich zu lebenslangem Gehorsam und Dienst (v. a. Waffendienst). Diese gegenseitige Bindung wurde durch den Treueeid besiegelt. Die Lehensmänner wurden für ihre Dienste meist durch Belehnung mit Landgütern, sogenannten Lehen, belohnt. Später wurden auch Ämter und Stellen bei Hof als Lehen vergeben. Lehensherr und Lehensmann gehörten immer dem Adelsstand an. Die Spitze des Staatswesens bildete der König als oberster Lehensherr und Spitze der sogenannten Lehenspyramide. Der Dichter und Sänger WALTHER VON DER VOGELWEIDE war ein armer Adeliger, der viele Jahre warten musste, bis ihn Kaiser Friedrich II. endlich zum Lehensmann machte.

Die wirtschaftliche Organisationsform des Mittelalters war die **Grundherrschaft**. Darunter versteht man die Herrschaft über ein Land und die darauf lebende bäuerliche Bevölkerung. Die Grundherren ließen ihre Güter von abhängigen Bauern (meist unfreien Leibeigenen) bearbeiten. Als Gegenleistung gab der Grundherr den Bauern ein Stück Land als Ernährungsgrundlage, er gewährte Rechtshilfe und sorgte für Sicherheit in Kriegs- und Hungerzeiten. Bauern waren nicht wehrpflichtig.

In der mittelalterlichen Gesellschaft gab es eine strenge **Rangordnung der Stände**. Jeder Mensch wird in seinen freien oder unfreien Stand hineingeboren. Man spricht von Lehrstand (Geistliche), Wehrstand (adelige Ritter) und Nährstand (Bauern). Die Ständeordnung betrachtete man als Abbild der göttlichen Ordnung. Verstöße gegen die Ständeordnung waren daher eine Sünde.

Die **Klöster** waren v. a. im frühen Mittelalter nicht nur religiöse Stätten, sondern auch Zentren des geistigen Lebens. Hier wurde z. B. die antike Wissenschaft und Literatur gepflegt und abgeschrieben, soweit sie vom Christentum geduldet wurde.

Lehenswesen und Heeresordnung: Fußfall des Vasallen

Die **Ritter** („Krieger zu Pferd") waren ursprünglich unfreie Dienstmannen des Königs und des hohen Adels, die immer mehr zu Kriegs- und Verwaltungsdiensten herangezogen und dafür mit Lehen belohnt wurden. Allmählich schlossen sich die Ritter zu einer eigenen Gesellschaftsgruppe zusammen und stiegen in den Rang des sogenannten niederen Adels auf. „Ritterlichkeit" wurde zum Erziehungsideal des gesamten Adels, sodass sich sogar Könige und Kaiser als Ritter bezeichneten. Im Laufe des Hochmittelalters trat der Ritterstand als Kulturträger neben den Klerus. Der größte Teil der hochmittelalterlichen Dichtung war *ritterliche Standesdichtung*. Die Ritter verstanden sich auch als Kämpfer für den Glauben. Mit den Kreuzzügen verpflichtete das Papsttum die europäischen Ritter auf ein gemeinsames Ziel, nämlich auf einen heiligen Krieg, um das Grab Christi aus den Händen der „Ungläubigen" zu befreien. Der erste Kreuzzug fand 1096–1099 statt. Hinter dem vordergründigen religiösen Anliegen versteckten sich wirtschaftliche und machtpolitische Interessen.

3. Mediengeschichte

Wenn wir von der Mediengeschichte des Mittelalters sprechen, so sprechen wir natürlich nur von den Medien Sprache und Schrift.

3.1 Die Sprache

Die Sprachen der germanischen Stämme gelten als Vorläufer der deutschen Sprache. Das Wort „deutsch" begegnet uns erstmals in einer Quelle aus dem 8. Jh., in der ein päpstlicher Nuntius darüber berichtet, dass Beschlüsse von zwei Synoden, die in England stattfanden, sowohl „latine" (lateinisch) als auch „theodisce" (deutsch) abgefasst worden waren. Folgende **Entwicklungsphasen** werden in der Geschichte der hochdeutschen Sprache unterschieden:

- *Althochdeutsch* und *Frühmittelhochdeutsch* (ca. 8. Jh. bis 1100)
- *Mittelhochdeutsch* (1100–1400)
- *Neuhochdeutsch* (ca. ab dem 15. Jh.)

(Sprachgeschichte Band 1, Modul I.1)

Weder Althochdeutsch noch Mittelhochdeutsch war eine einheitliche Nationalsprache; sie bestanden aus einer Fülle regionaler Dialekte. Weiters ist zu bedenken, dass die antike Tradition in mittelalterlicher Zeit weiterlebte und dass die Sprache der Gelehrten, die meist Kleriker waren, weiterhin das Lateinische war (sogenanntes *Mittellatein*). Daher sind im deutschsprachigen Raum auch viele Schriften in lateinischer Sprache verfasst worden.

Sprachraum, literarische Zentren und Schreiborte des Mittelhochdeutschen

3.2 Die Schrift

Die Zahl der Schreibkundigen war äußerst gering. Meist fand man sie nur unter gebildeten Klerikern. Die große Mehrheit der Menschen konnte nicht schreiben, weil aufgrund der gesellschaftlichen Umstände das Schreiben keine lebensnotwendige Fertigkeit war.

Schon die Germanen kannten Schriftzeichen. Man nannte sie *Runen*. Die Materialien, in die sie geritzt wurden, waren Stein, Holz oder Metall. Letztlich setzte sich aber im deutschsprachigen Raum nicht die germanische Runenschrift, sondern das *lateinische Alphabet* durch. Unter Kaiser Karl dem Großen kam es zu einer Art Rechtschreibreform größeren Ausmaßes. Er führte die Minuskeln (Kleinbuchstaben) ein.

Das bevorzugte Schreibgerät war der Gänsekiel, das am meisten verwendete Material das teure Pergament. Das billigere Papier gab es im arabischen Raum schon ab dem 12. Jh. Im deutschsprachigen Raum wurde es erst seit dem 14. Jh. verwendet.

4. Literatur in althochdeutscher und frühmittelhochdeutscher Zeit (750–1170)

4.1 Dokumente aus germanisch-heidnischer Zeit

Die literarische Überlieferung aus germanischer Zeit ist spärlich, weil sich der weitaus größte Teil des literarischen Lebens nicht in schriftlicher, sondern in mündlicher Form ereignete. Zwei literarische Dokumente, die noch auf die germanisch-heidnische Zeit verweisen, sind die *Merseburger Zaubersprüche* und das *Hildebrandslied*. Die beiden Zaubersprüche, die im 10. Jh. aufgezeichnet wurden, waren wohl Teil magisch-ritueller Handlungen. Der erste Spruch sollte zur Befreiung von den Fesseln des Feindes führen, der zweite zur Heilung eines Pferdes beitragen. Das *Hildebrandslied* ist ein *Heldenlied* aus den Tagen der Völkerwanderung. Auch das *Nibelungenlied*, das erst im 12. Jh. verschriftlicht wurde, geht auf Lieder der Völkerwanderungszeit zurück. Band 1, Modul I.2

Kaiser Karl der Große ließ eine große schriftliche Sammlung germanischer Heldenlieder anlegen. Sein Nachfolger Ludwig der Fromme befahl, diese Sammlung zu vernichten, weil er sie als Ausdruck einer heidnischen Kultur ablehnte.

4.2 Christliche Literatur

Ungefähr bis zum Ende des karolingischen Reichs (911 n. Chr.) war die Literatur hauptsächlich **religiöse Gebrauchsliteratur**, die der Vermittlung der christlichen Glaubenslehre diente. Die lateinische Sprache dominierte das Schrifttum, weil die Quellen der christlichen Glaubenslehre meist aus spätantiker Zeit stammten. Unter anderem schrieb die erste namentlich bekannte deutsche Autorin **Hrotsvit (Roswitha) von Gandersheim** (10. Jh.) ihre religiöse Literatur in mittellateinischer Sprache. Bald kam es aber auch zu ersten deutschen Übersetzungen von Glaubenstexten, die nicht nur für den Klerus, sondern auch für das breite Volk wichtig waren: z. B. Glaubensbekenntnis, Vaterunser, Beichtformeln, Taufgelöbnisse.

Auch die poetische Literatur dieser Zeit zeigt den dominierenden kulturellen Einfluss der Kirche in der mittelalterlichen Gesellschaft. Der *Heliand* ist das typische Beispiel einer Erzählliteratur, in der wesentliche Bibelinhalte für die Vorstellungswelt der Germanen aufbereitet wurden. Modul I.A

In formaler Hinsicht wurde **Otfrieds** *Evangelienbuch* (9. Jh.) wegweisend. Otfried verwendete als erster Autor im deutschen Sprachraum den *Endreim*. Die Versdichtung im Endreim wurde in der Erzählliteratur des Mittelalters später die übliche Form zu dichten.

Die vom Kloster Cluny (gegr. 910) [klüni] ausgehende religiöse Reformbewegung beflügelte das theologische Denken und die christliche Literatur. In der Zeit zwischen 910 und 1170 entstanden die beiden grundlegenden Richtungen des religiösen Denkens im Mittelalter, die Scholastik und die Mystik. Ziel der *Scholastik* war es, den Glauben vernunftgemäß zu begründen. Sie bediente sich dabei philosophischer Denkmethoden, die teilweise auf die Antike,

Schreibstube in einem Kloster

insbesondere auf **ARISTOTELES**, zurückgehen. Die *Mystik* hingegen gründete die Frömmigkeit des Menschen vor allem auf das innerseelische „Schauen" (= griech. „myein") des Göttlichen, also auf ein schwer mitteilbares religiöses Erlebnis. Die mystische „Methode" religiöser Praxis ist in erster Linie meditative Versenkung in das Göttliche, nicht die rationale Begründung von Glaubenssätzen und Dogmen.

Bibel- und Legendendichtung, *Reimpredigten* und *Marienlyrik* waren die literarischen Begleiter dieser großen geistlichen Bewegungen. **WILLIRAMS** *Paraphrase des Hohen Liedes* (um 1060) oder das *Memento mori* des **HEINRICH VON MELK** (um 1160) können hier beispielhaft angeführt werden.

4.3 ANFÄNGE WELTLICHER ERZÄHLLITERATUR

Am Ende der frühmittelhochdeutschen Zeit entstanden erste größere weltliche Dichtungen. Sie beruhen meist auf historischen Stoffen. Das *Rolandslied* (um 1170) ist ein Beispiel für diese weltliche Erzähldichtung. Der Stoff ist in Frankreich entstanden, eine deutschsprachige Fassung schrieb der **PFAFFE KONRAD**. Roland ist ein Held, der im Dienste Karls des Großen das christliche Frankenreich gegen die über Spanien vordringenden „Heiden" (Muslime) verteidigt. Rolands kleines Aufgebot wehrt sich mutig, wird aber von der Übermacht aufgerieben. Auch Roland selbst stirbt im Kampf. Kaiser Karl nimmt in einem weiteren Feldzug Rache am Gegner. Und so siegt letztlich der christliche Kaiser gegen die heidnischen Angreifer. Diesem Schluss ist zu entnehmen, dass auch die weltliche Dichtung christlichem Denken verpflichtet war, denn das Leben des mittelalterlichen Menschen war in Europa ohne Einbindung in einen göttlichen Schöpfungs- und Heilsplan kaum denkbar.

5. DIE LITERATUR IN HOCHHÖFISCHER ZEIT

5.1 DIE HÖFISCHEN EPEN DES HOCHMITTELALTERS

Die kulturellen Zentren Europas lagen im Hochmittelalter eindeutig im romanischen Sprachraum, vor allem in Oberitalien und in Frankreich. Die an den französischen Adelshöfen geschriebene Literatur wurde für die deutschsprachigen Autoren wegweisend, so wie sich ja der deutsche Ritterstand an der höfischen Kultur Frankreichs orientierte.

Burg in Carcassonne, Frankreich

5.1.1 CHRÉTIEN DE TROYES

Ein überragender Erzähler des Hochmittelalters war der Franzose **CHRÉTIEN DE TROYES** [kretjã dö troa] (ca. 1135 bis ca. 1190) . Am Hof der literarisch gebildeten Marie de Champagne in Troyes, so vermutet man, lernte Chrétien zwei wichtige Traditionen mittelalterlicher Kultur kennen, die *Mythen* rund um den sagenhaften König Artus und die Liebesdichtung der Trobadors (auch: *Troubadours*). Die Trobadors des 12. und 13. Jhs. waren Dichterkomponisten und Sänger in einer Person. Sie wirkten an französischen Höfen. Beide Traditionsstränge, das Liebesideal der Trobadorkunst und die Artus-Erzählungen, prägen Chrétiens fünf Epen (Versromane) maßgeblich. Damit wurde er zum eigentlichen Begründer der *hochhöfischen Artusepik*. Auch für die deutschsprachigen Erzähler **Hartmann von Aue** und **Wolfram von Eschenbach** wurden Chrétiens Epen zum Ausgangspunkt des eigenen Schreibens. Band 1, Modul I.3 und I.4

5.1.2 Deutsche Erzähler der höfischen Zeit

Der erste deutschsprachige Versroman war kein Artusepos, sondern die *Eneit* des **Heinrich von Veldeke** (entstanden zwischen 1170 und 1190). Die *Eneit* (Titel abgeleitet vom Namen Äneas) wird als *Antikenroman* bezeichnet, weil der Stoff dem trojanischen Sagenkreis entstammt. Der antiken Überlieferung zufolge verließ der Held Äneas (griech. Aineias) nach der Zerstörung Trojas die Stadt, fuhr übers Meer, landete nach einigen Irrfahrten an der italischen Küste, warb erfolgreich um die Königstochter Lavinia und begründete die Stadt Lavinium. Romulus und Remus, die legendären Begründer Roms, stammen angeblich aus dem Geschlecht des Äneas. Der römische Dichter **Vergil** machte diesen Mythos zum Versroman *Aeneis*. Heinrich von Veldeke lernte allerdings den Stoff nicht durch Vergil kennen, sondern durch ein anonymes französisches Epos mit dem Titel *Roman d'Énéas*. In der französischen und in der deutschen Version des 12. Jhs. ist deutlich die Kultur des Rittertums erkennbar. So wird die Liebe des Äneas zu Lavinia in die rituelle Ordnung der Minne gebracht, eine Vorstellungswelt, die der antiken Welt Trojas völlig fremd war.

Die **drei bedeutendsten deutschsprachigen Erzähler des Mittelalters** waren **Hartmann von Aue** (ca. 1160 bis ca. 1210), **Wolfram von Eschenbach** (um 1170 bis nach 1220) und **Gottfried von Strassburg** (Mitte 12. Jh. bis Anfang 13. Jh.).
Hartmann von Aue stammte wahrscheinlich aus dem niederen Adel, denn er bezeichnet sich selbst als „Dienstmann", stand also in Abhängigkeit von einem Dienstherrn, der ihm offensichtlich auch die schriftstellerische Arbeit materiell ermöglichte. Am Beginn seines literarischen Schaffens steht das zwischen 1180 und 1190 entstandene Artusepos *Erec*, am Ende das Artusepos *Iwein* (nach 1200). Dazwischen schrieb Hartmann Minnedichtung, Kreuzzugslyrik und die christlichen Legenden *Der arme Heinrich* und *Gregorius auf dem Stein*.

Über **Wolfram von Eschenbach** wissen wir sehr wenig. Vermutlich lebte er als Ritter in Franken, Bayern oder Thüringen. Sein Hauptwerk ist das Epos *Parzival*. Die beiden anderen Epen *Willehalm* und *Titurel* sind Fragmente geblieben. Weiters sind neun Lieder von Wolfram überliefert.

Das Epos *Tristan und Isolt* von **Gottfried von Strassburg** unterscheidet sich von der typischen Artusepik doch sehr deutlich. Vielleicht liegt das auch daran, dass Gottfried kein Ritter war, sondern ein Kleriker, möglicherweise ein Kleriker bürgerlicher Herkunft. Sein Held Tristan ist zwar ein Ritter, und Isolde ist (zumindest äußerlich) eine Dame so ganz nach höfischem Ideal. Aber die Liebe, die Tristan und Isolde aneinander bindet, unterscheidet sich vom höfischen Minneideal ganz grundlegend. Tristan und Isolde sind durch einen magischen Liebestrank unauflösbar aneinander gebunden. Nicht einmal die Ehe, die Isolde mit König Marke eingeht, steht über dieser absoluten Liebe. So ist Gottfrieds Werk sogar als kritische Distanzierung vom höfischen Minneideal oder als Relativierung der christlichen Ehe interpretierbar.

Gottfried von Straßburg

5.2 Hohe und niedere Minne –
höfische und nachhöfische Liebeslyrik

Die beherrschende lyrische Form der höfischen Zeit war der *Minnesang*. Das Wort „minnen" bedeutete ursprünglich „liebend gedenken" und wurde dann für verschiedene Formen des Liebens verwendet. So gibt es zum Beispiel auch eine „Gottesminne".

Die früheste Phase des Minnesangs ist etwa zwischen 1150 und 1170 im bayrisch-österreichischen Raum nachweisbar. Man fasst die Lieder aus dieser Zeit unter dem Begriff *donauländische* oder *frühhöfische* Lyrik zusammen. Wesentliche Vertreter sind **Der von Kürenberg**, **Dietmar von Aist**, **Meinloh von Sevelingen** und der **Burg-graf von Regensburg**. Diese Lyrik ist noch

Der Ritter und die verehrte „frouwe"

nicht vom höfischen Minneideal der französischen *Troubadours* beeinflusst, weder formal noch inhaltlich. Die Dichter, die auch Sänger und Komponisten waren, verwendeten einfache Strophenformen und klare poetische Bilder. Motive dieser Lyrik sind zum Beispiel die Klage der Frau um den Mann, der sie verlassen hat oder von vornherein nicht liebt, die Liebeserfahrung im Spannungsfeld von Glück und Enttäuschung („liep" und „leit"). **Band 1, Modul I.5** ▶

In **hochhöfischer Zeit** (ca. 1170–1190) wurden vorwiegend Lieder geschrieben, die ein neues Verständnis von Liebe beinhalten. Die sogenannte *hohe Minne* ist von vornherein auf Verzicht angelegt. Der Werbende ist ausschließlich der Mann. Er bemüht sich um eine „frouwe", also um eine adelige, verheiratete Dame. Er lobt ihre Schönheit und ihre Tugenden und idealisiert sie in geradezu unvorstellbarem Ausmaß. Diese Werbung wird als „Dienst" an der Frau verstanden, für den aber der Lohn spärlich ist, denn er besteht zum Beispiel nur in einem „gruoz" der Frau, einem freundlichen Nicken des Hauptes oder bestenfalls in einem angedeuteten Kuss auf die Wange.

Diese für unsere Kultur etwas befremdliche Liebeslyrik ist in zweifacher Weise aus ihrem kulturgeschichtlichen Zusammenhang erklärbar. Erstens ist der Einfluss der christlichen Sexualmoral nachweisbar. Sexuelle Askese gilt in der christlichen Moral des Mittelalters als besonders tugendhaft und gottgefällig. Zweitens ist zu bedenken, dass diese Lieder öffentlich bei Hofe gesungen wurden, meistens als Attraktion bei höfischen Festen. Die Liebeserklärung des Sängers an eine der anwesenden „frouwen" ist also nicht realistisch zu verstehen, sondern so ähnlich wie die Liedtexte heutiger Unterhaltungsmusik. Das Lied dient in erster Linie der Emotionalisierung und Unterhaltung des Publikums und ist nicht Ausdruck einer realen Empfindung. Die hochhöfische Liebeslyrik der hohen Minne ist in den wenigsten Fällen Erlebnislyrik. Die wichtigsten Sänger der hohen Minne waren **Reinmar von Hagenau**, **Friedrich von Hausen**, **Heinrich von Morungen** und **Albrecht von Johannsdorf**.

Als Vollender und gleichzeitig als Überwinder des hochhöfischen Minnesangs gilt **Walther von der Vogelweide**. Walther stammte wahrscheinlich aus Niederösterreich oder aus Südtirol. Er lernte nach eigener Auskunft die Sanges- und Dichtkunst bei **Reinmar von Hagenau** am Hof der Babenberger in Wien. Anfangs schrieb er wie sein Lehrer Lieder der hohen Minne, aber bald wandte er sich von dieser Kunstform ab. Er feierte in seinen

Mädchenliedern die Liebe als erfüllte Beziehung zwischen Mann und Frau, die sich sowohl auf seelischer als auch auf sexueller Ebene verwirklicht. Im Gegensatz zur hohen Minne ist in Walthers Liedern nicht nur der Mann der Werbende. Auch die Frau, die nicht zwangsläufig eine Aristokratin ist, wünscht die Beziehung, und nicht Askese, sondern Liebesglück ist das Ziel. Damit bereitete Walther den Boden für die Lyrik der *niederen Minne*, die gegen Ende der hochhöfischen Zeit und im Spätmittelalter die Liebeslyrik dominierte. Neben seinen Liebesliedern verfasste Walther auch politische *Sangspruchdichtung*, in der er sich mit den Zeitereignissen auseinandersetzte. `Band 1, Modul I.6`

Neidhart von Reuenthal (ca. 1185 bis ca. 1240), ein bayrischer Ritter, der zehn bis zwanzig Jahre jünger war als Walther von der Vogelweide, zerstörte in seinen *Winter-* und *Sommerliedern* die idealische Welt höfischer Minne bereits völlig, obwohl er zeitlich dieser Welt noch nahestand. Neidhart beherrschte zwar die künstlerische Form des höfischen Gesangs, aber mit seinen Motiven und Themen setzte er bereits ganz andere Akzente. Seine Lieder spielen meistens in dörflicher Szenerie. Der Ritter begibt sich unter die Bauern, wirbt beim Tanz nicht selten um ein Bauernmädchen und muss sich über lästige Bauernburschen ärgern. `Modul I.C`

Neidhart von Reuenthal

Die höfische Minnelyrik ist uns hauptsächlich durch **drei wichtige Handschriften** überliefert:
- *Kleine Heidelberger Liederhandschrift* (Ende 13. Jh., Straßburg)
- *Weingartner Liederhandschrift* (um 1300, Konstanz)
- *Große Heidelberger Liederhandschrift* (zwischen 1310 und 1330), auch *Manessische Liederhandschrift* genannt, nach der Patrizierfamilie Manesse, die sie anfertigen ließ.

Diese Handschriften überliefern nur die Texte, nicht die Melodien. Dennoch hat die Musikwissenschaft versucht, die Musik zu rekonstruieren, sodass heute auch verschiedene Einspielungen mittelalterlicher Liebeslieder vorliegen. Mit letzter Sicherheit wird freilich nicht zu klären sein, wie zum Beispiel Walther von der Vogelweide seine Lieder aufgeführt hat.

Der wahrscheinlich bekannteste Sänger des Spätmittelalters ist **Oswald von Wolkenstein** (1377–1445). Oswald war ein gesellschaftlich einflussreicher Landherr in Südtirol. Seine Lieder sind (samt Noten) gut überliefert. Neben erotischen Motiven findet man bei Oswald auch politische Zeitthemen in Liedform behandelt. Die Texte haben oft *autobiografische* Züge.

Oswald von Wolkenstein

6. LITERATUR IM SPÄTEN MITTELALTER (1250–1450)

6.1 KRISE UND ENDE DER RITTERLICHEN KULTUR

Mit dem Ende der Stauferzeit – Friedrich II. starb 1250 – war auch die Glanzzeit der ritterlichen Kultur vorbei. Ein typischer Ausdruck dieser Krise ist die *Verserzählung* **Meier Helmbrecht**, die ein aus dem Innviertel im heutigen Oberösterreich stammender Autor namens WERNHER DER GARTENAERE (Gärtner) verfasst hat. In dieser Erzählung möchte der junge Helmbrecht seinen bäuerlichen Stand verlassen und Ritter werden. Sein Vater warnt ihn vor diesem Weg, den er als einen Verstoß gegen die gottgewollte Ordnung versteht. Helmbrecht lässt sich zwar nicht aufhalten, endet aber als gefürchteter und verhasster Raubritter und wird letztlich von erzürnten Bauern gehenkt. Modul I.C

Wernhers *Meier Helmbrecht* ist zu entnehmen, dass die ständische Ordnung bereits im 13. Jh. bedroht ist. Das Rittertum degeneriert mitunter zum Raubrittertum, die alten Werte gelten nicht mehr viel. Es wäre allerdings zu einseitig, die folgenden zwei Jahrhunderte bis zum Beginn der Neuzeit nur als Krisen- und Verfallszeit zu sehen, sowohl in gesellschaftlicher Hinsicht als auch im Hinblick auf die Literatur. Gewiss, die Blütezeit der ritterlichen Epik und des Minneideals war im 13. Jh. vorbei. Wie hochrangig die Literatur der hochhöfischen Zeit war, zeigt sich aber dadurch, dass sie noch lange weiterwirkte, obwohl sich die sozialen Grundlagen ihrer Entstehung längst verändert hatten. In der Erzählliteratur blieben die Stoffe der traditionellen Artus-Epik nach wie vor präsent. Unvollendete Werke wie GOTTFRIED VON STRASSBURGS *Tristan und Isolt* oder *Willehalm* und *Titurel* von WOLFRAM VON ESCHENBACH wurden von jüngeren Autoren nach eigenen Vorstellungen zu Ende geführt. Es entstanden auch Prosaübersetzungen ritterlicher Epen. Nennenswerte neue künstlerische Akzente wurden freilich nicht mehr gesetzt.

6.2 BÜRGERLICHE LITERATUR

Auch die ritterlich-höfische Lyrik, insbesondere die Sangspruchdichtung, lebte unter veränderten sozialen Umständen in den *Meistersingerschulen* weiter. Diese entstanden vorwiegend in süddeutschen Städten während des 14. und 15. Jhs. Angeblich soll HEINRICH FRAUENLOB um 1315 in Mainz die erste Schule gegründet haben. Handwerksmeister, vereinzelt auch Stadtgeistliche, Juristen und Lehrer schlossen sich als Freizeitpoeten in kunstsinnigen Gesellschaften zusammen. In ihren lyrischen Dichtungen orientierten sie sich geradezu penibel an

Themen und Formen der höfischen Vorbilder. Für die Abfassung und den Vortrag galten strenge Regeln, die von den „Merkern" überwacht und beurteilt wurden. Eigenständige kreative Leistungen konnten unter solchen Bedingungen kaum entstehen.

Zum bekanntesten Meistersinger wurde der Nürnberger Schuhmacher HANS SACHS, der allerdings erst im 16. Jh. lebte (1494–1576). Mehr als 4000 Lieder sind von ihm erhalten, darüber hinaus auch noch *Fastnachtsspiele* und *Spruchdichtungen*. RICHARD WAGNER setzte Hans Sachs in seiner Oper *Die Meistersinger von Nürnberg* ein recht freund-

Die Meistersinger von Nürnberg, Inszenierung 2010

liches Denkmal, denn der literarische Rang von Sachs' Dichtkunst wird von der Literaturwissenschaft nicht allzu hoch angesetzt. Dem Phänomen *Meistersang* ist bereits zu entnehmen, dass die Stadtbürger, deren gesellschaftliche Bedeutung im späten Mittelalter deutlich anstieg, nun auch kulturelle Akzente setzten.

Im sozialen Zusammenhang des Stadtlebens entstanden spezifisch bürgerliche literarische Formen, deren sprachlich-ästhetische Qualität nicht besonders beeindruckend ist, die aber Ausdruck eines gestiegenen kulturellen Selbstbewusstseins des Bürgertums sind. Zu erwähnen sind vor allem die moralisch belehrende *Spruchdichtung* und die sogenannte *Märendichtung*. *Mären* sind kurze Verserzählungen mit teils unterhaltendem, teils belehrendem Charakter.

Zu erwähnen ist auch, dass im Bürgertum, dessen Wertvorstellungen weniger auf das Idealische als auf das Nützliche zielten, die *Gebrauchsliteratur* wichtiger war als die reine Dichtung (z. B. Hauschroniken, Kochbücher, natur- und rechtskundliche Werke, Schulbücher, Lehrwerke der Rhetorik und des kaufmännischen Rechnens).

6.3 Geistliche Literatur

Der große Einfluss der Kirche auf die mittelalterliche Gesellschaft zeigt sich auch im Schrifttum. Dieser Einfluss nahm aufgrund der Krise der kaiserlichen Macht im Reich eher zu als ab, da die Kirche nun für Sicherheiten und Orientierungen sorgte, die den Menschen durch die weltliche Macht nicht mehr gegeben wurden. So kam es, dass einige Päpste universelle Machtansprüche erhoben, dabei aber auf den Widerstand der weltlichen Macht stießen und damit neuerlich schwere Konflikte und krisenhafte Zustände herbeiführten. Das facettenreiche und widersprüchliche kirchliche Leben des Spätmittelalters ist in einem umfangreichen geistlichen Schrifttum dokumentiert.

Die beiden einflussreichsten christlichen Glaubensrichtungen, die *Scholastik* und die *Mystik*, wurden weitergeführt. Als Hauptwerk der Scholastik gilt die im 13. Jh. entstandene *Summa Theologiae* des Thomas von Aquin. Thomas bemühte sich in diesem umfangreichen theologischen Werk, eine vernunftgemäße Grundlage für den Glauben an Gott zu schaffen, so wie es eben dem Anliegen der Scholastik entsprach. Er orientierte sich dabei an den logischen Denkmethoden des griechischen Philosophen Aristoteles, die er auf christliche Glaubensinhalte anwendete.

Herausragende Mystiker des Spätmittelalters waren u. a. Meister Eckehart und Heinrich Seuse. Am Beispiel ihrer Schriften ist die Frage diskutierbar, ob eine mystisch-subjektive Gotteserfahrung überhaupt mit den Mitteln der Sprache darstellbar ist. ▶ Modul I.B ▶

Einen kurzen Epochenüberblick über das **Mittelalter** finden Sie im Anschluss an die Module in ▶ Band 1 ▶.

II. RENAISSANCE – HUMANISMUS – REFORMATION – BAROCK
EIN LITERATURGESCHICHTLICHER ÜBERBLICK 1400–1700

1. DATIERUNG

RENAISSANCE UND HUMANISMUS

Die kulturgeschichtlichen Begriffe *Renaissance* und *Humanismus* markieren den Beginn der sogenannten „Neuzeit", also das Ende des Mittelalters. Eine genaue Datierung ist schwierig, da es sich um europaweit wirksame Phänomene mit erheblichen regionalen Unterschieden handelt. In Italien, dem Ursprungsland von Renaissance und Humanismus, beginnt die Entwicklung bereits im 14. Jh. Der deutsche Humanismus setzt erst in der zweiten Hälfte des 15. Jhs. ein. Humanistisches Denken bleibt über den Höhepunkt dieser Kulturepoche im 16. Jh. hinaus jahrhundertelang bestehen, unter anderem im Menschenbild der *Aufklärung* und der *Weimarer Klassik*. Auch für das Bildungssystem hatte der Humanismus dauerhafte Folgen (humanistisches Gymnasium).

REFORMATION

Ähnlich schwierig wie die Datierung des Humanismus ist die der *Reformation*, denn massive Kritik an Missständen in der römisch-katholischen Kirche wurde bereits im 14. Jahrhundert geübt (JAN HUS, JOHN WYCLIF), aber sie erreichte ihren Höhepunkt, der schließlich zur Kirchenspaltung führte, erst im 16. Jh., zur Zeit der Reformatoren MARTIN LUTHER, ULRICH ZWINGLI und JOHANNES CALVIN [kalwã]. Die Glaubenskämpfe zwischen Katholizismus und Protestantismus erstreckten sich bis in das 17. Jh. hinein.

BAROCK

Mit dem Begriff **Barock** (der oder das) bezeichnet man die kulturelle Epoche zwischen 1600 und 1730. Ursprünglich wurde der Begriff (portugiesisch „barocco" = unregelmäßige Perle) nur für die bildende Kunst gebraucht. Heute bezeichnen wir damit auch die Literatur und die Musik, die zur Blütezeit des höfischen Absolutismus entstanden sind.

2. ALLGEMEINE GESCHICHTLICHE VORAUSSETZUNGEN

2.1 HÖFISCHER ABSOLUTISMUS

Der Begriff „höfischer Absolutismus" bezeichnet eine Regierungsform, die den Landesfürsten zum alleinigen Inhaber der Macht erhebt. Die absolutistische Herrschaftsform hatte auch kulturelle Auswirkungen. An vielen Fürstenhöfen wurde ein sogenannter Repräsentationsstil gepflegt. Aufwändige Hofhaltung und kostspielige Prachtentfaltung wurden üblich. Nicht nur die Architektur, sondern alle Künste hatten an den Fürstenhöfen des 16. und 17. Jhs. hauptsächlich diesen Zwecken zu dienen. Als typisches Beispiel für höfischen Absolutismus gilt die Regierungszeit des „Sonnenkönigs" Ludwig XIV. von

Versailles, ein Bauwerk des Barock

Frankreich. In Deutschland (Hl. Römisches Reich deutscher Nation) konnte sich die königliche Zentralmacht nicht gegen die Landesherrn durchsetzen. Aber jeder Landesherr (König von Preußen, Herzog von Braunschweig etc.) versuchte auf seinem Territorium absolutistisch zu regieren.

2.2 REFORMATION UND GEGENREFORMATION: DAS ZEITALTER DER GLAUBENSKÄMPFE

Die christliche Kirche des Mittelalters trat mit dem Anspruch auf, alleiniger Garant des ewigen Seelenheils zu sein. Dieser unbedingte Machtanspruch verführte zum Machtmissbrauch. Kirchliche Ämter wurden an Meistbietende verkauft. Päpste führten Eroberungskriege, Intrigen und Luxus prägten das Leben in Rom. Gleichzeitig waren viele kleine Geistliche ungebildet und arm und konnten nur durch einen Nebenerwerb überleben. Das geistliche Leben verfiel.

Schon im 14. Jh. hatten sich der Engländer JOHN WYCLIF und der tschechische Theologe JAN HUS um eine grundlegende **Reform der Kirche** bemüht. Wyclifs Lehre wurde durch Rom verboten. Jan Hus wurde am Scheiterhaufen verbrannt.

Mit dem Auftreten des sächsischen Mönchs MARTIN LUTHER wurden die innerkirchlichen Konflikte wieder aktualisiert. Luther trat insbesondere gegen den Ablasshandel (Nachlass der Sündenstrafen gegen Bezahlung) auf und kritisierte verschiedene kirchliche Lehren, unter anderem den Primat (= Vorrangstellung) des Papstes. In kurzer Zeit fand Martin Luther zahlreiche Anhänger, sowohl unter dem Adel als auch unter Bürgern und Bauern. Aber nicht nur Rom, sondern auch Kaiser Karl V. stellte sich gegen den Reformator. Der Bruch zwischen Lutheranern und Katholiken war nicht mehr abzuwenden. Jahrzehntelange Auseinandersetzungen und Kämpfe wurden 1555 mit dem Augsburger Religionsfrieden vorläufig beendet. Die Streitparteien vereinbarten, dass der jeweilige Landesherr für sein Territorium die Religion der Untertanen bestimmen könne.

Martin Luther

Erst nach der **Kirchenspaltung** sahen maßgebliche Kreise in der katholischen Kirche Handlungsbedarf für eine innere Reform. Auf dem Konzil von Trient wurden zwar wesentliche Glaubensgrundsätze des Katholizismus bestätigt, gleichzeitig aber einige elementare Missstände in der Kirche abgeschafft. Der von Ignatius von Loyola (1491–1556) gegründete Jesuitenorden wollte sich um die Rekatholisierung bemühen. Die **Gegenreformation** setzte ein. Damit entstanden freilich neue Konflikte zwischen den christlichen Konfessionen.

Der Augsburger Religionsfriede konnte die Probleme nicht beseitigen. Immer wieder kam es zu Konflikten, deren Höhepunkt der **Dreißigjährige Krieg** (1618–1648) war. Die weltanschaulich-religiösen Ursachen der Glaubenskriege traten freilich immer mehr in den Hintergrund. Machtpolitische Motive wurden wichtiger als der Kampf für den „richtigen" Glauben. Mit dem Westfälischen Frieden 1648 wurden die Glaubenskriege beendet. Deutschland war nun endgültig in seine Fürstentümer zerfallen. Der Sieger des Dreißigjährigen Krieges war Frankreich.

2.3 FRÜHKAPITALISMUS UND KOLONIALREICHE

Durch die Gewinne aus dem Seehandel häuften sich insbesondere in den oberitalienischen Städten große Kapitalmengen an. Die kapitalstarken Handelshäuser gaben Kredite an Fürsten und Päpste und steigerten damit ihren politischen Einfluss. Die Nachfrage nach Waren für den

Handel nahm zu, die Ausweitung der Warenproduktion versprach zusätzlich große Gewinne. Die Produktionsverfahren der mittelalterlichen Handwerksbetriebe reichten nicht mehr aus, um die Bedürfnisse der neuen Märkte abzudecken. Daher entwickelte man parallel zum Handwerk neue Arbeitsverfahren. Manufakturen wurden eingerichtet, in denen Menschen ihre Arbeitskraft an die Besitzer (Unternehmer) verkauften. Die Unternehmer besorgten die Rohstoffe, stellten die Produktionsmittel (Werkzeuge, Maschinen) zur Verfügung und erhielten die fertige Ware zum Verkauf. Diese neue Wirtschaftsform wurde zur Grundlage des neuzeitlichen **Kapitalismus**.

Auch die **Entdeckungsfahrten**, die ab der Mitte des 14. Jhs. bis zur Mitte des 17. Jhs. von Europa aus unternommen wurden, waren in erster Linie durch wirtschaftliche Interessen motiviert. Spanier, Portugiesen, Franzosen, Engländer und Holländer bereisten auf dem Seeweg alle Kontinente und gründeten, wo immer dies möglich war, Kolonialreiche. Die wirtschaftlichen Interessen des Handelskapitals verbanden sich mit den politischen Machtinteressen der Königshäuser und den Missionsbestrebungen der Kirche. Leidtragende waren oft genug die unterworfenen Völker.

Kolumbus' Entdeckerschiffe, Nachbau

2.4 Heliozentrisches Weltbild und Naturwissenschaften

Während des Mittelalters galt die christliche Theologie als höchste Autorität in allen Wissens- und Erkenntnisfragen. Die Bibel war das geoffenbarte Wort Gottes. Die Theologie legte die Bibel aus. Wer an ihren Aussagen zweifelte, zweifelte an Gott. Am **Beginn der Neuzeit** büßte die Theologie ihre umstrittene Autorität nach und nach ein. Zum zentralen Streitpunkt wurde die Frage nach der Gestalt der Erde und ihrer Position im Weltall. Der kirchlichen Lehre zufolge war die Erde eine Scheibe, umgeben vom Wasser des Meeres. Über die Erde war eine kristallene Halbkugel gestülpt, an der Sonne, Mond und Sterne angebracht waren. Über dieser Halbkugel war der göttliche Himmel; tief unten hingegen war die Hölle, der Ort der Verdammnis.

Wissenschaftler des 16. und 17. Jhs. äußerten Zweifel an diesem geozentrischen Weltbild. **Nikolaus Kopernikus** (1473–1543) behauptete als erster neuzeitlicher Forscher, die Sonne bilde den Mittelpunkt des Universums. Er stützte sich hauptsächlich auf altgriechische und arabische Texte aus vorchristlicher Zeit. **Johannes Kepler** und **Galileo Galilei** führten die Hypothesen des Kopernikus weiter. Wie sehr sich die Kirche dadurch verunsichert fühlte, zeigt, dass sie Galilei vor einem Inquisitionsgericht zum Widerruf seiner Lehre zwang. (Vom geozentrischen zum heliozentrischen Weltbild Band 1, Modul II.1)

Heliozentrisches Weltbild

Die naturwissenschaftliche Sichtweise setzte sich gegen alle Verbote durch. Für die neuen Naturwissenschaftler war nicht mehr die Bibelauslegung Maßstab der Erkenntnis, sondern es galten Beobachtung, Experiment und mathematische Berechnung. Dadurch entstanden *Empirismus* und *Rationalismus*, die philosophischen Grundlagen naturwissenschaftlichen Arbeitens. Unter Empirismus versteht man die philosophische Richtung, die in erster Linie von den Daten ausgeht, die unsere sinnliche Erfahrung liefert. Als wissenschaftliche Methode gründet der Empirismus seine Erkenntnisse auf das Experiment und auf die Beobachtung von Sachverhalten. Als wegweisender Denker des Empirismus gilt der Engländer John Locke (1632–1704). Der Rationalismus geht nicht primär von der sinnlichen Erfahrung aus, sondern von logischen Denkgesetzen. Er steht folglich in engem Zusammenhang mit der Mathematik und der Logik. Als wesentlicher Vertreter gilt der Franzose René Descartes (1596–1650) [dekạrt].

3. Mediengeschichte (Sprache, Schrift u. a.)

3.1 Sprache(n) in Deutschland: Deutsch – Latein – Französisch

Die in der Zeit zwischen 1450 und 1600 im deutschen Raum gesprochene Sprache wird als *Frühneuhochdeutsch* bezeichnet. Es ist nahezu unmöglich, in Kürze diese Sprache darzustellen, weil sie uneinheitlich und vielfältig war. Die regionalen Besonderheiten der Dialekte waren noch sehr ausgeprägt. Einheitliche Regeln, zum Beispiel für den Satzbau oder die Rechtschreibung, gab es nicht. Die Tatsache, dass Deutschland politisch in zahlreiche Fürstentümer zersplittert war und ein politisch-kulturelles Zentrum kaum existierte, erschwerte die Entwicklung einer einheitlichen Gemeinsprache.

Frankreich hingegen wurde im Laufe des Spätmittelalters und der frühen Neuzeit zu einem geschlossenen Königreich mit dem Zentrum Paris. Dieser politische Vorgang führte dazu, dass sich in Frankreich früher eine einigermaßen einheitliche Sprache bildete als im deutschsprachigen Raum. Nicht zuletzt deshalb, weil der französische Hof in Europa Vorbildcharakter hatte, wurde Französisch zur Modesprache des Adels.

Von den deutschen Humanisten, die das kulturelle Leben des 15. und 16. Jhs. maßgeblich prägten, gingen kaum Impulse für eine Sprachreform des Deutschen aus. Ihre Sprache war ja das Latein, dessen Wert sie weitaus höher einschätzten als den des Deutschen, das für sie die Sprache des ungebildeten Volkes war (siehe auch II.5).

3.2 Martin Luthers Bibelübersetzung

Vor dem Hintergrund dieser sprachhistorischen Situation kann man erst ermessen, welch große kulturelle Leistung Martin Luthers Bibelübersetzung (1521–1534) war. Luther wollte ja, obwohl es keine deutsche Gemeinsprache gab, die Bibel für alle deutsch sprechenden Menschen lesbar machen. Damit war zwar nicht mit einem Schlag eine deutsche Einheitssprache geschaffen worden, aber ein wichtiger erster Schritt war auf alle Fälle getan.

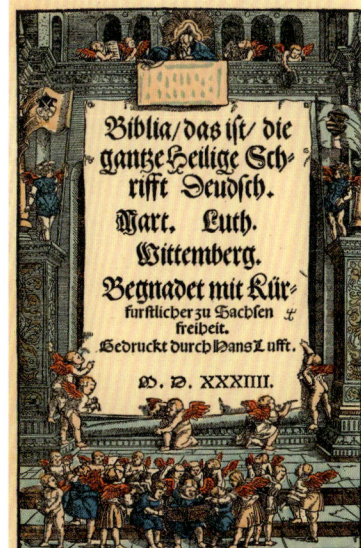

Martin Luthers Bibelübersetzung

3.3 Normen für eine deutsche Standardsprache

Erst in der *Barockzeit* wurde der Wert des Deutschen als Literatursprache anerkannt und nachdrücklich gefördert. Die *Sprachgesellschaften* bemühten sich darum, den Einfluss des Französischen zurückzudrängen und die Grundlagen für eine kulturell hochstehende deutsche Standardsprache zu schaffen (siehe auch II.8.3). Unter anderem verlangte man Normen für eine deutsche Gemeinsprache, unabhängig von regionalen Dialekten. In dieser Hinsicht wirkte vor allem JUSTUS GEORG SCHOTTEL mit seinem 1500 Seiten umfassenden Sprachbuch *Ausführlich Arbeit von der deutschen Haubt Sprache* (1663). Schottel versuchte, ein Regelwerk für Wortbildung, *Orthografie*, *Flexion* und *Syntax* zu erstellen.

Trotz der Sprachreformen blieb aber das Französische nach wie vor die bevorzugte Sprache des deutschen Hochadels, und auch viele Gelehrte lösten sich nur zögernd vom Lateinischen. So schrieb der bedeutende deutsche Philosoph GOTTFRIED WILHELM LEIBNIZ, der sich selbst in zwei Schriften für das Deutsche einsetzte, seine Werke fast nur französisch oder lateinisch. Erst im Zeitalter der *Aufklärung* (18. Jh.) erfolgten die nächsten entscheidenden Schritte hin zur deutschen Standardsprache.

3.4 Der Buchdruck

Ein zweites elementares Ereignis für die Sprach- und Literaturentwicklung war neben Luthers Bibelübersetzung die Erfindung des Buchdrucks mit beweglichen Lettern durch JOHANNES GUTENBERG. Gutenbergs eigene Druckerei scheiterte zwar an finanziellen Schwierigkeiten, aber seine Erfindung revolutionierte Herstellung und Verbreitungsmöglichkeiten von Literatur jeder Art.

Insbesondere in der Zeit der *Reformation* und der Bauernkriege, als Information und vor allem Agitation (politische Propaganda) durch *Flugschriften* üblich wurden, bedienten sich die streitenden Parteien in immer stärkerem Ausmaß dieser technischen Möglichkeit. In den Jahren 1518 bis 1524 stieg die Jahresproduktion deutscher Drucke von 150 auf etwa 1000! Die Schreibschrift des 16. Jhs. war die sogenannte *gebrochene Fraktur*. In den vielen lateinischen Texten wird die den römischen Buchstaben nachgebildete *Antiqua* verwendet.

3.5 Das Lesepublikum

Bei all diesen Veränderungen darf man natürlich nicht vergessen, dass die Zahl der lesekundigen Menschen nach wie vor gering war, weil von einem flächendeckenden Schulwesen keine Rede sein konnte. In die wenigen Kloster- und Stadtschulen kamen vor allem Kinder aus dem Adel und aus der bürgerlichen Oberschicht. Die Zentren der Renaissance, des Humanismus und des Barock waren vor allem kunstsinnige Fürstenhöfe (auch geistliche), kirchliche Institutionen und die wenigen Universitäten.

4. Italien – das Ursprungsland der Renaissance und des Humanismus

4.1 Erinnerung an vergangene Macht und Grösse

Italien war seit dem Zusammenbruch des römischen Reichs kein einheitliches Staatsgebilde mehr, sondern in zahlreiche kleine Herrschaftsbereiche zersplittert. Neben den Fürsten und den mächtigen oberitalienischen Städten spielte auch der Papst eine wichtige politische Rolle. Fast das ganze Mittelalter hindurch waren obendrein die deutschen Könige bestrebt, ihre Herrschaft auch auf Italien auszudehnen. Insbesondere die italienischen Städte, aber auch einzelne Fürsten setzten sich dagegen immer wieder zur Wehr. Im 13. Jh. schaltete sich auch noch das französische Königtum in diesen Machtkampf um Italien ein. Gerade in politisch schwierigen Zeiten erinnerten sich die Italiener an die Größe und Bedeutung des versunkenen römischen Reiches. Es blieb der Orientierungspunkt für das italienische Nationalgefühl. Die Antike war nicht in Vergessenheit geraten.

Diese geschichtlichen Umstände wurden zur Voraussetzung der *Renaissance*. Das Wort bedeutet „Wiedergeburt". Die Wiedergeburt ehemaliger römischer Größe war also wesentlicher Bestandteil jenes politisch-kulturellen „Programms", das in Italien im 14. und 15. Jh. zu beachtlichen Neuerungen führte.

4.2 Antike Vorbilder für Architektur, Kunst und Literatur

Der **Einfluss der antiken Kultur** zeigt sich in der italienischen Renaissance in unterschiedlichen Bereichen. Die Architekten, Bildhauer und Maler studierten „klassische" Vorbilder und ahmten sie nach (vgl. Band 1, Modul II.3). Die Autoren der klassischen lateinischen Literatur, insbesondere **Cicero, Livius, Vergil, Horaz** und der griechische Epiker **Homer**, der Autor der *Odyssee* und der *Ilias*, galten als vorbildhaft.

Es ist in diesem Zusammenhang aussagekräftig, dass **Dante Alighieri**, der älteste Klassiker der italienischen Nationalliteratur, auf einem Fresko im Vatikan gemeinsam mit dem altgriechischen Dichter Homer und dem römischen Dichter Vergil dargestellt worden ist. Dante selbst schuf mit seinem Werk *La Divina commedia* das erste große Erzählwerk in italienischer Sprache.

Dante Alighieri

Auch im Werk von **Francesco Petrarca**, der mit seinen Gedichten (*Canzoniere*) eine eigene lyrische Tradition, den nach ihm benannten *Petrarkismus*, begründete, ist der Einfluss der antiken Tradition nachweisbar.

Und **Giovanni Boccaccio**, der mit dem italienisch geschriebenen *Novellen*kranz *Decamerone* zum Klassiker der Weltliteratur wurde, ließ die Epen des Homer ins Italienische übersetzen. (Alighieri und Boccaccio Band 1, Modul II.2)

Als im Jahre 1453 Byzanz, das sogenannte „oströmische Reich", von den Türken erobert wurde, flohen Gelehrte mit zahlreichen griechischen Handschriften der Antike nach Italien. Dort wurden diese Originalquellen begeistert studiert. „Ad fontes!" (Zu den Quellen!) lautete eine einflussreiche Forderung der Zeit. Indem man die antiken Quellen studierte, wollte man den antiken Geist wiederbeleben und die abendländische Gesellschaft reformieren.

Francesco Petrarca

5. Der Humanismus – eine europäische Kulturbewegung

Als frühestes deutschsprachiges Dokument des Humanismus gilt das dialogische Erzählwerk *Der Ackermann aus Böhmen* von **Johannes von Tepl**. `Band 1, Modul II.5` Zentren eines deutschen Humanismus entstanden um 1450 vor allem in Wien und in Nürnberg. Seit 1480 brachte auch der deutschsprachige Raum Humanisten von internationalem Rang hervor. Zu nennen sind hier unter anderen **Johannes Reuchlin**, **Conrad Celtis**, **Willibald Pirckheimer** und **Ulrich von Hutten**. Johannes Reuchlin schrieb die erste Grammatik der hebräischen Sprache. Conrad Celtis gilt als herausragender Dichter des deutschen Humanismus. Sein poetisches Hauptwerk sind vier Bücher mit Liebesgedichten (*Quattuor libri amorum*, 1502). Celtis war aber auch als „Kulturmanager" einflussreich. Nach dem Vorbild italienischer Akademien gründete er mehrere Gesellschaften zur Förderung der Wissenschaften und der Künste. Sehr hilfreich war für Celtis, dass ihn Kaiser Maximilian bei seinen Bemühungen unterstützte.

Es ist hier nicht möglich, alle Humanisten des europäischen Raums angemessen zu würdigen, aber stellvertretend für viele andere seien ein holländischer und ein französischer Autor von internationalem Rang genannt. Als wichtigste Gelehrtenpersönlichkeit des nordeuropäischen Humanismus gilt der Holländer **Erasmus von Rotterdam**. `Band 1, Modul II.4`

Der bedeutendste Vertreter des französischen Humanismus ist der Schriftsteller und Philosoph **Michel de Montaigne**. `Modul II.A`

Die gemeinsame Verständigungssprache, die „lingua franca" der europäischen Humanisten, war **Latein**. Der humanistische Diskurs blieb daher auf die gebildete Schicht beschränkt. Erasmus vertrat sogar die Ansicht, dass es gefährlich und schädlich sei, das Gespräch über Grundfragen des Glaubens von einfachen, ungebildeten Menschen führen zu lassen. Bildung, „humanitas", wird daher zu einer Voraussetzung der Diskursfähigkeit. Grundsätzlich können freilich alle Menschen zur „humanitas" erzogen werden, wenn sie bereit sind, die damit verbundenen geistigen Anstrengungen auf sich zu nehmen. Daher galt der Schul- und Universitätsreform die besondere Aufmerksamkeit der Humanisten. Das humanistische Gymnasium geht auf die Bildungsbemühungen des 16. Jhs. zurück. Latein, Altgriechisch – und in manchen Schulen auch Hebräisch – waren die Kernfächer dieses Schultyps.

5.1 Humanistentheater und lateinisches Schuldrama

In der ersten Hälfte des 15. Jhs. wurden die Komödien der römischen Dramatiker **Plautus** und **Terenz** wiederentdeckt und mit großem Engagement aufgeführt. Die Aufführungen in lateinischer Sprache schlossen aber das ungebildete Breitenpublikum aus. Die römische Dramendichtung fand auch ihren Platz in den Lateinschulen. Dort erfüllte sie in erster Linie pädagogische Zwecke. Zunächst einmal konnte man bei Terenz und Plautus gutes Latein lernen. Vor allem wurden aber im Anschluss an die römischen Vorbilder neue *lateinische Schuldramen* geschrieben, in denen Schüler Botschaften des christlichen Glaubens kennenlernten. Es verwundert daher nicht, dass im 16. Jh. sowohl ein *protestantisches* wie auch ein *katholisches Schuldrama* entstand, das im deutschsprachigen Raum eine jahrzehntelange Tradition begründete. Davon wird im Kapitelabschnitt `II.8.4.2` noch einmal die Rede sein.

5.2 Abseits des Schuldramas: William Shakespeare und das elisabethanische Theater

William Shakespeare

Zum wegweisenden Theater für die nächsten Jahrhunderte wurde freilich weder das *Humanistentheater* noch das *religiöse Schuldrama*, sondern das *elisabethanische Drama*, das weitgehend unabhängig von den genannten kulturellen Erscheinungen in England entstand. Wie der Name schon andeutet, entwickelte es sich während der Regierungszeit Elisabeths I. Zum großen Klassiker wurde **William Shakespeare**. Wie Shakespeare zum Theater kam, ist ebenso unbekannt wie das meiste im Leben des 1564 in Stratford-upon-Avon geborenen Dichters. Die heutige Forschung hält es für möglich, dass unter diesem Namen zwei Autoren veröffentlichten. Gegen Ende des 16. Jhs. galt Shakespeare jedenfalls schon als junger Star unter den Theatermachern der Insel. 1599 bekam die Theatergruppe „Lord Chamberlain's Men", der Shakespeare angehörte, ein eigenes Theater, das berühmte „Globe". Sowohl von Königin Elisabeth I. als auch von ihrem Nachfolger Jakob I. wurde

die Truppe mit besonderem Wohlwollen bedacht. Shakespeare starb 1616 als wohlhabender, angesehener Mann. Wir verdanken Shakespeare 14 Komödien (u. a. *Ein Sommernachtstraum*), 10 Königsdramen (u. a. *König Lear*) und 12 Tragödien (u. a. *Romeo und Julia*). Er setzte Maßstäbe für Jahrhunderte. **Gotthold Ephraim Lessing** und der junge **Goethe** zählten zu seinen Bewunderern. Auch Dramatiker des 20. Jhs., zum Beispiel **Bertolt Brecht** oder **Heiner Müller**, haben sich immer wieder intensiv mit den Werken des englischen Klassikers beschäftigt.

„Globe Theatre" in London

6. Die Auswirkungen der Reformation auf Sprache und Literatur

Die Reformation, der Humanismus und die **Entwicklung der deutschen Sprache und Literatur** des 16. Jhs. stehen in einem engen Zusammenhang, denn der Glaubensstreit dieser Zeit wurde vor allem von humanistisch gebildeten Männern geführt. **Martin Luther** selbst gehörte ja zu ihnen, und seine große kulturelle Leistung, die Übersetzung der Bibel in die *frühneuhochdeutsche Sprache*, war ihm nur möglich, weil er über ausgezeichnete philologische Kenntnisse und Fähigkeiten verfügte. Luthers Kritik an der Kirche fand anfangs unter den Humanisten viel Sympathie. Als aber der Konflikt eskalierte und sich am Beginn der Zwanzigerjahre des 16. Jhs. die Kirchenspaltung abzeichnete, zogen sich die meisten von Luther zurück.

Einer der wenigen, die weiterhin mit der Reformation sympathisierten, war der deutsche Reichsritter und Humanist **Ulrich von Hutten** (1488–1523). Hutten studierte an verschiedenen deutschen Universitäten und in Italien. Er war ein entschiedener Gegner des Papsttums. Insbesondere wies er dessen politische Herrschaftsansprüche zurück. Hutten war nicht in erster Linie Bildungshumanist, sondern ein politischer Denker, Kämpfer und Agitator. Als Reichsritter bekämpfte er die Fürsten und strebte ein zentralistisches deutsches Kaiserreich an, in dem der Reichsritterschaft eine hohe politische Bedeutung zukommen sollte. Um seine politische Wirksamkeit zu erweitern, entschloss sich Hutten im Jahr 1520, ab nun in deutscher Sprache zu schreiben. Anfang der Zwanzigerjahre beteiligte er sich am Aufstand der Ritter gegen die Fürsten. Der Aufstand wurde niedergeschlagen und Hutten musste fliehen. Aufnahme fand er in Zürich, wo der Reformator Ulrich Zwingli regierte. Dort starb Hutten im Jahr 1523.

Die Streit- und Kampfsituation, die durch die Reformation entstanden war, begünstigte literarische Formen wie *Polemik*, *Pamphlet* und *Satire*. Eine Satire auf sittlich fragwürdige katholische Geistliche sind die von Ulrich von Hutten herausgegebenen *Epistolae obscurorum virorum* (*Dunkelmännerbriefe*), die teils Hutten selbst, teils sein Lehrer Crotus Rubeanus geschrieben hat. Eine bedeutende Satire, die sich aus katholischer Sicht gegen Luther wendet, ist die Schrift *Von dem großen Lutherischen Narren* (1522) von Thomas Murner.

7. Volksliteratur

Die Erfindung des Buchdrucks ermöglichte die Verbreitung von Literatur. Wenn auch die meisten Menschen immer noch nicht lesen konnten, so konnten sie doch den Vorlesern zuhören. Insbesondere in bürgerlichen Kreisen stieg das Interesse an literarischen Werken. Die Autoren griffen gerne auf ältere Literatur, auf antike und mittelalterliche, teilweise auch orientalische Werke zurück und erstellten vereinfachende, verständliche, volkstümliche Bearbeitungen. Werke dieser Art bezeichnet man als *Volksbücher*. Einer der berühmtesten volkstümlichen Stoffe, der Jahrhunderte später durch Johann Wolfgang von Goethe zu weltliterarischem Ruhm kommen sollte, ist die Geschichte von Doktor Faustus. Band 1, Modul II.6 ▶

Beliebt waren bei den unteren Ständen auch die Schwankbücher. Unter einem *Schwank* versteht man die kurze, pointenhafte Erzählung eines besonderen, meist heiteren Vorfalls. Zu Klassikern dieses Genres wurden die Erzählungen vom Till Eulenspiegel (*Ein kurtzweilig Lesen von Dil Ulenspiegel*, 1510) und von den Streichen der Schildbürger (*Das Lalebuch*, 1597).

Eine nicht nur in der volkstümlichen Literatur verbreitete Figur des 16. Jhs. war der „Narr". Am Beginn der *Narrenliteratur* steht Sebastian Brants Verserzählung *Das Narrenschiff* (1494). Brant macht darin menschliche Schwächen wie Wollust, Ehebruch,

Till Eulenspiegel

Genusssucht oder religiöse Verirrung zum Gegenstand der Satire. Träger dieses Fehlverhaltens segeln auf einem Schiff nach Narragonien. Der Narr ist also bei Brant ein Mensch, der von der göttlichen Weisheit und moralischen Tugend abgewichen ist. Die Blütezeit der Narrendichtung fällt in das 16. Jh., aber auch in der Barockzeit wurde noch Literatur dieser Art geschrieben.

8. Die deutsche Literatur der Barockzeit

8.1 Gedanken- und Symbolwelt der Barockzeit

Die Gedanken- und Symbolwelt des 17. Jhs. beruht vor allem auf tief greifenden Verunsicherungen, die historisch erklärbar sind: Reformation und Gegenreformation, Dreißigjähriger Krieg, Bauernaufstände, Massensterben durch die Pest, Zerfall alter Weltbilder. Aus den Kämpfen und Krisen des 16. und 17. Jhs. gingen die Fürsten als absolute Herrscher politisch gestärkt hervor, aber auch die katholische Kirche konnte sich durch die Erfolge der Gegenreformation als bestimmende Kraft behaupten. **Macht- und Siegeswille** auf der einen Seite, **Todesangst und Weltflucht** auf der anderen Seite: In diesem Spannungsfeld gestalteten die Menschen der Barockzeit ihre künstlerischen Symbolwelten und ihre Gedankengebäude.

Die katholische Kirche wurde im Zuge der Gegenreformation neben den Fürsten zu einem Hauptauftraggeber für Kunst und Architektur. Sie setzte auf die Überzeugungskraft des Sinnlichen, Prachtvollen und Schönen, auf Farbe, Ornament und glanzvolle Inszenierungen des Glaubenslebens. Gott war sozusagen der strahlende Himmelsfürst. Viele Barockkirchen geben davon heute noch Auskunft. Auf der anderen Seite steht eine weltabgewandte, verinnerlichte, mystische Frömmigkeit, die Vorstellung der „Vanitas", der Eitelkeit, Nichtigkeit und Scheinhaftigkeit alles Irdischen. Band 1, Modul II.7

8.2 Rhetorik und Poetik

Der Großteil der deutschen Barockliteratur war eng mit der *Rhetorik* (Redekunst) verbunden. Die Kunst der gelungenen Rede war in der Gesellschaft des 16. und 17. Jhs. aus mindestens zwei Gründen bedeutsam. Zunächst einmal war sie Teil der höfischen Repräsentationskultur. Feste und Feierlichkeiten gaben genug Anlass für Huldigungsreden, dramatische Spiele und Lobgedichte. Aber auch die einander bekämpfenden Konfessionen erkannten, dass die klar aufgebaute Predigt und die klug argumentierende Streitschrift publikumswirksam waren. Sowohl die katholischen Jesuitengymnasien als auch die protestantischen Schulen widmeten dem Rhetorik-Unterricht viel Zeit. Jeder Gebildete musste sich im Zeitalter des Humanismus und des Barock mit Rhetorik beschäftigen, und auch die Dichtkunst, die ja im 17. Jh. in erster Linie Sache der Gebildeten war, ist maßgeblich von den Methoden der Rhetorik geprägt.

Daher wurden in der Barockzeit zahlreiche *Poetiken*, also Lehr- und Anleitungsbücher der Dichtkunst geschrieben, zum Beispiel der *Poetische Trichter* (1647) von Georg Philipp Harsdörffer und das *Buch von der deutschen Poeterey* (1624) von Martin Opitz. Opitz ging es darum, die Stilformen und Redeweisen der Antike und der romanischen Literatur für die deutsche Literatursprache zu nützen. Dadurch sollte das Deutsche gleichrangig neben die großen europäischen Kultursprachen Latein und Französisch treten. Neben grundlegenden Überlegungen zur Sprache versuchte Opitz, gültige Regeln und Grundmuster für die deutsche Dichtkunst aufzustellen. Er übte damit auf die Dichtung des 17. Jhs. und des frühen 18. Jhs. einen großen Einfluss aus. Seine Verdienste um Sprache und Literatur sind unbestritten. Kritisch muss allerdings angemerkt werden, dass Opitz – so wie andere Sprachreformer des Barock auch – die Volksliteratur seiner Zeit gering schätzte und deren poetisches Potenzial ungenutzt ließ.

Martin Opitz

8.3 Das Deutsche als Literatursprache

Um die Verbesserung und Aufwertung der deutschen Sprache bemühten sich vor allem die *Sprachgesellschaften*. Eine der bedeutendsten war die 1617 in Weimar gegründete „Fruchtbringende Gesellschaft" (auch „Palmenorden" genannt), in der sich protestantische Adelige und Gelehrte zusammenschlossen. Von den 890 Mitgliedern waren drei Viertel Adelige. Ein vorrangiges Ziel der Sprachgesellschaften war die Reinigung der deutschen Sprache von Fremdwörtern und regionalen Dialektausdrücken. Etliche Veränderungsvorschläge setzten sich durch (z. B. „Mundart" für „Dialekt", „Menschentum" für „humanité", „Wörterbuch" für „Idiotikon"). Andere erschienen wohl auch den Zeitgenossen schon als Kuriositäten („Zitterweh" für „Fieber", „Gesichtserker" für „Nase").

Weitere Sprachgesellschaften des 17. Jhs. waren der „Pegnesische Blumenorden" (Nürnberg) und die „Deutschgesinnete Genossenschaft" (Hamburg), zu der nachweislich auch zwei Frauen Zugang fanden, für damalige Zeiten eine Seltenheit.

8.4 Drama und Theater in der Barockzeit

Die bedeutendsten Beiträge zur europäischen Dramatik des 17. Jhs. kamen nicht aus Deutschland, sondern aus England und aus den romanischen Ländern Spanien, Frankreich und Italien. Von Shakespeare und vom *elisabethanischen Drama* in England war bereits im Abschnitt **II.5.2** die Rede. Als Begründer eines eigenständigen spanischen Dramas gilt **Lope de Vega** (1562–1635), als weiterer spanischer Klassiker **Pedro Calderón de la Barca** (1600–1681). Die Meister des französischen Dramas dieser Zeit (*Französischer Klassizismus*) sind **Pierre Corneille** [pjer kornej] (1606–1648) , **Jean Baptiste Racine** [schä batist raßin] (1639–1699) und der Komödiendichter **Jean-Baptiste Molière** [moljär] (1622–1673). Zur Glanzzeit des höfischen Absolutismus galt in Frankreich das Bemühen um Kunst und Literatur als Staatsinteresse – mit allen Vor- und Nachteilen. Kunst und Literatur wurden zwar relativ großzügig gefördert, aber auch den Vorstellungen und Interessen der Herrschenden unterworfen. Die im Jahre 1635 gegründete „Académie française" überwachte nicht nur die Pflege der französischen Sprache, sondern auch die Dramatik. Tragödien mussten nach einem starren formalen und inhaltlichen Regelkanon gedichtet und aufgeführt werden. Zum Beispiel galt die *Ständeklausel*. Sie besagte, dass in der Tragödie das Leben hoher Standespersonen (Adel), in der Komödie dasjenige niederer Standespersonen (Bürger, Bauern) dargestellt werden sollte. Folgerichtig unterschied man daher auch zwischen hohem und niederem Stil. Für die formale Ausführung der Tragödie war insbesondere die Verpflichtung auf den Vers und auf die *drei Einheiten* (von Ort, Zeit und Handlung) bindend. Trotz dieser Einschränkungen, die für heutige Kunstbegriffe befremdlich erscheinen, galt die französische Dramatik im 17. und 18. Jh. vielen als vorbildhaft. Andere lehnten freilich schon damals diese strenge Form ab und erklärten Shakespeare zu ihrem Idol.

William Shakespeare ignorierte die drei Einheiten, band sich an keine „handwerklichen" Regeln, baute in Tragödien komische Szenen ein – und umgekehrt. Er verwendete Vers und Prosa manchmal in ein und demselben Drama nebeneinander. Noch im 18. Jh. wurde in Deutschland heftig gestritten, ob nun Shakespeare oder der französische Klassizismus vorbildhaft sei.

Die entscheidenden Impulse für ein *deutsches Kunstdrama* gingen von **Martin Opitz** aus. Die antike Tradition und die romanische Bühnenkunst galten als wegweisend. Opitz übersetzte Dramen des griechischen Dramatikers **Sophokles** und des römischen Schriftstellers und Philosophen **Seneca** sowie italienische Opernlibretti (= Textbücher) ins Deutsche. Die ästhetischen „Regeln" des Kunstdramas wurden vor allem auf den Hofbühnen und im konfessionell gebundenen Drama verwirklicht, während die wandernden Schauspieltruppen, die nicht in erster Linie für Gelehrte und Adelige spielten, sondern für Bürger und Bauern, von vornherein einen viel freieren Umgang mit der dramatischen Form pflegten. Daher müssen wir die Unterschiede zwischen diesen drei Richtungen barocker Bühnenkunst beachten: *höfisches Theater, Volkstheater der Wanderbühnen, konfessionell gebundenes Theater.*

8.4.1 Höfisches Theater

Zuschauerraum des Amsterdamer Theaters um 1740

Die bedeutendste Schöpfung der höfischen Theaterkultur ist nicht im *Genre* Sprechstück zu finden, sondern in der **Oper**. Ihre Entstehung geht bereits auf die italienische Renaissance zurück. Die ersten Opern, die allerdings nicht erhalten sind, wurden Ende des 16. Jhs. in Florenz geschaffen und aufgeführt. Zum ersten großen Meister der Operngeschichte wurde der Italiener Claudio Monteverdi (1567–1643). Drei seiner Opern sind erhalten, am bekanntesten ist *Orfeo*. Kennzeichnend für die Oper ist die Verbindung von Instrumentalmusik, Gesang, Drama, Tanz und Schauspielkunst. Diese höchst sinnliche Darstellungsweise eignete sich hervorragend für die Zwecke der höfischen Repräsentationskultur, und so war der Siegeszug der Opernform im barocken Europa nur eine Frage der Zeit. Viele Fürsten bemühten sich um glanzvolle Opernaufführungen an ihren Hofbühnen. Seit 1631 war die Oper eine ständige Einrichtung am Wiener Hof, etwas später folgten München, Dresden und Hannover.

Nach wie vor waren die italienischen Komponisten die eigentlichen Meister der Barockoper, aber auch Komponisten anderer Länder schufen nun Opern – meist orientiert am italienischen Vorbild. Als erste deutsche Oper gilt die *Pastoral-Tragikomödie von der Dafne* von Heinrich Schütz (Musik) und Martin Opitz (*Libretto*), von der allerdings nur das Libretto erhalten ist. Zum bedeutendsten deutschen Opernkomponisten des Barock wurde Georg Friedrich Händel, der von 1710 bis zu seinem Tod 1750 am englischen Königshof wirkte.

8.4.2 Konfessionelles Theater: Protestantisches Drama und katholisches Jesuitendrama

Aufbauend auf den poetologischen Richtlinien von **Martin Opitz** (vgl. II.8.2) entwickelte sich im Laufe des 16. Jhs. in Deutschland eine *protestantische Dramatik*, deren bedeutendster Autor der Schlesier **Andreas Gryphius** (1616–1664) war. Im Gegensatz zur glanzvollen, auf diesseitige Lebenslust ausgerichteten höfischen Bühnenkunst des Barock betonte Gryphius in seinen Tragödien die Vergänglichkeit und Hinfälligkeit der menschlichen Existenz. Gryphius' Dramenhelden sind meist Märtyrergestalten, die trotz des Unrechts und der Gräuel, die ihnen angetan werden, nicht verzweifeln, sondern in einem unerschütterlichen Glauben ihren Halt finden. Der weltanschauliche Einfluss der christlichen Stoa, der schon für viele Humanisten prägend war, ist hier nach wie vor wirksam. Die antike Philosophenschule der Stoa behauptete, dass das Universum nach den Prinzipien göttlicher Vernunft gestaltet sei und dass es die Bestimmung des Menschen sei, diese Prinzipien in seinem eigenen Leben zu verwirklichen. Das ethische Leitbild der Stoa war daher ein tugendhaftes Leben, das sich im Einklang mit der Schöpfungsordnung wusste.

Exemplarisch sei auf Gryphius' Stück *Catharina von Georgien oder bewährte Beständigkeit* (1647) verwiesen, das auf einen historischen Vorfall aus dem 17. Jh. zurückgeht. Die christliche Fürstin Catharina begibt sich an den Hof des muslimischen Schahs von Persien, um ihren gefangenen Sohn zu retten. Der Schah wirbt um Catharina. Sie weist ihn zurück und erleidet mit stoischer Gelassenheit den Märtyrertod. Gryphius schrieb allerdings nicht nur Tragödien dieser Art, sondern auch Komödien, die dem Realismus der *barocken Volkskomödie* folgen (siehe dazu II.8.4.3).

Das katholische Gegenstück zum protestantischen Drama ist das *Jesuitendrama*. Der von **Ignatius von Loyola** gegründete Jesuitenorden stellte sich in den Dienst der Gegenreformation, also hatte auch das von ihm begründete Drama, das hauptsächlich an jesuitischen Schulen gepflegt wurde, diesem Ziel zu dienen. Die Schüler übten sich im Deklamieren und die Inhalte dienten der Verbreitung katholischer Lehren. Die Jesuitendramen wurden in lateinischer Sprache geschrieben und aufgeführt. Um die Wirksamkeit über den Kreis der humanistisch Gebildeten hinaus zu erweitern, bedient sich das jesuitische Theater gerne opernhaftsinnlicher Darbietungsformen. Als Höhepunkt jesuitisch-gegenreformatorischer Dramatik gilt das Stück *Cenodoxus* von **Jakob Bidermann** (1578–1639). Cenodoxus ist ein hoch geachteter Gelehrter aus Paris, der hinter seiner vordergründigen Frömmigkeit und Rechtschaffenheit Heuchelei und maßlose Eitelkeit verbirgt. Gott ist aber nicht zu täuschen. Cenodoxus, der es selbst am Sterbebett an der gebotenen Demut fehlen lässt, fährt letztlich zur Hölle.

8.4.3 Das Theater der wandernden Schauspielgruppen: Arlecchino, Pickelhering und Hanswurst

Neben den Hofbühnen und den konfessionellen Theatern wurde das europäische Barocktheater noch von den wandernden Schauspieltruppen geprägt. Aufgrund ihrer Aufführungspraxis hatten sie die größte Breitenwirkung, vor allem unter den niederen Ständen.

Als Höhepunkt der italienischen Volksdramatik gilt die *Commedia dell'arte*, die im 16. Jh. entstanden ist. Sie war ein „marktwirtschaftliches" Unternehmen, das vom Publikumserfolg abhängig war. Man musste also das Publikum vor allem gut unterhalten. Hauptverantwortlich für die Unterhaltung war der *Arlecchino* (Harlekin), der Hauptkomiker auf der Bühne. In die dramatische Handlung wurde er meist als Dienerfigur eingebaut. Durch seine schalkhaften Einfälle und durch seine unfreiwillig-komischen Aktionen war er gleichzeitig Clown und Kabarettist, Kritiker einer verkehrten Welt und von der Verkehrtheit geschädigter Tölpel. Die Commedia dell'arte wurde als Stegreiftheater gespielt. Nur der Handlungsverlauf war abgesprochen, die Bühnendialoge wurden improvisiert.

Podiumsbühne auf dem Marktplatz

Was den Italienern ihr Arlecchino, war den Engländern ihr *Pickelhering*, eine schillernde Spaßmacherfigur. Und ganz ähnlich wie die italienischen waren auch die englischen Komödianten Berufsschauspieler eines nicht subventionierten Wandertheaters. Publiumserfolg hieß also das Programm der englischen Komödianten, und vermutlich haben es die englischen Truppen diesem Hang zur konsumentengerechten Spielweise zu verdanken, dass sie bereits während des 16. Jhs. auf das europäische Festland eingeladen wurden und hier große Erfolge feierten. Auch in Deutschland und Österreich setzte sich dieses Theater durch. Anfangs wurde die Sprachbarriere wohl durch vereinfachte Handlungsabläufe und den überdeutlichen Einsatz von Mimik und Gestik überwunden. Nach und nach blieben englische Theatertruppen im Lande, erlernten die Landessprache, nahmen wohl auch Einheimische als Schauspieler auf und entwickelten auf diese Art deutschsprachiges Volkstheater.

Natürlich darf man sich von der künstlerischen Qualität vieler Wanderbühnen keine allzu hohen Vorstellungen machen. Obszönitäten und Prügel waren teilweise das Originellste, was sie zu bieten hatten. Trotz aller Trivialität verfügte aber die Volkskomödie des 16. und 17. Jhs. über ein poetisches Potenzial, das dann, wenn es in die richtigen Künstlerhände kam, die Entstehung ganz erstaunlicher Werke ermöglichte.

Der Traum aller wandernden Komödianten wird wohl ein festes Schauspielhaus gewesen sein. Dort und da wurde der Traum Wirklichkeit. In Wien wurde zum Beispiel in der Nähe des Kärntnertors ein Komödienhaus für das Volk gebaut, das im Jahre 1712 der kundigen Leitung des Grazer Schauspielers und Stückeschreibers **Josef Anton Stranitzky** anvertraut wurde. Stranitzky (1676–1726) war ausgebildeter Zahn- und Wundarzt, machte aber seine Liebe zur Bühne schließlich zur Profession. Entsprechend den üblichen Gepflogenheiten spielte Stranitzky als Prinzipal die Rolle des Spaßmachers selbst, und als solcher gab er dieser an sich stereotypen Figur charakteristische Züge.

Der *Hanswurst*, wie die Figur genannt wurde, trug eine Salzburger Tracht, eine gelbe Hose, eine offene rote Jacke, unter der ein blauer Brustlatz mit grünem Herz zu sehen war. Um den Hals trug er eine Krause, und auf seinem Kopf saß ein spitzer grüner Hut. Hanswurst ist in Stranitzkys Stücken ein ungebildeter, aber manchmal gerissener Bursche, der seinen Lebensunterhalt meistens als Diener verdient. In der Komödie *Die gestürzte Tyrannei in der Person des Wütrichs Pelifonte oder Triumph der Liebe und Rache mit Hanswurst, dem getreuen Spion, einfältigen Soldaten, leichtsinnigen Liebhaber, und was für Lustbarkeiten ferner seien, wird die Aktion selbst vorstellen* verhilft Hanswurst seinem Herrn Cleone dazu, die schöne Agatoclea zu gewinnen. Der Tyrann Pelifonte wird überlistet und ist am Ende der Verlierer, dem die Schadenfreude des Publikums zufällt, denn die Sympathie gilt natürlich den wahrhaft Liebenden, also Agatoclea und Cleone, und in gewisser Weise auch dem Hanswurst.

8.5 Epik der Barockzeit

Ähnlich wie die Dramatik stand auch die Epik der Barockzeit in besonders engem Zusammenhang mit der Sozialstruktur des 18. Jhs. Für das adelige Lesepublikum wurden *höfisch-historische Romane* geschrieben. Diese Romanform geht auf die spanischen *Amadis-Romane* zurück. Der im Jahr 1508 erschienene Ritterroman *Amadis de Gaulla* von Garcì Rodrìguez de Montalvo erzählt die Liebesgeschichte zwischen dem Ritter Amadis und der englischen Königstochter Oriane. Um diesen Erzählkern ranken sich zahlreiche ritterliche Abenteuer. Der Amadis-Roman kann daher als prosaische Fortsetzung des *höfischen Epos* (*höfische Dichtung*) betrachtet werden. Montalvos Roman wurde eine Art Bestseller und begründete damit in Europa ein eigenes episches *Genre*, das nach dem großen Vorbild Amadis-Roman genannt wurde. Die massenhafte Verbreitung und Erweiterung der Amadis-Geschichten rief natürlich bald auch Parodisten auf den Plan. Die großartigste *Parodie* auf die Gattung lieferte zweifellos Miguel de Cervantes Saavedra (1547–1616) mit seinem *Don Quijote* [don kichọte]. Cervantes erzählt darin die Geschichte eines verarmten Adeligen, der durch das exzessive Lesen von Ritterromanen verrückt wird und nun in der Realität ein glanzvolles ritterliches Leben führen möchte.

Don Quijotes Kampf mit den Windmühlen

Die Bedürfnisse nach Wirklichkeitsflucht erfüllt die idyllische *Schäferdichtung* der Barockzeit, die nicht nur auf den Roman beschränkt blieb. Ihre Figuren und Motive findet man auch in der Lyrik und im Singspiel des 17. und frühen 18. Jhs. Schäfer und Schäferin leben in einem idyllischen Traumland. Heiterkeit, Unbeschwertheit, Zärtlichkeit und Galanterie bestimmen ihr Leben. Es erübrigt sich beinahe, darauf hinzuweisen, dass diese Dichtung mit der Realität eines Schäferdaseins im 17. Jh. nichts zu tun hatte.

Weder der *Schäferroman* noch der *höfisch-historische Roman* kann als realistische Erzählliteratur bezeichnet werden. Diesen Anspruch erfüllt am ehesten die dritte barocke Romanform, der **Schelmenroman**. Ganz ähnlich wie der höfisch-historische Roman hat auch der Schelmenroman seinen Ursprung in Spanien. Der *Picaro* (Schelm) ist die Hauptfigur dieser Romanform. Er ist ein einfacher Bursche aus dem Volk, der in verschiedene Abenteuer verwickelt wird, ohne sie selbst zu suchen. Ritterliches Heldentum ist ihm fremd. Er ist zufrieden, wenn seine sinnlichen Primärbedürfnisse gestillt sind. Der soziale Handlungsraum, in dem sich der Schelm bewegt, wird ziemlich realistisch dargestellt. Es ist meist die Welt der einfachen Leute, der Bauern und der Soldaten, aber auch der Landstreicher und Kriminellen. Und selbst dann, wenn der Schelm an Adelshöfe kommt, findet er dort keine idealisierte heroisch-höfische Gesellschaft vor, sondern ziemlich normale Menschen mit Fehlern und Schwächen.

Die Erzählweise des Schelmenromans ist episodisch. In loser Folge werden mehr oder weniger abgeschlossene Einzelepisoden aneinandergereiht. Letztlich muss der Schelm meist erkennen, dass er Glück und Unglück ziemlich schutzlos ausgeliefert ist und dass sein Leben oft von Kräften gesteuert wird, die unberechenbar sind und auf die er keinen Einfluss hat. Die Konsequenz aus dieser Erkenntnis kann entweder eine *Carpe-diem-Haltung* sein, die darin besteht, jeden guten Tag möglichst sinnenfroh zu genießen, die andere kann Resignation und Weltflucht sein (*Vanitas-Motiv*), die letztlich zu frommer Einsiedelei führt. Der zweifellos bedeutendste Schelmenroman der Barockzeit ist *Der Abenteuerliche Simplicissimus Teutsch* (1669) von **Hans Jakob Christoffel von Grimmelshausen**. Band 1, Modul II.8 ▶

Hans Jakob Christoffel von Grimmelshausen

8.6 Lyrik der Barockzeit

8.6.1 Motive und Themen

Das Gedicht der Barockzeit ist in den wenigsten Fällen als *Erlebnislyrik* zu verstehen. Es ist also nicht individueller Ausdruck eines Gefühls, einer Stimmung, eines Erlebnisses, sondern es will einen Beitrag zur meist religiösen Welt- und Existenzdeutung geben, und zwar in einer möglichst kunstvollen Sprache. Nicht die Suche nach einem individuellen Stil ist für die Barocklyriker/innen handlungsleitend, sondern die kunstreiche Anwendung von *rhetorischen* Sprachformen im Hinblick auf ein mehr oder weniger bekanntes *Motiv*. Typische Motive barocker Lyrik sind das *Vanitas-Motiv*, das *Memento-mori-Motiv* und das *Carpe-diem-Motiv* (vgl. Band 1, Modul II.7 ▶).

Ein nicht geringer Teil der Barocklyrik ist *Gelegenheitsdichtung*. Die Autoren schrieben für Geburten, Hochzeiten, Todesfälle und ähnliche Anlässe Gedichte. Insbesondere bei Hofe und im gehobenen Bürgertum gehörte es zum selbstverständlichen Ritual, besonderen Augenblicken und Ereignissen durch ein Gedicht Dauer und Bedeutung zu verleihen.

Im kirchlichen Umfeld entstand eine Lyrik, die speziell für die Zwecke des kirchlichen Lebens geeignet war, also Kirchenlieder sowie Texte für Kantaten und Oratorien.

8.6.2 Form und Sprache

Das bevorzugte Versmaß der barocken Lyrik war der *Alexandriner*, die bevorzugten Formen waren das *Sonett*, das *Epigramm* und die *Ode*. Wie schon erwähnt, bestand der Kunstcharakter des barocken Gedichts vorwiegend in der stilistisch gekonnten Umsetzung rhetorischer Stilprinzipien. Die Vielfalt der formalen Muster sowie der Reichtum sprachlicher *Bilder* und der überzeugende Einsatz von *Stilfiguren* wie *Antithese, rhetorische Frage, Klimax* etc. machen den Reiz barocker Gedichte aus. Neben dieser von der *humanistischen Rhetorik* geprägten Lyrik wurden aber auch einfachere, volksliedhafte Formen gepflegt, insbesondere im Kirchenlied und in der bürgerlichen *Gelegenheitsdichtung*.

8.6.3 LYRIKERINNEN UND LYRIKER

Einen ersten Höhepunkt erreichte die Barocklyrik durch PAUL FLEMING (1609–1640), der sich vor allem an Francesco Petrarca orientierte. Auch der Breslauer Jurist CHRISTIAN HOFMANN VON HOFMANNSWALDAU (1616–1679) verwendete in seiner Lyrik gern Motive Petrarcas. Sein Stil ist ausgesprochen kunstreich und wird daher manchmal auch als *manieristisch* bezeichnet. Man meint damit, dass der Autor gewisse Stilmittel formal perfekt, aber allzu häufig einsetzt. Das „Gemachte" des Textes steht dadurch im Vordergrund.

SIMON DACH (1605–1659) profilierte sich vor allem durch seine Gebrauchslyrik für das Königsberger Bürgertum. Noch heute wird sein volksliedhaftes Hochzeitslied *Ännchen von Tharau* gesungen.

Der Pastor PAUL GERHARDT (1607–1676) setzte mit Kirchenliedern (z. B. *O Haupt voll Blut und Wunden*) die bereits von Martin Luther selbst eingeleitete Tradition des protestantischen Kirchenliedes fort. Eine tief religiöse katholische Lyrik schrieb der Jesuitenpater FRIEDRICH SPEE VON LANGENFELD (1591–1635). Spee ist aber nicht nur dafür zu würdigen, sondern auch für sein mutiges Eintreten gegen den Hexenwahnsinn des 17. Jhs. Als offensichtlich einfühlsamer Beichtvater wusste Spee, in welch ausweglose, verzweifelte Situation Menschen geraten konnten, die der Hexerei verdächtigt wurden.

Andreas Gryphius

Die Lyrik von MARTIN OPITZ, ANGELUS SILESIUS und ANDREAS GRYPHIUS ist durch Textbeispiele in Band 1, Modul II.7 und Modul II.B vertreten.

Als bedeutendste Lyrikerin der Barockzeit gilt die österreichische protestantische Landadelige CATHARINA VON GREIFFENBERG (1633–1694). Als ihre Schwester starb, erfuhr Catharina von Greiffenberg eine religiöse Erweckung. Seit dieser Zeit schrieb sie geistliche Literatur, v. a. Andachtsbücher und geistliche *Sonette*. Sie genoss die Anerkennung der männlichen Kollegen und wurde als Mitglied in zwei *Sprachgesellschaften* aufgenommen, in den „Pegnesischen Blumenorden" und in die „Deutschgesinnete Genossenschaft".

Der schlesische Lyriker JOHANN CHRISTIAN GÜNTHER (1695–1723) schrieb seine Gedichte bereits in der Übergangszeit vom Barock zur *Frühaufklärung*. Günther führte ein überaus unglückliches Leben. Unerfüllte Liebesbeziehungen und die Verzweiflung am Leben sind immer wiederkehrende Motive in seiner Lyrik. Hier spricht also erstmals ein deutscher Autor der Neuzeit seine Gefühle und Erlebnisse aus. Insofern kann man Günthers Gedichte als Vorläufer jener *Erlebnislyrik* des 18. Jhs. bezeichnen, die mit Goethe ihren ersten künstlerischen Höhepunkt erreichen sollte (siehe auch III.9.4). In der Formgebung ist Günther allerdings noch der barocken Tradition verpflichtet.

Einen kurzen Epochenüberblick über **Renaissance – Humanismus – Reformation – Barock** finden Sie im Anschluss an die Module in Band 1 .

III. Aufklärung – Empfindsamkeit – Sturm und Drang
Ein literaturgeschichtlicher Überblick zum 18. Jh.

1. Datierung und Begriffsklärung

Aufklärung

Was der Begriff *Aufklärung* genau bedeutet, war schon unter den Aufklärern umstritten. Das 18. Jh. gilt als das „Zeitalter der Aufklärung". Aber manche Denkweisen, die für die Aufklärung typisch sind, gehen bereits auf das späte 16. und das 17. Jh. zurück. Und so wie die Aufklärung nicht erst mit dem 18. Jh. beginnt, so ist sie auch nicht mit dem 18. Jh. beendet. Denkweisen und Wertvorstellungen der Epoche (z. B. Toleranz, wissenschaftliche Erkenntnis, logische Argumentation, Staatsverfassung u. a. m.) sind bis heute gesellschaftsprägend.

Bei aller Unterschiedlichkeit der Definitionen von „Aufklärung" gelten als elementare Merkmale:
- *rationale Erklärung der Welt:* Darunter versteht man ein wissenschaftliches Denken, das an Erfahrung (Empirie) und Logik gebunden ist. Unmittelbar damit verbunden ist der hohe Stellenwert des
- *kritischen Denkens:* Alles und jedes kann zum Gegenstand kritischer Untersuchung werden. Dieses aufklärerische Prinzip wendet sich gegen Autoritäten, die sich nur durch Macht und/oder Überlieferung rechtfertigen, im 18. Jh. vor allem gegen kirchliche und fürstliche Machtansprüche. Der kritikfähige, mündige Mensch ist ein zentrales Bildungsziel.
- *Verbesserung der Gesellschaft:* Aufgeklärtes Denken versteht sich fast nie als Selbstzweck, sondern will einen Beitrag zur Verbesserung der Gesellschaft leisten. Daher bemühen sich viele Aufklärer um politische und pädagogische Wirksamkeit.
- *Der einzelne Mensch* (Individuum, Subjekt) steht im Zentrum des Denkens.

Sturm und Drang

Der Begriff *Sturm und Drang* stammt vom gleichnamigen Schauspiel Friedrich Maximilian Klingers (1752–1831) und bezeichnet eine literarische Jugendbewegung zwischen 1770 und 1785. In manchen Literaturgeschichten wird der Sturm und Drang in erster Linie als gefühlsbetonte Gegenbewegung zur verstandesbetonten Aufklärung dargestellt. Das ist nur mit Einschränkungen richtig. Die Stürmer und Dränger lehnten zwar den einseitigen Rationalismus der Aufklärung ab und betonten Natur und Gefühl. Aber sie führten teilweise auch aufgeklärtes Denken weiter, so zum Beispiel die Kritik an Autoritäten, die sich nur durch Machtpositionen rechtfertigen konnten. Eine exakte Trennung oder gar Entgegensetzung von Aufklärung und Sturm und Drang ist daher nicht möglich. Vielmehr scheint es sinnvoll, den Sturm und Drang als eine Variante der Aufklärungsliteratur zu verstehen. In enger inhaltlicher Verbindung mit dem Sturm und Drang steht der Begriff Empfindsamkeit.

Empfindsamkeit

Unter *Empfindsamkeit* versteht man die Neigung, sich emotional berührenden Eindrücken hinzugeben. Die bürgerliche Empfindsamkeit des 18. Jhs. ist zuerst in englischer Literatur (Samuel Richardson, Laurence Sterne) nachweisbar. „Empfindsam" ist die auf Gotthold Ephraim Lessing zurückgehende Übersetzung des englischen Wortes „sentimental". So sehr die Empfindsamkeit dem Gefühl („Sprache des Herzens") freien Lauf lassen will, so sehr tabuisiert sie die sexuellen Bedürfnisse des Menschen. Die Empfindsamkeit beruht auf Moralvorstellungen des Bürgertums, das sich ganz bewusst von der erotisch-frivolen, „unsittlichen" Lebensweise des Adels abgrenzen will.

2. Allgemeine geschichtliche Voraussetzungen

2.1 Die Aufklärung ist eine bürgerliche Bewegung

Sozialgeschichtlich betrachtet ist die Aufklärung eine bürgerliche Bewegung. Das heißt, sie ist nicht denkbar ohne den **gesellschaftlichen Aufstieg des Bürgertums**. Daher ist es kein Zufall, dass die Aufklärung von den europäischen Ländern ausging, in denen das Bürgertum bereits eine wichtige wirtschaftliche Bedeutung hatte, also von England und Frankreich.

In der ständisch gegliederten höfischen Gesellschaft gehörten die Bürger gemeinsam mit den Bauern zu den niederen Ständen – und zwar unabhängig davon, ob sie reich oder arm waren. Ein wohlhabender Manufakturbesitzer war genauso ein Bürger wie ein Schulmeister, ein Universitätsprofessor oder ein Handwerksmeister. Die entscheidenden politischen und militärischen Ämter besetzten der Adel und die hohe Geistlichkeit. Das Bürgertum, der „dritte Stand", leistete für die Gesellschaft sowohl in wirtschaftlicher als auch in geistiger Hinsicht viel (die meisten Gelehrten waren bürgerlicher Herkunft), verfügte aber kaum über politisches Mitspracherecht. Dieses Ungleichgewicht führte zu erheblichen gesellschaftlichen Spannungen, die sich in der zweiten Hälfte des 18. Jhs. in zwei großen historischen Ereignissen entluden: im amerikanischen Unabhängigkeitskrieg und in der Französischen Revolution.

2.2 Die Gründung der Vereinigten Staaten von Amerika und die Französische Revolution

Der erfolgreiche Unabhängigkeitskrieg der amerikanischen Kolonien gegen das englische Mutterland führte im 18. Jh. zur Deklaration der Menschenrechte und zur ersten republikanisch-demokratischen Staatsverfassung der Neuzeit.

Die französischen Revolutionär/innen traten mit der Forderung „Freiheit, Gleichheit, Brüderlichkeit" gegen die alte höfische Gesellschaftsstruktur an und verbreiteten unter dem gesamten europäischen Adel Furcht und Schrecken. Anfangs fanden die Revolutionär/innen auch unter Künstler/innen und Intellektuellen begeisterte Anhänger. Als aber aus der anfänglichen Befreiungsbewegung schon nach wenigen Jahren eine neue Diktatur wurde (Schreckensherrschaft der Jakobiner), wandten sich viele ehemalige Anhänger/innen enttäuscht ab. Ungeachtet dessen war aber die Französische Revolution ein Ereignis, das Europa grundlegend veränderte und wesentliche Schritte zur Demokratisierung und Liberalisierung einleitete.

2.3 Aufgeklärter Absolutismus

Nicht überall führte aufklärerisches Reformdenken zu einer Revolution. Insbesondere in Deutschland und in Österreich waren die Voraussetzungen für eine revolutionäre Entwicklung noch nicht gegeben. Vor allem die habsburgischen Länder waren im Vergleich zu England und Frankreich ein wirtschaftlich rückständiges und von der Gegenreformation geprägtes Gebiet, das Kaiser Karl VI. und ab 1740 seine Tochter Maria Theresia absolutistisch regierten. Das Heilige Römische Reich deutscher Nation existierte nur noch dem Namen nach als einheitliches staatliches Gebilde. Real war es längst in unabhängige Fürstentümer zerfallen.

Dennoch waren es ein deutscher und ein österreichischer Herrscher, die **Ideen der Aufklärung** in ihre **Regierungspolitik** aufnahmen: König Friedrich II. von Preußen und der Habsburger Joseph II. Insbesondere gewährten beide Monarchen Religionsfreiheit für ihre Untertanen (Toleranzprinzip). Seit dem Augsburger Religionsfrieden von 1555, der die Glaubenskämpfe zwischen Katholiken und Protestanten vorübergehend beendet hatte, war Religionspolitik nach dem Prinzip „cuius regio, eius religio" gemacht worden. Das heißt, dass der jeweilige Landesherr die konfessionelle Zugehörigkeit seiner Untertanen bestimmen konnte. Nun gewährten Friedrich und Joseph ihren Untertanen die Freiheit, ihre Religion individuell zu wählen. Allen demokratischen Tendenzen standen aber auch diese „aufgeklärten" Monarchen ablehnend gegenüber. Aufklärung war für sie eine Reform von oben, aber nicht eine Volksbewegung. Ihren markanten Ausdruck findet die Position des aufgeklärten Absolutismus in einem Satz, der Joseph II. zugesprochen wird: „Alles für das Volk, aber nichts durch das Volk!"

3. EINFÜHRUNG IN DAS PHILOSOPHISCHE DENKEN DES AUFKLÄRUNGSZEITALTERS

Kaum eine andere literarische Epoche steht so stark im Zusammenhang mit der Philosophie ihrer Zeit wie die Aufklärung. In Frankreich wurden die Begriffe „Philosoph" und „Aufklärer" sogar als *Synonyme* verwendet.

3.1 RELIGIONSKRITIK

Die Aufklärer kritisierten vor allem den absoluten Wahrheitsanspruch der christlichen Offenbarungsreligion. Sie bestritten, dass Gott über die Propheten und den Messias die letzte gültige Wahrheit offenbart hätte, die nun in der Bibel nachzulesen sei. Diesem Anspruch der christlichen Kirchen stellten aufgeklärte Religionskritiker meist eine „natürliche" Religiosität gegenüber, die auf dem menschlichen Grundbedürfnis nach einem letzten Sinn und Daseinsgrund basiert. Die Natur des Menschen sucht also nach Gott.

Eine der Aufklärung angemessene Religionsauffassung war zum Beispiel der *Deismus*. Die Deisten behaupteten, Gott habe die Welt nach naturwissenschaftlich feststellbaren Gesetzen geschaffen, greife aber seit der Schöpfung nicht mehr in den Ablauf ein. Diese Auffassung wurde beispielsweise von **VOLTAIRE** [woltạr] vertreten, dem wahrscheinlich einflussreichsten französischen Intellektuellen des 18. Jhs.

Atheistisch-materialistische Positionen sind in der Religionskritik des 18. Jhs. noch die Ausnahme.

Voltaire

3.2 NEUES STAATSPOLITISCHES DENKEN

Die politischen Veränderungen in der zweiten Hälfte des 18. Jhs. waren teilweise durch die politischen Theorien von Aufklärern vorbereitet worden. Von den vielen **Vordenkern der bürgerlichen Revolution** seien drei erwähnt:

Der Engländer **JOHN LOCKE** stellte den Einzelmenschen und dessen natürliche Rechte in den Mittelpunkt seiner Auffassung vom Staat. Locke ist insofern ein typisch bürgerlicher Staatsphilosoph, als er die Aufgabe des Staates vor allem darin sieht, das Wohl des einzelnen Bürgers, insbesondere dessen Recht auf privates Eigentum, zu schützen. Der Weg dazu ist vor allem eine zuverlässige Verfassung (Konstitution).

CHARLES DE MONTESQUIEU [scharl dö mŏteskjö] ist der „Erfinder" der Gewaltenteilung. Montesquieu kritisierte die unumschränkte Herrschaft absolutistisch regierender Monarchen und forderte, dass die politische Macht auf drei voneinander unabhängige Instanzen aufgeteilt wird, auf die Legislative (gesetzgebende Gewalt), die Exekutive (ausführende Gewalt) und die Judikative (richterliche Gewalt). Diese Gewaltentrennung ist noch immer die Grundlage für alle demokratischen Verfassungen der Gegenwart.

JEAN-JACQUES ROUSSEAU [schä schak rußŏ] vertrat in seinem Werk *Du contrat social* [dü kŏtra soßjal] (*Der Gesellschaftsvertrag*, 1754/62) radikaldemokratische und kollektivistische (= das Gemeinwohl dem Wohl des Einzelnen vorziehende) Sichtweisen, die über eine bürgerliche Position hinausgingen. Während das Bürgertum das Recht auf Privateigentum forderte, sah Rousseau gerade in der Entstehung des Privateigentums den Grund für Unrecht, persönliches Unglück, soziales Elend und Krieg. Durch die Eigentumsbildung – so Rousseau – wird der Mensch seinem glücklichen Naturzustand, dem Leben in friedlicher Gemeinschaft, entfremdet. Die nun einsetzende Zivilisation verschlechtert die Lebensbedingungen und entfremdet den Menschen seinem natürlichen Wesen. Rousseaus *Utopie* ist eine organisch-natürliche Gesellschaft, in der das Volk souverän ist und eine harmonische Verbindung von Einzelinteresse und „Gemeinwohl" anstrebt. Dass dies freilich leichter zu fordern ist als zu verwirklichen, zeigte der Verlauf der Französischen Revolution, für die Rousseau geradezu eine Kultfigur wurde.

Jean-Jacques Rousseau

3.3 „TRANSZENDENTALE ERKENNTNISTHEORIE" UND „KATEGORISCHER IMPERATIV": IMMANUEL KANT

Immanuel Kant

IMMANUEL KANT war einer der wichtigsten Philosophen der Aufklärung. Sein programmatischer Text *Was ist Aufklärung?* fehlt in keinem Buch über diese Zeit (siehe dazu Band 1, Modul III.1 ▶). Kants Beitrag zur neuzeitlichen *Erkenntnistheorie* war so bedeutsam, dass man von einer „kopernikanischen Wende" spricht. Denn Kants Werk *Kritik der reinen Vernunft* (1781) war für unsere Auffassung von den Möglichkeiten und Grenzen menschlicher Erkenntnis ebenso folgenreich, wie es das heliozentrische Weltbild des Nikolaus Kopernikus für unser naturwissenschaftliches Weltbild war.

Kant verknüpfte *Empirismus* und *Rationalismus*. Gemeinsam mit den Empiristen behauptete Kant, dass alle Erkenntnis zunächst einmal von der sinnlichen Erfahrung ausgehe. Aber die gedankliche Verarbeitung und Anordnung des sinnlich Wahrgenommenen, also das eigentliche Erkennen, kann nicht wieder aus der Erfahrung erfolgen. Unsere Denkstruktur ordnet die sinnlichen Wahrnehmungen an – und zwar auf der Grundlage von Raum, Zeit und Kausalität. Diese „Kategorien" sind nichts Objektives, das den Dingen anhaftet, sondern Hervorbringungen des Denkens, also subjektiv. Was wir als „Wirklichkeit" bezeichnen, ist daher nicht das Spiegelbild der Dingwelt in unseren Köpfen, sondern stets eine gedankliche Konstruktion. Wir erkennen nie das „Ding an sich", sondern immer nur das „Ding für uns", also auf der Grundlage unserer Denkformen.

Mit seiner *Kritik der praktischen Vernunft* schuf Immanuel Kant einen einflussreichen Beitrag zur Ethik der Aufklärung. Im Zentrum seiner Ethik steht der „Kategorische Imperativ": „Handle so, dass die Maxime deines Willens jederzeit zugleich als Prinzip einer allgemeinen Gesetzgebung gelten könne." Als Leitlinie für unser persönliches Handeln soll also gelten, dass unser individuelles Verhalten so verantwortungsvoll ist, dass es zur Grundlage einer allgemeinen Gesetzgebung gemacht werden kann. Mit Kants Ethik beschäftigte sich FRIEDRICH SCHILLER besonders eingehend. Band 1, Modul IV.3

3.4 „Monadenlehre": Gottfried Wilhelm Leibniz und Christian Wolff

Die Einzelseele erklärte GOTTFRIED WILHELM LEIBNIZ (1646–1716) als eine eigenständige, nach individueller Vervollkommnung strebende „Monade". Individualität und Subjektivität des Menschen waren also für sein Menschenbild bestimmend. In dieser Hinsicht kann Leibniz als „modern" gelten. Allerdings bemühte er sich auch darum, Teile des traditionellen religiösen Weltbildes zu retten. Laut Leibniz sind alle Monaden eingebunden in die große Harmonie eines Kosmos, der göttlichen Ursprungs ist. Gott ist die Zentralmonade. So scheinen die Individuen aufgehoben zu sein in einer geordneten Harmonie. Ausgehend von dieser Überlegung kam Leibniz zu der Meinung, wir lebten in der bestmöglichen aller Welten. Diese überaus optimistische Beurteilung der Welt machte VOLTAIRE in seinem Roman *Candide* [kãdịd] zum Gegenstand der *Satire*.

Als Nachfolger und Popularisierer von Leibniz' Ideen gilt der Philosoph CHRISTIAN WOLFF (1679–1754). Mehr als Leibniz betonte Wolff die logische Vernunft, die er auf alle Bereiche des menschlichen Lebens anwenden wollte. Mathematische Logik wurde für Wolff zum allgemein gültigen Prinzip, sodass für Subjektivität, Spontaneität und Gefühl kaum mehr Raum blieb. So fand Wolff auch viele Gegner. Sein Name wurde ihnen zum Symbol für einseitigen Rationalismus und kreativitätsfeindliche Pedanterie.

4. Mediengeschichte

4.1 Das Buch wird zur Ware

Um 1770 konnten etwa 15 Prozent der Deutschen lesen. Als in mehreren Fürstentümern die Schulpflicht eingeführt wurde, stieg die Zahl der Lesekundigen. Wohlhabende Männer fanden sich in *Lesegesellschaften* zusammen (mehr als 400 in der zweiten Hälfte des 18. Jhs.), aus denen Frauen und Arme meist ausgeschlossen waren. Das städtische Kleinbürgertum und die Unterschicht waren, sofern sie lesen konnten, auf die wenigen Leihbibliotheken angewiesen. Nach und nach entstand ein „Markt" für Literatur. Das Verlagswesen florierte. Zwischen 1740 und 1800 stieg die jährliche Buchproduktion in Deutschland von 755 auf 2569 Titel. Dadurch positionierten sich die Autoren auch in der Gesellschaft anders. Der „Hofdichter", der vom adeligen Mäzen abhängig war, wurde immer mehr zur Ausnahme. In Preußen war der letzte Hofdichter im Jahr 1713 aufgrund von Sparmaßnahmen entlassen worden. Zumindest theoretisch war es nun möglich, dass ein „freier Schriftsteller" vom Verkauf seines Werkes leben konnte. In der Praxis war dies allerdings ziemlich schwierig, unter anderem auch deshalb, weil es noch kein gesetzliches *Urheberrecht* (*Copyright*) gab, das den Autor und seinen Erstverleger vor billigen Nachdrucken schützte. Die meisten Autoren, auch die etablierten, brauchten nach wie vor zusätzliche Einnahmequellen, zum Beispiel als Beamte, Universitätslehrer, Hofmeister (Hauslehrer und Erzieher) etc.

Ein weiteres Phänomen brachte der Markt mit sich: Das Buch als Ware und damit die Verbreitung von Unterhaltungsliteratur, die den Massengeschmack bediente. Nicht Johann Wolfgang von Goethes Roman *Wilhelm Meisters Lehrjahre* war ein großer Verkaufserfolg, sondern der Roman *Rinaldo Rinaldini der Räuberhauptmann*, den Goethes Schwager Christian August Vulpius 1799 veröffentlichte. Anspruchsvolle Literatur war eben auch im 18. Jh. ein Minderheitenprogramm.

4.2 Moralische Wochenschriften

Mehr noch als Bücher wirkten im 18. Jh. die *Moralischen Wochenschriften*, typische Printmedien einer auf Volksbelehrung ausgerichteten Aufklärung. Ihre inhaltlichen Schwerpunkte und ihre Textsorten dienten der volksaufklärerischen Absicht: populärwissenschaftliche Artikel, moralisch wertende Kommentare, lebenspraktische Unterweisungen und eine biedere Unterhaltungsliteratur.

4.3 Das Theater als Medium bürgerlicher Emanzipation

Das stehende Theater mit festem Haus war im 16. und 17. Jh. an die mächtigen Geldgeber gebunden, entweder an Adelshöfe oder an kirchliche Schulen. Das Volkstheater wurde vorwiegend von Wanderbühnen getragen. Nun gingen auch Stadtbürger daran, aus gemeinsamen Mitteln städtische Bühnen zu gründen. Neben den Druckwerken waren diese Bühnen die wichtigsten Orte bürgerlicher Kultur. Die wachsende Bedeutung und Qualität der Dramatik in der zweiten Hälfte des 18. Jhs. ist unter anderem aus diesem sozialgeschichtlichen Zusammenhang zu verstehen.

5. Das Drama im 18. Jahrhundert

5.1 Das bürgerliche Trauerspiel entsteht

Die Tragödie des 17. und frühen 18. Jhs. zeigte im Mittelpunkt der Handlung eine Hauptfigur, die der Aristokratie angehörte. Tragische Schicksale – so scheint es – durften nur Angehörige des ersten Standes haben, während die Schicksale niederer Standespersonen, also der Bürger und Bauern, als unerheblich galten. Bürger und Bauern taugten als komische Figuren. Die Bühnenhelden des französischen Komödiendichters Molière [moljär], vom „eingebildeten Kranken" bis zu Tartuffe [tartüf], waren Bürger; die komische Figur in der Volkskomödie war ein Bauer. – Dieses für heutige Vorstellungen befremdliche Phänomen wurde sogar in vielen *Regelpoetiken* der Renaissance und des Barock als sogenannte *Ständeklausel* niedergeschrieben.

Molière

England war das erste Land Europas, in dem dieses „Gesetz" seine Gültigkeit verlor. Das Bürgertum emanzipierte sich, die Städte entwickelten sich neben den Fürstenhöfen zu kulturellen Zentren und das Bürgertum fand zu eigenständigen künstlerischen Ausdrucksweisen. Diesen Umständen verdankt das *bürgerliche Trauerspiel* seine Entstehung.

Als Beispiel für diese Art von Dramatik soll hier kurz das Theaterstück *George Barnwell or The Merchant of London* erwähnt werden, das ein Juwelier namens GEORGE LILLO schrieb und das in London im Jahr 1731 seine Uraufführung erlebte. George Barnwell ist ein junger, bislang unbescholtener Mann aus bürgerlichem Haus, der auf die sprichwörtliche schiefe Bahn gerät, weil er einer verruchten Frau namens Millwood verfallen ist. Um ihre Zuneigung und Leidenschaft zu erkaufen, lässt er sich auf allerlei Unredlichkeiten ein. Als selbst die auf diese Weise erworbenen finanziellen Mittel nicht ausreichen, um die Luxusbedürfnisse der niederträchtigen Millwood zu befriedigen, scheut George Barnwell nicht einmal vor einem Mord zurück. Diese Art Theater erweckte aufgrund ihres Erfolgs beim englischen Publikum auch das Interesse des Kontinents.

Den Anstoß zu einem deutschen bürgerlichen Trauerspiel gab GOTTHOLD EPHRAIM LESSING. Er sah 1754 in Hamburg die deutsche Erstaufführung des Stücks *George Barnwell* und ging sofort daran, ein deutsches Trauerspiel dieser Art zu schreiben. Schon ein Jahr später wurde in Frankfurt an der Oder sein Trauerspiel *Miss Sara Sampson* uraufgeführt. Die tragische Hauptfigur des Stücks ist ein Mädchen aus dem Bürgertum, das den Verführungskünsten des Aristokraten Mellefont nicht widerstehen kann und letztlich durch einen Eifersuchtsmord stirbt. Das Trauerspiel war ein enormer Publikumserfolg. Die starke emotionale Wirkung des heute kaum mehr aufgeführten Dramas ist wohl nur dadurch zu erklären, dass Lessing Probleme ansprach, die den Menschen aus ihrem eigenen Erfahrungsbereich geläufig waren.

Gotthold Ephraim Lessing

Solch ein Problem der Zeit war die Verführung von Bürgermädchen durch Aristokraten. Es ist sicher kein Zufall, dass dieses Motiv in mehreren deutschen Dramen des 18. Jhs. handlungstragend geworden ist, so zum Beispiel in HEINRICH LEOPOLD WAGNERS Drama *Die Kindermörderin*, in JAKOB MICHAEL REINHOLD LENZ' *Die Soldaten*, in FRIEDRICH SCHILLERS *Kabale und Liebe*. Auch die Gretchen-Handlung in JOHANN WOLFGANG VON GOETHES *Faust* weist ähnliche Inhalte auf.
Gotthold Ephraim Lessing machte die Handlungsstruktur des bürgerlichen Trauerspiels noch einmal zur Grundlage eines Bühnenstücks. Ähnlich wie in *Miss Sara Sampson* ist auch in *Emilia Galotti* ein Mädchen aus bürgerlicher Familie die tragische Hauptfigur. **Band 1, Modul III.2**
Neben diesen literarisch hochrangigen Werken gab es auch viele sentimentale Gebrauchsstücke, die ähnliche Handlungsschemata aufweisen. Man spricht in diesem Fall vom „bürgerlichen Rührstück".

Weit über das 18. Jh. hinaus blieb die Tradition des bürgerlichen Trauerspiels wirksam. FRIEDRICH HEBBELS Theaterstück *Maria Magdalene* (1846) erzählt die Geschichte einer jungen Frau aus kleinbürgerlichen Verhältnissen, die von ihrem Geliebten verlassen wird und die sich – weil sie den väterlichen Ehrbegriffen nicht mehr entspricht – das Leben nimmt. Als neue Variante des *Genres* kann ARTHUR SCHNITZLERS Tragödie *Liebelei* (1895) gesehen werden.
Band 1, Modul VI.4

5.2 DER DEUTSCHE DRAMENSTREIT

Johann Christoph Gottsched

GOTTHOLD EPHRAIM LESSING war nicht nur als Theaterautor, sondern auch als Theoretiker und Kritiker des Theaters von Bedeutung. Als Mitarbeiter des Hamburgischen Nationaltheaters gab er ein regelmäßig erscheinendes Theaterblatt heraus. In dieser *Hamburgischen Dramaturgie* entwickelte er wesentliche theoretische Grundlagen der Dramatik. Mit seinen Ansichten geriet Lessing schon bald in Gegensatz zu JOHANN CHRISTOPH GOTTSCHED. Gottsched war ein angesehener Literaturtheoretiker. Seine Vorstellungen von gutem Theater waren an der *Poetik* des ARISTOTELES orientiert und am *klassizistischen Drama* Frankreichs. Französische Dramatiker wie PIERRE CORNEILLE [kornej] und JEAN BAPTISTE RACINE [raßin] galten Gottsched als vorbildhafte Autoren. Ihrem Vorbild sollten die deutschen Dramatiker nacheifern.

In seinem poetologischen Hauptwerk *Versuch einer Critischen Dichtkunst vor die Deutschen* erläuterte Gottsched zum Beispiel, wie ein Bühnenautor vorgehen muss, damit eine gute Tragödie entsteht: Vorerst einmal hat der Dichter einen moralischen Lehrsatz zu wählen, den er seinem Publikum durch die Bühnenhandlung veranschaulichen möchte. Sodann hat er die „Fabel", also den Handlungsablauf zu ersinnen, der so gestaltet sein muss, dass er die Wahrheit des Lehrsatzes beweist. Hat der Dichter nun die Fabel konstruiert, so soll er sie in fünf etwa gleich lange Akte einteilen. Die Fabel muss nach den klassischen *drei Einheiten* (Ort, Zeit, Handlung) gestaltet sein. Die *Ständeklausel* ist einzuhalten. Als Versmaß empfiehlt Gottsched den *Alexandriner*.

Nach heutigen Maßstäben erscheinen uns Gottscheds Forderungen als ziemlich schulmeisterliche Anleitung zum Dichten. Es ist uns verständlich, dass sich Gotthold Ephraim Lessing vehement gegen Gottscheds Regeldenken aussprach und so eine der berühmtesten Kontroversen der deutschen Literaturgeschichte auslöste. Man muss aber Professor Gottsched Gerechtigkeit widerfahren lassen. Das deutsche Theater war zu seinen Lebzeiten in einem ziemlich deprimierenden Zustand. Die inhaltliche Substanzlosigkeit der sogenannten *Haupt- und Staatsaktionen*, die mangelhafte künstlerische Qualität vieler Wanderbühnen sowie das schwache Niveau der meisten Volkskomödien verlangten nach ordnenden Köpfen und Händen. Gottscheds „Rezept" zur Abfassung einer Tragödie mag misslungen sein, aber sein Beitrag zur Literaturtheorie erschöpft sich ja nicht darin. Gottsched bemühte sich zum Beispiel um die Aufwertung der Komödie.

5.3 FÜR EINE NEUE DEUTSCHE KOMÖDIE

Das Ansehen der Komödie war im 18. Jh. ähnlich schlecht wie das des Romans. Die Komödie galt als seichte Belustigung für die niederen Stände – und war es wohl auch in den meisten Fällen. GOTTSCHED ordnete die Komödie soziologisch ebenfalls den niederen Ständen zu. Aber dadurch, dass er das Bürgertum als wesentlichen Kulturträger gesellschaftlich aufwertete, wertete er gleichzeitig die Komödie auf. Freilich sollte das herkömmliche Lustspiel erst „gereinigt" werden – von derben Späßen und von spektakulären Handlungselementen, die dem Wahrscheinlichkeitsprinzip zuwiderliefen. Eine anspruchsvolle, „regelmäßige" (d. h. an poetologischen Regeln orientierte) Komödie war das Ziel aufgeklärter Bühnenkunst. Für das Stegreifspiel und die derben Späße des *Harlekins* sollte in der reformierten Komödie zum Beispiel kein Platz mehr sein.

Auch hier meldete **Lessing** Widerspruch an und setzte Gottsched seine Sichtweise einer guten deutschen Komödie entgegen. Im Unterschied zu Gottsched, der in erster Linie Theoretiker war, konnte Lessing seine Ansichten auch praktisch umsetzen. Er schrieb *Minna von Barnhelm* (Uraufführung 1767), eines der wenigen klassischen Lustspiele der deutschen Literatur.

6. Der Roman im 18. Jahrhundert

Der Roman, heute die beherrschende Textsorte der Erzählliteratur, genoss im 18. Jh. kein hohes Ansehen. Romane zu lesen galt vielen als Zeitverschwendung, andere befürchteten einen sittenverderbenden Einfluss oder die Flucht in Traumwelten. Ungeachtet des geringen Ansehens erfreute sich aber der Roman insbesondere beim weiblichen Lesepublikum großer Beliebtheit. Abenteuer- und Liebeshandlungen waren (und sind) eben spannend und/oder erregend zu lesen. Ob ein Kritiker derlei Literatur gut findet oder nicht, das kümmerte die meisten Leser/innen damals genauso wenig wie heute. Aufgeklärte Autor/innen erkannten also, dass sie mit der Romanform ein breites bürgerliches Lesepublikum erreichen konnten, dass sie aber für die ästhetische Qualität der Gattungsform etwas tun mussten, wenn sie nicht als billige Unterhaltungsschriftsteller/innen gelten wollten.

6.1 Englische Vorbilder

Ähnlich wie das deutsche bürgerliche Trauerspiel seine Vorbilder der englischen Literatur entnahm, so ist auch die Entwicklung der deutschen Romanschreibung des 18. Jhs. in erster Linie englischen Anregungen zu verdanken. Zu nennen sind hier vor allem folgende Romane:
Daniel Defoe schuf mit seinem *Robinson Crusoe* die aufgeklärte Version eines Seefahrer- und *Abenteuerromans*, die zahlreiche Nachahmer fand.
Laurence Sterne (*Tristram Shandy*, *Sentimental Journey*) und **Samuel Richardson** (*Pamela oder die belohnte Tugend*, 1743) wurden wegweisend für den sogenannten „moralisch-empfindsamen Roman“.
Als kritischer Realist und Satiriker gilt **Henry Fielding**. Sein Roman *The History of Tom Jones, a Foundling* (1749) gilt als besonders gelungener realistischer, gesellschaftskritischer Roman.

6.2 Der bürgerliche Bildungs- oder Entwicklungsroman entsteht

Eines der ersten überzeugenden Beispiele für die Bemühungen um den deutschen Roman ist die *Geschichte des Agathon* von **Christoph Martin Wieland**. Mit diesem Werk begründete Wieland den deutschen *Bildungs- oder Entwicklungsroman*, ein episches Genre, das mehr als hundert Jahre lang für die deutsche Romanschreibung bestimmend bleiben sollte. Im Mittelpunkt der Handlung steht – wie immer beim Bildungsroman – ein junger Mann, der durch eine Fülle von Erfahrungen und Begegnungen einen Reifungsprozess erlebt, welcher am Ende zu einem typisch aufgeklärten Happy End führt. Am Schluss (der Fassung letzter Hand) zeigt sich Agathon als gereifte Persönlichkeit, lebenstüchtig, aufgeklärt, ethisch untadelig, und er findet seinen Platz in einer Gesellschaft, die diese Tugenden achtet, schützt und zu nützen weiß. Diese Art von Happy End ist Ausdruck jenes *aufklärerischen Optimismus*, der den Menschen für lernfähig und die Gesellschaft für reformierbar hielt.

Christoph Martin Wieland

Dass die Wirklichkeit oft hinter dem Wunsch zurückblieb, ist nicht nur eine Tatsache, sie spiegelt sich auch in anderen Romanen des 18. Jhs. An erster Stelle sei hier *Anton Reiser* von Karl Philipp Moritz genannt. Dieser *autobiografische* Roman zeigt, wie sich ein begabter, aber armer junger Mann um seine Reifung im aufgeklärten Sinne des Wortes bemüht, welch große Hürden ihm aber dabei im Wege stehen. *Anton Reiser* mag literarisch und stilistisch nicht so überzeugend sein wie *Geschichte des Agathon*, der Roman ist aber ein beeindruckendes sozialhistorisches Dokument. (*Anton Reiser* und *Geschichte des Agathon* Modul III.B)

Noch skeptischer als in *Anton Reiser* wird die Chance auf persönliche Entfaltung des Individuums im Roman *Belphegor* von Johann Karl Wezel eingeschätzt. Der *Protagonist* dieses Werkes gerät vom Unglück zum Verbrechen, vom Verrat zur Treulosigkeit, und am Ende steht die ernüchternde Einsicht, dass „Neid und Vorzugssucht" die allgemeinsten „Triebfedern der menschlichen Natur" sind. Alle aufklärerischen Ideale scheitern an der schlechten ethischen Grundverfassung des Menschen.

Zum zentralen Werk innerhalb des Genres Bildungsroman sollte Johann Wolfgang von Goethes Roman *Wilhelm Meisters Lehrjahre* werden. Band 1, Modul IV.5

6.3 Die ästhetische Theorie zum Bildungsroman

Als positive Reaktion auf die Lektüre des *Agathon* verfasste der preußische Offizier und Freizeitautor Christian Friedrich von Blanckenburg seinen *Versuch über den Roman* (1774). In dieser theoretischen Abhandlung stellte Blanckenburg den Roman als moderne Form des antiken *Epos* dar. Aufgabe des Romanautors sei es, die innerseelische Entwicklung eines Menschen nach den Prinzipien psychologischer Wahrscheinlichkeit zu erzählen. Am Schluss der Romanhandlung soll im Sinne eines aufklärerischen Optimismus eine gereifte Persönlichkeit stehen, die sich in der Gesellschaft bewährt.

6.4 Der satirisch-gesellschaftskritische Roman

Neben dem Entwicklungs- oder Bildungsroman erfreute sich im 18. Jh. auch der *satirisch-gesellschaftskritische Roman* großer Beliebtheit. Wieder war es Christoph Martin Wieland, der in diesem Genre eine gelungene Arbeit publizierte. Der Roman *Geschichte der Abderiten* ist eine Art Schildbürger-Roman. Abdera ist eine kleine Republik. Die Erzählerfigur ist der Geschichtsschreiber des Städtchens. Er berichtet auf ironische Weise vom Leben in Abdera. Der Philosoph und Naturforscher Demokrit versucht aufgeklärtes Denken nach Abdera zu bringen, aber er scheitert an der Borniertheit der Bewohner. Am Ende hält man ihn wegen seiner Ideen sogar für geistesgestört. Der Dramatiker Euripides entlarvt den schlechten Geschmack der Abderiten. Politische Leidenschaften entzünden sich an Lächerlichkeiten. Im letzten Buch wird geschildert, wie Abdera an seiner eigenen Narrheit, nämlich an der Heiligsprechung von Fröschen, zugrunde geht. Die Abderiten müssen auswandern, zerstreuen sich über die ganze Erde – und sorgen auf diese Weise weltweit für Narrennachwuchs.

7. „Prodesse et delectare" – sittliche Verbesserung der Menschheit durch Literatur?

Die *Aufklärer* wollten die Gesellschaft verbessern. Diese Verbesserung mag teilweise durch Änderung der politischen Verhältnisse, zum Beispiel durch Verfassungen, möglich sein. Aber eine grundlegende Reform der Gesellschaft schien den meisten Aufklärern nur dann möglich, wenn die einzelnen Menschen zu aufgeklärten Persönlichkeiten gebildet werden. Die „**Aufklärung der Menschen**", ihre Erziehung zur Reflexions-, Kritik- und Entscheidungsfähigkeit sowie zu sozial verantwortlichem Handeln war daher ein vorrangiges Anliegen. Für diesen Zweck eignen sich folgende literarische Formen besonders gut: *Satire*, *Fabel*, *Gleichnis*, *Aphorismus* und *Lehrgedicht*. Nützen (= prodesse) und unterhalten, ergötzen (= delectare) und belehren sollten keine Widersprüche sein, sondern in der Literatur zur Einheit finden.

Auch eine spezifische **Kinder- und Jugendliteratur** mit pädagogischer Wirkungsabsicht ist in der Aufklärungsepoche entstanden. Als bedeutendster Kinderbuchautor der deutschen Aufklärung gilt der Pädagoge JOACHIM HEINRICH CAMPE, der auch im Schul- und Bildungswesen eine führende Rolle spielte. So wie die aufgeklärte Pädagogik insgesamt bedarf auch die aufgeklärte Kinderliteratur einer kritischen Beurteilung. Ein körperferner Rationalismus und bürgerlich-christliche Moralvorstellungen vereinigten sich zu einer äußerst sexual- und sinnlichkeitsfeindlichen Erziehung, die Onanie, vor- und außereheliche Sexualität generell, insbesondere aber weibliche Sexualität ausgesprochen negativ beurteilte. Das beherrschende Thema der bürgerlichen Mädchenliteratur war die Erziehung des Mädchens zur liebenden Gattin, Hausfrau und Mutter. Abschreckende Beispiele einerseits, positive literarische Vorbilder andererseits sollten dazu einen Beitrag leisten (u. a. *Väterlicher Rat für meine Tochter* von JOACHIM HEINRICH CAMPE Band 1, Modul III.1).

8. UTOPIEN

In enger Verflechtung mit dem optimistischen Denken der *Aufklärung* steht die literarische Form der *Utopie*. Der aus dem Griechischen kommende Begriff bedeutet „Nirgendsland". Er bezeichnet positive Gegenentwürfe zur tatsächlich existierenden Gesellschaft, die als mangelhaft erfahren wird. Als älteste europäische literarische Utopie der Neuzeit gilt der Roman *Insel Utopia* (1516) von THOMAS MORUS.

8.1 RAUMUTOPIE: DIE INSEL ALS PARADIESISCHE GEGENWELT

Man unterscheidet grundsätzlich zwischen *Raumutopien* und *Zeitutopien*.
Die Raumutopie war meist an den literarischen Ort einer fernen „Insel" gebunden. Der berühmteste Roman dieser Art ist *Robinson Crusoe* von DANIEL DEFOE (1719). In der Abgeschiedenheit einer fernen Insel, auf der Robinson Crusoe als Schiffbrüchiger landet, lebt der Romanheld in einem ethisch idealen Zustand, „allen Schlechtigkeiten der Welt entrückt". Als Begleiter findet er Freitag, den Typus des „edlen Wilden", der in der europäischen Kultur oft als positives Gegenbild zum moralisch verkommenen Zivilisationsmenschen dargestellt

Robinson Crusoe

worden ist. Defoe begründete mit seinem erfolgreichen Werk ein eigenes literarisches *Genre*, die sogenannten *Robinsonaden*.

Ein Beispiel für eine Raumutopie aus der deutschsprachigen Aufklärungsliteratur ist der Roman *Wunderliche Fata einiger Seefahrer, absonderlich Alberti Julii, eines geborenen Sachsen, auf der Insel Felsenburg* von JOHANN GOTTFRIED SCHNABEL (entstanden 1731–1743). Der Sachse Albert Julius wird nach einem Schiffbruch auf eine einsame Insel verschlagen und begründet dort ein ideales Gemeinwesen nach bürgerlich-*pietistischen* Wertvorstellungen.

8.2 ZEITUTOPIEN

Im Unterschied zur Raumutopie sucht man in der Zeitutopie den idealen Gesellschaftszustand nicht an einem fernen Ort, sondern in einer künftigen Zeit. Die Autoren von Zeitutopien waren meist von aufklärerischem Fortschrittsglauben erfüllt. Sie hofften auf die Lernfähigkeit des Menschen und seinen Willen zum ethisch Guten. Eine typische Zeitutopie ist der Roman *Das Jahr 2440* des Franzosen LOUIS-SÉBASTIEN MERCIER (siehe dazu Modul III.C). Zeitutopien prägen das politisch-philosophische Denken bis weit in das 20. Jh. hinein. Insbesondere das Gesellschaftsideal des Marxismus, kann als aufgeklärte Zeitutopie verstanden werden.

8.3 UTOPIE DER MENSCHHEITSFAMILIE: LESSINGS DRAMA „NATHAN DER WEISE"

Eine aufklärerische Utopie der multikulturellen Menschheitsfamilie, der Toleranz und des internationalen Friedens hat GOTTHOLD EPHRAIM LESSING mit seinem Drama *Nathan der Weise* geschaffen. Band 1, Modul III.3

9. RADIKALE SUBJEKTIVITÄT: DIE LITERATUR DES STURM UND DRANG

9.1 INDIVIDUUM – SUBJEKT – SEELE – GENIE

Aus den bisherigen Ausführungen zur Literatur und Philosophie der *Aufklärung* wurde bereits erkennbar, dass ab dem 17. Jh. das Individuum, der Einzelmensch, in den Mittelpunkt des aufgeklärten Denkens und Schreibens rückt. Schon RENÉ DESCARTES [dekạrt] leitete die Gewissheit nicht aus Gott, sondern aus dem denkenden Ich ab („cogito, ergo sum" – lat. „Ich denke, also bin ich"). GOTTFRIED WILHELM LEIBNIZ machte sich Gedanken über den Zustand der Einzelseele (Monade). IMMANUEL KANT erklärte, dass die Erkenntnis der Wirklichkeit an das erkennende Subjekt gebunden ist. JEAN-JACQUES ROUSSEAU [rußọ] wollte die Natur des einzelnen Kindes vor dem Zugriff der Zivilisation schützen. In der amerikanischen Verfassung wurde für den einzelnen Menschen das Recht auf Glück verankert. Die Autoren von *Bildungsromanen* veranschaulichten am Beispiel ihrer (männlichen) Helden, wie der Einzelne sein Glück oder sein Unglück in der Gesellschaft macht.

Der *Pietismus*, eine religiöse Richtung innerhalb der protestantischen Kirche, wurde in Deutschland vor allem durch PHILIPP JACOB SPENER und NIKOLAUS LUDWIG ZINZENDORF verbreitet. Die Pietisten vertraten die Ansicht, dass die Einzelseele einen unmittelbaren, gefühlsbestimmten Zugang zu Gott finden könne, dass sie also vermittelnde Instanzen (Priester und Kirche) dafür nicht braucht. Diese Art von religiösem Subjektivismus, der in der Tradition der *Mystik* steht, wurde von der protestantischen Kirche misstrauisch beobachtet. Die Pietisten neigten dazu, sich von der Gesellschaft sektenähnlich abzusondern, um in Brüdergemeinden ihrem religiösen Ideal gemäß zu leben. Die Beobachtung der eigenen Seele war eine zentrale religiöse Übung.

Die immer wieder gestellte Frage nach dem Einzelnen und seinem Verhältnis zur Welt trug auch dazu bei, dass frühe, sozusagen vorwissenschaftliche Formen der Psychologie entstanden. Man nannte diese Richtung „Erfahrungsseelenkunde". Karl Philipp Moritz, der Autor des Romans *Anton Reiser,* war zum Beispiel Mitherausgeber von *Gnothi seauton. Magazin für Erfahrungsseelenkunde*. Der Titel *Gnothi seauton* kommt aus dem Griechischen und bedeutet: „Erkenne dich selbst". Die gesteigerte Aufmerksamkeit für das individuelle Seelenleben findet unter anderem ihren Ausdruck in der Literatur der *Empfindsamkeit* und des *Sturm und Drang*.

In Deutschland erreichte der aufgeklärte Subjektivismus seinen Höhepunkt zwischen 1770 und 1785, in der Epoche des Sturm und Drang. Die Zentren dieser Jugendkultur waren Straßburg (Johann Wolfgang von Goethe, Jakob Michael Reinhold Lenz, Johann Gottfried Herder, Heinrich Leopold Wagner), Göttingen (Johann Heinrich Voss, Gottfried August Bürger, die Brüder Friedrich Leopold und Christian Stolberg) und etwas später Schwaben (Christian Friedrich, Daniel Schubart, Friedrich Schiller).

Der Geniebegriff war für das Kunstverständnis des Sturm und Drang von grundlegender Bedeutung. Johann Gottfried Herder feierte beispielsweise das Genie als einen „Sterblichen mit Götterkraft". Unabhängig und frei von allen künstlerischen Normen und anderen äußeren Beschränkungen war das Genie zur kreativen Leistung berufen. „Genie" war damit der zentrale Kampfbegriff gegen die regelpoetischen Traditionen.

9.2 Zurück zur Natur!

Johann Gottfried Herder war ein Denker, der von Jean-Jacques Rousseau und seiner zivilisationskritischen Forderung „Zurück zur Natur!" beeinflusst war. Er erkannte allerdings, dass es kein „Zurück zur Natur!" im Vollsinn des Wortes mehr geben könne, weil die Geschichte nicht zurückgedreht werden kann. Aber das im Laufe der geschichtlichen Entwicklung verlorene Natürliche und Ursprüngliche solle erkundet und für die Zeit fruchtbar gemacht werden. Daher stellte sich für Herder als humanistische Aufgabe der Gegenwart „der aufgeklärte, unterrichtete, feine, vernünftige, gebildete, tugendhafte, genießende Mensch, den Gott auf der Stufe unserer Kultur fordert".

Die Philosophie verstand Herder als Nachdenken über den wirklichen Menschen. Der Einzelmensch in seiner Eigengesetzlichkeit sollte der Gegenstand der Philosophie sein.

akg-images/Friedrich Georg Weitsch

Johann Gottfried Herder

Überträgt man diese Sichtweise auf die Kunst und die Literatur, so entsteht eine „realistische Ästhetik": Menschen aus Fleisch und Blut auf der Bühne und im Roman! Mit solchen Forderungen trat die Sturm-und-Drang-Ästhetik der *klassizistischen* Tradition und der spielerisch-galanten Dichtung des *Rokoko* entgegen.

9.3 Die Leiden des jungen Werthers

Zum Kultwerk des Sturm und Drang wurde Johann Wolfgang von Goethes Jugendroman *Die Leiden des jungen Werthers*. Die Hauptfigur ist ein überaus empfindsamer junger Mann aus bürgerlicher Familie, der an der Übermacht seiner Gefühle und an den gesellschaftlichen Verhältnissen, die ihn umgeben, zugrunde geht. Als Bürgerlichem ist ihm der Zugang zur glanzvollen Welt des Adels verwehrt, die üblichen Arbeitsverhältnisse erscheinen ihm triste und lebensfeindlich, obendrein liebt und begehrt er leidenschaftlich die Verlobte eines anderen. Letztlich weiß Werther keinen Ausweg mehr und erschießt sich. Goethe verwendete für *Die Leiden des jungen Werthers* die intime Form des *Briefromans*, in der sich das fühlende Ich besonders gut darstellen und ausdrücken kann. Die emotionale, bildhafte Erzählsprache war zur Entstehungszeit etwas völlig Neues. Band 1, Modul III.5 ▸

9.4 VON DER ANAKREONTIK ZUR ERLEBNISLYRIK

So wie Goethes Briefroman *Die Leiden des jungen Werthers* eine neue Erzählsprache in die deutsche Literatur einführte, so brachten Goethes etwa ab 1770 entstehende Gedichte einen neuen lyrischen Ton, der die Lyrik des Rokoko, insbesondere die *Anakreontik*, ablöste. Anakreontische Lyrik – der Name geht auf einen griechischen Dichter namens Anakreon zurück – war eine kunstvolle, spielerische Kunstform, deren immer wiederkehrende Hauptmotive sinnlicher Genuss (Wein), Galanterien und das heitere Spiel der Geschlechter waren. Goethe verfasste als ganz junger Autor selbst noch Gedichte im anakreontischen Stil. Band 1, Modul III.4 ▸ Die *Sesenheimer Lieder*, die der etwa zwanzigjährige Goethe während seiner Studienzeit in Straßburg schrieb, gelten als Wendepunkt in der Geschichte der deutschen Lyrik. Diese Gedichte waren Ausdruck individueller Erlebnisse, literarische Dokumente subjektiver Erlebnisfähigkeit.

Vorbereitet hatte dieses vom jungen Goethe repräsentierte Lyrik-Verständnis, das bis in die Gegenwart nachwirkt, vor allem die Lyrik FRIEDRICH GOTTLIEB KLOPSTOCKS (1724–1803). In expressiver, leidenschaftlicher Sprache besang Klopstock heftige Gefühlsbewegungen, zum Beispiel angesichts eines Frühlingsgewitters. Die beherrschenden Motive seiner Lyrik sind Natur, Freundschaft, Liebe, die überwältigende Schönheit der göttlichen Schöpfung.

9.5 DAS DRAMA DES STURM UND DRANG

Die jungen Dramatiker, die in den Siebzigerjahren des 18. Jhs. auf die deutschen Bühnen drängten, hießen FRIEDRICH MAXIMILIAN KLINGER, JAKOB MICHAEL REINHOLD LENZ und JOHANN WOLFGANG VON GOETHE. Etwas später folgte der erst 1759 geborene FRIEDRICH SCHILLER. Von den Dramen, die Lenz zwischen 1772 und 1776 in knapper Folge schrieb, hielten sich insbesondere zwei bis heute auf den Bühnen: *Der Hofmeister oder Die Vorteile der Privaterziehung* und *Die Soldaten*. Im *Hofmeister* lässt Lenz seine weibliche Heldin Gustchen von ihrem Hofmeister (Hauslehrer) verführen. Sie wird schwanger und bringt in aller Abgeschiedenheit ihr Kind zur Welt. Eine Verzweiflungstat des „gefallenen Mädchens" kann gerade noch verhindert werden. Die Verführung bürgerlicher Mädchen war bekanntlich ein Hauptthema des *bürgerlichen Trauerspiels*.

Formal und bühnentechnisch missachteten die Stürmer und Dränger alles, was JOHANN CHRISTOPH GOTTSCHED und dem *Klassizismus* lieb und teuer gewesen war. Sie verwendeten Prosa statt des Verses, bedienten sich einer emotionalen, stark bildhaften Sprache und ließen ihre Bühnenfiguren durch Räume und Zeiten springen, als hätten sie von den *drei Einheiten* nie etwas gehört. Ihr Vorbild war Shakespeare. Im Oktober 1771 fanden in Straßburg und Frankfurt Shakespeare-Feiern statt. Für die Frankfurter Shakespeare-Feier schrieb Goethe eine Rede, in der er sich leidenschaftlich zum englischen Theater und dessen Star-Dramatiker bekannte.

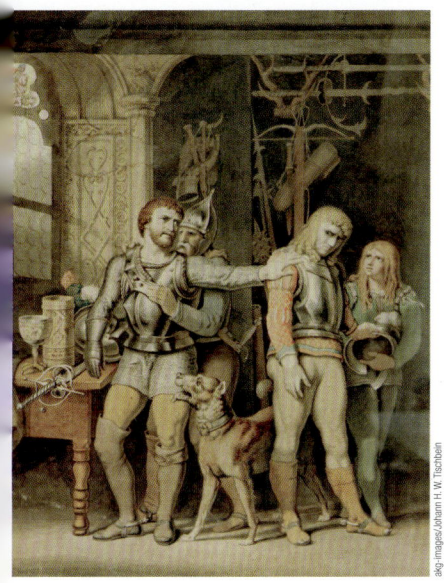

Als bleibendes literarisches Dokument dieser Schaffens-phase gilt Goethes Drama *Götz von Berlichingen*, das 1774 zur Uraufführung gelangte. Das Stück weist eine enorme Handlungsdichte auf, ein umfangreiches Perso-nenregister, knappe Szenen auf ständig wechselnden Schauplätzen. Vergleichbares hatte man bisher auf deut-schen Bühnen noch nicht gesehen. Der Reichsritter Götz, der Titelheld des Stücks, ist eine Figur so recht nach dem Geschmack der Sturm-und-Drang-Jugend: ein starker Einzelner, ein kraftvoller Kerl, der sich gegen die herr-schenden Tendenzen seiner Zeit stellt – und letztlich he-roisch zugrunde geht.

Götz von Berlichingen

9.6 DER JUNGE FRIEDRICH SCHILLER – AUSKLANG DES STURM UND DRANG

Goethes *Götz von Berlichingen* gehörte in den Siebzigerjahren des 18. Jhs. zur bevorzugten Lektüre eines Schülers der Stuttgarter Karlsschu-le, in welcher der württembergische Herzog Karl Eugen den Nachwuchs für sein Militär erziehen ließ. Der Schüler – er hieß FRIEDRICH SCHILLER – war nicht freiwillig, sondern auf herzoglichen Druck in diese Militär-schule geraten, wo er Medizin studieren musste. Sein Interesse galt aber der Literatur und der Philosophie. Der junge Schiller gehörte zum „Poetischen Oppositions-Club" der Karlsschule, in dem einige unter dem Militärdrill leidende Schüler heimlich die Schriften der *Aufklärung* und des *Sturm und Drang* lasen, die offiziell verpönt oder sogar verboten waren.

Friedrich Schiller

In diesen Lebenszusammenhängen schrieb der damals neunzehnjährige Friedrich Schiller sein erstes Drama *Die Räuber*. Die Uraufführung löste heftige Reaktionen aus: „Das Theater glich einem Irrenhause, rollende Augen, geballte Fäuste, stampfende Füße, heisere Aufschreie im Zuschauerraum! Fremde Menschen fielen einander schluchzend in die Arme, Frauen wank-ten, einer Ohnmacht nahe, zur Thüre. Es war eine allgemeine Auflösung wie im Chaos, aus dessen Nebeln eine neue Schöpfung hervorbricht."
Ein in der Dramen- und Literaturgeschichte immer wiederkehrendes *Motiv* prägt *Die Räuber*: das Motiv der gegensätzlichen Brüder. Karl Moor ist ein empfindsamer, leidenschaftlicher, aber dadurch auch unbeherrschter und auf Irrwegen wandelnder junger Mann. Sein Bruder Franz ist ein berechnender, rational handelnder Schurke, der von der Natur benachteiligt worden ist – er ist verkrüppelt und Zweitgeborener – und diese natürliche Benachteiligung durch List und Intrige wettmachen möchte. Franz möchte selbst Herr des väterlichen Schlos-ses werden und auch in den Besitz der schönen Amalia kommen, einer auf dem Schloss le-benden Waise, die eigentlich Karl zur Frau bestimmt ist. Durch gefälschte Briefe gelingt es

Franz, den alten Grafen dazu zu bringen, den angeblich völlig missratenen Sohn Karl zu verstoßen. Karl schließt sich daraufhin aus Zorn über die väterliche Härte mit einigen Freunden in den böhmischen Wäldern zu einer Räuberbande zusammen, deren Hauptmann er wird. Während aber Karl das Räuberhandwerk vorwiegend dazu nützen will, den Reichen zu nehmen und den Armen zu geben (Robin-Hood-Motiv!), sind die meisten seiner Miträuber rohe Gewalttäter. Nach einem schweren Gefecht mit Soldaten, die der Bande auf der Spur sind, zieht Karl mit seinen Getreuen in die Heimat, betritt verkleidet das väterliche Schloss und muss erkennen, dass Franz den alten Vater in einen Turm gesperrt hat, um früher in den Genuss der Herrschaft zu kommen. Karl schwört dem Bruder unerbittliche Rache, aber Franz, gequält von einer schaurigen Vision des Jüngsten Gerichts, erhängt sich. Der alte Moor wird von Karl befreit, stirbt aber aus Gram darüber, dass der Sohn zum Räuber und Mörder heruntergekommen ist. Amalia steht immer noch treu in Liebe zu Karl, aber er entbindet sie des Treueschwurs. Verzweifelt darüber bittet sie den Geliebten, sie zu erstechen, ein Wunsch, den Karl Moor erfüllt. Nun ist Karl bereit, sich dem Gericht zu stellen, denn er sieht ein, dass zwei Menschen wie er „den ganzen Bau der sittlichen Welt zugrunderichten würden".

Die Räuber, Inszenierung 2008

picturedesk.com/Jan-Peter Kasper/dpa

Der württembergische Herzog Karl Eugen reagierte auf das Stück und seinen großen Erfolg mit Schreibverbot. Schiller solle in Hinkunft das „Komödienschreiben" lassen und sich ausschließlich seinem Beruf als Regimentsarzt widmen. Schiller beugte sich nicht der Zensur. Gemeinsam mit seinem Freund, dem Musiker Andreas Streicher, floh er aus dem Machtbereich des Herzogs Karl Eugen nach Mannheim, wo *Die Räuber* zur Uraufführung gekommen war. In Mannheim konnte Schiller zunächst nicht an seinen Erfolg anknüpfen. Sein zweites Stück *Die Verschwörung des Fiesco zu Genua* wurde vom Mannheimer Intendanten abgelehnt. So geriet Schiller rasch in eine finanziell schwierige Situation, aus der ihn eine Einladung von Henriette von Wolzogen rettete, einige Zeit auf ihrem Gut zuzubringen. Hier schrieb Schiller *Kabale und Liebe,* ein *bürgerliches Trauerspiel*, das 1784 in Frankfurt erfolgreich zur Uraufführung kam. Band 1, Modul III.2

Einen kurzen Epochenüberblick über **Aufklärung – Empfindsamkeit – Sturm und Drang** finden Sie im Anschluss an die Module in Band 1.

IV. Die Deutsche Kunstepoche: Weimarer Klassik und Romantik
Ein literaturgeschichtlicher Überblick 1786–1830

1. Begriffsklärung und Datierung

1.1 „Kunstperiode" oder „Goethe-Zeit"

Der Begriff *Kunstperiode* geht auf den deutschen Schriftsteller HEINRICH HEINE (1797–1856) zurück. Er bezeichnete damit die Zeit, „die bei der Wiege Goethes anfing und bei seinem Sarge aufhören wird". JOHANN WOLFGANG VON GOETHE (1749–1832) erscheint Heine als die zentrale Künstlerpersönlichkeit, ja als die Symbolfigur einer Zeit, in der „die Kunst selbst als das Höchste proklamiert" worden ist.

Heine unterscheidet nicht zwischen *Klassik* und *Romantik*. Diese Sichtweise teilt er übrigens mit der englischen und französischen Literaturgeschichtsschreibung, die für die gesamte Goethe-Zeit den Epochenbegriff *Romantik* verwendet. Man sieht also, dass auch der *Sturm und Drang* als Teil der romantischen Epoche betrachtet wird. In der deutschen Literaturgeschichtsschreibung wird aber nach wie vor zwischen Sturm und Drang, Klassik und Romantik differenziert. Daher sollten Sie sich mit der Bedeutung dieser Begriffe vertraut machen.

1.2 Klassisch – Klassik – Klassizismus

Klassisch

Die Begriffe *Klassik* und *klassisch* sind auf das lateinische Wort „classicus" zurückzuführen, das einen Angehörigen der höchsten römischen Steuerklasse bezeichnete. Erst in der Spätantike wurde der ursprünglich steuerrechtliche Begriff auch für Autor/innen von hohem literarischem Rang verwendet. „Klassische" Autor/innen sind also „vorbildhafte" Autoren, die über ihre Lebenszeit hinaus geschätzt werden. In dieser Bedeutung wird der Begriff heute für die unterschiedlichsten Gegenstände verwendet. Man spricht von Klassikern der Literatur, aber auch von Klassikern des Automobilbaus, der Damenmode usw.

Klassizismus

Der Begriff *Klassizismus* bezeichnet eine Kunstepoche, die sich an antiken Vorbildern orientierte. Die formenstrenge klassizistische Malerei, Bildhauerei und Architektur entstand im 18. Jh. als Reaktion auf den ornamentalen, verspielten *Rokoko*-Stil.

Weimarer Klassik

Die *Weimarer Klassik*, um die es in diesem Kapitel geht, hat mit Klassizismus nur teilweise etwas zu tun. Man bezeichnet damit vorwiegend die schriftstellerische Arbeit von JOHANN WOLFGANG VON GOETHE und FRIEDRICH SCHILLER in der Zeit zwischen 1786 (Goethes Italienreise) und 1805 (Schillers Tod). Beide Autoren verbrachten in diesen Jahren den Großteil ihrer Lebenszeit im deutschen Fürstentum Weimar. Sowohl Goethe als auch Schiller interessierten sich zwar für die antike Kultur und nahmen manchmal Anregungen auf. Aber es hieße die Weimarer Klassik missverstehen, wenn man sie in erster Linie als Nachahmung der Antike bezeichnen würde. Weder Goethe noch Schiller verwendete den Begriff *Klassik* zur Bezeichnung des eigenen literarischen Schaffens. Erst die Literaturgeschichtsschreibung des 19. Jhs. sprach im Hinblick auf Schiller und Goethe von *Deutscher Klassik* oder *Weimarer Klassik*, weil sie deren Werke als Höhepunkt und Vollendung der deutschen Nationalliteratur bewertete.

WIENER KLASSIK

Auch in der Musikgeschichte wird der Begriff *Klassik* verwendet. Er bezeichnet die Epoche JOSEPH HAYDNS, WOLFGANG AMADEUS MOZARTS und LUDWIG VAN BEETHOVENS. Das kompositorische Werk FRANZ SCHUBERTS markiert bereits den Übergang von der Klassik zur Romantik.

1.3 ROMANTIK

Mit dem Begriff *Romantik* bezeichnet man die Kunstepoche zwischen 1795 und 1830. Der Begriff bedeutete ursprünglich „in Romanen vorkommend", „fantastisch", „wunderbar", „unwirklich". AUGUST WILHELM SCHLEGEL, ein führender Theoretiker der Epoche, verwendet das Wort „romantisch" für die gesamte nachantike europäische Kultur seit dem Mittelalter. Die *Frühromantiker* verwendeten „poetisch" und „romantisch" als Synonyme. Ähnlich wie das Wort „klassisch" wird auch das Wort „romantisch" unabhängig von der Epoche verwendet. Wir sprechen zum Beispiel auch heute von einer romantischen Stimmung, Musik oder Landschaft, ohne damit automatisch Phänomene der Zeit zwischen 1795 und 1830 zu meinen.
Für die zeitliche Gliederung dieser relativ langen Kunstepoche macht die Literaturwissenschaft unterschiedliche Vorschläge. Eine Möglichkeit sieht folgendermaßen aus:

FRÜHROMANTIK

1795–1804, Zentren sind Jena und Berlin
Autoren und Autorinnen: FRIEDRICH und AUGUST WILHELM SCHLEGEL, deren Frauen DOROTHEA und CAROLINE SCHLEGEL, LUDWIG TIECK, NOVALIS, WILHELM WACKENRODER, die Philosophen SCHLEIERMACHER und SCHELLING

HOCHROMANTIK

nach 1805, Zentren sind Berlin und Heidelberg
Autoren: CLEMENS BRENTANO, JOSEPH VON EICHENDORFF, FRIEDRICH DE LA MOTTE FOUQUÉ, E.T.A. HOFFMANN, ACHIM VON ARNIM, JAKOB und WILHELM GRIMM

SPÄTROMANTIK

nach 1813
Autoren: JOSEPH VON EICHENDORFF, CLEMENS BRENTANO, ADELBERT VON CHAMISSO, FRIEDRICH RÜCKERT

2. ALLGEMEINE GESCHICHTLICHE VORAUSSETZUNGEN

2.1 DIE FRANZÖSISCHE REVOLUTION

Am 14. Juli 1789 erzwang das Volk von Paris die Übergabe der Bastille, des französischen Staatsgefängnisses. Dieser symbolische Akt der Auflehnung gilt als Beginn der Französischen Revolution. Ein parasitärer Hofadel, Misswirtschaft und hohe Staatsverschuldung, soziales Elend und die Verweigerung aller Reformen durch die Aristokratie hatten zu einer grundlegenden Krise der Gesellschaft und des Staates geführt. Aufklärer wie CHARLES DE MONTESQUIEU, DENIS DIDEROT und VOLTAIRE hatten nicht mit Kritik gespart, ihre Ideen wurden nun zu Leitvorstellungen des Aufstands (siehe auch III.3.2). Die Revolution war anfangs erfolgreich. 1791 erhielt Frankreich die erste europäische Verfassung (konstitutionelle Monarchie).

Nun bildeten sich aber unter den Revolutionär/innen unterschiedliche Gruppen, Interessen und Ansichten. Im Januar 1793 wurde König Ludwig XVI. durch die Guillotine hingerichtet. Diese Maßnahme fand durchaus nicht den Beifall aller Revolutionär/innen. Die Polarisierung verschärfte sich: Auf der einen Seite standen die gemäßigten Girondisten, auf der anderen Seite die radikalen Jakobiner. Die Girondisten vertraten in erster Linie die Interessen des Bürgertums, die Jakobiner die der ärmeren Bevölkerung. Die Jakobiner setzten sich durch, verfolgten alle tatsächlichen oder vermeintlichen Gegner und errichteten unter der Führung von Maximilian de Robespierre [robspjer] eine dikta-

Sturm auf die Bastille

torische Herrschaft. Mehr als 100 000 Menschen fielen dieser Schreckensherrschaft der Jakobiner (1793/94) zum Opfer, bis sich die jakobinischen Revolutionär/innen gegenseitig bekämpften. Der Gipfel- und Schlusspunkt dieser Entwicklung war erreicht, als Robespierre, der maßgebliche Urheber des „terreur", selbst auf der Guillotine starb.

Damit brach die jakobinische Herrschaft zusammen. Gemäßigte bürgerliche Politiker gewannen wieder die Oberhand, nützten allerdings die Situation vor allem dazu, bürgerliche Wirtschaftsinteressen zu fördern, und zogen sich auf diese Weise den Unmut der ärmeren Bevölkerung zu. Inmitten der allgemeinen Verwirrung und Unzufriedenheit riskierte ein junger, erfolgreicher General einen Militärputsch – und hatte Erfolg. Damit beginnt die Herrschaft Napoléon Bonapartes (1799).

2.2 EUROPA IM NAPOLEONISCHEN ZEITALTER

Napoleon herrschte autoritär. Dennoch fand er viele Anhänger/innen, denn viele Menschen waren wohl der ständigen internen Kämpfe müde und erwarteten sich von einem „starken Mann" zumindest wieder eine funktionierende staatliche Ordnung. Obendrein setzte Napoleon einige politische Maßnahmen, die positive Wirkungen der Revolution weiterführten und sicherten. Erwähnenswert ist insbesondere der *Code Napoléon*, ein bürgerliches Zivilrecht, das vorbildhaft wurde. In den ersten Jahren seiner Alleinherrschaft nannte sich Napoleon „Konsul", im Jahr 1804 krönte er sich selbst zum Kaiser der Franzosen. Damit war aber sein Ehrgeiz noch nicht befriedigt. Die Vorherrschaft über Europa wurde nun zu seinem politischen

Ziel, und einige Jahre lang schien er diesem Ziel durchaus nahe zu sein. Lediglich England konnte sich erfolgreich gegen Napoleon wehren. Preußen, Österreich und Russland erlitten in mehreren Schlachten schwere Niederlagen. 1806 legte Kaiser Franz die Krone des Hl. Römischen Reiches deutscher Nation nieder. Damit gab es auch formal keine deutsche Zentralregierung mehr, sondern nur mehr einzelne Fürstentümer.

Eine militärische Niederlage gegen Österreich (Aspern 1809) und Schwierigkeiten mit dem spanischen Widerstand bremsten Napoleons Ausdehnungspolitik. Zur entscheidenden Wende kam es im Jahr 1812. Den russischen Winter unterschätzend, erlitt die französische Armee auf ihrem Russlandfeldzug eine verheerende Niederlage. Nach der letzten großen Schlacht (Waterloo, 1815) wurde Napoleon auf die Atlantikinsel St. Helena verbannt, wo er 1821 starb.
Die maßgeblichen europäischen Herrscher versammelten sich in Wien, um die aktuelle Lage zu beraten. Der „Wiener Kongress" machte sich an die Neuordnung Europas (mehr dazu V.2.1).

Napoleon

2.3 Intellektuelle und Künstler für und gegen die Revolution

Das Geistes- und Kulturleben einer Epoche kann sich nie den gesellschaftspolitischen Verhältnissen und Ereignissen entziehen. Umso weniger ist dies der Fall, wenn ein Ereignis wie die Französische Revolution einen so einschneidenden Wandel auslöst. Auch viele deutsche Intellektuelle und Kunstschaffende setzten sich mit der Revolution und ihren Folgen auseinander. Generell können wir feststellen, dass die Revolution anfangs in Deutschland viele Sympathien fand. Nach der Hinrichtung König Ludwigs XVI. und insbesondere nach den Erfahrungen mit der jakobinischen Schreckensherrschaft trat aber bei den meisten Ernüchterung oder grundsätzliche Ablehnung ein.

Johann Wolfgang von Goethe meinte zwar, dass die mangelnde Reformfreudigkeit der Herrschenden die Revolution verursacht hätte, der Revolution selbst stand er aber von Anfang an kritisch gegenüber. Er vertrat das Gesellschaftsmodell eines aufgeklärten Absolutismus und wehrte sich insbesondere dagegen, in Deutschland „künstlich" revolutionäre Verhältnisse herbeizuführen, für die das Volk nicht reif sei. Friedrich Schiller hatte anfangs die Revolution begrüßt, wandte sich aber spätestens zur Zeit der Jakobinerherrschaft von deren Politik ab.

Auch die meisten Romantiker/innen distanzierten sich nach anfänglicher Sympathie von der Revolution. Sie zogen aber aus dieser Ablehnung für ihr Kunstprogramm andere Konsequenzen als Schiller und Goethe. Den Anspruch der Aufklärung und der Klassik auf Besserung der Menschen durch idealistische Literatur hielten sie für illusionär. Individuelle, subjektive Befreiung des kreativen Menschen durch Kunst und Poesie war ihr vorrangiges Ziel.

Nur wenige deutsche Autor/innen nahmen Partei für die Revolution und versuchten auch in Deutschland eine revolutionäre Situation herbeizuführen. Sie sahen die Aufgabe der Literatur vor allem in der Sozial- und Gesellschaftskritik. Den hohen Stil der Weimarer Klassik hielten sie ebenso für untauglich wie den künstlerischen Subjektivismus der Romantik. Sie wollten mit kritischen Schriften das Volk erreichen. Weder idealistisches Geschichtsdrama noch romantischer Roman, weder Stimmungslyrik noch Lehrgedicht waren diesem Literaturprogramm angemessen, sondern das politische Lied, die Satire, die Agitationsrede und journalistische Schreibweisen. Damit nahmen diese Autoren eine Literaturauffassung vorweg, die später, nämlich während der Zeit des *Vormärz* (1815–1848), erneut aktuell werden sollte. Als Vertreter dieses „jakobinischen" Deutschlands ist GEORG FORSTER (1754–1794) zu nennen. Er war maßgeblich an einer republikanischen Erhebung in Mainz beteiligt, die allerdings keinen dauerhaften politischen Erfolg brachte. Forster musste nach Frankreich fliehen, wo er 1794 starb. Nicht zuletzt wegen seiner politischen Haltung wurde Forster lange Zeit als Autor ignoriert. Heute ist seine literarische Leistung anerkannt, vor allem die Reisebeschreibung *Reise um die Welt*. Forster hatte James Cooks dreijährige Weltreise 1772–1775 mitgemacht.

3. Mediengeschichte und Literaturbetrieb

3.1 Sprache und Schrift

Die Vereinheitlichung der regionalen Dialekte zur deutschen Gemeinsprache schritt langsam, aber unaufhaltsam voran. Grammatiken und Lexika leisteten dazu ihren Beitrag. Besonders geachtet wurde das *Grammatisch-kritische Wörterbuch der hochdeutschen Mundart* (1793) von JOHANN CHRISTOPH ADELUNG. Adelung bemühte sich nicht nur um die Vereinheitlichung der Wortformen und der Rechtschreibung, sondern auch um eine kritische Stillehre. Er unterschied dabei zwischen hohen und niederen Stilebenen, wobei er regionale sprachliche Besonderheiten meistens als niedere Stilformen abwertete.

3.2 Buchmarkt und Verlagswesen

Um 1800 gab es jährlich auf dem deutschen Buchmarkt mehr als 2500 Neuerscheinungen. Die wachsende Bedeutung der Verlage und des Buchhandels für das literarische Leben war nicht mehr zu übersehen. Große **Verlegerpersönlichkeiten** trugen maßgeblich dazu bei. 1785 gründete Georg Joachim Göschen seine Verlagsbuchhandlung. Dass Druckerei, Verlag und Buchhandlung unter einem Dach vereint waren, war in dieser Zeit noch das Übliche. Zum wichtigsten Verleger der „Starautoren" wurde Johann Friedrich Cotta in Tübingen (seit 1810 Stuttgart). Cotta unterhielt eine enge Verbindung zu Friedrich Schiller und zu wichtigen Romantikern. Ab 1806 wurde er Goethes alleiniger Verleger.
Folgenreich war auch die Verlagsgründung von Friedrich Arnold Brockhaus in Amsterdam (1805). 1809 erschien dort erstmals ein sechsbändiges Konversationslexikon. Der Verlag Brockhaus, seit 1817 in Leipzig, bot Goethe für eine Gesamtausgabe seiner Werke ein stattliches Honorar in der Höhe von 50 000 Gulden an. Goethe wollte 70 000 Gulden. Der Vertrag kam nicht zustande.

Aus diesen Umständen kann man freilich nicht darauf schließen, dass sich die Einkommensverhältnisse der Schriftsteller/innen besserten. Nach wie vor erfüllten sich die Hoffnungen vieler Autor/innen, vom Schreiben leben zu können, nicht. Goethes erste Werkausgabe bei Göschen war ein finanzieller Misserfolg. Auch Schiller hätte unmöglich von seiner schriftstellerischen Arbeit leben können. Er war auf sein Hofratsgehalt angewiesen und auf die Hörergelder der Jenaer Studenten. Goethe und Schiller beklagten sich mehrmals darüber, dass anspruchsvolle Literatur den Weg zur Leserin und zum Leser nicht finde, während sich die anspruchslose Unterhaltungsliteratur gut verkaufen lasse.

3.3 ZEITUNGEN UND ZEITSCHRIFTEN

Steigender Beliebtheit beim Lesepublikum erfreuten sich die Zeitungen und Zeitschriften, zum Beispiel die bei Cotta erscheinenden Journale *Allgemeine Zeitung* und *Morgenblatt für gebildete Stände*. Die Gründung anspruchsvoller Literaturzeitschriften blieb meistens eine kurzfristige Unternehmung. FRIEDRICH SCHILLERS Kulturzeitschrift *Die Horen*, das zentrale Medium der Weimarer Klassik, gab es von 1795 bis 1797.  Ergänzungsmodul zu IV.1 *Athenäum*, die von den Brüdern SCHLEGEL herausgegebene Zeitschrift der Frühromantik, erschien zwischen 1798 und 1800, HEINRICH VON KLEISTS *Phöbus* nur im Jahr 1808. Kleist versuchte mit den *Berliner Abendblättern* eine anspruchsvolle Zeitung zu gründen. Sie erschien von Oktober 1810 bis März 1811. Der Romantiker ACHIM VON ARNIM war von der Berichterstattung in den üblichen Zeitungen angewidert. Als eine Art Antizeitung begründete er die *Zeitung für Einsiedler*, in der er weder von Verbrechen noch von Hoffestlichkeiten berichtete, sondern Gedichte, Sagen und Geschichten abdruckte. Die *Zeitung für Einsiedler* erschien von April bis August 1808.

Als unangenehme Einschränkung für das Zeitungswesen erwies sich immer wieder die staatliche Zensur, weil kritische und nonkonformistische Texte oft nicht erscheinen konnten.

4. GOETHE UND SCHILLER IN WEIMAR

4.1 GOETHE IN WEIMAR – UND IN ITALIEN

Das vereinigte Herzogtum Weimar und Eisenach war im 18. Jh. eines unter vielen deutschen Fürstentümern, gerade 2600 km² groß und wirtschaftlich rückständig. Industrie und Großhandel, die in England und Frankreich zu dieser Zeit einen enormen Aufschwung erlebten, gab es hier kaum. Die Stadt Weimar, Sitz des Hofes und kulturelles Zentrum des Landes, hatte im Jahr 1775 etwa 6000 Einwohner/innen. Die Stadtbevölkerung bestand aus Beamten, kleinen Handwerkern, Gewerbetreibenden, Dienstboten und Gelegenheitsarbeitern.

Seit dem Jahr 1758 regierte Herzogin Anna Amalia an Stelle ihres früh verstorbenen Mannes Ernst August das Land. Sie war eine Kunstliebhaberin und geistig aufgeschlossen. Unter anderem bewies sie eine glückliche Hand, als sie im Jahr 1772 CHRISTOPH MARTIN WIELAND als Erzieher für ihren Sohn Karl August nach Weimar holte. Wieland war einige Jahre lang die geistige Autorität des Herzogtums. Sein Glanz sollte aber bald überstrahlt werden.

Herzog Karl August übernahm von seiner Mutter als Achtzehnjähriger die Regierungsgeschäfte und lud im Jahr 1775 JOHANN WOLFGANG GOETHE ein, für einige Zeit nach Weimar zu kommen. Goethe nahm die Einladung an – und blieb, abgesehen von wenigen Unterbrechungen, bis zu seinem Tod im Jahr 1832. Die Übersiedlung von der freien Reichsstadt Frankfurt an den herzoglichen Hof wurde für Goethe zur lebensentscheidenden Veränderung. Er wirkte nämlich durchaus nicht nur als „Hofpoet" in Weimar, sondern übernahm zahlreiche Aufgaben eines Hofbeamten. Goethe wurde Mitglied des herzoglichen Rates (eine Art Regie-

Das Goethehaus in Weimar

rung), er war unter anderem Finanz- und Bergbauminister, vorübergehend sogar Kriegsminister. Als solcher reduzierte er das kostspielige Heer um 50 Prozent. Daneben organisierte er Feste und Feiern und leitete das Weimarer Hoftheater.

In Anbetracht dieser Verpflichtungen fiel Goethes schriftstellerische Arbeit zwischen 1775 und 1786 dürftig aus. Fast schien es, als habe der Sechsundzwanzigjährige mit den erfolgreichen Jugendwerken der *Sturm-und-Drang-Periode* seine schriftstellerische Laufbahn abgeschlossen. Goethe begann zwar die Arbeit an größeren Werken, am Roman *Wilhelm Meisters theatralische Sendung*, an den Dramen *Egmont* und *Torquato Tasso*, konnte aber nichts davon fertigstellen.

Im Lebens- und vor allem auch im Arbeitsraum Weimar änderten sich Goethes Sichtweisen grundlegend. Gedichte aus der Zeit zwischen 1775 und 1786 veranschaulichen diese Veränderung. Gegen das Sturm-und-Drang-Konzept von Subjektivität, Freiheit und Gefühl setzte er jetzt ein Konzept von Mäßigung, Vernunftgemäßheit und menschlichen Grenzen (vgl. Band 1, Modul IV.2). Dem Drama *Torquato Tasso* ist beispielsweise zu entnehmen, dass dieser Wandel nicht ohne Schmerzen und Schwierigkeiten erfolgte. Am Beispiel der Figur des jungen Renaissancedichters Tasso, der mit den Konventionen des höfischen Lebens nur schwer zurechtkommt, zeigt Goethe wohl auch eigene Probleme.

Nach und nach bekam Goethe, der 1782 geadelt wurde, das Gefühl, ein wesentlicher Teil seiner Persönlichkeit verkümmere, wenn er in Weimar so weiterlebe wie bisher. Nicht zuletzt bedrückte ihn, dass seine poetische Arbeit ins Stocken geraten war. Herzog Karl August ermöglichte seinem Freund, für längere Zeit vom Hof Abschied zu nehmen. Fast im Geheimen reiste Goethe im Jahr 1786 nach Italien, wo er fast zwei Jahre blieb. Diese Zeit, in der er literarische Entwürfe fertigstellte, die Kunst und die Landschaft Italiens studierte und auch eine schöne, sinnliche Begegnung mit einer Italienerin erlebte, wurde nach Goethes eigener Aussage zur glücklichsten seines Lebens. Die erst später geschriebene *Italienische Reise* und die *Römischen Elegien* sind literarische Dokumente des Italien-Erlebnisses. Band 1, Modul IV.1

Nach seiner Rückkehr nach Weimar wurde Goethe reserviert empfangen. Man hatte ihm seine heimliche Abreise nicht verziehen und begegnete auch seinen neuen literarischen Werken, die er aus Italien mitgebracht hatte (*Iphigenie auf Tauris*, *Egmont*, *Wilhelm Meisters theatralische Sendung*), eher distanziert. In dieser ernüchternden Zeit lernte Goethe Christiane Vulpius kennen, ein einfaches Mädchen, das zunächst seine Geliebte und später seine Frau wurde. Die zweite Begegnung, die für Goethe die Rückkehr nach Weimar erträglich machen sollte, war die mit dem um zehn Jahre jüngeren Friedrich Schiller.

4.2 DAS BÜNDNIS SCHILLER – GOETHE UND DAS KLASSISCHE KUNSTPROGRAMM

FRIEDRICH SCHILLER hatte nach seinem ersten Erfolg (*Die Räuber*) versucht, als freier Schriftsteller zu leben. Dies war unter den damaligen Umständen kaum möglich, sofern ein Autor nicht den Massengeschmack bedienen wollte. Dass Schiller auch in dieser Hinsicht zu gewissen Zugeständnissen bereit war, zeigen seine beiden Erzählungen *Der Verbrecher aus verlorener Ehre* (1786) und *Der Geisterseher* (1787). Schulden, Überarbeitung, Krankheit – das war Schillers Situation. Zwei Jahre lang war er auf die Gastfreundschaft und Hilfe eines Freundes angewiesen. 1787 kam Schiller in das Herzogtum Weimar, erhielt dort aufgrund seines großen historischen Wissens eine Professur in Jena, die allerdings unbesoldet war. Schillers materielle Lebensumstände verbesserten sich vorerst nicht. Der schwer lungenkranke Autor brach erneut zusammen.

Kein deutscher Fürst, sondern der dänische König Friedrich Christian schenkte Schiller 3000 Taler, als er von dessen bedrückenden Lebensverhältnissen hörte. So konnte Schiller in der ersten Hälfte der Neunzigerjahre einigermaßen sorgenfrei an großen historischen und poetologischen Abhandlungen arbeiten (*Geschichte des Dreißigjährigen Krieges*, *Über die ästhetische Erziehung des Menschen*, *Über naive und sentimentalische Dichtung*).

Zur engen Zusammenarbeit mit Goethe kam es erst seit dem Jahr 1794. Die beiden Autoren unterhielten einen regen Gedankenaustausch über die eigene literarische Arbeit, über den *Wilhelm Meister*-Roman und den *Faust*, über Schillers *Wallenstein*-Trilogie u. a. m. Die Folgen der Zusammenarbeit zeigten sich auch in anderen Veröffentlichungen, vor allem in der von Friedrich Schiller herausgegebenen Zeitschrift *Die Horen* (1795–1797) und im jährlich erscheinenden, ebenfalls von Schiller herausgegebenen *Musen-Almanach* (1796–1800).

Das Kunstprogramm der Neunzigerjahre, das Goethe und Schiller in gemeinsamer Arbeit erstellten, ist vielleicht am besten als Abgrenzungs- und Distanzierungsversuch zu verstehen. Zunächst einmal als künstlerische Abgrenzung von einer Trivialliteratur, die nur den Publikumsgeschmack bediente; weiters als Abgrenzung von romantischen Kunst- und Lebenskonzepten, die ab der Mitte der Neunzigerjahre Mode wurden; vor allem aber als Distanzierung von dem zentralen Zeitereignis, der Französischen Revolution 1789.
Es hieße aber die Absichten von Goethe und Schiller missverstehen, wenn man aus ihrer kritischen Haltung zur Revolution eine Parteinahme für den Absolutismus und den gegebenen Zustand der deutschen Gesellschaft ablesen wollte. Sowohl Goethe als auch Schiller hatten während ihrer klassischen Zeit ein idealistisches Bild vom Menschen und von der menschlichen Gemeinschaft, das sie als positive *Utopie* der deutschen Wirklichkeit entgegensetzten. Diese Utopie der Humanität, die in der Tradition der *Aufklärung* und des *Humanismus* steht, zeigt sich zum Beispiel in Goethes Drama *Iphigenie auf Tauris* oder in Schillers klassischen Dramen.

4.3 Schillers klassische Dramen

Zwischen 1796 und 1805, dem Todesjahr Friedrich Schillers, entstanden in rascher Folge seine sogenannten „klassischen Dramen": *Don Carlos*, die *Wallenstein*–Trilogie (*Wallensteins Lager*, *Die Piccolomini*, *Wallensteins Tod*), *Maria Stuart*, *Die Jungfrau von Orleans*, *Die Braut von Messina*, *Wilhelm Tell*. Wie man schon an den Titeln erkennen kann, handelt es sich – abgesehen von *Die Braut von Messina* – ausschließlich um historische Stoffe. Schiller war – wie schon erwähnt – ein ungemein geschichtskundiger Autor. In seinen Stücken ging es ihm aber nicht darum, Geschichte möglichst dokumentarisch auf die Bühne zu bringen. Vielmehr verwendete er die geschichtlichen Stoffe, um philosophische Ideen in einer Bühnenhandlung zu veranschaulichen. Daher spricht man von „idealistischen Geschichtsdramen".
Schiller unterscheidet in seiner theoretischen Schrift *Über die tragische Kunst* (1792) folgerichtig zwischen einer historischen und einer poetischen Wahrheit. Ziel des Historikers ist es, das Geschehene möglichst genau zu erforschen. Ziel des Theaterdichters ist es aber, durch „Rührung zu ergötzen". Ein Beispiel für solch ein „idealistisches Geschichtsdrama" ist die Tragödie *Maria Stuart*. Band 1, Modul IV.3

5. ZEITGENOSSEN DER KLASSIKER UND ROMANTIKER

Zur Zeit der *Weimarer Klassik* und der *Romantik* lebten und schrieben drei bedeutende Autoren, deren Werk weder der einen noch der anderen Epoche zugeordnet werden kann.

5.1 FRIEDRICH HÖLDERLIN

FRIEDRICH HÖLDERLIN wurde 1770 in Lauffen am Neckar geboren. Er sollte Priester werden und studierte zur selben Zeit wie der Philosoph GEORG WILHELM FRIEDRICH HEGEL und der Philosoph FRIEDRICH W. J. SCHELLING im Tübinger Stift Theologie. Schon als Student begeisterte er sich für die Ideale der Französischen Revolution. Statt Priester zu werden, führte er in Deutschland, Frankreich und der Schweiz ein Wanderleben als Hauslehrer.

Eine lebensbestimmende Erfahrung war Hölderlins Liebe zu einer Frau namens Susette Gontard, die mit einem Bankier verheiratet war. Hölderlin idealisierte sie in seinem Werk als „Diotima". Susette erwiderte Hölderlins Liebe. Als der Dichter in Frankreich von ihrem Tod erfuhr, brach er auf der Rückreise nach Deutschland völlig zusammen. Hölderlin galt ab nun als geisteskrank. Die Jahre 1807 bis 1843 verbrachte er einsam in einem Turm, wo ihn eine Tischlerfamilie betreute.

Sowohl die Person des Autors als auch sein Werk entzieht sich einem eindeutigen Verständnis. Sicher ist lediglich, dass das Menschheitsideal und die Gesellschaftsutopie der Französischen Revolution für Hölderlin überaus bedeutsam waren. Unklar ist, inwieweit er an Plänen für eine revolutionäre Erhebung in Süddeutschland beteiligt war, und unklar ist auch, ob seine „Geisteskrankheit" für Hölderlin vielleicht nur ein Vorwand war, um sich aus einer ungeliebten Gesellschaft zurückzuziehen.

Friedrich Hölderlin

Friedrich Hölderlin stand insofern der Symbolwelt der Klassik nahe, als sein Werk maßgeblich vom Ideal der griechischen Antike geprägt war. Hölderlin verwendete in seiner Lyrik oft antike Formen. Sein Drama **Der Tod des Empedokles** (entstanden 1779–1800) ist vom antiken Drama beeinflusst.

Der *Protagonist* seines Romans **Hyperion** ist ein junger Grieche, der sein Volk von der türkischen Fremdherrschaft befreien möchte. Aber mit der politischen Befreiung allein ist es nicht getan. Es gilt auch, die Menschen zu einer neuen kulturellen Lebensqualität, zu einer naturgemäßen Kultur zu ermuntern. Das Leitbild für diese Erneuerung sollte das antike Athen sein. Hyperion scheitert an diesem Vorhaben ebenso, wie sein Autor an der revolutionären Utopie gescheitert ist. Modul IV.A

Hölderlin bediente sich zwar häufig der Symbolwelt der griechischen Mythologie, aber er brachte diese *Symbole* in ungewöhnliche Zusammenhänge oder versah sie mit individuellen Bedeutungen. Daher wird im Zusammenhang mit Hölderlins Werk oft von einer schwer entschlüsselbaren „Privatmythologie" gesprochen.

5.2 JEAN PAUL

Johann Paul Friedrich Richter, der sich später aus Verehrung für Jean-Jacques Rousseau JEAN PAUL [schã paul] nannte, wurde 1763 in Wunsiedel (Franken) geboren. Abseits der kulturellen Zentren entwickelte Jean Paul eine eigentümliche Schreibweise, die weder der Romantik noch der Klassik zugeordnet werden kann. Jean Pauls erste Arbeiten waren *Satiren*. Bekanntheit erlangte er mit den Romanen **Die unsichtbare Loge** (1793) und **Hesperus** (1795).

Jean Paul

Er wurde sogar nach Weimar eingeladen. Sein Aufenthalt war freilich nicht von Dauer, nicht zuletzt deshalb, weil er wenig Sympathie für Goethe hatte, was freilich auf Gegenseitigkeit beruhte. Unterschiedliche künstlerische Vorstellungen waren daran ebenso beteiligt wie gegensätzliche politische Meinungen, denn Jean Paul war unter den deutschen Autoren einer der wenigen überzeugten Anhänger der Französischen Revolution und der republikanischen Verfassung.

Jean Pauls Roman *Titan* (1800–1803) gilt unter anderem als Auseinandersetzung mit dem Kunstverständnis der Weimarer Klassik, insbesondere mit Goethes *Bildungsroman* **Wilhelm Meisters Lehrjahre**. Der Autor problematisiert in diesem Entwicklungsroman nicht nur das klassische Bildungsideal. Auch das Erzählverfahren widerspricht Goethes Vorstellungen von einer klaren epischen Form. Mit seiner Schreibweise steht Jean Paul den Romantikern etwas näher als der Klassik.

Inhaltliche Sprunghaftigkeit, Abschweifungen, Assoziationen, fußnotenähnliche Zwischenbemerkungen, Perspektivenwechsel, Leseranreden und eine Fülle an *Sprachbildern*, das ist das Gestaltungs- und Formprinzip dieses Romans, das der Dichter in seiner *Poetik* **Vorschule der Ästhetik** (1804) auch theoretisch begründet hat. Das Chaotische der Welt soll in der Romanform einen gültigen Ausdruck finden. Klassische Formprinzipien wie Klarheit oder eine hohe Stilebene erachtet Jean Paul als künstliche Harmonisierung und Vereinfachung einer vielschichtigen und chaotischen Wirklichkeit.

Von 1804 bis zu seinem Tod 1825 lebte Jean Paul in Bayreuth. Enttäuscht über die politische Entwicklung zog er sich zurück, schrieb wieder Satiren und nahm angeblich selbst immer mehr das Wesen jener schrulligen Sonderlinge und Käuze an, von denen es in seinen Romanen wimmelt.

5.3 Heinrich von Kleist

Der 1777 geborene deutsche Dichter **Heinrich von Kleist** stammte aus einer preußischen Offiziersfamilie. Der Familientradition folgend trat er zunächst in das Garderegiment des Königs ein, quittierte aber bald den Dienst. Im Jahr 1800 verlobte sich Kleist mit Wilhelmine von Zenge, einer Offizierstochter. Die angestrebte Verehelichung machte es unumgänglich, an eine Berufslaufbahn zu denken. Noch im Jahre 1800 trat er eine Beamtenstelle im Preußischen Wirtschaftsministerium an. Aber bereits nach wenigen Monaten reichte er seine Kündigung ein.

Heinrich von Kleist

Zur selben Zeit geriet Kleist in eine weltanschauliche Krise, die durch die Beschäftigung mit **Immanuel Kants** *Erkenntnistheorie* ausgelöst worden war. Kants grundlegende These, dass dem Menschen die objektive Erkenntnis der Wirklichkeit nicht möglich sein sollte, verunsicherte Kleist zutiefst. Jede Sicherheit des Denkens und Handelns schien ihm verloren zu gehen.

In Begleitung seiner älteren Schwester Ulrike, die ihm von den Familienmitgliedern am nächsten stand, hielt sich Kleist nun einige Zeit in Frankreich auf, las dort die Schriften **Rousseaus** und fühlte sich vom *Zurück-zur-Natur!*-Programm des Philosophen angesprochen. In der Schweiz wollte er sich als einfacher Bauer niederlassen, wollte, wie er an seine Verlobte schrieb, „ein Feld bebauen, einen Baum pflanzen, ein Kind zeugen". Die Verlobte, die seit mehr als einem Jahr auf ein geregeltes Einkommen des Bräutigams wartete, löste die Verbindung. 1803 erlitt Kleist einen völligen Zusammenbruch. In diesem labilen seelischen Zustand vernichtete er sein zweites Drama **Robert Guiskard**. Sein erstes Bühnenstück **Familie Schroffenstein** war ein respektabler Erfolg gewesen.

Trotz seines distanzierten Verhältnisses zum Militär und zur Beamtenlaufbahn war Kleist grundsätzlich preußischer Patriot. Die Zerrüttung des Staates während der napoleonischen Kriege belastete ihn. Kleists Abneigung gegen Napoleon zeigt sich unter anderem im Drama **Die Hermannsschlacht** (1808). Das Stück spielt im ersten nachchristlichen Jahrhundert und handelt von den Kämpfen zwischen Römern und Germanen, repräsentiert durch den Feldherrn Varus auf der einen und den Cheruskerfürsten Hermann auf der anderen Seite. In historischer Verkleidung behandelte Kleist allerdings Probleme seiner Zeit. Die Germanen sind die Deutschen, die Römer die Franzosen, und in seinem negativen Bild des römischen Feldherrn Varus lebte Kleist seine Antipathie gegen Napoleon aus.

Eine kleine Staatspension ermöglichte es Kleist, ab 1807 als freischaffender Autor zu leben. Nun begann seine produktivste Phase. Gemeinsam mit dem Staatstheoretiker **Adam Müller** gab er die Kunstzeitschrift **Phöbus** heraus. In den Jahren bis 1811 erschienen mehrere Dramen und Novellen, darunter das romantische Ritterstück **Das Käthchen von Heilbronn**, **Prinz Friedrich von Homburg** und die *Novellen* **Die Marquise von O.** und **Michael Kohlhaas**.

Seine rege Produktivität brachte Kleist zu Lebzeiten leider nicht die erhoffte Anerkennung. Um Kleists einziges Lustspiel **Der zerbrochene Krug** hatte sich zwar das Weimarer Hoftheater angenommen. Das Stück fiel aber beim Publikum durch. Kleist machte Goethe, der Regie geführt hatte, für den Misserfolg verantwortlich und soll sogar gedroht haben, den damals immerhin fast sechzigjährigen Geheimrat zum Duell zu fordern.

1810 schien sich für Kleist eine Laufbahn als Journalist anzubahnen, als er die **Berliner Abendblätter** redaktionell betreute, aber das Blatt wurde schon im folgenden Jahr wegen Erfolglosigkeit wieder eingestellt. Ohne Aussicht auf Erfolg, in bedrückender finanzieller Lage, plante Kleist seinen Selbstmord. Gemeinsam mit Henriette Vogel, einer depressiven Bekannten, schied er im Jahr 1811 aus dem Leben. An seine Schwester Ulrike hatte er knapp vor der Tat geschrieben: „… die Wahrheit ist, dass mir auf Erden nicht zu helfen war."

6. Die deutsche Romantik

Das Programm der Weimarer Klassik war von den beiden überragenden Persönlichkeiten Goethe und Schiller geprägt. Die Romantik war eine weitaus breitere Bewegung mit mehreren Zentren. An ihr hatten mehr Autor/innen, aber auch Philosophen, Maler und Musiker ihren Anteil. Wir fassen unter dem Begriff *Romantik* eine vielschichtige geistige Tendenz zusammen, die kaum auf einen Nenner zu bringen ist, zumal sie sich über fast vier Jahrzehnte erstreckte. Was allen Romantiker/innen gemeinsam ist, das ist am ehesten die Opposition gegen den einseitigen Rationalismus der Aufklärung und gegen das normative Formprinzip des Klassizismus. Ansonsten finden wir innerhalb der Romantik nicht nur Ähnlichkeiten, sondern auch Unterschiede, ja sogar Gegensätze. Einige dominante Merkmale möchten wir hier ansprechen. Verallgemeinern lassen sie sich freilich nicht.

6.1 Das befreite schöpferische Subjekt und der Roman

Seit den Tagen der *Aufklärung* stand der Einzelmensch, das Individuum oder „Subjekt" im Zentrum philosophischen Denkens (siehe dazu Band 1, Modul III.1). Daran änderte sich auch in der Romantik nichts. Der deutsche Philosoph **Johann Gottlieb Fichte** baute seine *Wissenschaftstheorie* auf Sichtweisen von **Immanuel Kant** auf, radikalisierte aber dessen Position.

Kant geht in seiner *Erkenntnistheorie* davon aus, dass völlig objektive Erkenntnis der Dingwelt für den Menschen unmöglich sei, weil alles Erkennen an die subjektive Ausstattung des Menschen mit seinem begrenzten Wahrnehmungs- und Erkenntnisapparat gebunden ist. Fichte behauptete, das Ich (Subjekt) bringe das Nicht-Ich (die objektive Welt) kraft seines schöpferischen Geistes hervor und habe daher völlige Freiheit im Umgang mit dem Nicht-Ich.

Dieser philosophische Denkansatz begeisterte die Dichter/innen der *Frühromantik*. Das entgrenzte, das völlig freie schöpferische Subjekt stand im Zentrum ihrer Kunst- und Lebensauffassung. Keinerlei Grenzen sollten die künstlerische Kreativität einschränken, weder formale Regeln noch inhaltliche Tabus. Friedrich Schlegels Forderung einer „progressiven Universalpoesie" (*Athenäum-Fragment*) bringt dieses Kunstverständnis programmatisch zum Ausdruck.

Ist der Künstler im Umgang mit seiner Schöpfung völlig frei, so kann er sie auch jederzeit verändern, ins Gegenteil verkehren oder völlig zerstören. Zur Bezeichnung dieser Haltung, die sich nie auf Eindeutigkeit und Widerspruchsfreiheit festlegen will, fand man den Begriff *romantische Ironie*. Der Roman erschien den Romantiker/innen als die ideale Form für die Verwirklichung dieses Anspruchs, denn er war viel weniger als das Drama, das Epos oder das Gedicht an formale Grenzen gebunden. Im Roman sollte alles möglich sein.

Wie sich die Romantiker die grenzenlose Freiheit des Dichters im Umgang mit seinem Werk vorstellten, zeigt zum Beispiel Clemens Brentanos Roman *Godwi oder Das steinerne Bild der Mutter*. Der erste Teil des Werkes ist als *Briefroman* angelegt, in dessen Mittelpunkt die Hauptfigur Godwi steht. Im zweiten Teil erfahren wir, dass der erste Teil das Ergebnis einer freien Bearbeitung durch einen jungen Autor namens Maria ist. Dieser Maria macht dann die Bekanntschaft des Romanhelden Godwi und möchte mit dessen Hilfe den zweiten Teil fertigstellen. Maria stirbt aber an einer Krankheit und Godwi erzählt den Roman selbst zu Ende.

Ein weiteres Beispiel für einen typisch romantischen Roman ist der *Bildungsroman* **Heinrich von Ofterdingen** von Novalis. Band 1, Modul IV.5

Romantiker zu sein war für Novalis – wie auch für andere Autor/innen der Frühromantik – nicht nur ein Kunst-, sondern auch ein Lebensprogramm. Nicht nur die Kunst, sondern die Welt müsse mit den Mitteln der Poesie romantisiert werden. Als Hauptgegner dieses Bestrebens sahen die Romantiker/innen den Philister, den kleinkarierten Spießbürger, der sich fernab aller Kreativität und Spontaneität in einer geistig engen Welt „vernünftig" verhält. Clemens Brentano hat einen typischen Philister satirisch porträtiert. Band 1, Modul IV.6

6.2 Mythen, Märchen und Wunder

In seinem *Gespräch über Poesie* (1800) schrieb Friedrich Schlegel: „(...) das ist der Anfang aller Poesie, den Gang und die Gesetze der vernünftig denkenden Vernunft aufzuheben und uns wieder in die schöne Verwirrung der Fantasie, in das ursprüngliche Chaos der menschlichen Natur zu versetzen, für das ich kein schöneres Symbol kenne, als das bunte Gewimmel der alten Götter." Nicht nur das Interesse an *Mythen* (sagenhaften Stoffen) der Weltliteratur, auch das Interesse an alten *Märchen* war unter den Romantiker/innen verbreitet. Schlegel wies in seiner Schrift *Über Sprache und Weisheit der Inder* (1808) auf den poetischen Reiz der fernöstlichen Mythologie hin.

Friedrich Schlegel

Die Brüder **JAKOB** und **WILHELM GRIMM** sammelten zu dieser Zeit deutsche Märchen und Sagen, und in vielen literarischen Werken der Romantik findet man immer wieder mythische und märchenhafte *Motive* und *Stoffe*, so zum Beispiel in der Lyrik **JOSEPH VON EICHENDORFFS** oder in den Erzählungen **FRIEDRICH DE LA MOTTE FOUQUÉS** und **E. T. A. HOFFMANNS**. (Siehe dazu Band 1, Modul IV.8 und IV.10)

Die positive Haltung zum Unwirklichen und Wunderbaren trug auch dazu bei, dass viele Romantiker/innen Religion und Glauben anders sahen und bewerteten als die *Aufklärer*. War es den Aufklärern in ihrer Religionskritik vorwiegend darum gegangen, den Glauben mit der Vernunft zu versöhnen, so spielte die Frage der Vernunftgemäßheit, der Beweisbarkeit und logischen Haltbarkeit einer religiösen Auffassung für die Romantiker/innen keine Rolle. Viel mehr ging es ihnen um Erlebnistiefe und emotionale Erschütterung. Da sie das Nichtrationale, Schöpferische und Wunderbare eher in der katholischen als in der protestantischen Glaubenstradition fanden, erlebte der Katholizismus zur Zeit der Romantik eine unerwartete kulturelle Blüte, und einige Romantiker konvertierten sogar vom Protestantismus zum Katholizismus.

Joseph von Eichendorff

6.3 VOLK, NATUR UND KIND

Des Knaben Wunderhorn, Titelblatt 1808

Auf ähnliche Weise, wie sich die **BRÜDER GRIMM** um Volksmärchen und Sagen verdient machten, bemühten sich **ACHIM VON ARNIM** und **CLEMENS BRENTANO** um das deutsche *Volkslied*. In den Jahren 1805 bis 1808 publizierten sie **Des Knaben Wunderhorn**, eine dreibändige Sammlung von 722 deutschen Liedern überwiegend volkstümlicher Art. Die Wirkung dieser Sammlung war groß. **JOSEPH VON EICHENDORFF**, **LUDWIG UHLAND**, der junge **HEINRICH HEINE** und **WILHELM MÜLLER** ahmten in ihren lyrischen Arbeiten Lieder aus dieser Sammlung auf kunstvolle Weise nach. Band 1, Modul IV.7

Ausschlaggebend für das Bemühen um die Volkskunst war die Meinung, dass die ursprüngliche, noch nicht von der Zivilisation und vom rationalen Denken beeinflusste Kunst einfacher Menschen besonders poetisch sei.

Ähnliche Ansichten hatte es bereits zur Zeit des *Sturm und Drang* gegeben. **JOHANN GOTTFRIED HERDER** hatte schon in den Siebzigerjahren des 18. Jhs. Nachdichtungen alter Volkslieder geschrieben. Und es ist natürlich kein Zufall, dass diese bisher unveröffentlichten Nachdichtungen zur Zeit der *Hochromantik* im Jahr 1807 unter dem Titel **Stimmen der Völker in Liedern** erstmals erschienen.

Überhaupt beruht die romantische Idealisierung des Volkstümlichen und Ursprünglichen auf einer älteren philosophischen Tradition, die mit dem Namen **Jean-Jacques Rousseau** und dem Slogan „Zurück zur Natur!" verbunden ist (siehe dazu III.9.2). Der Wissenschaftlichkeit aufgeklärten Denkens und der von Industrie und Technologie geprägten Zivilisation setzte man das „natürliche" Leben früherer Gemeinschaften entgegen. Freilich beruhten diese Vorstellungen von Natürlichkeit weitaus öfter auf verklärenden Idealbildern als auf den realen Lebensverhältnissen der Vergangenheit.

So wie das Volk in seinen geschichtlichen Anfängen, sozusagen in seinem Kindheitsalter, Gegenstand der romantischen Idealisierung war, so genoss auch das Kind die Sympathie der Romantik. Naivität, Natürlichkeit, Einfachheit, spontane Gefühlsäußerung galten als typisch kindliche Verhaltensweisen. Und so „natürlich" wie ein Kind zu sein, erschien als vorbildhaft. In Werken von **Ludwig Tieck**, **Clemens Brentano**, **Friedrich Schlegel**, **Jean Paul**, **Novalis** und anderen kann man dieses *Motiv* mehrmals finden.

Das Naturgefühl der Romantik fand seinen Gegenstand vor allem im Wald. Das ist wirtschafts- und mentalitätsgeschichtlich erklärbar. Die erste industrielle Revolution führte erstmals zu einer systematischen Nutzung des Rohstoffs Holz. Im ausgehenden 18. Jh. begegneten Belgien, Frankreich und einige deutsche Fürstentümer der drohenden Entwaldung bereits mit Gesetzen, die die Abholzung beschränkten und gezielte Aufforstungen vorsahen. Erst aus dem Gefühl des drohenden Verlusts wird jene emotionale Bindung an den Wald verständlich, die wir sowohl in der romantischen Literatur (z. B. in der Lyrik **Joseph von Eichendorffs**) als auch in der Malerei finden.

6.4 Deutsches Mittelalter statt klassischer Antike

Sowohl die Klassik als auch die Romantik neigten dazu, frühere Kulturepochen zu idealisieren. Das Ideal der Klassik war die klassische Antike. Das Ideal der Romantik war das deutsche Mittelalter. Burgen, Ritter und Burgfräulein gehören zum festen Inventar romantischer Literatur und Malerei. **Novalis** versetzte beispielsweise die Handlung seines Romans *Heinrich von Ofterdingen* in das 13. Jh. und in seinem philosophischen *Essay* **Die Christenheit oder Europa** (1799) feierte er das vorreformatorische Mittelalter geradezu als Inbegriff eines goldenen Zeitalters. Unter der geistigen Führung des römischen Papsttums entfaltete sich eine harmonische Gesellschaft, in der die Menschen in paradiesischer Vollkommenheit lebten. Novalis' Mittelalterbild hat recht wenig mit der geschichtlichen Realität zu tun. Ganz ähnlich wie manche Klassiker ihre Wunschvorstellungen auf die Antike projizierten, so projizierte Novalis die seinen auf das Mittelalter. *Die Christenheit oder Europa* ist daher kein Beitrag zur Geschichtsschreibung, sondern eher zur *utopischen* Literatur.

Im Zusammenhang mit der Mittelalterbegeisterung der Romantik steht auch die Wiederentdeckung und Verbreitung des *Nibelungenliedes*. In den Jahren 1810 und 1814 erschienen Neuausgaben des alten, fast vergessenen *Heldenepos*. **Ludwig Tieck** meinte, das *Nibelungenlied* könne für die Deutschen das werden, was für die antike Welt die beiden großen Epen des **Homer** waren, die *Ilias* und die *Odyssee*. Tieck sollte Recht behalten, allerdings auf eine etwas andere Weise, als es dem frühromantischen Dichter vorgeschwebt war. Schon zur Zeit der napoleonischen Kriege wurde das *Nibelungenlied* vom Deutschnationalismus und vom Militarismus vereinnahmt. Bereits 1815 gab es eine „Feld- und Zeltausgabe" des Epos, weil es aufgrund seiner kriegerischen Inhalte in besonderer Weise geeignet schien, den Kampf- und Siegeswillen der Jugend anzufeuern. Diese fragwürdige Funktion behielt das *Nibelungenlied* bis in die Zeit des Nationalsozialismus (siehe dazu Band 1, Modul I.2).

6.5 SCHREIBENDE FRAUEN

Schreibende Frauen waren in der deutschen Literaturgeschichte bis ins 18. Jh. eine ausgesprochene Rarität. Weder die Feudalgesellschaft des Mittelalters noch die höfische Gesellschaft der Neuzeit hatten die geistige und literarische Betätigung von Frauen toleriert, sieht man von ganz wenigen Ausnahmen (z. B. Frauen in Klöstern) ab. Während der *Aufklärung* besserte sich diese Situation bereits ein wenig, allerdings sehr zögerlich und gegen den Widerstand vieler Männer.

Die erste deutsche Frau, die als Autorin großen Erfolg hatte, war SOPHIE VON LA ROCHE. Ihr 1771 erschienener Roman *Die Geschichte des Fräuleins von Sternheim* war ein typischer Roman der *Empfindsamkeit*. Dieses erfolgreiche Vorbild ahmten andere literarisch ambitionierte Frauen nach. Empfindsame Frauenliteratur wurde zu einem beachtlichen Verkaufserfolg auf dem literarischen Markt des späten 18. Jhs., aber dieser Erfolg beruhte auf zwei problematischen Faktoren: Erstens bedienten diese Autorinnen mit einer Überfülle an Kitsch den Massengeschmack, und zweitens beruhten die meisten dieser Romane auf einem angepassten Frauenbild, das den wachsamen Patriarchen unverdächtig war. Von emanzipatorischer weiblicher Literatur kann man daher im Hinblick auf diese Werke kaum sprechen.

Sophie von La Roche

Dieser entscheidende Schritt erfolgte erst zur Zeit der Romantik, freilich auch hier nicht ohne Schwierigkeiten und Rückschläge. Besonders in ihrer ersten Phase (*Frühromantik*) war ja die Romantik nicht nur eine Kunstrichtung, sondern auch eine unkonventionelle Lebensform in Zirkeln von Künstler/innen und Intellektuellen. Frauen hatten daran einen entscheidenden Anteil. August Wilhelm Schlegels Frau CAROLINE SCHLEGEL hatte sich, bevor sie Schlegel heiratete, in Mainz für die demokratische Revolution engagiert. Ihr Verhältnis mit einem französischen Offizier, mit dem sie einen Sohn hatte, galt als wahrer Skandal. Caroline schrieb Rezensionen und Kritiken (teilweise unter einem *Pseudonym*) und arbeitete an der Shakespeare-Übersetzung ihres Mannes mit.

Caroline Schlegel

Dorothea Veit wurde nach der Scheidung von ihrem ersten Mann die Frau Friedrich Schlegels und gleichzeitig das lebende Vorbild für die Lucinde-Figur in Schlegels gleichnamigem Roman. Neben intensiver Übersetzungsarbeit, die hauptsächlich dem geistigen Ruhm ihres Mannes nützte, schrieb DOROTHEA VEIT-SCHLEGEL auch Gedichte und den Roman *Florentin*. Neben der Erfahrung, als Frau nicht dieselbe Chance auf ein Künstlerdasein zu haben wie die Männer, machte Dorothea Veit-Schlegel auch als Jüdin die deprimierende Erfahrung der Diskriminierung. Diese teilte sie mit zwei weiteren Frauen der Romantik, mit RAHEL LEVIN-VARNHAGEN und HENRIETTE HERZ. Rahel Levin-Varnhagen dachte in Briefen und Tagebüchern immer wieder über ihr spezifisch weibliches Dasein nach. Diese Dokumente weiblicher Selbstvergewisserung zeigen das grundlegende Lebensproblem dieser geistig wachen Frauen. Sie konnten und wollten sich nicht mehr mit der gesellschaftlichen Rolle zufriedengeben, die ihnen zugewiesen wurde. Eine neue emanzipierte Identität war aber unter den gesellschaftlichen Bedingungen kaum lebbar.

Karoline von Günderode

Diesem kaum lösbaren Konflikt fiel wohl **Karoline von Günderode** zum Opfer. Sie war mittellos und lebte in einem evangelischen Damenstift für unverheiratete Frauen. Über **Clemens Brentano** und dessen Schwester **Bettina Brentano** fand sie Zugang zum Kreis der *Frühromantik*. Eine unglückselige Liebesbeziehung zu einem verheirateten Mann verkraftete Karoline Günderode nicht. Im Jahr 1806 wurde sie mit einem Dolch im Herzen am Rheinufer aufgefunden. Sie hinterließ Gedichte und Dramen. Bettina Brentano setzte der unglücklichen Freundin in ihrem Erinnerungsbuch *Die Günderode* (1840) ein bleibendes Denkmal. Modul IV.B

6.6 Nachtseiten und Abgründe

Die *Frühromantik* hatte das Fantastische, Mythische, Traumhafte und Irrationale als Bereicherung des menschlichen Lebens gefeiert. Diese Motive findet man auch bei Autor/innen der *Hoch-* und *Spätromantik*, aber sehr oft nicht mehr als Teil einer romantischen *Utopie*, sondern als Zeichen der Gefährdung und der persönlichen Katastrophe. Beispielhaft für diese Richtung der Romantik ist das erzählerische Werk von **E. T. A. Hoffmann**. Hoffmanns *Protagonisten* werden von Persönlichkeitsspaltung, Verfolgungswahn, Doppelgängertum und Wirklichkeitsverlust bedroht. Weiters thematisiert Hoffmann immer wieder die Spannung zwischen bürgerlichem Leben und Künstlerexistenz, wobei er nur selten eine harmonische Lösung dieser Spannung anbietet.

„Die Elixiere des Teufels" von E. T. A. Hoffmann, Filmszene

Ein eigenwilliges Werk, das in diesem Zusammenhang erwähnt werden muss, ist der Roman *Nachtwachen. Von Bonaventura*. Hinter dem *Pseudonym* versteckt sich wahrscheinlich der Braunschweiger Theaterdirektor **Ernst August Friedrich Klingemann**. Der Protagonist des Romans ist ein Nachtwächter, der seine Enttäuschung über die Menschen und den Zustand der Gesellschaft formuliert. Als Höhepunkt des Werkes gilt der „Monolog des Weltschöpfers", der ähnlich nihilistische Züge trägt wie die „Rede des toten Christus" aus **Jean Pauls** Roman *Siebenkäs*. Band 1, Modul IV.9

7. AM ENDE DER DEUTSCHEN KUNSTEPOCHE: DER ALTE GOETHE

Mit dem Tod **FRIEDRICH SCHILLERS** im Jahre 1805 war der Höhepunkt der klassischen Kunstepoche zu Ende gegangen. **HERDER** war schon 1803 gestorben, **WIELAND** starb 1813. **JOHANN WOLFGANG VON GOETHE** war in Schillers Todesjahr 56 Jahre alt. Die „klassischen" Kunstprogramme der Achtziger- und Neunzigerjahre – das wusste Goethe – waren nicht mehr weiterzuführen. Zu den damals aktuellen Positionen der Romantik hatte er im besten Fall ein vorsichtig wohlwollendes, meist aber ein distanziertes Verhältnis. So entstanden in Goethes letzten drei Lebensjahrzehnten jene Werke, die wir keinem Epochenbegriff zuordnen können und für die man meistens den Begriff „Altersstil" verwendet. „Altersstil" klingt ein wenig nach Langeweile und reduzierter Schaffenskraft. Im Falle Goethes liegt die Sache freilich anders. Zwischen 1805 und 1832 entstanden u. a. die Romane *Die Wahlverwandtschaften* und *Wilhelm Meisters Wanderjahre*, der zweite

Johann Wolfgang von Goethe 1830

Teil der *Faust*-Tragödie, die *Autobiografie* **Dichtung und Wahrheit** sowie die Gedichtsammlung *West-östlicher Divan*. (Zu Faust I und II: `Band 1, Modul IV.4`)

Nach Schillers Tod legte sich Goethe nicht mehr auf Kunstprogramme fest. Gerade der alte Goethe war sehr offen für die unterschiedlichsten künstlerischen Richtungen und Strömungen, nicht nur in Deutschland, sondern in der ganzen Welt, soweit sie ihm zu dieser Zeit zugänglich war. Goethe schätzte die antike Architektur, aber auch das gotische Straßburger Münster, das ihn schon als jungen Dichter so beeindruckt hatte. Er bewunderte die antike Tragödie, aber auch die mittelalterliche Poesie, die durch die Romantiker/innen wiederentdeckt worden war. Er beschäftigte sich mit altpersischer Literatur ebenso wie mit neufranzösischer (unbeeindruckt von der radikal antifranzösischen Gesinnung, die sich zur Zeit der napoleonischen Kriege in Deutschland verbreitete). Auf den alten Goethe geht die Idee einer „Weltliteratur" zurück, die zu beachten sei. „Nationalliteratur", so sagte er zu seinem Sekretär Eckermann, „will jetzt nicht viel sagen, die Epoche der Weltliteratur ist an der Zeit."

Einen kurzen Epochenüberblick über die **Deutsche Kunstepoche: Weimarer Klassik und Romantik** finden Sie im Anschluss an die Module in `Band 1` .

V. Junges Deutschland – Biedermeier – Bürgerlicher Realismus
Ein literaturgeschichtlicher Überblick 1815–1880

1. Begriffe und Datierung

Vormärz

Der Begriff *Vormärz* wird vor allem als gesellschaftspolitischer Epochenbegriff verwendet. Er bezeichnet die Jahrzehnte der Restaurationszeit vor der Märzrevolution 1848, also etwa die Zeit zwischen 1815 und 1848.

Das Biedermeier

Biedermeier ist eine kulturhistorische Bezeichnung für die Epoche zwischen 1815 und 1848. Sie bezieht sich nicht nur auf Literatur und Kunst, sondern auch auf einen bestimmten Lebensstil, der durch Werte wie Mäßigung, Bescheidenheit, Zufriedenheit, durch Freude an der Natur und an den „kleinen Dingen" gekennzeichnet ist. Lange Zeit wurde daher die biedermeierliche Kultur als unpolitische, kleinbürgerliche Wirklichkeitsflucht eher negativ beurteilt. Heute sieht man aber diese Zeit differenzierter. Als Vertreter gelten insbesondere die österreichischen Autoren FRANZ GRILLPARZER, ADALBERT STIFTER, NIKOLAUS LENAU und FERDINAND RAIMUND, weiters ANNETTE VON DROSTE-HÜLSHOFF und EDUARD MÖRIKE.

Junges Deutschland

Der Begriff bezeichnet eine literarische Jugendbewegung in Deutschland etwa zwischen 1830 und 1848. Dabei handelt es sich nicht um eine geschlossene Gruppe, sondern um einzelne Autoren, die eine ähnliche politische Haltung hatten, vor allem liberaldemokratische und sozialkritische Ansichten. Die Literatur war für sie in erster Linie ein Mittel des politischen Kampfs für demokratische Grundrechte und mehr soziale Gerechtigkeit. Als Hauptvertreter gelten GEORG BÜCHNER, HEINRICH HEINE, LUDWIG BÖRNE, GEORG HERWEGH, GEORG WEERTH, FERDINAND FREILIGRATH, KARL GUTZKOW und THEODOR MUNDT.

Bürgerlicher oder poetischer Realismus

Der *bürgerliche Realismus* ist eine literarische Richtung, die das bürgerliche Alltagsleben möglichst wirklichkeitsnah darstellen will. Er grenzt sich vor allem gegen die *Romantik* ab. In Frankreich und England beginnt der bürgerliche Realismus schon relativ früh (um 1830). Wichtige Vertreter sind in Frankreich HONORÉ DE BALZAC (1799–1850) [onoré dö balsạk] und GUSTAVE FLAUBERT (1821–1880) [güstạv flobẹa], in England CHARLES DICKENS (1812–1870). In Deutschland setzt er etwas später ein (um 1840). Der bürgerliche Realismus erstreckt sich bis weit in die zweite Hälfte des 19. Jhs. hinein.

Der Begriff *poetischer Realismus* geht auf den Schriftsteller OTTO LUDWIG (1813–1865) zurück. Ludwig meinte damit eine Kunst oder Literatur, die zwar Wirklichkeit wiedergibt, aber nicht völlig ungeschminkt und tabulos. In dieser Hinsicht besteht ein Unterschied zwischen dieser Art von *poetischem Realismus* und den radikaleren Positionen des späteren *Naturalismus* (siehe dazu VI.5.3).

2. Allgemeine geschichtliche Voraussetzungen

2.1 Wiener Kongress und Restauration

Als Napoleons Herrschaft im Jahr 1815 zu Ende ging, bemühten sich europäische Monarchen und Diplomaten auf dem Wiener Kongress um eine Neuordnung Europas. Die Interessen der Kongressteilnehmer waren bald klar: Zunächst einmal sollte Europa eine akzeptable Friedensordnung erhalten. Und vor allem sollten wieder vorrevolutionäre, das heißt absolutistische Verhältnisse hergestellt werden. Man spricht daher im Hinblick auf diese Zeit auch von „Restauration". In beiden Punkten war der Kongress erfolgreich. Zur Symbolfigur der Restauration wurde der österreichische Staatskanzler Fürst Metternich, der die politische Richtung des Wiener Kongresses maßgeblich bestimmte. Im österreichischen Kaiserreich der Habsburger sorgte Metternich dafür, dass alle demokratischen, liberalen, ja sogar konstitutionellen Tendenzen unterdrückt wurden. Ein autoritärer Obrigkeits- und Polizeistaat ohne Verfassung, ohne Freiheits- und Mitbestimmungsrechte war das dafür geeignete System. In den meisten Fürstentümern des Deutschen Bundes sah die Lage nicht wesentlich besser aus.

2.2 Der Vormärz und die Revolution 1848

Metternich und seine europäischen Gesinnungsfreunde wollten ein für allemal alle Veränderungen verhindern, die in der geistigen Tradition der Französischen Revolution und der *Aufklärung* standen, zum Beispiel eine demokratische Staatsverfassung und liberale Grundsätze wie Meinungsfreiheit, Versammlungsrecht, Vereinsgründungsrecht. Aber die liberaldemokratischen Ideen waren nicht vollständig auszurotten. Immer wieder kam es in der Zeit des Vormärz zu Widerstandsaktionen und vereinzelt sogar zu bewaffneten Aufständen. Teilweise handelte es sich um liberalrevolutionäre Erhebungen, teilweise um nationale Unabhängigkeitskämpfe.

Im Jahr 1848 brachen in mehreren Staaten Europas Revolutionen aus. Die Ziele waren aber teilweise unterschiedlich. In Frankreich wurde die Revolution mehrheitlich von Arbeiter/innen getragen. Sie kämpften um das allgemeine Wahlrecht und um sozialpolitische Verbesserungen (geregelte Arbeitszeit, bessere Entlohnung, Krankenversicherung, Altersvorsorge). Der König dankte ab, Frankreich wurde eine Republik. Nun brachen aber – ähnlich wie in der „großen" Französischen Revolution von 1789 – die Interessenunterschiede zwischen Bürgertum und Arbeiterschaft aus. Die revolutionäre Front war gespalten.
Im Vielvölkerstaat der Habsburger wurde zwar auch für soziale und liberaldemokratische Ziele gekämpft. Den Schwerpunkt der Kämpfe bildeten aber nationale Unabhängigkeitsbestrebungen. In Italien, Tschechien und Ungarn kam es zu schweren Gefechten, die aber den Aufständischen vorläufig noch keinen dauerhaften Erfolg einbrachten.

Revolution 1848

2.3 Liberalismus – Nationalismus – Sozialismus

Insgesamt scheiterten zwar die meisten revolutionären Erhebungen der Jahre 1848/49, aber sie blieben nicht folgenlos. Liberale, nationale und soziale Interessen und Ziele prägten die europäische Geschichte der folgenden Jahrzehnte ganz erheblich. Sie wurden zu politischen Ideologien (Liberalismus, Nationalismus, Sozialismus) und wirksamen gesellschaftlichen Kräften. In der zweiten Hälfte des 19. Jhs. wurden nach und nach in mehreren europäischen Ländern den regierenden Monarchen bürgerliche Freiheitsrechte abgetrotzt, vor allem das Versammlungs- und Vereinsgründungsrecht und das Recht auf freie Meinungsäußerung. Diese Rechte ermöglichten es den Anhänger/innen liberaler, nationaler oder sozialer Ideologien, Interessenvertretungen zu gründen. So entstand in Europa jenes Parteienspektrum, das zumindest in wesentlichen Ausrichtungen bis heute existiert: bürgerlich-liberale, bürgerlich-christliche, nationalistische, sozialdemokratische und kommunistische Parteien.

2.4 Die Lösung der deutschen Frage

Seit dem Jahr 1806, als Kaiser Franz die Kaiserkrone des Heiligen Römischen Reichs deutscher Nation niedergelegt hatte, gab es keinen einheitlichen deutschen Staat mehr. Damit hatte die föderalistische Entwicklung, die letztlich schon im Spätmittelalter begonnen hatte, ihren Höhepunkt erreicht. Es gab keine Zentralregierung mehr. Die deutschen Fürsten herrschten in ihren Ländern autonom. Der deutsche Fürstentag, die einzige überregionale Instanz, hatte kaum Einfluss auf wichtige Entscheidungen in den Ländern.

Die Demokrat/innen wünschten sich mehrheitlich einen neuen deutschen Zentralstaat, weil sie erkannten, dass sie ihre Anliegen in einem einheitlichen Deutschland besser verwirklichen konnten. Aber die Lösung der deutschen Frage erwies sich als überaus schwierig. Sollte man den deutschsprachigen Teil der Donaumonarchie in das neue Deutschland einbeziehen (großdeutsche Lösung)? Dann würden die Habsburger eine Vorrangstellung erhalten, mit der sich Preußen, das mächtigste deutsche Fürstentum, wohl kaum abfinden würde. Würde man hingegen Österreich ausschließen und eine kleindeutsche Lösung anstreben, würde man zweifellos den Widerstand Habsburgs provozieren.

Der preußische Ministerpräsident Fürst Bismarck spielte dabei die entscheidende diplomatische Rolle. Er wusste, dass Preußens Interessen nur mit Waffengewalt durchgesetzt werden konnten. Österreich unterlag Preußen in der Schlacht bei Königgrätz (1866). Frankreichs Widerstand gegen ein einheitliches Deutschland unter preußischer Führung brach im deutsch-französischen Krieg 1870 zusammen. Im Jänner 1871 wurde das „Deutsche Kaiserreich" proklamiert. Der preußische König wurde deutscher Kaiser.

Die Hoffnung, dass ein einheitliches Deutschland auch ein demokratischeres Deutschland sein werde, erfüllte sich freilich nicht. Es gab zwar einen Reichstag und eine Verfassung, aber in seinen Grundzügen war das neue Kaiserreich eine autoritäre Monarchie.

3. Mediengeschichte

3.1 Sprache und Schrift

Der Wortbestand der deutschen Sprache änderte sich im 19. Jh. unter anderem durch den industriellen und technologischen Fortschritt. Für die vielen neuen Dinge mussten neue Wörter erfunden werden. Auch die Literatursprache blieb davon nicht unberührt. Die poetischen Sprachmuster der *klassisch-romantischen* Tradition lebten zwar weiter. Aber insbesondere der *literarische Realismus*, der ja gesellschaftliche Wirklichkeit zeigen wollte, übernahm teilweise das neue Vokabular der Industriegesellschaft in die Literatursprache.

Die entscheidenden Schritte zum wissenschaftlichen Verständnis der Sprache und ihrer Geschichte setzten die Brüder JAKOB und WILHELM GRIMM, die vor allem durch ihre *Märchensammlung* populär wurden. Jakob Grimm erstellte eine *Deutsche Grammatik*. Das letzte große Werk der Brüder war das *Deutsche Wörterbuch*. Als Jakob Grimm starb, lag das riesige Werk erst bis zum Buchstaben „F" vor. Generationen von Sprachwissenschaftler/innen arbeiteten daran weiter. Erst 1960 (!) wurde das *Grimmsche Wörterbuch* abgeschlossen. Eine verbindliche Normierung der Schreibweise des Deutschen gab es vorläufig noch nicht, aber Überlegungen dazu wurden be-

Jakob und Wilhelm Grimm bei der Märchenerzählerin Dorothea Viehmann

reits angestellt. Jakob Grimm war übrigens ein Anhänger der Kleinschreibung des Deutschen. Im 19. Jh. wurde die Schreibmaschine erfunden, die ab 1873 von der Firma Remington fabrikmäßig hergestellt wurde.

3.2 VERLAGSWESEN UND BUCHMARKT

Die Zahl der jährlich erscheinenden Buchtitel stieg. Sie betrug in den Katalogen der Buchmessen im Jahr 1840 etwa 11 000. Das Angebot wurde nun größer als die Nachfrage, sodass die Verlage dazu übergingen, für ihre Produkte ganz gezielt zu werben, unter anderem mit Vorabdrucken in Zeitungen und Zeitschriften.

Ein wichtiger rechtlicher Schritt erfolgte im Jahr 1845: Das *Urheberrecht* wurde eingeführt. Der Nachdruck von Büchern, durch den ja sowohl der Autor oder die Autorin als auch der Verlag der Erstausgabe geschädigt werden, wurde durch eine Schutzfrist unterbunden. Bis dreißig Jahre nach dem Tod eines Autors oder einer Autorin behielt der Verlag, der die Erstausgabe besorgt hatte, das alleinige Nachdruckrecht. Das Urheberrecht besteht – zeitlich erweitert – bis heute und wird streng überwacht.

3.3 ZEITUNG UND ZEITSCHRIFT

In Deutschland erschienen zahlreiche Zeitungen und Zeitschriften. Die meisten erreichten freilich nur einen kleinen regionalen oder fachspezifisch interessierten Leserkreis. Insbesondere die Autoren, die man unter dem Begriff *Junges Deutschland* zusammenfasst, schätzten Zeitung und Zeitschrift als Medium für ihre politisch-literarische Arbeit, weil sie auf diese Weise auf Tagesereignisse rascher reagieren und mehr Leser/innen erreichen konnten als durch Buchpublikationen. Viele Autoren waren auch als Redakteure tätig.

Die Attraktivität der journalistischen Druckmedien stieg durch die neuen Möglichkeiten der Bebilderung. Insbesondere die Erfindung der Fotografie und der drucktechnischen Wiedergabe von Fotos in Massenmedien ist hier zu erwähnen. Die „Illustrierten", die nun entstanden, erfreuten sich beim Lesepublikum etwa ab der Mitte des 19. Jhs. großer Beliebtheit. Ihre inhaltlichen und literarischen Ansprüche waren allerdings nicht sonderlich hoch. Unbequeme, kritische Ansichten und sprachlich anspruchsvolle Texte hatten es schwer, den Weg zum Leser und zur Leserin zu finden. *Viele* Leser/innen zu haben war eben wirtschaftlich wichtiger, als *anspruchsvolle* Leser/innen zu haben. Obendrein fürchtete man in den Redaktionen auch die staatliche Zensur.

Die erfolgreichsten deutschen Massenblätter wurden in der zweiten Hälfte des 19. Jhs. die Familienzeitschriften *Die Gartenlaube* (gegründet 1853) und *Westermanns illustrierte deutsche Monatshefte für das gesamte geistige Leben der Gegenwart* (gegr. 1856).

Die Gartenlaube, Titelblatt 1899

3.4 Zensur für Printmedien und Theater

Einzelne deutsche Fürstentümer – allen voran Sachsen-Weimar im Jahr 1816 – hoben die Zensurbestimmungen weitgehend auf. Diese Entwicklung zu mehr Liberalität wurde allerdings rückgängig gemacht, als Metternich die „Karlsbader Beschlüsse" (1819) durchsetzte, die den Einzelstaaten des Deutschen Bundes die Pressehoheit entzogen. Über alle Druckwerke, die ein breiteres Publikum fanden, wurde verbindlich eine Vorzensur verhängt. Auch die Leihbibliotheken und das Theater wurden von der Polizei streng überwacht.

Der Denkerclub. Karikatur auf die Unterdrückung der Meinungs- und Pressefreiheit („Wichtige Frage welche in heutiger Sitzung bedacht wird. Wie lange möchte uns das Denken wohl noch erlaubt bleiben?")

4. Einblicke in das philosophische Denken

4.1 Dialektischer Idealismus: Georg Wilhelm Friedrich Hegel

Georg Wilhelm Friedrich Hegel

Georg Wilhelm Friedrich Hegel (1770–1831) versuchte ein Gedankensystem zu konstruieren, das – auf der Grundlage der idealistischen Denktradition (siehe dazu III.3 ▸) – die ganze Wirklichkeit in ihrer Vielfalt und Widersprüchlichkeit verständlich machen sollte. Dem Begriff *Dialektik* kommt dabei eine zentrale Rolle zu. Unter Dialektik versteht man ein Modell, das auf dem Dreischritt These-Antithese-Synthese beruht. Was sich in dieser Formulierung recht abstrakt anhört, konkretisierte Hegel am Beispiel der Liebe: Der liebende Mensch ist die These. Im geliebten Menschen begegnet er der Antithese. Da ihm diese Begegnung zur Erfüllung wird, bildet sich aus These und Antithese eine Synthese (die Liebesbeziehung). In dieser Liebesbeziehung entsteht eine neue Lebensqualität, die es bisher nicht gab.

Das dialektische Modell ist laut Hegel das Bewegungsgesetz der ganzen Welt, aber nicht nur die materielle und menschliche Welt, sondern auch Gott wird in die Dialektik einbezogen. Gott ist laut Hegel am Anfang absoluter Geist, die Ausgangsthese sozusagen, die sich die materielle Welt (Natur) als Antithese ersinnt, um sich dialektisch zu entfalten. Auf einer bestimmten Stufe der dialektischen Entwicklung entsteht der Mensch, der zwar eine natürliche, materielle Grundlage hat (Körper), der aber auch Geist ist und dadurch Anteil am Göttlichen hat. Im menschlichen Geist findet das Göttliche zur Anschauung seiner selbst (Menschen können Gott denken!) und so zu einer höheren Stufe. Das Göttliche ist also bei Hegel nicht von Anfang an vollkommen, sondern steigert sich in dialektischer Entwicklung zur Vollkommenheit, die das Ziel der Entwicklung ist.

Hegels idealistisches Dialektik-Verständnis führte bei den sogenannten „Rechtshegelianern" zu einem eher konservativen Gesellschaftsverständnis: Was sich entwickelt, folgt einem objektiv vernünftigen Gesetz und kann daher – zumindest als Entwicklungsphase – nicht falsch sein. So betrachtet wird die jeweilige Wirklichkeit auch zum Inbegriff der höchsten Vernunft. Der preußische Staat in der vorgefundenen Form erschien den Rechtshegelianern daher als objektive Äußerungsform des Weltgeistes.

Der „Linkshegelianismus" zog freilich aus dem dialektischen Modell andere Konsequenzen. Der dialektische Materialismus von Karl Marx kann als Folge linkshegelianischen Denkens verstanden werden:

4.2 Dialektischer Materialismus: Karl Marx und Friedrich Engels

Karl Marx (1818–1883) hat Hegels Philosophie eingehend studiert. Er kann als Schüler Hegels bezeichnet werden, übernahm von diesem das dialektische Modell, stellte es aber – nach eigener Aussage – vom Kopf auf die Füße. Marx verzichtete auf die religiöse Vorstellung vom absoluten Geist und wendete das dialektische Gesetz These-Antithese-Synthese auf die materielle Wirklichkeit an. Die maßgebliche Triebkraft der Geschichte sind für Karl Marx die Produktivkräfte, d. h. die Art und Weise, in der Menschen ihr materielles Leben (Nahrung, Kleidung, Schutz vor Kälte und Hitze etc.) sichern. Die Produktivkräfte bilden als Produktionsverhältnisse die wirtschaftliche „Basis" jeder Gesellschaft. Über dieser materiellen oder wirtschaftlichen Basis erhebt sich ein ideeller „Überbau" (Staats- und Herrschaftsformen,

Karl Marx

philosophisches Denken, Religion, Kunst), der dem jeweiligen Entwicklungsstand der Basis entspricht. Da die Produktivkräfte dynamisch sind, geraten sie zu den Gesellschaftsverhältnissen von Zeit zu Zeit in Widerspruch. Aus diesem dialektischen Spannungszustand entstehen dann grundlegende historische Veränderungen.

Im *Manifest der Kommunistischen Partei* (1848) erläuterten KARL MARX und sein Mitstreiter FRIEDRICH ENGELS, wie sich diese Veränderungen in der bisherigen Menschheitsgeschichte gezeigt haben: Am Anfang stand eine einfache Urgesellschaft, in der es noch kein Privateigentum gab. Die Entwicklung der Produktivkräfte führte dazu, dass der bebaubare Boden und später auch andere Grundlagen der Gütererzeugung (z. B. Handwerksbetriebe) Privateigentum wurden. So entstand die erste Klassengesellschaft, die „Sklavenhaltergesellschaft" der Antike. Ab nun standen immer Herrschende und Beherrschte einander gegenüber, z.B. im Mittelalter der Grund besitzende Adel und die besitzlosen Bauern. Die Gesellschaft ihrer Zeit beschrieben Marx und Engels als „kapitalistische" Gesellschaft, in der die Besitzer des wirtschaftlichen Kapitals („Bourgeoisie") über die besitzlosen Lohnarbeiter („Proletariat") herrschen. Dieser Widerspruch zwischen Bourgeoisie und Proletariat führt – laut Marx und Engels – zu einer dialektischen Spannung, die sich eines Tages in einer sozialen Revolution entladen wird. Diese proletarische Revolution wird das Privateigentum an Produktionsmitteln (Kapital, Fabriken etc.) beseitigen und eine neue, sozial gerechtere Phase der Geschichte einleiten: die kommunistische Gesellschaft.

Im Unterschied zu den meisten anderen Philosophen wirkten Marx und Engels direkt politisch. Die im 19. Jh. entstehenden sozialistischen und kommunistischen Parteien stützten sich meist auf die Theorien von Marx und Engels, zogen daraus allerdings unterschiedliche politische Konsequenzen: So etwa strebten manche Arbeiterparteien eine gewaltsame Revolution an, andere hingegen wollten durch Sozialreformen im Rahmen der Demokratie ihr Ziel erreichen.

4.3 ARTHUR SCHOPENHAUER

Während Karl Marx Hegels Philosophie nur im Hinblick auf dessen Idealismus kritisierte, lehnte ARTHUR SCHOPENHAUER (1788–1860) Hegel grundsätzlich ab und scheute sich nicht, den berühmten Kontrahenten als „Scharlatan" und „Unsinnsschmierer" zu beschimpfen. Schopenhauer hatte ein zutiefst pessimistisches Menschen- und Weltbild. Die an unser körperlich-materielles Dasein gebundenen Bedürfnisse (Überlebenswille) sind für Schopenhauer die Quelle unserer Leiden. „Jede Lebensgeschichte", behauptete Schopenhauer, „ist eine Leidensgeschichte", und der Lebenslauf eines Menschen bestehe darin, dass er, „von Hoffnung genarrt, dem Tode in die Arme tanzt". Die zwischenmenschlichen Beziehungen scheinen ihm vorwiegend durch Grausamkeit und Ungerechtigkeit geprägt zu sein; und so ist es nicht verwunderlich, dass er zu dem Schluss kommt, es wäre besser, die Welt würde gar nicht existieren. In dieser Sichtweise zeigt sich Schopenhauers Nähe zur Philosophie des alten Indien.

Arthur Schopenhauer

Schopenhauers Hauptwerk trägt den Titel *Die Welt als Wille und Vorstellung* (1819). Die Begriffe „Wille" und „Vorstellung" sind ganz wesentlich für sein Denken. Im Anschluss an die *Erkenntnistheorie* IMMANUEL KANTS (siehe dazu III.3.3) spricht Schopenhauer dem Menschen die Fähigkeit ab, die Wirklichkeit objektiv erkennen zu können. Was wir zur Welt erklären, ist nur unsere subjektive Vorstellung. Die einzige Gewissheit, die wir haben, weil wir sie körperlich spüren, ist unser Wille. Den Willen haben wir mit anderen Lebensformen gemeinsam, ja der Wille ist überhaupt das einzig feststellbare Weltgesetz. Er ist aber nicht sinnvoll oder gar göttlich, sondern blind, zufällig und chaotisch. Aufgrund dieses sinnlosen Charakters ist unsere Existenz tragisch. Der Wille leidet an sich selbst und findet als solcher keine Erlösung. Was wir freilich aufgrund unserer Freiheit tun können, ist die Negation des Willens. Erst wenn der Mensch seine an den Willen gebundenen Bedürfnisse überwindet, erhebt er sich über seine Leidensexistenz. Er findet in der Auslöschung von egozentrischem Individualismus zu innerer Freiheit und Gelassenheit. Ein zweiter Schritt zur Selbsterlösung, der damit in Verbindung steht, ist die Hingabe an den leidenden Mitmenschen, das Mitleid.

4.4 SÖREN KIERKEGAARD

Ähnlich pessimistisch wie Schopenhauer beurteilte auch der dänische Philosoph SÖREN KIERKEGAARD (1813–1855) die menschliche Existenz. Auch er sieht sich als Antipode zum fortschrittsgläubigen, optimistischen Hegel. Angst und Verzweiflung, innere Zerrissenheit und Fremdheit sind die bestimmenden Erfahrungen des Menschen. Die Aufgabe des Menschen besteht darin, diese Einsicht illusionslos zur Kenntnis zu nehmen und mutig zu ertragen. Insbesondere die Angst rückt Kierkegaard in den Mittelpunkt seiner Überlegungen. Existenzangst ist eine Grunderfahrung des Menschen. Sie ist eine direkte Folge der Freiheit. Unsere Freiheit besteht darin, zwischen unterschiedlichen Existenzmöglichkeiten wählen zu können, also nicht determiniert zu sein wie ein Tier.

Sören Kierkegaard

Kierkegaard unterscheidet zwischen drei wesentlichen Existenzstadien: zwischen dem ästhetischen, dem ethischen und dem religiösen.

Das ästhetische Stadium besteht in einem genussorientierten, individualistischen Dasein, das aber immer von der Erfahrung innerer Leere begleitet wird. Das zweite Stadium ist das ethische, das in der Hingabe an soziale Aufgaben und praktische Tätigkeiten in der Gesellschaft besteht. Sowohl die ästhetische als auch die ethische Existenz können aber den Menschen nicht völlig erfüllen. Das dritte Stadium ist das religiöse. Mit der Entscheidung für diese dritte Existenzmöglichkeit knüpft der Mensch an das Absolute, Unendliche, also Göttliche an. Kierkegaard definierte den Christen als einen zutiefst von Gott ergriffenen Menschen, der jenseits von Vernunftargumenten in der Hingabe an seinen Glauben lebt. In der kirchlichen Lebenspraxis seiner Zeit sah er diesen Anspruch nicht erfüllt. Die Masse der Gläubigen folge lediglich einer gesellschaftlichen Konvention, aber nicht dem radikalen Wagnis bedingungsloser Hingabe an Gott. Sören Kierkegaard gilt als wichtiger Vorläufer für den *Existenzialismus* des 20. Jhs. (siehe dazu VII.3.1).

5. Junges Deutschland – die Politisierung der Literatur

Im Jahr 1833 hielt der Privatdozent Ludolf Wienbarg in Kiel Vorlesungen über Literatur, mit denen er sich ausdrücklich an das „junge Deutschland" wandte. Er sprach damit eine politisch denkende, vorwiegend akademische Jugend an, die in Opposition zu den Kräften der Restauration stand. Eben diese unzufriedene, systemkritische Jugend war den Herrschenden ein Dorn im Auge. Anlässe zum Misstrauen gab es mittlerweile genug. Im Jahr 1830 war es in Frankreich zu einer revolutionären Erhebung gekommen, die auch in den Ländern des Deutschen Bundes große Resonanz fand. 1832 hatten Tausende liberal denkende Menschen bei einer Festveranstaltung vor dem Hambacher Schloss für die nationale Einheit Deutschlands und für die Gewährung bürgerlicher Freiheiten demonstriert. 1833 stürmten Studenten die Frankfurter Polizeiwache, 1834 erschien die revolutionäre Flugschrift Der *Hessische Landbote*, in der Georg Büchner und der deutsche Sozialrevolutionär Ludwig Weidig die sozialen Missstände und die politische Unfreiheit heftiger Kritik unterzogen.

Georg Büchner

Im Jahr 1835 reagierte der Bundestag der deutschen Fürsten mit verschärften Zensurbestimmungen. Generell verboten wurden „die Schriften aus der unter der Bezeichnung ‚das junge Deutschland' oder ‚die junge Literatur' bekannten literarischen Schule, zu welcher namentlich Heinr. Heine, Karl Gutzkow, Heinr. Laube, Ludolf Wienbarg und Theodor Mundt gehören".
Damit war ein Begriff geprägt worden, der den Anschein erweckte, es gäbe eine geschlossene Gruppe politisch oppositioneller Autoren mit den Namen „Junges Deutschland". Tatsächlich war das gar nicht der Fall. Die genannten Autoren gehörten nicht zu einer Gruppe, sie hatten lediglich ähnliche politische Ansichten und ähnliche Vorstellungen von den Aufgaben der Literatur. Gemeinsam war ihnen eine liberaldemokratische und sozialkritische Denkweise. Diese Denkweise teilten sie aber mit einigen Autoren, die im Dokument des deutschen Fürstentags nicht angeführt wurden, unter anderem mit Georg Büchner, Ferdinand Freiligrath, Georg Weerth, Ludwig Börne und Georg Herwegh.
Aufgrund ihres politischen Engagements definierten Autoren wie Herwegh, Büchner oder Heine die Aufgaben der Literatur anders als die meisten Autoren, die den älteren Literaturepochen der *Klassik* und der *Romantik* zugeordnet werden. Heinrich Heine schrieb in seinem kulturpolitischen *Essay* **Die romantische Schule**, dass die deutsche Kunstepoche, die das Kunstwerk als autonomes, d. h. zweckfreies Werk und den Künstler als gesellschaftsabgewandten Einzelgänger beschrieben habe, mit Goethes Tod zu Ende gegangen sei. Für die Literatur würden sich jetzt neue Aufgaben stellen. Sie solle sich dem realen gesellschaftlichen Leben öffnen. Und Georg Herwegh schrieb: „Der Dichter vereinsamt nicht mehr, er sagt sich von keiner gesellschaftlichen Beziehung mehr los, kein Interesse des Volkes und der Menschheit bleibt seinem Herzen fremd; er ist nicht nur demokratischer, er ist auch universeller geworden." (1839)

Dieser Zweckbestimmung von Literatur, Hilfsmittel im politischen Kampf zu sein, folgten auch die literarischen Formen und Textsorten, in denen sich die Autoren des *Jungen Deutschlands* vor allem ausdrückten: journalistische Prosa, kritische Reiseliteratur und politische Lyrik. Bevorzugte Themen und Motive jungdeutscher Dichtung waren politische Tagesereignisse, soziale Missstände und andere gesellschaftliche Mängel.

Aufgrund der Zeitbezogenheit sind viele Texte der Jungdeutschen nicht über ihre Entstehungs-zeit hinaus gültig geblieben. Dies sollte freilich keine Grundlage für ein negatives Werturteil sein, da ja das Schreiben für den Tagesgebrauch zum literarischen Programm der Jungdeut-schen gehörte. Zwei Autoren, die mit dem Jungen Deutschland im Zusammenhang stehen, sind allerdings zu „Klassikern" (im Sinne überzeitlicher Bedeutung) geworden: Heinrich Heine und Georg Büchner. Band 1, Modul V.1 und V.2

5.1 Heinrich Heine

Heinrich Heine (1797–1856) stammte väterlicherseits aus einer jü-disch-deutschen Kaufmannsfamilie. Er studierte Jus und trat nach Ab-schluss seines Studiums 1825 zum protestantischen Glauben über, um bessere berufliche Aussichten zu haben – denn Juden waren aller *Auf-klärung* zum Trotz immer noch gesellschaftlich diskriminiert. In den Fol-gejahren unternahm Heine Reisen nach England und Italien. Im Jahr 1831 übersiedelte er nach Paris, war als Korrespondent der *Augsburger Allgemeinen Zeitung* tätig und entfaltete in Frankreich eine rege literari-sche Tätigkeit. Nur mehr kurzfristig kehrte er nach Deutschland zurück, wo der Bundestag im Jahr 1835 seine Schriften aus politischen Gründen verboten hatte.

Seit den frühen Vierzigerjahren litt Heine an myatropischer Lateralskle-rose, einer Krankheit, die mit großen Schmerzen und fortschreitender Lähmung verbunden ist. Als er ans Krankenbett gefesselt war, sprach Heine selbstironisch von der „Matratzengruft".

Heinrich Heine

Bereits in der zweiten Hälfte der Zwanzigerjahre war Heinrich Heine durch seine ersten Ge-dichte (*Buch der Lieder*) und durch seine Reiseliteratur (*Reisebilder*) bekannt geworden. Die frühe Lyrik stand noch im Einflussbereich der Spätromantik, aber oft ironisierte Heine schon den romantischen Ton. In den *Reisebildern* präsentierte er sich bereits als scharfer, gesell-schaftskritischer Beobachter und stilistisch anspruchsvoller Prosaautor. Seine demokrati-sche, liberale Gesinnung teilte er mit den anderen Autoren des *Jungen Deutschlands*, in seiner Kunstauffassung distanzierte er sich aber von einer inhaltlich und stilistisch allzu platten, agitatorischen Tendenzdichtung.

Als Heine in den Jahren 1843/44 kurzfristig nach Deutschland zurückkam, entstand die *Vers-erzählung Deutschland. Ein Wintermärchen*. Diese kritische Bestandsaufnahme der restaura-tiven deutschen Gesellschaft wurde von der Zensur verboten.

6. Biedermeier

Zum Namensgeber der Biedermeier-Epoche wurde zwar der schwäbische Dorfschullehrer Gottlieb Biedermaier, eine literarische Figur der deutschen Schriftsteller Eichrodt und Kuss-maul, aber das Zentrum dieser kulturellen Epoche lag eindeutig in Österreich. Dafür gibt es eine gesellschaftspolitische Erklärung.

Wir müssen uns vergegenwärtigen, dass die Donaumonarchie in der historischen Entwicklung Europas seit dem 17. Jh. einen eigenständigen Weg gegangen war. Die *Reformation* war nach großen Anfangserfolgen durch ein festes Bündnis zwischen der katholischen Kirche und den Habsburgern unterdrückt worden. Die *Gegenreformation* beherrschte die Gesellschaft und die Kultur des 17. und 18. Jhs. Die Unruhe, die der *Sturm und Drang* in das kulturelle Leben Deutschlands gebracht hatte, war an Österreich spurlos vorübergegangen. Die *Aufklärung* konnte während der Regierungszeit Maria Theresias, Josephs II. und Leopolds II. kurzfristig wirksam werden. Unter den Nachfolgern wurden viele Ansätze einer bürgerlich-liberalen, aufgeklärten Kultur wieder rückgängig gemacht; und während des Vormärz erreichte diese Tendenz einen Höhepunkt.

Biedermeierliche Familienszene

akg-images/Eduard Gärtner

Das freie Wort, sowohl das journalistische als auch das künstlerische und philosophische, war den Vertretern der Gegenreformation und des Absolutismus immer verdächtig. Es ist daher kein Zufall, dass sich in Österreich – vor allem aufgrund rigider Zensurbestimmungen – keine bedeutenden literarischen Strömungen entfalten konnten, weder die deutsche *Klassik* noch die *Romantik*. Gewiss gab es auch in den meisten deutschen Fürstentümern keine bürgerlichen Freiheiten im heutigen Sinn des Wortes. Aber der Protestantismus war im 16. und 17. Jh. selbst als Protestbewegung mit wortgewaltigen Programmen stark geworden. So hatte das geschriebene Wort in den protestantischen Fürstentümern des nördlichen Deutschlands einen höheren gesellschaftlichen Stellenwert als im katholischen Süddeutschland. Und wenn – wie in Weimar – ein Fürst relativ tolerant war, hatten es Literatur und Philosophie allemal leichter als im katholischen Wien oder beispielsweise auch im katholischen Fürstentum Bayern.

In Österreich blühte im 18. und frühen 19. Jh. vor allem die Musik. Wien war ihr Zentrum. JOSEPH HAYDN, WOLFGANG AMADEUS MOZART und FRANZ SCHUBERT lebten und wirkten im heutigen Österreich, der Rheinländer LUDWIG VAN BEETHOVEN wurde zum Wahlwiener. Oper und Theater nahmen im kulturellen Leben der österreichischen Hauptstadt einen zentralen Rang ein. Mozarts Opern (u. a. *Die Zauberflöte*, *Die Hochzeit des Figaro*, *Don Giovanni*) und Beethovens einzige Oper *Fidelio* wurden zu Klassikern des europäischen Musiktheaters.

Die Zauberflöte, Inszenierung 2010

Das österreichische Sprechtheater konnte freilich um 1800 nicht mit jener Qualität konkurrieren, die Dramatiker wie **Lessing**, **Goethe** und **Schiller** in Deutschland vorgegeben hatten. Es gab zwar immens viele Uraufführungen in Wien, aber die Stücke waren meist politisch, philosophisch und kulturell belanglose Zaubermärchen und Gespensterdramen mit Musik, die das vorwiegend bürgerliche Publikum gut unterhielten. Erst mit **Ferdinand Raimund** und **Johann Nepomuk Nestroy** kamen neue, anspruchsvollere Töne in das *Wiener Volkstheater*.

6.1 Wiener Volkstheater: Zaubermärchen und Lokalposse

Der 1790 in Wien geborene Handwerkersohn **Ferdinand Raimund** war zunächst Konditorlehrling. Fasziniert von der Welt des Theaters lernte er in der Provinz das Handwerk des Schauspielers, wurde Schauspieler in der Josefstadt und übernahm 1828 die Direktion des Leopoldstädter Theaters. Raimund war als Komiker und Bühnenautor durchaus erfolgreich, wollte aber selbst nicht so recht an sein Talent glauben. Eifersüchtig starrte er auf seinen jüngeren Konkurrenten **Johann Nepomuk Nestroy**, dessen wachsender Ruhm ihn verstörte. 1836 wurde der unglückliche Raimund von einem Hund gebissen. Er glaubte an Tollwut erkranken zu müssen und erschoss sich.

Ferdinand Raimund gilt als Repräsentant des *Wiener Zaubermärchens*. Zauberspiele dieser Art sind in vielen Fällen „Besserungsstücke". Sie folgen einem herrschaftsfreundlichen Handlungsschema: Ein Mensch, der sich aus der gesellschaftlichen Ordnung und den sittlichen Konventionen entfernen will, wird – meist durch den Einfluss von Geistern und Feen – wieder auf die „rechte Bahn" zurückgeführt. Bescheidenheit, Einfachheit und Zufriedenheit sind Leitwerte des Zaubermärchens. Die bittere Kehrseite solcher Werte ist allerdings auch spürbar: Resignation und Selbstaufgabe. Der typische Repräsentant dieser biedermeierlichen Werte ist der Tischler Valentin aus Raimunds Original-Zaubermärchen *Der Verschwender*. `Band 1, Modul V.3`

Ferdinand Raimund

Im Jahr 1833 erlebte das Stück seine Uraufführung, mit dem **Johann Nepomuk Nestroy** seinen Durchbruch feierte: *Der böse Geist Lumpazivagabundus oder Das liederliche Kleeblatt*. Bereits an Nestroys erstem Erfolgsstück sind die Stärken dieses Theaterautors erkennbar, sein satirisch-zeitkritischer Blick, seine *karikierende* Figurengestaltung und sein Sprachwitz. Die Märchen- und Zauberwelt bleibt schon in Nestroys ersten Stücken eher Beiwerk. Die Wirkung des „Lumpazivagabundus" beruht nicht auf dem Reiz einer magischen Märchenwelt, sondern auf der komödiantisch-sozialrealistischen Darstellung der drei Handwerker Zwirn, Knieriem und Leim. Schon bald verzichtete Nestroy ganz auf Zauberer und Feen und wurde so zum Gestalter einer neuen Form des *Wiener Volkstheaters*, der sogenannten *Lokalposse*. `Band 1, Modul V.5`

6.2 Österreichische Klassik: Franz Grillparzers Dramen

Franz Grillparzer wurde 1791 in Wien geboren. Sein Vater starb früh. Vor allem aus finanziellen Gründen wurde er Beamter in der Hofkammer (Finanzministerium), hatte aber gegen seinen Brotberuf sein Leben lang Abneigungen. Die Anfälligkeit für Schwermut und Depressivität war in der Familie Grillparzer verbreitet. Die Mutter neigte zu psychischen Krisen und erhängte sich. Ein Bruder Grillparzers beging ebenfalls Selbstmord. Zwei andere Brüder scheiterten völlig.

Franz Grillparzer

Als Dramatiker trat Franz Grillparzer erstmals im Jahre 1817 an die Öffentlichkeit. Sein romantisches Schicksalsdrama *Die Ahnfrau*, dessen Handlung von wirksamen Horrormotiven (unerlöste Seelen, Selbstmord und Vatermord) dominiert wird, entsprach dem Publikumsgeschmack der Zeit und wurde ein großer Erfolg.

Dadurch ermutigt, nahm Grillparzer die Arbeit an einem weiteren Stück auf. Mit *Sappho* ging er allerdings neue Wege. Er wählte als Stoffgrundlage einen antiken *Mythos*, das Leben und Sterben der griechischen Lyrikerin Sappho, verzichtete auf bühnenwirksame Schauermotive und näherte sich so in seiner Bühnensprache der klassischen Tradition an. Auf diesem künstlerischen Weg blieb Grillparzer, als er einen Teil der griechischen Argonautensage dramatisierte: 1821 wurde die Trilogie *Das goldene Vließ* uraufgeführt. Das Kernstück dieser Trilogie ist die Tragödie der Medea, die ihre Kinder tötet, weil sie von ihrem Mann Jason aus machtpolitischen Überlegungen verlassen wird. **Band 1, Modul V.4**

In rascher Folge entstanden dann weitere Dramen, unter anderem die Tragödie *König Ottokars Glück und Ende* (uraufgeführt 1825). Grillparzer dramatisierte einen Stoff aus der böhmisch-österreichischen Geschichte, nämlich den Machtkampf zwischen dem Böhmenkönig Ottokar und dem Habsburger Rudolf in der zweiten Hälfte des 13. Jhs. Aber nicht die realen Ereignisse und Gestalten der Geschichte interessieren Grillparzer in erster Linie. Er will zeigen, wie ein begabter, erfolgreicher Herrscher alles verliert, weil er in seinem Machtstreben weder Maß noch Ziel findet. Ottokar verletzt nicht nur die Eigentumsordnung, indem er unrechtmäßig Länder seinem Herrschaftsbereich angliedert, er bricht auch die sittliche Ordnung, denn er trennt sich aus machtpolitischem Kalkül von seiner Frau Margarete. Am Ende verliert Ottokar nicht nur seine ganze Macht, sondern auch sein Leben. Grillparzer stellte bewusst Parallelen zwischen seiner Ottokar-Figur und Napoleon her.

Mitte der Dreißigerjahre versuchte sich Franz Grillparzer erstmals an einem Lustspiel. *Weh dem, der lügt* (Uraufführung 1838) nannte er seine Komödie über Wahrheit und Lüge. Das Stück wurde ein Misserfolg. Darüber kränkte sich Grillparzer so sehr, dass er beschloss, nichts mehr zu veröffentlichen. Seine letzten drei Dramen *Ein Bruderzwist in Habsburg, Die Jüdin von Toledo* und *Libussa* wurden zu Lebzeiten des Dichters, der erst im Jahr 1872 starb, nicht mehr aufgeführt.

Grillparzer orientierte sich formal und stilistisch an den großen Vorbildern GOETHE und (vor allem) SCHILLER. Der antiquiert und etwas steif wirkende hohe Sprachstil und die Verwendung des Verses erschweren heute dem Publikum den Zugang zu den Dramen Grillparzers. In mancher Hinsicht erwies sich aber Grillparzer als durchaus moderner und kritischer Autor.

Modern war Grillparzer in der individuellen, psychologischen Zeichnung seiner Hauptfiguren, die aufgrund ihrer Brüchigkeit bereits Züge moderner *Antihelden* haben (z. B. Rudolf II. in *Ein Bruderzwist in Habsburg*, König Alfons in *Die Jüdin von Toledo*).

Kritisch stellte Grillparzer den Umgang seiner Figuren mit der Macht dar. Immer sind es Männer, die aufgrund ihrer Machtgier und ihrer Selbstüberhebung das Unglück herbeiführen. Opfer sind in erster Linie Frauen.

Das Motiv weiblichen Machtverzichts und männlichen Machtstrebens ist in der Tragödie *Libussa* am deutlichsten ausgeführt. Die böhmische Prinzessin Libussa tritt ihre Macht (Matriarchat) an den Mann Primislaus (Patriarchat) ab. Primislaus ist ein Mann der Tat und leitet den auf politische Macht, technischen Fortschritt und eine rationale Staatsordnung gegründeten Zivilisationsprozess ein. Dies bringt zweifellos Vorteile, gleichzeitig aber auch den Verlust eines naturnahen, friedvollen Lebens.

6.3 DIE STETS BEDROHTE WELTORDNUNG: DER ERZÄHLER ADALBERT STIFTER

ADALBERT STIFTER wurde im Jahr 1805 in der Ortschaft Oberplan im damals österreichischen Kronland Böhmen (heute Horní Planá, Tschechien) geboren. Die Familie lebte vom Flachsanbau und vom Leinenhandel. Stifter besuchte das Gymnasium der Benediktiner in Kremsmünster, versuchte sich dann in Wien in mehreren Studienrichtungen, vor allem in den Rechtswissenschaften, schloss aber keines davon ab und verdiente sich seinen Lebensunterhalt hauptsächlich als Hauslehrer, unter anderem im Haus Metternich.

Stifter hatte Ambitionen als Landschaftsmaler, seit der zweiten Hälfte der Dreißigerjahre trat er auch als Erzähler an die Öffentlichkeit und wurde mit Erzählungen wie *Feldblumen*, *Hochwald* und *Abdias* in Wien eine Art Modeautor.

Adalbert Stifter

Stifter dachte zwar in mancher Hinsicht liberal, war aber von den revolutionären Vorgängen des Jahres 1848 in Wien irritiert und zog sich als Landesschulinspektor für Pflichtschulen nach Linz zurück. Dort lebte er bis zu seinem Selbstmord im Jahr 1868. Stifters letzte Lebensjahre waren durch physische und psychische Krankheiten sowie durch private und berufliche Enttäuschungen verdüstert.

Schon in seinen ersten Erzählungen erwies sich Stifter als Meister einer nachromantischen, *realistischen* Naturbeschreibung. Seine Aufmerksamkeit für das Kleine und Unscheinbare trug ihm zu Unrecht den Ruf ein, ein biedermeierlicher *Idyllen*dichter zu sein. Es ist zwar richtig, dass Stifter in seinen Werken immer wieder eine geordnete, harmonische, sittlich gute Weltordnung beschwor („sanftes Gesetz" Band 1, Modul V.3), aber die Gefährdungen und Abgründe, die Unsicherheiten dieser Ordnung, die bis in die Naturschilderungen hinein erkennbar werden, begleiten Stifters erzählerisches Werk fast *leitmotivartig*.

Neben seinen zahlreichen Erzählungen schrieb Adalbert Stifter auch zwei große Romane, *Der Nachsommer* (1857) und *Witiko* (1865). *Witiko* ist ein historischer Roman, der im mittelalterlichen Böhmen spielt. *Der Nachsommer* steht in der Tradition jenes *Bildungsromans*, der seit WIELANDS *Geschichte des Agathon* und vor allem seit GOETHES *Wilhelm Meister* die deutsche Romanschreibung so nachhaltig geprägt hat. *Der Nachsommer* ist bis heute ein umstrittenes Werk, das sowohl enthusiastische Zustimmung als auch völlige Ablehnung auslöst. Stifter gestaltete in diesem Roman eine wirklichkeitsferne Welt, das abgeschiedene Landgut des Freiherrn von Risach, wo dem Protagonisten Heinrich Drendorf eine harmonische Entwicklung durch Natur- und Kunststudium ermöglicht wird. Das ausgesprochen langsame Erzähltempo des Buches wirkt auf viele Leser/innen abschreckend, während andere gerade in dieser Genauigkeit und Zeitverzögerung eine besondere Qualität des Romans sehen.

6.4 ZWISCHEN SPÄTROMANTIK UND REALISMUS

Ähnlich wie Adalbert Stifter gestaltete auch der deutsche Schriftsteller EDUARD MÖRIKE (1804–1875) in seinen epischen und lyrischen Werken immer wieder eine harmonisch-idyllische Welt, die aber nie ganz ungebrochen bleibt. Humorvoll-komische Brechungen oder tragische Wendungen bleiben bei Mörike selten aus. Eines seiner erfolgreichsten Werke ist die *Novelle Mozart auf der Reise nach Prag* (1856), in der er eine Episode aus dem Leben des Komponisten erzählt.

Weltschmerz, Resignation und eine *elegische* Grundstimmung, die man im österreichischen Biedermeier sowohl bei Raimund als auch bei Grillparzer und Stifter findet, prägen auch das Leben und das lyrische Werk von **Nikolaus Lenau** (eigentlich Nikolaus Niembsch, Edler von Strehlenau), der in Ungarn 1802 geboren wurde. Lenaus frühe Lyrik steht noch eindeutig im Einflussbereich der *Spätromantiker* um **Ludwig Uhland**, zu denen der Dichter auch persönlichen Kontakt hatte. Lenaus Hoffnungen, in der demokratisch-freiheitlichen Ordnung der USA eine bessere Welt zu finden, wurden enttäuscht. Er kaufte in den USA eine Farm, kehrte aber schon nach kurzem Aufenthalt nach Europa zurück, angewidert von den „himmelanstinkenden Krämerseelen". Nach einem Schlaganfall wurde Lenau geisteskrank und starb 1850 in der Irrenanstalt Oberdöbling (Wien).

Die ambivalente Position zwischen *Spätromantik* und *Realismus* wird auch im lyrischen und erzählerischen Werk von **Annette von Droste-Hülshoff** (1797–1848) erkennbar. Ihre Lyrik knüpft an die romantische Tradition an, weist aber manchmal schon *realistische* und *impressionistische* Züge auf. Als Meisterstück der Droste gilt ihre *Novelle* **Die Judenbuche** (1842), mit der sie bereits wegweisend für die reichhaltige Novellenschreibung des Realismus wirkte.

Annette von Droste-Hülshoffs Biografie ist insofern besonders beachtenswert, als sie zeigt, wie schwer es eine dichtende Frau hatte, sich in der Gesellschaft des 19. Jhs. zu entfalten und als Künstlerin zu behaupten. Sie stammte aus einer sehr konservativen katholischen Adelsfamilie, lebte wohl auch selbst grundsätzlich in den Konventionen, zu denen sie erzogen worden war. Aber in ihrer Lyrik wird immer wieder die Sehnsucht einer Frau nach mehr Freiheit erkennbar. Erst seit kurzem versucht die Forschung, dem Werk der Droste auch unter diesem Gesichtspunkt gerecht zu werden.

Annette von Droste-Hülshoff

7. Bürgerlicher Realismus

Die Revolution des Jahres 1848 war in Deutschland und Österreich nicht erfolgreich. Weder kam es zu einer Lösung der deutschen Frage, noch wurde die Demokratisierung und Liberalisierung der Gesellschaft eingeleitet. Im Jahre 1871 wurde zwar die nationale Einigung der deutschen Fürstentümer nachgeholt, aber sie führte nicht zu einer bürgerlichen deutschen Demokratie, sondern zum Kaiserreich Deutschland. Das deutsche (und auch das österreichische) Bürgertum hatte die politischen Ideale der Revolution weitgehend aufgegeben. Das Besitzbürgertum begnügte sich damit, dass der politische mächtige Adel seine wirtschaftliche Tätigkeit nicht behinderte. Und so kam es – sozialgeschichtlich betrachtet – zu einem Bündnis zwischen Adel und Besitzbürgertum. Die Leidtragenden dieser Machtkonstellation waren vor allem die Arbeiter/innen, die oft im sozialen Elend leben mussten und keine politischen Rechte hatten.

7.1 Bürgerliche Erfolgsliteratur

Im Zusammenhang mit dieser sozialen und politischen Situation ist die Literatur in der Zeit zwischen 1848 und 1880 zu verstehen. Die Leser/innen kamen vor allem aus der bürgerlichen Mittelschicht. Sie lasen gerne Familienzeitschriften wie *Die Gartenlaube* und bevorzugten Bücher, in denen Probleme und Konflikte nicht allzu offen und krass dargestellt wurden. Aussparung des Hässlichen und Schlechten, Harmonisierung von Gegensätzen und ein versöhnendes *Idyll*, das war nach dem Geschmack des bürgerlichen Lesepublikums.

Es verwundert daher nicht, dass die Autor/innen, die in diesen Jahrzehnten besonders erfolgreich waren, heute meist nicht mehr gelesen werden. Sie haben den Paradigmenwechsel der *Moderne* um 1900 nicht überstanden. Weder die epischen Werke des Literaturnobelpreisträgers **Paul Heyse** noch die Theaterstücke eines **Ernst von Wildenbruch** genießen heute noch die Aufmerksamkeit des Publikums.

Eines der meistgelesenen Bücher dieser Zeit war der Roman *Soll und Haben* von **Gustav Freytag**. Freytag erzählt darin die Geschichte eines jungen Kaufmanns namens Anton Wohlfahrt, der sich vom Lehrling zum Teilhaber eines Handelshauses entwickelt und die Tochter seines Chefs heiratet. Der Haupthandlungsstrang folgt also dem Erzählschema des *Bildungs*- oder *Entwicklungsromans*. Für die bürgerlichen Leser/innen war Anton Wohlfahrt, der nicht nur wirtschaftlich erfolgreich, sondern auch moralisch untadelig ist, eine besonders gut geeignete Identifikationsfigur.

7.2 Erzählkunst des bürgerlichen Realismus

Seine dauerhaftesten künstlerischen Leistungen erbrachte der *bürgerliche Realismus* im Roman und in der Novelle, weniger in der Lyrik und im Drama. Zu den großen Erzählern der Epoche gehören vor allem die drei Schweizer Autoren **Jeremias Gotthelf**, **Gottfried Keller** und **Conrad Ferdinand Meyer**. Aus dem nördlichen Deutschland kommen **Theodor Storm**, **Wilhelm Raabe** und **Theodor Fontane**. Als österreichische *Realisten* gelten **Marie von Ebner-Eschenbach**, **Ferdinand von Saar** und **Peter Rosegger**. Zu ergänzen ist, dass auch die Landschaftsbeschreibungen **Adalbert Stifters** durchaus realistisch sind. Daher wird Stifter nicht nur als *Biedermeier*-Autor, sondern auch als *Frührealist* bezeichnet. (G. Keller: *Der grüne Heinrich* Band 1, Modul V.6 ; Th. Fontane: *Effi Briest* Band 1, Modul V.7)

Sowohl der Schweizer **Jeremias Gotthelf** (1797–1854) als auch der Österreicher **Peter Rosegger** (1843–1918) erzählten vor allem von der bäuerlichen Lebenswelt, die sie aus eigener Anschauung gut kannten. Die realistische *Dorfgeschichte* war daher ihre eigentliche Stärke. Rosegger stammte aus der Steiermark und fand insbesondere als Autor der *autobiografischen* Erzählsammlung *Als ich noch der Waldbauernbub war* (1900–1902) eine breite Lesergemeinde (siehe dazu Modul V.A). Gotthelf war Landpfarrer im Kanton Bern. Er sah die sozialen Probleme des Dorflebens und kritisierte vom Standpunkt einer auf Nächstenliebe gegründeten christlichen Sozialethik den rücksichtslosen Kapitalismus, der eine – vom Autor etwas idealisierte – bäuerliche Lebensordnung zu zerstören drohte.

Christliche Anteilnahme für die täglichen Lebensprobleme der Armen ist auch in den *Dorf- und Schlossgeschichten* (1883) von **Marie von Ebner-Eschenbach** (1830–1916) zu erkennen. Ebner-Eschenbach stammte aus einer Adelsfamilie, scheute sich aber nicht, die asoziale Haltung ihres eigenen Standes zu kritisieren. Ihrem sozialkritischen Roman *Das Gemeindekind* (1887) könnte man folgende Aussage der Autorin voranstellen: „Es gäbe keine soziale Frage, wenn die Reichen von jeher Menschenfreunde gewesen wären." Pavel ist der Sohn eines Mörders, der gehenkt worden ist, und einer Frau, die eine mehrjährige Haftstrafe verbüßt. Aufgrund dieser Herkunft schlagen ihm in seinem Heimatdorf Vorurteile und ungerechtfertigte Verdächtigungen entgegen. Als sich Pavels Schwester Milada, die in einer Klosterschule erzogen wurde, um den verwahrlosten Bruder annimmt, bessert sich seine Lebenssituation bald. Pavel festigt seine Persönlichkeit und findet auch

Marie von Ebner-Eschenbach

seinen Platz im Dorfleben. Der Verlauf dieses Romans zeigt recht gut Marie von Ebner-Eschenbachs Menschenbild. Jeder Mensch ist ihrer Ansicht nach zum Guten fähig. Allerdings muss ihm die Gesellschaft eine Chance geben.

Trotz ihrer Anteilnahme am Schicksal sozial deklassierter Menschen vermieden es aber sowohl Jeremias Gotthelf als auch Marie von Ebner-Eschenbach, aus ihrer kritischen Position sozialrevolutionäre Konsequenzen zu ziehen. Christliche Nächstenliebe, nicht sozialistischer Klassenkampf im Sinne von Karl Marx und Friedrich Engels ist für sie die Grundlage sozialen Handelns.

Ein pessimistischer und resignativer Grundton beherrscht die meisten Novellen und Gedichte von Theodor Storm (1817–1888). Beispielhaft sei hier die bekannte *Novelle Der Schimmelreiter* (1888) erläutert. Der *Protagonist* Hauke Heien steigt aufgrund seiner Intelligenz und seiner praktischen Tüchtigkeit vom Kleinknecht zum Deichgrafen auf. Sein Bemühen um den Neubau des Deiches, der die Menschen vor dem Meer schützt, scheitert an der Borniertheit, am Aberglauben und an der geistigen Trägheit seiner Umgebung. Der Gegenspieler des tragischen Helden ist der Großknecht Ole Peters, der sich letztlich mit seinen beschränkten Vorstellungen durchsetzt. Dadurch kommt es zur Katastrophe. Der alte Deich bricht. Hauke Heiens Familie kommt dabei ums Leben. Er selbst stürzt sich daraufhin mit seinem Schimmel in die Fluten. Der Aberglaube des Volkes bleibt freilich am Leben. Man erzählt sich, dass der Deichgraf in stürmischen Nächten als Gespenst über den Deich reitet.

Theodor Storm

Theodor Storm relativiert in *Der Schimmelreiter* die Wertvorstellungen bürgerlicher Tüchtigkeit und rationaler Lebensplanung. Das Irrationale und das Unberechenbare – sowohl in der Natur als auch in der menschlichen Seele – bedrohen sowohl die aufgeklärte Vernunft als auch den vermeintlichen Sieg von Arbeit und Technik über die Natur.

7.3 Das Drama zur Zeit des bürgerlichen Realismus

Zweifel an der Fortschrittsgläubigkeit des Bürgers meldete auch der Dramatiker Friedrich Hebbel (1813–1863) an. Charakterliches Versagen, fragwürdige Werthaltungen und Selbsttäuschungen bestimmen die Handlung des Dramas *Maria Magdalene* (1844), das dem Genre des *bürgerlichen Trauerspiels* zugeordnet wird (siehe auch Band 1, Modul III.2). Das Opfer dieser verhängnisvollen Konstellation ist Klara, die weibliche Hauptfigur. Ihr Bräutigam verlässt sie auf niederträchtige Weise. Der selbstmitleidige, auf äußerliche Ehrbegriffe fixierte Vater ist ihr keine Hilfe, sondern ein zusätzliches Problem. Klara sieht keinen Ausweg mehr. Sie begeht Selbstmord. *Maria Magdalene* ist Hebbels einziges Theaterstück, das wir aufgrund des gewählten *Milieus* und der Bühnensprache vorbehaltlos dem *bürgerlichen Realismus* zuordnen können.

Seine anderen Dramen haben historische oder mythische Stoffe zur Grundlage, so etwa die historische Tragödie *Agnes Bernauer* (1852) oder das auf einer alttestamentarischen Erzählung beruhende Drama *Judith* (1840).

Allen Bühnenwerken Friedrich Hebbels ist aber jene pessimistisch-tragische Weltsicht eigen, die man – wie oben angedeutet – auch bei Theodor Storm oder in der Philosophie Arthur Schopenhauers (vgl. V.4.3) findet. Daher spricht man im Hinblick auf Hebbels Literatur von „Pantragismus". Der Begriff bezeichnet die Ansicht, dass – unabhängig vom Wollen und Tun des Einzelmenschen – das Leben an sich tragisch und das Unglück unvermeidbar sei.

Die neuen, aufsehenerregenden Impulse für das Theater kamen in den Jahrzehnten des bürgerlichen Realismus nicht durch Sprechstücke zustande, sondern durch die Oper. Der Komponist **Richard Wagner** (1813–1883) hatte im Vertrauen auf die gesellschaftsverändernde Kraft des Bürgertums im Jahr 1848 noch an der Revolution teilgenommen, veränderte aber nach deren Scheitern seine Weltsicht. Durch die pessimistische Philosophie Schopenhauers, die er in den Fünfzigerjahren des 19. Jhs. kennenlernte, sah sich Wagner in seinen Anschauungen bestätigt. Todes-, Kampf- und Leidensmystik prägen die Opern-Tetralogie *Der Ring des Nibelungen*, an der Wagner zwischen 1853 und 1874 arbeitete. Nicht nur mit diesem Werk, sondern auch mit seinen Opern *Parsifal*, *Tristan und Isolde* und *Tannhäuser* griff Wagner auf mythologische Stoffe des Mittelalters zurück.

Richard Wagner

Wagners Werk bedeutete nicht nur musikgeschichtlich eine Revolution. Seine allgemeine kulturhistorische Wirkung war enorm. Fast alle Künstler/innen und Intellektuellen der beginnenden *Moderne* setzten sich – teils kritisch, teils zustimmend – mit Richard Wagner auseinander.

Einen kurzen Epochenüberblick über **Junges Deutschland – Biedermeier – Bürgerlicher Realismus** finden Sie im Anschluss an die Module in Band 1.

VI. AUFBRUCH IN DIE MODERNE
EIN LITERATURGESCHICHTLICHER ÜBERBLICK 1890–1945

1. BEGRIFFSKLÄRUNG UND DATIERUNG

Die Begriffe „modern" bzw. „Moderne" werden vom lateinischen Wort „modernus" (neu, gegenwärtig) abgeleitet. Sie bezeichnen einen Zeitabschnitt, der deutliche Veränderungen mit sich bringt und daher von der davor liegenden Zeit als neue Epoche abgrenzbar ist. So wird zum Beispiel der Begriff „modern" für die *Renaissance* verwendet, um sie vom Mittelalter abzugrenzen. In der mittelalterlichen Theologie wiederum wurden die christlichen Autoren als „modern" bezeichnet im Unterschied zu denen der vorchristlichen Antike. Auch für die Literatur des 18. Jhs. (*Aufklärung*, *Sturm und Drang*, *Empfindsamkeit*), die sich von der *klassizistischen* und von der *barocken* Tradition abhob, verwendete man die Bezeichnung „modern".

In der gegenwärtigen Kulturgeschichte unseres geografischen Raums bezeichnet der Begriff *Moderne* vor allem die umfassenden Veränderungen, die sich gegen Ende des 19. Jhs. und am Beginn des 20. Jhs. abzeichneten. Welche Veränderungen damit gemeint sind, soll dieser Überblick an Beispielen erklären. Manchen Kulturtheoretiker/innen erscheint die Moderne, die um 1900 einsetzte, heute schon als mehr oder weniger vergangene Epoche. Bereits in der zweiten Hälfte des 20. Jhs. glauben sie einen neuen historischen Abschnitt erkennen zu können, die sogenannte *Postmoderne*, also die Zeit nach der *Moderne*.

2. ALLGEMEINE GESCHICHTLICHE VORAUSSETZUNGEN

Salon in der Villa eines Fabrikanten aus der Gründerzeit

Die Wende vom 19. zum 20. Jh. war eine Zeit des wirtschaftlichen, sozialen, politischen und kulturellen Wandels. Im deutschen Kaiserreich und in der österreichisch-ungarischen Donaumonarchie wurde in den letzten Jahrzehnten des 19. Jhs. die Industrialisierung nachgeholt, die in England und Frankreich schon einige Jahrzehnte vorher eingesetzt hatte. Das wirt-

schaftliche Wachstum – man spricht von der „Gründerzeit" – brachte dem wirtschaftstreibenden Großbürgertum großen Reichtum. Diese überlegene soziale Position drückte sich auch in
dessen pompöser Alltagskultur aus („Repräsentationsstil"). Der Preis für den Erfolg des Groß-
bürgertums war die Armut der Lohnarbeiter. Niedrige Löhne, kein Schutz für Kranke und Alte
sowie schlechte Wohnverhältnisse ließen die sozialistische Arbeiterbewegung und die Ge-
werkschaften rasch anwachsen. Auch das Kleinbürgertum, die kleinen Handwerker und Gewerbetreibenden, waren stets von der Konkurrenz des Großkapitals und damit von Verelen-
dung bedroht. Sie organisierten sich vorwiegend in den christlich-sozialen Parteien.

2.1 IMPERIALISMUS UND ERSTER WELTKRIEG

England und Frankreich hatten im Zuge ihrer wirtschaftlichen Entwicklung eine imperialistische Außenpolitik betrieben und im Laufe des 19. Jhs. Kolonien in wirtschaftlich und macht-
politisch interessanten Gebieten der ganzen Welt errichtet.
Deutschland war aufgrund seiner politischen Zersplitterung zu kurz gekommen. Kaiser Wilhelm II. wollte dieses Versäumnis nachholen und geriet dadurch in scharfe Interessenkonflik-
te mit den konkurrierenden Mächten. Die österreichische Donaumonarchie war vor allem
aufgrund ihrer geografischen Lage nicht an diesen Konflikten beteiligt, versuchte aber, ihren
Machtbereich im Osten, insbesondere am Balkan, auszudehnen. Dadurch geriet sie in die
russische Interessensphäre.
Die internationale politische Lage war äußerst gespannt, als im Jahr 1914 der österreichische
Thronfolger Franz Ferdinand in Sarajevo von einem Attentäter erschossen wurde. Dieses Ereignis löste den Ersten Weltkrieg aus, der vier Jahre dauern und enorme Opfer (10 Millionen
Tote, 20 Millionen Invalide) fordern sollte. Es war der erste Krieg der Weltgeschichte, der mit
moderner Technologie (Motorisierung, chemische Waffen) geführt wurde. Insbesondere nach
dem Kriegseintritt der USA war die militärische Lage der Mittelmächte (Deutschland und Österreich-Ungarn) aussichtslos geworden. Im Jahr 1918 mussten sie kapitulieren.

2.2 KOMMUNISMUS IN RUSSLAND –
DEMOKRATIEN IN DEUTSCHLAND UND ÖSTERREICH

Das ehemalige russische Zarenreich hatte nach dem Machtantritt der kommunistischen Partei unter der Führung W. I. Lenins (Oktoberrevolution) bereits im Jahr 1917 den Krieg beendet.
In Jahren erbitterter innerer Kämpfe behauptete die kommunistische Partei die Macht. Das
alte zaristische Russland hatte aufgehört zu existieren. An seine Stelle trat die kommunistische Sowjetunion. Nach Lenins Tod wurde Stalin der mächtigste Mann im Staat und baute
diesen zu einer totalitären Diktatur aus. So schreckliche Auswirkungen der Stalinismus einerseits hatte (Zwangsenteignungen, Einschränkung der Freiheitsrechte, Inhaftierung und Tötung politischer Gegner/innen), so unbestreitbar waren andererseits auch gewisse Erfolge
dieses Systems (Aufbau einer russischen Industrie, Fortschritte der Technik, Arbeitsplätze,
politische Stabilität). Daher betrachteten nicht wenige Menschen (auch Intellektuelle und
Künstler/innen) den Kommunismus als brauchbares System für die Zukunft. Die kommunistischen Parteien hatten in vielen europäischen Ländern zahlreiche Anhänger/innen.

Das deutsche Kaiserreich der Hohenzollern und das 700 Jahre alte Reich der Habsburger
brachen als Folge des Ersten Weltkriegs zusammen. Der demokratische Nachfolgestaat des
deutschen Kaiserreichs war die Weimarer Republik. Die Namensgebung verweist darauf, dass
dieser Staat an den „Geist von Weimar", also an die Kultur der Goethe-Zeit, anknüpfen wollte.
In der habsburgischen Donaumonarchie war es immer wieder zu Spannungen zwischen den

vielen Nationalitäten gekommen. Jetzt verlangten die nicht deutschsprachigen Nationen eigene, souveräne Staaten. Die ehemalige Großmacht Österreich zerfiel und wurde auf jenes kleine, vorwiegend deutschsprachige Staatsgebiet beschränkt, das es im Wesentlichen auch heute noch umfasst. Der Untergang der Jahrhunderte alten Monarchie war für viele Österreicher ein Schock. Viele literarische Werke, zum Beispiel die Romane von JOSEPH ROTH, sind Dokumente dieses Untergangs und seiner Folgen.

Verhängnisvoll für die jungen Demokratien war von Anfang an die katastrophale soziale Lage, die der Weltkrieg hinterlassen hatte. Am Beginn standen Arbeitslosigkeit, Unterversorgung und eine gigantische Inflation. Mühselig genug erholte sich die Wirtschaft in der Mitte der Zwanzigerjahre, da brach alles Erreichte durch die Weltwirtschaftskrise des Jahres 1929 wieder zusammen. Das Vertrauen der Menschen in die Demokratie wurde erschüttert. Radikale Parteien sowohl auf der linken als auch auf der rechten Seite des politischen Spektrums gewannen immer mehr Einfluss.

Die deutsche kommunistische Partei, die in ihrer stärksten Zeit etwa 6 Millionen Wähler/innen hatte, wollte ein Rätesystem nach sowjetischem Vorbild. Deutschnationale Gruppierungen und insbesondere Adolf Hitlers NSDAP warben für eine faschistische Diktatur. In Österreich setzten sich in der christlichsozialen Partei die Kräfte durch, die einen autoritären Ständestaat errichten wollten. 1933 wurde in Österreich das Parlament ausgeschaltet, in Deutschland feierte Hitler im selben Jahr seine Ernennung zum Reichskanzler. Damit hatte die erste demokratische Republik auf deutschem Boden ihr Ende gefunden.

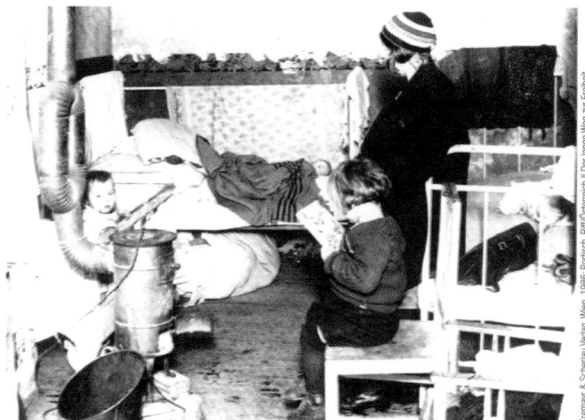

Städtisches Elend in den Zwanzigerjahren

2.3 NATIONALSOZIALISMUS UND ZWEITER WELTKRIEG

Die entsetzlichen Folgen nationalsozialistischer Politik werden als bekannt vorausgesetzt. Sie sollen hier nur kurz angedeutet werden. Hitler beseitigte viele bürgerliche Freiheiten (Wahlrecht, Versammlungsrecht, Vereinsgründungsrecht u. a. m.) und verfolgte seine politischen und ideologischen Gegner/innen. Den jüdischen Mitbürger/innen wurde 1935 das Staatsbürgerrecht abgesprochen. Sie wurden in allen gesellschaftlichen Bereichen diskriminiert. Schließlich gipfelte die antisemitische Politik der NSDAP in der sogenannten „Endlösung der Judenfrage", im Holocaust. Aber nicht nur Juden, auch Angehörige ethnischer Minderheiten (z. B. Roma und Sinti) und Homosexuelle wurden verfolgt und kamen im schlimmsten Fall in den Konzentrationslagern um.

Kunst und Kultur erlitten durch die politische Gleichschaltung und durch die rassistische Politik einen ungeheuren Verlust. Viele Kunstschaffende, Wissenschaftler/innen und Intellektuelle mussten das Land verlassen oder konnten nicht mehr ihrer Arbeit nachgehen.

Von Anfang an war Hitlers Politik auf einen Krieg angelegt, denn sein Wirtschaftsprogramm, mit dem er in den Anfangsjahren viele Menschen blenden konnte, wäre ohne Raubzüge in andere Länder längerfristig nicht finanzierbar gewesen. 1938 überfielen Hitlers Truppen Österreich und die Tschechoslowakei, 1939 brach nach Hitlers Überfall auf Polen der Zweite Weltkrieg aus.

2.4 „MODERN TIMES"

Vielleicht noch mehr als die vordergründigen politischen Ereignisse sind die Veränderungen des Alltagslebens zu bedenken, von denen insbesondere die Menschen in den großen Metropolen betroffen waren. Neue Technologien, vor allem die Elektrizität, veränderten den privaten und den beruflichen Alltag. Das Telefon und das Auto wurden erfunden. Zum Leitbild dieser Modernisierung wurden immer mehr die USA. Neue audielle und audiovisuelle Medien (Hörfunk, Film) wurden entweder in Amerika entwickelt oder setzten sich dort besonders rasch durch. Auf der einen Seite stellte sich bei den Menschen das optimistische Gefühl ein, Zeitzeuge des Fortschritts zu sein, auf der anderen Seite machte dieser Fortschritt auch Angst und erzeugte Entfremdungsgefühle. Der Mensch in der Großstadt hatte wohl aus nachvollziehbaren Gründen manchmal das Gefühl, bestenfalls Rädchen in einem großen Getriebe zu sein, das er selbst nicht mehr beeinflussen konnte.

Metropole in den USA um 1920

3. MEDIENGESCHICHTE UND LITERATURBETRIEB

3.1 SPRACHE UND SCHRIFT

Am Beginn des 20. Jhs. setzte sich das gesprochene Deutsch aus drei Teilsprachen zusammen: aus den Dialekten, die vorwiegend im ländlichen Raum beheimatet waren, aus einer städtischen Gebrauchs- oder Umgangssprache und aus einem gepflegten „Hochdeutsch" (Standardsprache), das vorwiegend in bildungsbürgerlichen und aristokratischen Schichten sowie in den höheren Schulen verwendet wurde.

Die ständige politische Krisensituation in der ersten Hälfte des 20. Jhs. führte auch zu Veränderungen der öffentlichen Sprache. *Rhetorisches Pathos* (leidenschaftlich-bewegte Sprechweise), *Polemik* und Propagandafloskeln in der mündlichen Rede und in Massenmedien trugen das Ihre zur Emotionalisierung der ohnedies problematischen Situation bei. Dieser Trend, der bereits in der Kaiserzeit nachweisbar ist, wurde von den Nationalsozialist/innen weitergeführt und radikalisiert.

Die Literatursprache verhielt sich zum gesellschaftlichen Sprachgebrauch auf unterschiedliche Weise. Die *Naturalisten* näherten ihre Sprache dem realen Sprachgebrauch der dargestellten Milieus (zum Beispiel Arbeitermilieu) an. Andere Schriftsteller/innen entschieden sich ganz bewusst für eine ästhetische Kunstsprache. Der *Dadaismus* verweigerte sich den herrschenden öffentlichen Kommunikationsgewohnheiten durch radikale Zerstörung ihrer Bedeutungen und grammatikalischen Strukturen. Die Autor/innen der *Neuen Sachlichkeit* hingegen bedienten sich der vorgefundenen Alltagssprache.

Im Jahr 1880 erschien KONRAD DUDENS *Orthographisches Wörterbuch der deutschen Sprache*. In den Folgejahren fanden unter Dudens Leitung Konferenzen zur Vereinheitlichung der Schreibweise statt, an der Vertreter aus Deutschland, Österreich und der Schweiz teilnahmen. 1901 war das erste Regelwerk zur Vereinheitlichung der deutschen Rechtschreibung fertig.

3.2 Printmedien: Massenliteratur, Zeitschriften, Zeitungen

Die Verbesserung des Schulwesens verringerte die Zahl der Analphabet/innen. Neue Leser/innen, vor allem aus der kleinbürgerlichen, bäuerlichen und proletarischen Schicht, konnten gewonnen werden. Im Jahr 1913 erreichte die deutsche Buchproduktion mit etwa 35 000 neuen Titeln einen vorläufigen Rekord. Freilich waren es nicht unbedingt die intellektuell und künstlerisch anspruchsvollsten Druckwerke, die ihr Publikum fanden. Biedere Familienzeitschriften, unterhaltende Liebesromane (**Eugenie Marlitt** und **Hedwig Courths-Mahler** waren Erfolgsautorinnen) und Abenteuerromane (vor allem von **Karl May**) waren die Marktführer.

Auch die Tages- und Wochenzeitungen konnten ihre Reichweiten erheblich ausdehnen. So wurde einerseits eine Art von Öffentlichkeit hergestellt, die für die Demokratisierung der Gesellschaft nützlich sein konnte. Allerdings wurde auch bald erkennbar, dass eine ethisch und sprachlich fragwürdige Presse in einer Gesellschaft Schaden anrichten kann. Zu einem der schärfsten Kritiker der Zeitungs- und Propagandasprache wurde der Österreicher **Karl Kraus**. Band 1, Modul VI.7

3.3 Neue Medien: Film, Hörfunk, Schallplatte und Magnetband

Zu den Druckmedien kamen neue audielle, visuelle bzw. audiovisuelle Medien hinzu, sodass wir erstmals seit der Erfindung des Buchdrucks im 15. Jh. wieder von einer Medienrevolution sprechen können.

Das Jahr 1895 gilt als Geburtsstunde des Films. Die Brüder Lumière meldeten ihren *Cinématographe* als Patent an. Am 28. Dezember kam es zur ersten öffentlichen Vorführung. Die ersten Filme waren Stummfilme – es dauerte etwa drei Jahrzehnte, bis die analoge Wiedergabe von Bild, Dialog, Geräusch und Musik möglich wurde. 1927 brachte die amerikanische Firma *Warner Brothers* den ersten Tonfilm auf den Markt.

Der Scheich, Stummfilm 1921

Der Schritt zum kostspieligen Farbfilm erfolgte Mitte der Dreißigerjahre des 20. Jhs. Das Medium Film galt – im Gegensatz zum „bürgerlichen" Theater – lange Zeit als proletarisches Medium, als Teil einer „niedrigen" Massenkultur. Um sein Ansehen zu heben, wurden bereits in den Anfängen Dramen und Romane verfilmt.

Die technologischen Voraussetzungen für den Hörfunk waren im 19. Jh. schrittweise entwickelt worden. 1906 kam es in den USA zur ersten Rundfunkübertragung („broadcasting"). Im selben Jahr einigten sich 27 Nationen auf ein Abkommen zur Nutzung des Äthers. Der erste deutsche Rundfunksender nahm 1923 seine Arbeit auf. Progressive Autor/innen wie **Bertolt Brecht** erkannten die Möglichkeiten des Mediums; die ersten *Hörspiele* entstanden (hauptsächlich Adaptierungen von Bühnenstücken). Brecht entwickelte Ende der Zwanzigerjahre des 20. Jhs. eine Radiotheorie und machte Charles Lindberghs Flug über den Atlantik zum Gegenstand seines Hörspiels *Der Ozeanflug*. Auch die Politik erkannte, welche Möglichkeiten der Menschenbeeinflussung das Massenmedium Hörfunk eröffnete. Nicht ohne Grund sorgten die Nationalsozialisten dafür, dass die deutschen Haushalte mit einem „Volksempfänger" versorgt wurden.

Der technologische Fortschritt in der zweiten Hälfte des 19. Jhs. ermöglichte auch die Erfindung der Schallplatte. Bahnbrechend war Edisons Walzentechnik (1877) und deren Weiterentwicklung zur Schallplatte durch Emil Berliner (1887). 1935 entwickelte die deutsche Firma BASF das Aufnahmeverfahren auf Magnetband.

3.4 Popularkultur – Hochkultur

Aus den bisherigen Ausführungen wird ersichtlich, dass es seit dem Beginn des 20. Jhs. möglich wurde, nicht nur Druckwerke, sondern auch andere Medienprodukte massenhaft zu verbreiten. Das war für die Wirtschaft interessant. Ein breites, zahlungsbereites Publikum konnte auf diese Weise beliefert werden. So waren die technologischen und ökonomischen Voraussetzungen jener populären Massenkultur geschaffen, die bis heute unsere Gesellschaft maßgeblich prägt. Freilich war die künstlerische Qualität der *Popularkultur* von Anfang an umstritten.

Als Reaktion auf den Massengeschmack distanzierten sich Kunstschaffende ganz bewusst von deren Ästhetik und beschritten Wege der Verweigerung. Die Kehrseite der Popularkultur ist daher eine schwerer verständliche, ästhetisch anspruchsvolle Kunst, die mit dem Begriff *Avantgarde* bezeichnet wird. Die *Moderne* des 20. Jhs. brachte in Wechselwirkung beide Phänomene hervor: die auf Massenwirksamkeit ausgerichtete Popularkultur und eine elitäre Avantgarde.

4. Einblicke in das philosophische Denken

4.1 Das darwinistische Menschenbild

Im Jahr 1859 veröffentlichte CHARLES DARWIN sein Buch *Über die Entstehung der Arten*, das in den folgenden Jahrzehnten eine heftige Diskussion auslöste. Darwin meinte nachweisen zu können, dass die lebenden Arten – also neben allen Tieren auch der Mensch – durch natürliche Auslese entstehen, überleben oder verschwinden. Das Lebewesen, das sich an seine Umgebung anpasst und seinen Platz in der Natur behauptet, setzt sich durch und pflanzt sich erfolgreich fort; die anderen sterben aus. Diese Theorie erschütterte nicht nur das christliche Menschenbild, sondern auch idealistisch-humanistische Auffassungen. Immer wieder spitzte sich die Diskussion auf die Frage zu, ob der Mensch nichts anderes sei als ein höher entwickelter Affe, obwohl Darwin das nie so behauptet hatte.

Bis heute wird der Darwinismus von fundamentalistischen Gläubigen bekämpft, die die biblische Schöpfungsgeschichte wörtlich auslegen. Der sogenannte „Sozialdarwinismus" übertrug das Prinzip der Auslese vom Tierreich auf die Gesellschaft. Insbesondere im Nationalsozialismus findet man solche Grundsätze: Die Starken und Gesunden sollen überleben, die Schwachen und Kranken sollen aus dem „Volkskörper" verschwinden.

4.2 Friedrich Nietzsche

Zu den großen Verunsicherern seiner Zeit gehörte auch FRIEDRICH NIETZSCHE (1844–1900), vor allem deshalb, weil er die grundlegende Krise des traditionellen europäischen Menschenbildes präzise interpretierte. Ausgangspunkt für viele Überlegungen Nietzsches war sein Satz „Gott ist tot".

Jahrhundertelang war die europäische Christenheit davon ausgegangen, dass Sinn, Zweck und Wert unseres Daseins ihren Ursprung in einem transzendentalen Vatergott haben. Aber die Naturwissenschaften und die *Aufklärung* erschütterten diesen beruhigenden Glauben.

Auch die Versuche von **Hegel** und **Marx** (V.4.1 und 4.2), nach dem „Tod Gottes" Sinn und Ziel des Menschseins in die diesseitige Geschichte zu verlegen, scheinen auf bloßen Spekulationen zu beruhen.

Wir müssen laut Nietzsche zur Kenntnis nehmen, dass die Wirklichkeit an sich sinnlos und chaotisch ist, während Logik, Sinn und Werte menschliche Hervorbringungen sind. Erst wenn wir unsere Verlassenheit im All nüchtern zur Kenntnis nehmen, können wir unser bisheriges Menschsein überwinden und werden reif für den „Übermenschen", der das Leben rein diesseitig gestaltet. Nietzsches Forderung nach dem Übermenschen wurde oft falsch interpretiert, insbesondere vereinnahmte der Nationalsozialismus diesen Teil aus Nietzsches Philosophie für seine rassistische Lehre vom „arischen Übermenschen". Nietzsche schwebte zwar eine besondere Art von „aristokratischem" Menschen vor, der lebensbejahend und kraftvoll seine Existenz gestaltet. Er dachte aber dabei weit eher an einen Menschen wie Goethe als an die von Hitler propagierten barbarischen Herrenmenschen.

Friedrich Nietzsche

Einen besonderen Stellenwert in Nietzsches Denken hat das „Dionysische", ein sinnliches, diesseitsfreudiges Lebensprinzip, das durch die altgriechische Gottheit Dionysos symbolisiert wird. Dionysos ist bei Nietzsche eine Gegenfigur zum gekreuzigten Jesus, der sich in sein Schicksal ergibt. Überhaupt kritisierte Nietzsche am Christentum die seiner Ansicht nach einseitige Glorifizierung des Leidens, der Demut, der Armut, der Schwäche. Dies sei – so Nietzsche – Ausdruck einer „Sklavenmoral", welcher er die „Herrenmoral" des nachchristlichen Übermenschen entgegensetzte.

4.3 Kontraste: Lebensphilosophie versus Positivismus

In der Philosophie zwischen 1880 und 1930 fällt immer wieder die Vielfalt, ja die extreme Gegensätzlichkeit philosophischer Denkweisen auf. Der Kontrast zwischen *Lebensphilosophie* auf der einen und *Positivismus* auf der anderen Seite ist ein anschauliches Beispiel für dieses Nebeneinander von Konträrem.

Unter *Lebensphilosophie* versteht man eine Richtung der Jahrhundertwende, die nicht das begrifflich-abstrakte Denken, sondern das sinnlich-emotionale Erleben zur Lebensgrundlage erklärte. Ihr bedeutendster Vertreter war der Franzose **Henri Bergson** (1859–1941). Bergsons Theorie zufolge kann der Verstand nur dem Raum und der toten Materie gerecht werden, er kann die materielle Welt anordnen, definieren und nutzbar machen. Aber die Zeit und das Leben in ihrem unendlichen Strömen können nur intuitiv erfasst werden, denn das Leben hat seinen Ursprung nicht im Materiellen, sondern im Spirituellen. *Mystische* Einsicht und poetische *Bildhaftigkeit* sind geeignete Medien intuitiver Erkenntnis. Ähnliche Sichtweisen wie bei Bergson finden wir in der Kunst des *Expressionismus*.

Der *Positivismus*, als dessen Begründer der französische Soziologe **Auguste Comte** [ogüst kõt] (1798–1857) gilt, war in erster Linie eine Wissenschaftstheorie. Die Positivisten lehnten jede Metaphysik und jeden Irrationalismus ab. Sie ließen nur Empirie und Logik als zuverlässige Grundlagen des Bewusstseins gelten. Einen positivistischen Ansatz eigener Art vertrat der Physiker und Philosoph **Ernst Mach**. Seine Überlegung, dass der Mensch nichts anderes sei als ein Bündel von Empfindungen und das Ich daher bloße Illusion, beeinflusste die *impressionistische* Kunstauffassung.

Im Anschluss an den Positivismus des 19. Jhs. versuchten in den Zwanzigerjahren des 20. Jhs. die Philosophen des *Wiener Kreises* (CARNAP, SCHLICK, NEURATH u. a.) eine universale Wissenschaftssprache zu entwickeln, die vollkommen logisch konstruiert ist und in der absolut widerspruchsfreie und eindeutige Aussagen möglich sind. Zum Wiener Kreis hatten zeitweise auch KARL R. POPPER und LUDWIG WITTGENSTEIN Kontakt. Popper wurde zum Begründer des *Kritischen Rationalismus*, Ludwig Wittgenstein zum Pionier der *modernen Sprachphilosophie*.

4.4 SPRACHPHILOSOPHIE: LUDWIG WITTGENSTEIN

Zu internationaler Bekanntheit kam der Wiener LUDWIG WITTGENSTEIN (1889–1951) durch seinen 1921 erschienenen *Tractatus logico-philosophicus*, eine Abhandlung, die mathematische Vorkenntnisse voraussetzt, ziemlich abstrakt bleibt und daher schwer lesbar ist. Es handelt sich bei diesem Traktat um den Versuch, die Grundlagen einer logischen Wissenschaftssprache zu schaffen. Wittgenstein war bereits bei Erscheinen des Werkes klar, dass in dieser streng logischen Sprache nur ein Teil der Welt dargestellt werden kann, während vieles andere ungesagt bleiben muss. Daher lautet der letzte Satz des Tractatus: „Wovon man nicht sprechen kann, darüber muss man schweigen."

Wittgenstein zog sich nach der Veröffentlichung seiner Schrift jahrelang aus der philosophischen Diskussion zurück. Als er sich wieder zu Wort meldete, wurde erkennbar, dass er die Thesen des *Tractatus* mittlerweile revidiert hatte. Eine vollkommen logische Sprache, welche die dargestellte Welt strukturell abbildet, bleibt nach Ansicht des späten Wittgenstein eine Illusion. Die Sprachwirklichkeit sieht meist ganz anders aus, und ihr widmete er sein Spätwerk *Philosophische Untersuchungen*, eine Sammlung von durchnummerierten, kürzeren Einzeltexten, die um das Thema Sprache kreisen.

Zentral für das Sprachverständnis des späten Wittgenstein ist der Begriff „Sprachspiel". Sprache bildet nicht Wirklichkeit ab, sondern folgt mehr oder weniger klaren „Spielregeln", die aus den Kommunikationsprozessen hervorgehen, in denen sie tauglich sein müssen. Jeder sprachliche Akt hat seine eigenen Regeln, die Kommunikationspartner/innen operieren mit Sätzen und Wörtern wie mit Spielfiguren.

Ludwig Wittgenstein

4.5 SIGMUND FREUD, DER BEGRÜNDER DER PSYCHOANALYSE

Das Menschenbild vom freien Individuum, das auf die *Aufklärung* zurückgeht, wurde im Laufe des 19. Jhs. aus verschiedenen Blickwinkeln problematisiert: AUGUSTE COMTE, der als Begründer der Soziologie gilt, sah nicht im Individuum, sondern in der Familie die kleinste soziale Einheit. MARX und ENGELS sahen den Menschen als Teil seiner Klasse, das soziale Sein bestimmt das Bewusstsein. Der *Darwinismus* rückte den Menschen in die Nähe der vom Instinkt geleiteten und von ihrer biologischen Ausstattung abhängigen Tiere.

Der Wiener Arzt SIGMUND FREUD (1856–1939) stellte die Theorie auf, die menschliche Psyche bestehe nur zum Teil aus einem Ich-Bewusstsein. Der andere Teil sei das Unbewusste, das der Mensch nicht unter Kontrolle habe, das aber ständig in sein Leben eingreife. Das Unbewusste äußert sich in Träumen, aber auch in Neurosen und Psychosen.

Sigmund Freud

Durch deren Interpretation kann man das Unbewusste bewusst, also begreiflich und beherrschbar machen. Daher kommt der Traumdeutung in der Psychoanalyse eine zentrale Bedeutung zu.

Der Mensch wird laut Freud vor allem von der Libido (sexuelle Energie, Lustprinzip) gesteuert. Freud spricht vom Trieb-Es. Geht aber der Mensch nur seinem Lustprinzip nach, ist er kaum gesellschaftsfähig. Erziehungs- und Vorbildinstanzen sorgen als Über-Ich dafür, dass das Trieb-Es diszipliniert wird. Nicht nur das Leben des einzelnen Menschen, der ganze Kultivierungsprozess beruht auf diesem Vorgang. Verläuft er in günstiger Weise, so entsteht aus der Spannung von Trieb-Es und Über-Ich ein psychisch gesundes Ich. Ist das nicht der Fall, dann entstehen Neurosen und Psychosen. Es ist möglich, dass eine Gesellschaft für die Sozialisation der Kinder ausgesprochen ungünstige Bedingungen errichtet, zum Beispiel eine extrem repressive Sexualmoral. In diesem Fall kann nicht nur der Einzelmensch, sondern eine ganze Gesellschaft neurotisch werden.

Die berühmte Couch von Freud

5. Der Naturalismus

5.1 „Vor Sonnenaufgang"

Im Jahr 1889 fand die Uraufführung von GERHART HAUPTMANNS Drama *Vor Sonnenaufgang* statt. Sowohl das Stück als auch dessen Aufnahme in der Öffentlichkeit sind geradezu typisch für die naturalistische Kunst und ihre gesellschaftliche Wirkung. Hauptmann zeigt den moralischen Verfall einer schlesischen Bauernfamilie, die durch Kohlefunde reich geworden ist, und er zeigt das Elend der Kleinbauern und Bergarbeiter. Die Uraufführung erfolgte als geschlossene Vorstellung des privaten Berliner Literaturvereins „Die freie Bühne". Solche Kunstvereine waren in deutschen Großstädten keine Seltenheit. Sie standen in Opposition zum gefälligen etablierten Kulturbetrieb und konnten teilweise der Zensur entgehen. Allerdings löste bereits diese private Aufführung einen handfesten Theaterskandal aus. Der krasse Realismus, die Darstellung von Elend und Amoral traf die wilhelminische Gesellschaft offensichtlich an einer besonders empfindlichen Stelle.

5.2 Deterministisches Menschenbild

GERHART HAUPTMANN (1862–1946) war in seiner ersten Schaffensphase der herausragende Dramatiker des deutschen *Naturalismus*. Berühmt wurde er insbesondere mit den Stücken, die im proletarisch-kleinbürgerlichen Milieu spielen: **Die Weber**, **Rose Bernd**, **Der Biberpelz**, **Fuhrmann Henschel**. Hauptmann machte deutlich – und das war neu –, wie sehr die Menschen von ihrem sozialen Umfeld determiniert (= bestimmt) werden. Aber nicht nur durch das Milieu sind sie geprägt, sondern auch durch ihre Veranlagung und ihre Triebe. Sowohl die Dramenfigur Fuhrmann Henschel als auch Bahnwärter Thiel in Hauptmanns gleichnamiger *Novelle* sind von übermächtigen Frauenfiguren abhängig und schlittern auf diese Weise in die Katastrophe.

Das deterministische Menschenbild, wie wir es in Werken von Hauptmann finden, relativiert die idealistische Auffassung von der Freiheit des Willens. Der Mensch ist nicht mehr frei, sich kraft seiner Sittlichkeit für das Gute oder Schlechte zu entscheiden, er erscheint als Produkt seiner Veranlagung und seines Milieus. Diese Sichtweise steht im Zusammenhang mit generellen Veränderungen des Menschenbildes in der Kultur der Jahrhundertwende (siehe dazu VI.4).

Aus dem Zyklus „Ein Weberaufstand" (1897)

Käthe Kollwitz

5.3 Das naturalistische Kunstprogramm

Die Kunstauffassung des *Naturalismus* war nur teilweise innovativ. Neu war die Themenwahl, neu waren manche Darstellungsweisen. Aber vom traditionellen Prinzip der *Mimesis*, der Nachahmung von Wirklichkeit, ging der Naturalismus nicht ab. Im Gegenteil, er setzte in dieser Hinsicht den *Realismus* des 19. Jhs. fort, radikalisierte ihn allerdings, indem er Tabus nicht scheute und auch die Sprechweisen der dargestellten Menschen möglichst wirklichkeitsgetreu auf die Bühne brachte.

Freilich waren sich naturalistische Künstler/innen dessen bewusst, dass die Wirklichkeit nie völlig unverändert auf der Bühne, in der Erzählung, im Gedicht dargestellt werden kann. Den Anteil der Kunst an der Wirklichkeitsdarstellung drückte der Schriftsteller Arno Holz in folgender Formel aus: „Kunst = Natur – x".

Dennoch wollte man möglichst nahe an die Wirklichkeit herankommen. Arno Holz und Johannes Schlaf entwickelten in ihrer gemeinsam verfassten Erzählung *Papa Hamlet* ein Schreibverfahren, das man als „Sekundenstil" bezeichnet und das die Realzeit des dargestellten Geschehens möglichst unverändert lassen soll (siehe dazu Band 1, Modul VI.1). Das naturalistische Kunstverständnis entwickelte sich nicht zuletzt unter dem Einfluss der Naturwissenschaften und des *Positivismus*.

5.4 Vorbilder aus Skandinavien, Frankreich, Russland

Obwohl zwischen *bürgerlichem Realismus* und *Naturalismus* hinsichtlich des künstlerischen Verfahrens Ähnlichkeiten bestehen, orientierten sich die Naturalisten nicht vorrangig an Vorbildern aus dem deutschen Realismus, sondern sie holten sich ihre Anregungen aus dem europäischen Ausland: aus Skandinavien (Dramen von Henrik Ibsen und August Strindberg), aus Frankreich (Romane von Émile Zola und Gustave Flaubert) und aus Russland (Romane von Leo Tolstoi und Fjodor M. Dostojewski).

6. Gegenpositionen zum Naturalismus: Impressionismus, Symbolismus, Ästhetizismus

So viel Aufsehen der Naturalismus auch erregt hatte, schon bald wurde er von anderen künstlerischen Ausdrucksformen konkurrenziert und schließlich abgelöst. Eine wesentliche Ursache dafür war wohl, dass eine Kunstauffassung, die sich vorwiegend auf naturwissenschaftliche Ansprüche stützt, bei vielen Künstler/innen Widerspruch provoziert. Bereits in den Neunzigerjahren des 19. Jhs., also noch zur Blütezeit des Naturalismus, wurden Gegenpositionen formuliert, und es entstand eine Literatur, die ganz anders aussah als die der Naturalisten. Die Literaturwissenschaft fand für Werke von **Rainer Maria Rilke** (1875–1926), **Hugo von Hofmannsthal** (1874–1929), **Arthur Schnitzler** (1862–1931) und **Stefan George** (1868–1933) Bezeichnungen wie *Impressionismus*, *Symbolismus*, *Ästhetizismus*. Eine zuverlässige Zuordnung einzelner Autor/innen zu diesen Stilrichtungen oder gar eine exakte Abgrenzung ist unmöglich, da sich der Geltungsbereich der Begriffe teilweise überschneidet. Wir wollen uns lediglich um eine begriffliche Klärung bemühen:

6.1 Impressionismus

Der Impressionismus kommt aus der französischen Malerei. Man versteht darunter die subjektive Wiedergabe von Augenblicksstimmungen und Momenteindrücken wie z. B. in den Werken **Claude Monets**. Im impressionistischen Bild wird zwar die Gegenständlichkeit nicht völlig aufgegeben, aber ihre Formen werden in feine Nuancen aufgelöst. Das Atmosphärische des erlebten Augenblicks wird dadurch nachvollziehbar gemacht. Ähnliche Stimmungen wie impressionistische Bilder erzeugen auch Gedichte des jungen **Hofmannsthal** oder des jungen **Rilke**.

Für das impressionistische Anliegen, im Kunstwerk die Augenblicksstimmung festzuhalten, eignet sich auch das Medium Musik. Als Vertreter des musikalischen Impressionismus gilt u. a. **Claude Debussy**. Erheblichen Einfluss auf das Kunstverständnis der impressionistischen Literatur im deutschsprachigen Raum, insbesondere in Österreich, hatte die *Erkenntnistheorie* **Ernst Machs**. `Band 1, Modul VI.2`

6.2 Symbolismus und Ästhetizismus

Auch der Symbolismus kommt ursprünglich aus Frankreich. Als symbolistische Lyriker gelten **Baudelaire**, **Verlaine**, **Rimbaud** und **Mallarmé** [bodlär, värlän, rãbo, malarme]. Der deutsche Lyriker **Stefan George**, der in Paris Kontakt zu Mallarmé hatte, gilt als wichtigster deutscher Symbolist. Aber teilweise weist auch die Lyrik von **Hofmannsthal**, **Rilke** und **Georg Trakl** symbolistische Merkmale auf. Kennzeichnend für den Symbolismus ist die Abwendung von der alltäglichen Wirklichkeit und von der Gesellschaft. Das Kunstwerk ist keiner Wirklichkeit verpflichtet und hat kein anderes Anliegen als dies eine: Kunstwerk zu sein. Eine eigene Symbolwelt, eine artifizielle Sprache und Form dienen diesem Anliegen. Wird die Schönheit – unabhängig von Moral oder Wirklichkeitsbezug – zum absoluten Kriterium des Künstlerischen erklärt, so sprechen wir von *Ästhetizismus*. Insbesondere die Lyrik Stefan Georges folgt diesem Grundsatz. `Modul VI.A`

6.3 WIENER MODERNE

Die bereits angeführten Autorennamen RILKE, HOF-MANNSTHAL, SCHNITZLER (HERMANN BAHR und PETER ALTENBERG wären noch zu ergänzen) zeigen bereits, dass Wien das Zentrum der antinaturalistischen Literatur und Kunst war. Man spricht daher in diesem Zusammenhang auch von *Wiener Moderne* oder von *Jung-Wien*. Damit meint man eine Kulturepoche, die nicht nur in der Literatur, sondern auch in der Malerei (Jugendstil, GUSTAV KLIMT), in der Musik (GUSTAV MAHLER) und in der Alltagskultur (Mode, Design, Architektur etc.) deutliche Spuren hinterlassen hat.

Hygieia (1907) Gustav Klimt

7. EUROPÄISCHE AVANTGARDE: EXPRESSIONISMUS – DADAISMUS

Der Schrei (1893) Edvard Munch

Der Naturalismus und seine Gegenströmungen hatten zwar den kulturellen Traditionen des 18. und 19. Jhs. empfindliche Verunsicherungen zugefügt, aber zur eigentlichen kulturellen Revolution kam es erst im ersten Drittel des 20. Jhs. Dieser Vorgang steht vor allem im Zusammenhang mit Kunstwerken, die mit den Begriffen *Expressionismus*, *Futurismus* und *Dadaismus* bezeichnet werden. Ein Überbegriff für alle Kunstrichtungen, die bewusst zukunftsorientiert und innovativ sind und daher den Bruch mit Traditionen und Normen in den Vordergrund stellen, ist das Wort *Avantgarde*. Die europäische Kulturgeschichte der *Moderne* ist reich an avantgardistischen Künstler/innen, die ihre Ausdrucksmittel immer wieder kritisch hinterfragten und so lange veränderten, bis die experimentellen Möglichkeiten erschöpft waren. Dann kam die Krise der Avantgarde – und mit ihr die Stunde der *Postmoderne* (siehe dazu VII.3.5).

7.1 Expressionismus und Kubismus in der bildenden Kunst

Ähnlich wie der Impressionismus ist auch der Expressionismus zunächst in der bildenden Kunst entstanden. Wieder einmal war Paris das wegweisende Zentrum. Einen ersten entscheidenden Schritt setzte die Gruppe der „Fauves" [fows] (u. a. Henri Matisse [ãrị matiß], Georges Braque [schorsch brạk]), indem sie ungemischte, intensive Farben verwendete, die den dargestellten Gegenständen ein „unrealistisches" Aussehen gaben. Damit hatten sie – zumindest in Bezug auf die Farbgebung – das Prinzip der *Mimesis* aufgegeben.

Franz Marc: Der Turm der blauen Pferde (1913)

Der deutsche Expressionismus wird vor allem von zwei Künstlervereinigungen repräsentiert, von der Dresdner „Brücke" (Ernst Ludwig Kirchner, Karl Schmidt-Rottluff, kurzfristig Emil Nolde u. a.) und von der Münchner Gruppe „Der Blaue Reiter" (Franz Marc, Wassily Kandinsky, Gabriele Münter, Paul Klee u. a.). Obwohl nicht nur zwischen diesen beiden Gruppen, sondern auch zwischen den einzelnen Künstlerpersönlichkeiten deutliche Unterschiede bestehen, gibt es Gemeinsamkeiten, welche die Zuordnung zum Begriff Expressionismus rechtfertigen: Der Raum ist nicht mehr perspektivisch dargestellt, die Farben sind flächig aufgetragen und ohne Rücksicht auf die „natürliche" Farbe der dargestellten Gegenstände. Insbesondere die „Brücke"-Maler setzen auch harte Konturlinien ein.

So fiel in der Farbgebung das Mimesis-Prinzip, und schon bald sollte es auch in der Formgebung verschwinden. Den radikalsten Schritt in diese Richtung setzte Pablo Picasso, der bereits im Jahr 1907 mit seinem Bild *Les Demoiselles d'Avignon* große Irritationen ausgelöst hatte (siehe dazu Band 1, Modul V.6). Picasso gilt als Begründer des *Kubismus*. Am Ende dieses Prozesses wird die völlige Abstraktion, die gegenstandslose Malerei stehen.

7.2 Literarischer Expressionismus in Deutschland

Der literarische Expressionismus in Deutschland war – ähnlich wie der *Sturm und Drang* im 18. Jh. und die „Achtundsechziger-Bewegung" im 20. Jh. – eine *subkulturelle* Jugendbewegung. Die autoritären Herrschaftsstrukturen des deutschen Kaiserreichs, die Selbstzufriedenheit der Spießbürger und ein Kunstverständnis der satten Behaglichkeit – das waren die Feindbilder der jungen Autorengeneration. Protest, Verweigerung, Traditionsbruch und die Bereitschaft zu einem grundsätzlichen Neubeginn waren die Grundhaltungen, die allerdings zu unterschiedlichen künstlerischen Wegen führten.

7.2.1 Drama

Als frühes Beispiel für die expressionistische Dramatik gilt Frank Wedekinds Kindertragödie *Frühlings Erwachen*. Neu und *avantgardistisch* war an diesem Stück in erster Linie die Themenwahl, weniger die formale und sprachliche Gestaltung. Wedekind (1864–1918) zeigte, dass die Leugnung und Verdammung der Sexualität durch eine verlogene Moral junge Menschen beeinträchtigen und schädigen kann.

Der Kampf einer freiheitsdurstigen Jugend gegen die einengenden Konventionen der Elterngeneration, das ist auch das Thema in **WALTER HASENCLEVERS** Stück *Der Sohn*. Die schwierige Ablösung vom Vater führt beim Sohn sogar so weit, dass er zum Vatermord bereit ist. Der Vater stirbt jedoch, bevor es zum Mord kommt. Auch Hasenclevers Stück ist formal eher konventionell gearbeitet.

Dramaturgisch-formale Neuerungen und Experimente gingen – vielleicht nicht ganz zufällig – von zwei Autoren aus, die in erster Linie Maler waren, nämlich von **OSKAR KOKOSCHKA** und **WASSILY KANDINSKY**. Kandinskys „Bühnenkomposition" mit dem Titel *Der gelbe Klang* besteht hauptsächlich aus Klängen, Farben und Figuren und aus sehr wenig Sprache. Kokoschkas Drama *Mörder Hoffnung der Frauen* ist eine mythische *Parabel* (ohne stringente Handlung und individuelle Figuren) über Mann und Frau.

Ernst Toller

Das politische Drama des Expressionismus wird vor allem durch **GEORG KAISER** (1878–1945) und **ERNST TOLLER** (1893–1939) repräsentiert. Kaiser war mit 70 Bühnenwerken einer der produktivsten Dramatiker in der ersten Hälfte des 20. Jhs. Am bekanntesten blieb wohl sein erfolgreiches Stück *Die Bürger von Calais* (uraufgeführt 1917). Kaiser erzählt hier eine Geschichte aus dem hundertjährigen Krieg zwischen England und Frankreich. Der englische König verspricht der von ihm belagerten Stadt Calais, er werde sie verschonen, wenn ihm sechs angesehene Bürger ausgeliefert werden. Eustache Saint-Pierre kann die Bürger von der sittlichen Notwendigkeit dieses Opfers überzeugen. Gemeinschaftsethik und Opferbereitschaft für andere Menschen sind also vorrangige Botschaften des Stücks.

Ernst Toller war einer der wenigen politisch aktiven Expressionisten. Sein Engagement für eine sozialistische Revolution trug ihm zunächst Festungshaft in der Republik und 1933 die Ausbürgerung durch die Nationalsozialisten ein. Die eigene Biografie und die politischen Verhältnisse in Deutschland machte er zum Stoff seiner Dramen. *Masse-Mensch* (1919) zeigt beispielsweise eine Frau, die sich für die Räterepublik engagiert, aber gleichzeitig Pazifistin ist. Da die Revolution nicht ohne Gewalt auskommt, gerät die Frau in einen schweren Konflikt.

Mit seiner *Autobiografie Eine Jugend in Deutschland* leistete Toller einen wichtigen Beitrag zum politischen Verständnis der Epoche.

7.2.2 LYRIK

Die bevorzugte literarische Gattung des Expressionismus war die Lyrik. Band 1, Modul VI.5
FRANZ WERFEL (1890–1945) beschwor in pathetischen, bilderreichen, appellativ formulierten Gedichten den neuen Menschen, der eine bessere Gesellschaft aufbauen sollte. **JOHANNES R. BECHER** (1891–1958) konkretisierte seine Menschheitsutopie, indem er sich den politischen Zielen des Kommunismus zuwandte.

Solch eine gesellschaftsverbessernde, im Falle von Werfel sogar messianische (= Heil bringende, erneuernde) Absicht teilten keineswegs alle Expressionist/innen. Sie standen zwar meist der wilhelminischen Gesellschaft und insbesondere dem Militarismus und dem Krieg kritisch gegenüber, aber ihr Vertrauen auf eine politische Verbesserung der Gesellschaft war gering. Ihre Kunst war daher eher Kritik und Irritation. Das erklärt die Dominanz des *Grotesken*, Befremdlichen, Hässlichen und Entsetzlichen in Gedichten von **GEORG HEYM** (1887–1912), **GOTTFRIED BENN** (1886–1956) und **ALFRED LICHTENSTEIN** (1889–1914).

Georg Trakl

Eine dunkle, poetische *Bildersprache* ist kennzeichnend für die Lyrik von GEORG TRAKL (1887–1914) und teilweise auch für die von ELSE LASKER-SCHÜLER (1868–1945). Der Lyriker AUGUST STRAMM (1874–1915) ging am weitesten in der Zerstörung der sprachlichen Normen. Daher steht Stramm bereits jener literarischen Richtung nahe, die den radikalsten Traditionsbruch vollzog, dem Dadaismus.

Else Lasker-Schüler

7.3 DADAISMUS

Im Februar 1916, also mitten im Ersten Weltkrieg, gründeten einige Künstler/innen in Zürich das „Cabaret Voltaire". Es wurde zum Ausgangspunkt einer Kunstrichtung, deren Vertreter/innen sich selbst den Namen „Dada" gaben.

Band 1, Modul VI.8

Was „Dada" heißt, ist unwesentlich. Die Bezeichnung repräsentiert nämlich bereits das Programm der Gruppe. Das Programm ist der Un-Sinn, ist die Zerstörung alles Gewohnten mit den Mitteln der Kunst. Kreativität und die kindlich-neugierige Suche nach dem Unbekannten und Ungewohnten sind die einzigen Kunstkriterien der Dadaist/innen. Wie die *expressionistische Avantgarde*, so trat auch die dadaistische in kritische Distanz zur Gesellschaft. Allerdings beklagte sie weder Missstände und Krisenerscheinungen, noch bemühte sie sich darum, neue Ideen zu verkünden. Die Dadaist/innen verweigerten sich ganz einfach den üblichen Sinnvorstellungen und Kommunikationsmustern. *Parodie*, *Groteske* und experimenteller Umgang mit den Medien Sprache, Klang und Bild waren bevorzugte Verfahrensweisen.

Titelblatt der Zeitung „DADA"

KURT SCHWITTERS, einer der bedeutendsten Dadaisten, persiflierte den Kulturbetrieb, indem er eine Zeitschrift mit dem Titel *MERZ* herausgab, MERZ-Matineen veranstaltete und MERZ-Plakate druckte. Alles dies transportierte ebenso wenig nachvollziehbare Inhalte wie Schwitters' *MERZ-Gedichte*, die mit üblichen Gedichten, auch mit expressionistischen, nichts mehr zu tun hatten. Sprache wurde einfach zum Material, mit dem Konstrukte erstellt wurden, unabhängig von üblicher *Semantik* und *Syntax*. Grenzen zwischen Hochkultur und Populärkultur wurden ebenso wenig beachtet wie die Grenzen zwischen Musik, Literatur und Bild. Alles konnte zum Material der kreativen Arbeit werden.

Interesse hatten die Dadaist/innen auch an frühzivilisatorischen Ausdrucksformen. Besonders **Hans Arp** trat für das „Primitive" in der Kunst ein. Die Dadaist/innen in seinem Umfeld imitierten die Gesänge afrikanischer Stämme, indem sie – mit Trommeln ausgerüstet und in Kutten gekleidet – eigene „Negerlieder" im Sprechgesang vortrugen.

Die meisten dadaistischen Gruppen lösten sich rasch wieder auf, aber die Auswirkungen ihres radikalen Kunstbegriffs waren nicht mehr rückgängig zu machen. Nach 1945 beeinflusste Dada die *konkrete Poesie* und die *Wiener Gruppe*. Auch der französische *Surrealismus* und die amerikanische Pop-Art knüpften an dadaistische Experimente an.

8. Erzählliteratur der Moderne

8.1 Antihelden in einer brüchigen Welt

Der bürgerliche *Bildungs-* oder *Entwicklungsroman* hatte seit **Goethe** die deutsche Romanschreibung dominiert. Diesen Romanen war – bei aller Unterschiedlichkeit im Detail – eines gemeinsam: Der Romanheld fand sich – trotz Gefährdungen und Abgründen – in einer überschaubaren Welt zurecht und blickte einem positiven Schluss entgegen. Im Kontrast zu diesem optimistischen Lebens- und Daseinsentwurf entstand die Erzählliteratur der *Moderne* mit ihren *Antihelden*. Gewiss, vereinzelt hatte es auch früher schon Antihelden gegeben, also Gescheiterte und Verrückte, Verkommene und Verstoßene. Man denke etwa an den Dichter Lenz in **Georg Büchners** gleichnamiger Erzählung. Am Beginn der Moderne wurden aber die Antihelden in einer brüchigen Welt zum literarischen Regelfall. Dazu einige Beispiele:

Die Titelfigur in **Gerhart Hauptmanns** *Novelle Bahnwärter Thiel* ist ein einfacher, harmloser Mensch – und doch ein Mörder aus Verzweiflung. **Band 1, Modul V.2**

Eine ähnliche Figur ist Franz Biberkopf, die Hauptfigur im Roman *Berlin Alexanderplatz* (1929) von **Alfred Döblin**. Der ehemalige Transportarbeiter Franz Biberkopf wird aus dem Zuchthaus entlassen und beschließt ein anständiger Mensch zu werden. Er rechnet aber nicht mit den Schwierigkeiten, die ihm die Großstadt Berlin entgegensetzt. Letztlich landet der an sich gutwillige Franz wieder im kriminellen Milieu.

Eine andere Art von Antiheld hat **Heinrich Mann** (1871–1950) in seinen Romanen *Professor Unrat* (1905, verfilmt unter dem Titel *Der blaue Engel*, 1931), und *Der Untertan* (1914) gestaltet, nämlich den Typus des deutschen Spießbürgers. Insbesondere am Beispiel des Diederich Heßling, der Hauptfigur aus *Der Untertan*, zeigt Heinrich Mann nicht nur den Typus des autoritätsgläubigen, opportunistischen Spießers mit Doppelmoral, sondern er zeichnet auch ein zeitkritisches Bild der wilhelminischen Gesellschaft, die diesen Menschentyp fördert.

Der blaue Engel, Filmszene mit Marlene Dietrich

Brüchige *Protagonisten* bevölkern auch die Romane und Erzählungen von **Thomas Mann**, Heinrichs jüngerem Bruder. Über Hans Castorp, den „Helden" aus Thomas Manns Roman *Der Zauberberg* (1924), sagt der Erzähler am Schluss, dieser Figur wegen sei die Geschichte nicht erzählt worden, denn Castorp sei unerheblich.

Der Protagonist aus Thomas Manns spätem Künstlerroman *Doktor Faustus* (1946) ist zwar nicht unerheblich, aber doch äußerst problematisch und letztlich auch ein Scheiternder. Der Komponist Adrian Leverkühn verkauft für die Kunst seine Seele und führt ein einsames Leben ohne Liebe.

Der Konflikt zwischen der bürgerlichen, auf materiellen Erfolg fixierten Gesellschaft und dem Dasein als Künstler und Geistesmensch steht als Hauptmotiv nicht nur im Zentrum von *Doktor Faustus*, sondern auch im Zentrum einiger Erzählungen von Thomas Mann (*Der Tod in Venedig*, *Tonio Kröger*, *Tristan*).

Man findet dieses Motiv auch mehrmals im erzählerischen Werk von **HERMANN HESSE** (1877–1962). Harry Haller in Hesses Roman *Der Steppenwolf* (1927) ist zwar kein produktiver Künstler, aber doch ein einsamer, mit der bürgerlichen „Normalwelt" zerfallener Geistesmensch mit deutlichen Anklängen an den Philosophen Friedrich Nietzsche.

Antihelden sind auch die Protagonisten **FRANZ KAFKAS** (1883–1924). Gregor Samsa, die Hauptfigur der Erzählung *Die Verwandlung*, wacht eines Tages auf und merkt, dass er zum Käfer geworden ist. Er stirbt, ohne seine menschliche Gestalt wiedererlangt zu haben. Das Beunruhigende an Kafkas Geschichten ist, dass wir keine Erklärungen für ein ausgesprochen irritierendes Geschehen erhalten. Josef K., die Hauptfigur im Roman *Der Prozess*, wird beispielsweise eines Morgens verhaftet und letztlich zum Tod verurteilt, ohne jemals den Grund dafür zu erfahren. Solche Situationen wirken trotz realistischer Detaildarstellung traumartig. Daher wird Kafkas Werk dem *Surrealismus* zugeordnet. `Band 1, Modul VI.6` ▷

Robert Musil

Ulrich, die Hauptfigur in **ROBERT MUSILS** Roman *Der Mann ohne Eigenschaften*, ist ein Unentschiedener, ein Verunsicherter in einer Zeit des Umbruchs. Handlungsraum ist „Kakanien". Mit dieser Wortprägung bezeichnet Musil die k. u. k. Donaumonarchie. Der Roman spielt am Beginn des Ersten Weltkriegs. Ulrich stammt aus großbürgerlichem Haus, er nimmt mehrere Berufslaufbahnen in Angriff, kann sich aber mit keiner identifizieren. Seine mehr oder weniger engagierte Mitarbeit an der „Parallelaktion" (aufwändige Vorbereitungen zum 70-Jahre-Regierungsjubiläum von Kaiser Franz Joseph) wird sich auch als fruchtlos erweisen, da der Kaiser schon zwei Jahre vor dem Jubiläumsjahr sterben wird. Der unvollendete, beinahe 2000 Seiten umfassende Roman deutet die philosophische Lösung von Ulrichs Problem lediglich an. In einer Zeit der Krisen und Umbrüche, in der die Sicherheiten des Erkennens und Handelns mehr und mehr verloren gehen, ist der Mensch zu einer „induktiven Gesinnung" herausgefordert. Er kann immer nur vorläufige Entscheidungen treffen und muss sie ständig an der wandelbaren Wirklichkeit korrigieren. `Modul VI.C` ▷

Die Atmosphäre des Untergangs der alten Gesellschaft, die Robert Musils Roman prägt, findet man auch in den Romanen von **JOSEPH ROTH**, unter anderem in *Radetzkymarsch*.

8.2 DAS NEUE ERZÄHLEN: INNENPERSPEKTIVE, ESSAYISMUS, MONTAGE

Nicht nur hinsichtlich der Handlungsabläufe und der Figurenzeichnung lässt sich ein Bruch zwischen der *realistischen Erzählliteratur* des 19. Jhs. und der Erzählliteratur der frühen *Moderne* feststellen. Auch das Erzählverfahren ändert sich. In der traditionellen Erzählliteratur eines **GOTTFRIED KELLER**, **THEODOR STORM**, **THEODOR FONTANE** oder **ADALBERT STIFTER** dominierten die Erzählung der äußeren Handlung und die Beschreibung äußerer Umstände. Nun verlagert sich die Aufmerksamkeit entweder auf innerseelische Vorgänge, oder die Autor/innen versehen ihre Erzählungen mit ausführlichen Reflexionen.

Da die Erzählung durch breite Reflexionen teilweise die Textgestalt eines *Essays* annimmt, spricht man von *Essayismus*. Die vorgefundene Welt ist nicht mehr selbstverständlich, das Vertrauen in ihre Erzählbarkeit ist erschüttert. Also schildert der Erzähler nicht die Welt, sondern seine Gedanken darüber. **Robert Musils** Roman *Der Mann ohne Eigenschaften* und der dritte Teil von **Hermann Brochs** Trilogie *Die Schlafwandler (Huguenau oder Die Sachlichkeit)* sind Beispiele für diesen erzählerischen Essayismus.

Die Schilderung innerseelischer Vorgänge führt oft dazu, dass die *auktoriale Erzählperspektive* aufgegeben wird. Es war der irische Autor **James Joyce**, der in seinem Roman *Ulysses* erstmals die Technik des *inneren Monologs* bzw. des *Bewusstseinsstroms* konsequent verwendet hat. Beispiele aus der deutschsprachigen Literatur der Jahrhundertwende sind die Erzählung *Leutnant Gustl* von **Arthur Schnitzler** und der Roman *Der Tod des Vergil* von **Hermann Broch**.

Den vielleicht radikalsten Bruch mit dem Erzählen des 19. Jhs. vollzog **Alfred Döblin** mit seinem Roman *Berlin Alexanderplatz*. Döblin erzählt die Vorgänge nicht nur aus der *personalen Perspektive* des Protagonisten – er bedient sich des sogenannten *Montagestils*, d. h. er baut in die Erzählsprache und in die Figurenrede nicht nur alltagssprachliche Wendungen ein, sondern auch Zitate aus Plakaten und Werbetexten, aus Polizeiberichten, Schlagern und Zeitungsmeldungen. Er verwertet also mehrere Sprachvarianten der Großstadt und gibt damit die Einheitlichkeit der Erzählsprache auf. Band 1, Modul VI.6

9. Neue Sachlichkeit

Berlin Alexanderplatz scheint in vielen Literaturgeschichten unter dem Stilbegriff *Neue Sachlichkeit* auf. Mit diesem Begriff bezeichnet man Werke der deutschen Literatur, die in den Zwanziger- und frühen Dreißigerjahren entstanden sind und die sich sehr deutlich von der vorangegangenen *expressionistischen Phase* abheben. Die literarische Strömung hat – wie oft in der *Moderne* – eine Parallele in der bildenden Kunst (**Otto Dix**, **Rudolf Schlichter**, **Christian Schad**, **Tamara de Lempicka** u. a.).

Gemeinsam ist den Autor/innen der Neuen Sachlichkeit das Bekenntnis zu einem nüchternen Blick. Die wahrnehmbare soziale Welt und die Menschen, so wie sie eben sind, das ist das Thema der Neuen Sachlichkeit. Soziale und humanitäre Probleme, zum Beispiel die proletarische Arbeitswelt und das Großstadtleben, werden ebenso wenig ausgespart wie die moderne, von Technik und Ökonomie bestimmte Gesellschaft. Zur Neuen Sachlichkeit zählt man u. a. Werke von **Mascha Kaléko**, **Kurt Tucholsky**, **Bertolt Brecht** und **Erich Kästner**. Band 1, Modul VI.9

Nicht nur in der Motiv- und Themenwahl, sondern auch in der Sprache dieser Autor/innen wird erkennbar, dass sie den Expressionismus mit seinem *Pathos* und seinem Bilderreichtum verlassen haben. Alltagsvokabular und eine reduzierte, klare *Syntax*, also eine Sprache, die der Alltagssprache nahe war, machten die Autor/innen der Neuen Sachlichkeit zu ihrer Literatursprache. Auch die literarischen Formen, die sie bevorzugten, standen der modernen Alltagskultur nahe. Kästner, Tucholsky und Brecht schrieben Liedtexte für das Kabarett. Die Vertonungen durch Komponisten wie **Kurt Weill**, **Hanns Eisler** und **Friedrich Holländer** ließen den Einfluss der Unterhaltungsmusik (Jazz) erkennen. Die Grenze zwischen hoher Kultur und Populärkultur wurde hier ganz bewusst überschritten.

10. Das Drama der Zwischenkriegszeit

10.1 Bertolt Brechts politisches Theater für das wissenschaftliche Zeitalter

Ein typisches dramatisches Werk der *Neuen Sachlichkeit* ist die *Dreigroschenoper* (Text: Bertolt Brecht, Musik: Kurt Weill). Brecht (1898–1956) griff auf die *Beggar's Opera* des John Gay aus dem Jahr 1728 zurück. Er aktualisierte und erweiterte die Textvorlage und schuf so ein Schauspiel mit Songs, das stilistisch der Revue bzw. dem Musical nahe kommt. Die Hauptfigur ist der „Geschäftsmann" und Raubmörder Macheath, genannt Mackie Messer, der in einen Interessenkonflikt mit dem Londoner Bettlerkönig Peachum gerät. Peachum stattet die Armen mit wirkungsvollen Bettlerkostümen und guten Sprüchen für ihre Bettelgänge aus. Damit verdient er den Lebensunterhalt für sich und seine Familie. Dass sich seine einzige Tochter Polly in den berüchtigten Mackie Messer verliebt, wollen Peachum und seine Frau nicht widerstandslos zur Kenntnis nehmen. Ein Machtkampf bricht aus, in den auch der Polizeipräsident Tiger Brown, ein Kriegskamerad und Freund von Macheath, verwickelt ist. Letztlich soll Mackie Messer am Galgen landen, er wird aber anlässlich der Krönung der Königin begnadigt. Nicht nur John Gay, auch das Leben in der modernen Großstadt lieferte Brecht Motive für die *Dreigroschenoper*: der tägliche Kampf ums Dasein, Korruption und Verbrechen, Geschäftemacherei und Verrat, käufliche Sexualität.

Dreigroschenoper, Uraufführung 1928

Bald schon wandte sich Bertolt Brecht – so wie manch anderer kritischer Autor – dem Marxismus zu. Diese Entscheidung wird vor dem Hintergrund der enormen sozialpolitischen Probleme der Zwischenkriegszeit nachvollziehbar. Brecht verstand das Theater als Mittel der politischen Aufklärungsarbeit. Er wollte mit den Mitteln einer Bühne „für das wissenschaftliche Zeitalter" bessere Einblicke in die kapitalistische Gesellschaft ermöglichen und so die Voraussetzungen für ihre Überwindung schaffen. Weniger mit seiner marxistischen Weltanschauung, sehr wohl aber mit seiner neuen dramatischen Form (*episches Drama*) beeinflusste Brecht über Jahrzehnte hin die europäische Dramatik. Band 1, Modul VII.3 ▸

10.2. Das „neue" oder „kritische" Volksstück: Ödön von Horváth und Marieluise Fleisser

Ein zweiter wichtiger Dramatiker der Zwischenkriegszeit war Ödön von Horváth. Horváth studierte das herkömmliche *Volksstück* und die populäre Kunst der *Moritatensänger*. Er griff diese Tradition auf, revolutionierte sie aber. Horváth sagte, er zerstöre bewusst das alte Volksstück, diesen „schönfärberischen Unterhaltungsartikel". *Geschichten aus dem Wiener Wald* und *Kasimir und Karoline* sind herausragende Beispiele für diese neue Art eines *kritischen Volksstücks*. Band 1, Modul VI.10 ▸

Horváth will nicht schwankhafte Unterhaltung und Sentimentalität vermitteln, sondern den realen Durchschnittsmenschen zeigen, der mit falschem, deformiertem und manipuliertem Bewusstsein durch sein Leben stolpert. Diese Fremdbestimmung durch Sprache zeigt Horváth, indem er seine Figuren Sätze sprechen lässt, die offenkundig nicht ihre eigenen sind, an denen sie sich aber orientieren. Es handelt sich um angelesene Sätze, um zufällig Gehörtes, unkritisch Aufgeschnapptes, um banale Kalenderweisheiten, um Zitate aus Illustrierten, sentimentale Phrasen aus Heftchenromanen, kitschige Refrains aus Operetten. Horváth spricht von „Bildungsjargon". Danach richten die Figuren ihr Leben aus, damit richten sie Unheil an oder scheitern selbst. „Eine Frau, die wo etwas erreichen will, muss einen Mann bei seinem Gefühlsleben packen", sagt die weibliche Hauptfigur in *Kasimir und Karoline* – und erleidet Schiffbruch mit dieser Weisheit. „Du erhöhst mich", sagt Alfred zu Marianne in *Geschichten aus dem Wiener Wald*, als wäre er ein strahlender Held in einem klassischen Schauspiel. Auf die Erhöhung folgt bald der Sturz. Eine Trafikantin spricht von der „Tragödie des Weibes", wenn sie die Notwendigkeiten regelmäßiger kosmetischer Pflege beklagt.

Ödön von Horváth

Eine ähnliche Art von „neuem Volksstück" schrieb Horváths Zeitgenossin **Marieluise Fleisser** (1901–1974). Ihr Stück *Pioniere in Ingolstadt*, in dem sie sich kritisch mit dem Provinzleben auseinandersetzte, löste bei der Uraufführung einen Theaterskandal aus.

Das *kritische Volksstück* der Zwischenkriegszeit wurde in den Sechziger- und Siebzigerjahren wiederentdeckt. Damals junge deutsche Dramatiker wie **Franz Xaver Kroetz** und **Martin Sperr** bauten auf die Horváth-Tradition auf. Allerdings bedurfte es dazu wirklich einer Wiederentdeckung, denn beinahe wäre Horváth ein vergessener oder verschwiegener Autor geworden. Verantwortlich dafür war die Kulturpolitik des Nationalsozialismus, der kritische Literatur generell ein Dorn im Auge war.

11. Nationalsozialismus und Literaturbetrieb

Im Jahr 1933 wurde Adolf Hitler Reichskanzler. Damit begannen der schrittweise, aber letztlich radikale Abbau der Demokratie und eine Aufrüstungspolitik, die sechs Jahre später zum Zweiten Weltkrieg führen sollte. Auch für die Freiheit von Kunst und Kultur war die nationalsozialistische Herrschaft verheerend. Das facettenreiche Kulturleben der Weimarer Republik war innerhalb kürzester Zeit verschwunden. Der Nationalsozialismus vertrat eine rassistische und überaus enge Kulturauffassung, der nicht nur jüdische Künstler/innen zum Opfer fielen, sondern auch solche, die sich ungewöhnlicher, irritierender Ausdrucksformen bedienten.

Bücherverbrennung

Unter den Geächteten waren beispielsweise fast alle Expressionist/innen. Das heißt, der Nationalsozialismus wandte sich gegen fast alles, was wir als „Moderne" verstehen.

Allerdings sollte nicht verschwiegen werden, dass auch Künstler/innen von Rang zumindest teilweise oder vorübergehend mit dem Nationalsozialismus sympathisierten (u. a. Gottfried Benn, Knut Hamsun).

Darüber, was „gute deutsche" Literatur ist, hatten die Nationalsozialisten eigentümliche Vorstellungen. Huldigungshymnen an Führer und Reich in einem *pathetischen*, schwülstigen Stil, historische Romane mit völkischem Geschichtsbild, martialische Marsch- und Kampflieder erfreuten sich der Gunst des Führers. Band 1, Modul VI.11

In der sogenannten *Blut-und-Boden-Dichtung* wurden nicht nur trivialromantische Kitschbilder vom moralisch gesunden Leben des ordentlichen, anständigen arischen Bauern auf deutscher Scholle verbreitet, sondern auch die typischen Feindbilder des Nationalsozialismus. Die Gegenspieler der Helden waren Sinti, Roma, Slawen und in erster Linie Juden.

Trotz seiner restriktiven und inhumanen Kulturpolitik fand der Nationalsozialismus auch unter Kunstschaffenden Anhänger/innen und Unterstützer/innen, entweder weil diese sich mit dem nationalsozialistischen Gedankengut identifizierten oder weil sie sich aus Opportunismus anpassten.

Die meisten Autor/innen von Rang waren aber zum Schweigen verurteilt (*innere Emigration*) oder verließen das Land, teils freiwillig, teils unter Zwang. So entstand in den Dreißigerjahren die deutsche *Exilliteratur*. Viele (insbesondere jüdische) Künstler/innen, die das Land nicht verlassen konnten oder wollten, starben in nationalsozialistischen Konzentrationslagern.

12. Die deutsche Literatur im Exil

Von einer einheitlichen Exilliteratur kann man gewiss nicht sprechen. Zu unterschiedlich waren die Autor/innen, die von den Nationalsozialisten dazu gezwungen worden waren, das Land zu verlassen, oder die freiwillig den inakzeptablen Bedingungen den Rücken gekehrt hatten. Stefan George, selbst ein erklärter Feind der Demokratie, lehnte den Nationalsozialismus nicht aus politischen und humanitären, sondern aus ästhetischen Gründen ab. Er verachtete die Nazis als primitive Barbaren.

Anders lag die Sache bei den Vertreter/innen der antifaschistischen politischen Linken und bei den unabhängigen Linksliberalen, unter ihnen Anna Seghers, Kurt Tucholsky, Heinrich Mann, Johannes R. Becher, Jura Soyfer und Bertolt Brecht. Sie sahen den Faschismus als Herrschaftsform des in die Krise geratenen Kapitalismus und strebten für den Fall seines Zusammenbruchs eine neue, nichtkapitalistische Gesellschaft an. Wie diese Gesellschaft aussehen sollte, darüber war sich allerdings auch die Linke nicht einig. Das Spektrum reichte von gemäßigten Sozialdemokrat/innen über Anhänger/innen des sowjetischen Kommunismus bis hin zu Anarchist/innen.

Bertolt Brecht, der profilierteste Autor des linken Antifaschismus, bemühte sich in seinen Werken der Exiljahre um eine differenzierte marxistische Analyse des Faschismus und des Kriegs. Brecht hatte Deutschland bereits im Jahr 1933 verlassen. Nach Aufenthalten in Österreich, Dänemark und Finnland kam er 1941 in die USA.

Dort lebte mittlerweile auch Thomas Mann, der bürgerliche Gegenpol zum Marxisten Brecht. Die Familie Mann war nach der Machtergreifung Hitlers von einem Schweiz-Aufenthalt nicht mehr nach Deutschland zurückgekehrt. Thomas Mann repräsentierte den bürgerlich-humanistischen Antifaschismus. Er interpretierte den Faschismus als fürchterlichste Verirrung des deutschen Geistes, als Verrat am humanistischen Kulturerbe.

Im Exil lebten auch Ödön von Horváth, Alfred Döblin, Lion Feuchtwanger, Joseph Roth, Robert Musil, Stefan und Arnold Zweig, der Lyriker Theodor Kramer – um nur einige Namen stellvertretend für viele andere zu nennen.

12.1 Schreiben im Exil, schreiben über das Exil

Mehr noch als den Musiker/innen und den bildenden Künstler/innen erschwert das Exil den Autor/innen die Fortsetzung ihrer Arbeit. Klänge und Bilder sind international verständliche Zeichen, die Literatur ist an die Muttersprache gebunden. Besonders für weniger bekannte Schriftsteller/innen wurde der Verlust ihrer Verlagskontakte, ihrer Publikationsmöglichkeiten, ihres Lese- oder Theaterpublikums zum Existenzproblem. Es fehlte nicht an Initiativen, der deutschsprachigen Literatur auch im Exil eine Infrastruktur zu verschaffen, die nicht nur ihr Überleben ermöglichen, sondern auch als Grundlage des antifaschistischen Widerstands dienen sollte. Mehr als 400 Exilzeitschriften und etliche Exil-Verlage wurden zwischen 1933 und 1945 gegründet, die meisten überlebten allerdings nur kurze Zeit. Nur wohlhabende und international bekannte Schriftsteller/innen wie THOMAS MANN und BERTOLT BRECHT konnten es sich leisten, jahrelang an Werken zu arbeiten, die nicht publiziert oder – im Fall von Brechts Dramen – nicht aufgeführt wurden.

Die Literatur, die im Exil geschrieben wurde, war sehr unterschiedlich. Manche Autor/innen setzten einfach ihre gewohnte Schreibweise fort und thematisierten Faschismus und Krieg nicht ausdrücklich in ihren Werken. In Thomas Manns großen Romanen der Dreißiger- und Vierzigerjahre (*Doktor Faustus*, *Joseph und seine Brüder*, *Lotte in Weimar*) kommt das Thema höchstens am Rande oder indirekt vor. Thomas Mann wählte für sein antifaschistisches Engagement andere literarische Formen, vor allem den Aufsatz und die Rundfunkrede. Über den deutschen Freiheitssender, den die BBC eingerichtet hatte, appellierte er regelmäßig an die deutsche Bevölkerung, Widerstand zu leisten.

Teilweise wurden literarische *Genres*, die sich bereits seit Jahrzehnten in Deutschland großer Beliebtheit erfreut hatten, für die neuen Zwecke der politischen Bewusstseinsbildung umfunktioniert, vor allem der *historische Roman*. HEINRICH MANN versah beispielsweise seinen Roman *Heinrich IV.* mit Anspielungen auf die aktuelle deutsche Situation. Ähnlich, wenn auch in der Erzählform ganz anders, verfuhr BERTOLT BRECHT mit seinem Cäsar-Roman (*Die Geschäfte des Herrn Julius Cäsar*).

Direkte Thematisierungen der Exilerfahrung findet man in zwei *Zeitromanen*, *Exil* von LION FEUCHTWANGER und *Transit* von ANNA SEGHERS. Feuchtwanger, der vor allem durch seine historischen Romane berühmt geworden war, befand sich gerade auf einer Vortragsreise in den USA, als 1933 Hitler Reichskanzler wurde. Als Autor jüdischer Herkunft kehrte er nicht nach Deutschland zurück, lebte einige Jahre in Südfrankreich und floh im Jahr 1940 in die USA, wo er bis zu seinem Tod lebte. Anna Seghers (1900–1983) war seit 1928 Mitglied der KPD und verließ Deutschland aus politischen Gründen. Ihr Exilland war zunächst Frankreich, dann Mexiko. Nach Kriegsende kehrte sie nach Berlin zurück und wurde in der 1949 gegründeten DDR eine angesehene und einflussreiche Schriftstellerin.

KLAUS MANN, ein Sohn von Thomas Mann, schrieb im Exil den Roman *Mephisto*, in dem er zeigt, wie sich ein großer Schauspieler und Regisseur (gemeint ist Gustav Gründgens) aus Karrieregründen mit den nationalsozialistischen Machthabern arrangiert.

Einen kurzen Epochenüberblick über **Aufbruch in die Moderne** finden Sie im Anschluss an die Module in Band 1 .

VII. Die deutsche Literatur im Zeitalter von Demokratie, Massenkommunikation und Popularkultur
Ein literaturgeschichtlicher Überblick 1945–2000

1. Allgemeine geschichtliche Voraussetzungen

1.1 Das Ende des Dritten Reichs und der „Kalte Krieg"

Am 9. Mai 1945 kapitulierte das Dritte Reich. Zwölf Jahre Nationalsozialismus und sechs Jahre Krieg gingen zu Ende. Insgesamt forderte der Zweite Weltkrieg 55 Millionen Tote und Vermisste. Die materiellen Kriegsschäden waren katastrophal. Nur mühsam konnte wieder ein geregeltes Leben aufgebaut werden. Die Alliierten (Frankreich, England, USA, Sowjetunion) besetzten das besiegte Deutschland und auch Österreich, das seit März 1938 nicht mehr als souveräner Staat existiert hatte, sondern Teil des Deutschen Reiches gewesen war.

Der gemeinsame Kampf gegen das nationalsozialistische Deutschland hatte die Alliierten geeint. Nun konnte nicht länger verdrängt werden, dass zwischen den westlichen Demokratien und der kommunistischen Sowjetunion ein grundlegendes Misstrauen herrschte. Um einen Konflikt zwischen diesen Lagern zu verhindern, einigten sich die ehemaligen Bündnispartner auf Interessensphären, die durch eine scharf bewachte Grenze („Eiserner Vorhang") getrennt wurden. Dies führte dazu, dass die osteuropäischen Länder und die deutsche Ostzone Teil des sowjetischen Einflussbereichs wurden. Ein bewaffneter Konflikt konnte zwar durch dieses System eines Kräftegleichgewichts verhindert werden, aber die Lage war so angespannt, dass man in dieser Zeit vom „Kalten Krieg" sprach. Schwer bewaffnete Verteidigungsbündnisse (westliche NATO, östlicher Warschauer Pakt) waren die militärische Folge dieses politischen Konflikts.

1.2 Wiederaufbau – Restauration – österreichische Sozialpartnerschaft

Die Fünfzigerjahre waren in Österreich und in Deutschland die Zeit des wirtschaftlichen Wiederaufbaus und der Rückkehr zur demokratischen Verfassung. Vor allem durch die amerikanische Marshallplan-Hilfe war es möglich, in den schwer kriegsgeschädigten Ländern wieder funktionierende wirtschaftliche Strukturen aufzubauen. In Deutschland sprach man vom „Wirtschaftswunder". Die politischen Systeme in Westdeutschland und Österreich folgten dem Modell der parlamentarischen Demokratie. Damit hatte sich die Lage vorerst einmal stabilisiert, wobei freilich der Ost-West-Konflikt als latente Bedrohung stets spürbar blieb. Österreich grenzte immerhin an drei kommunistische Volksdemokratien (Tschechoslowakei, Ungarn, Jugoslawien) und Deutschland war seit 1949 in zwei Staaten geteilt, in die demokratische BRD mit kapitalistischer Wirtschaftsweise und in die DDR, deren politische Führung ein kommunistisches Wirtschafts- und Gesellschaftssystem aufbauen wollte.

Die Fünfziger- und Sechzigerjahre waren sowohl in Deutschland als auch in Österreich eine „konservative" Epoche. Die Regierungszeit des CDU-Kanzlers Konrad Adenauer wird nicht ohne Grund als „Restaurationszeit" bezeichnet.

In Österreich etablierte sich die Sozialpartnerschaft. Darunter versteht man die enge Zusammenarbeit zwischen den großen politischen Lagern, repräsentiert durch die Parteien SPÖ und ÖVP beziehungsweise durch die Kammern und den ÖGB. Bis zum Jahr 1966 regierten SPÖ und ÖVP in einer Koalitionsregierung, dann folgten vier Jahre ÖVP-Alleinregierung. Die grundsätzlich konservative Ausrichtung der Gesellschaft wurde auch in der Kulturpolitik spürbar. Man bemühte sich um ein gefälliges, geschöntes Österreich-Bild, wie es beispielsweise die Heimatfilme zeichneten. Volkstümliche Traditionspflege und das große klassische Kulturerbe dominierten. Die *Moderne* und die zeitgenössische Kunst hatten es schwer.

1.3 „1968" und die Modernisierung in den Siebzigerjahren

Studentendemonstration

Cover der Jugendzeitschrift „Bravo" 1970

Die gesellschaftliche Wende wird durch das Jahr 1968 symbolisiert. Die junge Generation – vor allem ein Teil der Student/innen – fügte sich nicht mehr in die bestehenden Konventionen und Traditionen. Eine antiautoritäre Jugendbewegung wandte sich gegen autoritäre Erziehungsmuster, orientierte sich an der amerikanischen Hippiebewegung, an der pazifistischen Bewegung gegen den Vietnam-Krieg und an der angloamerikanischen Pop-Kultur. Die Musik der Beatles und der Rolling Stones revolutionierte die Hörgewohnheiten, der junge französische Film der „Nouvelle Vague" (Jean-Luc Godard, Claude Chabrol, François Truffaut) die Sehgewohnheiten der Jugend. Und bald wurde klar, dass es sich hier nicht nur um einen Generationenkonflikt handelte, der in den Familien ausgetragen wurde, sondern dass der Protest öffentlich wurde, dass unzufriedene Menschen auf die Straße gingen und politische Änderungen forderten.

Insbesondere in Paris und Berlin kam es zu Massenkundgebungen und teilweise auch zu schweren Auseinandersetzungen der Demonstrant/innen mit der Polizei. In Frankreich musste die konservative Regierung von Charles de Gaulle im Jahr 1969 zurücktreten. In Deutschland übernahm im selben Jahr eine SPD-FDP-Koalition unter Bundeskanzler Willy Brandt (SPD) die Regierung. In Österreich verlor die ÖVP 1970 die Wahlen. Bruno Kreisky (SPÖ) wurde Bundeskanzler und leitete eine Reihe von Reformen ein, unter anderem im Bildungswesen, in der Sozialgesetzgebung und im Strafrecht (z. B. die „Fristenlösung").

Die große Revolution, von der die Studentenführer/innen geträumt hatten, war es zwar nicht geworden, aber offener und liberaler wurde die westliche Gesellschaft in den Siebzigerjahren sehr wohl. Nicht nur im Westen, auch im Osten regte sich zu dieser Zeit politischer Widerstand. 1968 kam es in der Tschechoslowakei zu einem Reformversuch („Prager Frühling"), der von den Panzern des sowjetischen Militärs niedergeschlagen wurde.

In den Achtzigerjahren erlahmte die Aufbruchsstimmung. Wesentliche soziale Errungenschaften und liberale Freiheiten schienen gesichert zu sein. In Deutschland wurde die sozialliberale Koalition wieder durch eine christdemokratische Regierung unter Helmut Kohl abgelöst. In Österreich regierte seit 1986 wieder eine SPÖ-ÖVP-Koalition. Neue politische Akzente setzten in dieser Zeit vorwiegend die jungen Grün-Parteien, die als Reaktion auf die ökologischen Probleme (Atomkraft, Waldsterben) gegründet wurden.

Zu den dauerhaften Veränderungen, die in den späten Sechziger- und in den Siebzigerjahren ihre Anfänge hatten, gehört die gesellschaftliche Emanzipation der Frau. Die zunehmende Berufstätigkeit machte Frauen wirtschaftlich unabhängiger, neue Verhütungsmittel (Pille) ermöglichten ihnen mehr Freiheiten in der Lebensgestaltung. Das neue Bewusstsein von Frausein ist an unterschiedlichsten Medienprodukten der Siebziger- und Achtzigerjahre deutlich erkennbar.

1.4 „1989" und die neoliberalistische Modernisierung der Neunzigerjahre

Im Jahr 1989 brach – zum Erstaunen der Welt – der sowjetische Kommunismus zusammen. Die kommunistische Zentralverwaltungswirtschaft hatte nie denselben ökonomischen Erfolg erreicht wie die kapitalistische Marktwirtschaft, aber mit der Revolutionierung der Wirtschaft und der Gesellschaft durch die Computertechnologie konnte sie überhaupt nicht mehr Schritt halten. Die Sowjetunion wurde aufgelöst. Die osteuropäischen Länder wurden wieder souveräne Nationalstaaten und kehrten zu demokratischen Regierungsformen zurück. Nach dem Ende der DDR wurde Deutschland wieder ein geeinter Staat.

Die Öffnung der Berliner Mauer am 9.11.1989

Nicht überall erfolgte der politische Wandel ohne Kampfhandlungen. Jugoslawien zerfiel in einem jahrelangen, teilweise sehr grausam geführten Krieg. Dieser Krieg, die Öffnung der Grenzen und die großen Unterschiede im Lebensstandard führten dazu, dass die Migration in Europa deutlich anstieg. Angst vor der Bedrohung des eigenen Lebensstandards und vor dem Verlust der kulturellen Identität ließen die Fremdenfeindlichkeit wachsen und trugen maßgeblich zum Erfolg rechtspopulistischer Politik bei.

Durch den Zusammenbruch des kommunistischen Systems und durch die neuen Kommunikationsmöglichkeiten, welche die Computertechnologie schuf, setzten sich Marktwirtschaft und Kapitalismus weltweit als beherrschendes Wirtschaftssystem durch. Man spricht daher von einer neoliberalen Epoche und vom Zeitalter der Globalisierung. Das politische Großprojekt unseres Kontinents ist am Beginn des 21. Jhs. zweifellos der Ausbau der Europäischen Union zu einem Bundesstaat.

Die alten Gegensätze, repräsentiert durch die Mächte USA und UdSSR, sind mittlerweile Vergangenheit. Ein anderer Gegensatz, der bereits besorgniserregende Ausmaße angenommen hat, ist der zwischen der westlichen, also kapitalistisch-demokratischen Welt und den muslimischen Ländern des Orients.

2. Mediengeschichte und Literaturbetrieb

2.1 Sprache und Schrift

Der Sprachwandel erfolgte im 20. Jh. weitaus rascher als in anderen Jahrhunderten – nicht nur im deutschsprachigen Raum, sondern in allen wirtschaftlich entwickelten Ländern. Die technologische, wirtschaftliche und soziale Entwicklung zeigt sich auch in der Sprache. Vor allem die Verbreitung moderner Massenmedien (Hörfunk, Fernsehen, Schallplatte, Internet) führte dazu, dass vielen Menschen dieselbe Art von allgemein verständlicher Umgangssprache zugänglich wurde. Regionale Dialekte gibt es nach wie vor, aber ihre Bedeutung im Sprachleben der Menschen geht zugunsten der Gemeinsprache zurück.

Unterschiede zwischen österreichischem, schweizerischem und deutschem Sprachgebrauch existieren freilich nach wie vor. Insbesondere das gesellschaftliche Leben in der ehemaligen DDR brachte eigenständige Sprachgewohnheiten hervor, die aber nach und nach aus den „neuen" deutschen Bundesländern wieder verschwinden. Zum Wortschatz der DDR-Bürger/innen gehörten beispielsweise Begriffe wie „Kombinat", „volkseigener Betrieb" oder „Traktorist", die teilweise dem sowjetischen Sprachgebrauch angeglichen waren oder Dinge bezeichneten, die es in dieser Form im Westen gar nicht gab.

Sorgten früher die regionalen Unterschiede für ein differenziertes Sprachleben, so dominieren heute andere Unterschiede. Das komplexe Wirtschaftsleben und die große Bedeutung der Wissenschaften für unsere Gesellschaft führen zu einer ganzen Fülle von Fachsprachen und zu einem berufsspezifischen Fachvokabular, das meist nur den Betroffenen bekannt ist. Der Wortschatz der deutschen Sprache hat dadurch enorm zugenommen.

Die Schnelllebigkeit und der Zwang, Zeit und Geld zu sparen, führen zur Verknappung der Sprache. Verständlichkeit und Kürze sind vorrangige Kriterien. Redeschmuck und ein gehobener Sprachstil, wie er in früheren Gesellschaften üblich war, sind auf dem Rückzug. Der Abbau sozialer Rangunterschiede, wie er für demokratische Massengesellschaften typisch ist, führt zur Vereinfachung von Sprachnormen, z. B. zum Verzicht auf umständliche Höflichkeitsfloskeln.

Während in der gesprochenen Sprache die regelkonforme Formulierung weniger Bedeutung hat, herrscht in der Rechtschreibung nach wie vor ein hohes Maß an Regelgebundenheit. Die jüngste deutsche Rechtschreibreform in den Neunzigerjahren des 20. Jhs. hat nicht zu einer Liberalisierung der *Orthografie* geführt, sondern – abgesehen von geringfügigen Änderungen – das bisherige Regelsystem weitgehend bestätigt. Freilich ist anzumerken, dass insbesondere durch das E-Mail auch hier Abweichungen üblich werden. Es ist nachweisbar, dass sich die Menschen im Mail-Verkehr und insbesondere auch beim Chatten im Internet oft nicht an die Regeln gebunden fühlen.

Unübersehbar ist, dass die Zahl der Anglizismen in der deutschen Sprache ständig wächst. Das ist einerseits darauf zurückzuführen, dass das Englische zur internationalen Verständigungssprache geworden ist, aber auch darauf, dass in der Massen- und Popularkultur amerikanische Produkte den Weltmarkt beherrschen.

Die Literatursprache ist zwar in diese allgemeinen sprachlichen Entwicklungen eingebunden. Sie führt aber trotzdem ein Eigenleben und kann sich beispielsweise auch bewusst gegen gesellschaftliche Sprachentwicklungen abgrenzen. (Auskünfte über literarische Sprechweisen in der zweiten Hälfte des 20. Jhs. geben die Einzelmodule in Band 1, Kapitel VII .)

2.2 Andere Medien

Traditionelle Druckmedien (Buch, Zeitung, Zeitschrift) behaupten zwar während des 20. Jhs. einen festen Platz in der Medienlandschaft, aber sie werden durch audielle und audiovisuelle Medien ergänzt und in manchen Bereichen auch konkurrenziert. Die schon in der ersten Hälfte des 20. Jhs. oder noch früher entstandenen Medien Telefon, Hörfunk, Film und Schallplatte erweitern ihren Wirkungsbereich. Teilweise verändern sich aber ihre Zuständigkeitsbereiche, ihre Präsentationsformen und Inhalte. So wird der Hörfunk immer mehr zu einem unterhaltenden „Nebenbei-Medium". Anspruchsvolle Wortprogramme sind eine Seltenheit und finden ihren Raum vor allem in Kultursendern wie dem Programm Ö1. Die relativ große Reichweite dieses Senders (etwa 8%) ist dadurch erklärbar, dass sich Ö1 nicht nur der Hochkultur annimmt, sondern auch der politischen und wissenschaftlichen Information oder anspruchsvollen Formen der Popularkultur (Jazz).
Das Fernsehen, der Computer, multimediale Präsentationsformen, das Internet und das Handy kommen in der zweiten Hälfte des 20. Jhs. zu den bereits existierenden audiellen und audiovisuellen Medien hinzu und sind auf Anhieb sehr erfolgreich. Ständige technische Verbesserungen tragen dazu bei.

Als **dominante Tendenzen in der Medienlandschaft** der Gegenwart und der jüngsten Vergangenheit lassen sich folgende Phänomene anführen:
• Die Bildschirmmedien (Computer, TV) dominieren die Medienlandschaft.
• Wirtschaftliche Konzentration: Selbst in einem kleinen Land wie Österreich kann man beobachten, dass die Zahl der Tageszeitungen rückläufig ist. Jene Tageszeitungen, die in Besitz politischer Parteien waren, sind fast ganz verschwunden, kleinere Blätter waren wirtschaftlich nicht überlebensfähig. Das Boulevardblatt *Neue Kronen Zeitung* ist absoluter Marktführer. Qualitätszeitungen wie *Der Standard* und *Die Presse* kämpfen um schmale Zielgruppen. Was für den kleinen österreichischen Zeitungsmarkt gilt, das gilt in großem Maßstab für die internationale Mediensituation. Wenige multinationale Medienkonzerne beherrschen den Großteil des Marktes.
• Kommerzialisierung: Medien sind meist privatwirtschaftliche Unternehmen, folglich gewinnorientiert. Ihr Angebot ist folglich auf Massenwirksamkeit ausgerichtet. Staatliche (öffentlich-rechtliche) Medien, die nicht nur Unterhaltungsbedürfnisse befriedigen wollen, sondern auch einen Bildungsauftrag haben, verschwinden zwar nicht, verlieren aber gegenüber dem privaten Markt quantitativ an Bedeutung. Private Rundfunk- und Fernsehanstalten verlangen meist keine Gebühren (Ausnahme Pay-TV) und sind zur Gänze auf Werbeeinnahmen angewiesen. Das hat natürlich Auswirkungen auf das Programm, das in erster Linie an der Höhe der Einschaltquote ausgerichtet wird.
• Digitale Medien sind schon gegenwärtig wichtig und dürften auch der Trend der näheren Zukunft sein.

- Die Mediennutzung nimmt generell zu, aber nicht für alle. Die kulturelle Differenz zwischen den geografischen Räumen, in denen die Menschen Zugang zu den wesentlichen Medien haben, und solchen, die meist aus Armut darauf verzichten müssen, nimmt zu. Gewinner im globalen Wettbewerb sind allemal die Länder mit größerer Mediendichte.

Die Bedeutung der Literatur für die heutige Gesellschaft kann nicht mehr ohne ihre Position in der Medienlandschaft verstanden werden. Die *epische Literatur* bedient in Buchform ein Minderheitenpublikum, während das Bewusstsein der meisten Menschen durch popularkulturelle Produkte wie Kinofilme, Fernsehserien und deren „Erzählweise" geprägt wird. Die für das Theater geschriebene *Dramenliteratur* hält sich meist nur mehr auf subventionierten Bühnen. Die *Lyrik* erreicht nur ganz wenige Menschen, während freilich die gesungene Form von Lyrik, also das Lied, ein sehr erfolgreiches Produkt der Popularkultur geworden ist und über den Hörfunk, über TV-Musiksender, Videoclips, das Internet und CDs gerade das jugendliche Publikum massenhaft erreicht.

Autor/innen gingen und gehen mit dieser Situation recht unterschiedlich um. Manche übernehmen ganz bewusst die Ästhetik der Massen- und Popularkultur oder schreiben auch für audiovisuelle Medien, z. B. Drehbücher oder Songtexte. Andere verweigern sich ganz bewusst diesen Ausdrucksformen (so zum Beispiel Peter Handke Band 1, Modul VII.11).

2.3 Der Literaturbetrieb

Aus den wenigen Ausführungen zur Mediengeschichte in der zweiten Hälfte des 20. Jhs. geht schon hervor, dass es Autor/innen, die sogenannte anspruchsvolle Literatur schreiben, auch heute nicht leicht haben, von ihrer Arbeit, dem Schreiben, zu leben. Nur ganz wenige Schriftsteller/innen mit „großem Namen" gelangen zu Wohlstand; für viele, durchaus überregional bekannte reichen die Einnahmen einigermaßen zum Leben. Wären da allerdings nicht Lesungshonorare, Literaturpreise und Arbeitsstipendien, wäre auch dies in Frage gestellt. Die Möglichkeit, durch literarische Arbeiten für den Hörfunk oder andere Massenmedien zusätzliche Einnahmen zu erhalten, werden immer schlechter, weil die Bedeutung des literarischen Wortes in diesen Medien rückläufig ist.

Es werden sehr viele Bücher produziert, aber zu wenige verkauft (und noch weniger gelesen). Der Erfolg oder Misserfolg eines Buches hängt heute zu einem wesentlichen Teil von der Verkaufsstrategie ab. Auffällige Präsenz bei den wichtigen Buchmessen von Frankfurt und Leipzig, gezielte Werbung in Zeitungen und Zeitschriften, gute Rezensionen oder zumindest auffällige Erwähnungen in wichtigen Medien, besonders in erfolgreichen TV-Sendungen, sind für den materiellen Erfolg eines Buches so gut wie unverzichtbar. Das alles kostet freilich Geld und braucht eine entsprechende betriebliche Infrastruktur. Schafft es ein Autor bzw. eine Autorin nicht, bei einem der größeren Buchverlage (z. B. Suhrkamp, S. Fischer, Rowohlt, Diogenes, Hanser, Bertelsmann) unterzukommen, hat sein/ihr Werk kaum Aussicht auf breitere Resonanz – völlig unabhängig von dessen Qualität.

3. Einblicke in das philosophische Denken seit 1945

Literatur und Philosophie stehen seit dem *Humanismus* in der europäischen Kulturgeschichte immer in einem Zusammenhang. Von den philosophischen Denkweisen in der zweiten Hälfte des 20. Jhs. haben vor allem folgende in der Literatur deutliche Spuren hinterlassen: *Existenzphilosophie*, *Frankfurter Schule*, *Strukturalismus* und *Postmoderne*. Weiters ist noch die *Sprachphilosophie* im Anschluss an Ludwig Wittgenstein zu erwähnen, die wir bereits im Kapitel VI.4.4 erörtert haben.

3.1 Existenzphilosophie (Existenzialismus)

Eine der einflussreichsten philosophischen Strömungen des 20. Jhs. war die Existenzphilosophie. Neben **Sören Kierkegaard** (V.4.4) und **Friedrich Nietzsche** (VI.4.2) gilt der deutsche Philosoph **Martin Heidegger** als Begründer der Existenzphilosophie. Der Mensch ist laut Heidegger in seine Existenz „geworfen", ganz auf sich gestellt und gefordert, ein tragfähiges Lebenskonzept zu entwickeln. Gerade für den modernen Menschen ist das nicht eben einfach, denn die historische Entwicklung des Menschseins bis zur Gegenwart beurteilt Heidegger skeptisch und pessimistisch (im Unterschied zum optimistischen Fortschrittsdenken der Aufklärung oder des klassischen Marxismus). Der Mensch habe sich zwar durch Arbeit, Technik und rationales Ordnungsdenken eine zivilisierte Welt errichtet, dabei aber alle verbindlichen Werte und das „eigentliche Sein", den Urgrund, verloren. Da der Mensch nicht ewig lebt, quält ihn stets die Sorge, falsche Entscheidungen zu treffen und eines Tages – angesichts seines Todes – das Sein verfehlt zu haben. Was dieses „Sein" eigentlich ist, lässt Heidegger bewusst im Verborgenen. Wir können es bestenfalls erahnen. Das geeignetste Medium dafür ist laut Heidegger das poetische Wort, die nicht-rationale Sprache der Dichtung.

Ähnliche existenzphilosophische Gedanken wie Heidegger äußerten die französischen Philosophen **Jean-Paul Sartre** und **Albert Camus** [kamü], die nicht nur philosophische Texte, sondern auch Romane und Dramen geschrieben haben. Sartre stellte die Freiheit des Einzelmenschen in den Mittelpunkt seiner Überlegungen. Der Mensch sei zur Freiheit verurteilt. Sinn könne er dem Leben nur kraft seiner Entscheidungen geben. Sartre verlangt daher ein engagiertes Leben, die Bereitschaft zur Sinnstiftung – auch dann, wenn stets die Gefahr des Scheiterns und des Irrwegs besteht.

Ähnliche Gedanken, wie sie bei Heidegger, Sartre und Camus zu finden sind, prägen auch wichtige Werke der zweiten Hälfte des 20. Jhs. Zu nennen ist das *absurde Drama* oder die „Theorie des dramatischen Helden" bei Friedrich Dürrenmatt (vgl. Band 1, Modul VII.3 und VII.4).

Jean-Paul Sartre

3.2 Westlicher Marxismus und Frankfurter Schule

Der *dialektische Materialismus*, als dessen Begründer **Karl Marx** und **Friedrich Engels** gelten, hinterließ nicht zuletzt deswegen eine dauerhafte Wirkung, weil sein Denksystem gesellschaftspolitisches Handeln mit einschloss. Politische Parteien und revolutionäre Bewegungen beriefen sich auf die Lehre von Karl Marx. In der Sowjetunion und später auch in den von ihr abhängigen osteuropäischen Ländern wurde der Marxismus-Leninismus zur verbindlichen Staatsideologie.

Neben diesem „östlichen" Marxismus entwickelte sich in den westlichen Demokratien eine marxistische Philosophie, die sich von der östlichen in wesentlichen Punkten unterschied. Die berühmteste Richtung war die *Frankfurter Schule*. Benannt ist sie nach dem 1923 gegründeten Frankfurter Institut für Sozialforschung. Zu dessen einflussreichsten Denkern wurden **Ludwig Marcuse**, **Max Horkheimer** und **Theodor W. Adorno**. Die Abkehr vom orthodoxen Marxismus-Leninismus zeigt besonders deutlich das 1948 erschienene Werk *Dialektik der Aufklärung* von Horkheimer und Adorno. Die beiden Philosophen kritisieren darin die gesellschaftliche Entwicklung, die durch den Rationalismus der *Aufklärung* eingeleitet worden ist. Die Rationalisierung, d. h. die Verwissenschaftlichung des gesamten Lebens diene in erster

Linie der wirtschaftlichen Macht des Kapitals. Die gesamte Gesellschaft werde nach diesen Machtbedürfnissen geplant und organisiert. Freiheit für den Einzelnen werde immer mehr zur Illusion. Im Gegensatz zum klassischen Marxismus erwarten sich Adorno und Horkheimer den entscheidenden antikapitalistischen Befreiungsschlag nicht mehr von der Arbeiterklasse. Die Arbeiter/innen seien in das kapitalistische System integriert worden. Ihr Bewusstsein werde durch die Kulturindustrie (Massenmedien) vernebelt, sodass sie ihre Lage nicht mehr erkennen können. Der einzige Ort der individuellen Freiheit bleibt für Adorno eine Kunst, die sich dem Markt konsequent verweigert, eine Kunst, in welcher der Einzelmensch zu seinen ganz persönlichen Ausdrucksformen findet. Mit seiner „Ästhetischen Theorie" wurde Adorno zu einem wichtigen Philosophen der *avantgardistischen* Kunst der *Moderne*.

3.3 Jürgen Habermas' Utopie vernünftiger Kommunikation

Fortgesetzt wurde das Denken der *Frankfurter Schule* vor allem durch Jürgen Habermas. Habermas beurteilte aber den Stellenwert des rationalen Denkens, der Wissenschaften und der *Aufklärung* weniger skeptisch als Theodor W. Adorno. Der Mensch, meint Habermas, muss nun einmal die Natur beherrschen. Das ist seine einzige Überlebensmöglichkeit und gehört daher zu seiner anthropologischen Grundausstattung. Dieses „technische Erkenntnisinteresse", das gegenüber der Natur angemessen ist, ist aber nicht sein einziges. Er hat auch ein „praktisches" und ein „emanzipierendes". Diese sind auf die Einrichtung einer sozialen Lebenswelt und auf gegenseitiges Verstehen ausgerichtet. Der Vernunftgebrauch und die Qualität der Kommunikation sollen so weit wie möglich verbessert werden, damit wir miteinander zu Vereinbarungen finden, die ein hohes Maß an inhaltlicher Zuverlässigkeit, Menschenfreundlichkeit und Akzeptanz aufweisen. Mit dieser Philosophie einer offenen, vernünftigen Kommunikation führte Habermas auch Gedanken weiter, die im *Kritischen Rationalismus* Karl R. Poppers bereits angelegt sind. Kultur und Kunst sind für Habermas Lebenswelten, die möglichst wenig der politischen Macht und dem wirtschaftlichen Gewinnstreben ausgeliefert sein sollten.

3.4 Strukturalismus

Die Anfänge des Strukturalismus finden wir in der Linguistik Ferdinand de Saussures [soßür]. Die Sprache erklärte de Saussure als ein *Zeichensystem*, dessen Struktur unabhängig vom Einzelmenschen und von dessen individuellem Sprechen existiert. Diese Sichtweise (der Einzelmensch bewegt sich in einem System, das er weder bewusst hervorbringt noch zur Gänze versteht) wurde von anderen Philosoph/innen von der Sprachwissenschaft auf andere Disziplinen übertragen. Claude Lévi-Strauss übertrug sie auf die Sozialwissenschaften. Soziale Ordnungen versuchte er zu erklären, indem er ihre Strukturen kenntlich machte.

Michel Foucault [fuko] erklärte die Auffassung vom „vernünftigen Subjekt", wie sie seit dem *Humanismus* und der *Aufklärung* entwickelt worden war, zu einem bloßen ideologischen Konstrukt. Diese Auffassung diene vor allem dem Zweck, den einzelnen Körper dem Gesellschaftskonzept von Rationalisierung und Ökonomisierung zu unterwerfen. So seien die wertenden Begriffe Gesundheit und Krankheit, Vernunft und Wahnsinn entstanden. Was sich nicht dem Rationalisierungskonzept fügt, wird als krank, wahnsinnig oder kriminell verurteilt. Die Institutionen Krankenhaus, Gefängnis, Schule und Fabrik dienen diesem Rationalisierungskonzept. Sie bilden ein Herrschaftsgeflecht, das Macht ausübt. Macht ist in unserer Gesellschaft daher weniger eine Sache von Einzelpersonen als eine Sache von Herrschaftsstrukturen.

3.5 Postmoderne

Einer der wichtigsten Denker der Postmoderne ist der Franzose **J.-F. Lyotard** [ljotar]. Er behauptet, die Leitvorstellungen (*Paradigmen*) der neuzeitlichen *Moderne* – Vernunft und Fortschritt – seien nicht mehr sinnstiftend und geschichtsbildend. Daher sei es Zeit für ein „postmodernes" Denken, das andere Paradigmen entwickelt. Postmodernes Denken will nicht mehr der Geschichte generell einen universalen Sinn oder ein verbindliches Ziel geben, sondern die Unterschiedlichkeit, Vielfältigkeit und Undurchschaubarkeit der Welt als solche anerkennen.

Auch für die Kunsttheorie hat postmodernes Denken Auswirkungen. Die Postmoderne kritisiert vor allem den Anspruch der modernen *Avantgarde*, durch ständige Revolutionierung der Ausdrucksmittel die Kunst zu immer höheren Entwicklungsstufen zu führen. Dies sei ein typisch „modernes" Denken, das noch aus dem Fortschrittsglauben der *Aufklärung* komme. Postmoderne Kunst und Literatur beruht auf pluralistischen Vorstellungen, d. h. unterschiedliche Ideen, Werte und Anschauungen bestehen gleichberechtigt nebeneinander. Postmoderne Kunst bedient sich aller Ausdrucksmöglichkeiten, die wir in der Kunstgeschichte vorfinden, und hat daher auch etwas Spielerisches: Kunst als freies Spiel mit unterschiedlichsten Möglichkeiten.
Ein weiterer postmoderner Denkansatz, der mit dem pluralistischen Denken in Verbindung steht, ist die Kritik am eurozentrischen Denken. Außereuropäischen Kulturen, gerade den „fremdesten", sollte ebenso viel Aufmerksamkeit geschenkt werden wie der kulturellen Tradition Europas.

4. „Neubeginn" und „Kahlschlag" im Westen – junge deutsche Literatur der Nachkriegszeit und der Fünfzigerjahre

4.1 „Trümmerliteratur"

Der Nationalsozialismus hatte die freie Entwicklung und Entfaltung der deutschsprachigen Literatur in Deutschland und Österreich brutal abgeschnitten. Viele wichtige Autor/innen wurden gezwungen zu emigrieren, andere verstummten, manche wurden sogar ermordet oder begingen aus Verzweiflung Selbstmord.
Die junge Autorengeneration war in den Zwanzigerjahren oder knapp davor geboren worden und hatte den größten Teil ihrer Jugendjahre bereits während des Dritten Reiches erlebt. Viele von ihnen wurden gegen ihren Willen zum Kriegsdienst eingezogen. Nach dem Zusammenbruch des Nationalsozialismus kamen sie in ein zerstörtes Deutschland zurück. Sie waren um ihre Jugend betrogen worden. Für hohe Ideale und eine pathetische Sprache, wie sie von älteren Dichter/innen teilweise noch immer (oder wieder) geschrieben wurde, hatten die Jungen nichts übrig. Bilderreiche *Rhetorik* und *pathetisch* vorgetragene Ideale – das war für sie Teil jener Nazi-Rhetorik, die Deutschland in die Katastrophe geführt hatte.
Sie, die so sehr desillusioniert worden waren, forderten nun eine realistische, nüchterne, karge Literatur. Von „Neubeginn" und von „Kahlschlag" war die Rede. Man nennt diese Literatur, die ungeschminkt von den materiellen und seelischen Zerstörungen des Krieges erzählt, „Trümmerliteratur". Als ästhetisches Vorbild galt der *amerikanische Realismus*, insbesondere die Erzählweise von **Ernest Hemingway**.

Zum typischen Repräsentanten dieser jungen Literatur wurde der deutsche Autor **Wolfgang Borchert** (1921–1947). Im Alter von zwanzig Jahren war er zum Militärdienst verpflichtet worden. Er wurde verwundet, wegen Wehrzersetzung angeklagt, zu Haftstrafen verurteilt und zur Bewährung an die Front geschickt. An Fleckfieber und Gelbsucht erkrankt, marschierte er 600 km weit in das zerbombte Deutschland zurück, wo er bereits 1947 starb. Noch in seinem letzten Lebensjahr schrieb Borchert *realistische Kurzgeschichten* und ein *Heimkehrerdrama*; beides wurde fester Bestandteil der deutschen Literaturgeschichte. **Band 1, Modul VII.1**
Das *Hörspiel Draußen vor der Tür* erzählt die Geschichte des Kriegsheimkehrers Beckmann, dessen Kriegserfahrungen traumatische Leiden verursachen. Er findet aber nirgendwo Verständnis und Aufnahme.

Wolfgang Borchert

4.2 „Gruppe 47" – Kommunikationsforum der jungen deutschsprachigen Literatur

Tagung der Gruppe 47 in Berlin 1965

Die Schriftsteller **Hans Werner Richter** (1908–1993) und **Alfred Andersch** (1914–1980) waren die Initiatoren der „Gruppe 47", die zum zentralen Diskussionsforum der jungen Autorengeneration wurde. Einmal im Jahr traf sich die Gruppe zu einer Art „Klausur", auf der Texte vorgelesen und kritisch besprochen wurden. Zu den ständigen Teilnehmer/innen an den Lesungen der Gruppe 47 zählten anfangs **Günter Eich**, **Ilse Aichinger**, **Ingeborg Bachmann**, **Heinrich Böll**, **Siegfried Lenz**, etwas später **Helmut Heissenbüttel**, **Günter Grass**, **Hans Magnus Enzensberger**, **Uwe Johnson** und **Martin Walser**, ab den Sechzigerjahren **Peter Bichsel**, **Erich Fried**, **Peter Weiss**, **Gabriele Wohmann**, **Gisela Elsner** u. a. m. Insgesamt hatten mehr als 200 deutschsprachige Autor/innen Kontakt zur Gruppe 47, die bis zum Jahr 1968 existierte.

Die Gruppe war zwar ein wichtiges Kommunikationsforum, aber sie war weit davon entfernt, ein Literaturprogramm vorzugeben, dem sich alle zu beugen hatten. Helmut Heißenbüttel schreibt beispielsweise eine ganz andere Literatur als Heinrich Böll, Erich Fried eine andere als Ingeborg Bachmann. Dennoch hatten diese Autor/innen eines gemeinsam. Sie distanzierten sich von der konservativen und nationalistischen Tradition deutscher Dichtung und suchten den Anschluss an die europäische *Moderne*, viele an den bereits erwähnten *amerikanischen Realismus*, andere an die französischen Existenzialist/innen oder an den *Surrealismus* (z. B. **Franz Kafka**). Welche Schreibweisen dies hervorbrachte, sei an einigen Beispielen erörtert.

4.3 Koeppen – Böll – Lenz – Grass:
Erzählprosa der Fünfzigerjahre

Einer der wichtigsten Nachkriegsromane ist *Tauben im Gras* (1951) von Wolfgang Koeppen (1906–1996). Er erzählt von unterschiedlichen Menschen, von deren Handeln und Denken an einem Tag in den späten Vierzigerjahren. Ort der Handlung ist das von amerikanischen Truppen besetzte München. Koeppen ist kein realistischer Erzähler wie Böll oder Borchert. Richtungsweisend für seine Erzählweise ist nicht der *amerikanische Realismus*, sondern eher die *avantgardistische* Erzähltradition (Kafka, Faulkner, Joyce, Dos Passos). Sein Roman *Tauben im Gras* besteht aus vielen Erzählfragmenten, die aber doch einen Gesamteindruck der Nachkriegszeit vermitteln. Fazit: Die Deutschen nützen die Zeit nach der Niederlage nicht zu Selbsterkenntnis und Umkehr, sondern überlassen sich blind ihrer Lebensgier. Eine große historische Chance zu einem besseren Neubeginn wird verspielt.

Heinrich Bölls (1917–1985) Romane und Erzählungen begleiten die deutsche Geschichte in den Fünfziger- und Sechzigerjahren. Hunger, Wohnungsnot und daraus folgende soziale Probleme in den Nachkriegsjahren sind das Thema im Roman *Und sagte kein einziges Wort* (1953). Ähnliche thematische Schwerpunkte bestimmen die Werke *Haus ohne Hüter* (1954) und *Das Brot der frühen Jahre* (1954). Obwohl Böll deprimierende soziale Wirklichkeit ohne Beschönigung beschreibt, gibt er doch immer wieder zu erkennen, dass er die schwierige Situation für verbesserbar hält. An jedem und jeder Einzelnen liegt es, durch sein bzw. ihr Verhalten an der Verbesserung der Gesellschaft mitzuwirken. Bölls Weltsicht, die seinen Romanen zu entnehmen ist, liegt ein christliches Engagement zugrunde, das – oft im Gegensatz zur Amtskirche – Jesu Botschaft von Nächstenliebe und Frieden ernst nimmt. Aus dieser Perspektive kritisiert Böll auch die Mentalität des Wiederaufbaus, deren

Heinrich Böll

einziger Ehrgeiz der wirtschaftliche Erfolg war, aber nicht eine humane, soziale Gesellschaft. Beispielhaft dafür ist der Roman *Ansichten eines Clowns* (1963). Heinrich Böll galt lange Zeit in Deutschland als „Gewissen der Nation". Bölls Erzählweise ähnlich ist die von Siegfried Lenz, der insbesondere mit seinem Roman *Deutschstunde* einen viel beachteten Beitrag zur faschismuskritischen Nachkriegsliteratur schrieb.

Deutschland zur Zeit des Kriegs und des Nationalsozialismus, das sind auch die bestimmenden Themen für den Roman *Die Blechtrommel* (1959) von Günter Grass. Dessen Erzählweise und Sprache unterscheiden sich in mehrfacher Weise vom einfachen Erzählrealismus eines Böll oder Lenz. Grass hat als Erzählerfigur den Gnom Oskar Matzerath erfunden, eine schelmenartige Kunstfigur, die mit drei Jahren beschlossen hat, nicht mehr zu wachsen und das problematische Treiben der Erwachsenenwelt aus der Distanz, kommentierend und teilweise protestierend, zu begleiten. Im Unterschied zu Bölls positiven Helden ist Oskar eine durchaus ambivalente (= zwiespältige) Figur. Er schreckt auch nicht vor Heimtücke, Opportunismus und Gewalt zurück. Band 1, Modul II.8

Günter Grass

4.4 HEIMITO VON DODERER – EIN ÖSTERREICHISCHER AUSSENSEITER DES ERZÄHLENS

Die Romane *Die Strudlhofstiege* (1951) und *Die Dämonen* (1956) gelten als letzte große „Universalromane". Dieser Begriff besagt, dass ihr Autor, der Österreicher HEIMITO VON DODERER, ein *episches Universum* der Gestalten, der Schauplätze und Handlungsstränge gestaltet. Der umfangreiche Roman *Die Strudlhofstiege* schildert Ereignisse aus der Wiener Gesellschaft der Jahre 1910/11 und 1923–25. Die Handlungsstränge werden *episodisch* vorgestellt und lose miteinander verknüpft. Die zahlreichen Figuren dieser Romanwelt stehen teilweise in engeren, teilweise nur in flüchtigen Beziehungen zueinander oder lernen einander gar nicht kennen. Doderer kann durch dieses Erzählverfahren eine Fülle menschlicher und gesellschaftlicher Problem- und Konfliktfelder ansprechen. Ein *auktorialer Erzähler* hält wie ein allmächtiger Schöpfer alle erzählten Geschehnisse in der Hand.

Heimito von Doderer

4.5 BENN – CELAN – BACHMANN: LYRIK DER FÜNFZIGERJAHRE

GOTTFRIED BENN ist wohl einer der umstrittensten und facettenreichsten deutschen Schriftsteller des 20. Jhs. Als junger *Expressionist* hatte er um 1912 das Lesepublikum mit seinen makabren Gedichten schockiert, 1933 sympathisierte er mit dem Nationalsozialismus, wenig später korrigierte er diesen Fehler, war sogar ein verbotener Autor – und nach 1945 kam er plötzlich als *Avantgardist* zu neuen Ehren.

Benn vertrat die Ansicht, dass sich Europa im Laufe des 20. Jhs. zu einer Gesellschaft entwickelt habe, in der alle verbindlichen Werte verloren gegangen seien. Weder Gott noch eine politische Weltanschauung können den Menschen Halt geben. Die kapitalistische Massengesellschaft hat alles dem Markt und seinen Gesetzen unterworfen. In dieser Welt, in der alles käuflich und damit relativ geworden ist, bleibt nur das Kunstwerk als letzte Insel des Absoluten. Im unbestechlichen Gedicht rettet das schaffende Subjekt noch so etwas wie „Sinn". Daher sei es nur folgerichtig, wenn sich der Autor der alltäglichen Kommunikation und ihren Regeln verweigert und eine poetische Individualsprache entwickelt.

Diese Sichtweise, die Benn unter anderem in seiner Rede *Probleme der Lyrik* (1951) vertrat, wurde zur theoretischen Grundlage des *hermetischen Gedichts*. Der Begriff „hermetisch" (abgeschlossen) drückt das Anliegen dieser Lyrik recht gut aus. In einer poetischen Individualsprache rettet der Lyriker bzw. die Lyrikerin für sich seinen/ihren „Sinn". Das Problem dieser Lyrik ist freilich ihre Verständlichkeit für andere. Benns eigene Gedichte, auch die späten, sind oft gar nicht so hermetisch, wie man aufgrund seiner theoretischen Überlegungen vermuten würde.

Ein Lyriker, dessen Texte für die *hermetische Lyrik* typischer sind als die von Gottfried Benn, ist PAUL CELAN [zelạn] (eig. Paul Antschel oder Ancel). Er wurde 1920 als Sohn deutschsprachiger Juden in Czernowitz geboren. Die Eltern wurden 1942 von den Nazis verschleppt und ermordet. 1948 erschien Celans erster Gedichtband *Der Sand aus den Urnen*, in dem das berühmte Gedicht *Todesfuge* veröffentlicht wurde, das die Verfolgung der Juden zum Thema hat. Im Laufe der Jahre wurde Celans lyrische Sprache immer schwerer zugänglich. *Chiffren*, schwer enträtselbare *Symbole*, *mystische* Andeutungen und individuelle Wortschöpfungen prägten seinen Stil. 1970 schied er durch Freitod aus dem Leben. **Band 1, Modul VII.5**

Zur *hermetischen Lyrik* zählt man auch das frühe lyrische Werk **Ingeborg Bachmanns** (1920–1973), obwohl viele ihrer Gedichte besser zu verstehen sind als die von Celan. Die in Klagenfurt geborene Autorin bekam 1953 für ihren Gedichtband *Die gestundete Zeit* den Literaturpreis der **Gruppe 47**. Bachmanns Themen sind vor allem Abschied, Aufbruch, Liebe, Tod, die Grenzen und Möglichkeiten der poetischen Sprache. Ihre vorwiegend lyrische Schaffensperiode ging 1956 mit dem Gedichtband *Anrufung des Großen Bären* zu Ende. Dann wandte sie sich der Prosa zu. Band 1, Modul VII.6

4.6 Die Glanzzeit des Hörspiels

Die Fünfziger- und Sechzigerjahre wurden zur großen Zeit des *Hörspiels*. Renommierte Autor/innen wie **Günter Eich**, **Max Frisch**, **Ingeborg Bachmann**, **Martin Walser** u. a. m. schrieben in diesen Jahren für den Rundfunk Stücke, die sich eines breiten Publikumsinteresses erfreuten. Die Breitenwirkung nahm deutlich ab, als sich das Fernsehen als Konkurrenzmedium gegen den Rundfunk durchsetzte. Dennoch werden bis heute in deutschsprachigen Rundfunkstudios Hörspiele produziert, die einen zwar kleinen, aber konstanten Hörerkreis finden. Auch die *experimentelle Literatur* hat die Möglichkeiten des Mediums Rundfunk für ihre Zwecke genutzt. Ein Beispiel dafür ist das Hörspiel *Fünf Mann Menschen* (1971) von **Ernst Jandl** und **Friederike Mayröcker**.

5. Schreiben im „anderen" Deutschland – ein Längsschnitt durch die DDR-Literatur

Literatur ereignet sich immer und überall im gesellschaftspolitischen *Kontext*, in dem Autor/innen leben. In der DDR ist der Zusammenhang von Literatur und Politik deshalb besonders auffällig, weil sich der sozialistische Staat der Kunst und der Literatur in besonderer Weise „annahm" – dies allerdings mit fragwürdigen Folgen. Literatur und Kunst erfreuten sich zwar relativ großzügiger staatlicher Förderung, aber der Preis dafür war hoch, denn der Staat erwartete, dass Autor/innen eine Literatur schrieben, die der politischen Macht und ihren Zwecken dienlich war. Manche folgten dieser Vorgabe, andere widersetzten sich.
Viele Schriftsteller/innen stellten ihr Schreiben durchaus nicht aus Opportunismus in den Dienst der DDR-Politik, denn sie fühlten sich von der Marx'schen Utopie einer sozial gerechten kommunistischen Gesellschaft angesprochen. „Große" Schriftstellernamen, deren literarische Leistung auch im Westen anerkannt wurde, waren **Anna Seghers**, **Bertolt Brecht**, **Heiner Müller**, **Stefan Heym** und **Christa Wolf**.

5.1 Antifaschismus und „Aufbau des Sozialismus"

In den ersten Jahren nach 1945 dominierte in der Literatur der sowjetisch besetzten Zone („Ostzone") das Thema Antifaschismus. Zu den besten Werken dieser Zeit gehört **Anna Seghers'** bereits 1942 im mexikanischen Exil veröffentlichter Roman *Das siebte Kreuz*, der vom Ausbruch aus einem nationalsozialistischen Konzentrationslager handelt.

Als 1949 die DDR als eigener Staat gegründet wurde, wurden die Autor/innen dazu aufgefordert, ihre Literatur in den Dienst des Aufbaus einer sozialistischen Gesellschaft zu stellen („Bitterfelder Weg"). Sogenannte *Aufbauromane*, *Agrodramen* und *Produktionsstücke* sind typische literarische Arbeiten der Fünfzigerjahre. Wie die Bezeichnungen für diese

Anna Seghers

Werke schon verraten, ist die Arbeitswelt ihr Thema. Die SED (Sozialistische Einheitspartei Deutschlands) wünschte sich eine Schreibweise, die dem Programm des *Sozialistischen Realismus* folgte. Dieses Programm verlangte Parteilichkeit und eine dem Volk verständliche Schreibweise, die sich an den *realistischen* Traditionen (Gottfried Keller, Heinrich Heine, Georg Büchner, Heinrich Mann) orientierte. Erwünscht war auch ein „positiver sozialistischer Held" im Mittelpunkt von Roman- oder Bühnenhandlungen, also zum Beispiel ein Arbeiter, der interne Schwierigkeiten im Betrieb durch seinen selbstlosen Einsatz überwindet und so seinen Beitrag zum Gemeinwohl leistet. Der *Moderne* des 20. Jhs., vor allem dem *Expressionismus*, stand die DDR-Führung ablehnend gegenüber.

Die SED sicherte ihre ideologische Macht auch durch Institutionen ab, vor allem durch den 1950 gegründeten Schriftstellerverband der DDR, durch das Kulturministerium und durch das 1955 gegründete „Institut für Literatur Johannes R. Becher", eine Schriftstellerschule, auf der die künftigen Autor/innen nicht nur mit dem Schreibhandwerk, sondern auch mit den Ansprüchen des *sozialistischen Realismus* und mit der marxistisch-leninistischen Staatsideologie vertraut gemacht wurden.

5.2 Ernüchterung, Flucht in den Westen, Kritik am eigenen Staat

Die Arbeiter/innen der DDR, deren Partei laut offizieller SED-Ideologie nun an der Macht war, standen nicht geschlossen hinter der politischen Führung. 1953 kam es zu einem Aufstand unzufriedener Arbeiter/innen in Berlin, der niedergeschlagen wurde. In den Folgejahren wurde vielen Schriftsteller/innen und anderen Intellektuellen klar, dass ihre Hoffnungen in den neuen Staat gar nicht oder nur zum Teil erfüllt wurden. Bertolt Brechts späte Gedichtsammlung *Buckower Elegien* ist ein Dokument dieser Ernüchterung. Der marxistische Philosoph Ernst Bloch, der Literaturwissenschaftler Hans Mayer, die Schriftsteller/innen Uwe Johnson, Christa Reinig, Peter Huchel u. a. m. verließen enttäuscht die DDR. Heiner Müller, Christa Wolf, Wolf Biermann u. a. blieben zwar im Land, bezogen aber immer wieder kritische Standpunkte, sofern ihnen dies im Rahmen des autoritären Systems möglich war. Als immer mehr DDR-Bürger/innen das Land verlassen wollten, zog die Regierung unter Walter Ulbricht die Konsequenzen. 1961 wurde die Berliner Mauer errichtet, die Grenze gegen den Westen geschlossen.

Heiner Müller

Die Aufforderung an die Schriftsteller/innen, sich in der Arbeitswelt um Themen umzusehen, brachte nicht immer die Art von „parteilicher" Literatur hervor, die sich die SED-Führung wünschte. Denn immer wieder stellten Autor/innen Probleme der Arbeitswelt realistisch dar und nicht schönfärberisch-ideologisch. Daher gab die SED das Programm des „Bitterfelder Wegs" Mitte der Sechzigerjahre auf.

Insbesondere in der DDR-Lyrik ist die Distanzierung der Autor/innen von den Literaturprogrammen der „Aufbauzeit" deutlich zu erkennen. Lyriker/innen wie Reiner Kunze, Sarah Kirsch, Günter Kunert, Volker Braun und Wolf Biermann schrieben eine eher subjektive, kritische Lyrik, die auch im Westen anerkannt wurde.

5.3 Vor der Auflösung:
Die Regierungsjahre Erich Honeckers und das Ende der DDR

In der DDR-Literatur der Siebziger- und Achtzigerjahre war nicht mehr viel zu lesen vom Fortschritt im „realen Sozialismus". Obwohl sich nur wenige Autor/innen grundsätzlich und explizit gegen die Idee der sozialistischen Utopie aussprachen, wurde doch vielen klar, dass die DDR diese Idee nicht realisieren konnte. Die Industrienation DDR musste ähnlichen Sachzwängen folgen wie kapitalistische Industrienationen, um am kapitalistisch dominierten Weltmarkt bestehen zu können. Und obendrein hatten die Bürger/innen die Nachteile eines geringeren Wohlstands und fehlender demokratischer Rechte. Wer sollte sich also aus welchen Gründen noch mit der DDR-Politik identifizieren?

Wolf Biermann

Als 1971 Erich Honecker die Nachfolge von Walter Ulbricht als Staatschef antrat, hofften Künstler/innen und Intellektuelle zumindest auf eine etwas liberalere, offenere Politik. Die Hoffnung erfüllte sich nicht. Alle verbalen Bekenntnisse der SED-Führung, man werde in Kunstfragen die Bestimmungen lockern, waren rasch wieder vergessen. Und als im Jahr 1976 der prominente Liedermacher **Wolf Biermann** ausgebürgert wurde, errichtete die SED-Führung ein Klima des grundsätzlichen Misstrauens zwischen Kunst und Politik. Publikationsverbote, Hausarrest, Verhaftungen, Parteistrafen und der Ausschluss aus dem Schriftstellerverband gehörten zum gängigen Instrumentarium, das gegen kritische Intellektuelle und Künstler/innen eingesetzt wurde. Die Folge war die Übersiedlung von etwa 100 DDR-Autor/innen in den Westen – ein enormer intellektueller Substanzverlust.

Die Literatur wurde in dieser letzten Phase der DDR zum Medium des subjektiven Ausdrucks und so auch zum Medium der Verweigerung gegenüber einer ungeliebten gesellschaftlichen Ordnung. Man kann auch sagen, dass die DDR-Literatur sowohl im Hinblick auf die Themenwahl als auch auf die Schreibweisen erst jetzt jenen Anschluss an die *Moderne* des 20. Jhs. fand, den die westliche Literatur bereits in den Fünfziger- und Sechzigerjahren vollzogen hatte. Aus diesen Jahren sei das Werk *Die neuen Leiden des jungen W.* von **Ulrich Plenzdorf** erwähnt. Plenzdorf erzählt aus der Perspektive eines jungen Mannes von der Kleinlichkeit des DDR-Alltags. Der junge „Held" Edgar Wibeau, der so gar nichts mehr von einem „positiven sozialistischen Helden" hat, sieht sein eigenes Leiden an der spießbürgerlichen Umgebung in Werthers Leiden an der deutschen Gesellschaft des 18. Jhs. gespiegelt.

Der ganz normale DDR-Alltag wurde oft in kritischer Weise dargestellt, so etwa in **Christoph Heins** Novelle *Der fremde Freund* (erschien im Westen unter dem Titel *Drachenblut*) oder in **Jurek Beckers** Roman *Schlaflose Tage*.

Insbesondere der Literatur von Autorinnen ist der kritische Blick auf das technokratische Politikverständnis und das männliche Machtverhalten der DDR-Politik zu entnehmen. **Christa Wolf** setzte sich in ihrer Erzählung *Störfall* mit den Folgen der AKW-Katastrophe von Tschernobyl auseinander. **Irmtraud Morgner** erfand in ihrem *Montageroman* **Leben und Abenteuer der Trobadora Beatriz** eine Minnesängerin, die nach 800 Jahren Todesschlaf wieder erwacht und fragt, ob das Leben für Frauen heute besser geworden sei.

Irmtraud Morgner

Irritierend war auch Christa Wolfs mutiges Unterfangen, die Verhaltensweisen von Menschen in der DDR auf ihre Ursprünge, auf ihre Kindheitserfahrungen zurückzuführen. Am Beispiel der eigenen Biografie führte sie in *Kindheitsmuster* aus, wie Menschen, die noch während des Nationalsozialismus aufgewachsen sind, unbewusst autoritäre Verhaltensweisen in die neue Gesellschaft mitgezogen haben.

Irmtraud Morgner und Christa Wolf gehören auch zu den DDR-Autor/innen, die nach der Phase des *sozialistischen Realismus* wieder auf *Mythen* und *Märchen* zurückgriffen. Es wäre freilich falsch, diesen Rückgriff als Wirklichkeitsflucht zu verstehen. Vielmehr entdeckten Morgner und Wolf das kritische Potenzial dieser Formen. Die Erzählungen *Kassandra* und *Medea. Stimmen* von Christa Wolf wurden nicht ohne Grund als Kritik am technokratischen Rationalismus der (vorwiegend von Männern gemachten) DDR-Politik interpretiert. Band 1, Modul V.4

Im Jahr 1989 brach die DDR zusammen. Wenige Monate vorher war Christoph Heins Drama *Die Ritter der Tafelrunde* uraufgeführt worden. Darin zeigte Hein vordergründig die Krise und den Untergang der Tafelrunde des Königs Artus. Die Figuren und Handlungen aus der mittelalterlichen Sagenwelt verweisen allerdings auf die Entstehungszeit des Dramas. Christoph Heins Stück ist als *Parabel* zu verstehen. Die ritterliche Tafelrunde und ihr Ideal des heiligen Grals steht gleichnishaft für die kommunistische Partei und ihre Utopie einer klassenlosen Gesellschaft. Modul VII.B

6. Neue Akzente aus der Schweiz: Max Frisch, Friedrich Dürrenmatt – und andere

Kehren wir nach diesem Längsschnitt durch die DDR-Literatur noch einmal in die Fünfziger- und Sechzigerjahre zurück. Dass in dieser Zeit zwei Schweizer Autoren – Max Frisch (1911–1991) und Friedrich Dürrenmatt (1921–1991) – zu herausragender Bedeutung für das deutsche Theater kamen, ist kein Zufall. Der Nationalsozialismus hatte vielen deutschen und österreichischen Dramatiker/innen die Aufführungsmöglichkeiten entzogen. In der neutralen Schweiz gab es diese Probleme nicht, und das Züricher Schauspielhaus gelangte zu großer Bedeutung.

Die überragende Gestalt in der deutschen Theaterszene der Zwischenkriegszeit war Bertolt Brecht. An seine Theatertheorie und Bühnenpraxis knüpften Frisch und Dürrenmatt an. Allerdings gibt es einen wesentlichen Unterschied. Weder Frisch noch Dürrenmatt teilten Brechts marxistischen Geschichtsoptimismus. Auch sie wollten zwar gesellschaftliche Probleme auf der Bühne erkennbar machen, aber die Lernfähigkeit des Publikums und die politische Wirksamkeit von Theater bezweifelten sie.

Nicht ohne Grund nannte Max Frisch sein Drama *Biedermann und die Brandstifter* ein „Lehrstück ohne Lehre". Der Haarwasserfabrikant Biedermann – der Name weist auf den bürgerlichen Biedersinn der Titelfigur hin – ist ein Duckmäuser, der sich der frech auftretenden Macht opportunistisch beugt, um davon zu profitieren. So können sich in Biedermanns Haus zwei Brandstifter einnisten, die letztlich den Untergang des Hausherrn herbeiführen. Frisch wollte das Stück als Lehrstück über den Aufstieg des Nationalsozialismus verstanden wissen. Der Bürger arrangiert sich mit den Mächtigen, die nichts anderes wollen als seine Vernichtung.

picturedesk.com/Brigitte Friedrich/Interfoto

Max Frisch

Friedrich Dürrenmatt

Friedrich Dürrenmatt konzipierte eine Theatertheorie, die auf einer skeptischen Weltsicht beruht. Wir können es noch so gut meinen und große Pläne der Humanität und der guten Gesellschaft entwickeln – das Leben bleibt unberechenbar und die moderne Welt des 20. Jhs. ist nicht mehr überblickbar und kontrollierbar. Daher ist die angemessene dramatische Form für diese gestaltlose, absurde Welt die *Groteske*. Im Stück *Die Physiker* stellt Dürrenmatt einen Helden auf die Bühne, der durch einen selbstlosen, mutigen Akt die Welt vor dem Untergang bewahren will. Der Physiker Möbius hat die Weltformel entdeckt. Weil er sich dessen bewusst ist, dass diese Formel in der Hand der politischen Macht zur Zeitbombe wird, spielt er den Geisteskranken und zieht sich in eine Irrenanstalt zurück. Er ahnt freilich nicht, dass die Psychiaterin selbst wahnsinnig ist und seine Unterlagen kopiert hat. So ist die Welt in der Hand einer Wahnsinnigen und Möbius' selbstloser Rettungsversuch erweist sich als vergebliche Bemühung. **Band 1, Modul VII.3**

Frisch und Dürrenmatt erlangten auch als Erzähler Bedeutung – freilich jeder auf seine Weise. Mit seinen Büchern *Der Verdacht* und *Der Richter und sein Henker* wurde Dürrenmatt zum Pionier des literarisch anspruchsvollen *Kriminalromans*.

Max Frisch schrieb mehrere Romane, von denen *Stiller*, *Mein Name sei Gantenbein* und *Homo faber* eine große Wirkung hatten. In seinen Romanen *Stiller* und *Mein Name sei Gantenbein* geht es um das Problem der menschlichen Identität – und damit auch um das Problem der Erzählbarkeit individueller Geschichten. *Homo faber* erzählt die Geschichte eines Mannes, der an die Planbarkeit der Welt durch Vernunft glaubt, der sich aber letztlich in einer schicksalhaft-mythischen Geschichte wiederfindet. **Band 1, Modul VII.6**

Wir wollen nicht den Eindruck erwecken, alles, was man über die Schweizer Literatur nach 1945 sagen könne, erschöpfe sich mit den Namen Dürrenmatt und Frisch. In den Sechzigerjahren wurde PETER BICHSEL (geb. 1935) mit seinen *Kurzgeschichten* **Eigentlich möchte Frau Blum den Milchmann kennenlernen** (1964) über die Grenzen der Schweiz hinaus bekannt. Zwei andere international profilierte Schweizer Autoren sind der Germanist, Erzähler und Essayist ADOLF MUSCHG (geb. 1934) und der Erzähler MARKUS WERNER (geb. 1944). Muschg bereicherte die Gegenwartsliteratur unter anderem mit einer modernen Version des Parzival-Stoffes (*Der rote Ritter*). Die Hauptfigur in Markus Werners erfolgreichem Roman *Zündels Abgang* (1988) ist ein Mann aus der Generation der Achtundsechziger, der mit den Anforderungen des täglichen Lebens nicht zurechtkommt. Werner schildert auf tragikomische Weise, wie Zündel sowohl im Lehrberuf als auch in seinen privaten Beziehungen scheitert und letztlich „abgeht".

Für die 1974 geborene Schweizer Schriftstellerin ZOE JENNY sind die Achtundsechziger bereits die Elterngeneration – und zwar durchaus eine problematische. Im Roman *Das Blütenstaubzimmer* (1999) setzt sie sich kritisch mit Eltern auseinander, deren Ehe zerfallen ist und die den Anforderungen der Vater- bzw. Mutterrolle nicht gerecht werden.

Zoe Jenny

7. Faszination des Absurden: Von Beckett bis Bernhard

Die erste Hälfte des 20. Jhs. war die Zeit der schweren politischen Krisen und Katastrophen. Diese Erfahrungen zerstörten bei kritisch denkenden Menschen das Vertrauen in die Heilsversprechungen totalitärer politischer Ideologien (Kommunismus, Faschismus). Das Vertrauen in die Tröstungen der Religion war spätestens seit dem 19. Jh. großen Verunsicherungen ausgesetzt. Es gab zwar in den Fünfzigerjahren und darüber hinaus immer noch und immer wieder christliche Schriftsteller/innen (Elisabeth Langgässer, Gertrud Fussenegger, Reinhold Schneider, Marie Luise Kaschnitz u. a. m.), aber die literarische *Moderne* des Westens wurde in den Fünfziger- und Sechzigerjahren nicht von christlichem Denken geprägt, sondern von verschiedenen Varianten der atheistischen *Existenzphilosophie* (vgl. VII.3.1).

Der existenzialistischen Ansicht, dass der Welt an sich kein Sinn innewohne und somit auch das Leben des einzelnen Menschen nur den Sinn bekommen könne, den ihm der Mensch gibt, dieser beunruhigenden Ansicht verdankt wohl auch das *absurde Theater* seine Entstehung.

Das Pionierwerk und schlechthin repräsentative Beispiel für absurdes Theater ist das Stück *Warten auf Godot* des irischen Autors Samuel Beckett. Band 1, Modul VII.4

Weitere Vertreter des absurden Dramas sind – unter anderen – der Spanier Fernando Arrabal (*Picknick im Felde*, uraufgeführt 1959) und der aus Rumänien gebürtige Eugène Ionesco *(Die Nashörner*, Uraufführung 1959). Am deutschsprachigen Raum ist diese Dramenform nicht völlig vorbeigegangen, aber wenn man von einigen Bühnenstücken Wolfgang Hildesheimers (1916–1991) absieht, haben nur sehr wenige absurde Dramen in deutscher Sprache ihre Entstehungszeit überdauert.

Samuel Beckett

Eine Ausnahme bilden die Theaterstücke des Österreichers Thomas Bernhard, von denen etliche Züge des Absurden aufweisen, so zum Beispiel Bernhards dramatischer Erstling *Ein Fest für Boris* (Uraufführung 1970). Fast alle Figuren dieses Stücks sind behindert, krank und verkrüppelt. Die meisten sitzen im Rollstuhl; und die Titelfigur, der behinderte Boris, trommelt sich am Ende des Stücks so lange in Ekstase, bis er tot auf die Festtafel stürzt.

Auch die Theaterstücke, in denen Bernhard Kunst und Künstlertum zum Thema macht, enthalten viele absurde Gestaltungselemente. In *Die Macht der Gewohnheit* (uraufgeführt 1974) veranlasst der Zirkusdirektor Caribaldi seine Enkelin, den Dompteur, den Spaßmacher und den Jongleur jeden Abend dazu, mit ihm Franz Schuberts *Forellenquintett* zu proben. Seit zwanzig Jahren haben sie es aber nicht geschafft, das Stück auch nur einmal durchzuspielen. Im Grunde hassen alle ihre

Thomas Bernhard

Instrumente. Dennoch bekommt man den Eindruck, dieses sinnlose Unterfangen werde endlos fortgesetzt. „Die Macht der Gewohnheit" siegt. Bernhard selbst deutet den Symbolcharakter des täglichen qualvollen Musizierens an: „Wir wollen das Leben nicht / aber es muss gelebt werden."

Eine ähnliche Handlungskonstellation – ein Künstler funktionalisiert Menschen seiner Umgebung für seine Zwecke – findet man auch in Bernhards Stück *Der Theatermacher*. Band 1, Modul VII.10

8. Sprachkritik – Sprachexperiment – Konkrete Poesie

So wie die Entstehung des *absurden Dramas* als literarische Antwort auf die *Existenzphilosophie* verstanden werden kann, so können wir die Entstehung der *sprachexperimentellen Literatur* im Zusammenhang mit der modernen *Sprachphilosophie* verstehen, vor allem im Zusammenhang mit der Spätphilosophie **Ludwig Wittgensteins** (VI.4.4). Grundlegende Zweifel daran, dass wir mit sprachlichen Zeichen die Dinge angemessen benennen und miteinander kommunizieren können, hatten sich bereits in der *dadaistischen* Literatur gezeigt (VI.7.3).

Nach 1945 entstand nun eine Literatur, die sich weder am *amerikanischen Realismus* noch an der *surrealistischen* Tradition orientierte, sondern die – teilweise aufbauend auf den *Dadaismus* – Sprache als Material betrachtete, mit dem man experimentieren kann. Ein Vergleich mit der Malerei in der *Moderne* des 20. Jhs. bietet sich hier an. Die nachrealistische und nachexpressionistische Kunst will im Bild keine Gegenstände zeigen, sondern eine eigene Form- und Farbwelt hervorbringen, die nicht auf eine reale Dingwelt verweist. Diese ästhetische Richtung wurde nun auf die Literatur übertragen. Führende Autoren und Theoretiker der *sprachexperimentellen Literatur* waren **Helmut Heissenbüttel** und **Eugen Gomringer**. Gomringer verwendete 1955 erstmals den Begriff *konkrete Poesie* für seine Arbeiten. Auch dieser Begriff „konkret" wurde aus der Malerei übernommen. *Konkrete Malerei* vermeidet die *Mimesis*, also jede gegenständliche Darstellung. Wir haben es nur mit Farbe, Fläche, Punkt und Linie zu tun. Diese bilden aber nichts ab und symbolisieren auch nichts. Sie sind nur das, was wahrnehmbar ist. Ähnlich versuchen sprachexperimentelle Autor/innen vorzugehen. Sie betrachten die Medien Sprache und Schrift als Material aus Buchstaben, Lauten, Silben etc. Übliche Normen des Sprachgebrauchs, die uns aus der Alltagskommunikation vertraut sind, wollen sprachexperimentelle Autor/innen bewusst auflösen.

Freilich kann man dieses „konkrete" künstlerische Verfahren in der Sprache mit deutlich weniger Erfolg anwenden als in der bildenden Kunst. Künstlerisches Gestalten mit Sprache, das gar nichts Außersprachliches mehr bedeuten will, erfreut sich kaum eines ähnlichen Interesses wie abstrakte und konkrete Kunst. Daher geht es in der sprachexperimentellen Literatur auch nur selten darum, der Sprache völlig ihre Bezeichnungs- und Bedeutungsfunktion zu nehmen, sondern eher darum, durch ungewöhnliche Handhabung und Anordnung sprachlicher Zeichen ungewöhnliche Wirkungen oder neue Sichtweisen hervorzubringen. Ein Beispiel dafür ist das Gedicht *wien: heldenplatz* von **Ernst Jandl**. Als Inbegriff der *sprachexperimentellen Avantgarde* in Österreich gelten – neben Ernst Jandl – die Autoren der sogenannten „Wiener Gruppe". (Siehe dazu Band 1, Modul VI.11 und VII.5)

Ernst Jandl

9. Die Politisierung der Literatur in den Sechziger- und frühen Siebzigerjahren

Bertolt Brecht hatte einmal sinngemäß gesagt, die expressionistischen Autor/innen hätten zwar die bürgerliche Grammatik zerstört. Es ginge aber darum, die bürgerliche Gesellschaft zu revolutionieren. Ähnliche Vorwürfe hörten gegen Ende der Sechzigerjahre die Vertreter/innen der sprachexperimentellen Literatur. Diese sei formalistisch und gesellschaftspolitisch wirkungslos. Überhaupt wurde in dieser Zeit der Literatur, sowohl der klassischen als auch der modernen, nicht allzu viel politische Wirkung zugesprochen.

Da aber die politische Wirkung in den Kreisen der studentischen und intellektuellen Linken der späten Sechziger- und Siebzigerjahre zum wesentlichen Kriterium erklärt wurde, ging man in manchen Publikationen sogar so weit, den „Tod der Literatur" zu verkünden. Während also einige meinten, die Literatur sei generell ein Medium, das bei den künftigen sozialen Umwälzungen kaum einen Stellenwert haben werde, bemühten sich andere um Formen, die den Ansprüchen auf politische Wirksamkeit gerecht werden sollten.

9.1 Dokumentarstück und Reportage

Der Anspruch der politischen Linken, Kunst habe gesellschaftsverändernd zu wirken, zeigte sich insbesondere in der wachsenden Bedeutung von Literatur, die konsequent realistisch sein, also die *Fiktionalität* des Literarischen minimieren wollte. Peter Weiss, Rolf Hochhuth und Heinar Kipphardt schrieben beispielsweise *dokumentarische Dramen*. Kipphardt beschäftigte sich in seinem Schauspiel *In der Sache J. Robert Oppenheimer* mit dem Prozess gegen den Atomphysiker Oppenheimer, der in den USA verdächtigt worden war, die Entwicklung der amerikanischen Atombombe vorsätzlich verzögert zu haben, um so der Sowjetunion zu nützen. Kipphardt verwendete als Materialgrundlage für sein Dokumentarstück das 3000 Seiten umfassende Prozessprotokoll.

Rolf Hochhuths Stück *Der Stellvertreter* problematisiert die politische Rolle des Vatikans in der NS-Zeit, und Peter Weiss' Dokumentarstück *Die Ermittlung* stellt den Prozess gegen die Wachmannschaften des Konzentrationslagers Auschwitz dar. Band 1, Modul VII.2

Peter Weiss

picturedesk.com/Abraham Pisarek/ullstein bild

Zum bekanntesten Vertreter der Reportage-Literatur wurde Günter Wallraff (geb. 1942). Er publizierte zunächst Reportagen aus der Arbeitswelt. Zu breiterer Bekanntheit kam er durch zwei spektakuläre Aktionen. Er lebte wochenlang als Türke verkleidet und berichtete dann von den Erfahrungen, die er in der deutschen Gesellschaft gemacht hatte (*Ganz unten*, 1985). Noch aufsehenerregender war, dass sich Wallraff unerkannt bei der Bild-Zeitung als Journalist einschleichen konnte und die Arbeitsweisen der Boulevardpresse in seinem medienkritischen Buch *Der Aufmacher* (1977) anprangerte.

9.2 Literatur der Arbeitswelt

Bereits seit dem Jahr 1961 trafen sich in Dortmund regelmäßig Arbeiter/innen, die ihre alltäglichen Erfahrungen in der Arbeitswelt zum Thema von Literatur machten. 1969 spaltete sich von dieser „Gruppe 61" der „Werkkreis Literatur der Arbeitswelt" ab. Nach seinem Vorbild entstanden nun an mehreren Orten Schreibwerkstätten für arbeitende Menschen. Indem diese über ihren Berufsalltag schrieben, sollten sie ein besseres Bewusstsein ihrer sozialen Situation im Kapitalismus bekommen. Die meisten dieser Texte, die ja nicht professionelle Autor/innen, sondern Laienschreiber/innen verfassten, fanden nicht den Weg in eine größere literarische Öffentlichkeit. Eine Ausnahme ist Max von der Grün, der Bergmann war und vor allem durch seinen Erfolgsroman *Irrlicht und Feuer* (1963) zum anerkannten Autor wurde.

9.3 Kritisches Volksstück

Im Kontext der Politisierung wurde in den Sechzigerjahren auch jene Form des *kritischen Volksstücks* wiederentdeckt, die Ödön von Horváth und Marieluise Fleisser in der Zwischenkriegszeit geschrieben hatten (vgl. VI.10.2). Durch den Nationalsozialismus und die kulturkonservative Atmosphäre der Wiederaufbauzeit war es fast in Vergessenheit geraten. Es wurden aber nicht nur die Stücke der Zwanziger- und frühen Dreißigerjahre wieder gespielt, es entstand nun auch eine neue Generation kritischer Volksstücke. Ihre Autoren hießen Martin Sperr (*Jagdszenen aus Niederbayern*), Franz Xaver Kroetz (*Stallerhof, Maria Magdalena, Oberösterreich*), Peter Turrini (*Sauschlachten*) und Felix Mitterer (*Kein Platz für Idioten, Abraham*).

Im süddeutschen und österreichischen Sprachraum, in dem diese Art des kritischen Volksstücks beheimatet ist, erstreckt sich dessen Wirksamkeit auch auf das Medium Fernsehen. Der mehrteilige Fernsehfilm *Alpensaga* (1974–1979) von Peter Turrini und Wilhelm Pevny zeigt, wie die Ästhetik des kritischen Volksstücks für das Medium Fersehen verwertet worden ist. Dieser historische Bilderbogen zeigt Abschnitte der österreichischen Geschichte des späten 19. und frühen 20. Jhs. aus der Perspektive gesellschaftlich benachteiligter Menschen.

Alpensaga, Filmszene

In gewisser Weise sind auch Ernst Hinterbergers Fernsehserien *Ein echter Wiener geht nicht unter* und *Kaisermühlenblues* noch späte TV-Kinder der Volksstückgeneration der Siebzigerjahre. Allerdings treten die sozialrealistischen und gesellschaftskritischen Aspekte zurück.
„Gesellschaftskritik" war ein zentraler Begriff in der Ästhetik der Sechziger- und Siebzigerjahre, in den Achtzigerjahren wurde er vom Leitwort „Unterhaltung" abgelöst.

9.4 Der österreichische Antiheimatroman

Der bewussten Zerstörung des trivialen Volksstücks verdankt das *kritische Volksstück* eines Horváth oder Kroetz seine Entstehung. Eine ähnliche Auseinandersetzung mit literarischen Traditionen weist der österreichische *Anti-Heimatroman* der Siebzigerjahre auf, repräsentiert durch Namen wie Franz Innerhofer und Gernot Wolfgruber. Band 1, Modul VII.8
Aufsehen und Entrüstung erregte Franz Innerhofers erster *autobiografischer* Roman *Schöne Tage* (1974). Innerhofer wurde als unehelicher Sohn einer Landarbeiterin in Krimml (Land Salzburg) geboren und lebte von 1950 bis 1961 auf dem Hof seines Vaters. Die bedrückenden Erfahrungen eines ungeliebten, ungewollten Kindes im ländlichen Raum, das harte Arbeitsleben, die dadurch entstehenden seelischen Verletzungen vermitteln dem Leser/der Leserin ein Bild vom Leben auf dem Lande, das in scharfem Gegensatz steht zu den romantischen *Idyllen* vom gesunden Landleben, das in der konservativen *Heimatliteratur* (Karl Heinrich Waggerl) oder im österreichischen Heimatfilm gezeichnet wird.
Neben der sozialrealistischen Erzählform, wie sie Innerhofer und Wolfgruber repräsentieren, gibt es auch noch andere Varianten der österreichischen Antiheimatliteratur. So etwa Reinhard P. Grubers Buch *Aus dem Leben Hödlmosers* (1973). Gruber ist kein realistischer Erzähler, sondern er *parodiert* und *karikiert* aus distanzierter Haltung. So entstehen *groteske* Alltagsszenen aus dem Leben eines Durchschnittssteirers.

Auf kritischem Urteil gegenüber dem österreichischen Provinzleben beruht auch **Peter Handkes** Erzählung *Wunschloses Unglück* (1972). Handke zeichnet darin das Bild eines ländlichen Lebensraums (Kärnten), der einer jungen Frau kaum Entwicklungs- und Entfaltungsmöglichkeiten einräumt. Der Selbstmord der Frau – es geht um Handkes eigene Mutter – erscheint zumindest teilweise als Konsequenz aus den Zerstörungen, die sie in ihrer „Heimat" erfahren hat.

Peter Handke

In der österreichischen Provinz siedelte auch **Thomas Bernhard** immer wieder Figuren und Handlungen an. Frühe Werke wie die Romane *Frost* (1963) und *Verstörung* (1967) sind hier als Beispiele zu nennen. Sie spielen beide in ländlicher Umgebung. Vom gesunden Landleben ist allerdings nichts zu spüren. Im Gegenteil: Die Natur erscheint ebenso düster und zerstörerisch wie die Menschen, die in ihr leben.

10. Neue Subjektivität – „Erfahrungsliteratur" – „Verständigungstexte"

Die radikale Forderung der studentischen Linken, Literatur habe politisch engagiert zu sein oder gar nicht, verlor bereits um 1970 herum ihre Anziehungskraft. **Peter Handke** stellte diesem Anspruch trotzig seinen *Essay Ich bin ein Bewohner des Elfenbeinturms* entgegen. Nicht mehr politisches Engagement wurde in den Siebzigerjahren zum Schlagwort, sondern „subjektive Erfahrung". So entstand eine Fülle von sehr persönlicher „Erfahrungsliteratur", die man auch mit den Begriffen „Neue Subjektivität" oder „Neue Innerlichkeit" kategorisierte. Die literarischen Formen, in denen sich diese Literatur vor allem äußerte, waren das *autobiografische* Erzählen und eine Lyrik, für die man den Begriff „Alltagslyrik" geprägt hat.

10.1 Alltagslyrik

Die *hermetische Lyrik* hatte in symbolhafter Sprache künstliche ästhetische Zeichensysteme errichtet, die *sprachexperimentelle Lyrik* hatte die sprachlichen Normen und Konventionen „dekonstruiert". Die Lyrik der politisch engagierten Achtundsechziger orientierte sich zunächst am Vorbild **Bertolt Brecht**. Als die politische Perspektive brüchig wurde und die Thematisierung privater Lebenserfahrung in den Vordergrund rückte, begnügte man sich völlig mit der vorgefundenen Alltagssprache. So entstand auch der Begriff *Alltagslyrik*.
Die Gedichte, die diesem Begriff zugeordnet werden, thematisieren scheinbar banale Wahrnehmungen aus dem Alltagsleben, das alltägliche Beziehungsleben zwischen Mann und Frau, Erinnerungen an die Kindheit und sehr persönliche Wünsche, Gedanken, Gefühle. In einer schlichten, allerdings nur scheinbar kunstlosen Sprache, meist in freien, reimlosen Rhythmen, werden die Themen abgehandelt. Lyrik von **Karin Kiwus**, **Ursula Krechel**, **Nicolas Born**, **Jürgen Theobaldy**, **Wolf Wondratschek** u. a. wird mit diesem Begriff bezeichnet.

10.2 Autobiografisches Erzählen und „Verständigungsliteratur"

Die vielen *autobiografischen Erzählbücher*, die in den Siebziger- und frühen Achtzigerjahren erschienen sind, haben trotz aller Unterschiedlichkeit eines gemeinsam: Sie berichten mehr oder weniger offen vom eigenen Leben des Autors bzw. der Autorin. Ein dominantes Thema dieser Literatur sind Kindheit und Jugend des Autors oder der Autorin, das Verhältnis zu den Eltern, die ersten Erfahrungen mit Liebe, die Herausbildung einer eigenen Identität, die Positionsbestimmung in der Gesellschaft und die Suche nach einem tragfähigen Lebensmodell.

Insbesondere diese Suche nach dem geeigneten Lebensmodell wurde für die engagierten Achtundsechziger zu einem quälenden Dauerthema, nachdem nicht nur die Hoffnung auf die große politische Revolution zerbrochen war, sondern sich auch alternative Lebensformen wie Landkommunen oder offene Paarbeziehungen als ziemlich krisenanfällig erwiesen.

Die Erzählung *Lenz* (1973) von PETER SCHNEIDER und *Die Reise. Ein Romanessay* (1977) von BERNWARD VESPER stehen beispielhaft für diese literarischen Klärungsversuche. Schneiders Hauptfigur in *Lenz* ist ein typischer deutscher Achtundsechziger, der den Illusionscharakter seiner politischen Vorstellungen erkennen muss. Eine Italienreise vermittelt ihm zumindest eine Ahnung von einem tragfähigen Lebenskonzept, die Politisches und Privates, Sinnlichkeit und Intellekt, Engagement und privates Glück zur Synthese bringen könnte. Bernward Vesper setzt sich in seinem posthum erschienenen „Romanessay" *Die Reise* unter anderem mit seinem Vater, dem Nazi-Dichter Will Vesper, auseinander.

Im Laufe der Siebzigerjahre folgte eine ganze Reihe von sogenannten Väter-Büchern, u. a. von PETER HÄRTLING, JULIAN SCHUTTING, CHRISTOPH MECKEL und PETER HENISCH. Überhaupt wurden eigene Kindheits- und Jugenderinnerungen gerne und oft literarisiert, dies freilich auf recht unterschiedliche Weise. So weisen die fünf autobiografischen Erzählungen von THOMAS BERNHARD oder die beiden autobiografischen Kindheitsbücher von ALOIS BRANDSTETTER doch ganz andere Merkmale auf als das Buch *Mars* des Schweizers FRITZ ZORN. Der wesentliche Unterschied besteht wohl darin, dass im Falle von Bernhard und Brandstetter zwei professionelle Autoren das Thema literarisch gestalten, während Fritz Zorn, ein junger, an Krebs erkrankter Mann, in erster Linie von seinem Leiden und dessen möglichen Ursachen erzählen will. Band 1, Modul VII.9

Gerade am Beispiel von *Mars* ist recht gut die Problematik solch einer Art Literatur darstellbar. Nicht der Ehrgeiz, qualitätsvolle Literatur zu schreiben, steht als Motivation im Vordergrund, sondern das Bedürfnis, möglichst „authentisch" vom eigenen Leben zu erzählen, vor allem für Leser/innen, die vielleicht in ähnlichen Lebenssituationen sind. So stellt sich die Frage, ob diese Bücher nicht eher zu den populärpsychologischen Ratgebern gehören als zur belletristischen Literatur im engeren Sinn des Wortes.

Tatsächlich entstanden in den Siebziger- und Achtzigerjahren viele Bücher dieser Art, zum Beispiel sehr viele weibliche „Verständigungstexte". Das ist auch der Grund dafür, dass *Frauenliteratur* seither zu einem Begriff geworden ist, den gerade professionelle feministische Autorinnen nicht mehr für ihr Werk in Anspruch nehmen möchten.

11. Feminismus und Literatur

Die westliche Gesellschaft des 20. Jhs. ist an Modernisierungen nicht arm. Eine besonders wirkungsvolle Veränderung ist die Emanzipation der Frau. Der Nationalsozialismus hatte ein traditionalistisches Frauenbild (Hausfrau und Mutter) gefördert. Im konservativen Klima der Nachkriegsjahre hatte sich in Deutschland und Österreich daran nichts Wesentliches verändert. Aus anderen europäischen Ländern und vor allem aus den USA hörte man aber schon andere Töne. Bereits in den Vierzigerjahren war in Frankreich **Simone de Beauvoirs** [bowoar] feministisches Werk *Das andere Geschlecht* erschienen. In Amerika etablierte sich eine gesellschaftlich wirksame Frauenbewegung.

Corbis/Eric Preau

Simone de Beauvoir

Diese Ansätze zu einem neuen Bewusstsein von Weiblichkeit wurden seit den Sechzigerjahren auch im deutschsprachigen Raum aufgenommen. Viele Frauen fanden dadurch zu einer neuen Sichtweise ihrer gesellschaftlichen Rolle; und die Literatur wurde – unter anderem – zu einem Medium, in dem dieser Klärungsprozess ausgetragen wurde. Insbesondere in den Anfängen versuchten einige Autorinnen mit feministischem Anliegen, einen autonomen weiblichen Literaturbetrieb aufzubauen. Frauenverlage und Frauenbuchläden entstanden.

Alamy/vario images

Alice Schwarzer

Was nun genau unter dem Begriff *Frauenliteratur* zu verstehen ist, darüber ist sich die Literaturwissenschaft nie einig geworden. Vereinfachend könnte man von einer Literatur sprechen, die von Frauen geschrieben wird, die frauenspezifische Themen behandelt und die vorwiegend Leserinnen anspricht. Die konkreten Texte, die auf diese Weise entstanden sind, sehen freilich recht unterschiedlich aus. Feministische Autorinnen artikulierten sich keineswegs nur über *fiktionale Literatur*. Zu den größten Verkaufserfolgen gehörten die *autobiografischen* Skizzen *Häutungen* (1975) von **Verena Stefan** und **Alice Schwarzers** Buch *Der „kleine Unterschied" und seine großen Folgen*.

 Modul VII.A

Auf einer kritisch-satirischen Perspektive auf das Patriarchat beruht **Christa Reinigs** Roman *Entmannung* (1976). Am Beispiel von drei Frauenfiguren veranschaulicht die Autorin ihre Sichtweise von den begrenzten Möglichkeiten einer Frau in der Männergesellschaft. „Lehnst du dich auf, kommst du ins Zuchthaus, lehnst du dich nicht auf, drehst du durch und kommst ins Irrenhaus und beneidest die Weiber, die zum Beil gegriffen haben. Unterwirfst du dich mit Lust, kommst du mit einem kaputtgerammelten Unterleib ins Krankenhaus. Und mit sieben Schläuchen aus dem Bauch beneidest du die Frauen, die im Irrenhaus dahindämmern dürfen."

picturedesk.com/Brigitte Friedrich/Interfoto

Christa Reinig

Innerhalb der feministischen Literatur findet man allerdings auch ganz andere Sichtweisen. Die Distanzierung von der traditionellen Frauenrolle steht auch im Mittelpunkt des Romans *Wie kommt das Salz ins Meer?* (1977) von **Brigitte Schwaiger**. Die Handlung spielt in der oberösterreichischen Provinz. Schwaiger erzählt die Geschichte einer jungen Frau, die aufgrund der Familienkonvention in eine ungeliebte Ehe gerät, aus der sie sich mit mehr oder weniger tauglichen Mitteln befreit.

Nicht die Verweigerung von traditioneller „Weiblichkeit", sondern das radikale Ausleben von Weiblichkeit bietet KARIN STRUCK als *Utopie* an. Insbesondere in ihrem Roman *Die Mutter* stellt Struck einer lebens- und naturfeindlichen Männerwelt das positive weibliche Bild von Mütterlichkeit, Naturnähe und Friedensliebe entgegen.

11.1 WEIBLICHES SCHREIBEN VOR DEM FEMINISMUS

Es wäre falsch, den Feminismus als einzigen Grund für die Entstehung von *Frauenliteratur* zu bezeichnen. Schon Jahre vorher schrieben Autorinnen Texte, die eine spezifisch weibliche Interpretation der Wirklichkeit erkennen lassen, obwohl für diese Texte der Begriff Frauenliteratur wohl fehl am Platz wäre.

In diesem Zusammenhang sind beispielsweise die deutschen Schriftstellerinnen SARAH KIRSCH (geb. 1935) und MARIE LUISE KASCHNITZ (1901–1974) zu nennen. Kirsch entwickelte in ihren Natur- und Liebesgedichten einen sehr persönlichen Stil; häufig werden die Gefährdung und Brüchigkeit vordergründiger *Idyllen* dargestellt. Auch Marie Luise Kaschnitz wurde hauptsächlich durch ihre Lyrik bekannt. Kindheitserinnerungen und persönliche, oft schmerzhafte Erfahrungen sind Motive ihrer Gedichte.

Die Österreicherin MARLEN HAUSHOFER (1920–1970) kann in gewisser Hinsicht als Vorläuferin der Frauenliteratur bezeichnet werden. Sie führte ein vordergründig konventionelles Leben als Arztgattin in der oberösterreichischen Provinz und zeigte in ihren Werken (u. a. *Die Mansarde*, *Die Wand*), wie wenig Entfaltungsmöglichkeiten solch ein Leben für eine Frau offenhält. `Band 1, Modul VII.7`

11.2 WEIBLICHES SCHREIBEN NACH DER „FRAUENLITERATUR"

Es scheint sinnvoll zu sein, den Begriff *Frauenliteratur* in erster Linie auf jene spezifische literarische Tendenz anzuwenden, die am Beginn des Kapitels `VII.11` kurz skizziert worden ist und die im `Modul VII.A` exemplarisch dargestellt wird. Denn manche Autorinnen sind zwar in den Siebziger- oder Achtzigerjahren mit Werken bekannt geworden, für die der Begriff „Frauenliteratur" zumindest teilweise Gültigkeit hat. In ihren späteren Werken setzten sie aber andere Schwerpunkte.

Anna Mitgutsch

In diesem Zusammenhang ist die Österreicherin ANNA MITGUTSCH (geb. 1948) zu erwähnen. In ihrem Debütroman *Die Züchtigung* (1985) erzählte sie die Geschichte einer schwierigen Mutter-Tochter-Beziehung in der oberösterreichischen Provinz. Mit ihren Romanen *Abschied von Jerusalem* und *Das Haus der Kindheit* wandte sich Mitgutsch aber anderen Themen zu, im einen Roman dem Israel-Palästina-Konflikt, im zweiten der Arisierung von jüdischem Eigentum während der NS-Zeit.

Ähnliches ist auch über ELFRIEDE JELINEK (geb. 1946) zu sagen. Ihr 1975 erschienener Roman *Die Liebhaberinnen* steht zwar im Kontext der Frauenliteratur. In ihren zahlreichen Romanen und Theaterstücken, die seither erschienen, erweiterte aber Elfriede Jelinek die Themenwahl und veränderte teilweise auch ihren Schreibstil. Ähnlich wie THOMAS BERNHARD gilt Jelinek als radikale Tabubrecherin in der österreichischen Literatur. Insbesondere durch ihre kompromisslose Darstellung von Sexualität löste sie immer wieder Skandalisierungen aus (*Lust, Die Klavierspielerin*).

Ungewöhnliche künstlerische Wege geht Elfriede Jelinek in ihren Bühnenwerken. In ihrem *Sportstück*, einem mehrstündigen sprachakrobatischen Bilderbogen, löst sie beispielsweise die traditionelle dramatische Form völlig auf, zeichnet keine individuellen Figuren mehr und verzichtet auf ein Handlungsgerüst. Vielmehr stellt sie durch die Sprecher/innen den sprachlichen Diskurs rund um das Massenphänomen Sport aus.

11.3 Feminismus ist keine Modeströmung

Wenn auch *Frauenliteratur* im engeren Sinn des Wortes ein literaturgeschichtlich eingrenzbares Phänomen ist, so ist andererseits doch zu betonen, dass die Thematisierung von emanzipatorischen Anliegen von Frauen keine bloße Modeströmung ist. Gewiss haben sich die gesellschaftlichen Verhältnisse geändert, unter denen Frauen schreiben, aber die Frage nach den Geschlechterrollen, nach der Mann-Frau-Beziehung, nach den sozialen Bedingungen des Frauseins haben ihre Aktualität behalten. Die Österreicherin **Marlene Streeruwitz** (geb. 1950) entwickelte in den Achtziger- und Neunzigerjahren in ihren Dramen und Romanen (*Verführungen, Lisa's Liebe, Partygirl*) eine eigenständige Poetik des weiblichen Alltagslebens. In einer unverkennbaren, von Kurzsätzen und Ellipsen geprägten Sprache veranschaulicht sie weibliches Erleben des Alltags. (Siehe auch *Jessica, 30* Band 1, Modul VIII.1)

Marlene Streeruwitz

12. Die Wiederkehr des Erzählens

Blicken wir noch einmal zurück: In den Fünfziger- und Sechzigerjahren bemühten sich deutschsprachige Autor/innen vor allem darum, die literarischen Ausdrucksmittel an den Standard der europäischen *Moderne* heranzuführen. Im gesellschaftspolitischen Umfeld des Jahres 1968 dominierte die Forderung nach einer gesellschaftskritischen Literatur, die politische Wirkung hat. Nach dem Scheitern der politisch organisierten Studentenbewegung wurde Literatur zum Medium der Selbsterforschung und Selbstklärung. Irgendwann in den Achtzigerjahren erschöpfte sich auch diese Tendenz.

Und plötzlich erschienen wieder Bücher, die nichts anderes vorhatten, als eine gute Geschichte zu erzählen. Die Theorie der *experimentellen Avantgarde*, Geschichten zu erzählen sei eine hoffnungslos veraltete Kunstform, die sich mit dem 19. Jh. im Wesentlichen erschöpft habe, erwies sich als unhaltbar. Zu bedenken ist auch, dass diese Theorie außerhalb des deutschsprachigen Raums ohnedies nie von besonderer Wirksamkeit war. Auch das deutsche Lesepublikum der Achtzigerjahre sehnte sich offensichtlich nach einer Literatur, die eine stringent erzählte Handlung, interessante Schauplätze und individuell gestaltete Figuren zu bieten hat und die in einer zwar nicht kunstlosen, aber doch verständlichen Erzählsprache geschrieben ist. Der große Erfolg der Romane *Das Parfum* (1985) von **Patrick Süskind** und *Die Entdeckung der Langsamkeit* (1983) von **Sten Nadolny** belegen dies. Sowohl Nadolny als auch Süskind erzählen vordergründig „realistisch", allerdings nicht im Sinne eines *sozialen* oder *dokumentarischen Realismus*. Sie konstruieren vielmehr eine nachvollziehbare, spannende Handlung, die sie nach dem Ursache-Wirkung-Prinzip aufbauen. Die Handlung spiegelt freilich nicht die Wirklichkeit, sondern sie beruht auf einer handwerklich geschickt gearbeiteten Konstruktion. Die Figuren sind Kunstfiguren, die über eine besondere Fähigkeit verfügen. Grenouille, der Protagonist in *Das Parfum*, verfügt über einen ganz außergewöhnlichen Geruchssinn.

Nadolnys Protagonist John Franklin ist ungewöhnlich langsam, nützt aber gerade diese „Behinderung", um auf seine Weise erfolgreich zu werden. Zweifellos wird bei solchen Werken die Grenze zur Unterhaltungsliteratur fließend. Daher wurde diesen Autoren vorgeworfen, ihre Schreibweise unterscheide sich nicht grundsätzlich von derjenigen eines Johannes Mario Simmel oder einer Uta Danella.

Ähnliche Vorwürfe treffen die beiden Österreicher Robert Schneider, der mit seiner Erzählung *Schlafes Bruder* berühmt wurde, und Michael Köhlmeier. Die Hauptfigur Johannes Elias Alder in *Schlafes Bruder* ist – ähnlich wie bei Nadolny und Süskind – ein außergewöhnlicher Mensch, in diesem Fall ein genialer Knabe, dessen hohe Musikalität in seiner dumpfen ländlichen Umgebung nicht gewürdigt wird. Den Mythos Genie verknüpft Schneider mit dem Mythos Liebe, denn das junge Genie stirbt freiwillig aufgrund seiner absoluten Liebe zu einem Mädchen. ▶ Modul VII.C ▶

Mythos ist ein Begriff, der in den Achtzigerjahren wieder zu Ehren gekommen ist. Dies war gerade in Deutschland keineswegs selbstverständlich. In der nationalsozialistischen Kulturauffassung war alles Mythische hoch bewertet, daher war es nach 1945 grundsätzlich verdächtig. Dies sollte sich aber in den Achtzigerjahren ändern.

13. Das neue Interesse an den alten Mythen

Die Rückbesinnung auf den *Mythos* nimmt in den Achtziger- und Neunzigerjahren recht unterschiedliche Formen an. Handelt es sich für die einen einfach um spannende Geschichten, die man sowohl mit den Mitteln des Romans als auch des Films gut erzählen kann, so bedienen sich andere Autor/innen des Mythischen auch aus anderen Überlegungen. Einige Varianten sollen hier vorgestellt werden.

Christa Wolf hat in ihren Büchern *Kassandra* (1983) und *Medea. Stimmen* (1996) zwei antike Frauengestalten aktualisiert. *Kassandra*, ein Buch gegen den Krieg, ist im Zusammenhang mit dem Wettrüsten der Supermächte UdSSR und USA in den Achtzigerjahren zu lesen. Medea ist eine Frau, die zwischen zwei Kulturen steht, zwischen ihrer angeblich „barbarischen" Heimat Kolchis und dem nur scheinbar „zivilisierten" Griechenland. Diese Spannung verweist auch auf die Unterschiede BRD – DDR. ▶ Band 1, Modul V.4 ▶

Christoph Ransmayr lässt seinen Roman *Die letzte Welt* zur Zeit des römischen Kaisers Augustus spielen. Er schickt seinen Protagonisten nach Tomi am Schwarzen Meer, in eine zivilisationsferne, exotische Welt, in die der römische Dichter Ovid verbannt worden ist.

Botho Strauss schrieb ein Odysseus-Drama mit dem Titel *Ithaka*.

Michael Köhlmeier erzählte im Rundfunkprogramm Ö1 die klassischen Sagen des Altertums und war damit sehr erfolgreich.

Nicht nur die Mythenwelt der Antike erfreute sich plötzlich unerwarteter Beliebtheit. Die Frauenbewegung erneuerte den Hexen-Mythos und wendete ihn ins Positive. Irmtraud Morgners Hexenroman *Amanda* (1983) ist hier zu erwähnen.

Tankred Dorst (*Merlin oder das wüste Land*, 1981), Adolf Muschg (*Der rote Ritter*, 1993) und Christoph Hein (*Die Ritter der Tafelrunde*, 1989) griffen in ihren Dramen auf die Mythenwelt des europäischen Mittelalters zurück.

Christoph Ransmayr

Für die Autoren **Botho Strauss** und **Peter Handke** ist der Rückgriff auf das Mythische auch ein Teil ihrer Gesellschaftskritik. Die aufgeklärte, liberale westliche Gesellschaft – so etwa lässt sich ihre kritische Position zusammenfassen – bietet zwar individuelle Freiheit und jede Menge Konsum, aber Sinn, Religion und Ernsthaftigkeit hat sie aufgegeben.

Botho Strauß

Die Menschen in Botho Strauß' Schauspielen führen oft ein geschwätziges, gedankenloses, oberflächliches Leben als Konsumenten, das sie aber nicht glücklich macht. Auch die zwischenmenschlichen Beziehungen wirken unverbindlich und wenig beglückend. In seinem Schauspiel *Der Park* schickt Strauß das Elfenkönigspaar Oberon und Titania zu den Menschen, damit wieder Liebe und Erotik zwischen den Geschlechtern möglich wird, aber ihre Mission scheitert. Sexuelle Gier und triviales Beziehungsgeschwätz geben Liebe und Erotik keine Chance.

Peter Handkes Entwicklung als Autor umfasst mehrere Phasen. Als junger Autor wurde er in den Sechzigerjahren mit experimenteller, avantgardistischer Literatur bekannt (u. a. *Publikumsbeschimpfung*, *Die Hornissen*), Anfang der Siebzigerjahre wandte er sich aber dem Erzählen und dem literarischen Tagebuch zu (*Das Gewicht der Welt*, *Geschichte des Bleistifts*). Seit dem Beginn der Achtzigerjahre bemüht sich Handke um ein „mythisches" Schreiben, das in deutlichem Gegensatz steht zu den meisten Tendenzen der letzten zwanzig Jahre. Handke hat sich damit auch den Vorwurf der Antimodernität eingehandelt. Dennoch ist er bis heute seiner neomythischen Schreibweise im Wesentlichen treu geblieben.

Band 1, Modul VII.11

Der überaus produktive Autor veröffentlichte in den letzten zwanzig Jahren zahlreiche Romane (u. a. *Mein Jahr in der Niemandsbucht*, 1994; *Die morawische Nacht*, 2008; *Der Große Fall*, 2011), Erzählungen und *Essays* (u. a. *Eine winterliche Reise zu den Flüssen Donau, Save, Morawa und Drina oder Gerechtigkeit für Serbien*, 1994). Insbesondere mit dem zuletzt angeführten Werk bezog Peter Handke im Jugoslawien-Konflikt der Neunzigerjahre Partei für Serbien und entfachte damit eine heftige öffentliche Kontroverse.

14. Pop-Literatur

In krassem Gegensatz zur neomythischen Schreibweise von Botho Strauß und Peter Handke steht die Pop-Literatur der Achtziger- und Neunziger Jahre. Die damals jüngste Autorengeneration grenzte sich aber nicht nur gegen das neomythische Schreiben eines Handke ab, sondern vor allem auch gegen die „linke", gesellschaftskritische Achtundsechziger-Generation. Sie bejahte die kapitalistische Konsumgesellschaft und bekannte sich zu deren Hedonismus (Genuss und persönliches Glück als höchste Werte). Als vorrangiges ästhetisches Kriterium für Literatur betrachteten sie deren Unterhaltungswert. Gesellschaftspolitische Utopien, Engagement, eine „korrekte" politische Gesinnung lehnten die Autor/innen der Pop-Literatur ab. Zum Kultbuch dieser jungen Literatur wurde *Generation Golf* von **Florian Ilies**.

So wie die Ideologie von der „Spaßgesellschaft" aufgrund veränderter gesellschaftlicher Verhältnisse (schlechte Wirtschaftsdaten, Kürzungen im Sozialbereich, Kriege im ehemaligen Jugoslawien und im Nahen Osten) mittlerweile ihre Anziehungskraft verloren hat, so hat auch die Pop-Literatur an Bedeutung und Einfluss verloren.

Einen kurzen Epochenüberblick über **Im Zeitalter von Demokratie, Massenkommunikation und Popularkultur** finden Sie im Anschluss an die Module in Band 1 .

Am Beginn des 21. Jahrhunderts hat sich das Internet als Leitmedium der globalisierten Welt durchgesetzt. Die Vermutung, das Internet werde das Medium Buch innerhalb weniger Jahre verdrängen, hat sich aber zumindest bis heute nicht bewahrheitet. Die Buchproduktion ist nicht zurückgegangen, eher im Gegenteil. Allein für den deutschsprachigen Markt werden jährlich ungefähr 90 000 Neuerscheinungen produziert, davon etwa die Hälfte Belletristik.
Die heutige literarische Landschaft – allein die deutschsprachige – ist dadurch unübersehbar geworden. Nur ein geringer Prozentsatz der jährlichen Neuerscheinungen hat das Glück, die Aufmerksamkeit der maßgeblichen Medien und ihrer Kulturkritik zu finden und so den Autor/innen Beachtung und Anerkennung zu verschaffen. Einen knappen Überblick über das reiche literarische Schaffen der Gegenwart zu geben, ist so gut wie unmöglich geworden. Aber einige auffällige Tendenzen können in Kürze angedeutet werden.

1. Erfolgreiche Erzählliteratur am Beginn des 21. Jhs.

Das größte Leserinteresse finden derzeit Autor/innen, die bewährte Erzählverfahren professionell beherrschen und auf diese Weise Themen von allgemeinem Interesse behandeln. Dabei kann es sich um politische Themen handeln oder um private, wie Kindheit, Liebe, partnerschaftliche Beziehungen. Auch historische Stoffe finden großes Interesse.

1.1 Historische Themen: Daniel Kehlmann, Arno Geiger, Julia Franck

Das erfolgreichste Buch des ersten Jahrzehnts im 21. Jh. war der Roman *Die Vermessung der Welt* (2006), in dem der Autor **Daniel Kehlmann** (geb. 1975) Episoden aus dem Leben des Geografen Alexander von Humboldt und des Mathematikers Carl Friedrich Gauß erzählt.
Kehlmann folgt den scheinbar so unterschiedlichen Lebensgeschichten dieser zwei Männer. Gauß ist der Denker in der Studierstube. Reisen hasst er, denn sie halten ihn vom Wesentlichen ab, eben vom mathematischen Denken. Humboldt hingegen ist ein Mann der Erfahrung. Der Erzähler zeigt ihn auf den Stationen jener Forschungsreise durch Lateinamerika, die der reale Alexander von Humboldt 1799–1804 durchführte. Kehlmann glorifiziert die „großen" Männer nicht. Er lässt zwar keinen Zweifel an der überragenden Intelligenz von Gauß, zeigt aber auch dessen Kehrseite, seine Launenhaftigkeit, sein Versagen als Familienvater. Und Humboldt ist stets versucht, für eine interessante Er-

Daniel Kehlmann

kenntnis nicht nur sein Leben, sondern auch das von anderen zu riskieren. Er überschreitet Grenzen der Pietät und der Humanität, um seine ehrgeizigen Ziele zu erreichen.
Daniel Kehlmann nahm in literaturtheoretischen Texten und Interviews mehrmals zur Frage Stellung, wie exakt er als Romancier mit historischen Fakten umgehe. Er bekennt sich zwar zu einem genauen Studium der Fakten, beharrt aber auch darauf, dass Schriftsteller/innen im Unterschied zu Historiker/innen in der Bearbeitung des Faktenmaterials frei seien.

ARNO GEIGER (geb. 1968) feierte seinen großen internationalen Durchbruch auch mit einem geschichtlichen Thema. In seinem historischen Familienroman *Es geht uns gut* (2005, Deutscher Buchpreis) erzählt Geiger am Beispiel von drei Generationen drei maßgebliche Abschnitte der österreichischen Geschichte des 20. Jhs. (vgl. Band 1, Modul VIII.7). Ein ganz anderes Thema nahm Arno Geiger zur Grundlage für seinen Roman *Alles über Sally* (2010). Er erzählt vom Leben einer 50-jährigen Frau (Mutter, Ehefrau, Lehrerin) aus deren Perspektive.

Mit einem historischen Familienroman, in dessen Mittelpunkt eine Frauenfigur steht, fand die deutsche Autorin JULIA FRANCK (geb. 1970) viel Beachtung und Anerkennung. Die *Protagonistin* in *Die Mittagsfrau* (2007) heißt Helene; sie erlebt eine glückliche Kindheit noch zur Zeit des Kaiserreichs. Mit dem Ersten Weltkrieg bricht diese Welt zusammen. Der Vater stirbt bald, die jüdische Mutter ist antisemitischen Anfeindungen ausgesetzt, zieht sich ganz zurück und findet auch zu ihren Kindern keine Beziehung mehr. Helene übersiedelt aus der Lausitz nach Berlin, verliebt sich, aber ihr Freund Carl stirbt kurz nach der Verlobung. Eine spätere Ehe mit einem Ingenieur, der im Nationalsozialismus begeistert am Autobahnbau beteiligt ist, scheitert. Gezeichnet von ihren Lebenserfahrungen ist Helene nicht imstande, für ihren kleinen Sohn mütterliche Liebe zu entwickeln.

Julia Franck

1.2 THOMAS GLAVINIC

Der Österreicher THOMAS GLAVINIC (geb. 1972) wurde mit seiner Kriminal*novelle Der Kameramörder* (2001) bekannt. Band 1, Modul VIII.2
Er veröffentlicht Romane mit ganz unterschiedlichen Themen. Auch Erzählverfahren und Stil sind bei Glavinic nicht einheitlich.
Dazu zwei Beispiele: *Wie man leben soll* (2004) ist ein moderner *Schelmenroman*. Hauptfigur und Erzähler ist ein junger Mann, der das Missgeschick förmlich anzieht – ob es sich nun um sein Studium oder um Frauenbeziehungen handelt. So nebenher unterlaufen ihm durch unglückliche Umstände auch drei Tötungen. Die formale Besonderheit dieses Werks ist, dass Glavinic weder in der *Ich-Form* noch in der *Er-/Sie-Form*, sondern in der *Man-Form* erzählt. Da sich die Hauptfigur gern aus Ratgebern Tipps für die Lebensgestaltung holt und es schwer hat, eine eigene Persönlichkeit auszubilden, erweist sich die Man-Form des Erzählens als überzeugend.

Thomas Glavinic

Eine ganz andere Erzählweise findet Glavinic im Roman *Die Arbeit der Nacht*. Die Hauptfigur Jonas erwacht und stellt fest: Er ist allein. Seine Freundin Marie ist weg, ebenso sein Vater, alle anderen auch. Wien ist menschenleer. Jonas macht sich auf die Suche nach den Artgenossen, aber er findet keine Menschen mehr. Jonas kehrt nach Wien zurück und beginnt sich in der neuen Lebenssituation einzurichten. Das *surreale* Ausgangsszenario erinnert an MARLEN HAUSHOFERS *Robinsonade Die Wand* (siehe dazu Band 1, Modul VII.7). Zuerst scheint Jonas ziemlich nüchtern zu registrieren, dass sich sein Leben verändert hat, aber nach und nach führt die Einsamkeit zu Verstörung, Desorientierung, Wahrnehmungstrübung und Angst. Um nicht seine Identität einzubüßen, klammert sich Jonas mehr und mehr an seine Biografie, an Orte, Dinge und Bilder der Kindheit. Mit Überwachungskameras beobachtet er ständig Räume, an denen er nicht sein kann, und sich selbst als Schlafenden. Die Situationen wiederholen sich. Das Leben ohne Mitmenschen wird zur beklemmenden Monotonie.

1.3 DANIEL GLATTAUERS MAIL-ROMANE

Briefromane haben in der deutschen Literaturgeschichte eine lange Tradition. Man denke etwa an GOETHES *Die Leiden des jungen Werthers*. Die ersten Mail-Romane der deutschen Literatur schrieb der Österreicher DANIEL GLATTAUER (geb. 1960). In *Gut gegen Nordwind* (2006) entwickelte er eine ungewöhnliche Liebesgeschichte in Form eines Mailverkehrs. Emmi Rothner kündigt per Mail ein Zeitschriften-Abo und tippt einen Buchstaben falsch ein. So landet ihre Botschaft nicht in der Like-Redaktion, sondern im Posteingang des ihr unbekannten Leo Leike. Ab da schicken Leo und Emmi einander Mails, immer öfter, immer privater, bis an die Grenze der Sucht. Für den alleinstehenden Leo ist das kein Problem. Aber Emmi hat einen Mann, der ihr zwei Kinder mit in die Ehe gebracht hat, und besteht darauf, glücklich verheiratet zu sein. Ist eine außereheliche Internet-Beziehung harmloser als ein reales Verhältnis? Fast täglich sind sie in Kontakt, plaudern, schäkern, scherzen, jammern – und überlegen, ob sie sich treffen sollten ... Der offene Schluss von *Gut gegen Nordwind* legte eine Fortsetzung nahe. Im Jahr 2009 erschien sie unter dem Titel *Alle sieben Wellen*. Nach einem Jahr in den USA kehrt Leo Leike nach Österreich zurück. Er ist mittlerweile mit einer Frau zusammen, Emmi Rothner ist immer noch verheiratet. Aber die Anziehung zwischen Emmi und Leo ist nicht verschwunden.

1.4 JULI ZEH

Zu den jüngeren deutschen Autor/innen, die sich als professionelle Erzähler/innen spannender *Plots* einen Namen machen konnten, gehört JULI ZEH (geb. 1974) mit ihren Romanen *Spieltrieb* (2004), *Das Schilf* (2007) und *Corpus Delicti* (2009).

Spieltrieb spielt im Schulmilieu. Hauptfiguren sind eine Schülerin und ein Schüler, die ihre überdurchschnittliche Intelligenz dazu benützen, einen Lehrer in ein übles Spiel zu verwickeln.

Den Roman *Corpus Delicti* kann man als Negativ-*Utopie* bezeichnen. Um möglichst gesund und glücklich zu sein, haben die Menschen der Zukunft ihre individuellen Freiheiten und exzentrischen Verhaltensweisen aufgegeben. Sie prüfen ständig ihre Cholesterin- und sonstigen Werte, strampeln ihre planmäßig vorgeschriebenen Kilometer auf dem Hometrainer, verzichten auf Zigaretten und Alkohol und haben Verständnis dafür, dass eine zentrale Macht nicht nur ihr Gesundheitsverhalten, sondern auch ihre Partnerwahl kontrolliert. Es herrscht „die Methode", die rationale, objektiv richtige Weltsicht.

Juli Zeh

Moritz Holl verweigert sich dieser Herrschaftsform. Allen hygienischen Erkenntnissen zum Trotz fängt er Fische mit der Angel, brät sie über offener Glut im Freien. Er unterhält auch verbotene sexuelle Beziehungen, und als eines Tages eine Frau vergewaltigt und getötet wird, weist „die Methode" mit wissenschaftlicher Präzision nach, dass Moritz Holl der Täter ist. Er beteuert allerdings seine Unschuld und begeht Selbstmord. Dadurch gerät das Leben seiner Schwester Mia, die bisher vorbildhaft den Vorgaben der „Methode" gefolgt ist, in die Krise, denn auch Mia ist von der Unschuld ihres Bruders überzeugt. *Corpus Delicti* ist ein Justiz-Krimi, der zeigt, dass die „Methode", in ihrer Selbstdarstellung eine völlig neue Regierungsform, die alten Mittel anwendet, wenn ihre Herrschaft in Frage gestellt wird.

1.5 Aussergewöhnliche Kriminalliteratur: die Brenner-Krimis von Wolf Haas

Kriminalliteratur gehört zu den erfolgreichsten *Genres* auf dem Buchmarkt. Einen originellen österreichischen Beitrag zur Kriminalliteratur der Gegenwart lieferte Wolf Haas mit seinen sieben Brenner-Romanen, die unter anderem durch die Verfilmungen mit Josef Hader einen breiten Bekanntheitsgrad erreichten.

Die Gestaltung der Ermittlerfigur ist (neben einem spannenden *Plot*) für den Erfolg eines Krimis immer von entscheidender Bedeutung. Der Privatdetektiv Simon Brenner ist Mitte vierzig und stammt aus Graz. Er ist eher klein und dicklich und ist Junggeselle. So wie viele Ermittlerfiguren der Kriminalli-

Filmszene aus einem Brenner-Krimi

teratur ist auch „der Brenner" kein Berufspolizist. Er war zwar ursprünglich bei der Kriminalpolizei, hatte aber wegen seiner unkonventionellen Vorgangsweise mit Vorschriften und Vorgesetzten immer wieder Schwierigkeiten.

Es gibt neben Wolf Haas auch noch andere Autor/innen, die Österreich-Krimis schreiben (u. a. Alfred Komarek, Eva Rossmann, Thomas Raab), aber Wolf Haas' Brenner-Romane unterscheiden sich durch ihren markanten Stil von konventionelleren Romanen. Die *Erzählerfigur* verwendet eine an die österreichische Umgangssprache angelehnte Erzählsprache, sodass man beim Lesen den Eindruck erhält, ein Bekannter würde einem mündlich etwas erzählen. Dadurch entsteht eine Art Vertrauensverhältnis zwischen Leserin/Leser und Erzählerfigur.

2. Das etwas andere Erzählen

Wenn auch die realistische Erzählweise in dem Sinn, wie sie Daniel Kehlmann definiert und verwendet, in den letzten Jahren auf dem deutschsprachigen Buchmarkt besonders erfolgreich war, so soll nicht der Eindruck entstehen, es gäbe keine anderen epischen Schreibweisen mehr. An drei Beispielen sollen Varianten einer etwas anderen Erzählkunst erläutert werden.

2.1 Franzobel

Franzobel (geb. 1967) bevorzugt in seinen epischen und dramatischen Werken *absurde* und *groteske* Gestaltungsweisen. In seinem umfangreichen Roman *Scala Santa oder Josefine Wurznbachers Höhepunkt* (2000) macht Franzobel eine bekannte Figur aus der österreichischen Literaturgeschichte zur Hauptfigur, die Prostituierte Josefine Mutzenbacher. Aber Franzobels Version löst sich von Felix Saltens pornografischem Roman ab. Franzobel lässt ein ganzes Panoptikum abgründiger österreichischer Gestalten auftreten und durchleuchtet ihr Innenleben, „indem er ihre Sprache beim Wort nimmt. Indem er die aus Phrasen, Floskeln und Jargon zusammengekleisterte Alltagssprache auseinanderreißt und völlig neu arrangiert." (Die Zeit, 23.3.2000) Skurrile Sprachbilder, Wortneuprägungen und Klangmalerei mit Worten gehören zu Franzobels bevorzugten stilistischen Gestaltungsmitteln. **Band 1, Modul VIII.1**

2.2 KATHRIN RÖGGLA

Mit anderen Verfahrensweisen als Franzobel, aber mit einem ausgeprägten Bewusstsein für ungewöhnliche sprachliche Gestaltungsweisen geht auch KATHRIN RÖGGLA (geb. 1971) ans Werk. Die aus Salzburg stammende und in Berlin lebende Autorin fand bereits mit ihren Erzählungen *Irres Wetter* (2000) viel Beifall bei der Literaturkritik. Die Figuren dieser Erzählungen bewegen sich in Berlin und in dessen großstädtischem Tempo. Die Unübersichtlichkeit, die widersprüchliche Vielfalt und die oberflächliche Rasanz der Lebensformen finden ihre stilistische Entsprechung in Rögglas Erzählsprache. Die Kommunikationsweisen der heutigen Wirtschaftswelt hielt Röggla in ihrem Roman *wir schlafen nicht* fest. `Band 1, Modul VIII.1`

2.3 OLGA FLOR

Die Figuren in OLGA FLORS Roman *Kollateralschaden* (2008) verbindet nichts. Ihre Biografien liegen weit auseinander, nur eines haben sie gemeinsam: Sie kaufen im selben Supermarkt ein. Dort bringt sie Olga Flor zur selben Stunde zusammen, zwischen 16:30 und 17:29. Im *Simultanstil* erzählt die Autorin Episoden aus dem Leben ihrer Figuren und leuchtet deren psychische Verfassung aus. Stephanie hat einen kleinen Sohn namens Sebastian – ein quicklebendiger Quälgeist. Anton ist obdachlos und sinnt auf Rache, weil ihn die Geschäftsführung des Supermarkts nicht als Kundschaft haben will. Doris stellt einen skrupulösen Ernährungsplan für sich zusammen. Tobias geht verdrossen seinem Berufsalltag als Lehrling nach. Oswald liebt Michaela, und der Journalist Erich versucht mit einer schweren beruflichen Kränkung zurechtzukommen. Luise hat politischen Ehrgeiz entwickelt und träumt von der Karriere. Morgans Mutter hingegen hat ihre Träume begraben. Als ehemaliges

Olga Flor

Späthippie-Mädchen hat sie sich gründlich verrannt, auf ihre Fähigkeiten als Sprachheilpädagogin greift niemand zurück. Und ihr Sohn Morgan, genannt Mo, plant einen „Anschlag" auf den Supermarkt.

Aus den Einzelteilen von *Kollateralschaden* könnte man eine Alltagsgeschichte der Gegenwart konstruieren: Ernährung, Kleidung, Mediennutzung, das Oben und Unten der Gesellschaft, dominante Mentalitäten, zum Beispiel die Angst vor Terroranschlägen. Im letzten Romanabschnitt setzt eine destruktive, aber letztlich ungefährliche Aktion das in den Einzelbiografien schlummernde Potential frei. Das Ergebnis ist ein Kollateralschaden.

3. LYRIK UND DRAMA

Ungeachtet der geringen Nachfrage beim Lesepublikum entsteht nach wie vor **Lyrik**. Im 20. Jh. waren die Lyriker/innen so experimentierfreudig, dass es für heutige Autor/innen schwer ist, neue, ungewohnte Töne im Gedicht anzuschlagen. Leser/innen, die mit den wesentlichen Tendenzen der Lyrik im 20. Jh. vertraut sind – *Expressionismus* und *Dada*, *Neue Sachlichkeit* und *Alltagsgedichte*, *hermetische Gedichte* und *experimentelle Lyrik* – werden sich auch im lyrischen Schaffen der Gegenwart zurechtfinden. Zu den wichtigsten österreichischen Lyriker/innen der Gegenwart gehören ROBERT SCHINDEL, FERDINAND SCHMATZ, FRANZ JOSEF CZERNIN, EVELYN SCHLAG, JULIAN SCHUTTING und FRIEDERIKE MAYRÖCKER. `Modul VIII. B`

Auch in der **Dramatik** finden wir – abgesehen von einer Ausnahme – keine Darstellungsweisen, die erst unsere Zeit entwickelt hätte. Diese Ausnahme ist maßgeblich mit dem Namen der österreichischen Nobelpreisträgerin ELFRIEDE JELINEK verbunden. Jelinek verzichtet in ihren neueren Bühnenstücken auf psychologisch ausgearbeitete Figuren und eine stringent aufgebaute Handlung. Sie liefert nur „Textflächen", die vom Regisseur bzw. von der Regisseurin in großer künstlerischer Freiheit auf der Bühne umgesetzt werden können. Ein Beispiel dafür ist das *Sportstück*, in dem Jelinek auf sehr kritische Weise den Leistungssport der Gegenwart zum Thema eines mehrstündigen Bühnenspektakels macht. `Band 1, Modul VIII.5`

Elfriede Jelinek

Jelinek meint, dass Psychologie der Figurenzeichnung und Realismus der Handlungsführung, wie sie im Drama des 19. und 20. Jhs. oft noch üblich gewesen waren, heute vom Medium Film übernommen worden seien. Das Theater brauche daher andere Darstellungsformen.

Auch die Bühnenstücke des österreichischen Schriftstellers FRANZOBEL und die des früh verstorbenen WERNER SCHWAB sind nicht *realistisch* oder *naturalistisch*. Franzobel und Schwab bevorzugen die *Groteske*. (W. Schwab: Die Präsidentinnen `Band 1, Modul VIII.4`)

4. THEMATISCHE SCHWERPUNKTE DEUTSCHSPRACHIGER LITERATUR AN DER JAHRTAUSENDWENDE

4.1 DEUTSCHER THEMENSCHWERPUNKT „WENDE"

Eine Besonderheit der deutschen Literatur ist an ein maßgebliches Ereignis der jüngeren Geschichte gebunden, an den Fall der Berliner Mauer 1989, das Ende der DDR und die Wiedervereinigung von Ost- und Westdeutschland. Bei DDR-Autor/innen der ältesten Generation – vor allem repräsentiert durch CHRISTA WOLF – kann man ambivalente Gefühle feststellen. Wenn sie auch negative Auswirkungen des autoritären politischen Systems kritisiert haben, so nehmen sie von ihrer sozialistischen Utopie nur schweren Herzens Abschied. Sie meinten, dass eine nach sozialistischen Grundsätzen organisierte Gesellschaft gerechter, menschenfreundlicher und lebenswerter sei als eine kapitalistische.

Bei den jüngeren Autor/innen aus der ehemaligen DDR gibt es diese Nostalgie meistens nicht. Beispielgebend für den unbefangenen kritischen Umgang mit der Ex-DDR ist der Wenderoman *Helden wie wir* (1995) von THOMAS BRUSSIG (geb. 1964). Die Hauptfigur ist der 1968 geborene Klaus Uhltzscht, Sohn eines Ostberliner Stasi-Mannes und einer „Hygieneinspektorin". Brussig bearbeitet das Thema DDR mit satirischen Mitteln.
INGO SCHULZE (geb. 1962) gilt als Autor mit einem ausgeprägten Sensorium für das Gefühlsleben der ehemaligen DDR-Bürger/innen, ihre Hoffnungen und ihre Verunsicherung im neuen Staat – nachzulesen unter anderem in *Simple Storys* (1998) und im Roman *Adam und Evelyn* (2008).
Der umfangreiche Wenderoman *Der Turm* von UWE TELLKAMP (geb. 1968) wurde 2008 mit dem deutschen Buchpreis ausgezeichnet. Tellkamp erzählt am Beispiel einer Dresdener Familie vom Leben in der DDR in den letzten sieben Jahren von deren Existenz.

4.2 ÖSTERREICHISCHER THEMENSCHWERPUNKT: NS-VERGANGENHEIT UND POLITISCHE GEGENWART

Das Thema Nationalsozialismus ist aus der österreichischen Literatur der Zweiten Republik nie ganz verschwunden. In den letzten zwei Jahrzehnten sind aber besonders viele literarische Werke erschienen, die Krieg und Diktatur zum Thema machen. Die Gründe dafür sind politischer Natur: Die Kandidatur von Kurt Waldheim zum Amt des Bundespräsidenten (1988) führte zu einer lebhaften öffentlichen Diskussion über Vergangenheitsverdrängung, weil Waldheim verschwiegen hatte, dass er SA-Offizier war. Viele Autor/innen kritisierten auch das Ansteigen ausländerfeindlicher und rechtsextremer Aktivitäten und die Wahlerfolge rechtspopulistischer Politiker, die sich nicht klar genug vom Nationalsozialismus abgrenzten.

ANNA MITGUTSCH (geb. 1948) erzählt in ihrem Roman *Haus der Kindheit* vom Besuch eines jüdischen Mannes in dem Land, aus dem seine Familie einst von den Nationalsozialisten vertrieben wurde. Die Suche nach dem Wohnhaus seiner Kindheit wird zum aufschlussreichen politischen Lehrbeispiel. Modul VIII.A

Um die dunkle Geschichte eines Hauses geht es auch in *Ludwigs Zimmer*, einem Roman von ALOIS HOTSCHNIG (geb. 1959). In seinem Roman *Herzfleischentartung* (2001) beschäftigt sich LUDWIG LAHER (geb. 1955) mit dem sogenannten „Zigeuneranhaltelager", das die Nazis 1941 im oberösterreichischen Ort St. Pantaleon errichtet hatten, und WALTER KAPPACHER (geb. 1938) erzählt in *Silberpfeile* von der Bedeutung des Motorsports im faschistischen Staat.

Auch die meisten Bücher von ERICH HACKL (geb. 1954) haben nationalsozialistische Verbrechen zum Inhalt. Neben der schon etwas älteren Erzählung *Abschied von Sidonie* (1989) sind zu nennen: *Entwurf einer Liebe auf den ersten Blick* (1999) und *Die Hochzeit von Auschwitz. Eine Begebenheit* (2002). In dieser halbdokumentarischen Erzählung berichtet Hackl von einer ungewöhnlichen Eheschließung. Der Österreicher Rudi Friemel und die Spanierin Maria Ferrer lernen einander während des Spanischen Bürgerkriegs kennen. Friemel, ein politischer Gegner des Faschismus (des spanischen und des deutschen), wird im KZ Auschwitz inhaftiert. Maria Ferrer darf das Lager einen Tag und eine Nacht lang betreten, damit sie ihren Geliebten heiraten kann.

Der Umgang mit der nationalsozialistischen Vergangenheit ist auch das Thema von NORBERT GSTREINS Roman *Die englischen Jahre* (1999): Eine junge Frau wird darin zur Geschichtsforscherin (fast wider Willen). Das „Objekt" ihrer Nachforschungen ist Gabriel Hirschfelder, ein jüdischer Schriftsteller, der in den Dreißigerjahren Österreich verlassen und Zuflucht im englischen Exil gesucht hat. Aufgrund des 1940 ausbrechenden Kriegs zwischen England und Deutschland geraten die Exilierten in irritierende Verhältnisse. Allem Deutschen begegnet man in England mit grundsätzlichem Misstrauen, da sich ja unter der Maske eines Exilierten eventuell auch ein deutscher Spion verstecken könnte. Wo gestern noch Hilfe und Sympathie waren, sind jetzt Misstrauen und Distanz, und plötzlich befinden sich Opfer des Nationalsozialismus wie Hirschfelder im selben Lager wie mutmaßliche Täter, derer man habhaft werden konnte, zum Beispiel ein gewisser Harrasser. Täter und Opfer tauschen aufgrund einer Spielwette ihre Identitäten – damit beginnt das Verwirrspiel um die geschichtliche Wahrheit.

ROBERT SCHINDEL wurde als Kind jüdischer Eltern im Jahr 1944 geboren. Sein Vater starb im Konzentrationslager Dachau, seine Mutter überlebte das Konzentrationslager Auschwitz. Robert Schindel ist vor allem Lyriker. In seinem bisher einzigen Roman *Gebürtig* beschäftigt sich Schindel mit der Frage, wie die Kinder der NS-Opfer und die Kinder der NS-Täter/innen mit ihrer Familiengeschichte zurechtkommen. Band 1, Modul VIII.3

4.3 Schatten der Vergangenheit und politische Gegenwart

In mehreren Büchern, die seit den Neunzigerjahren erschienen sind, machen Autor/innen deutlich, dass die Folgen und Spuren des Nationalsozialismus in der Gegenwart wirksam geblieben sind. 🔎 **Modul VIII.D**

So wollen sich beispielsweise die gutbürgerlichen älteren Herren in Walter Wippersbergs (geb. 1945) Roman *Die Irren und die Mörder* (1998) nicht damit abfinden, dass ihnen die westliche Demokratie als verbindliche Regierungsform von den Alliierten „aufgezwungen" worden ist. Durch terroristische Akte versuchen sie die Demokratie zu destabilisieren, um einer rechtsautoritären Regierungsform Platz zu machen. *Die Irren und die Mörder* ist der erste Band einer Romantrilogie zur politischen Lage Österreichs in den Neunzigerjahren.

Im zweiten Band mit dem Titel *Ein nützlicher Idiot* (1999) erzählt Walter Wippersberg die Geschichte eines jungen Mannes namens Axel, der – ohne es eigentlich zu beabsichtigen – zum Wahlhelfer einer rechtspopulistischen Partei mit dem Namen „Die Demokraten" wird. So wie in *Die Irren und die Mörder* baut Wippersberg auch in seinem zweiten Österreich-Roman eine kriminalistische Fabel auf, die das Lesen spannend macht.

Im dritten Band *Die Geschichte eines lächerlichen Mannes* (2000) erzählt Wippersberg vom fragwürdigen Aufstieg des sozialdemokratischen Funktionärs Martin Roller zum Bürgermeister einer Landeshauptstadt.

Die Kritik an der Sozialdemokratie, die Wippersbergs letztem Trilogie-Teil zu entnehmen ist, liegt auch Josef Haslingers Roman *Das Vaterspiel* (2000) zugrunde. Hauptfigur und Ich-Erzähler in *Das Vaterspiel* ist Rupert Kramer, der wegen seines Äußeren seit seiner Schulzeit „Ratz" genannt wird. Ratz ist schon 35 Jahre alt, hat aber noch keinen Beruf ergriffen. Er verbringt viel Zeit vor dem Computer und möchte Software entwickeln, die ihm Geld bringt. Vor allem arbeitet er an einem ziemlich aggressiven „Vatervernichtungsspiel". Die Gründe dafür sind in Ratz' gestörter Vaterbeziehung zu finden. Ratz sieht in seinem Vater Helmut, der Minister geworden ist,

Das Vaterspiel, Filmszene

einen amoralischen, korrupten SPÖ-Politiker, dem seine Karriere über alles geht. Weiters hat sich Helmut Kramer von Ratz' Mutter getrennt und lebt nun mit einer deutlich jüngeren Frau zusammen. Ratz begegnet seiner Jugendliebe Mimi, die ihm einen seltsamen Arbeitsauftrag verschafft. Er soll in New York für Mimis Großonkel handwerkliche Arbeiten ausführen. Ratz nimmt das Angebot an, muss aber entdecken, dass dieser Großonkel ein ehemaliger Nationalsozialist ist, der nach dem Zusammenbruch des Dritten Reichs in Amerika untergetaucht ist, um sich einer Anklage wegen schwerer Verbrechen zu entziehen.

Im Roman *Die Vertreibung aus der Hölle* von ROBERT MENASSE (geb. 1954) „stört" die Hauptfigur Viktor Abravanel ein fröhliches Klassentreffen, indem er die ehemaligen Schulfreunde mit der Nazi-Vergangenheit ihrer Lehrer konfrontiert. Viktor stammt aus einer Familie von Nazi-Opfern. Er ist Historiker geworden, und als er sich mit der Frage beschäftigt, wer der Lehrer des Philosophen Baruch Spinoza war, stößt er auf den Rabbiner Samuel Manasseh ben Israel, der 1604 in Lissabon geboren wurde. Er musste vor der katholischen Inquisition aus Portugal fliehen und gelangte so in das tolerantere Amsterdam, wo er Spinozas Lehrer wurde. Die Biografie des Rabbiners und die des Viktor Abravanel zeigen Ähnlichkeiten. Menasse verknüpft die beiden Erzählstränge zu einer Romanhandlung.

Robert Menasse

Robert Menasse ist einer der bekanntesten österreichischen Autoren der Gegenwart. Von seinen zahlreichen Veröffentlichungen seien hier die Romane *Selige Zeiten, brüchige Welt* (1991), *Schubumkehr* (1995) und der Schelmenroman *Don Juan de la Mancha* (2008) erwähnt.

Im Jahr 2003 wurde ELFRIEDE JELINEKS Theaterstück *Kaprun* uraufgeführt. In diesem Stück beschäftigt sich die Autorin mit dem Bau des Kraftwerks Kaprun. In der Nachkriegszeit wurde Kaprun zum Symbol des Wiederaufbaus in Österreich. Verschwiegen wurde freilich oft, dass die Anfänge zum Kraftwerksbau noch in die NS-Zeit fielen und dass dabei ausländische Zwangsarbeiter eingesetzt wurden.

5. MIGRATION UND LITERATUR

Migration ist ein brisantes gesellschaftspolitisches Thema im neuen Europa; auch in der Literatur hat sie deutliche Spuren hinterlassen. Autor/innen, die aus nicht deutschsprachigen Ländern stammen, haben die Themen und Ausdrucksweisen der deutschen Literatur erweitert und bereichert – durch ihre Erfahrungen, ihre unkonventionellen Sichtweisen und durch sprachlich-stilistische Besonderheiten, die durch die Zweisprachigkeit dieser Autor/innen zu erklären sind. Für Deutschland kann man in diesem Zusammenhang FERIDUN ZAIMOGLU (geb. in der Türkei) und ILIJA TROJANOW (geb. in Bulgarien) nennen, für Österreich ZDENKA BECKER (Tschechien), VLADIMIR VERTLIB (Russland), DORON RABINOVICI (Israel), MICHAEL STAVARIC (Slowakei) und DIMITRÉ DINEV (Bulgarien).

DIMITRÉ DINEV (geb. 1968) veröffentlichte bereits in den Achtzigerjahren des 20. Jhs. Texte in bulgarischer, russischer und deutscher Sprache. 1990 verließ er Bulgarien und studierte in Österreich Philosophie und russische Philologie. Er schreibt Drehbücher, Theaterstücke und Erzählprosa. Im Jahr 2003 erschien Dinevs umfangreicher Roman *Engelszungen*, in dessen Mittelpunkt zwei bulgarische Einwanderer stehen. Dinevs ironischen Umgang mit Multikulturalität und Migration zeigt auch sein Buch *Ein Licht über dem Kopf*, eine Sammlung von Erzählungen.

Das Thema Migration steht auch im Zentrum von VLADIMIR VERTLIBS (geb. 1966) autobiografischem Roman *Zwischenstationen* (siehe dazu Band 1, Modul VIII.6). Der Autor stammt aus einer jüdischen Familie, die aus Russland emigriert ist. In seinem Roman *Letzter Wunsch* (2003) erzählt Vertlib die Geschichte eines jüdischen Mannes, der seine letzte Ruhe im Grab seiner mittlerweile verstorbenen Frau finden will. Dieses Ansinnen scheint durchaus nicht ungewöhnlich zu sein, sollte aber daran scheitern, dass die Frau in einem jüdisch-orthodoxen

Friedhof begraben liegt und er als nicht orthodoxer Jude den strengen Regeln nach nicht in orthodoxer Erde ruhen dürfte. Der Sohn des Verstorbenen, der gleichzeitig der Ich-Erzähler ist, tut sein Möglichstes, um den letzten Wunsch des Vaters zu erfüllen.

Doron Rabinovici wurde 1961 in Tel Aviv geboren, kam aber bereits 1963 nach Österreich. Er machte nicht nur als kritischer Kommentator des politischen Zeitgeschehens auf sich aufmerksam, sondern auch als Romanautor.

6. Weltliteratur auf dem deutschen Buchmarkt

Schon der alte Goethe meinte, Nationalliteratur habe nicht mehr viel zu sagen, die Zeit der Weltliteratur breche an. Was sich um 1830 erst als Tendenz anzudeuten schien, ist heute Wirklichkeit geworden. Deutschsprachige Leser/innen lesen nicht mehr in erster Linie Literatur deutschsprachiger Autor/innen. Wie die meisten Märkte, so ist auch der Buchmarkt längst international geworden. Deutsche Übersetzungen fremdsprachiger Literatur gehören in den Buchhandlungen zum üblichen Bild, und auf den deutschen Bestsellerlisten stehen meist Bücher nicht deutschsprachiger Autor/innen.

Als besonders erfolgreich erwiesen sich in den letzten Jahren unter anderem: die Kriminalromane von Donna Leon (USA/Italien), Henning Mankell (Schweden) und Batya Gur (Israel), die Romane von Isabell Allende (Chile), Gabriel García Màrquez (Kolumbien), J. M. Coetzee (Südafrika), Antonio Tabucchi (Italien), Philipp Roth, Toni Morrison und John Updike (USA), José Saramago (Portugal), Javier Marías (Spanien), Cees Nooteboom (Niederlande), Aleksandar Tišma (Serbien), György Konrád (Ungarn), Doris Lessing (England/Südafrika) und Michel Houellebecq (Frankreich).

Kompetenz:
Literarische Texte interpretieren

Kompetenz:
literarische Texte interpretieren

Wozu dient dieser methodische Leitfaden?

Nehmen wir gleich vorweg, wozu dieser kurze Leitfaden nicht dient: Er ersetzt nicht die langfristige Interpretationsarbeit an möglichst vielen und unterschiedlichen Texten, wie sie in den Modulen in **Band 1** abgedruckt sind. Wenn Sie sich aber einen systematischen Überblick über die Instrumentarien der Textinterpretation verschaffen wollen, dann kann Ihnen der folgende methodische Leitfaden gute Dienste leisten.

In welchen Lernsituationen könnte dies der Fall sein?

➡ vor der Ausarbeitung eines Referats über ein literarisches Werk
➡ vor einer Schularbeit, bei der die Aufgabe in der Interpretation eines literarischen Texts besteht
➡ vor der mündlichen und/oder schriftlichen Reifeprüfung aus Deutsch

Warum ist dieser methodische Leitfaden für alle besonders wichtig, die die standardisierte, kompetenzorientierte Reifeprüfung ablegen?

Die Reifeprüfung stellt Sie vor die Aufgabe, für Sie neue literarische Texte zu analysieren und zu interpretieren. Sie können nicht auf erlernten „Stoff" zurückgreifen, sondern müssen sich mit einem Ihnen unbekannten Text beschäftigen, seine wesentliche Botschaft erschließen und seine sprachliche und formale Eigenart erkennen und erklären. In diesem Leitfaden werden an Beispielen die wesentlichen Kompetenzen des Interpretierens erläutert, die Sie bei einer Reifeprüfung erbringen müssen, wenn ein literarischer Text (Epik, Lyrik, Dramatik) Teil der Aufgabenstellung ist. Wir listen diese Kompetenzen jeweils am Beginn der folgenden Module I. Epik, II. Lyrik, III. Dramatik auf.

I. LYRIK

Teilkompetenzen des Interpretierens von lyrischen Texten

➡ Sie können das *Motiv* (die Motive) erkennen und den Stellenwert des *lyrischen Ichs* im Text erklären.

➡ Sie können den Text inhaltlich *paraphrasieren* (erläuternde Umschreibung des Inhalts).

➡ Sie können das *Metrum* bestimmen und benennen.

➡ Sie erkennen einige *Strophenformen* (Kanzone, Sonett, Volksliedstrophe, Abschnitt statt Strophe …).

➡ Sie können *Reimschemata* bestimmen und benennen.

➡ Sprachanalyse: Sie erkennen Besonderheiten der Wortwahl (Sprachebene, Wortarten im Stilzusammenhang), erkennen *bildhafte Ausdrucksweisen* und *Stilfiguren* und können diese benennen.

➡ Sprachanalyse: Sie können den *grammatikalischen Satzbau* und gegebenenfalls dessen *Stilwert* erklären.

Der Begriff „Lyrik" geht auf das griechische Wort „Lyra" zurück. Die Lyra (Leier) ist ein Saiteninstrument, das in der griechischen Antike als Begleitinstrument zum Vortrag von poetischen Texten verwendet wurde. So wurde die Lyra zum Symbol der Poesie. Unter dem Gattungsnamen Lyrik fasst man alle Arten von Gedichten zusammen, angefangen vom gesungenen Lied über die Stimmungslyrik bis hin zum sprachexperimentellen Kurztext. Die kaum überblickbare thematische und formale Vielfalt der Lyrik macht es unmöglich, einen „Überblick" im Sinne eines Ordnungssystems zu geben. Man kann aber sehr wohl einige methodische Hinweise geben, die den verständigen Umgang mit Lyrik erleichtern.

Lyrik, so hört man oft, sei die literarische Gattung, die am wenigsten Leser/innen fände. Diese Feststellung können wir nur teilweise bestätigen. Es stimmt zwar, dass das *geschriebene Gedicht* ziemlich wenige Leser/innen findet, aber das *gesungene Lied* hat sehr wohl ein großes Publikum und ist ein zentraler Bestandteil der modernen Popularkultur.

1. THEMA/MOTIV

Jedes Gedicht thematisiert entweder ein Geschehen, eine Erfahrung, ein Gefühl oder einen Gedanken. Der Begriff „Motiv" geht auf das lateinische Verbum „movere" (bewegen) zurück. Ein Motiv ist also zunächst einmal ein Beweggrund. Der Begriff wird in dieser Bedeutung in unterschiedlichen Lebensbereichen verwendet. So spricht man zum Beispiel in der Kriminalistik vom Motiv eines Mörders.

Die aus Gedichten erschließbaren Motive beruhen darauf, dass die Lyrikerin oder der Lyriker einen besonderen Beweggrund (z. B. eine Erfahrung, einen Gedankengang) hatte, der sie/ihn motivierte, den Text zu verfassen. Dieser Vorgang findet nun in der Sprache seinen erkennbaren Ausdruck. Selbstverständlich werden nicht nur Gedichte, sondern auch dramatische und epische Texte von Motiven ganz entscheidend geprägt. Auch in der Malerei und in der Fotografie spricht man von Motiven.

DAS MOTIV „KLEINKIND"

1 Nikolaus Lenau: Stimme des Kindes

1   Ein schlafend Kind! o still! in diesen Zügen
Könnt ihr das Paradies zurückbeschwören;
Es lächelt süß, als lauscht es Engelschören,
Den Mund umsäuselt himmlisches Vergnügen.

5   O schweige, Welt, mit deinen lauten Lügen,
Die Wahrheit dieses Traumes nicht zu stören!
Lass mich das Kind im Traume sprechen hören
Und mich, vergessend, in die Unschuld fügen!

Das Kind, nicht ahnend mein bewegtes Lauschen,
10 Mit dunklen Lauten hat mein Herz gesegnet,
Mehr als im stillen Wald des Baumes Rauschen;

Ein tiefres Heimweh hat mich überfallen,
Als wenn es auf die stille Heide regnet,
Wenn im Gebirg die fernen Glocken hallen.

2 Kurt Tucholsky: An das Baby

1   Alle stehn um dich herum:
Fotograf und Mutti
und ein Kasten, schwarz und stumm,
Felix, Tante Putti …
5   Sie wackeln mit dem Schlüsselbund,
            fröhlich quietscht ein Gummihund.
            „Baby, lach mal!", ruft Mama.
            „Guck", ruft Tante, „eiala!"
Aber du, mein kleiner Mann,
10 siehst dir die Gesellschaft an …
Na, und dann – was *meinste*?
            Weinste.
Später stehn um dich herum
Vaterland und Fahnen;
15 Kirche, Ministerium,
Welsche und Germanen.
            Jeder stiert nur unverwandt
            auf das eigne kleine Land
            Jeder kräht auf seinem Mist,
20   weiß genau, was Wahrheit ist.
Aber du, mein guter Mann,
siehst dir die Gesellschaft an …
Na, und dann – was *machste*?
            Lachste.

Die beiden Gedichte haben dasselbe Motiv, aber in der konkreten inhaltlichen, formalen und sprachlichen Ausführung unterscheiden sie sich deutlich voneinander.

Nikolaus Lenau bringt das schlafende Kind in Verbindung mit dem paradiesischen Urzustand (Text 1). Das schlafende Kind, ein Bild der Unschuld, weckt im *lyrischen Ich* ein „tiefres Heimweh", eine religiöse Sehnsucht nach einem seligen Zustand.

Kurt Tucholsky hingegen schildert mit distanzierter Ironie, wie sich die Erwachsenen dem Kind gegenüber benehmen (Text 2). Die seltsamen, angeblich kindgemäßen Verhaltensweisen führen dazu, dass das Kind zu weinen beginnt. Die Verhaltensweisen der Erwachsenenwelt sind nicht nur dem Baby gegenüber seltsam. Tucholsky spricht in der zweiten Strophe das nationalistische Gehabe an, das zur Entstehungszeit des Textes in Deutschland sehr verbreitet war. Das Baby, das mittlerweile erwachsen geworden ist, schließt sich aber diesen gesellschaftlichen Konventionen nicht an. Es distanziert sich – und lacht.

2. Wer spricht da eigentlich? – Das lyrische Ich

Viele Leser/innen von Gedichten gehen davon aus, dass das „Ich", das im lyrischen Text spricht, mit der Autorin oder dem Autor identisch ist. Das kann sein, es muss aber nicht sein. Am deutlichsten fällt uns das auf, wenn männliche Autoren ein Gedicht schreiben, in dem das *lyrische Ich* eine Frau ist – oder umgekehrt. Ein Gedicht von Frank Wedekind sei beispielhaft zitiert:

3 Frank Wedekind: Ilse

1 Ich war ein Kind von fünfzehn Jahren,
Ein reines unschuldsvolles Kind,
Als ich zum ersten Mal erfahren,
Wie süß der Liebe Freuden sind.

5 Er nahm mich um den Leib und lachte
Und flüsterte: O welch ein Glück!
Und dabei bog er sachte, sachte
Den Kopf mir auf das Pfühl zurück.

Seit jenem Tag lieb' ich sie alle,
10 Des Lebens schönster Lenz ist mein;
Und wenn ich keinem mehr gefalle,
Dann will ich gern begraben sein.

Das lyrische Ich ist – ähnlich wie der Erzähler im Erzähltext – ein Vermittler zwischen dem Autor, dessen Botschaft und den Leser/innen. Das lyrische Ich kann vom Autor ganz bewusst als Rolle konstruiert sein, die mit der Autorenidentität wenig oder gar nichts zu tun hat.

Freilich kann es auch sein, dass eine Autorin oder ein Autor eine Figur (Rolle) zum Sprachrohr eigener Ansichten macht. Der junge Goethe ließ in einem Gedicht die mythische Prometheus-Figur den Göttervater Zeus und die anderen olympischen Götter verhöhnen:

4 **Johann Wolfgang von Goethe: Prometheus (Auszug)**

1 Ich kenn nichts ärmers
Unter der Sonn als euch Götter!
Ihr nähret kümmerlich
Von Opfersteuern und Gebetshauch
5 Eure Majestät, und darbtet wären
Nicht Kinder und Bettler
Hoffnungsvolle Toren.

Goethes eigene Zweifel an der christlichen Vorstellung von einem guten, väterlichen Gott und seine Rebellion gegen Autoritäten finden in seiner Gestaltung der Prometheus-Figur (Text 4) ihren Ausdruck.

Bisweilen findet man in Gedichten auch ein „Du". Dieses „Du" kann der Leser oder die Leserin sein, aber auch eine ganz bestimmte Person, an die sich der Autor oder die Autorin wendet. Das älteste schriftlich erhaltene deutsche Liebesgedicht lautet folgendermaßen:

5 **(Dû bist mîn, Verfasser unbekannt)**

1 Dû bist mîn, ich bin dîn:
des solt dû gewis sîn.
dû bist beslozzen
in mînem herzen
5 verlorn ist das slüzzelîn:
dû muost immer drinne sîn.

Wir kennen den Verfasser nicht. Ob das angesprochene „Du" tatsächlich ein vom Verfasser geliebter Mensch ist, bleibt offen.

Weiters ist es möglich, dass das „Du" der Autor oder die Autorin selbst ist, der/die zur eigenen Person in Distanz tritt. In einem Gedicht von Gottfried Benn (Text 6) liest man zum Beispiel:

6 **Gottfried Benn: Verlorenes Ich (Auszug)**

1 Die Tage gehn dir ohne Nacht und Morgen,
die Jahre halten ohne Schnee und Frucht
bedrohend das Unendliche verborgen –
die Welt als Flucht.

5 Wo endest du, wo lagerst du, wo breiten
sich deine Sphären an (...)

3. KLANG UND FORM DES LYRISCHEN TEXTES

3.1 VERS – RHYTHMUS – METRUM

Ein Gedicht unterscheidet sich von einem Prosatext hauptsächlich durch die äußere Form. Während der Prosatext (ungebundene Rede) fortlaufend geschrieben wird, wird ein lyrischer Text in *Verszeilen* gegliedert. Diese Gliederung kann recht unterschiedlichen Kriterien folgen. Vergegenwärtigen wir uns die Möglichkeiten aufgrund von drei Beispielen:

7 Christian Morgenstern: Gruselett

1 Der Flügelflagel gaustert
durchs Wiruwaruwolz,
die rote Fingur plaustert,
und grausig gutzt der Golz.

8 Friedrich Hölderlin: An die Parzen (1. Strophe)

1 Nur Einen Sommer gönnt, ihr Gewaltigen!
Und einen Herbst zu reifem Gesange mir,
Dass williger mein Herz, vom süßen
Spiele gesättigt, dann mir sterbe.

9 Sarah Kirsch: Bäume

1 Früher sollen sie
Wälder gebildet haben und Vögel
Auch Libellen genannt kleine
Huhnähnliche Wesen die zu
5 Singen vermochten schauten herab.

Das Gedicht von Sarah Kirsch (Text 9) könnte man relativ problemlos als Prosatext niederschreiben: *Früher sollen sie Wälder gebildet haben, und Vögel, auch Libellen genannt, kleine, huhnähnliche Wesen, die zu singen vermochten, schauten herab.* – Die Autorin entscheidet sich aber dafür, den knappen Text in *Verszeilen* zu gliedern und die üblichen Satzzeichen wegzulassen. Dadurch entsteht eine lyrische Form.

Am wenigsten erinnert uns das Gedicht von Christian Morgenstern (Text 7) an einen Prosatext. Das liegt vor allem daran, dass der Text in einem regelmäßigen *Rhythmus* geschrieben worden ist und daran, dass der Autor den *Endreim* verwendet. Das künstlerische Gestaltungsmittel Reim beleuchten wir im nächsten Abschnitt etwas genauer. Bleiben wir vorläufig einmal beim Rhythmus.

METRUM

Der Eindruck von rhythmischer Regelmäßigkeit entsteht durch ein Versmaß, das durch lange und kurz gesprochene oder durch betonte und unbetonte Silben bestimmt ist: Man spricht von *Metrum*. Morgenstern wendet in Text 7 durchgehend ein *jambisches Versmaß* (Metrum) an. Jede Verszeile besteht aus drei jambischen Takten.
Ein jambischer Takt besteht aus einer unbetonten Silbe (*Senkung*) und aus einer betonten Silbe (*Hebung*). Er wird folgendermaßen notiert: ∪ –

Neben dem *Jambus* (∪ –) gibt es noch den *Trochäus* (– ∪), den *Daktylus* (– ∪ ∪) und den *Anapäst* (∪ ∪ –).

Viele Gedichte sind in *regelmäßigen Metren* geschrieben worden. Aber ebenso oft findet man *Mischformen* (Text 3) oder eine *freirhythmische Gestaltung* (Text 4), die keinem bestimmten Metrum zugeordnet werden kann, aber sehr wohl „rhythmisch" ist, wie die folgenden Gedichte (Texte 10 und 11) zeigen:

10 Alfred Lichtenstein: Die Zeichen (Auszug)

1 Die Stunde rückt vor.
Der Maulwurf zieht um.
Der Mond tritt wütend hervor.
Das Meer stürzt um.

5 Das Kind wird Greis.
Die Tiere beten und flehen.
Den Bäumen ist der Boden unter den Füßen zu heiß.
Der Verstand bleibt stehen.

11 Else Lasker-Schüler: An meine Freunde (Auszug)

1 Nicht die tote Ruhe –
Bin nach einer stillen Nacht schon ausgeruht.
Oh, ich atme Geschlafenes aus,
Den Mond noch wiegend
5 Zwischen meinen Lippen.

Wir sollten uns darüber im Klaren sein, dass die Versmaße Jambus, Trochäus, Daktylus und Anapäst darauf beruhen, dass in der deutschen Sprache gut zwischen betonten und unbetonten Silben unterschieden werden kann. Dies ist eine Eigenart der deutschen Sprache, die nicht alle anderen Sprachen mit ihr teilen. Daher gibt es Lyrik in anderen Sprachen, in denen Hebungen und Senkungen kein brauchbares metrisches Mittel sind. Ein prominentes Beispiel dieser Art ist das klassische Altgriechisch.

In der altgriechischen Sprache unterscheidet man eher zwischen langen und kurzen Silben als zwischen betonten und unbetonten. Die Metren der altgriechischen Dichtung folgen daher einem anderen Prinzip, und es ist gar nicht so einfach, altgriechische Formen für die deutsche Lyrik zu benützen.

Ein großer Meister der deutschen Sprache, der Dichter Friedrich Hölderlin, hat es dennoch gewagt. Text 8 zeigt es. Hölderlin verwendet hier eine antike Strophenform (alkäische Odenstrophe). Die Strophe besteht aus vier Verszeilen. Die ersten beiden Zeilen sind Elfsilber, die dritte ein Neunsilber und die letzte ein Zehnsilber. Analysiert man den Rhythmus auf der Grundlage der eben erläuterten Metren, so findet man Jamben, Trochäen und Daktylen.

VERSMASS

Für einige Versmaße, die zumindest zeitweise in der Literatur – nicht nur in der *Lyrik*, sondern auch im *Versdrama* oder im *Epos* – sehr bedeutsam waren, sind feste Begriffe entstanden:

a) Der *Knittelvers* besteht aus vierhebigen, gereimten Verszeilen. Die Zahl der Senkungen ist frei. Die Silbenzahl schwankt etwa zwischen sieben und fünfzehn. Dadurch entsteht ein holpriger, freier Rhythmus. Die Bezeichnung Knittel- oder Knüttelvers hatte ursprünglich abwertende Bedeutung, weil diese Versform als unbeholfen betrachtet wurde (Knüttelholz = knorriges Holz). Dennoch fanden auch Autor/innen von Rang den Knittelvers reizvoll. Das berühmteste Beispiel ist Johann Wolfgang von Goethe, der im ersten Teil seiner *Faust*-Tragödie (unter anderem) den Knittelvers verwendete:

12 Johann Wolfgang von Goethe: Faust I (Auszug)

1 Habe nun, ach! Philosophie,
Juristerei und Medizin,
Und leider auch Theologie!
Durchaus studiert, mit heißem Bemühn.
5 Da steh' ich nun, ich armer Tor!
Und bin so klug als wie zuvor (...)

b) Der *Blankvers* besteht aus fünfhebigen jambischen Verszeilen mit *katalektischem* oder *akatalektischem Schluss*. Die Verszeilen sind ungereimt.
Der Blankvers ist englischen Ursprungs und wurde durch Übersetzungen in die deutsche Literatur aufgenommen. Insbesondere im klassischen deutschen Drama (Lessing, Schiller, Grillparzer) wurde der Blankvers häufig verwendet.

13 Gotthold Ephraim Lessing: Nathan der Weise (Auszug)

1 Es eifre jeder seiner unbestochnen,
Von Vorurteilen freien Liebe nach!
Es strebe jeder von euch um die Wette,
Die Kraft des Steins in seinem Ring an Tag
5 Zu legen!

c) Der *Alexandrinervers* besteht aus sechshebigen jambischen Verszeilen mit einer *Zäsur* nach dem dritten Takt.
Besonders in der Barockzeit wurde er gern verwendet. Wie das folgende Beispiel zeigt, eignet sich der Alexandriner gut zur Darstellung von *Antithesen*.

14 Andreas Gryphius: Es ist alles eitel

1 Was itzund prächtig blüht / sol bald zutreten werden.
Was itzt so pocht und trotzt ist Morgen Asch und Bein / (...)

d) Der *Hexameter* kommt aus der antiken Dichtung. Er weist sechs (griech. hexa) daktylische oder trochäische Takte auf. Der fünfte Takt ist immer daktylisch.

Ein berühmtes Beispiel für Erzähldichtung in Hexametern sind die Epen des Homer (*Ilias*, *Odyssee*). Die *Ilias* beginnt in der deutschen Übersetzung folgendermaßen:

15 Homer: Ilias (Auszug)

1 Singe den Zorn, o Göttin, des Peleiaden Achilleus,
Ihn, der entbrannt den Achaiern unnennbaren Jammer erregte (...)

e) *Enjambement – Hakenstil – Zeilenstil*

Auf eine Besonderheit bei der Gestaltung von Verszeilen sei noch hingewiesen, auf das *Enjambement* (Zeilensprung) [ãschambmã]. Man spricht von einem Enjambement, wenn der Satz und dessen Sinneinheit über die Verszeile in die nächste hinübergezogen werden, zum Beispiel so:

16 Rainer Maria Rilke: Römische Fontäne (Auszug)

1 Zwei Becken, eins das andre übersteigend
aus einem alten runden Marmorrand,
und aus dem oberen Wasser leis sich neigend
zum Wasser, welches unten wartend stand, (...)

Zwischen erster und zweiter bzw. zwischen dritter und vierter Verszeile bedient sich Rilke des Enjambements. Wird das Enjambement eingesetzt, spricht man vom *Hakenstil*.

Fällt hingegen das Versende mit der syntaktischen Sinneinheit zusammen, so spricht man vom *Zeilenstil*:

17 Clemens Brentano: Hör, es klagt die Flöte wieder

1 Hör, es klagt die Flöte wieder,
Und die kühlen Brunnen rauschen,
Golden wehn die Töne nieder –
Stille, stille, lass uns lauschen!

3.2 STROPHENFORMEN UND ABSCHNITTGLIEDERUNG

Lyrische Texte sind oft in *Strophen* gegliedert. Man versteht unter einer Strophe die Anordnung mehrerer Verszeilen zu einer einheitlichen, wiederkehrenden Einheit. Dieses formale Gliederungsprinzip stand ursprünglich wohl im Zusammenhang mit der Bindung des lyrischen Textes an die Musik. Bis heute hat sich die strophische Gliederung vor allem in gesungener Lyrik (Liedtext) erhalten.

Im konventionellen Liedtext der Popularmusik findet man sehr oft das folgende strophische Gestaltungsprinzip: Verse – Refrain. Unter einem *Refrain* (*Kehrreim*) versteht man die Wiederholung einer prägnanten Aussage mit derselben Musik.

STROPHENFORMEN

In der langen Geschichte der europäischen Lyrik wurden viele unterschiedliche Strophenformen entwickelt. Einige wollen wir kurz an Beispielen erklären:

a) Die *Kanzone* ist ein mehrstrophiges Lied, das aus gleich gebauten Einzelstrophen besteht. Die Kanzonenstrophe wurde von den französischen *Troubadours* entwickelt und u. a. vom deutschen *Minnesang* übernommen. Besonders gepflegt wurde die Kanzone auch in der italienischen *Renaissance*.
Die Kanzonenform ist an die Musik gebunden. Eine Strophe besteht aus einem *Aufgesang* und aus einem *Abgesang*. Der Aufgesang besteht aus zwei gleich gebauten *Stollen*. Im 2. Stollen wird die Melodie des 1. Stollens wiederholt. Der Abgesang bringt ein neues musikalisches Motiv.

18 Walther von der Vogelweide: (Under der linden, Auszug)

1 Under der linden
an der heide,
dâ unser zweier bette was,   (Aufgesang, 1. Stollen)
Dâ muget ir vinden
5 schône beide
gebrochen bluomen unde gras.   (Aufgesang, 2. Stollen)
Vor dem walde in einem tal
tandaradei,
schône sanc diu nahtegal.   (Abgesang)

b) Das *Sonett* ist eine italienische Gedichtform. Sie besteht aus 14 Verszeilen, die in zwei *Quartette* und zwei *Terzette* geteilt sind. Durch kunstvolle Reimverschränkung (z. B. a-b-b-a | a-b-b-a | c-d-e | d-c-e) wird auf der Klangebene ein Zusammenhang hergestellt:

19 August Wilhelm Schlegel: Das Sonett

1 Zwei Reime heiß ich viermal kehren wieder,
Und stelle sie, geteilt, in gleiche Reihen,
Dass hier und dort zwei eingefasst von zweien
Im Doppelchore schweben auf und nieder.

5 Dann schling des Gleichlauts Kette durch zwei Glieder
Sich freier wechselnd, jegliches von dreien.
In solcher Ordnung, solcher Zahl gedeihen
Die zartesten und stolzesten der Lieder.

Den werd ich nie mit meinen Zeilen kränzen,
10 Dem eitle Spielerei mein Wesen dünket
Und Eigensinn die künstlichen Gesetze.

Doch wem ich mit geheimem Zauber winke,
Dem leih ich Hoheit, Füll' in engen Grenzen
Und reines Ebenmaß der Gegensätze.

Als Sonderform des Sonetts gilt das *englische Sonett* oder *Shakespeare-Sonett*. Es besteht auch aus 14 Zeilen, die aber strophisch folgendermaßen gegliedert sind: 4–4–4–2. Das *Versmaß* des englischen Sonetts ist der fünfhebige *Jambus*.

20 William Shakespeare: Sonett Nr. 60 (Auszug)

1 Like as the waves make towards the pebbled shore,
So do our minutes hasten to their end;
Each changing place with that which goes before,
In sequent toil all forwards do contend.
5 (...)

c) Die *Terzine* ist eine dreizeilige Strophenform. Jede Verszeile besteht (meist) aus *fünf jambischen Takten*. Durch Reimverschränkung werden die Einzelstrophen miteinander verbunden:

21 Hugo von Hofmannsthal: Über Vergänglichkeit (Auszug)

1 Noch spür ich ihren Atem auf den Wangen:
Wie kann das sein, dass diese nahen Tage
Fort sind, für immer fort, und ganz vergangen?

Dies ist ein Ding, das keiner voll aussinnt,
5 Und viel zu grauenvoll, als dass man klage:
Dass alles gleitet und vorüberrinnt.

Und dass mein eignes Ich, durch nichts gehemmt,
Herüberglitt aus einem kleinen Kind
Mir wie ein Hund unheimlich stumm und fremd. (...)

d) *Einfache Liedstrophe*: Vier, manchmal auch acht Verszeilen werden zu einer Strophe zusammengefügt:

22 Heinrich Heine: (Die Linde blühte, Auszug)

1 Die Linde blühte, die Nachtigall sang,
Die Sonne lachte mit freundlicher Lust;
Da küsstest du mich, und dein Arm mich umschlang,
Da presstest du mich an die schwellende Brust.

e) Das *Distichon*: Von den antiken Strophenformen wollen wir nur das Distichon herausgreifen, das auch in der späteren europäischen Dichtung verwendet worden ist, insbesondere natürlich von Autorinnen und Autoren, die sich in ihrem Kunstverständnis an der klassischen Antike orientierten. Das zweizeilige Distichon besteht aus einem *Hexametervers* und einem *Pentametervers*.

23 Friedrich Schiller: Das Distichon

1 Im Hexameter steigt des Springquells flüssige Säule,
Im Pentameter drauf fällt sie melodisch herab. (...)

ABSCHNITT STATT STROPHE

Es gibt insbesondere in der jüngeren Lyrik zahlreiche Gedichte, die nicht mehr den traditionellen Strophenformen folgen. Dennoch werden etwas längere Gedichte meist formal in Abschnitte gegliedert. Da es sich in diesem Fall nicht mehr um Strophen im engeren Sinn des Wortes handelt, empfehlen wir anstelle von *Strophe* die Bezeichnung *Abschnitt*.

3.3 KLANG UND REIM

Immer wieder wird spürbar und erkennbar, dass Lyrik etwas mit Musik zu tun hat. Nicht nur in Liedtexten, sondern auch in gesprochener Lyrik wurde und wird der Klangwirkung der Sprache besondere Aufmerksamkeit eingeräumt. Die bewusste Verwendung von Wörtern mit dunklen oder hellen Vokalen, die Häufung ähnlich klingender Wörter und vor allem der *Reim*, eine Form des Gleichklangs, sind verbreitete Gestaltungsmittel. Machen wir sie uns am Beispiel eines Gedichts (Text 24) bewusst.

24 Rainer Maria Rilke: Der Panther

1 Sein Blick ist vom Vorübergehn der Stäbe
so müd geworden, dass er nichts mehr hält.
Ihm ist, als ob es tausend Stäbe gäbe
und hinter tausend Stäben keine Welt.

5 Der weiche Gang geschmeidig starker Schritte,
der sich im allerkleinsten Kreise dreht,
ist wie ein Tanz von Kraft um eine Mitte,
in der betäubt ein großer Wille steht.

Nur manchmal schiebt der Vorhang der Pupille
10 sich lautlos auf. – Dann geht ein Bild hinein,
geht durch der Glieder angespannte Stille –
und hört im Herzen auf zu sein.

REIMSCHEMATA

An den unterstrichenen Stellen in Text 24 ist Rilkes bewusste Setzung klanglicher Mittel zu erkennen. Rilke verwendet Gleichklänge, unter anderem in Form der *Alliteration* (*Stabreim*). Unter einer Alliteration versteht man den Gleichklang im Anlaut.
Das uns geläufigere klangliche Gestaltungsmittel ist der *Endreim* (Reim am Schluss der Verszeilen).
Rilke verwendet folgendes Reimschema: a-b-a-b. Man spricht hier von einem *Kreuzreim*.
Andere Reimschemata sind *Paarreim* (a-a-b-b), *umschließender Reim* (a-b-b-a) und *Schweifreim* (a-a-b-c-c-b).

In manchen *sprachexperimentellen Gedichten* des 20. Jhs. hat der *Klang*, die phonetische (lautliche) Gestalt des Wortes eine zentrale Bedeutung. Zum Klassiker dieser „Lautgedichte" ist der österreichische Lyriker und Dramatiker Ernst Jandl (1925–2000) geworden:

25 Ernst Jandl: 16 jahr (Auszug)

1 thechdthen jahr	thechdtchen jahr
thüdothdbahnhof	wath tholl
thechdthen jahr	10 wath tholl
wath tholl	der bursch
5 wath tholl	wath tholl
der machen	der machen
thüdothdbahnhof	(...)

4. LYRISCHE SPRACHE BESSER VERSTEHEN – SEMANTISCHE UND SYNTAKTISCHE ASPEKTE

Wie bei jedem Text, so sollte es wohl auch beim lyrischen Text um verstehendes Lesen und Hören gehen. Gerade bei lyrischen Texten kann der Weg zum Verständnis manchmal etwas mühsamer sein als bei Erzählungen und Dramen. Die Gründe dafür sind unterschiedlicher Art. Um die Probleme, die uns lyrische Texte manchmal bereiten, zu verstehen, machen wir uns einige Besonderheiten lyrischen Sprechens bewusst. Die sprachlichen Merkmale, von denen in der Folge die Rede ist, sind keineswegs auf die Lyrik beschränkt, denn auch erzählerische oder dramatische Texte sind aufgrund *semantischer*, *syntaktischer* und *pragmatischer* Gesichtspunkte beschreibbar. Aber bei der Beschäftigung mit lyrischen Texten werden sie uns in besonderer Weise bewusst. Das liegt unter anderem daran, dass viele Gedichte in knapper, reduzierter Form verfasst sind, dass die Botschaft in der lyrischen Sprache besonders „verdichtet" wird. So kann jeder Satz, jedes Wort wichtig sein. Langsamkeit und Genauigkeit des Lesens sind daher beim Gedicht noch wichtiger als bei einem Roman oder einem Drama.

4.1 DIE BILDHAFTIGKEIT DER SPRACHE

Die *Semantik* ist die Wissenschaft von der Bedeutung der sprachlichen *Zeichen*. Gäbe es keine Vereinbarungen über die Bedeutung von Sprachzeichen, könnten wir miteinander gar nicht sinnvoll reden. Gesellschaftliche Kommunikation wäre unmöglich, verstände der eine unter dem Begriff „Wasser" etwas anderes als der andere. Eindeutigkeit ist in vielen Kommunikationszusammenhängen unverzichtbar, aber in der Dichtung ist sie nicht immer wichtig, ja gerade in der Lyrik sind Mehrdeutigkeit und Offenheit der Bedeutung manchmal gewollt und machen den besonderen Reiz einer poetischen Sprache aus.

26 Joseph von Eichendorff: Mondnacht

1 Es war, als hätt' der Himmel	Und meine Seele spannte
Die Erde still geküsst,	10 Weit ihre Flügel aus,
Dass sie im Blütenschimmer	Flog durch die stillen Lande,
Von ihm nun träumen müsst.	Als flöge sie nach Haus.
5 Die Luft ging durch die Felder,	
Die Ähren wogten sacht,	
Es rauschten leis die Wälder,	
So sternklar war die Nacht.	

Himmel und Erde sind geläufige Begriffe, die wir auch im Lexikon finden. Aber dass der Himmel die Erde küsst, ist eine merkwürdige Vorstellung. Auch „Seele" ist ein bekannter Begriff. Was wir uns darunter vorstellen, ist nicht ganz klar, und vollends eigenwillig ist es, wenn der Romantiker Eichendorff der Seele Flügel wachsen lässt. Und kann eine Seele wirklich *nach Hause* fliegen? Wo ist ihre Heimat?

Der Dichter nimmt sich die Freiheit, in mehrdeutigen *Bildern* zu sprechen. Bildhaftigkeit der Sprache ist in der Lyrik keine Seltenheit. Es ist daher nützlich, die Varianten bildhaften Sprechens zu kennen:

SPRACHBILDER

Metapher: Der Begriff kommt von altgriech. „metaphérein" (= übertragen). Unter einer Metapher versteht man die Verwendung eines Wortes in übertragener Bedeutung, z. B. „der Vorhang der Pupille" (Rainer Maria Rilkes: *Der Panther*). Der Begriff Metapher wird auch als *Synonym* für „Bild" in erweiterter Bedeutung verwendet.

Personifikation: Sie gilt als Sonderform der *Metapher*. Man versteht darunter die Personifizierung eines Abstraktums oder eines Dings, z. B. in Eichendorffs Formulierung „Es war, als hätt' der Himmel / Die Erde still geküsst" (Text 26). Küssen ist ein menschliches Verhalten, das im vorliegenden Fall dem Himmel zugesprochen wird.

Synästhesie: Auch die Synästhesie gilt als *metaphorische* Form. Man versteht darunter die Verschmelzung von zwei oder auch mehr Sinnesebenen in einer bildhaften Formulierung. Dazu ein romantisches Gedicht:

27 Clemens Brentano: Hör, es klagt die Flöte wieder

1 Hör, es klagt die Flöte wieder,
  Und die kühlen Brunnen rauschen.
  Golden wehn die Töne nieder,
  Stille, stille, lass uns lauschen!

5 Holdes Bitten, mild Verlangen,
  Wie es süß zum Herzen spricht!
  Durch die Nacht, die mich umfangen,
  Blickt zu mir der Töne Licht.

In diesem knappen Text finden wir drei Synästhesien: Die Töne sind „golden" (Seh- und Hörsinn werden verbunden), die Flöte spricht „süß" zum Herzen (Geschmacks- und Hörsinn), und das *lyrische Ich* nimmt „der Töne Licht" wahr (Hör- und Sehsinn).

Metonymie: Anstelle des üblichen Ausdrucks wird ein anderer verwendet, der mit dem üblichen in einem *semantischen* Zusammenhang steht, z. B. „Wir sollten viel mehr Goethe lesen" (statt: Goethes Werke). Als Sonderform der Metonymie gilt die *Synekdoche* oder das *Pars pro toto* (lat.: Ein Teil steht für das Ganze): z. B. „Die Gruppe besteht aus zehn Köpfen" (statt aus zehn Personen).

Vergleich: Diese bildhafte Ausdrucksweise erkennt man oft an der Vergleichspartikel „wie": „Er kämpft wie ein Löwe." Es gibt aber auch Vergleiche ohne Partikel („Sie ist eine Schlange!") oder Vergleiche in anderen grammatikalischen Formen, z. B. in Eichendorffs *Mondnacht* die Formulierung „Es war, <u>als hätt'</u> der Himmel / Die Erde still geküsst".

Symbol und *Chiffre*: Ein sprachliches Zeichen kann über seine vordergründige Bedeutung hinaus auch zum *Symbol* werden. Machen wir uns den Symbolwert des Zeichens „Herbst" im folgenden Gedicht von Rainer Maria Rilke bewusst:

28 Rainer Maria Rilke: Herbst

1 Die Blätter fallen, fallen wie von weit,
als welkten in den Himmeln ferne Gärten;
sie fallen mit verneinender Gebärde.

Und in den Nächten fällt die schwere Erde
5 aus allen Sternen in die Einsamkeit.

Wir alle fallen. Diese Hand da fällt.
Und sieh dir andre an: es ist in allen.

Und doch ist Einer, welcher dieses Fallen
unendlich sanft in seinen Händen hält.

Den Herbst als *Symbol* für Vergänglichkeit und Sterben zu wählen, ist heute nicht mehr sonderlich originell. Es handelt sich um ein Bild, das – zumindest in unserem Kulturkreis – geläufig ist. Ähnlich gut kommunizierbar sind gewisse Farbsymbole, z. B. „schwarz" für Trauer und Tod, „rot" für Leidenschaft, Vitalität, aber auch Aggression.

Manchmal entwickeln Lyriker/innen individuelle Symbole, die auf schwer darstellbare Empfindungs- und Stimmungskomplexe verweisen. Eindeutigkeit der Sprache ist in diesem Fall nicht mehr gegeben. Zur Bezeichnung solch schwer verständlicher, individueller Sprachbilder verwendet man den Begriff *Chiffre*. Eine chiffrierte Botschaft beruht bekanntlich auf einer Geheimsprache, die nur Eingeweihte kennen. Die Chiffre wurde insbesondere in der *hermetischen Lyrik* des 20. Jhs. ein dominantes Stilmittel.

4.2 RHETORISCHE FIGUREN (STILFIGUREN)

Neben dem bildhaften Sprechen finden wir in Gedichten auch andere auffällige Formulierungen, die meist schon in der antiken Redekunst und *Poetik* bekannt waren und die daher auch bestimmte Namen bekommen haben.
Es gibt viele solche *rhetorischen* oder *stilistischen* Figuren. Hier eine kleine Auswahl:
Akkumulation, *Anapher*, *Antithese*, *Chiasmus*, *Ellipse*, *Emphase*, *Euphemismus*, *Gradation*, *Hyperbel*, *Inversion*, *Litotes*, *Oxymoron*, *Paradoxon*, *Periphrase*, *rhetorische Frage*.
Die Erläuterungen zu allen diesen Begriffen finden Sie in Band 1, Glossar .

4.3 WORT-, SATZ- UND TEXTGRAMMATIK

Oft begegnet man der Ansicht, Gedichte sollten lediglich gefühlsmäßig nachempfunden werden. Durch eine sprachliche Analyse zerstöre man das Kunstwerk. Tatsächlich scheint eher das Gegenteil der Fall zu sein. Die Unlust, die sprachliche Besonderheit des Textes auch nach *Kriterien der Grammatik* zu verstehen, verschließt nicht selten einen vertieften Zugang zum Gedicht.

Um Eichendorffs *Mondnacht* (Text 26) angemessen zu verstehen, ist es beispielsweise nicht unerheblich, darauf zu achten, dass der Autor den Konjunktiv II verwendet. Die wunderbare romantische Verzauberung der Welt und auch die Erlösung der Seele bleiben also etwas Irreales („als <u>hätt'</u> der Himmel", „als <u>flöge</u> sie").

Einige grammatikalische Basiskenntnisse gewährleisten zwar nicht, dass wir Gedichte gut verstehen, aber wir können manchmal zumindest verstehen, warum wir mit einem Text Verständnisprobleme haben. Dazu ein schwieriges Beispiel:

29 Georg Trakl: Klage

1 Schlaf und Tod, die düstern Adler
Umrauschen nachtlang dieses Haupt:
Des Menschen goldnes Bildnis
Verschlänge die eisige Woge
5 Der Ewigkeit. An schaurigen Riffen
Zerschellt der purpurne Leib
Und es klagt die dunkle Stimme
Über dem Meer.
Schwester stürmischer Schwermut
10 Sieh ein ängstlicher Kahn versinkt
Unter Sternen,
Dem schweigenden Antlitz der Nacht.

Das Verstehen erschweren in diesem Fall zunächst einmal die ungewöhnlichen sprachlichen *Bilder* und der Umstand, dass kein *lyrisches Ich* erkennbar wird. Man weiß nicht so recht, wer da spricht und auf welche außersprachliche Wirklichkeit der anonyme Sprecher verweist. Das ist in erster Linie ein Problem der *Semantik*.
Es gibt aber auch ein *syntaktisches* bzw. *textgrammatikalisches* Problem. Denn erschwerend für das Verstehen ist auch, dass zwischen den sprachlichen Bildern auf den ersten Blick kein Zusammenhang zu erkennen ist. Die einzelnen Sätze werden vom Dichter kaum durch Konjunktionen verbunden, und keinerlei Verweiswörter stellen eine textgrammatikalische Verbindung zwischen den Bildelementen her.
Wir können aber in unseren Köpfen selbst Zusammenhänge konstruieren, indem wir semantische Felder (*Wortfelder*) erstellen. Dabei müssen wir allerdings vorsichtig vorgehen, um uns nicht allzu weit vom Text zu entfernen und einen rein subjektiven Zusammenhang herzustellen, der im Gedicht überhaupt nicht mehr nachweisbar ist:
Feld 1: nachtlang, düster, dunkle, Nacht
Feld 2: umrauschen, Woge, Riffe, Meer, stürmisch
Feld 3: zerschellt, versinkt
Feld 4: ängstlich, schaurig
Auf diese Weise wird die Dominanz negativer Zeichen erkennbar. Zu den bereits angeführten Wörtern kann man unter diesem Gesichtspunkt noch „klagt", „eisig" und „Schwermut" hinzufügen. Zerstörung, Schwermut, Angst, Todesgefahr und Untergang bestimmen also den Ton.

Welche konkrete Situation Georg Trakl anspricht, ist freilich aus dem Text nicht mehr zu erschließen. In diesem Fall können Fragen nach dem **Kontext** möglicherweise nützlich sein (siehe Abschnitt 5). Um diese Fragen beantworten zu können, brauchen wir ein Zusatzwissen, das wir nur aus literaturwissenschaftlicher Fachliteratur erhalten können.

5. TEXT UND KONTEXT

Unter dem *Kontext* verstehen wir die außersprachliche Wirklichkeit, in der das Gedicht entstanden ist und auf die es meist auch verweist. Im Einzelnen können dies sein:

• die persönlichen Lebensumstände des Autors oder der Autorin,
• die gesellschaftlichen und kulturellen Verhältnisse der Entstehungszeit,
• markante Denkweisen der Entstehungszeit, v. a. philosophische,
• das Kunstverständnis der Entstehungszeit (Epochenstil).

Im Fall des Gedichts *Klage* von Georg Trakl (Text 29) kann dazu Folgendes gesagt werden: Das Gedicht entstand vermutlich im Oktober des Jahres 1914. Der Erste Weltkrieg war ausgebrochen, der 27-jährige Trakl war im August zum Sanitätsdienst an die Ostfront (Galizien) eingezogen worden. Die Kriegsgräuel stürzten Trakl, der ohnedies schwermütig war, in eine tiefe seelische Krise. Am 3. November starb Trakl in Krakau. Wenige Tage vorher schickte er seinem Förderer und Freund Ludwig von Ficker, dem Herausgeber der Literaturzeitschrift *Brenner*, die Gedichte *Klage* und *Grodek* mit folgendem Begleitbrief:

30 Georg Trakl: (Brief)

1 Lieber, verehrter Freund!
Anbei übersende ich Ihnen die Abschriften der beiden Gedichte, die ich Ihnen versprochen. Seit Ihrem Besuch im Spital ist mir doppelt traurig zu Mute. Ich fühle mich fast schon jenseits der Welt.
5 Zum Schlusse will ich noch beifügen, dass im Fall meines Ablebens, es mein Wunsch und Wille ist, dass meine liebe Schwester Grete, alles was ich an Geld und sonstigen Gegenständen besitze, zu eigen haben soll. Es umarmt Sie, lieber Freund innigst
Ihr Georg Trakl

Trakls Brief kann man also entnehmen, dass Tod und Trauer in dieser Lebensphase ständige Begleiter des Dichters waren. Die Erwähnung der Schwester, die ja auch im Gedicht erfolgt, ist insofern von besonderer Bedeutung, als Trakl zu seiner Schwester Grete eine inzestuöse Beziehung unterhielt, die von schweren Schuldgefühlen begleitet war. Die sprachlichen *Bilder* des Gedichts geben also nicht direkt die außersprachliche Wirklichkeit wieder, aber sie stehen mit dieser Wirklichkeit offensichtlich in einem Zusammenhang. Dass Trakl die Wirklichkeit nicht realistisch beschreibt, sondern in sprachlichen Bildern Stimmungen und innere Zustände symbolisiert, ist in der Kunstepoche des *Expressionismus* keine Seltenheit. So steht Trakl trotz aller Individualität des Ausdrucks auch im Zusammenhang mit der Kunst seiner Zeit.

Dieses Beispiel zeigt, dass die Berücksichtigung des Kontexts für das Verständnis eines Gedichts wichtig sein kann. Das muss nicht immer der Fall sein – und vor allem nicht immer auf dieselbe Weise. Im Fall des Textes 29 *Klage* spielen die persönlichen Lebensumstände und die gesellschaftspolitischen Ereignisse (Krieg) eine wichtige Rolle. Im Hinblick auf folgenden Text von Ernst Jandl kann man das nicht in derselben Weise behaupten:

31 Ernst Jandl: sommerlied

1 wir sind die menschen auf den wiesen
bald sind wir menschen unter den wiesen
und werden wiesen, und werden wald
das wird ein heiterer landaufenthalt

II. DRAMATIK

Teilkompetenzen des Interpretierens von Dramen bzw. von dramatischen Szenen

⇒ Sie kennen die Funktionen von *Haupt*- und *Nebentext* im Drama.

⇒ Sie können die *Figuren*, ihr Verhalten (auch ihr Sprechverhalten) und die Figurenbeziehungen erklären.

⇒ Sie können zwischen *typisierender* und *individualisierender, geschlossener* und *offener Figurengestaltung* unterscheiden.

⇒ Sie können die Bedeutung des *Raums (Handlungsort)* für die Szene erklären.

⇒ Sie können gegebenenfalls *die Szene im Zusammenhang des gesamten Stücks* erklären.

⇒ Sie können zwischen *Prosa*- und *Versdrama* unterscheiden.

⇒ Sprachanalyse: Sie erkennen Besonderheiten der Wortwahl (Sprachebene, Wortarten im Stilzusammenhang), erkennen *bildhafte Ausdrucksweisen* und *Stilfiguren* und können diese benennen.

⇒ Sprachanalyse: Sie können den *grammatikalischen Satzbau* und gegebenenfalls dessen Stilwert erklären.

Nur bei Ganztexten:

⇒ Sie können die Begriffe *Spielzeit* und *gespielte Zeit* erklären und gegebenenfalls auf ein Drama anwenden.

⇒ *Zieldrama* und *analytisches Drama* (Enthüllungsdrama): Sie können diese typischen Bauweisen erklären und gegebenenfalls auf ein konkretes Drama anwenden.

1. BEGRIFFLICHE ABGRENZUNG DER GATTUNG

Drama: altgriech. „drama" (= Handlung), szenisch-theatralische Realisierung einer Handlung mit den Mitteln des *Dialogs* und *Monologs*. *Drama* ist ein Überbegriff für jede Art von theatralischem Text.

Tragödie: eine Hauptgattung der Dramatik, von „tragos" (= Ziegenbock). Die „tragodia" war der dem Opfertier gewidmete Bocksgesang im antiken Kult. Aus ihm entwickelte sich die antike Tragödie, die zum Ausgangspunkt der europäischen Tragödiendichtung wurde. Das „Tragische" kommt vor allem zustande durch ein unentrinnbares Schicksal, die Schuld von Menschen, eine unglückliche Verkettung von Umständen, einen unlösbaren Konflikt, durch Unwissenheit der *Protagonist/innen*.

Komödie: abgeleitet vom griechischen Wort „komai"; das waren Vororte, in denen rituelle nächtliche Umzüge stattgefunden haben. Als dramatische Form stellte die „komodia" (griech.) das Niedrige und Gemeine als etwas Lächerliches dar. Die Komödienhandlung ist nicht frei von Konflikten, aber es gibt dafür eine positive Lösung. Gegenstand des Komischen sind meist menschliche Schwächen. Bedeutungsähnlich ist der Begriff *Lustspiel*.

Tragikomödie: Tragische und komische Elemente werden in ein und demselben Stück verbunden. Die Gleichzeitigkeit von Scherz und Ernst, Erhabenheit und Lächerlichkeit im menschlichen Leben kann auf diese Weise gezeigt werden. Während in der älteren *Poetik* (z. B. *Klassizismus*) die strenge Trennung zwischen *Tragödie* und *Komödie* gefordert wurde, setzte sich in der *Moderne* die *Tragikomödie* immer mehr durch.

Sprechstück: Mit diesem Begriff bezeichnet man experimentelle Formen des 20. Jhs., deren Autor/innen die üblichen Kennzeichen des *Dramas* (v. a. Handlung und Identität der Figur) bewusst verweigern.

2. Einen dramatischen Text lesen – wozu und wie?

2.1 Soll man Dramen überhaupt lesen?

Zwischen der Epik und der Lyrik auf der einen, der Dramatik auf der anderen Seite besteht ein grundlegender Unterschied. Der dramatische Text ist meist nur das Ausgangsmaterial für die Inszenierung, also für die Realisierung des Textes auf einer Bühne. Die ideale Begegnung mit dem Drama findet daher nach wie vor im Theater statt. Die Lektüre eines dramatischen Textes verlangt von den Leser/innen ein anderes Leseverhalten als die Lektüre eines Romans oder eines Gedichts.

Manche stellen nicht ganz ohne Grund die Frage, ob man Dramen überhaupt lesen soll. Der Film ist zum Beispiel auch als dramatische Kunst zu betrachten, und kaum jemandem würde es einfallen, ein Drehbuch zu lesen, statt ins Kino zu gehen. Interessant ist für Kinobesucher/innen die Realisierung auf der Leinwand, nicht das sprachliche Rohmaterial, das der Drehbuchautor/die Drehbuchautorin dem Filmregisseur/der Filmregisseurin und den Schauspieler/innen geliefert hat. Beim Drama liegt die Sache freilich ein wenig anders.

Die meisten Dramatiker/innen verstehen ihre Arbeit nicht vorrangig als Bild-, sondern als Wortkunst. Die Theaterstücke, die zu Klassikern der Welt- oder zumindest einer Nationalliteratur geworden sind, sind Sprachkunstwerke. Nicht selten sind sie so kunstvoll formuliert, dass wir bei der Erstbegegnung im Theater Verständnisprobleme haben oder viele Nuancen des Textes nicht auf den ersten Blick (bzw. Horcher!) erkennen. Erst der Zugang zu diesen Nuancen garantiert uns aber Kunstgenuss im eigentlichen Sinn des Wortes. Daher kann die Lektüre eines dramatischen Textes – vielleicht auch als Vorbereitung auf einen Theaterbesuch – durchaus gewinnbringend sein.

2.2 Die äussere Textgestalt

Die formale Gliederung des dramatischen Textes

Wenn Sie einen dramatischen Text aufschlagen, finden Sie zunächst Angaben folgender Art: „Erster Akt" oder „Erster Aufzug", manchmal auch nur die Zahl „1". Viele Theaterstücke sind in *Akte* oder *Aufzüge* gegliedert, diese wiederum in *Szenen* oder *Auftritte*. In der Moderne des 20. Jhs. verzichten Autor/innen bisweilen auch auf diese äußere Gliederung.

Regieanweisungen (der sogenannte „Nebentext")

Nach der Akt- oder Szenenangabe lesen Sie meist mehr oder weniger umfangreiche Anweisungen des Autors oder der Autorin für die räumliche Gestaltung oder Ausleuchtung der Bühne, den Einsatz bühnentechnischer Mittel oder das Aussehen und Verhalten der Schauspieler/innen (vgl. II. Dramatik, 3.2 und 3.3). Diese Regieanweisungen werden in der Regel durch einen anderen Schrifttypus drucktechnisch vom Sprechtext abgehoben. Sie beinhalten wichtige Hinweise für die Regie, die sich aber nicht immer an diese Hinweise gebunden fühlt.

Dialog und Monolog (der sogenannte „Haupttext")

Dialog und Monolog sind die üblichen Formen der Textgestaltung. Von einem *Dialog* sprechen wir, wenn zwei oder mehr Figuren am Gespräch beteiligt sind. Den *Monolog* spricht eine Figur; seine Botschaft ist meist nicht für eine andere Bühnenfigur gedacht.

Schon auf den ersten Seiten werden Sie mit der sprachlichen Eigenart des Textes konfrontiert. Achten Sie dabei auf folgende **Textmerkmale**:
- Ist das Stück in Versen oder in Prosa geschrieben?
- Sprechen die Figuren eine „realistische" Sprache, die dem realen Sprechverhalten (unserer Zeit oder der Entstehungszeit) angenähert ist?
- Sprechen sie in einer Kunstsprache? Wie ist diese Sprache beschreibbar? Welche Merkmale hat sie?

2.3 Figuren und Handlung

Durch das sprachliche Handeln der Figuren, durch *Dialog* und *Monolog* und durch die *Regieanweisungen* entsteht der Handlungsverlauf, und da dieser an Personen gebunden ist, entstehen *Figurenkonstellationen* und *Persönlichkeitsbilder* der handelnden Figuren.

Folgende Fragen an den Text können hilfreich sein
- Welche Veränderungen im Handlungsverlauf werden durch das Handeln bzw. Nichthandeln von Figuren bewirkt?
- Welche Handlungsmöglichkeiten eröffnen sich für welche Figuren in welchen Situationen? Welche Entscheidungen treffen die Figuren? Was bewirken sie dadurch?
- Welche Beziehungen bestehen zwischen den Figuren, inwiefern verändern sich diese im Lauf der Handlung?
- Welche Persönlichkeitsbilder entstehen durch das Handeln (auch das sprachliche Handeln) bzw. durch das Nichthandeln der Figuren?
- Weist das Stück Handlungsreichtum („action") auf oder Handlungsarmut? (Ist kein Qualitätskriterium!)

Ähnlich wie im Erzähltext kann man auch im Drama zwischen grundlegenden Möglichkeiten der Figurengestaltung unterscheiden.

Figurengestaltung

Abstrakter Typus oder *konkretes, psychologisch gezeichnetes Individuum*
Stark *typisierte Figuren* findet man zum Beispiel in der traditionellen Volkskomödie: das schöne, sympathische junge Mädchen, das letztlich den feschen, kräftigen jungen Mann heiratet, der kauzige alte Großvater, der eitle alternde Freier, die bigotte Betschwester usw. Der *abstrakte Typus* kann bei allzu sorgloser Gestaltung durch den Dramatiker oder die Dramatikerin als Klischee oder Stereotyp erscheinen (z. B. der typische Bösewicht). Gerade in künstlerisch anspruchslosen Bühnenstücken findet man häufig stereotype Figuren, aber die Entscheidung für die Typisierung von Figuren kann auch andere Hintergründe haben:
Bertolt Brecht verwendete beispielsweise in seinen Stücken immer wieder Figuren, denen er keine individuellen Namen gab, sondern nur Funktionsbezeichnungen, z. B. „Der Gouverneur", „Der Händler". Das heißt, dass hier nicht die Einzelpersönlichkeit wichtig ist, sondern die Berufs- und Klassenzugehörigkeit.

Zu beachten ist auch, dass wir auf der Bühne meist Mischformen zwischen *typisierter* und *individuell gezeichneter Figur* begegnen. So trägt zum Beispiel Kaiser Rudolf II. in Franz Grillparzers Drama **Ein Bruderzwist in Habsburg** individuelle Züge des historischen Habsburgerkaisers, aber er repräsentiert als solcher auch den Typus des zaudernden, skrupulösen Herrschers.

Geschlossene Figur oder *offene (mehrdeutige, rätselhafte) Figur*
Das Verhalten einer *geschlossenen Figur* gibt uns keine Rätsel auf. Wir wissen, wen wir da vor uns haben. Wesentliche Persönlichkeitsmerkmale sind klar erkennbar, andere, z. B. eine dunkle Seite, sind nicht vorhanden. Die Verhaltensmotive sind eindeutig durchschaubar. Wir haben nicht den Eindruck, dass uns diese Figur durch einen unerwarteten Handlungsschritt überraschen könnte.

Ein Beispiel für eine *geschlossene Figur* ist der Diener Valentin in Ferdinand Raimunds Komödie **Der Verschwender**. Er ist schon nach wenigen Szenen als herzensguter, etwas tollpatschiger Kerl erkennbar. Dieses Bild ändert sich im Laufe des Stückes nicht und wir haben auch nicht den Eindruck, dass Valentins Seele Abgründe enthalten könnte, von denen wir noch nichts wissen.

Ein Beispiel für eine *offene Figur* ist die Irrenärztin Mathilde von Zahrnd in Friedrich Dürrenmatts Tragikomödie **Die Physiker**. Wir erfahren nur, dass sie in den Besitz einer physikalischen Formel kommt, mit der sie die Welt beherrschen kann. Was sie aufgrund welcher Motive damit tun könnte, bleibt völlig offen.

2.4 Der Raum (Schauplätze)

Ähnlich wie das Geschehen im Erzähltext braucht auch das des Dramas einen *Handlungsraum*, der meist vom Autor bzw. von der Autorin in den Regieanweisungen vorgegeben und mehr oder weniger genau beschrieben wird. Ähnlich wie im Erzähltext kann der Raum einfach nur Wirklichkeit nachahmen, er kann aber auch **Symbolraum** oder **Stimmungsraum** sein.
Regisseur/innen und Bühnenbildner/innen halten sich bei der Gestaltung des Bühnenraums allerdings nicht immer an die Vorgaben der Dramatiker/innen. Daher ist für die Raumerfahrung der Zuschauer/innen im Theater weniger die Vorgabe der Dramatiker/innen maßgeblich als vielmehr der Bühnenraum der jeweiligen Inszenierung.

2.5 Die Zeit

Spielzeit und gespielte Zeit

Die *Spielzeit* ist diejenige Zeit, die man braucht, um ein Theaterstück aufzuführen.
Die *gespielte Zeit* ist die im Stück dargestellte Zeit.
Wenn sich *Spielzeit* und *gespielte Zeit* decken, spricht man von der „Einheit der Zeit". In den meisten Dramen ist die *Spielzeit* bedeutend kürzer als die *gespielte Zeit*, die sich ja über mehrere Tage, Monate oder Jahre erstrecken kann. In wenigen Fällen kann die *gespielte Zeit* auch kürzer sein als die *Spielzeit*, vor allem in sogenannten Monodramen, in denen eine Figur ihre Gedanken und Vorstellungen ausspricht.

Letztlich ist noch anzuführen, dass es auch Bühnenstücke gibt, die überhaupt keine „Echtzeit" nachahmen und daher „zeitlos" wirken, so zum Beispiel Elfriede Jelineks **Sportstück**. Die Autorin stellt in diesem Werk (etwa 7 Stunden Aufführungsdauer) Bilder, Gesten und Sprachmuster des Sports und der Politik *montageartig* aus.

CHRONOLOGISCHE ODER ANACHRONISCHE ANORDNUNG DER HANDLUNGSELEMENTE

Der Dramatiker bzw. die Dramatikerin kann das Bühnengeschehen in chronologischer Reihenfolge gestalten oder Umstellungen vornehmen. Die zeitliche Reihenfolge steht in untrennbarem Zusammenhang mit dem Handlungsaufbau des Stücks.

Werden die Abschnitte des Geschehens nacheinander geschildert, so spricht man von *chronologischem Aufbau*. Baut er beispielsweise Rückblenden ein, so liegt ein *anachronischer Aufbau* vor.

2.6 DER AUFBAU EINES DRAMAS

GESCHLOSSENE UND OFFENE FORM

Die Bauweise des *geschlossenen Dramas*, das auf die antike Tragödie zurückgeht, ist vor allem daran zu erkennen, dass die Handlung nach dem *Ursache-Wirkung-Prinzip* aufgebaut wird. Eine Szene geht aus der anderen hervor. Man spricht daher auch von einem logisch-kausalen Bauprinzip oder von stringenter Handlungsführung (stringent = streng, bündig).

Im *offenen Drama* hingegen werden Einzelszenen ziemlich lose aneinandergereiht. Zeitsprünge oder Umstellungen der chronologischen Ordnung sind daher häufig. Der Einstieg in die Spielhandlung erfolgt meistens unmittelbar, als wäre das Geschehen schon im Gange und man käme als Zuschauer bzw. Zuschauerin erst jetzt dazu. Der Ausstieg aus der Szene erfolgt oft ähnlich abrupt. Im Film ist diese Gestaltungsweise einer Szene zur üblichen geworden. Als idealtypisches Beispiel des offenen Dramas gilt Georg Büchners *Woyzeck*. Band 1, Modul V.2 Die offene Gestaltung ist gut daran zu erkennen, dass man bis heute nicht mit letzter Sicherheit weiß, wie sich Büchner die Anordnung der Einzelszenen vorgestellt hat. Das Drama *Woyzeck* hat auch einen typisch offenen Schluss. Man erfährt nicht mehr, was mit dem Mörder Woyzeck nun passiert. Hätte Büchner noch die Festnahme, die Verurteilung und Hinrichtung seines *Protagonisten* dargestellt, dann hätte er sich – zumindest in diesem Handlungsabschnitt – der Gestaltungsweise des *geschlossenen Dramas* bedient.

ZIELDRAMA UND ANALYTISCHES DRAMA

Im *Zieldrama* wird aufgrund einer geeigneten Ausgangssituation eine konfliktträchtige Handlung entwickelt, die einer Lösung bedarf, also auf ein Ziel zustrebt. In den *klassischen Tragödien*, die meist als Zieldramen aufgebaut sind, besteht der Schluss im Tod oder zumindest in der vernichtenden Niederlage des Helden oder der Heldin. Die Komödie hingegen führt zu einem Ende, das für die Sympathieträger unter den Figuren erfreulich ist.

Die konventionelle **Bauweise des Zieldramas** kann (vereinfachend) folgendermaßen dargestellt werden:

Exposition (Einleitung) – *erregendes Moment* (ein Ereignis, das die Handlung in Gang bringt) – *steigende Handlung* – *Peripetie* (Wendepunkt) – *fallende Handlung* – (eventuell *Retardierung*, d. h. Hinauszögerung des Schlusses durch scheinbare Peripetie) – *Schluss*.

Das Schema des Zieldramas weist u. a. Nestroys Stück *Der Talisman* auf. Band 1, Modul V.5 Auch in vielen Filmdrehbüchern wird diese Bauform verwendet.

Von einem *analytischen Drama* spricht man, wenn das Hauptereignis bereits vor Beginn der Spielhandlung passiert ist. Solch ein Ereignis ist zum Beispiel der erpresserische Versuch des Dorfrichters Adam, die Nachbarstochter Eve zum Geschlechtsverkehr zu nötigen (Heinrich von Kleist: *Der zerbrochene Krug*). Die Spielhandlung besteht nun darin, dieses Ereignis aufzudecken und den Täter zu überführen. Der Witz der Handlung besteht darin, dass Dorfrichter

Adam selbst die Untersuchung des Kriminalfalls leiten muss und sich nach einer Reihe von Vertuschungsversuchen am Ende selbst überführt.

Dass insbesondere kriminalistische Handlungen (auch im *Kriminalroman*) oft auf einer analytischen Bauform beruhen, ist naheliegend. Ein Klassiker des *analytischen Dramas* ist die Tragödie **König Ödipus** von Sophokles.

3. Die Inszenierung

3.1 An den Schauspieler/die Schauspielerin gebundene Zeichen

Figur und „Casting"

Die Wahl der Schauspielerin bzw. des Schauspielers für eine bestimmte Rolle ist von entscheidender Bedeutung. Geschlecht, Alter, Körperbau, Gesicht, Stimme, persönliche Eigenarten sind wichtige Einzelheiten, die allesamt *Zeichencharakter* haben.

Maske und Kostüm

Kostümbildner/innen und Maskenbildner/innen tragen Wesentliches zur Gestaltung der jeweiligen Figur bei. Maske und Kostüm sind wichtige Bestandteile des Regiekonzepts.

3.2 Visuelle Zeichen im Raum

Der Bühnenraum

Wie schon erwähnt, geben die meisten Dramatiker/innen in den Regieanweisungen Hinweise zur Gestaltung des Bühnenraums. Regisseur/innen und Bühnenbildner/innen fühlen sich aber nicht zwangsläufig daran gebunden.

Friedrich Schillers „Die Räuber" in einer modernen Inszenierung

Requisiten

Einzelne Gegenstände, die sich auf der Bühne befinden, sind nicht nur dazu da, den Schauspieler/innen das Handeln zu erleichtern oder die Art des Schauplatzes zu bezeichnen. Sie haben darüber hinaus manchmal eine ganz entscheidende Bedeutung für den Handlungsverlauf und erhalten sogar *Symbolcharakter*, so zum Beispiel die Perücke in Johann N. Nestroys Posse **Der Talisman** oder das Widderfell in Franz Grillparzers Dramentrilogie **Das goldene Vließ**.

Die Beleuchtung

Die Bühnenbeleuchtung kann einfach nur *mimetische* Funktion haben, indem Sonnenlicht oder Finsternis, Tag oder Nacht nachgeahmt werden. Darüber hinaus kann aber die Beleuchtung die Aufmerksamkeit auf bestimmte Teilbereiche der Bühne lenken (*Spot*) oder Stimmung und Atmosphäre erzeugen, z. B. durch Farben.

3.3 Akustische Zeichen

Geräusche und Musik

Geräusche und Musik sind die akustischen *Zeichen* des Theaters.

Musik wird im Theater auf unterschiedliche Weise verwendet. Wir sprechen jetzt nicht von den Formen des Musiktheaters (Oper, Operette, Singspiel, Musical), sondern vom Sprechstück. Musik kann Szenen oder szenische Abschnitte voneinander trennen oder direkt in den Handlungsverlauf eingebaut sein. Im *Wiener Volkstheater* wurde immer auch gesungen und musiziert – man denke zum Beispiel an die Stücke von Ferdinand Raimund und Johann N. Nestroy. Bertolt Brecht hat für seine Stücke *Songs* geschrieben, die die Spielhandlung unterbrechen. Im 19. Jh. liebte man das *Melodram*, bei dem die Handlung durch Musik begleitet und untermalt wird.

3.4 Das rahmende „System"

Es ist nicht gleichgültig, ob ein Stück im Wiener Burgtheater, in einer großstädtischen Kellerbühne oder in einem dörflichen Wirtshaussaal aufgeführt wird. Die Architektur des Theaters, die Raumatmosphäre und die Bühnenform bestimmen den Charakter einer Aufführung mit.

Bühnenformen

Antikes Arenatheater

Shakespeare-Bühne („Globe Theatre" in London)

Guckkastenbühne

Simultanbühne

*Unkonventionelle
Aufführungsorte
(z. B. die Seebühne der
Bregenzer Festspiele)*

4. Auch der Film ist ein Drama

Wenn vom Drama gesprochen wird, darf man vom Film nicht schweigen. Vieles, was wir über das Verständnis von dramatischen Texten und deren Inszenierung auf der Bühne gesagt haben, trifft auch für das Verständnis des Mediums Film zu, denn auch der Film zeigt in theatralischer Form eine Handlung, ist also in dieser Hinsicht „Drama" im traditionellen Sinn des Wortes. *Figur* und *Handlung*, *Raum* und *Zeit*, *dialogische* und *monologische Sprache*, *akustische* und *visuelle Zeichen* sind folglich nicht nur bestimmende „Bausteine" des Kunstwerks Drama, sondern auch des Kunstwerks Film.

Die ästhetische Besonderheit des Mediums besteht darin, dass es mehr als das Theater „Bildkunst" ist und dass es an andere technische Voraussetzungen und Möglichkeiten gebunden ist. Zusätzlich zu den Aspekten, unter denen ein Drama untersucht werden kann, können daher für den Film einige weitere Aspekte angeführt werden.

Wie der dramatische Text das Basismaterial für die Bühneninszenierung ist, so ist das *Drehbuch* das Basismaterial für den Film. Ein Drehbuch „erzählt" die Handlung szenenweise (*Einstellungen*). Der Drehbuchautor bzw. die -autorin kann bereits Vorschläge für die Realisierung machen, aber die letzte Entscheidung trifft in der Regel der Regisseur bzw. die Regisseurin.

4.1 Optische Gestaltungsmittel des Films

Die Kameraperspektiven

Normalsicht
Diese Perspektive ist den Zuschauer/innen vertraut und entspricht ihren normalen Sehgewohnheiten. Sie vermittelt das Gefühl neutraler Beobachtung.

Froschperspektive
Durch die ungewohnte Sicht von unten wird der Eindruck von Wucht und Größe erzielt. Die dargestellte Figur wirkt überlegen, die Zuschauer/innen fühlen sich ihr unterlegen. Diese Perspektive kann Gefühle wie Ehrfurcht, Bewunderung, Angst etc. auslösen.

Vogelperspektive
Die Zuschauer/innen sehen auf das Geschehen herab. Die dargestellten Dinge wirken unterlegen. Gefühle wie Geringschätzung, Verachtung, Mitleid etc. können durch diesen Blickwinkel hervorgerufen werden.

Die Einstellungsgrössen

Man unterscheidet im Wesentlichen acht Einstellungsgrößen, in denen der Gegenstand im Bild gezeigt wird.

1. Weite Totale (Panoramaeinstellung)
Bietet einen Gesamtüberblick über den Schauplatz der Geschichte. Meist von oben. Für Videofilme nicht sehr geeignet, weil man bei der Wiedergabe auf dem kleinen Bildschirm kaum Einzelheiten erkennen kann.

2. Totale
Gibt einen vollständigen Überblick über den Schauplatz des Geschehens. Menschen sind in ihrer Umgebung in ganzer Größe sichtbar.

3. Halbtotale

Die Zuschauer/innen können sich schon besser auf die dargestellten Personen konzentrieren, aber man sieht auch noch einiges vom „Drumherum".

4. Halbnah

Diese Einstellung umfasst in der Höhe ungefähr die ganze menschliche Figur. Die Menschen (oder vergleichbar große Gegenstände) sind nun das Wichtigste im Bild.

5. Die „Amerikanische"

Die Figuren sind ungefähr vom Kopf bis zu den Knien sichtbar. Diese Einstellung heißt so, weil sie vorwiegend in amerikanischen Western- und Gangsterfilmen der Dreißiger- und Vierzigerjahre des 20. Jhs. verwendet wurde. Es ist auch die übliche Einstellungsgröße für zwei Personen im Gespräch.

6. Nah

Das Brustbild einer Person (Kopf und Oberkörper). Die Umgebung spielt kaum eine Rolle. Wird oft bei der Darstellung von Gesprächen (besonders im Fernsehen) eingesetzt: Person A spricht, Person B, Person A usw. Man nennt dies die Schuss-Gegenschuss-Technik. Zu oft angewendet, wirkt sie langweilig.

7. Groß

Die Großaufnahme zeigt den Kopf der menschlichen Figur. Sie wirkt meist sehr stark auf die Zuschauer/innen. Von den ersten Filmvorführungen wird berichtet, dass das Publikum bestürzt und entsetzt auf die riesigen Leinwandgesichter reagierte.

Im amerikanischen Kino hatten die Stars eine gewisse Anzahl von Großaufnahmen sogar in ihren Verträgen zugesichert.

8. Detailaufnahme

Zum Beispiel die Schweißperlen auf der Stirn eines Verfolgten, ein schreiender Mund oder der Abzughahn einer Pistole. Die Details dienen oft der Spannungssteigerung z. B. in Kriminalfilmen.

DIE EINSTELLUNGSLÄNGE

Die Zeitgestaltung („Timing") bestimmt maßgeblich den Rhythmus, das Tempo, die Spannung eines Films. Es ist aber schwierig, hier genaue Regeln aufzustellen, weil jedes Bild auf jeden Zuschauer und jede Zuschauerin anders wirkt. Als sehr vager Vorschlag kann gelten: Alles, was länger als sechs bis sieben Sekunden dauert, empfindet der europäische Zuschauer bzw. die Zuschauerin eher als lang, alles was darunter ist, als eher kurz.

Allerdings kommt es immer auch auf die Geschichte an, die man in bewegten Bildern erzählen will. Eine Verfolgungsjagd in immer gleich langen Einstellungen, die alle zwölf Sekunden dauern, wird das Publikum kaum in atemloser Spannung halten. Es gilt aber auch das Gegenteil: Bei zu vielen kurzen Einstellungen verliert der Zuschauer bzw. die Zuschauerin leicht den Überblick – was freilich manchmal auch beabsichtigt sein kann.

DIE BELEUCHTUNG

Das Licht (und der Schatten) sind für die Wirkung des Filmbildes von großer Bedeutung. Als gutes Filmlicht gilt, was dem dargestellten Raum und Milieu des Gezeigten und der dramaturgischen Bedeutung der Szene entspricht, das Geschehen betont und alles plastisch sichtbar macht.

Drei Grundkategorien geben die Richtungen vor, aus denen Licht auf ein Geschehen fällt: Das *Vorderlicht* fällt von der Kamera aus auf die Szene und hat den Nachteil, dass alles hell ausgeleuchtet wird, keine Schatten entstehen und die Gesichter und Gegenstände flach wirken.

Auch das *Gegenlicht* ist nur begrenzt einsetzbar, weil es die Kamera selbst blendet (und damit den Zuschauer und die Zuschauerin!). Es wird daher meist durch ein Objekt oder eine Person verdeckt, die dadurch in einem Lichtkranz, einem „Heiligenschein" erscheint.
In der Regel wird das Licht schräg zur Kameraachse gesetzt. Dieses *Seitenlicht* wird auch als Haupt-, Füll- oder Führungslicht bezeichnet. Es fällt auf die Handlungsträger und stammt meist von der stärksten Lichtquelle.

DIE BEWEGUNG

Ganz am Anfang war die Kamera stabil, die Bilder waren starr und nur die Figuren bewegten sich. Aber schon 1896 haben die Kameraleute der Brüder Lumière von einer schwebenden Ballongondel die Paläste Venedigs und aus einem fahrenden Zug die Nillandschaft Ägyptens gefilmt.

Die Kamera hat grundsätzlich **zwei Bewegungsmöglichkeiten**:
Der *Schwenk* ist die Bewegung der Kamera in vertikaler, horizontaler oder diagonaler Richtung. Er vollzieht also die Bewegungsmöglichkeiten unseres Kopfes nach.
Bei der *Fahrt* wird die Kamera (meist auf einem Schienenwagen) positioniert und fährt hinter oder neben einer Figur her, möglicherweise auch von ihr weg oder auf sie zu.
Es gibt noch eine dritte Bewegung, die eigentlich nur vorgetäuscht ist: Beim *Zoom* wird die Kamera nicht bewegt, sondern die Brennweite des Objektivs fließend verändert. So entsteht der Eindruck einer Bewegung auf etwas zu oder von etwas weg.

DIE ACHSENVERHÄLTNISSE

Darunter versteht man das Verhältnis von *Handlungsachse* und *Kameraachse*. Bewegt sich zum Beispiel ein Mensch im Bild von rechts nach links, stehen die Achsen in einem rechten Winkel. Bewegt er sich direkt auf die Zuschauer/innen zu, sind sie parallel.

BLENDE UND SCHNITT

Film ist unter anderem auch die Kunst der Verknüpfungen und Übergänge. Die vielen hundert *Einstellungen* müssen so verbunden werden, dass sie eine fließende, rhythmische, für die Zuschauer/innen einsichtige Einheit ergeben.

Dafür gibt es verschiedene Möglichkeiten:
• der *harte Schnitt*: Eine Einstellung hört schlagartig auf, die nächste folgt unmittelbar.
• *Abblende/Aufblende*: Eine Einstellung endet (meist langsam) oder kommt aus dem Dunkel.
• *Überblende*: Einstellungsende und Anfang der nächsten Einstellung überlappen sich teilweise.
• *Klappblende*: Die nächste Einstellung folgt wie eine Klappe von oben nach unten.
• *Jalousieblende*: Der Wechsel geschieht in Form von Querstreifen auf dem gesamten Bild.
• *Schiebeblende*: Die nächste Einstellung folgt wie beim Diawechsel von links nach rechts.
• *Rauchblende*: Die erste Einstellung verschwindet im Rauch, aus dem die nächste sichtbar wird.
• *Unschärfeblende*: Ähnlich wie die *Rauchblende*, die „Vernebelung" geschieht allerdings durch Defokussierung. Am Objektiv wird die Brennweite auf „unscharf" gestellt.
• *Fettblende*: Die erste Einstellung wird „schmierig", wobei aus dieser „Verschwommenheit" die nächste Einstellung hervorgeht.
• *Cash*: Hier handelt es sich um eine *Maske*, d. h. einen Aufsatz vor der Linse, der das Bild verkleinert oder den Bildrand ausgefranst erscheinen lässt.

ZEITRAFFER UND ZEITLUPE

Ein technisches Mittel, um besondere visuelle Wirkungen zu erzielen, ist die Verlangsamung der Bildfolge (*Zeitlupe*) oder deren Beschleunigung (*Zeitraffer*).

4.2 AKUSTISCHE GESTALTUNGSMITTEL DES FILMS

Die Wahrnehmung des Films beruht auf fünf „**Informationskanälen**": Bild, Schrift und andere Grafiken, Sprache (Dialog), Musik und Geräusche. Die Mehrzahl dieser Kanäle ist also auditiv (hörbar) und nicht visuell (sehbar). Wir sollten daher nicht vergessen, dass die Wirkung eines Films neben der Bildwahrnehmung maßgeblich von auditiven Wahrnehmungen beeinflusst wird. Welche Art von Musik in welchen Zusammenhängen eingesetzt wird, wie von wem gesprochen wird, welche Geräusche als *Zeichen* eingesetzt werden, ist für die Qualität und die Wirkung von Filmen überaus bedeutsam.

III. EPIK

1. BEGRIFFLICHE ABGRENZUNG DER GATTUNG

Epik ist der Gattungsbegriff für erzählende Literatur in Versen oder in Prosa.
Man unterscheidet *Großepik* (*Epos*, *Roman*, *Novelle*) und *Kurzepik* (*Märchen*, *Sage*, *Legende*, *Kurzgeschichte*, *Anekdote*, *Schwank*). Auch die *lehrhaften Formen Parabel*, *Gleichnis* und *Fabel* haben epischen Charakter. Für Erzähltexte, die keiner der angeführten Textsorten zuzuordnen sind, gibt es die neutrale Bezeichnung *Erzählung* bzw. für kürzere Texte *Geschichte*.

2. FIGUR UND HANDLUNG

Fast jeder Erzähltext – sieht man von experimentellen Formen ab – weist Figuren und eine an diese Figuren gebundene Handlung auf.

FOLGENDE FRAGEN AN DEN TEXT KÖNNEN HILFREICH SEIN

• Welche Veränderungen im Handlungsverlauf werden durch das Handeln bzw. Nichthandeln einzelner Figuren bewirkt?

• Welche Handlungsmöglichkeiten eröffnen sich für welche Figuren in welchen Situationen? Welche Entscheidungen treffen die Figuren? Was bewirken sie dadurch?

• Welche Beziehungen bestehen zwischen den Figuren, inwiefern verändern sich diese im Lauf der Handlung?

• Welche Persönlichkeitsbilder entstehen durch das Handeln (auch das sprachliche Handeln) bzw. durch das Nichthandeln der Figuren?

• Handlungsreichtum („action") oder Handlungsarmut? (Kein Qualitätskriterium!)

Dieselben Fragen finden Sie – nicht ohne Grund! – auch im Abschnitt über den dramatischen Text. Zur Gestaltung von Figur und Handlung kann man nämlich bei dramatischen und epischen Texten ähnliche Überlegungen anstellen. Die grundlegenden Möglichkeiten, eine Figur zu gestalten, listen wir hier nur auf:

Arten der Figurengestaltung

- *abstrakter Typus*
- *psychologisch gezeichnetes Individuum*
- *offene* (mehrdeutige, rätselhafte) *Figur*
- *geschlossene Figurendarstellung*

Die Erläuterungen zu diesen Begriffen finden Sie im Abschnitt II. Dramatik 2.3 .

Insbesondere für die Hauptfiguren in Romanen wurde früher der Begriff „Romanheld" verwendet. Da es in der literarischen *Moderne* des 20. Jhs. vorwiegend *Antihelden* als Hauptfiguren gibt, ist man von dieser Bezeichnung abgekommen. Der neutrale und auch in der Literaturwissenschaft übliche Begriff für die Hauptfigur lautet *Protagonist* bzw. *Protagonistin*.

3. Erzählform, Erzählperspektive, Darstellungsweisen

Die nun folgenden Ausführungen werden Ihnen beim ersten Lesen vielleicht nicht ganz klar erscheinen, weil wir sie zunächst in abstrakter Form kurz zusammenfassen. Im Anschluss an diese abstrakte Darstellung führen wir sie an konkreten Beispielen aus. Dann wird die Sache sicher verständlich.

3.1 Erzählform

Erzähltexte werden entweder in der *Ich-Form* oder in der *Er-/Sie-Form* erzählt. Sehr selten begegnen wir auch der *Du-Form*, noch seltener der *Man-Form*.

3.2 Erzählperspektiven

Jeder Erzähltext braucht einen *Erzähler* oder eine *Erzählerin*. Je nachdem, aus welcher Perspektive dieser oder diese das Geschehen erzählt, unterscheiden wir:

Auktoriale Perspektive

Der Erzähler bzw. die Erzählerin steht selbst außerhalb des Geschehens, berichtet also aus einer gewissen Distanz, meist in der *Er-/Sie-Form*. Dieser distanzierte Erzähler kann alles wie ein allmächtiger Schöpfergott überblicken. In diesem Fall sprechen wir vom *allwissenden Erzähler* oder von einer *olympischen Perspektive*.
Auktoriales Erzählen muss aber nicht zwangsläufig an eine olympische Perspektive gebunden sein. Der auktoriale Erzähler bzw. die Erzählerin bekommt für uns Leser/innen persönliche Konturen, denn er/sie schaltet sich bisweilen kommentierend und wertend ein. Insofern steht die *auktoriale Perspektive* im Gegensatz zur *neutralen Perspektive*.

PERSONALE PERSPEKTIVE

Von einer *personalen Perspektive* sprechen wir, wenn das Geschehen aus der Perspektive einer Person erzählt wird, die am erzählten Geschehen unmittelbar beteiligt ist. Erzählt wird in diesem Fall in der Darstellungsweise einer *Personenrede*.

NEUTRALE PERSPEKTIVE

Von einer *neutralen Perspektive* sprechen wir, wenn im Erzähltext keine Erzählerfigur greifbar wird, weder eine am Geschehen beteiligte noch eine außerhalb stehende. Das Geschehen läuft dann vor uns ab wie ein Film.

3.3 DARSTELLUNGSWEISEN

Man unterscheidet grundsätzlich zwei Darstellungsweisen: *Erzählerbericht* und *Personenrede*.

ERZÄHLERBERICHT

Darunter versteht man die Wiedergabe des Geschehens (fast immer) in der *Er-/Sie-Form* und vorwiegend in *auktorialer* oder *neutraler Erzählperspektive*.

PERSONENREDE

Eine am Geschehen beteiligte Figur kommt zu Wort.
Das kann in folgender Weise erfolgen:

* *direkte Rede*
* *indirekte Rede*
* *innerer Monolog* oder *Bewusstseinsstrom*: Das Innerseelische, die Gedanken oder Gefühle einer Person werden in *Ich-Form* erzählt und auf diese Weise vergegenwärtigt. Eine klare begriffliche Unterscheidung zwischen *innerem Monolog* und *Bewusstseinsstrom* ist meist nicht möglich. In der Bewusstseinsstrom-Technik werden häufig Satzbau und Textgrammatik aufgelöst zugunsten freier Assoziation.
* *erlebte Rede*: Das Innerseelische, die Gedanken oder Gefühle einer Person werden in der *Er-/Sie-Form* erzählt und auf diese Weise vergegenwärtigt.

Was Sie soeben über *Erzählform*, *Erzählperspektive* und *Darstellungsweisen* gelesen haben, erörtern wir nun anhand eines konkreten kleinen Erzähltextes:

VIER VARIATIONEN EINES ERZÄHLTEXTES

Variation 1

1 Der Forstbeamte Engelbert Schwarte hatte die Arbeit beendet. Gegen Abend betrat der große Mann mit finsterer Miene die Stube. Erna saß vor dem kalten Kachelofen. Sie zitterte und schaute den Mann nicht an. „Ich weiß alles", sagte er leise und trocken, „du betrügst mich."

Dies ist ein *Erzählbericht* in der *Er-/Sie-Form* und in *neutraler Erzählperspektive*. Einmal wechselt der Schreiber in die *Personenrede* (direkte Rede).

Variation 2

1 Engelbert Schwarte, dessen Höhe den stattlichsten Tannen seines Forstreviers nicht
wesentlich nachstand, hatte den ganzen Tag lang seine Arbeit im Forst erledigt, wie er
dies seit mehr als zehn Jahren gewöhnt war. Erst gegen Abend stelzte er kranichgleich
in die Stube und machte das Gesicht eines Finsterlings. Seine vor drei Jahren geschlos-
5 sene Ehe hatte Furchen in seine Stirn gezeichnet, die auch von der besten Pflegecreme
nicht zu beseitigen waren. Er wisse alles, sagte er zu Erna, die nicht nur vor Kälte,
sondern auch aus Furcht zitterte, er wisse alles, sie betrüge ihn.

Dies ist ein *Erzählbericht* in der *Er-/Sie-Form* und in *auktorialer Perspektive*. Der Erzähler weiß
ziemlich viel, hat selbst nichts mit dem Geschehen zu tun und er wird als ironischer, vielleicht
sogar zynischer Kommentator des Geschehens für uns Leser/innen erkennbar. Einmal wechselt der Schreiber vom Erzählbericht in die *Personenrede* (indirekte Rede).

Variation 3

1 Engelbert Schwarte kam von der Arbeit zurück und wurde sich seiner Länge bewusst,
als er sich beim Betreten des Raums bücken musste. Bücken, ja, bücken, das war sein
Problem, sein Lebensproblem. Auch vor Erna bückte er sich immer wieder, vor diesem
Luder, das ihn betrog. Jetzt würde er es ihr aber heimzahlen!

Nach dem ersten Satz wechselt der Schreiber von der *auktorialen* zur *personalen Perspektive*.
Wir erfahren nun die Gedanken und Gefühle der Hauptfigur, obwohl die *Er-/Sie-Form* beibehalten wird. In diesem Fall sprechen wir von einer *erlebten Rede*.

Variation 4

1 Hinein, jetzt hinein zu ihr, ihr alles ins Gesicht schleudern! Die ganze Wahrheit ins
Gesicht. Betrogen. Natürlich betrogen. Mit dem Viehhändler! Von Anfang an betrogen
… Ah! Der Türstock. Zwei Meter hoch steh ich da. Blut an der Stirn. Sie lacht. Erna,
lach nicht! Das zahl ich ihr heim. Alles.

Dieser Text ist ein *innerer Monolog* (oder *Bewusstseinsstrom*), in *Ich-Form* aus *personaler Perspektive* erzählt.

4. ERZÄHLERIN/ERZÄHLER – DAS ERZÄHLTE – LESERIN/LESER

Den vier Erzählvariationen im Abschnitt III. Epik 3.3 konnten Sie entnehmen, dass die Entscheidung für die *Erzählperspektive* und die *Darstellungsweise* entscheidende Auswirkungen
auf einen Erzähltext hat.
Im *auktorialen Erzählerbericht* (Variation 2) stehen Leserin/Leser und Erzählerin/Erzähler in
gemeinsamer Distanz zum Erzählten. Der Erzähler wird als ironische Persönlichkeit für die
Leser/innen erkennbar.

In manchen Texten spricht der Erzähler oder die Erzählerin uns Leser/innen direkt an, als wäre er/sie bei uns (z. B. so: „Wir möchten dir, lieber Leser, eine Geschichte erzählen, die sich vor dreizehn Jahren zugetragen hat, und wenn dir menschliches Unglück nicht gleichgültig ist, wirst du der Heldin dieser Geschichte deine Anteilnahme nicht verweigern können.") Wir sprechen in solch einem Fall von einem *expliziten Leser* bzw. einer *expliziten Leserin*.

Beim *personalen* und *neutralen Erzählen* wird zwischen den Leser/innen und dem Geschehen bzw. den Figuren Unmittelbarkeit hergestellt. Es wird keine vermittelnde Erzählerfigur erkennbar (siehe Variationen 3 und 4).

5. DIE ZEITGESTALTUNG IM ERZÄHLTEXT

5.1. ERZÄHLZEIT UND ERZÄHLTE ZEIT

Unter *Erzählzeit* verstehen wir die Zeit, die wir brauchen, um eine Geschichte zu erzählen. Unter *erzählter Zeit* die Zeit, die das erzählte Geschehen umfasst.

Ihre Parallelen finden diese Begriffe in den Bezeichnungen *Spielzeit* und *gespielte Zeit* (vgl. dazu II. Dramatik 2.5).

Beim Erzählen können wir das Geschehen von zwanzig Jahren in zwei Minuten zusammenfassen. In diesem Fall sprechen wir von einer *Raffung* (die *Erzählzeit* ist bedeutend kürzer als die *erzählte Zeit*).

Dehne ich hingegen das Geschehen, das sich in drei Minuten ereignet, auf eine *Erzählzeit* von zwanzig Minuten aus, indem ich sehr detailreich und langsam erzähle, dann sprechen wir von einer *Dehnung*.

Sind die *Erzählzeit* und die *erzählte Zeit* identisch (z. B. bei Dialogen innerhalb des Erzähltextes), dann sprechen wir von *Deckung* (z. B. *Naturalistischer Sekundenstil* Band 1, Modul VI.1). Letztlich gibt es noch die Möglichkeit, das Geschehen von drei Jahren zu erzählen, aber das zweite Jahr völlig auszulassen. Dieses Verfahren heißt *Aussparung*.

5.2 ZEITLICHE REIHENFOLGE

Grundsätzlich kann man ein Geschehen in *chronologischer Reihenfolge* erzählen, also der realen Abfolge der Ereignisse entsprechend, oder *anachronisch*. Es ist beispielsweise auch möglich, mit dem Schluss zu beginnen oder mit Rückblenden zu arbeiten.

6. DER RAUM IM ERZÄHLTEXT

Jede Erzählung braucht einen *Handlungsraum*.

Je nach stilistischer Gestaltung kann er besondere Funktionen im Textganzen annehmen, z. B. als *Stimmungsraum* oder *Kontrastraum*.

STIMMUNGSRAUM

Insbesondere in der *romantischen Epik* war es beliebt, Landschaft und Witterung der Lebenslage und der Stimmung der Figuren anzupassen. So entsprach etwa das Gewitter der wilden Leidenschaft oder ein heiterer Frühlingsmorgen der Aufbruchsstimmung eines Romanhelden. Heute wird diese Form von *Stimmungsraum* vorwiegend in trivialen Liebesromanen verwendet.

KONTRASTRAUM

Steht der Raum, in dem sich das Geschehen ereignet, in Kontrast zum Geschehen oder zur Stimmung der Figuren, so sprechen wir von *Kontrastraum* (z. B. Jemand erlebt die Liebe auf den ersten Blick auf einer Müllhalde).

MILIEU

Wenn der natürliche und vor allem der soziale Lebenszusammenhang für die Handlung und für einzelne Figuren bestimmend wird (z. B. die Industriestadt in der Epik des Naturalismus), so sprechen wir vom *Milieu*.

RAUMSYMBOL

In manchen Erzähltexten werden die Räume nicht nur als Handlungsräume skizziert, sondern sie werden zum *Raumsymbol*, das mit der Handlung oder einem Leitmotiv in engem Zusammenhang steht. Im Roman **Der Zauberberg** von Thomas Mann wird beispielsweise die Lungenheilstätte hoch oben in den Schweizer Bergen zum Symbol der Wirklichkeitsflucht des Protagonisten.

7. AUFBAU UND „KOMPOSITION" EINES ERZÄHLTEXTES

7.1 DER ERZÄHLBEGINN

Der Einstieg in eine Geschichte, die erste Seite, ja, der erste Satz ist von weitreichender Bedeutung, weil schon am Beginn Festlegungen erfolgen. In älterer Erzählliteratur (bis zum Ende des 19. Jhs.) war es meist noch üblich, in einer breiten *Exposition* zunächst einmal die Figuren und die Ausgangssituation vorzustellen.
Mit dem Beginn der literarischen *Moderne* setzt sich der **direkte** oder **offene Einstieg** durch. Franz Kafkas Roman **Der Prozess** beginnt beispielsweise so: „Jemand musste Josef K. verleumdet haben, denn ohne dass er etwas Böses getan hätte, wurde er eines Morgens verhaftet."

7.2 DER SCHLUSS

Beim Schluss unterscheidet man zwischen geschlossener und offener Gestaltung. Typisch für den **geschlossenen Schluss** ist die Märchen-Formel „Und sie lebten glücklich und zufrieden bis an ihr Ende." Ein berühmter **offener Schluss** steht am Ende der Erzählung *Lenz* von Georg Büchner:

1 | Georg Büchner: Lenz

> Am folgenden Morgen, bei trübem, regnerischem Wetter, traf er in Straßburg ein. Er schien ganz vernünftig, sprach mit den Leuten. Er tat alles, wie es die andern taten; es war aber eine entsetzliche Leere in ihm, er fühlte keine Angst mehr, kein Verlangen, sein Dasein war ihm eine notwendige Last. – So lebte er hin.

Was nun mit dem *Protagonisten*, dem unglücklichen Dichter Jakob Michael Reinhold Lenz, noch geschah in seinen weiteren Lebensjahren, das erfahren die Leser/innen nicht mehr.

7.3 Weitere kompositorische Verfahrensweisen

Spannungsaufbau

Der Spannungsaufbau ist beispielsweise im Detektivroman ein wesentliches Gestaltungsmittel. Als Leser bzw. Leserin folgen wir den Ermittlungen des Detektivs, bis wir endlich die Wahrheit wissen.

Retardierung

Darunter versteht man das Hinauszögern eines erwarteten Ereignisses, z. B. der Held oder die Heldin entgeht durch einen Zufall doch noch der scheinbar ausweglosen Katastrophe. Die *Retardierung* oder *Retardation* ist ein Mittel des Spannungsaufbaus. Sie wird auch im Drama als Gestaltungsmittel verwendet, ebenso wie die *Peripetie*.

Peripetie

Darunter versteht man einen entscheidenden Wendepunkt in der Handlung.

Rahmenhandlung und Binnengeschichte

Eine *Binnengeschichte* wird in einen erzählerischen Rahmen gesetzt, z. B. kann eine an der *Rahmengeschichte* beteiligte Person in der Binnengeschichte etwas erzählen, das zur Geschichte in der Geschichte wird.
Dazu ein Beispiel: Ein armer Landpfarrer, die Hauptfigur der Binnengeschichte in Adalbert Stifters Erzählung **Kalkstein**, erzählt einem Landvermesser, der Erzählerfigur der Rahmenhandlung, seine Lebensgeschichte.

Haupt- und Nebenhandlungen

Insbesondere längere Romane beruhen häufig nicht nur auf einem *Haupthandlungsstrang*, sondern auch auf *Nebenhandlungen*.
Dazu ein Beispiel: Der Haupthandlungsstrang in Johann Wolfgang von Goethes Roman **Wilhelm Meisters Lehrjahre** ist der Lebensweg des jungen *Protagonisten*, der nach wenig glücklichen Versuchen, Schauspieler zu werden, schließlich einen bürgerlichen Beruf und einen Lebensweg der praktischen Bewährung einschlägt. Es gibt aber auch Nebenhandlungen, die nur lose mit der Hauptfigur und ihrem Lebensweg verknüpft sind, so zum Beispiel die Geschichte einer unglücklichen Liebe zwischen einer Frau namens Aurelie und einem Mann namens Lothario; oder die Geschichte der Mignon, eines Kindes aus einer Inzest-Beziehung.

Kontrasthandlung

Wird gegenläufig zu einem Handlungsstrang eine zweite Handlung geführt, die auf entgegengesetzten Voraussetzungen beruht oder zu gegenteiligen Ergebnissen führt, so sprechen wir von einer *Kontrasthandlung*.
In der Kurzgeschichte **Der Antrag** zeigt die Autorin Gabriele Wohmann, wie sich während eines Ferienaufenthalts am Strand zwischen einem Schuldirektor und einer Lehrerin eine sogenannte „Vernunftehe" anbahnt. Kontrastiv dazu erzählt die Autorin von einem fröhlichen jungen Paar, das am selben Strand echte Liebe und Sinnlichkeit genießt.

EIN KULTURPORTFOLIO ERSTELLEN

1. WAS IST KULTUR?

Arbeitsanregung

Klären Sie zunächst, welche Vorstellungen Sie mit dem Begriff *Kultur* verbinden. Als Methode empfehlen wir Ihnen, einen Cluster oder eine Mind-Map anzulegen. (Wir gehen davon aus, dass Ihnen diese Arbeitstechniken bekannt sind.) Vergleichen Sie dann im Gespräch Ihr Kulturverständnis mit dem der Mitschülerinnen und Mitschüler.

Die Gültigkeit des Begriffs „Kultur" ist nicht eindeutig und nicht exakt abgrenzbar. Wir können grundsätzlich festhalten, dass bei uns ein *weiterer* und ein *engerer Kulturbegriff* verwendet werden.

Der „weite" Kulturbegriff: Das Wort *Kultur* kommt aus dem Lateinischen: *colere* bedeutet „pflegen, urbar machen". Der Begriff bezeichnete ursprünglich die landwirtschaftliche Tätigkeit des Menschen, die Bearbeitung der Natur. Noch heute sprechen wir von der „Kultivierung" des Bodens. Davon ausgehend wurde der Begriff *Kultur* für alles vom Menschen Hervorgebrachte verwendet – im Unterschied zur Natur. So sprechen wir auch von „Esskultur", „Wohnkultur" oder von der Unterschiedlichkeit der „Kulturen". Diese weite Begriffsvariante ist für das Kulturportfolio nicht maßgeblich.

Der „enge" Kulturbegriff bezeichnet hauptsächlich Hervorbringungen künstlerischer und intellektueller Art, also literarische und musikalische Werke, Bilder, Filme, Architektur, philosophische Schriften und ähnliches mehr. **Dieser Begriff ist maßgeblich für die Inhalte eines Kulturportfolios.**

2. WAS IST EIN PORTFOLIO?

Ein *Portfolio* ist eine Sammelmappe, in der Arbeitsergebnisse und Materialien dokumentiert werden. Man kann solch eine „Sammelmappe" auch in digitaler Form anlegen. Da ein Portfolio präsentierbar sein muss, müssen Sie auf die ansprechende äußere Gestaltung ebenso achten wie auf die Inhalte der Mappe. Zur formalen Qualität gehören auch Sprach- und Schreibrichtigkeit.

3. WAS IST EIN KULTURPORTFOLIO?

Nachdem wir die Begriffe *Kultur* und *Portfolio* geklärt haben, führen wir sie zusammen. In einem *Kulturportfolio* dokumentieren Sie:
- Ihre Begegnung und gedankliche Auseinandersetzung mit kulturellen Produkten im Sinne des engeren Kulturbegriffs
- eigene künstlerische Hervorbringungen

WELCHE KULTURELLEN BEREICHE KÖNNEN SIE DABEI BERÜCKSICHTIGEN?
- Bühnenkunst (Sprechtheater, Musiktheater, Tanztheater)
- Musikalische Werke aller Art (Popularmusik, klassische Musik, Volksmusik, experimentelle Musik), vermittelt durch technische Tonträger oder Live-Aufführungen (Konzertbesuch)
- Bildende Kunst (vor allem Ausstellungen)
- Belletristik (Lyrik, Epik, gelesene Dramen)

- Filme und Videokunst
- Kulturell maßgebliche Orte (Ausgrabungsstätten, historische Bauten, Museen)
- Produkte des Geisteslebens (z. B. Lektüre philosophischer Bücher und Artikel, Rundfunk- und Fernsehsendungen zu kulturell maßgeblichen Themen)

Verpflichtender Teil und freier Teil des Kulturportfolios

Wahrscheinlich wird Ihnen Ihre Lehrerin bzw. Ihr Lehrer einige verpflichtende Beiträge für Ihr *Portfolio* vorgeben, der freie Teil soll Ihre Vorlieben und Interessen zeigen.

Ein Tipp: Kulturelles Erleben erfährt oft dadurch eine Bereicherung, dass man sich nicht nur mit dem Gewohnten, Bekannten und Beliebten beschäftigt, sondern neue Herausforderungen annimmt, das heißt, ganz bewusst dem Unbekannten, Befremdlichen und auf den ersten Blick Unverständlichen nicht ausweicht.

4. Wie gehe ich vor? – 5 Modelle

Die folgenden Modelle haben nur Vorschlagscharakter. Sie können sie für Ihre Zwecke verändern oder ergänzen und auch zusätzliches Material einbauen, z. B. Interviews mit Beteiligten, Fotos, Tondokumente u. a. m.

Modell 1: Den Besuch einer Theateraufführung dokumentieren

Autor bzw. Autorin, Stücktitel, Entstehungszeit	
Ort, Datum und Dauer der Aufführung	
Besetzungsliste: Regie, Bühnengestaltung, die Darsteller/innen zumindest der wesentlichen Hauptrollen (dem Programmheft oder einer Internet-Information entnehmen)	
Kurze Inhaltsangabe	
Wesentliches Motiv bzw. Kernthema des Stücks	
Gestaltung des Bühnenraums (eventuell auch Musik und Geräusche)	
Beobachtungen zu einzelnen Schauspieler/innen	
Persönliche Stellungnahme zum Gesamteindruck der Aufführung	
Meinungen anderer Theaterbesucher/innen bzw. von Kritiker/innen (falls Kritiken vorhanden und zugänglich sind)	

Modell 2: Den Besuch eines Konzerts dokumentieren

Auftretende Künstler/innen Ort, Datum und Dauer des Auftritts	
Konzertprogramm	
Informationen über die auftretenden Künstler/innen (Biografie, bisheriges Schaffen, Stilrichtung)	
Beschreibung der Auftrittsinszenierung (Kleidung, Licht, Besonderheiten im Verhalten)	
Persönliche Beschreibung des Gesamteindrucks	
Meinungen anderer Konzertbesucher/innen bzw. von Kritiker/innen (falls Kritiken vorhanden und zugänglich sind)	

Modell 3: Eine Rundfunkdiskussion dokumentieren

Titel der Sendung und Rundfunksender Datum und Sendezeit	
Thema der Diskussion Diskussionsteilnehmer/innen	
Wesentliche Aussagen und Positionen von Diskussionsteilnehmer/innen zusammenfassen	
Eigene Meinung formulieren (Zustimmung, Widerspruch)	
Eventuell digitale Dokumentation eines markanten Gesprächsausschnitts (wenn Download möglich ist)	

Modell 4: EIN BILD, DAS MICH ANSPRICHT

Name des Künstlers bzw. der Künstlerin Titel des Bildes, Entstehungszeit Wiedergabe des Bildes (mit Quellenangabe)	
Sachliche Bildbeschreibung *Kriterien, die Ihnen hilfreich sein könnten:* • *Was sehen Sie auf dem Bild? (Menschen, Gegenstände, Landschaft etc. – oder nur Form und Farbe)* • *Nur bei gegenständlicher Kunst: Wie werden Menschen und/oder Gegenstände im Raum positioniert? Wie viel Platz nehmen sie ein? Wie stehen sie zueinander, wie zum Betrachter bzw. zur Betrachterin?* • *Nur bei gegenständlicher Kunst: Wie ist die Mimik und Gestik von Menschen oder anderen dargestellten Lebewesen beschreibbar und interpretierbar?* • *Wie setzt der Künstler bzw. die Künstlerin Farben, Licht und Schatten ein?* • *Wie sind Konturen und Linien gestaltet?* • *Handelt es sich um eine weitgehend abbildende Wirklichkeitsdarstellung oder wird eine wirklichkeitsunabhängige Kunstwelt gestaltet?* • *Erkennen Sie Symbole, deren Bedeutung Ihnen bekannt ist?* • *Gestaltungstechnik*	
Persönlich-subjektiver Eindruck: Warum spricht mich dieses Bild an?	
Weitere Informationen zum Künstler bzw. zur Künstlerin und zur Stilrichtung	

Modell 5: Über einen gelesenen Roman schreiben

Name des Autors bzw. der Autorin Werktitel, Erscheinungsjahr, Verlag	
Kurze Zusammenfassung des Inhalts	
Hauptfiguren, ihr Verhalten, ihre Persönlichkeit	
Handlungsort(e) und Handlungszeit	
Beobachtungen zur Erzählform, zu Erzählperspektive(n) und stilistischen Merkmalen (Wortwahl, Satzbau)	
Weitere Informationen zum Autor bzw. zur Autorin (Biografie, andere Werke)	
Persönliche Stellungnahme zum Werk	
Andere Meinungen anderer Leser/innen, z. B. von Kritiker/innen (Quellen zitieren)	
Sätze, die ich mir merken will (exaktes Zitat!)	

Am Ende eines Semesters: Selbst- und Fremdreflexion

Im Laufe eines Semesters sollte Ihr Kulturportfolio nach und nach an Umfang zunehmen. Am Semesterende ist eine kritische Sichtung der Erfahrungen und Aufzeichnungen anzuraten. Vielleicht kann Ihnen dabei die Kontrolle Ihrer Einträge nach folgenden Kriterien helfen:

➡ Das habe ich dokumentiert:

➡ Mit meiner Dokumentation bin ich:
- ☐ zufrieden
- ☐ mäßig zufrieden
- ☐ unzufrieden (Gründe anführen)

➡ Überlegungen zur Verbesserung anstellen

➡ Rückmeldungen anderer zum eigenen Portfolio einholen

➡ Verbesserungen durchführen

Im Inhaltsverzeichnis von **Band 1** finden Sie Kompetenzen den Literaturmodulen zugeordnet, die durch die Arbeit am jeweiligen Abschnitt besonders gefördert werden.

Kompetenzbereiche AHS

LK	Lesekompetenz
SK	Schreibkompetenz
AK	Argumentationskompetenz

IK	Interpretationskompetenz
SFK	Sach- und Fachkompetenz

SB	Sprachbewusstsein
RK	Reflexionskompetenz

Deskriptoren der Bildungsstandards D 13 BHS

Deskriptoren		Hinweise und Beispiele zur Konkretisierung
A. Kompetenzbereich: Zuhören		
1. Mündlichen Darstellungen folgen und sie verstehen (Rezeption)	1.1 Aktiv zuhören	Rollenspiele, kontrollierter Dialog, …
	1.2 Gestaltungsmittel gesprochener Sprache verstehen	Rhetorische Figuren, …
	1.4 Redeabsichten erkennen	Information, Manipulation, Diskriminierung, Appell, …
	1.5 Kerninformationen entnehmen	Als Voraussetzung für die Kompetenzbereiche Sprechen und Schreiben
B. Kompetenzbereich: Sprechen		
2. Sprache situationsangemessen, partnergerecht, sozial verantwortlich gebrauchen (Interaktion)	2.1 Stil- und Sprachebenen unterscheiden und situationsangemessen einsetzen	Standardsprache, Soziolekt, Umgangssprache, Dialekt, …
	2.3 Sachgerecht argumentieren und zielgerichtet appellieren	Kundenorientierung, Zielgruppenorientierung, Adressatenbezogenheit, …
3. Gespräche führen (Interaktion)		
4. Öffentlich sprechen (Interaktion, Produktion)	4.1 Anliegen von Interessengruppen sprachlich differenziert vorbringen	Statements abgeben, auf das Anliegen bezogene Argumente vertreten …
	4.2 Wirkungsvoll rezitieren	Kreativer Umgang mit Lauten, Wörtern und Texten, schauspielerische Aktivitäten, …
C. Kompetenzbereich: Lesen		
5. Unterschiedliche Lesetechniken anwenden (Rezeption, Interaktion)	5.1 Still sinnerfassend lesen (Rezeption)	Querlesen, Parallellesen, …
	5.2 Laut gestaltend lesen (Interaktion)	Deutliche Aussprache, lautliches Strukturieren und Modulieren, adressatenbezogen und situationsadäquat
6. Texte formal und inhaltlich erschließen (Rezeption)	6.1 Texten Informationen entnehmen	Texte aus verschiedenen Medien
	6.3 Verschiedene Techniken der Texterfassung und Textanalyse einsetzen	Erkennen von Stilmitteln, rhetorischen Figuren, Kerninformation, …
	6.4 Textsorten und ihre strukturellen Merkmale unterscheiden	Textvergleiche (Form, äußere Gliederung, …)
	6.5 Texte hinsichtlich ihrer Inhalte und Gedankenführung analysieren	In Sinneinheiten gliedern, inhaltlich verknüpfen, Textintention verstehen
	6.6 Korrelation der formalen Aspekte mit dem Textinhalt erkennen	Gattung, Stilebenen und -figuren, … mit dem Inhalt in Beziehung setzen

Deskriptoren			Hinweise und Beispiele zur Konkretisierung
7.	Sich in der Medienlandschaft orientieren (Rezeption, Interaktion)	7.1 Medienangebote nutzen und eine bedürfnisgerechte Auswahl treffen	In Bibliotheken oder im Internet recherchieren
		7.2 Information aus unterschiedlichen Texten prüfen, vergleichen, verbinden	Quellenkritisch arbeiten
8.	Sich mit Texten kritisch auseinandersetzen (Rezeption)	8.1 Texte interpretieren	Mögliche Intentionen, Aussagen
		8.2 Texte bewerten	Inhaltliche und ästhetische Qualität beurteilen
9.	Texte in Kontexten verstehen (Rezeption)	9.1 Bezüge zu anderen Texten herstellen	Textvergleiche
		9.2 Bezüge zum eigenen Wissens- und Erfahrungssystem herstellen	Kennenlernen verschiedener Lebenswelten, subjektive Wahrnehmung der Wirkung von Texten
		9.3 Unterschiedliche Weltansichten und Denkmodelle erkennen	Werthaltungen, Ideologien, Lebensentwürfe

D. Kompetenzbereich: Schreiben

10.	Texte verfassen (Produktion)	10.1 Texte mit unterschiedlicher Intention verfassen und die jeweils spezifischen Textmerkmale gezielt einsetzen	Erzählen, Berichten, Zusammenfassen, Analysieren, Kommentieren, Argumentieren, Interpretieren, Appellieren
		10.2 Texte adressatenadäquat produzieren	Leserbrief
		10.3 Texte themengerecht und ästhetischen Kriterien entsprechend gestalten	Texte medien- und situationsbezogen gestalten
11.	Texte redigieren (Produktion)	11.1 Eigene bzw. fremde Texte formal und inhaltlich über- und bearbeiten	In andere Textgattungen überführen, Portfolioarbeit ...
12.	Schreiben als Hilfsmittel einsetzen (Produktion)	12.1 Mitschriften verfassen	Bei Filmen, Radio- und Fernsehsendungen, ...
		12.2 Informationen strukturiert schriftlich wiedergeben	Zusammenfassung, Exzerpt, Mindmap, Cluster, ...
		12.3 Relevante Informationen markieren und kommentieren	
13.	Einfache wissenschaftliche Techniken anwenden (Produktion)	13.1 Bibliographieren	Quellenangabe, Literaturverzeichnis
		13.2 Zitieren	Zitierregeln, wörtliche Zitate, Paraphrasieren

E. Kompetenzbereich: Reflexion über gesellschaftliche Realität, Konzepte von Realität und kreative Ausdrucksformen

14.	Medien, Kunst- und Literaturbetrieb als Institutionen und Wirtschaftsfaktoren verstehen	Zusammenhang von Kunst und Markt
15.	Den Kulturbegriff diskutieren	„Massenkultur", „Hochkultur", Avantgarde, ...
16.	Über den Informations-, Bildungs- und Unterhaltungswert von Medien, Kunst- und Literaturbetrieb als Mittel der öffentlichen Meinungsbildung reflektieren	Bildungsauftrag öffentlich-rechtlicher Medien, Einfluss der Medien auf die öffentliche Meinungsbildung
17.	Darstellungs- und Mittlungsmöglichkeiten unterschiedlicher Medien bewerten	Möglichkeiten und Grenzen unterschiedlicher Medien
18.	Zu Problemen aus dem Spannungsfeld von Individuum, Gesellschaft, Politik und Wirtschaft Stellung nehmen	Kulturelle Ausdrucksformen
19.	Über Aspekte der Berufs- und Arbeitswelt reflektieren	Arbeitswelt

Deskriptoren	Hinweise und Beispiele zur Konkretisierung
20. Durch die Beschäftigung mit literarischen Texten Einblick in andere Kunstformen gewinnen	Epochentypische Merkmale, Motive, …
21. Einblicke in andere Kulturen und Lebenswelten und ihr historisches und aktuelles Umfeld gewinnen	Texte aus anderen Kulturen und über andere Lebenswelten
22. Gesellschaftliche, politische und wirtschaftliche Phänomene zu Interessen und Wertvorstellungen in Beziehung setzen	Anhand von Texten Strategien und Intentionen erkennen, kritisch hinterfragen und kommunizieren, …
23. Zu künstlerischen, insbesondere zu literarischen Werken und Erscheinungen sowie Entwicklungen Stellung nehmen	Sich in literatur-, kunst- und kulturgeschichtlichen Epochen bzw. Phasen orientieren und diese problematisieren; ästhetische Qualität von literarischen Werken einschätzen, …
24. Typische Merkmale von Gattungen und Stilrichtungen anhand von exemplarischen Werken herausarbeiten sowie die daraus erkennbaren Haltungen und Intentionen erfassen	Aspekte der Form, des Inhalts und des Gehalts
25. Populärkulturelle Phänomene wahrnehmen, kommentieren und bewerten	Ausdrucksformen, dahinter stehende gesellschaftliche Bedürfnisse, künstlerisches Niveau

F. Kompetenzbereich: Sprachbewusstsein

27. Über einen umfassenden Wortschatz einschließlich der relevanten Fachsprachen verfügen	**27.1** Begriffe definieren und erläutern	Erweiterter Wortschatzgebrauch
	27.2 Begriffe text- und situationsangemessen anwenden	Bewusster Umgang mit Synonymen, Fachtermini, Fremdwörtern, …
29. Bedeutung innerer und äußerer Mehrsprachigkeit erfassen	**29.1** Varietäten des Deutschen einordnen	Dialekte, Soziolekte, regionale Umgangssprache, …
30. Erkennen, dass Sprachnormen und Wortschatz Veränderungen unterliegen	**30.1** Sprachgeschichte in Beziehung zu gesellschaftlichen Entwicklungen setzen	Texte aus verschiedenen Epochen, Tendenzen der Gegenwartssprache, …

148.1: Jana Halamickova (Hg.): Die Kinder dieser Welt. Gedichte aus zwei Jahrhunderten. Fischer 1990, S. 20

148.2: Ebd., S. 131

149.3: Frank Wedekind: Gedichte und Chansons. Goldmann 1990, S. 89

150.4: Gerhard Sauder (Hg.): Johann Wolfgang von Goethe. Sämtliche Werke nach Epochen seines Schaffens. Münchner Ausgabe. Band 1.2. Lizenzausgabe Bertelsmann/Kremayr & Scheriau o. J., S. 174

150.5: Max Wehrli (Hg.): Deutsche Lyrik des Mittelalters. Manesse 2001, S. 34

150.6: Gerhard Schuster/Ilse Benn (Hg.): Gottfried Benn. Sämtliche Werke. Stuttgarter Ausgabe. Band 1. Gedichte 1. Verlagsgemeinschaft Ernst Klett - J. G. Cotta'sche Buchhandlung 1986, S. 205

151.7: Antianthologie. Gedichte in deutscher Sprache nach der Zahl ihrer Wörter. Geordnet von Franz Mon/Helmut Heißenbüttel. Hanser 1973, S. 5

151.8: Friedrich Hölderlin: Gedichte. Reclam 1988, S. 70

151.9: Harald Hartung (Hg.): Jahrhundertgedächtnis. Deutsche Lyrik im 20. Jahrhundert. Reclam 1998, S. 273

152.10: Antianthologie. Gedichte in deutscher Sprache nach der Zahl ihrer Wörter. Geordnet von Franz Mon/Helmut Heißenbüttel. Hanser 1973, S. 17

152.11: Else Lasker-Schüler: Ich suche allerlanden eine Stadt. Gedichte, Prosa, Briefe. Reclam 1988, S. 116

153.12: Victor Lange (Hg.): Johann Wolfgang von Goethe. Sämtliche Werke nach Epochen seines Schaffens. Münchner Ausgabe. Band 6.1. Lizenzausgabe Bertelsmann/Kremayr & Scheriau o. J., S. 545

153.13: Gotthold Ephraim Lessing: Werke in fünf Bänden. Band 2. Herausgegeben von den nationalen Forschungs- und Gedenkstätten der klassischen deutschen Literatur in Weimar. Aufbau-Verlag 1978, S. 85

153.14: Otto F. Best/Hans-Jürgen Schmitt (Hg.): Die deutsche Literatur in Text und Darstellung. Barock. Reclam 1999, S. 68

154.15: Homer (Übertragung: Johann Heinrich Voß): Ilias. Artemis & Winkler 1996, S. 5

154.16: Rainer Maria Rilke: Die Gedichte. Nach der von Ernst Zinn besorgten Edition der Sämtlichen Werke. Insel 1986, S. 475

154.17: Wolfgang Frühwald (Hg.): Gedichte der Romantik. Reclam 1984, S. 203

155.18: Ulrich Müller/Gerlinde Weiss (Hg.): Deutsche Gedichte des Mittelalters. Mittelhochdeutsch. Neuhochdeutsch. Reclam 1993, S. 152

155.19: Wolfgang Frühwald (Hg.): Gedichte der Romantik. Reclam 1984, S. 40f.

156.20: William Shakespeare: Sonett Nr. 60

156.21: Hugo von Hofmannsthal: Ausgewählte Werke in zwei Bänden. Band 1. Gedichte und Dramen. Lizenzausgabe Bertelsmann/Kremayr & Scheriau, S. 16f.

156.22: Hanns Martin Elster (Hg.): Heinrich Heine. Gedichte. Lizenzausgabe Bertelsmann/Kremayr & Scheriau 1997, S. 81.

156.23: Friedrich Schiller: Sämtliche Werke. Band 1. Gedichte Dramen I. Lizenzausgabe Wissenschaftliche Buchgesellschaft 1987, S. 252

157.24: Rainer Maria Rilke: Die Gedichte. Nach der von Ernst Zinn besorgten Edition der Sämtlichen Werke. Insel 1986, S. 451

158.25: Klaus Siblewski (Hg.): Ernst Jandl. Laut und Luise. verstreute gedichte 2. Luchterhand 1997, S. 27

158.26: Peter Horst Neumann/Andreas Lorenczuk (Hg.): Joseph von Eichendorff: Gedichte. Reclam 1997, S. 83

159.27: Wolfgang Frühwald (Hg.): Gedichte der Romantik. Reclam 1995, S. 203

160.28: Rainer Maria Rilke: Die Gedichte. Nach der von Ernst Zinn besorgten Edition der Sämtlichen Werke. Insel 1986, S. 346

161.29: Alfred Doppler: Die Lyrik Georg Trakls. Beiträge zur poetischen Verfahrensweise und zur Wirkungsgeschichte. Otto Müller 2001, S. 78

162.30: Ebd.

162.31: Dietrich Bode (Hg.): Deutsche Gedichte. Eine Anthologie. Reclam 1994, S. 329

182.1: Georg Büchner: Lenz. Der Hessische Landbote. Reclam 1974